ACCESO GRATIS ***a la Lectura en la Nube***

Para visualizar el libro electrónico en la nube de lectura envíe junto a su nombre y apellidos una fotografía del código de barras situado en la contraportada del libro y otra del ticket de compra a la dirección:

ebooktirant@tirant.com

En un máximo de 72 horas laborales le enviaremos el código de acceso con sus instrucciones.

LAS NIÑAS SOLDADO
Análisis y soluciones interdisciplinares

LAS NIÑAS SOLDADO

Análisis y soluciones interdisciplinares

Directora
Ruth Abril Stoffels

Coordinadora
Sara Yildiz Bravo

tirant lo blanch
Valencia, 2025

En caso de erratas y actualizaciones, la Editorial Tirant lo Blanch publicará la pertinente corrección en la página web www.tirant.com.

EDITA: TIRANT LO BLANCH
C/ Artes Gráficas, 14 - 46010 - Valencia
TELFS.: 96/361 00 48 - 50
FAX: 96/369 41 51
Email: tlb@tirant.com
www.tirant.com
Librería virtual: www.tirant.es
DEPÓSITO LEGAL: V-3822-2025
ISBN: 979-13-7021-378-7
MAQUETA: Tink Factoría de Color

Si tiene alguna queja o sugerencia, envíenos un mail a: *atencioncliente@tirant.com*. En caso de no ser atendida su sugerencia, por favor, lea en *www.tirant.net/index.php/empresa/politicas-de-empresa* nuestro procedimiento de quejas.

Responsabilidad Social Corporativa: http://www.tirant.net/Docs/RSCTirant.pdf

AUTORES

Ruth Abril Stoffels
Omar Ahmed Abenza
Abraham Albaladejo Álvarez
Sonia Alda Mejías
María Dolores Algora
Milagros Benito Hernández
Jorge Cardona Llorens
Mª del Rosario Carmona Luque
Claribel De Castro Sánchez
Lucana Estévez Mendoza
Paula Fernández Coret
Laura Cecilia Gamarra
Rosario García Bellido
Javier García González
Carlos Gil Gandía
Marta Gil González
Sonia Hernández Pradas
Elena Juaristi-Besalduch
Pilar Ladrón Tabuenca
Luisa Fernanda López Peña
Sandra Maignant
Teresa Marcos Martín
Stefan McClean
Inés Novella Abril
Claudia Marcela Páez Bravo
Rocío Paricio del Castillo
Nuria Pastor Palomar
Javier Carlos Sánchez Guerra
Lorena Santos de Torregroza
Mercedes Ten Domenech
Sara Yildiz Bravo
Gloria Nancy Zambrano Ramón
Raúl Zeyi Huang

Índice

BLOQUE III. VIOLENCIA SEXUAL, EXPLOTACIÓN Y TRATA DE NIÑAS SOLDADO

Prólogo

Es para mí un honor presentar este libro colectivo, una obra que, por su naturaleza plural, constituye tanto un homenaje como una plataforma de reflexión sobre los desafíos y avances del Derecho Internacional en nuestros tiempos. Este proyecto nace del encuentro de múltiples perspectivas —jurídicas, políticas, sociales— y de voces diversas que, conjuntas, alcanzan una riqueza de matices pocas veces alcanzada en obras individuales.

La multidisciplinariedad que inspira cada capítulo de este volumen no es una mera estrategia metodológica, sino el reflejo de una convicción profunda: el Derecho Internacional, en su constante diálogo con realidades complejas —como los derechos humanos, la justicia penal internacional o las dinámicas regionales— exige ser abordado desde múltiples ángulos, integrando el conocimiento y la experiencia de cada autor.

Quiero destacar, en este punto, la figura de la profesora Concepción Escobar Hernández. Catedrática de Derecho Internacional Público y Relaciones Internacionales, con una intensa trayectoria que la ha llevado a ocupar, entre otros cargos, la secretaría general del Instituto de Derechos Humanos de la UCM, la decanatura de la Facultad de Derecho de la UNED y la dirección de importantes obras colectivas. Su papel ha sido fundamental desde los cimientos del proyecto: no solo como coordinadora intelectual, sino como pilar generoso y entusiasta que impulsó, alentó y sostuvo este empeño. Su dedicación a la formación, a la investigación de alto nivel y al compromiso institucional ha hecho de este volumen un espacio de encuentro y excelencia.

En las páginas siguientes, los capítulos combinan rigor académico con compromiso social, estudiando instituciones, procesos, doctrinas y casos que interpelan la vigencia del Derecho Internacional ante los retos contemporáneos. Reflejan un diálogo entre la teoría y la praxis, el análisis crítico y la construcción colectiva del conocimiento. Son ecos de la diversidad disciplinar, y a la vez piezas firmes de un mosaico que aspira a iluminar y construir nuevos horizontes en nuestro campo.

Concebí este libro como una celebración: de la diversidad, del trabajo colectivo, de nuestra inclinación compartida por entender, explicar y mejorar el orden jurídico mundial. En ese espíritu, la dedicación a Concepción Escobar —que nos acompañó desde el principio y sin cuya voz firme y clara esta obra no habría sido posible— es para mí más que merecida: es un reconocimiento a su visión.

A todos los que han contribuido con su sabiduría, su empeño y su compromiso: os doy las gracias. Espero que quienes ahora tomen esta obra en sus manos encuentren en ella no solo conocimiento, sino estímulo para seguir construyendo —con generosidad y rigor— un Derecho Internacional más comprensivo, justo y cercano a la realidad.

Valencia, agosto de 2025

JORGE CARDONA LLORENS
Catedrático de Derecho Internacional Público
Universidad de Valencia
Miembro del Comité de los Derechos del Niño de Naciones Unidas

Introducción

El fenómeno de las niñas soldado constituye uno de los mayores retos para el mundo actual y, en especial para el Derecho Internacional contemporáneo y los actores de políticas publicas al respecto, al mismo tiempo. Es un campo donde se revela con mayor crudeza la intersección entre vulnerabilidad estructural, violencia armada y desigualdad de género. Aunque desde hace décadas la figura del niño soldado ha recibido atención normativa, doctrinal y política, la experiencia de las niñas ha permanecido, en gran medida, invisibilizada bajo categorías generales que omiten su condición diferenciada. Este déficit conceptual y normativo no es un mero problema teórico: repercute directamente en la capacidad del orden jurídico internacional y de los Estados para ofrecer protección efectiva, garantizar derechos y articular respuestas integrales de reparación.

La presente obra colectiva se concibe como la continuación natural de un primer esfuerzo académico previo, en el que se exploró, desde distintas disciplinas, la problemática de las niñas soldado. Aquella obra inaugural abrió un campo de discusión necesario, pero también puso de relieve sus propias limitaciones: la dispersión de enfoques, la falta de integración sistemática de la perspectiva de género en el análisis jurídico, así como la ausencia de un diálogo más profundo entre la escasa interacción entre marcos normativos internacionales y las experiencias concretas de las víctimas. El libro que ahora se ofrece busca precisamente superar dichas carencias y lagunas, ampliando la mirada, consolidando un enfoque comparado y plural, y fortaleciendo la dimensión académica y crítica del debate.

En el año 2005 la Representante Especial del Secretario General para la cuestión de los niños y los conflictos armados destacaba una serie de carencias que a día de hoy no han sido resueltas y a las que pretende dar respuesta este libro: "la vulnerabilidad de las niñas en los conflictos armados ha sido una preocupación especial en mi labor de promoción, sobre todo durante mis misiones sobre el terreno. Si bien las niñas son objeto de una creciente atención, en particular en el proceso de rehabilitación después de los conflictos y en los programas de reintegración, los organismos encargados de la protección del niño, las universidades y otras partes interesadas deben esforzarse por profundizar los conocimientos esenciales sobre las niñas para que contribuyan a una mejor concepción de la labor de promoción y a la formulación de programas más eficaces" (párrafo 5).

Finalmente, en las recomendaciones se indica que: "la falta de conocimientos especializados y de experiencia de los programas, los Estados Miembros y otros interesados deben invertir más en crear una capacidad nacional e internacional, y luego fortalecerla y ampliarla, en todos los sectores, así como en la adquisición y la gestión de conocimientos. La investigación debe ajustarse más a las necesidades sobre el terreno y documentarse, difundirse y aplicarse" (párrafo 111).

Por ello hemos querido adoptar un enfoque intersectorial y poliédrico, que nos permita sumar enfoques para dar respuestas a esta realidad.

Se trata de un volumen multidisciplinar en el que convergen voces jurídicas, académicas y humanitarias, junto con análisis procedentes de la psicología, la filosofía, la sociología, las ciencias del cuidado y la práctica sobre el terreno. Esta diversidad permite articular un diálogo amplio y contrastado, capaz de interrogar no solo los instrumentos jurídicos, sino también sus límites y sus impactos reales en la vida de las niñas y de sus comunidades. El objetivo central es someter a escrutinio crítico las respuestas normativas, judiciales, políticas y sociales existentes, a la luz de los desarrollos recientes en Derecho Internacional, pero también de los aportes de otras disciplinas.

Con esta finalidad, esta obra se ha estructurado siguiendo un itinerario lógico que parte de los marcos generales de protección de la infancia y avanza hacia los mecanismos de responsabilidad, las violencias específicas, los procesos de reintegración y finalmente el impacto humano y comunitario. De este modo, la obra ofrece al lector una visión progresiva que combina lo normativo, lo jurídico-penal, lo empírico y lo psicosocial, facilitando un recorrido integral por el fenómeno de las niñas soldado.

En primer lugar, el Bloque I sitúa el debate en el terreno del derecho internacional y la protección educativa, recogiendo los instrumentos y garantías universales de protección de la infancia. Este punto de partida es necesario porque establece los estándares mínimos de tutela y enmarca el resto de contribuciones en un corpus jurídico ampliamente reconocido.

El Bloque II continúa con los mecanismos de justicia transicional y de derecho penal internacional, centrándose en la rendición de cuentas y en las fórmulas de responsabilidad individual y colectiva. La inclusión de los casos de la Jurisdicción Especial para la Paz (JEP) y de las Fuerzas Armadas Revolucionarias de Colombia (FARC), junto con los desarrollos en derecho internacional penal, aporta un puente entre la normativa abstracta y su aplicación concreta en escenarios de conflicto.

A continuación, el Bloque III aborda las formas más graves de violencia y explotación, con especial atención a la violencia sexual y la trata de personas. Colocar este bloque tras el análisis jurídico permite profundizar en cómo esas categorías normativas se enfrentan a violaciones extremas de derechos, visibilizando su especificadas de género e interseccionalidad.

El Bloque IV recoge el eje de reclutamiento, desarme, desmovilización, reparación y reintegración, situando en el centro la experiencia diferenciada de las niñas indígenas y ampliando hacia casos nacionales e internacionales (Colombia, Siria, Irak, Sahel). Este orden permite mostrar la transición desde la captación hasta los modelos de reintegración, subrayando la dimensión transformadora de la reparación y la justicia social.

Finalmente, el Bloque V cierra con una reflexión sobre el impacto psicosocial, la resiliencia y las experiencias comparadas, recogiendo tanto el trauma individual y transgeneracional como las respuestas comunitarias en África y el Sahel. Con ello, la obra concluye desde una perspectiva humana y social, devolviendo el protagonismo a las niñas y comunidades afectadas y abriendo un horizonte de resiliencia y diplomacia humanitaria.

El propósito último de esta obra es contribuir a que el Derecho y las instituciones, tanto nacionales como internacionales se conviertan en instrumentos eficaces para garantizar un marco protector eficaz de las niñas soldado, invitando a una reflexión profunda de los marcos jurídicos tradicionales, poniendo de manifiesto la insuficiencia de un enfoque puramente normativo, especialmente en su dimensión sancionadora, para afrontar una realidad tan compleja.

BLOQUE I. PROTECCIÓN DE LA INFANCIA Y DERECHO A LA EDUCACIÓN

La protección de la infancia en conflictos armados: avances, desafíos y perspectivas desde el Derecho Internacional[1]

SARA YILDIZ-BRAVO

Universidad Nacional de Educación a Distancia

Resumen: La protección de la infancia en contextos de conflicto armado y crisis humanitarias constituye uno de los desafíos más urgentes del Derecho Internacional contemporáneo. Este artículo analiza el marco protector reflejado en la Convención sobre los Derechos del niño y el contemplado en el IV Convenio de Ginebra de 1949 y sus respectivos protocolos adicionales adoptados en 1977. A través de esta labor se identifican los avances normativos y los obstáculos a los que se enfrenta la protección de los niños y niñas a nivel internacional, especialmente en situaciones de conflicto armado. Este estudio sugiere que a pesar de los progresos, persisten lagunas normativas y brechas significativas, especialmente en torno a la implementación efectiva de la normativa y la no integración de la perspectiva de género a la hora de articular un marco protector diferenciado para las niñas. En este sentido, el capítulo dedica una atención especial a la problemática de la falta de diferenciación entre niños y niñas, especialmente las niñas soldado, un grupo frecuentemente invisibilizado que sufre una doble victimización por su edad y género. A través de una metodología cualitativa y un enfoque crítico e interseccional, se examinan las limitaciones de los mecanismos jurídicos de protección existentes para abordar su realidad y se plantean recomendaciones orientadas a fortalecer la protección integral de la infancia, destacando la necesidad de articular un marco protector adecuado y una respuesta internacional más coherente, que integre la perspectiva de género y contemple las distintas necesidades a las que se enfrenta el grupo vulnerable de los niños y las niñas.

Abstract: The protection of children in contexts of armed conflict and humanitarian crises constitutes one of the most urgent challenges of contemporary international law. This article analyzes the protective framework reflected in the Convention on the Rights of the Child and that established in the Fourth Geneva Convention of 1949 and its respective Additional Protocols adopted in 1977. Through this work, the study identifies both normative advances and the obstacles faced in the international protection of boys and girls, particularly in situations of armed conflict. The study suggests that despite progress, normative gaps and significant shortcomings persist, especially regarding the effective implementation of legal standards and the lack of integration of a gender perspective in articulating a differentiated protective framework for girls. In this regard, the chapter pays particular attention to the problem of the lack of differentiation between boys and girls, especially girl soldiers—a frequently overlooked group that suffers double victimization due to both age and gender. Using a qualitative methodology and a critical, intersectional approach, the study examines the limitations of existing legal protection

1 Estudio realizado en el marco del Proyecto de Investigación titulado "*Lagunas en la protección y asistencia internacional a las niñas asociadas a Grupos armados (NAAG)*". CIAICO 2022/235 UCHCEU con financiación pública de la GVA. Doctoranda. Programa de doctorado en Unión Europea. UNED. syildiz1@alumno.uned.es.

mechanisms in addressing their reality and offers recommendations aimed at strengthening the comprehensive protection of children. It emphasizes the need to articulate an adequate protective framework and a more coherent international response that integrates a gender perspective and addresses the specific needs faced by the vulnerable group of boys and girls.

Palabras Clave: niñas, infancia, grupos vulnerables, Derecho Internacional de los Derechos Humanos, Derecho Internacional Humanitario.

Keywords: Girls, childhood, vulnerable groups, International Human Rights Law, armed conflicts, International Humanitarian Law.

1. INTRODUCCIÓN

Los conflictos armados contemporáneos presentan una serie de dinámicas complejas que han transformado el impacto que estos ejercen sobre la población civil, y en particular, sobre la infancia. La creciente urbanización de la guerra, especialmente, ha provocado un incremento de la vulnerabilidad de los niños y niñas. Junto a este fenómeno, el surgimiento de nuevas amenazas y realidades no contempladas en la normativa internacional, han generado la necesidad de reevaluar la eficacia del marco protector actual. A pesar del desarrollo normativo visible en el ámbito del Derecho Internacional Humanitario (DIH) y del Derecho Internacional de los Derechos Humanos, la estructura de protección adolece de importantes limitaciones a la hora de abordar la especificidad de los riesgos que enfrenta la infancia en contextos bélicos, especialmente en el caso de las niñas.

Este capítulo ofrece un análisis crítico de la protección internacional de la infancia, especialmente en situaciones de conflicto armado, En primer lugar, se revisa el marco jurídico internacional relevante, en concreto la Convención sobre los Derechos del Niño, aprobado en 1989, el IV Convenio de Ginebra relativo a la protección debida a las personas civiles en tiempos de guerra y sus respectivos protocolos adicionales de 1977. Este paso es fundamental, dado que el desarrollo normativo ha de ir acompañado que las necesidades del momento en el que se redactan. Esto es de suma importancia porque, como afirma Ihering, la ley no es un conjunto de normas estáticas; debe cambiar a medida que la sociedad cambia para seguir siendo justa[2]. Esto permite identificar los avances y las carencias persistentes a nivel jurídico, con el fin de poder dar respuesta a las necesidades actuales de protección.

---

2 Von Ihering, R. (2016). *La lucha por el derecho. Cuadernos Civitas.* Thomsons Reuters.

En segundo lugar, se examinan los factores que incrementan el riesgo de victimización de menores en conflictos armados en el contexto actual marcado por la urbanización de los conflictos armados y la consecuente militarización del entorno urbano. Esto se debe a que "*entre ciudad y el ser social existe una estrecha relación que influencia conductas y valores*"[3]. Esto puede observarse de la misma manera a través del análisis de datos empíricos y casos paradigmáticos que ilustran cómo la violencia estructural y física en espacios densamente poblados acentúa el reclutamiento de menores y el colapso de servicios esenciales como la educación y la salud.

Finalmente, el texto propone una serie de recomendaciones orientadas a fortalecer los mecanismos de protección, justicia y reparación en torno a la infancia, reconociendo la necesidad de integrar enfoques interseccionales que consideren la vulnerabilidad derivada del género, la edad y el contexto cultural.

2. EL CONCEPTO DE INFANCIA EN EL DERECHO INTERNACIONAL. DEL NIÑO GENÉRICO A LA NIÑA INVISIBILIZADA: LÍMITES DEL ENFOQUE UNIVERSALISTA

En la antigüedad la cuestión de los derechos del niño fue una materia que permaneció inexplorada debido a que los niños y las niñas no eran "*considerados titulares de derechos, sino objetos de protección*"[4]. Una perspectiva que comienza a cambiar a inicios del siglo XX, y que va a provocar importantes cambios en la protección de la infancia a nivel internacional. Es durante el siglo XX cuando se profundiza la idea de la existencia de una serie de derechos inherentes al ser humano que emanan de la dignidad como condición intrínseca al mismo, incluyendo por tanto a los niños y las niñas. Esta evolución se debió a la creciente preocupación a nivel internacional al observar las consecuencias devastadoras en términos de víctimas y destrucción como resultado de la I y la II Guerra Mundial[5].

---

3 Lezma, J. L. (2013). *Teoría Social: espacio y ciudad.* El Colegio de México, A. C. (3ª Edición).

4 Trinidad Nuñez, P. (2012). La evolución en la protección de la vulnerabilidad por el derecho internacional de los derechos humanos. *Revista Española de Relaciones Internacionales,* (4), 125-168.

5 Liebel, M. (2009). Sobre la historia de los Derechos de la infancia. En Lieber. M. y Martínez Muñoz, M (Coord.). *Infancia y Derechos Humanos. Hacia una ciudadanía participante y protagonista.* IFEJANT.

En un inicio, la protección que se extendía a niños y niñas giraba en torno a la idea de "*compasión, tutela o represión*", que posteriormente, en el siglo XX experimenta un desarrollo fundamental, al configurar una protección que reconoce a los niños y niñas como sujetos de pleno derecho[6]. En otras palabras, se produce una transición de una visión meramente tutelar o asistencialista hacia un enfoque basado en derechos, en el cual los niños y niñas son reconocidos como sujetos plenos de derechos.

Este importante desarrollo se consolidó a través de la adopción por parte la Asamblea General de las Naciones Unidas de la Convención sobre los Derechos del Niño (CDN), aprobada en 1989, considerándose como punto de inflexión en el desarrollo de la protección de la infancia, especialmente en los países que se encontraban en proceso de transición democrática[7].

A través de la adopción de la mencionada Convención, se reconoció el derecho del niño no solo a ser protegido, sino a ser escuchado y considerado en todas las decisiones que lo afecten. Se consolida así, el respeto al interés superior del menor, un concepto que ha de evolucionar conforme lo hacen los determinados contextos[8]. En estos términos, el Comité de Derechos del Niño de la Organización de las Naciones Unidas, enfatiza el carácter evolutivo y dinámico de este principio. Además, otra de las grandes aportaciones es la definición de lo que se entiende por infancia. Según la Convención de Derechos del Niño, se entenderá por niño "*todo ser humano menor de dieciocho años de edad, salvo que, en virtud de la ley que le sea aplicable, haya alcanzado antes la mayoría de edad*"[9].

Sin embargo, y aunque la Convención representa uno de los pilares fundamentales en la protección de la infancia[10], su adopción se enfrentó a múltiples discrepancias y aproximaciones por parte de diferentes estados.

---

6 Rea-Granados, S. A. (2016). "Evolución del Derecho Internacional sobre la Infancia". *Revista Colombiana de Derecho Internacional*, (29).

7 Pastor Seller, E., Prado Conde, S. y Moraña Boullosa, A. (2018). "Impacto de la Convención sobre los derechos del niño en los estados de Argentina, Brasil, Chile, España y Uruguay". *Revista Prisma Social*, (23), pp. 66-100.

8 Luciano Laise, D. (2018). "La interpretación evolutiva de "interés superior del niño": Método interpretativo, presupuestos semánticos y dificultades". *Revista Universitaria de Investigación*, (19).

9 Artículo 1. Convención de Derechos del Niño.

10 Dahlial, F., fatria Maulana, R., Yunarti, S. y Yunus Batusangkar, Y. (2025). "Child protection in International Law: Synergy between CRC, Humanitarian law, and Human Rights". *Journal of Artificial Intelligence and Digital Business*, 4(1), pp. 410-416.

Este proceso estuvo marcado por una serie de declaraciones y reservas que dejan entrever la dificultad de articular un marco protector universal de la infancia. Esta complicación es especialmente debida a la existencia de divergencias culturales, históricas y sociales entre los distintos estados parte de la Convención.

Por ejemplo, Afganistán expresó reservas a "*todas las provisiones de la convención que considerasen incompatibles con las leyes de la Sharia islámica y la legislación local vigente*"[11]. Una línea seguida similarmente por Argelia, Brunéi Darusalam, Irán, Irak, Jordania, Kuwait, Maldivas, Mauritania, Qatar, Arabia Saudita, Somalia, República Árabe Siria y Emiratos Árabes Unidos[12]. En este caso, concurren dos conceptos de niño: el recogido en la Sharía, frente al concepto de niño recogido en la Convención sobre los Derechos del Niño basado en el parámetro de la edad. Ley islámica establece que la pubertad es el momento en el que un niño pasa a ser adulto, y en el caso de las niñas, ese hito lo marca la menstruación[13], mientras que la CDN articula un concepto de niño basado en el parámetro de la edad. Sucede del mismo modo en algunos países de África, donde por ejemplo, la niña pasa a considerarse mujer desde que tiene lugar la primera menstruación[14].

Sin embargo, y como se puede extraer de su preámbulo de la CDN y el análisis de las reservas, a nivel internacional si hay un consenso en considerar a los niños y niñas como sujetos que necesitan "*cuidados y asistencia especiales*"[15]. En otras palabras, se considera a los niños y niñas como un grupo especialmente vulnerable. Si bien es cierto que dependiendo de cada país el énfasis de la vulnerabilidad es diferente. Un caso muy ilustrativo es comparar la vulnerabilidad de un niño o niña en un país desarrolla-

---

11 United Nations. Treaty Collection, Capítulo 4. 11. Human Rights. Convention on the Rights of the Child. Disponible en https://treaties.un.org/doc/Publication/MTDSG/Volume%20I/Chapter%20IV/IV-11.en.pdf

12 Ibidem.

13 Zaki, M. I. y Samimi, S. (2025). "Jurisprudential Analysis of Maturity from the Islamic Perspective". Law and Humanities Quarterly Reviews, 4(1), pp. 111-117.

14 Bacalja, M. y Ndaferankhande, D. (2020). Becoming Female: The Role of Menarche Rituals in "Making Women" in Malawi. En Bobel C, Winkler I.T, Fahs, B. et al., (Eds.), *The Palgrave Handbook of Critical Menstruation Studies* (Capítulo 33). Palgrave Macmillan.
Schoeder, E., Tallarico, R. y Bakaroudis, M. (2022). "The impact of adolescent initiation rites in East and Southern Africa: Implications for policies and practices". *International Journal of Adolescence and Youth*, 27(1), pp. 181-192.

15 Preámbulo de la Convención de los Derechos del Niño, párrafo 5.

do y la vulnerabilidad a la que está expuesto un niño o niñas en un país que atraviesa una situación de conflicto armado. Por ejemplo, en Suecia la vulnerabilidad de los niños se centra especialmente en los derechos de participación en los procedimientos que les afectan de forma directa, la situación de los niños en las disputas familiares y la pobreza[16]. En contraste, en Yemen, la vulnerabilidad de los niños y niñas está enfocado mayoritariamente a los riesgos asociados a situaciones de conflicto armado. Por ejemplo, el reclutamiento y la mortalidad infantil derivada del conflicto[17].

En este sentido, es necesario indicar que, un grupo vulnerable es aquel que derivado de unas características comunes o compartidas entre los sujetos que lo integran, están expuestos a una serie de riesgos específicos[18]. Esos riesgos provocan la necesidad de articular diferentes marcos protectores adaptados a cada uno de ellos y a su vez ocasionan zonas de intersección entre distintos grupos: por ejemplo entre los niños y las niñas (en atención al parámetro de la edad), o entre las niñas y las mujeres (en relación al género compartido).

Por lo tanto, la concepción universal mayormente aceptada está estrechamente relacionada con la relación de niño y vulnerabilidad, y no tanto en un parámetro numérico como es el caso de la edad. Una vulnerabilidad dependiente del contexto concreto en el que se aplica y centrada por tanto, en diferentes factores y riesgos a los que están expuestos los niños y las niñas. Esto provoca, que aun siendo sujetos integrados en el mismo rango de edad, las vulnerabilidades sean diferentes.

Si se analiza la evolución de los modelos de protección, se observa que el concepto de infancia esta influenciado y se ha ido adaptando a las ne-

---

16 Heimer, M. y Palme, J. (2016). "Rethinking Child Policy Post-UN Convention on the Rights of the Child: Vulnerable Children´s Welfare in Sweden". *Journal of Social Policy*, 45(3), pp. 435-452.

17 Jideofor Ogbu, T., Rodriguez-Llanes, J.M., Moitinho de Almeida, M., Speybroeck, N. y GuhaSapir, D. (2022). "Human insecurity and child deaths in conflict: evidence for improved response in Yemen". *International Journal of Epidemiology*, 51(3), pp. 847-857, Al-Shehari, M. R., y Johnson, J. L. (2025). "Reintegration of Children Previously Associated with Conflicts – Case Study from Yemen". *Journal of Epidemiology and Global Health, 15*(32).

18 Fernández Villazón, A. (2016). "Grupos vulnerables: apuntes para un concepto jurídico-Social". *Revista de Trabajo y Seguridad Social*, (404), pp. 109-134. Liedo, B. (2021). "Vulnerabilidad". Revista en Cultura de la Legalidad, (20), pp. 242-257.

cesidades de cada época histórica[19]. En este marco también se integra la Convención sobre los Derechos del Niño, la cual es fruto de los desarrollos normativos en Europa Occidental y América del Norte, por lo que el concepto recogido en la Convención de Derechos del niño responde a una concepción occidental de la infancia[20].

El plano real ha demostrado por ejemplo que aunque África ratificó la Convención de Derechos del niño, el trabajo infantil sigue siendo común[21] y el matrimonio infantil es tolerado[22] en ciertos de sus estados. Esto se puede deber a que en el continente africano la niñez es considerada desde el punto de vista funcional, más que como una etapa centrada en el desarrollo personal.

En ciertas ocasiones, la línea entre la infancia y la adultez es definida por hitos biológicos o sociales. Por ejemplo en Malawi, el paso de niña a mujer se produce tradicionalmente mediante rituales de iniciación que comienzan con la menarquía (la primera menstruación). Este momento biológico se interpreta no solo como un signo de madurez física, sino como una transición social y cultural clave[23].

Por lo tanto, el concepto de infancia es dependiente del contexto concreto donde se integren esos niños y niñas, no existiendo un único concepto homogéneo a nivel internacional. Incluso en ciertos países, la mayoría de edad es diferente a la establecida por la Convención sobre los Derechos del Niño.

---

19 Ocón Domingo, J. (2006). "Normativa internacional de protección de la infancia". *Cuadernos de Trabajo Social,* 19.

20 Imoh, A.TD. (2012). The Convention on the Rights of the Child: A Product and Facilitator of a Global Childhood. In: Imoh, A.TD., Ame, R. (eds) Childhoods at the Intersection of the Local and the Global. Studies in Childhood and Youth. Palgrave Macmillan, London. Van Bueren, G. (1995). The International Law on the rights of the Child. International Studies in Human Rights, 35.

21 Canagarajah, S. (201). "Child Labor in Africa: A comparative Study". *The ANNALS of the American Academy of Political and Social Science,* 575(1).

22 Mukum Mbaku, J. (2020). "International Law and child marriage in Africa". *Indonesian Journal of International and Comparative law,* (26), pp. 103-244.

23 Perianes, M.B., Ndaferankhande, D. (2020). Becoming Female: The Role of Menarche Rituals in "Making Women" in Malawi. In: Bobel, C., Winkler, I.T., Fahs, B., Hasson, K.A., Kissling, E.A., Roberts, TA. (eds) The Palgrave Handbook of Critical Menstruation Studies. Palgrave Macmillan, Singapore.

Además de la inexistencia de una concepción uniforme de lo que se entiende por infancia, se observa, través del análisis conjunto de la Convención sobre los Derechos del Niño y las reservas a la misma de los distintos estados, una falta de preocupación en torno a la distinción entre los niños y las niñas.

El progreso en los marcos protectores y en el desarrollo conceptual no ha estado acompañado de una evolución equivalente en la articulación de marcos protectores que tengan en consideración la diferenciación entre niños y niñas, en atención al elemento del género, especialmente en contextos de conflicto armado o violencia estructural. A pesar de que la Convención de Derechos del Niño establece en su artículo segundo el principio de no discriminación, el enfoque de género sigue siendo débil o marginal en la aplicación práctica de los marcos jurídicos relacionados con la infancia.

Una las posibles causas que provoca esta no diferenciación (que conduce a la invisibilización de las niñas), es que, la manera en que se comprenden y valoran las diferencias biológicas está determinada por factores sociales[24]. Por lo tanto, una aproximación universal de la protección de la infancia tiene como consecuencia una invisibilización sistemática de las niñas en las políticas y programas de protección infantil, al asumir que sus experiencias son equivalentes a las de los niños o, al ignorar las formas específicas de violencia y riesgos a los que se enfrentan[25].

Esto se traduce por ejemplo en una inadecuación de los programas de desarme, desmovilización y reintegración de las niñas soldado[26]. Esto se debe a que dichos programas no son un "*fenómeno estático sino un proceso*", lo que hace necesario la integración del género, como elemento con una gran carga en el modo en el que se organiza el desarrollo de la vida[27]. Además, la capacidad de participación directa en las hostilidades por parte de

---

24 Taylor Jones, K. (2016). "Girlhood in a Warzone: African Child Soldiers in Film", en International Cinema and the Girl: Local Issues, Transnational Context, ed. Fiona Handyside.

25 Denov, M. y Alexandra R. G. (2013). "Girl Soldiers: Towards a Gendered Understanding of Wartime Recruitment, Participation, and Demobilisation." *Gender & Development* 21 (3), pp. 473-88.

26 Fuijo, C. (2008). "Invisible Soldiers: How and Why Post-Conflict Processes Ignore the Needs of Ex-Combatant Girls". *Columbia Journal of Law & Social Problems, (1).*

27 Farr, V. (2005). "La desmilitarización con perspectiva de género como herramienta para la construcción de la Paz". Cuadernos Iner, (2).

las mujeres y niñas ha sido una cuestión que ha permanecido silenciada, atribuyéndolas el rol de víctima y descartando la posible agencia de las mismas[28]. En el caso del reclutamiento forzoso, por ejemplo, la categoría de "niño soldado" suele estar centrada en el combatiente masculino, dejando de lado la situación de las niñas que, además de participar en funciones militares o logísticas, son sometidas a esclavitud sexual, violencia de género y tareas domésticas dentro de los grupos armados[29].

Este déficit de enfoque interseccional evidencia la necesidad de una revisión crítica y de género del concepto de infancia en el Derecho Internacional, para que la protección sea realmente universal, diferenciada y efectiva, teniendo en cuenta las múltiples formas de vulnerabilidad que afectan de manera particular a los niños y a las niñas.

Los niños y las niñas se integran dentro de la categoría de grupo vulnerable, sin embargo, son grupos vulnerables diferentes con áreas de coincidencia derivadas de que comparten una serie de riesgos de los que emanan vulnerabilidades concretas. Los riesgos compartidos son aquellos asociados a su edad, pero no se incluyen los riesgos asociados al género. Esta afirmación es extraída del análisis del concepto de grupo vulnerable, como aquel grupo de personas que derivado de unas características comunes se ven expuestas a una serie de riesgos concretos[30]. Los niños y las niñas se enfrentan a riesgos compartidos pero también a riesgo específicos derivados de su género.

1.1. La perspectiva de género en la infancia: un marco normativo en evolución

El Derecho Internacional que protege a los niños y niñas, está principalmente conformado por dos áreas del derecho internacional público: el Derecho Internacional de los Derechos Humanos y el Derecho Internacional Humanitario. Es necesario apuntar que el Derecho Internacional de los Derechos Humanos, contempla en mayor medida las dificultades

---

28 Bouta, T. (2005). "Gender and Disarmament, Demobilization and Reintegration". Conflict Research Unit.

29 Denov, M., y Ricard-Guay, A. (2013). Girl soldiers: towards a gendered understanding of wartime recruitment, participation, and demobilisation. *Gender & Development, 21*(3), 473-48.

30 Anderson, M. B. (2010). "El concepto de vulnerabilidad: más allá de la focalización en los grupos vulnerables. *Revista Internacional de la Cruz Roja,* 19(124).

asociadas al género, que en el caso del DIH aplicado a situaciones de conflicto armado[31].

La Convención sobre los Derechos del Niño, adoptada por la Asamblea General de las Naciones Unidas el 20 de noviembre de 1989, representa un hito jurídico y político en la historia del Derecho Internacional al considerar por primera vez a los niños y niñas como sujetos plenos de derechos. Su elaboración respondió a un proceso histórico de evolución en la percepción de la infancia, que pasó de ser vista como una etapa pasiva y tutelada, a ser reconocida como una fase con necesidades y derechos específicos[32]. Este cambio se fue gestando a lo largo del siglo XX, con antecedentes clave como la Declaración de Ginebra de 1924 (impulsada por la Sociedad de Naciones tras observar las consecuencias devastadoras de la Primera Guerra Mundial) y la Declaración de los Derechos del Niño de 1959 que aunque sin fuerza vinculante, sentó las bases normativas para una protección más amplia[33]. La redacción de la CDN se enmarca también en el contexto del final de la Guerra Fría, un momento de apertura política y colaboración multilateral que facilitó la creación de consensos globales sobre derechos humanos, incluso entre países de bloques ideológicos enfrentados. Al mismo tiempo, diversas crisis sociales (como las dictaduras en América Latina, los conflictos armados en África y Asia, y el auge del trabajo y la explotación infantil en contextos de pobreza), visibilizaron la necesidad urgente de un instrumento legal eficaz y universal[34].

Partiendo de las bases establecidas en estos antecedentes, la Convención no solo recoge principios fundamentales como el principio de no discriminación, el interés superior del niño, el derecho a la vida, supervivencia y desarrollo, y la participación infantil, sino que también establece un nuevo estándar internacional que obliga jurídicamente a los estados parte a garantizar los derechos de la infancia en todos los ámbitos de su vida. Sin embargo, adolece de ciertas lagunas, entre las que se encuentran, la inexistencia de una perspectiva de género explícita o la falta de profun-

---

31 Judith Gardam (1998). "La mujer, los derechos humanos y el derecho internacional humanitario". *Revista Internacional de la Cruz Roja,* 23, pp 453-467.

32 Van Bueren, G. (1995). The International Law on the rights of the Child. International Studies in Human Rights, 35.

33 Rios Kohn, R. (1998). "The Convention on the Rights of the Child: progress and Challenges. *Journal on Fighting Poverty,* (139).

34 Verhellen, E. (2015), "The Convention on the Rights of the Child. Reflections from a historical, social policy and educational perspective" en Routledge international Handbook of children´s Rights Studies. Routledge.

dización en cómo las desigualdades de género afectan de forma diferenciada a niños y niñas.

Esta dinámica es visible del mismo modo en el Protocolo adicional I a los Convenios de Ginebra de 1949 relativo a la protección de las víctimas de los conflictos armados internacionales de 1977, donde se percibe la falta de diferenciación entre niño y niña. Sin embargo, si se contempla a las niñas como grupo especialmente vulnerable en el Protocolo facultativo de la Convención sobre los Derechos del Niño relativo a la venta de niños, la prostitución infantil y la utilización de niños en la pornografía aprobada en el 2000. Concretamente, establece en su preámbulo que "... *las niñas, están expuestas a un peligro mayor de explotación sexual, y que la representación de ellas entre las personas explotadas sexualmente es desproporcionadamente alta*"[35]. Por lo tanto, se observa el reconocimiento de formas de victimización especificas al colectivo de las niñas en relación con la explotación sexual[36], pero no en otros ámbitos. Esta aproximación demuestra la existencia de una insuficiencia jurídica en la protección de las niñas. La focalización del riesgo que sufren las niñas exclusivamente en supuestos de violencia sexual, provoca que en la práctica la protección no sea eficaz, al no contemplar la totalidad de los riesgos a los que están expuestas. La vulnerabilidad centrada en la violencia sexual surge de relaciones de poder y estructuras sociales que generan una serie de riesgos múltiples[37].

Este es el caso de las niñas soldado, grupo que representa entre la décima y la tercera parte de los niños soldado[38]. El papel que desempeñan estas niñas no sólo se limita a labores sexuales, sino que la práctica ha demostrado que desarrollan múltiples y diferentes labores, como por ejemplo, labores de combate, asistencia, información...[39]. Esto ha provocado que las niñas que participan directamente en las hostilidades sean invisibilizadas,

---

35 Preámbulo del Protocolo Facultativo de la Convención sobre los Derechos del niño relativo a la venta de niños, la prostitución infantil y la utilización de niños en la pornografía. 25 de mayo de 2000.

36 Sandhu, A., y Rattan, J. (2024). Law relating to women amid armed conflicts: insights from international humanitarian law with special reference to India. *Panjab University Law Review, 63*(1).

37 Helman, R. (2022). "Attending to vulnerability. In sexual violence research", Feminism & Psycology, 33(3).

38 Fox, M. J. (2004). "Girl Soldiers: Human Security and Gendered Insecurity". Security Dialogue, 35(4).

39 Molloy, S. (2024). "Child Soldiers and Peace Agreements". International & Comparative Law Quarterly, 73(1), pp. 103-134.

generando un aumento de su vulnerabilidad al no contemplar la totalidad de riesgos a las que están expuestas[40].

Si se parte del hecho de que la normativa internacional humanitaria articula un sistema de protección basado en la vulnerabilidad, el no reconocimiento de determinados riesgos genera que ciertas necesidades de protección queden desatendidas[41]. Este el caso de la ausencia de un sistema de protección que no contemple los riesgos asociados al género para el grupo de las niñas.

Por otro lado, en situaciones de conflicto armado, la normativa internacional humanitaria articula una protección general basada en la condición de persona civil y posteriormente desarrolla ciertas disposiciones aplicables a grupos especialmente vulnerables, en especial, los niños, las mujeres y los discapacitados.

Esta existencia de especial vulnerabilidad de la infancia se puede observar a lo largo del articulado del IV Convenio de Ginebra relativo a la protección debida a las personas civiles en tiempos de guerra del 12 de agosto de 1949. Ejemplos de esto son: el artículo 14 relativo a las zonas y localidades sanitarias y de seguridad, el artículo 17 relativo a la evacuación, el artículo 23 relativo al envió de medicamentos, víveres y ropa. También en el artículo 2 del IV Convenio de Ginebra cuando establece que las partes deberán adoptar medidas especiales en favor de la infancia, o el artículo 50 donde establece que se debe proteger y garantizar la asistencia, educación, identificación y bienestar de los niños afectados por la guerra, respetando su identidad y no interferir en medidas previas de protección especial[42].

---

40 Buchanan, N. (2024). *Invisible No More?: An Analysis of Disarmament, Demobilization, and Reintegration Programs for Former 'Girl Soldiers Who Become Mothers' and Their Children*(Doctoral dissertation, Université d'Ottawa/University of Ottawa). Adesola, A. (2024). Child Soldier Narratives and the Underrepresentation of Females in Fighting Forces. *International Research in Children's Literature, 17*(2), 160-173. Mensah, A. N. A. (2024). Gendered Perspectives on the Recruitment and Use of Child Soldiers in Early Warning. *Civil Wars, 26*(3), 502-520.

41 Rodenhäuser, T. y Mutasa, S. (2024). The international humanitarian law framework for humanitarian relief during armed conflicts and complex emergencies. En Aronsson Storrier, M y Breau, S. (Eds.). *Reseach Handbook on Disasters and International Law (*159-182). Mahomed, S. (2024). International humanitarian laws: Applicable to all or a privilege for some? *South African Journal of Bioethics and Law, 17*(1), 22-26.

42 Articulado contenido en el IV Convenio de Ginebra relativo a la protección de las personas civiles en tiempos de guerra. 12 de agosto de 1949.

A través de estas disposiciones, se observa que los niños son considerados en el marco del Derecho Internacional Humanitario como grupo especialmente vulnerable[43].

Si se parte del concepto de grupo vulnerable anteriormente indicada, la protección debe atender a los riegos concretos a los que están sometidos los diferentes grupos especialmente vulnerables. Por lo tanto y partiendo de la definición de riesgo como "*la probabilidad de sufrir un determinado daño*"[44], los niños y las niñas son grupos diferentes, con riesgos compartidos, pero también riesgos específicos. En otras palabras, están expuestos a diferentes niveles de probabilidad de sufrir riesgos determinados, unos derivados de la edad y otros del género concreto de cada uno de ellos.

Como advierte Block, el Derecho Internacional Humanitario esta influenciado por construcciones de género, afirmando que existe una idea comúnmente aceptada de que "*las guerras pertenecen a los hombres, quienes defienden a su nación, a las mujeres y los niños*". Esta aproximación no contempla el fenómeno de los niños y niñas soldado, ni tampoco el importante papel de la mujer en los procesos de pacificación[45]. En esta misma línea, Hart afirma que este marco protector "*homogeniza la experiencia de la infancia*", sin integrar en el análisis de la vulnerabilidad elementos como el género o la raza[46].

1.2. Análisis de riesgos específicos que enfrenta la infancia en conflictos armados

La creciente urbanización de los conflictos armados es un fenómeno que transforma el núcleo densamente poblado en espacio de batalla. Esto provoca un incremento de los niños que viven en zonas de conflicto, exponién-

---

43 Hart, J. (2023). The Child as Vulnerable Victim: Humanitarianism Constructs Its Object. *International Journal of Environmental Research and Public Health, 20*(6), 5102.

44 Echemendía Tocabens, B. (2011). Definiciones acerca del riesgo y sus implicaciones. *Revista cubana de higiene y epidemiología, 49*(3), 470-481.

45 Karim, S. y Beardsley, K. (2017). *Equal opportunity peacekeeping: women, peace, and security in post-conflict states.* Oxford University Press. De la Vega, C., y HaleyNelson, C. E. (2005). The role of women in peacekeeping and peacemaking: Devising solutions to the demand side of trafficking. *Wm. & Mary J. Women & L., 12*(437).

46 Hart, J. (2023). El niño como víctima vulnerable: el humanitarismo construye su objeto. *Revista Internacional de Investigación Ambiental y Salud Pública, 20*(6), 5102.

dolos a las consecuencias directas e indirectas de los ataques[47]. Esta cercanía supone un aumento de la probabilidad de sufrir determinaos daños, tanto intencionales como colaterales, lo que evidencia la necesidad de realizar una reevaluación del marco protector existente en torno a la infancia. El aumento de niños expuestos de forma directa a las consecuencias derivadas del desarrollo de las hostilidades puede observarse a través de la siguiente gráfica.

Gráfico 1. Niños que viven en zonas de conflicto a 50 km de distancia de países en conflicto, 1990-2016

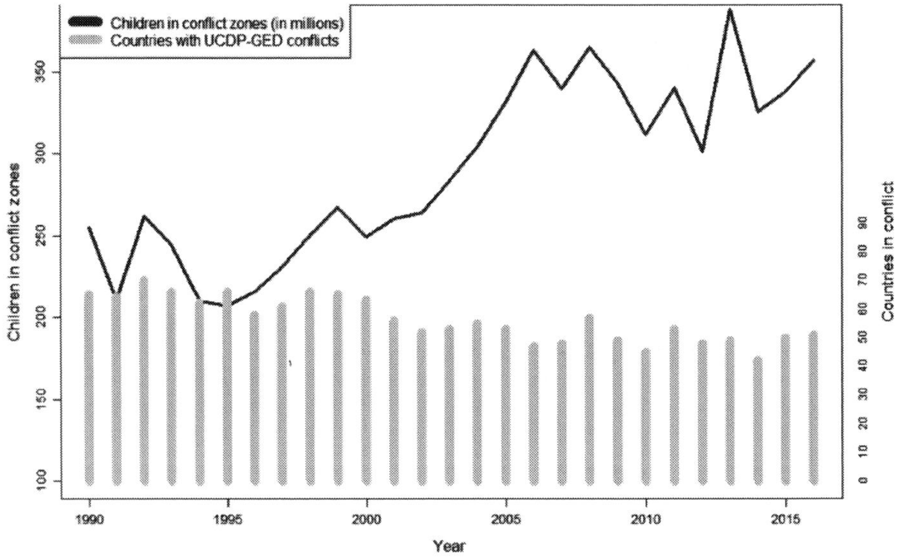

Nota. Gráfico extraído de Bahgat, Karim; Kendra Dupuy; Gudrun Østby; Siri Aas Rustad; Håvard Strand & Tore Wig (2018) Children and Armed Conflict: What Existing Data Can Tell Us. Oslo: PRIO.

El gráfico presenta una evolución crítica de la exposición infantil a los conflictos armados entre 1990 y 2016. En ella se comparan dos variables: por un lado, el número total de niños viviendo a menos de 50 kilómetros de zonas en conflicto (línea azul), expresado en millones; por otro, el número de países con conflictos activos según el UCDP-GED (barras verticales). El cruce de ambas series permite identificar una tendencia preocupante: mientras que el número de países en conflicto permanece relativamente estable (fluctuando entre 35 y 45 durante todo el periodo), el número de niños afectados se incrementa sostenidamente, pasando de cerca de 200

47 UNICEF. (2021).

millones en 1990 a más de 2350 millones en 2016, con picos cercanos a los 370 millones en los años 2010 y 2015.

Este crecimiento revela que el impacto de los conflictos armados sobre la infancia no depende únicamente de la cantidad de guerras activas, sino de otros factores como pueden ser la urbanización de los escenarios bélicos, la prolongación de los conflictos (en términos de tiempo), o la densidad poblacional de las zonas afectadas. La diferencia más marcada se produce a partir del año 2000, cuando comienza una curva ascendente sostenida del número de niños y niñas expuestos, a pesar de que el número de países involucrados en conflictos se mantiene constante. Esta divergencia sugiere que los conflictos contemporáneos afectan a un número cada vez mayor de niños y niñas. Esto sugiere que las guerras contemporáneas son más prolongadas y se libran en territorios más densamente poblados, afectando por tanto, a un mayor volumen de población infantil.

Desde el punto de vista normativo, estos datos resultan especialmente alarmantes si se consideran los avances paralelos en materia de protección de derechos de la infancia. Paradójicamente, es aproximadamente en el año 1990, precisamente el año de entrada en vigor de la Convención de los Derechos del Niño, cuando comienza el ascenso sostenido del número de niños expuestos a conflictos armados. Esto demuestra dos aspectos. El primero es que la normativa internacional respondió a una necesidad de protección de ese momento. Y el segundo, es que pone en evidencia una desconexión entre el desarrollo normativo internacional y su implementación práctica en los escenarios de guerra.

Además, la militarización del entorno y el urbicidio característico de la guerra urbana[48], incrementa la probabilidad de que esos menores estén sometidos a una destrucción identitaria, cultural e histórica[49]. Es necesario advertir que, los principales motivos que incentivan el reclutamiento y alistamiento de menores son principalmente: la militarización del entorno, la existencia de la violencia física o estructural y la influencia del entorno del niño, integrado este último por su religión, ideología, valores sociales y familiares presente durante el conflicto[50]. Por lo tanto, la integración del menor en las dinámicas del conflicto aumenta la vulnerabilidad de los menores, en-

---

48 Coward, M. (2009). Urbicide. *The politics of urban destruction.* Routlege.

49 Wessells, M. G. (1998). Children, armed conflict, and peace. *Journal of Peace Research, 35*(5), 635-646.

50 Cohn, I., y Goodwin-Gill, G. S. (1997). *Los niños soldados: un estudio para el Instituto Henry Dunant, Ginebra* (Vol. 223). Editorial Fundamentos

tre los que se encuentra el riesgo de reclutamiento y utilización de menores. Un reclutamiento, que puede ser tanto voluntario como forzado, y que es descrito como "*un flagelo que la humanidad no ha sabido erradicar*"[51].

No es casualidad que Afganistán, Siria y Yemen sean los "*territorios con mayor proporción de niños que viven en zonas de conflicto*" y a su vez sean los países con mayor riesgo de reclutamiento[52]. La utilización estratégica de niños y niñas en el conflicto se debe a que son "*pizarras en blanco*", es decir, sujetos muy vulnerables a los procesos de adoctrinamiento[53], a través de la consolidación de un deber cívico militar[54].

Del mismo modo, el riesgo que supone la cercanía al conflicto también está contemplado en la normativa internacional. Este es el caso del artículo 14 del IV Convenio de Ginebra. esta disposición establece que el primero de los riesgos es la exposición de los niños y niñas al conflicto. En este sentido, se articula una protección especial de los niños y niñas a la hora de designar zonas y localidades sanitarias y zonas de seguridad.

Además de los riesgos asociados a la urbanización, a través de un análisis de la normativa internacional humanitaria indicada *ad infra*, se puede extraer otra serie los riesgos asociados a los niños y niñas en situaciones de conflicto armado. Este es el caso del artículo 23 del IV Convenio de Ginebra, el cual consciente de la importancia de la manutención y el suministro de medicamentos para los niños, establece que las partes en conflicto deberán permitir el paso para el suministro de víveres indispensables, ropa y tónicos. Una medida que se reitera en el artículo 24 del IV Convenio de Ginebra. Junto a esto, se amplía la protección incluyendo el derecho a practicar la religión y el derecho a la educación.

A diferencia de las anteriores, el artículo 89 del IV Convenio de Ginebra establece una diferenciación. Este precepto establece que el suministro de suplementos alimentarios se realizará en atención a las diferentes necesidades fisiológicas. En este punto, es necesario advertir que las necesidades fisiológicas, también denominadas homeostáticas, engloban una serie de

---

51 Alonso Pérez, F. (2017). La protección de la población civil". En Rodríguez Villasante, J. L., López Sánchez, J. (Eds.). (p. 726). *Derecho Internacional Humanitario.* Tirant lo Blanch.

52 Seepersad, I. (2023) Child Soldiers: Strategic recruitment and systematic use. *Publicaciones de Generation for Rihgts Over the World.*

53 Ibidem.

54 Cohn, I., & Goodwin-Gill, G. S. (1997). *Los niños soldados: un estudio para el Instituto Henry Dunant, Ginebra* (Vol. 223). Editorial Fundamentos.

"*necesidades básicas como es el alimento, el sueño, el refugio*"[55]. En otras palabras son necesidades relacionadas con la supervivencia, que "*si dejan de existir, el individuo sufre daños importantes pudiendo dejar de existir*"[56]. Sin embargo, no son las únicas necesidades en las cuales es necesario hacer diferenciación. Este es el caso de las necesidades relacionadas con el desarrollo cognitivo y emocional, diferente en el caso de los niños y niñas[57].

La normativa internacional humanitaria establece que solo se hará dicha diferenciación en relación con el suministro de suplementos alimentarios en atención a las necesidades fisiológicas, no estableciendo por ejemplo una diferenciación en las necesidades sociales, definidas como aquellas relacionadas con el desarrollo afectivo del niño y la niña o las necesidades de estima que desarrollan el "*respeto a uno mismo y que incrementan ámbitos fundamentales como la confianza, la independencia y la libertad*"[58]. Estas últimas con una importante influencia en la situación post-conflicto.

El artículo 24 establece medidas que facilitan la identificación de los menores de 12 años a través del establecimiento una obligación de medios a las partes combatientes de proporcionar a dichos menores de una placa o un medio que cumpla dicha función. Esto se debe a que uno de los principales riesgos a los que se exponen los menores en situaciones de conflicto armado es la necesidad de desplazamiento[59] y la importancia de la reunificación familiar como pilar fundamental[60].

Un factor que acrecienta la vulnerabilidad de los niños en situaciones de conflicto armado es la desintegración familiar, especialmente en situaciones de guerra urbana. Esta se define como aquella a través de la cual se

---

55 Ferreira, Y. K. M., Yunapanta, M. C. P. , & Caicedo, C. V. (2025). Necesidades fisiológicas y su influencia en el desarrollo cognitivo y emocional infantil: estudio en el Centro Infantil Pininos, Quito. *Nexus Research Journal, 4*(1), 245-266.

56 Muñoz, M. D., & de la Fuente, F. V. (2010). La pirámide de necesidades de Abraham Maslow. *Estrategias y Tácticas de Negociación*, 1-4.

57 Arroyo Ortega, A. (2018). Protección integral de niños y niñas: perspectivas políticas para la construcción de paz. *Aletheia. Revista de Desarrollo Humano, Educativo y Social Contemporáneo, 10*(1), 58-77.

58 Maslow, A. H. (1991). *Motivación y personalidad.* Ediciones Díaz de Santos.

59 Kadir A, Shenoda S, Goldhagen J, et al. The Effects of Armed Conflict on Children. *Pediatrics.* 2018;142(6).Idris, I. (2024). Children and Armed Conflict: Effects and interventions. *K4DD Rapid Evidence Review*, 45.

60 Ruiz-Casares, M. (2024). Children without parental care in armed conflict settings: right to family life and alternative care arrangements. In *Research Handbook of Children and Armed Conflict* (pp. 232-252). Edward Elgar Publishing.

produce la "*separación de alguno de los miembros del núcleo familiar*"[61]. Un fenómeno que provoca una gran afección emocional a los niños y niñas víctimas del conflicto debido a que la familia pierde su condición de "*...grupo primario de protección, desarrollo, cuidado o educación*"[62]. Esta separación provoca grandes cantidades de menores no acompañados o separados. Es común que estos menores se desplacen sin sus documentos de identidad, imposibilitando la identificación de vulnerabilidades específicas y la posterior reunificación familiar[63].

El aumento de los desplazamientos, la falta de educación y la situación de pobreza y desigualdad económica que genera la guerra urbana, provoca a su vez un mayor riesgo de que los menores sean víctimas de trata de personas. Como demuestran los datos extraídos de CTDC Global Dataset, los menores de entre 0 a 8 años representan un 5% del total de víctimas reportadas de tráfico de personas, y los menores de 9 a 17 años representan el 19%[64]. Un fenómeno que sufre un incremento exponencial a partir del año 2014.

Gráfico 2. Víctimas de reclutamiento global reportadas diferenciando por tramo de edades

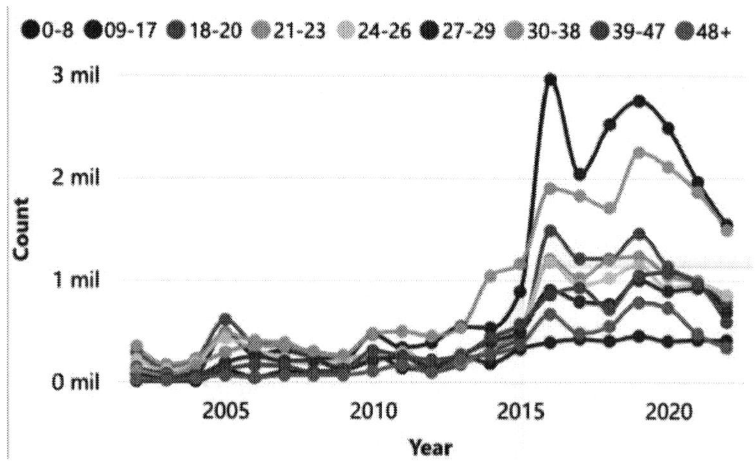

Nota. Gráfico extraído de la base de datos CTDC Global Dataset.

---

61 García, A. (2019). Desintegración familiar. Seminario la Universidad. Universidad de Panamá.

62 Moreno Acero, I., Díaz Santos, S. E. y Del Rojas García, A. (2021). Desintegración y recomposición de la unidad familiar de las víctimas del conflicto armado en Colombia. *Revista Entramado,* 17(1).

63 Kadir, A., Shenoda, S., Goldhagen, J. y Pitterman, S. (2018). The Effects of Armed Conflict on Children. *Pediatrics,* 142(6).

64 https://www.ctdatacollaborative.org/global-synthetic-data-dashboard

Esta gráfica muestra la evolución del número de víctimas de reclutamiento global reportadas entre 1997 y 2022, desagregadas por tramos de edad. A partir de esta, es posible identificar tendencias significativas en la dinámica del reclutamiento en conflictos armados y relacionarlas con hitos históricos, jurídicos y sociales que condicionan este fenómeno.

Desde un enfoque jurídico, la protección de la infancia frente a la violencia armada ha sido uno de los desarrollos más significativos del derecho internacional contemporáneo. No obstante, los datos del gráfico revelan una realidad de cierta complejidad. A lo largo de los 25 años analizados, el grupo de 9 a17 años presenta una tendencia sostenida de víctimas de reclutamiento, sin que se observe una reducción significativa a pesar del avance normativo. Este fenómeno plantea interrogantes fundamentales sobre la eficacia de la protección que articula el Derecho Internacional.

La persistencia del reclutamiento infantil también puede explicarse por el tipo de conflictos que han predominado desde la década de los noventa. A diferencia de las guerras convencionales entre estados, los conflictos contemporáneos suelen ser internos, prolongados y fragmentados, con una fuerte presencia de milicias, grupos rebeldes y organizaciones terroristas[65].

La gráfica muestra que el uso de menores por parte de actores armados continúa siendo una práctica extendida. La curva correspondiente al grupo de 9 a 17 años evidencia dos picos significativos de aumento en el número de víctimas, que se corresponden con fases de aguda conflictividad bélica a nivel mundial, así como con transformaciones en la naturaleza de los conflictos contemporáneos.

El primer incremento importante se observa en el período comprendido entre 2002 y 2005, el cual coincide con varios conflictos en el continente africano, como las guerras civiles en Liberia, Sierra Leona y la República Democrática del Congo.

El pico más pronunciado, no obstante, se registra entre 2013 y 2016, periodo en el cual confluyen diversos conflictos de alta intensidad y fuerte impacto sobre la población civil, especialmente infantil. En este intervalo se destacan tres escenarios principales: la Guerra Civil Siria, la expansión del Estado Islámico en Siria e Irak y la intervención armada en Yemen. En todos ellos, se documentó ampliamente la utilización de menores por parte de actores estatales y no estatales. El caso del Estado Islámico resul-

---

65 Kaldor, M. (2013). *New and old wars: Organised violence in a global era.* John Wiley & Sons.

ta paradigmático, dado que no solo se recurrió al reclutamiento forzado, sino que se desarrollaron formas sistemáticas de adoctrinamiento ideológico, entrenamiento militar infantil y uso propagandístico de los llamados "*cachorros del califato*"[66]. Asimismo, la guerra en Yemen puso de relieve la participación de niños en el frente de batalla, tanto en el bando de los hutíes como entre fuerzas vinculadas al gobierno reconocido internacionalmente[67]. A partir de 2017, la gráfica muestra una disminución relativa en el número de menores reclutados. No obstante, esta tendencia descendente debe interpretarse con cautela, ya que el reclutamiento puede haberse desplazado hacia formas menos visibles o no registradas, sin implicar una erradicación real del fenómeno.

Los Convenios de Ginebra de 1949 no regulan la protección de los menores contra el reclutamiento y utilización de menores en situaciones de conflicto armado. Esta preocupación fue plasmada posteriormente en el Protocolo Adicional I y II a los Convenios de Ginebra. Esto nuestra que la visibilidad de esta problemática tuvo lugar tras la Segunda Guerra Mundial y las Guerras de descolonización y durante el desarrollo de la Guerra Fría. Esto se debe a que el desarrollo normativo esta influenciado por el contexto en el que se desarrolla, intentando responder a la problemática de ese momento. Es decir, responde directamente a los desafíos, valores y problemáticas imperantes en un determinado momento histórico.

Otra de las razones que incrementa la vulnerabilidad de los menores en situaciones de conflicto armado, es que al tratarse de un conflicto desarrollado en áreas densamente pobladas, se ve interrumpido el derecho a la educación. Un elemento, que como indica Bahajin, es el instrumento de desarrollo de la cultura de la paz, además de ser un "*mecanismo de paz, estabilidad y prosperidad global*"[68]. Este derecho, se ve afectado por diferentes circunstancias presentes en la guerra urbana: los ataques y el uso militar de los colegios y la utilización de los colegios como lugares de reclutamiento y adoctrinamiento[69]. En atención a los datos aportados por UNICEF, en el

---

66 Mastragostino, P. A., y Sosa, M. A. (2018). El rol de los niños en conflictos armados: los Cachorros del Califato. *Boletín del Departamento de Seguridad Internacional y Defensa.*

67 Tolosa, C. I. (2017). Guerra civil en Yemen: actores y crisis humanitaria. *bie3: Boletín IEEE,* (5), 823-841.

68 Bahajin, S. (2018). La educación como instrumento de la cultura de la paz. *Innovación Educativa,* 18(78).

69 Global Coalition to protect Education from Attack. (2020). Education under attack 2020. *Informes de Global Coalition to protect Education from Attack.*

conflicto sirio 70000 escuelas resultaron dañadas y aproximadamente dos millones de niños no están escolarizados[70]. Del mismo modo Syrian Network for Human Rights recopilaron información de las escuelas que resultaron dañadas tras un año de conflicto[71], dejando entrever principalmente una gran afección en las infraestructuras educativas en las provincias de Alepo, Damasco, Idlib, Homs, Hama y Daraa. Estas provincias tienen en común una elevada densidad poblacional y a su vez son aquellas cuyas infraestructuras educativas se han visto más afectadas. Tomando como ejemplo Siria y como muestra el gráfico, no es coincidencia que la tasa neta de matriculación primaria en Siria sufra una bajada drástica en torno a 2010, un año antes del estallido de la Guerra en Siria como muestra la siguiente gráfica extraída de la base de datos CEIDATA-Wold bank.

Gráfico 3. Tasa neta de matriculación ajustada de niños en edad de asistir a la escuela primaria (de 6 a 12 años).

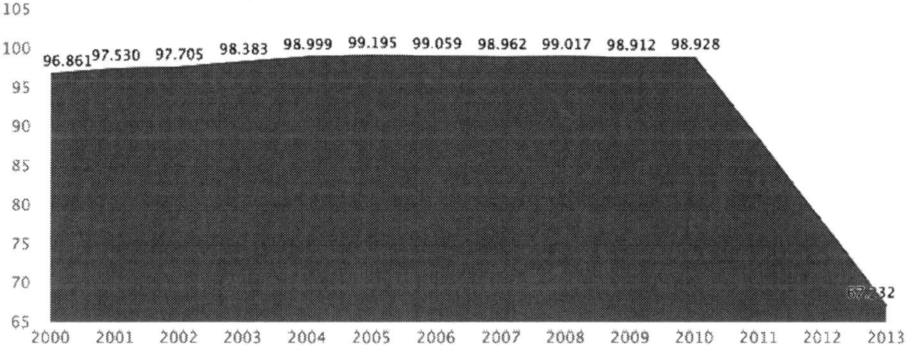

Nota. Gráfico extraído de las bases de datos CEIC y WorldBank. https://www.ceicdata.com/en/syria/education-statistics

Otros ejemplos pueden ser Irak, donde el 84% de las instituciones educativas fueron destruidas[72] o Yemen donde una de cada cuatro instalaciones educativas ha sido destruida o utilizada para fines no relacionados con la educación, dejando aproximadamente dos millones de niños sin acceso

---

70 UNICEF. "Syrian Arab Republic". Disponible en https://www.unicef.org/syria/education.

71 Syrian Network for Human Rights. (s.f.). "A report on the destruction of schools and its consequences". Disponble en https://snhr.org/public_html/wp-content/pdf/english/The_Destruction_Of_Schools_And_its_Consequences_en.pdf

72 Adriaensesns, D. (2013). The destruction of Iraq´s education system. *Publicaciones de Geneva International centre for Justice.*

a la educación[73]. Estos ejemplos sólo sirven para ilustrar que cuando la guerra se desarrolla en entornos urbanos, como ciudades, la afección del sistema educativo es un elemento intrínseco a la destrucción asociada a este tipo de conflictos. Esto es debido a que las escuelas se ubican geográficamente dentro de los núcleos urbanos. Un hecho que llama la atención es que a diferencia de las unidades sanitarias como hospitales, el medio ambiente, y los bienes culturales, las escuelas y universidades no gozan de protección especial, salvo que se consideren "*de gran importancia para la identidad cultural*"[74], supuesto en el que se integrarían en la categoría de bienes especialmente protegidos, no como categoría propia, sino como categoría incluida en bienes culturales.

3. CONCLUSIONES

La configuración de un concepto de niño o niña universalmente aceptado es una realidad teórica que no se traslada al plano práctico. Dependiendo del contexto social, cultural e histórico, la infancia se determina por diferentes factores, que pueden o no coincidir con la edad. El parámetro a través del cual se articula la protección de la infancia es la edad, un factor que no determina el paso de la niñez a la adultez, especialmente en los países en vías de desarrollo, donde además se concentran importantes vulneraciones de los derechos de los niños y las niñas. Resulta aconsejable que el sistema de protección no se base exclusivamente en el criterio de la edad, sino que integre tanto la perspectiva de género como la identificación de riesgos específicos a los que están expuestos determinados grupos especialmente vulnerables, como es el caso de las niñas.

Es fundamental que los mecanismos internacionales y nacionales de justicia transicional, asistencia humanitaria y reconstrucción postconflicto incluyan una perspectiva de género que visibilice las diferentes formas en que los niños y las niñas son afectados por la violencia armada. Las niñas, en particular, enfrentan formas múltiples y superpuestas de victimización que históricamente han sido invisibilizadas o tratadas de manera secundaria. La jurisprudencia internacional debe avanzar hacia una doctrina más

---

73 Comité Internacional de la Cruz Roja. (2022). "Yemen: Conflict leaves millions of children without proper education". Disponible en https://reliefweb.int/report/yemen/yemen-conflict-leaves-millions-children-without-proper-education-enar

74 Global Coalition to protect Education from Attack. (2020). Education under attack 2020. *Informes de Global Coalition to protect Education from Attack.*

sensible a la realidad de las niñas soldado, tanto en su condición de víctimas como en la eventual dualidad víctima-perpetradora.

Desde este estudio, se anima a posteriores investigaciones a estudiar la divergencia entre el desarrollo jurídico y el sostenimiento o incremento de casos de vulneración de los derechos de los niños y las niñas, con el objetivo de replantear la eficacia de los mecanismos existentes y explorar la necesidad urgente de implementar estrategias más específicas, integradas y operativas que respondan al nuevo rostro de los conflictos armados del siglo XXI.

4. REFERENCIAS BIBLIOGRÁFICAS

Adesola, A. (2024). Child Soldier Narratives and the Underrepresentation of Females in Fighting Forces. *International Research in Children's Literature, 17*(2), 160-173.

Adriaensesns, D. (2013). The destruction of Iraq´s education system. *Publicaciones de Geneva International centre for Justice.*

Al-Shehari, M. R., y Johnson, J. L. (2025). "Reintegration of Children Previously Associated with Conflicts – Case Study from Yemen". *Journal of Epidemiology and Global Health, 15*(32).

Alonso Pérez, F. (2017). La protección de la población civil". En Rodríguez Villasante, J. L., López Sánchez, J. (Eds.). (p. 726). *Derecho Internacional Humanitario.* Tirant lo Blanch.

Anderson, M. B. (2010). "El concepto de vulnerabilidad: más allá de la focalización en los grupos vulnerables. *Revista Internacional de la Cruz Roja,* 19(124).

Arroyo Ortega, A. (2018). Protección integral de niños y niñas: perspectivas políticas para la construcción de paz. *Aletheia. Revista de Desarrollo Humano, Educativo y Social Contemporáneo, 10*(1), 58-77.

Bacalja, M. y Ndaferankhande, D. (2020). Becoming Female: The Role of Menarche Rituals in "Making Women" in Malawi. En Bobel C, Winkler I.T, Fahs, B. et al., (Eds.), *The Palgrave Handbook of Critical Menstruation Studies* (Capítulo 33). Palgrave Macmillan.

Bahajin, S. (2018). La educación como instrumento de la cultura de la paz. *Innovación Educativa,* 18(78).

Bouta, T. (2005). "Gender and Disarmament, Demobilization and Reintegration". Conflict Research Unit.

Buchanan, N. (2024). *Invisible No More?: An Analysis of Disarmament, Demobilization, and Reintegration Programs for Former 'Girl Soldiers Who Become Mothers' and Their Children*(Doctoral dissertation, Université d'Ottawa/University of Ottawa).

Canagarajah, S. (201). "Child Labor in Africa: A comparative Study". *The ANNALS of the American Academy of Political and Social Science,* 575(1).

Cohn, I., & Goodwin-Gill, G. S. (1997). *Los niños soldados: un estudio para el Instituto Henry Dunant, Ginebra* (Vol. 223). Editorial Fundamentos.

Comité Internacional de la Cruz Roja. (2022). "Yemen: Conflict leaves millions of children without proper education". Disponible en https://reliefweb.int/report/yemen/yemen-conflict-leaves-millions-children-without-proper-education-enar

Coward, M. (2009). Urbicide. *The politics of urban destruction.* Routlege.

Dahlial, F., fatria Maulana, R., Yunarti, S. y Yunus Batusangkar, Y. (2025). "Child protection in International Law: Synergy between CRC, Humanitarian law, and Human Rights". *Journal of Artificial Intelligence and Digital Business,* 4(1), pp. 410-416.

De la Vega, C., y HaleyNelson, C. E. (2005). The role of women in peacekeeping and peacemaking: Devising solutions to the demand side of trafficking. *Wm. & Mary J. Women & L., 12*(437).

Denov, M. y Alexandra R. G. (2013). "Girl Soldiers: Towards a Gendered Understanding of Wartime Recruitment, Participation, and Demobilisation." *Gender & Development* 21 (3), pp. 473-88.

Echemendía Tocabens, B. (2011). Definiciones acerca del riesgo y sus implicaciones. *Revista cubana de higiene y epidemiología, 49*(3), 470-481.

Farr, V. (2005). "La desmilitarización con perspectiva de género como herramienta para la construcción de la Paz". Cuadernos Iner, (2).

Fernández Villazón, A. (2016). "Grupos vulnerables: apuntes para un concepto jurídico-Social". *Revista de Trabajo y Seguridad Social,* (404), pp. 109-134.

Ferreira, Y. K. M., Yunapanta, M. C. P. , & Caicedo, C. V. (2025). Necesidades fisiológicas y su influencia en el desarrollo cognitivo y emocional infantil: estudio en el Centro Infantil Pininos, Quito. *Nexus Research Journal, 4*(1), 245-266.

Fox, M. J. (2004). "Girl Soldiers: Human Security and Gendered Insecurity". Security Dialogue, 35(4).

Fuijo, C. (2008). "Invisible Soldiers: How and Why Post-Conflict Processes Ignore the Needs of Ex-Combatant Girls". *Columbia Journal of Law & Social Problems, (1).*

García, A. (2019). Desintegración familiar. Seminario la Universidad. Universidad de Panamá.

Global Coalition to protect Education from Attack. (2020). Education under attack 2020. *Informes de Global Coalition to protect Education from Attack.*

Hart, J. (2023). El niño como víctima vulnerable: el humanitarismo construye su objeto. Revista Internacional de Investigación Ambiental y Salud Pública, 20(6), 5102.

Heimer, M. y Palme, J. (2016). "Rethinking Child Policy Post-UN Convention on the Rights of the Child: Vulnerable Children´s Welfare in Sweden". *Journal of Social Policy,* 45(3), pp. 435-452.

Helman, R. (2022). "Attending to vulnerability. In sexual violence research", Feminism & Psycology, 33(3).

Imoh, A.T. D. (2012). The Convention on the Rights of the Child: A Product and Facilitator of a Global Childhood. In: Imoh, A.TD., Ame, R. (eds) Childhoods at the Intersection of the Local and the Global. Studies in Childhood and Youth. Palgrave Macmillan, London.

Jideofor Ogbu, T., Rodriguez-Llanes, J.M., Moitinho de Almeida, M., Speybroeck, N. y GuhaSapir, D. (2022). "Human insecurity and child deaths in conflict: evidence for improved response in Yemen". *International Journal of Epidemiology,* 51(3), pp. 847-857,

Judith Gardam (1998). "La mujer, los derechos humanos y el derecho internacional humanitario". *Revista Internacional de la Cruz Roja,* 23, pp 453-467.

Kadir A, Shenoda S, Goldhagen J, et al. The Effects of Armed Conflict on Children. *Pediatrics.* 2018;142(6).Idris, I. (2024). Children and Armed Conflict: Effects and interventions. *K4DD Rapid Evidence Review,* 45.

Kaldor, M. (2013). *New and old wars: Organised violence in a global era.* John Wiley & Sons.

Karim, S. y Beardsley, K. (2017). *Equal opportunity peacekeeping: women, peace, and security in post-conflict states.* Oxford University Press.

Lezma, J. L. (2013). *Teoría Social: espacio y ciudad.* El Colegio de México, A. C. (3ª Edición).

Liebel, M. (2009). Sobre la historia de los Derechos de la infancia. En Lieber. M. y Martínez Muñoz, M (Coord.). *Infancia y Derechos Humanos. Hacia una ciudadanía participante y protagonista.* IFEJANT.

Liedo, B. (2021). "Vulnerabilidad". Revista en Cultura de la Legalidad, (20), pp. 242-257.

Luciano Laise, D. (2018). "La interpretación evolutiva de "interés superior del niño": Método interpretativo, presupuestos semánticos y dificultades". *Revista Universitaria de Investigación,* (19).

Mahomed, S. (2024). International humanitarian laws: Applicable to all or a privilege for some? *South African Journal of Bioethics and Law, 17*(1), 22-26.

Maslow, A. H. (1991). *Motivación y personalidad.* Ediciones Díaz de Santos.

Mastragostino, P. A., y Sosa, M. A. (2018). El rol de los niños en conflictos armados: los Cachorros del Califato. *Boletín del Departamento de Seguridad Internacional y Defensa.*

Mensah, A. N. A. (2024). Gendered Perspectives on the Recruitment and Use of Child Soldiers in Early Warning. *Civil Wars, 26*(3), 502-520.

Molloy, S. (2024). "Child Soldiers and Peace Agreements". International & Comparative Law Quarterly, 73(1), pp. 103-134.

Moreno Acero, I., Díaz Santos, S. E. y Del Rojas García, A. (2021). Desintegración y recomposición de la unidad familiar de las víctimas del conflicto armado en Colombia. *Revista Entramado,* 17(1).

Mukum Mbaku, J. (2020). "International Law and child marriage in Africa". *Indonesian Journal of International and Comparative law,* (26), pp. 103-244.

Muñoz, M. D., y de la Fuente, F. V. (2010). La pirámide de necesidades de Abraham Maslow. *Estrategias y Tácticas de Negociación,* 1-4.

Ocón Domingo, J. (2006). "Normativa internacional de protección de la infancia". *Cuadernos de Trabajo Social,* 19.

Pastor Seller, E., Prado Conde, S. y Moraña Boullosa, A. (2018). "Impacto de la Convención sobre los derechos del niño en los estados de Argentina, Brasil, Chile, España y Uruguay". *Revista Prisma Social,* (23), pp. 66-100.

Perianes, M. B., Ndaferankhande, D. (2020). Becoming Female: The Role of Menarche Rituals in "Making Women" in Malawi. In: Bobel, C., Winkler, I.T., Fahs, B., Hasson, K.A., Kissling, E.A., Roberts, TA. (eds) The Palgrave Handbook of Critical Menstruation Studies. Palgrave Macmillan, Singapore.

Rea-Granados, S. A. (2016). "Evolución del Derecho Internacional sobre la Infancia". *Revista Colombiana de Derecho Internacional,* (29).

Rios Kohn, R. (1998). "The Convention on the Rights of the Child: progress and Challenges. *Journal on Fighting Poverty,* (139).

Rodenhäuser, T. y Mutasa, S. (2024). The international humanitarian law framework for humanitarian relief during armed conflicts and complex emergencies. En Aronsson Storrier, M y Breau, S. (Eds.). *Reseach Handbook on Disasters and International Law (*159-182).

Ruiz-Casares, M. (2024). Children without parental care in armed conflict settings: right to family life and alternative care arrangements. In *Research Handbook of Children and Armed Conflict* (pp. 232-252). Edward Elgar Publishing.

Sandhu, A., y Rattan, J. (2024). Law relating to women amid armed conflicts: insights from international humanitarian law with special reference to India. *Panjab University Law Review, 63*(1).

Schoeder, E., Tallarico, R. y Bakaroudis, M. (2022). "The impact of adolescent initiation rites in East and Southern Africa: Implications for policies and practices". *International Journal of Adolescence and Youth,* 27(1), pp. 181-192.

Seepersad, I. (2023) Child Soldiers: Strategic recruitment and systematic use. *Publicaciones de Generation for Rihgts Over the World.*

Syrian Network for Human Rights. (s.f.). "A report on the destruction of schools and its consequences". Disponble en https://snhr.org/public_html/wp-content/pdf/english/The_Destruction_Of_Schools_And_its_Consequences_en.pdf

Taylor Jones, K. (2016). Girlhood in a Warzone: African Child Soldiers in Film. En Handyside. F (Ed.), *International Cinema and the Girl: Local Issues, Transnational Context.* Palgrave Macmillan.

Tolosa, C. I. (2017). Guerra civil en Yemen: actores y crisis humanitaria. *bie3: Boletín IEEE,* (5), 823-841.

Trinidad Nuñez, P. (2012). La evolución en la protección de la vulnerabilidad por el derecho internacional de los derechos humanos. *Revista Española de Relaciones Internacionales,* (4), 125-168.

UNICEF. "Syrian Arab Republic". Disponible en https://www.unicef.org/syria/education.

United Nations. Treaty Collection, Capítulo 4. 11. Human Rights. Convention on the Rights of the Child. Disponible en https://treaties.un.org/doc/Publication/MTDSG/Volume%20I/Chapter%20IV/IV-11.en.pdf

Van Bueren, G. (1995). The International Law on the rights of the Child. International Studies in Human Rights, 35

Verhellen, E. (2015), "The Convention on the Rights of the Child. Reflections from a historical, social policy and educational perspective" en Routledge international Handbook of children´s Rights Studies. Routledge.

Von Ihering, R. (2016). *La lucha por el derecho. Cuadernos Civitas.* Thomsons Reuters.

Wessells, M. G. (1998). Children, armed conflict, and peace. *Journal of Peace Research, 35*(5), 635-646.

Zaki, M. I. y Samimi, S. (2025). "Jurisprudential Analysis of Maturity from the Islamic Perspective". Law and Humanities Quarterly Reviews, 4(1), pp. 111-117.

Tratados Universales de Derechos Humanos y niñas soldados: algunas declaraciones estatales[1]

Universal Human Treaties and girl soldiers: some states declarations

NURIA PASTOR PALOMAR
Universidad Nacional de Educación a Distancia

Resumen: En los tratados universales de derechos humanos no hay una referencia expresa a la niña soldado, pero le son de aplicación estos tratados cuya protección no cesa en tiempos de guerra. Además, algunos de estos instrumentos refuerzan esta protección con disposiciones relativas a conflictos armados. A su vez, es frecuente que los Estados formulen declaraciones unilaterales cuando son parte en un tratado, que modulan o precisan esta participación o meramente valoran o informan sobre alguna disposición del tratado. Algunas de estas declaraciones se han realizado a los artículos que tratan específicamente sobre los conflictos armados. Otras incluso se refieren al tratado en su conjunto y han recibido el rechazo de los demás Estados parte al disminuir la protección de los derechos reconocidos en estos tratados.

Abstract: *Universal human rights treaties do not expressly refer to girl soldiers, but these treaties apply to them and their protection does not cease in times of war. Furthermore, some of these instruments reinforce this protection with provisions relating to armed conflict. In turn, it is common for States to make unilateral declarations when they are party to a treaty, which modulate or specify this participation or merely assess or report on a provision of the treaty. Some of these declarations have been made to articles that specifically deal with armed conflicts. Others even refer to the treaty as a whole and have been rejected by the other States parties because they diminish the protection of the rights recognised in these treaties.*

Palabras clave: niñas soldado, tratados, derechos humanos, declaraciones estatales, reservas

Keywords: girl soldiers, treaties, human rights, state declarations, reservations

---

1 Estudio realizado en el marco del Proyecto de Investigación titulado "*Lagunas en la protección y asistencia internacional a las niñas asociadas a Grupos armados (NAAG)*". CIAICO 2022/235 UCHCEU con financiación pública de la GVA.

INTRODUCCIÓN

La protección otorgada por los tratados universales de derechos humanos tiene lugar en tiempo de paz y de guerra. Algunos de estos tratados contienen también una disposición que se refiere a los conflictos armados. En ninguno de ellos, sin embargo, hay una mención expresa a las niñas soldado. Asimismo, la mayoría de estos tratados han tenido una amplia aceptación por parte de los Estados. Efectivamente, numerosos Estados son parte en estos instrumentos, pero su participación se ha visto modulada en algunos casos con la formulación de declaraciones que excluyen o modifican las disposiciones convencionales, o les dan una interpretación específica. Se trata, con ello, de alcanzar una participación más universal en los tratados, aun con menoscabo de los derechos protegidos. Otras declaraciones estatales están relacionadas con los tratados, pero no constituyen ni reservas ni declaraciones interpretativas.

Teniendo en cuenta la temática del trabajo, nos centraremos en las declaraciones estatales que tienen que ver con los conflictos armados, y a los siguientes tratados, a saber, la Convención sobre los derechos del niño aprobada el 20 de noviembre de 1989 (en vigor el 5 de enero de 1991), el Protocolo facultativo a esta Convención relativo a la participación de los niños en los conflictos armados, de 25 de mayo de 2000 (en vigor el 12 de febrero de 2002), la Convención sobre la eliminación de todas las formas de discriminación contra la mujer de 18 de diciembre de 1979,(entrada en vigor el 3 de septiembre de 1981) y, finalmente, la Convención sobre los derechos de las personas con discapacidad de 13 de diciembre de 2006 (en vigor el 3 de mayo de 2008). Trataremos, en primer lugar, las referencias en estos tratados a los conflictos armados. Posteriormente, abordaremos las declaraciones formuladas por los Estados.

1. LOS TRATADOS UNIVERSALES DE LOS DERECHOS HUMANOS Y LOS CONFLICTOS ARMADOS

La Corte Internacional de Justicia señalaría en su opinión consultiva sobre las consecuencias jurídicas de la construcción de un muro en el territorio palestino ocupado que "*la protección ofrecida por los convenios de derechos humanos no cesa en caso de conflicto armado, salvo por efecto de disposiciones de derogación del tipo de las que figuran en el artículo 4 del Pacto internacional de derechos civiles y políticos*[2] *(...) debiendo tomarse en consideración ambas ramas del*

[2] El artículo 4, párrafo 1 del Pacto internacional de derechos civiles y políticos establece que: "En situaciones excepcionales que pongan en peligro la vida de la

derecho internacional, a saber, el derecho internacional de los derechos humanos y el derecho internacional humanitario"[3].

En los tratados contemplados en este trabajo no figura ninguna cláusula que permita la suspensión de derechos en circunstancias excepcionales. Además, algunos de estos instrumentos contienen una disposición que se refiere expresamente a su aplicación durante los conflictos armados, junto con el Derecho internacional humanitario. Se trata del artículo 38 de la Convención sobre los derechos del niño y el artículo 11 de la Convención sobre los derechos de las personas con discapacidad. En cuanto al Protocolo facultativo a la Convención, recordemos que tiene como objeto la participación de los niños en los conflictos armados. En la Convención sobre la eliminación de todas las formas de discriminación contra la mujer, sin embargo, no hay mención expresa a los conflictos armados. Esta referencia la encontramos en la Recomendación General de 2003, aprobada en 2013 por el Comité que controla su aplicación.

Respecto a la Convención sobre los derechos del niño, el artículo 38 establece lo siguiente:

> *"1. Los Estados parte se comprometen a respetar y velar por que se respeten las normas del Derecho internacional humanitario que les sean aplicables en los conflictos armados y que sean pertinentes para el niño. 2. Los Estados parte adoptarán todas las medidas posibles para asegurar que las personas que aún no hayan cumplido los quince años no participen directamente en las hostilidades. 3. Los Estados parte se abstendrán de reclutar en las fuerzas armadas a las personas que no hayan cumplido los quince años. Si reclutan a personas que hayan cumplido los quince años, pero que sean menores de dieciocho, los Estados parte procurarán dar prioridad a los de más edad. 4. De conformidad con las obligaciones dimanadas del Derecho internacional humanitario*

---

nación y cuya existencia haya sido proclamada oficialmente, los Estados Partes en el presente Pacto podrán adoptar disposiciones que, en la medida estrictamente limitada a las exigencias de la situación, suspendan las obligaciones contraídas en virtud de este Pacto, siempre que tales disposiciones no sean incompatibles con las demás obligaciones que les impone el derecho internacional y no entrañen discriminación alguna fundada únicamente en motivos de raza, color, sexo, idioma, religión u origen social".

3 CIJ., Opinión consultiva de 9 de julio de 2004 sobre *las consecuencias jurídicas de la construcción de un muro en el territorio palestino ocupado* (*Recueil* 2004, p. 178, párr. 106). Sobre esta relación entre el Derecho internacional humanitario y el Derecho de los derechos humanos, puede consultarse, TOBIN, J., & DRUMBL, M. A., "Article 38: The rights of children in armed conflicto". In J. Tobin (Ed.), *The UN convention on the rights of the child: A commentary*, Oxford University Press, 2019, pp. 1503-1560.

de proteger a la población civil durante los conflictos armados, los Estados parte adoptarán todas las medidas posibles para asegurar la protección y el cuidado de los niños afectados por un conflicto armado".

Esta disposición trata sobre la protección de los niños en situaciones de conflicto armado, ya sean civiles o combatientes, reclutados por fuerzas armadas estatales o grupos armados no estatales. Y se refiere a la aplicación conjunta del Derecho internacional de los derechos humanos y del Derecho internacional humanitario, debiendo los Estados parte tomar las medidas posibles para proteger a los niños en estos contextos, incluyendo su no participación en hostilidades y su protección contra el reclutamiento forzado o la utilización en conflictos armados. Al respecto, si en la Convención niño es toda persona de menos de dieciocho años, el artículo 38 establece en quince años la edad mínima requerida para participar directamente en las hostilidades y ser reclutado para las fuerzas armadas[4].

Ahora bien, el Comité sobre los derechos del niño advertiría sobre la complejidad de la situación de los niños en los conflictos armados. Su protección, por tanto, no ha de limitarse únicamente a la aplicación del artículo 38 de la Convención siendo necesaria la protección efectiva en el marco integral del respeto y cumplimiento de todos los derechos del niño, los cuales son inherentes a su dignidad y esenciales para el desarrollo pleno y armonioso de su personalidad[5].

Por ello, en las conclusiones y recomendaciones a los informes presentados por los Estados el Comité toma en cuenta el conjunto de la Convención. Un ejemplo lo constituye su respuesta al informe inicial presentado

---

4 Asimismo, el artículo 77, párrafo 2, del Protocolo adicional I a la Convención de Ginebra de 1949 señala: "Las Partes en conflicto tomarán todas las medidas posibles para que los niños menores de quince años no participen directamente en las hostilidades, especialmente absteniéndose de reclutarlos para sus fuerzas armadas. Al reclutar personas de más de quince años, pero menores de dieciocho años, las Partes en conflicto procurarán alistar en primer lugar a los de más edad". Por su parte, el artículo 3, párrafo 3, c) del Protocolo Adicional II a la Convención de Ginebra establece que: "los niños menores de quince años no serán reclutados en las fuerzas o grupos armados y no se permitirá que participen en las hostilidades". Respecto al artículo 38 de la Convención sobre los derechos del niño, *vid.*, LANSDOWN, G, "Article 38: The Right to Protection from Armed Conflict", Z. Vaghri et al. (eds.), *Monitoring State Compliance with the UN Convention on the Rights of the Child, Children's Well-Being: Indicators and Research* 25, 2022, pp. 379 y ss.

5 Comité de Derechos del Niño, Report on the second session, (CRC/C/10), 19 October 1992, párrs. 61-64, pp. 20-21.

por Camboya (Estado que ratificó la Convención sobre los derechos del niño el 15 de octubre de 1992), que dice así:

> *"Si bien celebra la promulgación de leyes que prohíben el reclutamiento militar de menores de 18 años y la disposición del Estado parte a desmovilizar a los soldados menores de edad que aún permanecen en el ejército, el Comité expresa su preocupación por la insuficiencia de las medidas de reintegración social y rehabilitación física de los ex niños soldados. También expresa preocupación por el elevado número de minas terrestres sembradas en el territorio del Estado parte durante el reciente conflicto armado, que representan una amenaza para la vida de los niños.*
>
> *El Comité recomienda al Estado parte que adopte medidas eficaces para la identificación, desmovilización, rehabilitación psicológica y reintegración social de los niños soldados, y que emprenda campañas de sensibilización dirigidas a los oficiales del ejército para prevenir el reclutamiento de niños soldados. El Comité recomienda además que el Estado parte siga colaborando con el UNICEF para la rehabilitación y reintegración de los menores soldados. En cuanto a los problemas de las minas terrestres, el Comité recomienda al Estado parte que aumente las asignaciones presupuestarias para el desminado en zonas postconflicto y que se realicen campañas de concienciación para prevenir accidentes relacionados con minas. Además, el Comité recomienda al Estado parte que siga colaborando con los organismos internacionales para la eliminación de las minas terrestres"*[6].

El Protocolo Facultativo a la Convención sobre la participación de los niños en los conflictos armados refuerza la protección puesto que prohíbe el reclutamiento obligatorio y la participación directa en las hostilidades a menores de 18 años (artículo 2) y establece el reclutamiento voluntario por parte de las fuerzas armadas estatales a partir de los 16 años, siempre que existan garantías de que tal reclutamiento es auténticamente por voluntad del interesado (artículo 3.1)[7]. En efecto, el artículo 3.3 del Protocolo señala que:

> *"Los Estados Parte que permitan el reclutamiento voluntario en sus fuerzas armadas nacionales de menores de 18 años establecerán medidas de salvaguardia que garanticen, como mínimo, que:*
>
> *a) Ese reclutamiento sea auténticamente voluntario;*
>
> *b) Ese reclutamiento se realice con el consentimiento informado de los padres o de quienes tengan la custodia legal;*
>
> *c) Esos menores estén plenamente informados de los deberes que supone ese servicio militar;*

---

6 Comité de Derechos del Niño, Concluding Observations of the Committee on the Rights of the Child, Cambodia, (CRC/C/15/Add.128), 2000, párrs. 58-60.

7 Esta obligación de elevar la edad en el reclutamiento voluntario no es aplicable a las escuelas que las fuerzas armadas de los Estados parte administren o tengan bajo su control (art. 3.5)

d) Esos menores presenten pruebas fiables de su edad antes de ser aceptados en el servicio militar nacional".

Tratándose de grupos armados no estatales, el artículo 4 prohíbe el reclutamiento, tanto el voluntario como el obligatorio, de aquellos de edad inferior a los 18 años, e impone la obligación a los Estados Parte de regular el comportamiento de los grupos armados, incluso prohíbe y establece como un acto criminal el reclutamiento y empleo de niños menores de 18 años.

El Comité sobre los derechos del niño ha realizado observaciones finales a los informes presentados por los Estados sobre la participación de niños en las hostilidades. Entre otros Estados, el Comité mostró su preocupación a Colombia (ratificó la Convención el 28 de enero de 1991 y el Protocolo facultativo sobre la participación de los niños en los conflictos armados el 25 de mayo de 2005) sobre la participación de los menores en grupos armados ilegales señalando que pese al compromiso asumido de no reclutar a menores de 15 años[8]:

"tanto las Fuerzas Armadas Revolucionarias de Colombia-Ejército del Pueblo (FARC-EP) como el Ejército de Liberación Nacional (ELN) siguen cometiendo este grave crimen de guerra. Preocupa profundamente al Comité que los niños que se niegan a ser reclutados sean víctimas de asesinatos o de desplazamientos forzados y que los niños afrocolombianos y los niños indígenas sean especialmente vulnerables, ya que sus comunidades se ven afectadas a menudo por el conflicto armado. El Comité observa con preocupación además que, según se ha informado, tras la desmovilización de organizaciones paramilita-

---

8 En 2010, el Comité ya advertiría que, pese a la prohibición del reclutamiento de menores de 18 años en las fuerzas armadas, había un elevado número de niños reclutados de manera forzosa por grupos guerrilleros y paramilitares. Asimismo, señalaría los efectos extremadamente perjudiciales del conflicto armado sobre la infancia, incluidos aquellos niños que han participado activamente en las hostilidades. Esta situación representa una amenaza grave a su derecho a la vida, la supervivencia y el desarrollo, además de provocarles profundos traumas psicológicos. También, preocuparía la ausencia de una política nacional integral que garantice la adecuada reintegración social de los niños desmovilizados. Por ello, el Comité instaría al Estado a que se apliquen estrictamente las normas legislativas que prohíban el reclutamiento futuro de niños por cualquier clase de grupo y a que se elabore un programa completo y a largo plazo de asistencia, atención, readaptación y reintegración (Comité de Derechos del Niño, Observaciones finales del Comité de los Derechos del Niño: Colombia (CRC/C15/Add.137), 2000, párrs. 54-59).

res han aparecido nuevos grupos armados ilegales que reclutan y utilizan a niños en contravención del artículo 4 del Protocolo"[9].

De ahí que el Comité recomendara:

"A la luz del artículo 4 del Protocolo, el Estado parte adopte todas las medidas posibles para eliminar las causas fundamentales del reclutamiento y la utilización de menores de 18 años por grupos armados que no sean las fuerzas armadas del Estado, y para prevenir esas prácticas. Debe procurarse en particular prevenir el reclutamiento y la utilización de niños afrocolombianos e indígenas y elaborar las medidas en cuestión en el marco de consultas con las comunidades afectadas.
El Estado parte garantice que se preste una atención especial y adecuada a los niños que hayan sido reclutados o utilizados en las hostilidades cuando celebre negociaciones o conversaciones con los grupos armados ilegales"[10].

El Acuerdo Final para la Terminación del Conflicto y la Construcción de una Paz Estable y Duradera de 2016 incluyó medidas específicas para la protección de los niños y la prevención de su participación en el conflicto. Se establecieron programas de desmovilización, reintegración y atención psicosocial para niños y adolescentes afectados por el conflicto armado[11].

El Comité también ha realizado observaciones finales a Sudán del Sur (se adhirió a la Convención el 23 de enero de 2015 y al Protocolo facultativo sobre la participación de los niños en los conflictos armados el 27 de septiembre de 2018) relacionadas con los niños durante las hostilidades. Pese al reconocimiento de los esfuerzos realizados para detener y prevenir las violaciones graves cometidas contra los niños en situaciones de conflicto armado, el Comité está seriamente preocupado porque:

"a) Persiste la práctica del reclutamiento y la utilización de niños en conflictos armados; las Naciones Unidas verificaron en 2021 el reclutamiento y la utilización de 129 niños, el 30 % de los cuales habían sido reclutados cuando tenían menos de 15 años, tanto por las fuerzas de seguridad gubernamentales como por otros signatarios del Acuerdo Revitalizado;
b) Sigue cometiéndose un gran número de violaciones graves contra los niños, como muertes, mutilaciones, secuestros, violaciones y otras formas de violencia sexual, torturas y maltrato;

---

9 CRC, Observaciones finales al informe inicial de Colombia (CRC/C/OPAC/COL/1), 2010, párr. 26.

10 *Ibid.*, párr. 27.

11 El Acuerdo Final puede consultarse en https://www.cancilleria.gov.co/sites/default/files/Fotos2016/12.11_1.2016nuevoacuerdofinal.pdf

> *c) Se han atacado, dañado y ocupado escuelas y hospitales con fines militares;*
> *d) La denegación de acceso con fines humanitarios impide el suministro de alimentos, medicamentos y otros artículos de primera necesidad a los niños;*
> *e) La persistencia del conflicto armado y la presencia de grupos armados tienen un efecto negativo en el bienestar psicológico inmediato y a largo plazo de los niños"*[12].

Así, el Comité insta a Sudán del Sur a que:

> *"a) Ponga fin de inmediato al reclutamiento de niños y libere a todos los niños reclutados, en consonancia con sus obligaciones y responsabilidades en virtud del derecho internacional humanitario y de los derechos humanos (...)*
> *b) Garantice un desarme, una desmovilización y una reintegración que tengan en cuenta las necesidades de los niños (...)*
> *c) Proporcione a todos los niños afectados por los conflictos armados programas de reintegración y asistencia que tengan en cuenta las cuestiones de género y estén centrados en los supervivientes, y que incluyan servicios de atención de la salud mental y de otro tipo para abordar los traumas sufridos a causa de los conflictos armados y la violencia y hacer frente a sus efectos perjudiciales en la edad adulta;*
> *d) Respalde y aplique la Declaración sobre Escuelas Seguras e impida y condene el uso de las escuelas y los hospitales como bases militares, que de hecho niega a los niños el derecho a la educación y a la salud;*
> *e) (...) permitan y faciliten el acceso humanitario seguro, oportuno y sin trabas, incluida la entrega de ayuda humanitaria;*
> *f) Investigue todos los casos de reclutamiento de niños por fuerzas y grupos armados y exija la rendición de cuentas a los autores, garantizando que las víctimas dispongan de vías de recurso (...)"*[13]

La Convención sobre la eliminación de todas las formas de discriminación contra la mujer no contiene ninguna disposición que se refiera de forma expresa a los conflictos armados. Ante la falta de información sobre cómo los Estados aplicaban la Convención en este contexto, el Comité de expertos adoptó en 2013 la recomendación general número 30 sobre las mujeres en la prevención de conflictos y en situaciones de conflicto y posteriores a conflictos[14]. Entre las obligaciones de los Estados en este contexto figura la incorporación de la perspectiva de género en todas las fases

---

12 Comité de Derechos del Niño, Observaciones finales sobre el informe inicial de Sudán del Sur, (CRC/C/SSD/CO/1), 2022, párr. 64.

13 *Ibid.*, párr. 65.

14 El documento puede consultarse en: https://tbinternet.ohchr.org/_layouts/15/treatybodyexternal/Download.aspx?symbolno=CEDAW%2FC%2FGC%2F30&Lang=en

del conflicto; la protección de la violencia de género, incluida la sexual; garantizar la participación efectiva de la mujer en la prevención de conflictos, en las negociaciones de paz y en los procesos de justicia transicional; el reconocimiento del papel de las organizaciones de mujeres en la construcción de paz y reconciliación; y, asegurar la rendición de cuentas por las violaciones de derechos humanos y del derecho internacional humanitario. En la recomendación se expresa la aplicación plena de la Convención en contextos de conflicto armado. Señala al respecto que:

> *"En las situaciones que encajen en la definición de conflicto armado internacional o no internacional, la Convención y el derecho internacional humanitario son aplicables al mismo tiempo y sus diferentes protecciones son complementarias, en lugar de excluirse mutuamente"*[15]

En esta recomendación hay referencias expresas a las niñas, requiriendo una atención diferenciada al enfrentarse a formas específicas y agravadas de discriminación y violencia como la sexual y de género, el reclutamiento forzado, el acceso restringido a derechos (la educación, sanidad, entre otros), o la estigmatización y marginación.

La Convención sobre los derechos de las personas con discapacidad refuerza la protección en contextos de riesgo y emergencias humanitarias con el artículo 11. Su tenor literal es el siguiente:

> *"Los Estados Parte adoptarán, en virtud de las responsabilidades que les corresponden con arreglo al derecho internacional, y en concreto el derecho internacional humanitario y el derecho internacional de los derechos humanos, todas las medidas necesarias para garantizar la seguridad y la protección de las personas con discapacidad en situaciones de riesgo, incluidas situaciones de conflicto armado, emergencias humanitarias y desastres naturales".*

El Comité de expertos ha hecho menciones a estos contextos en algunas de sus Observaciones Generales. Así, en la número 2, sobre "Accesibilidad", adoptada en 2014, se indica que tal accesibilidad ha de ser garantizada en situaciones de emergencia[16]. En la Observación número 3, sobre "Las mujeres y niñas con discapacidad", de 2016, establece que en situaciones de riesgo y

---

15 Párr. 20 de la recomendación.

16 Al respecto, el documento señala que: "En situaciones de riesgo, desastres naturales y conflicto armado, los servicios de emergencia deben ser accesibles a las personas con discapacidad, o de lo contrario no será posible salvarles la vida ni proteger su bienestar (Comité sobre los Derechos de las Personas con Discapacidad, Observación General número 2 (CRPD/C/GC/2), de 22 de mayo de 2014, párr. 36).

de emergencias humanitarias: "*las mujeres con discapacidad están más expuestas a la violencia sexual y tienen menos probabilidades de tener acceso a servicios de recuperación y rehabilitación o de tener acceso a la justicia (...) también pueden estar más expuestas a la violencia porque se les niega el derecho a acceder a los sistemas de salud y de justicia debido a su situación en relación con la ciudadanía*"[17].

Asimismo, en el análisis de los informes que le son presentados por los Estados, el Comité ha hecho recomendaciones en situaciones de conflicto armado. Es el caso, por ejemplo, de las obversaciones finales sobre el octavo informe periódico de Ucrania (Estado que ratificó la Convención sobre los derechos de las personas con discapacidad el 19 de diciembre de 2009). Así, en relación con la violencia contra la mujer el Comité señala que, aun reconociendo los esfuerzos realizados para combatirla (con el establecimiento de una línea de atención telefónica de emergencia y la creación de refugios, entre otros), persiste tal violencia, en particular la sexual en zonas de conflicto, y destaca las escasas denuncias como enjuiciamientos y condenas respecto a esta violencia, así como la falta de medidas de protección[18].

---

17 Comité sobre los Derechos de las Personas con Discapacidad, Observación General número 3 (CRPD/C/GC/3), de 25 de noviembre de 2016, párr. 49. En el párr. 50 se precisa que: "la falta de instalaciones de saneamiento aumenta la discriminación contra las mujeres con discapacidad, que se enfrentan a diversos obstáculos para acceder a la ayuda humanitaria. Aunque se da prioridad a las mujeres y los niños en la distribución de la ayuda humanitaria, las mujeres con discapacidad no siempre pueden obtener información sobre proyectos de socorro, ya que a menudo la información no está disponible en formatos accesibles. Cuando reciben información, tal vez no pueden acceder físicamente a los puntos de distribución. E incluso si lo consiguen, es posible que no puedan comunicarse con el personal. Asimismo, si las mujeres con discapacidad son víctimas de violencia, explotación o abuso, es posible que las líneas telefónicas de ayuda y de emergencia no sean accesibles. Los campamentos de refugiados a menudo carecen de mecanismos de protección de la infancia para los niños con discapacidad. Además, a menudo no existen instalaciones de saneamiento accesibles para garantizar la gestión de la higiene menstrual, lo que a su vez puede aumentar la exposición de las mujeres con discapacidad a la violencia. Las mujeres solteras con discapacidad se enfrentan con obstáculos para una evacuación accesible a raíz de una situación de emergencia o desastre, en particular si van acompañadas de sus hijos en el momento de la evacuación. Esto afecta de manera desproporcionada a las mujeres desplazadas con discapacidad que no cuentan con un familiar adulto, amigos o cuidadores. Las niñas desplazadas con discapacidad se enfrentan a obstáculos adicionales para acceder a la educación formal y no formal, especialmente en situaciones de crisis".

18 Comité sobre los Derechos de las Personas con Discapacidad, Observaciones finales sobre el octavo informe periódico de Ucrania, (CCPR/C/UKR/CO/8), de 9 de febrero de 2022, párr. 17.

Por ello, el Comité recomienda intensificar de forma urgente los esfuerzos para luchar contra tal violencia "*realizando campañas para concienciar a la población sobre los efectos adversos de la violencia contra las mujeres y poner de relieve que es inaceptable, e informando sistemáticamente a las mujeres de sus derechos y de los cauces de que disponen para obtener protección, asistencia y reparación, en particular en las zonas de conflicto*"[19].

2. ALGUNAS DECLARACIONES ESTATALES A ESTOS TRATADOS

En ocasiones los Estados acompañan sus manifestaciones de consentimiento en obligarse por los tratados de declaraciones unilaterales que modulan su participación en los mismos. La figura de la reserva constituye una de las técnicas convencionales más relevantes puesto que permite excluir o modificar los efectos jurídicos de las disposiciones del tratado. Los Estados formulan también declaraciones para interpretar el tratado en su conjunto o algunas de sus disposiciones. Además, son frecuentes otras declaraciones relacionadas con el tratado, pero que no son propiamente ni reservas ni declaraciones interpretativas. Uno u otro tipo de declaraciones han sido formuladas a los tratados que consideramos en este capítulo. Nos centraremos en aquellas que tienen relación con el contexto de los conflictos armados. Antes de ello, se realizará una referencia breve a estas figuras.

El régimen jurídico de estas figuras es distinto, más riguroso en el caso de las reservas, por lo que resulta necesario diferenciar unas de otras, siendo el efecto jurídico buscado por el autor de la declaración el criterio principal de diferenciación.

El artículo 2.1.*d)*, de la Convención de Viena sobre el Derecho de los Tratados de 1969 define la reserva como "*una declaración unilateral, cualquiera que sea su enunciado o denominación, hecha por un Estado al firmar, ratificar, aceptar o aprobar un tratado o adherirse a él con objeto de excluir o modificar los efectos jurídicos de ciertas disposiciones del tratado en su aplicación a ese Estado*".

Los elementos que integran la definición de la reserva son, por tanto, formales y de procedimiento, así como de carácter material. Los primeros se refieren a su naturaleza unilateral, su forma escrita[20] y al momento tem-

---

19 *Ibid.*, párr. 18, a).

20 El art. 23.1 de la Convención de Viena establece que: "La reserva, la aceptación expresa de una reserva y la objeción a una reserva habrán de formularse por escrito y comunicarse a los Estados contratantes y a los demás Estados facultados para llegar a ser partes en el tratado".

poral para su formulación referido a la firma[21] o manifestación del consentimiento en obligarse por el tratado[22]. El elemento material es el objeto de la reserva, esto es, la exclusión o modificación (en sentido limitativo) de ciertas disposiciones del tratado o, como se recoge de la práctica, del tratado en su conjunto con respecto a ciertos aspectos específicos en su aplicación al Estado o a la organización internacional que formula la reserva. La Guía de la práctica sobre las reservas a los Tratados, cuya versión definitiva fue aprobada en 2011[23], trata estos elementos, así como el régimen jurídico aplicable a la reserva.

En los tratados que nos ocupan, tanto la Convención sobre la eliminación de todas las formas de discriminación contra la mujer de 1979 (artículo 28), como la Convención sobre los derechos del niño de 1989 (artículo 51) y la Convención internacional sobre los derechos de las personas con discapacidad de 2006 (artículo 46) contienen una cláusula sobre reservas en la que se establece que "*no se aceptará ninguna reserva incompatible con el objeto y propósito del tratado*". El Protocolo facultativo sobre la participación de los niños en los conflictos armados de 2002 omite toda referencia a las reservas. Pero en estos casos también opera el criterio de la incompatibilidad de la reserva con el objeto y fin del tratado como límite a su formulación, recogido en el artículo 19 c) de la Convención de Viena de 1969[24].

---

21 El art. 23.2 precisa que: "La reserva que se formule en el momento de la firma de un tratado que haya de ser objeto de ratificación, aceptación o aprobación, habrá de ser confirmada formalmente por el Estado autor de la reserva al manifestar su consentimiento en obligarse por el tratado. En tal caso, se considerará que la reserva ha sido hecha en la fecha de su confirmación".

22 La Convención de 1978 sobre la sucesión de Estados en materia de tratados añade, respecto a lo señalado por la Convención de 1969, la notificación de sucesión en un tratado y la Convención de 1986, relativa al Derecho de los tratados entre Estados y organizaciones internacionales o entre organizaciones internacionales, la confirmación formal en referencia a las organizaciones internacionales.

23 La Comisión de Derecho Internacional, en sus sesiones 3118ª y 3120ª a 3125ª celebradas del 5 al 11 de agosto de 2011, aprobó las directrices y comentarios que componen la Guía de la práctica sobre las Reservas a los Tratados, incluidos una introducción a la Guía de la práctica y un anexo en el que se enuncian las conclusiones y una recomendación de la Comisión acerca del diálogo sobre las reservas. Todo ello figura en Informe de la Comisión de Derecho Internacional, 63° periodo de sesiones, *Documentos Oficiales de la Asamblea General, sexagésimo sexto periodo de sesiones, Suplemento N° 10* (A/66/10), pp. 20-52, y en la adición a este informe (A/66/10/Add.1).

24 El texto literal del artículo 19 de la Convención de Viena es el siguiente: "Un Estado podrá formular una reserva en el momento de firmar, ratificar, aceptar o

Como se ha indicado, la reserva puede tener un efecto excluyente o modificador en sentido restrictivo, o ambos a la vez[25]. Y este efecto buscado por el autor es el elemento característico de la reserva, permitiendo su diferenciación con figuras afines que suelen compartir la forma escrita o el momento temporal en su formulación[26]. Nos referimos fundamentalmente a la declaración interpretativa, cuya asimilación a la reserva fue habitual en el pasado[27], pero también a otras declaraciones unilaterales como las relativas a la aplicación territorial de un tratado o las de ampliación territorial, las declaraciones de no reconocimiento, las de política general, las relativas a la aplicación del tratado en el ámbito interno, y las hechas en virtud de una cláusula de opción incluyendo a las declaraciones facultativas o de *opting in*[28].

Las declaraciones interpretativas sólo tratan de precisar o aclarar el sentido o el alcance de un tratado o de algunas de sus disposiciones. A estas interpretaciones individuales y unilaterales les son de aplicación los artículos 31 y 32 de la Convención de Viena sobre el Derecho de los Tratados[29].

---

aprobar un tratado o de adherirse al mismo, a menos: a) que la reserva esté prohibida por el tratado; b) que el tratado disponga que únicamente pueden hacerse determinadas reservas, entre las cuales no figure la reserva de que se trate; o c) que, en los casos no previstos en los apartados a) y b), la reserva sea incompatible con el objeto y fin del tratado.

25 Sobre estos efectos, vid., HORN, F.: *Reservations and Interpretative Declarations to Multilateral Treaties*, Amsterdam, North-Holland, 1988, pp. 80-87.

26 Este criterio es el que ha primado en la Guía de la práctica en la labor de identificación y catalogación de las declaraciones unilaterales formuladas con relación a un tratado. Sobre los elementos esenciales de la reserva, *vid.*, RIQUELME CORTADO, R.: "La definición de reserva a examen. ¿Confirmación o desdibujamiento de sus elementos esenciales?" en *El Derecho internacional: normas, hechos y valores. Liber amicorum José Antonio Pastor Ridruejo*, Madrid, Universidad Complutense, 2005, pp. 621-658.

27 Con anterioridad a la Convención de Viena era frecuente que los autores asimilasen las reservas y las declaraciones interpretativas. *Vid.*, por ejemplo, DÍEZ DE VELASCO, M: "El sexto dictamen del T.I.J.: Las reservas a la Convención de Genocidio", *Revista Española de Derecho Internacional*, vol. IV, 1951, nº 1, pp. 1029-1089. Hoy la no asimilación entre ambas figuras y la diferenciación del régimen aplicable es apoyada por la mayoría de la doctrina.

28 La Guía de la práctica las recoge en la directriz 1.5 como "Declaraciones unilaterales distintas de las reservas y las declaraciones interpretativas. En esta directriz, llamada "cláusula de exclusión". La Guía se limita a dar una definición sin entrar en el régimen jurídico que les es aplicable. *Vid.*, la directriz y su correspondiente comentario en Doc. A/66/10/Add.1, pp. 92-98.

29 El artículo 31, que establece la regla general de interpretación, señala: "1. Un tratado deberá interpretarse de buena fe conforme al sentido corriente que haya de

Pero ni la Convención ni los tratados que nos ocupan les dedican ninguna disposición específica. En ausencia de disposición convencional, la declaración interpretativa puede ser formulada en cualquier momento. No hay obligación jurídica ni para su forma escrita ni para su comunicación formal. Otra cosa distinta es que los Estados, por razones de publicidad, las consignen por escrito y las comuniquen al depositario de los tratados, formulándolas al manifestar su consentimiento en obligarse por el tratado.

El régimen jurídico aplicable a las declaraciones interpretativas, por tanto, es distinto al de las reservas, más flexible y menos formalista. Y es que su objetivo es diferente, no buscan excluir o modificar los efectos jurídicos de ciertas disposiciones del tratado sino precisarlos o aclararlos. La Guía de la práctica las define como "*una declaración unilateral, cualquiera que sea su enunciado o denominación, hecha por un Estado o por una organización internacional, por la que ese Estado o esa organización se propone precisar o aclarar el sentido o el alcance de un tratado o de algunas de sus disposiciones*"[30]. Sólo en el caso de que el Estado condicionara la interpretación dada en la declaración a su consentimiento en obligarse por el tratado, su régimen sería asimilable al de la reserva puesto que, como ésta, tendría por objeto producir efectos jurídicos en la aplicación de las disposiciones del tratado,

---

atribuirse a los términos del tratado en el contexto de éstos y teniendo en cuenta su objeto y fin. 2. Para los efectos de la interpretación de un tratado, el contexto comprenderá, además del texto, incluidos su preámbulo y anexos: a) todo acuerdo que se refiera al tratado y haya sido concertado entre todos las partes con motivo de la celebración del tratado; b) todo instrumento formulado por una o más partes con motivo de la celebración del tratado y aceptado por las demás como instrumento referente al tratado. 3.Juntamente con el contexto, habrá de tenerse en cuenta: a) todo acuerdo ulterior entre las partes acerca de la interpretación del tratado o de la aplicación de sus disposiciones; b) toda práctica ulteriormente seguida en la aplicación del tratado por la cual conste el acuerdo de las partes acerca de la interpretación del tratado; c) toda forma pertinente de derecho internacional aplicable en las relaciones entre las partes. 4.Se dará a un término un sentido especial si consta que tal fue la intención de las partes". Por su parte, el artículo 32, sobre los medios de interpretación complementarios, establece que: "Se podrán acudir a medios de interpretación complementarios, en particular a los trabajos preparatorios del tratado y a las circunstancias de su celebración, para confirmar el sentido resultante de la aplicación del artículo 31, o para determinar el sentido cuando la interpretación dada de conformidad con el artículo 31: a) deje ambiguo u oscuro el sentido; o b) conduzca a un resultado manifiestamente absurdo o irrazonable".

30 *Vid.*, la directriz 1.2 de la Guía de la práctica y su correspondiente comentario en Doc. A/66/1/Add.1, pp. 64-75.

que el Estado acepta únicamente a condición de que se interpreten en determinado sentido[31].

En cualquier caso, cuando un Estado formula una declaración interpretativa o de otro tipo ha de tener en cuenta que el tratado no prohíba dar una determinada interpretación al mismo o a algunas de sus disposiciones. Es el caso del Protocolo facultativo de la Convención sobre los derechos del niño relativo a la participación de niños en los conflictos armados, cuyo artículo 5 establece lo siguiente:

> *"Ninguna disposición del presente Protocolo se interpretará de manera que impida la aplicación de los preceptos del ordenamiento de un Estado parte o de instrumentos internacionales o del Derecho humanitario internacional cuando esos preceptos sean más propicios a la realización de los derechos del niño".*

Cláusulas que otorgan una mayor protección de los derechos humanos las encontramos también en los demás tratados. Así, el artículo 23 de la Convención sobre la eliminación de todas las formas de discriminación contra la mujer[32], el 4.4 de la Convención sobre los derechos de las perso-

---

[31] Con la denominación de declaraciones interpretativas condicionales, la directriz 1.4 señala que: "1. Una declaración interpretativa condicional es una declaración unilateral formulada por un Estado o una organización internacional al firmar, ratificar, confirmar formalmente, aceptar o aprobar un tratado al adherirse a él, o cuando un Estado hace una notificación de sucesión en un tratado, por la que ese Estado o esa organización internacional condiciona su consentimiento en obligarse por el tratado a una interpretación específica del tratado o de alguna de sus disposiciones. 2. Las declaraciones interpretativas condicionales estarán sujetas a las reglas aplicables a las reservas". *Vid.*, la directriz 1.4 y su comentario en *ibid.*, pp. 86-92, en particular el párrafo 10 que se refiere a la asimilación del régimen jurídico. En este sentido también se pronunció la extinta Comisión Europea de Derechos Humanos en el asunto *Telmetasch (vid.*, Comisión Europea de Derechos Humanos, Decisión de 5 de mayo de 1982, asunto *Temeltasch, c. Suiza,* demanda nº 9116/80, *Décisions et rapports*, vol. 31, abril de 1983, pp. 130-131). El Tribunal de Estrasburgo también examinó la declaración interpretativa formulada por Suiza en el asunto *Belilos* desde el punto de vista de las reglas aplicables a las reservas, aunque sin considerarla expresamente como tal *(vid.*, Tribunal Europeo de Derechos Humanos, sentencia de 29 de abril de 1989, asunto *Belilos c. Suiza,* demanda nº 10328/83, *Recueil des arrêts et décisions de la Cour européenne des droits de l'homme,* Serie A, vol. 132, párr. 49, p. 24).

[32] Este artículo establece que: "Nada de lo dispuesto en la presente Convención afectará a disposición alguna que sea más conducente al logro de la igualdad entre hombres y mujeres y que pueda formar parte de: a) La legislación de un Estado Parte; o b) Cualquier otra convención, tratado o acuerdo internacional vigente en ese Estado."

nas con discapacidad[33], o el artículo 41 de la Convención sobre los derechos del niño de 1989, que señala:

> "Nada de lo dispuesto en la presente Convención afectará a las disposiciones que sean más conducentes a la realización de los derechos del niño y que puedan estar recogidas en: a) El derecho de un Estado Parte; o b) El derecho internacional vigente con respecto a dicho Estado".

Respecto al artículo 38 de la Convención sobre los derechos del niño, fue una de las disposiciones más controvertidas durante la negociación de la Convención. La edad mínima propuesta para la participación directa en las hostilidades y el reclutamiento en las fuerzas armadas dio lugar a importantes desacuerdos. Pero ante el riesgo de no incluir ninguna disposición sobre el tema, el grupo de trabajo encargado de redactar el texto de la Convención optó por un texto de compromiso aun cuando ello supusiera no alcanzar el nivel de protección deseado[34]. El mismo Comité ha manifestado su descontento en establecer como edad mínima los 15 años, solicitando información a los Estados sobre su legislación y práctica en relación con el artículo 38 de la Convención[35]. El órgano de control también ha expresado su satisfacción cuando los Estados han realizado declaraciones estableciendo la prohibición del reclutamiento de menores de 18 años o su desacuerdo con la edad mínima propuesta por la Convención. Y es que, efectivamente, son varios los Estados que han formulado declaraciones al artículo 38[36]. Así, Alemania declararía (declaración retirada el 15 de julio de 2010):

> *"El Gobierno de la República Federal de Alemania lamenta que, conforme al artículo 38, párrafo 2, de la Convención, incluso jóvenes de quince años puedan participar en hostilidades como soldados, ya que este límite de edad*

---

[33] El artículo 4.4 de esta Convención dispone que: "Nada de lo dispuesto en la presente Convención afectará a las disposiciones que puedan facilitar, en mayor medida, el ejercicio de los derechos de las personas con discapacidad y que puedan figurar en la legislación de un Estado parte o en el Derecho internacional en vigor en dicho Estado. No se restringirán ni derogarán ninguno de los derechos humanos y las libertades fundamentales reconocidos o existentes en los Estados parte en la presente Convención de conformidad con la ley, las convenciones y los convenios, los reglamentos o la costumbre con el pretexto de que en la presente Convención no se reconocen esos derechos o libertades o se reconocen en menor medida".

[34] *Vid., infra,* las declaraciones de algunos Estados respecto al artículo 38.

[35] *Vid., supra* las observaciones finales del Comité de los Derechos del Niño: Colombia (CRC/C15/Add.137)

[36] *vid.*, en http://untreaty.un.org, Parte I, cap. IV, tratado 11.

es incompatible con la consideración del interés superior del niño (artículo 3, párrafo 1, de la Convención). Declara que no hará uso de la posibilidad que ofrece la Convención de fijar este límite de edad en quince años".

Andorra señalaría que:

"(...) deplora que la [dicha Convención] no prohíba la utilización de niños en conflictos armados. Asimismo, discrepa de las disposiciones del artículo 38, párrafos 2 y 3, relativas a la participación y el reclutamiento de niños a partir de los 15 años".

Argentina establecería que:

"En relación con el artículo 38 de la Convención, la República Argentina declara que hubiera deseado que la Convención prohibiera categóricamente la utilización de niños en conflictos armados. Dicha prohibición existe en su Derecho interno y, en virtud del artículo 41 de la Convención, seguirá aplicándose a este respecto".

Austria formularía la siguiente declaración (retirada el 28 de septiembre de 2015):

"Austria no hará uso de la posibilidad prevista en el artículo 38, párrafo 2, de establecer un límite de edad de 15 años para participar en hostilidades, ya que esta norma es incompatible con el artículo 3, párrafo 1, que establece que el interés superior del niño debe ser una consideración primordial. Austria declara, de conformidad con su Derecho constitucional, que aplicará el artículo 38, párrafo 3, siempre que solo los ciudadanos austríacos varones estén sujetos al servicio militar obligatorio".

Por su parte, Colombia indicaría en la firma que:

"El Gobierno colombiano considera que, si bien la edad mínima de 15 años para participar en los conflictos armados, prevista en el artículo 38 de la Convención, es resultado de serias negociaciones que reflejan diversos sistemas jurídicos, políticos y culturales del mundo, hubiera sido preferible fijar dicha edad en 18 años de conformidad con los principios y normas prevalecientes en diversas regiones y países, entre ellos Colombia, por lo que el Gobierno colombiano, para efectos del artículo 38 de la Convención, interpretará que la edad de que se trata es la de 18 años".

Y tras la ratificación:

"El Gobierno de Colombia, de conformidad con el artículo 2, párrafo 1 (d), de la Convención, declara que para los efectos del artículo 38, párrafos 2 y 3, de la Convención, la edad a que se refieren dichos párrafos se entenderá la de 18 años, dado que, de conformidad con la legislación colombiana, la edad mínima para el reclutamiento en las fuerzas armadas del personal llamado al servicio militar es de 18 años".

Asimismo, Ecuador señalaría al firmar la Convención que:

> *"Si bien la edad mínima establecida en el artículo 38 es, en su opinión, demasiado baja, el Gobierno del Ecuador no desea comprometer las posibilidades de aprobación por consenso de la Convención y, por lo tanto, no propondrá ninguna enmienda al texto".*

También, los Países Bajos formularía que:

> *"Respecto del artículo 38 de la Convención, el Gobierno del Reino de los Países Bajos declara que opina que no se permitiría a los Estados involucrar a niños directa o indirectamente en las hostilidades y que la edad mínima para el reclutamiento o la incorporación de niños en las fuerzas armadas debería ser superior a quince años. En tiempo de conflicto armado, prevalecerán las disposiciones que sean más propicias para garantizar la protección de los niños conforme al derecho internacional, como se menciona en el artículo 41 de la Convención".*

Por su parte, España declararía:

> *"España, queriendo unirse a aquellos Estados y organizaciones humanitarias que han manifestado su desacuerdo con el contenido del artículo 38, párrafos 2 y 3, de la Convención, desea también manifestar su desacuerdo con el límite de edad en él fijado y declarar que dicho límite parece insuficiente, al permitir el reclutamiento y la participación en conflictos armados de niños que hayan cumplido quince años".*

Polonia formularía la siguiente declaración (retirada el 4 de marzo de 2013):

> *"La legislación de la República de Polonia determinará la edad a partir de la cual será admisible la convocatoria al servicio militar o similar y la participación en operaciones militares. Dicho límite de edad no podrá ser inferior al establecido en el artículo 38 de la Convención".*

Y Uruguay afirmaría que:

> *"(...) respecto de lo dispuesto en el artículo 38, párrafos 2 y 3, que de acuerdo con el Derecho uruguayo hubiera sido deseable que el límite inferior de edad para tomar parte directa en las hostilidades en caso de conflicto armado se fijara en 18 años, en lugar de los 15 años previstos en la Convención. Asimismo, el Gobierno del Uruguay declara que, en el ejercicio de su voluntad soberana, no autorizará a ninguna persona bajo su jurisdicción que no haya alcanzado la edad de 18 años a participar directamente en las hostilidades y, en ningún caso, reclutará a personas que no hayan alcanzado los 18 años".*

El Protocolo Facultativo sobre la participación de niños en conflictos armados establece los 18 años como edad mínima para el reclutamiento obligatorio y la participación directa en hostilidades, pero permite ciertas excepciones para el reclutamiento voluntario por parte de las fuerzas armadas estatales, que fija entre los 16 y los 18 años, siempre que existan garantías. Al respecto, el artículo 3.2 del Protocolo señala que:

> *"Cada Estado Parte depositará, al ratificar el presente Protocolo o adherirse a él, una declaración vinculante en la que se establezca la edad mínima en que permitirá el reclutamiento voluntario en sus fuerzas armadas nacionales y se ofrezca una descripción de las salvaguardias que haya adoptado para asegurarse de que no se realiza ese reclutamiento por la fuerza o por coacción".*

En efecto, los Estados han formulado declaraciones en tal sentido, la mayoría de ellos prohibiendo el reclutamiento voluntario (u obligatorio) de los niños. Es el caso de España, al declarar que:

> *"la edad mínima para el reclutamiento voluntario en sus fuerzas armadas es de 18 años"*[37].

En algún caso se eleva dicha edad, conforme a las leyes nacionales. Así, Afganistán:

> *"De acuerdo con el Decreto n.° 20, de 25 de mayo de 2003, sobre el alistamiento voluntario en el Ejército Nacional Afgano, firmado por Su Excelencia, Hamed Karzi, Jefe de Estado de Afganistán, la edad mínima para el reclutamiento de ciudadanos afganos en el servicio militar activo está limitada a entre 22 y 28 años. Todo reclutamiento de personal en el Ejército Nacional Afgano es voluntario y no está sujeto a coacción ni a la fuerza"*[38].

---

[37] Así, entre otros Estados, Argentina, Angola, Armenia, Las Bahamas, Baréin, Bielorrusia, Bélgica, Benín, Bután, Bosnia y Herzegovina, Botsuana, Brunéi Darussalam, Bulgaria, Burkina Faso, Burundi, Camboya, Camerún, Catar, Corea, República Centroafricana, Chad, Colombia, El Congo, Costa de Marfil, Croacia, República Checa, República Democrática del Congo, Dinamarca, Yibuti, Dominica, Ecuador, Eritrea, Eslovaquia, Eslovenia, Estonia, Esuatini, Etiopia, Filipinas, Finlandia, Fiyi, Gabón, Gambia, Georgia, Ghana, Grecia, Guatemala, Guinea, Honduras, Hungría, Indonesia, Irak, Islas Salomón, Japón, Kenia, Kuwait, Kirguistán, República Democrática Popular Lao, Letonia, Lesoto, Libia, Lituania, Madagascar, Malawi, Maldivas, Malí, Mauricio, Méjico, Mónaco, Mongolia, Montenegro, Marruecos, Mozambique, Namibia, Nepal, Nicaragua, Níger, Nigeria, Macedonia del Norte, Moldavia, Noruega, Omán, Palestina, Panamá, Perú, Portugal, Rumanía, Ruanda, Samoa, San Marino, Santa Lucía, Sierra Leona, Sira, Sri Lanka, Sudáfrica, Sudán del Sur, Sudán, Suecia, Surinam, Suiza, Tailandia, Tanzania, Timor Oriental, Togo, Túnez, Turquía, Uganda, Uruguay, Uzbekistán, Vanuatu, Venezuela, Yemen y Zimbabue. *Vid.*, las declaraciones en http://untreaty.un.org, Parte I, cap. IV, tratado 11 b).

[38] Entre otros, también, Albania, Argelia, Kazajstán, Santa Sede, Senegal, San Vicente y las Granadinas y Ucrania.

Otros Estados permiten el reclutamiento voluntario de menores de edad, indicando las garantías para que dicho reclutamiento sea libre. Así, Australia declararía que:

> *"La Fuerza de Defensa Australiana (ADF) seguirá observando una edad mínima de reclutamiento voluntario de 17 años.*
> *De conformidad con el Artículo 3 (5) del Protocolo Facultativo, las limitaciones de edad no se aplican a las escuelas militares. El Director General de Gestión de Carrera del Servicio mantiene una lista de establecimientos autorizados, tanto militares como civiles (incluidos los utilizados para la formación de aprendices), a los que se aplica esta exención de edad. Las limitaciones de edad tampoco se aplican a los programas de cadetes, cuyos miembros no son reclutados por las Fuerzas de Defensa de Australia (ADF) y, por lo tanto, no son miembros de ellas.*
> *Quienes deseen unirse a las Fuerzas Armadas de Australia (ADF) deben presentar una copia original certificada de su acta de nacimiento a su oficial de reclutamiento. Antes de su alistamiento o nombramiento, todos los solicitantes de las ADF menores de 18 años deben presentar el consentimiento informado por escrito de sus padres o tutores.*
> *Todos los solicitantes que deseen unirse a la ADF deben estar plenamente informados sobre la naturaleza de sus futuras funciones y responsabilidades. Los responsables de reclutamiento deben cerciorarse de que la solicitud de afiliación de una persona menor de 18 años se realiza de forma genuinamente voluntaria"*[39].

También hay Estados que han modificado su declaración. Es el caso de Chile, que al ratificar el Protocolo (el 31 de julio de 2003) señaló que:

> *"El Gobierno de Chile declara que, de conformidad con su derecho interno, la edad mínima para el reclutamiento voluntario de personas en sus fuerzas armadas nacionales es de 17 o 18 años, y que, excepcionalmente, las personas que hayan cumplido 16 años y cumplan determinados criterios podrán participar en dichos programas por períodos más cortos, con la aprobación previa del Director General de la Dirección General de Movilización Nacional del Ministerio de Defensa Nacional y con el debido consentimiento de sus padres o tutores legales".*

El 13 de noviembre de 2008 Chile formularía la siguiente declaración:

---

[39] Asimismo, Alemania, Arabia Saudí, Austria, Azerbaiyán, Bangladés, Belice, Bolivia, Brasil, Cabo Verde, Canadá, República Popular China, Cuba, Chipre, República Dominicana, Egipto, El Salvador, Estados Unidos de América, Francia, Guinea-Bissau, Guyana (retirada en 2010), India, Irlanda, Israel, Italia, Jamaica, Japón, Jordán, Malasia, Malta, Myanmar, Países Bajos, Nueva Zelanda, Paquistán, Paraguay, Reino Unido, Rusia, Serbia, Seychelles, Singapur, Turkmenistán y Vietnam,

"De conformidad con lo dispuesto en el artículo 3, párrafo 4, del Protocolo Facultativo de la Convención sobre los Derechos del Niño relativo a la participación de niños en los conflictos armados, la República de Chile modifica la declaración efectuada al depositar el instrumento de ratificación de dicho Protocolo, en los siguientes términos:
El Gobierno de Chile declara que, de conformidad con su legislación interna, la edad mínima para el reclutamiento voluntario en sus fuerzas armadas nacionales es de 18 años. Excepcionalmente, las personas que hayan cumplido 17 años podrán, a solicitud propia, adelantar un año su conscripción ordinaria al servicio militar, aunque no podrán ser movilizadas antes de haber cumplido los 18 años"[40].

Tratándose de Costa Rica y al no contar con fuerzas armadas regulares (abolidas en 1948), declararía lo siguiente:

"(...) el artículo 12 de la Constitución de la República de Costa Rica proscribe el ejército como institución permanente. Por consiguiente, mi Gobierno considera que puede prescindirse de la declaración en cuestión a los efectos del artículo 3, párrafo 2, del Protocolo"[41].

---

40 Asimismo, Polonia o Luxemburgo, que modificó su declaración inicial realizada en el momento de la ratificación (que establecía la edad mínima para el reclutamiento voluntario en las Fuerzas Armadas de Luxemburgo en 18 años) el 25 de enero de 2013. La nueva declaración dice así: "El Gobierno del Gran Ducado de Luxemburgo declara que, de conformidad con el artículo 3 del Protocolo, la edad mínima en la que se permitirá el reclutamiento voluntario en el ejército de Luxemburgo es de 17 años. Se observarán los siguientes principios al reclutar personas de 17 años: 1. El reclutamiento será voluntario. 2. Los reclutas voluntarios menores de 18 años deben tener el consentimiento escrito de sus padres o tutor legal. 3. Los reclutas voluntarios menores de 18 años no pueden participar en las siguientes operaciones militares: (1) En el plano nacional: (a) La defensa del territorio del Gran Ducado en caso de conflicto armado. (2) En el plano internacional: (a) Contribuir a la defensa colectiva o común en el marco de las organizaciones internacionales de las que es miembro el Gran Ducado; b) Participar en dicho marco en misiones humanitarias y de evacuación, misiones de mantenimiento de la paz y misiones de combate para la gestión de crisis, incluidas las operaciones de establecimiento de la paz. 4. Los reclutas voluntarios serán plenamente informados, antes de su reclutamiento, de las obligaciones relacionadas con el servicio militar. 5. Los reclutas voluntarios podrán retirarse del servicio militar en cualquier momento.

41 También, Islandia, Kiribati, Liechtenstein y Micronesia. Granada tampoco cuenta con ejército, pero formularía la siguiente declaración: "Con el objetivo de especificar el alcance del Protocolo Facultativo de la Convención sobre los Derechos del Niño relativo a la participación de niños en los conflictos armados y al depositar su instrumento de adhesión, el Gobierno de Granada, actuando de conformidad con el artículo 3 del Protocolo, declara que actualmente no cuenta con fuerzas

Ciertamente, durante la negociación del Protocolo sería de nuevo la edad límite para la participación en las hostilidades una de las cuestiones más debatidas[42]. La mayoría de los Estados manifestaron su apoyo al límite de los 18 años para la participación directa en hostilidades, pero muchos de ellos también consideraron que esa edad también debería ser la mínima para cualquier otro reclutamiento y no sólo la participación directa[43]. Pero las leyes y prácticas nacionales de algunos Estados permitían el reclutamiento de menores de 18 años por lo que solicitaron a otras delegaciones "*dar muestras de más flexibilidad, a fin de poder aunar los intereses y preocupaciones de los distintos países y llegar a una transacción respecto de esa cuestión*"[44]. Por ello, se adoptaría en el texto definitivo una solución de compromiso estableciendo los 18 años como límite para la participación directa en las hostilidades, si bien ni en el propio Protocolo ni de los trabajos preparatorios se ofrecía una definición de esa participación directa en las hostilidades y su diferencia con la participación indirecta. A estos fines, responde la declaración interpretativa de Estados Unidos (que también señala que no asume ninguna obligación en virtud de la Convención sobre los Derechos del Niño al convertirse en parte del Protocolo) al establecer que la frase "participación directa en las hostilidades":

> *"(i) significa una acción inmediata y real en el campo de batalla que probablemente cause daño al enemigo, debido a que existe una relación causal directa entre la actividad realizada y el daño causado al enemigo; y*
> *(ii) no incluye la participación indirecta en las hostilidades, como recopilar y transmitir información militar, transportar armas, municiones u otros suministros, o el despliegue adelantado[45]".*

---

armadas nacionales y, por lo tanto, no se aplica una edad mínima para el reclutamiento en el caso del Gobierno de Granada. La única fuerza especializada en Granada es la Real Fuerza de Policía de Granada. El Gobierno de Granada declara además que la edad mínima requerida para el reclutamiento voluntario en la Real Fuerza de Policía de Granada es de diecinueve (19) años, de conformidad con el artículo 16 (1) (a) de la Ley de Policía".

42 *Vid.*, *supra* en relación con la Convención sobre los derechos del niño.

43 Naciones Unidas, Informe del Grupo de Trabajo sobre la elaboración de un protocolo facultativo a la Convención sobre los Derechos del Niños relativo a la participación de los niños en los conflictos armados, en su sexta sesión, E/CN.4/2000/74, Naciones Unidas, Nueva York, marzo 27 de 2000, https://www.hchr.org.co/informes_onu/e-cn-4-2000-74-informe-del-grupo-de-trabajo-encargado-de-elaborar-un-protocolo-facultativo-sobre-la-convencion-de-los-derechos-del-nino/, párr. 21 y ss.

44 *Ibid.*, pár. 57

45 En definiciones más amplias de "niños soldados" se incluye no sólo la participación directa en los combates sino también otras funciones como el reconocimiento y

Por su parte, en el Protocolo Facultativo sobre la participación de los niños en los conflictos armados se constata la formulación por parte del Sultanato de Omán de una declaración que califica como reserva y dice así:

> *"(...) sujeto a las reservas del Sultanato a la Convención sobre los derechos del niño.*

Y entre las reservas formuladas por Omán al adherirse a la Convención sobre los Derechos del Niño figuran las siguientes:

> *"Se formula una reserva a todas las disposiciones de la Convención que no se ajusten a la ley islámica ni a la legislación vigente en la Sultanía y, en particular, a las disposiciones relativas a la adopción establecidas en su artículo 21".*
> *"Las disposiciones de la Convención deben aplicarse dentro de los límites impuestos por los recursos materiales disponibles"* (esta última reserva fue retirada el 30 de junio de 2022)

Pues bien, estas reservas serían objetadas por numerosos Estados, entre ellos España que señalaría:

> *"que subordinan todas las disposiciones del Protocolo Facultativo a la ley islámica o a la legislación vigente en Omán, a las que se hace una referencia de carácter general, sin especificar ni su contenido ni los límites que imponen los recursos materiales disponibles, no permiten determinar con claridad hasta qué punto Omán ha aceptado las obligaciones derivadas del Protocolo Facultativo, y por tanto tales reservas suscitan dudas en cuanto al compromiso del Sultanato de Omán con el objeto y el fin del Protocolo Facultativo.*
> *El Gobierno del Reino de España considera que las reservas formuladas por el Sultanato de Omán al Protocolo Facultativo de la Convención sobre los derechos del niño relativo a la participación de niños en los conflictos armados son incompatibles con el objeto y la finalidad del Protocolo Facultativo.*
> *El Gobierno del Reino de España recuerda que, de acuerdo con el Derecho internacional consuetudinario codificado en la Convención de Viena sobre el Derecho de los Tratados, no se admiten reservas incompatibles con el objeto y el fin de un tratado.*
> *En consecuencia, el Gobierno del Reino de España se opone a las reservas formuladas por el Sultanato de Omán al Protocolo Facultativo de la Convención sobre los derechos del niño relativo a la participación de niños en los conflictos armados.*
> *Esta objeción no impedirá la entrada en vigor del Protocolo Facultativo de la Convención sobre los derechos del niño relativo a la participación de niños*

---

exploración, espionaje, sabotaje y servir de señuelos, o como mensajeros, cargueros, cocineros o auxiliares en retenes militares o el empleo de niñas para propósitos sexuales o matrimonios forzados (*vid.*, UNICEF. *Principios de Ciudad del Cabo y mejores prácticas sobre la prevención del reclutamiento de niños en las fuerzas armadas y sobre la desmovilización y reintegración social de niños soldados en África.* UNICEF, 1997).

> *en los conflictos armados, de 25 de mayo de 2000, entre el Reino de España y el Sultanato de Omán"*[46].

Como advirtiera el Comité de Derechos Humanos en su observación general número 24 sobre las reservas presentadas en términos generales: "*por esta vía está privándose de efecto a todos los derechos enunciados, y no se han aceptado auténticas obligaciones*"[47]. De ahí que señalaría la necesidad de que las reservas se formulen de forma específica y transparente pues ello permitirá al Comité y a los demás Estados Parte "*tener en claro cuáles son las obligaciones de derechos humanos que han sido o no contraídas*"[48]. Las reservas, precisaría, "*no deben tener carácter general, sino que han de referirse a una disposición concreta del Pacto e indicar en términos precisos su ámbito en relación con él*"[49].

También la directriz 3.1.5.2 de la Guía de la práctica, a ellas dedicada, dispone que: "*Una reserva habrá de redactarse en términos que permitan percibir su sentido, a fin de determinar, en particular, su compatibilidad con el objeto y el fin del tratado*"[50]. Y es que, como se precisa en el comentario a la directriz "*parece difícil, a priori, afirmar que son nulas ipso jure; la principal crítica que se les debe hacer es que no permiten apreciar si se cumplen las condiciones de su validez sustantiva. Por esta razón, se prestan particularmente bien a un "diálogo sobre las reservas*"[51].

En efecto, estas declaraciones pueden excluir o modificar restrictivamente la aplicación del tratado respecto al Estado que las formula, pero sin tener claro cuáles son las obligaciones que asume. Y es esta exclusión o

---

46 Otros Estados que han objetado la reserva de Omán son Alemania, Finlandia, Hungría, Noruega, Polonia, Suecia y Reino Unido. *Vid.*, http://untreaty.un.org, Parte I, cap. IV, tratado 11 b).

47 Comité de Derechos Humanos, Observación general número 24 (52) sobre "Cuestiones relacionadas con las reservas formuladas con ocasión de la ratificación del Pacto o de sus Protocolos Facultativos, o de la adhesión a ellos, o en relación con las declaraciones hechas de conformidad con el artículo 41 del Pacto", (CCPR/C.21/Rev./Add.6), de 11 de noviembre de 1994, párr. 12.

48 *Ibid.*, párr. 19.

49 *Ibid.* También, Tribunal Europeo de Derechos Humanos, sentencia de 29 de abril de 1988, asunto *Belilos c. Suiza*, demanda nº 10328/83, *Recueil des arrêts et décisions de la Cour européenne des droits de l'homme*, Serie A, vol. 132, párrs. 55-60. Comisión Europea de Derechos Humanos, Decisión de 5 de mayo de 1982, asunto *Temeltasch, c. Suiza*, demanda nº 9116/80, *Décisions et rapports*, vol. 31, abril de 1983, párr. 84.

50 *Vid.*, en Doc. A/66/10/Add.1, pp. 375-379, párr. 11.

51 *Ibid.*

modificación restrictiva el elemento central y diferenciador de las reservas con otras figuras afines como la declaración interpretativa u otro tipo de declaraciones. De ahí que las declaraciones formuladas al artículo 38 de la Convención sobre los derechos del niño, por las que los Estados muestran su desacuerdo con la edad mínima establecida en dicha disposición, no pueda considerarse estrictamente como reservas ni declaraciones interpretativas. Estas declaraciones no excluyen o modifican restrictivamente la disposición del tratado, ni precisan o aclaran su sentido o alcance[52]. Como tampoco serían reservas ni declaraciones interpretativas en sentido propio las previstas expresamente por el Protocolo Facultativo, en particular por el artículo 3.2, en virtud de las cuales el Estado meramente informa sobre la minoría de edad y las garantías para el reclutamiento voluntario en su país[53].

Por lo demás y como se ha indicado anteriormente, la Convención sobre la eliminación de todas las formas de discriminación contra la mujer no contiene ningún artículo que se refiera de forma expresa a los conflictos armados. Y respecto a la Convención sobre los derechos de las personas con discapacidad el artículo 11, que es el que trata los contextos de riesgo y emergencias humanitarias, no ha sido objeto de ningún tipo de declaración[54].

Ahora bien, en todos estos tratados se han formulado reservas vagas o generales, que han recibido el rechazo por parte de los demás Estados por su incompatibilidad con el objeto y fin del tratado, muy particularmente en el caso de la Convención sobre la eliminación de todas las formas de discriminación contra la mujer, cuyo número es muy superior al de otros tratados[55]. Así, Arabia Saudita, Bahréin, Brunéi, Catar, Kuwait, los Emiratos

---

52 Se tratarían más bien de las declaraciones denominadas de política general, con las que se realizan valoraciones sobre una disposición del tratado *Vid.*, la directriz 1.5 sobre "Declaraciones unilaterales distintas de las reservas y las declaraciones interpretativas" y su correspondiente comentario en Doc. A/66/10/Add.1, pp. 96-98.

53 Estas declaraciones podrían asimilarse a las declaraciones informativas, que formulan los Estados refiriéndose a la manera en cómo aplicará el tratado en el ámbito interno, pero sin afectar a los derechos y obligaciones del declarante respecto a los demás Estados contratantes. *Vid.*, la directriz 1.5.2, y su correspondiente comentario en *ibid.*, pp. 101-105.

54 *Vid.*, http://untreaty.un.org, Parte I, cap. IV, tratado 15.

55 En efecto, las objeciones presentadas a las reservas formuladas a esta Convención supera el número de 1500, la mayoría a las reservas redactadas en términos amplios e imprecisos, *vid*, http://untreaty.un.org, Parte I, Cap. IV, tratado 8.

Árabes Unidos, Malasia, Mauritania, Marruecos, Omán Paquistán, Siria, o Tailandia (Estados, sobre todo, con población mayoritariamente musulmana o en los que rige la ley islámica), han formulado reservas invocando su derecho interno (o las tradiciones, religión o cultura o prácticas naciones) de manera general, a disposiciones esenciales del tratado (como el artículo 2 y 16 de la Convención[56]) o a cualquier disposición, sin indicar cuál[57]. Y los Estados objetantes han señalado que el carácter amplio e impreciso de la reserva no permite conocer el cumplimiento general de las obligaciones del Estado en virtud del tratado, por lo que no es posible una evaluación final en cuanto a su compatibilidad con el objeto y fin de este y suscita dudas sobre el compromiso del Estado con el tratado, instando en algunos casos al autor de la reserva a proporcionar aclaraciones e información adicional[58].

En fin, este tipo de reservas pueden debilitar los derechos protegidos, justificando la discriminación, particularmente de género o religión y con repercusión en los derechos del niño. Por ello, no sólo los Estados sino también los órganos de tratados han expresado preocupación sobre estas reservas, instándoles en sus observaciones a los informes estatales a proporcionar información más amplia sobre las reservas formuladas y a su revisión a fin de restringirlas o retirarlas[59].

---

[56] El artículo 2 obliga a los Estados a condenar la discriminación contra la mujer y el artículo 16 se refiere a la igualdad entre el hombre y la mujer en todos los asuntos relacionados con el matrimonio y las relaciones familiares durante el matrimonio y con ocasión de su disolución. El Comité para la Eliminación de la Discriminación contra la Mujer ha señalado que ambos artículos contenían disposiciones básicas de la Convención (así, en su declaración a las reservas a la Convención, Informe del Comité para la Eliminación de la Discriminación contra la Mujer sobre sus 18º y 19º periodo de sesiones, *Documentos Oficiales de la Asamblea General, quincuagésimo tercer período de sesiones, Suplemento N.º 38* (A/53/38/Rev.1), segunda parte, párr. 1 y ss.); también en sus observaciones finales a los informes presentados por los Estados parte en la Convención, por ejemplo, respecto a Catar, CEDAW/C/QAT/CO/1, párr. 7, sección C.

[57] También encontramos reservas de este tipo en los otros tratados universales de derechos humanos, entre las más recientes las formuladas Libia a la Convención sobre los derechos de las personas con discapacidad, 2018, (*ibid.*, tratado 15), o Somalia a la Convención sobre los derechos del niño, 2015, (*ibid.*, tratado 11).

[58] Un ejemplo de objeción instando al Estado a proporcionar más información sobre la reserva lo encontramos en la presentada por Austria a la formulada por Paquistán o por Arabia Saudita, (*vid*, http://untreaty.un.org, Parte I, Cap. IV, tratado 8).

[59] Así, por ejemplo, el Comité para la Eliminación de la Discriminación contra la Mujer en relación a las reservas y declaraciones formuladas por Catar, Observa-

CONCLUSIONES

Los tratados de derechos humanos no se prestan a la formulación de reservas ni a otras declaraciones estatales que puedan menoscabar la protección de los derechos consagrados en ellos. En algunos de estos instrumentos hay una prohibición expresa a las reservas. En otros, como los tratados que hemos considerado en este trabajo, hay una prohibición de las reservas que sean incompatibles con el objeto y fin del tratado o se guarda silencio sobre ellas, pero es aplicable igualmente este criterio del objeto y fin. En estos instrumentos figuran también cláusulas que prohíben dar determinaciones interpretaciones o aplicar preceptos que sean menos favorables a la realización de los derechos. Las declaraciones formuladas por los Estados al artículo 38.2 de la Convención sobre los derechos del niño, en las que se hacen valoraciones (desfavorables) sobre la edad mínima establecida en dicha disposición para participar directamente en las hostilidades y ser reclutado por las fuerzas armadas, no son propiamente reservas ni declaraciones interpretativas. Tampoco lo son las formuladas en base al artículo 3.2 del Protocolo facultativo a la Convención sobre la participación de los niños en los conflictos armados, en las que los Estados meramente informan sobre la minoría de edad y las garantías para el reclutamiento voluntario. En ambos casos, los Estados tratan de dar una mayor protección a los niños elevando la edad establecida en estos instrumentos.

Por su parte, la reserva cumple un papel esencial al permitir que los Estados participen en el tratado salvando obstáculos de su derecho interno, tradiciones, religión o culturas nacionales. El Comité de Derechos Humanos en su observación general número 24 haría alusión a esta función útil de la reserva cuando señalaba que: "*La posibilidad de formular reservas tal vez induzca a los Estados que piensen tener dificultades en garantizar todos los derechos enunciados en el Pacto a aceptar, pese a ello, la generalidad de las obligaciones estipuladas en dicho instrumento. Las reservas pueden cumplir una función útil al permitir a los Estados adaptar elementos*

ciones finales sobre el informe inicial de Catar, sesiones 1191ª y 1192ª periodo de sesiones (CEDAW/C/QAT/CO/1), párr. 8; o el Comité sobre los Derechos del Niño respecto a las reservas formuladas por este Estado a la Convención y su protocolo facultativo relativo a la venta de niños, la prostitución infantil y la utilización de niños en la pornografía, Observaciones finales al informe inicial de Catar, 28º periodo de sesiones (CRC/C/15/Add.163), párr. 10 y 11, y Comité de los Derechos del Niño, Observaciones finales al informe inicial de Catar, 42º periodo de sesiones (CRC/C/OPSC/QAT/CO/1), párr. 9 y 10.

concretos de sus leyes a esos derechos intrínsecos de cada persona según están enunciados en el Pacto"[60].

La más amplia participación de los Estados en los tratados aquí contemplados muestra su adhesión con el respeto a los derechos reconocidos. Ahora bien, las declaraciones estatales que subordinan las disposiciones del tratado a la ley nacional vigente o religiosa, de manera general sin más especificaciones, no sólo constituyen verdaderas reservas, sino que son contrarias al objeto y propósito del tratado. Muy numerosas en estos tratados, cuya protección no cesa en tiempos de guerra, no permiten apreciar el compromiso real de los Estados con los derechos humanos consagrados en el instrumento internacional. Además, este tipo de declaraciones suelen comprometer los derechos garantizados, en particular de los grupos más vulnerables como son los niños y las mujeres. De ahí la importancia de que los demás Estados parte y los órganos de tratados muestren su preocupación y rechazo por su formulación.

BIBLIOGRAFÍA

Díez de Velasco, M: "El sexto dictamen del T.I.J.: Las reservas a la Convención de Genocidio", *Revista Española de Derecho Internacional,* vol. IV, 1951, nº 1

Horn, F.: *Reservations and Interpretative Declarations to Multilateral Treaties,* Amsterdam, North-Holland, 1988

Lansdown, G, "Article 38: The Right to Protection from Armed Conflict", Z. Vaghri et al. (eds.), *Monitoring State Compliance with the UN Convention on the Rights of the Child, Children's Well-Being: Indicators and Research* 25, 2022

Riquelme Cortado, R.: "La definición de reserva a examen. ¿Confirmación o desdibujamiento de sus elementos esenciales?" en *El derecho internacional: normas, hechos y valores. Liber amicorum José Antonio Pastor Ridruejo,* Madrid, Universidad Complutense, 2005

Tobin, J., & Drumbl, M. A. (2019). "Article 38: The rights of children in armed conflict". In J. Tobin (Ed.), *The UN convention on the rights of the child: A commentary,* Oxford University Press, 2019.

60 *Ibid.*, párr. 4.

Protección jurídica de escuelas e instituciones educativas para prevenir el reclutamiento y uso de niñas en los conflictos armados[1]

SONIA HERNÁNDEZ-PRADAS
Universidad Francisco de Vitoria

Resumen: El uso de niñas soldado por fuerzas y grupos armados está íntimamente relacionado con la falta de escolarización en las zonas de conflicto. A pesar de que la continuidad de la educación está protegida por las normas del Derecho Internacional Humanitario, es cada vez más frecuente que ésta se vea interrumpida por la imposibilidad de acudir a las escuelas y centros de enseñanza, que son objeto de ataques deliberados por todas las partes en conflicto. Tales actos están expresamente prohibidos por el principio de distinción que establece la obligación de dirigir las operaciones militares únicamente contra objetivos militares. Sin embargo, la inexistencia de una protección especial de las escuelas e instituciones educativas como bienes de carácter civil y su uso indebido con fines bélicos impiden garantizar el acceso de las niñas a la educación en los conflictos armados y promueven su reclutamiento.

Palabras clave: educación, niñas, escuelas, reclutamiento, bienes culturales, principio de distinción.

Abstract: *The use of girl soldiers by armed forces and groups is closely linked to the lack of schooling in conflict zones. Even though the continuity of education is protected by the rules of International Humanitarian Law, it is increasingly interrupted by the inability to attend schools and educational establishments, which are deliberately targeted by all parties to the conflict. Such acts are expressly prohibited by the principle of distinction, which establishes the obligation to conduct military operations only against military objectives. However, the lack of special protection of schools and educational institutions as civilian objects and their misuse for military purposes prevent girls' access to education in armed conflict from being guaranteed and promote their recruitment.*

Keywords: *education, girls, schools, recruitment, cultural property, principle of distinction.*

INTRODUCCIÓN

El acceso de las niñas a la educación y la continuidad de la misma durante los conflictos armados y en la etapa de postconflicto, están directamen-

[1] Estudio realizado en el marco del Proyecto de Investigación titulado "*Lagunas en la protección y asistencia internacional a las niñas asociadas a Grupos armados (NAAG)*". CIAICO 2022/235 UCHCEU con financiación pública de la GVA. ORCID: https://ORCID.org/0000-0003-0410-7465

te relacionados con la prevención del reclutamiento y la rehabilitación de las niñas asociadas a fuerzas y grupos armados. Garantizar el derecho a la educación en todas las circunstancias es, por tanto, una de las medidas más eficaces para alejarlas de las hostilidades y para curar sus heridas y favorecer su reintegración social. De hecho, varias disposiciones del IV Convenio de Ginebra relativo a la protección debida a las personas civiles en tiempo de guerra y en el Protocolo I de 1977 adicional a los Convenios de Ginebra relativo a la protección de las víctimas de los conflictos armados internacionales establecen medidas para garantizar la continuidad de la educación, especialmente, de los niños huérfanos o separados de sus padres, los niños que son evacuados de zonas de conflicto, los niños internados y los que se encuentran en territorios ocupados[2]. En los conflictos armados sin carácter internacional, el Protocolo II de 1977 adicional a los Convenios de Ginebra, relativo a la protección de las víctimas de los conflictos armados sin carácter internacional también prevé esta medida en general para todos los niños, como una de las garantías mínimas de protección especial de la infancia[3].

Sin embargo, en la práctica, la realización efectiva de este derecho en situaciones de conflicto se enfrenta a los ataques sistemáticos y deliberados de los establecimientos dedicados a la enseñanza, del personal docente y de los propios estudiantes. Las escuelas y otros centros educativos son utilizados, además, con fines militares, poniendo en peligro la inmunidad de estos bienes que, de otro modo, serían de carácter civil, y a las personas que se encuentran dentro de los mismos o en sus inmediaciones, generalmente niños y profesores. Y estos hechos impactan de manera desproporcionada en las niñas y las docentes, así como en la educación de las niñas y las jóvenes, incrementándose el riesgo de abandono escolar y la exposición a la violencia sexual y de género, y a otros peligros asociados, tales como los matrimonios forzados y embarazos precoces, la explotación y la esclavitud. La protección de los establecimientos dedicados a la enseñanza es, por tanto, la primera medida para garantizar el acceso a la educación de todos los niños, incluidas las niñas, en todas las circunstancias[4].

Ahora bien, la transformación de la naturaleza de los conflictos armados actuales, las guerras híbridas y asimétricas, han desdibujado y dificulta-

---

2 Artículos 24 y 94 del IV Convenio, y artículos 50 y 78.2 del Protocolo I adicional a los Convenios de Ginebra de 1949.

3 Artículo 4, apartado 3 del Protocolo I adicional a los Convenios de Ginebra de 1949.

4 UNESCO (2024), *Protección de la educación contra los ataques* (219 EX/36; 219 EX/DG.INF Rev.; 219 EX/42), párr. 10 y 11.

do la distinción entre personas civiles y combatientes, y entre bienes de carácter civil y objetivos militares, lo que constituye un obstáculo ineludible para poder dirigir únicamente los ataques contra combatientes y objetivos militares. Este hecho es especialmente grave en conflictos armados recientes en relación con algunos objetivos militares susceptibles de un doble uso para fines militares y fines civiles. Incluso algunos bienes indispensables para la supervivencia de la población civil o que contienen fuerzas peligrosas, que, como veremos más adelante, están considerados explícitamente como bienes de carácter civil en las normas del Derecho Internacional Humanitario, han pasado a ser considerados, si no de manera abierta, si de forma encubierta, como objetivos militares, por las ventajas que se derivan de su ataque o inutilización, al provocar el caos y la desmoralización de la población civil. Y los ataques dirigidos contra escuelas e instituciones educativas no escapan de esta dinámica en la que han entrado los conflictos actuales. En 2022 y 2023, Ucrania y Palestina fueron los países más afectados por ataques a escuelas: Ucrania sufrió alrededor de 700 ataques y Palestina al menos 640. En Ucrania, la mayoría de los ataques a escuelas se produjeron en las regiones meridional y oriental e implicaron armas explosivas, incluyendo ataques aéreos y bombardeos[5]. En Palestina, entre la escalada de hostilidades de octubre y diciembre de 2023, al menos 352 escuelas resultaron dañadas en la Franja de Gaza, lo que representa más del 60 % del total de escuelas[6]. Las escuelas femeninas son con frecuencia objeto de ataques y las niñas son secuestradas como esclavas sexuales y/o para su uso militar. Así, en 2014, el grupo armado islámico Boko Haram en Nigeria secuestró a más de 276 niñas que atendían a clases de secundaria en Chibok, para convertirlas en esclavas sexuales. Desde esa fecha, los crímenes han continuado y cerca de 2.000 mujeres y niñas han sido secuestradas[7].

La interrupción de la educación, con la disrupción social que ello provoca, unido a la intención de causar temor en la población y secuestrar a

---

5 Global Coalition to Protect Education from Attack (2024), *Report Education under attack 2024*, p. 8.

6 OCHA (2024), "Hostilities in the Gaza Strip and Israel | Flash Update 102", January 25, p. 11; y Education Cluster (2025), "OPT: Damaged Schools Dashboard-Gaza 2025", https://gis.unicef.org/portal/apps/dashboards/c6e0bfd744164b-2f84276071b1a83e78. Recuperado el 4 de julio de 2025.

7 UNICEF (2015), *Missing Childhoods The impact of armed conflict on children in Nigeria and beyond*, p. 5; y González, I. (2016). "La batalla de Boko Haram en las escuelas", en *Política Exterior*, https://www.politicaexterior.com/la-batalla-de-boko-haram-en-las-escuelas/. Recuperado el 4 de julio de 2025.

niños y niñas para utilizarlos como soldados, es una táctica cada vez más frecuente que se extiende por los conflictos armados de todos los continentes. En ocasiones el objetivo de esta estrategia por parte de los grupos rebeldes es castigar a los gobiernos para romper la rutina, la estabilidad y perturbar la cotidianidad de las comunidades, en especial de estudiantes y maestros, destruyendo el tejido y la cohesión social. Y muchos de estos ataques buscan provocar los llamados "efectos simbólicos sociales" extendiendo el miedo entre la población y negando el derecho a la educación y con ello, los valores y fines que persigue. En este contexto, la destrucción de las escuelas y los ataques dirigidos a la comunidad educativa se utilizan para promover la exclusión y la intolerancia, prohibiendo el acceso a la educación de las niñas, restringiendo la diversidad cultural, negando la libertad académica y fomentando el conflicto entre comunidades[8]. En este contexto, cabe preguntarse si es posible delimitar el ámbito personal y material de protección de las personas civiles y los bienes de carácter civil, y si las escuelas y, en general, las personas y los bienes que se encuentran en el interior o en sus inmediaciones —estudiantes, docentes, material educativo, instalaciones deportivas, etc.— quedarían bajo dicho marco jurídico protector.

1. EL PRINCIPIO DE DISTINCIÓN EN EL DERECHO INTERNACIONAL HUMANITARIO

Los ataques dirigidos contra escuelas y su uso con fines militares forman parte de las estrategias bélicas actuales más extendidas, violando uno de los principios fundamentales del Derecho Internacional Humanitario, aplicable, tanto en conflictos armados internacionales, como en conflictos armados sin carácter internacional: el principio de distinción. Tales ataques ponen el peligro la vida y la integridad de los estudiantes y, en particular de las niñas, comprometiendo, además, su derecho a la educación[9]. Según

---

8 Ospina, J. (2016). "El derecho a la educación en situaciones de conflicto armado: de las manifestaciones e impactos de la violencia a la construcción de la paz", UNIVERSITAS, *Revista De Filosofía, Derecho y Política*, (24), pp. 209-242, https://e-revistas.uc3m.es/index.php/UNIV/article/view/3181. Recuperado el 4 de julio de 2025.

9 En el último Informe del Secretario General de las Naciones Unidas sobre los niños en conflictos armados, se recogen violaciones manifiestas a este principio con ataques dirigidos contra escuelas en Irak, Haití, República Democrática del Congo, Colombia, República Centroafricana, Israel y los territorios ocupados, Líbano, Mali, Myanmar, Somalia, Sudán del Sur, Sudán, Siria, Yemen, Camerún, Etiopía,

este principio, y a fin de proteger a la población civil, se debe distinguir, en todo momento, entre personas civiles y combatientes, y entre bienes de carácter civil y objetivos militares, de manera que se dirijan los ataques únicamente contra combatientes y objetivos militares[10].

El principio de distinción forma parte del Derecho consuetudinario y ha tenido un amplio reconocimiento y arraigo en la doctrina y en la práctica de los Estados antes de su reconocimiento en el Derecho Internacional convencional[11]. A este respecto cabe destacar la labor desarrollada por el CICR para la determinación de las normas humanitarias consuetudinarias aplicables en los conflictos armados, tanto de carácter internacional, como de carácter interno. Esta investigación confirma que forman parte del Derecho consuetudinario y, por tanto, obligan a todos los Estados, entre otros: el principio de distinción, la definición de objetivos militares, la prohibición de ataques indiscriminados, el principio de proporcionalidad y el deber de tomar precauciones en los ataques, la obligación de respetar determinados bienes y personas, como los bienes culturales, médicos o religiosos, el personal sanitario y humanitario, con independencia de la naturaleza del conflicto bélico[12]. Todas estas normas, tan vinculadas al principio de distinción, son aplicables a la protección de las escuelas como bienes de carácter civil.

Por otro lado, este principio ha sido recogido y codificado en el Derecho Internacional convencional, y responde, como sostiene Bugnion, a una exigencia humanidad y de civilización, que debe ser observada en toda

---

Níger, entre otros. Véase Naciones Unidas, Asamblea General (2024), *Los niños y los conflictos armados*, Informe del Secretario General, A/78/842-S/2024/384, 3 de junio de 2024.

10 Artículo 48 del Protocolo I.

11 Véase Bugnion, F. (1994). Le Comité International de la Croix-Rouge et la protection des victimes de la guerre, Genève, CICR, p. 833. Para el desarrollo de este tema véase Urbina, J.J. (2000), Protección de las víctimas de los conflictos armados, Naciones Unidas y Derecho Internacional Humanitario, Tirant lo Blanch, Cruz Roja española, Valencia.

12 Henckaerts, J. M. (2005). *Estudio sobre el DIH consuetudinario: una contribución a la comprensión y al respeto del derecho de los conflictos armados*, Ginebra, CICR. La determinación de las normas del DIH que tienen carácter consuetudinario tiene gran importancia a la hora de identificar las normas que son aplicables en todos los conflictos armados, con independencia del carácter internacional o interno de éstos, y de que los Estados hayan ratificado o no los convenios correspondientes. Véase, a este respecto, Meron, T. (1989), *Human Rights and Humanitarian Norms as Customary Law*, Oxford, Clarendon Press, p. 263.

clase de conflictos, cualquiera que sea su naturaleza de conflictos —internacionales o sin carácter internacional—, o de conflictos lícitos o ilícitos, respecto a todas las personas y bienes civiles, sean éstos nacionales o de la Potencia enemiga, y en todas las operaciones militares, tanto si son éstas de carácter ofensivo como defensivo[13]. Pero, incluso con anterioridad a su inclusión en instrumentos convencionales, la Asamblea General de la Sociedad de Naciones se había hecho eco de esta exigencia humanitaria, estableciendo la obligación de distinguir entre los combatientes y las personas que no toman parte en las hostilidades, y la prohibición de dirigir ataques contra la población civil[14].

La formulación de este principio aparece recogida de forma expresa en el artículo 48 del Protocolo adicional I, según el cual, "las Partes en conflicto harán distinción en todo momento entre población civil y combatientes, y entre bienes de carácter civil y objetivos militares, y en consecuencia, dirigirán sus operaciones únicamente contra objetivos militares"[15]. Esta obligación implica también el deber por parte de los combatientes, de distinguirse de la población civil cuando preparen un ataque o en el curso del mismo[16]. Con relación a los bienes de carácter civil, el artículo 52.1 establece que éstos no serán objeto de ataques ni represalias. Por otro lado, se prohíbe utilizar medios o métodos de combate que no permiten hacer dicha distinción, es decir, los ataques indiscriminados[17] porque no se dirigen contra un objetivo militar concreto[18], o aquellos en los que se utilizan

---

13 Véase Bugnion, F. (1994), *op. cit. p. 833.*

14 Véase Resolución de la Asamblea General de la Sociedad de Naciones, de 30 de septiembre de 1938 relativa a la necesidad de instaurar una reglamentación especialmente adaptada a la guerra aérea; Resolución XXIII relativa al respeto de los derechos del hombre en período de conflicto armado, adoptada el 12 de mayo de 1968 en la Conferencia internacional de derechos del hombre; la Resolución 2444 (XXIII) de la Asamblea General de Naciones Unidas, adoptada el 19 de diciembre de 1968, relativa al respeto de los derechos humanos en período de conflicto armado; y la Resolución 2675 (XXV) de la Asamblea General de Naciones Unidas, adoptada el 9 de diciembre de 1970, relativa a la protección de las poblaciones civiles en tiempo de conflicto armado.

15 Art. 48 del Protocolo I de 1977, adicional a los Convenios de Ginebra, relativo a la protección de las víctimas de los conflictos armados internacionales.

16 Art. 44.3 del Protocolo I.

17 Véase a este respecto los casos enumerados en el artículo 51 del Protocolo I.

18 Véanse artículos 2.4 del Protocolo II y 1.3 del Protocolo III, adicionales a la Convención sobre prohibiciones o restricciones del empleo de ciertas armas convencionales que puedan considerarse excesivamente nocivas o de efectos indiscrimi-

medios o métodos de combate que no se pueden dirigir contra un objetivo militar concreto o, finalmente, porque se emplean medios o métodos de combate cuyos efectos no son posibles de limitar, alcanzando indistintamente a objetivos militares y a personas civiles y bienes de carácter civil[19].

2. LAS ESCUELAS E INSTITUCIONES EDUCATIVAS COMO BIENES DE CARÁCTER CIVIL

Un aspecto relevante para la determinación del ámbito material de esta prohibición es determinar qué personas y bienes están cubiertos por la inmunidad que les confiere el Derecho Internacional Humanitario y no pueden ser, por tanto, objeto de ataques. En otras palabras, qué se entiende por personas civiles y bienes de carácter civil. Pues bien, el Protocolo adicional I define las personas civiles y los bienes de carácter civil por exclusión, es decir, se consideran personas civiles a todas aquellas que no sean combatientes y se entiende por bienes civiles todos aquellos que no constituyen objetivos militares[20]. Por tanto, resulta inevitable acudir a las definiciones de combatientes y objetivos militares para determinar las personas y bienes protegidos.

Los combatientes son todas aquellas personas que pertenezcan a alguna de las categorías enunciadas en el artículo 4, A, 1), 2), 3) y 6) del III Convenio de Ginebra de 1949, y en el artículo 43 del Protocolo adicional I. Y se entiende por objetivos militares "aquellos objetos que por su naturaleza, ubicación, finalidad o utilización contribuyan eficazmente a la acción militar o cuya destrucción total o parcial, captura o neutralización ofrezca en las circunstancias del caso una ventaja militar definida"[21]. Por otro lado,

---

nados, hecha en Ginebra el 10 de octubre de 1980. BOE núm. 89, Jueves, 14 abril 1994.

19 Estarían incluidas entre estas armas cuyos efectos no es posible limitar y que pueden alcanzar indistintamente a objetivos militares y a personas civiles o bienes civiles: las minas terrestres, las armas bacteriológicas o las que envenenan el agua potable, prohibidas en el Reglamento anejo a la Convención de la Haya de 1899, relativa a las leyes y usos de la guerra terrestre y en el Protocolo de 1925 sobre la prohibición del uso de gases tóxicos y de medios bacteriológicos en la guerra.

20 Art. 50 y art. 52.1 del Protocolo I.

21 Art. 52.2. del Protocolo I. Este concepto puede poner en duda la eficacia de la de la aplicación de los criterios señalados cuando precisamente sea más efectivo el ataque deliberado a objetivos civiles que, por su naturaleza o finalidad, contribuyan a doblegar la voluntad del enemigo, que obtener una ventaja militar defini-

el Protocolo I refuerza esta protección añadiendo que, en caso de duda acerca de la naturaleza o condición jurídica de una persona o bien, se considerará que es persona civil, y que el bien de carácter civil no se usa con fines militares[22]. Esta presunción del carácter civil de un determinado bien habría que vincularla, además, a las disposiciones relativas a las precauciones debidas en los ataques, de manera que se verifique, antes de decidir un ataque, que se trata efectivamente de un objetivo militar[23].

No cabe ninguna duda del carácter civil de determinados bienes que se nombran expresamente y, no sólo están específicamente considerados dentro de la categoría de bienes de carácter civil, sino que gozan de una protección especial, a saber: los bienes indispensables para la supervivencia de la población civil[24], las obras e instalaciones que contienen fuerzas peligrosas[25], los bienes culturales[26], los hospitales civiles[27], y otros establecimientos como los dedicados a la beneficencia y los centros de reunión de enfermos y heridos[28]. Las escuelas e instituciones educativas no están incluidas entre los bienes que gozan de protección especial. Sin embargo, y mientras no sean utilizadas con fines militares, sí estarían cubiertas por la protección del artículo 52 del Protocolo adicional I. Lo mismo cabe decir respecto a las personas que se alojan en ellas o se están especialmente vin-

---

da. Esto es especialmente preocupante cuando el objetivo es precisamente atacar "objetivos blandos", como las personas civiles o los bienes de carácter civil, con el fin de desgastar la moral de la población civil, y así lograr que retire su apoyo al gobierno establecido. Véase Sassoli, M. (2003), "Legitimate targets of attacks under International Humanitarian Law", *Background Paper prepared for the Informal High-Level Expert Meeting on the Reaffirmation and Development of International Humanitarian Law*, Cambridge, 27-29 de enero de 2003, Program on Humanitarian Policy and Conflict Research at Harvard University, pp. 3-4, disponible en https://hhi.harvard.edu/files/humanitarianinitiative/files/session1_legitimate_targets_ihl.pdf?m=1615827575. Recuperado el 4 de julio de 2025.

22 Art. 50 y art. 52.3 del Protocolo I.

23 A este respecto, el artículo 57 del Protocolo adicional I relativo a las precauciones que deben tomarse en los ataques, menciona expresamente la obligación de «hacer todo lo que sea factible para verificar que los objetivos que se proyecta atacar no son personas civiles ni bienes de carácter civil».

24 Art. 54.2 del Protocolo I, y art. 14 del Protocolo II.

25 Art. 56 del Protocolo I y art. 15 del Protocolo II.

26 Art. 53 del Protocolo I y art. 16 del Protocolo II.

27 Art. 18 y art. 19 del IV Convenio de Ginebra.

28 Artículo 27 del Reglamento de la Haya.

culadas a estos bienes, es decir, estudiantes y docentes[29]. Por lo que respecta a las normas aplicables a los conflictos armados sin carácter internacional, no encontramos ninguna definición de los bienes que se consideran de carácter civil. Sin embargo, el artículo 13.2 del Protocolo adicional II prohíbe los ataques dirigidos, tanto contra las personas civiles como contra la población civil, prohibiendo, en particular, atacar determinados bienes, a saber, los bienes indispensables para la supervivencia de la población civil (art. 14), las obras e instalaciones que contienen fuerzas peligrosas (art. 15), los bienes culturales y de los lugares de culto (art. 16), y las unidades sanitarias y los medios de transporte sanitarios (art. 11.1). No se nombran, pues, de manera expresa, las escuelas e instituciones educativas. Tampoco se define el principio de distinción. Pero, como ya se señaló anteriormente, el carácter consuetudinario de dicho principio ha sido reafirmado por el CICR, siendo ésta una de las normas que son aplicables indistintamente a los conflictos armados internacionales y a los conflictos armados sin carácter internacional. En consecuencia, podemos acudir a las normas contenidas en el Protocolo adicional I que definen y desarrollan dicho principio y cuya aplicación se ha extendido a los conflictos no internacionales, como se desprende del estudio elaborado por el CICR[30]. Las enmiendas introducidas a la Convención sobre ciertas armas Convencionales y al Estatuto de Roma, para ampliar su ámbito de aplicación a los conflictos no internacionales reflejan esta tendencia en la comunidad internacional[31].

3. AUSENCIA DE UNA PROTECCIÓN ESPECIAL DE LAS ESCUELAS E INSTITUCIONES EDUCATIVAS EN EL DERECHO INTERNACIONAL HUMANITARIO

Una cuestión que podemos plantearnos, de indudable trascendencia para la protección especial de la infancia y de la continuidad de la educación en tiempo de conflicto armado, es si los establecimientos dedicados a la enseñanza gozan de un trato privilegiado en el Derecho Internacional

---

29 Artículo 50.2. del Protocolo I.

30 Solf, W. A. (1986), "Protection of civilians against the effects of hostilities under customary international law and under Protocol I", *The American University Journal of International Law and Policy*, vol. I, pp. 107-135.

31 Resolución RC/Res.5, aprobada por consenso en la 12.ª sesión plenaria el 10 de junio de 2010, enmiendas al art. 8 del Estatuto de Roma. Ver asimismo Henckaerts, J. M., *op. cit.*, Introducción, XXXIV.

Humanitario como bienes de carácter civil específicamente vinculados a la infancia y a la educación. En otras palabras, si son bienes especialmente protegidos contra los ataques y contra su uso con fines militares.

Pues bien, aunque el Derecho Internacional Humanitario otorga una protección general a todos los bienes de carácter civil que, como hemos señalado, se definen por exclusión, es decir, los que no se encuentran dentro del concepto de objetivos militares, hay bienes que gozan de una protección especial prevista de manera expresa en los Convenios de Ginebra y sus Protocolos adicionales. Nos referimos a los hospitales civiles[32] y otros centros de reunión de enfermos o dedicados a la beneficencia[33], los bienes indispensables para la supervivencia de la población civil, las obras o instalaciones que contienen fuerzas peligrosas, y los bienes culturales.

También gozan de una protección especial las unidades sanitarias y los transportes de heridos y enfermos civiles, inválidos y parturientas, ya sean éstos efectuados por tierra, por mar o por aire. De hecho, el artículo 85 del Protocolo adicional I califica de infracción grave el hecho de lanzar ataques contra la población civil o contra personas civiles, pero no contiene disposición similar alguna en relación con los bienes de carácter civil en general, pero sí se consideran infracciones graves los ataques a ciertos bienes que gozan de una protección especial, tales como las obras o instalaciones que contienen fuerzas peligrosas, las localidades no defendidas, las zonas desmilitarizadas, los monumentos históricos y las obras de arte o los lugares de culto. Y el Protocolo II, aunque no establece una protección general en favor de los bienes de carácter civil, algunos bienes particularmente importantes para la población civil sí reciben una protección especial, a saber, las unidades y los medios de transporte sanitarios, los bienes indispensables para la supervivencia de la población civil y los bienes culturales[34].

Sin embargo, las instalaciones educativas no están incluidas entre los bienes especialmente protegidos, como los que acabamos de mencionar. Las únicas disposiciones específicas que encontramos en los Convenios de

---

32 Art. 18 y art. 19 del IV Convenio. Quedarían incluidos, dentro de esta protección especial, los establecimientos que tengan la naturaleza de clínicas infantiles. Pictet, J.S. (1956), *Les Conventions de Genève du 12 Août 1949. Commentaire IV, La Convention de Genève relative a la protection des personnes civiles en temps de guerre,* CICR, p. 155.

33 Podría entenderse que estarían incluidos aquí los orfelinatos y los hospicios de inválidos. *Ibid.* p. 156.

34 Artículos 14, 15 y 16 del Protocolo II.

Ginebra y sus Protocolos adicionales que se refieren explícitamente a la protección de estos bienes son las previstas en el artículo 50 del IV Convenio de Ginebra y el artículo 52.3 del Protocolo adicional I.

En efecto, en el primero, se establece la obligación a cargo de la Potencia ocupante en los territorios ocupados, de facilitar el buen funcionamiento de los establecimientos dedicados a la asistencia y a la educación de los niños, obligación que implica, no sólo el mantenimiento, la provisión de recursos y el apoyo que sea necesario para que puedan desempeñar su función, sino también la de abstenerse de entorpecer la actividad que se desarrolle en los mismos, mediante su apropiación, deterioro, o requisando bienes o personal dedicados a dichos servicios. Por lo que respecta a la segunda disposición, el artículo 52.3, al establecer la presunción de uso de bienes de carácter civil para fines no militares, pone de ejemplo precisamente la escuela. Lamentablemente tenemos ejemplos muy recientes que muestran como las potencias ocupantes han violado reiteradamente estas disposiciones, atacando y saqueando escuelas, y convirtiéndolas en bases militares[35]. En situaciones de conflicto armado sin carácter internacional, la protección es más limitada aún, ya que el Protocolo II omite la definición de bienes de carácter civil y no prevé una protección general, sino que nombra expresamente algunos que, por su alusión directa, podemos entender que también se benefician de una protección especial. La omisión de cualquier referencia a la protección especial de los bienes dedicados a la educación constituye, por tanto, una laguna jurídica que perjudica a la infancia, no sólo por lo que respecta a la seguridad de los niños que suelen encontrarse en tales lugares o en sus inmediaciones, sino también por lo que se refiere a la continuidad de la educación, ambos aspectos protegidos por las normas del Derecho Internacional Humanitario y decisivos para prevenir el reclutamiento y uso de niñas por las fuerzas y grupos armados[36]. Esta laguna jurídica contrasta con la gravedad de los ataques sistemáticos contra las escuelas, la educación y, en particular, las maestras y niñas[37], hasta el punto de que ha pasado a ocupar un primer plano en la agenda internacional, involucrando a diferentes organizaciones y Estados que han asumido compromisos políticos, aunque no jurídicos. En este sentido, el Consejo de Seguridad de las Naciones Unidas ha condenado los ataques dirigidos contra las escuelas e instando a todas las partes en

---

35 Human Rights Watch (2023). *"Tanks on the Playground", Attacks on Schools and Military Use of Schools in Ukraine.*

36 Pictet, J.S. (1956). *Les Conventions de Genève du 12 Août 1949. Commentaire IV... cit.*, p. 308.

37 Global Coalition to Protect Education from Attack, *op. cit.*, p. 64.

conflicto a salvaguardar, proteger, respetar y promover el derecho a la educación durante los conflictos armados, reafirmando su importante papel para alcanzar la paz y la seguridad, y la importancia que tiene para las personas y la sociedad, subrayando la necesidad de tener en cuenta especialmente la igualdad de acceso de las niñas a la educación. Así, en su Resolución 2601, manifestó su preocupación al respecto y exhortó a los Estados a formular medidas eficaces para prevenir los ataques y las amenazas de ataques contra las escuelas y los establecimientos de enseñanza, como la elaboración de marcos jurídicos internos dirigidos a garantizar el respeto de las normas internacionales que les sean aplicables en relación con la protección de las escuelas y de la población civil vinculada a las mismas, como los niños y el personal docente, y absteniéndose de utilizar los centros de enseñanza con fines militares[38].

Una importante iniciativa a este respecto fue la celebración, en mayo de 2015, de una Conferencia intergubernamental en Oslo auspiciada por Noruega y Argentina, en la que se aprobó la *Declaración de Escuelas Seguras,* y las *Directrices para Prevenir el Uso Militar de Escuelas y Universidades durante Conflictos Armados.* Se trata de un compromiso de apoyo político para proteger escuelas, estudiantes y personal docente, y evitar su uso con fines militares, y el establecimiento de medidas de carácter voluntario y no vinculante, inspiradas en las buenas prácticas existentes, para servir de guías que reduzcan al máximo el impacto de los conflictos armados sobre la educación. Al adherirse a la Declaración, los Estados adoptan formalmente las Directrices comprometiéndose a aplicarlas a través de políticas y marcos operativos nacionales. Estas guías tienen como principales destinatarios a comandantes militares y a todas aquellas personas que intervienen en la planificación y la ejecución de operaciones militares, para que puedan tomar decisiones responsables y

---

38 Consejo de Seguridad (2021). Resolución 2601, 26 de octubre de 2021, S/RES/2601, párr. 7 y 8. Otras resoluciones relativas a los niños en los conflictos armados también han recogido esta preocupación por la continuidad de la educación y la protección de las instituciones y personas relacionadas con la misma. Véanse las resoluciones 1261 (1999), 1314 (2000), 1379 (2001), 1460 (2003), 1539 (2004), 1612 (2005), 1882 (2009), 1998 (2011), 2068 (2012), 2143 (2014), 2225 (2015), 2427 (2018), 2764 (2024). Cabe destacar que la UNESCO ha diseñado un Plan de Acción para la aplicación de la resolución 2601 del Consejo de Seguridad. Véase UNESCO (2025), *Protección de la educación contra los ataques,* DOC. 221 EX/5.I.B, Consejo Ejecutivo, 221ª reunión, París, 10 de marzo de 2025, https://unesdoc.unesco.org/ark:/48223/pf0000393004_spa. Recuperado el 4 de julio de 2025.

reducir así los efectos a largo plazo del uso militar de escuelas y universidades, garantizando la seguridad y la educación de los estudiantes[39].

4. LA PÉRDIDA DE INMUNIDAD DE LAS ESCUELAS E INSTITUCIONES EDUCATIVAS: USO CON FINES MILITARES

Durante las últimas décadas se ha incrementado el uso de las escuelas y centros educativos con fines militares. Las partes en conflictos armados han ocupado por la fuerza escuelas e instituciones de formación superior, y han utilizado guarderías y jardines maternales durante sus campañas militares. Las fuerzas armadas, grupos armados no estatales, fuerzas multinacionales y contingentes de paz han utilizado estos lugares como cuarteles, centros logísticos, bases, puestos de tiro, arsenales y centros de detención, construyendo puestos de defensa y alambradas metálicas para impedir la entrada, y colocando francotiradores en las ventanas de las aulas. También han almacenado armas en pasillos y debajo de los pupitres, y han estacionado vehículos blindados en los gimnasios y patios. En Ucrania, las fuerzas rusas han utilizado con frecuencia escuelas y jardines de infancia como bases militares para establecer a sus soldados, estacionar vehículos militares y otros equipos en los patios escolares, como lugares de detención de civiles, para realizar prácticas de tiro en los gimnasios o para tratamientos médicos, saqueando, incendiando, vandalizando y despojando estos centros de ordenadores, televisiones, pizarras electrónicas, y otros materiales escolares y sistemas de calefacción, y dejando grafitis en las paredes de las aulas con mensajes de odio hacia Ucrania y los ucranianos[40].

Ya hemos visto que la definición de bienes de carácter civil va unida al uso que se dé de los mismos ya que, al contraponerse a los objetivos milita-

---

[39] La elaboración de las Directrices fue impulsada por la Coalición Global para Proteger la Educación de Ataques (Global Coalition to Protect Education from Attack, GCPEA), integrada por diferentes organizaciones dedicadas a promover la educación en situaciones de emergencia o de conflicto, en respuesta a los ataques reiterados contra las instituciones educativas, los estudiantes y personal docente. Véase Global Coalition to Protect Education from Attack (2015), *The Safe Schools Declaration, Guidelines for Protecting Schools and Universities from Military Use during Armed Conflict, and Commentary on the "Guidelines for Protecting Schools and Universities from Military Use during Armed Conflict*", https://ssd.protectingeducation.org/safe-schools-declaration-and-guidelines-on-military-use/. Recuperado el 4 de julio de 2025.

[40] Human Rights Watch (2023). *"Tanks on the Playground"… op. cit.*

res, son aquellos que, no sólo por su naturaleza o ubicación, sino también "cuya finalidad o utilización contribuyan eficazmente a la acción militar o cuya destrucción total o parcial, captura o neutralización ofrezca en las circunstancias del caso una ventaja militar definida"[41]. Por tanto, el uso de un bien de carácter civil para fines militares puede transformar dicho bien en un objetivo susceptible de ser atacado, es decir, la inmunidad de la que gozan los bienes de carácter civil no es absoluta y puede suspenderse legítimamente si esos bienes se utilizan con fines hostiles.Y es que, la obligación de distinción entre objetivos militares y objetivos civiles debe ser observada, tanto desde el punto de vista ofensivo como desde el punto de vista defensivo. Es decir, cada parte está obligada a hacer todo lo posible para que puedan distinguirse los objetivos militares y los bienes de carácter civil, lo que implica que éstos no sean utilizados con bienes bélicos por la parte en cuyo poder se encuentren, en cuyo caso pueden perder la inmunidad que les ampara y ser objeto de ataques. A este respecto, el artículo 53.3 del Protocolo I prohíbe, por ejemplo, de manera expresa, el uso de bienes culturales en apoyo del esfuerzo militar. La Convención de la Haya establece que no pueden ser atacados en ningún caso, salvo que, por su función, se hayan convertido en un objetivo militar[42]. Lo mismo cabe decir de las personas civiles que están bajo su control, evitando colocarlas en situaciones que impliquen riesgo o peligro para sus vidas[43]. Esta obligación resulta aún más evidente para la potencia ocupante en los territorios ocupados, en los que, no sólo no puede hacer uso militar de las escuelas y otras instituciones educativas, sino que debe facilitar su correcto funcionamiento en cooperación con las autoridades locales, como establece al artículo 50 del IV Convenio de Ginebra. Obligación que se ha venido violado reiteradamente, como señalábamos, en los territorios ucranianos bajo ocupación rusa[44].

El uso indebido de bienes civiles, y en este caso, de las escuelas y otras instituciones educativas, con fines militares, puede dar lugar, por tanto, a la pérdida de su protección, poniendo en grave peligro a las personas que se encuentran dentro o en sus inmediaciones. En consecuencia, los bienes de carácter civil en cuyo interior se encuentren combatientes, equipos militares o se almacenen armas, por ejemplo, y cuya destrucción o neutralización aporten una contribución efectiva a la guerra o una ventaja militar definida, constituyen

---

41 Art. 52.2 del Protocolo I.

42 Art. 8.1.a).

43 Artículos 28,49 y 83.1, del IV Convenio, y art. 51.7 del Protocolo I.

44 Human Rights Watch (2023), *"Tanks on the Playground",... op. cit.*

objetivos legítimos[45]. Incluso los bienes que gozan de una protección especial pueden perder ésta si se utilizan con fines bélicos. Así, el artículo 54 levanta la prohibición de atacar bienes indispensables para la supervivencia de la población civil cuando éstos sean utilizados para abastecer a las fuerzas armadas o en apoyo directo para una operación militar. También cesa la prohibición de atacar obras o instalaciones que contengan fuerzas peligrosas si son utilizadas en apoyo regular, importante y directo de operaciones militares[46]. Por tanto, el uso de escuelas con fines militares deja a éstas y a las personas que en ellas se encuentran, expuestas a ataques legítimos, incluso cuando los estudiantes y docentes siguen presentes en el lugar. Asimismo, la presencia militar en escuelas y otras instituciones educativas provoca a menudo la deserción de alumnos y un menor nivel de matrículas, limita la transición a niveles educativos más avanzados y afecta negativamente al rendimiento educativo de los alumnos. Esta situación afecta con más frecuencia a las niñas[47].

En cualquier caso, la violación de estas prohibiciones no dispensa a las partes en conflicto de la obligación de adoptar todas las medidas de precaución establecidas en los artículos 57 y 58 del Protocolo adicional I. En efecto, el artículo 57.1 establece de manera expresa que "las operaciones militares se realizarán con un cuidado constante de preservar a la población civil, a las personas civiles y a los bienes de carácter civil", es decir, el propósito fundamental será evitar cualquier daño a la población civil o a los bienes de carácter civil. Esta obligación va dirigida a quienes preparen o decidan un ataque que deberán observar tres aspectos de la misma: verificar que los objetivos que se pretende atacar son efectivamente objetivos militares, elegir medios y métodos de combate que reduzcan al máximo los daños a la población civil y a los bienes de carácter civil, y abstenerse de llevar a cabo dicho ataque cuando es previsible que los daños serán excesivos en relación con la ventaja militar que se pretende obtener.

En estas medidas de precaución quedan reflejados los principios de humanidad, proporcionalidad y necesidad militar cuya aplicación tiene la finalidad de limitar el alcance de las operaciones militares evitando males y sufrimientos innecesarios. Su violación convertiría el ataque en un ataque

45 Véase Instituto de Derecho Internacional (1969), "La distinction entre les objectifs militaires et non militaires en général et notammentles problèmes que pose l'existence des armes de destruction massive", párr. 4, *Annuaire de l'Institut de droit international,* vol. 53, tomo II, 1969, p. 360.

46 Art. 56.2 del Protocolo adicional I.

47 Global Coalition to Protect Education from Attack (2024), *op. cit*., p. 19.

indiscriminado. Sin embargo, puede ocurrir que, en el espacio de tiempo transcurrido entre la decisión y la ejecución de un ataque, el objetivo elegido haya dejado de ser un objetivo militar[48]. Es decir, estas precauciones se deben tener en cuenta durante todas las fases de la operación militar, tanto en el planeamiento y la toma de decisiones, como en la ejecución del ataque.

5. HACIA UNA PROTECCIÓN ESPECIAL DE LAS ESCUELAS E INSTITUCIONES EDUCATIVAS COMO BIENES CULTURALES

Las escuelas y otras instituciones educativas gozan de inmunidad jurídica y se benefician de la aplicación del principio de distinción que prohíbe dirigir ataques contra bienes de carácter civil, según lo dispuesto en el Protocolo I y como ya se ha expuesto más arriba. Sin embargo, ya hemos visto que no está prevista ninguna medida de protección especial de estos establecimientos en consonancia con la protección especial de la infancia y la continuidad de la educación de los niños en situaciones de conflicto armado previstas en las normas del Derecho Internacional Humanitario.

Por otro lado, los ataques deliberados contra centros de enseñanza e instituciones educativas y, más concretamente, contra las escuelas femeninas, pueden formar parte de una estrategia más amplia de acabar con la cultura y los valores que se perpetúan a través de la educación de las niñas, y que forman parte de la identidad de los pueblos. En efecto, las mujeres tienen una función insustituible en la preservación y transmisión intergeneracional de las tradiciones, valores, religión y cultura de un pueblo. Su educación tiene un efecto multiplicador en sus familias. Entender este papel de la mujer y buscar intencionadamente su erradicación puede estar encubriendo una forma silenciosa de genocidio cultural y de género cuando elemento intencional o *means rea* de tales actos es precisamente la destrucción del grupo en todos sus elementos integrantes e identificadores, no sólo físicos, sino también espirituales, artísticos, intelectuales y morales[49]. Así pues, cabe pregun-

---

48 Así, por ejemplo, podría ocurrir que una escuela con vehículos blindados estacionados en el patio de un colegio dejara de ser objetivo militar si, cuando se va a ejecutar el ataque, se hubieran retirado los vehículos. Kalshoven, F. y Zegveld, L. (2003), *Restricciones en la conducción de la guerra,* CICR, p. 126.

49 Véase, a este respecto, Lemkin, R. (1947), "Genocide as a crime under international law" en *American Journal of International Law,* 41(1), pp. 145-151; Lemkin, R. (1946), "El crimen de genocidio", p. 3. http://www.alcoberro.info/assets/lemkin010_articulo_crimen1946.pdf. Recuperado el 4 de julio de 2025; y Aronyan, H., Meléndez

tarse si, en tanto que bienes especialmente vinculados con la educación y la transmisión del saber y la cultura, las escuelas y otras instituciones educativas podrían estar incluidas dentro del concepto de bienes culturales y gozar así de la protección reforzada que está prevista para éstos en los dos Protocolos adicionales a los Convenios de Ginebra[50] y la Convención de la Haya para la Protección de los Bienes Culturales en caso de Conflicto Armado, de 1954 y sus dos Protocolos de 1954 y 1999.

Los bienes culturales se definen como todos los bienes, muebles o inmuebles, religiosos o seculares, que tengan una gran importancia para el patrimonio cultural de los pueblos, como los monumentos de arquitectura o de historia, los campos arqueológicos, las obras de arte, los libros, los museos, las bibliotecas y otros edificios que contengan bienes culturales[51]. A la luz de esta definición no cabe pensar que se encuentran incluidas los bienes dedicados a la enseñanza y, por otro lado, ninguna disposición del Derecho Internacional Humanitario hace referencia expresa a la protección especial de las escuelas e instituciones educativas como bienes culturales. Ahora bien, la norma 38 de la lista de normas de Derecho consuetudinario elaborada por el CICR, bajo el epígrafe de "Ataques contra los bienes culturales", establece el deber de las partes en conflicto de respetar dichos bienes e incluye dentro de éstos los edificios dedicados a fines religiosos o caritativos, a la enseñanza, las artes o las ciencias, así como los monumentos históricos, a no ser que se trate de objetivos militares[52]. Por otro lado, el Estatuto de la Corte Penal Internacional tipifica como crimen de guerra el hecho de dirigir intencionalmente ataques contra edificios dedicados a la religión, la educación, las artes, las ciencias o la beneficencia o los monumentos históricos, tanto en los conflictos armados internacionales, como en los no internacionales[53]. Estas

---

Carballido, R., & Alfaro Matos, M., (2021), "El concepto de genocidio cultural: una perspectiva desde Derecho Internacional", en *Revista Universidad y Sociedad,* 13(S3), pp. 250-255; Iglesias Vázquez, M.A. (2023), "Del genocidio al genocidio cultural, etnocidio, limpieza étnica (y a la desnazificación)", en *Estudios de Deusto, Revista de Derecho Público,* Vol. 71/1 enero-junio 2023, https://revista-estudios.revistas.deusto.es/article/view/2795/3452. Recuperado el 4 de julio de 2025.

50 Arts. 38, 53 y 85 del Protocolo I y art. 16 del Protocolo II.

51 Art. 1 de la Convención de La Haya para la Protección de los Bienes Culturales, de 1954.

52 CICR, *Norma 38, Ataques contra los bienes culturales,* Bases de datos de Derecho Internacional humanitario, https://ihl-databases.icrc.org/es/customary-ihl/v1/rule38. Recuperado el 4 de julio de 2025.

53 Estatuto de Roma de la Corte Penal Internacional (1998), art. 8, párr. 2, apdo. b), inciso ix) y apdo. e), inciso iv)

disposiciones muestran una clara tendencia a equiparar los lugares dedicados a la educación a otros bienes claramente incluidos entre los bienes culturales, asimilándolos así a los monumentos históricos, religiosos o edificios destinados a las artes y las ciencias.

En cualquier caso, la consideración de que las escuelas e instituciones educativas forman parte de la definición de bienes culturales no sería cuestionable cuando tales instituciones estén ubicadas en edificios de reconocido valor cultural o que formen parte del patrimonio histórico de un pueblo. No obstante, el hecho de que tanto en la norma 38 del Derecho Internacional Humanitario consuetudinario, como el Estatuto de la CPI, incluyan los edificios dedicados a la enseñanza dentro de la protección prevista para los bienes culturales, puede plantear la cuestión de si sería factible extender la consideración de bienes culturales a todos aquellos que, careciendo de la consideración de patrimonio histórico, se pueda afirmar que su valor radica, no únicamente en los edificios como tales, sino en su naturaleza y finalidad, esto es, en la consideración de que constituyen bienes indispensables para la transmisión de la cultura y la educación, ambos aspectos protegidos por las normas del Derecho Internacional Humanitario[54]. Ahora bien, si acudimos a las normas que protegen los bienes culturales en tiempo de conflicto armado, podemos advertir que ninguna disposición de los Protocolos adicionales a los Convenios de Ginebra, ni en la Convención de 1954 relativa a la protección de los bienes culturales en casos de conflicto armado y en su Protocolo de 1999, hace referencia expresa a la protección especial de las escuelas e instituciones educativas como bienes culturales, en el sentido de la norma 38 del Derecho internacional consuetudinario a la que anteriormente se ha hecho referencia. Quizá haya llegado el momento de proponer un desarrollo normativo que permitiera reforzar la protección debida a las escuelas y otros centros educativos, a través de la elaboración de un Protocolo de la Convención de la Haya de 1954 para la Protección de los Bienes Culturales en caso de Conflicto Armado, relativo a la Protección especial de las Escuelas e Instituciones Educativas en situaciones de conflicto armado.

CONCLUSIONES

La educación constituye un elemento indispensable en el desarrollo y la vida del ser humano, y la interrupción de ésta durante la infancia y la ado-

[54] Pictet, J.S. (1956). *Les Conventions de Genève deu 12 Août 1949, Commentaire IV, cit.*, p. 308.

lescencia, no sólo afecta gravemente a su desarrollo en todos los aspectos, sino que tiene también consecuencias muy negativas a largo plazo sobre la sociedad.

La falta de acceso de las niñas a la educación es ya, en tiempo de paz, una práctica discriminatoria que vulnera gravemente los derechos humanos. Y, en tiempo de conflicto armado aumenta considerablemente el riesgo de que sean reclutadas y utilizadas por las fuerzas y grupos armados, al carecer de otras alternativas y oportunidades.

El Derecho Internacional Humanitario prevé una protección especial de la infancia, siendo la continuidad de la educación uno de los aspectos que integran el contenido de dicha protección. Se protege en particular este derecho con respecto a ciertas categorías de niños, a saber, los niños no acompañados que se encuentren en el territorio de las Partes en conflicto o en los territorios ocupados, los niños internados y los niños que son evacuados de zonas de conflicto.

Uno de los problemas mayores para la continuidad de la educación en tiempo de conflicto armado es la destrucción de los centros escolares. En ocasiones, las escuelas y otros centros de enseñanza y, concretamente los dedicados a la educación femenina, se convierten en objetivos, como parte de la estrategia bélica más amplia que tiene como fin la destrucción de la cultura y la civilización de un grupo a través de la erradicación del derecho a la educación, especialmente de las niñas y mujeres, para interrumpir la transmisión intergeneracional de la identidad de un pueblo o civilización. Tales actos constituyen violaciones graves de las normas del Derecho Internacional Humanitario que prohíbe los ataques dirigidos contra bienes de carácter civil.

No existe en los Convenios de Ginebra ni en sus Protocolos adicionales ninguna norma que proteja de manera especial los centros e instalaciones consagrados a la enseñanza, similar por ejemplo a la prevista con respecto a los hospitales, los lugares de culto, los bienes culturales, las instalaciones que contienen fuerzas peligrosas, etc. La omisión de cualquier referencia a la protección especial de las instituciones educativas constituye una laguna en las normas relativas a la protección especial de la infancia —ya que son establecimientos en cuyo interior o inmediaciones suelen encontrarse los niños— que puede contribuir a la falta de respeto a las mismas y a la imposibilidad de garantizar la continuidad de la educación en tiempo de conflicto armado, con los consiguientes riesgos que se derivan para las niñas.

La consideración de las escuelas e instituciones educativas como bienes culturales abriría la posibilidad de reforzar la protección jurídica de las mismas con las medidas previstas específicamente para estos bienes en los Protocolos adicionales a los Convenios de Ginebra y en el Convenio de la Haya para la Protección de los Bienes Culturales, de 1954. No obstante, en la definición contenida en este último, no podrían incluirse más que aquellas. Ahora bien, a la luz de la norma 38 del estudio de Derecho consuetudinario elaborado por el CICR, que incluye los edificios dedicados a la enseñanza dentro de los bienes culturales, y del artículo 8 del Estatuto de Roma de la Corte Penal Internacional que incluye, entre los crímenes de guerra, dirigir intencionalmente ataques contra edificios dedicados a la religión, la educación, las artes, las ciencias o la beneficencia o los monumentos históricos, tanto en los conflictos armados internacionales, como en los no internacionales, podríamos concluir que hay una clara tendencia a equiparar las escuelas e instituciones educativas a los bienes culturales. Y ello, no tanto por el valor artístico o histórico de los edificios y establecimientos, sino por su naturaleza, función y finalidad, esto es, como lugares en los cuales se transmite la cultura, la identidad y las raíces de los pueblos a través de la educación. El desarrollo normativo para reforzar la protección jurídica de estos bienes, sería el mejor legado que la comunidad internacional podría dejar, en este ámbito, a las generaciones futuras, para garantizar la continuidad de la educación en los conflictos armados.

REFERENCIAS BIBLIOGRÁFICAS

Aronyan, H., Meléndez Carballido, R., & Alfaro Matos, M., (2021), "El concepto de genocidio cultural: una perspectiva desde Derecho Internacional", *Revista Universidad y Sociedad,* 13(S3), pp. 250-255.

Bugnion, F. (1994): *Le Comité International de la Croix-Rouge et la protection des victimes de la guerre,* Genève, CICR.

CICR, *Norma 38, Ataques contra los bienes culturales,* Bases de datos de Derecho Internacional humanitario, https://ihl-databases.icrc.org/es/customary-ihl/v1/rule38. Recuperado el 4 de julio de 2025.

González, I. (2016), "La batalla de Boko Haram en las escuelas", en *Política Exterior,* https://www.politicaexterior.com/la-batalla-de-boko-haram-en-las-escuelas/´. Recuperado el 4 de julio de 2025.

Global Coalition to Protect Education from Attack (2015), *The Safe Schools Declaration, Guidelines for Protecting Schools and Universities from Military Use during Armed Conflict, and Commentary on the "Guidelines for Protecting Schools and Universities from Military Use during Armed Conflict*", https://ssd.protectingeducation.org/safe-schools-declaration-and-guidelines-on-military-use/. Recuperado el 4 de julio de 2025.

Global Coalition to Protect Education from Attack (2024), *Report Education under attack 2024,* https://protectingeducation.org/wp-content/uploads/eua_2024.pdf. Recuperado el 4 de julio de 2025.

Henckaerts, J. M. (2005), *Estudio sobre el DIH consuetudinario: una contribución a la comprensión y al respeto del derecho de los conflictos armados,* Ginebra, CICR, 2005.

Human Rights Watch (2023), *"Tanks on the Playground", Attacks on Schools and Military Use of Schools in Ukraine.*

Iglesias Vázquez, M.A. (2023), "Del genocidio al genocidio cultural, etnocidio, limpieza étnica (y a la desnazificación)", *Estudios de Deusto, Revista de Derecho Público,* Vol. 71/1 enero-junio 2023, https://revista-estudios.revistas.deusto.es/article/view/2795/3452. Recuperado el 4 de julio de 2025.

Instituto de Derecho Internacional (1969), "La distinction entre les objectifs militaires et non militaires en général et notammentles problèmes que pose l'existence des armes de destruction massive", párr. 4, *Annuaire de l'Institut de droit international,* vol. 53, tomo II, p. 360.

Kalshoven, F. y Zegveld, L. (2003), *Restricciones en la conducción de la guerra,* CICR.

Meron, T. (1989), *Human Rights and Humanitarian Norms as Customary Law,* Oxford, Clarendon Press.

Lemkin, R. (1947). "Genocide as a crime under international law", *American Journal of International Law,* 41(1), pp. 145-151;

Lemkin, R. (1946), "El crimen de genocidio", p. 3. http://www.alcoberro.info/assets/lemkin010_articulo_crimen1946.pdf

Naciones Unidas (2024). *Los niños y los conflictos armados,* Informe del Secretario General, A/78/842-S/2024/384, 3 de junio de 2024.

Naciones Unidas (2021), Resolución 2601, Aprobada por el Consejo de Seguridad en su 8889ª sesión, celebrada el 29 de octubre de 2021, DOC. S/RES/2601.

OCHA (2024). "Hostilities in the Gaza Strip and Israel | Flash Update 102", January 25, p. 11; y Education Cluster (2025), "OPT: Damaged Schools Dashboard-Gaza 2025", https://gis.unicef.org/portal/apps/dashboards/c6e0bfd744164b-2f84276071b1a83e78. Recuperado el 4 de julio de 2025.

Ospina, J. (2016). "El derecho a la educación en situaciones de conflicto armado: de las manifestaciones e impactos de la violencia a la construcción de la paz", UNIVERSITAS, *Revista De Filosofía, Derecho y Política,* (24), pp. 209-242, https://e-revistas.uc3m.es/index.php/UNIV/article/view/3181. Recuperado el 4 de julio de 2025.

Pictet, J.S. (1956). *Les Conventions de Genève du 12 Août 1949. Commentaire IV La Convention de Genève relative a la protection des personnes civiles en temps de guerre,* CICR.

Resolución RC/Res.5, aprobada por consenso en la 12.ª sesión plenaria el 10 de junio de 2010, enmiendas al art. 8 del Estatuto de Roma.

Sassoli, M. (2003). "Legitimate targets of attacks under International Humanitarian Law", *Background Paper prepared for the Informal High-Level Expert Meeting on the Reaffirmation and Development of International Humanitarian Law,* Cambridge, 27-29 de enero de 2003, Program on Humanitarian Policy and Conflict Research at Harvard University, pp. 3-4, disponible en https://hhi.harvard.edu/files/humanitarianinitiative/files/session1_legitimate_targets_ihl.pdf?m=1615827575. Recuperado el 4 de julio de 2025.

Solf, W. A. (1986). "Protection of civilians against the effects of hostilities under customary international law and under Protocol I", *The American University Journal of International Law and Policy*, vol. I, pp. 107-135.

UNESCO (2024). *Protección de la educación contra los ataques* (219 EX/36; 219 EX/DG.INF Rev.; 219 EX/42), https://unesdoc.unesco.org/ark:/48223/pf0000388978_spa. Recuperado el 4 de julio de 2025.

UNESCO (2025). *Protección de la educación contra los ataques*, DOC. 221 EX/5.I.B Consejo Ejecutivo, 221ª reunión, París, 10 de marzo de 2025, https://unesdoc.unesco.org/ark:/48223/pf0000393004_spa. Recuperado el 4 de julio de 2025.

UNICEF (2015). *Missing Childhoods The impact of armed conflict on children in Nigeria and beyond.*

Urbina, J.J. (2000). *Protección de las víctimas de los conflictos armados*, Naciones Unidas y Derecho Internacional Humanitario, Tirant lo Blanch, Cruz Roja Española, Valencia.

Niñas soldado y derecho a la educación[1]

Girl soldiers and the right to education

TERESA MARCOS MARTÍN
Universidad Nacional de Educación a Distancia

Resumen: Las niñas soldado se encuentran expuestas no solo a los riesgos inherentes a su participación en conflictos armados, sino también a múltiples formas de abuso, dado que constituyen uno de los colectivos más vulnerables en estas situaciones. La educación se identifica como una herramienta fundamental para mitigar tanto la exposición a estos riesgos como sus consecuencias a largo plazo. Esta vulnerabilidad se acentúa aún más en el caso de las niñas con discapacidad. El presente trabajo analiza la situación actual desde la perspectiva normativa y doctrinal, con el propósito de identificar áreas de mejora y proponer estrategias orientadas a fortalecer la protección de este grupo y garantizar el pleno respeto de sus derechos.

Abstract: Girl soldiers are exposed not only to the inherent risks of their participation in armed conflicts but also to multiple forms of abuse, as they constitute one of the most vulnerable groups in these contexts. Education is identified as a fundamental tool to mitigate both their exposure to these risks and the long-term consequences. This vulnerability is further exacerbated in the case of girls with disabilities. This paper analyzes the current situation from normative and doctrinal perspectives, aiming to identify areas for improvement and propose strategies to strengthen the protection of this group and ensure full respect for their rights.

Palabras clave: niñas soldado, educación, condiciones particulares, discapacidad.

Key words: Girl soldier, education, specific conditions, disability.

1. INTRODUCCIÓN

En el seno de los conflictos armados contemporáneos, sorprendente y crecientemente numerosos, existe, de manera aún más sorprendente y creciente, una amplia participación de menores, en lo que constituye una de las peores formas de esclavitud de este siglo.

Dentro de este grupo, cada vez más niñas entran a formar parte de los grupos armados. Los análisis, tanto de instituciones internacionales, de ONGs y

---

[1] Estudio realizado en el marco del Proyecto de Investigación titulado "*Lagunas en la protección y asistencia internacional a las niñas asociadas a Grupos armados (NAAG)*". CIAICO 2022/235 UCHCEU con financiación pública de la GVA.

otros actores, como de carácter académico, arrojan datos que ponen de manifiesto la escalofriante situación, por el número y por la tendencia al alza.

Menores sin hogar, en muchos supuestos, solos por la pérdida de sus familias, en busca de refugio u otras dramáticas situaciones, son captados para unirse a grupos armados

Las niñas, con demasiada frecuencia son reclutadas como esclavas sexuales q. Sufren, así, una doble discriminación, por género y edad, que llega a su máximo exponente cuando las niñas sufren alguna discapacidad. La educación supone un factor de primer orden en todo intento por terminar con este fatal fenómeno.

El objeto de este estudio es el trazado de una panorámica de la actual situación para extraer, dentro de la gravedad de todos los aspectos que conformar la situación, las cuestiones más acuciantes y elaborar algunas propuestas y conclusiones, presentando la educación como uno de los instrumentos indispensables en cualquier conjunto de medidas destinadas a prevenir el reclutamiento de menores, o en su caso, a modular el impacto en su personalidad en desarrollo. El hilo conductor de nuestra exposición se cifra en la idea de que la ausencia de educación incide de manera particular en las niñas, de manera que se presenta como adecuada, en toda aproximación y todo intento de solución de esta situación, una perspectiva de género.

2. LA EDUCACIÓN ANTES DEL ALISTAMIENTO DE LAS MENORES COMO NIÑAS SOLDADO

2.1. La educación como herramienta frente al reclutamiento voluntario

El acceso de menores a los grupos armados puede producirse no solamente mediante el reclutamiento forzoso, a través de su secuestro, como pudiera pensarse, sino que también los menores entran a formar parte de manera voluntaria[2].

Cómo es posible, nos preguntamos, que un menor acceda a formar parte, de manera voluntaria, de un grupo armado. Pues bien, a causa de los con-

2 Para un clarificador y exhaustivo estudio sobre la importancia de la educación en relación a la prevención de este modo de acceso a los grupos armados, *vid.* Hernández Pradas, S (2025).; "La educación como medida de prevención del reclutamiento y de reparación de las niñas soldado", *Las niñas asociadas a grupos armados. Perspectivas jurídicas, sociológicas y de protección*, Aranzadi, pp. 409-440.

flictos, se cierran las escuelas, en muchos casos porque se destruyen, familias enteras desaparecen dejando solos a los menores, lo que tiene como consecuencia que la situación de desesperación de los mismos llegue a ser de tal magnitud que opten por enrolarse en grupos armados, creyendo, quizá, que allí estarán protegidos[3], y estos aprovechan que los menores que no han tenido la oportunidad de acceder a una educación, probablemente no alcanzan a distinguir de manera clara lo que está bien de lo que está mal y por ello, están más dispuestos a cometer todas las atrocidades que les ordenen.

Hay que pensar que, en los supuestos de alistamiento voluntario, los menores son embaucados con mentiras acerca de lo que les espera si se alistan, en muchas ocasiones les atraen engañándoles con recompensas en dinero. Es exactamente ahí donde se pone en evidencia la falta de formación. Además, insistimos siempre en esto, es necesario absolutamente que reciban una formación en valores[4].

Los grupos armados buscan siempre los grupos más vulnerables, subraya Relaño, y en este sentido, la peor parte recae en aquellos que viven en las áreas rurales. En los países africanos con conflictos armados, "...el elemento protector de la infancia por excelencia es la escuela...", afirma, sin reservas, la representante de UNICEF en República Centroafricana. Cuando los niños no tienen posibilidad de acceder a ella, se vuelven mucho más vulnerables; la educación es una barrera contra el reclutamiento"[5].

2.2. El valor de la educación previa al reclutamiento para afrontar la condición de niñas soldado

Más allá de la importantísima función que cumple la formación como instrumento de prevención del enrolamiento voluntario, esta es esencial para que las menores, cuando de la manera que sea, hayan sido agregadas al grupo, dispongan de mecanismos, adquiridos durante la etapa anterior,

---

3 Esto ya es una primera muestra de cómo afecta a la capacidad volitiva de menores la falta de una mínima formación.

4 En varios testimonios de menores, recogidos por Relaño, representante de UNICEF en República Centroafricana, se relata que los comandantes sacaban fajos de billetes delante de ellos, para decirles: "Esto es lo que os espera", o "A esto podréis acceder" *Vid.* Relaño, M. (2023), *Día contra el uso de niños soldado. El robo de la infancia a los niños soldado en conflictos olvidado.* https://www.rtve.es/noticias/20230212/historia-abdul-ex-nino-soldado-17-anos/2422947.html. Recuperado el 1 de julio de 2025.

5 *Vid.* Relaño. M: *Día contra el uso..., cit.*

para afrontar su terrible posición dentro del grupo armado así como para paliar, aun cuando sea mínimamente, el impacto que sobre su persona continuará teniendo durante el resto de su vida.

En nuestra opinión, no aparece en la medida en que sería necesario en la literatura académica la ausencia de educación como factor tan determinante en la agravación de la situación de las niñas soldado en el seno de los grupos[6]. Debería resaltarse de manera más evidente la influencia de la ausencia de educación en estas niñas teniendo en cuenta, además, que no es menor la cifra de niñas analfabetas. En efecto, según datos de UNESCO[7] y de UNICEF[8], más del setenta por ciento de niños en países de ingresos bajos no pueden leer y entender un texto sencillo; en países afectados por conflictos las tasas son aún más altas. Dentro de este panorama de analfabetismo, la desigualdad de género, pobreza y, precisamente, los conflictos armados afectan el acceso escolar a niñas haciendo que el derecho a la educación de las menores y adolescentes se quiebre en mayor medida que el de los varones.

Además, aún en los casos en que hubiera un acceso a la educación de manera digna, suele faltar una especial atención a los aspectos particulares de las niñas. Nos referimos especialmente a la educación en la igualdad y a la educación sexual.

En este mismo sentido, es necesario señalar que un factor adicional de la ausencia de educación para las niñas en entornos empobrecidos o en conflicto es la falta de instalaciones sanitarias seguras en las escuelas. Mayor impacto, por sus propias condiciones fisiológicas, tiene la falta de instalaciones sanitarias, en las niñas.

Otro factor diferenciador, necesario, entre niños y niñas, se concreta en este entorno en el hecho de que las niñas han de estar prevenidas ante los posibles abusos de carácter sexual que, si bien pueden tener lugar respecto de menores de ambos sexos, es claro que son mayores en relación con las niñas. SI estas entran en el grupo armado sin una previa educación que

---

6 A salvo de esta afirmación, el citado trabajo de Hernández Pradas, S.: "La educación como medida de prevención…", *cit.*

7 *Vid.* UNESCO(2017): *Out of 10 children and adolescents are not learning a minimum in reading and math.* 6Out of 10 Children and Adolescents Are Not Learning a Minimum in Reading and Math | UNESCO UIS. Recuperado el 1 de agosto de 2025.

8 *Vid.* UNICEF(2022): *Are the children really learning? Exploring foundational skills in the midst of a learning crisis*
Are Children Really Learning? Exploring foundational skills in the midst of a learning crisis-UNICEF DATA. Recuperado el 1 de agosto de 2025

les permita detectar conductas abusivas, difícilmente podrán protegerse frente a las mismas.

Graça Machel recogió en uno de sus informes la siguiente situación: "'casan a las niñas secuestradas por el Ejército de Resistencia del Señor con dirigentes rebeldes. Si el hombre muere, aíslan a la niña, la someten a ritos de limpieza y (...) la casan con otro rebelde"[9].

La conclusión principal que se desprende del análisis realizado es que la educación, en la fase previa a los conflictos armados, constituye un instrumento fundamental de prevención. No se trata únicamente de la transmisión de conocimientos académicos, sino de la formación integral que fortalezca la resiliencia de niñas y niños frente a contextos de vulnerabilidad extrema. Una educación de calidad y accesible puede generar conciencia sobre los riesgos asociados a la participación en conflictos armados, promover la igualdad de género, fomentar el respeto a los derechos humanos y reducir las probabilidades de que las niñas sean reclutadas como combatientes.

3. LA AUSENCIA DE ACCESO A LA EDUCACIÓN DE LAS NIÑAS SOLDADO DURANTE EL CONFLICTO

Durante esta fase, interesa destacar dos aspectos que hacen que la ausencia de educación, en particular, para las niñas, tenga consecuencias absolutamente nefastas.

3.1. Consecuencias de no haber recibido educación previa

En primer lugar, el que no tengan noción de lo que no está bien o, al menos, de lo que no han de tolerar, hace que lleguen a normalizar situaciones como toda clase de abusos, no solo de carácter sexual, y que integren de manera más fácil que si hubieran tenido una educación previa, la posibilidad de matar tanto a adultos como a niños.

---

9 Machel, G (1996). *Las repercusiones de los conflictos armados sobre los niños, de conformidad con la resolución 48/157 aprobada por la Asamblea General, de 20 de diciembre de 1993. Documento A/51/306 de 26 de agosto de 1996.* www.unicef.org/spanish/emerg/files/Garca-Machel_sp. pdf. Recuperado el 6 de agosto de 2026.

En palabras de VAL GARIJO el hecho de que los envíen al combate alcoholizados o drogados, favorece que se entreguen a una ciega violencia[10]. En efecto, uno de los mecanismos que tienen los grupos armados para manipular a los menores, tanto a niños como a niñas, es la utilización de alcohol y toda clase de drogas, a modo de anestesia para hacerles actuar a su voluntad. Un menor al que nadie ha mostrado lo pernicioso de estas sustancias, desconoce sus efectos a corto y largo plazo.

La educación como prevención incide no solamente en ese momento inicial al que nos hemos referido, sino que la falta de formación hace que sea más fácil moldear a una niña durante el conflicto, lo que tiene una especial repercusión en lo que tratamos a continuación.

3.2. La formación de niñas por parte del grupo armado en sustitución de su educación

En efecto, la ausencia de formación tendrá consecuencias que se van prolongando en las diferentes etapas vitales. Pero aún peor que esta ausencia, hay algo que se produce durante el período en que las niñas forman parte del grupo, y es que en su seno sí hay un entrenamiento o, en más adecuado término, adiestramiento, en el que, precisamente sacando partido su su especial maleabilidad, se sustituye lo que debería ser una educación en valores por un adestramiento en sus "valores".

Hemos leído unos datos de una de estas fórmulas de adiestramiento que nos ha parecido ilustrativa. "Cuando comenzó la guerra en Sierra Leona, los rebeldes se llevaban a los niños de sus casas y los llevaban al monte para entrenarlos. Después de unos ocho días de entrenamiento en el monte, los llevaban a un lugar rico 'Kono', donde extraían diamantes. Entonces los niños van a amar el dinero y no los libros, matarán por dinero. Olvidarán que la educación es mejor que la plata y el oro. A veces trabajarán ilegalmente en las zonas mineras para sus jefes, los jefes rebeldes, y cuando se encuentre un diamante, los más grandes los venderán a Liberia, Libia, Costa de Marfil, Bélgica, Francia, etc., y el dinero no se usará para beneficiar

---

10 Val Garijo, F. (2006): "El ordenamiento jurídico internacional ante el problema de los niños soldado", Villagrasa, C., y Ravetllat, I. Los derechos de la infancia y de la adolescencia. Ariel, pp. 273.

al niño soldado con comida o educación, sino para comprar más armas y municiones para seguir luchando y matando"[11].

Nos ha parecido oportuno comentar esta situación porque a nuestro entender, un diamante será más atractivo para una niña que para un niño, y esa niña será un blanco más fácil para convencerla de lo tentador de los materiales preciosos, será más apta para que se la deslumbre con el brillo de un diamante.

3.3. La educación en situaciones de emergencia

Durante el conflicto, respecto a la educación, además de la situación peor, descrita hasta ahora, de niñas en el grupo armado, niñas ejerciendo de niñas soldado, qué es lo que ocurre con las niñas que no participan directamente en el conflicto, pero sufren sus consecuencias, de manera directa o indirecta. Qué ocurre con su formación durante el tiempo que dura el conflicto. En estos supuestos, puede ser que haya existido una educación con anterioridad al conflicto y, llegado el momento del mismo, se interrumpe, en no pocos casos, de manera abrupta. La cuestión central es conocer si hay alguna manera de estructurar una continuidad en la educación. Entramos en el entorno de lo que se denomina la educación en situaciones de emergencia.

A tenor de lo expuesto por PÉREZ ORTEGA[12], durante los conflictos, la educación no suele considerarse tan importante como otros derechos y a menudo se pasa por alto[13]. Sin embargo, La UNESCO considera que la educación es "una necesidad inmediata y esencial en situaciones de crisis, comparable a la provisión urgente de alimentos y servicios sanitarios". En nuestra opinión, no solamente es comparable a la alimentación y a los servicios sanitarios, sino que es necesario tener en cuenta que en los centros educativos, en situaciones de conflicto, se les proporciona alimentación y

---

11 CRIN. (2012, 11 de diciembre). *SIERRA LEONE: Diamonds lure children out of school.* https://archive.crin.org/en/library/news-archive/sierra-leone-diamonds-lure-children-out-school.html
Recuperado el 30 de junio de 2025

12 *Vid.* Pérez Orega, M. (2022); *La importancia del derecho de los niños a la educación en los conflictos armados*
Marina Pérez Ortega, Author at Humanium.

13 Coincidimos con esta afirmación i añadimos, conforme a la información recogida en esta materia, la educación para las niñas se pasa aún más por alto.

sanidad. En particular, consideramos que, por su propia condición, para las niñas es más necesario y, sin duda, provechoso el que sean provistas de sanidad, como ya hemos apuntado, especialmente al llegar a su etapa de desarrollo. La educación es mucho más que el derecho a aprender. Proporciona protección social y bienestar psicológico.

La educación en emergencias obedece así a la necesidad de respuestas educativas urgentes y prioritarias en contextos de conflictos, desastres naturales[14] o pandemias.

Es necesario destacar, en este ámbito particular, la labor de la INEE[15] cuyo objetivo es garantizar el derecho a una educación de calidad, segura y pertinente para todos los que viven en contextos de emergencia y crisis, mediante prevención, preparación, respuesta y recuperación.

Por su parte, Save the Children aporta datos resultan de gran utilidad para este aspecto, así, nos han interesado en particular los siguientes[16]:

> "Entre 2015 y 2019 hubo más de 11.000 ataques a escuelas, lo que tuvo un saldo de más de 22.000 estudiantes y profesores heridos en 93 países. En 2019, incluso antes de la pandemia del COVID-19, 127 millones de niños, niñas y jóvenes en edad de asistir a la escuela primaria y secundaria residentes en países en conflicto no estaban escolarizados, es decir, casi el 50% de la población mundial sin escolarizar. En 2019, el porcentaje de niños, niñas y jóvenes en edad de enseñanza primaria y secundaria no escolarizados y residentes en países en conflictos era del 31% para las niñas y del 27% para los niños. A pesar de que tan solo el 29% de la población mundial en edad de

---

14 Únicamente hacemos referencia, como es lógico, al ámbito de los conflictos, pero es necesario citar que la educación en emergencia abarca otras circunstancias.

15 La **Red Interagencial para la Educación en Situaciones de Emergencia (INEE, por sus siglas en inglés)** es una red abierta y global de miembros que trabajan conjuntamente dentro de un marco humanitario y de desarrollo, para asegurar que todas las personas tengan derecho a una educación de calidad, segura, pertinente y equitativa. La labor de la INEE se basa en el derecho fundamental a la educación y comprende las fronteras tradicionales de desarrollo y acción humanitaria
Vid. INEE (2018) *Educcación en situaciones de emergencia* | INEE
https://inee.org/es/acerca-de-la-inee
Recuperado el 5 de agosto de 2025

16 SAVE THE CHILDREN (2020)
Pedimos la Declaración de Escuelas Seguras para el Sahel
Pedimos la Declaración de Escuelas Seguras para el Sahel | Save the Children
Recuperado el 1 de agosto de 2025
Estos datos complementan a lo recogido en los documentos de UNESCO, en los que el factor de referencia es la capacidad de leer e interpretar un texto
Estos porcentajes los incorpora también el INEE en sus análisis

> acceder a la enseñanza primaria y secundaria residía en países en conflicto, el 49% de niños, niñas y jóvenes en edad de enseñanza primaria y secundaria en estos países no estaban escolarizados. Menos de un tercio de los refugiados están matriculados en institutos, con una significativa desigualdad entre géneros. Un 36% de los jóvenes refugiados están matriculados en institutos frente al tan solo 27% de las jóvenes refugiadas." Se avala, una vez más, la idea de la mayor vulnerabilidad de las niñas, al figurar entre los datos de este organismo, que el porcentaje de niñas sin escolarizar es más elevado que el de los menores varones.

Se define la educación en emergencias como las oportunidades para acceder a un aprendizaje de calidad para todas las edades en situaciones de crisis, incluyendo el desarrollo de la primera infancia, la educación primaria, secundaria, no formal, técnica, profesional, superior y de adultos. La educación en situaciones de emergencia proporciona protección física, psicosocial y cognitiva que puede sostener y salvar vidas[17]. Algunas situaciones son, además de los conflictos, y desastres naturales, o emergencia de salud pública, otros contextos como situaciones de violencia, desplazamientos forzosos, o emergencias de salud pública. La educación en situaciones de emergencia es un concepto más amplio que la "respuesta educativa de emergencia", la cual es parte esencial de ella.

La educación en emergencias, tal como recogimos en nuestro estudio sobre un tema conexo, cual es la protección de los menores no acompañados en los conflictos armados, ha de concretarse en lo siguiente: "...partiendo de la necesidad de que se establezcan o restablezcan los programas educativos, lo deseable es que, para las primeras semanas de emergencia, se organicen programas que aporten al menor el sentido de una rutina diaria Cualquier lugar puede servir como aula improvisada (en una tienda, bajo un árbol, etc,). (...) La organización debería tender a que se llevara a cabo también un control de sus necesidades básicas"[18].

Para Hernández Pradas "...la educación en emergencias no es (...)un tipo de educación, sino que forma parte de la acción humanitaria como uno de sus principales pilares de acción, con carácter prioritario, ya que puede ser un instrumento, tanto para salvar vidas, como para mantenerlas Puede salvar vidas protegiéndolas de los peligros y riesgos que acompañan a tales situaciones. Y sostiene la vida de los niños, adolescentes y de la so-

---

17 *Vid.* INEE (2018): *La educación..., cit.*

18 Marcos Martín, T. (2014), "La protección de los menores no acompañados en los conflictos armados", Los conflictos armados contemporáneos, Catarata, p. 140.

ciedad, ofreciendo estabilidad y esperanza para el futuro en tiempos de crisis"[19].

En relación a nuestro tema particular, la educación sirve, como hemos reseñado de manera recurrente, "(...) para ayudar a evitar el reclutamiento, aunque, y esto es importantísimo, precisamente las escuelas pueden convertirse en objetivos donde ir a reclutar niños. Para evitar esto, UNICEF crea, en algunos Estados, bases de datos de los niños inscritos en escuelas para controlar y prevenir los reclutamientos"[20].

En el momento actual, debemos estar atentos a la estrategia 2024-2030 es una estrategia plurianual que sirve de guía para todo el trabajo y los resultados de la INEE hasta 2030. Faculta a la red para seguir desempeñando un papel eficaz en el cumplimiento del derecho a una educación de calidad, segura y pertinente para todas las personas afectadas por emergencias y/o crisis prolongadas[21].

Finalmente, no se puede olvidar que la labor de protección, asistencia y cuidado de las familias es esencial para las niñas en situaciones de conflicto. En estos entornos, en multitud de ocasiones, su familia nuclear no está presente, y en muchos supuestos, ni siquiera están rodeadas de otros familiares. Incluso en los casos en los que sí cuentan con familia, esta no está en las debidas condiciones, por su propia situación en el seno del conflicto, por las pérdidas y carencias sobrevenidas a raíz del propio conflicto, lo que hace que los niños necesiten profesores cualificados para acompañarlos, en el sentido más amplio del término.

4. LA EDUCACIÓN AL TÉRMINO DEL CONFLICTO. LA REINSERCIÓN DE LAS NIÑAS SOLDADO

Una vez terminado el conflicto armado, no puede afirmarse que, con este, termine también el conflicto particular, personal, para las niñas que

---

19 *Vid.* Hernández Pradas, S; "La educción...", *cit.*, p. 415.

20 Sin ánimo de reducir el mérito de esta medida, consideramos que no es una solución defintiva; es una idea adecuada la elaboración de una base de datos pero no para luchar directamente contra el reclutamiento pues imaginamos que habrá datos que apareacan una vez se haya producido el secuestro o embaucamiento, en su caso.

21 *Vid.* INEE(2024), *Marco Estratégico de la INEE 2024-2030.* Marco estratégico de la INEE 2024-2030 | INEE. Recuperado el 1 de julio de 2025

han participado como combatientes o de otra manera en el conflicto. La educación les proporciona asistencia y herramientas para intentar lograr su curación y recuperación[22].

Como se ha señalado, las menores reclutadas han sido sometidas a adoctrinamiento en el que se les enseña, como advertimos, a valorar lo que el grupo quiere; se les educa en la violencia; eso es un terreno perfectamente abonado para que, a la vuelta a la sociedad o comunidad a la que pertenecen, o al entorno al que puedan acudir o en el que puedan refugiarse, tengan una cierta tendencia a conducirse de manera violenta o, incluso, vengativa.

La educación les proporcionará las bases para que construyan una identidad diferente a la de los soldados que integran el grupo al que han pertenecido.

Asimismo, como también se ha advertido, en no pocas ocasiones, los grupos utilizan el alcohol o las drogas para narcotizar a las niñas, privarlas de una base, alterar su conciencia y hacer que cometan atrocidades. El proceso normal es que lleguen a ser adictas y necesiten de programas de desintoxicación.

Necesitarán, por ende, una estructura educativa en la que se preste especial atención a estas exigencias de las ex niñas soldado. Supone esto, a nuestro entender, un gran reto para las comunidades en las que hay niñas que han participado en conflictos.

Además, la educación también puede ayudar a otros grupos vulnerables a integrarse en la sociedad, como los refugiados o los desplazados internos, enseñándoles la nueva cultura, la lengua y las costumbres[23].

La educación fortalece a las niñas y chicas jóvenes al aumentar sus posibilidades de conseguir trabajo, de mantenerse sanas y de participar plenamente en la sociedad. De igual manera, aumenta las posibilidades de que sus hijos e hijas lleven una vida sana[24].

La conclusión que se desprende del análisis realizado es que, en la fase posterior al conflicto, la educación debe concebirse como un instrumento

---

22 De esta premisan partes las resoluciones del Consejo de Seguridad de Naciones Unidas que tratan la educación, tanto en relación con las niñas soldado como en relación con las niñas desplazadas y refugiadas.

23 Aun cuando estos colectivos no son el objeto concreto de nuestro estudio, no podemos dejar de hacer referencias a ellos, pues todos ellos forman parte de la población necesitada de apoyo, educación y acompañamiento en las etapas post conflicto.

24 No es demasiado frecuente que se haga alusión a este extremo en los documentos sobre la materia

fundamental de resiliencia. Su objetivo no se limita a la adquisición de conocimientos académicos, sino que abarca la recuperación emocional, social y psicológica de niñas y niños que han sido expuestos a situaciones extremas de violencia y abuso.

La conclusión de todo lo anterior es que en relación con la educación en fase posterior al conflicto el elemento clave es que sirva de instrumento de resiliencia.

5. EDUCACIÓN Y NIÑAS SOLDADO CON DISCAPACIDAD

Resulta difícil concebir una situación de mayor vulnerabilidad que la de una niña soldado con discapacidad que ha sido privada de su derecho fundamental a la educación. Esta doble condición de riesgo, por su participación en conflictos armados y por la discapacidad, subraya la urgencia de políticas y programas educativos específicos que garanticen su protección, su desarrollo integral y el respeto de sus derechos.

Si hemos presentado hasta ahora como ejemplo de vulnerabilidad y absoluta necesidad de protección el de las niñas soldado, sin acceso a la educación, las limitaciones, físicas, psicosociales, sensoriales o intelectuales, que pueden conformar la condición de discapacidad de una niña la convierten en un blanco perfecto para toda clase de abusos en el seno del grupo armado. Teniendo en cuenta todo lo anterior, llama la atención, como afirma Cardona Lloréns, máximo experto en esta materia, la ausencia de trabajos doctrinales en torno al tema[25].

5.1. La educación de las niñas con discapacidad antes del conflicto

Si hemos insistido en la absoluta necesidad del cumplimiento del derecho a la educación como herramienta previa al conflicto, en mayor medida ha de afirmarse respecto de las niñas con condiciones especiales[26].

---

25 Según este autor, tal vez ello sea resultado de que las personas con discapacidad han sido objeto tradicionalmente de una estigmatización continua y discriminación debido a estereotipos obsoletos que han provocado una falta general de concienciación sobre su situación y sus derechos. (*Vid.* Cardona Lloréns, J. (2025), "Interseccionalidad vulnerabilidad e invisibilidad: el ejemplo de las niñas soldado con discapacidad". *Las niñas asociadas a grupos armados. Perspectivas jurídicas, sociológicas y de protección*, Aranzadi, p. 132.)

26 Recuerda Cardona Lloréns que "...La violencia contra las niñas con discapacidad puede estar motivada en la edad, la discapacidad, el género, o por todo ello a la vez

Deberían tener, en toda circunstancia, escuelas donde reciban una educación muy particular para explicar a las niñas qué prácticas no deben admitir. Ha de ser una educación tendente a la prevención de los abusos y a algo que también es frecuente, como se ha recordado, en el seno de grupos armados: el consumo de sustancias tóxicas.

5.2. Situación durante el conflicto

Durante el tiempo en que están participando como niñas soldado, están sometidas, como todos los menores en los grupos, a los habituales adiestramientos. Sin embargo, si una niña sin discapacidad es moldeable, una niña con discapacidad será sin duda una suerte de muñeca al servicio de quienes le imparten esa formación. Se impone la necesidad de hacer estudios sobre el terreno para conocer qué les ocurre en los cursos de formación a estas niñas soldado con discapacidad[27].

En otro orden de cosas, pero siempre dentro del mismo entorno, se debe determinar si, en el seno de los conflictos, una niña con discapacidad sufre discriminaciones. Así, por ejemplo, una niña con discapacidad visual puede sufrir discriminación por el hecho de que los textos, por ejemplo, relativos a situaciones de emergencia, hayan sido publicados de una manera inaccesible. Ello quebrantaría en particular el artículo 9, 1, (b) de la Convención[28] que exige que la información, la comunicación y otros

---

y tiene un carácter sistémico o estructural que las mantiene en una posición subordinada, ya sea física o ideológica, en comparación con otras personas de su familia, su hogar o su comunidad." (*Vid.* Cardona Lloréns, J., "Interseccionalidad…", *cit.*, p. 133.

27 Sigue este enfoque la Resolución 2475 (2019) de e junio de 2019 del Consejo de Seguridad. "…el Consejo y, a ese respecto, expresa su intención de invitar a personas con discapacidad, incluidas las organizaciones que las representan, a que lo informen sobre cuestiones y zonas geográficas pertinentes y su intención de considerar la posibilidad de incluir reuniones interactivas a nivel local con personas con discapacidad, y con las organizaciones que las representan, durante las misiones del Consejo sobre el terreno"

28 *Vid.* Artículo 9, 1, b de la Convención Internacional sobre los Derechos de las Personas con Discapacidad (2006), a tenor del cual: 1." A fin de que las personas con discapacidad puedan vivir en forma independiente y participar plenamente en todos los aspectos de la vida, los Estados Partes adoptarán medidas pertinentes para asegurar el acceso de las personas con discapacidad, en igualdad de condiciones con las demás, al entorno físico, el transporte, la información y las comunicaciones, incluidos los sistemas y las tecnologías de la información y las comunicaciones, y a otros servicios e instalaciones abiertos al público o de uso público, tanto en zonas urbanas como rurales. Estas medidas, que incluirán la identificación y eliminación de obstáculos y barreras de acceso, se aplicarán, entre otras cosas, a:

servicios, incluidos los servicios de emergencia, sean accesibles para las personas con discapacidad.

Pero, más allá de esto, tenemos la situación de una niña que, como no ha tenido una educación, además, en este caso, particular para su discapacidad, no puede leer porque es analfabeta, y tiene problemas de movilidad.

Es necesario preguntarse la causa por la cual para una niña esa circunstancia tendrá unas consecuencias más perniciosas que para un niño. La respuesta es que si la niña tiene que pedir ayuda para que le lean y le hagan comprender a qué se refieren los mensajes y tiene problemas de movilidad, estar más expuesta, entendemos, que un niño, a más abusos, con lo cual va creciendo el peligro.

Es cierto que en la Resolución[29] citada se contempla lo siguiente:

> "Alienta a los Estados Miembros a que adopten medidas adecuadas para que las personas con discapacidad tengan acceso en igualdad de condiciones con las demás personas a los servicios básicos prestados en situaciones de conflicto armado, en particular a los servicios de educación, atención de la salud y transporte y a los sistemas y las tecnologías de la información y las comunicaciones"[30]

Si bien la referencia citada resulta pertinente, se echa en falta una mención explícita a las niñas, con el fin de visibilizar su situación particular y garantizar que el análisis contemple de manera diferenciada su vulnerabilidad y necesidades específicas.

Cardona Llorens realiza un inventario de las mayores dificultades que enfrentan los menores con discapacidad precisamente en cuanto al acceso a la educación durante el conflicto. En concreto, alude a que "los niños con discapacidad corren un mayor riesgo de no poder acceder a una escuela y de quedar fuera de la educación formal y los servicios educativos prestados por las organizaciones humanitarias. Entre las barreras a los niños con discapacidad figuran las carreteras inaccesibles, las instalaciones escolares inaccesibles, la pobreza, la falta de dispositivos de asistencia, la falta de planes de estudios inclusivos y maestros capacitados y el estigma social"[31].

Los servicios de información, comunicaciones y de otro tipo, incluidos los servicios electrónicos y de emergencia."

29 *Vid.* Resolución 2475 (2019), del Consejo de Seguridad..., *cit.*

30 Párrafo 3.

31 Cardona Loréns describe esta situación en el marco de la interseccionalidad del género, edad, discapacidad con el conflicto armado. (*Vid.* Cardona Lloréns, J.: Interseccionalidad..., p. 149, *cit.*

5.3. El papel de la educación en la reinserción de las niñas soldado con discapacidad

En el momento posterior al conflicto, la situación empeora cuantitativa y cualitativamente respecto de otros menores[32].

Aclaramos esta idea: estamos pensando en niñas que al comienzo del conflicto, no tienen discapacidad alguna, y que, debido a las explosiones, generan una discapacidad auditiva.

Asimismo, las niñas durante el conflicto son susceptibles de adquirir todo tipo de traumas. Esto no se puede cifrar, consideramos, en una, unas cuantas niñas, sino que es difícil imaginar una sola niña que vuelva a su entorno después de haber sufrido toda clase de abusos y después de haber matado, o tras ser la responsable de haber reclutado a otras niñas, por ejemplo, a sus hermanas sin haber sido sometida a un estrés inimaginable. Dentro de ellas, en no pocas ocasiones, el trauma será tan fuerte que podrá devenir en un trastorno mental.

También, como apuntamos, aumenta cualitativamente en el sentido de una niña por ejemplo, con una discapacidad auditiva o visual que además, sufre un estrés, incluso mayor que las demás niñas, y que adquiere una discapacidad de carácter psíquico.

Por la tipología de abusos y situaciones de máximo estrés que tienen lugar en el seno del grupo armado a lo largo del conflicto, que en muchas ocasiones dura muchos años, habrá mayor incidencia en menores niñas que en varones. Los abusos sexuales son, como se ha señalado, más frecuentes, pero pensemos en otra clase de prácticas de las que son por su naturaleza únicamente víctimas las mujeres, tales como los abortos forzados. El estrés post traumático es prácticamente automático

Sobre este tercer momento tampoco encontramos trabajos especializados. Sí se localizan estudios sobre qué sucede con las niñas con discapacidad tras un conflicto, pero no reinserción en las escuelas en las niñas con discapacidad que han sido niñas soldado y esto último nos parece absolutamente necesario.

---

[32] Nos referimos aquí a los menores (niñas y niñas) con discapacidad, frente a los menores sin discapacidad.

Así, a título de ejemplo, el Comité Español de Representantes de Personas con Discapacidad (CERMI)[33] ha elaborado un documento[34] para la protección de mujeres y niñas con discapacidad en conflictos armados, pero no exactamente niñas soldado. En este informe se hace referencia a las niñas refugiadas, desplazadas... en el entorno del conflicto armado, pero no habla de lo que más nos preocupa que es: una niña con discapacidad que no ha ido a la escuela, que se entra a formar parte de un grupo armado, o que la reclutan.

Se incide en el momento o en el fenómeno de la huida del conflicto, aunque no en el de las niñas soldado. Con esta guía, se pretende asegurar que todas las niñas y mujeres con discapacidad accedan a todos los servicios de educación y formación ofrecidos en los programas dirigidos a personas desplazadas, refugiadas y/o solicitantes de asilo, detectando y suprimiendo las barreras jurídicas, físicas, sociales, financieras, actitudinales, de comunicación, lingüísticas o de cualquier otra índole en los centros de enseñanza y en las comunidades donde residen.

Efectivamente, es de elogiar este avance, por parte de un órgano español, a pesar de la laguna en relación al tema que nos interesa. De hecho, consideramos que el conjunto de barreras que se describen es completo y alabamos también que haga expresa alusión a los centros de enseñanza como cuestión de primer orden.

En relación al ámbito regional europeo, Jaraba llama la atención sobre el hecho de que en que, dentro de la Estrategia de la UE[35], en el ámbito de la acción exterior, se dispone que "...El objetivo especifico es promover los derechos de las personas con discapacidad dentro de un mas amplio y no discriminatorio enfoque en la accion exterior de la UE, incluyendo el proceso de ampliación y el desarrollo de programas, por lo que se incide en las acciones de cooperación o en la asistencia en caso de desastres naturales o conflictos bélicos[36].

---

33 **Comité Español de Representantes de Personas con Discapacidad**

34 CERMI (2022): "Guía para prestar asistencia adecuada a mujeres con discapacidad en situaciones de conflictos armados y emergencias humanitarias"
El CERMI elabora una guía para prestar asistencia adecuada a mujeres con discapacidad en situaciones de conflictos armados y emergencias humanitarias
Recuperdo el 1 de julio de 2025machel

35

36 Jaraba Sánchez, M.(2012): "La estrategia europea La estrategia europea de discapacidad 2010-2020: nuevas herramientas contra la discriminación", *2003-2012,*

6. PANORAMA DE LAS RESOLUCIONES DE NACIONES UNIDAS

Interesa hacer una breve descripción de la normativa internacional particular como exposición previa a nuestras propuestas.

Como ha podido observarse, se trata de un tema absolutamente transversal, que necesariamente se nutre de diferentes ámbitos, dentro del sistema internacional de protección de derechos humanos. Esto hace que, para localizar nociones concretas, pero especialmente, soluciones a los diferentes aspectos que conforman la problemática objeto de nuestro análisis haya que atender a diferentes actos, cada uno de ellos con un ámbito de aplicación diferenciado.

Únicamente analizando uno por uno en una primera fase, y en una segunda, tratando de abordarlos conjuntamente, puede llegar a componerse una suerte de puzzle, encajando unas partes de unos actos con las de otros instrumentos para formar un todo. Así, por ejemplo, en relación a documentos que tratan específicamente las niñas soldado, extraeremos nociones de sus caracteres y necesidade; en el ámbito del derecho a la educación, nos haremos con lo que pueda aplicarse a las niñas soldado, y en el entorno de la discapacidad, lo que permita ser de aplicación y sea útil para las niñas soldado en relación con la educación, etc.

Así, por lo que se refiere a niños en conflictos armados, aparece en primer lugar la Resolución 1261 (1999)[37] Se trata de la primera en abordar a los niños en conflictos armados. En esta resolución se condena la selección de niños como blancos de ataque en conflictos armados, incluida la muerte y la mutilación, los actos de abuso sexual, el rapto y el desplazamiento forzado, el reclutamiento y la utilización de niños en conflictos armados en violación del derecho internacional, y hace una mención especial a las niñas[38].

---

10 años de legislación sobre no discriminación de personas con discapacidad en España; Estudios en homenaje a Miguel Ángel Cabra de Luna, pp. 141-148.

37 Resolución 1261 (1999), del Consejo de Seguridad, adoptada el 25 de agosto de 1999

38 Artículo10. "Insta a todas las partes en conflictos armados a adoptar medidas especiales para proteger a los niños, y en particular a las niñas, de la violación y otras formas de abuso sexual y de la violencia basada en el género en situaciones de conflicto armado y a tener presentes las necesidades especiales de las niñas durante esos conflictos y después de ellos, en particular en la prestación de asistencia humanitaria"

Por lo que se refiere a actos que adoptan una perspectiva de género, encontramos la Resolución 1325 (2000)[39] que, tras reconocer el impacto desproporcionado de los conflictos en mujeres y niñas, llama a incorporar una perspectiva de género en ámbitos de repatriación, rehabilitación e inclusión postconflicto.

No refiere este documento la problemática particular de las niñas soldado aunque sí realiza un tratamiento muy adecuado de las niñas en la etapa post conflicto, cuyas propuestas pueden reconducirse a las niñas soldado.

La Resolución 1539 (2004)[40] tiene el importante valor de ramplía los mecanismos de protección de niños, incluyendo la vigilancia de reclutamiento y uso de menores; destaca el papel esencial de la educación para prevenir la reclutación, especialmente de las niñas, y aconseja incluir planes ligados a centros educativos para la integración.

Como puede observarse, aquí hay ya un salto cualitativo importante al encajar la educación, tanto en cuanto a prevención como a restauración; el valor añadido, para nosotros, es que incorpora la referencia particular a las niñas, Es, entonces, lo que más se aproxima a la cobertura completa de la situación que nos ocupa. En cuanto a las niñas con discapacidad, habremos de seguir nutriéndonos de las resoluciones específicas en la materia.

Igual perspectiva adopta la Resolución 2225 (2015)[41] en cuanto a la educación y a las niñas, aunque en este caso, toca el entorno del secuestro de menores; en concreto, respecto a esa situación, Reconoce el vínculo entre secuestro, violencia sexual, desplazamiento y pérdida de acceso a la educación para las niñas, y solicita apoyo para programas de reintegración que incluyan asistencia educativa adaptada a las necesidades de las niñas. Centrada en la educación, la Resolución 2427 (2018)[42] alerta sobre la necesaria igualdad de acceso a la educación de las niñas durante y después de los conflicto

Por su parte, la Resolución 2474 (2019) – "Discapacidad y conflictos armados" parte, como no podía ser de otro modo, del impacto desproporcionado de la guerra en personas con discapacidad, incluyendo niños, y por ello Pide asistencia "sostenible, oportuna, apropiada, inclusiva y accesible"

---

[39] Resolución 1325 (2000) del Consejo de Seguridad de 21 de octubre de 2000 "Mujeres, paz y seguridad".

[40] Resolución 1539 (2004), del Consejo de Seguridad, de 22 de abril de 2004.

[41] Resolución 2225 (2015) del Consejo de Seguridad, de 18 de junio de 2015.

[42] Resolución 2427 (2018) del Consejo de Seguridad, de 9 de julio de 2018.

para los niños con discapacidad, incluyendo programas de rehabilitación y de educación.

Finalmente, recogemos la Resolución 2601 (2021)[43], centrada en la protección de infraestructuras educativas durante conflictos.

7. PROPUESTAS

Enlazando con lo expuesto en el epígrafe anterior, y tras analizar las diferentes resoluciones del Consejo de Seguridad de Naciones Unidas, podemos hablar de una cierta dispersión y del hecho de que, aun cuando, en efecto, hay algunos de esos actos, los más actuales, que recogen de manera conjunta las situaciones y condiciones de las niñas que tratamos aquí, nos atrevemos a realizar una propuesta de futuro, que consideramos podría contribuir a mejorar la situación de lestas niñas. No puede decirse en el momento actual que no exista preocupación a nivel internacional por la educación, tampoco que no exista preocupación por los menores en conflictos armados, por la eliminación de la discriminación contra la mujer……Pero como la realidad muestra la insuficiencia normativa, o al menos esa pueda ser una de las causas en la base del hecho de que continúen estas prácticas, nos atrevemos a realizar una propuesta: podría llevarse a cabo una enmienda al Protocolo Facultativo[44].

El Protocolo tiene ya más de veinte años de vigencia. La tipología de conflictos tanto internos como internacionales se ha modificado necesariamente, de manera que no consideramos desatinado el llevar a cabo, al menos, una reflexión en relación a la cuestión que nos ocupa, así como a otros aspectos del Protocolo y normas conexas cuyo tratamiento haya dejado de ser del todo adecuado o haya devenido ciertamente insuficiente.

Pensamos en particular, en disposiciones como el Artículo 6, a tenor del cual, "Los Estados Parte adoptarán todas las medidas posibles para que las

---

43 Resolución 2601 (2021) del Consejo de Seguridad de 29 de octubre de 2021

44 Contemplada en el artículo 12, a tenor del cual "**Artículo 12**. Según este artículo: 2 **Todo Estado Parte** puede proponer enmiendas al Protocolo y presentarlas al Secretario General de las Naciones Unidas".
El Secretario General las comunica a todos los Estados Parte y consulta si al menos un tercio de ellos desea convocar una conferencia para examinarlas.
Si la conferencia se celebra y adopta una enmienda por mayoría, esta se somete a la aprobación de la Asamblea General, y una vez allí aceptada por dos tercios de los Estados Parte, entra en vigor para quienes la acepten.

personas que estén bajo su jurisdicción y hayan sido reclutadas o utilizadas en hostilidades en contradicción con el presente Protocolo sean desmovilizadas o separadas del servicio de otro modo. De ser necesario, los Estados Parte prestarán a esas personas toda la asistencia conveniente para su recuperación física y psicológica y su reintegración social." A título de ejemplo, sería conveniente insertar una referencia o alguna clase de matización que hiciera llamar la atención sobre la particularidad de las niñas, al momento de la recuperación y reintegración, donde juega ese papel fundamental la educación integral para las niñas.

Las reflexiones al hilo el derecho a la educación en relación con las niñas soldado nos ha hecho pensar que es tan específico el enfoque que ha de darse a la educación en relación a estas niñas que en ese protocolo deberían incorporarse normas relativas específicamente a niñas; si en la educación hemos detectado esa necesidad, fácilmente puede extrapolarse a otros aspectos; pensamos que con mayor fundamento se imponen normas particulares, por ejemplo, en materia de salud

Y por supuesto, dentro de las referencias (artículos nuevos o sub-epígrafes dentro de las disposiciones actuales) a niñas, particulares referencia a niñas soldado con discapacidad. Se impone un tratamiento particular respecto de este colectivo pues es innegable la laguna que existe en la actualidad en cuanto a su protección.

8. RECAPITULACIÓN

Tras el análisis, que hemos pretendido haya sido crítico, de los documentos en la materia, confirmamos la indisolubilidad del binomio educación-tratamiento particular de niñas en grupos armados, y esto en cada una de las fases.

Sostenemos que las niñas pueden necesitar más protección frente al reclutamiento, durante el mismo o cuando se encuentran próximas al conflicto, aun cuando no sean reclutadas para el mismo. Esto puede ser rebatible, pero lo que, en nuestra opinión resulta muy evidente es la necesidad de abordar un tratamiento diferenciado.

En otro orden de cosa, la lectura de informes, estrategias, resoluciones así como de literatura académica, nos sugiere que es absolutamente imprescindible, e insustituible, el trabajo de campo, las observaciones sobre el terreno. Los testimonios recogidos en esos documentos nos han servido de gran ayuda para configurar los posibles escenarios en que se desarrollan las situaciones que estamos analizando desde una perspectiva ciertamente teórica y descriptiva.

Con esto enlazamos con otra idea en la misma línea: la necesidad de que participen, en la elaboración de los instrumentos jurídicos, los protagonistas, es decir, las víctimas, en el caso aquí analizado.

Tenemos que celebrar, por supuesto, los avances que se han producido tanto en cuanto a normas internacionales como a las inquietudes de los autores en relación a la educación de las niñas en el seno de los conflictos armados, o de su educación en situaciones de los desplazamientos, asilo, refugio. En efecto, ha aumentado la atención a las personas desplazadas, refugiadas y/o solicitantes de asilo para que los entornos se adapten a las necesidades específicas de las personas con discapacidad, y con perspectiva de género, Falta dar una mayor profundidad al tema particular de las niñas soldado, en consonancia con la ruta hacia la educación para la paz.

En el momento en que terminamos de realizar este estudio, está comenzndo, en Ciudad de México, la XVI Conferencia Regional sobre la Mujer de Amércia Latina y el Caribe. En esta clase de foros deben abordarse el tema de niñas soldado y asuntos conectados, de manera directa o indirecta. Permanecemos atentos.

8. REFERENCIAS BIBLIOGRÁFICAS

Cardona Lloréns, J. (2025), "Interseccionalidad vulnerabilidad e invisibilidad: el ejemplo de las niñas soldado con discapacidad", *Las niñas asociadas a grupos armados. Perspectivas jurídicas, sociológicas y de protección,* Aranzadi

CERMI. (2022). "Guía para prestar asistencia adecuada a mujeres con discapacidad en situaciones de conflictos armados y emergencias humanitarias". El CERMI elabora una guía para prestar asistencia adecuada a mujeres con discapacidad en situaciones de conflictos armados y emergencias humanitarias. Recuperado el 1 de julio de 2025

CRIN. (2012, 11 de diciembre). *SIERRA LEONE: Diamonds lure children out of school.* https://archive.crin.org/en/library/news-archive/sierra-leone-diamonds-lure-children-out-school.html. Recuperado el 30 de junio de 2025

Hernández Pradas, S. (2025), "La educación como medida de prevención del reclutamiento y de reparación de las niñas soldado", *Las niñas asociadas a grupos armados. Perspectivas jurídicas, sociológicas y de protección,* Aranzadi

INEE. (2018), Educación en situaciones de emergencia. https://inee.org/es/acerca-de-la-inee(2024). Visitado el 5 de agosto de 2025

(2024) Marco Estratégico de la INEE 2024-2030

Marco estratégico de la INEE 2024-2030 | INEE. Visitado el 1 de julio de 2025. Recuperado el 1 de julio de 2025

Jaraba Sánchez, M. (2012), "La estrategia europea La estrategia europea de discapacidad 2010-2020: nuevas herramientas contra la discriminación", *2003-2012, 10 años de legislación sobre no discriminación de personas con discapacidad en España; Estudios en homenaje a Miguel Ángel Cabra de Luna.* Fundación Derecho y Discapacidad

Machel, G. (1996), *Las repercusiones de los conflictos armados sobre los niños, de conformidad con la resolución 48/157 aprobada por la Asamblea General, de 20 de diciembre de 1993.* Documento A/51/306 de 26 de agosto de 1996. www.unicef.org/spanish/emerg/files/Garca-Machel_sp. pdf. Recuperado el 6 de agosto de 2025

Marcos Martín, T. (2014), "La protección de los menores no acompañados en los conflictos armados", *Los conflictos armados contemporáneos*, Catarata

Pérez Ortega, M. (2022), *La importancia del derecho de los niños a la educación en los conflictos armados,*

Marina Pérez Ortega, Author at Humanium. Recuperado el 30 de junio de 2025

Relaño, M. (2025), *Día contra el uso de niños soldado. El robo de la infancia a los niños soldado en conflictos olvidados.* https://www.rtve.es/noticias/20230212/historia-abdul-exnino-soldado-17-anos/2422947.shtml. Recuperado el 1 de julio de 2025

SAVE THE CHILDREN, (2020), *Pedimos la Declaración de Escuelas Seguras para el Sahel.* Pedimos la Declaración de Escuelas Seguras para el Sahel | Save the Children. Recuperado el 1 de agosto de 2025

UNESCO,(2017), *Out of 10 children and adolescents are not learning a minimum in reading and math*

6Out of 10 Children and Adolescents Are Not Learning a Minimum in Reading and Math | UNESCO UIS. Recuperado el 1 de agosto de 2025

UNICEF, (2022), *Are the children really learning? Exploring foundational skills in the midst of a learning crisis*

Are Children Really Learning? Exploring foundational skills in the midst of a learning crisis-UNICEF DATA. Recuperado el 1 de agosto de 2025

9. DOCUMENTACIÓN

Convención sobre los derechos de las personas con discapacidad, aprobado mediante Resolución A/RES/61/106 de la Asamblea General de 12 de diciembre de 2006

Protocolo facultativo de la Convención de los derechos del niño relativo a la participación de niños en conflictos armados, aprobado mediante Resolución A/RES/54/263 de la Asamblea General de 25 de mayo de 2000

Resolución 1261 (1999), del Consejo de Seguridad, de 25 de agosto de 1999

Resolución 1325 (2000) del Consejo de Seguridad de 21 de octubre de 2000 "Mujeres, paz y seguridad"

Resolución 1539 (2004), del Consejo de Seguridad, de 22 de abril de 2004

Resolución 2225 (2015) del Consejo de Seguridad, de 18 de junio de 2015

Resolución 2427 (2018) del Consejo de Seguridad, de 9 de julio de 2018

Resolución 2601 (2021) del Consejo de Seguridad de 29 de octubre de 2021

BLOQUE II. JUSTICIA TRANSICIONAL, RESPONSABILIDAD Y DERECHO PENAL INTERNACIONAL

El Daño como eje articulador de la Justicia Transicional Restaurativa de la JEP: Una reflexión desde el caso colombiano[1]

Damage as the Articulating Axis of Restorative Transitional Justice in the JEP: A Reflection from the Colombian Case

LUISA FERNANDA LÓPEZ PEÑA
Jurisdicción Especial para la Paz

Resumen: Este artículo académico examina el papel central del daño en el modelo de justicia transicional restaurativa implementado por la Jurisdicción Especial para la Paz (JEP) en Colombia. La investigación analiza cómo la identificación, reconocimiento y reparación del daño constituyen el eje articulador de los procesos restaurativos, particularmente a través del estudio del Caso 07, que aborda el reclutamiento y utilización de niños y niñas por parte de las FARC-EP. El documento se estructura en tres secciones principales: primero, el marco legal y conceptual del proceso restaurativo de la JEP; segundo, los desafíos en la implementación del arquetipo restaurativo y la necesidad de coherencia entre el daño identificado y los proyectos restaurativos; y el tercero, el análisis específico de los daños identificados en el Caso 07.

Abstract: This academic article examines the central role of damage in the restorative transitional justice model implemented by the Special Jurisdiction for Peace (JEP) in Colombia. The research analyzes how the identification, recognition, and reparation of damage constitute the articulating axis of restorative processes, particularly through the study of Case 07, which addresses the recruitment and use of children by the FARC-EP.

The document is structured in three main sections: first, the legal and conceptual framework of the JEP's restorative process; second, the challenges in implementing the restorative archetype and the need for coherence between identified damage and restorative projects; and third, the specific analysis of the damages identified in Case 07.

Palabras clave: Justicia restaurativa, Justicia transicional, Jurisdiccion especial para la Paz, Reclutamiento de niños y niñas,

Key words: Restorative Justice, Transitional Justice, Special Jurisdiction for Peace, Child Recruitment.

---

1 Estudio realizado en el marco del Proyecto de Investigación titulado "*Lagunas en la protección y asistencia internacional a las niñas asociadas a Grupos armados (NAAG)*". CIAICO 2022/235 UCHCEU con financiación pública de la GVA.

1. CONTEXTO LEGAL SOBRE EL PROCESO RESTAURATIVO DE LA JEP Y EL LUGAR QUE OCUPA EL DAÑO Y SU REPARACIÓN EN ESTE MODELO DE JUSTICIA.

La Jurisdicción Especial para la Paz (JEP) representa un hito en los modelos de justicia transicional a nivel mundial, al integrar de manera innovadora los principios de la justicia restaurativa a un proceso judicial que debe imponer sanciones a los máximos responsables de los hechos más graves y representativos del conflicto armado. Esta jurisdicción especial, creada en el marco del Acuerdo Final de Paz de 2016, tiene como mandato satisfacer los derechos de las víctimas, así como reintegrar las partes a la sociedad y restaurar el tejido social, a través de procesos de reconocimiento y mediante la imposición de sanciones que tengan la mayor función restaurativa y reparadora del daño causado[2].

Dentro de sus características principales se incluyen:

- Centralidad de las víctimas: Las víctimas son sujetos de derechos y protagonistas de los procesos de verdad, justicia y reparación[3].
- Proceso dialógico: La construcción de la verdad se hace de manera conjunta con la participación de víctimas y comparecientes, aplicando criterios de razonabilidad y proporcionalidad[4].
- Enfoque restaurativo: Las sanciones deben tener la mayor función restaurativa y reparadora del daño causado de manera individual, colectiva y territorial, siempre en relación con el grado de reconocimiento de verdad y responsabilidad de los responsables de los hechos[5].
- Perspectiva prospectiva: Búsqueda de reparaciones que garanticen los derechos de las futuras generaciones[6].

---

2 Jurisdicción Especial para la Paz, JEP. (2024). *Manual de Justicia Transicional Restaurativa*. Bogotá.

3 Artículo 13 de la Ley 1957 de 2019 Estatutaria de la Adminisrtración de justicia en la Jurisdiccion Especial para la Paz.

4 Artículo 27 de la Ley 1922 de 2018 por medio de la cual se adoptan unas reglas de procedimiento para la Jurisdicción especial para la Paz.

5 Artículo 125 de la Ley 1957 de 2019 Estatutaria de la Adminisrtración de justicia en la Jurisdiccion Especial para la Paz.

6 Ibid. Artículo 4.

Estas características se materializan y cobran sentido en la ruta de reconocimiento de verdad y responsabilidad, cuyo esquema es el siguiente:

Un órgano de la JEP denominada Sala de Reconocimiento adelanta una investigación judicial sobre hechos constitutivos de graves crímenes, en su desarrollo escucha a las víctimas y los comparecientes para que aporten su verdad sobre los hechos investigados; a partir de estos escenarios y de la información recopilada, la Sala determina quienes son los máximos responsables de esas conductas criminalizadas internacionalmente.

La Sala también tiene como mandato "identificar tanto las formas como se desarrollaron las vinculaciones y las afectaciones producto del reclutamiento y la utilización, así como los daños ocasionados, a fin de construir las rutas restaurativas orientadas a la reparación de las víctimas"[7].

Cuando esos máximos responsables admiten voluntariamente su responsabilidad en crímenes de guerra y violaciones graves de derechos humanos, aportan verdad libre completa y detallada, no justifican su ejecución, reconocen el daño provocado[8], y reafirman su voluntad de resarcirlo, así como de no repetir los graves crímenes ejecutado, pueden ser beneficiarios de sanciones propias, que corresponden a medidas diseñadas para contribuir a reparar el daño causado y a la construcción de paz desde una dimensión restaurativa y retributiva[9].

La dimensión retributiva consiste en la restricción de derechos por un término mínimo de 5 a 8 años que no corresponden a medidas carcelarias, sino restricciones efectivas de libertades y derechos, como los de residencia y movimiento[10].

El componente restaurativo se materializa a través de trabajos, obras y actividades (TOARS) que realiza una persona compareciente para atender diferentes niveles de daños y afectaciones en el marco de proyectos restaurativos[11].

---

7 JEP, Salas de Justicia, Sala de Reconocimiento de Verdad, de Responsabilidad y de Determinación de los Hechos y Conductas SRVR, Auto 029 de 2019.

8 JEP, Salas de Justicia, Sala de Reconocimiento de Verdad, de Responsabilidad y de Determinación de los Hechos y Conductas, Auto No. 027 de 21 de febrero de 2022.

9 Artículo 126, Ley 1957 de 2019.

10 Ibid.

11 JEP, Tribunal para la Paz, Sección de Apelación, Sentencia Interpretativa TP-SA-SENIT No. 005 de 2023, párr. 175.

Así entonces, si estos TOARS tienen como finalidad la contribución a la restauración, deben guardar un relación con los daños causados que permita avanzar en la superación de las condiciones que propiciaron el conflicto y los hechos de violencia sufridos por las víctimas[12]. Con el ánimo de responder a las múltiples dimensiones de los daños identificados por la JEP, a partir de los efectos de las conductas delictivas en el contexto del conflicto armado interno, en el marco del sistema restaurativo, se diseñaron siete (7) líneas generales que incorporan los diferentes proyectos restaurativos en materia de satisfacción, rehabilitación, restitución y garantías de no repetición[13].

El objetivo es consolidar un banco de proyectos pertinentes y realizables que puedan aportar a la reparación colectiva y comunitaria de los principales grupos de víctimas y territorios afectados en el marco de las investigaciones de la JEP.

Las líneas hasta ahora diseñadas son las siguientes:

1. Acción integral contra minas antipersonal (AICMA): Las medidas de prevención mediante la educación en el manejo del riesgo de minas antipersonal; la atención integral a víctimas de minas antipersonal, artefactos explosivos improvisados, restos explosivos de guerra y municiones sin explotar; y el despeje y descontaminación de territorios afectados mediante acciones de desminado humanitario; sumados al aporte de información relevante sobre la ubicación.

2. Medioambiente, naturaleza y territorio: Esta línea va dirigida a la realización de proyectos y acciones restaurativas enmarcadas en los principios de prevención y precaución ambiental, así como de labores dirigidas a su preservación, conservación, restauración y sostenibilidad.

3. Infraestructura rural y urbana: Va dirigida a cubrir el déficit de la oferta de bienes y servicios públicos de muchos territorios y comunidades del país que se profundiza por las dinámicas de control poblacional, territorial

---

12 JEP, Tribunal para la Paz, Sección de Apelación, Sentencia Interpretativa TP-SA-SENIT No. 008 de 2025, párr. 107.

13 JEP. Comité de Articulación TOAR y Sanciones Propias. Propuesta de Priorización de Líneas del Sistema Restaurativo. Agosto de 2023. Folios 6638-6718. Estas líneas restaurativas fueron adoptadas en la sesión de la Instancia de Articulación del 18 de agosto de 2023, mediante el Acuerdo No. 001 de 2023, en el que también se adoptó el reglamento de funcionamiento de la Instancia. Ver: Respuesta SEJEP AP 089. P. 42.

y de recursos en el marco de la confrontación armada. De esta forma, se agravan las condiciones de desigualdad, exclusión e impunidad de amplios sectores de la población colombiana inmersa en zonas de disputa violenta.

4. Conservación de la memoria y reparación simbólica: Los derechos a saber, a recordar, a nombrar y a comunicar son fundamentales en los procesos de reparación integral y configuran buena parte de las medidas de satisfacción y no repetición, en aplicación de un paradigma restaurativo y de justicia prospectiva.

5. Daños diferenciales y macrovictimización: El AFP, así como las normas que lo desarrollan, reconocen que el conflicto armado interno tuvo impactos diferenciales en poblaciones históricamente victimizadas, excluidas y discriminadas. Así, y como instancia creada dentro del proceso de paz, la JEP busca proteger y adoptar dichos enfoques interseccionales, etarios, territoriales y de género para crear acciones restaurativas específicas, tomando como base los daños y afectaciones causadas a estas poblaciones y grupos. De este modo, el Sistema Restaurativo ha contemplado la aplicación de las siguientes sublíneas restaurativas diferenciales dirigidas a:

(i) víctimas de violencias sexuales y otras violencias basadas en género;

(ii) niñas, niños, adolescentes y jóvenes

(iii) víctimas en situación o condición de discapacidad;

(iv) víctimas pertenecientes a Pueblos Étnicos.

6. Educación, alfabetización y capacitación: Al igual que la línea de memorialización, en esta propuesta se busca generar acciones con vocación prospectiva, basadas en cátedras, currículos y programas educativos que den cuenta de los daños, afectaciones, patrones de victimización y los hechos y conductas más graves y representativos en el marco de la confrontación armada interna y otras formas asociadas de violencia, que a su vez identifiquen los procesos sociales e institucionales de resiliencia, restauración, reconciliación y convivencia surgidos en el marco de la aplicación de la Justicia Transicional Restaurativa como fundamentos de la construcción de la paz.

7. Búsqueda de personas dadas por desaparecidas. En esta línea restaurativa, la JEP, en articulación con la UBPD y el Instituto Nacional de Medicina Legal y Ciencias Forenses, buscan generar acciones en las que los comparecientes contribuyan a la materialización del mandato impuesto en el acuerdo sobre la atención a los daños causados a los individuos, comu-

nidades, familias y territorios víctimas de desaparición forzada a partir de enfoques territoriales, interseccionales y de género[14].

Respecto a determinar en quien recae la responsabilidad de dotar el presupuesto y la institucionalidad requerida para activar los proyectos de reparación que desarrollen las anteriores líneas restaurativas enlistadas, la respuesta ya fue dada desde el Acuerdo Final de Paz, donde se consignó el compromiso del gobierno nacional de poner en marcha las medidas necesarias para facilitar que quienes cometieron daños con ocasión del conflicto y manifiesten su voluntad y compromiso de contribuir de manera directa a la satisfacción de las víctimas y de las comunidades, lo puedan hacer mediante su participación en acciones concretas de reparación. Esta obligación fue reproducida en la Ley Estatuaria de la JEP[15].

En el mismo sentido, la Sentencia C-630 de 2017 de la Corte Constitucional, al pronunciarse sobre la constitucionalidad del Acto Legislativo 2 de 2017, precisó que al Gobierno "le corresponde ejercer sus competencias constitucionales para la implementación del Acuerdo" dado que" hay contenidos de la negociación que pueden implementarse o desarrollarse mediante decisiones administrativas o de política pública dentro del ámbito de competencia de las autoridades que integran la Rama Ejecutiva del poder público".

Por ello la Sección de Apelaciones (SA) de la JEP ha precisado que "el deber a cargo del Estado de consolidar la paz, dar cumplimiento efectivo al AFP, brindar apoyo a la Justicia Transicional, y a sus sentencias y demás providencias, así como de garantizar la reparación integral a las víctimas del CANI, corresponde a un mandato constitucional y estatutario inquebrantable, y justamente sobre él descansa su obligación de facilitar las condiciones y brindar la oferta institucional necesaria para que los comparecientes puedan cumplir con sus obligaciones en materia de contribución con la restauración del daño y la reparación para acceder y mantener los tratamientos penales especiales"[16].

---

14 JEP. (2024). *Manual de Justicia Transicional Restaurativa.* Bogotá: JEP. Pp. 77-81

15 Artículo 38 de la Ley 1957 de 2019.

16 JEP, Tribunal para la Paz, Sección de Apelación, Sentencia Interpretativa TP-SA-SENIT No. 008 de 2025, párr. 94.

2. DESAFÍOS EN LA IMPLEMENTACIÓN DEL ARQUETIPO RESTAURATIVO DE LA JEP Y LA NECESIDAD DE COHERENCIA ENTRE DAÑO IDENTIFICADO Y EL PROYECTO RESTAURATIVO

El diseño y la implementación de proyectos restaurativos se ha topado con diversos desafíos de distinta índole como pasa a examinarse:

De un lado se han advertido las falencias estatales para activar la puesta en marcha del sistema restaurativo como son: i) la insuficiente articulación interinstitucional; ii) los vacíos para aclarar las competencias institucionales en la Rama Ejecutiva para la implementación de las actividades restaurativas y iii) la ausencia en la identificación, e implementación de la oferta gubernamental para cumplir estas medidas[17].

Por ello se ha adelantado algunos mecanismos para subsanar las anteriores deficiencias como instancias de articulación entre la JEP y el Gobierno Nacional para organizar, adecuar y proveer los programas o proyectos así como las condiciones necesarias que permitan la implementación de las sanciones propias y medidas de contribución a la reparación que imponga la JEP, en el marco de su autonomía".

De otro lado, se han identificado vacíos en el diseño de los proyectos implementados como TOARS en el marco de las sanciones propias impuestas a los comparecientes, en especial en lo que corresponde a la falta de correspondencia con los daños sufridos por las víctimas.

La SA, última instancia de la JEP, desde el año 2019 ha enfatizado que siempre se debe procurar cierta proporcionalidad entre el daño y las acciones restauradoras, aclarando que no se trata de buscar una simetría plena o cercana entre el delito y los instrumentos restaurativos y reparadores pero que tampoco se puede ser ajeno o ciego a la magnitud y dimensión del daño sufrido[18].

Recientemente el Tribunal para la Paz profirió una nueva sentencia interpretativa, la SENIT 8 del 24 de abril de 2025, con la finalidad de orientar y dar algunos lineamientos sobre cuáles son los límites y alcances de los Tratamientos y Órdenes de Atención y Reparación Restaurativa (TOAR) y el lugar que ocupa el daño en el sistema restaurativo. Estas son las principales conclusiones:

---

17 JEP. Sección de Apelación. Sentencia interpretativa TP-SA SENIT 5 de 2023, párr. 19.

18 JEP. Sección de Apelación. Sentencia interpretativa. SENIT 1 de 2019, párr. 265.

i) Para abordar el debate sobre la relación del daño y el programa restaurativo es necesario tener presente que la JEP no contempla una reparación monetaria que requiera cuantificar el daño, que su vigencia es temporal y que dentro de esa temporalidad estricta debe investigar y juzgar violaciones masivas a los derechos humanos con masividad de víctimas[19].

ii) Lo que se ha previsto por los organismos internacionales y la jurisprudencia constitucional es que las reparaciones de violencias masivas de derecho humanos con un amplio universo de víctimas deben estimar su correspondencia en criterios como el logro de la confianza cívica, a partir del reconocimiento de las víctimas como ciudadanos cuyos derechos fueron vulnerados y en la contribución de la sanciones propias al logro de la reconciliación y consolidación del Estado Social de Derecho[20]; también que "constituye[n] un elemento de un proyecto político más amplio relacionado no solo con el objetivo de dar respuesta a las demandas individuales de las víctimas, sino de ofrecer una respuesta integral a la sociedad"[21].

iii) Las acciones reparadoras de los comparecientes se pueden insertar en los programas de reparación del Estado, responsable de dicho componente, o puede darse a la margen de la oferta institucional, en cuyo caso se concentrarán principalmente en medidas de satisfacción y garantías de no repetición[22].

iv) La reparación meticulosa de cada daño individual de cada víctima excede las competencias de esta jurisdicción y desborda la capacidad de materializarse dentro de la temporalidad de la JEP[23].

v) Tiene mayor sentido identificar los daños colectivos, con el objetivo de que las medidas de reparación contribuyan de alguna manera a su superación.

---

19 JEP. Sección de Apelación. Sentencia interpretativa. SENIT 8 de 2025, párr. 259.

20 ONU. Asamblea General. Informe al Consejo de Derechos Humanos del Relator Especial sobre la promoción de la verdad, la justicia, la reparación y las garantías de no repetición, Pablo de Greiff. Consejo de Derechos Humanos. 21 periodo de sesiones. 9 de agosto de 2012. Documento A/HRC/21/46, párr. 21.

21 Corte Constitucional. Sentencia C-674 de 2017.

22 JEP. Sección de Apelación. Sentencia interpretativa. SENIT 8 de 2025, párr. 266.

23 Ibid, párr. 267.

vi) Esto no elimina la necesidad de explicar la vocación restaurativa de las medidas de contribución y como estas guardan cierta proximidad o correspondencia con los daños identificados y reconocidos[24].

vii) La estimación y el reconocimiento de los daños no se limita a un determinado momento procesal de la JEP sino que es una actividad progresiva que se extiende en la diferentes instancias del proceso dialógico en los cuales participan las víctimas[25].

viii) En aplicación de los enfoques diferencial y territorial, los proyectos restaurativos se desarrollarán, en la medida de los posible, en los territorios en los que las violaciones tuvieron lugar.

ix) La SA ha advertido que si la víctima no puede participar en los trámites ante la JEP "pierde posibilidades de ser reparada. Con su ausencia, se vuelve un sujeto general y abstracto, que solo existe en los discursos de los otros, a medida que se refieren a lo que les conviene o no a 'las víctimas', sin rostro ni nombre ni habla"[26]. Por ello, la participación de las víctimas tanto para expresar el daño como la manera de recomponerlo, es un presupuesto esencial para garantizar el derecho a su reparación y, además, para dotar de legitimidad los trámites ante la JEP[27].

Conclusión:

Lo anterior nos muestra que: i) el daño es un elemento dinámico y presente en el núcleo de los procesos dialógicos; ii) que su identificación y estimación por parte de las víctimas así como el reconocimiento de parte de los comparecientes y los jueces es esencial para los fines del proceso y iii) que los trabajos obras y actividades para recomponer esas afectaciones, no puede responder al daño individual de cada una de las víctimas partícipes del proceso, en atención a los límites humanos, temporales y presupuestales de la JEP, pero sí debe comprender una vocación restaurativa que guarde correspondencia con los impactos causados.

---

[24] Ibid, párr. 276.

[25] Ibid, párr. 280.

[26] JEP. Sección de Apelación. Auto TP-SA 1580 de 2023, párr. 99.

[27] JEP. Sección de Apelación. Sentencia interpretativa. SENIT 8 de 2025, párr. 296.

3. LOS DAÑOS IDENTIFICADOS EN EL CASO 07 DE LA JEP

La Sala de Reconocimiento, en el auto de imputación del Caso 07, determinó la máxima responsabilidad del antiguo secretariado de las FARC-EP por los crímenes de guerra derivados del reclutamiento y la utilización de niños y niñas, y las violencias conexas; a su vez, identificó los daños ocasionados por estas violencias bajo una metodología guiada por cinco premisas:

i) el respeto a las narrativas de las víctimas desde su diversidad, individualidad o colectividad y su contexto social;

ii) un abordaje holístico del daño, que no se limita a categorías tradicionales de la salud mental o física, sino que comprende los diferentes aspectos de la experiencia humana;

iii) una aproximación del daño no solamente desde el evento traumático, sino desde los elementos de superación y resiliencia utilizados para transitar del pasado al presente y por la búsqueda de justicia;

iv) la aplicación adecuada de un enfoque de género para visibilizar los daños diferenciales que sufrieron principalmente las niñas, mujeres y las personas con OSIEGD víctimas de reclutamiento; y

v) la aplicación de un enfoque étnico-racial[28].

Respecto a la tercera premisa, su finalidad estuvo orientada a abarcar los diferentes factores, recursos que han sido denominados "sistemas socioecológicos"[29] o "ecologías sociales"[30] y consisten en los diferentes factores familiares, comunitarios y sociales que interactúan en los diferentes aspectos del desarrollo de los niños y niñas[31]. Dicho enfoque considera la importancia de rescatar los recursos resilientes disponibles en cada nivel socioecológico, que pueden ayudar a sobrellevar y abordar los daños,

---

28 JEP, Salas de Justicia, Sala de Reconocimiento de Verdad, de Responsabilidad y de Determinación de los Hechos y Conductas SRVR, Auto 05 de 2024.Parr 1255.

29 Wessells, M. G. (2017). "Children and armed conflict: Interventions for supporting war-affected children". *Peace and Conflict: Journal of Peace Psychology, 23*(1), 4-13.

30 Charles, M. (2021). "La vida antes y la vida dentro del grupo armado" en La niñez que peleó la guerra en Colombia, ed. Mathew Charles.

31 Wessells, M. G. (2017). "Children and armed conflict: Interventions for supporting war-affected children". *Peace and Conflict: Journal of Peace Psychology, 23*(1), 4-13.

dificultades y limitaciones del contexto en el que crecieron y en el que se encuentran actualmente[32].

Lo que ha mostrado otras experiencias es que estos factores protectores pueden aparecer y seguir haciendo parte de las víctimas en diferentes momentos de su vida repercutiendo al bienestar de las víctimas[33]. Ejemplos de estos factores pueden ser la presencia de familiares, amigos, profesores, líderes religiosos o comunitarios y el Estado.

La Sala deja una reflexión en el sentido de precisar que si los hechos y daños son reconocidos por parte de los comparecientes, el Estado y la sociedad, esto sería una acción reparadora inicial que debe estar acompañada de estrategias incluyentes que aborden las causas y los daños del conflicto como una forma de materialización de la justicia prospectiva[34].

A continuación abordaré algunos de los daños más significativos y diferenciales identificados en el auto 05 de 2024 dentro del Caso 07, que muestran el enfoque interseccional aplicado en la estimación de los daños, pues visibiliza las diferentes capas que moldean las experiencias de daño y vulnerabilidad de las personas, como son las perspectivas de género, infancia, etnicidad, contexto social, y territorio, los cuales están entrelazados antes, durante y después del reclutamiento[35].

3.1. El daño en la infancia

Este impacto, se analiza a partir del reconocimiento que las experiencias de guerra de los niños están moldeadas por sus vínculos familiares, sociales y territoriales. La imputación resaltó como la niñez conlleva la creencia en la propia invulnerabilidad personal, representada en la confianza subjetiva

---

32 JEP, Salas de Justicia, Sala de Reconocimiento de Verdad, de Responsabilidad y de Determinación de los Hechos y Conductas SRVR, Auto 05 de 2024.Parr 1262.

33 ICC, Trial Chamber IX, Prosecutor v. Dominic Ongwen (ICC-02/04-01/15-T-176-ENG-ET WT 15-05-2018 47/69 NBT) (18 de mayo de 2015), p. 35. ICC, Expert Report of Professor Michael Wessells, 'The Consequences of the Abduction of Children Under 15: Implications for Individuals, Families, Communities and Acholi Society' (ICC-02/04-01/15-T-176-ENG-ET,) (15 de mayo de 2018).

34 Artículo 4 de la Ley 1957 de 2019.

35 Babara, V. (2025). "Colombia está trazando un camino hacia la interseccionalidad, la agencia de las personas sobrevivientes y la justicia restaurativa". *Centre for Women, Peace y Security.*

de que “nada malo puede sucederme a mí”[36], lo que permite a los niños y niñas jugar, imaginar, y explorar su entorno y el mundo, donde pueden tener miedos, alimentados de fantasías pero mantienen la confianza de regresar a una realidad segura, proporcionada por adultos protectores[37]. Con el reclutamiento desaparece esa sensación de invulnerabilidad al experimentar violencias traumáticas reales no fantasiosas, en las que son obligados a adaptarse a un entorno real y violento en el que deben sobrevivir.

La imputación evidencia como los niños tuvieron que asumir roles de adultos que excedían el límite de sus capacidades y fuerzas. Al desconocer su naturaleza, someterlos a tareas y situaciones que no corresponden con sus capacidades mentales y físicas, se les impidió descubrirse de conformidad a sus respectivas etapas de desarrollo físico y mental. Esto, en conclusión, anuló la niñez en todas sus dimensiones al obligarlos a ser adultos, aunque física, emocional y cronológicamente continúen siendo niños y niñas[38].

3.2. Daños emocionales

Una de las vivencias que ocasionó mayores impactos en la salud mental y emocional fue la cercanía de la muerte y la pérdida de pares, que se convirtió en una experiencia cercana y frecuente, al igual que el riesgo a perder la propia vida. Ser testigos constantes de la muerte marcó profundamente a las víctimas al sentir la impotencia de no poder hacer nada para salvar sus vidas[39].

En intersección con la niñez, el género también acentuó los impactos emocionales ocasionados a las niñas que sufrieron violencias sexuales cuando aún los procesos de conocimiento de su propio cuerpo y de su sexualidad no se habían dado o apenas iniciaban. Esto produjo una desconexión y rechazo con su propio ser así como sentimientos de culpa y alteración de la forma y la capacidad de relacionarse sexual y afectivamente con los demás[40].

---

36 Punamäki, R. (1990). *Una infancia a la sombra de la guerra. Estudio psicológico de las actitudes y vida emocional de los niños israelíes y palestinos,* en Psicología Social de la Guerra: Trauma y Terapia, ed. Ignacio Martín-Baró (UCA Editores, 1990), p. 40.

37 Ibidem.

38 JEP, Salas de Justicia, Sala de Reconocimiento de Verdad, de Responsabilidad y de Determinación de los Hechos y Conductas SRVR, Auto 05 de 2024. Parr 1276.

39 Ibid.Parr 1285.

40 Ibid.Parr 1294.

Otras experiencias que conllevaron cicatrices emocionales sumamente profundas fueron las experimentadas por las niñas relacionadas con las violencias reproductivas. Los abortos forzados produjeron sentimientos de culpa, angustia por los niños que no nacieron; también miedos que persisten en la actualidad a que los hijos nacidos después de la guerra les sean arrebatados entre otras afectaciones.

Con posterioridad al reclutamiento y una vez regresan a la vida civil, muchas víctimas se tuvieron que confrontar con la estigmatización y exclusión por parte de la sociedad. Las expresiones de rechazo en las diferentes esferas de la sociedad, familiar, sentimental y laboral también provocó afectaciones emocionales y psicológicas, como ansiedad y depresión, que se suman a las provocadas dentro de las filas[41].

3.3. La estigmatización y falta de reconocimiento como víctimas por el Estado

A los anteriores daños se suma la invisibilización de su victimización por la sociedad e, incluso, el Estado. La Sala evidenció que varias de las víctimas acreditadas en el caso han tenido múltiples dificultades para ser reconocidas oficialmente como víctimas. Algunas indicaron que la entidad a cargo de brindarles una indemnización económica por las violencias sufridas y procesos de rehabilitación se ha negado a reconocerlas como tales.

Sin las medidas que ofrece al Estado a quienes reconoce como víctimas es muy difícil mitigar los impactos que la guerra les ha causado, incrementando su vulnerabilidad, pues se les niega herramientas que son necesarias para su bienestar y reintegración y que, de otro modo, sería muy difícil tener, tal como obtener reparaciones económicas y acceso a la educación, salud, trabajo, atención médica, entre otras[42].

3.4. Impactos y daños del reclutamiento y la utilización de niños y niñas indígenas

El reclutamiento de niños y niñas indígenas tuvo un impacto sobre la pervivencia, gobernabilidad y autonomía de las autoridades, desestabilizó el orden familiar, originó afectaciones a la lengua y actividades tradicionales, truncó la transmisión del conocimiento, produjo afectaciones emo-

---

41 Ibid.Parr 1329.

42 Ibid. Parr 1341.

cionales colectivas como la humillación y el dolor por la perdida de un miembro de la comunidad entre otros daños.

Conclusión:

Ahora bien, este trabajo de estimación de daños realizado por la Sala debe ser utilizado, si hay reconocimiento, para construir las rutas restaurativas orientadas a la reparación de las víctimas[43]. De ser así, queda la difícil tarea de diseñar e implementar proyectos restaurativos que sean transversales a una o varias de las líneas restaurativas enlistadas en el primer acápite de este artículo, pero que a su vez aplique los enfoques diferenciales de este Caso 07, como lo son la intersección entre la niñez, el género, la etnia y el territorio, con la advertencia que bajo las claridades previstas por el Tribunal para la Paz, no podrá responder a cada daño individual, sino que su vocación restauradora deberá comprehender a todas las víctimas que participan del caso.

Tal vez, el punto de partida para ello, sea el mensaje dejado por la Sala sobre la implementación de acciones incluyentes que propendan por la materialización de la justicia prospectiva[44]. En ese sentido, las acciones dirigidas a ofrecer herramientas para proteger a las actuales y próximas generaciones de niños y niñas que se encuentran en los territorios más afectados por la violencias, de manera que no tengan que repetir el flagelo del reclutamiento, puede llegar a ser una respuesta efectiva para que la restauración guarde correspondencia con los daños identificados en este caso pero respetando los límites del sistema restaurativo.

4. CONCLUSIONES FINALES

4.1. El daño como elemento dinámico y estructurante del proceso restaurativo

El análisis demuestra que el daño no constituye un elemento estático que se identifica una sola vez en el proceso, sino que opera como un concepto dinámico que articula todas las fases del procedimiento restaurativo de la JEP. Desde la investigación inicial hasta la implementación de las sanciones propias, el daño funciona como hilo conductor que da coherencia y legitimidad al proceso.

---

43 JEP, Salas de Justicia, Sala de Reconocimiento de Verdad, de Responsabilidad y de Determinación de los Hechos y Conductas SRVR, Auto 029 de 2019.

44 Artículo 4 de la Ley 1957 de 2019.

4.2. Los límites del sistema restaurativo y la tensión entre daño individual y reparación colectiva

La investigación revela una tensión fundamental entre las expectativas y aspiraciones de reparar integralmente cada daño individual que le corresponde al Estado y las limitaciones y alcance temporal, presupuestal e institucional del modelo de justicia que busca la efectividad del sistema restaurativo a través de mecanismos que respondan a los daños desde una aproximación colectiva en el que todas las víctimas se perciban comprehendidas. Esta limitación no implica una negación de los derechos de las víctimas, sino un reconocimiento realista de que la justicia transicional debe operar dentro de parámetros de viabilidad que permitan impactos sostenibles.

4.3. La relevancia de aplicar enfoques diferenciales e interseccionales para una reparación efectiva

El Caso 07 demuestra el valor adicional de aplicar enfoques diferenciales e interseccionales en la identificación y reparación de daños en contextos de violencia masiva. El reclutamiento de niños y niñas evidencia cómo múltiples factores de vulnerabilidad se entrelazan para crear experiencias de daño únicas que requieren respuestas efectivas y multidimensionales. Algunos de los daños identificados —anulación de la niñez, violencias sexuales, afectaciones a comunidades indígenas, estigmatización social— muestran la complejidad de factores que inciden en el sufrimiento causado. A su vez, desde esa misma óptica se presenta una aproximación del deber ser de los proyectos restaurativos en este caso, incorporando estas intersecciones bajo una finalidad de justicia prospectiva y de no repetición.

BIBLIOGRAFÍA

Corte Constitucional. Sentencia C-674 de 2017.

ICC, Trial Chamber IX, Prosecutor v. Dominic Ongwen (ICC-02/04-01/15-T-176-ENG-ET WT 15-05-2018 47/69 NBT) (18 de mayo de 2015), p. 35. ICC, Expert Report of Professor Michael Wessells, 'The Consequences of the Abduction of Children Under 15: Implications for Individuals, Families, Communities and Acholi Society' (ICC-02/04-01/15-T-176-ENG-ET,) (15 de mayo de 2018)

JEP. Manual de Justicia Transicional Restaurativa. Bogotá, 2023

JEP, Salas de Justicia, Sala de Reconocimiento de Verdad, de Responsabilidad y de Determinación de los Hechos y Conductas SRVR, Auto 029 de 2019.

JEP, Salas de Justicia, Sala de Reconocimiento de Verdad, de Responsabilidad y de Determinación de los Hechos y Conductas, Auto No. 027 de 21 de febrero de 2022.

JEP, Tribunal para la Paz, Sección de Apelación, Sentencia Interpretativa TP-SA-SENIT No. 005 de 2023.

JEP, Tribunal para la Paz, Sección de Apelación, Sentencia Interpretativa TP-SA-SENIT No. 008 de 2025.

JEP. Comité de Articulación TOAR y Sanciones Propias. Propuesta de Priorización de Líneas del Sistema Restaurativo. Agosto de 2023. Folios 6638-6718. Estas líneas restaurativas fueron adoptadas en la sesión de la Instancia de Articulación del 18 de agosto de 2023, mediante el Acuerdo No. 001 de 2023, en el que también se adoptó el reglamento de funcionamiento de la Instancia. Ver: Respuesta SEJEP AP 089.

JEP. Sección de Apelación. Sentencia interpretativa. SENIT 1 de 2019.

JEP. Sección de Apelación. Auto TP-SA 1580 de 2023.

JEP, Salas de Justicia, Sala de Reconocimiento de Verdad, de Responsabilidad y de Determinación de los Hechos y Conductas SRVR, Auto 05 de 2024.

Ley 1957 de 2019 Estatutaria de la Adminisrtración de justicia en la Jurisdiccion Especial para la Paz.

Ley 1922 de 2018 por medio de la cual se adoptan unas reglas de procedimiento para la Jurisdicción especial para la Paz.

Wessells, M. G. (2017). "Children and armed conflict: Interventions for supporting war-affected children". Peace and Conflict: Journal of Peace Psychology, 23(1), 4-13.

Charles, M. (2021). "La vida antes y la vida dentro del grupo armado" en La niñez que peleó la guerra en Colombia, ed. Mathew Charles.

ONU. Asamblea General. Informe al Consejo de Derechos Humanos del Relator Especial sobre la promoción de la verdad, la justicia, la reparación y las garantías de no repetición, Pablo de Greiff. Consejo de Derechos Humanos. 21 periodo de sesiones. 9 de agosto de 2012. Documento A/HRC/21/46—.

Punamäki, R. (1990). *Una infancia a la sombra de la guerra. Estudio psicológico de las actitudes y vida emocional de los niños israelíes y palestinos,* en Psicología Social de la Guerra: Trauma y Terapia, ed. Ignacio Martín-Baró (UCA Editores, 1990)

Babara, V. (2025). "Colombia está trazando un camino hacia la interseccionalidad, la agencia de las personas sobrevivientes y la justicia restaurativa". *Centre for Women, Peace y Security.*

Imputación a comandantes de las antiguas FARC-EP por violencias intrafilas basadas en el género cometidas contra niñas y niños reclutados, en el Caso 07 de la Jurisdicción Especial para la Paz[1]

Imputation to former FARC-EP Commanders for gender-based violence committed against recruited children within the ranks, in Case 07 of the Special Jurisdiction for Peace

CLAUDIA MARCELA PÁEZ BRAVO

Jurisdicción Especial para la Paz

Resumen: Este presenta una mirada a la primera imputación de responsabilidad realizada en el marco del Caso 07 de la Jurisdicción Especial para la Paz (JEP) en Colombia, a seis altos mandos de las antiguas FARC-EP, por hechos intrafilas cometidos contra niñas y niños reclutados que constituyen violencias basadas en género. En primer lugar, se describen, a manera de antecedentes, el mandato de la JEP y el procedimiento especial que está llamada a implementar. En segundo lugar, se presenta una síntesis de los aspectos fácticos, la calificación jurídica y la atribución de responsabilidad en la decisión analizada, en relación con las conductas de violencia basada en género. Finalmente, se abordan los aspectos que pueden considerarse más novedosos en la decisión y en el proceso investigativo desarrollado para llegar a ella, entre los cuales se analizan: la implementación de una metodología especial de investigación basada en el enfoque de género, el análisis efectuado para la determinación del carácter de violencias basadas en género y la utilidad del mismo en la imputación y el estudio de las violencias reproductivas y las violencias por prejuicio como categorías particulares y autónomas de violencias.

Abstract: This article examines the first attribution of responsibility issued within the framework of Case 07 of the Special Jurisdiction for Peace (JEP) in Colombia, against six high-ranking members of the former FARC-EP, for intra-rank acts committed against recruited boys and girls that constitute gender-based violence. First, by way of introduction, it outlines the JEP's mandate and the special procedure it is tasked with implementing. Second, it provides a synthesis of the factual aspects, legal characterization, and attribution of responsibility contained in the decision under review, in relation to the acts of gender-based violence. Finally,

---

1 Estudio realizado en el marco del Proyecto de Investigación titulado "*Lagunas en la protección y asistencia internacional a las niñas asociadas a Grupos armados (NAAG)*". CIAICO 2022/235 UCHCEU con financiación pública de la GVA.

it addresses the elements that may be considered most novel in both the decision and the investigative process leading up to it, including: the implementation of a special investigative methodology grounded in a gender-based approach; the analysis undertaken to determine the nature of the acts as gender-based violence and its relevance in the attribution of responsibility; the use of contextual investigation as a tool to identify patterns, policies, and practices; and the examination of reproductive violence and prejudice-based violence as distinct and autonomous categories of violence.

Palabras clave: Violencias basadas en el género; Reclutamiento de niños y niñas; Jurisdicción Especial para la Paz; FARC-EP.

Keywords: Gender-based violence; Recruitment of children; Special Jurisdiction for Peace; FARC-EP.

INTRODUCCIÓN

En cumplimiento del Acuerdo Final de Paz suscrito en Colombia con la antigua guerrilla de las FARC, la Jurisdicción Especial para la Paz (JEP) —como organismo encargado de la judicialización de crímenes internacionales perpetrados en el conflicto armado, adelanta, desde hace siete años, investigaciones orientadas a establecer los patrones de macrocriminalidad empleados por los grupos armados que participaron en la confrontación y a identificar, procesar e investigar a quienes tuvieron una máxima responsabilidad sobre los actos de violencia que los constituyeron. En el presente artículo, se describe, de manera general, el modelo y el enfoque que la JEP emplea para llevar a cabo estas labores de investigación y judicialización, explicando en el primer capítulo la metodología de macrocasos adelantada por la Sala de Reconocimiento de Verdad y Responsabilidad (SRVR) y el curso que ha seguido un macrocaso en particular —el Caso 07 sobre reclutamiento y utilización de niños y niñas— para llegar a la primera imputación de máximos responsables.

En un segundo capítulo, se detallan los aspectos centrales presentados por la SRVR en la decisión de imputación del Caso 07 en relación con tres patrones de macrocriminalidad que se catalogan por la Sala como violencias basadas en género, sintetizando los hallazgos fácticos con base en los cuales se determinó la existencia de patrones, esto es: el repertorio de violencias, la caracterización de víctimas o destinatarias de la violencia, la frecuencia de ocurrencia, los *modus* en que se perpetraron y la finalidad que cumplieron. Asimismo, se recogen también los elementos jurídicos de la imputación, incluyendo la calificación jurídica de las conductas y el modo de atribución de responsabilidad que empleó la Sala en cada caso.

Finalmente, en el tercer capítulo se desarrollan algunos aspectos novedosos de la investigación y la imputación que permitieron a la Sala enfrentar desafíos particulares que plantea la judicialización de las violencias de género.

1. ANTECEDENTES: EL MODELO DE JUSTICIA DE LA JURISDICCIÓN ESPECIAL PARA LA PAZ Y EL CASO 07 SOBRE RECLUTAMIENTO DE NIÑOS Y NIÑAS EN EL CONFLICTO ARMADO

La Jurisdicción Especial para la Paz (en adelante, JEP) fue creada mediante el Acuerdo Final de Paz, suscrito entre el Gobierno Nacional y las antiguas Fuerzas Armadas Revolucionarias de Colombia, FARC-EP, como el componente de justicia dentro de un sistema más amplio y complejo de entidades y mecanismos orientados a garantizar los derechos de las víctimas del conflicto armado[2]. Su mandato es el de satisfacer el derecho de las víctimas a la justicia, ofrecer verdad a la sociedad colombiana y adoptar decisiones que brinden seguridad jurídica a quienes participaron en el conflicto armado[3]. Lo anterior, bajo una visión de justicia particular contemplada en el Acuerdo: una justicia restaurativa[4] y prospectiva, esto es, que debe propender por la reparación de los daños que generaron las victimizaciones, contribuir a reconstruir el tejido social roto y garantizar los derechos de las generaciones futuras[5].

Estos paradigmas de justicia que orientan su accionar, determinan también unos procedimientos particulares para esclarecer verdad y determinar responsabilidad que, en principio, se distancian de la lógica adversarial del sistema penal ordinario en Colombia. En este modelo, la Sala de Verdad, Responsabilidad y Determinación de los Hechos y las Conductas (en adelante, SRVR o la Sala) es la encargada de adelantar un procedimiento denominado "dialógico"[6], en el que todos los sujetos e intervinientes procesales (incluidas las víctimas y los comparecientes llamados por su presunta responsabilidad) pueden aportar las narrativas de sus propias vivencias y

---

2 Acto Legislativo 01 de 2017. Diario oficial, 04 de abril de 2017. Artículo 1.

3 Acto Legislativo 01 de 2017. Diario oficial, 04 de abril de 2017. Artículo 5.

4 Acto Legislativo 01 de 2017. Diario oficial, 04 de abril de 2017. Artículo 1.

5 Ley 1957 de 2019. Diario oficial, 6 de junio de 2019. Artículo 4.

6 Ley 1922 de 2018. Diario oficial, 18 de julio de 2018. Artículo 27.

sus perspectivas de lo ocurrido en el conflicto. La SRVR tiene el mandato de contrastar estas informaciones y, a partir de allí, establecer verdad sobre las victimizaciones y sus responsables[7].

Para ello, la Sala profiere decisiones en las que se determinan los hechos no amnistiables, se califican penalmente las conductas tomando como fuente, principalmente, el Derecho Penal Internacional, el Derecho Internacional Humanitario y el Derecho Internacional de los Derechos Humanos[8], se identifica a los responsables y se les hace un llamado a reconocer responsabilidad. Esta labor se aparta de una lógica de investigación del hecho a hecho y de la identificación de los autores directos o materiales de cada conducta, para enfocarse en la determinación de patrones de macrocriminalidad y de los máximos responsables de estos. Las decisiones que la Sala profiere en este sentido se denominan *autos de determinación de hechos y conductas.*

Para esclarecer las violencias perpetradas en un conflicto de varias décadas, la SRVR organiza su labor investigativa a través de la apertura de macrocasos, en los que agrupa los hechos bajo su conocimiento, a partir de criterios como las modalidades de violencia, los territorios donde fueron perpetradas y el actor armado al que se atribuyen. Así, en el 2019, la Sala dio apertura al macrocaso 07 para indagar sobre el reclutamiento y la utilización de niños y niñas en el conflicto armado[9], definiéndose una línea puntual de investigación respecto de los hechos atribuibles a la antigua guerrilla de las FARC[10].

En el 2021, la SRVR realizó un análisis preliminar de la información reportada por las víctimas participantes en el Caso 07, identificando que, además de los hechos de reclutamiento y utilización, relataban hechos padecidos en el marco de su pertenencia a las filas del grupo guerrillero, entre los que se incluían conductas constitutivas de violencias basadas en género, como el aborto forzado, la anticoncepción forzada, violaciones y esclavitud sexual, entre otras. Atendiendo a ello, la Sala decidió enfocarse también en estos hechos bajo una línea de investigación específica[11]. Pos-

---

7 Ley 1922 de 2018. Diario oficial, 18 de julio de 2018. Artículo 27 B.

8 Acto Legislativo 01 de 2017. Diario oficial, 04 de abril de 2017. Artículo 5.

9 JEP, SRVR, Auto No. 029 de 2019. Disponible en https://relatoria.jep. gov.co/documentos/providencias/1/1/Auto_SRVR-029_01-marzo-2019.pdf.

10 JEP, SRVR, Auto No. 226 de 2019. Disponible en https://relatoria.jep. gov.co/documentos/providencias/1/1/Auto_SRVR-IG-226_24-octubre-2019.pdf

11 JEP, SRVR, Auto 159 de 2021. Párrs. 48 y 49. Disponible en https://relatoria.jep. gov.co/documentos/providencias/1/1/Auto_SRVR-159_04-agosto-2021.pdf

teriormente, en el 2022, se abrió una sublínea de investigación sobre las violencias padecidas intrafilas por niños y niñas con orientación sexual, identidad o expresión de género diversas (en adelante, OSIEGD)[12].

En el 2022, el despacho sustanciador del Caso 07 realizó un primer análisis de la información recaudada hasta ese momento en relación con las violencias basadas en género, estableciendo que esta no era suficiente para esclarecer lo ocurrido y que existían vacíos que debían subsanarse. Así, activando sus facultades oficiosas, se adoptó una metodología especial de investigación con enfoque de género y, en el marco de la misma, se decretaron diligencias judiciales orientadas a ampliar información mediante la escucha directa de las víctimas participantes en el caso, respecto de estas violencias[13]. Los ámbitos de observación establecidos en dicha metodología, constituyeron también uno de los ejes indagados por el despacho sustanciador en las versiones voluntarias rendidas por los antiguos mandos nacionales y territoriales de las FARC llamados a comparecer en el macrocaso.

Toda la información recaudada en el Caso 07 hasta el 30 de septiembre de 2024 fue analizada y contrastada por la SRVR. A partir de sus hallazgos, mediante el Auto No. 05 de 2024, de determinación de hechos y conductas[14], estableció la existencia de cinco patrones macrocriminales asociados al reclutamiento de niños y niñas por parte de las FARC e identificó como máximos responsables de su implementación a seis antiguos miembros de la máxima instancia de dirección y control de dicho grupo armado, conocido como el Secretariado[15].

Dentro de los patrones macrocriminales determinados por la Sala, tres corresponden a violencias basadas en género: el patrón no. 3 sobre violencias reproductivas, el patrón no. 4 sobre violencias sexuales y el patrón no. 5 sobre violencias por prejuicio contra niños y niñas con OSIEGD, que serán explicados en los capítulos siguientes.

---

[12] Auto SRVR-LRG-T-032-2022. Párrs. 34. Disponible en https://relatoria.jep. gov.co/documentos/providencias/1/1/Auto_SRVR-LRG-T-032_11-febrero-2022.pdf

[13] JEP, SRVR, Auto SRVR-LRG-T-075-2022. Disponible en https://relatoria.jep. gov.co/documentos/providencias/1/1/Auto_SRVR-LRG-T-075_08-abril-2022.pdf

[14] Disponible en https://relatoria.jep. gov.co/documentos/providencias/1/1/Auto_SRVR-005_09-octubre-2024.pdf

[15] Los comparecientes a quienes se atribuyó responsabilidad como máximos responsables fueron: Pastor Lisandro Alape Lascarro, Pablo Catatumbo Torres Victoria, Rodrigo Londoño Echeverry, Milton de Jesús Toncel Redondo, Julián Gallo Cubillos y Jaime Alberto Parra Rodríguez.

2. LA IMPUTACIÓN DE RESPONSABILIDAD EFECTUADA EN EL AUTO NO. 05 DE 2024 POR CONDUCTAS DE VIOLENCIA BASADA EN GÉNERO

La determinación de la existencia de tres patrones macrocriminales de violencias basadas en género partió de la constatación, por parte de la Sala, de que en las antiguas FARC-EP existió un orden de género[16] patriarcal en el que lo masculino (esto es, todas las representaciones, cualidades y roles asociados) tuvo un lugar preponderante o superior, al que estuvo subordinado lo femenino y todo aquello que se alejara del estándar de masculinidad. En este orden, los hombres heterosexuales y cisgénero tuvieron un estatus de privilegio y poder, mientras las mujeres y las personas con orientación sexual e identidad de género diversas fueron excluidos del mismo y puestos en un lugar de desventaja[17] en el cual fueron sometidas a violencias por razón de su género, que, dados sus elementos en común, llegaron a constituir tres patrones macrocriminales.

La SRVR ha entendido que un patrón es la repetición no accidental de una conducta delictiva similar en cuanto a su finalidad, modo de comisión y características de las víctimas[18]. En este marco, la Sala analizó: i) los repertorios de violencia, esto es, las modalidades de comisión y la forma o los *modus* en que se llevaron a cabo, ii) el grupo destinatario de la violencia, iii) la frecuencia con la que se cometieron y iv) la finalidad o propósito perseguido por la organización armada. En los siguientes acápites se presentan las constataciones sobre cada uno de estos elementos en los tres patrones mencionados.

2.1. Imputación de las violencias reproductivas

En el Auto No. 05 de 2024, la Sala de Reconocimiento estableció que en las antiguas FARC-EP existió una política de anticoncepción conformada

---

16 La Sala ha entendido que los órdenes de género son "los lineamientos y modos de actuar (rutinas formales e informales) que se han desarrollado al interior de los grupos armados, derivados de (y que a su vez reproducen) las concepciones de género que han sido apropiadas por estos y las relaciones de género que se han establecido" y lo ha utilizado como un concepto que permite entender la forma en que se ordena un grupo determinado y su funcionamiento, a través de las concepciones y mandatos de género. JEP, SRVR, Auto No. 05, párr. 640.

17 JEP, SRVR, Auto No, 05 de 2024, párrs. 650 y 688.

18 *Ibíd.*, párr. 112.

por elementos formales y tácitos[19]. Dentro de los primeros, se encuentra la directriz adoptada en una Conferencia Nacional Guerrillera[20] en la que se dispuso que la planificación era obligatoria para las y los miembros del grupo armado. Como elemento tácito se encontró que aquella directriz se dio en el marco de un lineamiento de prohibición de la maternidad y la paternidad en las filas, *"a las FARC no se vino a ser madre"*, que no se encuentra escrito pero que se transmitió entre los diversos niveles de mando y se comunicó a las y los guerrilleros de base[21]. Esta última directriz incluyó otros lineamientos que derivaron en violencias, por ejemplo, el de interrumpir los embarazos cuando estos llegaran a producirse[22], o el deber de las guerrilleras de entregar a sus hijos a terceras personas para que ejercieran su crianza, en aquellos casos en que se les permitió dar a luz.

En el marco de esta política y sus distintos componentes, la Sala determinó la configuración de varios tipos de violencia (repertorio del patrón), que incluyeron la anticoncepción forzada, los abortos forzados, los maltratos derivados de la práctica de estos procedimientos, el asesinato y desaparición de los recién nacidos en aquellos casos en que el aborto fue fallido (que incluyó el dejarlos morir o no prestarles algún tipo de auxilio) y la entrega forzosa de los hijos e hijas a terceras personas con la imposibilidad consecuente de ejercer su crianza. Estas conductas se cometieron de manera discriminatoria, contra las niñas y mujeres del grupo armado (destinatarias)[23]. Se constató, por ejemplo, que, en la práctica, la obligación de planificar no se aplicó a los hombres del grupo[24].

De este repertorio de violencias reproductivas, la Sala encontró que las de mayor frecuencia fueron la anticoncepción forzada y el aborto forzado. Se estableció que, de las niñas reclutadas cuyos casos fueron puestos en conocimiento de la JEP, el 24% fueron obligadas a utilizar métodos anticonceptivos y el 19% fueron sometidas a abortos forzados[25]. Se identificó que el carácter forzado de la anticoncepción y el aborto radicó en factores como que no se les consultara la voluntad sobre la aplicación de los métodos o procedimientos y no se les brindara la información necesaria para que las

---

19 *Ibíd.*, Sección E.2.1.

20 Máxima instancia de decisión asamblearia en las antiguas FARC.

21 JEP, SRVR, Auto No, 05 de 2024, párr. 720.

22 *Ibíd.*, párr. 712.

23 *Ibíd.*, párr. 718.

24 *Ibíd.*, párrs. 735 y ss.

25 *Ibíd.*, párrs. 745 y 792.

niñas comprendieran lo que implicaba y pudieran adoptar una decisión informada, sino que, por el contrario, se les comunicara que se trataba de una orden, que de incumplirla implicaba sanciones por insubordinación, o que directamente se procediera por la fuerza para cometerlos[26].

La Sala constató también que se produjeron malos tratos contra las niñas en los procedimientos de anticoncepción y aborto, ligados a las condiciones en que los mismos les fueron practicados, incluyendo lugares sin intimidad ni asepsia, la realización por personal no cualificado ni especializado, la práctica de métodos que generaron sufrimiento físico y emocional, sin contar con anestesia ni tiempo para la recuperación y, en el caso de los abortos, la realización de estos en avanzadas edades gestacionales[27].

Finalmente, la Sala constató que estas conductas y, en general, la implementación de la política de anticoncepción en las FARC, tuvieron como propósito (finalidad) impedir que las filas se menguaran por cuenta de la maternidad y evitar riesgos de seguridad para el grupo, toda vez que las fuerzas estatales podían interceptar a las mujeres cuando salían de los campamentos a dar a luz, o bien localizar a los hijos de guerrilleros que estaban bajo el cuidado de familias civiles e intentar llegar a sus padres a través de ellos[28].

En relación con las conductas que conformaron el patrón macrocriminal de violencias reproductivas, la SRVR imputó a los miembros del último secretariado de las FARC-EP por los crímenes de guerra de ultrajes contra la dignidad personal y tortura. Respecto al primero, la Sala señaló que los hechos no solo implicaron ataques al cuerpo y el bienestar mental de las víctimas, sino que además anularon su autonomía reproductiva, atentando contra su dignidad[29]. La SRVR también consideró que estos graves sufrimientos causados a las niñas respondieron a una finalidad discriminatoria, con lo que entendió configurada la tortura[30].

Los seis comparecientes fueron imputados como coautores mediatos de los crímenes señalados, atendiendo a su rol en la configuración y el control de la referida política de anticoncepción, que constituyó un plan común

---

26 *Ibíd.*, párrs. 749 y ss; 795 y ss.

27 *Ibíd.*, Secciones E.2.2.2 y E.2.3.2.

28 *Ibíd.*, párrs. 712, 713 y 717.

29 El crimen de ultrajes contra la dignidad personal se imputó específicamente por los hechos de anticoncepción forzada. *Ibíd.*, párrs. 1485 y 1486.

30 *Ibíd.*, párrs. 1501-1504.

en el marco del cual se cometieron actos expresamente ordenados y otros que no fueron evitados por dicha instancia pese a conocer los efectos nocivos de su aplicación[31].

2.2. Imputación de las violencias sexuales

La SRVR también encontró que existían bases suficientes para entender que en las antiguas FARC-EP se dio un patrón de violencias sexuales contra niños y niñas, perpetrado por otros integrantes de sus propias filas. Este incluyó actos de violación, esclavitud sexual, unión forzada, desnudez forzada, acoso sexual sistemático y otros actos sexuales violentos (repertorio), dirigidos, en su mayoría, contra las niñas de las filas (destinatarias). Al respecto, se estableció que el 35% de las mujeres participantes en el Caso 07, que integraron el grupo guerrillero siendo niñas, sufrió alguna o varias de estas modalidades de violencia (frecuencia)[32].

Sobre las modalidades de violencia que hicieron parte del repertorio de este patrón, la Sala encontró que muchos de los hechos de violación y esclavitud sexual se dieron en los primeros meses y años de pertenencia de las niñas a las filas del grupo armado, siendo este un momento de especial vulnerabilidad para ellas y con impactos particularmente graves. Se constató, por ejemplo, que en razón del momento vital en que lo afrontaron y de que estos actos fueron, para muchas, su primera experiencia sexual, llegaron a configurar concepciones sobre la sexualidad y el ser mujer como experiencias marcadas por este tipo de violencias[33].

También se encontraron algunos casos en los que, además de la esclavitud sexual, las niñas fueron sometidas a ser las “socias” de hombres con algún rango dentro de las filas, esto es, a tener con ellos una relación sexo afectiva que se hacía pública y que era autorizada por los superiores, en el marco de la cual debían cumplir deberes similares a los de una esposa[34]. La Sala estableció que estas situaciones configuraron uniones forzadas. La SRVR también encontró que el hecho de ser obligadas, siendo niñas, a bañarse en ropa interior frente a toda la tropa, fue una vivencia especial-

---

[31] *Ibíd.*, Secciones L.4.1 y L.4.2.

[32] *Ibíd.*, párr. 838.

[33] *Ibíd.*, párrs. 846 y 849.

[34] *Ibíd.*, párr. 869.

mente violenta para algunas de ellas. La Sala determinó que estos hechos configuran desnudez forzada[35].

Según el análisis del patrón, al menos el 67% de los hechos de violencia sexual de los que tuvo conocimiento la SRVR fueron cometidos por personas que tenían algún tipo de mando o jerarquía dentro del grupo y el principal mecanismo de violencia empleado fue el abuso de poder[36]. También encontraron hechos en donde el mecanismo para vencer la resistencia de la víctima fue el uso de la fuerza física y la amenaza del uso de la violencia[37].

La Sala calificó las conductas cometidas en el marco de este patrón macrocriminal como crímenes de violación, esclavitud sexual y cualquier otra forma de violencia sexual de gravedad comparable. Asimismo, entendiendo que estas causaron graves sufrimientos en las víctimas y que persiguieron finalidades de corrección e intimidación, imputó también el crimen de tortura, aclarando que este tiene elementos materiales distintos a los ya imputados en los crímenes específicos de violencia sexual[38].

La SRVR constató que las referidas violencias sexuales sucedieron pese a que en la organización guerrillera la violación estaba prohibida y, dentro de su régimen disciplinario constituía un delito que podía llegar a ser sancionado con el fusilamiento; adicionalmente, otras actos sexuales violentos constituían faltas sancionables[39]. Pese a ello, la Sala estableció que, en contra de su propia política, en las FARC se cometieron estos crímenes, y que, además, la ocurrencia de los mismos llegó a ser de conocimiento de los ex comandantes imputados y ellos deliberadamente decidieron no actuar para evitarlo, de manera que: i) no se establecieron mecanismos efectivos para prevenir que estas violencias ocurrieran; ii) no se habilitaron canales apropiados o idóneos para la denuncia cuando las mismas se daban; y iii) cuando llegaron a conocerse casos de este orden, no se impusieron las sanciones que procedían según el reglamento, especialmente cuando estos habían sido perpetrados por comandantes[40].

La Sala constató que, producto de lo anterior, en las filas de las FARC la violencia sexual se normalizó a tal nivel que llegó a configurarse una

---

35 *Ibíd.*, párr. 873.

36 *Ibíd.*, Sección E.3.4.1.

37 *Ibíd.*, Sección E.3.4.2.

38 *Ibíd.*, párrs. 1490, 1491, 1498 y ss.

39 *Ibíd.*, párrs. 835 y ss.

40 *Ibíd.*, Sección E.3.5.

práctica[41]. Frente a ello, la SRVR estableció que los seis integrantes del antiguo Secretariado de las FARC imputados eran responsables por mando, en razón de sus omisiones, por los hechos de violencia sexual perpetrados al interior de la organización[42], en particular respecto de aquellos que ocurrieron en las subestructuras (bloques) que estuvieron bajo la coordinación o el mando directo de cada uno[43].

2.3. Imputación de las violencias contra niños y niñas con orientaciones sexuales e identidades de género diversas, basadas en el prejuicio

En el Auto No. 05 de 2024, la SRVR estableció también la existencia de un patrón de violencias contra niños y niñas con orientación sexual e identidad de género diversas, basadas en el prejuicio o la concepción negativa de esta diversidad[44]. La Sala encontró que en las antiguas FARC existió una política tácita o de facto de prohibición de pertenencia de personas con OSIEGD a las filas de esta guerrilla. Si bien no estaba contemplada en ningún instrumento formal, sí surgió de orientaciones dadas por los altos mandos del grupo, conforme a las cuales estas personas no debían vincularse ni permanecer en las filas[45].

Se estableció que esta política se configuró a partir de directrices como las de no reclutarles y la de "licenciarles", es decir, autorizar su salida de las filas, en caso de que ya estuvieran vinculados. Sin embargo, también se conocieron otras orientaciones que se fueron dando con el tiempo y ante circunstancias específicas que ocurrieron en las filas[46]. Por ejemplo, se llegó a decir que las personas gays eran infiltradas de la fuerza pública del Estado, lo cual era sancionable con fusilamiento. Según el testimonio de múltiples víctimas participantes en el caso, el fusilamiento llegó a convertirse también en directriz cuando se identificaba una persona con OSIEGD en las filas[47] y el licenciamiento solo se aplicaba cuando el guerrillero tenía ciertas características como el ser un miembro destacado al que el

41 *Ibíd.*, párrs. 918 y 919.

42 *Ibíd.*, párrs. 1776.

43 *Ibíd.*, párr. 1741.

44 *Ibíd.*, párr. 961.

45 *Ibíd.*, Sección E.4.1.

46 *Ibíd.*, párr. 960.

47 *Ibíd.*, párr. 968 y 974.

grupo tenía en alta estima, o provenir de una familia conocida, cercana o respectada por las FARC[48].

La Sala constató que, en la implementación de esta política, se dio discrecionalidad a los mandos para adoptar incluso tratamientos violentos para excluir a las personas con OSIEGD de las filas. En este marco, se cometieron varias modalidades de violencias contra las personas con OSIEGD (destinatarias) que incluyeron desde burlas y tratos ofensivos y denigrantes, hasta violencia sexual con fines correctivos y fusilamientos (repertorio). La Sala estableció también como una de estas violencias la imposición de una obligación de ocultar la orientación sexual o la identidad de género diversa cuando se les permitía permanecer en las filas[49]. Estas conductas se cometieron con el propósito de evitar la descomposición interna del grupo y su desprestigio ante la población civil (finalidad), lo que respondió a prejuicios de los miembros del grupo armado.

En relación con la frecuencia en que pudieron haber ocurrido estas conductas, la Sala advirtió que no es posible determinarla cuantitativamente, pues no se puede contabilizar lo que estructuralmente se invisibilizó y anuló. Por ejemplo, se indica en la providencia que solo 11 víctimas participantes en el caso han dado a conocer su OSIEGD a la JEP. No obstante, con base en los relatos de estas víctimas y de otras víctimas hetero-cisgénero que participan en el Caso 07, se logró establecer que el referido repertorio de violencias recayó de manera generalizada sobre todas las personas con OSIEGD de las filas[50].

Por estas conductas, la Sala imputó crímenes de guerra de ultrajes contra la dignidad personal, violación, esclavitud sexual y tortura. En esta última, se determinó que los tratos que causaron el sufrimiento grave a las personas con OSIEGD tuvieron una finalidad discriminatoria y de castigo[51]. No se formularon cargos por los hechos específicos de fusilamiento en tanto la escasa información con las que se contaba no permitió a la SRVR establecer si las víctimas eran menores de edad cuando ingresaron a las filas, siendo esta una limitante para que los hechos cometidos contra ellas se judicialicen en el marco del Caso 07, atendiendo a la competencia específica del mismo sobre los hechos intrafilas en su contra. No obstante,

---

48 *Ibíd.*, párrs. 983 y 993.

49 *Ibíd.*, Sección E.4.3.

50 *Ibíd.*, párr. 950.

51 *Ibíd.*, párrs. 1505-1509.

los hechos fueron remitidos para ser investigados en el Caso 11 de la JEP sobre violencias basadas en el género[52].

Los comparecientes fueron imputados como coautores mediatos de estas conductas violentas, entendiendo que, de la política de no pertenencia de personas con OSIEGD a las filas —bajo su control— se derivó un plan común de manera concurrente, en cuya implementación se cometieron victimizaciones que los miembros del Secretariado, con sus acciones y omisiones, toleraron e incentivaron[53].

En relación con los tres patrones criminales referidos en este capítulo, la Sala enfrentó retos particulares en la investigación y la atribución de responsabilidad, llegando a soluciones innovadoras en el marco de la justicia de transición, como pasa a explicarse.

3. PRINCIPALES INNOVACIONES EN LA INVESTIGACIÓN Y JUDICIALIZACIÓN

3.1. La metodología de investigación de las facetas de género del reclutamiento y la utilización

Como se señaló en el primer capítulo, en el año 2022 se adoptó en el Caso 07 una metodología especial de investigación con enfoque de género, de lo cual son destacables varios aspectos que pueden analizarse a partir de la decisión judicial mediante la que se adoptó —el auto SRVR-LRG-T-075-2022— y su impacto en los hallazgos presentados por la Sala en la primera decisión de imputación del macrocaso.

En primer lugar, como se indica en el auto SRVR-LRG-T-075-2022, esta metodología se dio como una respuesta concreta al mandato de debida diligencia reforzado que tienen los Estados cuando se trata de investigar y judicializar violencias contra las mujeres[54]. Como señala en dicha providencia, aquella surgió de necesidades concretas de la investigación, puntualmente, la de complementar la información sobre las experiencias diferenciales vividas por las víctimas directas e indirectas, atendiendo a su género —a lo que, en la metodología, se le denomina *facetas de género*— incluyendo aquellas que constituyeron violencias en su contra.

52 *Ibíd.*, párr. 992.

53 *Ibíd.*, párr. 1695.

54 JEP, SRVR, Auto SRVR-LRG-T-075-2022, párrs. 122 y ss.

Así, buscando subsanar estas necesidades, en la metodología adoptada se establecieron unos *ámbitos de observación* o aspectos a indagar en el marco de la recolección, estructuración, sistematización y análisis de la información, orientados a comprender las vivencias diferenciales de las víctimas en toda la complejidad de su experiencia, abarcando el antes, el durante y el después del reclutamiento ilícito. Adicionalmente, se decretaron diligencias judiciales con el propósito específico de ampliar la información del caso en relación con dichos ámbitos de observación, principalmente mediante la escucha directa de las víctimas participantes. De esta manera, ante los vacíos de información, en el caso se desarrolló una estrategia concreta, asumiéndose el impulso procesal necesario para subsanarlos.

Varios de los hallazgos presentados en el Auto No. 05 de 2024 se corresponden con los ámbitos de observación indagados en la metodología de facetas de género, lo que muestra del impacto que tuvo el desarrollo de esta metodología en la obtención de información dentro del macrocaso, no solo para establecer la base fáctica de la imputación sino también para dar cuenta de otras complejidades del reclutamiento que están determinadas por el género. En este sentido, por ejemplo, en el Auto No. 05 se señalan algunas vulnerabilidades previas en las experiencias vitales de los niños y niñas, asociadas a violencias de género en sus hogares, que pudieron haber facilitado su reclutamiento por parte del grupo armado[55], lo que corresponde al escenario 1 de los ámbitos de observación en el que se indagó por el contexto previo de vida de las víctimas. También se destaca, en este sentido, el análisis que en el Auto No. 05 se presenta respecto de la experiencia de las mujeres —especialmente, madres y hermanas de niñas y niños reclutados que continúan desaparecidos— en torno a la búsqueda de sus familiares[56], correspondiendo a las indagaciones efectuadas bajo el escenario 4 en el que se plantearon ámbitos de observación sobre las vivencias de las familias en torno a la victimización.

En esta misma línea, se destaca la correspondencia entre los ámbitos de observación formulados en el auto SRVR-LRG-T-075-2022 relativos a la vida intrafilas y al daño (escenarios 3 y 5), con los hallazgos que se presentan en la decisión de imputación respecto a: i) la existencia de un orden de género en las antiguas FARC-EP que derivó en la aplicación de tratamientos diferenciados a hombres y mujeres de las filas; ii) la ocurrencia de múltiples modalidades de violencias basadas en el género en el contexto intrafilas,

---

55 JEP, SRVR, Auto No. 05 de 2024, Sección C.4.3.

56 *Ibíd.*, párr. 1157 y ss.

presentadas en el Auto No. 05 bajo los tres patrones reseñados previamente, que constituyen la base fáctica de la imputación; y iii) la identificación de los daños específicos que estas violencias generaron sobre las víctimas.

De esta manera, la adopción de esta metodología de facetas de género permitió enfrentar el desafío de la ausencia de información, facilitando a la SRVR la obtención de elementos suficientes para constatar la existencia y el impacto de violencias diferenciales, para entender la forma en que estas se enmarcaron en las dinámicas organizacionales de la antigua guerrilla y, con ello, esclarecer la responsabilidad de los máximos mandos frente a las mismas.

La aplicación de la referida metodología deja un importante aprendizaje en torno a la necesidad de emprender esfuerzos focalizados y estructurados para indagar por la existencia de violencias basadas en el género y en el prejuicio —históricamente ocultas— especialmente cuando, dados los contextos sociales y culturales, persisten obstáculos de acceso a la justicia para sus víctimas, como la misma JEP lo ha constatado[57].

3.2. El análisis sobre los órdenes de género y el entorno de coacción en las antiguas FARC-EP

En el Auto No. 05 de 2024 se desarrollan dos aspectos que, según lo expuesto en esta decisión, constituyeron la base o incidieron en la ocurrencia de las victimizaciones que se recogen en los tres patrones de violencia basada en género: las concepciones de género de la antigua guerrilla y la existencia de un entorno de coacción en las filas de dicho grupo.

En torno al primer aspecto[58], la Sala constató que en las FARC-EP existió una premisa formal de igualdad entre hombres y mujeres que, incluso, se reflejó en sus documentos rectores y se socializaba a las y los guerrilleros. Sin embargo, se encontró también que, en la cotidianidad de las filas, primó una concepción sobre la *masculinidad guerrera* que determinó la existencia de jerarquías y desigualdades de género en la que lo masculino ocupó un lugar de superioridad.

---

57 JEP, SRVR, Auto SRVR-LRG-T-075-2022, párr. 120 y Auto No. 05 de 2023, párr. 279, disponible en https://relatoria.jep.gov.co/documentos/providencias/1/1/Auto_SRVR-05_06-septiembre-2023.pdf

58 JEP, SRVR, Auto No, 05 de 2024, Sección E.1.2.

En este punto, es relevante mencionar que la Comisión para el Esclarecimiento de la Verdad en Colombia (CEV), en su informe final del año 2022, introdujo la noción de masculinidad guerrera en el análisis de las violencias de género que se perpetraron en el marco del conflicto armado. Según la CEV, se trata de un concepto que alude a la experiencia y la identidad masculina dentro de los ejércitos, refiriéndose a la forma en que se relacionan y retroalimentan, por una parte, el significado de ser hombre y, por otra, los valores y atributos que la guerra adiciona a esa identidad[59].

Como lo afirma en su informe, la CEV halló una clave explicativa de las violencias contra las mujeres en las masculinidades guerreras[60], señalando que, si bien existieron particularidades en los diferentes actores armados, estos tuvieron como común denominador el haber dispuesto procesos de formación que exaltaron e inculcaron valores que incluían la superioridad masculina, el uso de la violencia como medio idóneo para ejercer poder, la deshumanización del otro, la insensibilización ante el sufrimiento y representaciones del otro sexualizadas, denigrantes, misóginas y prejuiciosas basadas en los roles de género[61]. La CEV indicó que, en este orden de cosas, la experiencia femenina dentro de las organizaciones armadas "pasó por la exigencia, en muchas ocasiones, de equipararse a los varones, de lograr o demostrar esas mismas capacidades"[62].

En esta misma línea, la SRVR explicó en el Auto No. 05 de 2024 que la idea del *buen guerrero* que primó en las antiguas FARC se basaba en características históricamente asociadas a lo masculino, como la fuerza, la capacidad de asumir riesgos, la resistencia ante el esfuerzo y el dolor, la racionalidad y la distancia afectiva, siendo este el estándar impuesto a sus integrantes[63]. En este orden de creencias, los hombres —heterosexuales y cisgénero— tuvieron ventajas para destacarse, mientras todo lo que se alejaba de lo masculino, es decir, las mujeres y las personas con orientaciones

---

59 Comisión para el Esclarecimiento de la Verdad, la Convivencia y la No Repetición, Hay futuro si hay verdad, informe final. Capítulo "Mi cuerpo es la verdad", 2022, pág. 188. Disponible en https://www.comisiondelaverdad.co/mi-cuerpo-es-la-verdad

60 *Ibíd.*, pág. 194.

61 La CEV también concluyó que "todos los grupos, armados y civiles, partícipes de la guerra en Colombia, reprodujeron un modelo de masculinidad patriarcal violenta, en muchos casos misógina y prejuiciosa, que determinó sus formas de actuar". *Ibíd.*, pág. 195.

62 *Ibíd.*, pág. 195.

63 JEP, SRVR, Auto No, 05 de 2024, párrs. 646 y ss.

sexuales, identidades o expresiones de género diversas tuvieron que adaptar sus formas propias de ser para aproximarse a ese ideal[64].

Esto se reflejó en una distribución inequitativa de los roles de mando. Se estableció que, históricamente, pocas mujeres llegaron a ocupar lugares de comandancia en el grupo guerrillero, encontrándose que existieron prejuicios que, aun cuando reunían las capacidades necesarias, impedían que se les dieran estos rangos o llevaban a que se les exigiera cualidades adicionales que no se verificaban en los hombres[65]. También se identificó que, aunque las tareas de la cotidianidad (por ejemplo, cocinar, transportar provisiones o arreglar los campamentos) eran asignadas por igual a hombres y mujeres, otras funciones de especialidad sí estuvo determinada por el género. Se encontró, por ejemplo, que mientras las mujeres se formaban para desempeñar funciones de enfermería, los hombres eran mayormente designados para especializades de combate y de manejo de armas especiales, con lo cual terminaban por ser más valorados[66].

Dentro de las desigualdades de género evidenciadas, la Sala también señaló la imposición de cargas iguales a hombres y mujeres sin contemplar las particularidades del cuerpo femenino. Así, por ejemplo, las actividades que se les imponían en los entrenamientos y las labores diarias que se les asignaba, les exigió un mayor nivel de dificultad y esfuerzo dadas las características de su corporalidad, e incluso debieron cumplirlas en momentos como la menstruación o después de haber sufrido un aborto, en los que no se tenían mayores consideraciones hacia ellas[67].

De igual forma, se constató que hubo obligaciones que solo se impusieron a las mujeres, como la de utilizar los métodos anticonceptivos. Pese a que la norma de planificación obligatoria se dirigía por igual a hombres y mujeres, en la práctica esta solo se exigió a las mujeres, sin tomar suficientemente en cuenta las afectaciones que esto generó sobre sus cuerpos, mientras, en el caso de los hombres, sí se tuvo en consideración el impacto que podían tener métodos como la vasectomía, evidenciándose, en las decisiones que el grupo adoptó en la práctica, que se dio más valor a los proyectos de vida reproductiva que los hombres podían tener a largo plazo que a los de las mujeres[68].

---

[64] *Ibíd.*, párr. 684.

[65] *Ibíd.*, párrs. 651 y ss.

[66] *Ibíd.*, Sección E.1.2.4.

[67] *Ibíd.*, Sección E.1.2.6.

[68] *Ibíd.*, Sección E.1.2.5.

Como parte de este orden que implicó desigualdades de género, la Sala también consideró como evidencia la existencia de ciertas concepciones violentas sobre la sexualidad, dentro de las cuales se encuentran, por una parte, el mandato mismo de heterosexualidad que excluyó las orientaciones sexuales diversas[69] y, por otra, una creencia de que el cuerpo de las mujeres estaba a disposición de los hombres para que estos obtuvieran placer, lo que se concluyó por la SRVR a partir de los relatos de varias víctimas participantes[70].

La Sala plantea también que estas concepciones e interacciones de género convergieron con la existencia de un *entorno de coacción* determinado por el hecho de que las FARC fueron un grupo armado altamente reglado y jerárquico, en el que cada aspecto de la vida de sus miembros era controlado por el grupo armado y en el que los mandos llegaron a tener un poder muy amplio sobre la vida de las y los guerrilleros de base, siendo ellos los encargados de asegurar que el régimen se cumpliera en la práctica pudiendo disponer de la estructura armada a su cargo para lograrlo[71].

Es preciso destacar que la Sala presentó también algunos relatos, especialmente de mujeres comparecientes, que muestran experiencias distintas en tanto no fueron de desigualdad ni subordinación, sino de respeto a sus derechos y autonomía dentro de las filas. En este punto, la SRVR plantea la necesidad de realizar un análisis que contemple otros factores de estatus como la edad, la trayectoria de vida o las condiciones familiares, que pudieron haber determinado que estas experiencias de vida fueran radicalmente distintas a las relatadas por las mujeres que participan como víctimas en el proceso[72].

Como se evidencia en el Auto No. 05 de 2024, el análisis planteado por la sala respecto al orden de género y el entorno de coacción, es importante en la medida en que permite entender que las violencias de género evidenciadas no surgieron de manera casual, aislada o aleatoria, o como decisiones meramente individuales, sino que tuvieron como trasfondo un orden de creencias que se arraigó y reprodujo en las filas y que incidió en la comisión de dichas violencias, lo que soporta elementos de sistematicidad que, posteriormente, son desarrollados por la Sala respecto de cada uno de los patrones de violencias constatados.

---

69 *Ibíd.*, Sección E.1.2.7.

70 *Ibíd.*, Sección E.1.2.8; párrs. 841 y 850.

71 *Ibíd.*, Sección E.1.3.

72 *Ibíd.*, Sección E.1.2.9.

Este análisis también es importante para entender que se trató de violencias que tuvieron como telón de fondo la discriminación de género, por lo cual afectaron particularmente a las niñas y mujeres. En la imputación efectuada por la Sala, lo anterior tuvo una incidencia en la calificación de las conductas, por ejemplo, bajo el crimen de tortura, en aquellos casos en que la Sala evidenció finalidades discriminatorias.

3.3. La mirada específica a las violencias reproductivas

Durante los últimos años, tanto la academia como las organizaciones de la sociedad civil han llamado la atención sobre la invisibilización de las violencias reproductivas o su eclipsamiento bajo otras formas de violencia como la sexual, que no necesariamente dan cuenta de sus impactos, lo que dificulta, a su vez, garantizar adecuadamente los derechos de quienes las han padecido, tanto en términos de justicia como de reparación. En ese sentido, han señalado la necesidad de "redirigir el foco de análisis para describir y analizar el espectro completo de violencias de género en el conflicto", incluyendo las violencias reproductivas[73].

Lo anterior implica reconocer que las violencias sexuales y las reproductivas afectan derechos cuyas esferas de protección se interrelacionan pero son distintas; en el caso de las primeras, se afecta el derecho de ejercer autónomamente la sexualidad, mientras, las violencias reproductivas vulneran la facultad de las personas de decidir libremente sobre la posibilidad de procrear o no, así como el acceso a la información y los servicios de salud reproductiva[74].

Durante las últimas décadas, los derechos reproductivos han sido reconocidos como derechos humanos autónomos[75]. No obstante, históri-

---

[73] Centro de Derechos Reproductivos, Una radiografía sobre la violencia reproductiva contra mujeres y niñas durante el conflicto armado colombiano, 2020, disponible en https://reproductiverights.org/wp-content/uploads/2020/12/Violencia-Reproductiva-en-el-conflicto-armado-colombiano.pdf. En el mismo sentido, ver Altunjan, Tanja, Reproductive violence and Internacional Criminal Law, La Haya: TMC Asser Press, 2021, p. 2 y Lasso Rivera, Luisa Fernanda, Un dolor con nombre propio: la violencia reproductiva como crimen internacional en la Jurisdicción Especial para la Paz, disponible en https://repositorio.uniandes.edu.co/server/api/core/bitstreams/2d17d876-e442-4035-8c2a-8a4cfef58bf8/content.

[74] Centro de Derechos Reproductivos, *Op. cit.*

[75] Así se reconocieron en la Conferencia Mundial sobre Población y Desarrollo de El Cairo y su programa de acción (1994), p. 65 y ss. La Corte Interamericana de

camente, las conductas que configuran violencia reproductiva como el aborto forzado, la esterilización forzada o el embarazo forzado, se han catalogado, en los regímenes penales, bajo la "categoría sombrilla de violencia sexual", pese a que dichos actos no suelen ocurrir de forma sexualizada o por medio de actos de violencia sexual[76]. Por ejemplo, el Estatuto de Roma contempla como crímenes algunas formas de violencia reproductiva sin diferenciarlas de la violencia sexual[77]. Lo propio ocurre en algunas legislaciones internas como la colombiana[78].

Solo hasta el 2021, la Corte Penal Internacional profirió la primera sentencia por el crimen de embarazo forzado, que constituye una violencia reproductiva, en contra de Dominic Ongwen. Tanto la Sala de Primera Instancia como la Cámara de Apelaciones señalaron que este crimen se fundamenta en el derecho de la mujer a la autonomía reproductiva[79]. Lasso señala que ello implica respetar el principio de *fair labelling*, es decir, llamar al crimen por su verdadero nombre, lo que permite la correcta caracterización del mal cometido y es parte de la justicia buscada por las víctimas[80]. Así, esta autora hace un llamado a que se aborde esta forma de violencia como una categoría de análisis independiente de los abusos de naturaleza sexual, como un "primer paso para derribar las barreras que han mantenido a la violencia reproductiva al margen de la condena de la comunidad internacional"[81].

Derechos Humanos también se ha referido a ellos en la Opinión Consultiva OC-29/22 del 30 de mayo de 2022, párr. 148, y en la sentencia del caso Artavia Murillo y otros vs Costa Rica, párr. 146.

76 Women's Link Worldwide, La violencia reproductiva: bases para su comprensión autónoma en la justicia transicional colombiana, en Alianza Cinco Claves, Lineamientos para la Investigación y Sanción de la Violencia Sexual y Violencia Reproductiva. Disponible en https://colombiadiversa.org/c-diversa/wp-content/uploads/2023/07/Compliacion-Cinco-Claves.pdf

77 Naciones Unidas. Estatuto de Roma de la Corte Penal Internacional. 1998. Artículo 7(1)(g) y artículo (2)(b)(xxii). Como lo ha señalado Women's Link Worldwide, "el artículo 8.2.b.xxii del Estatuto establece que se entiende p

78 En la Ley 1719 de 2014, se incorporan al Código Penal delitos como el aborto forzado, el embarazo forzado y la esterilización forzada, siendo esta una ley para el acceso a la justicia de las víctimas de violencia sexual.

79 Corte Penal Internacional, Sala de Primera Instancia, 79 Fiscalía vs Dominic Ongwen, Caso No. ICC-02/04-01/15, sentencia del 4 de febrero de 2021 y Cámara de Apelaciones, sentencia del 15 de diciembre de 2022.

80 Lasso Rivera, *Op. cit.*

81 *Ibíd.*

En esa misma línea, la organización Women's Link Worldwide ha planteado la necesidad de que las violencias reproductivas se entiendan de manera autónoma, "nombrar los hechos como lo que son, así como los daños específicos que produjeron en los cuerpos y en las vidas de las personas" y ha resaltado, a su vez, la oportunidad histórica que tienen los órganos de justicia transicional en Colombia, en particular la JEP, de analizar, investigar, sancionar y reparar de manera adecuada la violencia reproductiva que tuvo lugar en el conflicto armado[82].

En contraste con la referida invisibilización de las violencias reproductivas en el desarrollo normativo y en la judicialización de crímenes tanto en el ámbito internacional como en las jurisdicciones domésticas, en el Caso 07 se dio una mirada especial a estas violencias desde la concepción misma de la metodología de facetas de género, en el marco de la cual se estableció como un ámbito de observación específico.

Como se señaló, la indagación por este ámbito permitió a la Sala constatar la existencia de un patrón de macrocriminalidad independiente de otras violencias basadas en el género como la violencia sexual. La SRVR encontró una política específica en materia reproductiva al interior de las FARC que derivó en la comisión de múltiples formas de violencias.

Lo anterior es importante porque hace visible que estas violencias respondieron a lógicas particulares, que vulneraron bienes jurídicos específicos y distintos, pero igualmente relevantes, a los que se afectan con la violencia sexual; en este caso, lo vulnerado es la salud y la autonomía reproductiva[83], como una facultad esencial dentro de la determinación del proyecto de vida derivada del principio mismo de dignidad.

Esta mirada particular a las violencias reproductivas también permitió a la Sala indagar y presentar sus hallazgos sobre los daños específicos que estas tuvieron sobre la vida de las niñas y mujeres, encontrándose entre ellos, afectaciones a la salud física cuyo impacto, en algunos casos, persiste hasta el día de hoy en mujeres que, por ejemplo, no pudieron ser madres por las consecuencias de abortos mal practicados. La Sala también encontró afectaciones emocionales que van desde sufrimiento y recuerdos traumáticos persistentes e, incluso, la culpa por no haber podido evitar que les interrumpieran sus embarazos[84].

---

82 Women's Link Worldwide, *Op. cit.*

83 JEP, SRVR, Auto No, 05 de 2024, párr. 715.

84 *Ibíd.*, Sección J.3.6.

En términos de calificación jurídica de estas conductas, la Sala enfrentó el desafío de que las formas de violencia particulares que se identificaron, puntualmente la anticoncepción forzada y el aborto forzado, no se encuentran específicamente tipificados dentro del listado de crímenes del Estatuto de Roma. Sin embargo, bajo una comprensión de la autonomía reproductiva como parte de la dignidad de las niñas y mujeres, la SRVR consideró aplicable la calificación bajo el crimen de guerra de ultrajes contra la dignidad personal, entendiendo, en todo caso, que los actos imputados constituyen una violación al artículo 3 común de los Convenios de Ginebra de 1949[85].

Asimismo, a efectos de la calificación jurídica, tuvieron relevancia, por una parte, la constatación de los maltratos y de los graves sufrimientos que se causaron a las mujeres con la realización de los procedimientos de anticoncepción y aborto, y por otra, la determinación del carácter y el fin discriminatorio de las mismas, con base en lo cual se imputó el crimen de tortura.

3.4. La mirada a las violencias por prejuicio

Otro aspecto novedoso en el Auto No. 05 de 2024 es la imputación realizada por las violencias que se perpetraron en las filas contra niños y niñas con orientación sexual, identidad o expresión de género diversas. La Sala señala que estas son también violencias de género, pero tienen la especificidad de estar basadas en el prejuicio y de ser excluyentes, dirigidas a eliminar la diversidad[86]. Al respecto, en el auto de imputación se señala de manera expresa que las violencias identificadas obedecieron a creencias negativas sobre las personas sexo/género diversas como una descomposición y un desorden tanto en la sociedad como dentro de la organización[87].

En el contexto de la implementación del Acuerdo de Paz, organizaciones de la sociedad civil colombiana hicieron llamados a que las violencias por prejuicio se abordaran en los relatos oficiales sobre el conflicto armado, señalando que estas "han sido objeto de unas políticas de no saber, es decir, de un silenciamiento de las voces de las víctimas y una invisibilización

---

85 *Ibíd.*, Sección K.6.

86 *Ibíd.*, párr. 634.

87 *Ibíd.*, párr. 961.

absoluta de sus cuerpos e historias de vida en el relato histórico sobre la violencia armada en Colombia"[88].

En el marco de estos llamados de la sociedad civil, también se planteó a los organismos de justicia la necesidad de una nueva comprensión del elemento de sistematicidad[89] en relación con las violencias por prejuicio, indicando que las definiciones más extendidas sobre esta categoría carecen de perspectiva de género y constituyen un obstáculo para el acceso a la justicia de poblaciones históricamente silenciadas e invisibilizadas en los escenarios judiciales, como las mujeres o las personas lesbianas, gays, bisexuales o transgénero (LGBT)[90].

En esta línea, algunas organizaciones han planteado una comprensión desde la cual se entienda que "toda violencia cometida contra las personas LGBT en el conflicto armado es siempre organizada", en tanto está inserta en un sistema patriarcal de heterosexualidad obligatoria, cuyo lenguaje es el prejuicio, aun cuando esa lógica no siempre sea evidente[91]. En ese sentido, han expuesto que "la prueba de contexto sobre la prevalencia de ese sistema de dominación basta para dar cuenta de la naturaleza organizada, racional y no azarosa o aleatoria de las conductas", afirmando también que, cuando los guerreros han sido socializados en el marco de dicho sistema, conocen los mecanismos de sanción y disciplinamiento de los cuerpos de las mujeres y las personas con OSIEGD y no requieren actos de preparación o premeditación de grupo para llegar a cometer las violencias que se desprenden de aquellos, las cuales son entendidas como "conductas que sancionan lo naturalmente sancionable de una sociedad"[92].

Desde las organizaciones también se ha cuestionado el acento que se ha dado en el marco de la judicialización de crímenes a nociones como la de frecuencia, entendiendo esta como la repetición de hechos en una unidad

---

88 Colombia Diversa, Los órdenes del Prejuicio: Los crímenes cometidos sistemáticamente contra personas LGBT en el conflicto armado colombiano, 2020, p. 12. Disponible en https://colombiadiversa.org/colombiadiversa2016/wp-content/uploads/2020/07/LIBRO-WEB-1.pdf

89 Se trata de una categoría central en el juzgamiento de las conductas perpetradas en el conflicto armado, permitiendo, por ejemplo, calificarlas como crímenes de lesa humanidad (al ser uno de los elementos de contexto requeridos), evidenciar elementos de planeación o conocimiento por parte de la organización armada, o incluso para determinar la gravedad y representatividad.

90 Colombia Diversa, *Op. cit.*, p. 28.

91 *Ibíd.*, p. 14.

92 *Ibíd.*, p. 51.

o periodo de tiempo determinado. Ello, considerando el alto subregistro del que adolecen las cifras oficiales sobre violencias contra personas con OSIEGD, lo que, a su vez, dificulta establecer la proximidad temporal entre los diferentes eventos. Al respecto, plantean que dichas violencias pueden no haber tenido una frecuencia constante y aun así responder a las mismas estrategias de dominación articuladas por el prejuicio, e incluso, que la distancia temporal entre hechos puede dar cuenta de la eficacia del mensaje que estos actos comunican como forma de pedagogía de la crueldad que hace parte del "guion de violencias" de los actores armados[93].

Encontrando desafíos similares a los enunciados, la Sala abrió una sublínea de investigación ante la escasa información con la que se contaba en los primeros años del Caso 07[94] e incluyó ámbitos de observación específicos dentro de la metodología de facetas de género, orientados a conocer las vivencias diferenciales de los niños y niñas con OSIEGD.

El bajo número de víctimas directas sexo/género diversas que participaban en el Caso 07 —que, para el momento en que se profirió la decisión ascendía a 11 personas— implicó un desafío en términos de documentación de las violencias sufridas por ellas. En ese sentido, además de estos testimonios directos, la Sala acudió a informaciones que fueron aportadas por otras víctimas que hicieron parte de las filas respecto a la experiencia de vida que afrontaban las personas diversas y, en una medida importante, también a lo dicho por los comparecientes sobre este mismo aspecto y sobre las concepciones que existían en las filas en relación con estas personas.

A partir de esta triangulación de fuentes, la Sala encontró que las violencias contra niños y niñas con OSIEGD se dieron de forma sistemática[95], constatando: i) la emisión de una directriz de prohibición de pertenencia de las personas con OSIEGD a las filas, con base en un discurso prejuicioso, discriminatorio y excluyente en el que ellas eran percibidas como un problema para la organización; ii) la existencia de un contexto de estigmatización, exclusión y desprotección, que se vio reforzado por dicha directriz; iii) la materialización de la misma —por parte de los diferentes niveles de mandos— a través de una serie de conductas violentas dirigidas a corregir o excluir a las personas con OSIEGD, y iv) la ausencia de lineamientos de

---

93 *Ibíd.*, p. 60 - 61.

94 JEP, SRVR, Auto SRVR-LRG-T-032-2022. Disponible en https://relatoria.jep. gov. co/documentos/providencias/1/1/Auto_SRVR-LRG-T-032_11-febrero-2022.pdf

95 JEP, SRVR, Auto No. 05 de 2024, párr. 950.

los altos mandos, orientados a protegerlas de las violencias que estaban padeciendo al interior de las filas[96].

En línea con lo anterior, también fue un desafío para la Sala la determinación del elemento de frecuencia de estas violencias, a efectos de establecer la existencia de un patrón macrocriminal específico. Para superarlo, la SRVR acudió a un enfoque centrado en lo cualitativo, configurando este elemento, no a partir de la comprobación de una cifra específica de víctimas sino de una afirmación de generalización del entorno violento y discriminatorio en el que estuvieron inmersas todas las personas con OSIEGD durante su permanencia en las filas[97].

Dentro del análisis efectuado por la Sala en relación con las violencias por prejuicio, también se plantea como novedosa la comprensión de la imposición del ocultamiento de la OSIEGD como una modalidad de violencia en sí misma[98]. Se trata de una categoría que la SRVR usa de manera descriptiva, recogiendo los relatos de las víctimas sobre una serie de actos específicos perpetrados en las filas que tuvieron esta finalidad y que les causó sufrimientos particulares, al punto de nombrarlos en su narrativa como tortura[99].

A efectos de la calificación jurídica, la Sala no recurrió al crimen de persecución. Si bien en el derecho internacional penal, este tipo penal permite responder frente a aquellos crímenes que se dirigieron contra grupos específicos con un carácter discriminatorio, el mismo está contemplado como un crimen de lesa humanidad, lo que implica que ha debido dirigirse contra una población civil, excluyendo así los crímenes que se cometen contra las personas que participan en las hostilidades como es el caso de las niñas y niños que hicieron parte de los grupos armados. No obstante, en el Auto No. 05 se visibiliza este carácter discriminatorio no solo desde la descripción fáctica de las violencias, sino también en la imputación de estas violencias bajo el crimen de tortura.

4. CONCLUSIONES

La Jurisdicción Especial para la Paz realizó, en el 2024, la primera imputación dentro del Caso 07 sobre reclutamiento y utilización de niños y niñas en el conflicto armado, comprendida en el Auto No. 05 de 2024. Luego

96 *Ibíd.*, párr. 1010.

97 *Ibíd.*, párr. 950 y Sección E.4.2.

98 *Ibíd.*, Sección E.4.3.1.

99 *Ibíd.*, párr. 1019.

de implementar una metodología de investigación con enfoque de género orientada a identificar y comprender las vivencias diferenciales afrontadas por los niños y niñas en la vida intrafilas, la Sala de Reconocimiento de Verdad y Responsabilidad consideró que existen bases suficientes para entender que, en el accionar de la antigua guerrilla de las FARC-EP, se configuraron tres patrones de violencias basadas en el género, incluyendo: violencias reproductivas, violencias sexuales y violencias basadas en el prejuicio contra niños y niñas con orientación sexual, identidad y expresión de género diversas.

La Sala imputó dichos patrones de violencia a seis antiguos miembros del Secretariado de las FARC-EP, en tanto máxima instancia de decisión y control del grupo armado. Así, se estableció que los comparecientes imputados ejercieron funciones desde las cuales se determinó la configuración de políticas que dieron lugar a violencias reproductivas y por prejuicio y se controló su cumplimiento. De igual forma se estableció que, dada su omisión de los deberes de prevenir, controlar y sancionar la ocurrencia de violencias sexuales, son responsables por mando en relación con ese tipo de conductas.

En la imputación efectuada por la SRVR se plantean algunas soluciones novedosas frente a los desafíos particulares que implica la investigación y judicialización de las violencias de género y por prejuicio. Se observa, dentro de ellas: i) la implementación de una metodología específica orientada a comprender las vivencias diferenciales de género afrontadas por las víctimas de reclutamiento, a partir de la cual pudo ampliarse información sobre violencias particulares que configuraron los tres patrones enunciados; y ii) el análisis, a partir de la información recaudada, sobre el orden y las relaciones de género al interior de las filas de las antiguas FARC-EP, el cual resultó de utilidad para establecer el carácter discriminatorio de dichas violencias y comprender su contexto.

También se observan como aspectos novedosos los análisis fácticos y jurídicos efectuados por la Sala que condujeron a la Sala a: iii) la determinación e imputación de un patrón específico de violencias reproductivas, visibilizando las afectaciones particulares del mismo y la gravedad que revisten las conductas que lo configuraron, en tanto violencias autónomas que afectan bienes jurídicos particulares; y iv) la comprensión realizada en torno a las violencias contra niños y niñas con OSIEGD, como violencias que responden al prejuicio y de la gravedad suficiente para configurar crímenes de guerra.

REFERENCIAS BIBLIOGRÁFICAS

Acto Legislativo 01 de 2017. Diario oficial, 04 de abril de 2017.

Altunjan, Tanja, Reproductive violence and Internacional Criminal Law, La Haya: TMC Asser Press, 2021.

Centro de Derechos Reproductivos, Una radiografía sobre la violencia reproductiva contra mujeres y niñas durante el conflicto armado colombiano, 2020, disponible en https://reproductiverights.org/wp-content/uploads/2020/12/Violencia-Reproductiva-en-el-conflicto-armado-colombiano.pdf

Colombia Diversa, Los órdenes del Prejuicio: Los crímenes cometidos sistemáticamente contra personas LGBT en el conflicto armado colombiano, 2020. Disponible en https://colombiadiversa.org/colombiadiversa2016/wp-content/uploads/2020/07/LIBRO-WEB-1.pdf

Comisión para el Esclarecimiento de la Verdad, Informe especial "La violencia reproductiva en el conflicto armado: una verdad pendiente", 15 de diciembre de 2020. Disponible en https://web.comisiondelaverdad.co/actualidad/noticias/violencia-reproductiva-en-el-conflicto-armado-una-verdad-pendiente

Comisión para el Esclarecimiento de la Verdad, la Convivencia y la No Repetición, Hay futuro si hay verdad, informe final. Capítulo "Mi cuerpo es la verdad", 2022. Disponible en https://www.comisiondelaverdad.co/mi-cuerpo-es-la-verdad

Corte Interamericana de Derechos Humanos, Opinión Consultiva OC-29/22, 30 de mayo de 2022.

Corte Interamericana de Derechos Humanos, Caso Artavia Murillo y otros Vs. Costa Rica. Excepciones Preliminares, Fondo, Reparaciones y Costas. Serie C No. 257. 28 de noviembre de 2012.

Corte Penal Internacional, Sala de Primera Instancia, Fiscalía vs Dominic Ongwen, Caso No. ICC-02/04-01/15, sentencia del 6 de mayo de 2021

Corte Penal Internacional, Cámara de Apelaciones, Caso No. ICC-02/04-01/15, sentencia del 15 de diciembre de 2022.

Ley 1719 de 2014. Diario oficial, 18 de junio de 2014.

Ley 1922 de 2018. Diario oficial, 18 de julio de 2018.

Ley 1957 de 2019. Diario oficial, 6 de junio de 2019.

Jurisdicción Especial para la Paz, Sala de Reconocimiento de Verdad y Responsabilidad, Auto No. 029 de 2019. Disponible en https://relatoria.jep.gov.co/documentos/providencias/1/1/Auto_SRVR-029_01-marzo-2019.pdf.

Jurisdicción Especial para la Paz, Sala de Reconocimiento de Verdad y Responsabilidad, Auto No. 226 de 2019. Disponible en https://relatoria.jep.gov.co/documentos/providencias/1/1/Auto_SRVR-IG-226_24-octubre-2019.pdf

Jurisdicción Especial para la Paz, Sala de Reconocimiento de Verdad y Responsabilidad, Auto 159 de 2021. Disponible en https://relatoria.jep.gov.co/documentos/providencias/1/1/Auto_SRVR-159_04-agosto-2021.pdf

Jurisdicción Especial para la Paz, Sala de Reconocimiento de Verdad y Responsabilidad, Auto SRVR-LRG-T-032-2022. Disponible en https://relatoria.jep.gov.co/documentos/providencias/1/1/Auto_SRVR-LRG-T-032_11-febrero-2022.pdf

Jurisdicción Especial para la Paz, Sala de Reconocimiento de Verdad y Responsabilidad, Auto SRVR-LRG-T-075-2022. Disponible en https://relatoria.jep.gov.co/documentos/providencias/1/1/Auto_SRVR-LRG-T-075_08-abril-2022.pdf

Jurisdicción Especial para la Paz, Sala de Reconocimiento de Verdad y Responsabilidad, Auto SRVR No. 05 de 2023. Disponible en https://relatoria.jep.gov.co/documentos/providencias/1/1/Auto_SRVR-05_06-septiembre-2023.pdf

Jurisdicción Especial para la Paz, Sala de Reconocimiento de Verdad y Responsabilidad, Auto No. 05 de 2024. Disponible en https://relatoria.jep.gov.co/documentos/providencias/1/1/Auto_SRVR-005_09-octubre-2024.pdf

Lasso Rivera, Luisa Fernanda, Un dolor con nombre propio: la violencia reproductiva como crimen internacional en la Jurisdicción Especial para la Paz, disponible en https://repositorio.uniandes.edu.co/server/api/core/bitstreams/2d17d876-e442-4035-8c2a-8a4cfef58bf8/content.

Naciones Unidas. Estatuto de Roma de la Corte Penal Internacional. 1998.

Naciones Unidas, Programa de acción de la Conferencia Internacional sobre Población y Desarrollo, 1994, disponible en https://www.un.org/en/development/desa/population/publications/ICPD_programme_of_action_es.pdf

Women´s Link Worldwide, La violencia reproductiva: bases para su comprensión autónoma en la justicia transicional colombiana, en Alianza Cinco Claves, Lineamientos para la Investigación y Sanción de la Violencia Sexual y Violencia Reproductiva. Disponible en https://colombiadiversa.org/c-diversa/wp-content/uploads/2023/07/Compliacion-Cinco-Claves.pdf

Fórmulas de atribución de responsabilidad penal individual por delitos colectivos a partir del caso 07: reclutamiento y utilización de niños y niñas en el conflicto armado[1]

Formulas for the Attribution of Individual Criminal Responsibility for Collective Crimes Based on Case 07: Recruitment and Use of Children in Armed Conflict

JAVIER GARCÍA GONZÁLEZ
Cardenal Herrera-CEU, CEU Universities

Resumen: A través del Auto N.05 de 2024, Caso 07: reclutamiento y utilización de niños y niñas en el conflicto armado y otros crímenes cometidos en su contra en el marco de la vida intra filas, emitido por Jurisdicción Especial para la Paz, de Colombia, se examinan las fórmulas de responsabilidad penal individual por delitos colectivos. En particular, se revisa la teoría de la autoría mediata por control de aparatos ilícitos de poder, la empresa criminal conjunta y la responsabilidad por mando. Y se exponen los problemas que surgen al aplicar una normativa internacional de estados a personas concretas, así como las tensiones que provoca un sistema penal diseñado para la microcriminalidad cuando se enfrenta a delitos grupales que conforman crímenes internacionales (macrocriminalidad).

Abstract: By order N.05 of 2024, case 07: recruitment and use of children in armed conflicts and other crimes committed against them in the context of life within the ranks, issued by the Special Jurisdiction for Peace, of Colombia, the formulas for individual criminal responsibility for collective crimes are examined. In particular, the theory of mediated authorship for control of the illicit power apparatus, joint criminal enterprise and command responsibility is examined. And the problems that arise when applying an international norm of states to specific individuals, as well as the tensions caused by a penal system designed for micro-criminality when faced with group crimes constituting international crimes (macro-criminality).

Palabras clave: reclutamiento de niños y niñas, delitos colectivos, macrocriminalidad, responsabilidad por mando.

Keywords: recruitment of children, collective crimes, macrocriminality, command responsibility.

---

1 Estudio realizado en el marco del Proyecto de Investigación titulado "*Lagunas en la protección y asistencia internacional a las niñas asociadas a Grupos armados (NAAG)*". CIAICO 2022/235 UCHCEU con financiación pública de la GVA.

1. INTRODUCCION

A través del Auto N.05 de 2024, Caso 07: reclutamiento y utilización de niños y niñas en el conflicto armado y otros crímenes cometidos en su contra en el marco de la vida intra filas, la Jurisdicción Especial para la Paz (en adelante, JEP) sigue dando pasos certeros en la senda de lo que constituye su función principal: hacer aportes sólidos al reconocimiento de verdad, responsabilidad y determinación de los hechos y conductas acaecidos en Colombia en estos últimos años.

En dicho Auto se analiza y describe con gran rigor cómo se perpetró este delito; el trabajo realizado contiene cuidados fundamentos, claramente expuestos y razonados, dando muestras del gran esfuerzo pedagógico realizado a la hora de trazar la línea de responsabilidad individual de los partícipes en hechos tan execrables como los que allí se detallan. Es por ello que estas líneas no pretenden poner en duda los resultados allí alcanzados, sino que tienen por objeto principal el análisis de las fórmulas jurídicas que se han manejado para atribuir la responsabilidad penal a los máximos responsables del Secretariado de las FARC. En concreto, la responsabilidad penal individual por delitos colectivos, como es el de reclutamiento de menores de 15 años.

Esta materia ya ha sido estudiada en diversas ocasiones por la doctrina colombiana y, en muchas de ellas, con gran acierto. Por mi parte, pretendo destacar la dificultad de aplicar reglas foráneas de forma congruente con el ordenamiento jurídico interno; la de fundamentar la responsabilidad penal individual a partir de normativas inicialmente diseñadas para los estados; y la de adecuar las clásicas estructuras dogmáticas del Derecho penal —proyectadas para imputar al sujeto que lesiona o pone en peligro a un bien jurídico— a un nuevo contexto, conformado por los crímenes colectivos que se buscan sancionar y que se caracterizan por ser cometidos materialmente por una multitud de personas y de forma sistemática, hasta el punto de ser considerados de interés para la comunidad internacional y, por ende, competencia de la Corte Penal Internacional (en adelante, CPI).

Cuestiones que, además, representan un alto riesgo a la hora de mantener la vigencia de ciertos principios esenciales del Derecho penal. En otras palabras, los problemas apuntados no pueden resolverse rebajando los límites del *ius puniendi*. El legítimo objetivo de querer castigar a los impulsores de estos crímenes debe lograrse sin retroceder a un Derecho penal de autor basado en la atribución de culpa por la mera pertenencia o dirección de una estructura ilícita de poder, estatal o paraestatal.

Comenzando con la aplicación de reglas foráneas, muchas veces pueden resultar incongruentes entre sí. Es una consecuencia lógica al convivir al mismo tiempo el derecho penal (clásico) con el incipiente derecho penal internacional. Al respecto, Torres-Vásquez afirma que "lo que hay que entender es que el principio de legalidad se flexibiliza en modelos de justicia transicional y que el derecho penal internacional, siendo aplicable en Colombia por imperativos constitucionales y legales va a ser 'ajustado' a un modelo de justicia transicional el cual se basa en una solución política a masivas violaciones a derechos humanos"[2]. Sin duda, este aspecto ha sido —y es-muy criticado. Pero, al mismo tiempo, como dice Cuervo "¿será que antes de la expedición de esta ley no había impunidad en la justicia ordinaria respecto de los mismos crímenes?". Y afirma con igual contundencia que la Corte Suprema de Justicia no ha tenido especial reparo en asumir la 'legalidad flexible' para poder aplicar el Código penal a hechos anteriores a su vigencia o para salvar los graves inconvenientes que se crean en materia de autoría y participación según se haga referencia a la ley 100 de 1980 o a la regulación contenida en la ley 599 de 2000[3].

Y resulta comprensible porque "procesos de pacificación como el colombiano presentan desafíos teóricos y prácticos de gran complejidad. Uno de los aspectos que suponen mayor dificultad es equilibrar las necesidades propias de una negociación política en medio del conflicto armado y las consecuentes garantías que exigen las partes en conflicto para ponerle fin y, por otra parte, hacer que dichas garantías sean compatibles con las obligaciones internacionales asumidas por el Estado colombiano en materia de derechos humanos"[4].

Compromisos que también alcanzan a los pilares del sistema penal, como pueda ser el ya citado principio de legalidad[5], el principio de cul-

---

2 Torres-Vásquez, H. y Guevara-Rojas, Y. (2021). La empresa criminal conjunta y su posibilidad de aplicación en el sistema integral de verdad, justicia, reparación y no repetición en Colombia para evitar masivas violaciones a derechos humanos. *Revista Saber, Ciencia y Libertad,* 16, pp. 51-65, p. 55.

3 Cuervo Criales, B. (2013). Criterios de aplicación de la autoría en la Ley de Justicia y Paz. *Criterio Jurídico Garantista, 5*(8), 78-97, p. 79 y 80.

4 Nash Rojas, C. (2018). Justicia transicional y los límites de lo (posible) punible. Reflexiones sobre la legitimidad del proceso de paz en Colombia. *Opinión Jurídica, 17*(35), p. 19-41, p. 21.

5 Por más que tenga un especial régimen de aplicación en el contexto internacional, vid. García González, J. (2025), "Algunas consideraciones sobre la aplicabilidad del derecho penal interno en delitos competencia de la Corte Penal Interna-

pabilidad[6] o la aportación personal al hecho, entre otros, y que siempre tendrán que ser respetados.

Lograr esa armonía resulta tan esencial como complicado, por no decir inalcanzable en ocasiones. Más allá de este caso de reclutamiento, nos enfrentamos a una internacionalización de la justicia penal y la cuestión principal consiste en saber en qué medida se van a mantener los principios que sustentan las garantías y los derechos de los enjuiciados. Como explica Cordini, "el derecho penal clásico es producto de ordenamientos jurídicos nacionales, unitarios y cerrados. Mientras que el derecho penal de la globalización económica y de la integración supranacional es, en cambio, un derecho crecientemente unificado, pero, al mismo tiempo, menos garantista, en el que se flexibilizan las reglas de imputación y en el que se relativizan las garantías político-criminales sustantivas y procesales"[7].

Y a eso habría que añadir el derecho penal internacional, en plena expansión, con sus propias reglas de funcionamiento. Su enfoque eminentemente práctico, su prevalencia sobre el derecho nacional, la necesaria y casi ineludible sanción penal de hechos que repudian a la comunidad internacional hacen que se aprecie "en los últimos años, una pérdida ininterrumpida de significado internacional de la ciencia jurídico penal alemana en todos los niveles"[8]; y ello a favor de este nuevo cuerpo legal que utiliza diversos resortes para fundamentar una atribución de responsabilidad penal individual por hechos que tienen un claro carácter colectivo.

En suma, "el punto neurálgico será el cómo habrá de llevarse a cabo tal proceso de expansión, de tal forma que se preserven los principios que, en mayor o menor medida, se han adoptado en las diferentes tradiciones jurídicas para proteger y respetar las garantías y derechos de los sujetos sobre quienes se imponen sanciones penales. Incluso ésta última afirmación tendría que ser sometida a un debate previo en el cual se determine si el sistema de Derecho internacional debe ser un fiel reflejo de los ordenamientos

---

cional, en Lagunas en la protección y asistencia internacional a las niñas asociadas a grupos armados, coordinada por R. Abril, pp. 314-330, y bibliografía allí citada.

6 Aborda esta cuestión Dondé Matute, F. J. (2018). Responsabilidad penal internacional: los nuevos escenarios dogmáticos. *Anuario Mexicano de Derecho Internacional*, XVIII, pp. 451-478, p. 467 y ss.

7 Cordini, N. S. (2017). Delitos de organización: Los modelos de "conspiracy" y "asociación criminal" en el Derecho interno y en el Derecho internacional. *Derecho Penal y Criminología, 38*(104), p. 75-120, p. 78.

8 Cordini, N.S. (2017). Delitos de organización: Los modelos de ..., cit., p. 79.

jurídicos internos, o si, por el contrario, tiene que diseñarse de manera autónoma, tomando en consideración las particularidades y exigencias de ámbito supranacional, de tal suerte que se elaboren de manera racional los principios adecuados para responder a tales necesidades"[9].

Se trata de evitar una deriva hacia el denostado derecho penal de autor, antes mencionado. No es de recibo que la posición jerárquica del sujeto dentro de una organización sea argumento suficiente, por sí solo, como para atribuirle la categoría de autor de los crímenes internacionales ocurridos bajo su liderazgo[10].

Nadie duda que estamos juzgando "las más horrendas manifestaciones criminales", pero aun así "un Estado social y democrático de derecho no puede tolerar que los derechos de las personas se pisoteen", como defiende Velásquez Velásquez[11]. Hay que rehuir de cualquier exceso provocado por cierta euforia[12] u optimismo punitivo[13] que, por lo demás, es lo que viene imponiéndose prácticamente desde los juicios de Núremberg[14].

---

9 Ariza Zapata, D. (2009). Sobre la internacionalización de la justicia penal o el derecho penal como instrumento de guerra. *Cuadernos de Investigación,* Documento 78, pp. 1-69, p. 58.

10 Como advierten Contreras y Castro en referencia concreta a la autoría mediata en aparatos organizados de poder. Contreras Chaimovich, L. y Castro Morales, A. (2022). Autoría mediata por aparatos organizados de poder y coautoría en el ámbito empresarial: ¿solución frente a las limitaciones del derecho chileno para castigar como autores a los órganos directivos de las empresas? *Revista de la Facultad de Derecho,* 89, pp. 325-364, p. 336. Y en parecidos términos Cadavid Londoño, P. (2014), Responsabilidad penal de los miembros del aparato organizado de poder: línea jurisprudencial acerca del título de participación, en *Estudios críticos de la jurisprudencia de la Corte Suprema de Justicia,* coordinado por M. Correa, F. Velásquez y F. Posada, pp. 289-325, p. 312.

11 Velásquez Velásquez, F. (2014), Las transformaciones del concepto de autoría: el caso de los aparatos criminales organizados de poder en el contexto colombiano, *Cuadernos de Derecho Penal,* febrero, pp. 27-51, p. 45.

12 Como dice Ariza Zapata, D. (2009). Sobre la internacionalización de la justicia penal o el derecho penal como instrumento de guerra, cit., p. 59.

13 En expresión de González Zapata, J. (2010), La Corte Penal Internacional y la internacionalización del derecho penal. *Diálogos de Derecho y Política, 4,* p. 14-27, p. 17.

14 Como relata Hernández, ya en esos juicios se impuso la idea de que cualquier participación que favoreciera el genocidio era equiparable a la ejecución de propia mano. De ahí que todos los enjuiciados fueran tenidos por igual, dada su "participación consciente en un sistema de crueldad e injusticia organizada". No fue así en los tribunales de la jurisdicción francesa donde sí se mantuvo la imputación

La segunda cuestión que planteaba era la aludida dificultad de crear un sistema de responsabilidad penal internacional que, por un lado, se nutre de los resortes jurídicos que regulan la sanción de los estados, mientras que persigue, por otro, fijar la responsabilidad penal de determinados individuos. Todo ello en referencia a los crímenes que han cometido y que son relevantes para la propia comunidad internacional. Esto nos enfrenta al reto de aplicar, de la manera más coherente posible, reglas de derecho interno y de derecho internacional sobre tales hechos. Sin olvidar que "el derecho penal internacional es (todavía) un campo académico y de prácticas de reciente desarrollo dentro del derecho internacional público"[15].

Es más, se da la paradoja de que el derecho penal internacional nace para reprender a quienes habiendo cometido graves atrocidades no podían ser condenados por la inadecuación del derecho penal de los estados, como recuerda Rodriguez Villasante. A consecuencia de ello, "los primeros balbuceos de un sistema de justicia penal internacional olvidaron los clásicos fundamentos del ius puniendi, tan celosamente proclamados por la doctrina y los textos constitucionales, para construir un derecho penal retribucionista, cuando no vindicativo..."[16].

Y esto se traduce en una clara predisposición punitiva que habría igualmente que evitar, y que describe con acierto Casasola: "La Corte Penal Internacional históricamente ha mostrado una tendencia a castigar a casi todos los acusados como autores principales, y para ello intentaba ampliar los conceptos de autoría y la coautoría mediata, huyendo de aplicar otras formas de intervención delictiva, como la inducción, la complicidad y demás formas de participación. Todo ello, por entender que condenar a un

---

según el aporte realizado. Y en todos ellos se aplicó una responsabilidad del superior por omitir conductas que pudieran haberse opuesto al plan criminal de genocidio. Por lo demás, en el Tribunal Militar Internacional para el lejano Oriente se aplicó sin miramientos la responsabilidad del superior por omisión, tanto a militares como a personal civil, en base a una denominada responsabilidad por mando y responsabilidad colectiva (Hernández Suárez-Llanos, F.J. (2004). Autoría y participación en el crimen internacional, *Revista jurídica Universidad Autónoma de* Madrid, 11, pp. 171-208, p. 174).

15 Benavides Vanegas, F. S. (2016). Autoría directa y autoría mediata, responsabilidad del superior y empresa criminal conjunta en el derecho penal internacional. *Academia & Derecho, 13*, pp. 237-264, p. 238. El texto entre paréntesis es añadido.

16 Rodríguez-Villasante y Prieto J. L. (2000). Los principios generales de derecho penal y la responsabilidad penal individual en el Estatuto de Roma de la Corte Penal Internacional. *Derecho Penal y Criminología, 21*(69), pp. 13-36, p. 13.

criminal con una forma distinta a la de autor, supone asimismo rebajar la pena. En definitiva, se daba un mensaje simbólico en relación a la comisión de crímenes internacionales"[17].

El tercer punto no resulta menos complejo y afecta al carácter de macro criminalidad a la que nos enfrentamos: de nuevo, se trata de dar respuesta a los delitos colectivos, que casan mal dentro del sistema penal tradicional. Ya no se pone el foco en el bien jurídico concreto que ha sido lesionado o puesto en peligro, ni en la aportación particular que el individuo enjuiciado haya podido realizar en fase ejecutiva. Ahora interesa saber cómo sustentar —de manera individual— la responsabilidad penal por hechos que han sido materializados por personas que aquél individuo desconoce y que se han realizado de forma conjunta y coordinada llegando a constituir un delito competencia de la Corte Penal Internacional (en adelante, CPI). Lo expresa mucho mejor Chinchón, llegando a calificarlo de una "anormalidad" que nos lleva, "inexorablemente, a que el reconocimiento de la trascendencia jurídica internacional de ciertos actos realizados por el particular... nos enfrente a problemas generales como el de la subjetividad internacional del particular, a problemas normativos como el de su naturaleza jurídica, a problemas jurisdiccionales relativos a la jurisdicción competente y a los conflictos de jurisdicciones y, evidentemente, a problemas operativos en cuanto a su posibilidad real de aplicación". Precisamente por todo ello, prosigue, "la vinculación directa del particular al derecho internacional debe entenderse en clave de excepcionalidad"[18].

Sin duda, esa palabra (excepcionalidad) es la que mejor refleja el escenario que se acaba de dibujar: la jurisdicción ordinaria y la propia JEP han tenido que solventar los problemas expuestos, principalmente en lo que se refiere a la atribución de responsabilidad penal (mediante las reglas de autoría y participación previstas en el código penal colombiano) o a través de la autoría mediata en aparatos ilícitos de poder (en adelante AOP o AIOP, indistintamente), la empresa criminal conjunta o la responsabilidad por mando (figuras condicionadas por la normativa y jurisprudencia internacional aplicable). Cuestiones que se retoman más adelante.

Con todo, no querría acabar este apartado sin una valoración positiva por los logros alcanzados —por más que generen ciertas sombras, como las

---

[17] Casasola Gómez-Aguado, A. (2018). *Estudios sobre la Corte Penal Internacional.* Dykinson.

[18] Chinchón Álvarez, J. (2005). La responsabilidad internacional penal del individuo: Un gigante con pies de barro. *Revista de Ciencias Jurídicas, 108,* pp. 31-60, p. 45 y 46.

citadas—. Entre otros, los trabajos de la JEP, la creación de la CPI y los avances normativos del Estatuto de Roma y, en suma, por la propia convivencia entre sistemas normativos nacionales e internacionales, que cosechan una "clara influencia mutua y el trasvase de nuevos conceptos e interpretaciones de una a otra para hacer frente a una forma de delincuencia que se muestra especialmente compleja en materia de intervención delictiva. Los tribunales internacionales se han nutrido de los conceptos de la dogmática penal basados en las regulaciones nacionales, pero con frecuencia los han transformado y desarrollado para hacer frente a la específica problemática que presenta en este terreno el delito internacional"[19].

2. RESPONSABILIDAD PENAL INDIVIDUAL POR HECHOS COLECTIVOS A TRAVÉS DE LA AUTORIA Y PARTICIPACIÓN

Como se apuntaba antes, intentar solucionar problemas de alcance internacional y de carácter grupal mediante herramientas diseñadas para resolver casos individuales y de alcance estatal, no puede traer buenos resultados. En los numerosos aportes doctrinales y a lo largo del Auto de la JEP sobre el reclutamiento de niños se hace mención a los distintos métodos que se han propuesto para fijar la responsabilidad penal de los miembros del Secretariado de las FARC respecto de los hechos cometidos por sus subordinados. Uno de ellos es este de la autoría y la participación.

No procede hacer una exposición detallada de esta materia por varias razones, ya sean de espacio, ya porque existen trabajos muy completos que no podría mejorar[20]. Baste sintetizar que el problema se centra en saber

---

[19] Gil Gil, A. (2013). Principales figuras de imputación a título de autor en derecho penal internacional: empresa criminal conjunta, coautoría por dominio funcional y coautoría mediata. *Cuadernos de Política Criminal* 109, pp. 109-145, p. 111.

[20] Vid. Díaz y García Conlledo, M. (2007) Problemas actuales de autoría y participación en los delitos económicos, *Nuevo Foro* Penal, 71, pp. 115-144; y La influencia de la teoría de la autoría (en especial de la coautoría de Roxin) en la doctrina y jurisprudencia españolas. Consideraciones críticas, *Nuevo Foro Penal* 78, pp. 15-48; Benavides Vanegas, F. S. (2016). Autoría directa y autoría mediata, responsabilidad del superior y empresa criminal conjunta en el derecho penal internacional, cit.; Ramírez Contreras, L. F. (2016). Coautoría mediata y Aparatos Organizados de Poder. Su aplicabilidad en los delitos masivos dentro del conflicto armado interno de Colombia. *Revista de Derecho de la UNED, 19*, pp. 867-887, p. 869 y ss.; Sánchez-Pérez, C. P. (2020). La coautoría impropia en los delitos comunes. *DIXI, 21*(30), p. 1; y Reyes Romero, I. (2018). Contra la autoría mediata por dominio

cómo distinguir entre quien realiza el hecho propio (autor) y quien ayuda al hecho de otro (partícipe). El posterior desarrollo doctrinal es bien conocido: han surgido teorías unitarias, que niegan efecto penológico alguno a tal diferenciación. Y aquellas otras que pretenden justificar y —sobre todo— fijar una nítida división entre ambas. Por un lado, encontramos las teorías subjetivas, que remiten a la voluntad del sujeto que quiere el hecho como propio (*animus auctoris*) o como ajeno (*animus socii*). Y las teorías objetivas, con mayor predicamento en la doctrina. Dentro de ellas, podemos citar la objetivo-formal (que contrasta el aporte de cada uno de los intervinientes con la descripción típica de la conducta que se les quiere aplicar) y la objetivo-material (que se sustenta en la idea del dominio del hecho, como es sabido). A través de esta última, tendríamos la figura del autor directo o propia mano (dominio de la acción), el coautor (que participa de un plan común con el correspondiente reparto de tareas y dominio funcional de la acción), y la autoría mediata (el hombre de atrás domina la voluntad de la persona que es utilizada como un instrumento, ya sea por error, por coacción o por disminución volitiva o cognoscitiva). Con ello, se crea "una construcción teórica para atribuir la comisión de una conducta punible a título de autor a una persona que no realizó ningún aporte en la ejecución de ella", dado que actúa por intermedio de otra persona. A su vez, ésta carece de responsabilidad penal porque su actuación no es libre ni está bajo su propio control[21].

Sin olvidar la figura del inductor, muy relacionado con lo que se acaba de decir: el hombre de atrás responde por instigar la acción criminal, al tiempo que el hombre de delante responde por ejecutar, de forma libre y consciente, la conducta típica (por más que su decisión haya sido influida por aquel). Esto es así por cuanto el ejecutor material mantiene el control sobre lo ocurrido.

Si llevamos esta (esquemática) división al campo de los delitos colectivos, la situación se complica ostensiblemente por cuanto no es posible hablar de un solo autor material (de genocidio, por ejemplo), no lo resuelve la figura del coautor (dado que el líder no suele participar en la fase ejecutiva, con un aporte esencial, del acto criminal que promueve u

---

de la organización: Una breve aproximación desde la doctrina alemana. *Revista de Estudios de la Justicia, 28*, p. 109-141, entre otros.

21 Medina García, D. y Ortiz Rivero, M.S. (2020). Imputación de conductas punibles cometidas por grupos de crimen organizado, *Revista Derecho Penal y Criminología*, XLI, pp. 207-256, p. 234.

ordena) ni tampoco de autoría mediata[22] (porque los hombres de delante, que han de ser muchos por la propia naturaleza del delito, no suelen actuar por defecto que impida el autogobierno de su voluntad. Al contrario, puede apreciarse las más de las veces un actuar sistemático y organizado que podríamos tildar incluso de —terroríficamente— eficaz. No pudiendo así afirmar su instrumentalización ciega). En cuanto a la inducción, quizá fuera la más sencilla de fundamentar, aunque es cierto que en estos casos los intervinientes no se conocen y eso malogra su aplicación. De forma que nos quedaría la participación, título considerado inadecuado para castigar a los líderes que promueven estos crímenes atroces contra la comunidad internacional.

Si trasladamos lo dicho al caso de referencia, resulta inadmisible una suerte de "cláusula general de responsabilidad en cabeza de los dirigentes, lo que los llevaría a responder penalmente por las actuaciones de sus subalternos sin que se tengan en consideración criterios de responsabilidad personal" de ese mando. Como así parece haberse aplicado en el caso Machuca[23]. Y de hacerse, lo que no podemos es castigar a esos líderes como coautores (sin aporte material en fase ejecutiva) usando como fundamento la autoría mediata en aparatos organizados de poder. Cuando quizá lo correcto sería castigar como instigador. Si se recurre a la autoría mediata AOP no podremos justificar "un mayor grado de responsabilidad a los miembros de la cúspide de una organización, pues su autoría mediata se encuentra en el mismo nivel de responsabilidad que el de la autoría directa de los ejecutores, y, por el otro, termina nivelando la responsabilidad de prácticamente todas las personas investidas de poder de mando, pues considera que todas ellas son autores mediatos que están en una relación de autoría mediata en cadena"[24].

---

22 Quizá sea mejor hablar de "responsabilidad penal individual por el injusto colectivo" en vez de autoría mediata, como propone Rojas Salas, J.M. (2024), Imputación al jefe o superior jerárquico de estructuras delictivas —o con tendencia delictiva— de los excesos cometidos por sus subordinados: análisis de tres niveles para la imputación al individuo por el injusto colectivo, *Revista Electrónica de la Facultad de Derecho y Ciencias* Políticas, 8, pp. 33-51, p. 45.

23 Vásquez Ramírez, W.F. (2012), La autoría a través de aparatos organizados de poder. Tratamiento por parte de la Corte Suprema de Justicia y críticas a su aplicación en el sistema penal colombiano. *Revista Electrónica de la Facultad de Derecho y Ciencias Políticas*, 8, pp. 33-51, p. 45.

24 Vid. Orozco López, H.D. (2021), Graduación de la intervención delictiva de los miembros del secretariado de las antiguas FARC en el caso de graves privaciones

Por lo demás, recuérdese que la ley 100 de 1980 no incluía al autor intelectual como categoría específica (siendo necesario un aporte al delito para tener tal consideración), de modo que el determinador sería partícipe. Tampoco estaba prevista la autoría mediata ni la sanción del autor intelectual. De ahí las críticas vertidas con ocasión del caso Machuca sobre la división entre coautoría propia e impropia allí esgrimidas[25].

Y es que, como dice Cuervo "la tendencia a castigar como autor al Jefe obedece a que se valora la actividad criminal íntegra del grupo como complejo cerrado, considerando al cabecilla como dirigente de esa realización unitaria" y tal propuesta no es correcta: no puede mezclarse un tipo penal específico (pertenencia a grupo u organización criminal) y su desarrollo con la diferenciación teórica de lo que entendemos por autor y participe, pues "en el marco del derecho penal del hecho solo cabe enjuiciar la posición de cada individuo entre varios intervinientes con arreglo a su papel en la realización del tipo", por lo que concluye que "solo el que toma parte en la ejecución puede tener dominio del hecho como coautor"[26].

Lo anterior refleja lo que se venía comentando líneas atrás. La dogmática penal está hecha para afrontar comportamientos contrarios a la convivencia social que estos autores denominan microcriminalidad. Pero cuando se trata de dirimir la responsabilidad dentro de estructuras complejas en la que los individuos ocupan distintos niveles de jerarquía y donde los subordinados deben acatar y ejecutar aquello que deciden los superiores, el sistema queda desbordado. Se habla entonces de mesocriminalidad. Ante esa (nueva) situación solo cabe castigar a los superiores por la orden emitida de cometer un ilícito penal, o recriminarles que no hayan ejercido un mínimo control sobre los comportamientos ilícitos de sus subordinados (omitiendo así su deber de vigilancia). Dado que la relación personal entre esos líderes y sus subordinados será inexistente y que aquellos no participarán en la ejecución material de los crímenes junto con estos, resulta fácil afirmar con Contreras y Castro que "las formas básicas de autoría o coautoría difícilmente podrán dar una respuesta adecuada al verdadero

---

de la libertad, *Revista Derecho penal y Criminología,* 113, pp. 13-42, p. 16 y ss., y p. 39, en referencia al Auto de la JEP n.19 de 2021.

25 Vid. Cuervo Criales, B. (2013), Criterios de aplicación de la autoría en la Ley de Justicia y Paz. *Criterio Jurídico* Garantista, cit., p. 85.

26 Cuervo Criales, B. (2013). Criterios de aplicación de la autoría en la Ley de Justicia y Paz. *Criterio Jurídico Garantista,* cit., p. 90.

aporte del responsable de esa organización. Hasta el punto de tener que conformarnos, quizá, con la figura de mero instigador o inductor del ilícito cometido"[27].

Tan es así, que la propia Corte Suprema se ve obligada a extender el concepto de autor a quienes (en principio) la normativa aplicable les tendría por partícipes. A tal fin, se habla de coautoría propia (aporte en fase ejecutiva, realización del tipo por cada uno) y coautoría impropia (plan común, aporte en una fase anterior o distinta a la ejecutiva para lograr el resultado buscado, aunque no realicen los elementos del tipo en su conjunto. Responden por tener el dominio funcional y directo del hecho)[28]. El riesgo de todo ello, de nuevo, es caer en "el absurdo de considerar a todo integrante de la organización como coautor de todos los delitos cometidos", por el mero hecho de ocupar un mando medio o superior[29]. Precisamente, la búsqueda de alternativas[30] a la situación descrita trae al debate las figuras de coautoría mediata propuesta por Roxin, la empresa criminal conjunta auspiciada por algunos tribunales internacionales y la responsabilidad por mando, que tratamos a continuación.

---

27 Contreras Chaimovich, L. y Castro Morales, A. (2022). Autoría mediata por aparatos organizados de poder y coautoría en el ámbito empresarial: ¿solución frente a las limitaciones del derecho chileno para castigar como autores a los órganos directivos de las empresas?, cit., p. 326 y ss.

28 Ramírez Contreras, L. F. (2016). Coautoría mediata y Aparatos Organizados de Poder. Su aplicabilidad en los delitos masivos dentro del conflicto armado interno de Colombia, cit., p. 871 y ss.

29 Cadavid Londoño, P. (2014), Responsabilidad penal de los miembros del aparato organizado de poder: línea jurisprudencial acerca del título de participación, cit., p. 8 y ss.

30 Ramírez Contreras considera que "la realidad de conflicto armado y delitos masivos... impone la necesidad de enunciar una clase de coautoría diferente a la impropia, en la que se reconozca esa relación de subordinación directa entre diferentes niveles de intervinientes pero los califique como coautores" (Ramírez Contreras, L. F. (2016). Coautoría mediata y Aparatos Organizados de Poder. Su aplicabilidad en los delitos masivos dentro del conflicto armado interno de Colombia, cit., p. 872).

3. RESPONSABILIDAD PENAL INDIVIDUAL POR DELITOS COLECTIVOS SIN PARTICIPACION MATERIAL: MODELOS DE ATRIBUCIÓN

3.1. Autoría mediata en aparatos ilícitos[31] de poder

Sobre la conocida formulación teórica de Roxin[32] es fácil concitar numerosos apoyos puesto que viene a solventar buena parte de las carencias anteriormente señaladas. Como ya se ha dicho, junto a esa nota de macrocriminalidad que acabamos de nombrar y el carácter colectivo de los delitos que nos interesa enjuiciar, hay que destacar, en el caso concreto de Colombia, que estamos ante un "aparato delincuencial organizado y jerarquizado, orientado a desarrollar múltiples frentes delictivos dentro de una amplia cobertura geográfica", en palabras de la propia Corte Suprema de Justicia[33]. A lo que cabe añadir las bajas expectativas iniciales que ello comporta pues, es previsible que, "utilizando el derecho penal la posibilidad de castigar a individuos que han cometido múltiples conductas punibles es escasa. Estas dificultades se acrecientan cuando la macro criminalidad es el producto de un conflicto armado no internacional en el que por décadas ha existido toda suerte de delitos llevados a cabo por una infinidad de sujetos activos", como afirman Torres y Guevara[34].

El punto de partida es que el dominio del hecho sobre la conducta criminal, en estos casos, se transforma en control de la voluntad de terceros a través del dominio de la organización en la que están integrados. De tal forma que quien ostenta el poder dentro de esa estructura ilícita y configuran

---

31 Asumo la acertada propuesta de Ramírez de identificar correctamente al grupo organizado al que nos estamos refiriendo, en vez de usar una denominación genérica a estructuras organizadas de poder. Vid. Ramírez Contreras, L. F. (2016). Coautoría mediata y Aparatos Organizados de Poder. Su aplicabilidad en los delitos masivos dentro del conflicto armado interno de Colombia, cit., p. 883.

32 Roxin, C. (2006). El dominio de organización como forma independiente de autoría mediata. *Revista de Estudios de la Justicia,* 7, pp. 11-23. Y Ambos, K et al. (2020). *Aparatos organizados de poder.* Ed. Universidad Externado de Colombia.

33 Corte Suprema de Justicia, radicación n. 4546 de 2015, citada por Torres-Vásquez, H. y Guevara-Rojas, Y. (2021). La empresa criminal conjunta y su posibilidad de aplicación en el sistema integral de verdad, justicia, reparación y no repetición en Colombia para evitar masivas violaciones a derechos humanos, cit., p. 55.

34 Torres-Vásquez, H. y Guevara-Rojas, Y. (2021). La empresa criminal conjunta y su posibilidad de aplicación en el sistema integral ... cit., p. 55.

el plan de actuación que pueda desarrollarse por sus miembros, deberá responder por su autoría colectiva[35].

Como simple recordatorio, la autoría mediata por aparatos ilícitos de poder engloba los siguientes requisitos: a) el hombre de atrás actúa a través de una organización jerárquica de cierto tamaño o extensión en la que ejerce la máxima autoridad, lo que le asegura el control de esa organización para la comisión de delitos; b) los autores materiales son fungibles, intercambiables entre sí. Bien entendido que es la capacidad organizativa la que permite esa sustitución sin que se vea afectado el funcionamiento 'automático' de esa maquinaria de poder[36]. El dominio de la organización asegura al hombre de atrás que siempre cuenta con una persona dispuesta a ejecutar la orden. Esto reduce en gran medida un eventual fracaso (u ofrece una elevada posibilidad de que se materialice el resultado que se ha ordenado alcanzar); c) ese aparato de poder debe estar alejado del derecho[37]. Finalmente, se habla de un cuarto requisito propuesto por Schoeder que es la disponibilidad del individuo de delante a cometer el delito[38].

A lo que aquí interesa, lo relevante es saber que no nos referimos a una empresa criminal (delito de organización criminal no estatal, que se crea con la única finalidad de delinquir y que puede presentar muy diversas formas de organización interna), donde la coautoría sería lo más habitual. Nos enfrentamos a una estructura de poder, inicialmente lícita y estatal (aunque nada impide emplear lo dicho a cualquier mecanismo de poder asimilable aunque no sea estatal), con una rígida estructura de mando ver-

---

35 Ramírez Contreras, L. F. (2016). Coautoría mediata y Aparatos Organizados de Poder. Su aplicabilidad en los delitos masivos dentro del conflicto armado interno de Colombia, cit., p. 874.

36 La fungibilidad del autor material ha dado pie a múltiples críticas e interpretaciones. Por un lado, se afirma que la sustitución del hombre de atrás solo puede darse por ser libre de decidir si ejecuta o no la orden, lo que trae problemas de autoría mediata (al dejar de ser un instrumento manejado por el hombre de atrás) y abre la puerta a considerarlo como principal responsable de esos hechos (vid. Reyes Romero, I. (2018). Contra la autoría mediata por dominio de la organización: Una breve aproximación desde la doctrina alemana, cit., p. 126). Y, por otro, porque no siempre será fácil lograr un sustituto idóneo en términos de tiempo y grado de especialización.

37 Si bien este requisito ha sido bastante criticado por la doctrina al entender que dejaba fuera los abusos cometidos dentro del propio Estado y, en menor medida, en organizaciones empresariales, lo que llevó al autor a replantear su propuesta. Vid. nota pie n. 32.

38 Que ha cosechado un nivel de aceptación muy dispar en la doctrina.

tical que la atraviesa desde la cúspide hasta el último integrante y que, precisamente por ello, hace que sean los mandos quienes tomen las decisiones e impartan las órdenes, mientras que los encargados de materializarlas no participen en el diseño de los mismos y se limiten, exclusivamente, a ejecutarlas. En suma, la organización criminal constituye un tipo penal autónomo, mientras que la autoría mediata por dominio de organización no es un delito en sí, sino un título de imputación.

Y ello impacta en el derecho interno colombiano. Por un lado, por cuanto la Ley 1908 de 2018 diferencia entre el grupo de delincuencia organizada (GDO) y, dentro de ella, un subgrupo denominado grupo armado organizado (GAO) donde cabría ubicar la guerrilla. Por otro, por los problemas que suscita a la hora de diferenciar la autoría mediata y la inducción. Esto es así porque, aunque la teoría roxiniana no exige la utilización de otro como instrumento, bastando la constatación de los elementos antes enumerados, la normativa penal colombiana sí reclama que el hombre de atrás utilice al ejecutor (en términos de ausencia de libertad de decisión del hombre de delante). Por lo que no podría hablarse de imputación a título de autor sino de determinante, asumiendo la rebaja penal que ello conlleva[39]. Lo cierto es que la mera probabilidad de lograr el resultado lesivo (por contar con el control de un instrumento de poder destinado a tal fin) no basta para deslindar la inducción de la autoría mediata. Para considerarlo autor mediato debe poder controlar a los individuos del aparato (el hombre de atrás debe dominar la estructura, pero también la acción). Mientras que si tiene que sustituir al individuo (por más que pueda hacerse con facilidad) es porque solo controla el aparato de poder, pero no la acción[40]. De ahí que Reyes Romero sostenga, con razón, que esta teoría "se concentra únicamente en una información fáctica para justificar la autoría: que el resultado pueda ser ejecutado en un momento futuro por medio de la conducta de otro subordinado. No obstante, ello no está ligado con la

---

39 Vid. Medina García, D. y Ortiz Rivero, M.S. (2020). Imputación de conductas punibles cometidas por grupos de crimen organizado, cit., p. 238 y 241) (en contra, Ramírez Contreras, L. F. (2016). Coautoría mediata y Aparatos Organizados de Poder. Su aplicabilidad en los delitos masivos dentro del conflicto armado interno de Colombia, cit., p. 885. Sostiene que "cuando la ley prevé que se puede realizar la conducta por intermedio de otros, no impone que esos otros necesariamente sean instrumentos ciegos; por lo tanto, cabe la existencia de instrumentos no responsables y de instrumentos responsables").

40 Vid. Reyes Romero, I. (2018). Contra la autoría mediata por dominio de la organización: Una breve aproximación desde la doctrina alemana, cit., p. 126.

comisión del específico hecho delictivo en estudio y por lo tanto no alcanza a fundamentar normativamente la autoría de quien imparte la orden"[41]. A lo que cabría añadir otro reparo no menor y al que vengo aludiendo líneas atrás: la posibilidad de fundamentar así una "cláusula general de responsabilidad en cabeza de los dirigentes" como ya se dijo supra[42].

Lo anterior ha provocado que la autoría mediata clásica (donde el hombre de atrás pone en marcha el proceso, que termina ejecutando un sujeto no responsable, por estar instrumentalizado) dé paso a la autoría mediata a través de sujeto responsable (autor detrás del autor, lo que permite considerar que ambos son autores del hecho delictivo), con lo que volvemos a iniciar la posible confusión entre una clase de autoría y un título de atribución de responsabilidad penal.

3.2. Empresa criminal conjunta (ECC)

Esta propuesta tuvo su origen en la interpretación dada al art. 7 del Estatuto del Tribunal Internacional de la antigua Yugoslavia (en adelante, TPIY)[43]. Según este Tribunal, la idea fuerza reside en la existencia de un acuerdo para lograr un propósito común (que constituye en sí mismo un crimen de interés para la comunidad internacional), ya sea de forma tácita o expresa, y que supone la comisión de una serie de actos criminales que apunten a ese objetivo previamente marcado. A través de este constructo se considerará autor a todo aquel que participe en el desarrollo del fin común, dando su apoyo al mismo a través de actos individualmente realizados[44] —con independencia de la relevancia criminal que tengan, o no, sus aportaciones—. La responsabilidad no se basa en la mera pertenencia al grupo, pero al mismo tiempo puede abarcar la conducta principal (no realizada) cuando también fuera conocedor del citado plan conjunto y lo asumiera como propio. En ese sentido, o que haga debe ser significativo

---

41 Reyes Romero, I. (2018). Contra la autoría mediata por dominio de la organización: Una breve aproximación desde la doctrina alemana, cit., p. 127.

42 En expresión de Vásquez Ramírez, W.F. (2012), La autoría a través de aparatos organizados de poder. Tratamiento por parte de la Corte Suprema de Justicia y críticas a su aplicación en el sistema penal colombiano, cit., p. 45.

43 Algunos autores quieren verlo reflejado en el art. 25 (3) letra d del Estatuto de Roma, pero de momento esta afirmación no parece contar con demasiados defensores.

44 No se admite la omisión, valorando los aportes que realiza y, con ellos, el apoyo que da al propósito común.

aunque no esencial[45], siempre que se pueda hablar de una unidad de actuación hacia un objetivo compartido, que asumen todos los participantes. En ese entorno previo, de forma voluntaria y consciente (dolo directo), desarrollan actos concretos que facilitan la consecución de aquel fin[46]. La consecuencia práctica es que "todas las modalidades de intervención criminal suponen la imputación de una misma responsabilidad penal individual siempre que se comparta el propósito criminal común"[47]. Con todo, para medir la conducta de cada uno de ellos, se establecen tres categorías:

Tipo I-básica. El elemento subjetivo se identifica con compartir el delito principal (objetivo compartido). Desde la vertiente objetiva, supone que los integrantes han participado en el diseño criminal apoyando al funcionamiento del sistema establecido para alcanzar tal objetivo (aunque no hayan intervenido personalmente en materializar ese crimen). En palabras de Benavides Vanegas, "en esta forma de responsabilidad no es necesario que la contribución sea con respecto a los elementos constitutivos del delito, sino que se requiere simplemente que haya una contribución significativa para la realización del plan. Por ello no se requiere que la contribución se dé en forma de la comisión de un delito, pues puede tratarse de un acto en principio legal pero que se quiere que forme parte de un plan criminal común. En este caso no se está sancionando la conducta como un delito, sino el hecho que esa conducta legal es una contribución significativa para la realización del plan criminal"[48].

Tipo II-sistémica. También llamada responsabilidad por la participación en un plan criminal común dentro de un marco institucional. Concurren los mismos requisitos antes enunciados (de ahí que algunos autores vean en este caso un subtipo de ECC Básica) a lo que se añade la existencia de un sistema institucional de represión o maltrato. Si el integrante conoce la finalidad que persiguen, lo asume y está dispuesto a participar en su consecución y, además, sabe de la existencia de esos sistemas de represión (como pueda ser un campo de concentración), responderá por

---

45 Afirmación que no deja de ser contradictoria e indeterminada.

46 Vid. Sandoval Mesa, J. A. (2017). Formas de autoría en la persecución de crímenes internacionales. *Prolegómenos, 20*(40), p. 11, p. 17 y ss.

47 Cisneros Trujillo, C.F. (2021). *La responsabilidad de los actores del conflicto por crímenes internacionales en los procesos de justicia transicional en Colombia*, cit., p. 323.

48 Benavides Vanegas, F. S. (2016). Autoría directa y autoría mediata, responsabilidad del superior y empresa criminal conjunta en el derecho penal internacional, cit., p. 251.

ello, aunque no lleve a cabo ninguna conducta material directa sobre las víctimas. Precisamente con ello cubre el aspecto subjetivo (conoce y ayuda al sistema de maltrato). Mientras que la vertiente objetiva se cumple con la adhesión al sistema de maltrato, mediante la propia contribución —sea la que fuere—. Así, se afirma que su colaboración a favor de ese sistema "sirve como evidencia de que la persona acepta el plan y de que contribuye de manera significativa al mismo"[49], si bien se exige cierta constancia en la labor desarrollada, que puede ser simplemente de apoyo administrativo, por ejemplo.

Tipo III-extendida. También llamada responsabilidad incidental. La idea principal es la previsibilidad de los acontecimientos que puedan derivarse de la consecución de ese fin y de la asunción voluntaria de que tal riesgo se materialice. Como bien describe Odriazola, "si cada miembro quiere participar en y promover el propósito criminal del grupo, le serán atribuidos, a título de coautor, los delitos cometidos por los otros miembros de la ECC (incluso aquellos que no formen parte del plan común), siempre que sean consecuencias previsibles y naturales del plan común y la persona de que se trate haya decidido asumir conscientemente tal riesgo"[50]. Lo relevante de esta figura es que admite responsabilidad por hechos que no estaban previamente acordados, siempre que su realización se tenga como una 'consecuencia natural y previsible' en el desarrollo del objetivo compartido[51]. El elemento subjetivo se cubre por cuanto sabe que eso podría ocurrir dentro del marco del plan delictivo superior en el que participa y apoya. O si se quiere, en el hecho de querer mantener su participación en ese propósito común a pesar de poder imaginar que tales hechos puedan concurrir[52]. Y se afirma que esa capacidad de anticipación intelectual evitaría caer en una responsabilidad

---

49 Benavides Vanegas, F. S. (2016). Autoría directa y autoría mediata, responsabilidad del superior y empresa criminal conjunta en el derecho penal internacional, cit., p. 252.

50 Odriozola-Gurrutxaga, M. (2014). La doctrina de la empresa criminal conjunta en los tribunales ad hoc y su ámbito de aplicación en el Estatuto de Roma. *Anuario Iberoamericano de Derecho Internacional Penal, 1*, p. 86-104, p. 90 y 91.

51 La jurisprudencia del Tribunal Europeo de Derechos Humanos las denomina "condiciones cualitativas".

52 Esto supone "ponerse en el lugar del imputado para considerar razonablemente si se encontraba o no en aptitud de conocer que las conductas por las que se le procesa eran delictivas al momento de su comisión" (Pacheco de Freitas, J. A. (2019). La relación entre el principio de legalidad en derecho penal internacional y la tipificación internacional de los crímenes de lesa humanidad: Una perspectiva histórica. *Agenda Internacional, 26*(37), p. 183-209, p. 192).

objetiva basada en la pertenencia a esa organización. Pero es una opinión que no comparte la mayoría de autores. Sus críticos afirman que esta modalidad vulnera el principio de legalidad, culpabilidad y responsabilidad por el hecho propio, volviendo prácticamente ilimitada la responsabilidad[53] por hechos cometidos por terceros. Y también que prescinde del acuerdo de voluntades junto con la absoluta imprecisión al hablar de actos previsibles. En definitiva, la rechazan por cuanto "contradice la regulación de la mayoría de los ordenamientos internos, que no reconocen responsabilidad respecto de los hechos que van más allá del acuerdo común"[54].

3.3. Responsabilidad por mando

Este título de atribución nace del deber de control de la fuente de riesgo y de tener pleno conocimiento de lo que allí acontezca, que corresponde a quien se pone al mando. Es decir, la carga no nace del puesto que ocupa sino de la responsabilidad que genera el ejercicio correcto de dicho puesto. Así, su posición le obliga a esforzarse en conocer el estado de las cosas que son de su incumbencia. Y no solo debe actuar para corregir o sancionar comportamientos indebidos de terceros. El superior jerárquico también está vinculado por "deberes negativos" que le impiden exceder su ámbito de competencia y, de traspasarlo, le fuerzan a ejercer su "deber de revocación" para reconducir tal situación[55].

Lo anterior dibuja dos cometidos complementarios. En el primero, el mando tiene a su mano "información general que haga razonable tomar medidas"[56] por la posición de garante que ocupa, posee capacidad real

---

[53] Cisneros Trujillo, C.F. (2021). La responsabilidad de los actores del conflicto por crímenes internacionales en los procesos de justicia transicional en Colombia cit., p. 327.

[54] Gil Gil, A. (2013). Principales figuras de imputación a título de autor en derecho penal internacional: empresa criminal conjunta, coautoría por dominio funcional y coautoría mediata, cit., p. 118.

[55] Rojas Salas, J.M. (2024), Imputación al jefe o superior jerárquico de estructuras delictivas —o con tendencia delictiva— de los excesos cometidos por sus subordinados: análisis de tres niveles para la imputación al individuo por el injusto colectivo, cit., p. 109.

[56] Benavides Vanegas, F. S. (2016). Autoría directa y autoría mediata, responsabilidad del superior y empresa criminal conjunta en el derecho penal internacional, cit., p. 257.

para evitar o controlar los hechos que conoce[57] y, a pesar de ello, decide (dolosamente[58]) no actuar. En ese caso responderá en comisión por omisión de los delitos (internacionales[59]) cometidos por sus subordinados, por incumplir sus deberes de aseguramiento y revocación. En el segundo, el superior no ha tenido (por causas que no le son achacables) conocimiento ni capacidad de reacción mientras sus subordinados estaban cometiendo esos excesos. Pero prescinde de cualquier respuesta una vez tiene veraz noticia de lo ocurrido, de forma que los responsables no son perseguidos ni sancionados. De ser así, el comportamiento omisivo del jefe no abarca el delito (no perseguido) materializado por sus subordinados[60].

Esta propuesta teórica suele contar con la aceptación general de la doctrina, pero plantea tres cuestiones nada pacíficas[61]. Una es la dificultad de asumir que los delitos cometidos no sean atribuidos al líder cuando concurre un actuar negligente por su parte (en particular, en supuestos de vio-

---

57 Bastando a estos efectos un conocimiento inferido, como remarcan Huertas Díaz, O., Silvera Sarmiento, A. y Amaya Sandoval, C. (2019), Responsabilidad del mando y control efectivo del superior militar en el marco de la justicia transicional en Colombia, *Diálogos de Saberes*, 50, pp. 149-162, p. 154.

58 Algunos autores y resoluciones sostienen que un ejercicio negligente de esos deberes impediría hablar de responsabilidad penal del superior por delitos que no admitan la forma dolosa, como sería el caso de violencia sexual.

59 En tal caso la norma incumplida debe ser de derecho interno y también de derecho internacional, debiendo quedar bien identificada en el enjuiciamiento. Todo ello en aras a poder aplicar el art. 28 ER.

60 "Como delito de omisión propia se consuma en el instante en el que el omitente se abstiene de realizar la actividad persecutoria a que está obligado, es decir, desde que advierte la comisión de un hecho indiciariamente constitutivo de delito y tiene la posibilidad de iniciar o facilitar su persecución. Es un delito de simple inactividad porque no requiere, para su consumación, un resultado posterior a la infracción del deber de actuar, ni extiende la responsabilidad al delito no perseguido. Por estas razones, este delito es de consumación instantánea" (Portilla Contreras, G. (2017). Responsabilidad penal omisiva de los superiores jerárquicos en el Acuerdo final para la terminación del conflicto y la construcción de una paz estable y duradera de 24 de noviembre de 2016 de Colombia. *Nuevo Foro Penal, 13*(88), p. 113-149, p. 142).

61 Al tiempo que permite muy dispares interpretaciones, como reflejan Chaparro, Barraza y Gutiérrez al confrontar las resoluciones del Bloque Pacífico Héroes del Chocló y el Frente Héctor Julio Peinado Becerra. Vid. Chaparro Moreno, L.R., Barraza Morelle, C. y Gutiérrez, M.J. (2023). Atribución de responsabilidad penal a máximos comandantes en casos de violencia sexual en el conflicto armado colombiano. *Verba Iuris*, 49, pp. 173-206, p. 178 y ss.

lencia sexual) y/o cuando, por desconocimiento, se restringe su responsabilidad por omitir medidas de castigo sobre los autores materiales de tales delitos, sin que el superior pueda responder por los delitos no perseguidos. Otra sería la reducida atención que le hemos dedicado al estudio de los excesos cometidos por los subordinados respecto de las órdenes inicialmente recibidas. A pesar de su importancia, apenas ha sido tratado, quizá porque los esfuerzos se centran en castigar al responsable máximo de la estructura criminal. Por ello remito al excelente trabajo de Rojas Salas en el que señala la conveniencia de analizar "las conductas delictivas cometidas por sus subordinados que excedan el objeto principal de la organización o de las órdenes impartidas. La vinculación de dichos jefes o superiores con las estructuras que lideran y el papel que desempeñan —es decir, el riesgo creado— no pueden ser ignorados en la valoración del injusto, pero tampoco constituyen por sí mismos el fundamento de la imputación, en tanto esa mera condición no es suficiente para atribuir responsabilidad por cualquier hecho delictivo. Por tanto, resulta necesario identificar los fundamentos y límites de la responsabilidad jurídico-penal en este tipo de escenarios"[62]. Y la última sería la delegación de competencias y la responsabilidad de los mandos intermedios que todavía no ha despertado el interés que merece[63].

4. CONSIDERACIONES FINALES

Tras lo expuesto resulta prioritario seguir avanzando en el establecimiento de reglas nítidas de atribución de responsabilidad penal individual por un injusto colectivo, como sería un crimen de interés para la CPI. Las limitaciones apuntadas (reglas inicialmente pensadas para estados que se aplican a quienes ostentan el mayor rango de mando; derecho penal orientado a la protección de un bien jurídico respecto de la lesión o puesta en

62 Rojas Salas, J.M. (2024). Imputación al jefe o superior jerárquico de estructuras delictivas —o con tendencia delictiva— de los excesos cometidos por sus subordinados: análisis de tres niveles para la imputación al individuo por el injusto colectivo, cit., p. 101 y ss.

63 Rodríguez y Prieto afirman con acierto que los mandos intermedios no se limitan a retransmitir una orden, sino que "añaden su propia contribución al delito pues utilizan una potestad propia al ordenar el cumplimiento del mandato a sus subordinados jerárquicos" (Rodríguez-Villasante y Prieto J. L. (2000). Los principios generales de derecho penal y la responsabilidad penal individual en el Estatuto de Roma de la Corte Penal Internacional, cit., p. 31).

peligro que genera un individuo o un pequeño grupo de personas (microcriminalidad) ante delitos grupales (macrocriminalidad); o, en suma, las viejas reglas de autoría y participación frente a la identificación de los responsables de delitos cometidos a través de estructuras ilícitas) deben resolverse en respuesta a la clara ampliación del derecho penal internacional que se constata.

Al mismo tiempo debemos mantener las garantías y principios básicos que limiten el *ius puniendi* y defender su vigencia también en la aplicación que de él hagan las instancias internacionales y/o en jurisdicciones especiales, como la JEP, sin que la gravedad de los hechos allí enjuiciados puede mermar sus efectos.

Esos avances pasan por una mejora de las herramientas que tenemos actualmente a nuestra mano y que hemos revisado en epígrafes anteriores. Las posibles incongruencias que denuncia la doctrina son consecuencia lógica de todo ello. En ese contexto se han de entender las dudas someramente tratadas sobre la coautoría impropia; la disputa sobre la necesidad (o no) de realizar un aporte en fase ejecutiva para ser considerado coautor; la cualidad de ese aporte (esencial o no); la problemática autonomía y libertad del autor material —que se supone que instrumentaliza el hombre de atrás— en la autoría mediata; la conveniencia de recurrir a la teoría roxiniana de aparatos organizados de poder para salvar esas limitaciones; la casi imperceptible línea divisoria entre el autor mediato y el inductor; etc.

Eso sí, huyendo de cualquier cláusula general que atribuya al jefe o superior jerárquico todas las conductas criminales desplegadas por sus subordinados.

La JEP recurre a la autoría mediata por aparatos ilícitos organizados de poder para fundamentar la atribución de responsabilidad penal de los delitos enumerados en el Auto N. 5 de 2024 a los integrantes del Secretariado de las FARC. Y, quizá, también exista algún reflejo de la empresa criminal conjunta y la letra d del art. 25 (3) del ER. En todo caso, la labor que ha realizado es encomiable, como se ha dicho desde el inicio de este trabajo. Por mi parte, considero más acertado guiarse por la responsabilidad por mando para salvar algunas cuestiones no del todo resueltas en ese pronunciamiento, en mi humilde opinión.

Me refiero a los excesos cometidos por los subordinados. O, si se quiere, a aquellos comportamientos delictivos perfectamente documentados que les son atribuidos a los líderes de las FARC cuando, quizá, se trate de excesos por los que podrían responder, a lo sumo, por omitir cualquier castigo o censura, una vez tuvieron conocimiento de los mismos. Pero no como corresponsables de tales hechos, como finalmente mantiene el Auto.

Es obvio —y así lo detalla esta resolución— que las grandes directrices dictadas por las FARC eran desarrolladas en el terreno por la acción directa del Secretariado. En ese sentido, cualquier crimen de guerra que se cometiera por los subordinados afecta a todos los integrantes de ese órgano de gobierno en términos de coautoría.

Pero la autoría mediata por control de estructuras ilícitas de poder no explica bien tales excesos. Cierto es que la auto-responsabilidad del mando intermedio no excluye la imputación al jefe porque ambos intervienen en la configuración del injusto. Pero también lo es que el jefe solo puede responder de forma accesoria por el riesgo creado al dar la orden cuando afecte a actuaciones que realice el subordinado y que no fueran previsibles. Esto se produce cuando la decisión delictiva individual es ajena al interés colectivo, previamente marcado o perseguido por el superior jerárquico.

En ese sentido, Gil nos advierte ante "la tentación de afirmar los elementos sin más, sin hacer un análisis exhaustivo de los mismos. Pues ello llevaría a la Corte a constituir una nueva categoría de autoría mediata por utilización de aparato de poder, en la que el dominio del hecho deja de ser un dato fáctico referido a la dirección del curso causal para convertirse en una mera etiqueta que califica como autor y que se atribuye"[64]. O como dice Parra, se genera una fusión entre la autoría mediata en aparatos organizados de poder con la coautoría mediata "para dar lugar a la institución de la coautoría mediata por dominio de la voluntad en aparatos organizados de poder"[65].

Retomando la situación descrita en el Auto, resulta indiscutible que existían órdenes concretas para reclutar a menores de 15 años. El propio Secretariado reclama aumentar el número de efectivos aun sabiendo que se había reducido la edad por debajo de la inicialmente marcada. En otros muchos crímenes allí descritos ocurre lo mismo. Y aunque en algún caso, existiendo esas órdenes criminales, no se haya podido iden-

---

64 Gil Gil, A. (2013). Principales figuras de imputación a título de autor en derecho penal internacional: empresa criminal conjunta, coautoría por dominio funcional y coautoría mediata, cit., p. 138.

65 En referencia al Auto n. 19 de 2021. Vid. Parra Celis, J.D. (2024). Coautoría mediata en aparatos organizados de poder en grupos armados organizados. Comentario al Auto n. 19 del 26 de enero de 2021 de la Jurisdicción Especial para la Paz". *Nuevo Foro Penal*, 103, pp. 328-342, p. 339.

tificar su alcance con toda precisión (como podría ser la imposición de medidas para evitar embarazos y/o el aborto forzoso, así como la política de rechazo y represión en filas de las personas con orientación sexual, identidad o expresión de género diversas, OSIEGD), resulta patente que el Secretariado marcaba esas líneas de actuación y que asumía las implicaciones de violencia que ello conllevaba. Por ser previsibles, cuando no directamente conocidos y apoyados[66] desde el máximo órgano de control de las FARC. Existe, pues, un propósito común por más que en la ejecución material los subordinados produzcan ciertos desmanes (igualmente criminales).

Pero restan algunas actuaciones que, en mi opinión, no deben ser atribuidos a los miembros del Secretariado a título de autoría. Deberían resolverse mediante la responsabilidad por mando, por no tomar las medidas de sanción que correspondiera ante tales comportamientos abusivos[67]. La consecuencia que trae consigo evidente: si el Secretariado tenía noticia de ello (tuvo información suficiente para tener que tomar razonablemente alguna medida) y no actuó, entonces respondería solo por omisión, no por comisión por omisión como en los casos precedentes. Y la razón es igualmente clara: ese delito del mando intermedio no constituye un aporte al injusto colectivo. A eso se suma que muchos de los excesos son delitos de propia mano (violencia sexual en particular[68]).

---

66 Esto es así cuando la actuación de los grupos armados está en línea con las órdenes del superior. O, en su ausencia, como recoge el Auto 092 dictado por la Corte Constitucional colombiana en 2004, queda probada la existencia de determinadas condiciones "que alienten su ocurrencia con sus actitudes y comentarios" (en palabras del Grupo de Memoria Histórica de la Comisión Nacional de Reparación). De ser así, los dirigentes deberían responder por autoría mediata por aparatos organizados de poder.

67 Parece que la JEP prescinde del concepto de autoría mediata por intermedio de subalternos, a tenor del Auto n. 19 de 26 de enero de 2021.

68 Es de gran interés la consideración del delito sexual como un ataque contra la libertad, integridad y formación sexual de la víctima que expone Olasólo Alonso, H. (2013), *Tratado de autoría y participación en derecho penal internacional*, Tirant lo Blanch, p. 1010, y que atribuye a Maqueda, Choclán y Sánchez-Vera. También comenta la tesis sustentada por Muñoz Conde y Gómez Rivero sobre la innecesaria exigencia de estímulo o satisfacción del autor.

REFERENCIAS BIBLIOGRÁFICAS

Ambos, K et al. (2020). *Aparatos organizados de poder.* Ed. Universidad Externado de Colombia.

Ambos, K. y Ontiveros, M. (2018). Autoría y Participación. *Informe para el Programa Fortalecimiento del Estado de Derecho GIZ México*, pp. 1-76.

Ariza Zapata, D. (2009). Sobre la internacionalización de la justicia penal o el derecho penal como instrumento de guerra. *Cuadernos de Investigación*, Documento 78, pp. 1-69

Benavides Vanegas, F. S. (2016). Autoría directa y autoría mediata, responsabilidad del superior y empresa criminal conjunta en el derecho penal internacional. *Academia & Derecho, 13*, p. 237-264. doi:10.18041/2215-8944/academia.13.309

Cadavid Londoño, P. (2014), Responsabilidad penal de los miembros del aparato organizado de poder: línea jurisprudencial acerca del título de participación, en *Estudios críticos de la jurisprudencia de la Corte Suprema de Justicia*, coordinado por M. Correa, F. Velásquez y F. Posada, pp. 289-325.

Casasola Gómez-Aguado, A. (2018). *Estudios sobre la Corte Penal Internacional.* Dykinson.

Chaparro Moreno, L.R., Barraza Morelle, C. y Gutiérrez, M.J. (2023). Atribución de responsabilidad penal a máximos comandantes en casos de violencia sexual en el conflicto armado colombiano. *Verba Iuris*, 49, pp. 173-206.

Chinchón Álvarez, J. (2005). La responsabilidad internacional penal del individuo: Un gigante con pies de barro. *Revista de Ciencias Jurídicas, 108*, pp. 31-60.

Cisneros Trujillo, C.F. (2020). La responsabilidad de los actores del conflicto por crímenes internacionales en los procesos de justicia transicional en Colombia. Tesis doctoral. Universidad Carlos III de Madrid.

Contreras Chaimovich, L. y Castro Morales, A. (2022). Autoría mediata por aparatos organizados de poder y coautoría en el ámbito empresarial: ¿solución frente a las limitaciones del derecho chileno para castigar como autores a los órganos directivos de las empresas? *Revista de la Facultad de Derecho PUCP*, 89, pp. 325-364

Cordini, N. S. (2017). Delitos de organización: Los modelos de "conspiracy" y "asociación criminal" en el Derecho interno y en el Derecho internacional. *Derecho Penal y Criminología, 38*(104), p. 75-120

Cuervo Criales, B. (2013). Criterios de aplicación de la autoría en la Ley de Justicia y Paz. *Criterio Jurídico Garantista, 5*(8), Pp. 78-97.

Díaz y García Conlledo, M. (2007) Problemas actuales de autoría y participación en los delitos económicos, *Nuevo Foro* Penal, 71, pp. 115-144.

Dondé Matute, F. J. (2018). Responsabilidad penal internacional: los nuevos escenarios dogmáticos. *Anuario Mexicano de Derecho Internacional*, XVIII, pp. 451-478.

García González, J. (2025), "Algunas consideraciones sobre la aplicabilidad del derecho penal interno en delitos competencia de la Corte Penal Internacional, en *Lagunas en la protección y asistencia internacional a las niñas asociadas a grupos armados*, coordinada por R. Abril, pp. 314-330.

Gil Gil, A. (2013). Principales figuras de imputación a título de autor en derecho penal internacional: empresa criminal conjunta, coautoría por dominio funcional y coautoría mediata. *Cuadernos de Política Criminal* 109, pp. 109-145

González Zapata, J. (2010). La Corte Penal Internacional (CPI) y la internacionalización del derecho penal. *Diálogos de Derecho y Política, 4*, p. 14-27 Hernández Suárez-Llanos, F.J. (2004). Autoría y participación en el crimen internacional, *Revista jurídica Universidad Autónoma de* Madrid, 11, pp. 171-208.

Hernández Suárez-Llanos, F.J. (2004). Autoría y participación en el crimen internacional, *Revista jurídica Universidad Autónoma de* Madrid, 11, pp. 171-208.

Huertas Díaz, O., Silvera Sarmiento, A. y Amaya Sandoval, C. (2019), Responsabilidad del mando y control efectivo del superior militar en el marco de la justicia transicional en Colombia, *Diálogos de Saberes*, 50, pp. 149-162

Medina García, D. y Ortiz Rivero, M.S. (2020). Imputación de conductas punibles cometidas por grupos de crimen organizado, *Revista Derecho Penal y Criminología*, XLI, pp. 207-256

Nash Rojas, C. (2018). Justicia transicional y los límites de lo (posible) punible. Reflexiones sobre la legitimidad del proceso de paz en Colombia. *Opinión Jurídica, 17*(35), p. 19-41.

Odriozola-Gurrutxaga, M. (2014). La doctrina de la empresa criminal conjunta en los tribunales ad hoc y su ámbito de aplicación en el Estatuto de Roma. *Anuario Iberoamericano de Derecho Internacional Penal, 1*, p. 86-104.

Olasólo Alonso, H. (2013), *Tratado de autoría y participación en derecho penal internacional*, Tirant lo Blanch

Orozco López, H.D. (2021), Graduación de la intervención delictiva de los miembros del secretariado de las antiguas Farc en el caso de graves privaciones de la libertad, *Revista Derecho penal y Criminología*, 113, pp. 13-42.

Pacheco de Freitas, J. A. (2019). La relación entre el principio de legalidad en derecho penal internacional y la tipificación internacional de los crímenes de lesa humanidad: Una perspectiva histórica. *Agenda Internacional, 26*(37), p. 183-209.

Parra Celis, J.D. (2024). Coautoría mediata en aparatos organizados de poder en grupos armados organizados. Comentario al Auto n. 19 del 26 de enero de 2021 de la Jurisdicción Especial para la Paz". *Nuevo Foro Penal*, 103, pp. 328-342.

Portilla Contreras, G. (2017). Responsabilidad penal omisiva de los superiores jerárquicos en el Acuerdo final para la terminación del conflicto y la construcción de una paz estable y duradera de 24 de noviembre de 2016 de Colombia. *Nuevo Foro Penal, 13*(88), p. 113-149.

Ramírez Contreras, L. F. (2016). Coautoría mediata y Aparatos Organizados de Poder. Su aplicabilidad en los delitos masivos dentro del conflicto armado interno de Colombia. *Revista de Derecho de la UNED (RDUNED), 19*, pp. 867-887.

Reyes Romero, I. (2018). Contra la autoría mediata por dominio de la organización: Una breve aproximación desde la doctrina alemana. *Revista de Estudios de la Justicia, 28*, pp. 109-141

Rodríguez-Villasante y Prieto J. L. (2000). Los principios generales de derecho penal y la responsabilidad penal individual en el Estatuto de Roma de la Corte Penal Internacional. *Derecho Penal y Criminología, 21*(69), pp. 13-36.

Rojas Salas, J.M. (2024), Imputación al jefe o superior jerárquico de estructuras delictivas —o con tendencia delictiva— de los excesos cometidos por sus subordinados: análisis de tres niveles para la imputación al individuo por el injusto colectivo, *Revista Electrónica de la Facultad de Derecho y Ciencias* Políticas, 8, pp. 33-51.

Roxin, C. (2006). El dominio de organización como forma independiente de autoría mediata. *Revista de Estudios de la Justicia,* 7, pp. 11-23.

Sánchez-Pérez, C. P. (2020). La coautoría impropia en los delitos comunes. *DIXI, 21*(30), p. 1-16.

Sandoval Mesa, J. A. (2017). Formas de autoría en la persecución de crímenes internacionales. *Prolegómenos, 20*(40), p. 11.

Torres-Vásquez, H. y Guevara-Rojas, Y. (2021). La empresa criminal conjunta y su posibilidad de aplicación en el sistema integral de verdad, justicia, reparación y no repetición en Colombia para evitar masivas violaciones a derechos humanos. *Revista Saber, Ciencia y Libertad,* 16, pp. 51-65.

Vásquez Ramírez, W.F. (2012), La autoría a través de aparatos organizados de poder. Tratamiento por parte de la Corte Suprema de Justicia y críticas a su aplicación en el sistema penal colombiano. *Revista Electrónica de la Facultad de Derecho y Ciencias Políticas,* 8, pp. 33-51.

Velásquez Velásquez, F. (2014), Las transformaciones del concepto de autoría: el caso de los aparatos criminales organizados de poder en el contexto colombiano, *Cuadernos de Derecho Penal,* febrero, pp. 27-51.

Tratamiento procesal de los delitos cometidos por niñas soldado[1]

Procedural treatment of crimes committed by child-girls' soldiers

LUCANA ESTÉVEZ MENDOZA
Universidad de Las Palmas de Gran Canaria

Resumen: Este trabajo analiza la figura de las niñas soldado, menores de edad involucradas en conflictos armados y el rol que en el marco de un proceso judicial pueden desempeñar. Estas niñas pueden ser víctimas de diversos delitos, pero también pueden actuar como verdugos, al cometer ellas algunas de las tipologías de crímenes internacionales previstas en el Estatuto de Roma. De manera específica se estudia cómo diferentes sistemas legales, en concreto los de la Unión Europea, en especial el español, el Consejo de Europa y el Derecho internacional, abordan el enjuiciamiento de estas menores en tanto que victimarias, destacando la jurisdicción universal como herramienta clave y analizando si existe tratamiento procesal específico para ello por razón de la edad.

Abstract: This paper analyzes the figure of child-girls' soldiers, minors involved in armed conflicts, and the role they can play within the framework of a judicial process. While these girls can be victims of various crimes, they can also act as executioners, committing some of the typologies of international crimes provided for in the Rome Statute. Specifically, it studies how different legal systems, those of the European Union, particularly the Spanish one, the Council of Europe, and international law, address the prosecution of these minors as perpetrators, highlighting universal jurisdiction as a key tool and analyzing whether there is specific procedural treatment based on age.

Palabras clave: niñas soldado, crímenes internacionales, jurisdicción universal, víctimas, victimarias.

Key words: child-girls' soldiers, international crimes, universal jurisdiction, victims, perpetrators.

1 Estudio realizado en el marco del Proyecto de Investigación titulado "*Lagunas en la protección y asistencia internacional a las niñas asociadas a Grupos armados (NAAG)*". CIAICO 2022/235 UCHCEU con financiación pública de la GVA. ID ORCID: https://orcid.org/0000-0003-0260-7052

1. INTRODUCCIÓN

Las guerras y los conflictos armados producen consecuencias devastadoras y de muy variado tipo para la sociedad, pero en esos contextos, son los menores de edad quienes se encuentran más expuestos por representar un colectivo que, por un lado, resulta un blanco más fácil de violaciones de derechos por parte de los combatientes, a pesar del marco normativo existente para tratar de protegerlos y, por otro lado, es capaz de adaptarse a la situación para buscar una manera de sobrevivir en medio del conflicto.

La conexión entre las dos caras de un conflicto para los menores de edad se da cuando éstos se convierten en soldados, bien de manera voluntaria (por alistamiento), bien de forma forzosa (por reclutamiento). De ahí que el reclutamiento o utilización como soldados de niños y niñas sea considerado una de las violaciones más graves cometidas contra menores de edad en situaciones de conflicto armado, según Naciones Unidas, junto con la matanza o mutilación, la violencia sexual (violación, esclavitud sexual, matrimonio forzado, embarazo forzado…[2]), los ataques a las escuelas u hospitales, la denegación del acceso a la ayuda humanitaria y el secuestro.

De hecho, de los 266.000 casos de violaciones graves contra niños, identificados en más de 30 situaciones de conflicto en todo el mundo en los últimos 16 años, 93.000 son de menores reclutados[3]. Los datos de los últimos años muestran cifras extremas y sin precedentes.

En 2022, se verifican 27.180 casos en 24 situaciones de conflicto a nivel regional, afectando a menores 18.890, de los cuales 7.622 se refieren a supuestos de reclutamiento y utilización como soldados y otros 2.496 a menores detenidos por su vinculación real o presunta con grupos armados, incluidos grupos terroristas[4].

---

2 Alcázar Escribano, M.A., "El matrimonio forzado: violencia de género más allá del libre consentimiento", *Revista Electrónica de Ciencia Penal y Criminología,* nº 25, febrero 2023, p. 2, http://criminet.ugr.es/recpc/25/recpc25-02.pdf

3 Amnistía Internacional, "Los derechos de niñas y niños durante un conflicto armado", *Red Educativa por los Derechos Humanos,* 20 de noviembre de 2023, https://redescuelas.es.amnesty.org/blog/historia/articulo/los-derechos-de-ninos-durante-un-conflicto-armado-1

4 Naciones Unidas, "Los niños y los conflictos armados", *Informe del Secretario General del Consejo de Seguridad,* 5 de junio de 2023, p. 2, https://documents.un.org/doc/undoc/gen/n23/144/99/pdf/n2314499.pdf

En 2023 el número de menores víctimas menores se fijó en 22.557, siendo 15.847 niños, 6.252 niñas y 458 de sexo desconocido, ascendiendo los menores reclutados y empleados como soldados a 8.655 y los detenidos por su vinculación a grupos armados y/o terroristas a 2.491[5].

En 2024, se datan 41.370 incidentes verificados, resultando 22.495 menores ser víctimas directas y 7.402 objeto de reclutamiento forzoso y usados como soldados[6].

A pesar de lo escalofriante de estas cifras, representan sólo una aproximación a la realidad de los menores que se ven envueltos en una guerra, pues existen numerosos obstáculos para obtener información concreta al respecto, como la falta de acceso a las zonas controladas por las fuerzas o grupos armados, o los elevados riesgos que implica el trabajo sobre el terreno en países en guerra[7], además de dificultades para determinar la edad real de las niñas y niños sin documentos que lo acrediten o la negativa de éstos a reconocerse como reclutados combatientes. De hecho, no tenemos constancia de que existan datos del número exacto de niños y niñas que han sufrido cada tipo de violación, únicamente se constata que, en 2022, los casos de menores se refieren a 13.469 niños, 4.638 niñas y 783 a menores de edad cuyo sexo se desconoce[8], y que, en 2023, los varones "fueron más frecuentemente objeto de reclutamiento y utilización, asesinato y mutilación, y secuestro, mientras que las niñas sufrieron una incidencia desproporcionadamente mayor de la violencia sexual relacionada con los conflictos"[9]. Resulta destacable que el número de féminas afectadas, si bien es bastante inferior al de varones, es considerable, representando un reto adicional no sólo por su especificidad de género y los delitos de que pueden ser víctimas, sino también por los roles que, en una sociedad moderna, aunque se encuentre en conflicto, pueden asumir. No en vano

5 Naciones Unidas, "Los niños y los conflictos armados ". *Informe del Secretario General*, Doc A/78/842-S/2024/384, Asamblea General del Consejo de Seguridad, 3 junio 2024, p. 2, disponible en https://www.refworld.org/es/ref/infortem/unsecgen/2024/es/148091

6 Naciones Unidas, "Récord de violaciones graves de los derechos de los niños en conflictos armados en 2024", *Noticias ONU*, 19 de junio de 2025, https://news.un.org/es/story/2025/06/1539651

7 Palacián De Inza, B. y Amador, A., "La evolución del reclutamiento de menores en los países participantes en la campaña «Niños, No Soldados» (parte I)", *Boletín IEEE*, nº 8, octubre-diciembre 2017, p. 58.

8 Naciones Unidas, "Los niños y los conflictos..." 2023, *cit.* p. 2.

9 Naciones Unidas, "Los niños y los conflictos..." 2024, *cit.* p. 3.

mujeres y niñas son consideradas los miembros más preciados del grupo y los últimos de los que quieren deshacerse[10].

Con independencia de su origen, motivación y forma de captación, los menores, como miembros de un grupo, pueden llegar a ser combatientes, a participar o intervenir en acciones bélicas de forma diversa[11]. Cuando ello sucede, la sociedad se enfrenta al dilema de cómo hacer frente a un problema dual, por un lado, protegerles en tanto que menores de edad conforme a la normativa internacional, amplia y variada[12] y, por otro lado, exigirles responsabilidad por las conductas llevadas a cabo como soldados.

Precisamente abordar este último extremo, el tratamiento procesal a dispensar a los menores de edad que se ven involucrados, forzosa o voluntariamente, en la comisión de delitos en el desarrollo de un conflicto

---

10 Mckay, S. y Mazurama, D., *Where are the girls? Girls in Fighting Forces in Northern Uganda, Sierra Leone and Mozambique: Their Lives During and After War*, Rights & Democracy, 2004.

11 Se emplea aquí el término combatiente para dar cabida a las diversas situaciones que puede englobar, que se refiere a "los miembros de las fuerzas armadas de una parte en conflicto..., excepto el personal sanitario y religioso", con independencia del tipo de conflicto y de que, en determinados casos, se trate de personas que no intervienen directamente en las hostilidades, según se desprende de la Norma 3 del Derecho Internacional consuetudinario en conflictos armados internacionales. Ver CICR, *Bases de datos de Derecho Internacional Humanitario*, https://ihl-databases.icrc.org/es/customary-ihl/v1/rule3

12 Entre esta normativa destaca la Convención de Naciones Unidas sobre los derechos del niño (20 noviembre de 1989) y el Protocolo facultativo relativo a la participación de los niños en conflictos armados (25 de mayo de 2000) que consagran los derechos de la infancia en el sistema internacional de garantía de los derechos humanos, por un lado y, los cuatro Convenios de Ginebra de 12 de agosto de 1949 (para aliviar la suerte que corren los heridos y los enfermos de las fuerzas armadas en campaña; para aliviar la suerte que corren los heridos, los enfermos y los náufragos de las fuerzas armadas en el mar; relativo al trato debido a los prisioneros de guerra; y relativo a la protección debida a las personas civiles en tiempo de guerra) y sus Protocolos adicionales de 1977 Protocolo adicional I relativo a la protección de las víctimas de los conflictos armados internacionales (8 de junio de 1977); Protocolo adicional II relativo a la protección de las víctimas de los conflictos armados sin carácter internacional (8 de junio de 1977) y Protocolo adicional III relativo a la aprobación de un signo distintivo adicional (8 de diciembre de 2005), sustentados sobre el derecho internacional humanitario, que obligan a los Estados a dispensarles protección durante los conflictos armados. *Cfr.* https://www.icrc.org/es/derecho-y-politicas/los-convenios-de-ginebra-y-sus-comentarios#text944895 y https://www.icrc.org/sites/default/files/external/doc/es/assets/files/publications/icrc-003-0321.pdf

armado es el propósito de este trabajo. Para ello, se hace necesario analizar la escasa regulación internacional al respecto y los entresijos de los sistemas judiciales regionales o nacionales aplicables a tal fin, para determinar dónde, cómo y cuándo sería posible juzgar a los menores soldados si es que se puede.

2. CONFIGURACIÓN DE DELITOS SUSCEPTIBLES DE SER COMETIDOS POR NIÑAS SOLDADOS

2.1. ¿Qué se consideran niñas soldados?

Un niño o niña soldado o combatiente es una "persona menor de 18 años, que forma parte de cualquier tipo de fuerza o grupo armado regular o irregular en cualquier función distinta a la de ser únicamente miembro de la familia", según se desprende de los Principios de Ciudad del Cabo de 1997 y los Principios de París de 2007[13]. No obstante, esta edad se rebaja a los 15 años cuando se trata de conflictos armados de ámbito regional o interno para prohibir su reclutamiento y/o adiestramiento.

Con carácter general, se habla de niño sin hacer distinción de sexo, pero si se centra la atención en las féminas, para hacer una diferenciación en el género, adquiere relevancia el término de niñas soldado.

Tradicionalmente, las niñas soldado procedían de las zonas en conflicto, se consideraba que prácticamente habían nacido con un arma en la mano y su vinculación con los grupos armados se debía más a una situación forzada que a una opción personal[14]. Sin embargo, en los últimos años ha aparecido un nuevo tipo de niña soldado, la extrajera[15], fruto de la

---

13 Ver UNICEF, *Preguntas y respuestas sobre los Principios y compromisos de Paris relativos a los Niños Asociados a Fuerzas y Grupos Armados*, https://www.unicef.org/media/113641/file/UNI-Paris-Principles-and-Commitments-FAQ-SP-21.pdf

14 Alonso del Val, V., "Niños y niñas soldados, un caso claro de violación de los derechos humanos. Respuestas a las preguntas más frecuentes", *Amnistía Internacional*, 12 de febrero de 2023, https://www.es.amnesty.org/en-que-estamos/blog/historia/articulo/ninos-y-ninas-soldados-una-grave-violacion-de-los-derechos-humanos

15 Ver mecanismos de captación o reclutamiento, según el origen de las niñas sodado en Estévez Mendoza, L., "El uso de menores de edad en conflictos armados: problemática derivada del reclutamiento a través de las tecnologías de la información", *Revista Electrónica de Estudios Penales y de la Seguridad*, nº extraordinario 7, 2021, p. 6-9, https://www.ejc-reeps.com/numeros-anteriores/numero-extraordinario-7-2021

sociedad global y tecnificada en que vivimos, que ha otorgado una nueva dimensión a los conflictos, posibilitando que los grupos armados lleguen a captar adeptos fuera de las fronteras físicas de los países en que se desarrollan sus conflictos, haciendo uso de las tecnologías de la información y la comunicación para informar, hacer propaganda y propiciar el reclutamiento voluntario. En este escenario, los jóvenes, en general, representan un grupo de riesgo, por estar más familiarizados con estas tecnologías y las niñas, en particular.

En cuanto a las funciones que pueden desempeñar estas menores de edad, son amplias, pues se las considera combatientes no sólo por portar armas, que respondería al supuesto más evidente, sino también en cuanto desempeñan trabajos logísticos tan diversos como los de cocineras, cargadoras o transportistas, mensajeras o de acompañamiento a los grupos armados. Ahora bien, por su condición de mujeres, las niñas también son reclutadas para cumplir un propósito sexual o ser sometidas a matrimonios forzados, algo que, de momento, no se ha constatado que ocurra con los varones.

2.2. *Posición procesal de las niñas soldado: ¿víctimas o verdugos?*

Es frecuente que las niñas combatientes puedan aunar en su persona una doble consideración, que *a priori* podría parecer contrapuesta, derivada de la diversidad de funciones que pueden asumir.

De un lado, no puede negarse que son víctimas, en primer lugar, por ser reclutadas, ya sea de manera voluntaria o forzosa y, en segundo lugar, por ser objeto de violaciones graves sobre su persona o patrimonio como consecuencia de ser captadas, tales como lesiones físicas o psíquicas, amenazas, coacciones, actos de violencia sexual o perjuicios económicos.

En cuanto a los delitos que prevé la Corte Penal Internacional con relación a los niños y niñas soldado, se concretan en cualquiera de los que pueden ser competencia de este tribunal, previstos en el artículo 5 del Estatuto de Roma de 17 de julio de 1998 y definidos en las disposiciones siguientes, son: genocidio, lesa humanidad, crímenes de guerra y agresiones. En concreto, hay conductas que hacen pensar de manera específica en víctimas mujeres, con independencia de su edad, como son las siguientes, entre otras aplicables sin atender a una distinción de género.

- Delitos de lesa humanidad (artículo 7 del Estatuto de la CPI), entendidos como actos parte de un ataque generalizado o sistemático contra la población civil y con conocimiento de dicho ataque, que implique:

- o esclavitud, esto es el ejercicio los atributos del derecho de propiedad sobre una persona, o de algunos de ellos, incluido el ejercicio de esos atributos en el tráfico de personas, en particular mujeres y niñas (tal y como se define en el apartado c del párrafo 2);
- o violación, esclavitud sexual, prostitución forzada, embarazo forzado, esterilización forzada o cualquier otra forma de violencia sexual de gravedad comparable (apartado g del párrafo 1); o embarazo forzado, que alude al confinamiento ilícito de una mujer a la que se ha dejado embarazada por la fuerza, con la intención de modificar la composición étnica de una población o de cometer otras violaciones graves del derecho internacional (según apartado f del párrafo 2).

– Crímenes de guerra (artículo 8 CPI), en concreto de las conductas previstas en los apartados:

- o 2º a, infracciones graves de los Convenios de Ginebra de 12 de agosto de 1949, consistentes en forzar a un prisionero de guerra o persona protegida a servir en las fuerzas de una potencia enemiga (parágrafo v);
- o 2º b, otras violaciones graves de las leyes y usos aplicables en los conflictos armados internacionales, consistentes en cometer actos de violación, esclavitud sexual, prostitución forzada, embarazo forzado, esterilización forzada y cualquier otra forma de violencia sexual (parágrafo xxii); y reclutar o alistar a menores de 15 años en las fuerzas armadas nacionales o utilizarlos para participar activamente en las hostilidades (parágrafo xxvi);
- o 2º c, en caso de conflicto armado que no sea de índole internacional, las violaciones graves del artículo 3 común a los cuatro Convenios de Ginebra de 12 de agosto de 1949, que se refiere a cualquiera de los actos cometidos contra personas que no participen directamente en las hostilidades;
- o 2º e, otras violaciones graves de las leyes y los usos aplicables en los conflictos armados que no sean de índole internacional, como cometer actos de violación, esclavitud sexual, prostitución forzada, embarazo forzado, esterilización forzada o cualquier otra forma de violencia sexual que constituya una violación del artículo 3 del Convenio de Ginebra (Parágrafo vi); reclutar o alistar niños menores de 15 años en las fuerzas armadas o grupos o utilizarlos para participar activamente en hostilidades (Parágrafo vii).

Por otro lado, cuando comienzan a actuar como soldados en sentido amplio, a pesar de las controversias derivadas de determinar si existe realmente una participación activa de las niñas en las hostilidades[16], pueden llevar a cabo conductas delictivas de variada naturaleza, pasando a ser victimarias. De hecho, en la actualidad, las niñas son empleadas para desarrollar todo tipo de funciones en un contexto bélico, unas de perfil combatiente y/o terrorista, actuando como auténticos soldados, como lobas solitarias suicidas, cargando explosivos en su cuerpo y colocando bombas; otras de avanzadilla, ocupando puestos de control y vigilancia, haciendo de exploradoras y de guías durante las batallas; otras más propias de actividades tradicionalmente destinadas a mujeres, cumpliendo funciones de recaderas, cocineras, limpiadoras, enfermeras o esclavas sexuales.

En ocasiones, se pueden establecer distinciones entre los cometidos asignados a las combatientes oriundas de zonas de conflicto, los descritos, y los estipulados para ser llevados a cabo por las combatientes extranjeras. A estas últimas se les suele encargar, cuando se unen a grupos armados de corte terrorista que participan en conflictos bélicos, tareas de radicalización, propaganda del grupo y enaltecimiento del terrorismo y cuando se unen a otro tipo de grupos armados, el reclutamiento y captación de otras mujeres, mayores o menores de edad, así como, en menor medida, funciones de dirección y financiación del fenómeno o grupo. Se trata de actividades de perfil más alejado de las armas tradicionales, lo que se ha denominado en algunos contextos como la yihad sexual, económica o electrónica[17].

En tanto que verdugos, las menores podrían intervenir, de una manera u otra, no sólo en la comisión de las mismas violaciones y/o delitos internacionales de los que son víctimas (salvo los de causar un embarazo forzado, evidentemente), sino en cualquier otro tipo de conducta delictiva. De hecho, hay que tener presente que, en los casos de extranjeras reclutadas pueden

---

16 La distinción entre participación directa e indirecta en las hostilidades vendrá determinada por la realización o no de acciones hostiles directas contra el enemigo. Sin embargo, estas definiciones no son suficientemente precisas. Rodríguez-Villasante Prieto, J.L., "La protección del niño en los conflictos armados por el derecho internacional humanitario: Los niños soldados", en *El menor ante el derecho en el siglo XXI*, Anuario de la Facultad de Derecho de la Universidad Autónoma de Madrid, nº 15-2011, https://repositorio.uam.es/bitstream/handle/10486/662987/AFDUAM_15_8.pdf

17 García Alcaide, M., *La participación de las mujeres en el ISIL, ¿víctimas o agentes activos?*, Trabajo de Fin de Máster, XIV Máster Universitario en Protección Internacional de los Derechos Humanos, Universidad de Alcalá, 2018, p. 11, https://ebuah.uah.es/dspace/bitstream/handle/10017/38894/TFM-GARCIA-ALCAIDE-2018.pdf

ser victimarias no sólo en los países de destino a los que acuden, en el lugar del conflicto, donde serán responsables de los hechos delictivos en que puedan incurrir conforme a la legislación de cada país o a la internacional, como sucede con las naturales del lugar; sino también en sus países de origen. En este sentido, si suponemos que los países de origen se encuentran en territorio europeo, tomando como referencia la normativa europea, podrían ser consideradas, por un lado, responsables de crímenes internacionales de acuerdo con los códigos penales europeos y, por otro, en los casos en que los grupos armados a los que se adhieren tengan motivación terrorista, autoras de delitos como la recepción de adoctrinamiento para el terrorismo, viaje al extranjero, a zona de conflicto, con fines terroristas y participación en actividades de organización terrorista, como mínimo (tipos delictivos previstos en los artículos 8, 9 y 4b respectivamente de la Directiva de lucha contra el terrorismo 2017/541, de 15 de marzo[18]), además de autoras de alguno de los delitos de terrorismo (artículo 3), relacionados con grupo terrorista, (artículo 4), provocación pública a la comisión de delitos de terrorismo, captación o adiestramiento para el terrorismo (artículos 5, 6 y 7) según la misma norma.

En definitiva, en una única menor pueden concurrir las dos condiciones de víctima y verdugo, sin que su victimización sea justificación suficiente para considerarlas, desde el punto de vista jurídico, exentas de responsabilidad penal.

3. TRATAMIENTO PROCESAL DE LOS DENOMINADOS CRÍMENES INTERNACIONALES

Los denominados crímenes internacionales son aquellos que representan una violación grave de una obligación de importancia esencial para la comunidad internacional en su conjunto, frente a la que todos los Estados deben cooperar para ponerle fin. Los considerados básicos o clave (*International Core Crimes* —ICC—, en terminología anglosajona) son aquellos para cuyo enjuiciamiento puede resultar competente la Corte Penal Internacional, esto es los mencionados delitos de genocidio, lesa humanidad, crímenes de guerra y agresión[19].

---

[18] Directiva (UE) 2017/541 del Parlamento Europeo y del Consejo de 15 de marzo de 2017 relativa a la lucha contra el terrorismo y por la que se sustituye la Decisión marco 2002/475/JAI del Consejo y se modifica la Decisión 2005/671/JAI del Consejo, DOUE L 88, de 31.03.2017

[19] *Cfr.* Pérez Vaquero, C., "Los cuatro crímenes internacionales más graves", *Quadernos de criminología: revista de criminología y ciencias forenses*, nº. 13, 2011, pp. 26-27.

Perpetrado uno de estos delitos, dado que la CPI no tiene, con carácter general, potestad de oficio para investigarlos y juzgarlos, sino que depende de los Estados, el Consejo de Seguridad de Naciones Unidas o de la opinión de la Sala de Cuestiones Preliminares respecto a la propuesta del Fiscal (artículos 13 y 15 del Estatuto de Roma), es posible que el caso sea finalmente estudiado y enjuiciado por la CPI o que sean los Estados los que pongan en marcha sus sistemas jurisdiccionales para responder ante tal atentado contra el orden y la seguridad nacional e internacional.

Si bien esto es habitual cuando se trata de delitos cometidos por adultos, la situación cambia cuando los hechos son perpetrados por menores de edad, ya que la CPI no juzga a menores, entendiendo por tales a los menores de 18 años en el momento de la presunta comisión del delito (artículo 26 del Estatuto de Roma). Sobre esta base, podría parecer que para la sociedad internacional los crímenes graves merecen reproche sólo cuando se cometen en la edad adulta, pero no es así, por cuanto el Estatuto de Roma no prohíbe que sean los Estados los que juzguen a menores de 18 años por crímenes de su competencia.

Ante esta situación, la variedad de casos que se genera en este contexto es inmensa, no sólo por las diferentes edades que determinan la responsabilidad penal según el Estado[20], sino también por la diversidad de principios que rigen la potestad de los Estados para juzgar tales conductas.

Con carácter general, los órganos jurisdiccionales de cada Estado conocen de un delito en base al principio de territorialidad, es decir, cuando éste es cometido, por nacionales o extranjeros, en el territorio estatal, siendo la conducta ilícita según su legislación[21]. Este principio regiría, por ejemplo, para las menores combatientes extranjeras si comenten delitos en sus países de origen (en Europa como referencia), mientras se preparan para alistarse a grupos armados o si desarrollan en ellos labores de captación o provocación como las apuntadas anteriormente. En tales casos, la

---

[20] Cuando se habla de edad mínima penal, se hace referencia a aquella edad a partir de la cual a un menor se le puede aplicar un sistema de justicia juvenil para exigirles responsabilidad por sus actos. Por debajo de esa edad, son inimputables o sólo se les podrían aplicar medidas no penales y por encima, son sometidos al sistema de responsabilidad de adultos. Estas edades oscilan entre los 7 y los 21 años. Ver, por ejemplo, https://www.unicef.org/lac/media/2666/file/PDF Edad mínima para la responsabilidad penal.pdf y https://obtienearchivo.bcn.cl/obtienearchivo?id=repositorio/10221/24448/2/Edad_imputabilidad_juvenil_y_adulta_editado_edfinMP. pdf

[21] Andrés Domínguez A.C., *Derecho penal internacional*, Tirant Lo Blanch, 2006, p. 155-156.

única especialidad aplicable para el tratamiento de sus casos es que, siendo menores, serán sometidas a la justicia de menores existente en los países europeos, aunque se tendrá en cuenta, según el país, la minoría de edad penal para juzgarlas o no.

Ahora bien, tal principio no es suficiente cuando nos encontramos con los supuestos descritos, de delitos cometidos fuera de las fronteras estatales. Para tales circunstancias, resulta de aplicación la definición de Quintano Ripollés sobre el principio de territorialidad, según el cual es un principio egoísta, que supondría "el encasillamiento de cada Estado en su órbita jurídico-penal, ajeno a todo lo que pudiera acontecer más allá de las propias fronteras, y en que, hasta el crimen más atroz fuera de ellas perpetrado, es irrelevante para su derecho (...)"[22]. Para que no sea así, en estos casos, la puesta en marcha del sistema de justicia se sustenta en otros principios que representan excepciones a la territorialidad y que configuran lo que se ha denominado jurisdicción extraterritorial, en el sentido de "la capacidad del Estado de ejercer un control jurídico sobre personas o hechos más allá del territorio propio"[23].

La base de esta jurisdicción extraterritorial puede ser:

- El principio de nacionalidad de la víctima o de personalidad pasiva, que permite actuar ante hechos cometidos contra nacionales del Estado en cuestión, en aquellos casos en que la nacionalidad de las víctimas es un elemento determinante del delito, en caso contrario no habría razón para que fuese aplicado[24].
- El principio de nacionalidad del delincuente o de personalidad activa, que habilita para perseguir hechos cometidos por personas que tengan la nacionalidad del Estado en cuestión y encuentra su funda-

---

22 Quintano Ripollés, A., *Tratado de derecho penal internacional e internacional penal,* Tomo II, CSIC, p. 30.

23 Fernández Sánchez, P. A., "La aplicación extraterritorial de los derechos humanos por acciones de empresas", en Verdiales López, D.M. (Coord); Díaz Barrado, C. y Fernández Liesa, C.R., (Dirs.), *Objetivos de desarrollo sostenible y Derechos Humanos: paz, justicia e instituciones sólidas. Derechos Humanos y empresas,* Instituto Universitario de Estudios Internacionales y Europeos "Francisco de Vitoria", Universidad Carlos III de Madrid, 2018, p. 57.

24 Abad Castelos, M., *La toma de rehenes como manifestación del terrorismo y del derecho internacional,* Ministerio de Interior, p. 132.

mento, entre otras ideas, en que la ley penal del Estado sigue a sus nacionales vayan donde vayan[25].

Con relación a la personalidad, conviene recordar que está relacionada con la soberanía estatal, pues "si bien es cierto que el territorio es un elemento imprescindible de la soberanía, no es menos cierto que ésta no puede desarrollarse sin población a la que gobernar"[26]. De ahí que, el ciudadano de un Estado, aun estando en el extranjero, se encuentre sometido a su soberanía, pudiendo tal Estado juzgar hechos cometidos por sus súbditos o contra sus nacionales en territorio extranjero.

- El principio de protección de intereses, que posibilita actuar ante determinados delitos, ya sea por su cualidad, gravedad, importancia, trascendencia o por los bienes jurídicos protegidos, cuando los hechos afectan a la seguridad del Estado, sin importar la cualidad del criminal ni el lugar de comisión de los hechos[27]. Su fundamento se encuentra en la necesidad de proteger ciertos intereses estatales en el extranjero, algunos de los cuales no son objeto de protección o tutela en el territorio donde se comete el delito o, el grado de tutela no es suficiente para el Estado lesionado[28].
- El principio de jurisdicción universal, que permite a los tribunales de un Estado el conocimiento de delitos, con independencia del lugar de comisión y de la nacionalidad de su autor, por las características del ilícito, cuya lesividad trasciende a las concretas víctimas y alcanza a la comunidad internacional en su conjunto[29]. En este sentido, se puede hacer una distinción entre los Estados obligados a investigar en aplicación de la jurisdicción universal por así estar establecido en tratados internacionales (jurisdicción universal obligatoria) y aque-

---

[25] García Sánchez, B., *Límites a la ley penal en el espacio,* Atelier, 2004, p. 72-73.

[26] Martínez Alcañiz, A., "El principio de justicia universal y los crímenes de guerra", *Tesis Doctoral,* UNED, 2014, p. 100 https://apidspace.linhd.uned.es/server/api/core/bitstreams/f2c63e4d-c389-4dbf-aa18-bebaff5cf374/content

[27] Quintano Ripollés, A., *Tratado de Derecho…, cit.* p. 81.

[28] Ambos, K., "Los fundamentos del *ius puniendi* nacional; en particular su aplicación extraterritorial", en *Boletín Mexicano de Derecho Comparado,* año XL, núm. 119, 2007, p. 281.

[29] Fernández Liesa, C.R., "Jurisdicción universal", en Pendás, B. (Ed), *Enciclopedia de las Ciencias Morales y Políticas para el siglo XXI,* Real Academia de Ciencias Morales y Políticas, Boletín Oficial del Estado,2020, p. 869.

llos que pueden optar por hacerlo o no, según las normas internacionales consuetudinarias (jurisdicción universal permisiva)[30]. Es así dado que "si no existe, por ahora, una norma internacional general que obligue a los Estados a incorporar el principio de jurisdicción universal a sus leyes, tampoco existe norma internacional general que lo prohíba"[31]. Además, el ejercicio de la jurisdicción universal puede adoptar la forma de la promulgación de una ley nacional (jurisdicción universal legislativa), técnica común en la práctica de los Estados y que, normalmente, constituye la base necesaria para poder investigar y enjuiciar, o la forma de la investigación y el juicio de los presuntos infractores (jurisdicción universal adjudicativa), en tanto que es factible, al menos en principio, que un tribunal base su competencia directamente en el derecho internacional, sin hacer referencia a normas nacionales[32].

La diferencia entre los tres primeros principios y la jurisdicción universal es que ésta puede no requerir ningún tipo de vínculo con el Estado que ejercerá la jurisdicción sobre los hechos delictivos, mientras que la aplicación de los demás principios si exige algún tipo de vínculo con el Estado actuante.

En base a estos principios, según rijan en cada Estado, se podría juzgar a las niñas soldado por los crímenes internacionales cometidos en los países del conflicto armado, sean originarias del lugar o extranjeras, en Estados distintos a aquel en que se han perpetrado tales delitos.

Un dato adicional a tener en cuenta es que esta jurisdicción extraterritorial está limitada por el principio de irretroactividad de la ley penal, según el cual los actos en cuestión deben haber sido perpetrados con posterioridad a la inclusión de estos crímenes en las legislaciones, sean internacionales o nacionales[33].

---

30 Martínez Alcañiz, A., "El principio de justicia...", *cit.* p. 175-181.

31 Remiro Bretons, A., "Crímenes internacionales, jueces estatales", *Política Exterior,* vol 24, nº 134, marzo-abril 2010, p. 60.

32 ICRC, *Universal jurisdiction over war crimes,* Advisory Service on International Humanitarian Law, March 2014, https://www.icrc.org/sites/default/files/document/file_list/universal-jurisdiction-icrc-eng.pdf

33 Resta, D., "El principio de *nullum crimen, nulla poena sine lege* en el Derecho Penal Internacional. En especial en el Estatuto de la Corte Penal Internacional", *Tesis Doctoral,* Facultad de Derecho, Universidad de Granada, 2018, https://digibug.ugr.es/bitstream/handle/10481/54975/56819.pdf

Reflejo de la relevancia y confianza depositada en tribunales ajenos al lugar donde se producen los delitos son los datos del año 2023, en que el número de casos, investigaciones y enjuiciamientos, abiertos ante jurisdicciones nacionales en base al principio de jurisdicción universal o extraterritorial se ha incrementado, iniciándose 36 nuevos casos, con respecto al año anterior, lo que supone un aumento del 33%, aunque la distribución geográfica de tales avances no es pareja en todos los Estados de la sociedad internacional[34]. De hecho, solo 13 países, 10 de ellos europeos, tienen oficialmente en marcha causas por delitos internacionales en sus jurisdicciones nacionales, destacando: Francia, Argentina, Suecia, Alemania, Bélgica, Reino Unido, Austria, Finlandia y Australia[35].

A efectos de este estudio conviene resaltar que, según los últimos datos consultados, en 25 de las causas son mujeres las sospechosas de la comisión de crímenes internacionales, 14 de ellas niñas, siendo los países de perpetración de los hechos y de enjuiciamiento de los mismos los siguientes: Liberia y Bélgica (caso de Martina Johnson), Palestina y Reino Unido e Irlanda del Norte (caso de Livni Tzipi), Siria y Países Bajos (caso de Hasna Aarab), Siria y Suecia (caso de Ishaq Lina), Siria y Alemania (casos de A. Omaima, A, Stefanie, B. Sara, K. Sarah, M. Leonora, O. Sarah, S. Carla-Josephine, S. Romiena, W. Jennifer) y Myanmar y Argentina (caso de Aung San Suu Kyi y otros)[36].

En este escenario, resulta crucial abordar en base a qué criterios se juzgan estos delitos cometidos por niñas soldados y lo haremos por ámbitos territoriales.

3.1. *En la esfera de la Unión Europea: especial referencia al caso español*

Los conflictos armados y las atrocidades actuales ocurren en gran medida fuera de las fronteras de la Unión Europea, salvo contadas excepciones, como el caso de Ucrania, pero sus efectos pueden sentirse y repercutir en los Estados miembros, pues pueden implicar directamente a ciudada-

---

34 Trial Internacional, *Universal Jurisdiction Annual Review 2024*, p. 11 https://trialinternational.org/resources/universal-jurisdiction-tools/universal-jurisdiction-annual-review-ujar

35 *Ibidem.*

36 Así se constata tras establecer los filtros correspondientes en el Mapa Interactivo de Jurisdicción Universal (UJIM), puesto en marcha en noviembre de 2023, https://ujim.trialinternational.org

nos de la UE, como autores, víctimas o testigos. Además, los Estados de la Unión pueden recibir solicitudes de asistencia jurídica mutua en relación con delitos internacionales que no estén relacionados con su territorio, pero que tengan como finalidad recoger pruebas (por ejemplo, información financiera o bancaria) o incautar el producto de delitos cometidos en el extranjero.

Según el derecho internacional, la responsabilidad principal de investigar y enjuiciar delitos internacionales recae en las autoridades nacionales del lugar donde acontecen. Es así dado que, idealmente, los crímenes internacionales deberían ser procesados en el país donde ocurrieron y donde se pueden encontrar pruebas, permitiendo a los testigos, las víctimas y las comunidades afectadas participar en el proceso. Sin embargo, esto no siempre es posible, dado que el Estado donde se cometieron los crímenes puede no poder o no querer procesar a los perpetradores por razones diversas (por ejemplo, por ausencia de un sistema judicial que funcione o por estar involucrado en los hechos el régimen político vigente).

Ante tal situación y como último recurso contra la impunidad, tanto el Estatuto de Roma como las Convenciones de Ginebra permiten que, dado que con frecuencia estos delitos tienen vínculos con otros Estados, éstos puedan ejercer también la potestad juzgadora[37]. Sobre esta base, los Estados europeos podrán ejercer su jurisdicción acorde a su legislación nacional, aplicando los mencionados principios de personalidad activa o pasiva y de seguridad o protección, pero también podrán actuar habiéndose cometido los crímenes en el extranjero, por un autor que no sea nacional de ese Estado, contra una víctima que tampoco sea nacional de ese Estado, aplicando el principio de jurisdicción universal. Por no exigirse para el empleo de este instrumento ningún vínculo con el Estado juzgador, como se ha indicado anteriormente, será en este principio en el que nos centremos, por representar un potencial amplio para juzgar los delitos internacionales cometidos por niñas soldado que nos ocupan.

La exigencia básica para ello es que, en los Estados europeos, los crímenes internacionales se encuentren previstos como delitos en sus respectivas normas penales. Como consecuencia de que todos los Estados Miembros de la Unión Europea son parte de la Corte Penal Internacional, éstos han

---

[37] En el concreto ámbito de los crímenes internacionales, la base convencional para la afirmación de la jurisdicción universal fue introducida, por primera vez por los cuatro Convenios de Ginebra de 1949, reiterada luego por el Estatuto de Roma de 1998.

ido regulando, progresivamente, a nivel nacional, los delitos de genocidio, lesa humanidad y crímenes de guerra, aunque aún está en proceso de consolidación tal regulación en dos Estados, Italia y Dinamarca, donde se ha recogido y definido el genocidio, pero no los otros crímenes internacionales[38].

Para dar cumplimiento a la normativa internacional, las leyes procesales de 24 de estos Estados incluyen una mención a la posibilidad de aplicar la jurisdiccional universal o extraterritorial con respecto a estos delitos, son: Austria, Bélgica, Bulgaria, Croacia, Chipre, República Checa, Estonia, Finlandia, Francia, Alemania, Hungría, Irlanda, Letonia, Lituania, Luxemburgo, Países Bajos, Polonia, Portugal, Eslovaquia, Eslovenia, España, Grecia, Suecia y Rumanía[39]. Cuestión distinta se presenta respecto al delito de agresión (artículo 8 bis del Estatuto de Roma), ya que sólo algunos Estados lo han incorporado como delito internacional, es el caso de República Checa, Alemania, Luxemburgo, Países Bajos, Portugal, Suecia, Estonia, Letonia, Lituania y Polonia, y de ellos sólo los 4 últimos —Estonia, Letonia, Lituania, Polonia— han previsto que sea susceptible de dar lugar a su enjuiciamiento alegando la aplicación de la jurisdicción universal[40].

En cuanto a la jurisdicción universal, en territorio de la UE, no es absoluta, sino que se encuentra sometida al cumplimiento previo de una serie de condiciones que varían según cada país de la Unión. Entre las condiciones exigidas para reclamar juzgar un delito internacional en territorio de los Estados de la Unión se encuentran las siguientes[41]:

- La presencia del sospechoso del delito en el territorio del Estado miembro que quiera iniciar el proceso, exigencia en Austria, Croacia, Dinamarca, Luxemburgo, Holanda, Rumania, España, valorándose como requisito también en Italia que, como se ha apuntado, se encuentra en proceso de regulación de este tema.

---

38 Eurojust, *At a Glance: Universal Jurisdiction in EU Member States,* 23 May 2023, p. 2, https://www.eurojust.europa.eu/publication/glance-universal-jurisdiction-eu-member-states

39 Hay que tener en cuenta que la información oficial de la UE en inglés a este respecto resulta contradictoria respecto a Luxemburgo y Rumanía, quizás por una cuestión de actualización de datos y fechas, aunque de una lectura integral de la literatura consideramos que se incluyen entre los países que aplican el principio de jurisdicción universal.

40 *Ibidem.*

41 *Ibidem* p. 3.

- La aprobación previa del Gobierno, sea del Ministerio de Justicia, el Fiscal General u otro funcionario para poder iniciar los procedimientos, necesaria para que actúe Bélgica, Croacia, Finlandia, Hungría, Holanda, Rumanía, Eslovenia, Suecia.
- La residencia del sospechoso del delito en el territorio del Estado miembro que quiera iniciar el proceso, requerido por Austria, Bélgica, Francia y España.
- El cumplimiento del principio de subsidiariedad, es decir, la ausencia de procedimientos abiertos ante la CPI, o ante otra jurisdicción internacional o nacional competente para iniciar el procedimiento, indispensable para Bélgica, Chipre, Francia, Holanda y España.
- La observancia del principio de doble incriminación o que el Estatuto de Roma sea ratificado por el Estado donde se cometieron los crímenes o el Estado del que el sospechoso es nacional. Francia para los crímenes contra la humanidad y los crímenes de guerra exige doble incriminación, que implica exactamente que (i) el sospechoso debe ser nacional de un Estado Parte en el Estatuto de Roma; (ii) el crimen debe haber sido cometido en el territorio de un Estado Parte; o (iii) los delitos deben ser punibles conforme a la ley del Estado donde fueron cometidos[42].

La aplicación de estas condiciones varía de tal modo de un Estado a otro, hasta el punto de que en algunos países se pueden exigir de manera cumulativa y en otros de manera alternativa y otras, como la aprobación previa por el Gobierno puede exigirse solo ante determinadas circunstancias y en otros pocos Estados el principio de presencia es completado por la exigencia de que la extradición sea imposible (en aplicación del *aut dedere aut judicare*).

A la luz de lo indicado, se puede constatar que en 12 Estados europeos se imponen condiciones para juzgar en ellos delitos internacionales[43]: Bélgica, Dinamarca, Irlanda, Grecia, España, Francia, Italia, Croacia, Lituania, Holanda, Austria y Portugal. Mientras que no se imponen condiciones, rigiendo por tanto el principio de jurisdicción universal absoluta en Bulgaria, Chipre, República Checa, Estonia, Finlandia, Alemania, Hungría, Leto-

---

42 Eurojust and Genocide Network, *20 years on: Main developments in the fight against impunity for core international crimes in the EU,* May 2022, p. 8.

43 Eurojust and Genocide Network, *20 years on: Main developments in the fight against impunity for core international crimes in the EU,* May 2022, p. 8.

nia, Polonia, Eslovaquia, Eslovenia, Suecia (esto es en otros 12 Estados)[44]. No obstante, en la práctica, la mayoría de los Estados miembros no iniciarán ningún procedimiento a menos que el sospechoso se encuentre en su territorio, aunque ello se debe más a la necesidad de que el acusado esté presente durante la tramitación del procedimiento, ya que son escasos los supuestos en que, en el ámbito penal, se admiten procesos en rebeldía, que a una condición concreta de la jurisdicción universal o extraterritorial.

Por tanto, son 24 los Estados miembros de la Unión Europea que pueden ejercer la jurisdicción universal o la jurisdicción extraterritorial con respecto a los principales delitos internacionales, cometidos fuera de sus territorios, incluyendo los cometidos por nacionales de terceros países. Solo 3 de los Estados de la Unión no pueden ejercer, de momento, su poder para investigar y enjuiciar tales delitos, Malta, Italia y Dinamarca[45].

En el caso español, estas excepciones al principio de territorialidad se encuentran previstas en el artículo 23 de la Ley Orgánica del Poder Judicial 6/1986, de 1 de julio. Sus párrafos 2 y 3 se refieren a los principios de nacionalidad del delincuente o personalidad activa y al principio de protección, real o de defensa, siendo el párrafo 4 el que alude a la jurisdicción universal, principio que según Tribunal Constitucional español, constituye "una fórmula garante de un espacio universal de jurisdicción con objeto de erradicar la inmunidad respecto de determinados crímenes, particularmente odiosos para la Humanidad por ser agresiones muy graves a los derechos humanos"[46]. Con ello se persigue evitar que los autores de hechos tan graves encuentren refugio en terceros países.

Se trata de un principio que impone, como se ha indicado, condiciones al ejercicio de la jurisdicción, que en nuestro caso además varían según el delito de que se trate. Resultan de interés a efectos de este trabajo, las impuestas en España con respecto a los siguientes delitos:

- Delitos internacionales de genocidio, lesa humanidad y contra las personas y bienes protegidos en caso de conflicto armado, consistentes en que el procedimiento se dirija contra un español o contra un

---

[44] Eurojust, *At a Glance…, cit.* p. 3.

[45] Nuevamente la información oficial de la UE en inglés en este sentido resulta contradictoria, según se acuda a datos de 2022 o de 2023. Aunándola y realizando una lectura integrada, consideramos que los tres países que de momento no permiten la aplicación del principio de justicia universal son Malta, Italia y Dinamarca.

[46] Así se establece en las STC 140/2018, de 20 de diciembre (ECLI:ES:TC:2018:140) y STC 237/2005, de 26 de septiembre (ECLI:ES:TC:2005:237).

ciudadano extranjero que resida habitualmente en España, o contra un extranjero que se encontrara en España y cuya extradición hubiera sido denegada por las autoridades españolas (letra a del párrafo 4 del artículo 23 LOPJ).

- Delitos de tortura y contra la integridad moral (coincidentes con los previstos en los artículos 174 a 177 del Código Penal español), para los que se exige que el procedimiento se dirija contra un español, o que la víctima tuviera nacionalidad española en el momento de comisión de los hechos y la persona a la que se impute la comisión del delito se encuentre en territorio español (letra b).
- Delitos de desaparición forzada (incluidos en la Convención internacional de Nueva York de 20 de diciembre de 2006), cuando el procedimiento se dirija contra un español, o la víctima tuviera nacionalidad española en el momento de comisión de los hechos y la persona a la que se impute la comisión del delito se encuentre en territorio español.
- Los delitos de violencia contra las mujeres y la violencia doméstica (regulados en el Convenio del Consejo de Europa de 11 de mayo de 2011), para los que se exige que el procedimiento se dirija contra un español; contra un extranjero que resida habitualmente en España; o que el delito se hubiera cometido contra una víctima que, en el momento de comisión de los hechos, tuviera nacionalidad española o residencia habitual en España, siempre que la persona a la que se impute la comisión del hecho delictivo se encuentre en España.

En todos estos supuestos, para que se puedan perseguir tales delitos en nuestro país, es necesario que el agraviado o el Fiscal presenten querella al efecto en España (párrafo 6 del artículo 23 LOPJ)

A sensu contrario, el párrafo 5 del artículo 23 de la LOPJ aclara que no serán perseguibles en España los delitos mencionados cuando se haya iniciado un procedimiento para su investigación y enjuiciamiento bien en un Tribunal Internacional constituido conforme a los Tratados y Convenios en que España fuera parte, bien en el Estado del lugar en que se hubieran cometido los hechos o en el Estado de nacionalidad de la persona a que se impute su comisión, siempre que:

- la persona a la que se impute el delito no se encontrara en territorio español; o,
- se hubiera iniciado un procedimiento para su extradición al país del lugar en que se hubieran cometido los hechos o de cuya nacionalidad fueran las víctimas, o para ponerlo a disposición de un Tribunal

Internacional para que fuera juzgado por los mismos, salvo que la extradición no fuera autorizada. No obstante, esto no será de aplicación cuando el Estado que ejerza su jurisdicción no esté dispuesto a llevar a cabo la investigación o no pueda realmente hacerlo, y así se valore por la Sala 2.ª del Tribunal Supremo, a la que elevará exposición razonada el Juez o Tribunal.

Si en un caso concreto se llegara a este extremo, a fin de determinar si hay o no disposición a actuar en un asunto determinado, se examinará, teniendo en cuenta los principios de un proceso con las debidas garantías reconocidos por el Derecho Internacional, si se da una o varias de las siguientes circunstancias, según el caso:

a) Que el juicio ya haya estado o esté en marcha o que la decisión nacional haya sido adoptada con el propósito de sustraer a la persona de que se trate de su responsabilidad penal.

b) Que haya habido una demora injustificada en el juicio que, dadas las circunstancias, sea incompatible con la intención de hacer comparecer a la persona de que se trate ante la justicia.

c) Que el proceso no haya sido o no esté siendo sustanciado de manera independiente o imparcial y haya sido o esté siendo sustanciado de forma en que, dadas las circunstancias, sea incompatible con la intención de hacer comparecer a la persona de que se trate ante la justicia.

A fin de determinar la incapacidad para investigar o enjuiciar en un asunto determinado, se examinará si el Estado, debido al colapso total o sustancial de su administración nacional de justicia o al hecho de que carece de ella, no puede hacer comparecer al acusado, no dispone de las pruebas y los testimonios necesarios o no está por otras razones en condiciones de llevar a cabo el juicio

De lo expuesto se deduce que, en España, ejercer la jurisdicción universal es una facultad, no una obligación estatal, lo que, unido a las reformas operadas en las normas penales al respecto en los últimos años, ha dado lugar "a un repliegue del ámbito de aplicación del principio de jurisdicción universal que, si bien puede servir desde la perspectiva de los intereses y puede acabar con los excesos que se podían haber producido, hace un flaco favor a la defensa de los valores"[47].

---

[47] Estas palabras de Remiro Bretons son recogidas por Fernández Liesa, C.R., "Jurisdicción..." *op. cit.* p. 870.

Con relación a los casos en que estos delitos internacionales son cometidos por menores de edad, no se realiza ninguna apreciación especial, de manera que, una vez que los Estados europeos reclamen juzgar los crímenes internacionales perpetrados por éstos, incluidos por las niñas soldado, podrán hacerlo si se cumplen las condiciones indicadas para cada país. A partir de ahí el único dato relevante será la edad de las menores para determinar, por un lado, si se les puede exigir responsabilidad penal y, por otro lado, y en caso afirmativo, el proceso a seguir para investigar y juzgar los crímenes que hayan cometido, que determina las medidas o penas que se les pueden imponer.

En este sentido, la minoría de edad penal varía de un Estado de la Unión Europea a otro, oscilando la media entre los 13 y los 15 años, pudiendo ser juzgados como adultos, entre los 18 y los 21 años. En concreto, la edad por Estados es la siguiente[48]:

Estado	Edad mínima	Edad máxima
Alemania	14, 18/21	18/21
Francia	13	18
Bélgica	18	16/18
Croacia	14/16 (reclusión)	18/21
Dinamarca	15	15/18/21
España	14	18
Irlanda	10/12/16	18
Letonia	14	18
Luxemburgo	18	18
Países Bajos	12	16/18/21
Suecia	15	15/18/21

48 Rubert, J.A., "Cómo penalizan los países de Europa los delitos de menores", *Cope*, 24 enero 2018, https://www.cope.es/actualidad/internacional/noticias/como-penalizan-los-paises-europa-los-delitos-menores-20180124_168561; CONSEJO DE EUROPA, *Comentario a las Reglas europeas para infractores menores de edad sometidos a sanciones o medidas*, Documento de Trabajo, Traducción Centro de Estudios Jurídicos y Formación Especializada del Departamento de Justicia de la Generalitat de Catalunya, abril 2010, p. 119, https://www.eduso.net/res/pdf/15/CONSEJOEUROPA2010.pdf; HUMANIUM, "Los niños de Malta", https://www.humanium.org/es/malta.

Estado	Edad mínima	Edad máxima
Bulgaria	14	18
Eslovaquia	14/15	18/21
Estonia	14	18
Grecia	13	18/21
Malta	9	16/18
Polonia	13	15/17/18
República Checa	15	18
Austria	14	18/21
Chipre	14	14/18/21
Eslovenia	14/16	18/21
Finlandia	15	15/18
Hungría	14	18
Italia	14	18/21
Lituania	14/16	18/21
Portugal	12	16/21
Rumania	14/16	18/20

En cuanto al procedimiento a seguir para juzgar a estos menores, la clave está en si está o no adaptado, en las formas y las medidas a imponer, a los menores de edad.

Lo cierto es que, en 2016, no todos los Estados de la Unión tenían tribunales de menores y los derechos que amparaban a los menores delincuentes eran heterogéneos en territorio europeo, resultando en algunos casos deficientes[49].

Sin embargo, a raíz de la Directiva 2016/800, de 11 de mayo, relativa a las garantías procesales de los menores sospechosos o acusados en los procesos penales[50], con independencia de que los Estados cuenten o no con procesos específicos para juzgar a menores de edad y con medidas sancionadoras o reparadoras al efecto, se establecen una serie de normas mínimas comunes sobre determinados derechos de los menores sospechosos

---

[49] Kilkelly, U., Forde, L. y Malone, D., *Alternativas al internamiento para menores infractores. Guía de Buenas Prácticas en Europa,* Observatorio Internacional de Justicia Juvenil, febrero 2016, p. 8 https://www.fundaciondiagrama.es/sites/default/files/archivos/manual_joda-spainok.pdf

[50] DOUE L 132 de 21.5.2016.

o acusados en procesos penales, para que puedan comprender y seguir en condiciones adecuadas el proceso penal, ejercer su derecho a un proceso equitativo, prevenir la reincidencia y fomentar su reinserción social tomando en cuenta el interés superior del menor.

Por tanto, en cumplimiento de esta normativa, ahora todos los Estados de la Unión (con excepción de Dinamarca e Irlanda, por las especialidades de que gozan en el Espacio de Libertad, Seguridad y Justicia) garantizan el derecho a la información, a la asistencia letrada y la asistencia jurídica gratuita, a evaluación individual, a reconocimiento médico, a la grabación audiovisual de interrogatorios policiales, a la incorporación de garantías específicas en relación con la privación de libertad que ha de ser la *última ratio* como pena para el delito, a la tramitación rápida y diligente de los procesos, a estar acompañado por el titular de la patria potestad u otro adulto adecuado, a estar presente y participar en el propio juicio (artículos 4 a 17 de la Directiva). Dado que estos derechos se aplican a todos los procesos penales relativos a menores de edad en el momento de la comisión del delito, sin distinción entre ellos por delitos, resultan aplicables a los procesos que se sigan contra menores que hayan cometidos crímenes internacionales, como los de las niñas soldado, dentro o fuera de las fronteras europeas, sean de la nacionalidad que sean, desde el momento en que resultan sospechosos o acusados de los mismos.

En este sentido, siguiendo a Arangüena Fanego, "uno de los principales aciertos de la Directiva ha sido la de definir como menor de edad (a efectos de la observancia de los derechos y garantías que reconoce) al menor de 18 años en el momento de comisión del hecho punible y que queda sometido al proceso penal y/o resulta buscado en virtud de una orden europea de detención, con independencia de que las legislaciones nacionales tomen o no esa referencia de edad como base para determinar la exigencia de responsabilidad penal y al objeto de favorecer una mejor armonización de derechos"[51].

Los mismos principios y garantías se seguirían respecto a niñas soldado, originarias de algún Estado europeo, juzgadas en ellos por la comisión de delitos internacionales en base al principio de nacionalidad del delincuen-

---

51 Arangëna Fanego, C., "Proceso penal del menor y cambios exigidos por la Directiva (UE) 2016/800, relativa a las garantías procesales de menores sospechosos o acusados en los procesos penales", en Martín Ríos, P. y Pérez Marín, M.A. (Dir), *La Administración de Justicia en España y en América. Liber Amicorum, José Martín Ostos*, Astigi, 2021, p. 80.

te o de delitos nacionales cometidos durante el proceso de alistamiento o fruto del mismo en base al principio de territorialidad.

Adicionalmente, conviene reseñar que en el proceso de investigación y enjuiciamiento de crímenes internacionales a nivel de Estados de la Unión Europea, juegan un papel relevante las unidades especializadas que se han ido estableciendo en algunos países con este fin, como ocurre en Bélgica, Alemania, Francia, Croacia, Holanda y Suecia y con las que se ha conseguido disminuir el número de delitos que quedan impunes[52], aunque no parece que en ellas se cuente con especialización por edad ni sexo de los delincuentes.

En otros Estados, en los que no se han creado este tipo de unidades, se ha optado por designar personal especializado o exclusivo de la fiscalía y los servicios policiales encargados de investigar y enjuiciar delitos, a los que se dota de una formación adecuada en este tipo de crímenes, aunque no necesariamente en cuestiones de edad y/o perspectiva de género, que pueden estar destinados en unidades de diverso tipo. Es el caso de la República Checa, Dinamarca, Estonia, España, Letonia, Hungría, Malta, Polonia, Portugal y Finlandia.

En los demás Estados, no se ha implementado ninguna especialización particular, salvo llevar a cabo la designación de un punto de contacto de la Red sobre Genocidio[53] ("*Genocide Network*") que acoge Eurojust y que se creó precisamente para ayudar a los Estados a cumplir con el deber de luchar contra la impunidad de delitos. Es así dado que la Red ofrece un modelo de cooperación en el que los principales interesados en la rendición de cuentas (fiscales nacionales, investigadores, funcionarios de asistencia jurídica mutua de los Estados miembros de la UE y los Estados observadores, la CPI, Eurojust, Europol, los mecanismos de investigación de las Naciones Unidas y la sociedad civil) interactúan para apoyarse mutuamente, compartir conocimientos y mejores prácticas[54].

---

[52] Eurojust, *Veinte años después: Principales avances en la lucha contra la impunidad de los delitos internacionales fundamentales, Resumen*, mayo de 2022, p. 1.

[53] Eurojust and Genocide Network, *20 years on*... p. 10.

[54] Consejo de la UE, *Estrategia de la red de la UE de cooperación contra el genocidio para luchar contra los delitos de genocidio, crímenes de lesa humanidad y crímenes de guerra en la Unión Europea y sus Estados miembros*, Bruselas, 5 de febrero de 2014, Doc. 15581/2/14, REV 2, https://www.eurojust.europa.eu/sites/default/files/assets/strategy-genocide-network-2014-11-es.pdf

Asimismo, resultan de gran utilidad instrumentos de cooperación judicial y de investigación a los que han comenzado a recurrir las autoridades nacionales, como son los equipos conjuntos de investigación[55], en tanto que permiten, vía convenio, que se lleve a cabo una investigación penal cuando se requiere una actuación coordinada y concertada para ello de, al menos dos países de la UE, lo que puede ser necesario en algunos casos de crímenes internacionales.

3.2. En el marco del Consejo de Europa

El Consejo de Europa es la principal organización de derechos humanos del continente europeo que, desde su fundación en 1949[56], promueve la democracia, los derechos humanos y el Estado de Derecho en Europa y fuera de ella, creando un espacio jurídico común para sus 46 Estados miembros[57], centrado en el Convenio Europeo de Derechos Humanos, cuya aplicación es supervisada por el Tribunal Europeo de Derechos Humanos (TEDH).

El TEDH representa una jurisdicción internacional con sede en Estrasburgo encargado de verificar que los derechos y garantías previstos por el Convenio son respetados por los Estados. Las violaciones al respecto han de ser puestas en conocimiento del Tribunal por un particular de manera individual o por los Estados, mediante demanda. Analizada y constatada, dictará sentencia de obligado cumplimiento para el Estado infractor.

Teniendo en cuenta que la normativa derivada del Consejo de Europa, contenida no sólo en el Convenio, sino también en multitud de tratados y recomendaciones que, según Pérez Vaquero, "han abarcado diversas cues-

---

55 *Cfr.* Decisión Marco 2002/465/JAI, de 13 de junio, del Consejo sobre equipos conjuntos de investigación (DOUE L 162, de 20.6.2002) y Consejo de la UE, *Guía Práctica de los equipos conjuntos de investigación,* Bruselas, 14 de febrero de 2017, Doc. 6128/1/17 REV1, https://www.europol.europa.eu/cms/sites/default/files/documents/jit-guide-2017-es.pdf

56 Se produce sobre la base del Tratado de Londres, de 5 de mayo de 1949.

57 Los Estados miembros del Consejo de Europa son todos los Estados de la Unión Europea, además de: Albania, Andorra, Armenia, Austria, Azerbaiyán, Bosnia y Herzegovina, Georgia, Islandia, Liechtenstein, República de Moldova, Mónaco, Montenegro, Macedonia del Norte, Noruega, San Marino, Serbia, Suiza, Turquía, Reino Unido. Por decisión del Comité de Ministros del 16 de marzo de 2022, la Federación de Rusia dejó de ser un Estado miembro de este organismo internacional.

tiones relacionadas con (...) los crímenes de honor y de lesa humanidad, el terrorismo, las mutilaciones genitales femeninas, los delitos contra la salud pública, la ciberdelincuencia... y la justicia juvenil"[58], protegiendo, entre otros, el derecho a la vida y a un juicio justo y prohibiendo la tortura y las penas o tratos inhumanos o degradantes y la detención arbitraria e ilegal, entre otras conductas, es posible que casos sustentados sobre crímenes internacionales, puedan llegar al TEDH.

Ahora bien, su conocimiento no sería directo, es decir, no sería competencia del TEDH investigar y enjuiciar los crímenes internacionales cometidos por niñas menores de edad en sí mismos, sino que sólo podrían valorar si en los procesos nacionales en que se hayan juzgado tales ilícitos penales, los Estados han vulnerado las indicaciones normativas de la organización, produciéndose pues una violación de los derechos humanos de los sospechosos o de las víctimas. Es así dado que para poder reclamar ante el TEDH es necesario que, con carácter previo, se cumplan dos requisitos:

- Por un lado, haber agotado, en el Estado en cuestión, todos los recursos existentes para remediar la situación denunciada, consistente, generalmente, en presentar una acción ante un juez o tribunal competente, seguida, en su caso, de un recurso de apelación o de un recurso ante un órgano jurisdiccional superior como el Tribunal Supremo o el Tribunal Constitucional.
- Por otro lado, haber planteado en los recursos precedentes las violaciones del Convenio de las que se queja.

A partir de la fecha de la notificación de la decisión nacional definitiva, se dispone de un plazo de 4 meses para presentar la demanda ante el TEDH, trascurrido el cual no será admitida a trámite.

Por tanto, no se puede sostener que exista, en el marco del Consejo de Europa, un instrumento procesal que permita tratar de manera uniforme los delitos cometidos por menos de edad, mucho menos, por niñas soldado. Tal tratamiento dependerá pues de dos factores, en primer lugar, de la normativa penal de cada Estado del Consejo de Europa para juzgar este tipo de crímenes, esto es de si prevé o no el principio de jurisdicción universal, y, en segundo lugar, de las minorías de edad vigentes en cada uno de esos Estados para exigir responsabilidad penal, en ambos casos a

---

58 Pérez Vaquero, C., "La justicia juvenil en el Derecho Europeo", *Derecho y Cambio Social*, año 11, nº 37, 2014, p. 4 https://dialnet.unirioja.es/descarga/articulo/4750947.pdf

semejanza de lo que sucede en la esfera de la Unión Europea pero en el resto de Estados del Consejo de Europa.

No obstante, de manera adicional y debido al amplio objetivo del Consejo de Europa, se deben poner en valor las previsiones que los numerosos convenios sectoriales que se han firmado en su seno contienen, por cuanto guardan relación con la materia que interesa. Entre los relevantes por las conductas ilícitas que pretende prever perseguir y/o prohibir se encuentran los relativos a las siguientes cuestiones:

- La imprescriptibilidad de los crímenes de lesa humanidad y de los crímenes de guerra de 1974 (CETS N° 082)[59], que impone la no prescripción de ciertos delitos de lesa humanidad y crímenes de guerra cometidos con posterioridad a su entrada en vigor con respecto el Estado contratante de que se trate, así como de los delitos cometidos antes de dicha entrada en vigor en aquellos casos en que el plazo de prescripción legal no hubiera expirado en la fecha de su vigencia.
- La lucha contra el terrorismo, regulada por un amplio paquete convencional relativo a su supresión (CETS Nº 90 de 1977[60], reformado por el Nº 190 de 2003[61]) y prevención (CETS Nº 196 de 2005 y Nº 217 de 2015)[62], que engloba además de los convenios específicos en la materia, otros como los de extradición[63] y

59 *Cfr.* https://www.coe.int/en/web/conventions/full-list?module=treaty-detail&treatynum=082

60 *Cfr.* https://www.coe.int/en/web/conventions/full-list?module=treaty-detail&treatynum=090

61 *Cfr.* https://www.coe.int/en/web/conventions/full-list?module=treaty-detail&treatynum=190

62 *Cfr.* https://www.coe.int/en/web/conventions/full-list?module=treaty-detail&treatynum=196 y https://www.coe.int/en/web/conventions/full-list?module=treaty-detail&treatynum=217

63 Resulta en ese sentido esencial el Convenio Europeo de Extradicion de 1957 (CETS Nº 24), y sus Cuatro Protocolos Adicionales (CETS nº 86 de 1975, Nº 98 de 1978, Nº 209 de 2010 y Nº 212 de 2012). *Vid.* https://www.coe.int/en/web/conventions/full-list?module=treaty-detail&treatynum=024; https://www.coe.int/en/web/conventions/full-list?module=treaty-detail&treatynum=086; https://www.coe.int/en/web/conventions/full-list?module=treaty-detail&treatynum=098; https://www.coe.int/en/web/conventions/full-

asistencia mutua[64]. Los más modernos presentan el valor de unir a las conductas reactivas tipificadas como actos terroristas en los diversos convenios internacionales, nuevas conductas de carácter preventivo, como es el castigo de la dirección o la organización de terceros para cometer actos terroristas[65].

Con toda la labor positiva que implica, hay que recordar que el órgano jurisdiccional por excelencia de la organización, el TEDH, sólo puede conocer de esta materia indirectamente, en la medida en que se hayan violado los derechos y/o libertades fundamentales protegidas por el CEDH en relación con un delito de terrorismo, un proceso nacional sobre tal delito, o una persona relacionada con dicha conducta, pero no el acto terrorista en sí[66].

- La prevención de la tortura, los tratos inhumanos y las penas degradantes (CETS Nº 126, de 1987 y sus Protocolos adicionales Nº 151 y 152 de 1993[67]) aunque la protección ante este tipo de conductas se limita a las personas privadas de libertad, motivo por el cual solo podría aplicarse a efectos de este trabajo, para garantizar que, siendo

list?module=treaty-detail&treatynum=209; https://www.coe.int/en/web/conventions/full-list?module=treaty-detail&treatynum=212.

64 Los Convenios de asistencia mutua de referencia son el CETS Nº 30 de 1959 y sus Protocolos Adicionales 1 (CETS Nº 99 de 1978) y 2 (CEYS Nº 182 de 2001), disponibles en https://www.coe.int/en/web/conventions/full-list?module=treaty-detail&treatynum=030; https://www.coe.int/en/web/conventions/full-list?module=treaty-detail&treatynum=099 y https://www.coe.int/en/web/conventions/full-list?module=treaty-detail&treatynum=182.

65 Salinas de Frías, A., "La obra convencional del Consejo de Europa en la prevención y lucha contra el terrorismo internacional", *Anuario Español de Derecho Internacional*, vol. XXV, Universidad de Navarra, 2009, p. 455, https://revistas.unav.edu/index.php/anuario-esp-dcho-internacional/article/download/28331/23915/

66 *Ibidem* p. 436.

67 *Vid.* https://www.coe.int/en/web/conventions/full-list?module=treaty-detail&treatynum=126; https://www.coe.int/en/web/conventions/full-list?module=treaty-detail&treatynum=151; https://www.coe.int/en/web/conventions/full-list?module=treaty-detail&treatynum=152.

condenada una persona por crímenes internacionales, no será sometida a este tipo de tratos degradantes, inhumanos o de tortura[68].

- La prevención y lucha de la violencia contra la mujer y doméstica (CETS Nº 210, de 2011)[69], en tanto que impone a las partes la obligación de proteger a las mujeres de ser víctimas de determinados delitos que tienen como objeto su persona, por una cuestión de género, incluida la tipificación de determinadas conductas a nivel nacional[70]. A nivel procesal, el Capítulo VIII de este Convenio, conocido como Convenio de Estambul, regula diversos mecanismos de cooperación, entre los que se incluye la posibilidad de denunciar en el país de residencia, siempre que sea alguno firmante del Convenio.
- La protección de los menores contra la explotación sexual y el abuso sexual (CETS Nº 201, de 2007)[71], que a nivel penal implica la tipificación como ilícitas de conductas como el abuso sexual, la violencia sexual, la prostitución infantil y la pornografía infantil y la adopción de las medidas necesarias para que tales delitos sean punibles con sanciones efectivas, proporcionadas y disuasorias[72].

Procesalmente, los instrumentos jurídicos internacionales existentes sólo abordan superficialmente la necesidad de un procedimiento judicial especial adaptado a los niños que han sido víctima de este tipo de agresiones. De ahí que el propósito del Convenio sea garantizar que las partes

---

68 García-Galán San Miguel, M.J., "Comité de prevención de la tortura y tratos y penas inhumanos y degradantes del Consejo de Europa", *ElDerecho.com*, 30 de octubre de 2018, https://elderecho.com/comite-de-prevencion-de-la-tortura-y-tratos-y-penas-inhumanos-y-degradantes-del-consejo-de-europa

69 *Cfr.* https://www.coe.int/en/web/conventions/full-list?module=treaty-detail&treatynum=210

70 Lousada Arochena, J.F., "El convenio del Consejo de Europa sobre prevención y lucha contra la violencia contra las mujeres y la violencia de género", *Aequalitas: Revista jurídica de igualdad de oportunidades entre mujeres y hombres*, nº 35, 2014, p. 6-15, https://dialnet.unirioja.es/descarga/articulo/5496270.pdf

71 *Cfr.* https://www.coe.int/en/web/conventions/full-list?module=treaty-detail&treatynum=201

72 Spassova, S., *Manual para Parlamentarios El Convenio del Consejo de Europa para la Protección de los Niños contra la Explotación Sexual y el Abuso Sexual (Convenio de Lanzarote)*, Asamblea Parlamentaria del Consejo de Europa, 2011, https://assembly.coe.int/LifeRay/SOC/Pdf/DocsAndDecs/LanzaroteHandbook-ES.pdf p. 53

tengan en consideración los intereses superiores, los derechos y la vulnerabilidad de los niños durante las investigaciones y los procedimientos judiciales relativos a estos actos con el fin de evitar agravar el trauma que ya han sufrido[73]. Para ello, el Convenio establece una serie de principios generales que deben regular la cooperación internacional, entre los que se encuentre el deber de los Estados de permitir a las víctimas presentar su denuncia ante las autoridades competentes del Estado en el cual tengan su residencia, en los casos en que el delito haya sido cometido en el territorio de otro Estado Parte[74].

Entre la normativa con previsiones relativas a menores delincuentes, se encuentran:

- La Resolución 25, de 30 de abril de 1966, sobre tratamiento de corta duración de los jóvenes delincuentes menores de 21 años, que propone como medidas para abordar este fenómeno el empleo de tratamientos cortos, con internamientos en centros especiales donde reciban un trato adaptado a su edad.
- La Resolución 62, de 29 de noviembre de 1978, sobre delincuencia juvenil y transformación social, que busca prevenir la comisión de delitos por menores de edad, por un lado, aplicando medidas de tipo social, lúdicas y educativas, como la prestación de ayudas a las familias, la mejora de las condiciones de habitabilidad de las viviendas, la promoción del asociacionismo juvenil o la reforma de las condiciones de escolaridad y, por otro, diseñando sanciones más educativas y resocializadoras[75].
- La Recomendación 20, de 24 de septiembre de 2003, sobre nuevas formas de tratamiento de la delincuencia juvenil y la función de la justicia juvenil, que propone aplicar medidas alternativas al procedimiento penal, previa aceptación por el menor de su responsabilidad, proponiendo que, de ser posible, los padres o tutores se involucren en el cumplimiento de medidas de justicia restaurativa y que los Estados apliquen las sanciones de modo progresivo, según la edad y

---

73 *Ibidem* p. 90.

74 Marcos Martín, T., "Un nuevo paso en la lucha contra la explotación sexual infantil: el Convenio del Consejo de Europa para la protección de los niños contra la explotación y el abuso sexual", *Revista sobre la infancia y la adolescencia,* nº 1, septiembre 2011, p. 108 https://dialnet.unirioja.es/descarga/articulo/4932855.pdf

75 Pérez Vaquero, C., "La justicia juvenil..." *cit.* P. 7-8.

la madurez del infractor; así como medidas alternativas a la prisión, como la libertad condicional, los permisos de salida o la estancia en centros abiertos.

- La Recomendación 11, de 5 de noviembre de 2008, sobre Reglas europeas para infractores menores de edad sometidos a sanciones o medidas[76], que contiene un conjunto de pautas destinadas a proteger los derechos y la seguridad de los infractores menores de edad a los que se les haya impuesto una sanción o medida de privación de libertad, por haber cometido algún delito, promoviendo su bienestar físico, psíquico y social. Quizás se trata del instrumento más completo en este sentido desde el punto de vista procesal penal, por cuanto entre las reglas que recoge destacan que las medidas estén previstas en la ley y sean impuestas por una autoridad judicial en base a los principios de proporcionalidad, individualización de la pena y mínima intervención; que respeten la dignidad, la no discriminación, la no humillación y la posibilidad de restauración del daño; que velen por la participación del menor en el proceso, por la intervención de sus padres, los derechos de revisión o queja respecto de las medidas impuestas y la protección integral de los menores. Pero, además, es que por otro lado recomienda a los Estados regular las medidas a imponer y la forma de hacerlo, incluyendo el régimen aplicable a la privación de la libertad y sus alternativas.

Lo que resulta menos satisfactorio es que a este nivel, no se establece la edad mínima a partir de la cual se pueden imponer sanciones o medidas a menores infractores, sino que se trata de una cuestión que queda en manos de cada Estado, con la única previsión de que no se imponga una edad demasiado baja.

---

76 Estas Reglas presentan la virtud de tomar en consideración las reglas de Naciones Unidas sobre la materia: Reglas de Bangkok para el tratamiento de las reclusas y medidas no privativas de la libertad para las mujeres delincuentes (Resolución 65/229, de 21 de diciembre de 2010), Reglas de Beijing para la administración de la justicia de menores (Resolución 40/33, de 29 de noviembre de 1985), Reglas de La Habana para la protección de los menores privados de libertad (Resolución 45/113, de 14 de diciembre de 1990) y las Reglas de Tokio sobre las medidas no privativas de la libertad (Resolución 45/110, de 14 de diciembre de 1990). Ver González Tascón, M.M., "La delincuencia juvenil desde el prisma del Consejo de Europa: una primera lectura de las reglas europeas para los menores delincuentes que son objeto de sanciones y medidas", *Diario La Ley*, nº. 7179, 21 de mayo de 2009.

3.3. A nivel internacional

3.3.1. El principio de jurisdicción universal

La jurisdicción universal no surgió de la noche a la mañana, sino que comenzó a aceptarse como principio importante del Derecho internacional después de la Segunda Guerra Mundial, aunque su auténtico reconocimiento se debió a los Convenios de Ginebra de 1949, aún aplicables, que al definir las normas para proteger a las poblaciones en tiempos de conflicto armado, obligó a los Estados a enjuiciar y castigar a los autores de violaciones de delitos graves[77].

En concreto, el Convenio para la prevención y sanción del delito de genocidio, en su artículo 6, impone juzgar este tipo de delitos de manera obligatoria en el Estado de comisión o en algún tribunal internacional, sin prohibir la competencia de una posible jurisdicción universal por Estados ajenos al lugar de comisión de los ilícitos. En este sentido, ello es posible dado que el tratado ha de ser interpretado, según la doctrina, conforme a su objetivo y fin, en este caso prevenir y sancionar el delito de genocidio, adoptando las medidas necesarias para ello, entre la que cabe la aplicación de la justicia universal para evitar la impunidad, en caso necesario[78].

En cuanto al delito de lesa humanidad, no existe en la actualidad un tratado que regule de forma específica este tipo de crímenes, por tanto, no puede sostenerse que haya obligación convencional que establezca la jurisdicción universal más allá del trabajo que correspondiera a un órgano jurisdiccional internacional[79]. Sin embargo, hay trabajos en marcha que buscan avanzar hacia un tratado sobre este tipo de crímenes, existiendo un proyecto de artículos al respecto objeto de discusión en el 79 período de sesiones (octubre-noviembre de 2024) de Naciones Unidas[80] cuyo futuro está por determinar.

---

77 Trial Internacional, *Universal Jurisdiction Annual Review 2016*, p. 3 *https://trialinternational.org/resources/universal-jurisdiction-tools/universal-jurisdiction-annual-review-ujar/*

78 No obstante, Díez Rodríguez manifiesta que "cierto sector minoritario de la doctrina rechaza esta consideración y apunta a la subsidiariedad de las jurisdicciones nacionales". Díez Rodríguez, E., "El principio de jurisdicción universal en el derecho comparado", en *Principio de justicia universal contra la impunidad de los crímenes internacionales. Un estudio histórico y comparado con especial referencia a la situación española*, Serie Derecho Constitucional 4, Suprema Corte de Justicia de la Nación, 2018, p. 234.

79 *Ibidem* p. 237.

80 Schiavon, A., "Hacia un tratado internacional independiente sobre los crímenes contra la humanidad", *Legal Today*, 28 de agosto de 2024, https://www.legaltoday.

El Convenio de Ginebra sobre crímenes de guerra prevé un derecho humanitario bélico para regular los conflictos armados internacionales y otro para los conflictos armados no internacionales o de carácter interno. Para ello establece la obligatoriedad de la jurisdicción universal, aunque matizada con la fórmula consistente en juzgar o extraditar, a los autores de los crímenes internacionales clave, a otro Estado si existen en esos Estados cargos contra estas personas. Respecto a este tipo de delitos, buscar a los responsables resulta clave, a diferencia de lo que sucede en otros instrumentos internacionales en que la regla de juzgar y extraditar opera cuando la persona se encuentra en territorio nacional o existe solicitud de extradición al respecto. Discutido resulta, sin embargo, si se exige o no la presencia de la persona en el territorio del Estado juzgador[81].

Progresivamente, el principio fue calando en diversas convenciones, aunque no es hasta la aprobación del Estatuto de Roma de 1998, cuando se logra un nuevo avance, al establecer que la Corte Penal Internacional sería la autoridad judicial penal a nivel internacional responsable de enjuiciar a las personas que cometieran los crímenes internacionales de su competencia. Al disponerse, además, la obligación de extraditar a los autores de crímenes internacionales graves o de procesarlos localmente, se fortalecía el fundamento del principio de jurisdicción universal en el Derecho internacional en relación a los crímenes de genocidio, lesa humanidad y de guerra. Cuestión algo distinta se da con respecto al delito de agresión, incorporado posteriormente al Estatuto de Roma tras la revisión de Kampala de 2010. Para estos casos, la Corte Penal Internacional será competente cuando alguno de los autores sea nacional de los Estados miembros de la Corte, cerrando la puerta a que un tribunal nacional enjuicie a los responsables de estos delitos en base a una justicia cosmopolita, aunque pueda hacerlo la Corte con limitaciones.

Con todo ello, la inclusión del principio de jurisdicción universal en las normas nacionales no está libre de controversia. Quizás ahí radica el hecho de que, en la esfera internacional, de los 197 Estados reconocidos por Naciones Unidas, son 150 los que contemplan la aplicación del principio de jurisdicción universal para al menos uno de los crímenes internacionales[82],

---

com/practica-juridica/derecho-internacional/hacia-un-tratado-internacional-independiente-sobre-los-crimenes-contra-la-humanidad-2024-08-28/

[81] Ver las diferentes posturas y matices que recoge en este sentido Díez Rodríguez, E. "El principio de jurisdicción..." *cit.* p. 243-244.

[82] Trial Internacional, *Universal Jurisdiction Annual Review 2016,* p. 4.

si bien lo hacen definiendo su uso de manera facultativa, siendo escasas las normas de los Estados que lo contemplan de manera obligatoria y pura. De hecho, parte de la doctrina sostiene que "existe una tendencia generalizada a limitar la operatividad del principio de jurisdicción universal mediante la introducción de un filtro de carácter político materializado en una especie de derecho de veto en favor del poder ejecutivo"[83].

No está de más recordar que, a nivel internacional, también existen unidades especiales de investigación de estos crímenes internacionales, similares a las de los países de la Unión Europea ya mencionados, especialmente activas en países como Noruega, Suiza, Estados Unidos, Canadá y Sudáfrica, para la persecución de crímenes internacionales cometidos en cualquier parte del mundo, y las que actúan en Argentina, Serbia, Kenia, Uganda y Ruanda, para la persecución de crímenes de *ius cogens* cometidos en el propio territorio nacional[84].

3.3.2. La Convención Multilateral de Liubliana de 2023

El 26 de mayo de 2023, se firmó en Liubliana (Eslovenia) una convención sobre cooperación internacional en la investigación y el enjuiciamiento de los delitos de genocidio, crímenes de lesa humanidad, crímenes de guerra y otros delitos internacionales, que oficialmente lleva el nombre de Convención Liubliana-La Haya, aunque también es conocida como Tratado de Asistencia Judicial Recíproca (MLAT en sus siglas en inglés), a la que se debe la imposición a los Estados de la obligación de cooperar judicialmente, fomentando la extradición, en la investigación de crímenes de derecho internacional, con el propósito de que este tipo de conductas no queden impunes.

Se trata de un instrumento jurídico multilateral de carácter procesal penal que afecta al enjuiciamiento de los crímenes internacionales, motivo por el que resulta de interés a los efectos de este estudio. No en vano, además, es considerado "el primer tratado internacional importante en el campo del derecho penal internacional adoptado después del Estatuto de Roma de 1998"[85].

---

83 Sánchez Legido, A., "El fin del modelo español de jurisdicción universal", *Revista Electrónica de estudios Internacionales,* nº 27, 2014, p. 39.

84 Díez Rodríguez, E., "El principio de jurisdicción...", *cit,* p. 154.

85 Rachidi, I., "La UE firma un nuevo tratado para combatir crímenes de guerra y de lesa humanidad", *EUROEFE EURACTIV,* 24 de febrero de 2024.

Esta Convención exige a los Estados ratificantes tres cosas:

En primer lugar, criminalizar los crímenes de guerra, los crímenes contra la humanidad y el genocidio, en el sentido en que se definen en el Estatuto de la CPI y se reproduce en el artículo 5 del MLAT (artículo 7 MLAT), ya que, ni existe convenio específico al respecto ni se encuentran tipificados de manera armónica en más de la mitad de los países de la sociedad internacional[86].

En segundo lugar, ejercer jurisdicción sobre los delincuentes acusados de tales delitos en los diversos casos a que se refiere el artículo 8 MLAT, esto es:

- cuando los crímenes se cometan en cualquier territorio bajo su jurisdicción o a bordo de una aeronave o un buque matriculados en ese Estado y cuando el presunto autor sea nacional de dicho Estado parte;
- cuando el presunto autor sea un apátrida que tenga su residencia habitual en el territorio del Estado parte y cuando la víctima sea nacional del Estado parte;
- en los casos en que el presunto autor esté presente en cualquier territorio de su jurisdicción y éste no conceda su extradición a otro Estado ni su entrega a un tribunal que haya reconocido ni a la Corte Penal Internacional.

De esta manera, la Convención regula la obligación de hacer punibles bajo la ley nacional los crímenes internacionales relevantes y de enjuiciarlos realmente, pero sin establecer una jurisdicción universal "pura", sino una forma de jurisdicción extraterritorial, condicionada a la existencia de vínculos concretos. Esta regulación supone que la investigación y el procesamiento de presuntos autores de crímenes internacionales presentes en el territorio de los Estados parte tenga carácter discrecional, cuando debería ser una obligación universal. No obstante, la determinación de la mayoría de los Estados implicados en las negociaciones de reducir al máximo los "santuarios" para responsables de genocidio, crímenes de lesa humanidad y crímenes de guerra, y de realizar el derecho de las víctimas a una reparación, garantizó que esta exención fuera limitada[87].

---

https://euroefe.euractiv.es/section/justicia-e-interior/news/la-ue-firma-un-nuevo-tratado-para-combatir-crimenes-de-guerra-y-de-lesa-humanidad/

86 Schiavon, A., "Hacia un tratado…" *cit.*

87 Amnistia Internacional, Global: Los Estados acuerdan un histórico tratado para contribuir a que se haga justicia a las víctimas de genocidio, crímenes de lesa humanidad y crímenes de guerra, 29 de mayo de 2023,

Resulta destacable en este sentido que se permite establecer la responsabilidad de las personas jurídicas por su participación en este tipo de crímenes (artículo 15 MLAT) a título penal, civil o administrativa, lo que no está previsto en otras normas.

En tercer lugar, proporcionarse asistencia jurídica recíproca en investigaciones, procesos judiciales y aplicación de sanciones penales con respecto a los infractores (parte III MLAT) y en materia de extradición (parte IV MLAT), con el fin de permitir una cooperación más rápida y eficaz entre los Estados que investigan y juzgan estas violaciones al Derecho Internacional. Así la Convención se convierte en la norma a la que podrán recurrir los Estados para dotar a sus poderes judiciales nacionales de las facultades necesarias para perseguir este tipo de crímenes[88], superando los instrumentos empleados hasta ahora, "incompletos y obsoletos" según el secretario de estado neerlandés Eric van der Burg[89].

El texto contiene además acuerdos concretos sobre la colaboración, define las autoridades centrales y las reglas para la cooperación con relación a las víctimas, testigos y expertos, regula el traslado de condenados y prevé los procedimientos para solucionar posibles controversias.

Lo que no contiene es ninguna referencia a menores de edad, de manera que, una vez más, el caso dependerá de cómo se gestione su responsabilidad y la minoría de edad penal en los Estados parte de la Convención.

Con todo ello, se trata de una Convención que viene a cubrir el vacío existente en el derecho y la justicia internacional de aclarar y consolidar el deber y la obligación de los Estados de prestarse asistencia mutua en casos de crímenes de derecho internacional al tiempo que proporciona herramientas para luchar contra la impunidad de estos crímenes, reforzando el papel de los sistemas judiciales nacionales en estos casos.

Fueron 33 Estados de todo el mundo los que firmaron la Convención en una conferencia de firma celebrada en La Haya los días 14 y 15 de febrero

---

https://www.amnesty.org/es/latest/news/2023/05/global-states-agree-landmark-treaty-to-help-deliver-justice-to-victims-of-genocide-crimes-against-humanity-and-war-crimes/

88 Puyuelo Martínez, A. y Martínez Molina, J., "Convención de Liubliana – La Haya: un paso adelante en la persecución de crímenes internacionales", *FIBGAR*, 9 de junio de 2023, https://fibgar.es/convencion-de-liubliana-la-haya-un-paso-adelante-en-la-persecucion-de-crimenes-internacionales/

89 Según se recoge en Rachidi, I., "La UE firma..." *cit.*

de 2024[90]. Durante el año siguiente, quedó abierto un período de firma, hasta el 14 de febrero de 2025, en el que se esperaba que el número de países ratificantes se incrementara, pues fueron 68 Estados los que acordaron el texto, que se debe a la iniciativa de Eslovenia, Argentina, Bélgica, Mongolia, Holanda y Senegal, en un proceso que se llevó a cabo de manera independiente, fuera del foro Naciones Unidas[91]. Así ha sido, aunque la cifra de firmantes ha alcanzado los 40 Estados y no la totalidad deseada[92].

El Tratado entrará en vigor, de acuerdo con el artículo 90 MLAT, "el primer día del mes posterior al término de los tres meses de la fecha en que se haya depositado el tercer instrumento de ratificación, aceptación, aprobación o adhesión". Según la información oficial aún no se han depositado tales instrumentos, de modo que habrá que esperar para poder empezar a usar las disposiciones de esta Convención. Ahora bien, la parte III, relativa a la asistencia jurídica recíproca puede aplicarse de manera provisional en Holanda desde el 15 de febrero de este año, por haberlo ésta declarado así en base al artículo 91 de la Convención[93].

4. CONCLUSIONES

Los Estados de la sociedad internacional son conscientes de que es esencial luchar contra la impunidad de los crímenes internacionales fundamentales, a pesar de que la investigación y el enjuiciamiento de los delitos de este tipo constituye una tarea especialmente compleja para las autoridades nacionales.

Muestra de ello es la labor que se está llevando a cabo a distintos niveles para diseñar e implementar mecanismos que, al margen del rol de la CPI,

---

90 La lista de Estados parte a fecha de 25 de junio de 2024 ascendía a 36 y se puede comprobar en este enlace https://www.gov.si/assets/ministrstva/MZEZ/projekti/MLA-pobuda/konvencija-dokoncna/List-of-States-Parties-25.-6.-2024-English.pdf

91 *Cfr.* Republic of Slovenia, *MLA (Mutual Legal Assistance and Extradition) Initiative*, MLA Diplomatic Conference, Slovenian Government, https://www.gov.si/en/registries/projects/mla-initiative/

92 *Vid.* Lista de Estados Parte a fecha de 14 de febrero 2025, J4/TS/CiCir.1973/JUR.05.11.13/2025/ https://www.gov.si/assets/ministrstva/MZEZ/projekti/MLA-pobuda/konvencija-dokoncna/List-of-States-Parties-14.-2.-2025-English.pdf

93 Así se constata en el documento que recoge el listado de estados parte a fecha de 25 de junio de 2024, *cit.*

permitan, por un lado, investigar y recabar pruebas para llevar ante la justicia a los presuntos autores de estos delitos y, por otro lado, enjuiciarles en base al principio de justicia universal condicionada o de jurisdicción extraterritorial.

Es cierto que son los Estados de la Unión Europea quienes están más avanzados, jurídicamente hablando, para poder asumir tales investigaciones y juicios, por cuanto la mayoría de ellos tipifica estos delitos en sus ordenamientos nacionales y permite o impone juzgarlos, todos o casi todos, aunque sea con sometimiento a condiciones diversas y, por tanto, de manera no armonizada. Su labor social y de concienciación al respecto también ha de ser considerada, no en vano cada 23 de mayo, desde 2016, celebran el "Día europeo contra la impunidad del genocidio, los crímenes contra la humanidad y los crímenes de guerra". Sin embargo, no debe pasarse por alto que ya está aprobado el Convenio de Liubliana-La Haya que persigue conseguir, en un marco territorialmente más amplio, al menos potencialmente, el mismo objetivo, aunque su puesta en funcionamiento esté aún pendiente y se haga esperar quizás algunos años.

Tampoco es baladí que, de manera indirecta y en base a la protección de los derechos fundamentales, casos de este tipo pueden llegar al Tribunal Europeo de Derechos Humanos, donde la regulación relevante es sectorial, por tipos de delitos o medidas a realizar para su persecución y castigo.

En unos y otros casos, existen sin embargo lagunas legislativas que obstaculizan el pleno enjuiciamiento de los delitos, el ejercicio de la jurisdicción extraterritorial universal o la cooperación judicial internacional y la asistencia judicial mutua. La creación de unidades nacionales especializadas o el nombramiento de personal específico siguen siendo limitados. Incluso en los casos en que existen, parecen faltar recursos financieros, técnicos y humanos para abordar eficazmente una carga de trabajo cada vez mayor y más compleja, que se enfrenta en ocasiones a obstáculos diversos a lo largo del proceso, como por ejemplo vincular a un autor con la escena del crimen (a miles de kilómetros del lugar de celebración del proceso), reunir pruebas y encontrar testigos. Ello se complica aún más dado que, a menudo, se les restringe la posibilidad de visitar los Estados donde se han cometido delitos.

Con todo, no puede negarse que los mecanismos de que disponemos, con sus pros y sus contras, son útiles y hay que ponerlos en valor. Ahora bien, ninguna de las regulaciones analizadas prevé un tratamiento procesal específico, con medidas concretas que resulten de aplicación cuando los autores de estos delitos internacionales son menores de edad y mucho menos féminas que en multitud de ocasiones reúnen en sus personas la doble condición de víctimas y victimarias. Desde el punto de vista de nuestro objetivo, supone un inconveniente adicional para el enjuiciamiento de niñas soldado el hecho de que no se les pueda dispensar un tratamiento específico porque no existe, especialmente porque genera discrepancias graves según el delito que comentan, el lugar de comisión del delito, la nacionalidad de las niñas solados autoras de los mismos, su edad y la nacionalidad de las víctimas, pues según estos datos sus hechos deberán o podrán ser juzgados a nivel nacional en uno u otro Estado.

Quizás el futuro de los trabajos nacionales e internacionales en la lucha contra la impunidad de estos delitos debería traducirse en un aumento de los esfuerzos y los recursos en todos los Estados para, por un lado, garantizar que la jurisdicción universal se utilice en todo su potencial y, por otro, diseñar un tratamiento más uniforme para los menores de edad en general y, si se considera que procede, para las niñas en particular. En este sentido, convendría trabajar en el establecimiento de una minoría de edad penal a partir de la cual poder exigir responsabilidad por hechos delictivos de este tipo en todos los Estados, que podría ser los 15 años, por reflejar una media razonable de las edades establecidas como referencia en la sociedad internacional, así como valorar la posibilidad de establecer a nivel supranacional causas que permitan atenuar o eximir de dicha responsabilidad a los menores de edad, introduciéndolas en la normativa europea o internacional, pudiendo incluso establecerse diferencias según sus conductas ilícitas se den en un entorno de reclutamiento forzado o de reclutamiento voluntario.

Otra medida que podría tratar de desarrollarse es que el trato especializado para los menores soldado se dispense desde las unidades de especialización que se han ido poniendo en marcha para colaborar en su investigación y enjuiciamiento, pues es posible que desde ese nivel sea más sencillo un trabajo que vele por el interés superior del menor y las cuestiones de género con relación a un colectivo tan peligroso como vulnerable como el que representan los menores de edad y, especialmente las niñas soldado.

5. REFERENCIAS BIBLIOGRÁFICAS

Abad Castelos, M., *La toma de rehenes como manifestación del terrorismo y del derecho internacional*, Ministerio de Interior, 1997.

Alcázar Escribano, M.A., "El matrimonio forzado: violencia de género más allá del libre consentimiento", *Revista Electrónica de Ciencia Penal y Criminología*, nº 25, febrero 2023, http://criminet.ugr.es/recpc/25/recpc25-02.pdf

Alonso del Val, V., "Niños y niñas soldados, un caso claro de violación de los derechos humanos. Respuestas a las preguntas más frecuentes", *Amnistía Internacional,* 12 de febrero de 2023, https://www.es.amnesty.org/en-que-estamos/blog/historia/articulo/ninos-y-ninas-soldados-una-grave-violacion-de-los-derechos-humanos/

Ambos, K., "Los fundamentos del ius puniendi nacional; en particular su aplicación extraterritorial", en *Boletín Mexicano de Derecho Comparado,* año XL, núm. 119, 2007.

Amnistía Internacional, "Los derechos de niñas y niños durante un conflicto armado", *Red Educativa por los Derechos Humanos,* 20 de noviembre de 2023, https://redescuelas.es.amnesty.org/blog/historia/articulo/los-derechos-de-ninos-durante-un-conflicto-armado-1.

Amnistia Internacional, Global: *Los Estados acuerdan un histórico tratado para contribuir a que se haga justicia a las víctimas de genocidio, crímenes de lesa humanidad y crímenes de guerra,* 29 de mayo de 2023, https://www.amnesty.org/es/latest/news/2023/05/global-states-agree-landmark-treaty-to-help-deliver-justice-to-victims-of-genocide-crimes-against-humanity-and-war-crimes/

Andrés Domínguez A.C., *Derecho penal internacional,* Tirant Lo Blanc, 2006.

Arangëna Fanego, C., "Proceso penal del menor y cambios exigidos por la Directiva (UE) 2016/800, relativa a las garantías procesales de menores sospechosos o acusados en los procesos penales", en Martín Ríos, P. y Pérez Marín, M.A. (Dir), *La Administración de Justicia en España y en América. Liber Amicorum, José Martín Ostos,* Astigi, 2021.

CICR, *Bases de datos de Derecho Internacional Humanitario,* https://ihl-databases.icrc.org/es/customary-ihl/v1/rule3

Consejo de Europa, *Comentario a las Reglas europeas para infractores menores de edad sometidos a sanciones o medidas,* Documento de Trabajo, Traducción Centro de Estudios Jurídicos y Formación Especializada del Departamento de Justicia de la Generalitat de Catalunya, abril 2010, https://www.eduso.net/res/pdf/15/CONSEJOEUROPA2010.pdf

Consejo de la UE, *Estrategia de la red de la UE de cooperación contra el genocidio para luchar contra los delitos de genocidio, crímenes de lesa humanidad y crímenes de guerra en la Unión Europea y sus Estados miembros,* Bruselas, 5 de febrero de 2014, Doc. 15581/2/14, REV 2, https://www.eurojust.europa.eu/sites/default/files/assets/strategy-genocide-network-2014-11-es.pdf

Consejo de la UE, *Guía Práctica de los equipos conjuntos de investigación,* Bruselas, 14 de febrero de 2017, Doc. 6128/1/17 REV1, https://www.europol.europa.eu/cms/sites/default/files/documents/jit-guide-2017-es.pdf

Díez Rodríguez, E., "El principio de jurisdicción universal en el derecho comparado", en *Principio de justicia universal contra la impunidad de los crímenes internacionales. Un estudio histórico y comparado con especial referencia a la situación española,* Serie Derecho Constitucional 4, Suprema Corte de Justicia de la Nación, 2018.

Estévez Mendoza, L., "El uso de menores de edad en conflictos armados: problemática derivada del reclutamiento a través de las tecnologías de la información", *Revista Electrónica de Estudios Penales y de la Seguridad,* nº extraordinario 7, 2021, p. 6-9, https://www.ejc-reeps.com/numeros-anteriores/numero-extraordinario-7-2021

Eurojust and Genocide Network, *20 years on: Main developments in the fight against impunity for core international crimes in the EU*, May 2022.

Eurojust, *At a Glance: Universal Jurisdiction in EU Member States*, 23 May 2023, https://www.eurojust.europa.eu/publication/glance-universal-jurisdiction-eu-member-states

Eurojust, *Veinte años después: Principales avances en la lucha contra la impunidad de los delitos internacionales fundamentales, Resumen*, mayo de 2022.

Fernández Liesa, C.R., "Jurisdicción universal", en Pendás, B. (Ed), *Enciclopedia de las Ciencias Morales y Políticas para el siglo XXI*, Real Academia de Ciencias Morales y Políticas, Boletín Oficial del Estado, 2020.

Fernández Sánchez, P. A., "La aplicación extraterritorial de los derechos humanos por acciones de empresas", en Verdiales López, D.m. (Coord); Díaz Barrado, C. y Fernández Liesa, C.R., (Dirs.), *Objetivos de desarrollo sostenible y Derechos Humanos: paz, justicia e instituciones sólidas. Derechos Humanos y empresas*, Instituto Universitario de Estudios Internacionales y Europeos "Francisco de Vitoria", Universidad Carlos III de Madrid, 2018.

García Alcaide, M., *La participación de las mujeres en el ISIL, ¿víctimas o agentes activos?*, Trabajo de Fin de Máster, XIV Máster Universitario en Protección Internacional de los Derechos Humanos, Universidad de Alcalá, 2018, https://ebuah.uah.es/dspace/bitstream/handle/10017/38894/TFM-GARCIA-ALCAIDE-2018.pdf

García Sánchez, B., *Límites a la ley penal en el espacio*, Atelier, 2004.

García-Galán San Miguel, M.J., "Comité de prevención de la tortura y tratos y penas inhumanos y degradantes del Consejo de Europa", *ElDerecho.com*, 30 de octubre de 2018, https://elderecho.com/comite-de-prevencion-de-la-tortura-y-tratos-y-penas-inhumanos-y-degradantes-del-consejo-de-europa

González Tascón, M.M., "La delincuencia juvenil desde el prisma del Consejo de Europa: una primera lectura de las reglas europeas para los menores delincuentes que son objeto de sanciones y medidas", *Diario La Ley*, nº. 7179, 21 de mayo de 2009.

Humanium, "Los niños de Malta", https://www.humanium.org/es/malta.

ICRC, *Universal jurisdiction over war crimes*, Advisory Service on International Humanitarian Law, March 2014, https://www.icrc.org/sites/default/files/document/file_list/universal-jurisdiction-icrc-eng.pdf.

Resta, D., "El principio de *nullum crimen, nulla poena sine lege* en el Derecho Penal Internacional. En especial en el Estatuto de la Corte Penal Internacional", *Tesis Doctoral*, Facultad de Derecho, Universidad de Granada, 2018, https://digibug.ugr.es/bitstream/handle/10481/54975/56819.pdf

Kilkelly, U., Forde, L. y Malone, D., *Alternativas al internamiento para menores infractores. Guía de Buenas Prácticas en Europa*, Observatorio Internacional de Justicia Juvenil, febrero 2016, https://www.fundaciondiagrama.es/sites/default/files/archivos/manual_joda-spainok.pdf

Lousada Arochena, J.F., "El convenio del Consejo de Europa sobre prevención y lucha contra la violencia contra las mujeres y la violencia de género", *Aequalitas: Revista jurídica de igualdad de oportunidades entre mujeres y hombres*, nº 35, 2014, https://dialnet.unirioja.es/descarga/articulo/5496270.pdf

Marcos Martín, T., "Un nuevo paso en la lucha contra la explotación sexual infantil: el Convenio del Consejo de Europa para la protección de los niños contra la explotación y el abuso sexual", *Revista sobre la infancia y la adolescencia*, nº 1, septiembre 2011, https://dialnet.unirioja.es/descarga/articulo/4932855.pdf

Martínez Alcañiz, A., "El principio de justicia universal y los crímenes de guerra", *Tesis Doctoral*, UNED, 2014, https://apidspace.linhd.uned.es/server/api/core/bitstreams/f2c63e4d-c389-4dbf-aa18-bebaff5cf374/content

Mckay, S. y Mazurama, D., *Where are the girls? Girls in Fighting Forces in Northern Uganda, Sierra Leone and Mozambique: Their Lives During and After War*, Rights & Democracy, 2004.

Naciones Unidas, "Los niños y los conflictos armados", *Informe del Secretario General del Consejo de Seguridad*, 5 de junio de 2023, https://documents.un.org/doc/undoc/gen/n23/144/99/pdf/n2314499.pdf

Naciones Unidas, "Los niños y los conflictos armados". *Informe del Secretario General*, Doc A/78/842-S/2024/384, Asamblea General del Consejo de Seguridad, 3 junio 2024, https://www.refworld.org/es/ref/infortem/unsecgen/2024/es/148091

Naciones Unidas, "Récord de violaciones graves de los derechos de los niños en conflictos armados en 2024", *Noticias ONU*, 19 de junio de 2025, https://news.un.org/es/story/2025/06/1539651

Palacián De Inza, B. y Amador, A., "La evolución del reclutamiento de menores en los países participantes en la campaña «Niños, No Soldados» (parte I)", *Boletín IEEE*, nº 8, octubre-diciembre 2017.

Pérez Vaquero, C., "La justicia juvenil en el Derecho Europeo", *Derecho y Cambio Social*, año 11, nº 37, 2014, p. 4 https://dialnet.unirioja.es/descarga/articulo/4750947.pdf

Pérez Vaquero, C., "Los cuatro crímenes internacionales más graves", *Quadernos de criminología: revista de criminología y ciencias forenses*, nº. 13, 2011.

Puyuelo Martínez, A. y Martínez Molina, J., "Convención de Liubliana-La Haya: un paso adelante en la persecución de crímenes internacionales", *FIBGAR*, 9 de junio de 2023, https://fibgar.es/convencion-de-liubliana-la-haya-un-paso-adelante-en-la-persecucion-de-crimenes-internacionales/

Quintano Ripollés, A., *Tratado de derecho penal internacional e internacional penal*, Tomo II, CSIC.

Rachidi, I., "La UE firma un nuevo tratado para combatir crímenes de guerra y de lesa humanidad", *EUROEFE EURACTIV*, 24 de febrero de 2024, https://euroefe.euractiv.es/section/justicia-e-interior/news/la-ue-firma-un-nuevo-tratado-para-combatir-crimenes-de-guerra-y-de-lesa-humanidad/

Remiro Bretons, A., "Crímenes internacionales, jueces estatales", *Política Exterior*, vol 24, nº 134, marzo-abril 2010.

Republic of Slovenia, *MLA (Mutual Legal Assistance and Extradition) Initiative*, MLA Diplomatic Conference, Slovenian Government, https://www.gov.si/en/registries/projects/mla-initiative/

Rodríguez-Villasante Prieto, J.L., "La protección del niño en los conflictos armados por el derecho internacional humanitario: Los niños soldados", en *El menor ante el derecho en el siglo XXI,* Anuario de la Facultad de Derecho de la Universidad Autónoma de Madrid, nº 15, 2011, https://repositorio.uam.es/bitstream/handle/10486/662987/AFDUAM_15_8.pdf.

Rubert, J.A., "Cómo penalizan los países de Europa los delitos de menores", *Cope,* 24 enero 2018, https://www.cope.es/actualidad/internacional/noticias/como-penalizan-los-paises-europa-los-delitos-menores-20180124_168561

Salinas de Frías, A., "La obra convencional del Consejo de Europa en la prevención y lucha contra el terrorismo internacional", *Anuario Español de Derecho Internacional,* vol. XXV, Universidad de Navarra, 2009, https://revistas.unav.edu/index.php/anuario-esp-dcho-internacional/article/download/28331/23915/

Sánchez Legido, A., "El fin del modelo español de jurisdicción universal", *Revista Electrónica de estudios Internacionales,* nº 27, 2014.

Schiavon, A., "Hacia un tratado internacional independiente sobre los crímenes contra la humanidad", *Legal Today,* 28 de agosto de 2024, https://www.legaltoday.com/practica-juridica/derecho-internacional/hacia-un-tratado-internacional-independiente-sobre-los-crimenes-contra-la-humanidad-2024-08-28/

Spassova, S., *Manual para Parlamentarios El Convenio del Consejo de Europa para la Protección de los Niños contra la Explotación Sexual y el Abuso Sexual (Convenio de Lanzarote),* Asamblea Parlamentaria del Consejo de Europa, 2011, https://assembly.coe.int/LifeRay/SOC/Pdf/DocsAndDecs/LanzaroteHandbook-ES.pdf

Trial Internacional, *Universal Jurisdiction Annual Review 2016, https://trialinternational.org/resources/universal-jurisdiction-tools/universal-jurisdiction-annual-review-ujar/*

Trial Internacional, *Universal Jurisdiction Annual Review 2024,* https://trialinternational.org/resources/universal-jurisdiction-tools/universal-jurisdiction-annual-review-ujar/

UNICEF, *Preguntas y respuestas sobre los Principios y compromisos de Paris relativos a los Niños Asociados a Fuerzas y Grupos Armados,* https://www.unicef.org/media/113641/file/UNI-Paris-Principles-and-Commitments-FAQ-SP-21.pdf

La protección internacional de las niñas soldado: hacia una integración funcional entre el Derecho Internacional Penal y el derecho a la protección internacional[1]

The International Protection of Girl Soldiers: Towards a Functional Integration between International Criminal Law and the Right to International Protection

CARLOS GIL GANDÍA
Universidad de Murcia

Resumen: Este trabajo examina la condición jurídica de las niñas soldado desde una perspectiva integral, que articula el Derecho Internacional Penal y el derecho a la protección internacional. Reclutadas en contextos de extrema violencia y pobreza, estas menores son víctimas de una triple vulnerabilidad: infancia truncada, género invisibilizado y participación forzada en conflictos armados. La investigación analiza cómo el Estatuto de Roma y la jurisprudencia de la Corte Penal Internacional han avanzado en el reconocimiento del reclutamiento forzoso y la violencia sexual como crímenes de guerra, aunque persisten vacíos normativos y resistencias judiciales. Paralelamente, se estudia el papel del Derecho de Refugiados y de los sistemas regionales de protección de la infancia, que exigen aplicar los principios de interés superior, no discriminación y non-refoulement en los casos de niñas soldado solicitantes de asilo. El trabajo sostiene que la interacción coherente entre sanción penal y protección internacional resulta indispensable para evitar que estas menores sean revictimizadas, y para garantizar su derecho al cuidado, la reparación integral y la reintegración social. En definitiva, la respuesta jurídica debe situarse en un horizonte de humanidad y memoria, capaz de superar la mera legalidad formal.

Palabras clave: niñas soldado, derecho internacional penal, protección internacional, interés superior del niño, conflicto armado.

Abstract: This article explores the legal status of girl soldiers through an integrated approach that combines International Criminal Law and the right to international protection. Recruited in contexts marked by violence and deprivation, these minors embody a triple vulnerability: in-

1 Estudio realizado en el marco del Proyecto de Investigación titulado "*Lagunas en la protección y asistencia internacional a las niñas asociadas a Grupos armados (NAAG)*". CIAICO 2022/235 UCHCEU con financiación pública de la GVA. https://orcid.org/0000-0002-0325-6517

terrupted childhood, gender-based invisibility, and forced participation in armed conflict. The study examines how the Rome Statute and the jurisprudence of the International Criminal Court have recognized the forced recruitment of children and sexual violence as war crimes, while highlighting persistent legal gaps and judicial resistance. At the same time, it addresses the role of Refugee Law and regional human rights systems, which demand the application of the principles of the best interests of the child, non-discrimination, and non-refoulement in asylum claims made by girl soldiers. The paper argues that a coherent articulation between penal sanction and international protection is essential to prevent revictimization and to ensure the rights to care, comprehensive reparation, and social reintegration. Ultimately, the legal response must be framed within a horizon of humanity and memory, moving beyond formal legality.

Keywords: girld soldiers, international criminal law, international protection, best interests, armed conflicts.

1. INTRODUCCIÓN

Un derecho verdaderamente justo y humanizado debe ser inclusivo, en especial con quienes requieren con mayor urgencia su protección. En un mundo donde la deuda y la precariedad se han convertido en nuevas formas de exclusión, asistimos al riesgo de un derecho volátil: un orden normativo que, como la modernidad líquida descrita por Bauman, se muestra inestable, fragmentado y contingente, fluyendo de forma desigual y dejando vacíos precisamente allí donde la tutela debería ser más firme.

Frente a esta volatilidad, resulta imperativo reafirmar el papel del derecho como garante frente a la violencia estructural. Los grupos más vulnerables —como las niñas soldado— no pueden quedar relegados a una protección mínima o fragmentaria. La omisión en su amparo perpetúa la discriminación y prolonga su condición de víctimas.

La situación jurídica de las niñas soldado ilustra con claridad los desafíos pendientes en la intersección entre la obligación de proteger y la necesidad de perseguir penalmente las violaciones graves del Derecho Internacional. Esta tensión se inscribe en un proceso más amplio: la progresiva *humanización* del Derecho Internacional, que desplaza el foco del Estado hacia la persona como sujeto jurídico central. El acceso de los individuos a instancias jurisdiccionales internacionales constituye una manifestación de este cambio, consolidando la dignidad humana como valor estructural y redefiniendo el estatuto jurídico de quienes, como las niñas soldado, representan la vulnerabilidad extrema[2].

---

2 Debemos apelar a la noción de *condición vulnerable* del ser humano, ya que remite, en clave jurídica, a la comprensión de la persona como sujeto intrínsecamente

Reclutadas —con frecuencia por medios coercitivos—, expuestas a violencia sexual sistemática, usadas como combatientes, esclavas o mensajeras, las niñas soldado representan una forma extrema de victimización múltiple y estructural. Como evocan los relatos de Svetlana Alexiévich en *La guerra no tiene rostro de mujer*, niñas con peinados aún infantiles empuñaban fusiles desproporcionados frente a sus cuerpos. Estas menores se encuentran atrapadas en una situación imposible, situada entre la infancia y la guerra, entre la inocencia y la agencia forzada. Su condición de menores, de niña y de actor forzado en escenarios de conflicto armado, las coloca en una triple vulnerabilidad que exige respuestas jurídicas complejas e integradas.

En este contexto, resulta imperativo examinar la forma en que el Derecho internacional contemporáneo responde —o fracasa en responder— a estas realidades. En particular, dos ramas jurídicas con lógicas distintas pero convergentes reclaman un diálogo sustantivo: el Derecho Internacional Penal, destinado a sancionar crímenes internacionales, y el Derecho a la Protección Internacional, que resguarda la vida y dignidad de quienes huyen de persecución o violencia generalizada. Su articulación es indispensable para ofrecer respuestas integrales frente a fenómenos como el desplazamiento forzado y la violencia armada sistemática.

2. EL NIÑO Y LA NIÑA COMO SUJETO DE DERECHOS EN EL SISTEMA JURÍDICO INTERNACIONAL

La consolidación de la infancia como sujeto de derecho constituye un proceso gradual, pero decisivo: ha implicado el tránsito desde una matriz estatalista y adultocéntrica hacia un orden más humano, plural y centrado en la dignidad de todas las personas. En este proceso, se reconoció que el sufrimiento infantil —y, en particular, el que ocurre en escenarios de conflicto armado o violencia estructural— demandaba respuestas normativas específicas e inmediatas. La Convención de los derechos del niño (en adelante, CDN), instrumento más ratificado del derecho internacional, no

---

expuesto al daño y necesitado de protección, no por contingencias excepcionales, sino por su propia finitud y dependencia estructural. Esta concepción impone al derecho la obligación de ir más allá de la protección categorial: limitada a quienes encajan en marcos normativos de reconocimiento, para garantizar respuestas efectivas y diferenciadas que salvaguarden la dignidad humana en su singularidad, especialmente frente a situaciones de violencia estructural y exclusión sistemática, como es el ejemplo de las niñas soldado.

innova en el catálogo de derechos, pero universaliza su titularidad y exige su protección efectiva e inmediata, con desarrollo progresivo solo cuando la naturaleza del derecho lo permita[3].

El principio del interés superior del niño, en tanto norma de orientación sustantiva, interpretativa y procedimental, se erige como columna vertebral del orden jurídico que la CDN proyecta[4]. Este principio, junto con la no discriminación y la participación, conforma el núcleo hermenéutico del sistema. Ya no se trata de extender ciertos beneficios, sino de afirmar la existencia de un sujeto pleno de derecho cuya titularidad exige realización inmediata, salvo excepciones justificadas.

El artículo 1 de la CDN, al definir al niño como todo ser humano menor de 18 años, establece algo más que un umbral etario. Formula una construcción jurídica que opera como clave de bóveda de todo el edificio normativo: la infancia como categoría autónoma del derecho internacional. Esta definición habilita una lectura que rompe con el paradigma tradicional de la "situación irregular", en el cual el menor era tratado como objeto de control estatal, bajo formas represivas, asistencialistas o moralizantes. El giro normativo hacia el paradigma de la protección integral desplaza ese enfoque y coloca en su lugar un principio garantista, donde los derechos del niño no dependen de su comportamiento, filiación o vulnerabilidad, sino que derivan directamente de su condición humana.

Uno de los aportes más significativos de la CDN es haber impuesto una lógica de transversalidad: los derechos del niño no deben interpretarse ni aplicarse de manera fragmentaria, sino como parte de un sistema integral. Esto implica que las políticas públicas, desde su diseño hasta su evaluación, deben someterse a los principios de la Convención. La indivisibilidad de

---

3 En este sentido, véase Cardona Llorens, J. (2020). La Convención de Derechos del Niño y la legislación española de protección a la infancia. Presupuesto y gasto público, (98), 35-48.

4 El principio del interés superior del niño (art. 3 de la Convención). se configura como norma estructurante. Según la Observación General Nº 14 del Comité, su carácter triple (como derecho, principio e instrumento procesal) obliga a los Estados a justificar en cada caso cómo este interés ha sido ponderado y priorizado. En esta exigencia se refleja con claridad el viraje normativo operado: el niño ya no es receptor pasivo de decisiones adultas, sino interlocutor jurídicamente legitimado. El artículo 12, que consagra el derecho del niño a expresar su opinión libremente en todos los asuntos que lo afecten, refuerza esta idea de ciudadanía jurídica en formación, en la que el ejercicio de derechos no espera a la mayoría de edad para volverse operativo.

los derechos exige coherencia: educación, salud, identidad y seguridad no pueden garantizarse aisladamente.

En este marco, la protección de las niñas soldado exige una aplicación del corpus iuris internacional de los derechos del niño desde una lectura interseccional que incorpore la perspectiva de género como eje hermenéutico indispensable[5]. El Comité de los Derechos del Niño ha destacado en diversas Observaciones Generales —en particular la n.º 6, la n.º 13 y la n.º 19— la necesidad de identificar las formas específicas de violencia y discriminación que afectan a niñas y adolescentes, especialmente en contextos de conflicto armado. En estos escenarios, la condición de las niñas soldado no se limita a su participación directa o indirecta en hostilidades, sino que incluye formas agravadas de victimización, como la esclavitud sexual, los matrimonios forzados, los embarazos impuestos y la exclusión sistemática de los programas de desarme, desmovilización y reintegración[6]. Ignorar estas especificidades vulnera directamente los principios de no discriminación (art. 2) e interés superior (art. 3). Por ello, la perspectiva de género no es opcional, sino una obligación jurídica que condiciona la legitimidad del sistema internacional de protección infantil. La labor del Comité permite una lectura dinámica del corpus iuris de la infancia, capaz de responder a nuevas problemáticas emergentes: los efectos del cambio climático, la exposición a entornos digitales nocivos, los desplazamientos forzados o la violencia sexual transnacional.

---

5 No está de más recordar, desde el principio y en estos tiempos de regresión de ciertos derechos, su tergiversación o incumplimiento, que la perspectiva de género no es una construcción abstracta ni ideológica, sino una articulación jurídica y sociológica fundada en el reconocimiento de la discriminación histórica contra las mujeres. Esta perspectiva parte de la constatación de relaciones de poder estructuralmente desiguales, en las que los hombres han perpetuado su posición dominante mediante diversas formas de violencia simbólica, social y física. Como advierte Mary Beard en *Women & Power*, el silencio impuesto a las mujeres ha sido una técnica persistente de exclusión del espacio público. En contextos de justicia internacional, este enfoque permite identificar cómo tales desigualdades operan también en situaciones de conflicto y violencia masiva, legitimando un tratamiento diferenciado que no contradice la igualdad, sino que la hace posible en su dimensión sustantiva. Así, aplicar esta lente contribuye a decisiones judiciales más equitativas, alineadas con la protección integral de los derechos humanos y la reparación transformadora.

6 En este sentido, véase Abril Stoffels, R. de M., & Ojinaga Ruiz, R. (2021). Los procesos de desvinculación y reintegración de las niñas asociadas con fuerzas o grupos armados: "thinking outside the box". ACDI-Anuario Colombiano de Derecho Internacional, 14, 147-184.

De esta manera, el sistema internacional no se contenta con una proclamación formal de los derechos del niño, sino que avanza hacia su operatividad normativa[7]. La idea de justiciabilidad —clave en los derechos humanos— cobra aquí especial relevancia: si el niño es sujeto de derechos, debe ser también titular de acciones, procedimientos y garantías que permitan exigir su cumplimiento. Esta exigencia no se agota en el plano retórico; demanda que el derecho positivo, tanto internacional como interno, se adapte y se reorganice para acoger esta nueva centralidad de la infancia como sujeto normativo.

Una mirada comparada a los sistemas regionales de protección de derechos humanos permite advertir una creciente convergencia normativa en torno a principios estructurales fundamentales para la garantía de los derechos de la niñez: la protección reforzada, el interés superior, la participación, la no discriminación y el desarrollo integral[8]. Este consenso abre la puerta a interpretaciones más coherentes mediante un enfoque comparado[9].

---

7 Al respecto, cabe destacar el papel protagónico que ha desempeñado el Consejo de Seguridad en la protección de los derechos de la infancia, particularmente en el caso de las niñas y los niños soldados. En este sentido, pueden mencionarse, entre otras, las resoluciones 1261 (1999), 1314 (2000), 1379 (2001), 1539 (2004) y 1612 (2005), relativas a los niños y los conflictos armados, las cuales incorporan medidas específicas para la protección y reintegración de las niñas soldado.

8 En el ámbito europeo, la Carta de los Derechos Fundamentales de la Unión Europea (art. 24) establece un marco claro para la protección de los derechos del niño. Por su parte, el sistema africano cuenta con la Carta Africana sobre los Derechos y el Bienestar del Niño (1990), un tratado vinculante que no solo retoma los estándares universales de la Convención sobre los Derechos del Niño, sino que los adapta a los contextos socioculturales propios del continente. En América, la Convención Americana sobre Derechos Humanos y el Protocolo de San Salvador configuran un entramado normativo que incorpora de forma expresa derechos esenciales para la infancia, como la educación, la salud y la seguridad social.

9 A propósito, se debe recordar el voto concurrente del juez A.A. Cançado Trindade en la Opinión Consultiva OC-17/2002, emitida por la Corte Interamericana de Derechos Humanos, sobre la Condición Jurídica y Derechos Humanos del Niño. El juez afirma que los niños son sujetos plenos de derechos en el Derecho Internacional, no meros objetos de protección. Su voto desarrolla una crítica al positivismo jurídico y reivindica una visión humanista centrada en la dignidad humana. Defiende el acceso directo de los niños a la justicia internacional y subraya la educación en derechos humanos como vía de emancipación. Analiza el caso de los "Niños de la Calle" como paradigma de justicia. Enfatiza que la personalidad jurídica del niño impone obligaciones erga omnes a los Estados y a la comunidad internacional.

No obstante, esta arquitectura normativa se ve desbordada ante las múltiples crisis que atraviesan el presente global: guerras prolongadas, desplazamientos forzados, emergencias climáticas, violencias estructurales y desigualdades naturalizadas. En tales escenarios, el niño se convierte en el rostro más vulnerable del sistema internacional, sobre quien recaen, con particular crudeza, los efectos diferidos y acumulativos de las catástrofes contemporáneas. En contextos como Ucrania, Palestina o la República Democrática del Congo, la guerra no solo despoja a los niños de sus hogares y escuelas, sino que precipita, sin clemencia, su entrada en una adultez impuesta, marcada por el trauma, el desarraigo y la pérdida[10]. La infancia, allí, no simplemente se interrumpe: se fractura. Frente a esta realidad, el derecho internacional no puede refugiarse en la retórica del deber ser ni en la compasión desvinculada de estructura normativa.

3. NIÑA SOLDADO Y DERECHO INTERNACIONAL PENAL

La infancia se sitúa en una región fronteriza del Derecho Internacional Penal: entre la victimización total y la responsabilidad parcial, entre la inocencia presunta y la voluntad perversa. La figura del niño soldado encarna una paradoja lacerante: ¿puede un sistema diseñado para proteger a la infancia procesar penalmente a un menor reclutado por la fuerza? La oscilación entre victimización absoluta y atribución de responsabilidad refleja un dilema estructural no resuelto.

El marco jurídico internacional —desde la Convención sobre los Derechos del Niño y su Protocolo Facultativo, hasta los Protocolos Adicionales a los Convenios de Ginebra y el Estatuto de Roma— prohíbe el reclutamiento de menores, pero mantiene ambigüedades notables. La edad mínima varía: 15 años en algunos instrumentos, 18 en la Corte Penal Internacional (en adelante, CPI), y criterios intermedios en tribunales híbridos como el

---

10 El Secretario General de la ONU informa que en 2024 se verificaron 41.370 violaciones graves contra 22.495 niños en contextos de conflicto armado, con un aumento del 25 % respecto a 2023. Destacan el reclutamiento (7.402 casos), la violencia sexual (+35 %) y los ataques a escuelas y hospitales, afectando de manera desproporcionada a niñas y grupos étnicos vulnerables. Naciones Unidas, *Informe del Secretario General sobre los niños y los conflictos armados*, A/79/878–S/2025/247, 17 de junio de 2025,

de Sierra Leona[11]. Esta disparidad muestra la dificultad de fijar una noción universal de infancia y de definir su grado de agencia en contextos de violencia extrema.

El Protocolo Facultativo de la CDN permite el alistamiento voluntario desde los quince años, introduciendo una ambigüedad crítica: un menor puede matar sin ser considerado combatiente, o ser combatiente sin que su participación configure un crimen internacional. Esta laguna ha sido criticada por favorecer la instrumentalización de menores sin consecuencias penales para los reclutadores.

La distinción entre "reclutamiento forzoso" y "alistamiento voluntario" se diluye en contextos marcados por la miseria, la presión social o la au-

---

11 La normativa internacional que prohíbe el reclutamiento y la utilización de niños en conflictos armados se articula a través de diversos instrumentos internacionales. Entre los más relevantes se encuentra la Convención sobre los Derechos del Niño, cuyo artículo 38.3 establece la prohibición de reclutar a menores de 15 años y la obligación de dar prioridad a los más mayores entre los 15 y 18 años en caso de reclutamiento excepcional. Esta disposición fue reforzada por el Protocolo Facultativo de la CDN sobre la participación de niños en conflictos armados (2000), que eleva la edad mínima a 18 años para la participación directa en hostilidades (art. 1) y exige condiciones estrictas para el reclutamiento voluntario (art. 3.3). Asimismo, los Protocolos Adicionales a los Convenios de Ginebra de 1949 (1977), en particular el Protocolo I, en su artículo 77, estipulan que las partes en conflicto deberán abstenerse de reclutar menores de 15 años, reconociendo su protección especial. La Organización Internacional del Trabajo, mediante el Convenio N.° 182 (1999), identifica como una de las peores formas de trabajo infantil el reclutamiento de niños para conflictos armados. Por su parte, el Estatuto de Roma de la Corte Penal Internacional (1998) califica como crimen de guerra el reclutamiento, alistamiento o utilización activa en hostilidades de menores de 15 años (art. 8.2.b.xxvi). En el ámbito regional africano, la Carta Africana sobre los Derechos y el Bienestar del Niño (1990) prohíbe categóricamente la participación de menores de 18 años en conflictos armados (art. 22). A nivel de principios orientadores, destacan los Principios de Ciudad del Cabo (1997), que amplían la definición de niño soldado para incluir roles no combatientes y situaciones de explotación sexual, y los Principios de París (2007), que ofrecen directrices sobre protección y reintegración. Finalmente, las Resoluciones del Consejo de Seguridad de las Naciones Unidas, como la 1261 (1999), 1314 (2000), 1379 (2001) y 1539 (2004), reconocen esta práctica como una amenaza a la paz y seguridad internacionales, establecen mecanismos de monitoreo y sanción, y promueven la inclusión de listas de actores responsables. Esta arquitectura normativa se ve además reforzada por los Objetivos de Desarrollo Sostenible de la Agenda 2030, especialmente en su meta 8.7, que insta a los Estados a erradicar el trabajo infantil en todas sus formas.

sencia de alternativas reales, donde la elección del menor es un simulacro de voluntad[12]. La jurisprudencia internacional, en particular en el caso Lubanga ante la CPI, ha reconocido que, en entornos de extrema pobreza o violencia, la voluntariedad resulta jurídicamente cuestionable, pues el consentimiento se halla viciado por factores estructurales.

La infancia en guerra exige un enfoque que articule vulnerabilidad y agencia relativa, superando la dicotomía víctima/autor. El DIH prohíbe categóricamente el reclutamiento de menores de 15 años, pero los estándares varían[13]: y no hay un criterio uniforme de responsabilidad penal. Esto deja un vacío que puede ser explotado para integrar menores en estructuras armadas bajo la expectativa de impunidad.

---

12 Informe de la Representante Especial del Secretario General para la cuestión de los niños y los conflictos armados (A/78/247), donde se aborda explícitamente la cuestión del reclutamiento forzoso o voluntario de menores: "La Representante Especial recuerda que, de conformidad con el derecho internacional, todo reclutamiento de niños menores de 15 años por fuerzas armadas o grupos armados —ya sea forzoso o voluntario— está prohibido y puede constituir un crimen de guerra." Véase: Naciones Unidas, Asamblea General, Informe de la Representante Especial del Secretario General para la cuestión de los niños y los conflictos armados, A/78/247, 27 de julio de 2023, párr. 84. En otras palabras: la voluntariedad del niño o la niña no exime la ilicitud del reclutamiento, ni atenúa la responsabilidad penal. En este sentido, la jurisprudencia internacional ha consolidado la tipificación del reclutamiento y uso de menores como crimen de guerra. La Corte Penal Internacional, en el caso Prosecutor v. Thomas Lubanga Dyilo (Sentencia de 14 de marzo de 2012, ICC-01/04-01/06), estableció que incorporar o utilizar a niños menores de 15 años en hostilidades constituye una grave violación del Derecho internacional humanitario. Destaca la opinión disidente de la jueza Odio Benito (párrs. 15-17), quien defendió que la violencia sexual también constituye participación directa en hostilidades. En la misma línea, la Corte Especial para Sierra Leona confirmó esta calificación en asuntos como Prosecutor v. Hinga Norman (SCSL-2004-14-AR72(E)) y Prosecutor v. Charles Taylor (SCSL-03-1-T), reforzando el deber de sancionar penalmente estas conductas y aplicar, cuando proceda, la jurisdicción universal. Cabe mencionar, por lo que añade, la sentencia C-240/09 de la Corte Constitucional de Colombia, porque aclara que la protección del niño y de la niña soldado no depende de si la vinculación al conflicto fue voluntaria o forzada, ampliando así la interpretación conforme al Derecho Internacional Humanitario y al Derecho Internacional Penal.

13 Véase, entre otros, Jiménez Sánchez, C. (2025). Derecho internacional humanitario, niñas soldado y niñas arma. En S. Yildiz Bravo (Coord.) & R. de M. Abril Stoffels (Dir.), Las niñas asociadas a grupos armados: perspectivas jurídicas, sociológicas y de protección (pp. 91-113). Tirant lo Blanch.

Ese vacío contribuye a que muchos menores entre 15 y 18 años sean integrados en estructuras armadas con la expectativa de que, si cometen crímenes, la jurisdicción internacional no podrá procesarlos. Ello plantea un dilema ético y jurídico: cómo proteger sin incentivar su utilización como combatientes de facto.

Este arquetipo, ligado a patrones coloniales, explica por qué menores combatientes africanos han sido objeto de más escrutinio y sanciones que aquellos en ejércitos de potencias occidentales[14]. Esta asimetría refleja sesgos geopolíticos en la aplicación del derecho penal internacional.

El Estatuto de Roma y su desarrollo jurisprudencial han incorporado progresivamente la perspectiva de género[15]. Un caso emblemático es The Prosecutor v. Thomas Lubanga Dyilo[16], en el que, si bien se obtuvo una condena por el reclutamiento de menores de quince años, inicialmente se ignoró la violencia sexual sistemática sufrida por muchas niñas soldado[17].

---

14 El caso somalí permite subrayar que incluso cuando los niños "deciden", lo hacen desde márgenes de libertad severamente erosionados. En este sentido, se muestra cómo los niños son reclutados mediante coerción indirecta: promesas de comida, seguridad, dinero, o amenazas a sus familias. Ali, M. (2025). The Use of Child Soldiers in Armed Conflicts: Violations of United Nations Convention on Rights of a Child (UNCRC) in Somalia. Cadernos de Dereito Actual, (27), 58-68.

15 La incorporación de la perspectiva de género en la CPI se sustenta en los artículos 7(3) y 21(3) del Estatuto de Roma, que reconocen el carácter sociocultural del género y proscriben toda forma de discriminación. La Política de la Fiscalía de 2023 profundiza este marco al adoptar un enfoque interseccional y centrado en las víctimas, clave para visibilizar la violencia estructural. La ineficacia judicial frente a estas violencias suele estar ligada a la tolerancia social y a las dificultades probatorias, lo que obliga a los operadores de justicia a asumir un rol activo. En esta línea, el Trust Fund for Victims también integra esta mirada, ofreciendo reparación transformadora con enfoque de género. Así, la CPI avanza en una justicia más inclusiva, sensible y coherente con las exigencias de los derechos humanos contemporáneos. En este sentido, véase Rosenthal, Indira, Valerie Oosterveld, and Susana SáCouto (eds), Gender and International Criminal Law (Oxford, 2022; online edn, Oxford Academic, 18 Aug. 2022). Y Grey, R. (2017). Interpreting International Crimes from a 'Female Perspective': Opportunities and Challenges for the International Criminal Court. International Criminal Law Review, 17(2), 325-350.

16 The Prosecutor v. Thomas Lubanga Dyilo, Judgment pursuant to Article 74 of the Statute, Trial Chamber I, ICC-01/04-01/06-2842, 14 March 2012.

17 Las salas de la CPI, en consonancia con la lectura integral de los textos normativos y del derecho internacional, deben cumplir debidamente no solo la abstención de reproducir formas de discriminación y violencia contras las mujeres y las niñas

La presión de víctimas y representantes permitió visibilizar esta omisión, hasta que, en la fase de reparaciones, la Sala reconoció expresamente los casos de esclavitud sexual y otros abusos graves[18]. Posteriormente, sentencias como The Prosecutor v. Bosco Ntaganda consolidaron avances decisivos, reconociendo que la violencia sexual puede ser ejercida por fuerzas armadas contra sus propios integrantes[19]. Este cambio doctrinal transformó lo que antes se consideraba una cuestión "disciplinaria interna" en un crimen de guerra autónomo, con implicaciones directas para las reparaciones.

En el caso Ongwen, se dio el reconocimiento del embarazo forzado como crimen autónomo en este caso abrió la posibilidad de considerar a los hijos e hijas nacidos de esa violencia como víctimas con derecho a reparación[20], rompiendo décadas de invisibilidad jurídica. Sin embargo, la implementación práctica sigue siendo limitada, y la estigmatización social de estos menores plantea un desafío que excede el ámbito penal.

(victimización secundaria), sino de tomar medidas activas para garantizar su protección efectiva, con enfoque de género, como mecanismo para superar la interpretación tradicional del derecho; es decir, esto implica no solo la adopción de mecanismos para evitar la reproducción de estereotipos y sesgos en la valoración probatoria —en especial cuando el testimonio de la víctima constituye la prueba central—, sino también la integración de esta perspectiva como principio orientador del enjuiciamiento, garantizando simultáneamente la protección efectiva de las víctimas y el respeto irrestricto de los derechos del acusado, en particular la presunción de inocencia, tanto en la fase penal como en el proceso de reparación.

18 "The Chamber recognises that girl child soldiers may have suffered particular harms that are distinct from those affecting other children associated with armed groups, including sexual violence, and that these harms must be addressed through gender-sensitive reparations", en Sala de Primera Instancia I, The Prosecutor v. Thomas Lubanga Dyilo, "Decision establishing the principles and procedures to be applied to reparations", 7 August 2012, ICC-01/04-01/06, párr. 273.

19 Por ello, el fallo no solo reconoce la existencia de niñas soldado, sino que también visibiliza y categoriza de forma clara la violencia específica y diferenciada que sufrieron por razón de su género y edad. International Criminal Court, Trial Chamber VI, The Prosecutor v. Bosco Ntaganda, Reparations Order, 8 March 2021, ICC-01/04-02/06-2659, para. 55, 60-67.

20 Se reparan a las víctimas directas de los crímenes cometidos por Dominic Ongwen —incluidas las víctimas de ataques, violencia sexual, esclavitud y reclutamiento forzado de niños— así como a las víctimas indirectas, como familiares afectados, comunidades dañadas y descendientes que sufren daño transgeneracional. The Prosecutor v. Dominic Ongwen, Caso No. ICC-02/04-01/15, Reparations Order, 28 de febrero de 2024.

En sentido inverso, el caso Al Hassan mostró retrocesos preocupantes: la absolución del acusado por crímenes sexuales y de persecución por motivos de género, pese a la existencia de pruebas contundentes y jurisprudencia previa, evidenció resistencias judiciales persistentes para reconocer la violencia sexual como un crimen estructural en conflictos armados. Este tipo de decisiones amenaza con erosionar los avances logrados en las últimas dos décadas.

En suma, la CPI ha avanzado en el reconocimiento de la violencia sexual como crimen autónomo y estructural, pero enfrenta el reto de articular una justicia verdaderamente inclusiva, capaz de reparar no solo cuerpos violentados, sino también vidas silenciadas[21]. La infancia en conflicto exige un Derecho Internacional Penal más coherente, sensible y equitativo, que no se limite a castigar, sino que también repare y dignifique.

4. INFANCIA Y DERECHO A LA PROTECCIÓN INTERNACIONAL

El derecho a la protección internacional del niño y de la niña no se reduce a una declaración retórica: emerge, más bien, como una arquitectura jurídica que se sostiene sobre la premisa de la vulnerabilidad radical de la niñez frente a los horrores del mundo: la guerra, la persecución, el exilio.

La CDN (1989) y la Convención de Ginebra sobre el Estatuto de los Refugiados (1951), en lectura convergente, reconocen a los menores como solicitantes legítimos de asilo o beneficiarios de protección subsidiaria[22].

---

21 Véase Hernández Pradas, S. (2025). Acceso a la justicia penal internacional y reparación de los niños, niñas y adolescentes víctimas de los conflictos armados. Revista electrónica de estudios internacionales (REEI), (49), 25-54.

22 La interacción entre la Convención sobre los Derechos del Niño (1989) y la Convención sobre el Estatuto de los Refugiados (1951) ha sido decisiva para redefinir los estándares de protección internacional aplicables a la infancia. Mientras que la Convención de 1951 establece los elementos clásicos del estatuto de refugiado: centrándose en la existencia de una persecución por motivos específicos como raza, religión o pertenencia a un determinado grupo social, la Convención sobre los Derechos del Niño introduce un giro normativo fundamental al reconocer al niño como sujeto de derechos plenos, cuya situación debe evaluarse con arreglo a su edad, madurez y vulnerabilidad. Disposiciones como el artículo 3 (interés superior del niño), el artículo 12 (derecho a ser escuchado) y el artículo 22 (protección especial a niños refugiados) obligan a reinterpretar los criterios de asilo bajo una lógica diferenciada. En este sentido, la CDN no solo complementa, sino que transforma la aplicación de la Convención de 1951, exigiendo proce-

A ellas se añaden, en el contexto de la Unión Europea, la Carta de los Derechos Fundamentales de la UE[23], la Recomendación (UE) 2024/1238 sobre sistemas integrados de protección de la infancia[24], la Directiva sobre normas de acogida[25] y la Directiva relativa a las garantías procesales de los menores[26], todas las cuales instauran un marco de obligaciones especí-

---

dimientos adaptados, evaluaciones individualizadas y un enfoque de protección más holístico que reconozca los daños específicos que pueden constituir persecución en el caso de niños y niñas. Esta reinterpretación ha sido reforzada por la Observación General n.º 6 del Comité de los Derechos del Niño (2005), que vincula expresamente los derechos consagrados en la Convención de 1989 con las garantías previstas en la Convención sobre el Estatuto de los Refugiados de 1951, subrayando que los menores no acompañados y separados deben ser tratados conforme a ambos instrumentos, sin restricciones por razón de nacionalidad o estatus migratorio. Este capítulo procura analizar ese impulso normativo e interpretativo, mostrando cómo la infancia ha dejado de ser una mera circunstancia marginal para convertirse en eje de la protección internacional.

23 Art. 24.

24 Tiene como finalidad apoyar a los Estados miembros en el fortalecimiento de sus sistemas integrales de protección infantil, poniendo en el centro el interés superior del menor. Esta recomendación se inscribe en el marco de la Estrategia de la Unión Europea sobre los Derechos del Niño y promueve una cooperación más eficaz entre los distintos niveles de gobierno y la sociedad civil, con el fin de prevenir y combatir las múltiples formas de violencia que afectan a la infancia.

25 Se trata de la Directiva (UE) 2024/1346 del Parlamento Europeo y del Consejo, de 14 de mayo de 2024, por la que se establecen normas relativas a la acogida de los solicitantes de protección internacional, cuya entrada en vigor está prevista para el 12 de junio de 2026. Por su parte, la cuestión del derecho de los menores a solicitar asilo se encuentra actualmente regulada en la Directiva 2013/32/UE sobre procedimientos comunes para la concesión o la retirada de la protección internacional, que será sustituida por el Reglamento (UE) 2024/1348 del Parlamento Europeo y del Consejo, de 14 de mayo de 2024, por el que se establece un procedimiento común en materia de protección internacional en la Unión y se deroga la citada Directiva 2013/32/UE.

26 La Directiva (UE) 2016/800 del Parlamento Europeo y del Consejo tiene como finalidad establecer normas mínimas comunes relativas a las garantías procesales de los menores sospechosos o acusados en los procesos penales en la Unión Europea. Busca asegurar que los menores comprendan y participen en el procedimiento, garantizando un juicio justo, previniendo la reincidencia y fomentando su reintegración social. Refuerza la confianza mutua entre sistemas judiciales de los Estados miembros y facilita el reconocimiento de resoluciones penales. Incluye derechos como la asistencia letrada, evaluaciones individuales, protección durante la detención y medidas alternativas a la privación de libertad.

cas para los Estados miembros[27]. El Consejo de Europa, por su parte, ha enriquecido esta matriz con el Convenio Europeo de Derechos Humanos, el Convenio de Lanzarote[28] y un denso corpus de recomendaciones sobre tutela, justicia adaptada a menores y migración infantil. Tales instrumentos comparten una visión: el interés superior del menor no es un adorno retórico, sino una exigencia hermenéutica que debe orientar tanto la interpretación como la aplicación del derecho.

Pero este impulso protector no se limita a Europa ni al sistema universal. En el continente americano, la Corte Interamericana de Derechos Humanos ha dotado de densidad sustantiva el derecho a la protección internacional infantil, desarrollando una doctrina que combina la Convención Americana sobre Derechos Humanos (1969), la Opinión Consultiva OC-21/14 sobre derechos y garantías de niños migrantes y la Convención Interamericana sobre Obligaciones del Estado hacia la infancia. En África, la Carta Africana sobre los Derechos y el Bienestar del Niño (1990)

---

27 En este sentido, cabe recordar la declaración del entonces Alto Representante Josep Borrell y la Representante Especial de la ONU Virginia Gamba. Ambos señalaron que “los niños en todo el mundo siguen siendo desproporcionadamente afectados por los conflictos armados, se les arrebata su infancia, su derecho a la educación y quedan marcados por profundas heridas físicas y psicológicas”, y que, aunque víctimas, “los niños reclutados por fuerzas o grupos armados a menudo enfrentan estigma social”. Afirmaron que “la protección de los niños en medio de conflictos... está en el centro de nuestros esfuerzos” e instaron a la ratificación universal de la Convención sobre los Derechos del Niño, su Protocolo Facultativo y otros instrumentos como los Principios de París, la Declaración sobre Escuelas Seguras y los Principios de Vancouver. Destacaron el apoyo a programas comunitarios inclusivos para prevenir el reclutamiento y reintegrar a las víctimas. Concluyeron que “comprender la perspectiva de los niños y jóvenes y asegurar su participación significativa es clave para lograr resultados sostenibles y soluciones duraderas”. European External Action Service. (2023, 12 de febrero). *International Day against the Use of Child Soldiers: Joint statement by the EU High Representative Josep Borrell and the UN Special Representative Virginia Gamba.* https://www.eeas.europa.eu/eeas/international-day-against-use-child-soldiers-joint-statement-eu-high-representative-josep-borrell_en

28 El Convenio del Consejo de Europa para la protección de los niños contra la explotación y el abuso sexual fue adoptado en 2007 y entró en vigor en 2010. Su objetivo es establecer una respuesta integral frente a la violencia sexual infantil mediante un enfoque basado en la prevención, protección, persecución penal y promoción de la cooperación nacional e internacional. Obliga a los Estados parte a tipificar como delitos conductas como el abuso sexual, la explotación en la prostitución o la pornografía infantil, y el “grooming”, además de establecer procedimientos judiciales adaptados a los menores.

despliega una formulación más progresiva, reconociendo explícitamente el derecho de los niños refugiados y solicitantes de asilo a una protección preferente. Estos instrumentos, beneficiados por las observaciones del Comité Africano de Expertos, reconfiguran el estatuto jurídico del niño como sujeto activo de derechos, cuya voz debe ser escuchada incluso —y sobre todo— en los márgenes del desplazamiento forzado.

Pese a esta arquitectura, la implementación presenta déficits: acogida insuficiente, trámites saturados, barreras idiomáticas y políticas migratorias que priorizan el control sobre la protección. Aun con sus límites, este marco refleja un tránsito de la tutela asistencial a la titularidad exigible de derechos.

Se desprende que la protección de niños y niñas —incluidos migrantes no acompañados— no es categoría subsidiaria ni discrecional, sino obligación jurídica imperativa basada en el interés superior y el corpus iuris aplicable. Esta protección, que se activa por la vulnerabilidad y no por la nacionalidad, impone al Estado una responsabilidad reforzada de carácter estructural. No existe margen soberano legítimo para negar protección a una niña soldado despojada de patria, representación, identidad y hogar; es un imperativo jurídico, no un acto de compasión.

En última instancia, el cumplimiento de las obligaciones internacionales por parte de los Estados se pone a prueba en escenarios límite, y pocos son tan radicales como el de un menor desplazado forzosamente. Allí, el incumplimiento no es solo una infracción jurídica: es un fracaso civilizatorio.

5. INTERACCIÓN ENTRE EL DERECHO INTERNACIONAL PENAL Y EL DERECHO A LA PROTECCIÓN INTERNACIONAL

La interacción entre el Derecho Internacional Penal y los regímenes de protección internacional constituye un ámbito de creciente complejidad jurídica y de profunda relevancia humanitaria. Esta confluencia adquiere una intensidad particular cuando los sujetos involucrados son menores de edad que han sido víctimas —y, en ocasiones, partícipes forzados— de crímenes internacionales. La figura de la niña soldado encarna de manera paradigmática esta doble condición, interpelando simultáneamente los marcos normativos del castigo penal y los de la protección internacional, especialmente en lo relativo al asilo y a la protección subsidiaria[29].

No se trata de un conflicto frontal entre sectores del DIP, sino de la necesidad de articular de forma coherente el Derecho Internacional de los Derechos Humanos, el Penal y el de Refugiados. El menor es, en estos casos, un sujeto doblemente expuesto: por un lado, a la violencia estructural que lo victimiza; por otro, al riesgo de exclusión por parte de sistemas jurídicos que pueden, inadvertidamente, reproducir lógicas punitivas sobre quienes, por su especial vulnerabilidad, deberían ser titulares de una protección reforzada.

En este contexto, principios como el interés superior del niño, la prohibición de la devolución (non-refoulement) y la no discriminación, articulados principalmente en la Convención sobre los Derechos del Niño, adquieren una relevancia transversal que trasciende los compartimentos normativos tradicionales. Estos principios vinculan por igual al sistema penal internacional y al régimen de asilo, incluso en contextos de justicia transicional[30].

El principio del interés superior del niño —consagrado en el artículo 3 de la Convención— impone que toda decisión que le concierna se oriente, ante todo, a su bienestar integral, incluso cuando exista una supuesta implicación en actos ilícitos. A su vez, el principio de no devolución, eje normativo del Derecho de los Refugiados y reconocido en el artículo 33 de la Convención de Ginebra y en la Ley 12/2009, prohíbe toda forma de

---

29 De hecho, en esta perspectiva se debe tener en cuenta la de género. Ello es así porque las experiencias, riesgos y estrategias de reintegración de niñas y niños afectados por conflictos armados difieren sustancialmente. Esta diversidad obliga a que tanto el Derecho Internacional Penal como los regímenes de protección internacional incorporen análisis y respuestas adaptadas, que reconozcan las necesidades específicas derivadas de las normas y estereotipos de género en cada contexto cultural. Señala el informe de Naciones Unidas *The Gender Dimensions of Grave Violations Against Children in Armed Conflict* (2022).

30 Este enfoque ha sido reafirmado por el Joint General Comment No. 3 (2017) del Comité para la Protección de los Derechos de Todos los Trabajadores Migratorios y Miembros de sus Familias y el No. 22 (2017) del Comité de los Derechos del Niño, que establecen los principios generales sobre los derechos humanos de los niños en el contexto de la migración internacional, destacando la indivisibilidad de la protección, la no devolución y el interés superior del menor como criterios rectores en toda actuación estatal.

expulsión, devolución o traslado a un país donde el menor corra riesgo de ser revictimizado, torturado o sometido a tratos inhumanos o degradantes.

El principio de no discriminación adquiere especial densidad cuando se articula con la prohibición de persecución por motivos étnicos, raciales, nacionales o religiosos, los cuales, en el ámbito del Derecho Internacional Penal, constituyen elementos definitorios de los crímenes contra la humanidad. Esta intersección normativa impone una lectura única, sistémica e integrada, que reconozca la interdependencia de los distintos cuerpos jurídicos internacionales y su común vocación protectora, evitando redundancias conceptuales.

La responsabilidad del Estado frente a situaciones de especial vulnerabilidad encuentra anclaje jurisprudencial en decisiones de altos tribunales. En general su jurisprudencia y, en particular esta sentencia SU-180/22 de la Corte Constitucional colombiana constituye un ejemplo paradigmático: establece el deber del Estado de adoptar medidas urgentes y eficaces para proteger a niños migrantes en situación de abandono[31]. Esta obligación estatal no se agota en la respuesta inmediata, sino que se proyecta hacia una responsabilidad estructural más amplia, derivada de omisiones estructurales que perpetúan violaciones sistemáticas de derechos humanos. Tales violaciones, en determinados contextos, podrían alcanzar la gravedad suficiente para ser calificadas como crímenes internacionales por su carácter generalizado o sistemático.

Desde una perspectiva de coherencia con el bloque de legalidad internacional, el tratamiento jurídico de menores presuntamente implicados en crímenes internacionales exige una articulación cuidadosa entre los principios del Derecho Internacional Penal y las garantías reforzadas del Derecho Internacional de los Derechos Humanos, tal como estas se proyectan en el régimen de protección internacional. El Estatuto de Roma, en su artículo 26, declara expresamente la inimputabilidad penal de los menores de 18 años ante la CPI, estableciendo así un estándar mínimo de protección que no puede ser desoído por los Estados ni relativizado mediante la aplicación mecánica de cláusulas de exclusión en el ámbito nacional del asilo.

---

[31] Ello pone de relieve, además, la articulación de itinerarios especializados de atención legal, psicosocial y educativa para solicitantes de asilo, especialmente menores.

Esta misma lógica se refuerza cuando el artículo 8.2.b.xxvi del Estatuto tipifica como crimen de guerra el reclutamiento de menores de quince años. La finalidad de esta disposición no es la sanción del menor, sino la protección de su dignidad y la afirmación de su condición de víctima. Por ello, cualquier análisis sobre la posible participación de un menor en crímenes internacionales debe estar guiado, ante todo, por el principio del interés superior del niño y por la prohibición de devolución, especialmente en aquellos contextos en los que el retorno al país de origen suponga un grave riesgo para su vida o integridad personal.

La Ley Orgánica 18/2003, que regula el marco de cooperación del Estado español con la CPI, no impone la aplicación automática del Derecho Internacional Penal, sino que prevé un diseño institucional respetuoso con el principio de complementariedad. Este principio, lejos de permitir eludir la responsabilidad, habilita una lectura integradora que reconozca el margen nacional para aplicar estándares de protección más elevados, en clave pro persona. En consecuencia, resulta jurídicamente insostenible y éticamente inaceptable la aplicación mecánica de las cláusulas de exclusión de los artículos 8.2 y 11.2 de la Ley 12/2009 a menores cuya presunta participación haya estado mediada por coacción, adoctrinamiento o abandono institucional, pues hacerlo equivaldría a replicar, en el ámbito del derecho de protección, las mismas lógicas que dieron origen a la victimización primaria[32]. Hacerlo equivaldría a replicar, en el ámbito del derecho de protección, las mismas lógicas que dieron origen a la victimización primaria[33].

---

32 Cabe citar un interesante caso. La jurisprudencia comparada ofrece ejemplos claros de esta tensión, como el caso *R (Begum) v SIAC and SSHD* (UKSC, 2021). Shamima Begum, que viajó a Siria con 15 años y fue posteriormente privada de su nacionalidad británica por supuesta vinculación con el Estado Islámico, alegó que tal decisión y la negativa a su retorno vulneraban su derecho a un recurso efectivo y la exponían a tratos prohibidos por el artículo 3 CEDH. El Tribunal Supremo confirmó la medida, subrayando la deferencia al Ejecutivo en materia de seguridad nacional, aun admitiendo que no podía ejercer una defensa efectiva desde Siria. Este razonamiento, aplicado sin matices, puede legitimar la exclusión automática en asilo incluso para menores reclutados forzosamente, reproduciendo la victimización. *Begum* ilustra el riesgo de que la seguridad nacional se imponga sobre obligaciones internacionales de protección, especialmente frente a niños y niñas implicados en crímenes internacionales bajo coacción. La cuestión, además, es que Shamima no es nacional de Bangladesh según dicen las autoridades de ese país, por tanto, actualmente tiene el estatuto de apátrida. El litigio continúa: en febrero de 2024, el Tribunal de Apelación (*Begum v SSHD*, [2024] EWCA Civ 152) confirmó la legalidad de la privación de nacionalidad y rechazó que la situación actual de Begum en Siria, incluidas las condiciones en el campo de detención, obligue a su repatriación. El tribunal mantuvo que las consideraciones de seguridad nacional prevalecen, aunque reconoció que su regreso sería la única vía para una defensa plena. La sentencia refuerza la línea marcada por el Tribunal Supremo, manteniendo a Begum —hoy de 24 años— en una situación de desprotección jurídica y humanitaria.

33 Y qué ocurre, cabe preguntarse, si —como en el caso Begum— nos hallamos ante un enfrentamiento directo entre la seguridad nacional y la protección internacional. En este debate, la figura de la niña soldado ilustra de manera paradigmática cómo categorías jurídicas concebidas para salvaguardar la integridad del Estado pueden, en determinados contextos, convertirse en barreras para el acceso efectivo a dicha protección. La ausencia de una definición armonizada en el sistema europeo de asilo sobre "seguridad nacional" y "orden público" y la amplitud de sus consecuencias —revocación del estatuto de refugiado, exclusión de la protección subsidiaria o restricciones procesales— exigen evitar que estas nociones operen como cláusulas de excepción genéricas. La jurisprudencia del TJUE ha establecido que las medidas adoptadas por razones de seguridad nacional deben basarse en una amenaza real, actual y suficientemente grave que afecte a un interés fundamental de la sociedad, y que toda restricción debe ser necesaria y proporcional (v. gr. TJUE, C-373/13, H.T., 24 de junio de 2015). Por su parte, el TEDH ha reiterado el carácter absoluto del principio de no devolución, incluso frente a personas consideradas peligrosas para la seguridad nacional, cuando existan motivos fundados para creer que serían sometidas a tortura o tratos inhumanos o degradantes en el país de destino (TEDH, Chahal c. Reino Unido, 15 de noviembre de 1996; Saadi c. Italia, 28 de febrero de 2008). Estas exigencias imponen a

Este marco adquiere una relevancia singular cuando se examinan casos concretos: niñas soldado que, tras haber sido reclutadas de manera forzosa y utilizadas en conflictos armados, consiguen huir y solicitan protección internacional en España. El Estatuto de Roma impide su enjuiciamiento penal (art. 26) y, simultáneamente, las reconoce como víctimas de crímenes de guerra (art. 8.2.b.xxvi). Esta doble configuración —inimputables y víctimas— exige que el Estado español se abstenga de aplicar de forma automática las cláusulas de exclusión previstas en su legislación nacional. La evaluación de estos casos debe ser individualizada, rigurosa y orientada por una comprensión profunda del contexto de violencia estructural y de las condiciones de coerción. De lo contrario, se vulneraría el principio de no devolución y se negaría, de forma implícita, el estándar de protección reforzada que el Derecho Internacional impone para las víctimas infantiles de crímenes masivos.

A esta configuración jurídico-protectora debe añadirse, a la luz de la Opinión Consultiva OC-31/25 de la Corte Interamericana de Derechos Humanos, el reconocimiento del derecho humano autónomo al cuidado[34]. Este derecho —que integra las dimensiones de cuidar, ser cuidado y el autocuidado— genera para los Estados obligaciones positivas y reforzadas frente a personas en situación de especial vulnerabilidad, como es el caso paradigmático de la niña soldado. Desde esta perspectiva, el deber estatal no se agota en la abstención de conductas que reproduzcan lógicas punitivas, sino que exige garantizar, de manera integral, condiciones materiales, sanitarias, psicosociales y educativas que permitan la rehabilitación y reintegración social de la menor. En consecuencia, la valoración de su solicitud de protección internacional debe considerar de forma concurrente su triple condición: inimputable en el plano del Derecho Internacional Penal, víctima de crímenes internacionales y titular de un derecho autóno-

---

los Estados un examen individualizado, ex nunc y estrictamente proporcional, que preserve el interés superior del menor frente a la retórica securitaria. En el caso de las niñas soldado, aplicar de forma automática criterios de peligrosidad sin valorar la coacción, el adoctrinamiento o la victimización primaria equivale a reproducir, bajo otra justificación, la misma violencia estructural que el Derecho internacional busca erradicar.

34 Corte Interamericana de Derechos Humanos, El contenido y el alcance del derecho al cuidado y su interrelación con otros derechos (Interpretación y alcance de los artículos 1.1, 2, 4, 17, 19, 24, 26 y 29 de la Convención Americana sobre Derechos Humanos, entre otros), Opinión Consultiva OC-31/25 de 12 de junio de 2025.

mo al cuidado, cuyo respeto constituye un imperativo convencional y ético que irradia tanto el sistema penal internacional como el régimen de asilo.

Así pues, la interacción entre el Derecho Internacional Penal y el Derecho de Protección Internacional debe regirse por cuatro lineamientos esenciales:

Criterio de imputabilidad penal: La edad establecida por el Estatuto de Roma (18 años) constituye un estándar mínimo que debe prevalecer en la evaluación de la responsabilidad y protección de menores, impidiendo que sean procesados internacionalmente y evitando que esta inimputabilidad sea desvirtuada en procesos de asilo.

Cláusula de exclusión y análisis individualizado: La aplicación del artículo 1F de la Convención de Ginebra y de cláusulas nacionales de exclusión debe realizarse caso por caso, considerando edad, grado de coacción, adoctrinamiento y circunstancias estructurales, garantizando siempre la centralidad del interés superior del menor[35].

Debida diligencia y protección estructural: Los Estados están obligados a ofrecer medidas integrales de protección física, psicológica, educativa y jurídica a las niñas soldado solicitantes de asilo, conforme a estándares in-

---

35 La práctica internacional muestra que este dilema no es meramente teórico. Tal como se ha documentado en estudios recientes, menores entre 15 y 18 años, especialmente en contextos como los conflictos en la RDC o el genocidio ruandés, han sido excluidos de la condición de refugiado en aplicación literal del artículo 1F de la Convención de 1951, sin distinción respecto de adultos. Esta aproximación ignora las circunstancias de reclutamiento —frecuentemente bajo coacción, adoctrinamiento o influencia de drogas— y desconoce que la propia victimización previa debe ser un elemento esencial en la ponderación de la responsabilidad. La ausencia de un estándar uniforme sobre la edad mínima de responsabilidad penal internacional provoca resultados jurídicamente incoherentes y éticamente problemáticos: un mismo menor podría ser considerado refugiado en un Estado y excluido en otro, perpetuando así un "limbo" jurídico que agrava su vulnerabilidad y obstaculiza cualquier proceso de reintegración. Véase Muthembwa, Y. (2016). "An analysis of the exclusion of child soldiers seeking asylum under the 1951 Refugee Convention: Lessons from UK law and policy". Strathmore Law Review, 1(1), 165-194; Maystre, M. (2014). "The interaction between international refugee law and international criminal law with respect to child soldiers". Journal of International Criminal Justice, 12(5), 975-997; Lonegan, B. (2009). "Child soldiers and the persecutor bar to asylum". Boston College Third World Law Journal, 29(1), 61-100; Simeon, J. C. (2022). "Ending exclusion from refugee protection: Revisiting the interpretation and application of Article 1F of the 1951 Refugee Convention". Laws, 11(4), 61.

ternacionales que contemplan la doble condición de víctima y desplazada forzosa.

Necesidad de diálogo normativo: La convergencia de ambas ramas del Derecho no es opcional, sino una exigencia derivada del propio bloque de legalidad internacional. Ello requiere interpretar el sistema de asilo y el Derecho Penal Internacional bajo una hermenéutica común, pro persona, que priorice la protección y no reproduzca la estigmatización.

A la luz de estas consideraciones jurídicas, se impone un retorno a fundamentos filosóficos capaces de iluminar la respuesta jurídica ante la realidad extrema de las niñas soldado. Tras los horrores del siglo XX, la filosofía de la educación —y, por extensión, la teoría moral— ha debido replantear sus bases éticas, reconociendo que la mera legalidad no basta para conjurar la repetición de lo inhumano. Joan-Carles Mèlich propone un horizonte ético fundado en la heteronomía, entendida como la constitución de la subjetividad en la respuesta a la fragilidad del Otro[36]. Llevada al terreno jurídico, esta noción obliga a desplazar el centro de gravedad desde la neutralidad formal hacia una responsabilidad radical: frente a una menor que ha sido reclutada y utilizada en un conflicto armado, el Derecho no puede erigirse únicamente en juez, sino que debe reconocerse, antes que nada, como deudor de memoria, de cuidado y de justicia restaurativa[37].

La condición de niña soldado encarna, de manera paradigmática, la conjunción de múltiples vulnerabilidades: infancia truncada, violencia sistemática, instrumentalización bélica y ruptura de todo entorno protector. Ante esta realidad, la interpretación jurídica no puede reducirse a una evaluación de actos cometidos bajo coacción; debe reconocer que el primer imperativo es reparar, restituir y reconstruir. La respuesta estatal debe orientarse a garantizar a estas menores un entorno seguro, atención psicológica especializada, acceso a la educación y oportunidades reales de reintegración social, asumiendo que toda omisión en este sentido perpetúa la violencia que se afirma combatir[38].

---

36 Mèlich, J.-C. (2002). *Filosofía de la finitud.* Herder.

37 Al respecto, Gil Gandía, C. (2025). Necesidad de una reparación imaginativa-transformadora de las niñas soldado en la Corte Penal Internacional. En S. Yildiz Bravo (Coord.) & R. de M. Abril Stoffels (Dir.), Las niñas asociadas a grupos armados: perspectivas jurídicas, sociológicas y de protección (pp. 289-304).

38 Entendamos, este marco, en la siguiente reflexión: la tensión entre un sistema colapsado y una capacidad emergente para ofrecer cuidado refuerza la necesidad de una hermenéutica pro persona que articule el Derecho Penal Internacional, el Derecho Internacional de los Derechos Humanos y el régimen de protección

Como advierte Reyes Mate[39], la memoria de lo inhumano impone una obligación que trasciende la legalidad formal: se trata de un imperativo categórico —formulado por Adorno en el lenguaje del trauma histórico[40]— que ordena que Auschwitz no se repita. En el contexto presente, negar protección internacional a una niña soldado por su participación forzada en un crimen equivale a reiterar el abandono y prolongar el círculo de violencia, trasladando al ámbito jurídico la lógica bélica que la convirtió en víctima.

En consecuencia, la protección internacional de estas menores exige articular de manera coherente el Derecho Internacional Penal y el derecho a la protección internacional no como compartimentos estancos, sino como sistemas convergentes que, en su interacción, impidan que la protección se transforme en un mecanismo de sanción encubierta. La memoria, la heteronomía y el principio de humanidad deben operar como criterios hermenéuticos que orienten la acción estatal hacia la reparación integral y la reconstrucción del proyecto vital de cada niña soldado.

REFERENCIAS BIBLIOGRÁFICAS

Ali, M. (2025). The use of child soldiers in armed conflicts: Violations of United Nations Convention on Rights of a Child (UNCRC) in Somalia. Cadernos de Dereito Actual, (27), 58-68.

Rosenthal, I., Oosterveld, V., & SáCouto, S. (Eds.). (2022). Gender and international criminal law. Oxford University Press.

Grey, R. (2017). Interpreting international crimes from a 'female perspective': Opportunities and challenges for the International Criminal Court. International Criminal Law Review, 17(2).

Muthembwa, Y. (2016). An analysis of the exclusion of child soldiers seeking asylum under the 1951 Refugee Convention: Lessons from UK law and policy. Strathmore Law Review, 1(1), 165-194.

Maystre, M. (2014). The interaction between international refugee law and international criminal law with respect to child soldiers. Journal of International Criminal Justice, 12(5), 975-997.

Lonegan, B. (2009). Child soldiers and the persecutor bar to asylum. Boston College Third World Law Journal, 29(1), 61-100.

---

internacional, iluminada por principios como la memoria, la heteronomía y la responsabilidad radical.

39 Mate, R. (2003). *Memoria de Auschwitz: actualidad moral y política.* Trotta.

40 Adorno, T. W. (1998). "Educación después de Auschwitz". En *Escritos sociológicos II.* Akal.

Simeon, J. C. (2022). Ending exclusion from refugee protection: Revisiting the interpretation and application of Article 1F of the 1951 Refugee Convention. Laws, 11(4), 61.

Abril Stoffels, R. de M., & Ojinaga Ruiz, R. (2021). Los procesos de desvinculación y reintegración de las niñas asociadas con fuerzas o grupos armados: "thinking outside the box". ACDI-Anuario Colombiano de Derecho Internacional, 14, 147-184.

Hernández Pradas, S. (2025). Acceso a la justicia penal internacional y reparación de los niños, niñas y adolescentes víctimas de los conflictos armados. Revista electrónica de estudios internacionales (REEI), (49), 25-54.

Jiménez Sánchez, C. (2025). Derecho internacional humanitario, niñas soldado y niñas arma. En S. Yildiz Bravo (Coord.) & R. de M. Abril Stoffels (Dir.), Las niñas asociadas a grupos armados: perspectivas jurídicas, sociológicas y de protección (pp. 91-113). Tirant lo Blanch.

Gil Gandía, C. (2025). Necesidad de una reparación imaginativa-transformadora de las niñas soldado en la Corte Penal Internacional. En S. Yildiz Bravo (Coord.) & R. de M. Abril Stoffels (Dir.), Las niñas asociadas a grupos armados: perspectivas jurídicas, sociológicas y de protección (pp. 289-304).

Cardona Llorens, J. (2020). La Convención de Derechos del Niño y la legislación española de protección a la infancia. Presupuesto y gasto público, (98), 35-48.

Pérez Villalobos, M. C. (Dir.). (2020). *Los conflictos armados y la protección de la infancia: un estudio multidisciplinar desde la perspectiva de los derechos humanos.* Thomson Reuters Aranzadi.

Mèlich, J.-C. (2002). Filosofía de la finitud. Herder.

Mate, R. (2003). Memoria de Auschwitz: actualidad moral y política. Trotta.

Adorno, T. W. (1998). Educación después de Auschwitz. En Escritos sociológicos II. Akal.

The Prohibition of Child Soldiers as Erga Omnes Partes[1]

La prohibición de los niños soldados como obligaciones Erga Omnes Partes

STEFAN ROBERT MCCLEAN

Abstract: This chapter identifies obligations *erga omnes partes* contained in the Optional Protocol to the Convention on the involvement of children in armed conflict. Using the common interest approach formulated by the International Court of Justice for identification, it is argued that Articles 4(2) and 6(1) of the Protocol are obligations *erga omnes partes*. As such, all States parties may invoke responsibility in the event of a breach. While an analysis of the content of the primary treaty obligations is beyond the scope of the chapter, the general regime of State responsibility, including its strengths and limitations are explored.

Resumen: Este capítulo identifica obligaciones *erga omnes partes* contenidas en el Protocolo Facultativo de la Convención sobre la participación de los niños en los conflictos armados. Utilizando el enfoque de interés común formulado por la Corte Internacional de Justicia para su identificación, se sostiene que los artículos 4(2) y 6(1) del Protocolo constituyen obligaciones *erga omnes partes*. En consecuencia, todos los Estados parte pueden invocar la responsabilidad en caso de incumplimiento. Si bien un análisis del contenido de las obligaciones primarias del tratado excede el alcance de este capítulo, se examina el régimen general de responsabilidad internacional de los Estados, incluyendo sus fortalezas y limitaciones.

Keywords: Erga omnes partes, common interest, State responsibility, International Court of Justice, child soldiers.

Palabras clave: Erga omnes partes, interés común, responsabilidad internacional del Estado, Corte Internacional de Justicia, niños soldados

1. INTRODUCTION

The notion of *erga omnes partes* can be best described as the gateway for public interest litigation under international law[2]. According to the con-

---

1 Estudio realizado en el marco del Proyecto de Investigación titulado "*Lagunas en la protección y asistencia internacional a las niñas asociadas a Grupos armados (NAAG)*". CIAICO 2022/235 UCHCEU con financiación pública de la GVA.

2 See generally Xiao Mao, 'Public-Interest Litigation before the International Court of Justice: Comment on The Gambia v. Myanmar Case' (2022) 21 Chinese Journal

cept, where certain obligations contained in a multilateral treaty are deemed to reflect the common interest of all States parties, each and every State party may invoke the responsibility of the State carrying out the rule breach[3].

The underlying rationale for such a method of invocation under the law of State responsibility is that treaty obligations drawn from the common interest of all States parties reflect a shared legal interest in their protection and enforcement. In some circumstances, a breach of a multilateral treaty obligation by a State may not cause any direct injury to another State party, nor constitute a manifest breach such as to defeat the object and purpose of the treaty as an instrument[4]. It is in these cases where the breach of a multilateral treaty obligation can be enforced through the invocation of responsibility by characterising the obligation itself as *erga omnes partes.*

This chapter clarifies and evaluates the concept of *erga omnes partes* through the lens of the Convention on the Rights of the Child (the Convention), in particular the Optional Protocol to the Convention on the involvement of children in armed conflict (the Protocol)[5]. The purpose of the inquiry seeks to draw out the strengths and limitations of *erga omnes partes* as a method of enforcement of obligations such as the prohibition of child soldiers. Often described by others as transformative and almost 'magical', this contribution seeks to provide a more reflective response to the challenges of enforcement through the use of the *erga omnes partes* doctrine[6]. Ultimately, the characterisation of treaty obligations as *erga omnes*

---

of International Law 589; Tom Ruys, 'Legal Standing and Public Interest Litigation— Are All *Erga Omnes* Breaches Equal?' (2021) 20 Chinese Journal of International Law 457, 459; Christian J Tams, 'Public Interest Litigation Avant La Lettre? Questions of Standing in the Wimbledon Case', *The Legacy of the Wimbledon Case,* vol 57 (Brill | Nijhoff 2025) 47.

3 'Responsibility of States for Internationally Wrongful Acts, Annex to General Assembly Resolution 56/83 of 12 December 2001' art. 48(1)(a).

4 Vienna Convention on the Law of Treaties 1155 UNTS 331 (opened for signature 23 May 1969, entered into force 27 January 1980) art. 60.

5 Convention on the Rights of the Child 1577 UNTS 3 (opened for signature 20 November 1989, entered into force 2 September 1990); Optional Protocol to the Convention on the Rights of the Child on the involvement of children in armed conflict 2173 UNTS 222 (opened for signature 25 May 2000, entered into force 12 February 2002).

6 For a universal and constitutionalist view see Christian Tomuschat, 'Universal Obligations: Jus Cogens and Obligations Erga Omnes' in Howard Williams and others (eds), *The Palgrave Handbook of International Political Theory* (Springer International Publishing 2023) 423; see also *Questions relating to the Obligation to Prosecute or Extradite*

partes cannot escape the limitations of the law of State responsibility with respect to the suppression of human rights violations.

Nevertheless, invoking *erga omnes partes* the responsibility of a State for their use of child soldiers, or failure to suppress such practices by non-State armed groups (NSAGs), may be considered part of a wider legal response where international criminal law, international humanitarian law, international human rights law, and domestic law enforcement operate collectively to respond to situations of armed conflict and social collapse.

The chapter is divided into five parts. Firstly, a brief history of obligations *erga omnes partes* will be summarised in part 2. Thereafter, in part 3, the case will be made for why the prohibition of child soldiers and the obligation of legislative incorporation under the Protocol can be characterised as *erga omnes partes* in light of the common interest approach to identification. After the identification of *erga omnes partes* obligations under the Protocol, part 4 will assess the process of invocation in the absence of any compromissory clause providing an international court or tribunal with adjudicative jurisdiction. Lastly, part 5 will provide a short reflection on the strengths and limitations of *erga omnes partes* as a process of enforcement.

2. OBLIGATIONS ERGA OMNES PARTES

It was in the case of *Obligation to Prosecute or Extradite* that the International Court of Justice (ICJ or the Court) first employed the term *erga omnes partes*[7]. Considering the importance and attention the term has received, it is worth noting that the concept of *erga omnes partes* is still developing due to its relatively recent construction, and as such, its full maturity as a doctrine is still somewhat just beyond the horizon[8].

A precursory concept is an obligation *erga omnes* first enumerated by the Court in *Barcelona Traction*. The Court famously held that:

(Belgium v Senegal), Judgment, Dissenting opinion of Judge ad hoc Sur [2012] ICJ Reports 605 [44]: 'It is therefore my conclusion that the obligation erga omnes partes to which the Court refers has been produced like a rabbit from a magician's hat'.

7 *Questions Relating to the Obligation to Prosecute or Extradite (Belgium v Senegal), Judgment* [2012] ICJ Reports 422 [68].

8 'Report of the International Law Commission, Seventy-Sixth Session' (2025) A/80/10 170 and 171.

> [A]n essential distinction should be drawn between the obligations of a State towards the international community as a whole, and those arising vis-à-vis another State in the field of diplomatic protection. By their very nature the former are the concern of all States. In view of the importance of the rights involved, all States can be held to have a legal interest in their protection; they are obligations *erga omnes*.
> Such obligations derive, for example, in contemporary international law, from the outlawing of acts of aggression, and of genocide, as also from the principles and rules concerning the basic rights of the human person, including protection from slavery and racial discrimination. Some of the corresponding rights of protection have entered into the body of general international law; others are conferred by international instruments of a universal or quasi-universal character[9].

The obligations owed to the international community as a whole and the collective legal interest in their protection were described by the Court largely as a matter of customary international law[10]. However, reference to treaties of a universal or quasi-universal character foreshadowed the later expression of *erga omnes partes* as mentioned by the Court in the *Obligation to Prosecute or Extradite* Judgment[11].

The *Barcelona Traction dictum* describes obligations *erga omnes* in relation to standing, i.e. all States have a legal interest in the enforcement of the primary rule. As such, the *erga omnes* aspect of an obligation is a question of substantive law, namely, determining which persons are bound or have a right of performance over the given obligation[12].

Influenced by the *Barcelona Traction* formulation of obligations *erga omnes* impacting the question of legal standing, the International Law Commission (ILC) formulated Articles 42 and 48 of the Articles on the Responsibility of States for Internationally Wrongful Acts (ARISWA) in a manner that allows a non-injured State to invoke the responsibility of the State attributable to the breach of an obligation owed to the international community as a whole or community of States parties to a multilateral treaty[13]. While invocation of

---

9 *Barcelona Traction, Light and Power Company, Limited, Judgment* [1970] ICJ Reports 3 [33 and 34].

10 Hugh Thirlway, *The Sources of International Law* (Oxford University Press 2019) 147.

11 *Questions Relating to the Obligation to Prosecute or Extradite (Belgium v Senegal), Judgment* (n 6) para 68.

12 Hugh Thirlway, 'The Significance of Procedure in the Judicial Settlement of International Disputes', *Research Handbook on International Procedural Law* (Edward Elgar Publishing 2024) 21.

13 'Responsibility of States for Internationally Wrongful Acts, Annex to General Assembly Resolution 56/83 of 12 December 2001' (n 2) art. 42(b) and 48(1)(a) and (b).

responsibility and standing before a particular court or tribunal are conceptually different, as a matter of general international law, the standards have developed somewhat inseparably in particular before the ICJ[14].

The important contribution of the ARISWA was the separation of primary and secondary rules, and the central role of breach with respect to the invocation of responsibility to generate secondary rules[15]. In other words, only after a breach occurs can a State invoke responsibility, including though, but not limited to, recourse to a judicial claim[16]. Therefore, any rights of performance contained in the primary obligation are not determinative for standing. Rather, any State may invoke the responsibility of another State if the collective obligation breached is owed to a group of States, such as States parties to a multilateral treaty, or the obligation breached is owed to the international community as a whole[17]. It is also worth emphasising that the ICJ has acknowledged that the introduction of a claim before the Court is only one of many avenues available to States to invoke the responsibility of another State[18].

While some treaties reflect obligations contained in customary international law, in *Obligation to Prosecute or Extradite* the Court identified obligations *erga omnes partes* with respect to treaty provisions separate from custom[19]. After identifying various obligations contained in the Convention Against Torture (CAT) as determinative of a common interest, the Court held:

---

14 Christian J Tams, *Enforcing Obligations Erga Omnes in International Law* (Cambridge University Press 2005) 39 and 40.

15 Giorgio Gaja, 'States Having an Interest in Compliance with the Obligation Breached' in James Crawford and others (eds), *The Law of International Responsibility* (Oxford University Press 2010) 960.

16 James Crawford, *State Responsibility: The General Part* (Cambridge University Press 2013) 68.

17 'Responsibility of States for Internationally Wrongful Acts, Annex to General Assembly Resolution 56/83 of 12 December 2001' (n 2) art. 48(1)(a)(b); On the customary nature of Article 48 see *Obligations of States in Respect of Climate Change, Advisory Opinion* (International Court of Justice) [442].

18 *Application of the Convention on the Prevention and Punishment of the Crime of Genocide (The Gambia v Myanmar), Preliminary Objections* [2022] ICJ Reports [108]'Responsibility for an alleged breach of obligations erga omnes partes under the Genocide Convention may be invoked through the institution of proceedings before the Court, regardless of whether a special interest can be demonstrated.'

19 *Questions Relating to the Obligation to Prosecute or Extradite (Belgium v Senegal), Judgment* (n 6) para 55.

> That common interest implies that the obligations in question are owed by any State party to all the other States parties to the Convention. All the States parties "have a legal interest" in the protection of the rights involved...These obligations may be defined as "obligations erga omnes partes" in the sense that each State party has an interest in compliance with them in any given case[20].

The relevant obligation identified in the CAT as *erga omnes partes* was not the prohibition of torture itself (although such an obligation is certainly *erga omnes partes*), but rather the obligation of a State party to undertake an investigation to prosecute or extradite when an alleged offender is physically present in the territory of the State party[21]. To identify such a common interest, the Court looked to the preamble of the CAT in order to determine' the object and purpose of the Convention. The Court identified that the object and purpose of the Convention is "to make more effective the struggle against torture...throughout the world"[22]. As would be later developed in *The Gambia v Myanmar*, the Court linked the relevant obligation to the effective fulfilment of the common interest evidenced by the object and purpose of the treaty[23].

The *erga omnes partes* obligations identified by the ICJ in *Obligation to Prosecute or Extradite*, namely Article 6(2) and Article 7(1) of the CAT, have been labelled as 'procedural obligations' as they require States parties to the Convention to undertake certain actions "as a means of getting somewhere"[24]. Moreover, concerns were raised that attaching the concept of *erga omnes partes* to obligations of conduct ignores the real issue of standing, namely, the interpretation of a jurisdictional clause *ratione personae* as a matter of procedural law[25].

The distinction between substance and procedure is brought to the forefront in *Jurisdictional Immunities*, where the Court held with respect to the

---

20 ibid 68.

21 ibid 70.

22 ibid 68.

23 ibid 69; *Application of the Convention on the Prevention and Punishment of the Crime of Genocide (The Gambia v Myanmar), Preliminary Objections* (n 17) para 108.

24 *Questions relating to the Obligation to Prosecute or Extradite (Belgium v Senegal), Dissenting opinion of Judge Xue* [2012] ICJ Reports [17]; Hugh Thirlway, 'Procedural Law and the International Court of Justice', *Fifty Years of the International Court of Justice* (Cambridge University Press 1996) 389.

25 *Application of the Convention on the Prevention and Punishment of the Crime of Genocide (The Gambia v Myanmar), Preliminary Objections, Dissenting Opinion of Judge Xue* [14 and 38].

similar concept of *jus cogens* that the procedural rules of State immunity do not conflict with substantive *jus cogens* obligations[26]. The Court observed that the rules of State immunity were procedural in nature as they determine whether a national court may exercise jurisdiction over another State[27]. In a sense, one could suggest that the obligations contained in Article 6(2) and Article 7(1) of the CAT are similarly procedural and therefore cannot be considered *erga omnes partes*[28].

The observation suggested above is premature. The approach taken in *Jurisdictional Immunities* is, in fact, consistent with *Obligation to Prosecute or Extradite.* To identify a procedural rule, the Court in *Jurisdictional Immunities* notated that; "[procedural rules] do not bear upon the question whether or not the conduct in respect of which the proceedings are brought was lawful or unlawful."[29] In the case of *Obligation to Prosecute or Extradite,* it was the omission of obligations of conduct contained in Article 6(2) and Article 7(1) that precisely determined whether a treaty breach had occurred. As such, while in vernacular discussion obligations to investigate, prosecute or extradite an individual may be deemed 'procedural', when placed at the centre of a dispute as to whether a treaty breach occurred, the obligations in question are substantive.

As a final point with respect to a general approach towards obligations *erga omnes partes,* in *Obligations of States in Respect of Climate Change,* the Court identified that monitoring and compliance bodies established under a multilateral treaty framework do not themselves displace the general rules of state responsibility as *lex specialis* in accordance with Article 55 of the ARISWA[30]. For such an exclusion of the general rules to take place, there must be evidence of a 'discernible intention' of States parties to displace certain rules under the law of State responsibility such as rules of invocation[31]. The argument for the treatment of obligations under the Optional Protocol as *erga omnes partes* is premised on the fact that no such intention

---

26 *Jurisdictional Immunities of the State (Germany v Italy: Greece intervening), Judgment* [2012] ICJ Reports 99 [92-95].

27 ibid 93.

28 *Application of the Convention on the Prevention and Punishment of the Crime of Genocide (The Gambia v Myanmar), Preliminary Objections, Dissenting Opinion of Judge Xue* (n 24) para 38.

29 *Jurisdictional Immunities of the State (Germany v Italy: Greece intervening), Judgment* (n 25) para 93.

30 *Obligations of States in Respect of Climate Change, Advisory Opinion* (n 16) para 411.

31 ibid 418.

of exclusion can be found in either the treaty itself or decisions of the Committee on the Rights of the Child.

3. ERGA OMNES PARTES OBLIGATIONS UNDER THE OPTIONAL PROTOCOL

The preamble of the Convention on the Rights of the Child recognises that "the peoples of the United Nations have, in the Charter, reaffirmed their faith in fundamental human rights and in the dignity and worth of the human person [...]"[32]. In accordance with all relevant human rights principles, the preamble recalls that childhood must be granted particular protection due to its special needs as well as intrinsic value. Therefore, without discrimination, the child is treated as deserving special protection guaranteed by all States parties[33]. During situations of armed conflict, the need for special protection of children is further identified by the preamble of the Protocol[34]. Such special protection for children must be mindful of their vulnerability to recruitment or use in hostilities, often on the basis of gender, economic, or social status.

To achieve special protection, the Protocol includes several positive and negative obligations to be adhered to by all States parties. Evidenced by the preamble and nature of the obligations contained therein, the object and purpose of the Protocol is to prevent and punish the recruitment of children for use in armed conflict[35]. To achieve this aim, Article 2 prohibits the compulsory recruitment of child soldiers while Article 1 provides that all States parties must take all feasible measures to ensure that members of their armed forces below the age of 18 years do not directly take part in hostilities[36].

As most child soldiers are recruited or used by non-State armed forces, Article 4 not only provides an explicit prohibition, but requires States parties to take all feasible measures to prevent such recruitment including

---

32 Convention on the Rights of the Child 1577 UNTS 3 (opened for signature 20 November 1989, entered into force 2 September 1990) preamble.

33 ibid.

34 Optional Protocol to the Convention on the Rights of the Child on the involvement of children in armed conflict 2173 UNTS 222 (opened for signature 25 May 2000, entered into force 12 February 2002) preamble.

35 ibid.

36 ibid 1 and 2.

through the adoption of domestic criminal legislation and other legal measures[37]. The obligation to criminalise the recruitment and use of child soldiers is enumerated further in Article 6, to the extent a State has jurisdiction, they are to ensure the effective implementation and enforcement of the Protocol through all legal and administrative measures[38].

While Articles 1 and 2 of the Protocol are obligations fundamental to the object and purpose of the treaty, Articles 4 and 6 are no less important as they provide the basis for effective implementation. Without the obligation to criminalise through domestic legislation the recruitment and use of child soldiers generally, States parties would only be required to supervise their own armed forces, thus severely curtailing the function of the Protocol. In fact, the universal application of Article 4, paired with the specific requirements of State parties to undertake legal measures in their jurisdiction is the most concrete tool to prevent the use of child soldiers across all conflict environments.

Articles 4(2) and 6(1) of the Protocol have similar aims and structure to Articles 6(2) and 7(1) of the CAT[39]. Both sets of obligations require a State party to utilise their criminal justice system to implement and enforce the relevant treaty regime. To illustrate the similarity between the provisions, Articles 6(1) of the Protocol and Article 7(1) of the CAT are listed below:

CAT Article 7(1)

> The State Party in the territory under whose jurisdiction a person alleged to have committed any offence referred to in article 4 is found shall in the cases contemplated in article 5, if it does not extradite him, submit the case to its competent authorities for the purpose of prosecution[40].

Optional Protocol Article 6(1)

> Each State Party shall take all necessary legal, administrative and other measures to ensure the effective implementation and enforcement of the provisions of this Protocol within its jurisdiction[41].

---

37 ibid 4(2).

38 ibid 6(1).

39 Convention against Torture and Other Cruel, Inhuman or Degrading Treatment or Punishment 1465 UNTS 85 (opened for signature 10 December 1984, entered into force 26 June 1987) art. 6(2) and 7(1).

40 ibid 7(1).

41 Optional Protocol to the Convention on the Rights of the Child on the involvement of children in armed conflict 2173 UNTS 222 (opened for signature 25 May

These provisions require a State party to take legal and administrative measures within its jurisdiction. However, Article 7(1) is more precise as to the conduct required. At the same time, due to precision, Article 7(1) is also more narrowly constrained, requiring the State party to only consider extradition or prosecution in cases contemplated by Article 5 of CAT. While Article 6(1) of the Protocol is broader, allowing the State to pursue a range of measures, including but not limited to extradition or prosecution proceedings, both Articles are designed to make the respective treaty effective, requiring States to proactively use domestic law to suppress the international crime[42].

As the ICJ identified Articles 7(1) and 6(2) of the CAT obligations, where "each State party has an interest in compliance with them in any given case" or, in other words, the obligations are owed by any State party to all other States parties[43]. It has been suggested that 'peripheral' treaty obligations could never be considered *erga omnes partes*[44]. For Chow, it would be "unimaginable that third-party States should have standing against a State" over alleged breaches to obligations contained in Articles 10, 11 or 15 of the CAT, as they are 'non-essential', for example, obligations to ensure appropriate education and training on torture to law enforcement officers[45].

In the case of *The Gambia v Myanmar*, the ICJ judgment on preliminary objections merely refers to 'relevant obligations' of the Genocide Convention as *erga omnes partes*, a subtle acknowledgement that not all treaty provisions are alike and may allow standing for non-injured States parties[46]. To understand which obligations of a treaty may be considered *erga omnes partes*, Judge ad hoc Kress does provide some additional guidance, noting that:

> In view of the fact that the obligations said by The Gambia to have been violated by Myanmar are central to the fulfilment of the common interest underlying the Genocide Convention, the Court was not required to consider the

---

2000, entered into force 12 February 2002) art. 6(1).

42 *Questions Relating to the Obligation to Prosecute or Extradite (Belgium v Senegal), Judgment* (n 6) para 74.

43 ibid 68.

44 Priya Urs, 'The Articulation of Obligations Erga Omnes and Erga Omnes Partes by the International Court of Justice: Coherence or Confusion?' (2025) 74 International & Comparative Law Quarterly 257, 265.

45 Pok Yin S Chow, 'On Obligations Erga Omnes Partes' (2020) 52 Georgetown Journal of International Law 469, 497.

46 *Application of the Convention on the Prevention and Punishment of the Crime of Genocide (The Gambia v Myanmar), Preliminary Objections* (n 17) para 108.

> question whether it might be justified to deny the *erga omnes partes* character of an obligation that is markedly peripheral to the fulfilment of a convention's common interest[47].

The suggested standard of an obligation 'markedly peripheral' to the realisation of the underlying common interest of all States parties to the treaty, while helpful, should be used cautiously[48]. As evidenced by Articles 4(2) and 6(1) of the Protocol, while such obligations of conduct may not form the nucleus of a multilateral treaty, they instrumentalise treaty obligations through domestic enforcement against individuals, thus providing a pathway to enacting the common interest of States parties in a tangible way. In other words, without the domestic criminalization of the recruitment or use of child soldiers by States parties, the Protocol is neither effective nor adequately addresses the common interest to provide special protection to children during situations of armed conflict.

Indirectly addressed until now, to identify a treaty obligation *erga omnes partes*, the treaty itself must exhibit a common interest. To reuse the language of the Court, "common interest in compliance implies that the obligations in question are owed by any State party to all the other States parties"[49]. In other words, the common interest reflects the sum of obligations contained in a multilateral treaty that are 'non-synallagmatic or non-bilateralisable.'[50] Applied to the Protocol, the common interest is the aforementioned special protection guaranteed by all States parties to protect children from recruitment or use during armed conflict. The common interest in protection is then more precisely articulated in the various obligations contained in the Protocol, such as prohibitions on recruitment, use of children in hostilities, and the taking of legal measures to criminalize such conduct within domestic jurisdictions.

---

47 *Application of the Convention on the Prevention and Punishment of the Crime of Genocide (The Gambia v Myanmar), Preliminary Objections, Declaration of Judge Ad Hoc Kress* [2022] ICJ Reports [16].

48 ibid.

49 *Questions Relating to the Obligation to Prosecute or Extradite (Belgium v Senegal), Judgment* (n 6) para 68; *Application of the Convention on the Prevention and Punishment of the Crime of Genocide (The Gambia v Myanmar), Preliminary Objections* (n 17) para 108; *Application of the Convention on the Prevention and Punishment of the Crime of Genocide in the Gaza Strip (South Africa v Israel), Provisional Measures, Order of 26 January* [2024] ICJ Reports 3 [33]; *Obligations of States in Respect of Climate Change, Advisory Opinion* (n 16) para 441.

50 Urs (n 43) 272.

Obligations contained in the Protocol that directly realise the common interest in protection and that cannot be broken down into bilateral rights and obligations are *erga omnes partes*. Indeed, all States parties have a legal interest in the protection and enforcement of such obligations contained in the Protocol, including Articles 4(2) and 6(1). Emphasizing the importance of treaty effectiveness, without such a characterisation as *erga omnes partes*, these obligations are at risk of being unenforceable due to the absence of any specific injury suffered by another State party in the event of non-compliance[51].

The characterisation of Articles 4 and 6 of the Protocol as *erga omnes partes* acknowledges the collective legal interest in compliance. As such, in the event one State party does not undertake all feasible measures to prevent the recruitment or use of child soldiers by NSAGs through the adoption of criminal legislation, any other State party may invoke the responsibility of that State. In this way, a breach of Articles 4 or 6 will carry legal consequences under the law of State responsibility.

4. THE INVOCATION OF RESPONSIBILITY IN THE ABSENCE OF A JURISDICTIONAL CLAUSE

Part Three of the ARSIWA identifies the process for the implementation of the international responsibility of a State which has breached an obligation thus constituting an internationally wrongful act[52]. To implement the law of State responsibility, Chapter I of Part Three, which includes Articles 42 to 48 of the ARSIWA, details the process of invocation. For the purposes of invoking responsibility for a breach of an obligation *erga omnes partes*, Article 48(1)(a) confirms that a non-injured State is entitled to invoke the responsibility of another State as the obligation breached was established for the protection of a collective interest of a group[53].

Article 48(3) of the ARSIWA notes that the requirements of invocation by an injured State under Articles 43, 44, and 45 also apply in circumstan-

51 *Questions Relating to the Obligation to Prosecute or Extradite (Belgium v Senegal), Judgment* (n 6) para 69; *Application of the Convention on the Prevention and Punishment of the Crime of Genocide (The Gambia v Myanmar), Preliminary Objections* (n 17) para 108.

52 'Responsibility of States for Internationally Wrongful Acts, Annex to General Assembly Resolution 56/83 of 12 December 2001' (n 2) arts. 42-54.

53 ibid 48(1)(a).

ces of invocation by a non-injured State[54]. As such, when a State party to the Protocol forms the view that another State party is in breach of treaty obligations owed *erga omnes partes*, that State party must give notice of its claim to that State. According to Article 43 of the ARSIWA, the notice of claim ordinarily submitted through diplomatic channels must outline the conduct the responsible State must take to cease the wrongful act, and secondly, what form of reparation the responsible State is obliged to perform considering the legal consequences of the internationally wrongful act[55].

Once a notice of claim is made, the responsible State can either engage constructively with the claimant State, such as by entering reparation negotiations and ceasing the wrongful act if it is continuing, or it may simply ignore and reject the claim in the belief that no breach of an obligation amounting to an internationally wrongful act has occurred. In such circumstances, a legal dispute between the parties may crystallise. The existence of a dispute requires a "mutual awareness of the opposing views of the parties."[56] For example, through an exchange of opposable views as to the existence of a breach of an obligation under the Protocol. It is often the case that the existence of a legal dispute between the parties is a jurisdictional requirement of an international court or tribunal that becomes seized of the matter[57].

Article 33 of the UN Charter identifies the various means for the pacific settlement of disputes between States[58]. While a judgment rendered through judicial settlement before the ICJ has been the most public and prominent way to settle disputes over the fulfilment or adherence to obligations *erga omnes partes*, recourse to judicial bodies remains only one of several avenues States can take to secure the compliance with treaty obligations[59]. In addition to judicial settlement, Article 33 of the Charter iden-

---

54 ibid 48(3).

55 ibid 43.

56 *Application of the Convention on the Prevention and Punishment of the Crime of Genocide (The Gambia v Myanmar), Preliminary Objections* (n 17) para 52; *Obligations concerning Negotiations relating to Cessation of the Nuclear Arms Race and to Nuclear Disarmament (Marshall Islands v United Kingdom), Preliminary Objections, Judgment* [2016] ICJ Reports 833 [52].

57 John Collier and Vaughan Lowe, *The Settlement of Disputes in International Law* (Oxford University Press 1999) 10 and 11.

58 United Nations Charter art. 33.

59 For a detailed study on the limitations of the law of State responsibility see Katja Creutz, *State Responsibility in the International Legal Order: A Critical Appraisal* (Cambridge University Press 2020).

tifies negotiation, enquiry, mediation, conciliation, arbitration, resort to regional agencies, or other peaceful means to resolve disputes[60].

The Convention and Protocol include no dispute settlement clause that confers jurisdiction to any international court or tribunal. As such, if the parties wish to engage an international court or tribunal, consent must be identified elsewhere. While the Protocol does include a reporting mechanism to the Committee on the Rights of the Child to assist with the implementation of obligations, this procedure is separate from any form of dispute settlement procedure established to find whether a State is internationally responsible for a breach of a treaty obligation[61].

Despite the absence of a jurisdictional clause, consent to adjudicate the dispute may be found through general treaties related to the peaceful settlement of international disputes, the ICJ optional clause, special agreement, or *forum prorogatum*[62]. If no consent can be identified between the parties to adjudicate the dispute, and the parties fail further to reach an agreement over non-adversarial methods of dispute settlement, several avenues remain to States parties seeking to implement the responsibility of a State.

While the use of countermeasures in response to a breach of an obligation *erga omnes partes* remains controversial, States parties may use acts of retorsion, i.e., unfriendly but lawful acts, to induce the responsible State to begin reparation negotiations and to cease an internationally wrongful act[63]. Such acts of retorsion could include official statements of condemna-

---

60 See generally Eric De Brabandere and John Merrills, *Merrills' International Dispute Settlement* (7th edn, Cambridge University Press 2022).

61 Optional Protocol to the Convention on the Rights of the Child on the involvement of children in armed conflict 2173 UNTS 222 (opened for signature 25 May 2000, entered into force 12 February 2002) art. 8.

62 Notably El Salvador and Colombia have denounced the Pact of Bogota under Art LVI American Treaty on Pacific Settlement (Pact of Bogota) 30 UNTS 55 (signed 30 April 1948); See also European Convention for the Peaceful Settlement of Disputes 23 ETS (opened for signature 29 April 1957, entered into force 30 April 1958); early treaties on peaceful dispute settlement also promoted conciliation as an effective means of dispute settlement General convention of inter-American conciliation 100 LNTS 401 (signed January 5 1929, entered into force November 15 1929); Jean-Marc Thouvenin, 'The Jurisdiction of the Court', *The Cambridge Companion to the International Court of Justice* (Cambridge University Press 2023) 131-139.

63 'Responsibility of States for Internationally Wrongful Acts, Annex to General Assembly Resolution 56/83 of 12 December 2001' (n 2) art. 54.

tion and referral before UN bodies, the withholding of trade, investment, or mutual legal assistance, visa and travel restrictions or limits to cultural, educational and scientific cooperation[64]. Moreover, if an obligation breached is owed *erga omnes partes*, all other States parties to the Protocol could provide a coordinated response, increasing the pressure on the responsible State to carry out their obligation of cessation if the breach is continuing and enter reparation negotiations. While it is possible to obtain reparation on behalf of the beneficiaries to Protocol obligations, i.e. the victims, the claimant State cannot claim reparation for itself due to its non-injured status[65].

5. STRENGTHS AND LIMITATIONS OF ERGA OMNES PARTES AS A PROCESS OF ENFORCEMENT

The relevance of the law of State responsibility to the prohibition of recruitment or use of child soldiers can be legitimately questioned. As the majority of breaches arise among NSAGs, the impact of the traditional State-centric framework of responsibility is limited[66]. However, the *erga omnes partes* characterisation of obligations within the Protocol seeks to address the problem of a lack of legal interest when other States suffer no direct injury in the classic sense. Many child soldiers are nationals of the State committing treaty breaches and often remain territorially within that State. Nevertheless, the *erga omnes partes* nature of the obligations permits all States to invoke responsibly. Such claims from States, therefore, cannot breach Article 2(7) of the UN Charter[67].

Despite the ability for States to invoke responsibility, many States simply have an aversion to act and enforce multilateral obligations. While claimed to fundamentally change the enforcement of community interests, in a world where inter-State human rights claims remain limited and politically constrained, the larger ecosystem of international law becomes more

---

64 Neil McDonald and Anna McLeod, '"Antisocial Behaviour, Unfriendly Relations": Assessing the Contemporary Value of the Categories of Unfriendly Acts and Retorsion in International Law' (2021) 26 Journal of Conflict and Security Law 421, 427.

65 *Obligations of States in Respect of Climate Change, Advisory Opinion* (n 16) para 443.

66 Creutz (n 58) 18.

67 Roger O'Keefe, 'World Cultural Heritage: Obligations To The International Community As A Whole?' (2004) 53 International and Comparative Law Quarterly 189, 206.

important[68]. Indeed, State responsibility seems to fall into the background when compared with the enforcement potential of criminal law and universal jurisdiction, human rights, or private claims.

While by no means sufficient, an *erga omnes partes* claim has the potential to enforce structural obligations necessary for the effective operation of other fields of law. For example, where a neighbouring State to an ongoing armed conflict has not introduced relevant criminal provisions conserving the prosecution or extradition of persons using or recruiting child soldiers, and such persons cross into the territory of that State, other States parties may engage that State in an attempt to compel legislative and enforcement action.

The enforcement procedure offered by an inter-State *erga omnes partes* claim is simply not satisfactory when compared to the illegality faced. To protect the most vulnerable requires political will and a coordinated response that leverages all fields of legal and non-legal expertise. Indeed, other legal frameworks will be explored in detail across the book. Nevertheless, States parties acting on behalf of the community must strive to enforce treaty obligations, especially when no other actor is competent to bring forward such a claim[69].

To conclude, this contribution finds that obligations contained in the Protocol, in particular Articles 4(2) and 6(1) are *erga omnes partes* despite their character as obligations of conduct with broad terminology. To identify treaty obligations as *erga omnes partes,* the common interest approach was adopted, complemented with an emphasis on treaty effectiveness, or more specifically, functionality[70]. While the Convention and Protocol do not include a jurisdictional clause to provide recourse to an international court or tribunal in the event of a dispute pertaining to the interpretation or application of relevant treaty obligations, responsibility may be invoked

68 Alaa Hachem, Oona A Hathaway and Justin Cole, 'A New Tool for Enforcing Human Rights: Erga Omnes Partes Standing' (2023) 62 Columbia Journal of Transnational Law 259, 266.

69 One recent example of an erga omnes partes claim concerning sexual and gender-based violence, including violence against children is with respect to the CAT; see *Joint Application Instituting Proceedings Concerning A Dispute Under the Convention Against Torture and other Cruel, Inhuman or Degrading Treatment or Punishment (Canada & The Netherlands v Syria) (June 8, 2023).*

70 Urs identifies the common interest or 'structural' approach as one of two methods for erga omnes partes identification, the other approach emphasising the importance of the rights involved, see Urs (n 43) 259.

as a matter of general international law as these rules are not displaced by Article 55 of the ARSIWA. In this way, obligations *erga omnes partes* can offer something beyond ICJ standing, such as its use as a basis for other means of dispute settlement or, in the absence of cooperation and settlement, acts of retorsion.

BIBLIOGRAPHY

Chow PYS, 'On Obligations Erga Omnes Partes' (2020) 52 Georgetown Journal of International Law 469

Collier J and Lowe V, *The Settlement of Disputes in International Law* (Oxford University Press 1999)

Crawford J, *State Responsibility: The General Part* (Cambridge University Press 2013)

Creutz K, *State Responsibility in the International Legal Order: A Critical Appraisal* (Cambridge University Press 2020)

De Brabandere E and Merrills J, *Merrills' International Dispute Settlement* (7th edn, Cambridge University Press 2022)

Gaja G, 'States Having an Interest in Compliance with the Obligation Breached' in James Crawford and others (eds), *The Law of International Responsibility* (Oxford University Press 2010)

Hachem A, Hathaway OA and Cole J, 'A New Tool for Enforcing Human Rights: Erga Omnes Partes Standing' (2023) 62 Columbia Journal of Transnational Law 259

Mao X, 'Public-Interest Litigation before the International Court of Justice: Comment on The Gambia v. Myanmar Case' (2022) 21 Chinese Journal of International Law 589

McDonald N and McLeod A, '"Antisocial Behaviour, Unfriendly Relations": Assessing the Contemporary Value of the Categories of Unfriendly Acts and Retorsion in International Law' (2021) 26 Journal of Conflict and Security Law 421

O'Keefe R, 'World Cultural Heritage: Obligations To The International Community As A Whole?' (2004) 53 International and Comparative Law Quarterly 189

'Report of the International Law Commission, Seventy-Sixth Session' (2025) A/80/10

'Responsibility of States for Internationally Wrongful Acts, Annex to General Assembly Resolution 56/83 of 12 December 2001'

Ruys T, 'Legal Standing and Public Interest Litigation— Are All *Erga Omnes* Breaches Equal?' (2021) 20 Chinese Journal of International Law 457

Tams CJ, *Enforcing Obligations Erga Omnes in International Law* (Cambridge University Press 2005)

Tams CJ, 'Public Interest Litigation Avant La Lettre? Questions of Standing in the Wimbledon Case', *The Legacy of the Wimbledon Case*, vol 57 (Brill | Nijhoff 2025)

Thirlway H, 'Procedural Law and the International Court of Justice', *Fifty Years of the International Court of Justice* (Cambridge University Press 1996)

——, *The Sources of International Law* (Oxford University Press 2019)

——, 'The Significance of Procedure in the Judicial Settlement of International Disputes', *Research Handbook on International Procedural Law* (Edward Elgar Publishing 2024)

Thouvenin J-M, 'The Jurisdiction of the Court', *The Cambridge Companion to the International Court of Justice* (Cambridge University Press 2023)

Tomuschat C, 'Universal Obligations: Jus Cogens and Obligations Erga Omnes' in Howard Williams and others (eds), *The Palgrave Handbook of International Political Theory* (Springer International Publishing 2023)

Urs P, 'The Articulation of Obligations Erga Omnes and Erga Omnes Partes by the International Court of Justice: Coherence or Confusion?' (2025) 74 International & Comparative Law Quarterly 257

Application of the Convention on the Prevention and Punishment of the Crime of Genocide in the Gaza Strip (South Africa v Israel), Provisional Measures, Order of 26 January [2024] ICJ Reports 3

Application of the Convention on the Prevention and Punishment of the Crime of Genocide (The Gambia v Myanmar), Preliminary Objections [2022] ICJ Reports

Application of the Convention on the Prevention and Punishment of the Crime of Genocide (The Gambia v Myanmar), Preliminary Objections, Declaration of Judge Ad Hoc Kress [2022] ICJ Reports

Application of the Convention on the Prevention and Punishment of the Crime of Genocide (The Gambia v Myanmar), Preliminary Objections, Dissenting Opinion of Judge Xue

Barcelona Traction, Light and Power Company, Limited, Judgment [1970] ICJ Reports 3

Joint Application Instituting Proceedings Concerning A Dispute Under the Convention Against Torture and other Cruel, Inhuman or Degrading Treatment or Punishment (Canada & The Netherlands v Syria) (June 8, 2023)

Jurisdictional Immunities of the State (Germany v Italy: Greece intervening), Judgment [2012] ICJ Reports 99

Obligations concerning Negotiations relating to Cessation of the Nuclear Arms Race and to Nuclear Disarmament (Marshall Islands v United Kingdom), Preliminary Objections, Judgment [2016] ICJ Reports 833

Obligations of States in Respect of Climate Change, Advisory Opinion (International Court of Justice)

Questions relating to the Obligation to Prosecute or Extradite (Belgium v Senegal), Dissenting opinion of Judge Xue [2012] ICJ Reports

Questions Relating to the Obligation to Prosecute or Extradite (Belgium v Senegal), Judgment [2012] ICJ Reports 422

Questions relating to the Obligation to Prosecute or Extradite (Belgium v Senegal), Judgment, Dissenting opinion of Judge ad hoc Sur [2012] ICJ Reports 605

American Treaty on Pacific Settlement (Pact of Bogota) 30 UNTS 55 (signed 30 April 1948)

Convention against Torture and Other Cruel, Inhuman or Degrading Treatment or Punishment 1465 UNTS 85 (opened for signature 10 December 1984, entered into force 26 June 1987)

Convention on the Rights of the Child 1577 UNTS 3 (opened for signature 20 November 1989, entered into force 2 September 1990)

European Convention for the Peaceful Settlement of Disputes 23 ETS (opened for signature 29 April 1957, entered into force 30 April 1958)

General convention of inter-American conciliation 100 LNTS 401 (signed January 5 1929, entered into force November 15 1929)

Optional Protocol to the Convention on the Rights of the Child on the involvement of children in armed conflict 2173 UNTS 222 (opened for signature 25 May 2000, entered into force 12 February 2002)

United Nations Charter

Vienna Convention on the Law of Treaties 1155 UNTS 331 (opened for signature 23 May 1969, entered into force 27 January 1980)

Atacar a niños miembros de un grupo armado organizado no estatal: Integrar sistemáticamente el principio del interés superior del niño con el artículo 3(1) común de los Convenios de Ginebra[1]

Targeting Child Members of a Non-State Organized Armed Group: Systematically Integrating the Best Interest of the Child Principle with Common Article 3(1) of the Geneva Conventions

RAÚL ZEYI HUANG

Resumen: Recientemente, los grupos armados organizados de naturaleza estatal y no estatal, están cada vez más activos. Esto se traduce en el incremento de ataques a objetivos en situaciones de conflicto armado no internacional (CANI). Este artículo tiene como objetivo especificar las discusiones existentes entre los niños miembros de estos grupos. Establece un marco analítico centrado en el Artículo Común 3(1) a los Convenios de Ginebra como norma rectora principal, donde el principio del interés superior del niño se integra sistemáticamente para ayudar a comprender que "persona que (no) participa activamente en las hostilidades" y "trato humano" son los dos conceptos centrales para la interpretación del párrafo. El principio del interés superior del niño proporciona una guía general de interpretación de que siempre se otorgará protección especial a los niños miembros combatientes y no combatientes. Según el primer concepto, los niños miembros son presumiblemente objetivos ilegales en caso de duda sobre su condición de combatientes. Según el segundo concepto, al evaluar el efecto de un ataque, los daños colaterales a los miembros niños no combatientes serán menos tolerados que a los miembros adultos o a los civiles comunes y corrientes. Es cierto que las conclusiones relevantes son el resultado de técnicas interpretativas, y el primer paso hacia normas jurídicas claras para la cuestión sería la conciencia pública de los sufrimientos diversificados de estos niños miembros, incluidas las niñas.

---

1 Estudio realizado en el marco del Proyecto de Investigación titulado "*Lagunas en la protección y asistencia internacional a las niñas asociadas a Grupos armados (NAAG)*". CIAICO 2022/235 UCHCEU con financiación pública de la GVA. The views hereinafter are those of the author personally, and do not reflect the views of any organizations. Special thanks to Dr. Jiawei Chu, THU Law, for her insightful comments and suggestions.

Resumen propuesto: En las últimas décadas, la forma predominante de conflicto armado ha cambiado de guerras interestatales a conflictos intraestatales, con la creciente presencia de grupos armados no estatales que suelen incluir tanto alas armadas como no armadas. Los niños participan frecuentemente en estos grupos, alternando entre roles y complicando su estatus legal bajo el derecho internacional humanitario (DIH). Este artículo examina la cuestión del ataque a miembros infantiles de grupos armados no estatales en conflictos armados no internacionales (CANI), destacando las limitaciones de las normas tradicionales del DIH, diseñadas principalmente para guerras entre Estados. Aplicando sistemáticamente el principio del interés superior del niño al Artículo 3 común de los Convenios de Ginebra, se revisan los conceptos de "participación directa en hostilidades" y "trato humano", proponiendo un marco legal que equilibre la necesidad militar con la protección de los niños y las niñas. También se abordan las lagunas legales internacionales en materia de desarme, desmovilización, reintegración y ataques, enfatizando la importancia de la conciencia pública y el reconocimiento de las experiencias complejas de los niños combatientes, en particular de las niñas. En última instancia, el estudio aboga por la evolución del derecho internacional más allá de nociones binarias de objetivos legales e ilegales, promoviendo una protección proporcional y un trato humano conforme al Derecho Internacional Humanitario y los derechos humanos.

Abstract: *Recently, non-State organized armed groups with blurring military and non-military wings are increasingly active, bringing legal uncertainty to the law of targeting in non-international armed conflicts (NIACs). This paper aims to specify existing discussions to the child members of these groups. It establishes an analytical framework that centres around Common Article 3(1) as the primary governing rule, where the best interest of the child principle is systematically integrated to assist the understanding of 'person taking (no) active part in the hostilities' and 'humane treatment' as the two core concepts for the interpretation of the paragraph. The best interest of the child principle provides general guidance of interpretation that special protection shall always be granted to fighter and non-fighter child members. Under the first concept, child members are presumably unlawful targets in case of doubt of their fighter status. Under the second concept, when assessing the effect of an attack, collateral damages to non-fighter child members shall be less tolerated than adult members or ordinary civilians. Admittedly, relevant conclusions are the result of interpretive techniques, and the first sept towards clear legal rules for the issue would be public awareness of the diversified suffers of these child members, including girl members.*

Palabras clave: Ley de focalización, conflicto armado no internacional, niño soldado, participación en hostilidades, daño colateral.

Keywords: *Law of targeting, non-international armed conflict, child soldier, participation in hostilities, collateral damage.*

Abbreviations

Non-international armed conflict	NIAC
International armed conflict	IAC
International Committee of the Red Cross	ICRC
International humanitarian law	IHL
First to fourth Geneva Conventions of 1949	GC I-IV
The first to third Additional Protocols of 1977	AP I-III
Convention on the Rights of the Child of 1989	CRC
Optional Protocol to the Convention on the Rights of the Child on the Involvement of Children in Armed Conflict of 2000	OP-CRC

INTRODUCTION

As Redaelli and Arévalo have argued, the increasing security threat from drug cartels in Latin American States like Colombia and Mexico poses a challenge to international humanitarian law (IHL): where the armed violence between them or between them and governmental forces amounts to a non-international armed conflict (NIAC), it becomes difficult to determine whether a member of them can be lawfully targeted under IHL[2]. The factual root of the legal conundrum lies in the blurred boundary between their armed and non-armed wings, a common phenomenon among similar non-State organized armed groups worldwide. Examples from other parts of the world include, and is not limited to, the Somalia pirates, violent South African gangs who operates the illegal "zama zama" mining industry[3], and the Hamas militants currently fighting an asymmetric warfare with the Israeli occupational power in Gaza.

The view of Redaelli and Arévalo, same as major scholarships, is that armed members of these non-State organized armed groups constitute legitimate targets in a NIAC, and, optimistically, the resulting risk of collateral damages to their unarmed members are effectively mitigated by the principle of precaution and thorough planning[4]. This paper takes a specific look at a special subcategory with these groups by performing a normative analysis that systematically integrates relevant rules of IHL and also human rights norm. On the one hand, child members of a non-State organized armed group, either fighters or not, have more complicated experience when the law of targeting decides whether lethal forces can be lawfully used against them. On the other hand, the principle of proportionality also performs in a special manner when dealing with the incidental loss of life, injury, or suffering of non-fighter child members of a non-State organized armed group when they become collateral damages to a military operation.

---

2 Redaelli, C. & Arévalo, C. (2023). "Targeting drug lords: Challenges to IHL between *lege lata* and *lege ferenda*". *International Review of the Red Cross.* (923). 652-673. Their paper also discussed, in the first place, whether and under what conditions governmental operations against them are regulated by IHL, or only the human rights norms of law enforcement. This paper assumes the former.

3 Maseko, N. "Inside South Africa's 'ruthless' gang-controlled gold mines". BBC News 21 November 2024., https://www.bbc.com/news/articles/c5yx9gweeeo, last visited 10 August 2025.

4 Supra note 2, 672.

1. LEGAL FRAMEWORK FOR TARGETING THE CHILD MEMBERS OF A NON-STATE ORGANIZED ARMED GROUP

With its solid status as a customary international law, paragraph (1) of the Common Article 3 of the four Geneva Conventions (GC I-IV) provides the fundamental IHL rule applicable to the targeting exercise. The first subparagraph of the paragraph declares that in a NIAC, '[p]ersons taking no active part in the hostilities' 'shall in all circumstances be treated humanely' by 'each Party to the conflict'. The meaning of 'be treated humanely' is specified by the second subparagraph as including the prohibition of 'violence to life and person, in particular murder of all kinds...' The paragraph functions as a catch-all rule governing the use of all deadly forces by all Parties to a NIAC against each other, both State and non-State. It dichotomizes all members of a non-State organized armed group by fundamentally different treatment in military operations. Other Parties to a NIAC may lawfully inflict violence to the life and person of those taking an active part in the hostilities, namely that they become legitimate target of use of deadly force. Meanwhile, 'humane treatment' shall be offered to those who do not.

While the text of Common Article 3(1) does not mention any age condition for its application, the status of the target as a child member of a non-State organized armed group may potentially impact the interpretation and application of the paragraph by influencing the meaning of either following concept: 'taking active part in the hostilities', and 'humane treatment'. And first of all, when examining such influences, consistent with the principle of systematic integration in treaty interpretation reflected in Article 31(3)(c) of the Vienna Convention on the Law of Treaty of 1969 (VCLT), a primarily relevant rule to be together considered would be the best interest of the child principle.

2. JUSTIFYING SPECIAL PROTECTION FOR CHILD MEMBERS: FOR THEIR BEST INTEREST

Regarding the relationship between IHL and human rights law, the currently prevailing understanding is that the former assists the interpretation and application of the latter in the context of armed conflicts, especially the long-standing human rights norm concerning right to life, namely the absolute prohibition of arbitrary deprivation of life, instead of replacing the latter as a *lex specialis* in armed conflicts[5]. Thus, Common Article 3(1) shall be interpreted with considerations of human rights norms, among which the most directly relevant one would be the 'best interest of the child' principle as reflected in Article 3 of the Convention on the Rights of the Child of 1989 (CRC).

The introduction of the principle provides a standard to answer the fundamental question of whether and what privilege shall be given to child members of a non-State organized armed group under the law of targeting. A typical, and perhaps most common, approach for IHL to protect specific groups of person or property is to grant them special status distinct from an ordinary legal subject. In the rule of targeting, it means that a higher minimum standard for 'taking active part in the hostilities' is applied for such special groups, or that they shall be accorded more 'humane treatment' than ordinary, or both.

It is undoubted that additional protection shall be offered to children not 'taking active part in the hostilities', while the case of those do remains controversial. From a pure viewpoint of military necessity, age is not determinative of the operational capacity of a soldier, and in some cases child fighters are proved more aggressive than average adult soldiers. However, so long as contemporary IHL recognizes the harmonization between military necessity and humanitarian consideration, additional protection shall be offered to child fighters too. Admittedly, this creates a facilitation for non-State armed groups to even more actively recruit and deploy child fighters to obtain legal advantage against their enemies, so long as the other side observes special protection offered to child fighters. Nonetheless, such negative consequences may be mitigated by more effective enforcement of the prohibition on child fighter, while preserving the benefit that child fighters are less exposed to legitimate use of lethal force. The problem thus becomes choosing between the ex-ante and ex-post mode of protection for child members of an organized armed group in NIAC. This is discussed in the remaining two subsections for each concept respectively.

Lastly, using IHL to assist the understanding of a human rights rule would encounter with the problem of inconsistency between their subjects. States are long understood as the sole bearer of human rights obligations, and recognizing IHL as a subordinate to human rights law would challenge the former's application to non-State actors. This problem persists in the present context, since non-State organized armed groups may engage with

---

5 Yip, K.L. (2025) "Demystifying the Right to Life during the Conduct of Hostilities: Theories, Methods, Practices" *European Journal of International Law*. (36).

each other, during which child members of both sides, if any, would be subject to targeting. Regrettably, unless the best interest of the child principle extends its application to cover non-State organized armed groups, there remain a protection gap for NIACs between such groups, instead of between one of them and a State adversary.

3. 'PERSONS TAKING NO ACTIVE PART IN THE HOSTILITIES'

Common Article 3(1) itself helps clarifying the meaning of 'persons taking no active part in the hostilities' by providing two particular examples: 'members of armed forces who have laid down their arms', and 'those placed "hors de combat"'. In line with the customary definition of 'armed forces,'[6] and by logical reversion, those who belong to an armed group with responsible command are considered taking direct part in the hostilities unless disarmed. The standard shall be understood as applicable to both State and non-State armed forces, since the text does not distinguish between the two categories, and consistent with the notion that IHL shall offer equal, politically neutral protection to both Government and insurgent side of a NIAC by avoiding from supressing either with comparative disadvantages. It also indicates that membership to an armed force could be established and sustained regardless of armed status.

The influence of juvenility on 'taking active part in the hostilities' is reflected in the age-based prohibitions in the Additional Protocol II (AP II), CRC, and its Optional Protocol to the Convention on the Rights of the Child on the Involvement of Children in Armed Conflict of 2000 (OP-CRC). Under Article 4(3) of AP II, children under the age of 15 years 'shall neither be recruited in the armed forces or groups nor allowed to take part in hostilities.' In Article 38(2) of CRC, albeit with the weaknesses that it only binds its State Parties on the one hand, and imposing on them only a 'best efforts' instead of consequential obligation, indicated by the language of 'shall take all feasible measures to ensure.' Article 1 of OP-CRC goes further by raising the age bar for lawful participation in hostilities to 18, and the gap of non-State armed group is filled by its Article 4.

To be noted, these child protection clauses indistinctively prohibit all forms of hostilities, while the standard for lawful targeting is limited to 'active' hostilities. The question thus becomes whether there is an interme-

---

6 ICRC. "Rule 4. Definition of Armed Forces". Customary IHL, ICRC IHL Database.

diary form of 'passive' or 'neutral' hostilities lying between 'active' and no hostilities. In order to make the wording of 'active' under Common Article 3(1) meaningful instead of redundant, there shall exist an intermediary form of hostilities, which must be encompassed with a legal consequence distinct from either 'active' or no hostilities.

Qualitatively and ex-ante speaking, any person before the law of targeting enjoys either status and no third option: lawful or unlawful target. Consistent with the best interest of the child principle, any potential intermediate form of hostilities shall not render a child lawful target. Also, although the customary international law status of the presumption of civilian status in case of doubt remains controversial in general[7], another recourse to the principle may provide the requisite *opinion juris* to establish a special presumption for the child members of a non-State organized armed group to be considered as persons taking no active part in the hostilities when definite determination is barred by the frog of war.

4. 'HUMANE TREATMENT'

Literatures surrounding the law of targeting have predominantly focused on the meaning of 'taking (no) active part in the hostilities,' and pay little attention to 'be treated humanely' as the other core element of Common Article 3(1) describing general special protection offered to those not taking active part in the hostilities. The *travaux preparatoires* of the article 'provide precious little assistance in deciphering its definitional content.'[8] Admittedly, it constitutes a generic term for evolutionary interpretation in line with the socio-economic background at the time.

To maximize the scope of protection, 'treatment' of persons taking no active part in hostilities by all Parties to a NIAC should be understood as including not only physical treatment, but also analytical treatment, namely how they are dealt with in the assessment of the effects of attacks[9]. When Parties to a NIAC scrutinizes the *jus en bello* legality of a military operation

7 ICRC. "Rule 6. Civilians' Loss of Protection from Attack". Customary IHL, ICRC IHL Database.

8 A. Elder, D. (1979). "The Historical Background of Common Article 3 of the Geneva Convention of 1949". *Case Western Reserve Journal of International Law* (11).

9 ICRC. "Rule 18. Assessment of the Effects of Attacks". Customary IHL, ICRC IHL Database.

to be (ex-ante) or have been carried out (ex-post) under the principle of proportionality, they consider whether it results in excessive collateral damages to the civilian population and property, and whether it causes unnecessary suffering or superfluous injury. Although both principles were originally expressed in AP I which applies to IAC, they are equally applicable to NIACs[10].

Here again, the best interest of the child principle performs a guiding function, by providing a judgmental threshold that special protection for the child members of a non-State organized armed group should be granted in order for the Parties to a NIAC to fulfil their humane treatment obligation under Common Article 3(1). It thus means that IHL would give less toleration to collateral damages, suffering, or injury of the child members of a non-State organized armed group.

5. SUGGESTIONS FOR STATE AND NON-STATE ACTORS

In addition to best efforts to prevent the use of those under the age of 18 years in armed conflicts, the following policy advice is offered to State and non-State actors related to the issue of targeting child members of a non-State organized armed group in a NIAC.

For States and their armed forces, especially those regularly engage with non-State organized armed group including child members, it is of primary importance to realize that protecting their unarmed child members in targeting practice is a binding obligation under IHL and international human rights law beyond mere moral concern. The obligation should not be limited to, qualitatively, prohibiting targeting of child members not taking active part in hostilities and consider them as such in case of doubt, but also, quantitatively, to give more weight to child

10 For the principle of proportionality in the narrow, qualitative sense: Trumbull, C.P. (2024). "Collateral damage and individual rights in armed conflict". *Fordham International Law Journal* (48); for the principle of superfluous injury or unnecessary suffering: Meyrowitz, H. (1994). "The principle of superfluous injury or unnecessary suffering: From the Declaration of St. Petersburg of 1868 to Additional Protocol I of 1977". *International Review of the Red Cross* (299). See also International Institute of Humanitarian Law. (1990). "Declaration on the rules of international humanitarian law governing the conduct of hostilities in non-international armed conflicts, adopted in 1990 by the Council of the International Institute of Humanitarian Law". *International Review of the Red Cross* (278).

members not taking active part in hostilities than those who are adults when assessing the collateral damages of attacks. Actions of enforcement should be taken in terms of military and law enforcement manuals and trainings, internal disciplinary punishments, domestic criminal responsibility, and public education.

For non-State organized armed groups, the above obligation disapplies. When they engage with State armed forces, all members, including those below the age of 18 years old, becomes lawful targets due to their membership, against which non-State organized armed groups may use deadly force. When they engage with each other, due to the existence the aforementioned protection gap[11], y as non-States are not bound by the best interest of the child principle, and any IHL obligation that derived from it.

Lastly, the international legal gap in terms of child protection can be filled by special domestic legislation. While IHL sets the basis of human rights protection at war, it indeed does not prohibit States to apply a higher threshold within their respective jurisdictions. When non-State organized armed groups engage with each other, if a child member of another such group not taking active part in hostilities is killed, or excessive collateral damages are caused to them, States are suggested to legislate and enforce war crime laws that punish relevant commanders and soldiers in the same way as those of State armed forces, which may find its obligatory basis from a radical understanding of, again, the best interest of the child principle. It is worth being reminded that the former should not be discriminated before a war crime trial due to their insurgent belonging.

CONCLUSION

In modern times, the predominant form of warfare has shifted from inter-state into intra-state, with the recent rise of non-State organized armed groups who own both armed and non-armed wings and a blurred boundary in between. Children not only frequently appears in, and often switch between, both wings of these modern, 'mixed' non-State organized armed groups. For State and non-State forces engaging with them for various reasons, there is a shared need to answer when and to what extent deadly forces can be used against their child members lawfully.

---

11 Supra, Section 2.

However, the IHL rule guiding the targeting practice in a NIAC, the Common Article 3(1), is a historical creature back in the inter-State era, when non-State organized armed groups were treated as, and in fact often were, a mirror to their State adversaries, operating predominantly combat functions with limited or no non-military wings. On the other hand, the international law of child soldiering, its norm and theory, have predominantly focused on their recruitment and use in armed conflict, and the policy discussion of their disarmament, demobilization and reintegration, and their targeting issue has largely been neglected. Related rules either address the issue indirectly and impliedly, or has limited or controversial binding force.

In light of the particular lack of relevant rules, it is necessary to invoke the principle of systematic integration to introduce the best interest of the child principle into the discussion. Under the effective value guide of the principle, the concept of 'taking (no) active part in the hostilities' is revisited, and also the neglected other element of 'humane treatment' is looked into. They are found to be meaningful normative basis that supports the granting of special protections to child members of a non-State organized armed group.

Public awareness of the problem is a critical first step to initiate the process of international law-making for a legal solution. The traditional portray of child members of a non-State organized armed group is, for long till today, dominated by the image of aggressive, fearless killing machines. Under the over-simplified concept of 'child soldier', the public is insufficiently acknowledged of their complicated experience beyond active participants of hostilities who can be lawfully killed without doubt. To echo the theme of the present paper collection, girl members of those non-State organized armed groups are, even worse, precluded from even the stereotyped social narratives and popular imaginations and thus invincible. Being aware of their sufferings provides incentives to offer them more diversified legal status that is proportionate to their military contribution other than the extreme dichotomy between lawful and unlawful targets, for international law to function as more than a justification of violence.

To conclude, this paper hopes that its conclusions reached through sophisticated legal interpretation can one day be concretized into concise and readable provisions with either binding force or recommendatory, soft-law power.

REFERENCES

Redaelli, C. & Arévalo, C. (2023). "Targeting drug lords: Challenges to IHL between lege lata and lege ferenda". *International Review of the Red Cross.* (923). 652-673.

Maseko, N. "Inside South Africa's 'ruthless' gang-controlled gold mines". BBC News 21 November 2024., https://www.bbc.com/news/articles/c5yx9gweeeo, last visited 10 August 2025.

Yip, K.L. (2025) "Demystifying the Right to Life during the Conduct of Hostilities: Theories, Methods, Practices" *European Journal of International Law.* (36).

ICRC. "Rule 4. Definition of Armed Forces". *Customary IHL, ICRC IHL Database.*

ICRC. "Rule 6. Civilians' Loss of Protection from Attack". *Customary IHL, ICRC IHL Database.*

A. Elder, D. (1979). "The Historical Background of Common Article 3 of the Geneva Convention of 1949". *Case Western Reserve Journal of International Law* (11).

ICRC. "Rule 18. Assessment of the Effects of Attacks". *Customary IHL, ICRC IHL Database.*

Trumbull, C.P. (2024). "Collateral damage and individual rights in armed conflict". *Fordham International Law Journal* (48).

Meyrowitz, H. (1994). "The principle of superfluous injury or unnecessary suffering: From the Declaration of St. Petersburg of 1868 to Additional Protocol I of 1977". *International Review of the Red Cross* (299).

International Institute of Humanitarian Law. (1990). "Declaration on the rules of international humanitarian law governing the conduct of hostilities in non-international armed conflicts, adopted in 1990 by the Council of the International Institute of Humanitarian Law". *International Review of the Red Cross* (278).

BLOQUE III. VIOLENCIA SEXUAL, EXPLOTACIÓN Y TRATA DE NIÑAS SOLDADO

Niñas asociadas a grupos armados y violencia sexual como forma de trata de seres humanos. ¿Una mayor protección?[1]

Girls associated with armed groups and sexual violence as a form of human trafficking: greater protection?

CLARIBEL DE CASTRO SÁNCHEZ
Universidad Nacional de Educación a Distancia

la guerra y los conflictos
son coto de caza para los traficantes
(UNODC)[2]

Resumen: En contextos de conflicto armado las niñas corren un mayor riesgo de ser captadas por grupos armados y sufrir violencia sexual que los niños. Es decir, el nivel de vulnerabilidad de las niñas es mayor que el de los niños y, por tanto, merecen una protección cualificada. En el presente trabajo, analizaremos si la respuesta dada por el Derecho Internacional aplicable en situación de conflicto armado ante esta realidad es suficiente para cumplir con una doble finalidad: punitiva, es decir, perseguir el delito y condenar a los culpables, y garantista, es decir, establecer mecanismos encaminados a la garantía de los derechos de las víctimas y a su recuperación y reintegración en la sociedad. Seguidamente, analizaremos la normativa internacional en materia de trata de seres humanos con el objeto de determinar si es complementaria de la anterior y, por tanto, redunda en la mejor protección de las niñas soldado frente a la violencia sexual.

Abstract: *In contexts of armed conflict, girls are at greater risk of being recruited by armed groups and suffering sexual violence than boys. In other words, the level of vulnerability of girls is greater than that of boys and, therefore, they deserve qualified protection. In this paper, we will analyse whether the response given by International Law applicable in situations of armed conflict to this reality is sufficient to fulfil a double purpose: punitive, that is, to prosecute the crime and condemn the guilty ones, and protective, that is, to establish mechanisms aimed at guaranteeing the rights of the victims and their recovery and reintegration into society. Next, we will analyse the international regulations on trafficking in human beings in order to*

---

1 Estudio realizado en el marco del Proyecto de Investigación titulado "*Lagunas en la protección y asistencia internacional a las niñas asociadas a Grupos armados (NAAG)*". CIAICO 2022/235 UCHCEU con financiación pública de la GVA. ID Orcid: 0000-0001-6241-512X

2 UNODC (2022), *Global Report on Trafficking in Persons*, https://www.unodc.org/documents/data-and-analysis/glotip/2022/GLOTiP_2022_web.pdf.

determine whether they are complementary to the previous ones and therefore result in the better protection of girl soldiers from sexual violence.

Palabras Clave: niñas soldado, violencia sexual, trata de seres humanos, vulnerabilidad.

Keywords: girl soldiers, sexual violence, human trafficking, vulnerability.

1. INTRODUCCIÓN

El *Informe sobre la financiación de actividades de grupos armados* de la Oficina de Naciones Unidas para la Droga y el Delito (UNODC) señalaba en 2019 que las mujeres y niñas son las víctimas más expuestas y vulnerables a la violencia sexual, la prostitución forzada y la trata, conformando el 70% de las víctimas de trata en el mundo[3]. Por otra parte, en contextos de conflicto armado, las niñas, que constituyen en torno al 40%[4] de los menores asociados a grupos armados, son víctimas de reclutamiento, secuestro, transporte, transferencia o recepción con el propósito de su explotación de muy diversas maneras[5]; las niñas corren el riesgo de sufrir más violacio-

---

3 https://www.unodc.org/unodc/es/frontpage/2019/January/la-trata-de-personas–una-herramienta-de-los-grupos-armados-para-financiar-sus-actividades_-informe-de-unodc.html.

4 Faggiani, V. (2020). "La protección de los niños en los conflictos armados: un análisis de la aportación del Derecho Internacional y del papel de la CPI". *Ordine Internazionale e diritti umani,* pp. 1083,1084 y 1086; Guzmán, M. F. (2020). "Niñas y niños soldados, el Derecho Internacional Público y Naciones Unidas". *Perspectivas Revista de Ciencias Sociales,* N. 9, p. 260; Jiménez Sánchez, C. (2013), "Niñas soldado: peculiaridades de género". *Investigaciones en ciencias jurídicas: desafíos actuales del Derecho* (Coord. A. Valencia Sáiz), https://www.researchgate.net/profile/Carolina-Jimenez-18/publication/311948547_NINAS_SOLDADO_PECULIARIDADES_DE_GENERO/links/5863f76108ae8fce490b7063/NINAS-SOLDADO-PECULIARIDADES-DE-GENERO.pdf; Martos Rosa, A. (2014). "Niños soldado: una aproximación global y de género a un fenómeno complejo". *Cuadernos de investigación 14/2014.* UCM. p. 8; Ojinaga Ruiz, R. y Abril Stoffels, R. M. (2020). "La protección de las niñas asociadas con fuerzas armadas o grupos armados". *REEI,* núm. 39, p. 2, http://www.reei.org/index.php/revista/num39/articulos/proteccion-ninas-asociadas-con-fuerzas-armadas-grupos-armados; Pillai, P. (2008). "A 'Call to Arms:' A Gender Sensitive Approach to the Plight of Female Child Soldiers in International Law". *Human Rights Brief,* Vol. 15 (2), p. 23.

5 Riaño Castro, M. (2024). "La tragedia silenciosa: la trata de niños y de niñas en conflictos armados", https://apuntesdetrabajosocial.com/la-tragedia-silenciosa-la-trata-de-ninos-y-de-ninas-en-conflictos-armados/.

nes graves de sus derechos que los niños ya que, además de ser reclutadas como portadoras de armas, son captadas esencialmente como esclavas sexuales, para matrimonios forzados, para ser entregadas como trofeos entre los combatientes o para ser vendidas a otros grupos criminales con el fin de financiar al grupo armado[6].

Según los datos, la violencia sexual en contextos de conflicto armado —práctica generalizada en los grupos armados[7]— se comete fundamentalmente contra niñas siendo ellas el 98% de las víctimas de tales actos de violencia[8]. Para Javiera González, esto se debe a que la violencia sexual tiene ante todo "un fundamento patriarcal de poder y sumisión", y en escenarios bélicos este fundamento se potencia y agrava, utilizándose la violencia sexual "como mecanismo de tortura", con el fin de "generar terror, degradar a las mujeres y niñas (entendidas como *posesión* masculina), para humillar a grupos determinados (los hombres *dueños* de esas mujeres) o en función de motivos étnicos [...], políticos o culturales"[9], entre otros.

Estos actos de violencia sexual consisten en prácticas de muy diversa índole como la violación, la esclavitud sexual, la prostitución forzada, la esterilización, el embarazo y/o el matrimonio forzados, o la explotación y/o el abuso

---

6 Martos Rosa, A. (2014). "Niños soldado: una aproximación global y de género a un fenómeno complejo", *op. cit.*, p. 50.

7 ALLIANCE, UNICEF, USAID, SIDA & PLAN INTERNATIONAL (2020). *Girls associated with armed forces and armed groups. Lessons learnt and good practices on prevention of recruitment and use, release and reintegration.* https://alliancecpha.org/sites/default/files/technical/attachments/tn_gaafag_eng.pdf. Quesada Alcalá, C. (2025). "La Jurisprudencia de la Corte Penal Internacional en relación con las niñas soldado: ¿un colectivo invisible?". *Las niñas Asociadas a grupos armados. Perspectivas jurídicas, sociológicas y de protección* (Dir. R. Abril Stoffels; Coord. S. Yildiz Bravo). Aranzadi. p. 220.

8 Amnistía Internacional (2024). "Por qué se utilizan niños y niñas para la guerra?". https://www.es.amnesty.org/en-que-estamos/blog/historia/articulo/por-que-se-utilizan-a-ninos-y-a-ninas-para-la-guerra/; Office Of The Special Representative Of The Secretary General For Children And Armed Conflict (2022). *The Gender Dimensions of Grave Violations Against Children in Armed Conflicts.* https://childrenandarmedconflict.un.org/wp-content/uploads/2022/05/UN_Gender-Dimensions-Grave-Violations-Against-Children-WEB-2.pdf.

9 González, J. (2023), "La violencia sexual como arma de guerra", https://asociacionportimujer.org/la-violencia-sexual-como-arma-de-guerra/.

sexual[10], cuyas consecuencias las niñas sufrirán a lo largo de toda su vida[11]. Además, cada vez es más frecuente que la violencia sexual se utilice como táctica de guerra para deshumanizar a las propias niñas y, en algunos casos, para humillar a la población o, incluso, para obligar a las personas a abandonar sus hogares por diversas razones. Por tanto, parece obvia la necesidad de una protección cualificada de las niñas frente a este tipo de acciones.

Ante este escenario, cabe preguntarse si la respuesta ofrecida por el Derecho Internacional es suficiente y adecuada para proteger a las posibles víctimas o sí, por el contrario, es necesario revisar la normativa existente.

2. PRESUPUESTOS DE LA RESPUESTA DEL DERECHO FRENTE A LA VIOLENCIA SEXUAL CONTRA NIÑAS EN ESCENARIOS BÉLICOS

Resulta absolutamente evidente que la "lucha" contra este fenómeno y la protección de las niñas que están o puedan estar en estas situaciones requiere, como presupuesto de base, adoptar una perspectiva de género, lo que implicaría, en palabras de la *Representante Especial del Secretario General para los niños y los conflictos armados* "dejar de referirse a los «niños» como un monolito e identificar las violaciones que afectan a grupos específicos de niños y niñas en función de su sexo o género, así como de

---

10 De Castro Sánchez, C. (2025). "Niñas en conflictos armados: ¿qué hace la Unión Europea? Análisis en clave de derecho de asilo". *Las niñas Asociadas a grupos armados. Perspectivas jurídicas, sociológicas y de protección. Op. cit.*, p. 185.

11 Muchas veces, "esas violaciones reiteradas conllevan contagio de enfermedades de transmisión sexual, embarazos no deseados en condiciones precarias, partos sin asistencia médica con grave riesgo para su salud o el forzamiento a tomar anticonceptivos o a abortar" (González, J. (2023), "La violencia sexual como arma de guerra". *Op. cit.*). Así mismo, las mujeres y niñas en espacio de guerra "están desprotegidas y a merced de sus captores, que las utilizan y explotan sus cuerpos de formas devastadoras y que dejan secuelas permanentes en su vida, aun cuando hayan logrado salir del grupo o del espacio donde fueron violentadas"; Hernández, P. (2021). "Niñas soldado. Violencia Sexual en escenarios de conflicto bélico". *Internaciones*, núm. 20, p. 120, https://internaciones.cucsh.udg.mx/index.php/inter/article/view/7165/6238; Serrano Polo, C. (2017). *Niñas soldado: un fenómeno invisible pero existente.* TFM. Universidad de Comillas. https://repositorio.comillas.edu/rest/bitstreams/135702/retrieve; Vélez, S. (2010). "Las invisibles niñas soldado son víctimas de esclavitud sexual y trato inhumano", https://amecopress.net/Las-invisibles-ninas-soldado-son-victimas-de-esclavitud-sexual-y-trato-inhumano.

otras identidades"[12]. Por tanto, la perspectiva de género es esencial, en primer lugar, para evitar que se pasen por alto algunas situaciones que no se denuncian justamente en función del género o la condición sexual de la víctima; pero es que, además, este enfoque facilitará la existencia de datos desglosados, lo que redundará en el diseño de mecanismos adaptados a las necesidades de protección diferenciada de niños y niñas y, por ende, a una mejor supervisión de los mecanismos de intervención creados[13].

Asimismo, la protección jurídica de las niñas en conflictos armados debería partir de su especial vulnerabilidad interseccional, que deriva como mínimo, de la concurrencia de dos factores: su condición de menores y su género[14]. Esta doble vulnerabilidad hace necesario que se diseñe una protección especial y específica de las niñas en estos contextos[15] que tenga en cuenta, además del interés superior del menor, la mencionada perspectiva de género. Por tanto, a pesar de la aplicabilidad a las niñas de las normas relativas a niños y mujeres y del principio de no discriminación[16] previsto en las normas internacionales, es evidente, como afirman Abril y Ojinaga, que aún no se ha resuelto adecuadamente la cuestión de la protección de las niñas contra la violencia sexual en entornos de conflic-

---

12 Office Of The Special Representative Of The Secretary General For Children And Armed Conflict (2022). *The Gender Dimensions of Grave Violations Against Children in Armed Conflicts, op. cit.*

13 Ibid., p. 11; De Castro Sánchez, C. (2025). "Niñas en conflictos armados: ¿qué hace la Unión Europea? Análisis en clave de derecho de asilo". *Op. cit.*, p. 187.

14 Cardona Llorens, J. (2025). "Interseccionalidad, vulnerabilidad e invisibilidad: el ejemplo de las niñas soldado con discapacidad". *Las niñas Asociadas a grupos armados. Perspectivas jurídicas, sociológicas y de protección. Op. cit.* pp. 131-132; De Castro Sánchez, C. (2025). "Niñas en conflictos armados: ¿qué hace la Unión Europea? Análisis en clave de derecho de asilo". *Op. cit.*, p. 189; Martos Rosa, A. (2014). "Niños soldado: una aproximación global y de género a un fenómeno complejo", *op. cit.*, p. 45. El hecho de la especial vulnerabilidad de las niñas frente a la violencia sexual en contextos de conflicto armado ha sido puesto de relieve por la Relatora Especial del Secretario General para los niños y los conflictos armados, vid. *Strengthening responses to conflict-related sexual violence against boys deprived of their liberty in situations of armed conflict,* 2022, pp. 6 y 18, https://childrenandarmedconflict.un.org/wp-content/uploads/2022/12/ASP-briefing-paper-V1.pdf.

15 Fox, H. J. (2004). "Girl Soldiers: Human Security and Gendered Insecurity". *Security Dialogue,* vol. 35, nº 4, pp. 469-470.

16 Yildiz Bravo, S. (2025). "La "triple protección" de las niñas soldado frente a la urbanización de los conflictos armados: una exploración desde el Derecho Internacional Humanitario". *Las niñas Asociadas a grupos armados. Perspectivas jurídicas, sociológicas y de protección, op. cit.*, p. 269.

to armado[17], entre otras razones, por la invisibilidad del problema, bien por la ausencia de datos desagregados por género en las estadísticas que hacen referencia a los "menores asociados a conflictos armados"[18], bien porque la normativa internacional subsume a las niñas en la categoría de "niño" o "mujer", no estableciendo una categoría específica de "niña"[19], bien por la estigmatización que sufren las víctimas. Y es que la estigmatización generalizada de la violación y la violencia sexual es la razón por la que este problema al que se enfrentan las niñas en los conflictos no se denuncia lo suficiente[20]. Cuando estas niñas son "liberadas", sufren un doble estigma por haber sido niñas soldado y supervivientes: sus familias y comunidades las rechazan por haber mantenido relaciones sexuales —

---

17 Las Profesoras Abril y Ojinaga hablan de un régimen jurídico internacional fragmentario y que carece de perspectiva de género, vid. Ojinaga Ruiz, R. y Abril Stoffels, R. M. (2020). "La protección de las niñas asociadas con fuerzas armadas o grupos armados", *op. cit.*, p. 2 y Abril Stoffel, R y Ojinaga Ruiz, R. (2021). "Los procesos de desvinculación y reintegración de las niñas asociadas con fuerzas o grupos armados*: thinking outside the box*", *op. cit.*, p. 170. También, Blok, A. C. & Pehle, H. (2017). *Girls' Rights are human rights. An in-depth study of the status of girls in the international human rights framework*, https://plan-international.org/uploads/2022/01/report_girlsrightsarehumanrights_en.pdf; Pillai, P. (2008). "A 'Call to Arms:' A Gender Sensitive Approach to the Plight of Female Child Soldiers in International Law", op. cit., p. 24.

18 Martos Rosa, A. (2014). "Niños soldado: una aproximación global y de género a un fenómeno complejo", *op. cit.*, p. 45.Vid. también Abril Stoffel, R. y Ojinaga Ruiz, R. (2021), "Los procesos de desvinculación y reintegración de las niñas asociadas con fuerzas o grupos armados*: thinking outside the box*", *ACDI*, Vol. 14, 2021, p. 175; Patiño-Gass, L.-Y. & González-Aldea, P. (2021). "Conflictos armados y perspectiva de género: Representación mediática de las niñas soldado". *Revista Mediterránea de Comunicación*, 12(1), p. 238.

19 De Castro Sánchez, C. (2025). "Niñas en conflictos armados: ¿qué hace la Unión Europea? Análisis en clave de derecho de asilo", *op. cit.*, p. 190; García Sotelo, G. M. (2006), *Razones y sinrazones sobre las niñas soldado.* p. 90; Martos Rosa, A. (2014). "Niños soldado: una aproximación global y de género a un fenómeno complejo", *op. cit.*, p. 46.

20 Jiménez Arroyo, S. (2019). "La violencia sexual contra la infancia en los conflictos armados: respuestas desde el derecho internacional". *La protección de la infancia en los conflictos armados. Comunicaciones presentadas al I Congreso Internacional sobre Protección de la infancia en conflictos* (Mª. C. Pérez Villalobos). Ministerio de Ciencia, Innovación y Universidades, pp. 39-40; UNICEF (2024). "Seis violaciones graves de los derechos de la infancia en tiempos de guerra", https://www.unicef.org/es/historias/ninos-en-la-mira-seis-graves-violaciones-contra-ninos-en-tiempos-de-guerra.

aunque hayan sido forzadas—, e incluso tenido hijos, fuera del matrimonio, de ahí que la gran mayoría opte por quedarse como esposas de los combatientes; además, arrastran graves problemas físicos y psicológicos derivados de la violencia sexual sufrida, el embarazo o la desatención en el parto que pueden provocarles secuelas a lo largo de toda su vida[21]. En consecuencia, se hace más complicado que "se las identifique como víctimas o que ellas denuncien ya que el miedo a la estigmatización hace que abandonen los grupos armados de forma silenciosa e informal para ocultar su experiencia"[22].

3. ¿CUÁL ES LA RESPUESTA DEL DERECHO INTERNACIONAL APLICABLE EN SITUACIONES DE CONFLICTO ARMADO?

Procede analizar ahora si el Derecho Internacional específico aplicable en escenarios bélicos, ofrece respuestas adecuadas ante esta situación. Así, por una parte, ha de analizarse si establece garantías suficientes para proteger a potenciales víctimas de violencia sexual en estas situaciones y, por otra, si una vez cometidos estos actos, se dota de las herramientas suficientes para exigir la responsabilidad internacional de los perpetradores de violencia sexual. Por tanto, como primer paso, conviene analizar la respuesta dada por el Derecho Internacional de los Derechos Humanos (DIDH) —aplicable tanto en tiempos de paz, como en situaciones de conflicto armado[23]—, el Derecho Internacional Hu-

---

21 Entre estas consecuencias pueden señalarse la aparición de fístulas, enfermedades venéreas, sida, embarazos no deseados, incontinencia urinaria e infertilidad; Amnistía Internacional (2024). "Por qué se utilizan niños y niñas para la guerra?", *op. cit.*; Jiménez Arroyo, S. (2019). "La violencia sexual contra la infancia en los conflictos armados: respuestas desde el derecho internacional", *op. cit.* p. 40.

22 UNICEF (2025). *25 años de conflictos armados y la infancia: Actuar para proteger a los niños y niñas en la Guerra.* https://www.unicef.org/media/123041/file/25%20Years%20Children%20in%20Armed%20Conflict%20Spanish.pdf, p. 18; ALLIANCE, UNICEF, USAID, SIDA & PLAN INTERNATIONAL (2020). *Girls Associated with Armed Forces and Armed Groups: Lessons Learnt and Good Practices on Prevention of Recruitment and Use, Release and Reintegration. Op. cit.*

23 ACNUDH (2011). *Protección jurídica internacional de los derechos humanos durante los conflictos armados,* https://www.ohchr.org/es/publications/special-issue-publications/international-legal-protection-human-rights-armed-conflict; Vinuesa, R. E. (1998), "Derechos Humanos y Derecho Internacional Humanitario,

manitario (DIH) —aplicable en situaciones de conflicto— y el Derecho Penal Internacional (DPI) destinado a depurar la responsabilidad por crímenes de guerra.

3.1. El Derecho Internacional de los Derechos Humanos (DIDH)

En el ámbito del DIDH no cabe más que constatar la ausencia de un régimen especializado para las niñas víctimas de violencia sexual en los conflictos armados, en general y de las niñas "asociadas" a grupos armados en particular. En este sentido, lo máximo que se hace es o bien realizar referencias indirectas a las *niñas* —como sucede en el artículo 24 d) de la *Convención sobre los Derechos del Niño* (1989) al hablar de la atención sanitaria prenatal y postnatal a las menores madres—, o bien incluir una referencia general a la especial vulnerabilidad de las niñas como ocurre en el preámbulo del *Protocolo Facultativo relativo a la venta de niños, la prostitución infantil y la utilización de niños en la pornografía* (2000)[24]. En cualquier caso, a la luz de los datos aportados anteriormente sobre el porcentaje de niñas víctimas de violencia sexual en contextos de conflicto armado (98% del total de menores víctimas de este tipo de violencia), sorprende, particularmente, la inexistencia de referencia expresa a las niñas víctimas de estas prácticas en el *Protocolo Facultativo relativo a la participación de niños en los conflictos armados* (2000).

3.2. Derecho Internacional Humanitario (DIH)

Por lo que respecta al DIH, la situación no es muy diferente. En efecto, no se contiene mención específica alguna a las niñas y menos a las niñas asociadas a grupos armados en ninguno de los cuatro Convenios de Gi-

---

diferencias y complementariedad". *CICR*. https://www.icrc.org/es/publication/derechos-humanos-dih-diferencias-complementariedad.

24 Parece absolutamente insuficiente la mera constatación que en el preámbulo del Protocolo se realiza a que "algunos grupos especialmente vulnerables, en particular las niñas, están expuestos a un peligro mayor de explotación sexual, y que la representación de niñas entre las personas explotadas sexualmente es desproporcionadamente alta", cuando de los datos se deriva que una gran parte de las víctimas de abusos graves son prepubescentes y, de estas, la mayoría son niñas. https://www.interpol.int/es/Delitos/Delitos-contra-menores/Base-de-Datos-Internacional-sobre-Explotacion-Sexual-de-Ninos.

nebra ni en sus Protocolos Adicionales[25]. Únicamente, en el IV Convenio de Ginebra y en los Protocolos adicionales se encuentran referencias a la especial protección de la mujer frente a la violencia sexual, pero sin establecer una protección cualificada para las niñas. Ciertamente, a las niñas, en tanto que mujeres, les es de aplicación la protección recogida en este IV Convenio, sin embargo, ha de reiterarse que la especial vulnerabilidad de las niñas ante actos de violencia sexual, haría aconsejable una protección cualificada por parte del Derecho Internacional Humanitario que a día de hoy no existe[26].

3.3. Derecho Penal Internacional

Tampoco el Derecho Penal Internacional adopta una solución válida pues, tal y como reconoce Quesada, las normas regulatorias de la Corte Penal Internacional (CPI) o de los tribunales penales internacionales ad hoc han olvidado la perspectiva de género, incluyendo a las *niñas* en el genérico "niños"[27], a pesar de las particularidades de las niñas y su mayor vulnerabilidad frente a la violencia sexual[28]. Cabe, no obstante, en este punto, poner en valor la evolución producida por la jurisprudencia, sobre todo como consecuencia de la acción de la Fiscalía de la CPI. Así, se ha dado el salto desde una ausencia total de perspectiva de género en el ámbito de los menores asociados a grupos armados, hasta la progresiva inclusión de di-

---

25 Jiménez Arroyo, S. (2019). "La violencia sexual contra la infancia en los conflictos armados: respuestas desde el derecho internacional", *op. cit.* p. 42; Reyes Menéndez, V. (2017). "Los niños y las niñas en la guerra: Respuestas desde el Derecho Internacional frente a los crímenes de reclutamiento de niñas y niños soldados y violencia sexual". *Revistas IUS et VERITAS*, nº 55, p. 54, https://revistas.pucp. edu.pe/index.php/iusetveritas/article/view/19756/19818; Yildiz Bravo, S. (2025). "La "triple protección" de las niñas soldado frente a la urbanización de los conflictos armados: una exploración desde el Derecho Internacional Humanitario", *op. cit.*, pp. 262 y ss.

26 Yildiz Bravo, S. (2025). "La "triple protección" de las niñas soldado frente a la urbanización de los conflictos armados: una exploración desde el Derecho Internacional Humanitario", *op. cit.*, p. 269.

27 Quesada Alcalá, C. (2025). "La Jurisprudencia de la Corte Penal Internacional en relación con las niñas soldado: ¿un colectivo invisible?", *op. cit.*, pp. 221-222.

28 Bensounda, F. (2012). *The incidence of the female child soldier and the International Criminal Court.* https://www.icc-cpi.int/sites/default/files/NR/rdonlyres/316A88F6-86B4-488D-8FEB-526D0E515062/284579/04062012DPSpeechNYGirlChildSoldiers.pdf.

cha perspectiva que, tal y como señala Quesada, en el caso Ongwen alcanza una "dimensión más holística"[29].

En definitiva, podemos concluir que la respuesta que tanto el DIDH, como el DIH o el Derecho Penal Internacional ofrecen es insuficiente ante la violencia sexual que las niñas sufren en contextos de conflictos armados, haciéndose necesaria la búsqueda de otras posibles herramientas.

4. PROTECCIÓN DE LAS NIÑAS CONTRA LA VIOLENCIA SEXUAL EN ESCENARIOS BÉLICOS: ¿NOS SIRVE EL MARCO NORMATIVO CONTRA LA TRATA?

Ante las carencias o insuficiencias detectadas en el punto anterior cabría preguntarse si de la normativa internacional específica en materia de trata de seres humanos se puede derivar algún tipo de protección de las niñas víctimas de violencia sexual.

4.1. Un poco de historia

La acción de la Comunidad Internacional para la persecución y eliminación de lo que hoy entendemos por trata de seres humanos, se produce una vez que, durante los siglos XVIII y XIX, los Estados ya han ido adoptando normas nacionales para abolir la esclavitud. Así, la Comunidad Internacional ha acometido esta labor desde dos ópticas, por una parte, la abolición de la esclavitud y, por otra, la abolición de la trata de personas, en especial, con fines sexuales. Y es que, la esclavitud es una forma de trata[30], una de las primeras prácticas "odiosas" cuya abolición se persiguió desde el Derecho Internacional, por lo que esta doble perspectiva tiene su lógica.

Por lo que se refiere a la primera de las perspectivas, es decir, la de la lucha contra la esclavitud, y sin entrar en antecedentes remotos, el interés por su abolición aumenta a finales del Siglo XIX, comenzando a adoptarse instrumentos destinados a la eliminación de esta práctica de modo genérico y centrados en lo que hoy entendemos por trata con fines de

---

[29] Quesada Alcalá, C. (2025). "La Jurisprudencia de la Corte Penal Internacional en relación con las niñas soldado: ¿un colectivo invisible?", *op. cit.*, p. 251.

[30] Tello Moreno, L. F. (2013). "De la esclavitud a la trata de personas". *Revista Pensamiento Penal.* https://www.pensamientopenal.com.ar/doctrina/37283-esclavitud-trata-personas.

explotación laboral y, por tanto, no se adoptaba una perspectiva de género y, mucho menos, se enfocaba en la trata con fines de explotación sexual.

Así, entre los textos más importantes, habría que mencionar el *Acta General de la Conferencia de Berlín* celebrada en 1885, que reiteraba en su artículo IX que el comercio de esclavos estaba prohibido de conformidad con los principios del derecho internacional y establecía la obligación de los Estados signatarios[31] de "emplear todos los medios a su alcance para poder poner fin a este comercio y para castigar a quienes incurran en él"[32].

Cinco años más tarde, se celebra la *Conferencia antiesclavista de Bruselas para reprimir la trata, proteger las poblaciones aborígenes del África y asegurar a dicho continente los beneficios de la paz y la civilización*[33] (1890) en cuyo Acta Final se recogían medidas específicas para terminar con esta práctica odiosa en el interior de África[34].

Años más tarde, terminada la Primera Guerra Mundial y creada la Sociedad de Naciones se adopta la *Convención sobre la esclavitud* (1926) que prohibía tanto la esclavitud en sí misma como la trata de esclavos y recogía el compromiso de los Estados de prevenir y reprimir la trata de esclavos, así como procurar, de una manera progresiva, la supresión completa de la esclavitud[35]. La Convención es modificada a través de dos protocolos, uno de 1953 y otro de 1956. El último de ellos, la *Convención suplementaria sobre la abolición de la esclavitud, la trata de esclavos y las instituciones y prácticas análogas a la esclavitud*[36] (1956), amplía la definición de lo que se entienda por

---

31 El Acta fue firmada por Reino Unido, Alemania, Austria, Hungría, Bélgica, Dinamarca, España, EEUU, Francia, Italia, Países Bajos, Portugal, Rusia. Suecia, Noruega y Turquía.

32 https://www.dipublico.org/3666/acta-general-de-la-conferencia-de-berlin-26-de-febrero-de-1885/.

33 https://www.dipublico.org/109667/acta-general-de-la-conferencia-antiesclavista-de-bruselas-para-reprimir-la-trata-proteger-las-poblaciones-aborigenes-del-africa-y-asegurar-a-dicho-continente-los-beneficios-de-la-paz-y-la-civilizaci/#:~:text=10%2F03%2F2024-,Acta%20general%20de%20la%20Conferencia%20antiesclavista%20de%20Bruselas%2C%20para%20reprimir,2%20de%20julio%20de%201890

34 Cano Linares, M. A. (2014). "De la prohibición de la esclavitud a la lucha contra la trata de seres humanos: Desarrollos recientes en el ámbito universal". *Revista de la Inquisición (Intolerancia y Derechos Humanos). Volumen 18, 202.*

35 Ibid., p. 203.

36 https://www.ohchr.org/es/instruments-mechanisms/instruments/supplementary-convention-abolition-slavery-slave-trade-and.

esclavitud y extiende la prohibición y persecución a otras conductas análogas no previstas hasta ese momento. Por primera vez, se adopta una perspectiva de género y, además, se presta atención a los menores pues como conductas prohibidas se incluyen: a) que una mujer sea dada en matrimonio a cambio de contrapartida económica o en especie, b) que una mujer sea cedida por su esposo o la familia de éste a un tercero, c) que la mujer sea cedida por herencia a otra persona cuando fallezca el esposo o d) que un niño sea entregado con el propósito de que se le explote laboralmente.

De forma paralela se comienza a regular contra la trata de personas con fines sexuales a principios del Siglo XX a través del: *Acuerdo Internacional para la represión de la trata de blancas* (1904), el *Convenio para la represión de la trata de blancas* (1910), el *Convenio Internacional para la represión de la trata de mujeres y niños* (1921) o el *Convenio para la represión de la trata de mujeres mayores de edad* (1933) que son fusionados a través del *Convenio para la represión de la trata de personas y de la explotación de la prostitución ajena* de 1949. A la luz de este convenio pesa sobre los Estados tanto la obligación de adoptar medidas específicas para conseguir la prohibición de la trata con fines de prostitución, así como la obligación de adoptar medidas sociales destinadas a las víctimas de trata.

Sin embargo, el salto cualitativo se produce con la adopción en el año 2000 del conocido como Protocolo de Palermo, o *Protocolo para prevenir, reprimir y sancionar la trata de personas, especialmente mujeres y niños,* a la *Convención de las Naciones Unidas contra la Delincuencia Organizada Transnacional* lo que pone de manifiesto que la Comunidad Internacional considera el fenómeno como uno de los mayores desafíos globales en el Siglo XXI y, por tanto, que es necesario adoptar respuestas globales, así como definir el problema desde una perspectiva integradora de los diferentes modos de explotación. Uno de los elementos más resaltables del Protocolo es que, por primera vez, se recoge un concepto de trata —al que se hará referencia más adelante— concepto altamente aceptado como demuestra el alto número de ratificaciones del Protocolo[37].

En el continente europeo, como complemento del Protocolo de Palermo, se han adoptado diferentes iniciativas tanto en el ámbito del Consejo de Europa, como en el de la Unión Europea. Así, con el fin de reforzar la protección establecida en el Protocolo y desarrollar sus normas, en 2005

---

37 Ha sido ratificado por 184 Estados y la Unión Europea, entrando en vigor el 25 de diciembre de 2003; https://treaties.un.org/Pages/ViewDetails.aspx?src=TREATY&mtdsg_no=XVIII-12-a&chapter=18&clang=_en.

se aprueba el *Convenio del Consejo de Europa sobre la Lucha contra la Trata de Seres Humanos* (2005), conocido como Convenio de Varsovia, en el ámbito del Consejo de Europa, que está abierto a la ratificación tanto por parte de sus miembros, como a la de aquellos Estados no miembros que hayan participado en su elaboración y a la Unión Europea (artículo 42). Si bien el Convenio de Varsovia sigue la estela del Protocolo de Palermo, es importante señalar que es más amplio en cuanto a las situaciones en que puede ser aplicable pues, tal y como se deriva de su artículo 2, se aplica a todas las formas de trata de seres humanos, sean o no transnacionales, y estén o no vinculadas a la delincuencia organizada. El Convenio entró en vigor el 1 de febrero de 2008 y ha sido ratificado por 48 Estados, entre los que se encuentran, además de los 46 miembros del Consejo de Europa, Bielorrusia e Israel[38].

Por su parte, en el seno de la Unión Europea se han ido adoptado varias normas para luchar contra la trata de seres humanos. La primera, la *Decisión Marco del Consejo, relativa a la lucha contra la trata de seres humanos*[39] *de* 19 de julio de 2002, se adopta, tal y como se recoge en su preámbulo, para contribuir a la prevención de la trata, así como a la lucha contra este fenómeno, desde el enfoque de la trata para la explotación sexual de mujeres y niños. Esta norma es sustituida en 2011 por la *Directiva 2011/36/EU*[40] en la que se considera la trata de seres humanos como uno de los delitos más graves a nivel mundial y se adopta una perspectiva holística en el abordaje del fenómeno. Finalmente, en junio de 2024 se aprueba una nueva norma, la *Directiva (UE) 2024/1712*[41], en la que se incorporan nuevas *modalidades de explotación* para adaptar la normativa a la realidad actual de la trata.

---

38 https://www.coe.int/en/web/conventions/full-list?module=treaty-detail&treatynum=197.

39 *Decisión Marco del Consejo, de 19 de julio de 2002, relativa a la lucha contra la trata de seres humanos (2002/629/JAI)*, https://eur-lex.europa.eu/legal-content/ES/TXT/PDF/?uri=CELEX:32002F0629.

40 *Directiva 2011/36/EU del Parlamento Europeo y del Consejo de 5 de abril de 2011 relativa a la prevención y lucha contra la trata de seres humanos y a la protección de las víctimas*, https://eur-lex.europa.eu/legal-content/ES/TXT/PDF/?uri=CELEX:32011L0036.

41 *Directiva (UE) 2024/1712 del Parlamento Europeo y del Consejo de 13 de junio de 2024 por la que se modifica la Directiva 2011/36/UE relativa a la prevención y lucha contra la trata de seres humanos y a la protección de las víctimas*, https://eur-lex.europa.eu/legal-content/ES/TXT/?uri=OJ%3AL_202401712. La norma fue aprobada en el Parlamento por 563 votos a favor, 7 en contra y 17 abstenciones https://www.europarl.europa.eu/news/es/press-room/20240419IPR20580/nueva-legislacion-

En cualquier caso, es importante apuntar que, desde la adopción del *Convenio para la represión de la trata de personas y de la explotación de la prostitución ajena* de 1949, algunos textos internacionales destinados a otros menesteres, como pueda ser la protección de los derechos humanos de determinados grupos vulnerables, recogían algunos aspectos sectoriales en materia de trata[42]. Es el caso de la *Convención para la eliminación de todas las formas de discriminación contra la mujer* (CEDAW, 1979)[43] que en su artículo 6 urgía a los Estados a tomar "todas las medidas apropiadas para suprimir todas las formas de trata de mujeres y explotación de la prostitución de la mujer", o el *Protocolo Facultativo a la Convención sobre los Derechos del Niño relativo a la venta de niños, la prostitución infantil y la utilización de niños en la Pornografía* (2000) mencionado anteriormente.

Por otra parte, además de estos instrumentos de *hard law* se han ido adoptando diferentes instrumentos de *soft law*, es decir, instrumentos que, si bien no generan obligaciones para los Estados de forma automática, sí que sirven como parámetro del desarrollo del Derecho Internacional y de los ordenamientos jurídicos internos de los Estados. Es el caso, entre otros, de: la *Declaración para la Eliminación de la violencia contra las mujeres* (1993)[44]; los *Principios y Directrices Recomendados sobre Derechos humanos y trata de personas* (2002)[45]; las *Directrices del UNICEF sobre protección de los Derechos de los Niños Víctimas de trata en Europa* (2003); las *Directrices de ACNUR sobre protección internacional y las víctimas de trata* (2006)[46] o la *Recomendación General Nº 38 (2020) del Comité CEDAW relativa a la trata de mujeres y niñas en el contexto de la migración mundial*[47].

europea-contra-la-trata-centrada-en-proteger-a-las-victimas y tiene un plazo de trasposición de 2 años.

42 Blázquez Vilaplana, B. (2021). "El Convenio para la Represión de la Trata de Personas y de la Explotación de la Prostitución Ajena: razones y necesidades de un acuerdo internacional". *Revista electrónica de Derecho Internacional Contemporáneo*, Número 4, https://revistas.unlp. edu.ar/Redic/article/view/12589/12104.

43 https://www.ohchr.org/es/instruments-mechanisms/instruments/convention-elimination-all-forms-discrimination-against-women.

44 UN Doc. AG Res. 48/104, 20 December 1993, https://www.ohchr.org/sites/default/files/eliminationvaw.pdf.

45 UN Doc. E/2002/68/Add.1, 20 mayo 2002, https://docs.un.org/es/E/2002/68/Add.1.

46 https://www.acnur.org/es-es/media/directrices-sobre-proteccion-internacional-la-aplicacion-del-articulo-1a-2-de-la-convencion.

47 https://www.ohchr.org/es/documents/general-comments-and-recommendations/general-recommendation-no38-2020-trafficking-women. Resulta interesan-

Asimismo, la preocupación de la Comunidad Internacional respecto del fenómeno se refleja en el hecho de que, en el año 2004, la Comisión de Derechos Humanos de Naciones Unidas decidía nombrar un *Relator Especial sobre trata de personas, especialmente mujeres y niños* (UNSRTIP), en el desempeño de cuyo mandato ha de: i) tomar medidas sobre violaciones cometidas contra las víctimas de la trata de personas y sobre situaciones en las que ha ocurrido un fallo en la protección de sus derechos humanos; ii) realizar visitas a los países con el fin de estudiar la situación sobre el terreno y formular recomendaciones orientadas a prevenir y/o combatir la trata y proteger los derechos humanos de sus víctimas y iii) presentar informes anuales sobre las actividades del mandato. En este contexto, conviene destacar, entre otros: el *informe sobre la dimensión de género en la trata de personas en situaciones de conflicto* (2018)[48]; el *informe sobre la aplicación del principio de no penalización* (2021)[49], el *informe sobre fortalecimiento de la rendición por trata de personas en situaciones de conflicto* (2023)[50] o *el informe sobre trata de personas y cuestiones de género, paz y seguridad* (2024)[51]. Finalmente, en el marco de su labor, conviene resaltar dos iniciativas que tienen una incidencia especial en la situación de las niñas en situación de conflicto. En 2017 se presentó un Informe conjunto de la *Relatora Especial sobre venta y explotación sexual de niños* y la *Relatora Especial sobre la trata de personas*, en el que se incidía en la vulnerabilidad de los niños frente a la venta, la trata y otras formas de explotación en las situaciones de conflicto y crisis humanitaria[52]. Por otra parte, en octubre de 2024 la UNSRTIP, presentaba el estudio *Trata de niños*

te señalar como el informe parte de la idea de que la trata sexual presenta un claro componente de género que, "hunde sus raíces en la discriminación estructural por razón de sexo (...), que con frecuencia se ve agravada en contextos de migración" y en el que intervienen factores como la pobreza y la exclusión social. Por tanto, se trata de un fenómeno que se asienta sobre la "mercantilización del cuerpo humano como objeto sexual", esencialmente destinado a satisfacer un "mercado prostitucional" en permanente crecimiento y que impacta con especial intensidad en mujeres y niñas. Estas son cosificadas, deshumanizadas y reducidas a la condición de mera mercancía para su consumo".

48 UN Doc. A/73/171 https://documents.un.org/doc/undoc/gen/n18/227/03/pdf/n1822703.pdf.

49 UN Doc. A/HRC/47/34 https://documents.un.org/doc/undoc/gen/g21/108/03/pdf/g2110803.pdf.

50 UN Doc. A/78/172 https://docs.un.org/es/A/78/172.

51 UN Doc. A/79/161 https://docs.un.org/es/A/79/161.

52 UN Doc. A/72/164, https://docs.un.org/es/A/72/164.

y conflictos armados[53], que resulta esencial ya que analiza los vínculos entre el tráfico de niños y las seis graves violaciones contra los niños en conflictos armados, marcándose como finalidad la prevención y la rendición de cuentas por estos graves crímenes ante el Derecho Internacional.

4.2. *¿Qué se entiende por trata a la luz del Derecho Internacional?*

Es el artículo 3 del Protocolo de Palermo el que define qué debe entenderse por trata de seres humanos[54], pronunciándose en la misma línea el Convenio de Varsovia en su artículo 4. A la luz de ambos artículos, debemos tener en cuenta que es necesario que concurran tres elementos para encontrarnos ante un delito de trata: i) una acción (captación, transporte, traslado, acogida o recepción de personas); ii) a través de unos medios (amenaza o uso de la fuerza, coacción, fraude, engaño o abuso de poder, pagos o beneficios); y iii) con fines de explotación (sexual, laboral, esclavitud, servidumbre o extracción de órganos).

En este contexto, merece ser destacado que en ambos artículos expresamente se prevé que el consentimiento dado por la víctima de trata a toda forma de explotación intencional descrita no se tendrá en cuenta cuando se haya recurrido a cualquiera de los medios enunciados.

Por otra parte, por lo que se refiere a los niños, (personas menores de 18 años), no es necesaria la existencia de un "medio". Tan solo es necesario

---

53 UNSRTIP (2024). *Trata de niños y conflictos armados,* https://www.ohchr.org/en/documents/studies/joint-study-child-trafficking-and-armed-conflict.

54 Artículo 3:
a) Por "trata de personas" se entenderá la captación, el transporte, el traslado, la acogida o la recepción de personas, recurriendo a la amenaza o al uso de la fuerza u otras formas de coacción, al rapto, al fraude, al engaño, al abuso de poder o de una situación de vulnerabilidad o a la concesión o recepción de pagos o beneficios para obtener el consentimiento de una persona que tenga autoridad sobre otra, con fines de explotación. Esa explotación incluirá, como mínimo, la explotación de la prostitución ajena u otras formas de explotación sexual, los trabajos o servicios forzados, la esclavitud o las prácticas análogas a la esclavitud, la servidumbre o la extracción de órganos;
b) El consentimiento dado por la víctima de la trata de personas a toda forma de explotación intencional descrita en el apartado a) del presente artículo no se tendrá en cuenta cuando se haya recurrido a cualquiera de los medios enunciados en dicho apartado;
c) La captación, el transporte, el traslado, la acogida o la recepción de un niño con fines de explotación se considerará "trata de personas" incluso cuando no se recurra a ninguno de los medios enunciados en el apartado a) del presente artículo;
d) Por "niño" se entenderá toda persona menor de 18 años.

demostrar la existencia de una "acción", como serían la captación, la venta o la compra y que dicha acción tenga por finalidad específica la explotación de cualquier tipo. Dicho de otro modo, existirá trata cuando el menor haya sido sometido a algún acto, como la captación o el transporte, con el fin de someterlo a explotación independientemente de los medios que se hayan utilizado para recabar el consentimiento.

En la misma línea se sitúa la normativa comunitaria. Así, el artículo 1 de la *Decisión Marco 2002/629/JAI* en su definición hacía referencia a los mismos elementos, si bien en el caso de los medios se incorporó una mención a la vulnerabilidad incluyendo por tanto como medio que "haya abuso de autoridad o de situación de vulnerabilidad, de manera que la persona no tenga una alternativa real y aceptable excepto someterse al abuso"[55]. Por su parte, la *Directiva (UE) 2024/1712* amplía la tipología de acciones al incluir la explotación para realizar actividades delictivas, la explotación de la maternidad subrogada, el matrimonio forzado y la adopción ilegal, que vienen a añadirse a las incluidas por la *Directiva 2011/36/EU*. En cualquier caso, ha de tenerse en cuenta que la lista de tipos de actos constitutivos de trata recogida en todos los preceptos analizados no es una lista cerrada si no que es abierta, siendo posible incluir figuras análogas como expresamente se recoge en todos los preceptos.

Así, a través de la adopción de estos textos se produce una cierta "harmonización" de las normativas nacionales, esencialmente en materia de definición del crimen de trata de seres humanos, pero también en lo que respecta a las medidas para proteger los derechos de las víctimas, como puedan ser las medidas para la cooperación internacional y con la sociedad civil o el establecimiento de mecanismos de seguimiento. Todas estas medidas han servido de base para el desarrollo normativo interno de los Estados, con especial relevancia del Convenio de Palermo que, como se ha mencionado supra, ha sido ratificado por 186 Estados.

4.3. La violencia sexual contra las niñas asociadas a grupos armados como tipo de trata

Analizado el concepto de trata manejado por la normativa internacional, la pregunta que hay que responder es ¿puede entenderse el hecho de captar

---

55 Conviene señalar, que, en este caso, en el tercer elemento no se incluye la extracción de órganos, no obstante, esta acción, se incluye por parte de la *Directiva 2011/36/EU* que, además, incorpora también la mendicidad.

a niñas para "asociarlas" a grupos armados como un tipo de trata? La respuesta ha de ser rotunda: está claro "que cualquier acto como el reclutamiento o la transferencia de un niño para tenerle vinculado a las hostilidades o a un grupo armado constituye trata de niños" y así ha sido puesto de manifiesto tanto por la UNSRTIP, como por la UNODC. Esta última ha constatado que, "aunque el uso de niños como combatientes no esté expresamente recogido como una forma de explotación en la definición de trata, es claro que el reclutamiento de niños (un acto) en un grupo armado o terrorista (propósito para explotación) es una forma de tráfico de personas"[56]. Por otra parte, la UNSRTIP en su informe de 2024, al definir la trata de niños asociada a los conflictos armados ha determinado que tanto el tráfico de niños como sus secuelas puede producirse en múltiples fases del conflicto armado ya que el requisito del «acto» "puede formar parte del proceso inicial de la trata, del punto final o del mantenimiento de la explotación", lo que significa, por ejemplo, que en los casos en que los niños reclutados por fuerzas o grupos armados son posteriormente también "incapaces de marcharse si quisieran hacerlo" tanto el reclutamiento inicial del niño como su posterior control continuo indican la existencia de trata[57].

Mas claro aún es el caso de las niñas sometidas a violencia sexual en el seno de un grupo armado tal y como evidencia la Relatora Especial al afirmar que las niñas se ven afectadas de forma desproporcionada por la violencia sexual relacionada con los conflictos —lo que incluye "la trata de personas con fines de violencia sexual y/o explotación, cuando se comete en situaciones de conflicto"[58]. Esta realidad es constatada por el estudio de 2024 a través de situaciones concretas sufridas por las niñas en diferentes contextos de conflicto. En el caso de Sudán del Sur se concluye que las formas de trata son profundamente sexistas, siendo las mujeres y niñas el objeto principal de trata con fines de explotación sexual, esclavitud sexual o matrimonio forzado. Asimismo, en el caso de Nigeria, se constata esta realidad ya que Boko Haram ha secuestrado a niñas y obligado a sus padres a entregarlas para el matrimonio, cometiendo contra ellas violaciones generalizadas y otros actos de violencia sexual, así como esclavitud sexual dentro de estos matrimonios forzados. Lo mismo puede decirse en el caso de Colombia donde "[l]a desigualdad estructural de género, la falta de

---

56 UNODC (2018). *Countering Trafficking in Persons in Conflict Situations,* https://www.unodc.org/documents/human-trafficking/2018/17-08776_ebook-Countering_Trafficking_in_Persons_in_Conflict_Situations.pdf.

57 UNSRTIP (2024). *Trata de niños y conflictos armados, op. cit.*, p. 11.

58 Ibid., p. 16.

educación y la pobreza hacen que las niñas sean vulnerables al reclutamiento, la explotación sexual y el matrimonio forzado, dando lugar en ocasiones a matrimonios forzados"[59].

Así pues, dado que la captación/secuestro de niñas por parte de grupos armados para realizar actos de violencia sexual contra ellas en cualquiera de sus modalidades puede considerarse trata de seres humanos, no cabe duda de la aplicabilidad de estas normas en el contexto de los conflictos armados como complementarias de las específicas del DIDH, el DIH y el Derecho Penal Internacional que se han analizado anteriormente.

4.4. De la perspectiva criminocéntrica a la perspectiva victimocéntrica

La siguiente pregunta que cabe plantearse es: ¿sirven estas normas únicamente como herramienta para la eliminación y persecución de la trata de seres humanos, o son también instrumentos válidos para la garantía de los derechos de las niñas víctimas de violencia sexual? Ciertamente, la perspectiva que primaba en los primeros años del desarrollo normativo en materia de trata, tanto a nivel universal como europeo, era especialmente punitivo o criminocéntrico. No obstante, se fue avanzando, aunque a pasos muy lentos hacia la protección de la víctima.

Así, el Protocolo de Palermo recoge, entre sus fines, la protección y ayuda a las víctimas de la trata, respetando sus derechos humanos. Sin embargo, el espíritu de la norma es fundamentalmente punitivo como se deriva del hecho de que se centre en los mecanismos de cooperación entre Estados para la represión de esta práctica.

Lo mismo puede decirse en el caso de la normativa adoptada en el continente europeo. Por lo que se refiere al Convenio de Varsovia (2005), adoptado en el seno del Consejo de Europa, su propio preámbulo señala que su propósito es reforzar la protección del Protocolo de Palermo, y "elaborar un instrumento jurídico internacional de carácter global que se centre en los derechos humanos de las víctimas de dicha trata y que establezca un mecanismo de seguimiento específico". En este contexto, recoge un capítulo específico, el III, destinado a la protección y promoción de los derechos de las víctimas, estableciendo el artículo 14.5 la posibilidad de concesión de permiso renovable a las víctimas de trata que no debe afectar a la solicitud del derecho de asilo o la protección internacional que corresponda.

---

59 Ibid., pp. 16-17;

Por lo que respecta a la UE, la primera norma aprobada, la *Decisión Marco 2002/629/JAI*[60] se centraba exclusivamente en cuestiones penales y no abordaba el problema desde una perspectiva de derechos humanos y, mucho menos, desde una perspectiva de género. Sin embargo, en la *Directiva 2011/36/EU*[61] ya se adoptaba un enfoque de derechos humanos, y, además, se entendía que la prevención y erradicación del fenómeno exigía tanto adoptar una perspectiva de género como prestar especial atención a determinados grupos vulnerables como los niños, especialmente cuando se trata de menores no acompañados, concretando la norma la necesidad de tener en cuenta las especificidades de género. Asimismo, se preveía la posibilidad de concesión de permiso de residencia a las víctimas de trata que fuesen nacionales de un tercer país, generalizando la posibilidad que ya se había recogido en la *Directiva 2004/81/CE* respecto de las víctimas que cooperasen con las autoridades competentes[62]. Por tanto, se pasó en ese momento de un tratamiento criminocéntrico a un enfoque del problema desde la perspectiva de protección de las víctimas[63]. No obstante, ciertamente la persecución de las prácticas de trata constituye el objetivo fundamental de la directiva, tal y como demuestra la reiterada referencia a la necesidad de cooperación entre las autoridades policiales de los distintos países para reforzar la lucha contra este fenómeno.

La tendencia hacia una mayor protección de las víctimas se refleja también en la *Estrategia de la UE en la lucha contra la trata de seres humanos 2021-2025*[64], que se adopta en el año 2021 con un "planteamiento multidisciplinario e integral" para enfrentar el fenómeno y, en este contexto,

---

60 *Decisión Marco del Consejo, de 19 de julio de 2002, relativa a la lucha contra la trata de seres humanos (2002/629/JAI),* https://eur-lex.europa.eu/legal-content/es/ALL/?uri=CELEX%3A32002F0629.

61 *Directiva 2011/36/EU del Parlamento Europeo y del Consejo de 5 de abril de 2011 relativa a la prevención y lucha contra la trata de seres humanos y a la protección de las víctimas,* https://eur-lex.europa.eu/legal-content/ES/TXT/PDF/?uri=CELEX:32011L0036.

62 *Directiva 2004/81/CE del Consejo, de 29 de abril de 2004, relativa a la expedición de un permiso de residencia a nacionales de terceros países que sean víctimas de la trata de seres humanos o hayan sido objeto de una acción de ayuda a la inmigración ilegal, que cooperen con las autoridades competentes,* https://eur-lex.europa.eu/legal-content/ES/ALL/?uri=CELEX%3A32004L0081.

63 Vigano Martínez, N. E. (2024). "La trata de seres humanos con fines de explotación sexual en el marco del derecho de asilo europeo y español". *Cuadernos de Derecho Transnacional,* Vol. 16 (1), p. 647.

64 *Comunicación de la Comisión al Parlamento Europeo, al Consejo, al Comité Económico y Social Europeo y al Comité de las Regiones sobre la estrategia de la UE en la lucha contra la*

se considera necesaria la modificación de la *Directiva 2011/36/UE*[65] para adaptarla a este nuevo enfoque. Como resultado del mandato y tal y como se ha señalado, en junio de 2024 se aprueba una nueva norma, la *Directiva (UE) 2024/1712*[66] en la que se avanza en una doble dirección: incorporando nuevas *modalidades de explotación* y situando la protección de las víctimas en el centro de la regulación, profundizando así en el "enfoque victimocéntrico del delito" que se había iniciado con la Directiva de 2011. Pero, además, no es sólo que se haya adoptado una perspectiva centrada en la víctima, si no que, por ende, la norma pone el foco en los grupos más vulnerables y presta atención "a las cuestiones de género, la discapacidad y la condición de menor"[67]. Así, por una parte, considera la Directiva que la trata "puede agravarse cuando converge con discriminación por razón de sexo combinada con discriminación por otros motivos prohibidos" y en esos casos habrá de prestarse "la debida atención a las víctimas afectadas por esa discriminación interseccional y a la mayor vulnerabilidad resultante, estableciendo medidas específicas cuando se presenten formas convergentes de discriminación"[68].

---

trata de seres humanos 2021-2025, COM(2021) 171 final, 14.4.2021, https://eur-lex.europa.eu/legal-content/ES/TXT/PDF/?uri=CELEX:52021DC0171.

65 Comisión Europea (2022). *Propuesta de Directiva del Parlamento Europeo y del Consejo por la que se modifica la Directiva 2011/36/UE relativa a la prevención y lucha contra la trata de seres humanos y a la protección de las víctimas*, COM(2022) 732 final, 19.12.2022, https://eur-lex.europa.eu/legal-content/ES/TXT/?uri=CELEX%3A52022PC0732.

66 *Directiva (UE) 2024/1712 del Parlamento Europeo y del Consejo de 13 de junio de 2024 por la que se modifica la Directiva 2011/36/UE relativa a la prevención y lucha contra la trata de seres humanos y a la protección de las víctimas*, https://eur-lex.europa.eu/legal-content/ES/TXT/?uri=OJ%3AL_202401712. La norma fue aprobada en el Parlamento por 563 votos a favor, 7 en contra y 17 abstenciones https://www.europarl.europa.eu/news/es/press-room/20240419IPR20580/nueva-legislacion-europea-contra-la-trata-centrada-en-proteger-a-las-victimas.

67 APRAMP (2024). "Europa refuerza la lucha contra la trata de seres humanos y la mejora de la protección y apoyo a las víctimas", https://apramp. org/europa-refuerza-la-lucha-contra-la-trata-de-seres-humanos-y-la-mejora-de-la-proteccion-y-apoyo-a-las-victimas/. *Directiva (UE) 2024/1712 del Parlamento Europeo y del Consejo de 13 de junio de 2024 por la que se modifica la Directiva 2011/36/UE relativa a la prevención y lucha contra la trata de seres humanos y a la protección de las víctimas*, https://eur-lex.europa.eu/legal-content/ES/TXT/?uri=OJ%3AL_202401712. Considerando (23).

68 *Directiva (UE) 2024/1712 del Parlamento Europeo y del Consejo de 13 de junio de 2024 por la que se modifica la Directiva 2011/36/UE relativa a la prevención y lucha contra la trata de seres humanos y a la protección de las víctimas*, https://eur-lex.europa.eu/legal-content/ES/TXT/?uri=OJ%3AL_202401712. Considerando (4).

Asimismo, la *Directiva 2024/1712* establece la necesidad de que en el marco del Sistema Europeo Común de Asilo (SECA) se preste una especial protección de aquellas víctimas de trata que procedan de terceros países *no comunitarios*. En este sentido, yendo más allá de la concesión de residencia que, se preveía en la directiva de 2011, la nueva Directiva afirma que las víctimas tienen derecho a solicitar protección internacional o un estatuto nacional equivalente y "los Estados miembros deben velar por que los dos procedimientos pertinentes sean complementarios y no se excluyan mutuamente"[69]. Es decir, debe concedérsele un permiso de residencia a las víctimas de trata y, además, brindarle la posibilidad de que soliciten protección internacional como se deriva del nuevo artículo 11 bis sobre "Víctimas de trata que puedan necesitar protección internacional".

Por otra parte, para evitar que las víctimas vuelvan a ser objeto de trata dentro de la Unión, es importante que los Estados miembros no trasladen a una víctima de trata a un Estado "en el que existan motivos fundados para creer que las víctimas, [...], se enfrentarían a un riesgo real de violación de sus derechos fundamentales que constituye un trato inhumano o degradante en el sentido del artículo 4 de la Carta" de Derechos Fundamentales de la UE[70].

Este cambio de centro en la normativa europea sería recomendable que se trasladara al ámbito internacional.

5. CONCLUSIONES

Ha quedado constatado que existen carencias en el Derecho Internacional Humanitario, el Derecho Internacional de los Derechos Humanos y el Derecho Penal Internacional tanto para perseguir los actos de violencia sexual contra las niñas en contexto de conflicto armado, como para garantizar sus derechos. Estas carencias, o al menos alguna de ellas, pueden "colmarse" recurriendo a la normativa internacional en materia de trata de seres humanos, que, por tanto, sería complementaria del DIH y del Derecho Penal Internacional para cumplir con los fines de erradicación

---

69 *Ibid.* Considerando (21).

70 *Directiva (UE) 2024/1712 del Parlamento Europeo y del Consejo de 13 de junio de 2024 por la que se modifica la Directiva 2011/36/UE relativa a la prevención y lucha contra la trata de seres humanos y a la protección de las víctimas*, https://eur-lex.europa.eu/legal-content/ES/TXT/?uri=OJ%3AL_202401712. Considerando 20.

y persecución de los actos de violencia sexual contra las niñas asociadas a grupos armados, y garantía de sus derechos.

Asimismo, se ha mostrado como la normativa internacional tiene una serie de caracteres que inciden en una menor protección frente a la violencia sexual de las niñas asociadas a grupos armados. Por una parte, no puede obviarse que, en términos generales, la normativa internacional se ha enfocado más en la persecución del delito que en la garantía de los derechos de las víctimas, pero también es cierto que en los últimos años va ganado terreno la perspectiva victimocéntrica, especialmente en el contexto europeo. En ese sentido, parece oportuno que después de veinticinco años, en el caso del Protocolo de Palermo, y de veinte, en el caso del Convenio de Varsovia, se profundice en esta vía a través de una revisión.

Por otro lado, en las normas analizadas se constata la ausencia de un verdadero planteamiento multidisciplinario e integral que tenga en especial consideración la perspectiva de género. Es cierto que se ha ido avanzando en este contexto fundamentalmente en el ámbito europeo. Así, ha de acogerse con beneplácito que las sucesivas modificaciones normativas hayan ido profundizando en la perspectiva de género, así como en la de protección de las víctimas, como se ha subrayado respecto de la *Directiva (UE) 2024/1712* que parte de un planteamiento multidisciplinario e integral y de una cierta perspectiva de género. Sin embargo, se debe seguir profundizando, tanto en la perspectiva de género, como, en la especial vulnerabilidad de las niñas en conflicto armado pudiendo recogerse una referencia específica y expresa al fenómeno de las víctimas de captación en el contexto específico de conflictos armados. En este sentido, parece oportuno que en la normativa europea se recoja expresamente una mención al fenómeno de las víctimas de captación en el contexto particular de conflictos armados, atendiendo a su especial vulnerabilidad. En esta línea, el progreso en el enfoque integral desde una perspectiva de género y de interseccionalidad de la vulnerabilidad redundará en evitar la invisibilidad del delito y, así, facilitar el acceso a una protección adecuada[71].

Otra de las cuestiones que se han apuntado es la de la estigmatización que las víctimas de estas prácticas sufren antes, durante y después de la captación, que constituye un obstáculo para que las víctimas denuncien e incluso dificulta que abandonen el grupo armado. Es decir, esta estigmatización es otro factor más de la invisibilidad del fenómeno. En esta

---

[71] Vigano Martínez, N. E. (2024). "La trata de seres humanos con fines de explotación sexual en el marco del derecho de asilo europeo y español", *op. cit.*, p. 646.

línea, podría ser interesante incrementar la colaboración con la sociedad civil que trabaja en las diferentes comunidades en un doble sentido: el de sensibilizar a las comunidades para que comprendan la vulnerabilidad de las niñas y, por otra, que constituyan puentes por los que las niñas puedan transitar para su recuperación y reintegración. Evidentemente, para que las organizaciones que trabajan en el terreno puedan desarrollar estas labores, es absolutamente necesaria la financiación por parte de los Estados y las organizaciones internacionales.

6. REFERENCIAS BIBLIOGRÁFICAS

Abril Stoffel, R. y Ojinaga Ruiz, R. (2021). "Los procesos de desvinculación y reintegración de las niñas asociadas con fuerzas o grupos armados*: thinking outside the box*". *ACDI,* Vol. 14, 167-222.

ALLIANCE, UNICEF, USAID, SIDA & PLAN INTERNATIONAL (2020). *Girls associated with armed forces and armed groups. Lessons learnt and good practices on prevention of recruitment and use, release and reintegration.* https://alliancecpha.org/sites/default/files/technical/attachments/tn_gaafag_eng.pdf. Recuperado el 15 de julio de 2025.

Bensounda, F. (2012). *The incidence of the female child soldier and the International Criminal Court.* https://www.icc-cpi.int/sites/default/files/NR/rdonlyres/316A88F6-86B4-488D-8FEB-526D0E515062/284579/04062012DPSpeechNYGirlChildSoldiers.pdf. Recuperado el 15 de julio de 2025.

Blázquez Vilaplana, B. (2021). "El Convenio para la Represión de la Trata de Personas y de la Explotación de la Prostitución Ajena: razones y necesidades de un acuerdo internacional". *Revista electrónica de Derecho Internacional Contemporáneo,* Número 4, https://revistas.unlp. edu.ar/Redic/article/view/12589/12104. Recuperado el 15 de julio de 2025.

Blok, A. C. & Pehle, H. (2017). *Girls' Rights are human rights. An in-depth study of the status of girls in the international human rights framework.* https://plan-international.org/uploads/2022/01/report_girlsrightsarehumanrights_en.pdf. Recuperado 15 de julio de 2025.

Cano Linares, M. A. (2014). "De la prohibición de la esclavitud a la lucha contra la trata de seres humanos: Desarrollos recientes en el ámbito universal". *Revista de la Inquisición (Intolerancia y Derechos Humanos). Volumen 18, 195-218.*

Cardona Llorens, J. (2025). "Interseccionalidad, vulnerabilidad e invisibilidad: el ejemplo de las niñas soldado con discapacidad". *Las niñas Asociadas a grupos armados. Perspectivas jurídicas, sociológicas y de protección,* (Dir. R. Abril Stoffels; Coord. S. Yildiz Bravo). Aranzadi. 131-181.

De Castro Sánchez, C. (2025). "Niñas en conflictos armados: ¿qué hace la Unión Europea? Análisis en clave de derecho de asilo". *Las niñas Asociadas a grupos armados. Perspectivas jurídicas, sociológicas y de protección,* (Dir. R. Abril Stoffels; Coord. S. Yildiz Bravo). Aranzadi. 183-218.

Faggiani, V. (2020). "La protección de los niños en los conflictos armados: un análisis de la aportación del Derecho Internacional y del papel de la CPI". *Ordine Internazionale e diritti umani,* 1082-1108.

Fox, H. J. (2004). "Girl Soldiers: Human Security and Gendered Insecurity". *Security Dialogue,* vol. 35, nº 4, 465-479.

García Sotelo, G. M. (2006). *Razones y sinrazones sobre las niñas soldado.* Sepha.

González, J. (2023). "La violencia sexual como arma de guerra". https://asociacionportimujer.org/la-violencia-sexual-como-arma-de-guerra/. Recuperado 15 de julio de 2025.

Guzmán, M. F. (2020). "Niñas y niños soldados, el Derecho Internacional Público y Naciones Unidas". *Perspectivas Revista de Ciencias Sociales,* N. 9, 259-283.

Hernández, P. (2021). "Niñas soldado. Violencia Sexual en escenarios de conflicto bélico", *Internaciones,* num. 20, enero-junio, pp. 115-136, https://internaciones.cucsh.udg.mx/index.php/inter/article/view/7165/6238. Recuperado 15 de julio de 2025.

Jiménez Arroyo, S. (2019). "La violencia sexual contra la infancia en los conflictos armados: respuestas desde el derecho internacional". *La protección de la infancia en los conflictos armados. Comunicaciones presentadas al I Congreso Internacional sobre Protección de la infancia en conflictos* (Mª. C. Pérez Villalobos). Ministerio de Ciencia, Innovación y Universidades. 35-51.

Jiménez Sánchez, C. (2013). "Niñas soldado: peculiaridades de género", en *Investigaciones en ciencias jurídicas: desafíos actuales del Derecho* (Coord. A. Valencia Sáiz). https://www.researchgate.net/profile/Carolina-Jimenez-18/publication/311948547_NINAS_SOLDADO_PECULIARIDADES_DE_GENERO/links/5863f76108ae8fce490b7063/NINAS-SOLDADO-PECULIARIDADES-DE-GENERO.pdf. Recuperado 15 de julio de 2025.

Martos Rosa, A. (2014). "Niños soldado: una aproximación global y de género a un fenómeno complejo". *Cuadernos de investigación 14/2014.* UCM. https://politicasysociologia.ucm.es/data/cont/docs/21-2016-12 21 CI14_W_Alba%20Martos.pdf. Recuperado 20 de julio de 2025.

Office of the Special Representative of the Secretary General For Children And Armed Conflict (2022). *The Gender Dimensions of Grave Violations Against Children in Armed Conflicts.* https://childrenandarmedconflict.un.org/wp-content/uploads/2022/05/UN_Gender-Dimensions-Grave-Violations-Against-Children-WEB-2.pdf. Recuperado 15 de julio de 2025.

– (2022) *Strengthening responses to conflict-related sexual violence against boys deprived of their liberty in situations of armed conflict,* https://childrenandarmedconflict.un.org/wp-content/uploads/2022/12/ASP-briefing-paper-V1.pdf. Recuperado 15 de julio de 2025.

Ojinaga Ruiz, R. y Abril Stoffels, R. M. (2020), "La protección de las niñas asociadas con fuerzas armadas o grupos armados", *REEI,* núm 39, http://www.reei.org/index.php/revista/num39/articulos/proteccion-ninas-asociadas-con-fuerzas-armadas-grupos-armados. Recuperado 15 de julio de 2025.

Patiño-Gass, L.-Y. & González-Aldea, P. (2021). "Conflictos armados y perspectiva de género: Representación mediática de las niñas soldado". *Revista Mediterránea de Comunicación,* 12(1), 235-252.

Pillai, P. (2008), "A 'Call to Arms:' A Gender Sensitive Approach to the Plight of Female Child Soldiers in International Law". *Human Rights Brief*, Vol. 15 (2), 23-27.

Quesada Alcalá, C. (2025), "La Jurisprudencia de la Corte Penal Internacional en relación con las niñas soldado: ¿un colectivo invisible?". *Las niñas Asociadas a grupos armados. Perspectivas jurídicas, sociológicas y de protección* (Dir. R. Abril Stoffels; Coord. S. Yildiz Bravo). Aranzadi. 219-254.

Reyes Menéndez, V. (2017), "Los niños y las niñas en la guerra: Respuestas desde el Derecho Internacional frente a los crímenes de reclutamiento de niñas y niños soldados y violencia sexual". *Revistas IUS et VERITAS*, nº 55, 42-62, https://revistas.pucp. edu.pe/index.php/iusetveritas/article/view/19756/19818. Recuperado 15 de julio de 2025.

Riaño Castro, M. (2024). "La tragedia silenciosa: la trata de niños y de niñas en conflictos armados". *Apuntes de Trabajo Social*. https://apuntesdetrabajosocial.com/la-tragedia-silenciosa-la-trata-de-ninos-y-de-ninas-en-conflictos-armados/. Recuperado 15 de julio de 2025.

Serrano Polo, C. (2017). *Niñas soldado: un fenómeno invisible pero existente*. TFM, Universidad de Comillas. https://repositorio.comillas.edu/rest/bitstreams/135702/retrieve. Recuperado 15 de julio de 2025.

Tello Moreno, L. F. (2013). "De la esclavitud a la trata de personas". *Revista Pensamiento Penal*. https://www.pensamientopenal.com.ar/doctrina/37283-esclavitud-trata-personas. Recuperado 15 julio de 2025.

UNICEF (2024). "Seis violaciones graves de los derechos de la infancia en tiempos de guerra", https://www.unicef.org/es/historias/ninos-en-la-mira-seis-graves-violaciones-contra-ninos-en-tiempos-de-guerra. Recuperado 15 de julio de 2025.

– (2025). *25 años de conflictos armados y la infancia: Actuar para proteger a los niños y niñas en la Guerra*. https://www.unicef.org/media/123041/file/25%20Years%20Children%20in%20Armed%20Conflict%20Spanish.pdf. Resuperado 15 julio de 2025.

UNODC (2022). *Global Report on Trafficking in Persons*, https://www.unodc.org/documents/data-and-analysis/glotip/2022/GLOTiP_2022_web.pdf. Recuperado 15 de julio de 2025.

Vélez, S. (2010). "Las invisibles niñas soldado son víctimas de esclavitud sexual y trato inhumano". https://amecopress.net/Las-invisibles-ninas-soldado-son-victimas-de-esclavitud-sexual-y-trato-inhumano. Recuperado 15 julio de 2025.

Vigano Martínez, N. E. (2024). "La trata de seres humanos con fines de explotación sexual en el marco del derecho de asilo europeo y español". *Cuadernos de Derecho Transnacional*, Vol. 16 (1), 641-654.

Vinuesa, R. E. (1998), "Derechos Humanos y Derecho Internacional Humanitario, diferencias y complementariedad". *CICR*. https://www.icrc.org/es/publication/derechos-humanos-dih-diferencias-complementariedad. Recuperado 15 de julio de 2025.

Yildiz Bravo, S. (2025). "La "triple protección" de las niñas soldado frente a la urbanización de los conflictos armados: una exploración desde el Derecho Internacional Humanitario". *Las niñas Asociadas a grupos armados. Perspectivas jurídicas, sociológicas y de protección* (Dir. R. Abril Stoffels; Coord. S. Yildiz Bravo). Aranzadi. 255-287.

Niñas soldado y trata de personas[1]

Girl Soldiers and Human Trafficking

PILAR LADRÓN TABUENCA
Universidad de Alcalá

Resumen: Aunque la situación de las niñas soldado y de las víctimas de trata de personas comparten rasgos comunes, no reciben el mismo tratamiento legal. La trata de seres humanos se caracteriza por tener siempre como objetivo la explotación de las víctimas de formas muy diversas: sexual, para servidumbre y trabajos en condiciones de esclavitud, para la comisión de actividades delictivas, matrimonios y maternidad forzada, venta de niños, extracción de órganos... Y gran parte de ellas la padecen también las niñas víctimas de reclutamiento y/o alistamiento forzado, en quienes se suele dar la concurrencia de varias formas de explotación, tanto de forma simultánea como sucesiva. Una vez identificadas, las víctimas de trata pueden beneficiarse de un estatuto jurídico y personal global que incluye medidas judiciales, policiales y sociales específicas que atienden a su especial condición. Por ello, tras realizar un análisis comparativo de ambas figuras, en este trabajo se propone que la persona que hubiera sido reclutada forzosamente de niño en caso de conflictos armados reciba un tratamiento jurídico similar al previsto para las víctimas de trata. Lo cual es de especial importancia cuando se encuentran fuera del país donde se dio el conflicto, y cuando las víctimas ya han adquirido la mayoría de edad.

Abstract: Although child soldiering and human trafficking share common features, they do not receive equal legal treatment. Trafficking in human beings is characterized by targeting the exploitation of victims in a wide variety of ways: sexual, slavery and forced labour, criminal activities, forced marriages and forced motherhood, sale of children, removal of organs... Many of them are also suffered by girls who have been the victims of forced recruitment or enlistment, who are often subjected to various forms of exploitation, both concurrently and successively. Once identified, victims of human trafficking can benefit from a comprehensive legal and personal status that includes specific judicial, police and social measures addressing their special condition. Therefore, after analyzing the common and divergent aspects between both crimes, the paper proposes that a person who has been recruited in cases of armed conflict should receive legal treatment similar to that provided for victims of trafficking. This is particularly important when they are outside the country where the conflict took place, and when victims have reached the age of majority. Principles such as non-punishment, the application of the period of reflection in matters of foreigners, or specific rules for their procedural intervention could be applied to them, since victims must be located at the center of every procedure.

Palabras clave: niñas soldado, reclutamiento forzoso, trata de seres humanos, víctimas, explotación criminal

Keywords: soldier girls, child soldiering, human trafficking, victims, criminal exploitation

---

1 Estudio realizado en el marco del Proyecto de Investigación titulado "*Lagunas en la protección y asistencia internacional a las niñas asociadas a Grupos armados (NAAG)*". CIAICO 2022/235 UCHCEU con financiación pública de la GVA.

1. INTRODUCCIÓN

El tratamiento que los distintos ordenamientos jurídicos dan a unas mismas situaciones y conflictos no siempre es unívoco, tanto a nivel internacional como estatal. Aun compartiendo una misma concepción que parte de principios comunes, la respuesta no siempre es similar.

Es lo que sucede con el reclutamiento forzoso de menores de edad para la participación en conflictos armados y en acciones violentas, y también con la trata de personas. Ambos, proscritos y contemplados en instrumentos normativos de todo rango, y que, sin embargo, continúan presentes e incrementando su incidencia, como constatan diferentes informes de organizaciones internacionales, autoridades estatales y entidades sociales.

Y ambos íntimamente unidos, pues la existencia de enfrentamientos bélicos y la extensión de la violencia generalizada contra la ciudadanía en un determinado lugar y tiempo es un caldo de cultivo idóneo para provocar muerte, hambrunas, desplazamientos forzosos de población y con todo ello, dejar a personas, y especialmente a mujeres y niños, en situación de grave vulnerabilidad, y por ello, objetivo de los grupos criminales, ya sea para el alistamiento forzoso, para el tráfico de personas, o para ambos a la vez respecto de estas víctimas.

En el primer caso, el del reclutamiento y la participación forzada de menores en situaciones de conflicto armado, su tipificación está contemplada como crimen internacional, y recogida también en numerosos ordenamientos jurídicos para la represión y castigo a los victimarios. Y lo mismo sucede en cuanto a la trata de seres humanos, ya sea interna o transnacional.

Ahora bien, los niños y niñas soldado —siempre, víctimas—, a su vez, son forzados a participar en acciones violentas, pasando a ser eslabones de una cadena que a su vez causa nuevas víctimas que también merecen reparación por esos hechos cuyo enjuiciamiento no siempre se llega a producir.

Como víctimas, se les debe brindar protección, tanto a nivel nacional como internacional, pero al haber participado en acciones violentas concretas, surge también la necesidad de proteger a quienes las sufrieron. Y ello con independencia de la viabilidad o no de su enjuiciamiento, ya sea ante la justicia internacional o por los tribunales estatales.

A esta evidencia se añade el hecho cierto de que, en el caso de las niñas soldado, el sometimiento va mucho más allá de la participación en la lucha armada, extendiéndose a la esclavitud sexual, servidumbre, matrimonios y maternidad forzada... Terribles padecimientos que entran de lleno en el conjunto de acciones, medios y fines de explotación que caracterizan el delito de trata de personas, el cual tiene una configuración sumamente compleja y en constante evolución, con redes, conexiones y forma de comisión cuya incidencia supera las fronteras nacionales.

Sin embargo, vemos que no hay un tratamiento único en la escasa doctrina que se ha ocupado de este tema, y hay quienes asimilan la situación de los niños y niñas soldado a la trata con fines de trabajos forzados, quienes la engloban en la trata con finalidad de comisión delictiva, en la explotación sexual, etc... Ninguna de ellas capaz de abarcar completamente las realidades que han vivido, y a las que muchos, por desgracia, aún tienen que enfrentar.

Lo cierto es que, si se identificara a las niñas soldado como víctimas de trata de seres humanos, por tal condición pasarían a ver reconocido un estatuto jurídico propio, en virtud del cual gozarían de una especial protección, no solo a nivel internacional, si no también estatal, tanto jurídica como socialmente.

En este trabajo se busca compartir una primera reflexión desde el derecho interno sobre la viabilidad de la extensión del referido estatuto a las víctimas de reclutamiento, alistamiento y participación forzosa en conflictos armados y acciones violentas de grupos criminales, analizando los posibles puntos de confluencia entre ambas figuras, a fin de intentar contribuir a que estas víctimas, una vez desvinculadas y liberadas, puedan recibir el tratamiento de que son merecedoras[2].

2. EL DELITO DE TRATA DE SERES HUMANOS: RASGOS GENERALES Y VÍCTIMAS MENORES DE EDAD

En España, el Código Penal tipifica el delito de trata de seres humanos en su artículo 177 bis[3], recogiendo en lo esencial la definición dada en el

---

2 Universidad de Alcalá. ORCID 0000-0003-1650-7394.
Trabajo realizado dentro del Proyecto de Investigación (CIAICO/2022/235), *Lagunas en la protección y asistencia internacional a las niñas asociadas a grupos armados.* Generalitat Valenciana. Agradecemos de forma muy especial a la Prof. Abril Stoffel y su equipo su compromiso en la visibilización de la problemática de las niñas soldado y su invitación a participar en esta obra.

3 Este precepto, que conforma el Título VII bis, se introdujo en la reforma del Código Penal realizada por la LO 5/2010, de 22 de junio, esto es, la misma que hizo presente en este texto el reclutamiento forzoso.

Protocolo de Palermo[4]. De este modo se traían al derecho interno crímenes reconocidos en Derecho Internacional Humanitario, que debían tener también una respuesta a nivel nacional[5].

Entre sus notas características destaca su carácter complejo, al tener en la gran mayoría de los casos un carácter transnacional, llevarse a cabo por organizaciones criminales con redes extendidas a nivel mundial y englobar a su vez diversidad de acciones delictivas de muy diverso signo y en entornos muy diferentes. Múltiples formas de comisión y múltiples víctimas, que tiene como fin genérico la explotación de seres humanos para la obtención de un lucro, no únicamente económico. A estos efectos, se prolonga en el tiempo de forma indeterminada, teniendo como bien jurídico protegido la dignidad de la persona, sin perjuicio del resto de derechos que se ven lesionados desde el inicio de su perpetración.

Siguiendo la delimitación más clásica y generalmente admitida, engloba tres facetas clave, que a su vez pueden estar conformadas por actividades muy diferentes que contribuyen a su comisión: unas acciones, que se llevan a cabo utilizando unos medios determinados, para la consecución de unas finalidades de explotación. Sin ánimo de exhaustividad, basta con que revisemos las características del mismo, siguiendo sus propios términos, para ver su cercanía con la situación que viven las niñas soldado.

Las acciones consisten, según el tipo penal, en la captación, transporte, traslado, recepción o acogida de las víctimas, mediante pagos o beneficios en favor de quien que tuviera su control personal (familiar, afectivo, de dominación o jerarquía). Estas acciones se llevan a cabo utilizando a tal efecto la violencia, intimidación, engaño o abuso de la situación de superioridad del tratante o de la necesidad o vulnerabilidad de las víctimas, como medios. Y todo ello, para alcanzar unos fines determinados de explotación, con una trágica y perversa variedad.

---

4 Protocolo para prevenir, reprimir y sancionar la trata de personas, especialmente mujeres y niños, que complementa la Convención de las Naciones Unidad contra la delincuencia organizada, de 15 de noviembre de 2000.

5 Esta materia ha recibido un tratamiento normativo multinivel (internacional, supranacional, estatal e infraestatal), dependiendo del ámbito y objetivo concreto de la regulación en cuestión. Ladrón Tabuenca, M.P. (2022). "Unión Europea y trata de seres humanos: estrategia y perspectivas"; en Fernández Pérez, A. *Perspectivas de la política de inmigración, asilo y refugio en la UE*, Thomson Reuters Aranzadi, pp. 92-97.

No obstante, debemos remarcar que se trata de un delito en continua transformación, en cuanto a las acciones y medios a través de las que se perpetran, adaptándose o incluso adelantándose a cualquier entorno social, económico y técnico. El uso avanzado de tecnologías y las redes internacionales en las que se sostienen dificultan extremadamente su persecución y castigo, así como la liberación y recuperación de las víctimas.

Así, en el artículo 177 bis se recogen solo alguno de estos fines, y en concreto, la imposición de trabajo o de servicios forzados, esclavitud o prácticas similares, servidumbre o mendicidad, la explotación sexual, en todas sus vertientes, tanto con contacto físico como a través de medios electrónicos (pornografía, cibersexo, etc.), la explotación para realizar actividades delictivas, para la extracción de órganos corporales o la celebración de matrimonios forzados.

A este listado debemos añadir la llamada de forma eufemística *maternidad subrogada y las adopciones ilegales*, añadidas de forma expresa en la reforma de la Directiva 2022/36/UE[6], que encubren auténticos casos de explotación de mujeres y niñas.

Resulta evidente que la gran mayoría —si no todas— de esas formas de explotación de víctimas de trata, las padecen también las niñas soldado. Y por ello, cabe que nos planteemos si no se les debe considerar, a la vez, víctimas del delito de reclutamiento forzoso y trata de seres humanos.

Como puede observarse, la detección, identificación, acompañamiento y reparación —si llegara a ser posible— de las víctimas exige un tratamiento y protección integral desde el ámbito social, policial, judicial y también legislativo. Y que, en el caso de víctimas menores de edad, habrá de ser mucho más específico, por ser el grupo más vulnerable frente a la delincuencia organizada, como reconocía la Directiva 2011/36/UE, relativa a la prevención y lucha contra la trata de seres humanos y a la protección de las víctimas, cuya reforma por la Directiva (UE) 2024/1712 introduce mayores cautelas para una adecuada protección y accesibilidad en el ámbito judicial en relación con estas víctimas.

Según los informes de la Secretaría de Estado de Seguridad (CITCO) un porcentaje de estas víctimas son menores de edad, habiendo aumenta-

---

6 Directiva (UE) 2024/1712 del Parlamento Europeo y del Consejo, de 13 de junio de 2024, por la que se modifica la Directiva 2011/36/UE relativa a la prevención y lucha contra la trata de seres humanos y a la protección de las víctimas (DOUE L 2024 80945).

do significativamente en los últimos años, en especial mediante la captación en redes sociales[7]. Se trata de menores, principalmente niñas y adolescentes, víctimas directas del delito de trata de seres humanos, es decir, identificadas formalmente como tales. No debe olvidarse que también se dan los casos de menores "víctimas indirectas" del delito, por lo general hijos de víctimas, y que por ello podrían llegar a ser considerados como perjudicados en el proceso y necesitados igualmente de una especial protección, respecto de los cuales no existen estadísticas que permitan valorar la auténtica dimensión de esta[8].

3. TRATAMIENTO DEL RECLUTAMIENTO FORZOSO Y LAS NIÑAS SOLDADO EN ESPAÑA

Un rasgo compartido por las víctimas de trata, en especial las menores de edad, y de reclutamiento forzoso en la mayoría de países occidentales es su invisibilidad, lo cual es mucho más marcado en el caso de los niños y niñas soldado.

No siendo los lugares donde se produjo el conflicto armado, la llegada a territorio europeo, en nuestro caso, de estas personas tras su desvinculación se puede producir por varias vías. Tratándose de menores, como medida específica de protección y seguridad, en cuyo caso se integrarán en los sistemas de protección internacional propios del Estado en cuestión.

Por el contrario, tratándose de adultos —entendiendo por tales los mayores de edad, aunque hubieran sido reclutados durante la minoría— es más complejo determinar su llegada si no ha sido dentro de esos cauces de cooperación internacional específica, pues no existen fuentes que permitan conocer con una cierta fiabilidad su cifra.

---

7 En concreto, en el año 2024 se identificaron 32 víctimas de trata menores de edad en España, o que supone un incremento del 22% respecto de las cifras recogidas el año anterior. Vid. Centro de Inteligencia contra el Terrorismo y el Crimen Organizado (2025) "Trata y explotación de seres humanos en España. Balance estadístico 2020-2024", accesible en https://www.interior.gob.es/opencms/export/sites/default/.galleries/galeria-de-prensa/documentos-y-multimedia/balances-e-informes/2024/Resumen-ejecutivo-TSH-EXPLOTACION-2024.pdf

8 Lafont Cuesta, L. (2022). "Menores víctimas directas e indirectas de la trata de personas"; en De Priego Fernández, V. (coord.). *"Protección jurídica de las personas menores de edad. Un estudio multidisciplinar"*; ed. Dykinson, pp. 211-242.

Sin embargo, sí se tiene conocimiento de la identificación en España como víctimas de trata de seres humanos de mujeres que fueron niñas soldado en su país de origen. Es decir, que han padecido doblemente la tragedia de su captación y explotación, primero siendo niñas y después ya como adultas[9].

Como punto de partida a efectos de nuestro análisis, conviene recordar el hecho de que aunque las víctimas fueran menores de edad al ser reclutadas, se puede dar una doble situación que necesariamente se ha de tomar en cuenta para abordar su tratamiento jurídico:

a) que la desvinculación con el grupo armado se produzca siendo aún menor de edad;

b) que al momento de la desvinculación, la víctima, reclutada durante la minoría de edad, hubiera alcanzado la mayoría y se mantuviera sometida al grupo armado.

En todo caso, no hay duda alguna del deber del Estado de prestarles *"toda la asistencia conveniente para su recuperación física y psicológica y su reintegración social"*, tal y como se prevé en el artículo 6.3 del Protocolo Facultativo de la Convención de Derechos del Niño[10]. Sin embargo, no existe un

---

9 Esta información procede de entrevistas personales con las responsables de proyectos de acogida de dos entidades sociales especializadas que desempeñan un papel preponderante y fundamental para la recuperación de mujeres supervivientes de trata, mediante recursos específicos para su acogida y acompañamiento jurídico, psicológico y social durante todo su proceso de recuperación, como Villa Teresita —Auxiliares del Buen Pastor— y Fundación Amaranta —Adoratrices—. En dos casos concretos, tras haber sido liberadas en distintas operaciones policiales, e identificadas formalmente como víctimas de trata, accedieron a estos recursos sociales y solo tras un largo tiempo de permanencia en ellos dentro de su proceso de recuperación, manifestaron haber sido secuestradas de niñas por la guerrilla en Colombia. Una de ellas relató que tras ganarse la confianza de uno de los jefes del grupo consiguió escapar y terminó contactando con una red de trata, que la trasladó a España donde era obligada a ejercer la prostitución hasta que fue liberada por un operativo policial.

10 Protocolo facultativo de la Convención sobre los Derechos del Niño relativo a la participación de niños en los conflictos armados, aprobado por Resolución A/RES/54/263, de 25 de mayo de 2000. Artículo 6.3: "Los Estados Parte adoptarán todas las medidas posibles para que las personas que estén bajo su jurisdicción y hayan sido reclutadas o utilizadas en hostilidades en contradicción con el presente Protocolo sean desmovilizadas o separadas del servicio de otro modo. De ser necesario, los Estados Parte prestarán a esas personas toda la asistencia conveniente para su recuperación física y psicológica y su reintegración social".

desarrollo específico en derecho interno que permita conocer en qué consiste tal asistencia, a diferencia de lo que sucede en el caso de las víctimas del delito de trata de personas.

Para estas destaca la existencia de protocolos de coordinación interinstitucional, muestra de la conciencia de que la intervención multidisciplinar conjunta y coordinada es imprescindible para la recuperación integral de las víctimas, algo predicable igualmente para las niñas soldado. En nuestro caso, el Protocolo Marco de Protección de las Víctimas de trata de seres humanos (2001) recoge un apartado específico dedicado a la asistencia y protección a las víctimas menores de edad[11]. Dado su carácter generalista, años después, en 2017, se complementó con un anexo que desarrolla la forma concreta de llevar a cabo las actuaciones en el caso de menores, pues su propia condición trae aparejadas necesidades que se han de abordar de forma diferente que si se tratase de adultos[12].

Así, se reconocen derechos de los menores víctimas de trata, principios específicos de actuación, tales como la primacía del interés superior del niño, niña o adolescente, los de intervención mínima, celeridad, y especialización, que la asistencia que se preste sea individualizada y adecuada a su situación de vulnerabilidad y se evite la victimización secundaria en los procesos judiciales que les afecten, etc., así como unos estándares mínimos para la detección e intervención con estas víctimas. De todos ellos, a nuestro parecer, son también merecedores los niños y niñas soldado, y en justicia, les deberían ser de aplicación. Afirmación que es refrendada por el hecho de que en el referido Anexo (7.2) se recoge expresamente entre los indicios generales para la detección de víctimas de trata menores

---

11 Protocolo adoptado el 28 de octubre de 2001 por los Ministerios de Justicia, Interior, Trabajo e Inmigración, Sanidad, Política Social e Igualdad, Consejo General del Poder Judicial y Fiscalía General del Estado, apartado XIV. En el mismo se reconoce también la actuación de organizaciones y entidades especializadas en la asistencia a víctimas de trata, en cuanto a sus recursos, detección, información, acompañamiento y asistencia específica (apartado XV).
https://violenciagenero.igualdad.gob.es/otrasformas/trata/normativaprotocolo/marco/ (19/08/2025).

12 Actuaciones para la detección y atención de víctimas de trata de seres humanos (TSH) menores de edad. Anexo al Protocolo Marco de protección de víctimas de TSH, aprobado el día 1 de diciembre de 2017 por el Pleno del Observatorio de la Infancia.
https://observatoriodelainfancia.mdsocialesa2030.gob.es/estadisticas/protocolos/estatales/home.htm. Ultimo acceso, 19 de agosto de 2025.

de edad en la entrada al país, el que procedan de una zona afectada por conflictos armados.

Por otro lado, si bien aún no se ha promulgado la tan necesaria ley integral sobre trata[13], sí se va introduciendo el reconocimiento expreso a las circunstancias especiales por las que atraviesan las víctimas. Tanto en textos no normativos, como los citados ya protocolos de actuación de ámbito nacional, otros de ámbito autonómico[14], y en normas de muy variado tenor —legislación de extranjería, normas procesales, o el estatuto de la víctima del delito, entre otras—, se recogen medidas específicas para atenderlas de forma adecuada. De este modo, se pueden aunar previsiones para asegurar el desarrollo del proceso y a la vez, dotar a las víctimas de una adecuada protección que lleve a su plena recuperación junto a la obligada reparación.

En cuanto al tratamiento jurídico interno, fruto de la ratificación por España de diversos instrumentos internacionales, y en concreto, del Protocolo Facultativo de 25 de mayo de 2000 de la Convención de 1989, sobre los derechos del niño, relativo a la participación de los niños en los conflictos armados, se introdujo en el Código Penal español el delito de reclutamiento forzoso de menores.

Lo hace dentro del Título dedicado a los delitos contra la Comunidad Internacional, en su capítulo III, donde se recogen los tipos relativos a los delitos contra las personas y bienes protegidos en caso de conflicto armado.

En la Exposición de Motivos de esta reforma[15], el legislador hace hincapié en las transgresiones de la libertad sexual de personas protegidas, contemplando por separado el reclutamiento, alistamiento o utilización de niños soldado[16]. No obstante, no distingue entre niños y niñas solda-

---

13 Anteproyecto de Ley Orgánica integral contra la trata y la explotación de seres humanos, que no ha visto la luz pese a haber sido sometido a información pública en abril de 2024. Accesible en https://www.igualdad.gob.es/wp-content/uploads/APLO-TRATA-para-audiencia-publica-vf.pdf

14 Centrados en su mayoría en la trata de personas para la explotación sexual, como sucede en los Protocolos de Galicia (2012), Cataluña (2013), Navarra (2016), Madrid (2017) y Extremadura (2025).

15 Ley Orgánica 5/2010, de 22 de junio, por la que se modifica la Ley Orgánica 10/1995, de 23 de noviembre, del Código Penal (BOE núm. 152, de 23 de junio).

16 Exposición de Motivos, apartado XXX: "*Es de destacar la especial protección penal dispensada a mujeres y niños en conflictos armados castigándose expresamente a quienes atenten contra la libertad sexual de una persona protegida cometiendo actos de violación, esclavitud sexual, prostitución inducida o forzada, embarazo forzado, este-*

do, de manera que se obvian las notas diferenciales del trato que padecen unos y otras durante su cautiverio y con ello, una vez más, quedan invisibilizadas.

Así, en su artículo 612.3º indica:

> *"Será castigado con la pena de prisión de tres a siete años, sin perjuicio de la pena que corresponda por los resultados producidos, el que, con ocasión de un conflicto armado:*
> *3.º Injurie gravemente, prive o no procure el alimento indispensable o la asistencia médica necesaria a cualquier persona protegida o la haga objeto de tratos humillantes o degradantes, omita informarle, sin demora justificada y de modo com familias o sobre protección especial de mujeres y niños establecidas en los prensible, de su situación, imponga castigos colectivos por actos individuales o viole las prescripciones sobre el alojamiento de mujeres y tratados internacionales en los que España fuera parte y, en particular, reclute o aliste a menores de dieciocho años o los utilice para participar directamente en las hostilidades".*

De este modo, se introduce al hilo de la remisión genérica a la protección de las personas protegidas en caso de conflictos armados, y la especial de la que son acreedores mujeres y niños como víctimas más vulnerables, establecida en los tratados internacionales.

Voces más autorizadas de la doctrina penal sustantiva se han ocupado de esta cuestión[17], pero en lo que interesa en este trabajo, debemos destacar que el tipo penal se centra en el reclutamiento, alistamiento o utilización de menores para su participación directa en las hostilidades. Esto implica,

---

rilización forzada o cualquier otra forma de agresión sexual y, a aquellos que recluten o alisten a menores de 18 años o los utilicen para participar directamente en dichos conflictos".

17 Ya con anterioridad, Rodríguez-Villasante se lamentaba de que no se hubiese introducido la referencia expresa al reclutamiento forzoso de menores en la reforma del Código Penal llevada a cabo mediante la Ley Orgánica 15/2003, de 25 de noviembre, tal y como proponía el Centro de Estudios de Derecho Internacional Humanitario de la Cruz Roja Española. Vid. Rodríguez-Villasante y Prieto, J.L.(2003). "La reforma del Código Penal español por Ley Orgánica 15/2003: un paso al frente en «la criminalización de la barbarie»", *Revista Española de Derecho Militar,* Nº 82, p. 215. En la misma línea y más recientemente, contemplando ambas reformas, Jiménez Díaz, M.J. (2022): "Los delitos contra las personas y bienes en caso de conflicto armado", en Olmedo Cardenete, M.D., Castello Nicas, N. *et al.*(coords.). *Estudios en homenaje al Prof. Dr. D. Jesús Martínez Ruíz,* Dykinson, pp. 583-587.

pues, que si su captación no lo fue para la lucha armada directa, o no hubieran sido utilizados como combatientes, quedarían fuera del tipo penal.

Ahora bien, el sometimiento de las niñas soldado no se queda en el enfrentamiento armado directo, sino que dentro de sus propias filas pueden ser víctimas de abusos de todo tipo y de múltiples formas de explotación. En concreto para la satisfacción sexual de varones, combatientes o no, dentro de la jerarquía estricta y violenta del grupo armado, donde, además, se las mantiene en una situación de servidumbre absoluta[18].

Sea como sea, es plausible el reconocimiento expreso en nuestro ordenamiento interno. No obstante, pese a esta regulación, no contamos con precedentes judiciales en que se haya llegado a aplicar este tipo penal en España. De hecho, las únicas referencias a niños soldado hasta la fecha las encontramos en resoluciones del orden jurisdiccional contencioso administrativo en que se impugnaba la denegación de asilo[19], y en otras del orden penal, en que se enjuiciaban hechos calificados, entre otros delitos, de adoctrinamiento y captación de menores para su integración en organización terrorista y su traslado a territorio extranjero controlado por un grupo terrorista[20]. En ninguno de ellos se analiza la situación de los niños soldado ni se aplica el tipo penal del artículo 612.3º CP.

---

18 Villacampa Estiarte, C.; Flórez Pinilla, K. (2016) "Guerrilleras…", cit., pp. 107-112. UNICEF (2004) *Guía del Protocolo facultativo sobre la participación de niños y niñas en los conflictos armados*, Unicef-Coalición para acabar con la utilización de niños soldados. pp. 15, 19.

19 Se trataba de una ciudadana procedente de la República del Congo que alegaba que niños soldado habían irrumpido en su hogar y asesinado a familiares, a quien se denegó el asilo por entender que no se trataba de una persecución personal y directa, sino fruto de la situación general del país. Vid. Sentencia de Sala de lo Contencioso-Administrativo de la Audiencia Nacional (Secc. 3ª) 41/2004, de 9 de enero de 2004 (ECLI:ES:AN:2004:41).

20 Se enjuiciaba un caso de adoctrinamiento yihadista, para el cual se utilizaban fotografías en las que niños soldado enarbolaban la bandera del Daesh. Vid. Sentencias de la Audiencia Nacional, Sala de lo Penal (secc. 4ª) 3054/2018, de 13 de julio de 2018 (ECLI:ES:AN:2018:3054) y de la Sala de lo Penal del Tribunal Supremo resolviendo un recurso de casación frente a la anterior, Sentencia 934/2019, de 21 de marzo (ECLI:ES:TS:2019:934). Más habituales son los casos en los que en el relato de hechos probados figura la utilización de niños para enaltecimiento y adoctrinamiento terrorista, con videos y simbología propia de estas organizaciones criminales, en el marco del enjuiciamiento de otros delitos, como integración y cooperación con organizaciones terroristas.

4. NIÑAS SOLDADO COMO VÍCTIMAS DEL DELITO DE TRATA DE SERES HUMANOS

Llama la atención que en los documentos y estudios que se ocupan de la problemática de los niños y niñas obligados a participar en enfrentamientos armados, tanto del Derecho Internacional Humanitario como de textos de organizaciones implicadas en la lucha contra esta lacra, solo se encuentren, por lo general, referencias indirectas y genéricas a la relación entre esta situación y la trata y tráfico de personas. No son pocos los textos que citan de ambos fenómenos, pero sin darles un tratamiento concreto conjunto[21], muestra, a nuestro juicio de que son realidades de límites difusos que desbordan su delimitación conceptual en categorías cerradas.

Como se ha indicado ya, en las niñas soldado se da una concurrencia de modalidades de explotación, que de no darse en el contexto de conflictos armados —ya sean formalmente declarados o no—, serían calificados como trata de seres humanos. Tal concurrencia se produce tanto de forma simultánea como sucesiva, solapándose varias de ellas (principalmente, la esclavitud sexual y la servidumbre).

Padecen, por tanto, una vulneración continuada en sus derechos fundamentales, con gravísimas consecuencias para su vida y en su desarrollo personal, tanto físico como psicológico de difícil —y en algunos casos, imposible— reparación, de manera similar aunque en mayor grado tratándose de menores de edad, que a las víctimas de trata.

Por ello, entendemos que es útil hacer una breve revisión comparativa de aspectos comunes entre una y otra figura, a fin de poder valorar cuál sería el mejor tratamiento jurídico más adecuado para ellas.

4.1. Vulnerabilidad

El primer punto en común es la situación de vulnerabilidad grave de quienes son objeto de reclutamiento forzoso y de trata de seres humanos.

---

21 Por ejemplo, la Resolución del Parlamento Europeo sobre trata de niños y niños soldado, aprobada el día 3 de julio de 2003 (2003/2554), en que proponía que la lucha contra la trata de niños y la utilización de niños soldado debía constituir una prioridad política para la Unión, pero se refiere a ellos como realidades próximas aunque distintas.

El concepto de vulnerabilidad es en cierta medida indeterminado, y varía de unos entornos sociales y culturales a otros. Pero en todos ello se dan unos condicionantes de tal cariz que impiden a la persona su pleno desarrollo y el ejercicio de sus derechos, ya sea por razón de edad, género, condición física o psicológica, discapacidad, educación, pertenencia a grupos étnicos, culturales o de cualquier otro tipo[22].

Como puede observarse, son múltiples los factores que pueden determinar que una persona sea vulnerable. Y entre ellos, género y edad concurren en las niñas soldado. Como lo hacen también en el caso de las víctimas de trata.

Quien se encuentra inmerso en esas situaciones de vulnerabilidad no tiene la posibilidad de tomar decisiones en plena libertad, por lo cual, incluso en el caso en que hubieran podido llegar a dar su consentimiento para alguna de las actuaciones propias de estos delitos, este no puede considerarse válido. Este aspecto es especialmente relevante en el caso de menores de edad que presuntamente se hubieran alistado por propia voluntad en fuerzas regulares o guerrilleras.

4.2. Estructura jerárquica

Las víctimas, destinadas tras su captación y traslado a la explotación, se ven sometidas al control absoluto de sus captores dentro de una organización estructurada con una férrea jerarquía, roles distribuidos de forma clara y sin posibilidad alguna de decidir por sí mismo su futuro inmediato.

Se produce su sometimiento en los estratos más bajos de la estructura, o incluso en el caso de las niñas soldado, aun por debajo de menores varo-

---

22 Aun referida al ámbito judicial y al acceso a la Justicia de personas vulnerables, es comúnmente aceptada la definición recogida en las Reglas de Brasilia: *"aquellas personas que, por razón de su edad, género, estado físico o mental, o por circunstancias sociales, económicas, étnicas y/o culturales, encuentran especiales dificultades para ejercitar con plenitud ante el sistema de justicia los derechos reconocidos por el ordenamiento jurídico"*. No siendo una enumeración exhaustiva, y siempre dependiendo de las características específicas y el nivel de desarrollo del país en que se encuentren, considera causas de vulnerabilidad la edad, la discapacidad, la pertenencia a comunidades indígenas o a minorías, la victimización, la migración y desplazamiento interno, pobreza, género y privación de libertad. Cfr Reglas de Brasilia sobre Acceso a la Justicia de las Personas en condición de Vulnerabilidad, aprobadas en la XIV Cumbre Judicial Iberoamericana, 2008, p. 3 y 4.

nes captados, ya se trate de fuerzas militares formales, grupos armados que remedan la organización castrense o bandas violentas organizadas[23].

En las redes de trata, esa estructura organizativa es sumamente compleja, por lo general de carácter trasnacional, lo que hace más difícil su persecución y la identificación de los responsables últimos.

4.3. Duración temporal

Por sus propias características ambos delitos son de carácter permanente en el tiempo, con una fecha de inicio clara (la captación, secuestro, reclutamiento o alistamiento), pero con total indeterminación en cuanto a su finalización, propiciada, por lo general, por actos externos (operativo de desmantelamiento y liberación de las personas tratadas, o desvinculación respecto del grupo armado ante el fin de las hostilidades).

Esta prolongación temporal hace que el sometimiento pueda extenderse durante años —en el caso, claro está, de que sobrevivan a la violencia y perviva la situación de conflicto o la organización terrorista en cuyas filas han sido integradas forzosamente—[24]. Esto conlleva, de un lado, que las secuelas tanto físicas como psicológicas que padecerán las víctimas se agravan exponencialmente, y de otro, que la brecha de exclusión social y socialización en un escenario diferente dificulta en gran medida su recuperación y reintegración social.

4.4. Condición de víctima

Siempre se debe partir de este hecho, pues las niñas soldado deben afrontar las consecuencias de la ruptura de su infancia, de sus relaciones familiares, entorno social y de su proyecto de vida al fin y al cabo. De forma idéntica a lo que sucede en el caso de quienes han sido objeto de trata de personas.

---

[23] Este tipo de grupos violentos está reproduciendo conductas como las comentadas, donde la mujer (adolescentes o jóvenes adultos en este caso) es sometida a abusos o explotación sexual, entre otras, por la presión del grupo a las decisiones Hidalgo, C. (22/10/2022). "Chicas en las bandas latinas: del reclutamiento a la explotación sexual". *Diario ABC.*

[24] Guzmán, M.P. (2020). "Niñas y niños soldado, el Derecho Internacional Público y Naciones Unidas". *Perspectivas Revista de Ciencias Sociales,* nº 9, pg. 272.

Sin embargo, siendo víctimas reales, no siempre son reconocidas jurídicamente como tales. Existe un factor determinante para que gran parte de las víctimas del delito de trata de seres humanos permanezcan en la invisibilidad. De hecho, se estima que por cada víctima identificada existen veinte que no lo han sido[25].

Esto se debe a que, si bien la detección de posibles situaciones de trata a partir de indicadores específicos se puede llevar a cabo en muy distintos ámbitos por cualquier profesional que haya podido tener conocimiento de los mismos, la identificación formal como víctimas de trata de seres humanos se atribuye en exclusiva a las fuerzas y cuerpos policiales[26]. Y esta identificación formal es la que determina legalmente la condición de víctima, y con ella, la aplicación de las previsiones específicas por su condición, como que se les reconozca un período de restablecimiento y reflexión[27], se pueda proceder a su derivación a recursos especializados, etc.

4.5. Falta de autopercepción como víctima

La prolongación en el tiempo de la explotación, la normalización psicológica y secuelas derivadas de la misma[28], la situación que dejaron atrás y las necesidades económicas de su entorno que le llevan a su aceptación, el temor a su situación legal, la inexistencia y desconocimiento de alternativas de vida en un país, sociedad y cultura que no son los suyos y que no

---

25 UNODC (s.f.). *Algunos datos relevantes sobre la trata de personas. https://www.unodc.org/documents/lpo-brazil/sobre-unodc/Fact_Sheet_Dados_Trafico_de_Pessoas_geral_ESP. pdf (18/08/2025).*

26 Martínez Escamilla, M. (2024). La inaplazable necesidad de un procedimiento de identificación de las víctimas de trata: Especial consideración al Anteproyecto de Ley Orgánica integral contra la trata y la explotación de seres humanos, aprobado en el Consejo de Ministros de 29 de noviembre de 2022. *Revista Sistema Penal Crítico,* 4.

27 Para el caso de víctimas extranjeras en situación irregular en España, el artículo 59 bis de Ley Orgánica 4/2000, de 11 de enero, sobre derechos y libertades de los extranjeros en España y su integración social recoge medidas específicas, entre las que destaca ese período mínimo de 90 días a fin de que pueda valorar su voluntad de colaborar con la persecución del delito, la autorización de estancia temporal, residencia y trabajo, protección social a través de recursos especializados, posibilidad de retorno voluntario a su país de origen, etc.

28 Chahín-Pinzón, N., Reyes Jaimes, J.M., Vargas Parra, J (2017). "Aspectos psicológicos a tener en cuenta en la atención de víctimas de la trata de personas". *Psychologia, 11*(2), 121-129.

siempre les consideran como víctimas, la dependencia de sustancias psicotrópicas a la que han sido conducidas, etc., son algunos de los factores que hacen que las supervivientes de trata no siempre se perciban a sí mismas como víctimas. Por ello, pese a ser merecedoras de una especial asistencia y protección, las propias víctimas pueden llegar a rechazar esta condición y con ello, su identificación formal como víctimas, y el acceso y derivación a recursos especializados.

Cada una de ellas necesita recorrer su propio proceso de autoidentificación[29], con sus tiempos, avances y retrocesos después del acto concreto de ruptura con la organización criminal, ya sea a raíz de operativos policiales o bien, en el caso de los niños soldado, de su desvinculación del grupo armado.

4.6. Riesgo cierto de revictimización

No es fácil retomar el camino tras la desvinculación y la liberación de las víctimas. Aun siendo conscientes del horror padecido, han de iniciar procesos personales de recuperación en un camino repleto de dificultades y con necesidades específicas, a nivel judicial, médico, psicológico, laboral y también comunitarias.

La investigación, persecución y enjuiciamiento de los culpables conlleva una serie de actuaciones de toda índole en las que deberán intervenir las propias víctimas (recogida de testimonios, declaraciones, valoración de secuelas, etc.), que se prolongarán necesariamente en el tiempo y que sea el que sea el resultado al que lleguen, nunca van a suponer una reparación integral.

Y es que, tanto si se trata de tribunales internacionales como nacionales, el sistema legal en sí mismo está más centrado en el castigo del delito y en evitar su impunidad ante crímenes de esta magnitud que en la atención a la víctima concreta[30]. Y por ello, en el curso de estas actuaciones existe el riesgo de revictimización o victimización secundaria. Esto es, que se cause

---

[29] En este sentido, Romo Escribano, A; Turégano Castellanos, C (2021). *Una aproximación a la realidad de las mujeres en situación de trata. Diagnóstico de las barreras sociolegales en el acompañamiento de las supervivientes de trata con fines de explotación sexual.* Asociación Trabe-Fundación Fernando Pombo, pp. 46-53.

[30] Cierto es que el desarrollo de la victimología está haciendo que paulatinamente se visibilicen en mayor medida sus necesidades, adecuando a estas los procesos, con medidas de información, protección y de respeto a su condición.

un daño adicional y añadido al ya sufrido por las víctimas durante el tiempo de su explotación. Daño que, por otra parte, también puede venir determinado por otros operadores, como los medios de comunicación, la falta de apoyo y acogida en sus grupos sociales de origen, etc., o la estigmatización social a que se ven abocadas quienes han padecido estas situaciones.

4.7. Posible doble condición de la víctima como victimario

En los niños y niñas soldado, pueden concurrir ambas figuras. Si han tenido una participación directa en los enfrentamientos armados o en acciones violentas contra la población civil, han podido causar, a su vez, nuevas víctimas de tales acciones fruto de su sometimiento forzado al uso de armas y su integración en las estructuras militares o similares.

Por lo general, se trataría de supuestos de inimputabilidad penal, dada la edad de sus autores[31]. A nivel estatal interno, los sistemas de justicia juvenil para el enjuiciamiento y reeducación de menores no siguen un mismo criterio para fijar una edad mínima a estos efectos[32]. Por ello, si el país en cuestión lo tiene así previsto, en principio se podría proceder a su enjuiciamiento, y en su caso, a ser condenados por los hechos cometidos, pese a su condición de víctimas de reclutamiento forzoso.

En cuanto a la trata de seres humanos, una de sus modalidades de explotación es la utilización de las víctimas para la comisión de hechos delictivos. Las víctimas se ven forzadas a realizar conductas sancionadas penalmente (delitos contra la propiedad, tráfico de estupefacientes, extorsiones, etc.) y por tanto, pueden ser condenadas por ellos.

En tales casos, tanto los convenios internacionales como, en el caso de España, el artículo 177 bis.11 del Código Penal establece expresamente la regla de no imputabilidad por tales hechos: "... *la víctima de trata de seres humanos quedará exenta de pena por las infracciones penales que haya cometido*

[31] En todo caso, esto no conlleva de forma necesaria la impunidad del delito, puesto que la responsabilidad penal se ha de imputar a quienes ordenasen tales acciones dentro de la organización armada.

[32] Atendiendo a las Reglas de Beijing, en "los sistemas jurídicos que reconozcan el concepto de mayoría de edad penal con respecto a los menores, su comienzo no deberá fijarse a una edad demasiado temprana habida cuenta de las circunstancias que acompañan la madurez emocional, mental e intelectual". Reglas mínimas de las Naciones Unidas para la administración de la Justicia de menores; resolución 40/33, 29 de noviembre de 1985, 4.1.

en la situación de explotación sufrida, siempre que su participación en ellas haya sido consecuencia directa de la situación de violencia, intimidación, engaño o abuso a que haya sido sometida y que exista una adecuada proporcionalidad entre dicha situación y el hecho criminal realizado". Sin embargo, hasta la fecha, la aplicación de este principio en España no se ha llegado a hacer efectiva[33].

Entendemos que sería necesaria la inclusión de una norma similar en el caso de los menores utilizados en conflictos armados, o bien el reconocimiento legislativo expreso de que son igualmente víctimas de trata. Pues de llegar a plantearse hipotéticamente ante los órganos nacionales el enjuiciamiento de un adulto por hechos cometidos durante su minoría de edad como niña o niño soldado, para lo cual habrían de darse las condiciones previstas en el artículo 23.4 de la Ley Orgánica del Poder Judicial[34], se debería declarar su exención de responsabilidad. Para ello será necesario, además, que se den las circunstancias requeridas en el precepto: que la perpetración del delito sea consecuencia directa de la situación de sometimiento absoluto y se revise la proporcionalidad entre éste y los hechos cometidos.

A falta de tal reconocimiento expreso, las niñas soldado —o mujeres adultas que lo hubieran sido— reciben el mismo tratamiento que quienes hubieran participado de forma voluntaria en el conflicto armado. Como denuncian Vilacampa y Flórez, estaríamos "*frente a mujeres doblemente victimizadas, que padecieron primero el proceso de trata, algunas incluso siendo niñas, y que postuladas a justicia y paz, han sido institucionalmente victimizadas en grado sumo, al no haber sido reconocidas como víctimas por el Estado colombiano, máxime*

---

33 La Secc. 3ª de la Audiencia Provincial de Barcelona absolvió de un delito contra la salud pública por considerar que quien portaba las sustancias estupefacientes al llegar a España, había sido captada por una organización dedicada al tráfico internacional de drogas que se aprovechó de su situación de extrema vulnerabilidad, para la comisión de este delito. Este fallo fue confirmado en apelación por el Tribunal Superior de Justicia de Cataluña, pero terminó siendo revocado en casación, mediante la Sentencia 960/2023, de 21 de diciembre (ECLI:ES:TS:2023:6008), debido, entre otras causas, a que no se enjuiciaba un delito de trata.

34 Art. 23.4 LOPJ: "*Igualmente, será competente la jurisdicción española para conocer de los hechos cometidos por españoles o extranjeros fuera del territorio nacional susceptibles de tipificarse, según la ley española, como alguno de los siguientes delitos cuando se cumplan las condiciones expresadas:*
a) Genocidio, lesa humanidad o contra las personas y bienes protegidos en caso de conflicto armado, siempre que el procedimiento se dirija contra un español o contra un ciudadano extranjero que resida habitualmente en España, o contra un extranjero que se encontrara en España y cuya extradición hubiera sido denegada por las autoridades españolas".

teniendo en cuenta que del Derecho internacional se deriva el reconocimiento del principio de no punición a las víctimas por los delitos cometidos por el proceso de trata al que se vieron sometidas"[35].

A los anteriores siete rasgos o aspectos comunes que hemos destacado se podrían añadir otros que igualmente concurren en las niñas soldado y en las víctimas de trata de seres humanos, como su invisibilidad antes, durante y después de la explotación, la necesidad de recursos especializados para su recuperación, los altos índices de impunidad dadas las dificultades para la investigación de este tipo de organizaciones criminales, etc.

Ciertamente, la problemática de las niñas soldado tiene una especificidad propia, al desarrollarse en contextos de conflictos armados, pero entendemos que el nivel de protección a dispensarles no puede ser inferior, una vez desmovilizadas o desvinculadas, al que a nivel nacional se dispensa a las víctimas de trata de seres humanos. Siendo conscientes de la dificultad de abarcar toda la problemática de las niñas soldado, entendemos que se les debe dar un tratamiento que, en caso de duda, opte siempre por su protección, sigan siendo menores de edad o no.

5. CONCLUSIONES

Tanto la regulación internacional como la interna en esta materia debe tener un objetivo que vaya más allá de la sanción penal, para centrarse en las víctimas y sus necesidades, propias de quienes se vieron forzados a vivir terribles experiencias de violencia, propia y ajena, durante su infancia. Su desarrollo personal queda afectado en todos los ámbitos de la persona.

La experiencia de cada víctima es individual, pero por lo general, la explotación y sometimiento van mucho más allá de su integración forzada en el grupo armado, el riesgo para sus vidas durante los enfrentamientos y la intervención directa en acciones violentas. Se extiende a vejaciones y explotación de todo tipo (sexual, maternidad y abortos forzados, laboral, para la comisión delictiva, etc.), que, a su vez, conforman las finalidades del delito de trata de seres humanos.

Por ello, entendemos que cabría incluir la integración forzosa de menores para su intervención en conflictos armados y acciones violentas en

---

35 Vid.Villacampa Estiarte, C.; Flórez Pinilla, K. (2016) "Guerrilleras…", *op. cit.*, p. 113.

el tipo penal de trata de seres humanos, como una de las modalidades de explotación que lo cualifican.

Y en consecuencia, a los niños y niñas soldado gozarían del mismo estatuto jurídico reconocido a las víctimas de trata, tanto a nivel internacional como estatal. Lo cual es de especial importancia cuando se encuentran fuera del país donde se dio el conflicto, y cuando las víctimas ya han adquirido la mayoría de edad. Principios como el de no punición, el reconocimiento del periodo de reflexión en materia de extranjería o las reglas específicas para su intervención procesal podrían serles aplicados.

REFERENCIAS BIBLIOGRÁFICAS

Centro de Estudios de Derecho Internacional Humanitario de la Cruz Roja Española (2001): "Propuesta de modificación del Código Penal español en materia de delitos contra las personas y bienes protegidos en caso de conflicto armado", *Revista Española de Derecho Militar*, nº 78, pp. 87-128.

Centro de Inteligencia contra el Terrorismo y el Crimen Organizado (2025). *"Trata y explotación de seres humanos en España. Balance estadístico 2020-2024"*; https://www.interior.gob.es/opencms/export/sites/default/.galleries/galeria-de-prensa/documentos-y-multimedia/balances-e-informes/2024/Resumen-ejecutivo-TSH-EXPLOTACION-2024.pdf. Recuperado el 17 de junio de 2025.

Hidalgo, C. (22/10/2022). "Chicas en las bandas latinas: del reclutamiento a la explotación sexual". *Diario ABC.*

Jiménez-Díaz, M.J. (2022): "Los delitos contra las personas y bienes en caso de conflicto armado", en Olmedo Cardenete, M.D., Castello Nicas, N. *et al.*(coords.) *Estudios en homenaje al Prof. Dr. D. Jesús Martínez Ruíz*, Dykinson, pp. 577-587.

Ladrón Tabuenca, M.P. (2022). "Unión Europea y trata de seres humanos: estrategia y perspectivas"; en Fernández Pérez, A. *Perspectivas de la política de inmigración, asilo y refugio en la UE*, Thomson Reuters Aranzadi, pp. 89-103.

Lafont Cuesta, L. (2022). "Menores víctimas directas e indirectas de la trata de personas"; en De Priego Fernández, V. (coord.) *"Protección jurídica de las personas menores de edad. Un estudio multidisciplinar"*; Dykinson, pp. 211-242.

Martínez Escamilla, M. (2024). La inaplazable necesidad de un procedimiento de identificación de las víctimas de trata: Especial consideración al Anteproyecto de Ley Orgánica integral contra la trata y la explotación de seres humanos, aprobado en el Consejo de Ministros de 29 de noviembre de 2022. *Revista Sistema Penal Crítico*, 4.

Ojinaga Ruíz, R.; Abri Stoffel, R. M. (2020). "La protección de las niñas asociadas con fuerzas armadas o grupos armados", *Revista electrónica de estudios* internacionales, nº 39. Recuperado el 13 de junio de 2025.

Rodríguez-Villasante y Prieto, J.L. (2003). "La reforma del Código Penal español por Ley Orgánica 15/2003: un paso al frente en «la criminalización de la barbarie»", *Revista Española de Derecho Militar*, Nº 82, pp. 197-234.

Romo Escribano, A; Turégano Castellanos, C (2021). *Una aproximación a la realidad de las mujeres en situación de trata. Diagnóstico de las barreras socio-legales en el acompañamiento de las supervivientes de trata con fines de explotación sexual.* Asociación Trabe-Fundación Fernando Pombo. https://www.inmujeres.gob.es/publicacioneselectronicas/documentacion/Documentos/DE1821.pdf. Recuperado el 21 de mayo de 2025.

UNICEF (2004) *Guía del Protocolo facultativo sobre la participación de niños y niñas en los conflictos armados,* Unicef-Coalición para acabar con la utilización de niños soldados. https://www.observatoriodelainfancia.es/oia/esp/documentos_ficha.aspx?id=2533. Recuperado el 3 de junio de 2025.

UNODC (s.f.). *Algunos datos relevantes sobre la trata de personas. https://www.unodc.org/documents/lpo-brazil/sobre-unodc/Fact_Sheet_Dados_Trafico_de_Pessoas_geral_ESP. pdf.* Recuperado el día 14 de marzo de 2025.

Villacampa Estiarte, C.; Flórez Pinilla, K. (2016) "Guerrilleras víctimas de trata de seres humanos en prisión en Colombia"; *Revista de Victimología,* 2016, pp. 87-119.

Lagunas normativas en la protección de las niñas en conflictos armados: entre el reclutamiento infantil y la trata de personas[1]

Normative Gaps in the Protection of Girls in Armed Conflicts: Between Child Recruitment and Human Trafficking

MERCEDES TEN DOMÉNECH
Cardenal Herrera-CEU, CEU Universities

Resumen: este estudio explora los vacíos y tensiones normativas que emergen cuando el reclutamiento de menores y la trata de personas convergen en la experiencia de las niñas dentro de conflictos armados no internacionales. El estudio combina un análisis doctrinal del Protocolo de Palermo, el Derecho Internacional Humanitario —artículo 3 común y Protocolo II— y el Estatuto de Roma con jurisprudencia relevante, identificando zonas grises donde la captación, el traslado y la explotación sexual se yuxtaponen a la participación forzada en hostilidades. Se demuestra que la aplicación complementaria de los regímenes de trata y reclutamiento —lejos de vulnerar el *non bis in idem*— amplía la tutela penal y civil, siempre que se flexibilice la prueba de "organización criminal" exigida por el artículo 4 del Protocolo de Palermo. El examen de casos emblemáticos revela que la categoría hegemónica de "niño soldado" eclipsa la explotación sexual-reproductiva y el trabajo forzado que sufren las niñas, excluyéndolas de la asistencia psicosocial, las garantías de no criminalización y las vías de reparación integral previstas para la trata. Frente a ello, se propone incorporar obligatoriamente un enfoque de género e interseccionalidad en la interpretación y aplicación de ambos marcos, adoptar tipos penales internos que reflejen la plurivictimización y establecer reglas probatorias y equipos interdisciplinarios capaces de detectar indicadores de trata dentro de expedientes por reclutamiento. Sólo una arquitectura jurídica que articule —y no contraponga— los delitos de guerra y la trata de personas permitirá garantizar protección y reparación efectivas frente al daño infligido a las niñas.

Palabras clave: reclutamiento infantil, trata de niños, vulnerabilidad estructural, vacíos normativos, niñas soldado

Abstract: this research explores the normative gaps and tensions that arise when child recruitment and human trafficking converge in the lived experience of girls caught up in non-international armed conflicts (NIACs). Combining a doctrinal analysis of the Palermo Protocol,

[1] Estudio realizado en el marco del Proyecto de Investigación titulado "*Lagunas en la protección y asistencia internacional a las niñas asociadas a Grupos armados (NAAG)*". CIAICO 2022/235 UCHCEU con financiación pública de la GVA.

international humanitarian law —common Article 3 and Additional Protocol II— and the Rome Statute with relevant case-law, the study identifies grey areas where recruitment, transfer and sexual exploitation overlap with forced participation in hostilities. It shows that applying the trafficking and recruitment regimes in a complementary manner—far from violating *non bis in idem*—enhances both criminal and civil protection, provided the evidentiary threshold for "organised criminal groups" under Article 4 of the Palermo Protocol is interpreted flexibly. A review of emblematic cases reveals that the hegemonic "child soldier" label eclipses the sexual-reproductive exploitation and forced labour endured by girls, thereby excluding them from psychosocial support, non-criminalisation guarantees and the comprehensive reparations available under anti-trafficking law. To correct this, the study advocates for the mandatory integration of gender and intersectionality in the interpretation and application of both legal frameworks, the adoption of domestic offences that capture multi-victimisation, and the creation of evidentiary rules and interdisciplinary teams able to detect trafficking indicators within recruitment prosecutions. Only a legal architecture that articulates—and does not pit—war crimes and human trafficking offenses will guarantee effective protection and reparations against the harm inflicted on girls.

Key Words: Child recruitment, child trafficking, structural vulnerability, normative gaps, girl soldiers

INTRODUCCIÓN

En las últimas décadas, la comunidad internacional ha desplegado un complejo entramado normativo para proteger la infancia frente a la violencia y la explotación. Sin embargo, persisten importantes vacíos y tensiones normativas cuando se trata de responder adecuadamente a la situación específica de las niñas en contextos de conflicto armado, especialmente cuando su captación, traslado o utilización por parte de actores armados no estatales adopta formas que trascienden el mero reclutamiento y constituyen también prácticas de explotación sexual, servidumbre, esclavitud o matrimonios forzados.

Estas conductas, aunque a menudo tratadas jurídicamente bajo el paraguas de los crímenes de guerra —y, en ocasiones, como reclutamiento de menores—, comparten elementos constitutivos con el delito de trata de personas según el Protocolo de Palermo, particularmente cuando implican el desplazamiento de las víctimas con fines de explotación. La existencia de zonas grises normativas plantea desafíos importantes para fiscales, operadores judiciales y organismos de protección: ¿cómo distinguir jurídicamente entre trata de niñas y reclutamiento forzoso? ¿Cuándo puede aplicarse uno u otro régimen, y en qué casos se justifica su aplicación conjunta? ¿Qué implicaciones tiene esta diferenciación en términos de protección integral, reparación y persecución penal? Estas preguntas no son meramente técnicas: se sitúan en el centro de una crítica más amplia a la manera en que el derecho internacional trata las experiencias de las niñas en la guerra, muchas veces reducidas a la figura del "niño soldado" sin que se reconozca el carácter múltiple, prolongado y profundamente sexualizado de la violencia que enfrentan.

El presente trabajo se propone, por consiguiente, dilucidar los criterios jurídicos y contextuales que permiten distinguir —o acumular— las calificaciones de trata de personas y crimen de guerra en el caso particular de las niñas reclutadas, secuestradas o utilizadas por actores armados en conflictos no internacionales. Para ello, se desarrollará un análisis comparado entre los elementos típicos del Protocolo de Palermo y las disposiciones del Derecho Internacional Humanitario y del Estatuto de Roma, con especial énfasis en los estándares de interpretación adoptados por tribunales internacionales y sistemas de protección de derechos humanos. A través del estudio de casos emblemáticos y de una revisión crítica del tratamiento legal que ha recibido la experiencia de las niñas en conflictos armados, esta investigación espera contribuir a una comprensión más precisa y eficaz de los marcos jurídicos disponibles, así como a una resignificación de la respuesta institucional, que permita abordar de manera integral las múltiples dimensiones de la violencia que padecen las niñas en el contexto de la guerra. Por ello, a modo de conclusión se realiza una sucinta crítica desde la teoría jurídica con el fin de recordar el sentido y naturaleza del Derecho, pues cuando no existen mecanismos reales de exigibilidad, la norma se reduce a un mero ejercicio de poder desvinculado de la protección efectiva. El rostro de la niña atrapada en la guerra —más allá de cualquier categoría jurídica— recuerda que la vulnerabilidad es el punto de partida y que el cuidado y la reparación deben situarse en el centro de la praxis jurídica. Sólo así el Derecho dejará de ser un discurso técnico para convertirse en un instrumento auténtico de protección.

1. MARCO NORMATIVO COMPARADO

La captación y utilización de niñas por actores armados plantea una colisión o concurrencia normativa entre dos grandes regímenes del derecho internacional: por un lado, el sistema de lucha contra la trata de personas, centrado en la protección frente a la explotación transnacional; y por otro, el Derecho Internacional Humanitario y Penal Internacional, enfocado en los crímenes cometidos durante conflictos armados. A continuación se realiza un análisis comparado de ambos marcos, sus elementos constitutivos y su aplicabilidad diferenciada al caso de las niñas con el objeto de identificar las zonas de solapamiento y vacío normativo, evaluar cómo dichas divergencias afectan la tutela efectiva de las niñas y proponer mecanismos de articulación que permitan una protección integral frente a todas las formas de violencia —desde la explotación sexual hasta la participación forzada en hostilidades— que sufren en dichos contextos.

1.1. La trata de personas: el desafío del Protocolo de Palermo y las directrices de UNODC y UNICEF

El principal instrumento normativo en materia de trata de personas a nivel internacional es el Protocolo para Prevenir, Reprimir y Sancionar la Trata de Personas, Especialmente Mujeres y Niños, complementario de la Convención de las Naciones Unidas contra la Delincuencia Organizada Transnacional (en adelante, *Protocolo de Palermo*), adoptado por la Asamblea General de las Naciones Unidas mediante la Resolución 55/25, de fecha 15 de noviembre de 2000 en Palermo. Este Protocolo entra finalmente en vigor el 25 de diciembre de 2003 y en mayo de 2020 ya cuenta con la ratificación de 176 Estados.

En el artículo 3, apartado c del Protocolo se define la trata de menores como: "la captación, el transporte, el traslado, la acogida o la recepción de un niño con fines de explotación", precisando que "no se requiere la utilización de ninguno de los medios enunciados en el inciso" cuando la víctima es menor de dieciocho años; es decir, que para considerar que existe trata de menores no se exige que se haya recurrido a "la amenaza o al uso de la fuerza u otras formas de coacción, al rapto, al fraude, al engaño, al abuso de poder o de una situación de vulnerabilidad o a la concesión o recepción de pagos o beneficios para obtener el consentimiento de una persona que tenga autoridad sobre otra"[2]. Esta disposición establece un régimen de protección reforzado para los menores de edad, en virtud del cual la mera finalidad de explotación es suficiente para configurar el delito. Tal construcción normativa responde al principio de especial vulnerabilidad de la infancia, consagrado también en la Convención sobre los Derechos del Niño (1989)[3], particularmente en sus artículos 35 y 36, que obligan a los Estados parte a proteger al niño contra el secuestro, la venta o la trata, y contra cualquier forma de explotación perjudicial para su bienestar.

La definición contenida en el Protocolo incluye una serie de formas de explotación, entre las que se destacan la explotación sexual, el trabajo o servicios forzados, la esclavitud o prácticas análogas, la servidumbre y la extracción de órganos (art. 3, inc. a). Cabe destacar que, conforme a lo

---

2 Naciones Unidas (2000). *Protocolo para prevenir, reprimir y sancionar la trata de personas, especialmente mujeres y niños, que complementa la Convención de las Naciones Unidas contra la delincuencia organizada transnacional.* https://www.unodc.org/documents/treaties/UNTOC/Publications/TOC%20Convention/TOCebook-s.pdf

3 Naciones Unidas. (1989). *Convención sobre los Derechos del Niño.* https://www.ohchr.org/sites/default/files/crc_SP. pdf

previsto en el artículo 4 del Protocolo, sus disposiciones se aplican tanto en situaciones transnacionales como dentro de las fronteras de un mismo Estado, siempre que se trate de criminalidad organizada. No obstante, en la interpretación de diversos organismos de protección —incluidos la Oficina de las Naciones Unidas contra la Droga y el Delito (UNODC) y el Fondo de las Naciones Unidas para la Infancia (UNICEF)—, recomiendan a los Estados aplicar las mismas obligaciones de prevención, sanción y protección a cualquier forma de trata de menores, incluso si el caso no involucra criminalidad organizada ni cruce de fronteras. Dicho de otro modo, si bien el artículo 4 del Protocolo dispone una base obligatoria, las directrices de UNODC y UNICEF son más ambiciosas y proponen un estándar de política pública para que ningún menor quede desprotegido a por una cuestión técnica en la configuración y descripción del delito.

La trata de personas no es una práctica delictiva propia de nuestra historia reciente, sino que tiene siglos de antigüedad. No obstante, desde los años 90 hasta ahora ha evolucionado de un modo particular al compás de la acelerada globalización que ha supuesto la apertura de los mercados, el desarrollo de los transportes y el crecimiento demográfico. Se podría considerar que la antigua práctica de la esclavitud es lo que hoy conocemos como tráfico de personas[4]. Las diferencias económicas entre regiones se han agudizado, de modo que ha incrementado la demanda de fuerza de trabajo hacia países económicamente más desarrollados. A ello se suma, que el nuevo escenario que ofrece el mundo globalizado ha sido aprovechado por organizaciones criminales que han visto en la trata de personas un negocio especialmente lucrativo[5]. Puede afirmarse que las cifras víctimas de trata oscilan a día de hoy entre 27 y 200 millones de personas[6], a las que se les atribuyen, según las estimaciones de 2024 de la Organización Internacional del Trabajo, unas ganancias de su actividad de 236 billones de dólares anuales[7]. Del total de las víctimas de trata identificada, datos de 2020 de la UNODC apuntan que dos de cada tres son mujeres y niñas, es

---

4 Rahman, M. A. (2011). "Human Trafficking in the era of Globalization: The case os Trafficking in the Global Market Economy". *Transcience Journal*, Vol 2, 1, p. 55.

5 Carnevali, R. (2013). "La trata de personas y la normativa internacional. Algunas consideraciones de su regulación en Chile". *Revista de Diritto Penale Contemporaneo*, 4, p. 172.

6 Pérez Cepeda, A. I (2004). *Globalización, tráfico internacional ilícito de personas y derecho penal*. Comares, p. 173.

7 ILO (2024). *Profits and Poverty: The Economics of Forced Labour*. https://www.ilo.org/publications/major-publications/profits-and-poverty-economics-forced-labour

decir, un 65%[8]; y en concreto, según la Comisión Europea en la comunicación sobre la Estrategia contra la Trata de Seres Humanos, el 92% de las víctimas de trata con fines de explotación sexual identificadas en la Unión Europea durante 2017-2018 son mujeres.

Por consiguiente, se pone de manifiesto cómo estas formas de explotación previstas en el delito de trata afectan de manera específica y diferente a niñas que a niños. En general, las niñas víctimas de trata son sometidas con mayor frecuencia a formas de explotación de carácter sexual y doméstico, mientras que los niños suelen ser explotados principalmente en el trabajo forzado, el reclutamiento para conflictos armados y otras formas de servidumbre laboral[9]. Esta distinción no sólo refleja patrones socioculturales preexistentes, sino que revela la agravada vulnerabilidad de las niñas, quienes en tantas ocasiones veces son explotadas simultáneamente en diferentes ámbitos. Estudios como el de la OIM indican que las niñas son significativamente más propensas a ser explotadas en entornos cerrados —como casas, burdeles o campamentos armados— donde su visibilidad es aún más reducida, lo cual representa un reto adicional para las políticas de prevención y rescate[10]. Asimismo, se confirma la especial vulnerabilidad de éstas con respecto a la explotación sexual y abuso a través de engaños de ofertas de trabajo[11]. En contextos de conflicto armado, por ejemplo, suelen ser utilizadas como esclavas sexuales, obligadas a casarse con combatientes o empleadas en tareas domésticas dentro de grupos armados, combinando múltiples formas de violencia y explotación[12]. Esta convergencia no sólo aumenta el trauma, sino que también dificulta la identificación y protección de las víctimas.

Lo cierto es que la trata de niñas se configura como una forma de violencia estructural al entrelazar desigualdades de edad y de género con situaciones de extrema vulnerabilidad socioeconómica[13]. Su perpetuidad en

---

8 UNODC (2021). *Global Report on Trafficking in Persons 2020.* United Nations Office on Drugs and Crime.

9 *Ibid,* p. 55.

10 OIM (2020). *Addressing Human Trafficking and Exploitation in Times of Crisis.* International Organization for Migration, p. 38.

11 Rahman, M. A., (2011) "Human Trafficking… *op. cit.,* p. 59.

12 UNICEF (2019). *Children, Armed Conflict and the Protection of Girls.* United Nations Children's Fund, p. 24.

13 Rossel Castagneto, M. L. (2025). *Género, migración y violencia: la trata de niñas en el siglo XXI desde los estándares internacionales y la situación en Chile. European Public & Social Innovation Review,* 10.

el tiempo sólo se comprende si se atiende a su inclusión en el marco de una economía política global en el que las dinámicas de demanda y flujos de capital ilegal estructuran y sostienen estas prácticas. No es de extrañar pues, que tanto la doctrina especializada como las guías prácticas de aplicación hayan señalado la necesidad de implementar un enfoque interseccional y diferenciado, atendiendo a los factores de edad, género, pertenencia étnica y situación de conflicto. En esta línea, el Protocolo de Palermo impone a los Estados parte la obligación de adoptar una serie de medidas legislativas, administrativas y sociales orientadas a la prevención de la trata, la protección integral de las víctimas y la cooperación internacional para la investigación y sanción penal. En concreto, en lo que atañe a las niñas víctimas, estas medidas deben contemplar —de conformidad con los artículos 6 y 7 del Protocolo— la asistencia médica, psicológica y jurídica, así como su acceso a la educación, a la reunificación familiar cuando sea posible y al sistema de justicia sin riesgo de revictimización. Incluso, dentro del Objetivo de Desarrollo Sostenible número 5 de la Agenda 2030 sobre Desarrollo Sostenible, se hace mención explícita a este fenómeno, promulgando la eliminación de "todas las formas de violencia contra todas las mujeres y las niñas en los ámbitos público y privado, incluidas *la trata y la explotación sexual y otros tipos de explotación*".

1.2. El reclutamiento de menores a la luz del Derecho Internacional Humanitario y Penal Internacional

Si bien el régimen internacional contra la trata de personas, y en particular el relativo a niñas menores de dieciocho años, configura un marco de protección de amplio alcance —que reconoce la especificidad de la explotación infantil y que impone a los Estados obligaciones activas en materia de prevención, persecución penal y atención a las víctimas—; su aplicación resulta especialmente relevante en contextos de conflicto armado, cuando las dinámicas de violencia y control territorial generan condiciones propicias para la captación y explotación de niñas, incluso por parte de actores armados no estatales. En este contexto, el Derecho Internacional Humanitario establece normas específicas para la protección de las personas en situaciones de conflicto armado; entre ellas, disposiciones destinadas a prohibir el reclutamiento y la utilización de niños y niñas por parte de fuerzas armadas estatales y grupos armados no estatales. Esta prohibición ha sido desarrollada en diversos instrumentos internacionales, incluyendo el Protocolo II adicional a los Convenios de Ginebra (1977), la Convención sobre los Derechos del Niño (1989), su Protocolo Facultativo sobre la participación de niños en conflictos armados (2000) y los denominados Principios de París (2007).

En particular, el artículo 4.3(c) del Protocolo II establece que "los niños menores de quince años no serán reclutados en las fuerzas o grupos armados ni se les permitirá tomar parte en las hostilidades"[14]; disposición reiterada en el Protocolo Facultativo, que eleva el umbral de edad a dieciocho años para la participación en hostilidades, con carácter obligatorio para los grupos armados no estatales (art. 4.1)[15]. De esta forma, el estándar de protección ha evolucionado hacia una prohibición absoluta del reclutamiento y utilización de menores de 18 años, aunque la persecución penal internacional sigue operando, en general, sobre la base del umbral de los 15 años, de conformidad con el Estatuto de Roma de la Corte Penal Internacional. El artículo 8.2.b.xxvi de este mismo texto tipifica como crimen de guerra, en el contexto de un conflicto armado internacional, la conducta de: "reclutar o alistar a niños menores de quince años en las fuerzas armadas nacionales o utilizarlos para participar activamente en las hostilidades"[16]. De manera equivalente, el artículo 8.2.e.vii extiende esta figura penal a los conflictos armados de carácter no internacional, reflejando así la aplicabilidad del principio en contextos de guerra civil, insurgencia u ocupación prolongada.

La interpretación de estos preceptos ha sido objeto de desarrollo jurisprudencial por parte de la CPI, particularmente en el caso *Prosecutor v. Thomas Lubanga Dyilo,* resuelto en 2012, en el que la Sala de Primera Instancia concluyó que el acusado era penalmente responsable por haber reclutado y utilizado a niños menores de quince años en el conflicto armado en la República Democrática del Congo, como líder de las Fuerzas Patrióticas para la Liberación del Congo (FPLC). La Corte enfatizó que la participación *activa* en las hostilidades debía entenderse en sentido amplio, incluyendo funciones de combate, espionaje, apoyo logístico o transmisión de mensajes[17]. Posteriormente, en el caso *Prosecutor v. Bosco Ntaganda,* la CPI abordó

---

14 Naciones Unidas. (1977). *Protocolo adicional a los Convenios de Ginebra de 12 de agosto de 1949 relativo a la protección de las víctimas de los conflictos armados sin carácter internacional* https://www.ohchr.org/sites/default/files/protocol2.pdf

15 Naciones Unidas. (2000). *Protocolo facultativo de la Convención sobre los Derechos del Niño relativo a la participación de niños en los conflictos armados, artículo 4.1.* https://www.ohchr.org/sites/default/files/crc-conflict.pdf

16 Corte Penal Internacional. (1998). *Estatuto de Roma de la Corte Penal Internacional, artículos 8.2.b.xxvi y 8.2.e.vii.* https://www.icc-cpi.int/sites/default/files/RS-Eng.pdf.

17 *Prosecutor v. Thomas Lubanga Dyilo,* ICC-01/04-01/06, Judgment pursuant to Article 74 of the Statute, 14 March 2012, §§ 628-630.

de forma explícita la cuestión de la explotación sexual de niñas dentro de las fuerzas armadas, reconociéndola como un crimen de guerra independiente. En su sentencia de 2019, la Sala de Primera Instancia declaró que el acusado había incurrido en esclavitud sexual y violación de niñas menores de 15 años integradas a sus fuerzas, tipificando estos actos conforme al artículo 8.2.e.vi del Estatuto de Roma. La Corte sostuvo que: "la inclusión de estas niñas dentro de la estructura armada no impide considerar su sometimiento a violencia sexual como un crimen autónomo (...). El hecho de que estuvieran alistadas no les privó de la protección prevista por el derecho internacional humanitario"[18]. Dicho de otro modo, la responsabilidad penal por estos crímenes no se limita a los actos de enrolamiento formal, sino que abarca también el uso sistemático de menores en tareas que los exponen al riesgo de combate o que implican explotación sexual o doméstica. Este fallo es especialmente relevante, ya que rompe con la tendencia a subsumir la explotación sexual dentro del concepto genérico de *reclutamiento de menores,* reconociendo la necesidad de una respuesta penal diferenciada y acumulativa cuando concurren múltiples formas de violencia sobre las niñas. No obstante, ni la fiscalía ni la Sala emplearon el marco de trata de personas, a pesar de que los hechos —captación, traslado, retención y explotación sexual— coinciden plenamente con la definición establecida en el Protocolo de Palermo. Esta omisión ilustra una tendencia en la práctica judicial internacional a enfocar los crímenes sexuales bajo una lógica exclusivamente bélica, sin considerar los elementos típicos de trata, lo que limita el acceso a mecanismos de reparación específicos y asistencia integral previstos en ese régimen.

A la falta de consideración de la posible concurrencia de delitos se suma la inatención a la especial situación de vulnerabilidad de las niñas. Con frecuencia, el término "niños soldados" se emplea de manera genérica para aludir a todos los menores víctimas del reclutamiento por parte de grupos armados, sin establecer distinciones de género. Esta generalización lingüística contribuye, en numerosos casos, a la *invisibilización* de formas específicas de sufrimiento y explotación que afectan de manera particular —y no compartida— a las niñas en estos contextos. De hecho, ninguno de los tres protocolos facultativos de la Convención sobre los Derecho del Niño, en su traducción al castellano, emplea el genérico niños para referirse a ambos sexos, obviando la especial vulneración que sufren las niñas en razón de su

---

[18] *Prosecutor v. Bosco Ntaganda,* ICC-01/04-02/06, Judgment, 8 July 2019, §§ 1035-1040.

sexo. No sucede así con los Principios y Compromisos de París relativos a los Niños Asociados a Fuerzas o Grupos Armados de 2007 en el que se enfatiza en la prevención del reclutamiento, garantizar la liberación y apoyar la reintegración de niñas y niños reclutados por grupos armados.

A pesar de la entrada en vigor de este tipo de medidas —entre las que también se hallan las del Estatuto de Roma o las de la Resolución 1612 del Consejo de Seguridad de la ONU que establecen mecanismos de seguimiento y presentación de informes sobre violaciones contra niños, incluido el reclutamiento—, los instrumentos diplomáticos no consiguen abordar las especificidades sobre cómo se dan los reclutamientos, ni tampoco captan el aspecto de género del rol de niños soldados, y en conceto, los desafíos únicos que enfrentan las niñas soldado; no siendo así implementadas plenamente las Convenciones internacionales[19].

El Informe anual de 2024 de la ONU sobre Niños y Conflicto Armado reporta que 22.495 niños sufrieron al menos una de las "seis violaciones graves" —entre ellas el reclutamiento— en 2024, de los cuales 14.383 fueron varones, 7.320 niñas y 792 de sexo no precisado[20]. Esta cifra engloba todas las violaciones —asesinato, mutilación, reclutamiento, secuestro, ataques a escuelas y violencia sexual—, reflejando la dimensión de la amenaza que representa el reclutamiento en el conjunto de abusos contra la infancia en zonas de conflicto. En concreto, se estima que, en 2024, 7.402 niños fueron reclutados. En contraposición, en este mismo año, unos 16486 niños anteriormente vinculados a fuerzas o grupos armados recibieron protección y apoyo para la reintegración.

En general, la violencia contra los niños en conflictos armados aumentó en 2024 un 25% en el número de violaciones graves en comparación con 2023. Las cifras más elevadas de violaciones graves se verificaron en Israel y el territorio palestino ocupado (8.554), la República Democrática del Congo (4.043), Somalia (2.568), Nigeria (2.436) y Haití (2.269)[21]. En lo que respecta a la violencia sexual, aumentó un 35%, evidenciando su uso sistemático como táctica deliberada de guerra para controlar el territorio, desplazar poblaciones o atacar etnias. En particular, las niñas son con ma-

19 De la Paz, G. (2025). "Niñas soldado: esfuerzos diplomáticos, eficacia de las políticas y desafíos futuros" en ABRIL, R. M., YILDIZ, S., *Las niñas asociadas a grupos armados*, Aranzadi, p. 102.

20 Naciones Unidas. (2025). *Informe del Secretario General sobre Niños y Conflicto Armado*, Asamblea General. https://docs.un.org/es/A/79/878

21 Idem.

yor frecuencia las víctimas de estas execrables prácticas que, como bien ya hemos indicado, son empleadas como armas bélicas para amedrentar, dispersar, intimidar, castigar o humillar al enemigo[22]. Resulta evidente, como en contextos de conflicto armado, las niñas enfrentan formas particularmente graves de violencia y explotación que se superponen y refuerzan mutuamente. Las niñas reclutadas, además de servirse de ellas como soldados, son utilizadas como esclavas sexuales, forzadas a contraer matrimonio con combatientes o incorporadas en funciones domésticas dentro de estructuras armadas; siendo un fenómeno cuya mayor incidencia se ha observado en Sierra Leona, Congo, Liberia, Uganda y Angola[23]. En este sentido, en 2024, se ha advertido un incremento de secuestros de niñas con fines de reclutamiento y empleo para esclavitud sexual[24]. Además, se observa un número sospechosamente elevado de casos de alistamiento voluntario de niñas en comparación con los niños en regiones como Colombia, Sri Lanka o Filipinas[25]. Diversas investigaciones señalan que este particular fenómeno responde a la existencia de motivaciones exclusivamente asociadas al sexo femenino, siendo la necesidad de escapatoria frente al abuso y la explotación sexual sufrida en el ámbito doméstico o familiar la razón más habitual[26].

Constatado el diferente trato que reciben las niñas con respecto a los niños en caso de reclutamiento por grupos armados no estatales, no resulta extraño que en las últimas décadas se esté reparando con especial atención en ellas[27]. El enfoque neutral desde el cual, hasta ahora, se ha abordado la protección infantil elude el factor de la especial vulnerabilidad de las niñas frente a la violencia sexual, el matrimonio forzoso y la explotación dentro de los grupos armados; circunstancias probadas en los cuadros sobre países

---

22 Naciones Unidas (2017). *Comité de la convención sobre la eliminación de todas las formas de discriminación contra la mujer* (CEDAW). *Recomendación General núm. 35. Sobre violencia por razón de género contra la mujer, por la que se actualiza la Recomendación General núm. 19.* CEDAW/C/GC/35, p. 3.

23 Jiménez Sánchez, C. (2025). "Derecho internacional humanitario, niñas soldado y niñas arma" en ABRIL, R. M., YILDIZ, S., *Las niñas asociadas a grupos armados,* Aranzadi, p. 102.

24 *Idem.*

25 Brett, R. (2010). *Girls soldiers: Challenging the Assumptions,* Quaker United Nations Office, p. 30.

26 Keairnsm I. (2002). *The Voices of Girls Soldiers,* Coalition to Stop the Use of Child Soldiers Quaker United Nations Office, p. 3

27 De la paz, G. (2025). "Niñas soldado… *op. cit.* p. 669.

sometidos al Consejo de Seguridad[28]. La confluencia de violencias sufrida por ellas —que responde a patrones de dominación por razón de sexo, edad y etnicidad— no sólo profundiza el daño psicosocial y físico, sino que también dificulta los procesos de identificación, protección y reparación de las víctimas. A este respecto, la inexistencia de información suficiente y fidedigna respecto a la participación de niñas en conflictos armados impide desarrollar programas específicos para ellas dificultando comprender el alcance total del problema y, en consecuencia, la aplicación de un marco jurídico eficaz[29]. Esta superposición de factores demanda un enfoque interseccional que permita captar las múltiples dimensiones de la vulnerabilidad infantil en escenarios de conflicto[30].

Por consiguiente, queda puesto de manifiesto que, a pesar de que el régimen del DIH y del Estatuto de Roma proporcione un marco sólido para la calificación penal de las conductas relativas al reclutamiento, alistamiento y utilización de niñas en conflictos armados; sin embargo, tal régimen ha tendido a centrarse en la dimensión bélica de la participación infantil, lo que ha generado críticas por su insuficiente atención a otras formas de explotación paralelas, en especial la explotación sexual sistemática sufrida por niñas en el seno de grupos armados. Esta limitación ha motivado el desarrollo de interpretaciones jurisprudenciales más amplias, y refuerza la necesidad de articular este régimen con otros marcos normativos complementarios, como el que ofrece el derecho internacional contra la trata de personas.

2. CONEXIONES, SOLAPAMIENTOS Y TENSIONES ENTRE MARCOS NORMATIVOS

Como bien se ha venido poniendo de relieve a lo largo de este estudio, la existencia de dos regímenes jurídicos distintos —el relativo a la trata de personas y el aplicable a los crímenes cometidos en conflictos armados— plantea una serie de intersecciones, complementariedades y fricciones, particularmente cuando se trata de niñas que son reclutadas, trasladadas o utilizadas por grupos armados en funciones que van más allá del combate.

---

28 *Ibid*, p. 681.

29 *Ibid*, p. 683.

30 Naciones Unidas. (2017). Comité CEDAW. Recomendación General núm. 35. Sobre violencia por razón de género contra la mujer, por la que se actualiza la Recomendación General núm. 19. CEDAW/C/GC/35, p. 12.

En términos normativos, ambos marcos comparten un núcleo común de protección: reconocen la especial vulnerabilidad de los niños y niñas, y prohíben su instrumentalización en contextos de violencia. No obstante, difieren en su estructura, lógica de funcionamiento y objetivos inmediatos. Mientras el régimen de la trata de personas, consagrado en el Protocolo de Palermo, se centra en la prevención de la explotación y la protección integral de las víctimas, el Derecho Internacional Humanitario y el Estatuto de Roma se orientan principalmente hacia la regulación de la conducta bélica y la represión penal de las violaciones graves del DIH.

Esta distinción se traduce en diferencias técnicas sustantivas. En primer lugar, los elementos típicos de los delitos no coinciden: el delito de trata exige la concurrencia de un acto (como captación o traslado) y una finalidad de explotación, sin necesidad de probar coerción en el caso de menores de edad. Por su parte, los crímenes de guerra relacionados con menores se configuran a través del alistamiento, conscripción o utilización activa en hostilidades, sin requerir desplazamiento ni una finalidad de explotación fuera del contexto bélico. En segundo lugar, el ámbito de aplicación de ambos marcos difiere. La trata puede producirse tanto en contextos de paz como de conflicto, e incluso dentro de las fronteras del mismo Estado, siempre que se verifique la finalidad de explotación. Por el contrario, los crímenes de guerra requieren un conflicto armado como condición contextual, lo que excluye su aplicación en situaciones de criminalidad organizada no asociada a enfrentamientos armados.

En la práctica, sin embargo, muchos casos escapan a una clasificación sencilla, especialmente cuando las niñas son secuestradas o alistadas por grupos armados con fines de explotación sexual, trabajo doméstico o reproducción forzada, en patrones que se sostienen en el tiempo y que exceden la lógica puramente militar. Prueba reciente de ello la hallamos en la guerra civil Siria, ya que numerosos informes de la Comisión Internacional Independiente sobre Siria y de Yazda han documentado la captación, traslado transfronterizo —a Irak, Turquía u otros países— y venta de niñas para explotación sexual y matrimonios forzosos[31]. Este ejemplo ilustra a la perfección una forma transnacional de trata de personas con fines de esclavitud sexual, según la definición del Protocolo de Palermo. Al mismo tiempo, en los casos en que estas

---

[31] Naciones Unidas (2022) Informe de la comisión Internacional Independiente de Investigación sobre la República Árabe Siria. https://docs.un.org/es/A/HRC/52/69

niñas son obligadas a participar en tareas armadas, portar armas o colaborar logísticamente con grupos combatientes, se incurre, al mismo tiempo, en violaciones al DIH y potencialmente en crímenes de guerra. En este contexto, organismos como la UNODC y el Grupo de Acción de la ONU contra la Trata de Personas en Situaciones de Conflicto han advertido la necesidad de aplicar simultáneamente ambos marcos jurídicos, para reconocer la doble victimización y garantizar a las niñas acceso a protección, no criminalización y reparación. No obstante, las respuestas estatales han sido fragmentadas, y los esfuerzos de justicia internacional, limitados.

Resulta evidente cómo estas situaciones reproducen esquemas típicos de trata de personas, pero dentro de un entorno de conflicto armado. En este sentido, el Comité de los Derechos del Niño señala que "la captación de niños por parte de actores armados con fines de explotación, incluyendo el uso sexual o doméstico, puede constituir trata de personas y crimen de guerra simultáneamente, debiendo aplicarse el régimen más protector"[32]. Este enfoque no excluye la calificación penal como crimen de guerra, sino que reconoce que la trata y el reclutamiento forzoso pueden coexistir en un mismo conjunto fáctico, lo que implica la necesidad de una calificación jurídica acumulativa. En efecto, tanto la doctrina especializada como la jurisprudencia reciente —en particular la emitida por la Corte Penal Internacional en el caso *Ntaganda*— han reforzado esta posición, al establecer que la explotación sexual sistemática de niñas dentro de fuerzas armadas no se agota en el delito de reclutamiento, sino que debe ser juzgada como una violación autónoma del DIH y, potencialmente, como un caso de trata si se acredita la finalidad de explotación y los actos de captación, traslado o retención. Algunos Estados y doctrinas jurídicas han comenzado a integrar ambos marcos. Por ejemplo, la legislación estadounidense en materia de trata (TVPA) reconoce expresamente que el reclutamiento de niños por parte de grupos armados con fines de explotación sexual o laboral puede configurarse como trata de personas, incluso en contextos de conflicto armado. Asimismo, organizaciones internacionales como UNICEF, UNODC y la Oficina del Representante Especial del Secretario General para la cuestión de los niños y los conflictos armados han abogado por enfoques integrales y coordinados que eviten el tratamiento fragmen-

---

32 Comité de los Derechos del Niño (2005). *Observación General Nº 6: "Trato de los menores no acompañados y separados de su familia fuera de su país de origen"* CRC/GC/2005/6, *§50.*

tado de la violencia contra niñas en contextos de conflicto armado. "La violencia contra las niñas asociadas a fuerzas y grupos armados requiere una respuesta multisectorial, centrada en las víctimas, que reconozca las dimensiones de género y aborde las múltiples formas de abuso que enfrentan, más allá del combate"[33]; apunta el Representante Especial del Secretario General en su informe anual de 2021.

No obstante, persisten tensiones interpretativas y lagunas normativas. La falta de protocolos específicos para la identificación de trata en zonas de conflicto, la *invisibilización* de la explotación sexual como forma agravada de reclutamiento, y la resistencia de algunos operadores jurídicos a aplicar el régimen antitrata en contextos armados, contribuyen a la revictimización de las niñas y a la omisión de sus derechos como víctimas de explotación, más allá del uso bélico. Un caso emblemático de ello es el del secuestro de 276 estudiantes Chibok por el grupo armado Boko Haram en el noreste de Nigeria entre 2014 y 2016. Tras ser captadas, muchas niñas fueron trasladadas a zonas de control insurgente, obligadas a convertirse al islam, y casadas forzosamente con combatientes, situación que derivó en violación sistemática, embarazos forzados, trabajos domésticos y en algunos casos, uso como combatientes o suicidas[34]. El conjunto de estas conductas configura un patrón de captación y explotación múltiple, que satisface tanto los elementos del crimen de guerra —uso de menores en hostilidades y violencia sexual— como los de trata de personas con fines de esclavitud sexual, matrimonio forzado y servidumbre. La jurisprudencia nigeriana, sin embargo, ha tratado estas situaciones fundamentalmente como terrorismo y secuestro, sin articular respuestas jurídicas desde el derecho internacional antitrata. Este caso revela una grave vacío de protección normativa y judicial: al no aplicar el marco de trata, se omite el reconocimiento de las niñas como víctimas de explotación estructural, y se prioriza una respuesta "segura" que a menudo ignora sus derechos a la reparación, asistencia psicosocial y reintegración.

---

[33] Naciones Unidas (2021). *Informe del Representante Especial del Secretario General para la cuestión de los niños y los conflictos armados.* A/76/231. https://undocs.org/A/76/231

[34] Human Rights Watch. (2014). *Those Terrible Weeks in Their Camp: Boko Haram Violence Against Women and Girls in Northeast Nigeria.* https://www.hrw.org/report/2014/10/27/those-terrible-weeks-their-camp/boko-haram-violence-against-women-and-girls Recuperado el 9 de julio de 2025.

3. FUNDAMENTOS TEÓRICO-CRÍTICOS

Desde una perspectiva jurídica, la problemática aquí descrita revela límites estructurales del Derecho internacional contemporáneo en su capacidad de garantizar una protección efectiva a las niñas víctimas de los delitos analizados en este estudio. No basta con proclamar solemnemente derechos si estos no están respaldados por mecanismos eficaces de exigibilidad. En palabras de Luigi Ferrajoli, "todo ordenamiento que proclame derechos sin garantizar su protección efectiva carece de legitimidad"[35]. La dignidad, entendida como núcleo axiológico del constitucionalismo garantista, no puede quedar reducida a un principio meramente declarativo: exige condiciones materiales de justicia y reparación. Cuando el derecho internacional fracasa —ya sea por la ausencia de protocolos específicos, la omisión sistemática de enfoques de género, la inexistencia de instituciones con capacidad operativa o la persistente indiferencia política—, no nos encontramos ante una simple disfunción técnica, sino, más bien, frente a una crisis de validez jurídica, en tanto el sistema normativo pierde su capacidad de producir derecho en sentido fuerte y se reduce a lo que Ferrajoli denomina "poder desnudo", es decir, "la expresión de la fuerza sin derecho, de la violencia sin norma"[36].

El rostro de la niña en guerra, invisible entre cifras y categorías legales, nos remite a la ética radical de Emmanuel Lévinas, para quien la justicia no nace de un pacto entre iguales, sino de la alteridad irreductible del otro. El rostro —especialmente el del inocente— constituye la primera interpelación moral, el origen del deber: "el *no matarás* es la primera palabra del rostro". Cuando el Derecho no escucha esa palabra y reduce la existencia a una categoría técnica —como "niño soldado" o "víctima de trata"— incurre en una traición de su vocación originaria. La niña atrapada en un campo de milicias o vendida como esposa forzada interpela no a la norma abstracta, sino al fundamento mismo del orden jurídico: la obligación de responder ante quien no puede defenderse.

Lo cierto es que la niña reclutada o explotada encarna precisamente esa figura del ser humano despojado de ciudadanía, convertido en apátrida dentro del orden legal. Hannah Arendt ya advertía que la pérdida del mundo político —es decir, del espacio donde se es visto, escuchado y tenido en cuenta— condena a los más vulnerables a una vida sin derechos.

---

35 Ferrajoli, L. (2001). *Derecho y razón: teoría del garantismo penal*. Trotta, p. 28.

36 *Ibid*, p. 35.

Desde esta perspectiva, la negación jurídica no es únicamente una omisión normativa, sino una ruptura ontológica de su pertenencia al mundo humano. Este fenómeno conduce al descrito por Giorgio Agamben en el que señala cómo ciertos cuerpos, como en este caso el de la niña explotada en contextos bélicos o de trata, son reducidos a *nuda vida*: vidas que pueden ser usadas, controladas o eliminadas sin que eso active el Derecho; dicho de otro modo, vidas desprovistas de toda cualificación política y expuestas a la muerte[37]. A la postre, las niñas soldado o víctimas de trata son seres despojados de estatuto político, suspendidos en un estado de excepción permanente sin protección jurídica.

Cuando el Derecho deja de mirar el rostro de la niña cuya biografía ha sido interrumpida por el abuso y la violencia, se convierte en una maquinaria deshumanizada; "una técnica al servicio del poder"[38]. Cabe enfatizar de nuevo que el riesgo no es sólo jurídico, sino ontológico: un orden normativo que no escucha a sus víctimas pierde su sentido, se vacía de legitimidad, y se transforma en un instrumento que perpetúa la violencia. La niña explotada en la guerra necesita ser reconocida en su humanidad, escuchada desde su dolor, y reparada integralmente. La vocación originaria del Derecho se enmarca en una praxis de responsabilidad frente al sufrimiento del inocente, indefenso y vulnerable, de modo que tal y como reclama la pensadora Eva Kittay es necesario que el orden jurídico, aparte de sancionar el daño, responda eficazmente y con especial atención allá donde existan relaciones de dependencia y vulnerabilidad.

Las niñas sobrevivientes de trata o reclutamiento no sólo necesitan que sus victimarios sean juzgados, sino también contar con sistemas de apoyo, espacios seguros, acceso a la educación, salud reproductiva y acompañamiento psicosocial. No se debe olvidar las secuelas derivadas precisamente de su rol social como mujer, siendo en tantas ocasiones condenadas al ostracismo social por razones de honor[39]. De hecho, la violencia sexual en contextos bélicos sigue siendo apenas denuncia debido a la estigmatización, el miedo a las represalias y a la impunidad de los agresores[40]. Una jus-

---

37 Agambien, G. (1998). *Homo sacer: Sovereign Power and Bare Life*. Stanford University Press, p. 6.

38 Ballesteros, J. (2000). *Globalización y posmodernidad: ¿un mundo sin víctimas?* Valencia: Tirant lo Blanch, p. 47.

39 Jiménez Sánchez, C. (2025). "Derecho internacional humanitario... *op. cit.*, p. 106.

40 Naciones Unidas (2025). *Informe... op. cit.* párr. 9.

ticia que únicamente se limita a la punición abandona a quienes dependen del cuidado para su recuperación[41]. Por todo ello, es crucial considerar el papel que tiene el sexo de las víctimas en los procesos de reintegración, puesto que las niñas necesitan servicios especializados que aborden sus experiencias de violencia sexual, matrimonio forzoso y posibles embarazos. El Derecho internacional está llamado pues, a dar un giro relacional y personalista que abandone el mito de la neutralidad, reconozca la fragilidad como punto de partida, restaure el valor del cuidado como componente de la justicia y, sobre todo, recupere y reconozca la alteridad como fundamento normativo.

4. CONCLUSIONES

Este estudio pone de manifiesto el vacío normativo existente entre el reclutamiento de menores y la trata de personas que se intensifica cuando las víctimas son niñas en conflictos armados no internacionales. El derecho internacional humanitario —reducido en estos contextos al artículo 3 común y al Protocolo II— prohíbe reclutar a menores de 15 años y su participación en hostilidades, —edad elevada a 18 por Protocolo Facultativo sobre la participación de niños en los conflictos armados—;sin embargo, no prevé protección frente a una posible explotación posterior. El régimen antitrata del Protocolo de Palermo, por su parte, sí tipifica la captación y el uso de menores con fines de explotación aun cuando todo ocurra dentro de un mismo Estado. No obstante, en la práctica su aplicación penal puede verse limitada por la necesidad de demostrar la implicación de un grupo delictivo organizado —condición que activa la cooperación internacional prevista en su artículo 4—; circunstancia que no siempre resulta evidente cuando se trata de guerras civiles. El resultado es un sistema que fragmenta la realidad fáctica en categorías estancas y deja sin cobertura jurídica partes esenciales de los itinerarios de violencia que sufren las niñas cuando la captación inicial se combina con servidumbre sexual, trabajos forzados, matrimonios forzados o esclavitud doméstica. Reconocer esta superposición incompleta obliga a diseñar respuestas legislativas y judiciales que integren ambos marcos —por ejemplo, ampliando los tipos penales internos y flexibilizando la prueba de organización criminal— para que ninguna forma de violencia contra la infancia quede impune.

---

41 Kittay, E. (1999). *Love's Labor: Essays on Woman, Equality and Dependency*, Routledge, p. 20.

En este punto emerge el límite que impone el uso hegemónico de la categoría "niño soldado", ya que equipara pertenencia armada con participación en hostilidades y, por tanto, eclipsa el componente de explotación sexual y reproductiva que afecta en especial a las niñas. Pasar por alto esta dimensión tiene consecuencias prácticas: las aleja de los dispositivos de asistencia, rehabilitación y reparación previstos en la normativa contra la trata y, con ello, de medidas especializadas de salud sexual y reproductiva, acompañamiento psicosocial o garantías de no criminalización. La omisión, en suma, no es meramente terminológica: supone negar la materialidad del daño sufrido y perpetuar la invisibilidad institucional de las víctimas.

Desde una perspectiva teórica del Derecho, este déficit normativo y estructural refleja un problema más profundo: el modo en que el Derecho visibiliza o silencia ciertos sujetos y experiencias. El Derecho decide, explícita o tácitamente, qué violencia merece traducción normativa y qué sujeto es digno de tutela; allí donde falla esta traducción surge un vacío que incrementa la desprotección. Por tanto, la dificultad de nombrar con precisión las vivencias de las niñas en contextos de guerra constituye un obstáculo para reconocerlas como sujetos plenos de derecho. Ignorar su doble exposición —por edad y por sexo— perpetúa una vulnerabilidad sistémica, de tal manera que, como advierte Martha Fineman, un marco normativo que se presenta como neutral, pero ignora las condiciones materiales de vulnerabilidad y subordinación, termina por reproducir desigualdades estructurales bajo el velo de la imparcialidad[42].

Frente a este déficit estructural, no basta con meros ajustes formales ni con la coordinación interinstitucional: es preciso erigir una arquitectura jurídica internacional que haga del enfoque de género y de la interseccionalidad un canon obligatorio de interpretación, clasificación y reparación. Esto implica revisar críticamente las categorías de *reclutamiento* y *trata*, examinar sus zonas de solapamiento y adaptar sus elementos típicos a la realidad vivida por las niñas en conflictos armados, articulando —y no contraponiendo—ambos regímenes. Lejos de generar un *bis in idem*, la concurrencia de ambas calificaciones amplía el espectro de derechos y facilita el acceso a rutas de reparación transformadora —atención médica especializada, asistencia psicosocial, garantías de no criminalización, restitución y rehabilitación— Para que estas directrices —basadas en el interés superior,

---

42 Fineman, M. (2011). "The Vulnerable Subject and the Responsive State". *Emory Law Journal*, vol. 60, pp. 251-275.

la no discriminación y la participación efectiva[43]— cobren eficacia real, deben plasmarse en normas sustantivas y procesales vinculantes, en procedimientos diferenciados y en reglas probatorias sensibles al contexto, respaldadas por equipos interdisciplinarios capaces de identificar indicadores de trata dentro de expedientes por reclutamiento.

En definitiva, ninguna normativa alineada con la cosmovisión que inspiró las declaraciones de derechos humanos puede albergar categorías vacías que excluyan a los más vulnerables del marco legal. En este caso, el clamor de las niñas soldado trasciende de la mera protección contra la violencia armada: demanda el reconocimiento integral de su dignidad y, con ello, de todos sus derechos. Colocar su experiencia en el centro del Derecho Internacional de los Derechos Humanos y del Derecho Internacional Humanitario no constituye un gesto retórico, sino una exigencia para convertir la norma en instrumento efectivo de justicia, restitución, y transformación social. Sólo así la comunidad internacional estará a la altura del mandato de reparar —y no repetir— la violencia extrema sufrida por las víctimas.

5. REFERENCIAS BIBLIOGRÁFICAS

Agambien, G. (1998). *Homo sacer: Sovereign Power and Bare Life.* Stanford University Press.

Ballesteros, J. (2000). *Globalización y posmodernidad: ¿un mundo sin víctimas?*, Tirant lo Blanch.

Brett, R., (2010) *Girls soldiers: Challenging the Assumptions,* Quaker United Nations Office.

Carnevali, R. (2013). La trata de personas y la normativa internacional. Algunas consideraciones de su regulación en Chile. *Revista de Diritto Penale Contemporaneo,* 4, (170-186).

Naciones Unida (2022) Informe de la comisión Internacional Independiente de Investigación sobre la República Árabe Siria. https://docs.un.org/es/A/HRC/52/69

Comité de los Derechos del Niño (2011). *Observación General N° 13: "El derecho del niño a ser protegido contra todas las formas de violencia"*, CRC/C/GC/13.

Comité de los Derechos del Niño (2005). *Observación General N° 6: "Trato de los menores no acompañados y separados de su familia fuera de su país de origen"*, CRC/GC/2005/6.

Corte Penal Internacional. (1998). *Estatuto de Roma de la Corte Penal Internacional.* https://www.icc-cpi.int/sites/default/files/RS-Eng.pdf.

---

43 Comité de los Derechos del Niño (2011). *Observación general N° 13 "El derecho del niño a ser protegido contra todas las formas de violencia"*, documento CRC/C/GC/13, párrs. 198-207.

De la Paz, G., (2025). "Niñas soldado: esfuerzos diplomáticos, eficacia de las políticas y desafíos futuros" en ABRIL, R. M., YILDIZ, S., *Las niñas asociadas a grupos armados,* Aranzadi.

Ferrajoli, L. (2001). *Derecho y razón: teoría del garantismo penal.* Trotta.

Fineman, M. (2011) "The Vulnerable Subject and the Responsive State", *Emory Law Journal,* vol. 60, (251-275)

Human Rights Watch. (2014). *Those Terrible Weeks in Their Camp: Boko Haram Violence Against Women and Girls in Northeast Nigeria.* https://features.hrw.org/features/HRW_2014_report/Those_Terrible_Weeks_in_Their_Camp/assets/nigeria1014web.pdf

ILO (2024). *Profits and Poverty: The Economics of Forced Labour.* https://www.ilo.org/publications/major-publications/profits-and-poverty-economics-forced-labour

Jiménez Sánchez, C. (2025). "Derecho internacional humanitario, niñas soldado y niñas arma" en ABRIL, R. M., YILDIZ, S., *Las niñas asociadas a grupos armados,* Aranzadi.

Keairnsm I., (2002) *The Voices of Girls Soldiers,* Coalition to Stop the Use of Child Soldiers Quaker United Nations Office.

Kittay, E. (1999). *Love's Labor: Essays on Woman, Equality and Dependency,* Routledge.

Naciones Unidas. (1977). *Protocolo adicional a los Convenios de Ginebra de 12 de agosto de 1949 relativo a la protección de las víctimas de los conflictos armados sin carácter internacional (Protocolo II),* https://www.ohchr.org/sites/default/files/protocol2.pdf

Naciones Unidas. (1989). *Convención sobre los Derechos del Niño.* https://www.ohchr.org/sites/default/files/crc_SP. pdf

Naciones Unidas. (2000). *Protocolo facultativo de la Convención sobre los Derechos del Niño relativo a la participación de niños en los conflictos armados.* https://www.ohchr.org/sites/default/files/crc-conflict.pdf

Naciones Unidas. (2000). *Protocolo para prevenir, reprimir y sancionar la trata de personas, especialmente mujeres y niños, que complementa la Convención de las Naciones Unidas contra la delincuencia organizada transnacional.* https://www.unodc.org/documents/treaties/UNTOC/Publications/TOC%20Convention/TOCebook-s.pdf

Naciones Unidas. (2017). Comité CEDAW. *Recomendación General núm. 35. Sobre violencia por razón de género contra la mujer, por la que se actualiza la Recomendación General núm. 19.* CEDAW/C/GC/35.

Naciones Unidas. (2025*). Informe del Secretario General sobre Niños y Conflicto Armado,* Asamblea General. https://docs.un.org/es/A/79/878

OIM (2020). *Addressing Human Trafficking and Exploitation inTimes of Crisis.* International Organization for Migration.

Pérez Cepeda, A. I (2004). *Globalización, tráfico internacional ilícito de personas y derecho pena*l, Comares.

Prosecutor v. Bosco Ntaganda, ICC-01/04-02/06, Judgment, 8 July 2019.

Prosecutor v. Thomas Lubanga Dyilo, ICC-01/04-01/06, Judgment 14 March 2012.

Rahman, M. A., (2011). "Human Trafficking in the era of Globalization: The case os Trafficking in the Global Market Economy", *Transcience Journal,* Vol 2, 1, (54-71).

Rossel Castagneto, M. L. (2025). *Género, migración y violencia: la trata de niñas en el siglo XXI desde los estándares internacionales y la situación en Chile. European Public & Social Innovation Review,* 10, 1-19. https://doi.org/10.31637/epsir-2025-2050

UNICEF (2019). *Children, Armed Conflict and the Protection of Girls.* United Nations Children's Fund.

UNODC (2021). *Global Report on Trafficking in Persons 2020.* United Nations Office on Drugs and Crime.

¿El enemigo en casa? explotación y abuso sexual de niñas y niños en contextos humanitarios y de mantenimiento de la paz[1]

The enemy at home? exploitation and sexual abuse of children in humanitarian and peacekeeping contexts

Mª DEL ROSARIO CARMONA LUQUE
Universidad Pablo de Olavide

Resumen: La importante aportación que para el mantenimiento de la paz y la estabilidad internacional ha representado durante décadas las operaciones humanitarias y de mantenimiento de la paz de las Naciones Unidas se ha visto ensombrecida por el ignominioso comportamiento de algunos de sus componentes mediante la explotación y abuso sexuales de niños y niñas, quedando en entredicho el prestigio de la Organización y gravemente conculcados los derechos de tan vulnerables víctimas. Ello ha originado una importante reacción institucional que ha llevado a la adopción de importantes medidas y políticas. Sin embargo, las conductas denunciadas no han desaparecido y si bien el enfoque de las reformas ha ido centrándose en las víctimas y sus derechos, el importante desafío de la no impunidad de sus autores queda pendiente aún de resolver a través de una mayor y mejor cooperación con los Estados y la adecuación de los recursos internacionales pertinentes para ello.

Abstract: The important contribution that United Nations humanitarian and peacekeeping operations have made to maintaining international peace and stability for decades has been overshadowed by the disgraceful behaviour of some of its components through the sexual exploitation and abuse of children. This circumstance has called into question the prestige of the Organisation and has seriously violated the rights of such vulnerable victims. As a result, there has been a significant institutional response, leading to the adoption of important measures and policies by the Organisation, which have nevertheless failed to put an end to such conduct. Although the reforms adopted have increasingly focused on the victims and their rights, the important challenge of ensuring that the perpetrators of such conduct do not go unpunished remains to be resolved through greater and better cooperation with States and the allocation of the relevant international resources for this purpose.

Palabras claves: Niños y niñas víctimas, explotación y abuso sexual, operaciones humanitarias, operaciones de mantenimiento de la paz, derechos del niño, Naciones Unidas.

---

1 Estudio realizado en el marco del Proyecto de Investigación titulado "*Lagunas en la protección y asistencia internacional a las niñas asociadas a Grupos armados (NAAG)*". CIAICO 2022/235 UCHCEU con financiación pública de la GVA. ORCID: 0000-0002-6346-4721.

Keywords: Child victims, exploitation and sexual abuse, humanitarian operations, peacekeeping operations, children's rights, United Nations.

INTRODUCCIÓN

En febrero del presente año 2025, la Organización de las Naciones Unidas (ONU) hacía público el Informe temático de la Relatora especial sobre la venta, la explotación sexual y el abuso sexual de niños, Sra. Mama Fatima Singhateh, sobre "*el abuso sexual de niños en los contextos humanitarios y de mantenimiento de la paz*"[2]. Este estudio pone de relieve la persistencia de un fenómeno que saltara a la luz en las últimas décadas del siglo pasado siglo, cuestionando el prestigio de las Naciones Unidas en el cumplimiento de su mandato principal de garantizar la paz y la seguridad internacional y de hacerlo conforme al vínculo que a esa tarea le une al respeto y garantía de los derechos humanos, afectando a un importante recurso establecido para ello.

La atención a dicho informe sirve de hilo conductor a este trabajo que pretende ofrecer algunos datos y reflexiones sobre una cuestión que dista aún de encontrar respuestas satisfactorias, especialmente en lo que al combate de la impunidad de estas aberrantes conductas se refiere, y respecto a la que deja pendiente la necesaria continuidad de su estudio.

1. PRECISIONES CONCEPTUALES

Señalamos a continuación ciertas precisiones sobre las conductas a analizar en este trabajo y la identidad de sus víctimas y de sus autores, elementos fundamentales para determinar las responsabilidades derivadas de tales actuaciones y las medidas de reparación y prevención de las mismas.

Respecto a las conductas atendidas, nos acogemos a las definiciones señaladas en el *Boletín del Secretario General de las Naciones Unidas sobre las medidas especiales de protección contra la explotación y los abusos sexuales* (SGB)[3] para entender como *explotación sexual* "*todo abuso cometido o*

---

2 A/HRC/58/52, presentado al Consejo de Derechos Humanos en su 58º periodo de sesiones (24 de febrero a 4 de abril de 2025).

3 Boletín del Secretario General *Medidas especiales de protección contra la explotación y el abuso sexuales* (2003), ST/SGB/2003/13, 9 de octubre de 2003, sección 1. De tales

amenaza de abuso en una situación de vulnerabilidad, de relación de fuerza desigual o de confianza, con propósitos sexuales, a los efectos, aunque sin estar exclusivamente limitado a ellos, de aprovecharse material, social o políticamente de la explotación sexual de otra persona" y como *abuso sexual*, "*toda intrusión física cometida o amenaza de intrusión física de carácter sexual, ya sea por la fuerza, en condiciones de desigualdad o con coacción*". La vulnerabilidad de los niños y niñas víctimas de las situaciones de abuso y explotación sexual que ocupan nuestro estudio y la relación de desigualdad que deriva de la posición de poder respecto a ellos del personal de operaciones humanitarias o de mantenimiento de la paz que las infringen evidencian la oportunidad de ambas definiciones para su aplicación a esos casos. Por otra parte, ello no debiera llevar a enmascarar la tortura o tratos inhumanos o degradantes, con frecuencia presente en situaciones de violación y otras formas de violencia sexual[4].

Como niños y niñas víctimas de estas conductas debemos comprender toda persona menor de 18 años, como así es considerado desde Naciones Unidas[5], respondiendo con ello al espíritu de la Convención sobre los derechos del niño y la definición establecida en su art. 1[6] e independientemente de la definición legal de niño o la edad mínima de consentimiento sexual establecida en los ordenamientos internos.

En cuanto a la autoría de dichas conductas se atiende al personal de la Organización de las Naciones Unidas o vinculado a ésta en el desempeño de funciones en los contextos humanitarios y de mantenimiento de la paz, esto es, personal militar, policial y civil de Naciones Unidas; funcionarios de Organismos especializados y Organizaciones conexas del sistema de las Naciones Unidas (personal de organismos fondos y programas de Naciones Unidas); instituciones gubernamentales, organizaciones internacionales y organizaciones de la sociedad civil, asociados a las Naciones Unidas en el uso de los recursos proporcionados por sus organismos o en la ejecución y gestión de programas; y contingentes nacionales, en tanto que fuerzas ajenas a las Naciones Unidas autorizadas por el Consejo de Seguridad.

---

definiciones se hace eco el Glosario establecido respecto a la *Conducta en las misiones de las Naciones Unidas sobre el terreno*, https://conduct.unmissions.org/glossary.

4 *Litigating peacekeeper Child Sexual Abuse* (2020), REDRESS and CRIN, p. 12.

5 "Toda actividad sexual con un menor de 18 años se considera abuso sexual", en SGB y Glosario *cit.* nota 3.

6 Convención sobre los derechos del niño (1989), A/RES/44/25,

2. ¿POR QUÉ ES NECESARIA UNA ESPECIAL PROTECCIÓN DE LOS NIÑOS Y NIÑAS FRENTE A LA EXPLOTACIÓN Y EL ABUSO SEXUAL EN LOS CONTEXTOS HUMANITARIOS Y DE MANTENIMIENTO DE LA PAZ?: HECHOS, CAUSAS Y CONSECUENCIAS

La respuesta a la pregunta planteada nos obliga a atender a los tres elementos que señalamos a continuación, esto es, a los hechos que han puesto de manifiesto tales conductas, a las causas que contribuyen a ellas y a las consecuencias generadas en los niños y niñas víctimas de las mismas. Su valoración conjunta permite establecer dos focos de atención, uno dirigido al contexto en el que tales abusos se producen y otro centrado en los niños y niñas víctimas de los mismos, cuya confluencia deberá conducirnos a la identificación de la vulnerabilidad de estos últimos desde unos parámetros de interseccionalidad.

2.1. Hechos

Los hechos a los que nos referimos conciernen a casos de explotación y abuso sexual de niños y niñas en contextos humanitarios y de mantenimiento de la paz por el personal de Naciones Unidas o vinculados a ellas en la misión de protegerlos. Estas situaciones, que comenzaron a detectarse en los años noventa del pasado siglo, despertaron una especial alarma en la siguiente década[7] y están presente aún en nuestros días, permiten advertir el alcance mundial de estas conductas, la diversidad de agentes implicados en su comisión, el carácter sistemático con el que a menudo se reproducen y la pluralidad de formas bajo las que aparecen.

Así, el informe elaborado en 2001 por ACNUR y Save the Children-UK[8], denunció un amplio cuadro de explotación y abuso sexual de niños

---

[7] Se ha señalado que la preocupación despertada entonces en la comunidad internacional por un problema presente en momentos previos, se debiera a los nuevos parámetros de concienciación social y a la extensión del fenómeno. Pons Rafols, X. (Dir), (2012), *La responsabilidad penal del personal de Naciones Unidas. Supuestos de explotación y abusos sexuales*, Institut intenational per la Pau.

[8] *Sexual Violence and Exploitation:The Experience of Refugee Children in Liberia, Guinea and Sierra Leone* (2002), ACNUR y Save the Children United Kingdom, disponible en https://www.parliament.uk/globalassets/documents/commons-committees/international-development/2002-Report-of-sexual-exploitation-and-abuse-Save-the-Children.pdf

refugiados y desplazados internos por agentes de asistencia humanitaria y de operaciones de mantenimiento de la paz (OMP) en Guinea, Liberia y Sierra Leona; afectando a personal de Naciones Unidas, incluidos trabajadores de agencias de la ONU, y de Organizaciones no gubernamentales locales e internacionales; implicando a las fuerzas de paz en Sierra Leona (UNAMSIL) y a campos de refugiados en Liberia y Guinea, donde se advirtió una práctica arraigada de la utilización de la asistencia humanitaria y los servicios a los refugiados como instrumento de explotación, mediante sexo transaccional, con niñas menores de 18 años a cambio de servicios humanitarios, medicamentos, comida, material y formación escolar y de formación profesional, etc. Las niñas eran el grupo más afectado, llegando a denunciarse el abuso de una niña de tan sólo 5 años de edad, y también se señaló la participación de niños en tales conductas de abuso sexual respecto a ellas e incluso su intervención como proxenetas, actuando como vínculo entre las niñas y sus explotadores. Si bien los encargados de elaborar este informe se encontraron con dificultades en la determinación de las pruebas de muchas conductas denunciadas, no quedó duda en el marco de las Naciones Unidas del alcance mundial de tan aberrantes comportamientos en contextos previstos para la protección de la población.

También estuvo presente el sexo transaccional en las graves denuncias de violaciones cometidas por miembros de las OMP de las Naciones Unidas en la República democrática del Congo, en 2004, donde la relación de dependencia generada respecto a las víctimas provocó una continua espiral de abusos. La gravedad de la situación evidenció la inadecuación del enfoque y las medidas hasta entonces vigentes en las OPM frente al abuso y explotación sexual y ello condujo al Secretario General a trasladar al Príncipe Zaid de Jordania el encargo que le hiciera el Comité Especial de Operaciones de Mantenimiento de la Paz de elaborar un amplio informe con recomendaciones sobre la explotación y el abuso sexual en las Operaciones de Mantenimiento de la Paz, cuyo resultado es uno de los grandes avances en esta cuestión[9].

En el caso de Haití, entre 2004 y 2007, miembros del personal de las operaciones de mantenimiento de la paz (MINUSTAH y MINUJUSTH) fueron señalaron como responsables de graves denuncias de explotación y abuso sexual respecto a niños y niñas, con conductas aberrantes como

---

[9] *Una completa estrategia para poner término en el futuro a la explotación y el abuso sexuales en las operaciones de las Naciones Unidas para el mantenimiento de la paz* (2005), A/59/710.

violaciones colectivas y continuadas durante años respecto a los mismos niños y niñas. Cabe destacar asimismo los embarazos y reclamaciones de paternidad a miembros de la MINUSTAH, en su mayoría procedentes de Uruguay y otros de Argentina, Nigeria y Sri Lanka, dejando a muchas madres solteras y enfrentadas a difíciles e infructuosas batallas legales para el reconocimiento de la paternidad de sus hijos y la reclamación de su manutención[10].

Finalmente y con mayor cercanía en el tiempo, en 2014 se denunció, una vez más, la práctica de sexo transaccional por miembros de fuerzas internacionales de mantenimiento de la paz con niños y niñas en campamentos de desplazados internos en la República Centroafricana. Concretamente, los acusados eran miembros de la fuerza militar francesa conocida como "fuerzas Sangaris", que actuaba como personal de mantenimiento de la paz con la autorización del Consejo de Seguridad, pero no bajo el mando de las Naciones Unidas. Las deficiencias en la respuesta institucional de las Naciones Unidas —implicando a la propia oficina del ACNUDH, UNICEF y otros organismos— provocó un análisis profundo de la cuestión y las propuestas de importantes medidas de reforma, con objeto de hacer realidad la política de tolerancia cero promulgada por el Secretario General de las Naciones Unidas[11] y llamando a la armonización de las políticas de Naciones Unidas aplicables a la violencia sexual cometidas por su personal con las políticas de derechos humanos que amparan a las víctimas[12].

2.2. *Causas*

La identificación de las causas subyacentes a los abusos sexuales de niños y niñas en contextos humanitarios y de mantenimiento de la paz es imprescindible para poder adoptar criterios de interseccionalidad en la determinación de la singular vulnerabilidad de sus víctimas y con ello permitir identificar las acciones y omisiones a asumir en la reparación y prevención de esas situaciones y los responsables de las mismas[13].

---

10 *Litigating peacekeeping... cit supra* nota 3.

11 Boletín del Secretario General ... *cit supra* nota 2.

12 Informe de un examen independiente de la explotación y los abusos sexuales cometidos por las fuerzas internacionales de mantenimiento de la paz en la República Centroafricana (2016), A/71/99.

13 Sobre el enfoque interseccional del concepto de vulnerabilidad puede consultarse LA BARRERA, M. (2019), "La vulnerabilidad como categoría en construcción

La vulnerabilidad de los niños y niñas víctimas de estos abusos está originada, por lo tanto, por la interacción de diversas causas que los exponen a situaciones específicas de violación de sus derechos. Siendo algunas de esas causas comunes a la generalidad de los casos y respondiendo otras a la singular situación de cada niño o niña, señalamos a continuación las que consideramos más relevantes —por su generalidad o alcance— y que permitirán englobar o vincularse a otras más específicas[14].

Indudables causas de tales abusos son la inadecuada gestión de las operaciones humanitarias y de mantenimiento de la paz y los generalizados contextos de pobreza en los que se desarrollan. La primera puede conducir a la presencia de personal inadecuado (sin formación, conocimiento, ni sensibilización respecto a los derechos y necesidades de los niños y niñas; contratado sin controles oportunos, pudiendo tener incluso antecedentes en la comisión de delitos sexuales; sin programas adecuados ni supervisión de su gestión, etc). En tales circunstancias, la relación de superioridad de los autores de tales abusos sexuales respecto a sus víctimas, desde la posición de poder que le otorga su condición de miembros de entidades y organizaciones de las que aquellas dependen para su protección y subsistencia, y la impunidad advertida respecto a sus actos delictivos constituyen, sin lugar a duda, una de las causas principales de estos abusos. Por otra parte, la pobreza imperante en tales contextos es utilizada como herramienta para forzar a las víctimas a entrar en relaciones de sexo transaccional (a cambio de alimentos, ayudas para la educación, asistencia sanitaria, etc) e incluso lleva a considerar tales relaciones, por los propios niños y sus familias, como estrategias para la supervivencia familiar, con una frecuente incidencia respecto a las niñas.

Otras causas que contribuyen a estas relaciones de explotación y abusos sexuales son la erosión del tejido social (ausencia de figuras familiares o de apoyo familiar); contextos y prácticas tradicionales y de género nocivas (concepciones y prácticas discriminatorias respecto a las niñas y su papel en la sociedad; estigmatización de niños y niñas víctimas de abusos sexuales; rechazo a la homosexualidad y estigmatización de los niños abusados por hombres, etc); carencias o vacío legal e institucional respecto a la pro-

---

en la jurisprudencia del Tribunal Europeo de Derechos Humanos: Límites y potencialidad", en: *Revista de Derecho Comunitario Europeo* (62), pp. 235-257.

14 La identificación de las causas expuestas derivan de las señaladas por la Relatora Especial en su informe (*vid. supra* nota 1) y las especificadas en los informes sobre los casos concretos comentados en él.

tección de los niños y sus derechos (ausencia, insuficiencia o inobservancia de normas sobre derechos de los niños; deficientes estructuras de justicia, sanitarias, educativas y de protección a la infancia; falta de formación específica de profesionales; falta de voluntad política para la optimización de recursos y mejoras, etc). A esas causas debe añadirse la generalizada falta de sensibilidad hacia el valor de los niños y sus derechos y la desconfianza generada por la habitual impunidad de los autores de los abusos en las comunidades afectadas por ellos.

Todo ello lleva a significar la especial vulnerabilidad y mayor riesgo de algunos niños respecto a su abuso y explotación sexual, como es el caso de las niñas; los niños y niñas desplazados y refugiados (habitualmente en campos donde el hacinamiento hace mas fácil tales abusos y su impunidad); los niños de hogares monoparentales o a cargo de otros niños, o sin entorno familiar; los niños con discapacidad; los vendedores ambulantes o hijos de quienes ejercen esta actividad; los niños con orientaciones sexuales diversas, etc.

2.3. Consecuencias

Las consecuencias de los abusos sexuales infringidos sobre estos niños y niñas nos sitúan ante situaciones que constituyen graves violaciones del Derecho Internacional de los derechos humanos, del Derecho Internacional Humanitario y del Derecho Penal Internacional (atentados al derecho a la vida, la seguridad, la salud, la integridad física y moral, la protección contra la tortura y los tratos degradantes, la educación, el acceso a sistemas de justicia adecuados, a ser oídos, a no ser objeto de explotación, a la reparación y restauración, a que sea tenido en cuenta su interés superior, a no ser discriminado, ...; cuadros sistemáticos de abuso y explotación, de violaciones y embarazos forzados; etc).

Por otra parte, como hemos apuntado previamente, estas actuaciones conllevan una importante presencia de la cuestión de género por la especial virulencia con la que afectan a las niñas (discriminación derivada de las concepciones sociales y tradicionales —mal llamadas “culturales”—; embarazos forzados y nacimientos a resultas de los mismos, etc).

Además, advertimos consecuencias presentes y de futuro, a veces fatales o de difícil superación, derivadas de tales situaciones de abusos y explotación sexual (muerte; VIH-Sida y enfermedades de transmisión sexual; traumas y enfermedades mentales; limitaciones de oportunidades de desarrollo, especialmente en el caso de las niñas convertidas en madres, o de niñas y niños marginados y estigmatizados como víctimas de tales comportamientos de abuso; etc) y, como hemos señalado, tales consecuencias pueden llegar a afectar no sólo a los niños y niñas víctimas directas de estas conductas, sino también a generaciones futuras (hijos nacidos de tales relaciones con los abusadores).

3. ELEMENTOS CLAVES EN EL COMBATE DE ESTAS PRÁCTICAS Y RESPUESTA DE LAS NACIONES UNIDAS

Apuntado el origen y las consecuencias derivadas de las conductas de abuso y explotación sexual que ahora nos ocupan, se impone en este último apartado precisar los elementos claves en los que sustentar las posibles soluciones y mirar la respuesta de las Naciones Unidas para advertir su presencia o no en ella, ponderando los logros y atendiendo a las carencias o desafíos aún pendientes.

3.1. El enfoque en derechos del niño[15] y la no impunidad: elementos claves en la construcción de soluciones

La doctrina generada por el Comité de los derechos del niño respecto a la Convención homónima a la que sirve y que queda plasmada a través de sus comentarios generales y las observaciones finales a los informes de los Estados partes[16] nos permite reconocer el enfoque en derechos del niño como un criterio obligado en toda actuación que concierna a los niños y niñas, susceptible de concretarse respecto a cada derecho o circunstancia atribuible a los mismos.

En el contexto que nos ocupa, entendemos que la atención a este enfoque nos permitirá derivar del mismo todas las actuaciones pertinentes en el combate de la explotación y abuso sexual en los contexto humanitarios y de mantenimiento de la paz a emprender por todos los implicados en la responsabilidad de llevarlas a efecto (atendiendo especialmente a las instituciones de Naciones Unidas y los Estados partícipes en tales operaciones)

---

15 El empleo de esta fórmula responde a su habitual uso como tal, entendiendo el carácter inclusivo de la misma, sin distinción de género.

16 Estos documentos pueden ser consultados en el sitio web del Comité: https://www.ohchr.org/es/treaty-bodies/crc

e incluyendo aquellas dirigidas a combatir la impunidad de los autores de dichas conductas.

El enfoque en derechos del niño implicará, por una parte, el empoderamiento de los niños y niñas víctimas de los abusos señalados como sujetos de derechos propios y legitimados por ello a la participación y escucha en todo procedimiento, política o articulación de medidas que les conciernan a estos efectos, conforme a los medios apropiados a su edad, madurez y circunstancias y al amparo de los principios de la atención a su interés superior, no discriminación y derecho a la vida, la supervivencia y el desarrollo[17].

Por otra parte, el enfoque en derechos del niño incluirá estrategias holísticas en toda actuación normativa, política o asistencial destinadas a la prevención de estas conductas, su condena o la asistencia y recuperación de las víctimas. Las medidas de prevención deberán proyectarse también en la adecuada formación y capacitación del personal de las misiones humanitarias y de mantenimiento de la paz, con un claro componente en derechos del niño y cuestiones de género. Tanto las medidas de prevención como las de asistencia y recuperación de las víctimas deben implicar una atención holística, que mire al desarrollo integral de los niños y niñas víctimas de abusos, atendiendo a sus necesidades sanitarias, educativas, de desarrollo, etc. De especial importancia en este contexto resulta además la implicación y participación de las comunidades y líderes locales, arraigando en ellos el valor de niños y niñas como sujetos de derechos y facilitando una eficaz coordinación entre efectivos internacionales, nacionales y comunitarios que fomente la confianza de las poblaciones afectadas frente al desánimo imperante hasta ahora ante las frecuentes situaciones de impunidad de los responsables de tales abusos y explotación.

Todo ello nos lleva al otro anclaje fundamental de toda mejora de estos contextos de violaciones tan graves de derechos, esto es, la rendición de cuentas por los autores de tales abusos, Esto nos enfrenta a la que probablemente sea la cuestión más compleja en la solución de estas graves conductas, esto es, la no impunidad de las mismas, y ello es debido a la dificultad de solventar el difícil engranaje entre las jurisdicciones nacionales y el sistema internacional, donde se reúne las inmunidades operantes respecto al personal de las Naciones Unidas, las soberanas competencias jurisdiccionales de los Estados y la falta de voluntad política a la hora de

---

17 *Vid.* arts. 2, 3.1, 6 y 12 de la Convención.

articular fórmulas que tapen los agujeros de la impunidad o la ineficacia judicial en el enjuiciamiento y condena de estos delitos[18].

Entendemos que las mejoras susceptibles de acogerse para el combate de la impunidad por estas conductas pasan por una mejor coordinación entre las instituciones de Naciones Unidas y los Estados partes, la optimización de los mecanismos judiciales e internacionales y el fomento de mecanismos o procedimientos locales, cuestiones sobre las que volveremos al final de en nuestro siguiente apartado.

3.2. Logros y desafíos en la respuesta de las Naciones Unidas

La preocupación desde las Naciones Unidas por combatir la explotación y el abuso sexual por parte de sus funcionarios, agentes o población civil vinculados a operaciones humanitarias y de mantenimiento de la paz es lógica por la aberración que esas conductas representan en dichos contextos, donde la presencia de los agentes referidos está dirigida, entre otras funciones, a la protección y asistencia de la población en sus necesidades y derechos básicos y cuya dejación supone la conculcación de los valores propios de la Organización universal —derivados de los propósitos y principios proclamados en su Carta fundacional— y del mandato bajo el que los referidos agentes se encuentran obligados a hacerlos efectivos.

Sin embargo, las mejoras que desde las Naciones Unidas se han ido incorporando para combatir estas conductas parece que respondieron, en un primer momento, a la preocupación por el daño ocasionado al prestigio de la Organización universal y primaron una perspectiva disciplinaria al respecto.

Afortunadamente, estos criterios han ido evolucionando hacia un enfoque basado en la víctima y el entendimiento de unas obligaciones propias a la Organización que van más allá de lo disciplinario —sin olvidar los límites de actuación que en el contexto jurisdiccional tiene la ONU ni la diversa vinculación con ella de los agentes y profesionales participantes en las operaciones humanitarias y de mantenimiento de la paz, frente a la juris-

---

18 No abordando por nuestra parte esta cuestión con mayor detalle en este trabajo, nos remitimos para ello a Cacho Sánchez, Y. (2013), "La protección contra la explotación y abusos sexuales cometidos por personal de las operaciones de mantenimiento de la paz de las Naciones Unidas", en: J.A, Valles Cavia, *Los conflictos armados contemporáneos",* Catarata; y Pons Rafols, X. *cit. supra,* nota 6.

dicción soberana y primaria de los Estados partícipes respecto a sus contingentes— y que confirman el hoy indiscutible vínculo entre mantenimiento de la paz y seguridad internacional, derechos humanos y desarrollo[19].

Ahora bien, tales avances, que quedan plasmados en logros precisos que ahora referiremos, no nos permiten cerrar satisfactoriamente este análisis al confrontarse con una realidad en la que tales abusos y explotación sexual de niños y niñas sigue produciéndose en los contextos referidos; esas víctimas siguen quedando estigmatizadas y discriminadas en sus comunidades de origen; siguen siendo pocos los recursos efectivos para emprender acciones judiciales que conduzcan a condenas efectivas; y faltan medidas más eficaces de prevención.

El Informe de la Relatora Especial que nos ha servido de guía en este trabajo detalla los avances significativos alcanzados y hoy vigentes. Entre ellos destacamos la proclamación del Boletín del Secretario General (2003) con las pautas para alcanzar la ambiciosa meta de "tolerancia cero" con la explotación y abuso sexual y, a su amparo, otros logros institucionales y normativos como el ya citado Informe del príncipe Zaid (2005): el nombramiento de un Coordinador Especial para mejorar la respuesta de las Naciones Unidas a la explotación y el abuso sexual y la creación de un Fondo fiduciario para ayudar a las víctimas (2016); el nombramiento de un Defensor de las Víctimas; la asunción por el Grupo directivo de alto nivel sobre la prevención de la explotación y abuso sexuales del Protocolo de las Naciones Unidas sobre la prestación de asistencia a las victimas de tales conductas (2019) y su respaldo, en 2023, a la Declaración de los derechos de las víctimas, adoptada por la Defensoría del mismo nombre, que establece la prestación de asistencia y apoyo a los niños y niñas víctimas conforme a la Convención sobre los derechos del niño; o la elaboración por el Comité permanente entre organismos (IASC), en colaboración con UNICEF, del Índice del riesgo de explotación y abuso sexuales, que incluye indicadores actualizados cada año.

Asimismo, merece ser destacado el establecimiento de una base de datos de cribado en línea, en 2018 —ClearCheck—, que permite a todas las entidades de Naciones Unidas intercambiar información sobre las personas que tengan denuncias por explotación sexual, abuso sexual y acoso sexual, con el fin de evitar que vuelvan a trabajar en el sistema de Naciones

---

19 En ese sentido lo señala el Secretario General en su Informe *Un concepto más amplio de la libertad: desarrollo, seguridad y derechos humanos para todos*", A/59/2005.

Unidas[20]. No deja ello de ser un gran avance dentro de la Organización aunque no permita controlar al personal que se incorpora a las misiones humanitarias y de paz desde fuera de aquella, como es el caso de los contingentes nacionales. Por otra parte, el Consejo de Seguridad hizo suya, en 2016, la decisión del Secretario General de repatriar a una determinada unidad militar o de policía constituida de un contingente, cuando hubiera pruebas creíbles de la comisión por la misma de actos de explotación o abuso sexual "*de manera generalizada o sistémica*[21].

Como venimos insistiendo, el problema de la impunidad sigue retando, entre otros, los avances políticos e institucionales señalados y, a este respecto, la Relatora Especial, en su referido Informe sobre el abuso sexual en el contexto de operaciones humanitarias y de mantenimiento de la paz, se hace eco de la propuesta de creación de un mecanismo independiente de rendición de cuentas, que podría consistir en un mecanismo judicial especial para juzgar por abuso sexual de niños al personal de Naciones Unidas y el personal asociado, incluido el personal militar cuando su país de origen no quiera o no pueda hacerlo[22].

En nuestra opinión, esta propuesta debe tomarse con prudencia, considerando la oportunidad y necesidad de optimizar recursos ya existentes o más fácilmente implementables, tales como mejoras en los modelos de acuerdo sobre el estatuto de las fuerzas armadas y el memorando de entendimiento de las Naciones Unidas con los países que aportan contingentes; acuerdos de las Naciones Unidas con los Estados para establecer el carácter primario pero no exclusivo de las jurisdiccionales nacionales sobre estos delitos; el apoyo a tribunales penales, transicionales u otros sistemas nacionales específicos para el enjuiciamiento de estas conductas[23]; y el fortalecimiento

---

20 "Factsheet on ClearCheck" (2024), https://unsceb.org/sites/default/files/2024-12/ClearCheck%20Factsheet%20%5B1%20December%202024%5D.pdf.

21 Res.2272 (2016), Consejo de Seguridad.

22 AIDS-Free World, Code Blue Campaign (2015); AIDS-Free World, "A proposal for independent accountability for sexual exploitation and abuse committed by United Nations personnel" (2018), párr. 34, https://committees.parliament.uk/writtenevidence/89018/pdf/; comunicación de Cohen y otros; y Naik, Asmita y Westendorf, Jasmine-Kim, "Missing the mark in PSEA", en *Sexual Exploitation in Peacekeeping and Aid,* Westendorf y Dolan-Evans, eds. (2024), p. 80.

23 En la región oriental de la República Democrática del Congo (RDC) existen tribunales móviles que se se usan para administrar justicia por casos de violencia sexual, incluyendo violaciones. Siendo una práctica recogida en la legislación

de actuaciones frente a las mismas de mecanismos y jurisdicciones internacionales ya existentes, como la Corte Penal Internacional[24] o los órganos de tratados de derechos humanos del sistema de Naciones Unidas concernidos por estas cuestiones, con especial atención al Comité de los derechos del niño y el Comité para eliminación de la discriminación contra la mujer.

Concretamente, en relación al Comité de los derechos del niño, cabe advertir la preocupación mostrada en sus Observaciones finales al Informe periódico de Haití[25] por la explotación y abusos sexuales de niños cometidas por personal de las fuerzas de mantenimiento de la paz de las Naciones Unidas. El Comité emplea así una vía "diplomática" en la demanda de mejoras a los Estados respecto a la aplicación de las normas de protección a esos niños; la formación de personal de la judicatura, policía y otros; establecimiento de programas de sensibilización y mecanismos de notificación de casos; y otras medidas que pueden reproducirse, en su caso, en otras ocasiones posteriores respecto a Estados afectados por estas cuestiones. Asimismo, es interesante atender al actual proceso de elaboración de su Proyecto de Observación General nº 27 sobre "*el derecho del niño al acceso a la justicia y a un recurso efectivo*"[26], cuyo borrador actual concreta el signifi-

congoleña desde hace más de una década, en 2023 se acordó programas de apoyo a los mismos de la Oficina de las Naciones Unidas en la RDC. Asimismo, tras una visita en 2024, el Alto Comisionado de Naciones Unidas para los Derechos Humanos advirtió que las violaciones de Derechos humanos y Derecho Internacional humanitario seguían en alza, incluyendo la violencia sexual por grupos armados, y demandó la adopción de políticas de justicia de transición, centradas en las víctimas e inclusivas. *UN News*, 02 enero 2025.

24 Es pertinente recordar a estos efectos y como posible referencia para la CPI u otros tribunales, que la adopción del Informe de 2001 de ACNUR y Save the Chikdre-UK —*vid, supra* nota 7— provocó que el texto del Estatuto del Tribunal de Sierra Leona, de enero de 2002, mencionase por primera vez, expresamente, al personal de las Operaciones de Mantenimiento de la Paz como posible sujeto activo responsable de las conductas competencias de dicho tribunal. En: Cacho Sánchez, Y. *cit supra* nota 17, p. 106. Por su parte, la oficina del Fiscal de la Corte Penal Internacional ha adoptado un documento sobre "*Política relativa a los niños*" en el que hay una breve mención a las operaciones de mantenimiento de la paz pero sin llegar a mayores precisiones.

25 Comité de los Derechos del Niño: *Observaciones finales sobre los informes periódicos segundo y tercero a Haití* (2016), CRC/C/HTI/CO/2-3, par. 34-35.

26 Comité de los derechos del niño (2025), *Borrador de observación general num. 27 sobre el derecho del niño al acceso a la justicia y a un recurso efectivo* https://www.ohchr.org/es/calls-for-input/2025/call-submissions-draft-general-comment-no-27-childrens-right-access-justice

cado de un "enfoque en los derechos del niño" respecto al tema abordado, señalando como tal "*la existencia de una serie de mecanismos de reparación que estén disponibles, sean accesibles y estén adaptados a los niños, y que logren una reparación efectiva*". Sería interesante que el texto final de la Observación General en proyecto incluyese una mención expresa a los procedimientos destinados a enjuiciar los abusos sexuales de niños y niñas en diversos contextos, incluidos los concernientes a operaciones humanitarias y de mantenimiento de la paz, visualizando con ello las dificultades advertidas al respecto y las mejoras que pueden introducirse mediante el compromiso de medidas al efecto por los Estados.

CONCLUSIONES

1. El abuso sexual de niños y niñas en contextos humanitarios y de operaciones de mantenimiento de la paz por parte del personal de Naciones Unidas y personal asociado sigue siendo una realidad, a pesar de las actuaciones emprendidas para su combate. Ello fundamenta que la obligación de las Naciones Unidas de proteger a estas víctimas, de singular vulnerabilidad en dichos contextos, lleve a una permanente revisión de las medidas y programas adoptados como respuesta y prevención de tales violaciones graves de sus derechos, como es el caso de su política de "tolerancia cero".

2. El enfoque basado en los derechos de los niños y niñas —que incluye el desarrollo de estrategias holísticas de prevención de la explotación y abuso sexual en los contextos referidos— y la rendición de cuentas por los autores de tales conductas se imponen como elementos esenciales de toda estrategia, política y medidas adoptadas en el marco internacional de las Naciones Unidas y en el ámbito nacional de los Estados. Ello deberá conducir al fortalecimiento de medidas preventivas, proyectadas tanto en la formación y capacitación del personal —internacional y nacional, militar y civil— partícipe en los contextos humanitarios y de mantenimiento de la paz, como en el empoderamiento de los niños y niñas víctimas de esos delitos de carácter sexual en el conocimiento, respeto y defensa de sus derechos, facilitándoles mecanismos de denuncia y enjuiciamiento accesibles, adecuados y efectivos, que permitan romper la percepción de impunidad y la disuasión de denunciar tales conductas.

3. De vital importancia resulta asimismo el enfoque comunitario y holístico de toda acción preventiva, asistencial y de rehabilitación o reparación respecto a los niños y niñas víctimas de las conductas señaladas. Ello implica una asistencia integral que atienda a sus necesidades sanitarias, edu-

cativas, de desarrollo, etc y una coordinación de efectivos internacionales, nacionales y comunitarios, que fomente la confianza de las poblaciones afectadas y facilite la participación de organizaciones locales y líderes comunitarios.

4. Con objeto de combatir la impunidad resultante del difícil engranaje de las jurisdicciones nacionales y el sistema internacional y el régimen de inmunidades del personal operante en los contextos analizados, así como la falta de voluntad política de algunos Estados en el enjuiciamiento de estos delitos, se impone la articulación o mejora de instrumentos y recursos. Entendemos que a este respecto debe acogerse con prudencia la propuesta de la que se hace eco la Relatora Especial sobre la venta, la explotación sexual y el abuso sexual de niños, en su informe temático sobre el abuso sexual de niños y niñas en contextos humanitarios y de mantenimiento de la paz, respecto al establecimiento de un mecanismo judicial independiente de rendición de cuentas. Frente a ello, subrayamos la oportunidad y necesidad de atender y optimizar recursos ya existentes o más fácilmente implementables, tales como las mejoras en los modelos de acuerdo sobre el estatuto de las fuerzas armadas y el memorando de entendimiento de las Naciones Unidas con los países que aportan contingentes; acuerdos con los Estados para establecer el carácter primario pero no exclusivo de las jurisdiccionales nacionales sobre estos delitos; el apoyo a tribunales penales u otros sistemas jurisdiccionales o transicionales nacionales específicos para el enjuiciamiento de estas conductas; y el fortalecimiento de actuaciones frente a las mismas de mecanismos y jurisdicciones internacionales ya existentes, como la Corte Penal Internacional o los órganos de tratados de derechos humanos del sistema de Naciones Unidas concernidos por estas cuestiones, con especial atención al Comité de los derechos del niño y el Comité para eliminación de la discriminación contra la mujer.

REFERENCIAS BIBLIOGRÁFICAS

Doctrina

La Barrera, M. (2019), “La vulnerabilidad como categoría en construcción en la jurisprudencia del Tribunal Europeo de Derechos Humanos: Límites y potencialidad”, en: *Revista de Derecho Comunitario Europeo* (62), 235-257.

Cacho Sánchez, Y. (2013), “La protección contra la explotación y abusos sexuales cometidos por personal de las operaciones de mantenimiento de la paz de las Naciones Unidas”, en: J.A, Valles Cavia, *Los conflictos armados contemporáneos”,* Catarata.

Pons Rafols, X. (Dir), (2012), *La responsabilidad penal del personal de Naciones Unidas. Supuestos de explotación y abusos sexuales,* Institut International per la Pau.

Documentos de Naciones Unidas

Convención sobre los derechos del niño (1989), A/RES/44/25.

Boletín del Secretario General de las Naciones Unidas sobre las medidas especiales de protección contra la explotación y los abusos sexuales (2003), ST/SGB/2003/13.

Una completa estrategia para poner término en el futuro a la explotación y el abuso sexuales en las operaciones de las Naciones Unidas para el mantenimiento de la paz (2005), A/59/710.

Informe SG (2005) *Un concepto más amplio de la libertad: desarrollo, seguridad y derechos humanos para todos*, A/59/2005

Informe de un examen independiente de la explotación y los abusos sexuales cometidos por las fuerzas internacionales de mantenimiento de la paz en la República Centroafricana (2016), A/71/99.

Res.2272 (2016), Consejo de Seguridad.

Comité de los Derechos del Niño: *Observaciones finales sobre los informes periódicos segundo y tercero a Haití* (2016), CRC/C/HTI/CO/2-3.

El abuso sexual de ninos en los contextos humanitarios y de mantenimiento de la paz, Informe de la Relatora Especial sobre la venta, la explotación sexual y el abuso sexual de niños (2025), A/HRC/58/52.

Otros

Litigating peacekeeper Child Sexual Abuse (2020), REDRESS and CRIN (Child Rights International Network).

Web oficial del Comité de los derechos del niño: https://www.ohchr.org/es/treaty-bodies/crc

"Factsheet on ClearCheck" (2024), https://unsceb.org/sites/default/files/2024-12/ClearCheck%20Factsheet%20%5B1%20December%202024%5D.

AIDS-Free World, Code Blue Campaign (2015); AIDS-Free World, "A proposal for independent accountability for sexual exploitation and abuse committed by United Nations personnel" (2018), párr. 34, https://committees.parliament.uk/writtenevidence/89018/pdf/; comunicación de Cohen y otros; y Naik, Asmita y Westendorf, Jasmine-Kim, "Missing the mark in PSEA", en *Sexual Exploitation in Peacekeeping and Aid*, Westendorf y Dolan-Evans, eds. (2024), p. 80.

Fenomenología del daño, violencia y reparación: la experiencia de abuso sexual de las niñas soldado[1/2]

Phenomenology of Harm, Violence, and Reparation: The Experience of Sexual Abuse of Girl Soldiers

LORENA SANTOS DE TORREGROZA
Universidad Complutense de Madrid

Resumen: Este artículo ofrece una analítica fenomenológica de la estructura fundamental del daño que produce la violencia sexual sistemática contra las niñas reclutadas por grupos armados en contextos de conflicto o guerra, conocidas como niñas soldado. Desde un enfoque que privilegia la experiencia encarnada del trauma, se identifican dos dimensiones esenciales de este daño: (1) la ruptura ontológica del cuerpo vivido, donde la violación genera una escisión radical del cuerpo-mundo y (2) la fractura relacional, expresada en la pérdida de confianza y la revictimización, tanto en el ámbito familiar como en el entorno militar. A partir de esta descripción, se plantea la necesidad de una reparación que implique la restitución de la voz y el reconocimiento de la autoridad epistémica de las víctimas. Lejos de ser un daño colateral del conflicto, la violencia sexual constituye un eje estructurante de la experiencia de las niñas soldado. Por ello, se propone comprender los procesos de reparación como prácticas colectivas que restauren el vínculo entre cuerpo, palabra y mundo.

Palabras clave: Fenomenología, abuso sexual, niñas soldado, trauma, guerra.

Abstract: This article offers a phenomenological analysis of the fundamental structure of harm produced by the systematic sexual violence inflicted on girls recruited by armed groups in contexts of conflict or war, commonly referred to as girl soldiers. Adopting an approach that

1 Este artículo es el resultado de los proyectos de investigación: 'Cultural History of Gestures' (PID2022-141667NB-I00), financiado por el Ministerio de Ciencia e Innovación, del Grupo de Investigación HIST-EX del Instituto de Historia del CSIC y 'La contemporaneidad clásica y su dislocación: de Weber a Foucault' (PID 2020-113413RB-C31), financiado por el Ministerio de Ciencia e Innovación, del Grupo de Investigación Historia y Ontología del presente de la Universidad Complutense de Madrid.

2 Estudio realizado en el marco del Proyecto de Investigación titulado "*Lagunas en la protección y asistencia internacional a las niñas asociadas a Grupos armados (NAAG)*". CIAICO 2022/235 UCHCEU con financiación pública de la GVA. ORCID: https://orcid.org/0000-0002-2142-0464

privileges the embodied experience of trauma, the article identifies two essential dimensions of this harm: (1) the ontological rupture of the lived body, in which rape produces a radical severance of the body-world relation, and (2) the relational fracture, expressed in the loss of trust and the revictimisation suffered both within the family sphere and the military structure. Based on this descriptive framework, the article argues for the need for a form of reparation that involves the restitution of voice and the recognition of the victims' epistemic authority. Far from being a collateral consequence of war, sexual violence constitutes a structuring axis of the lived experience of girl soldiers. Accordingly, processes of reparation must be conceived as collective practices that seek to restore the link between body, language, and world.

Key words: Phenomenology, Sexual Abuse, Girls soldiers, Trauma, War.

INTRODUCCIÓN

El informe del secretario General de las Naciones Unidas sobre la infancia y los conflictos armados publicado en 2024 presentaba un panorama devastador: en 2023, la violencia contra la infancia en contextos de guerra había alcanzado niveles sin precedentes, con un aumento del 21% en las violaciones graves[3]. Entre estas, el reclutamiento forzado de niños y niñas fue la tercera más reportada y los casos de abuso sexual infantil aumentaron en un 25%[4]. Esta violencia tiene una clara dimensión de género: muchas niñas fueron secuestradas no solo para participar en los combates, sino también para ser utilizadas como esclavas sexuales[5], sometidas a una violencia sistemática.

Desde que las teóricas feministas radicales en Estados Unidos en los años 70 y 80, particularmente aquellas identificadas con el feminismo anti-violación, posicionaron el tema de la violencia sexual en el contexto bélico, la violación ya no puede ser vista como un acto exclusivo del ámbito privado y producto de la conducta individual desviada. La violación sexual y la violencia sexual en general debe ser comprendida como una práctica sistemática en prácticamente todas las sociedades, que es utilizada como arma de guerra y es expresión de dominación patriarcal. Este giro conceptual dado por el feminismo ha sido fundamental para visibilizar un crimen históricamente invisibilizado y perpetrado contra las mujeres en contextos de conflicto armado.

Susan Brownmiller fue una de las primeras teóricas que abordó la violación en tiempos de guerra. Desde la publicación de su libro clásico *Against*

---

3 Naciones Unidas. *Los niños y los conflictos armados*. Asamblea General Consejo de Seguridad, 3 de junio de 2024, p. 2. https://www.refworld.org/es/ref/infortem/unsecgen/2024/es/148091

4 *Ibidem*, p. 3.

5 *Ibidem*, p. 3.

Our Will: Men, Women and Rape en 1975, hasta investigaciones más recientes como las de la historiadora cultural Joanna Bourke en su libro publicado en 2009 *Rape: A History from 1860 to the Present* la violencia sexual en contextos de conflicto se ha desnaturalizado, permitiendo entenderla como una estrategia política y militar destinada a la obtención de objetivos muy concretos: desmoralizar al enemigo, destruir la cohesión social de las comunidades y ejercer control sobre el cuerpo femenino como territorio de conquista.

Como lo ha señalado la filósofa Linda Alcoff en su libro *Violación y resistencia. Cómo comprender las complejidades de la violación sexual*, uno de los momentos clave en la visibilización pública de la violación como arma de guerra se dio en la década de 1990, con la cobertura mediática de los denominados «campos de violación» durante la guerra de Bosnia. En ese conflicto, las violaciones masivas fueron ejecutadas deliberadamente como parte de una estrategia militar que buscaba no solo humillar y someter al enemigo, sino también impedir la reproducción de ciertos grupos étnicos, constituyendo así una herramienta de limpieza étnica[6]. Las mujeres fueron sistemáticamente utilizadas como instrumentos para enviar un mensaje de terror y dominación, lo que evidenció que la violación en la guerra no era un «daño colateral» de la guerra, sino una táctica calculada[7]. Fue justamente tras la guerra en Bosnia que el delito de la violación se empezó a conceptualizar como un crimen de guerra. El Tribunal Penal Internacional para la ex Yugoslavia, creado por el Consejo de Seguridad de Nacionales Unidas[8], dictaminó que la violación sexual se podía considerar un crimen de guerra y de lesa humanidad cuando se comete en contra de la población civil durante un conflicto armado, interno o internacional[9].

Para las feministas anti-violación, los patrones de violencia sexual en la guerra confirmaban lo que ya habían venido denunciando: que el patriar-

---

6 Alcoff, L. *Violación y resistencia. Cómo comprender las complejidades de la violación sexual*, Prometeo Libros, 2021, p. 45.

7 *Ibidem*, p. 45.

8 Consejo de Seguridad de las Naciones Unidas, *Resolución 808*, 22 de febrero de 1993, https://docs.un.org/es/S/RES/808%20

9 Naciones Unidas. *Estatuto del Tribunal Internacional para el enjuiciamiento de los responsables de violaciones graves del derecho internacional humanitario cometidas en el territorio de la ex Yugoslavia desde 1991*, Oficina del Alto Comisionado de las Naciones Unidas para los Derechos Humanos, 25 de mayo de 1993. En: https://www.ohchr.org/es/instruments-mechanisms/instruments/statute-international-tribunal-prosecution-persons-responsible

cado utiliza el cuerpo de las mujeres como un medio de control y subyugación. Denunciar las violaciones como estrategia bélica ha ayudado desmontar la idea de que se trata de un efecto colateral inevitable del conflicto armado. Como afirmaba Brownmiller, la guerra ofrece a los hombres "el telón de fondo psicológico perfecto para dar rienda suelta a su desprecio por las mujeres"[10], revelando una estructura social que instrumentaliza la violencia sexual como una forma de despojo, cosificación e invisibilización.

Nordås y Cohen, en su artículo "Violencia sexual derivada del conflicto" (2022), indican que el primer artículo académico en ciencias políticas sobre el tema fue publicado en 2001 por la psicóloga experta en género Inger Skjelsbæk. Desde entonces, la producción ha crecido significativamente, pasando de menos de cinco artículos anuales entre 2001 y 2006 a 58 publicaciones en 2018. En 2019, se registraron más de cien artículos y casi 2.300 citas en diversas disciplinas, confirmando ese notable incremento en el interés académico sobre el tema[11]. Sin embargo, hasta ahora no se ha realizado una aproximación fenomenológica a las formas de daño que experimentan las mujeres violadas en la guerra, especialmente aquellas niñas reclutadas por grupos armados, conocidas como las «niñas soldado». Si bien es cierto que el interés por abordar la violencia contra las niñas en conflictos armados ha crecido, particularmente desde disciplinas como el derecho internacional humanitario[12], la psicología[14] o la ciencia política y la sociología[15], la filosofía cumple

---

10 Brownmiller, S. *Against our Will. Men, Women and Rape*, Fawcett Columbine, 1975, pp. 31-32.

11 Nordås, R., & Cohen, D., "Violencia sexual derivada del conflicto". *Estudios Socio-Jurídicos*, 24(1), 2022, pp. 168-169.

12 *Cfr.* Abril Stoffels, R., & Ojinaga Ruiz, R., "La protección de las niñas asociadas con fuerzas armadas o grupos armados". Revista Electrónica de Estudios Internacionales, (39), 2020.; Abril Stoffels, R., & Ojinaga Ruiz, R., "Los procesos de desvinculación y reintegración de las niñas asociadas con fuerzas o grupos armados: «Thinking outside the box»". Anuario Colombiano de Derecho Internacional, 14, 2021, pp. 167-222; Abril Stoffels, R., & García Bellido, M. R., *Infancia robada: Una investigación sobre la representación cinematográfica de niños y niñas en conflictos armados*, Tirant lo Blanch, 2021.; Abril Stoffels, R., "Violencia contra las mujeres en los conflictos armados: Conclusiones y recomendaciones", pp. 129-142. En: R. Abril Stoffels, S. Díaz Luengo, & S. Sanz Caballero (Coords.), *Mujer, derecho y sociedad: Violencia contra las mujeres en conflictos armados*, Cruz Roja Española en la Comunidad Valenciana, 2003; Abril Stoffels, R., *La protección de los niños en los conflictos armados*. Tirant lo Blanch, 2007; Abril Stoffels, R., "La mujer como partícipe y destinatario de las estrategias de paz y seguridad: Desarrollos recientes y retos planteados". *Revista Española de Derecho Militar*, 98, 2011, pp. 17-79.

un papel fundamental en la exploración y descripción de la experiencia vivida por estas víctimas. La perspectiva fenomenológica permite ir más allá del análisis legal o clínico y adentrarse en la experiencia encarnada del sufrimiento, la fragmentación del cuerpo vivido [*Leib-körper*] y del mundo de la vida [*Lebenswelt*] de la niña-soldado-víctima. Este enfoque puede aportar claves éticas y ontológicas para comprender desde otra perspectiva la profundidad del daño, con el fin de posibilitar un replanteamiento de las respuestas institucionales y sociales con una mayor sensibilidad hacia la experiencia del trauma de la violación y el abuso sexual.

1. EXPOSICIÓN RADICAL A LA VULNERABILIDAD

Antes del reclutamiento, las niñas soldado ya estaban inmersas en contextos de extrema vulnerabilidad. El informe sobre el reclutamiento de menores en el conflicto armado colombiano, titulado *Como corderos entre lobos* y publicado en 2012, documenta que la mayoría de niños y niñas reclutadas provienen de hogares atravesados por la pobreza estructural, el hambre, la desnutrición y el abandono afectivo[15]. A ello se suma la persistencia de factores estructurales que configuran un terreno fértil para el reclutamiento, como la ausencia de figuras parentales protectoras, la exposición a violencias sistemáticas —entre ellas, el abuso sexual en el ámbito intrafamiliar— y las condiciones económicas que obligan a muchas niñas

---

13 *Cfr.* Dickson-Gómez, J., "Growing Up in Guerrilla Camp: The long-term Impact of Being a Child Soldier in El Salvador's Civil War". *Ethos*, 30 (4), 2008, pp. 327-356; Blom, F, & Pereda, N., "Niños y niñas soldado: consecuencias psicológicas e intervención". *Anuario de psicología/The UB Journal of psychology*, 40(3), 2009, pp. 329-344; Amone-P'Olak, K., *et. al.*, "The influence of different types of war experiences on depression and anxiety in a Ugandan cohort of war-affected youth: the WAYS study". *Social psychiatry and psychiatric epidemiology*, 49(11), 2014, pp. 1783-1792; Singh, A, & Singh, A., "The mental health consequences of being a child soldier-an international perspective". *International psychiatry: bulletin of the Board of International Affairs of the Royal College of Psychiatrists*, 7(3), 2010, pp. 55-57.

14 *Cfr.* Briggs, J. (2005). *Innocents Lost: When Child Soldiers Go to War*, Basic Books, 2005; Hernández, P. , "Niñas soldado. Violencia Sexual en escenarios de conflicto bélico". *InterNaciones*, (20), 2021, pp. 115-136.

15 Springer, N., *Como corderos entre lobos: Del uso y reclutamiento de niñas, niños y adolescentes en el marco del conflicto armado y la criminalidad en Colombia*, CNMH, 2012, pp. 20-21.

a trabajar desde edades tempranas[16]. Así lo relata una niña que tuvo que huir de su casa por los abusos sexuales: "El viejo me manoseaba [...] mi hermana le tuvo un niño [...] yo si no me aguante más y dije: ¡me largo como sea!"[17].

Esta situación no puede entenderse como un mero telón de fondo, sino como el primer quiebre en la constitución del mundo de la vida [*Lebenswelt*]: las relaciones familiares, entendidas como vínculos de confianza fundamentales para establecer una relación con el mundo, se encuentran deterioradas o rotas y las comunidades asoladas por la guerra no ofrecen al menor protección ni horizonte de futuro.

El informe *Una guerra sin edad* del Centro Nacional de Memoria Histórica de Colombia, aporta una clave adicional: los grupos armados ilegales se valen de este contexto de abandono y maltrato para seducir o manipular a las niñas, ofreciendo una imagen distorsionada de poder y libertad o simplemente de escape de un entorno familiar hostil. Uno de los testimonios recogidos lo expresa con claridad:

> Hay niños que los llevan a la fuerza o por ideales, niños que les pintan un mundo diferente y, lo otro, niños que les gusta y niños que se dejan seducir porque las armas siempre han sido seductoras, el poder siempre nos gusta y si un niño es abandonado, es maltratado [...][18].

En este primer momento, lo que se revela es la descomposición del mundo relacional que constituye el fundamento mismo de la existencia. La niña-soldado-víctima habita en un entorno roto, en el que las figuras adultas han desaparecido o se han vuelto fuente de amenaza y donde su existencia permanece expuesta a la intemperie, sin cobijo simbólico ni afectivo. En ese vacío de sentido, la promesa hecha por una persona mayor —independientemente de su edad, pero con autoridad—, como la de un combatiente que ofrece comida, protección, poder o una comunidad a la cual pertenecer, adquiere una fuerza casi redentora. Para la niña, esa oferta representa un espacio donde, al menos en apariencia, deja de ser invisible o una carga para su familia. En medio de la ruptura de todas las redes de protección y cuidado, esta promesa, aunque falsa y perversa —

---

16 CNMH—Centro Nacional de Memoria Histórica, *Una guerra sin edad. Informe nacional de reclutamiento y utilización de niños, niñas y adolescentes en el conflicto armado colombiano*, CNMH, 2017, pp. 199-200.

17 Springer, N., *op. cit.*, p. 48.

18 CNMH., *Una guerra sin edad. Informe nacional de reclutamiento y utilización de niños, niñas y adolescentes en el conflicto armado colombiano, op. cit.*, pp. 200-201.

pues se aprovecha de su vulnerabilidad para manipularla—, surge como una oportunidad para la niña de reconstruir su existencia. Tal y como lo señala Singer, la combinación de extrema miseria y violencia cotidiana puede llevarlos a buscar un sentido de control sobre sus vidas caóticas e impredecibles[19].

Esta promesa suele llegar en momentos de máxima vulnerabilidad para los niños y niñas, cuando han perdido a sus seres queridos o se enfrentan a situaciones extremas de desamparo. Por ejemplo: "Mi mamá se murió de una enfermedad, pero no sé de cuál. El viejo nos dijo que pues a ver qué hacíamos"[20]. Otro relato refleja la violencia y pérdida temprana: "Me mataron a mi papá [...] estábamos en el rancho y nos sacaron y le dieron plomo [...] cuando yo estaba muy chiquito"[21].

La búsqueda de venganza es un impulso que también, en muchos casos, impulsa a los niños y a las niñas a unirse a grupos armados como respuesta a las violencias extremas que han sufrido. Maeva, una joven sudafricana de 17 años, que después de ser violentamente violada y perder a su tía, encontró en la lucha armada un modo de hacer justicia con sus propias manos. Mientras narra su testimonio llorando dice: "Siento que ya me he vengado, pero ella era lo único preciado que tenía en mi vida"[22]. Este acto de revancha, lejos de ser una simple reacción, representa un intento complejo y trágico de recuperar el control en un contexto donde la justicia institucional ha fallado. Sin embargo, al integrarse a la dinámica violenta de un grupo armado, esta venganza puede también consolidar la repetición del ciclo de violencia y la perpetuación del trauma, configurándose como un proceso que fragmenta la subjetividad, dificultando la posibilidad de sanación y reconstrucción personal.

Aunque no siempre hay uso explícito de la fuerza o violencia directa en el reclutamiento, esto no significa que los niños se unan voluntariamente. Muchas veces, los niños y niñas son captados mediante estrategias sutiles de manipulación, que explotan su desesperación, la necesidad de

---

19 Singer, P. W., "The enablers of war: Causal factors behind the child soldier phenomenon". En: S. Gates & S. Reich (Eds.), *Child soldiers in the age of fractured states,* University of Pittsburgh Press, 2010, p. 99.

20 Springer, N., *op. cit.*, p. 12.

21 *Ibidem,* p. 18.

22 Vidal, D. «La tragedia de los niños soldado: "Vi a gente matando gente. Vi muertos"». *Diario Sur,* 16 de febrero de 2015. https://acortar.link/8ERwyL [Consulta: 20/07/2025].

protección o el vacío afectivo provocado por la pérdida y el abandono. En estos casos, la aparente «elección» de unirse a un grupo armado no debe entenderse como un acto plenamente voluntario, sino como el resultado de una coerción disfrazada, donde la ausencia de alternativas reales anula cualquier posibilidad de decisión libre y consciente.

Aquí resulta pertinente recuperar la distinción que formula Aristóteles en el Libro III de su *Ética a Nicómaco* entre acciones voluntarias, involuntarias y mixtas. En particular, el concepto de acción mixta —aquella en la que coexisten elementos voluntarios e involuntarios— permite iluminar estas situaciones. Aristóteles plantea como ejemplo el caso de alguien que, bajo amenaza de muerte a sus seres queridos por parte de un tirano, realiza una acción vergonzosa. Aunque el sujeto elige actuar, lo hace en un contexto de presión extrema, lo que ensombrece su voluntad. Así, aunque hay una decisión, esta no puede considerarse libre en sentido pleno[23]. Del mismo modo, cuando un niño o una niña decide «unirse» a un grupo armado porque no tiene otra opción para sobrevivir, y no porque realmente lo desee, su acción se inscribe dentro de este tipo de elecciones trágicas. Las condiciones estructurales como la violencia, la pobreza, o el abandono actúan como la coacción del tirano en el ejemplo aristotélico. Por tanto, etiquetar esta participación como voluntaria resulta no solo inexacto, sino también éticamente problemático, pues ignora el componente involuntario que define estas decisiones forzadas[24].

Las condiciones que posibilitan o facilitan la agresión sexual de manera sistemática en un espacio determinado son importantes para comprender por qué ocurre la violación con mayor facilidad[25]. Pero no necesariamente dan cuenta de la experiencia vivida por las víctimas de violencia sexual y para ello es necesario recurrir a los testimonios del sufrimiento padecido. En este punto es posible describir una estructura fundamental de la ex-

---

23 Aristóteles, *Ética a Nicómaco*, Gredos, 2022, 1110a.

24 Cfr. Santos-de-Torregroza, L. Consentimiento, deseo sexual y voluntad en la definición de la violación: una perspectiva crítica, *Isegoría*, (71), 2024, 1292. https://doi.org/10.3989/isegoria.2024.71.1292

25 En mi artículo "Institucionalización de la violación sexual: Un análisis de sus espacios de normalización" (2025) analizo diferentes espacios como la guerra, la cárcel, los campus universitarios, las iglesias, el matrimonio y la familia, en los que la violación sexual está institucionalizada como parte integral de su funcionamiento, cumpliendo una función determinada o estando al servicio de una causa. Cfr. Santos-de-Torregroza L. (2025). Institucionalización de la violación sexual: análisis de sus espacios de normalización. Las Torres de Lucca. International Journal of Political Philosophy, 14(2), 421-433. https://doi.org/10.5209/ltdl.96984

periencia de la violación sexual que es compartida por todas las víctimas independientemente del espacio en el que ha ocurrido: la vivencia de una herida ontológica, la ruptura de los vínculos de confianza y la reelaboración del trauma mediante la recuperación de la voz. Esta estructura también es posible identificarla en la experiencia de las niñas-soldado-víctimas.

2. RUPTURA ONTOLÓGICA DEL CUERPO VIVIDO: LA VIVENCIA DE LA VIOLACIÓN EN EL RECLUTAMIENTO

La violación, incluso en sus formas menos visibles o explícitamente violentas, se experimenta como una fractura radical de la existencia corporal. Si bien las representaciones sociales más extendidas de este crimen tienden a reducir su efecto a un daño físico o psicológico asociado a la penetración forzada, esta concepción resulta insuficiente para comprender la complejidad y profundidad del trauma vivido por las víctimas. En particular, esta interpretación ignora una dimensión fundamental: la violación no es solo un acto sobre el cuerpo, sino una transformación de la experiencia *con* el cuerpo.

Esta dimensión se hace especialmente evidente en contextos de abuso sexual infantil, donde la agresión se presenta, muchas veces, sin violencia física ostensible. En estos casos, el agresor recurre a gestos aparentemente afectivos o protectores —abrazos, caricias, promesas— que desdibujan las fronteras entre el cuidado y la agresión. La ausencia de fuerza bruta, sin embargo, no implica la ausencia de violencia. Al contrario: en estos casos, la violencia actúa de manera estructural y sigilosa, vulnerando la posibilidad misma de interpretar la experiencia como dañina en el momento en que ocurre.

Desde una perspectiva fenomenológica, como aquella desarrollada en la fenomenología del cuerpo de Maurice Merleau-Ponty, el cuerpo no es un objeto que se posee, sino el lugar desde el cual se habita el mundo. Es el cuerpo vivido [*Leib*], no simplemente el cuerpo fisiológico [*Körper*], el que constituye la base misma de la relación que tenemos con el mundo y con los otros[26]. En la violación, especialmente cuando ocurre en condiciones de aparente cuidado, el cuerpo vivido se ve radicalmente alterado: lo que antes era la sede del yo, el fundamento de la agencia, se convierte en un lugar colonizado por el poder de otro. La herida, entonces, no reside únicamente en los tejidos corporales o en las estructuras psíquicas, sino en la fractura

---

[26] Merleau-Ponty, M., *Fenomenología de la percepción*, Traducción: J. Cabanes, Planeta De Agostini, 2003. Pp. 202-203.

ontológica del cuerpo como espacio de sentido y de pertenencia. En este tipo de violencia, la víctima muchas veces ni siquiera logra nombrar lo que le sucede como «violación», lo que no es prueba de consentimiento, sino de una violencia más profunda: la que impide reconocer el daño como daño. Esta disociación entre el acto sufrido y la capacidad de interpretarlo como agresión forma parte del efecto estructural de la violación como técnica de sometimiento[27]. No se trata simplemente de una acción violenta que daña un cuerpo, sino de una intervención que desestructura la forma misma en que ese cuerpo puede ser vivido, comprendido y narrado.

Este marco resulta particularmente revelador para comprender la experiencia de las niñas soldado víctimas de abuso sexual durante su tiempo de reclutamiento. El 42% de las niñas entrevistadas en el informe *Como corderos entre lobos* manifestó que consideraban su «deber» atender sexualmente a los superiores. Las prácticas descritas —tocamientos, servidumbre sexual, manoseo, intercambio por favores o información— muestran cómo el cuerpo es instrumentalizado no solo como objeto de placer, sino como moneda en las economías internas del conflicto[28]. La violencia sexual se normaliza como una obligación funcional al orden patriarcal-militar, y al hacerlo, redefine el cuerpo de la niña no como espacio propio, sino como recurso disponible para la lógica de guerra. Elisabeth Wood en *Variación de la violencia sexual en tiempos de guerra: la violación en la guerra no es inevitable* describe que la violencia sexual que se da en los contextos de conflictos armados, sobre todo, en contra de las mujeres y las niñas, es una forma de violencia sexual estratégica que responde a un ejercicio de poder adoptado intencionalmente por los comandantes para lograr los objetivos del grupo[29]. Desde el momento del reclutamiento, los cuerpos de las niñas soldado son despojados de cualquier posibilidad de soberanía: son marcados, adiestrados, instrumentalizados y sexualizados en función de una lógica bélica y patriarcal. En muchos casos, el ingreso al grupo armado incluye una violación inaugural que no solo impone la dominación física, sino que

---

[27] Uno de los daños más profundos que provoca la violación sexual es la alteración de la capacidad de la víctima para comprender la violencia de la agresión sufrida. Este tipo de daño se reproduce en diversos contextos institucionales, como ocurre, por ejemplo, en las iglesias evangélicas. *Cfr.* Santos-de-Torregroza, L. (en prensa). "Cuerpos dóciles: disciplina y violación sexual en las iglesias evangélicas". En: R. Polo & E. Apolo, *Michael Foucault.* Colección filosófica actual.

[28] Springer, N., *op. cit.*, p. 48.

[29] Wood, E., "Variación de la violencia sexual en tiempos de guerra: la violación en la guerra no es inevitable". *Estudios Socio-Jurídicos,* 14(1), 2012, pp. 19-57.

actúa como rito de paso hacia una nueva identidad impuesta: ya no son niñas, sino «mujeres del comandante», «compañeras de campamento» o «recursos» para las operaciones. Esta utilización sexual sistemática destruye la apropiación originaria con el cuerpo propio, transformándolo en cuerpo desapropiado, objetivado y permanentemente disponible para otros.

La perversidad de esta forma de violencia radica en su capacidad para camuflarse bajo formas de afecto, cuidado o pertenencia a la comunidad. Como ocurre también en los casos de abuso sexual intrafamiliar, las niñas soldado a menudo no interpretan inmediatamente estas agresiones como violación. Esto se debe, en parte, al adiestramiento previo que reciben para desempeñar un «rol» dentro del grupo armado: se les enseña que su valor reside en su obediencia, sumisión y disponibilidad sexual. En este contexto, la violencia se presenta no como imposición externa, sino como cumplimiento de un deber que estructura su pertenencia al colectivo.

Además, muchas de estas niñas ya han sido previamente expuestas a dinámicas de abuso y maltrato en el entorno familiar, por lo que no cuentan con un marco afectivo alternativo para reconocer el daño[30]. La repetición de estas experiencias produce un tipo de «familiaridad» con la violencia que no implica su aceptación, pero sí su normalización. Lo aprendido, explícita o implícitamente, sobre la sexualidad y los vínculos con figuras de autoridad configura una gramática relacional en la que el abuso no se distingue fácilmente del afecto. De este modo, la herida no es solo la agresión sexual misma, sino la imposibilidad de nombrarla como tal. Esta ambigüedad, que es estructural y no accidental, constituye uno de los núcleos más devastadores del daño de la violación sexual: la confusión entre violencia y afecto.

Como lo documenta Springer el proceso de «entrenamiento» incluye una socialización perversa en la que se busca sustituir cualquier esquema moral incipiente por patrones antisociales, donde la violencia no solo es aceptable, sino deseable[31]. La violación reiterada, encubierta bajo el lenguaje del deber o del poder, no destruye solamente la integridad física o psicológica de las niñas, sino que redefine su modo de estar-en-el-mundo. Lo que se produce, entonces, es una disociación estructural entre el cuerpo que se habita y el cuerpo que se padece: el yo queda suspendido en una exterioridad que le es impuesta y en la que su voluntad carece de eficacia.

---

30 Miller, A., *El cuerpo nunca miente*, Tusquets, 2022, p. 17.

31 Springer, N., *op. cit.*, pp. 40-41.

Este tipo de experiencia permite denominar la particularidad del daño de la violación sexual como una herida ontológica. No se trata simplemente de un daño corporal ni de un trauma psíquico, sino de una reorganización profunda del modo de ser-en-el-mundo de la víctima. La niña ya no está «en su cuerpo», sino que ha sido expulsada de él. Muchas víctimas de violación relatan dicha expulsión como la pérdida de la luz, asemejándose al beso de un Dementor de las películas de Harry Potter, que chupan la alegría de la vida[32].

3. LA FRACTURA RELACIONAL EN LA VIOLACIÓN DE LAS NIÑAS SOLDADO: REVICTIMIZACIÓN Y PÉRDIDA DE CONFIANZA

La violación también genera una ruptura profunda en la estructura de confianza que sostiene la experiencia relacional y la apertura al mundo. La víctima pierde la confianza en el mundo, porque tras la violación experimenta su cuerpo-mundo como dañado. Este tipo de daño afecta fundamentalmente el tejido relacional que sostiene el mundo de la víctima. Al romperse la confianza, no solo se fractura la relación con el otro, sino también la relación con el propio cuerpo.

En el caso de las niñas soldado, esta fractura tiene una complejidad adicional: muchas de ellas llegan al grupo armado con antecedentes previos de abuso sexual en el seno familiar o de figuras cercanas de cuidado, quienes debieron ser depositarios de confianza y protección. Estos primeros abusos generan una herida inicial y fracturan la posibilidad de habitar el cuerpo y el mundo desde una confianza esencial. Por ello, la violación sufrida en el contexto militar no se puede entender de manera aislada, sino como una revictimización: una nueva ruptura que se superpone a heridas originales, intensificando el daño y profundizando la desconfianza.

Además, en el entorno del grupo armado, las niñas suelen desarrollar vínculos complejos de confianza o admiración hacia sus comandantes, quienes son vistos como líderes, figuras casi heroicas o proveedores de cierta protección. La violación perpetrada por estas mismas figuras constituye una traición profunda, que socava no solo la integridad corporal, sino también la confianza relacional que pudo haberse construido. Es en este

---

32 Abdulali, S., *What We Talk about When We Talk about Rape*, The New Press, 2018; Messina-Dysert, G., "Rape and Spiritual Death". *Feminist Theology*, 20 (2), 2012, pp. 120-132.

momento cuando la revictimización se hace ontológicamente devastadora: la niña ve quebrarse el vínculo de confianza que, aunque frágil y condicionado por la violencia, le otorgaba cierto sentido de pertenencia.

Así, la violencia sexual desestructura las relaciones interpersonales fundamentales y, con ellas, la posibilidad de reconocerse como sujeto digno de cuidado y afecto. La experiencia del cuerpo-mundo se convierte en un espacio hostil y fragmentado, donde la revictimización perpetúa la destrucción del tejido relacional y existencial que sostiene la vida de la víctima.

Reconocer esta doble fractura —la herida originada en el abuso familiar u otro espacio y su amplificación en el reclutamiento y la vida militar— es crucial para comprender la complejidad del trauma de las niñas soldado y para diseñar estrategias de reparación que no solo restauren la integridad corporal, sino que también reconstruyan la confianza y los vínculos necesarios para que puedan habitar nuevamente su cuerpo y el mundo desde una experiencia de sentido y pertenencia.

4. LA RESTITUCIÓN DE LA VOZ: RECONOCER LA AUTORIDAD EPISTÉMICA DE LAS VÍCTIMAS

La psicoanalista y filósofa Clotilde Leguil en libro *Ceder no es consentir* publicado en 2023, señala que la experiencia traumática de la violación sexual se caracteriza por su «inarticulación», manifestándose particularmente en la parálisis del cuerpo como una respuesta involuntaria de «cesión». La autora describe cómo, en el núcleo del trauma sexual y psíquico, el sujeto se ve completamente petrificado. El cuerpo de la víctima que se convierte en una especie de piedra, ya no le permite escapar ni liberarse. Lo que debe destacarse es que este secuestro no es únicamente el resultado de una fuerza física contra la que la víctima no puede defenderse, sino que, en otro plano, se trata de una deflagración que afecta al cuerpo de tal manera que la persona se siente separada de él[33].

En esta experiencia, el cuerpo deja de responder a la voluntad del individuo, lo que genera una desarticulación entre la conciencia y el cuerpo, produciendo una fractura en la relación de la persona con su cuerpo-propio. En lugar de experimentar su cuerpo como una extensión de sí mismo, la víctima se ve expulsada de él y forzada a percibirlo desde fuera, como

---

33 Leguil, C., *Ceder no es consentir*, NED, 2023, p. 106.

algo que ya no le pertenece completamente. En este estado, no solo se pierde la capacidad de moverse o de resistir, sino que se produce una especie de «separación» existencial: la persona se percibe, paradójicamente, como si estuviera atrapada dentro de su propio cuerpo, pero, a la vez, expulsada de él. A su vez, la experiencia traumática de la violación sexual produce una «petrificación» del lenguaje. En muchos casos, durante la violación, las víctimas no pueden decir nada, no pueden articular palabra. Leguil menciona que el silencio de la víctima

> no es el de un «quien no dice nada, consiente», sino que significa la imposibilidad del sujeto de responder a la situación a la que se enfrenta. Puede gritar, pero no puede articular palabra. O su palabra solo será un grito[34].

Basta con remitirse al mito de Filomela, hija del rey Pandión, quien fue violada por el tracio Tereo. Después de violarla, Tereo le corta la lengua, pues "su boca muda no puede revelar lo que ha sucedido"[35], relata Ovidio. Esta imagen de la lengua cortada expresa metafóricamente el trozo de corporeidad arrancado por el trauma sexual: la víctima es despojada de su capacidad de decir.

La violencia sexual perpetrada contra las niñas soldado no solo destruye sus cuerpos y confianza, sino que también las silencia epistémicamente. Durante el proceso de reclutamiento y entrenamiento, estas niñas son sometidas a una socialización perversa que las adiestra en un rol específico dentro de la estructura militar. En este proceso, se les hace creer que el daño sufrido —la violencia, la humillación, la subordinación sexual— no es propiamente daño, sino una forma necesaria de vida en las filas, un deber ineludible para pertenecer y sobrevivir. Este adoctrinamiento constituye una doble violencia: no solo viven la agresión, sino que además interiorizan la negación del daño, quebrando la posibilidad misma de reconocer su experiencia como abuso.

Reparar este daño requiere, fundamentalmente, restituirles a las víctimas la palabra y reconocer la autoridad epistémica que tienen sobre sus propias historias. La experiencia vivida y las formas particulares en que cada niña ha sentido, resistido y sobrevivido a la violencia sexual son fuentes de conocimiento esenciales para comprender la magnitud y la naturaleza de este trauma. Silenciar a las víctimas y negar la realidad de su sufri-

---

34 *Ibidem*, p. 106.

35 Ovidio., *Metamorfosis*, Libro VI, Traducción: A. Ramírez de Verguer & F. Navarro Antolín, Alianza Editorial, 2024, p. 574.

miento perpetúa la injusticia y priva al conocimiento académico, político y social de su comprensión profunda y auténtica[36].

La restitución de la voz tiene por ello un efecto reparador en las víctimas. Poder nombrar el daño, articularlo y compartirlo con otros es un paso clave para recuperar la agencia y reconstruir la confianza en el mundo. De este modo, la justicia no debe entenderse solo como sanción o restitución material, sino como un proceso que restaura el derecho a ser escuchadas, reconocidas y validadas en su humanidad plena. En este marco, resulta especialmente relevante la propuesta de María del Rosario Acosta en *Gramáticas de la Escucha*, donde se reconoce la demanda ética por encontrar otros modos de escucha y espacios de comprensión que permitan «hacer sentido»[37]. Esta propuesta aborda las dificultades epistemológicas que emergen al hacer memoria de traumas tan profundos, donde las experiencias narradas desafían las nociones convencionales de recuerdo y lenguaje. Acosta propone la noción de «gramática» entendida como «marcos conceptuales» de sistemas alternativos de significación, móviles y articulados en torno a la singularidad de cada testimonio. Estos marcos son capaces de enfrentar tanto el quiebre total del sentido producido por la violencia como la posibilidad de comunicar y abrir caminos alternativos para la representación de la experiencia traumática[38].

El trauma propio de la violación sexual no solo afecta la dimensión simbólica o verbal, sino que hiere profundamente la relación que la víctima mantiene con su propio cuerpo y con el mundo, tal y como lo he señalado previamente. Dado que el cuerpo fue el espacio donde se produjo la violencia y la fractura existencial, la intervención reparadora debe ir más allá de la palabra para abordar también esta dimensión corporal. Restaurar la conexión entre cuerpo-mundo es fundamental para la curación integral del trauma. La elaboración del trauma a través de experiencias estéticas brinda a las víctimas la oportunidad de recuperar la agencia sobre su cuerpo y resignificar el sufrimiento del abuso. Un ejemplo de ello, es el *dramatherapy* o el *performance* que ofrece a las víctimas un espacio para narrar

36 Alcoff, L., *op. cit.*, pp. 76-77.

37 Acosta, M-R., "Gramáticas de la escucha: Aproximaciones filosóficas a la construcción de memoria histórica", *Ideas y Valores*, 68 (5), 2019, pp. 59-79; Acosta, M-R., "Variaciones sobre el perdón: una sugerencia sobre política y transición a partir de Hegel". Universitas Philosophica 59 (29), 2012, pp. 33-50.

38 Acosta, M-R., "Gramáticas de la escucha: Aproximaciones filosóficas a la construcción de memoria histórica", *op. cit.*, p. 74.

el momento del abuso de la manera en que lo necesiten, permitiéndoles expresar el trauma en sus propios términos[39]. Al hacer conscientes los recuerdos reprimidos, la intervención teatral facilita que la víctima asimile el evento traumático en un entorno seguro, donde el cuerpo también juega un papel activo en el proceso de sanación.

Al experimentar la posibilidad de comunicar mediante el movimiento corporal lo inarticulado de la experiencia, la víctima de violación sexual se reapropia de la experiencia traumática: el evento deja de ser una experiencia pasiva para convertirse en un espacio de creación y reconfiguración. Este proceso de reapropiación no implica simplemente regresar a un estado anterior, sino la creación de nuevas conexiones y formas de existencia. Así, el cuerpo en el *performance* se convierte en un espacio híbrido, donde la cicatriz del trauma ya no es un vestigio de lo perdido, sino un punto de partida para una nueva configuración del ser.

En este proceso, la víctima atraviesa una reconfiguración ontológica en la que la relación entre cuerpo y conciencia —fracturada en el instante del abuso sexual— se articula de una manera renovada. El cuerpo deja de ser un mero receptáculo pasivo del sufrimiento para convertirse en un agente activo y creador. Esta reapropiación se entiende, entonces, como un proceso de reorganización interna, donde la experiencia traumática no se elimina ni disuelve, sino que se reconfigura. De este modo, la relación con la experiencia de la violación sexual y con el recuerdo mental y corporal adquiere un nuevo significado.

Un ejemplo de esta elaboración del trauma en clave de género es el de las Tejedoras de Mampuján, en Colombia, quienes fueron víctimas de la masacre perpetrada por el Bloque Héroes de los Montes de María de las AUC en marzo del año 2000. Durante esta incursión paramilitar, once campesinos fueron asesinados y más de 245 familias se vieron forzadas a desplazarse de manera abrupta, dejando atrás sus hogares, tierras y redes comunitarias. La violencia no solo fracturó sus cuerpos y su seguridad, sino que también desmembró el tejido simbólico y afectivo de la comunidad, marcando un antes y un después en su historia colectiva[40]. La elaboración

---

[39] *Cfr.* Leo, J. Do not Rape, 10 de septiembre de 2018. https://janaleo.com/2018/09/10/concept-no-violaras-campana-de-educacion-para-la-prevencion-de-la-violacion-a-traves-de-material-artistico/ [Consulta: 22/02/2025]; Greene, R. (Director), *Procession,* Netflix, 2021.

[40] CNMH—Centro Nacional de Memoria Histórica, *Mampuján. Crónica de un desplazamiento* [Video], YouTube, 9 de octubre de 2012. https://www.youtube.com/watch?v=9v_rsVojQt8 [Consulta: 10/01/2025].

del trauma y del terror a través del tejido es el modo como las mujeres de Mampuján no solo han elaborado su propia experiencia, sino que han invitado a otras víctimas a sacar su dolor y expresarlo en un tapiz. Estas mujeres han recorrido todos los pueblos por los que pasaron los paramilitares generando terror e iniciaron con la población (sobre todo las mujeres) un proceso de sanación a través del tejido. El proceso del tejido ocurre en tres tiempos: en el primer tapiz tejen el recuerdo de su vida como era antes del conflicto, en el segundo tejen el relato de los actos violentos y en el último tapiz representan una visión del futuro. Además de ayudar a las comunidades a reconstruir la memoria, de dar un espacio a través del arte para comunicar el horror de lo ocurrido, las tejedoras de Mampuján son un motor en el proceso de reconciliación con sus victimarios, pues muchos de ellos han participado del tejido colectivo. En uno de los testimonios, una mujer narra la experiencia del tejido colectivo:

> Las primeras puntadas fueron de dolor. Cada vez que entraba la aguja para unir las telas, algo se desgarraba en su corazón y el llanto salía sin parar. Entonces estas mujeres soltaban la aguja y se secaban las lágrimas para seguir llorando. La colcha de retazos apenas tenía forma: unas montañas de fondo, unos caminos, algunos árboles y el arroyo; ahora tenían que dibujar las personas. Cada figura representaba a un vecino, amigo o familiar. Por eso dolía tanto, porque lo que estaban plasmando en la tela era su propia historia. Entonces después de secarse las lágrimas una y otra vez, de tomar aire y elevar una oración, volvían a tomar la aguja para ponerle ropa a cada figura humana. "El hermano Luis tenía un pantalón así", decía la una; "la 'seño' Guadalupe tenía su pelito blanco muy blanco", contestaba otra al extremo opuesto del tejido. Cada mujer aportaba un recuerdo, una idea, un pedazo de tela. Así construyeron su primer tapiz. Desplazamiento, se llamó. Así, sin eufemismos ni adornos. Una sola palabra para mostrar el horror que comenzaron a vivir el 11 de marzo del año 2000 y que aún no termina[41].

Ante experiencias inenarrables, el arte se abre como un espacio de elaboración de los traumas que la violencia ha dejado en sus víctimas. La experiencia necesita ser trabajada por la psique y por ello necesita otros espacios de elaboración para hacerlo en el que no solo intervenga el lenguaje, sino el cuerpo. En ese sentido, las mujeres de Mampuján a través del tejido de tapices se conectan con una práctica artística que las retorna a un momento de calidez y acogida del hogar. Así mismo, les permite "tejer" de nuevo los vínculos entre aquellos que fueron parte de su comunidad y

---

41 Castrillón, G., Las tejedoras de Mampuján: la fuerza femenina del perdón. *Diario El Espectador*. 19 de noviembre de 2015. https://www.elespectador.com/cromos/vida-social/las-tejedoras-de-mampujan-la-fuerza-femenina-del-perdon/ [Consulta: 13/06/2025].

crear nuevos con las otras poblaciones que también sufrieron los embates de la violencia. Sus acciones van mucho más allá de hacer un trabajo psicológico individual de la elaboración del trauma de la violencia, pues el sentido de sus acciones va más bien encaminado a construir comunidades de sanación a través de las narraciones tejidas a mano. Salen de la condición de víctimas y se re-posicionan en una nueva condición que les da sentido a sus vidas: son sanadoras.

CONCLUSIÓN

A pesar de la profundidad de las heridas que deja la violencia sexual sistemática en contextos de guerra, como en otros casos de abuso y violación sexual, es posible vislumbrar caminos de reparación y reconstrucción. Sin embargo, para que estos procesos sean verdaderamente transformadores, es indispensable reconocer que el trauma que sufren las niñas soldado no es un efecto colateral ni un daño aislado, sino que constituye el núcleo mismo de una violencia estructural y patriarcal que instrumentaliza sus cuerpos, silencia sus voces y fragmenta sus vínculos con el mundo.

La violencia sexual que experimentan estas niñas no puede ser tratada como una más entre las múltiples formas de violencia del conflicto, sino como una modalidad específica de daño ontológico que rompe la relación con el cuerpo propio y fractura la confianza fundamental en el otro. Por ello, las respuestas a esta forma de violencia no deben limitarse a intervenciones individuales, sino articularse desde una lógica comunitaria y relacional, que restituya la relación tanto con el cuerpo como con la palabra y que reconfigure los vínculos afectivos y de confianza desgarrados por el trauma.

Escuchar, acoger y reconocer la autoridad epistémica de las víctimas no es solo un imperativo ético, sino una condición necesaria para pensar formas de reparación que respondan de forma más directa al tipo de daño sufrido. Las experiencias de resignificación corporal a través del arte y la creación colectiva ofrecen claves valiosas para imaginar espacios de reparación que no reproduzcan la lógica del silenciamiento, sino que restituyan a las víctimas su capacidad de agencia, memoria y sentido. Justamente, el reconocimiento de la herida ontológica que deja la violación sexual en contextos de guerra debe abrir una reflexión crítica sobre las formas de reparación que aún debemos construir.

REFERENCIAS BIBLIOGRÁFICAS

Abdulali, S. (2018). *What We Talk about When We Talk about Rape.* The New Press.

Abril Stoffels, R., & Ojinaga Ruiz, R. (2020). "La protección de las niñas asociadas con fuerzas armadas o grupos armados". Revista Electrónica de Estudios Internacionales, (39). https://reei.tirant.com/reei/article/view/2991

Abril Stoffels, R., & Ojinaga Ruiz, R. (2021). "Los procesos de desvinculación y reintegración de las niñas asociadas con fuerzas o grupos armados: «Thinking outside the box»". Anuario Colombiano de Derecho Internacional, 14, 167-222. https://revistas.urosario.edu.co/index.php/acdi/article/view/8233

Abril Stoffels, R., & García Bellido, M. R. (2021). Infancia robada: Una investigación sobre la representación cinematográfica de niños y niñas en conflictos armados. Tirant lo Blanch.

Abril Stoffels, R. (2003). "Violencia contra las mujeres en los conflictos armados: Conclusiones y recomendaciones". En R. Abril Stoffels, S. Díaz Luengo, & S. Sanz Caballero (Coords.), Mujer, derecho y sociedad: Violencia contra las mujeres en conflictos armados (pp. 129-142). Cruz Roja Española en la Comunidad Valenciana. https://repositorioinstitucional.ceu.es/handle/10637/9945

Abril Stoffels, R. (2007). La protección de los niños en los conflictos armados. Tirant lo Blanch.

Abril Stoffels, R. (2011). "La mujer como partícipe y destinatario de las estrategias de paz y seguridad: Desarrollos recientes y retos planteados". Revista Española de Derecho Militar, 98, 17-79. https://repositorioinstitucional.ceu.es/handle/10637/6538

Acosta, M-R. (2019). "Gramáticas de la escucha: Aproximaciones filosóficas a la construcción de memoria histórica". *Ideas y Valores,* 68 (5), 59-79.

Acosta, M-R. (2012). "Variaciones sobre el perdón: una sugerencia sobre política y transición a partir de Hegel". *Universitas Philosophica* 59 (29), 33-50. http://doi.org/10.15446/ideasyvalores.v68n5Supl.80519

Alcoff, L. (2021). *Violación y resistencia. Cómo comprender las complejidades de la violación sexual.* Prometeo Libros.

Amone-P'Olak, K., *et. al.* (2014). "The influence of different types of war experiences on depression and anxiety in a Ugandan cohort of war-affected youth: the WAYS study". *Social psychiatry and psychiatric epidemiology,* 49(11), 1783-1792. https://doi.org/10.1007/s00127-014-0873-5

Aristóteles. (2022). *Ética a Nicómaco.* Gredos.

Bourke, J. (2009). *Los violadores: historia del estupro de 1860 a nuestros días.* Crítica.

Blom, F, & Pereda, N. (2009). "Niños y niñas soldado: consecuencias psicológicas e intervención". *Anuario de psicología/The UB Journal of psychology,* 40(3), 329-344. https://raco.cat/index.php/AnuarioPsicologia/article/view/189197.

Briggs, J. (2005). *Innocents Lost: When Child Soldiers Go to War.* Basic Books.

Brownmiller, S. (1975): *Against our Will. Men, Women and Rape.* Fawcett Columbine.

Castrillón, G. (19 de noviembre de 2015). *Las tejedoras de Mampuján: la fuerza femenina del perdón. Diario El Espectador.* [Consulta: 13/06/2025]. Disponible en: https://www.elespectador.com/cromos/vida-social/las-tejedoras-de-mampujan-la-fuerza-femenina-del-perdon/

CNMH—Centro Nacional de Memoria Histórica. (9 de octubre de 2012). *Mampuján. Crónica de un desplazamiento* [Video]. YouTube. [Consulta: 10/01/2025].

https://www.youtube.com/watch?v=9v_rsVojQt8

CNMH—Centro Nacional de Memoria Histórica (2017). *Una guerra sin edad. Informe nacional de reclutamiento y utilización de niños, niñas y adolescentes en el conflicto armado colombiano,* CNMH.

Consejo de Seguridad de las Naciones Unidas. (22 de febrero de 1993). Resolución 808. [Consulta: 11/06/2025]. Disponible en: https://docs.un.org/es/S/RES/808%20

Dickson-Gómez, J. (2008). "Growing Up in Guerrilla Camp: The long-term Impact of Being a Child Soldier in El Salvador's Civil War. Ethos, 30 (4), 327-356. https://doi.org/10.1525/eth.2002.30.4.327

Greene, R. (Director). (2021). *Procession.* Netflix.

Hernández, P. (2021). "Niñas soldado. Violencia Sexual en escenarios de conflicto bélico". *InterNaciones,* (20), 115-136. https://doi.org/10.32870/in.vi20.7165

Leguil, C. (2023). *Ceder no es consentir.* NED.

Leo, J. (10 de septiembre de 2018). *Do not Rape.* [Consulta: 22/02/2025]. Disponible en: https://janaleo.com/2018/09/10/concept-no-violaras-campana-de-educacion-para-la-prevencion-de-la-violacion-a-traves-de-material-artistico/

Miller, A. (2022). *El cuerpo nunca miente.* Tusquets.

Merleau-Ponty, M. (2003). *Fenomenología de la percepción* (Traducción: J. Cabanes). Planeta De Agostini.

Messina-Dysert, G. (2012). "Rape and Spiritual Death". *Feminist Theology,* 20 (2), 120-132. DOI: https://doi.org/10.1177/0966735011425305

Naciones Unidas. (3 de junio de 2024). Los niños y los conflictos armados. Asamblea General Consejo de Seguridad. Disponible en: https://www.refworld.org/es/ref/infortem/unsecgen/2024/es/148091

Naciones Unidas. (25 de mayo de 1993). Estatuto del Tribunal Internacional para el enjuiciamiento de los responsables de violaciones graves del derecho internacional humanitario cometidas en el territorio de la ex Yugoslavia desde 1991. Oficina del Alto Comisionado de las Naciones Unidas para los Derechos Humanos. Disponible en: https://www.ohchr.org/es/instruments-mechanisms/instruments/statute-international-tribunal-prosecution-persons-responsible

Nordås, R., & Cohen, D. (2022). "Violencia sexual derivada del conflicto". *Estudios Socio-Jurídicos,* 24(1).

https://doi.org/10.12804/revistas.urosario.edu.co/sociojuridicos/a.11116

Ovidio. (2024). *Metamorfosis.* (Traducción: A. Ramírez de Verguer & F. Navarro Antolín). Alianza Editorial.

Santos-de-Torregroza, L. (2024). Consentimiento, deseo sexual y voluntad en la definición de la violación: una perspectiva crítica. *Isegoría,* (71), 1292. https://doi.org/10.3989/isegoria.2024.71.1292

Santos-de-Torregroza, L. (2025). Institucionalización de la violación sexual: análisis de sus espacios de normalización. Las Torres de Lucca. International Journal of Political Philosophy, 14(2), 421-433. https://doi.org/10.5209/ltdl.96984

Santos-de-Torregroza, L. (en prensa). "Cuerpos dóciles: disciplina y violación sexual en las iglesias evangélicas". En: R. Polo & E. Apolo, Michael Foucault. Colección filosófica actual.

Singer, P. W. (2010). "The enablers of war: Causal factors behind the child soldier phenomenon". En S. Gates & S. Reich (Eds.), Child soldiers in the age of fractured states, pp. 93-107. University of Pittsburgh Press.

Singh, A, & Singh, A. (2010). "The mental health consequences of being a child soldier-an international perspective". International psychiatry: bulletin of the Board of International Affairs of the Royal College of Psychiatrists, 7(3), 55-57.

Skjelsbæk, I. (2001). "Sexual Violence and War: Mapping Out a Complex Relationship". *European Journal of International Relations*, 7(2), 211-237. https://doi.org/10.1177/1354066101007002003

Springer, N. (2012). Como corderos entre lobos: Del uso y reclutamiento de niñas, niños y adolescentes en el marco del conflicto armado y la criminalidad en Colombia. CNMH. Disponible en: https://www.centrodememoriahistorica.gov.co/descargas/informe_comoCorderosEntreLobos.pdf

Vidal, D. (16 de febrero de 2015). La tragedia de los niños soldado: "Vi a gente matando gente. Vi muertos". Diario Sur. [Consulta: 20/07/2025]. Disponible en: https://acortar.link/8ERwyL

Wood, E. (2012). "Variación de la violencia sexual en tiempos de guerra: la violación en la guerra no es inevitable". Estudios Socio-Jurídicos, 14(1), 19-57.

Experiencia de mujeres ucranianas expuestas a ocupación militar: entre la violencia estructural, el reclutamiento informal y los riesgos de trata de personas[1]

Experience of Ukrainian women exposed to military occupation: between structural violence, informal recruitment and the risks of human trafficking

ABRAHAM ALBALADEJO ÁLVAREZ

Resumen: Este artículo explora las vivencias de mujeres ucranianas que han sufrido la ocupación militar de fuerzas militares de origen ruso en los territorios donde vivían. Se examina cómo estas experiencias se sitúan en la intersección entre la violencia estructural y formas de coacción informal. A través de entrevistas cualitativas con mujeres procedentes de zonas ocupadas en Ucrania (Donetsk, Jersón, Zaporiyia, entre otras), se analizan los cambios en su vida cotidiana —tales como restricciones de movimiento, escasez de recursos y terror generalizado— y se identifican las dinámicas de violencia (física, psicológica y sexual) ejercidas por las fuerzas ocupantes. Asimismo, se indaga en qué medida estas mujeres fueron presionadas directa o indirectamente a colaborar con las tropas en tareas logísticas o de propaganda, configurando formas de "reclutamiento informal". El estudio se apoya en un enfoque teórico crítico de corte feminista-postcolonial y en la criminología crítica, lo que permite visibilizar las relaciones de poder de género y colonialidad en el contexto bélico. Los resultados revelan múltiples capas de violencia y un patrón de control social sistemático, donde las mujeres desarrollaron estrategias de resiliencia individual y colectiva. Se destaca también la necesidad de incorporar un enfoque de género en los procesos de justicia transicional, y se propone una interpretación amplia del fenómeno del reclutamiento forzado, considerando también los riesgos asociados a la trata de personas en contextos de ocupación prolongada.

Abstract: This article explores the experiences of Ukrainian women who have lived under military occupation by Russian-origin forces in their home territories. It examines how these experiences lie at the intersection of structural violence and informal forms of coercion. Through qualitative interviews with women from occupied areas in Ukraine (such as Donetsk, Kherson, and Zaporizhzhia), the study analyzes changes in their daily lives —including restrictions on

---

[1] Estudio realizado en el marco del Proyecto de Investigación titulado "*Lagunas en la protección y asistencia internacional a las niñas asociadas a Grupos armados (NAAG)*". CIAICO 2022/235 UCHCEU con financiación pública de la GVA.. ORCID: https://orcid.org/0009-0002-2991-8627. Doctorando. Programa de Derecho y Ciencias Sociales. UNED. aalbalade21@alumno.uned.es

movement, scarcity of resources, and widespread fear— and identifies patterns of violence (physical, psychological, and sexual) perpetrated by occupying forces.

The article also investigates the extent to which these women were directly or indirectly pressured to collaborate with troops in logistical or propaganda-related tasks, shaping what can be described as forms of "informal recruitment." The study adopts a critical theoretical approach grounded in postcolonial feminist perspectives and critical criminology, allowing for the visibility of gender and colonial power dynamics in war contexts.

The findings reveal multiple layers of violence and a systematic pattern of social control, within which women developed both individual and collective resilience strategies. The article further highlights the need to incorporate a gender-sensitive perspective in transitional justice processes and advocates for a broader interpretation of forced recruitment, also considering the risks associated with human trafficking in contexts of prolonged occupation.

Palabras clave: Mujeres ucranianas; Ocupación militar; Violencia estructural; Reclutamiento informal; Género y conflicto; Criminología crítica; Feminismo colonial; Derechos humanos.

Keywords: Ukrainian women; Military occupation; Structural violence; Informal recruitment; Gender and conflict; Critical criminology; Colonial feminism; Human rights.

1. INTRODUCCIÓN

Las ocupaciones militares contemporáneas no solo transforman el control territorial, sino que alteran profundamente las estructuras sociales, económicas y de género[2]. En el marco de la guerra en Ucrania iniciada en 2014 y agravada tras la invasión de febrero de 2022, se han producido extensas ocupaciones de territorios por parte de las fuerzas armadas rusas. Este fenómeno ha afectado gravemente a la población civil, especialmente a mujeres y niñas, según diversos informes internacionales (OHCHR, 2022; Human Rights Watch, 2022; Amnesty International, 2024)[3].

---

2 La Comisión Económica y Social para Asia Occidental (CESPAO) señala que la ocupación israelí en Gaza y Cisjordania ha destruido avances de desarrollo y ha generado una inseguridad alimentaria extrema para las mujeres; muchas deben recolectar comida y reducir su propia ingesta para alimentar a sus familias. El informe también alerta de que las embarazadas carecen de atención médica y que el hacinamiento en refugios aumenta la violencia de género. Estas consecuencias ilustran cómo cualquier ocupación militar altera las estructuras económicas, sociales y de género. Comisión Económica y Social para Asia Occidental (CESPAO). (2024). *Repercusiones económicas y sociales de la ocupación israelí en las condiciones de vida del pueblo palestino en el Territorio Palestino Ocupado, incluida Jerusalén Oriental, y de la población árabe en el Golán sirio ocupado.* Nota del Secretario General A/79/187–E/2024/68. Naciones Unidas. Disponible en https://www.un.org/unispal/document/economic-and-social-repercussions-report-18jul24/ (recuperado el 25 de agosto de 2025).

3 El informe del Alto Comisionado de la ONU para los Derechos Humanos (OHCHR) documenta ejecuciones sumarias, detenciones arbitrarias, violencia sexual y otros

Los impactos diferenciados por género en estas situaciones han sido documentados por organizaciones como ONU Mujeres y L'Entraide Missionnaire[4], que han señalado cómo la guerra profundiza las desigualdades estructurales y expone a las mujeres a múltiples formas de violencia, desde el colapso de servicios esenciales hasta la explotación sexual y el trabajo forzado encubierto en tareas logísticas, humanitarias o de propaganda. En palabras de ONU Mujeres: *"Las mujeres y las niñas se ven afectadas de manera desproporcionada por la destrucción del tejido social y el refuerzo de estereotipos de género durante los conflictos prolongados."* (ONU Mujeres, 2024[5]).

En este artículo se analizan, desde una perspectiva crítica, las experiencias de mujeres ucranianas que residieron bajo ocupación militar rusa en regiones como Donetsk, Jersón o Zaporiyia. A través de entrevistas en profundidad, se examinan sus testimonios sobre la vida cotidiana bajo ocupación, las formas de violencia estructural y directa sufridas, las presiones para colaborar con los ocupantes y las respuestas de resistencia o supervivencia desplegadas.

El concepto de reclutamiento informal, utilizado en este estudio, se refiere a aquellas situaciones en las que la población civil —en este caso, mujeres— es presionada o coaccionada para realizar tareas de apoyo logístico, doméstico o simbólico (como participar en eventos públicos), sin

abusos cometidos por las fuerzas rusas entre febrero y mayo de 2022. Human Rights Watch denuncia aparentes crímenes de guerra en las áreas controladas por Rusia, incluidos ataques indiscriminados contra civiles. Por su parte, Amnesty International explica que la guerra afecta de manera desproporcionada a las mujeres, incrementando la violencia sexual y limitando su acceso a servicios sanitarios.
OHCHR (Office of the United Nations High Commissioner for Human Rights), *Report on the human rights situation in Ukraine 24 February-15 May 2022*, Naciones Unidas, Ginebra, 2022. Disponible en: https://www.ohchr.org/en/documents/country-reports/report-human-rights-situation-ukraine-24-february-15-may-2022.
Human Rights Watch, *Ukraine: Apparent War Crimes in Russia-Controlled Areas*, HRW, Nueva York, 2022. Disponible en: https://www.hrw.org/news/2022/04/03/ukraine-apparent-war-crimes-russia-controlled-areas.
Amnesty International, *Comment la guerre en Ukraine affecte-t-elle les femmes?*, 2024. Disponible en: https://www.amnesty.fr/conflits-armes-et-populations/actualites/comment-la-guerre-en-ukraine-affecte-t-elle-les-femmes.

4 L'Entraide Missionnaire, *Comment la guerre en Ukraine affecte les femmes en Ukraine*, 2024. Disponible en: https://lentraidemissionnaire.org/comment-la-guerre-en-ukraine-affecte-les-femmes-en-ukraine.

5 ONU Mujeres, *Deux ans de guerre en Ukraine: comment a évolué la situation des femmes et des filles?*, 2024. Disponible en: https://www.onufemmes.fr/nos-actualites/2024/2/23/deux-ans-de-guerre-en-ukraine-comment-a-evolue-la-situation-des-femmes-et-des-filles—.

constituir un alistamiento formal pero sí bajo condiciones de amenaza o dependencia extrema. Además, dada la vulnerabilidad inducida por la ocupación, se señala el riesgo latente de derivación hacia formas de trata de personas, especialmente cuando se abusa de la necesidad, del miedo o del aislamiento para captar mujeres con fines de explotación. Informes internacionales recientes (UNODC, 2022; La Strada International, 2025; Global Slavery Index, 2023[6]) confirman que, en el marco del conflicto ucraniano, los procesos de captación informal pueden actuar como primer eslabón en un continuum que desemboca en trata, tanto sexual como laboral, en zonas de ocupación o durante el desplazamiento forzado.

Este trabajo busca llenar un vacío en la literatura académica, al analizar desde una perspectiva de género, crítica y postcolonial las ocupaciones militares en Europa del Este, a menudo tratadas como eventos excepcionales o alejados de las dinámicas coloniales tradicionales. Las preguntas que guían esta investigación son:

- ¿Qué formas de violencia estructural y directa experimentaron las mujeres ucranianas bajo ocupación militar rusa?
- ¿Qué tipo de interacciones tuvieron con los soldados ocupantes y cómo se manifestó el reclutamiento informal?
- ¿Cómo ejercieron agencia ante la violencia, y qué estrategias de resiliencia desplegaron?

2. MARCO TEÓRICO

Este estudio se apoya en un enfoque teórico crítico que combina aportes de la criminología crítica y de la teoría de la colonialidad del poder, con

6 El informe de la UNODC subraya que las mujeres y niñas siguen siendo la mayoría de las víctimas de trata y que los conflictos armados incrementan su vulnerabilidad. La Strada International advierte que las redes criminales se aprovechan del desplazamiento masivo de ucranianas para captarlas con fines de explotación. El Global Slavery Index 2023 muestra que la explotación ha aumentado en Europa del Este desde el inicio de la guerra. UNODC (United Nations Office on Drugs and Crime), *Global Report on Trafficking in Persons 2022,* Naciones Unidas, Viena, 2022. Disponible en: https://www.unodc.org/unodc/data-and-analysis/glotip. html.
La Strada International, *Report on Human Trafficking Risks in Ukraine and Neighboring Countries,* 2025. Disponible en: https://www.lastradainternational.org.
Walk Free, *Global Slavery Index 2023,* Minderoo Foundation, 2023. Disponible en: https://www.globalslaveryindex.org/.

especial atención a cómo estas estructuras afectan de forma diferenciada a las mujeres en contextos de guerra. Se busca interpretar la ocupación militar rusa en Ucrania como un régimen de dominación estructural que reproduce relaciones coloniales activas, y que utiliza tanto la violencia directa como la estructural para controlar y subyugar a la población civil, particularmente a las mujeres.

2.1. Criminología crítica y violencia estructural

Desde la criminología crítica, la ocupación militar puede ser leída como un contexto de criminalidad institucional del poder. Es decir, un entorno en el que actores estatales o paraestatales —como las fuerzas armadas ocupantes— cometen abusos sistemáticos contra la población civil, sin que estos sean etiquetados ni perseguidos como delitos, a pesar de su gravedad. Este enfoque permite analizar cómo las estructuras de poder producen daño mediante mecanismos legales, políticos y militares que permanecen impunes.

Una herramienta clave de análisis es el concepto de violencia estructural formulado por Johan Galtung (1969)[7]. Esta se refiere a la violencia incrustada en las estructuras sociales que impide a las personas satisfacer sus necesidades básicas, vivir con dignidad o ejercer sus derechos. En contextos de ocupación, esta violencia se manifiesta en:

- la escasez inducida de alimentos, medicinas y servicios básicos,
- la interrupción forzada de la vida cotidiana,
- la imposición del miedo constante como forma de control.

Las mujeres ucranianas entrevistadas describen la ocupación como una degradación generalizada de su entorno vital: cortes de electricidad, desabastecimiento, restricciones de movimiento, vigilancia permanente y quiebre de redes comunitarias. Esta violencia estructural no es neutra: afecta de forma particular a quienes sostienen tareas de cuidado, salud y reproducción social, funciones que recaen mayoritariamente sobre las mujeres.

---

[7] Johan Galtung define la violencia estructural como aquella incrustada en las instituciones sociales que impide a las personas satisfacer sus necesidades básicas y vivir con dignidad; se expresa, por ejemplo, en la escasez inducida de alimentos, medicinas o servicios. Galtung, J., *Violence, Peace and Peace Research,* Journal of Peace Research, vol. 6, n.º 3, 1969, pp. 167-191.

Desde la criminología crítica, también es fundamental atender a la noción de impunidad estructural. La violencia ejercida por las fuerzas ocupantes rara vez tiene consecuencias legales. Esto responde a lo que Agamben (2005)[8] denomina "estado de excepción": un marco en el que el derecho queda suspendido y la arbitrariedad del poder se convierte en norma. La ocupación de territorios ucranianos crea precisamente ese tipo de régimen: un espacio donde el poder armado se impone sin rendición de cuentas, generando múltiples formas de victimización no reconocidas ni reparadas.

2.2. Colonialidad del poder y dominación geopolítica

Junto a la criminología crítica, este trabajo adopta un enfoque basado en la colonialidad del poder (Quijano, 2000)[9] y las teorías decoloniales latinoamericanas, que permiten interpretar la ocupación de Ucrania como parte de un sistema moderno de dominación imperial que no ha desaparecido con el fin formal del colonialismo. En este caso, no se trata de una colonia clásica ni de un conflicto entre metrópolis y territorios de ultramar, sino de una lógica colonial contemporánea dentro del espacio postsoviético.

La pertenencia de Ucrania a la antigua Unión Soviética es fundamental para entender esta dimensión. Aunque la URSS se presentaba como un proyecto socialista e internacionalista, muchos autores la describen como un imperio multinacional de poder centralizado[10]. Tras la independencia

---

[8] Agamben señala que en el estado de excepción el orden jurídico se suspende y el poder soberano actúa sin límites, creando un espacio donde la arbitrariedad se normaliza. Esta figura ayuda a entender cómo la ocupación rusa instala un régimen de impunidad. Agamben, G., *Estado de excepción*, Pre-Textos, Valencia, 2005.

[9] Quijano argumenta que la colonialidad del poder sigue reproduciendo jerarquías raciales y de género tras el fin del colonialismo formal. Esta perspectiva permite leer la ocupación de Ucrania como una manifestación contemporánea de dominación imperialista. Quijano, A., *Colonialidad del poder, eurocentrismo y América Latina*, en: Lander, E. (ed.), La colonialidad del saber: eurocentrismo y ciencias sociales, CLACSO, Buenos Aires, 2000.

[10] El proyecto "Making the History of 1989" describe la URSS como un "imperio multinacional" donde los rusos nunca fueron mayoría absoluta y el poder político se centralizaba en Moscú. Joy Neumeyer explica que, aunque la Unión Soviética promovió el derecho de las repúblicas, en la práctica los rusos eran tratados como "primer pueblo entre iguales": el idioma ruso era imprescindible para ascender socialmente y la cultura rusa se consideraba la norma. Roy Rosenzweig Center for History and New Media, *Nationalities in the USSR* (s. f.), https://1989.rrchnm.

en 1991, Ucrania mantuvo una fuerte dependencia energética de Rusia y Bielorrusia, importando el 65% del diésel y el 40% del petróleo en 2020[11].

La actual invasión y ocupación, iniciada en 2014 con una intervención militar directa, según diversos análisis puede interpretarse como un intento de recolonización, en el que Rusia busca negar la soberanía ucraniana —la propaganda pro-Kremlin difunde que Ucrania y Rusia son "una sola nación"[12]— y se utilizan de manera desproporcionada unidades procedentes de repúblicas no eslavas, como los buriatos, tuvanos o chechenos, que registran tasas de bajas muy superiores en comparación con las de rusos étnicos[13]. Estas unidades realizan tareas de represión en las zonas ocupadas[14]. Esta distribución desigual del sacrificio alimenta la percepción de que el Kremlin recurre a grupos periféricos para imponer su hegemonía.

---

org/exhibits/nationalities/introduction.html (consulta: 25 de agosto de 2025). Joy Neumeyer, "The Soviet Union never really solved Russian nationalism", *Aeon*, 5 de julio de 2022, https://aeon.co/essays/the-soviet-union-never-really-solved-russian-nationalism (consulta: 25 de agosto de 2025).

11 Andrian Prokip, "30 Years of Ukrainian Independence and Energy Dependence", *Kennan Institute – Wilson Center* (blog), 7 de septiembre de 2021, https://www.wilsoncenter.org/blog-post/30-years-ukrainian-independence-and-energy-dependence (consulta: 25 de agosto de 2025).

12 Servicio Europeo de Acción Exterior-Delegación de la UE en China, "Disinformation About Russia's invasion of Ukraine-Debunking Seven Myths spread by Russia", 18 de marzo de 2022. El documento de la UE señala que la propaganda pro-Kremlin sostiene que Ucrania y Rusia son "una sola nación" y que Ucrania pertenece a la esfera de influencia rusa; sin embargo, esta idea se desmonta recordando que Ucrania posee una cultura e identidad propias y que el concepto de una "nación panrusa" es un constructo ideológico usado para negar la soberanía ucraniana.

13 Mariya Petkova, "'Putin is using ethnic minorities to fight in Ukraine': Activist", *Al Jazeera* (25 de octubre de 2022). La vicepresidenta de la Free Buryatia Foundation, Victoria Maladaeva, declara que las repúblicas de Daguestán, Tuva y Buriatia registran las tasas de mortalidad más altas: un buriato tiene 7,8 veces más probabilidades de morir en la guerra que un ruso étnico y un tuvano 10,4 veces más, pues muchos fueron enviados como carne de cañón al inicio del conflicto. Señala además que la movilización se completó primero en las repúblicas étnicas y que las autoridades reclutaron a hombres por la noche, incluso con hijos o sin notificación formal, lo que la fundación considera una forma de genocidio étnico. Maladaeva interpreta esta estrategia como reflejo de la mentalidad imperialista de Putin y de que quienes no son rusos son tratados como ciudadanos de segunda.

14 Al Jazeera Staff, "Russia deploys feared Chechen unit to police Ukrainian nuclear town", *Al Jazeera* (9 de agosto de 2023). El reportaje indica que la unidad especial chechena "Akhmat Grozny" opera en Enerhodar, la ciudad que alberga

2.3. Violencia de género y reclutamiento informal en clave colonial

Dentro de este marco de colonialidad activa, las mujeres ocupadas viven una doble subordinación: por su condición de ciudadanas de un territorio invadido y por su rol de género en una estructura patriarcal reforzada por la guerra. La ocupación utiliza mecanismos tanto simbólicos como materiales para ejercer control sobre ellas.

Uno de los fenómenos observados en este estudio es el llamado reclutamiento informal: situaciones en que mujeres civiles fueron presionadas o forzadas a colaborar con los ocupantes en tareas como limpieza, cocina, guía o propaganda, sin formar parte formalmente del ejército ni recibir compensación o reconocimiento. Esta colaboración no voluntaria, frecuentemente basada en la coacción o en la amenaza implícita, puede leerse como una forma de trabajo forzado o explotación encubierta, que remite a lógicas coloniales tradicionales: utilizar cuerpos subordinados para sostener la maquinaria del poder invasor.

Además, los testimonios revelan que la violencia sexual, aunque no siempre explícita, actúa como amenaza constante. Las mujeres adoptan conductas de autoprotección extrema (cambiar su aspecto, no salir solas, evitar contacto con soldados), lo que confirma que el control del cuerpo femenino sigue siendo una herramienta de disciplinamiento en los contextos de guerra. Esta violencia no es colateral: es parte estructural del régimen ocupante, que sexualiza el miedo como forma de dominación.

Numerosos estudios han comenzado a documentar cómo los procesos de captación informal en contextos bélicos pueden evolucionar hacia dinámicas de trata de personas. En el caso ucraniano, informes de UNODC (2022)[15],

---

la central nuclear de Zaporiyia. Los habitantes afirman que la compañía, leal al líder Ramzán Kadírov, se encarga de patrullar y controlar la localidad y goza de un estatus superior al de las tropas rusas. Observadores citados por Al Jazeera subrayan que esta unidad depende personalmente de Kadírov y actúa siguiendo sus órdenes sin atender a la legalidad.

15 Los informes de UNODC (2022) y del Departamento de Estado de EE. UU. (2023) señalan que la guerra en Ucrania ha intensificado el tráfico de personas, especialmente de mujeres y niñas, tanto con fines de explotación sexual como laboral. La Strada International alerta que las redes de trata aprovechan la falta de protección en los desplazamientos para captar a mujeres vulnerables. UNODC (United Nations Office on Drugs and Crime), *Global Report on Trafficking in Persons 2022*, Naciones Unidas, Viena, 2022. Disponible en: https://www.unodc.org/unodc/data-and-analysis/glotip. html.

La Strada International (2025)[16] y el Departamento de Estado de EE. UU. (2023)[17] señalan un aumento en el riesgo de explotación sexual y laboral entre mujeres desplazadas o atrapadas en zonas ocupadas. Las condiciones de desprotección, el colapso de servicios estatales y la fragmentación social crean un terreno propicio para el abuso sistemático. Algunos casos, como el ocurrido en Polonia —donde un tutor ucraniano explotó sexualmente a menores refugiadas[18]— muestran cómo la delgada línea entre asistencia, tutela y sometimiento puede convertirse en una puerta hacia la trata. Esta realidad refuerza la necesidad de interpretar el reclutamiento informal no como un fenómeno aislado, sino como un potencial primer eslabón de una cadena de explotación que debe ser reconocida, prevenida y visibilizada en los marcos teóricos y jurídicos actuales.

Este marco teórico, por tanto, permite abordar la ocupación rusa de Ucrania como un fenómeno multidimensional en el que confluyen: prácticas de violencia estructural impune (criminología crítica), lógicas de dominación imperial y subordinación cultural (colonialidad del poder) y mecanismos específicos de control sobre las mujeres como sujetas subordinadas (en clave de género y dominación simbólica).

Al centrar el análisis en las voces de mujeres ucranianas, se busca visibilizar no solo su sufrimiento, sino también su capacidad de resistencia, agencia y denuncia, en medio de un sistema opresivo que reproduce formas coloniales de poder, de género y de guerra.

En suma, el marco teórico articula herramientas para: (a) Definir y detectar la violencia estructural en la ocupación (quiebra de las condiciones de vida, discriminación y terror cotidiano impuestos estructuralmente); (b) Entender las prácticas de reclutamiento informal y colaboración forzada como expresiones de poder colonial/patriarcal (donde el ocupante busca dominar no solo físicamente sino también socioculturalmente, utilizando a las mujeres en roles subordinados); y (c) Aplicar una lente de género interseccional que permita apreciar tanto la vulnerabilidad como

---

16 La Strada International, *Report on Human Trafficking Risks in Ukraine and Neighboring Countries*, 2025. Disponible en: https://www.lastradainternational.org.

17 U.S. Department of State, *Trafficking in Persons Report 2023*, Washington D.C., 2023. Disponible en: https://www.state.gov/reports/2023-trafficking-in-persons-report/.

18 The Guardian, *Ukrainian children among those sexually abused by traffickers in Poland*, 2023. Disponible en: https://www.theguardian.com/global-development/2023/oct/12/ukrainian-children-trafficking-poland.

la agencia de estas mujeres, su capacidad de actuar en el contexto de sumisión. Este enfoque teórico orientará la interpretación de los datos empíricos obtenidos, tal como se detalla a continuación.

3. METODOLOGÍA

El diseño metodológico de este estudio es de carácter cualitativo, exploratorio y basado en testimonios en profundidad, orientado a comprender las experiencias subjetivas de mujeres ucranianas que vivieron bajo ocupación militar rusa. Se parte de la convicción de que los relatos personales, si bien no son estadísticamente representativos, permiten iluminar estructuras de violencia, patrones de control y formas de resistencia que suelen quedar invisibilizadas en los enfoques macro o cuantitativos.

Participantes y muestreo: La muestra fue intencional y estuvo compuesta por cinco mujeres adultas (mayores de 18 años) que residieron en zonas de Ucrania ocupadas por tropas rusas en distintos momentos del conflicto. Las regiones de procedencia de las participantes incluyen: Donetsk (ocupación prorrusa desde 2014), Jersón (ocupada temporalmente en 2022), Zaporiyia, Sumy (febrero y marzo de 2022) y una mujer que vivió el avance inicial ruso desde Kiev antes de huir a otra ciudad.

La diversidad geográfica y temporal de las entrevistas permite una aproximación comparativa entre tipos de ocupación (prolongada vs. reciente) y entre entornos urbanos o mixtos. Todas las participantes fueron identificadas y contactadas mediante redes de apoyo o por referencia directa, y se les asignaron seudónimos para preservar su anonimato.

Tres de las entrevistas se realizaron oralmente con intérprete ucraniano-español y dos se desarrollaron por escrito, en formato digital. En este último caso, se trató de una entrevista semiestructurada, segmentada en bloques temáticos, mantenida por mensajería cifrada durante varios días.

Una sexta mujer voluntaria aceptó participar, pero, debido a su estado emocional, no pudo completar la entrevista. Su caso no se incluyó en el análisis, aunque se mantiene el ofrecimiento de participación abierta en el futuro, si lo desea.

Técnica de recolección: Se empleó la entrevista semiestructurada como técnica principal siguiendo las pautas de Kvale[19], basada en un guion flexi-

---

19 Kvale propone pautas para diseñar y llevar a cabo entrevistas en profundidad, subrayando la importancia de la escucha activa y la ética investigadora.

ble elaborado ad hoc. Los bloques temáticos incluyeron: vida previa a la ocupación, cambios cotidianos tras la llegada de tropas, formas de violencia vividas o presenciadas, contacto con soldados y presiones para colaborar, impacto emocional y estrategias de afrontamiento y reflexiones personales sobre el conflicto.

Las entrevistas orales fueron grabadas (previo consentimiento informado), transcritas y traducidas al español con apoyo de la intérprete. Para las tareas de transcripción se utilizó la herramienta Notta AI, lo que permitió agilizar el proceso y mejorar la fidelidad de las traducciones. El contenido se revisó manualmente para garantizar la precisión contextual y lingüística.

El análisis de datos se realizó mediante análisis temático manual, siguiendo el enfoque de Braun y Clarke (2006)[20]. Se elaboró una matriz de categorías donde se agruparon los principales contenidos emergentes de las entrevistas, atendiendo tanto a los bloques del guion como a las regularidades, contrastes y patrones espontáneos en los relatos.

Este análisis permitió identificar cinco ejes temáticos que estructuran los resultados del estudio:

1. Vida cotidiana bajo ocupación (violencia estructural).
2. Mecanismos de control y violencia directa.
3. Reclutamiento informal y colaboración forzada.
4. Roles de género y resiliencia comunitaria.
5. Emociones, percepciones y agencia posterior.

El análisis se complementó con triangulación de fuentes secundarias: se confrontaron los relatos con informes de organizaciones internacionales (ONU, HRW, Amnistía Internacional), artículos periodísticos y documentación humanitaria. Esto permitió contextualizar y, en algunos casos, verificar hechos relatados por las entrevistadas (presencia militar, patrones represivos, políticas de ocupación, etc.).

Kvale, S., *InterViews: An Introduction to Qualitative Research Interviewing*, Sage Publications, Londres, 1996.

20 Braun y Clarke presentan seis fases del análisis temático que guían la organización, codificación e interpretación de los datos cualitativos. Braun, V. y Clarke, V., *Using thematic analysis in psychology*, Qualitative Research in Psychology, vol. 3, n.º 2, 2006, pp. 77-101.

Dado que se trabaja con personas potencialmente afectadas por experiencias traumáticas, se aplicaron estrictamente los principios éticos propios de la investigación cualitativa con personas vulnerables: Se obtuvo consentimiento informado verbal o escrito en todos los casos, se garantizó la anonimización total de los datos y la confidencialidad del material, se priorizó el principio de no maleficencia: se evitó en todo momento la revictimización o la presión para revivir experiencias dolorosas y se ofreció a las participantes información sobre recursos psicosociales y redes de apoyo.

La entrevista incompleta fue respetada como una participación abierta, sin presionar ni excluir, reconociendo los tiempos individuales del proceso de recuperación emocional.

Aunque la muestra es reducida, el estudio ha permitido recoger testimonios profundos y reveladores, que ofrecen un retrato denso y matizado de la vida bajo ocupación. Las entrevistas no solo aportan datos empíricos, sino que también visibilizan las emociones, tensiones morales y decisiones estratégicas que las mujeres enfrentaron en situaciones límite.

Este enfoque cualitativo no pretende ser representativo, sino exploratorio y revelador, con el objetivo de contribuir a una comprensión más humana, situada y crítica de la experiencia femenina en contextos de guerra y ocupación militar.

En síntesis, este diseño metodológico cualitativo, aunque incipiente, ha permitido documentar experiencias ricas en contenido y emocionales, generando una base para futuras fases de investigación más extensa y comparativa.

4. ANÁLISIS DE RESULTADOS

Los hallazgos empíricos del estudio se organizan en cinco grandes bloques temáticos que emergieron del análisis comparado de las entrevistas. Cada uno aborda una dimensión clave de la experiencia de las mujeres ucranianas bajo ocupación militar: (1) transformaciones cotidianas; (2) mecanismos de control y violencia directa; (3) reclutamiento informal y riesgo de trata; (4) roles de género y resiliencia; y (5) emociones y agencia posterior.

A través de sus relatos, las participantes ofrecen un retrato complejo de cómo se vive una ocupación en lo cotidiano, cómo se navegan las presiones de colaboración, y cómo se resiste, incluso desde posiciones aparentemente pasivas.

4.1. Vida cotidiana bajo ocupación: privaciones, miedo y aislamiento

Todas las entrevistadas coinciden en que la llegada de las tropas supuso una ruptura inmediata en su cotidianidad. Las ocupaciones impusieron restricciones de movimiento, colapsaron servicios básicos y generaron escasez generalizada. Se trató de una forma de violencia estructural deliberada, orientada a quebrar la moral de la población civil.

Una de las mujeres, Olga, residente en Donetsk, relató:

> "La luz se fue por días, no había calefacción en pleno invierno, y conseguir pan o medicinas era una odisea".

En Jersón, el desabastecimiento obligó a muchas familias a recurrir al trueque o a mercados ilegales. Además del deterioro material, el miedo constante era transversal: los testimonios hablan de ansiedad crónica, de dormir vestidas con los documentos a mano, y de planificar cada desplazamiento en función de la posición de las tropas.

En el caso de Olena (Sumy), la ocupación fue breve, pero la intensidad del pánico marcó toda su vivencia. Su testimonio recoge el despertar literal a la guerra: "Nos despertamos por las explosiones a las 5:30". La ciudad quedó sin electricidad, sin calefacción y sin productos básicos. Aunque previamente gozaba de estabilidad económica, relata el miedo paralizante y la sensación de impotencia: "No podías proteger ni a tu hija ni a ti misma".

El colapso de la vida comunitaria también fue un elemento recurrente: familias separadas, vecinos desaparecidos y la desconfianza inducida por los ocupantes —que sospechaban de cualquier forma de autoorganización— minaron la cohesión social. Sin embargo, surgieron también estrategias de solidaridad vecinal, especialmente entre mujeres, que compartían alimentos, cuidado de niños o información clandestina.

4.2. Control directo, represión y amenaza sexual

El segundo eje de análisis aborda las interacciones directas entre las mujeres y las fuerzas ocupantes, caracterizadas por el control intimidatorio, los checkpoints, las patrullas armadas y, en algunos casos, el uso de la violencia física y psicológica.

Uno de los elementos más constantes fue la presencia de puestos de control militarizados que limitaban los desplazamientos:

"Tuve que pasar por 17 checkpoints para ir a casa de mi hermana. Me revisaban el cuerpo, los papeles, los tatuajes. Me obligaban a bajar la mirada", contó una participante.

Olena no tuvo contacto directo con las tropas, pero observó desde su casa cómo las columnas militares rusas atravesaban la ciudad. Esta presencia militarizada constante, aunque sin interacción directa, generó un clima de control psicológico. Ella expresó un temor constante a ser alcanzada por un bombardeo incluso en acciones tan básicas como ducharse o ir al baño.

Aunque ninguna mujer entrevistada sufrió violación directamente, todas refirieron el temor latente de violencia sexual como forma de control simbólico. Algunas tomaron precauciones extremas (ropa holgada, evitar salir solas), y al menos dos relataron casos ocurridos en su comunidad: desapariciones de jóvenes durante registros, rumores de abusos en domicilios tomados por tropas.

Este clima de amenaza, aunque no siempre materializado en actos físicos, constituye lo que Kelly (1988)[21] denominó un continuum de violencia sexual, donde el miedo constante actúa como herramienta de dominación.

La represión se extendía también a violencia doméstica exacerbada por la ocupación: una de las entrevistadas indicó que su pareja, tras perder el trabajo y vivir bajo tensión constante, se volvió más agresivo, lo que muestra cómo la guerra también intensifica las desigualdades y violencias preexistentes dentro del hogar.

4.3. Reclutamiento informal y riesgo de trata: entre la coacción y la subsistencia

Este bloque se centra en la presión ejercida sobre las mujeres civiles para colaborar con las fuerzas ocupantes en tareas logísticas o simbólicas, sin alistamiento oficial. Las formas de colaboración forzada detectadas incluyen: limpieza de calles tomadas, cocinado para soldados, servir de guías en territorio conocido, acompañamiento de convoyes humanitarios controlados por el invasor.

Si bien ninguna entrevistada admitió haber colaborado directamente, todas mencionaron casos de otras mujeres reclutadas bajo presión o ame-

---

21 Liz Kelly explica que la violencia sexual se manifiesta en un continuum que va desde los comentarios intimidatorios hasta las agresiones físicas más graves, de modo que no puede entenderse como eventos aislados. Kelly, L., *Surviving Sexual Violence*, Polity Press, Cambridge, 1988.

naza. Tatiana explicó cómo unas vecinas fueron obligadas a "escoltar camiones de ayuda" y luego retenidas para evitar filtraciones de información.

El riesgo de derivar en situaciones de trata de personas estuvo presente en las entrevistas. Aunque no se detectaron casos directos, los factores de vulnerabilidad eran evidentes: aislamiento, miedo, necesidad extrema, ruptura de redes familiares. En este contexto, la captación de mujeres jóvenes para supuestas tareas logísticas podría fácilmente degenerar en formas de explotación más severas, especialmente en zonas donde no existía supervisión internacional. Aunque no fue presionada por las fuerzas ocupantes, Olena colaboró con iniciativas locales de resistencia: informaba a las tropas ucranianas sobre los movimientos rusos que observaba desde su casa. También participó en la preparación de alimentos para apoyar a "nuestros chicos", como ella los llama. Estas formas de resistencia civil discreta reflejan una clara agencia en defensa del territorio.

Además, las mujeres temían ser estigmatizadas como "colaboradoras" incluso si habían actuado bajo coacción. Esto genera una doble carga: el miedo al ocupante y el miedo a la propia comunidad. Como dijo Oleksandra:

> "Muchas hicieron lo que pudieron para sobrevivir. No son traidoras, son madres con miedo".

Esta zona gris entre víctima y supuesta colaboradora es clave para repensar la justicia postconflicto desde una mirada restaurativa y con enfoque de género.

4.4. Roles de género y resiliencia silenciosa

La ocupación profundizó los roles tradicionales de género, asignando a las mujeres la tarea de proteger y sostener a la familia en medio del caos. Las entrevistadas asumieron múltiples responsabilidades: alimentar, cuidar, calmar, organizar. Pero lejos de limitarse a la carga doméstica, estas funciones se convirtieron en formas de resistencia activa. Desde esconder símbolos patrios hasta compartir pan con vecinas o mantener rituales religiosos en secreto, las mujeres desarrollaron lo que James Scott (1985)[22] llamó "formas invisibles de resistencia".

---

[22] James C. Scott analiza cómo los campesinos emplean "armas de los débiles", como el sabotaje o la desobediencia sutil, para resistir la dominación sin enfrentarse

Oleksandra improvisó clases de baile con niñas en un sótano para aliviar el estrés. Tatiana escribió diarios que luego transformó en plegarias. Elena, más mayor, encontraba consuelo en su fe. Varias mencionaron cómo la cultura, el idioma y las tradiciones eran refugios frente a la imposición simbólica del ocupante. Olena se define como "el escudo de su familia" y apoyo psicológico de amigas y vecinos. Su relato muestra cómo asumió un papel protector y emocionalmente activo, sosteniendo a su hija, su marido y su entorno cercano. Incluso su perra husky aparece como figura de consuelo y continuidad. La familia, para ella, fue su ancla de resistencia.

También surgió un movimiento informal de mujeres resistentes. Algunas entrevistadas conocían el caso de "ZLA Mavka", una red de ucranianas que, desde dentro de territorios ocupados, realizaban tareas clandestinas: documentar violaciones, repartir panfletos, sabotear narrativas rusas. Aunque ninguna entrevistada formó parte activa, el solo conocimiento de su existencia les ofrecía un modelo de empoderamiento. Estrategias similares de resistencia cotidiana han sido documentadas en contextos como Palestina, donde mujeres como las descritas por Hamammi (2004)[23] sostienen la vida frente a la ocupación.

4.5. Emociones, agencia narrativa y reconstrucción identitaria

El último bloque explora las emociones vividas durante y después de la ocupación, así como la forma en que las mujeres reinterpretan lo ocurrido y dan sentido a su experiencia.

Durante la ocupación, predominaron el miedo, la ira y la impotencia. Algunas describen picos de ansiedad o pensamientos depresivos. Pero también emergieron emociones que sirvieron como motor de resistencia: orgullo, indignación moral, conexión con la identidad nacional.

Tras la huida o liberación, muchas experimentaron una mezcla de alivio y trauma persistente: insomnio, sobresaltos, hipervigilancia. Sin embargo, mostraron también una fuerte necesidad de dar testimonio y recuperar su voz. Participar en este estudio fue, para varias, parte de ese proceso de reconstrucción subjetiva. El relato de Olena está atravesado por el miedo

---

abiertamente al poder. Scott, J. C., *Weapons of the Weak: Everyday Forms of Peasant Resistance*, Yale University Press, New Haven, 1985.

23 Hamammi, R., *Gender, Nakba and Nation: Palestinian women's strategies of resistance*, en: Wescott, J. y Cook, B. (eds.), Gender and Conflict, Zed Books, Londres, 2004.

persistente, el llanto incontrolable y el insomnio. Pese a todo, mantiene la esperanza de volver a Ucrania cuando haya paz. En su mensaje final expresa un deseo de vida plena: "Que la gente valore cada momento. Que nunca conozca lo que es la guerra".

En sus palabras finales, las entrevistadas transmiten una voluntad firme de seguir adelante, pero también una demanda clara: que el mundo no olvide, que la justicia contemple todo tipo de violencia, no solo la que deja cuerpos, sino también la que quiebra hogares, silencios y símbolos.

5. DISCUSIÓN

Los resultados presentados en las secciones anteriores permiten articular una lectura crítica y situada de la ocupación rusa en Ucrania, entendida como un sistema de dominación colonial contemporáneo que opera mediante violencia estructural, simbólica y de género. A continuación, se interpretan los hallazgos a la luz del marco teórico adoptado, organizados en tres grandes ejes: (1) violencia estructural y lógica colonial, (2) género, dominación y agencia femenina, y (3) justicia, memoria y reparación.

Violencia estructural y lógica colonizadora en la ocupación: El estudio confirma que la ocupación no se limita a una acción militar, sino que configura un régimen de poder que transforma el entorno social, económico y psicológico de la población civil. Desde la perspectiva de la criminología crítica, las prácticas documentadas (cortes de servicios, saqueos, checkpoints, miedo constante, propaganda forzada) deben ser comprendidas como formas institucionalizadas de violencia estructural. Esta violencia tiene un carácter deliberado: busca quebrar la capacidad de autonomía, desarticular el tejido social y establecer una relación de dependencia forzada. El uso de la escasez como arma de guerra, por ejemplo, se inscribe en lo que Galtung (1969)[24] define como violencia que actúa por privación más que por agresión directa. A ello se suma la dimensión colonial de la ocupación. Lejos de ser un conflicto territorial entre Estados iguales, la invasión rusa reproduce una lógica de subordinación imperial que remite tanto al pasado zarista como a la estructura de poder de la antigua URSS. La idea de que Ucrania "no es una nación real", ampliamente difundida por la propaganda rusa, refuerza la percepción de que se trata de un proce-

---

[24] Galtung, J., *Violence, Peace and Peace Research,* Journal of Peace Research, vol. 6, n.º 3, 1969, pp. 167-191.

so de recolonización: una negación sistemática de la soberanía, la cultura y la identidad del pueblo ucraniano. Los testimonios recogidos dan cuenta de cómo esta colonialidad se traduce en la vida cotidiana: ocupación del espacio, imposición del idioma, desconfianza sembrada, silenciamiento simbólico. En este sentido, el caso ucraniano confirma que la colonialidad del poder no ha desaparecido: se actualiza en formas contemporáneas de dominación armada, nacionalismo agresivo y negación cultural.

Género, subordinación y agencia femenina en contextos de ocupación: El segundo eje de análisis muestra cómo la ocupación afecta de manera diferenciada a las mujeres, no solo por su papel en la estructura social, sino por las expectativas de género impuestas tanto por el contexto bélico como por los ocupantes. Las mujeres entrevistadas fueron situadas en roles tradicionales de cuidado, invisibilizadas políticamente, y al mismo tiempo instrumentalizadas como recurso simbólico y logístico: mano de obra gratuita, imagen de legitimidad, blanco potencial de violencia sexual. Esta instrumentalización del cuerpo femenino como campo de control y amenaza es una constante en las guerras, y en este caso se expresa a través de la presencia armada, la propaganda, la represión silenciosa y el miedo cotidiano. El fenómeno del reclutamiento informal, en particular, evidencia cómo las mujeres fueron presionadas para colaborar sin reconocimiento ni opción real de negarse, lo que las expone a una doble vulnerabilidad: frente al ocupante y frente a la propia comunidad. En algunos casos, estas colaboraciones forzadas rozan el trabajo forzado[25] prohibido por la Cuarta Convención de Ginebra, y su carácter encubierto dificulta su visibilización en los procesos de justicia. Además, el estudio sugiere que estas condiciones crean un entorno propicio para formas más graves de explotación, como la trata de personas, especialmente cuando las mujeres quedan aisladas, sin ingresos y sin protección institucional. La vulnerabilidad estructural impuesta por la ocupación puede ser la puerta de entrada a dinámicas de

---

25 Michael N. Schmitt, "Ukraine Symposium – Forced Civilian Labor in Occupied Territory", *Lieber Institute – Articles of War*, 2 de agosto de 2022. El autor explica que el IV Convenio de Ginebra de 1949 protege a las personas civiles en tiempo de guerra y **prohíbe su enrolamiento forzoso en las fuerzas armadas de la potencia ocupante**. El artículo 51 permite requisar servicios civiles solo en casos de estricta necesidad y bajo condiciones estrictas: los trabajadores deben ser mayores de 18 años; las tareas deben ser indispensables para el mantenimiento del ejército de ocupación, para servicios públicos esenciales o para alimentar, alojar o atender sanitariamente a la población; el trabajo debe ser remunerado; y no puede implicar operaciones militares. De lo contrario, la deportación o el trabajo forzado de civiles constituye una infracción grave del Convenio.

captación con fines de explotación sexual o laboral, en un terreno donde la frontera entre coacción y consentimiento es difusa. Sin embargo, el análisis no se limita a la victimización. Uno de los aportes centrales del estudio es la visibilización de la agencia femenina en contextos de ocupación. Lejos de permanecer pasivas, las mujeres entrevistadas desarrollaron estrategias de resistencia discreta, resiliencia comunitaria y gestión emocional activa. Esta agencia se manifiesta en actos cotidianos: cuidar, compartir, ocultar símbolos, documentar abusos, organizar redes, mantener la esperanza. Siguiendo a James Scott (1985)[26], estas acciones pueden leerse como formas de resistencia invisible, fundamentales para sostener la vida comunitaria bajo opresión. En este sentido, el estudio rompe con la narrativa binaria de "víctima o heroína" y ofrece una imagen más compleja: mujeres que sobreviven, protegen, resisten, negocian y, en muchos casos, reconstruyen.

Justicia, memoria y reparación con enfoque de género: Por último, los hallazgos del estudio tienen implicaciones directas para el diseño de políticas de justicia transicional, reconstrucción posbélica y memoria histórica. La experiencia de las mujeres bajo ocupación no puede quedar relegada a la categoría de daño colateral. La violencia estructural, la coacción, el silencio forzado y la amenaza sexual son elementos constitutivos de la ocupación y deben ser tratados como tales en los mecanismos de reparación. Esto implica, por ejemplo:

- Reconocer el reclutamiento informal como una forma de violencia específica de género y colonial.
- Establecer canales seguros para denunciar colaboraciones forzadas sin estigmatizar a las víctimas.
- Incluir a las mujeres sobrevivientes de ocupación en las comisiones de verdad, memoria y reparación, no solo como testigos sino como actoras.

El enfoque de género en justicia transicional —tal como lo propone la Resolución 1325 del Consejo de Seguridad de la ONU[27]— exige ir más allá

---

26 Véase nota 21.

27 Resolution 1325 (2000), S/RES/1325 (2000)", *She Stands for Peace* (2000). Esta ficha del programa de la ONU dedicado a la agenda de mujeres, paz y seguridad resume que la Resolución 1325 del Consejo de Seguridad aborda el impacto de la guerra sobre las mujeres y la importancia de su participación plena e igualitaria en la resolución de conflictos, la consolidación de la paz, el mantenimiento de la paz, la asistencia humanitaria y la reconstrucción posterior a los conflictos.

de la violencia sexual explícita y atender las formas silenciosas, estructurales y simbólicas de daño. Además, debe contemplar medidas de protección psicosocial prolongada, particularmente para mujeres desplazadas, refugiadas o retornadas.

Finalmente, el estudio plantea que la memoria de la ocupación debe construirse también desde las voces femeninas[28], reconociendo su rol como sostén del tejido social, guardianas de la identidad cultural y portadoras de una resistencia que, aunque no armada, fue fundamental para la dignidad colectiva.

6. LIMITACIONES DEL ESTUDIO

Aunque este estudio ofrece aportes relevantes sobre la experiencia de mujeres ucranianas bajo ocupación militar, presenta limitaciones que deben ser consideradas al interpretar los resultados y que señalan líneas útiles para futuras investigaciones.

Tamaño y diversidad muestral: El estudio se basa en cinco entrevistas en profundidad, lo cual permite un análisis rico, pero no representativo desde el punto de vista estadístico. Si bien se ha logrado una diversidad geográfica (Donetsk, Jersón, Zaporiyia, Kiev y Sumy) y temporal (ocupaciones prolongadas y breves), faltan voces de mujeres que aún residen en zonas ocupadas o que hayan sufrido violencia sexual explícita, así como de colectivos vulnerables con menor acceso a redes de apoyo.

Duración e intensidad de las ocupaciones: Las experiencias recogidas están fuertemente condicionadas por la duración y la intensidad de la ocupación vivida. Las mujeres que vivieron ocupaciones prolongadas relatan formas más estructuradas de control y coacción, mientras que aquellas que vivieron ocupaciones breves, como el caso de Olena en Sumy, enfatizan el impacto del pánico inicial, el colapso de la vida cotidiana y la rápida necesi-

---

[28] Oficina del Alto Comisionado de las Naciones Unidas para los Derechos Humanos (OACDH), "Gender perspective in transitional justice processes: Report" (17 de julio de 2020). El informe explica que la adopción de una perspectiva de género debe abarcar todas las etapas de las estrategias nacionales de justicia transicional (búsqueda de la verdad, rendición de cuentas, reparaciones, garantías de no repetición y memorialización) con el fin de asegurar una respuesta adecuada a las víctimas mujeres y LGBTI y garantizar su participación efectiva en esos procesos.

dad de huida o adaptación. Esta diferencia de contexto debe ser tenida en cuenta al interpretar las formas de agencia o resistencia expresadas.

Triangulación de datos: Para reforzar la credibilidad del análisis, se trianguló la información obtenida en las entrevistas con informes independientes de organismos internacionales como Human Rights Watch, ONU DDHH (OHCHR), Amnistía Internacional, y medios verificados como The Kyiv Independent. Por ejemplo, los testimonios sobre violencia sexual como amenaza, o la coacción informal a mujeres civiles, fueron contrastados con informes publicados entre 2022 y 2024 que documentan estos patrones en zonas como Jersón o Donetsk. Asimismo, algunos testimonios recogidos en nuestras entrevistas, como Olga y Tatiana, relatan que las autoridades de ocupación obligaron a civiles, incluidas mujeres, a colaborar en tareas de apoyo (limpieza, cocina o retirada de escombros) y especialmente como guías del territorio[29]. Aunque la literatura disponible documenta casos de trabajo forzado de civiles en ciudades como Mariupol, no existen datos sistemáticos sobre el uso de mujeres como guías; por ello esta afirmación debe entenderse como percepción de las entrevistadas y no como un hecho generalizado.

Origen de las fuerzas ocupantes: Aunque no todas las participantes pudieron identificar el origen de los soldados desplegados en su zona, en los casos en que lo hicieron (como Olga y Elena), se proporcionaron detalles sobre tropas procedentes de regiones no eslavas (por ejemplo, buriatos o chechenos). Esta información fue triangulada con fuentes abiertas y medios ucranianos, que confirmaron la presencia de estas unidades en sus áreas durante los periodos señalados. Aun así, no fue posible verificar con precisión todos los despliegues, y en varios casos se mantuvo la percepción subjetiva como fuente principal.

Naturaleza subjetiva del testimonio: Los relatos recogidos reflejan la vivencia subjetiva de las entrevistadas, influida por factores emocionales, personales o de trauma. Si bien esto no invalida su valor analítico —al contrario, lo refuerza desde una perspectiva cualitativa—, es importante te-

---

29 Michael N. Schmitt, "Ukraine Symposium – Forced Civilian Labor in Occupied Territory", *Lieber Institute – Articles of War*, 2 de agosto de 2022. Schmitt cita un informe del Institute for the Study of War según el cual las fuerzas de ocupación rusas en Mariúpol suspendieron la ayuda humanitaria para obligar a los residentes a desminar y retirar escombros a cambio de comida. Este ejemplo ilustra la existencia de trabajo forzado de civiles, aunque no hace referencia a mujeres utilizadas como guías.

ner en cuenta que ciertos elementos (como omisiones, silencios o énfasis) pueden responder a procesos emocionales aún en curso. Se procuró minimizar sesgos mediante un guion común, entrevistas respetuosas y revisión externa de los datos.

Traducción y matices culturales: Parte del material fue producido en ucraniano y traducido al español con apoyo de herramientas automáticas (Notta AI) y revisión humana por el equipo investigador. Aunque se preservó el sentido y tono original, algunos matices culturales, emocionales o lingüísticos podrían haberse perdido. Este es un riesgo inherente al trabajo multilingüe en investigación cualitativa.

Alcance exploratorio: El carácter del estudio es netamente exploratorio. No se pretende ofrecer una imagen exhaustiva de las mujeres ucranianas bajo ocupación, sino visibilizar patrones de violencia, control y agencia a través de casos seleccionados. Futuras investigaciones podrían ampliar la muestra, comparar experiencias entre mujeres y hombres, y aplicar metodologías mixtas que combinen lo cualitativo con análisis cuantitativos.

CONCLUSIONES

Este estudio ha explorado en profundidad las vivencias de mujeres ucranianas bajo ocupación militar rusa, proponiendo una lectura que las sitúa en el cruce entre la violencia estructural, el control colonial y la opresión de género. A través del análisis cualitativo de sus testimonios, se han identificado patrones claros de subordinación cotidiana, formas de represión indirecta y directa, y una notable capacidad de resiliencia, agencia y resistencia. La ambigüedad jurídica que rodea las experiencias de estas mujeres conecta con los vacíos normativos que también afectan a las niñas y adolescentes vinculadas informalmente a dinámicas armadas. En este sentido, resulta pertinente recuperar el enfoque doctrinal propuesto por Abril Stoffels y Yildiz Bravo (2025)[30], que advierten sobre la falta de protección efectiva cuando la vinculación no responde a esquemas de reclutamiento

---

[30] La obra analiza las distintas dimensiones jurídicas y sociológicas de la vinculación de niñas a grupos armados y propone estrategias de protección y reintegración. Abril Stoffels, R. de M. (Dir.) y Yildiz Bravo, S. (Coord.), *Las niñas asociadas a grupos armados: Perspectivas jurídicas, sociológicas y de protección*, Aranzadi La Ley, Cizur Menor, 2025.

formal, y proponen un abordaje integral que tenga en cuenta tanto los contextos de violencia como la captación por parte de actores armados.

Los principales hallazgos pueden resumirse en los siguientes puntos:

1. La ocupación militar como violencia estructural y colonial

Las mujeres entrevistadas vivieron la ocupación como una desestructuración total de su vida cotidiana, marcada por el colapso de servicios esenciales, el miedo crónico, el control territorial y la destrucción del tejido comunitario. Este entorno no fue un accidente, sino el resultado de una estrategia estructural de dominación, tal como define la criminología crítica.

En clave geopolítica, la ocupación rusa reproduce patrones de colonialidad activa: imposición de identidad, negación de la soberanía y subordinación de una nación que ya había sido parte de un imperio anterior (URSS). Este enfoque permite reinterpretar el conflicto no solo como una guerra entre Estados, sino como una ofensiva colonial contemporánea.

2. Género, reclutamiento y explotación informal

El estudio confirma que las mujeres fueron objetivo específico del régimen ocupante, no solo por su vulnerabilidad, sino por su valor funcional: fueron presionadas para tareas de apoyo sin reconocimiento, en lo que se ha denominado reclutamiento informal. Aunque sin uniforme ni contrato, estas tareas (limpieza, cocina, guía, legitimación propagandística) implicaron coacción, amenaza o presión simbólica, y en algunos casos, una frontera difusa con el trabajo forzado.

Este escenario de desprotección, miedo e inestabilidad expuso también a muchas mujeres al riesgo latente de trata de personas, especialmente en zonas donde no existía presencia internacional ni vigilancia externa. La ocupación, al crear condiciones de aislamiento y necesidad, favorece estos circuitos de explotación invisibilizada.

Así, la captación informal observada en contextos de desplazamiento y ocupación no solo constituye una forma encubierta de coacción o colaboración forzada, sino que puede convertirse en el primer eslabón de procesos más amplios de trata. Este vínculo, documentado por organismos internacionales especializados, subraya la necesidad urgente de intervención institucional temprana y de inclusión de este fenómeno en los sistemas de prevención, protección y justicia. Desde un enfoque estructural, colonial y de género, el estudio permite establecer un puente conceptual entre las condiciones impuestas por la ocupación y los mecanismos de explotación que atraviesan a muchas mujeres incluso después del cese de hostilidades. Esta lectura refuerza la coherencia con el eje central de la tesis doctoral, centrada en la trata de seres humanos y las formas contemporáneas de explotación vinculadas a conflictos armados.

3. La agencia femenina como resistencia silenciosa

Uno de los hallazgos más relevantes es la agencia discreta, cotidiana y resiliente desplegada por las mujeres entrevistadas. Frente al terror, muchas optaron por resistencias silenciosas: proteger a sus familias, conservar símbolos patrios, mantenerse activas espiritualmente, intercambiar información, cuidar de otros.

Estas formas de resistencia no armada, aunque invisibles para la narrativa heroica clásica, resultaron fundamentales para sostener la vida comunitaria y cultural bajo ocupación. Reconocer esta agencia es indispensable para superar la visión de las mujeres como meras víctimas pasivas.

4. Implicaciones para la justicia y la reconstrucción

Los testimonios recogidos deben servir como base para el diseño de políticas de justicia posconflicto que integren el enfoque de género. Las experiencias de las mujeres bajo ocupación —especialmente aquellas marcadas por coacción, miedo o colaboración forzada— no pueden ser abordadas con esquemas simplistas de castigo o redención. Se requiere una mirada comprensiva, restaurativa y contextual.

Asimismo, es urgente garantizar atención psicosocial a largo plazo para las mujeres que vivieron la ocupación, y establecer espacios seguros de participación en los procesos de memoria y reparación. El rol que cumplieron durante la ocupación —como cuidadoras, protectoras, resistentes, denunciantes— debe ser reconocido institucional y simbólicamente.

5. Una contribución a la comprensión crítica de la guerra

Este artículo pretende ser más que una crónica de lo vivido: aspira a contribuir a una lectura más profunda del conflicto armado en Ucrania. Al poner en el centro los relatos de mujeres civiles, se desmonta la idea de que la guerra se limita al frente o a las negociaciones políticas. La violencia también se ejerce sobre los cuerpos, las casas, las palabras, los vínculos.

Entender la guerra desde la experiencia de las mujeres ocupadas permite ver que la ocupación no es solo militar, sino también simbólica, económica, emocional y sexual. Y que la resistencia no siempre se ve, pero se teje en cada acto de cuidado, de negación, de memoria. Tal como documenta

Pentikäinen (2012)[31], las mujeres no solo son víctimas sino también agentes clave en la reconstrucción del tejido social y la promoción de la paz.

6. Experiencias diferenciadas según tiempo, intensidad y tipo de ocupación

Finalmente, este estudio revela que la experiencia de las mujeres bajo ocupación no puede entenderse como una realidad homogénea. El tiempo que cada mujer pasó en territorio ocupado, la duración de la presencia rusa en su zona y, sobre todo, la composición y procedencia de las tropas desplegadas marcan diferencias notables en los relatos. Las ocupaciones prolongadas tienden a generar dinámicas más estructuradas de control simbólico y cultural, mientras que las ocupaciones breves provocan respuestas centradas en la huida o el shock. Asimismo, el origen étnico y regional de las tropas ocupantes influye directamente en la percepción de la violencia: algunas participantes asociaron la mayor brutalidad a soldados procedentes de repúblicas asiáticas como Buriatia o Chechenia. Aunque fuentes abiertas muestran que estas unidades están sobrerrepresentadas en el frente, esta percepción no puede generalizarse. Estos testimonios encuentran eco en investigaciones periodísticas recientes que describen al soldado ruso medio como un hombre joven, de origen rural, con bajo nivel educativo y motivado por incentivos económicos, lo que podría explicar en parte las dinámicas de abuso y frustración proyectadas sobre la población civil ocupada[32]. Estos matices deben ser tenidos en cuenta al diseñar respuestas institucionales, reparaciones y programas de apoyo diferenciados según el tipo de experiencia vivida.

El caso de Olena refuerza la heterogeneidad de las experiencias femeninas según el tipo y duración de la ocupación. Aunque breve, su ocupación fue profundamente traumática, y muestra cómo incluso presencias militares sin contacto directo generan efectos psicosociales duraderos.

---

31 Pentikäinen destaca el papel de las mujeres en la construcción de paz y en los procesos de reconciliación, subrayando que su participación favorece acuerdos más inclusivos y duraderos. Pentikäinen, M., *The role of women in promoting peace and reconciliation*, Crisis Management Initiative, Helsinki, 2012.

32 El reportaje de Kyiv Independent describe los perfiles sociológicos y psicológicos de los soldados rusos, analizando su motivación, formación y comportamiento en los territorios ocupados. Kyiv Independent, *Portrait of the invader: Understanding the Russian soldier*, s.f. Disponible en: https://kyivindependent.com/nobot/portrait-of-the-invader-understanding-the-russian-soldier/.

REFERENCIAS BIBLIOGRÁFICAS

Abril Stoffels, R. de M. (dir.) y Yildiz Bravo, S. (coord.) (2025). *Las niñas asociadas a grupos armados: Perspectivas jurídicas, sociológicas y de protección.* Cizur Menor: Aranzadi La Ley.

Agamben, G. (2005). *Estado de excepción.* Valencia: Pre-Textos.

Al Jazeera Staff. (2023, 9 de agosto). "Russia deploys feared Chechen unit to police Ukrainian nuclear town". *Al Jazeera-News.* Disponible en: https://www.aljazeera.com/news/2023/8/9/russia-chechen-unit-ukraine (consulta: 25 de agosto de 2025).

Amnesty International. (2024). "Comment la guerre en Ukraine affecte-t-elle les femmes?". Disponible en: https://www.amnesty.fr/conflits-armes-et-populations/actualites/comment-la-guerre-en-ukraine-affecte-t-elle-les-femmes (consulta: 25 de agosto de 2025).

Braun, V., & Clarke, V. (2006). "Using thematic analysis in psychology". *Qualitative Research in Psychology,* 3(2), 77-101.

Comisión Económica y Social para Asia Occidental (CESPAO). (2024). *Repercusiones económicas y sociales de la ocupación israelí en las condiciones de vida del pueblo palestino en el Territorio Palestino Ocupado, incluida Jerusalén Oriental, y de la población árabe en el Golán sirio ocupado. Nota del Secretario General A/79/187-E/2024/68.* Naciones Unidas. Disponible en: https://www.un.org/unispal/document/economic-and-social-repercussions-report-18jul24/ (consulta: 25 de agosto de 2025).

Consejo de Seguridad de las Naciones Unidas. (2000, 31 de octubre). *Resolución 1325 (S/RES/1325) sobre las mujeres, la paz y la seguridad.* Adoptada en la 4213.ª sesión. Disponible en: https://undocs.org/en/S/RES/1325(2000) (consulta: 25 de agosto de 2025).

Galtung, J. (1969). "Violence, Peace and Peace Research". *Journal of Peace Research,* 6(3), 167-191.

Hamammi, R. (2004). "Gender, Nakba and Nation: Palestinian women's strategies of resistance". En J. Wescott & B. Cook (eds.), *Gender and Conflict* (pp. n. d.). Londres: Zed Books.

Human Rights Watch. (2022). "Ukraine: Apparent War Crimes in Russia-Controlled Areas". *HRW News.* Disponible en: https://www.hrw.org/news/2022/04/03/ukraine-apparent-war-crimes-russia-controlled-areas (consulta: 25 de agosto de 2025).

Kelly, L. (1988). *Surviving Sexual Violence.* Cambridge: Polity Press.

Kvale, S. (1996). *InterViews: An Introduction to Qualitative Research Interviewing.* Londres: Sage Publications.

Kyiv Independent. (s. f.). "Portrait of the invader: Understanding the Russian soldier". Disponible en: https://kyivindependent.com/nobot/portrait-of-the-invader-understanding-the-russian-soldier/ (consulta: 25 de agosto de 2025).

La Strada International. (2025). *Report on Human Trafficking Risks in Ukraine and Neighboring Countries.* Disponible en: https://www.lastradainternational.org (consulta: 25 de agosto de 2025).

L'Entraide Missionnaire. (2024). "Comment la guerre en Ukraine affecte les femmes en Ukraine". Disponible en: https://lentraidemissionnaire.org/comment-la-guerre-en-ukraine-affecte-les-femmes-en-ukraine (consulta: 25 de agosto de 2025).

Naciones Unidas – She Stands for Peace. (s. f.). "United Nations Security Council Resolution 1325 (2000), S/RES/1325 (2000)". *She Stands for Peace.* Disponible en: https://www.un.org/shestandsforpeace/content/united-nations-security-council-resolution-1325-2000-sres1325-2000 (consulta: 25 de agosto de 2025).

Neumeyer, J. (2022, 5 de julio). "The Soviet Union never really solved Russian nationalism". *Aeon.* Disponible en: https://aeon.co/essays/the-soviet-union-never-really-solved-russian-nationalism (consulta: 25 de agosto de 2025).

Oficina del Alto Comisionado de las Naciones Unidas para los Derechos Humanos (OACDH). (2020, 17 de julio). *Gender perspective in transitional justice processes: Report* (A/75/174). Disponible en: https://www.ohchr.org/en/documents/thematic-reports/gender-perspective-transitional-justice-processes-report (consulta: 25 de agosto de 2025).

OHCHR (Office of the United Nations High Commissioner for Human Rights). (2022). *Report on the human rights situation in Ukraine: 24 February – 15 May 2022.* Ginebra: Naciones Unidas. Disponible en: https://www.ohchr.org/en/documents/country-reports/report-human-rights-situation-ukraine-24-february-15-may-2022 (consulta: 25 de agosto de 2025).

ONU Mujeres. (2024). "Deux ans de guerre en Ukraine: comment a évolué la situation des femmes et des filles?". Disponible en: https://www.onufemmes.fr/nos-actualites/2024/2/23/deux-ans-de-guerre-en-ukraine-comment-a-evolue-la-situation-des-femmes-et-des-filles (consulta: 25 de agosto de 2025).

Pentikäinen, M. (2012). *The role of women in promoting peace and reconciliation.* Helsinki: Crisis Management Initiative.

Petkova, M. (2022, 25 de octubre). "'Putin is using ethnic minorities to fight in Ukraine': Activist". *Al Jazeera – Features.* Disponible en: https://www.aljazeera.com/features/2022/10/25/russia-putin-is-using-ethnic-minorities-to-fight-in-ukraine (consulta: 25 de agosto de 2025).

Prokip, A. (2021, 7 de septiembre). "30 Years of Ukrainian Independence and Energy Dependence". *Kennan Institute – Wilson Center* (blog). Disponible en: https://www.wilsoncenter.org/blog-post/30-years-ukrainian-independence-and-energy-dependence (consulta: 25 de agosto de 2025).

Quijano, A. (2000). "Colonialidad del poder, eurocentrismo y América Latina". En E. Lander (ed.), *La colonialidad del saber: eurocentrismo y ciencias sociales* (pp. n. d.). Buenos Aires: CLACSO.

Roy Rosenzweig Center for History and New Media. (s. f.). "Nationalities in the USSR". *Making the History of 1989.* Recuperado de: https://1989.rrchnm.org/exhibits/nationalities/introduction.html (consulta: 25 de agosto de 2025).

Schmitt, M. N. (2022, 2 de agosto). "Ukraine Symposium – Forced Civilian Labor in Occupied Territory". *Lieber Institute – Articles of War.* Disponible en: https://lieber.westpoint.edu/forced-civilian-labor-occupied-territory/ (consulta: 25 de agosto de 2025).

Scott, J. C. (1985). *Weapons of the Weak: Everyday Forms of Peasant Resistance.* New Haven: Yale University Press.

Servicio Europeo de Acción Exterior – Delegación de la Unión Europea en China. (2022, 18 de marzo). "Disinformation About Russia's invasion of Ukraine – Debunking Seven Myths spread by Russia". *Delegación de la UE en China.* Recuperado de: https://www.eeas.europa.eu/delegations/china/disinformation-about-russias-invasion-ukraine-debunking-seven-myths-spread-russia_en (consulta: 25 de agosto de 2025).

The Guardian. (2023, 12 de octubre). "Ukrainian children among those sexually abused by traffickers in Poland". *The Guardian – Global Development.* Disponible en: https://www.theguardian.com/global-development/2023/oct/12/ukrainian-children-trafficking-poland (consulta: 25 de agosto de 2025).

U.S. Department of State. (2023). *Trafficking in Persons Report 2023.* Washington, D.C.: U.S. Department of State. Disponible en: https://www.state.gov/reports/2023-trafficking-in-persons-report/ (consulta: 25 de agosto de 2025).

United Nations Office on Drugs and Crime (UNODC). (2022). *Global Report on Trafficking in Persons 2022.* Viena: Naciones Unidas. Disponible en: https://www.unodc.org/unodc/data-and-analysis/glotip. html (consulta: 25 de agosto de 2025).

Walk Free. (2023). *Global Slavery Index 2023.* Minderoo Foundation. Disponible en: https://www.globalslaveryindex.org/ (consulta: 25 de agosto de 2025).

De la guerra a la esperanza: respuestas estatales para la protección y reintegración de niñas soldado[1]

From war to hope: state responses for the protection and reintegration of girl soldiers

LAURA C. GAMARRA-AMAYA
Universidad Católica de Colombia

Resumen: Las ex niñas soldado se presentan en la sociedad como mujeres anónimas con desafíos particulares para su reintegración. Este capítulo estudia estos desafíos específicos en Colombia y evalúa cómo los programas de reparación han abordado, o no, sus necesidades únicas. Basándose en estudios de caso de iniciativas de justicia transicional en África, América Latina y Asia, el artículo destaca el alcance del conflicto armado y las formas de daño que sufren las niñas soldado, incluyendo la violencia sexual, los matrimonios forzados y la estigmatización social. Se adoptó un enfoque cualitativo para analizar los marcos de reparación internacionales y nacionales existentes, haciendo hincapié en la inclusión, el reconocimiento de la victimización y la importancia de reparaciones personalizadas y transformadoras. El artículo aboga por una reinterpretación de las reparaciones que vaya más allá de la compensación financiera e incluya el acceso a la educación, el apoyo psicosocial y los esfuerzos de reintegración comunitaria. Concluye que las reparaciones transformadoras son esenciales para reparar el daño profundo y multidimensional que sufren las ex niñas soldado, en particular para apoyarlas en la reconstrucción de sus vidas e identidades según sus propios términos. Por último, ofrece recomendaciones concretas para diseñar futuros programas de reparaciones que respondan genuinamente a las experiencias vividas de las ex niñas soldados y contribuyan a su empoderamiento y sanación a largo plazo.

Abstract: Former girl soldiers often re-enter society as unidentified women facing distinct reintegration difficulties. This chapter examines those specific obstacles in Colombia and evaluates how reparation programs have—successfully or unsuccessfully—addressed their needs. Using case studies from transitional justice processes in Africa, Latin America, and Asia, it explores the scope of armed conflict and the diverse harm experienced by girl soldiers, such as sexual violence, forced marriages, and social stigma. The study adopts a qualitative approach to assess both international and national reparation frameworks, highlighting the need for inclusivity, acknowledgment of vic-

---

[1] Estudio realizado en el marco del Proyecto de Investigación titulado "*Lagunas en la protección y asistencia internacional a las niñas asociadas a Grupos armados (NAAG)*". CIAICO 2022/235 UCHCEU con financiación pública de la GVA. ORCID https://orcid.org/0000-0002-0823-6224 ID Scopus: 57217489994 Correo electrónico lcgamarra@ucatolica.edu.co

timhood, and reparations that are tailored and transformative. It advocates for a broader understanding of reparations—beyond monetary compensation—to include educational opportunities, psychosocial care, and measures for community reintegration. The chapter concludes that transformative reparations are crucial to address the profound, multidimensional harm endured by former child soldiers, enabling them to rebuild their lives and identities according to their own aspirations. It ends with practical recommendations for future reparation programs that truly reflect the lived realities of former child soldiers and foster their long-term empowerment and recovery.

Palabras clave: niñas soldado, reparaciones, justicia transicional, justicia transformativa, reintegración.

Key words: girl soldiers, reparations, transitional justice, transformative justice, reintegration.

1. INTRODUCCIÓN

En todo el mundo, los conflictos armados han puesto en peligro la estabilidad global. Históricamente, los países en desarrollo son más susceptibles a la inestabilidad que da lugar a estos conflictos armados. Tras los esfuerzos de reconciliación y los procesos de paz, las iniciativas de consolidación nacional se centran en la justicia para todas las víctimas, incluidos los miembros de movimientos rebeldes o de liberación nacional que fueron reclutados durante la infancia[2].

El fenómeno del reclutamiento infantil ha captado una atención considerable en la comunidad jurídica y humanitaria internacional; sin embargo, las experiencias específicas de las niñas soldado a menudo se han marginado tanto en la investigación académica como en el diseño de los programas de reparación. Las ex niñas soldado sufren múltiples formas de victimización, que incluyen, entre otras, violencia sexual, matrimonio forzado, explotación y una profunda estigmatización social. Sin embargo, estos daños suelen invisibilizarse en los marcos generales que abordan la reintegración de las niñas soldado[3]. A pesar de los avances normativos internacionales que reconocen los daños específicos de género en situaciones de conflicto, las iniciativas de reparación han fracasado en gran medida a la hora de responder adecuadamente a las complejas realidades que enfrentan las excombatientes.

---

2 Oleh Surkov, «Elaboration of a Method for Strategic Analysis of the Development of the Armed Forces», *Novum Jus* 16, n.º 3 (2022): 3, https://doi.org/10.14718/NovumJus.2022.16.3.4.

3 Jorge Fernando Perdomo Torres, «Criterios de imputación contra los agentes del estado. Una referencia especial al caso colombiano», *Novum Jus* 18, n.º 1 (2024): 403-29, https://doi.org/10.14718/NovumJus.2024.18.1.14.

El caso colombiano reviste particular interés, en la medida en que, pese a la firma en 2016 de un acuerdo de paz entre el Estado y su principal actor insurgente —las Fuerzas Armadas Revolucionarias de Colombia-Ejército del Pueblo (FARC-EP)—, subsisten dinámicas de reclutamiento de menores por parte de facciones disidentes de dicho grupo y de otras organizaciones armadas ilegales. Este fenómeno, manifestado en la forma de un riesgo latente de re-reclutamiento, constituye una amenaza significativa para la consolidación de una paz sostenible en el país. El estudio de la relación entre la reintegración de ex niñas soldados y los esfuerzos del estado Colombiano por alcanzar la reparación a las víctimas adquiere relevancia por dos factores principales: (a) el precedente de ineficacia en la atención de esta población durante la desmovilización del grupo paramilitar Autodefensas Unidas de Colombia (AUC) y (b) la persistencia de riesgos de re-reclutamiento, exacerbados por las condiciones socioeconómicas y de vulnerabilidad derivadas de la pandemia de COVID-19[4].

Este artículo examina críticamente las iniciativas de reparación estatal existentes en Colombia. Mediante un análisis comparativo de estudios de caso de sociedades posconflicto, se interroga hasta qué punto se han abordado las necesidades de las ex niñas soldado e identifica deficiencias persistentes en los marcos de reparación vigentes. En definitiva, el artículo argumenta que una reparación significativa para las ex niñas soldado debe trascender la compensación monetaria para abarcar oportunidades educativas, apoyo psicosocial y medidas destinadas a la reintegración social y el empoderamiento. Al centrarse en las experiencias vividas por las niñas soldado, el artículo contribuye al proyecto más amplio de lograr que los mecanismos de justicia transicional respondan mejor a las realidades de todas las víctimas.

2. CONCEPTOS PREVIOS SOBRE INDEMNIZACIÓN, REPARACIÓN Y RESTAURACIÓN

Uno de los principios fundamentales de la responsabilidad extracontractual sostiene que "todo daño debe ser reparado". Esta idea sigue siendo una característica clave en los países que pertenecen a la tradición del

---

4 Patrícia Nabuco Martuscelli y Rafael Duarte Villa, «Do Former Child Soldiers Have a Role in Peacebuilding in Colombia?», en *Former Extremists: Preventing and Countering Violence*, ed. Gordon Clubb et al. (Oxford University Press, 2024), https://doi.org/10.1093/oso/9780197765067.003.0010.

Derecho civil, como Colombia. Sin embargo, a pesar de este concepto, la legislación reciente, influenciada por la tradición del derecho consuetudinario anglosajón, ha ampliado el contenido y el alcance de la responsabilidad para incluir medidas destinadas a sancionar y disuadir la conducta dañina. Los sistemas jurídicos de Europa, América del Norte y América del Sur, han establecido parámetros para compensar a las víctimas por daños a su integridad personal o propiedad cuando dicho daño es atribuible a otra parte. En los Estados Unidos y otros países de *common law,* el derecho de responsabilidad civil (torts) se desarrolló a partir del derecho consuetudinario inglés. En contraste, el marco para las reparaciones en Colombia y gran parte de América del Sur tiene sus raíces en la tradición del Derecho civil, donde las normas legales se codifican sistemáticamente[5].

En el derecho de responsabilidad civil tradicional, el propósito de la indemnización por daños y perjuicios es compensar a la persona que ha sufrido un daño o pérdida, restableciéndola, en la medida de lo posible, a la situación en la que se habría encontrado de no haberse producido el daño[6]. En otras palabras, se busca resarcir a la parte perjudicada.

En el derecho colombiano, la indemnización es el pago de dinero para compensar los perjuicios sufridos; la reparación busca restablecer integralmente los derechos vulnerados, incluyendo medidas como rehabilitación y garantías de no repetición; y la restauración, propia de la justicia restaurativa, promueve la reconciliación entre víctima y victimario. Por ejemplo, si una persona es víctima de desplazamiento forzado, puede recibir una indemnización económica por la pérdida de bienes, una reparación que incluya atención psicológica y restitución de tierras, y participar en un proceso de restauración donde el responsable reconoce el daño y se compromete públicamente a no repetirlo[7].

Dependiendo del sistema legal y del tipo de caso, las indemnizaciones pueden cumplir funciones diferentes, como cubrir gastos médicos, pérdida de ingresos, sufrimiento emocional; restituir a la parte perjudicada lo

---

5 Laura Cecilia Gamarra-Amaya, «Damages and Awards: A Comparative Study between Colombia and the United States», *Jurídicas* 16, n.º 1 (2019): 1, https://doi.org/10.17151/jurid.2019.16.1.9.

6 E.G. West, «Refining Constitutional Torts», *Yale Law Journal* 134, n.º 3 (2025): 696-1067, Scopus.

7 Sergio Rojas Quiñones, «Indemnity Provisions Per the Colombian Law. Main Issues and Contemporary Discussions», *Vniversitas* 70 (2021), https://doi.org/10.11144/Javeriana.vj70.pidp.

que le fue arrebatado; castigar conductas especialmente dañinas y disuadir conductas similares en el futuro. La idea es que el dinero actúa como un sustituto del daño sufrido, ya que la ley generalmente no puede reparar el daño por sí sola[8].

La restitución implica devolver a la víctima a su situación original antes de que ocurriera el acto ilícito. Se utiliza cuando el infractor debe compensar a la víctima por sus pérdidas. Dependiendo del sistema jurídico en el que se emplee, esta compensación puede cubrir pérdidas económicas, daños materiales y costos de atención médica o psicológica. Asimismo, es un remedio para el enriquecimiento ilícito, al devolver el beneficio obtenido por medios al margen de la ley. En derecho internacional, la restitución puede implicar la devolución de bienes o activos a sus legítimos propietarios, a menudo en casos de desplazamiento o expropiación[9].

Por otro lado, La reparación es un concepto más amplio que abarca diversas formas de compensación para reparar daños o perjuicios. Su objetivo es restituir a la víctima a la situación hipotética en la que se encontraría si el acto ilícito no se hubiera producido. La reparación puede incluir la restitución, pero también se extiende a otras formas de compensación, como pagos monetarios, daños morales e intereses. En la justicia penal internacional, la reparación implica evaluar el alcance del daño y proporcionar una compensación adecuada a las víctimas. El sistema jurídico colombiano incluye mecanismos para garantizar el derecho a la reparación de las víctimas de desplazamiento forzado. Esto incluye medidas compensatorias por daños materiales y la alteración de las condiciones de vida, así como la garantía de condiciones de seguridad para prevenir nuevos desplazamientos[10].

Para las víctimas de conflictos armados, la indemnización pecuniaria busca reparar las violaciones de derechos internacionalmente reconocidos[11]. La

---

8 Mariana Bernal Fandino y Juliana Moreno Montoya, «Human Rights and New Forms of Reparation for Damage», *Vniversitas* 71 (2022), https://doi.org/10.11144/Javeriana.vj71.dhnf.

9 Fernando Carrillo Flórez y Fernando Varela S. David, «Hacia un Sistema Integrado de Defensa Juridíca Estatal: Situación y perspectivas de una política pública en Colombia», *Reforma y Democracia* 56 (2013): 123-76.

10 Diego Armando Yañez Meza, «La medida cautelar innominada y anticipatoria en el proceso de responsabilidad del Estado por desplazamiento forzado en Colombia», *Ius et Praxis* 21, n.º 2 (2015): 415-40, https://doi.org/10.4067/S0718-00122015000200011.

11 Robert G. Volterra y Florentine Vos, «How (Not) to Compensate for State Responsibility in Armed Conflict: The *DRC v. Uganda* Reparations Judgment and the Inter-

Corte Internacional de Justicia (CIJ) y organismos de derechos humanos como la Corte Interamericana de Derechos Humanos han enfatizado que el objetivo es eliminar las consecuencias del acto ilícito en la medida de lo posible[12]. La indemnización se otorga cuando la restitución, es decir, el restablecimiento de la situación original resulta imposible; por ejemplo, cuando un niño ha sido reclutado para unirse a las filas de una organización y ha sufrido las consecuencias de la guerra sin poder elegir su futuro[13].

La justicia transicional se ocupa de las sociedades que emergen de un conflicto o autoritarismo[14], en este contexto, las indemnizaciones monetarias son una forma de reparación además de las comisiones de la verdad, disculpas públicas, memoriales o programas de rehabilitación[15]. Su propósito varía, pero generalmente sirve para reconocer que ocurrió un error y que el estado (u otro actor) acepta la responsabilidad. También ayuda a las víctimas a reconstruir sus vidas materialmente a través de la educación, la vivienda, la atención médica, etc. Además, las reparaciones monetarias pueden ayudar a reconstruir la confianza entre los ciudadanos y las instituciones al demostrar un compromiso con la justicia. Sin embargo, los daños monetarios por sí solos suelen considerarse insuficientes en la justicia transicional. Los expertos enfatizan que las reparaciones deben ser *integrales,* lo que significa que deben combinar la compensación financiera con medidas y servicios simbólicos para reparar verdaderamente el daño y transformar la vida de las víctimas[16].

---

national Law of Reparations», en *The Global Community Yearbook of International Law and Jurisprudence 2023,* 1.ª ed., ed. Giuliana Ziccardi Capaldo (Oxford University PressNew York, 2024), https://doi.org/10.1093/oso/9780197795392.003.0013.

12 Inter American Court of Human Rights, «Cuadernillos de Jurisprudencia de la Corte Interamericana de Derechos Humanos Cuadernillos de Jurisprudencia de la Corte Interamericana Ide Derechos Humanos», 2021, https://www.corteidh.or.cr/sitios/libros/todos/docs/cuadernillo5_2021.pdf.

13 United Nations, «Optional Protocol to the Convention on the Rights of the Child on the Involvement of Children in Armed Conflict», 2000.

14 W. Arévalo-Ramírez y P. Martini, «When International Legal Standards Meet Transitional Justice Processes», *Journal of International Criminal Justice* 20, n.º 4 (2022): 1001-26, Scopus, https://doi.org/10.1093/jicj/mqac045.

15 Mónica Alexandra Mendoza Molina, «Inclusión de la niñez en las comisiones de la verdad: casos Guatemala y Argentina», *Novum Jus,* 17 de diciembre de 2021, 127-53, https://doi.org/10.14718/NovumJus.2021.15.E.3.

16 Volterra y Vos, «How (Not) to Compensate for State Responsibility in Armed Conflict».

En Colombia, la Comisión Nacional de Reparación y Reconciliación (CNRR) considera como "víctimas" a todas aquellas personas o grupos de personas que, a causa o en conexión con el conflicto armado interno que vive el país desde 1964, hayan sufrido daños individuales o colectivos causados por actos u omisiones que vulneren los derechos consagrados en la Constitución colombiana, el Derecho Internacional de los Derechos Humanos, el Derecho Internacional Humanitario y el Derecho Penal Internacional, y que constituyan una violación del derecho penal nacional[17]. Estos daños pueden incluir daños materiales y morales, daños al proyecto de vida y daños sociales. Los daños materiales incluyen el daño emergente y el lucro cesante, mientras que los daños inmateriales implican la interrupción del proyecto de vida y el daño moral. El daño emergente, o *daño emergente,* es el daño o pérdida que surge del incumplimiento de una obligación, su cumplimiento imperfecto o su cumplimiento retardado; el lucro cesante es la ganancia que ya no se obtiene como resultado de la obligación no cumplida, cumplida imperfectamente o su cumplimiento retardado[18].

En cuanto al daño moral, la CIDH, en su sentencia sobre reparaciones en el caso "Cantoral Benavides", señala que este se caracteriza por no tener carácter económico ni patrimonial; por lo tanto, no puede evaluarse en términos monetarios[19]. En cuanto al daño al *proyecto de vida,* la sentencia en el caso "Loayza Tamayo" explica que este daño "compromete la libertad externa de la persona, retrasa, menoscaba o frustra su destino personal y su razón de ser"[20].

Garabito y Sibaja argumentan que el daño social se refiere al daño, impacto negativo o reducción en el bienestar colectivo resultante de acciones humanas que van en contra de las normas legales, ya sean legales o ilegales. Es un tipo de daño que afecta a una comunidad en su conjunto, una lesión indiscriminada sufrida por la sociedad, creando una obligación de reparar

---

17 Corte Interamericana de Derechos Humanos, *Definiciones Estratégicas de la Comisión Nacional de Reparación y Reconciliación* (CIDH, 2008), https://www.corteidh.or.cr/tablas/CD0373-4.pdf.

18 Laura Cecilia Gamarra-Amaya, «Damages and Awards: A Comparative Study between Colombia and the United States», *Jurídicas* 16, n.º 1 (2019): 1, https://doi.org/10.17151/jurid.2019.16.1.9.

19 Cantoral Benavides Vs. Perú (Corte Interamericana de Derechos Humanos 18 de agosto de 2000). https://www.corteidh.or.cr/docs/casos/articulos/seriec_69_esp. pdf.

20 Loayza-Tamayo v. Peru (Inter-American Court of Human Rights 27 de noviembre de 1998). https://www.corteidh.or.cr/docs/casos/articulos/seriec_42_ing.pdf.

las consecuencias causadas[21]. Este tipo de daño no puede abordarse completamente solo mediante una compensación financiera. Requiere formas más profundas de reparación que restauren la humanidad y la dignidad de las víctimas, reconociendo que el daño incluye sufrimiento emocional, físico y moral, como dolor, miedo y trauma. Como resultado, los enfoques convencionales para evaluar los daños son insuficientes cuando se trata de violaciones de derechos humanos cometidas durante el conflicto, que a menudo implican no solo pérdidas materiales, sino también interrupciones en los planes de vida de las víctimas y los vínculos emocionales y simbólicos que habían desarrollado con el tiempo[22].

A partir de esta comprensión del daño, el concepto de "sobreviviente" en el contexto del conflicto armado adquiere sentido. Este concepto se refiere a una persona capaz de reconstruir dinámicamente su plan de vida y contribuir a la reparación del daño subjetivo. La víctima, por otro lado, actúa como un sujeto pasivo, a la espera de una reparación económica por el daño objetivo, responsabilidad del Estado[23].

2. REPARACIONES EN LA JUSTICIA RESTAURATIVA COLOMBIANA

En un sentido amplio, las reparaciones son medidas institucionales destinadas a abordar las deficiencias estructurales que conducen a violaciones reiteradas del derecho internacional humanitario (DIH) dentro de un Estado[24]. Su objetivo directo es corregir estas deficiencias, crear condiciones generales que cumplan con los estándares internacionales en la materia y, en consecuencia, prevenir una mayor revictimización al acercar a las víctimas. En Colombia, las reparaciones por crímenes de guerra suelen estar ancladas en la garantía de no repetición, lo que refleja el marco más am-

---

21 Ana Lucía Aguirre Garabito y Irina Sibaja Lopez, 1987, *El daño social: su conceptualización y posibles aplicaciones* (SIIDCA, 1987).

22 Vizney Leonardo Bustamante, «De víctimas a sobrevivientes: implicaciones para la construcción de paces en Colombia», *Revista de Antropología y Sociología: Virajes* 19, n.° 1 (2017): 1, https://doi.org/10.17151/rasv.2017.19.1.8.

23 Nicolas Queloz, «Représentations et place des personnes victimes dans la justice pénale | ZStrR», *Revue Pénale Suisse* 4 (2013): 430-44.

24 Carlos Alberto Ardila-Castro et al., «El derecho internacional humanitario y su significado para las operaciones militares presentes y futuras», *Revista Científica General José María Córdova* 18, n.° 32 (2020): 32, https://doi.org/10.21830/19006586.697.

plio de justicia transicional destinado a abordar las causas profundas del conflicto y prevenir futuras violaciones. Esta garantía sirve no solo como un reconocimiento simbólico del sufrimiento de las víctimas, sino también como un compromiso práctico con la reforma institucional, la búsqueda de la verdad y el desmantelamiento de las estructuras que permitieron la violencia. Al priorizar la no repetición, Colombia subraya su obligación de crear condiciones que aseguren una paz duradera y justicia para las comunidades afectadas[25].

El derecho internacional ha establecido la importancia de proporcionar reparaciones para que los ciudadanos víctimas y devastados por la guerra puedan acceder a las herramientas necesarias para avanzar y hacer progresar la sociedad. Estas reparaciones, que abarcan desde la compensación económica y el apoyo psicológico hasta los mecanismos de esclarecimiento de la verdad y las garantías de no repetición, no son meramente simbólicas; contribuyen a restaurar la dignidad, reconocer el sufrimiento y reconstruir la confianza en las instituciones estatales[26]. Al dotar a las víctimas de los recursos y el reconocimiento necesarios para sanar, las reparaciones desempeñan un papel transformador al permitir que las poblaciones afectadas recuperen su autonomía y contribuyan a la reconstrucción y el desarrollo de sus sociedades. Este imperativo legal y moral refleja un compromiso más amplio con la consolidación de la paz y la estabilidad a largo plazo en situaciones posteriores a conflictos.

En Colombia, los esfuerzos de la Justicia Especial para la Paz (JEP) se han quedado cortos en lograr una reparación adecuada para las mujeres que en algún momento fueron reclutadas para formar parte del conflicto armado. Las razones varían de acuerdo con el espectro político al cual se adhieren, pero se pueden identificar varios factores recurrentes. En primer lugar, ha existido una falta de enfoque diferencial, especialmente frente a la violencia sexual, ya que las niñas reclutadas han sufrido violencia sexual, embarazos forzados, abortos impuestos y estigmatización al regreso a sus comunidades[27]. Los programas de justicia y reparación muchas veces no reconocen ni abordan estas particularidades, limitándose a respuestas

---

25 Maria Carmelina Londoño Lázaro y Ana María Idárraga Martínez, «La justicia transicional como garantía de no repetición: el modelo colombiano puesto a prueba», *Novum Jus* 18, n.º 3 (2024): 3, https://doi.org/10.14718/NovumJus.2024.18.3.12.

26 Lázaro y Martínez, «La justicia transicional como garantía de no repetición».

27 Martuscelli y Villa, «Do Former Child Soldiers Have a Role in Peacebuilding in Colombia?»

universales que no satisfacen necesidades tan específicas. Esto dificulta su acceso a servicios médicos, psicológicos y sociales adecuados. Además, a pesar de existir la Ley 1719 de 2014 que debería asegurar tratamientos diferenciales para casos de violencia sexual en el conflicto, muchas niñas reintegrándose al sistema judicial ordinario no encuentran ese enfoque en la práctica[28].

Otra razón por la cual el camino de restauración trazado por la JEP no cumple su función reparativa es que, en el contexto colombiano, muchas niñas soldado fueron obligadas a combatir y, en algunos casos, participaron en atrocidades. Esto genera una doble condición: víctimas y victimarias simultáneas, lo que complica su tratamiento judicial y reparación. El sistema tiende a verlas como delincuentes, obviando su condición de víctimas, lo que dificulta su acceso a justicia restaurativa y a procesos de reparación integrales aceptados por ellas[29].

Adicionalmente, la justicia restaurativa en Colombia, a través de la Ley de Justicia y Paz y en algunos procesos transicionales, a menudo se limita a actos simbólicos como pedir perdón. Estos actos se sienten vacíos para muchas víctimas, e incluso coercitivos para quienes deben realizarlos, sin que exista una reparación real o reconocimiento legítimo de sus daños[30]. También existe una percibida impunidad estructural e insuficiente judicialización, ya que, en el sistema ordinario, muchos casos de reclutamiento de menores terminan con penas reducidas o excarcelables, gracias a beneficios por colaboración. Esto genera frustración, ya que las víctimas no perciben justicia. Desde el enfoque transicional (Justicia y Paz y JEP), aunque se han permitido procesos informativos sobre patrones de reclutamiento y perdones públicos, aún están lejos de garantizar una reparación integral, especialmente para niñas. Incluso, se ha identificado un bajo número de condenas efectivas y poca transformación real en las condiciones de vida de estas niñas[31].

---

28 Ley 1719 de 2014-Gestor Normativo (2014). https://www.funcionpublica.gov.co/eva/gestornormativo/norma.php?i=57716.

29 Roos Haer, *Girl Soldiering in Rebel Groups, 1989-2013: Introducing a New Dataset*, 2017.

30 Caso 07-Auto No. 05 de 2024 (Jurisdicción Especial para la paz 9 de octubre de 2024).

31 Isabel Cano-Ruiz, «La existencia de niños-niñas soldado: Un juego real contrario a una cultura de paz», *Publicaciones del Instituto Ikeda*, s. f., accedido 13 de agosto de 2025, https://institutoikeda.ediciones-civilizacionglobal.com/article/la-existencia-de-ninos-ninas-soldado/.

Es necesario resaltar que ya desde hace algunos años, el Centro Internacional para la Justicia Transicional ha insistido en que los programas actuales no están diseñados con una visión integral. Se requiere un enfoque más amplio que incluya atención psicosocial, educativa, proyectos de vida y un enfoque comunitario y de género. Sin embargo, la coordinación entre instituciones y el financiamiento adecuado aún son insuficientes[32]. Finalmente, es importante destacar que en Colombia persiste una profunda cultura que valora la sanción penal tradicional. La cárcel aún se considera la forma legítima de hacer justicia, y esto choca con las ideas de justicia restaurativa, vistas como débiles, ineficaces o tendientes a favorecer la impunidad.

El concepto de auto-reparación ha ganado fuerza en los últimos años. Reconociendo que los esfuerzos del estado para compensar a las víctimas, los defensores de esta modalidad de reparaciones afirman que la gran mayoría de las sociedades en transición no logran brindar reparaciones efectivas a las víctimas, lo que significa que tienen que depender del apoyo de la sociedad civil o de ellas mismas a través de la "auto-reparación" o la "reparación informal"[33]. Se ha argumentado que los estudios de justicia transicional desafían cada vez más las suposiciones tradicionales sobre los roles de las víctimas, abogando por enfoques más participativos y de base para la justicia y las reparaciones. A pesar de este cambio, los críticos argumentan que las voces de las víctimas a menudo se usan, se apropian y se remodelan selectivamente para alinearse con las agendas de otros actores de la justicia transicional. Académicos como Kendall y Nouwen señalan que las representaciones de las víctimas con frecuencia sirven para justificar iniciativas de justicia, mientras que sus voces reales son abstraídas y despolitizadas[34]. Esta crítica se basa en la noción de Christie de la "víctima ideal", que prioriza la justicia para aquellos vistos como pasivos y vulnerables, ignorando así las identidades complejas y la autodeterminación de muchos individuos que no se ajustan a esta imagen estrecha. Schwöbel-Patel destaca cómo representar a las víctimas como impotentes refuerza su dependencia de

---

32 «Homepage SP | International Center for Transitional Justice», accedido 13 de agosto de 2025, https://www.ictj.org/es.

33 S. Gilmore y L. Moffett, «Finding a way to live with the past: 'self-repair', 'informal repair', and reparations in transitional justice», *Journal of Law and Society* 48, n.º 3 (2021): 455-80, Scopus, https://doi.org/10.1111/jols.12311.

34 Sara Kendall y Sarah Nouwen, «Representational Practices at the International Criminal Court: The Gap between Juridified and Abstract Victimhood», *SSRN Electronic Journal*, advance online publication, 2013, https://doi.org/10.2139/ssrn.2313094.

los profesionales legales y humanitarios, quienes asumen la autoridad para hablar en su nombre[35]. Esta dinámica no solo despoja a las víctimas de su agencia, sino que también perpetúa las desigualdades estructurales al reforzar el dominio de los actores institucionales sobre los más afectados. El concepto de auto-reparación se relaciona directamente con estas críticas, cuestionando la idea de que la recuperación y la reintegración solo pueden venir a través de mecanismos de justicia formal y enfatizando la necesidad de reconocer y respetar la autonomía de las víctimas en sus propios procesos de sanación[36].

A partir de la experiencia colombiana, el PAPSIVI, o Programa de Atención Psicosocial y Salud Integral para Víctimas, se lanzó en 2013, en el marco de la Ley 1448 de 2011, cuyo objetivo es mejorar la calidad de vida y reparar el daño sufrido por las víctimas de la guerra[37]. Desde 1985, el Registro Único de Víctimas (RUV) ha registrado a 9.943.287 víctimas en todo el país. Todas estas víctimas registradas en el RUV son consecuencia del conflicto armado. El número total de personas atendidas es de 7.752.091, lo que corresponde a la población objetivo del PAPSIVI[38].

PAPSIVI adopta un enfoque integral y restaurativo que considera a las víctimas como protagonistas de su propio proceso de empoderamiento y positivismo. Una de las características del programa es su intervención multinivel, centrada en los niveles individual, familiar y comunitario. El programa se implementa en los municipios mediante equipos de atención interprofesionales compuestos por psicólogos, trabajadores sociales y facilitadores comunitarios[39]. El tamaño y la composición de los equipos dependen del número de víctimas registradas en los municipios, la preva-

---

35 Christine Schwöbel-Patel, «The 'Ideal' Victim of International Criminal Law», *European Journal of International Law* 29, n.º 3 (2018): 703-24, https://doi.org/10.1093/ejil/chy056.

36 Gilmore y Moffett, «Finding a way to live with the past».

37 Congreso de la Republica de Colombia, «Ley 1448 de 2011», *Unidad para las Víctimas,* s. f., 14448, accedido 6 de mayo de 2025, https://www.unidadvictimas.gov.co/es/documentos_bibliotec/ley-1448-de-2011-2/.

38 «Registro Único de Víctimas (RUV)», *Unidad para las Víctimas,* s. f., accedido 6 de mayo de 2025, https://www.unidadvictimas.gov.co/es/registro-unico-de-victimas-ruv/.

39 Ignacio Ramos-Vidal et al., «Análisis dinámico de un equipo interprofesional que implementa un programa de atención psicosocial a víctimas de la guerra», *Interdisciplinaria. Revista de Psicología y Ciencias Afines* 40, n.º 2 (2023): 517, https://doi.org/10.16888/949.

lencia de eventos victimizantes en las comunidades y el nivel predominante de intervención en los municipios. El carácter multinivel y sistémico de la intervención se evidencia, por un lado, en el hecho de que los psicólogos brindan atención psicológica a nivel individual y, en menor medida, también se ofrece terapia familiar con sesiones que buscan reparar el daño psicosocial experimentado a través de la exposición directa o indirecta a situaciones de violencia. Por otro lado, los trabajadores sociales realizan intervenciones a nivel comunitario enfocadas en promover el tejido asociativo y el capital social presente en cada contexto de intervención. Los promotores comunitarios, sin realizar intervenciones en sentido estricto, actúan como facilitadores y como enlace entre los profesionales que implementan el programa y los potenciales beneficiarios de la intervención. La importancia de los promotores es crucial, ya que, como víctimas, aumentan la validez ecológica de la intervención. Dadas las características de la implementación de esta iniciativa, es válido preguntarse en esta investigación qué cambios estructurales experimentan los equipos de profesionales que implementan PAPSIVI[40].

Además, Colombia implementó el programa piloto *Transformando mi futuro,* que aplicó el enfoque de "graduación" para promover la inclusión económica de las víctimas del conflicto armado. Este enfoque combina transferencias monetarias, capacitación, apoyo y acceso a servicios financieros para facilitar la transición de los beneficiarios hacia medios de vida sostenibles[41]. Los resultados indicaron mejoras significativas en los ingresos, los activos y la seguridad alimentaria, si bien se identificaron desafíos en cuanto a la sostenibilidad a largo plazo y la necesidad de adaptar el programa a los contextos locales. El estudio concluye que, con las adaptaciones adecuadas, este modelo puede ser una herramienta eficaz para las políticas de inclusión económica en contextos de posconflicto[42].

---

40 de Atención Psicosocial y Salud Integral a Víctimas del Conflicto Armado y de Atención Psicosocial y Salud Integral, «Documento Macro PAPSIVI», Ministerio de Salud, 2017, https://www.minsalud.gov.co/sites/rid/Lists/BibliotecaDigital/RIDE/DE/PS/Documento-Marco-papsivi-2017.pdf.

41 Fundación Capital, «Construyendo El Mañana: "Transformando Mi Futuro" Arranca Su Segundo Año En Colombia», Medium, 6 de junio de 2019, https://fundacapital.medium.com/construyendo-el-ma%C3%B1ana-transformando-mi-futuro-arranca-su-segundo-a%C3%B1o-en-colombia-870c7e454e1e.

42 V. León-Jurado y J.H. Maldonado, «A Graduation Approach-Based Program for Victims of Colombia's Armed Conflict: Lessons for Economic Inclusion», *Peace Economics, Peace Science and Public Policy* 28, n.º 2 (2022): 129-54, Scopus, https://doi.org/10.1515/peps-2021-0041.

3. REPARACIONES PARA EX NIÑOS SOLDADOS Y LA NECESIDAD DE UN ENFOQUE DE GÉNERO AL ABORDAR LAS REPARACIONES PARA LAS NIÑAS SOLDADOS

Las niñas han estado tradicionalmente ausentes cuando se trata de evaluar la necesidad de reparaciones en un escenario posterior a un conflicto armado. Sin embargo, dado que las niñas y los niños experimentan el conflicto de manera diferente, es necesario abordar las reparaciones con una perspectiva de género. Una situación que enfrentan las niñas es el número desproporcionado de veces que son objeto de violencia y explotación sexual en comparación con sus pares masculinos, sin mencionar el estigma que enfrentan al regresar a sus comunidades[43]. Además, muchas niñas experimentan consecuencias a largo plazo para la salud reproductiva y psicológica debido al abuso, incluyendo traumas no tratados y complicaciones del parto. Las niñas también pier>den escolaridad en una tasa más alta que los niños soldados debido al embarazo, el cuidado infantil o el trauma, lo que crea barreras para la independencia y la autodeterminación[44].

Algunos estados han reconocido la importancia de un enfoque de género para las reparaciones y, por lo tanto, han incluido las necesidades específicas de las niñas soldados en sus procesos de Desarme, Desmovilización y Reintegración (DDR). En Sierra Leona, por ejemplo, muchas niñas fueron secuestradas y obligadas a la esclavitud sexual por el Frente Revolucionario Unido (FRU)[45]. Como resultado de su DDR, la Comisión de la Verdad y la Reconciliación reconoció la violencia sexual como un daño grave e incluyó asesoramiento y capacitación en habilidades entre sus esfuerzos de reparación[46]. Sin embargo, los programas a menudo requerían que las niñas entregaran un arma para calificar, y muchas no tenían una porque eran

---

[43] S. Williams y E. Palmer, «Transformative reparations for women and girls at the extraordinary chambers in the courts of Cambodia», *International Journal of Transitional Justice* 10, n.º 2 (2016): 311-31, Scopus, https://doi.org/10.1093/ijtj/ijw006.

[44] S. Hynd, «In/Visible Girls: "Girl Soldiers", Gender and Humanitarianism in African Conflicts, c. 1955-2005», *Palgrave Macmillan Transnational History Series,* 2020, 255-79, Scopus, https://doi.org/10.1007/978-3-030-44630-7_10.

[45] Miriam Chaiken, *Women Warriors and Kidnapped Kids: Girl Soldier/Brides in Sierra Leone Bush Wives and Girl Soldiers: Women's Lives through War and Peace in Sierra Leone. Chris Coulter. Ithaca, NY:Cornell University Press, 2009. | Current Anthropology: Vol 51, No 4,* agosto de 2010, https://www.journals.uchicago.edu/doi/10.1086/653601.

[46] Sierra Leone TRC, *Witness to Truth-Volume Two (Chapter 4: Reparations)* (2000), 44, https://www.sierraleonetrc.org/index.php/view-the-final-report/download-table-of-contents/volume-two/item/witness?category_id=12.

esclavas sexuales o trabajadoras de apoyo. Como resultado, miles de niñas fueron excluidas de los beneficios[47].

En Uganda, se estima que 75.000 niños fueron secuestrados y obligados a servir como combatientes, porteadores y esclavos sexuales entre 1979 y 2005. Las niñas fueron reclutadas a la fuerza por el Ejército de Resistencia del Señor (LRA), donde muchas sufrieron maternidad forzada y esclavitud sexual[48]. La política de justicia transicional de Uganda reconoce los daños específicos de género y exige apoyo psicosocial, atención médica y educación para las sobrevivientes de violencia sexual. Incluye enfoques de reconciliación comunitarios para facilitar la reintegración. Su implementación aún está en curso y se necesitan reparaciones centradas en las víctimas que prioricen las voces de las niñas[49].

En Liberia, las niñas soldado participaron en varias facciones durante las guerras civiles del país. De 1989 a 2003, Liberia sufrió dos fases de una brutal guerra civil que comenzó con la rebelión del Frente Patriótico Nacional de Charles Taylor contra el presidente Samuel Doe. La primera fase terminó en 1997 con la elección de Taylor como presidente, pero el conflicto se reanudó en 1999 cuando los grupos de la oposición se levantaron contra él. En medio de las negociaciones de paz en Ghana en 2003, Taylor fue acusado por el Tribunal Especial para Sierra Leona, lo que provocó su renuncia y exilio a Nigeria. Un alto el fuego y el Acuerdo General de Paz (CPA) siguieron, lo que condujo a un gobierno de transición de dos años. Con respaldo internacional, se celebraron elecciones democráticas en 2005, lo que resultó en la histórica elección de Ellen Johnson-Sirleaf. En 2006, Taylor fue arrestado y posteriormente juzgado en La Haya por crímenes de guerra y crímenes de lesa humanidad, incluido el uso de niños soldados[50]. En este caso, el programa DDR ignoró en gran medida a las niñas, especialmente a aquellas que no portaban armas, aunque muchas habían

---

47 Sierra Leone TRC, «Sierra Leone Truth and Reconciliation Commission», accedido 12 de mayo de 2025, https://www.sierraleonetrc.org/.

48 A.-M. de Brouwer, «Reparation to Victims of Sexual Violence: Possibilities at the International Criminal Court and at the Trust Fund for Victims and Their Families», *Leiden Journal of International Law* 20, n.º 1 (2007): 207-37, Scopus, https://doi.org/10.1017/S0922156506003979.

49 «Uganda | International Center for Transitional Justice», accedido 12 de mayo de 2025, https://www.ictj.org/donde-trabajamos/uganda.

50 Thomas Jaye, *Transitional Justice and DDR: The Case of Liberia* (International Center for Transitional Justice, 2009), 4, https://www.ictj.org/sites/default/files/ICTJ-DDR-Liberia-ResearchBrief-2009-English_0.pdf.

sido excluidas de los servicios de educación y reintegración, y se hizo poco para abordar el trauma de la violencia sexual[51].

En Colombia, abordar las reparaciones para las ex niñas soldado ha abarcado factores legales, sociales y políticos. Si bien el acuerdo de paz de 2016 y las medidas legales conexas han sentado las bases para responder a sus necesidades, aún persisten obstáculos considerables. Desde finales de los años 90, el Instituto Colombiano de Bienestar Familiar (ICBF) ha implementado programas específicos para la desmovilización y reintegración de niños y niñas vinculados con grupos armados. Existen centros de atención especializados, como "hogares de entrada", donde los menores reciben atención médica, psicológica y educativa, para luego ser transferidos a hogares temporales apoyados por ONG hasta que alcancen los 18 años. Además, se creó una red de centros de recepción, plazas y casas seguras desde 1999, en colaboración con organizaciones como Save the Children UK. Estos centros han atendido a cientos de menores, incluso desde edades tan tempranas como los nueve años, mediante programas educativos formales y vocacionales para promover su independencia y reinserción en la sociedad[52].

La Ley 1448 de 2011, también llamada Ley de Víctimas y Restitución de Tierras, busca reparar a las víctimas del conflicto armado interno del país mediante la atención, asistencia y reparación integral a los afectados[53]. La ley define quién se considera víctima y establece mecanismos de atención y reparación. También reconoce que debido a la edad, el género, la orientación sexual y la condición de discapacidad, algunas personas son más vulnerables que otras y exige un enfoque diferencial. A pesar de esto, la implementación real de las reparaciones se ha enfrentado a numerosos obstáculos, como la falta de coordinación entre las distintas entidades gubernamentales que conforman el Sistema Nacional de Atención y Reparación a las Víctimas, lo que dificulta la implementación efectiva de la ley, especialmente entre las entidades

51 Council on Foreign Relations, «Disarmament, Demobilization, and Reintegration (DDR) in Africa | Council on Foreign Relations», accedido 12 de mayo de 2025, https://www.cfr.org/backgrounder/disarmament-demobilization-and-reintegration-ddr-africa.

52 «Child Soldiers Global Report 2004-Colombia | Refworld», accedido 12 de agosto de 2025, https://www.refworld.org/reference/annualreport/cscoal/2004/en/65487?utm_source=chatgpt.com.

53 Congreso de la Republica de Colombia, «Ley 1448 de 2011».

nacionales y territoriales, creando retrasos y obstáculos para la atención y reparación de las víctimas[54].

Otro aspecto negativo es la dificultad para implementar la ley, debido a factores como la burocracia y la falta de recursos. Además, la ley ha sido criticada por no ser lo suficientemente efectiva para llegar a todas las víctimas y por no abordar integralmente sus necesidades[55].

Además, muchos académicos consideran que las sanciones no privativas de libertad o sanciones alternativas son incompatibles con las normas vigentes en el derecho penal internacional, el derecho internacional de los derechos humanos y el derecho internacional humanitario, que generalmente exigen penas de prisión que reflejen la gravedad del delito y el grado de culpabilidad del delincuente[56].

4. EL CONCEPTO DE "REPARACIONES TRANSFORMADORAS"

El concepto de "reparaciones transformadoras" para las víctimas de conflictos armados, en particular para las ex niñas soldado, es reciente y ha cobrado fuerza en entornos de justicia transicional a nivel mundial[57]. Las reparaciones transformadoras van más allá de las formas tradicionales de compensación, ya que buscan no solo pagar por el daño sufrido, sino también abordar las desigualdades estructurales y las condiciones sociales que permitieron que ocurrieran las violaciones. Si bien el principio de restitución busca restaurar

---

54 Angie Mayorga Coy, «La reparación y la participación de las víctimas en la Ley 1448 de 2011 y el Acuerdo de Paz de la Habana», *Trabajo social* 23, n.º 2 (2021): 219-35, https://doi.org/10.15446/ts.v23n2.91183.

55 Alrle Yimi Diaz-Gaviria, «LEY 1448 de 2011. ANÁLISIS CRÍTICO A LA RESTITUCIÓN DE TIERRAS COMO MECANISMO DE REPARACIÓN INTEGRAL * ARLE YIMI DIAZ GAVIRIA** UNIVERSIDAD CATÓLICA DE COLOMBIA» (Universidad Católica de Colombia, 2016), https://repository.ucatolica.edu.co/server/api/core/bitstreams/cd512c30-c610-4a46-980f-ffda68e6cf83/content#:~:text=A%20V%C3%8DCTIMAS%20Antes%20de%20la%20Ley%20 1448,(2007)%20tal%20como%20se%20muestra%20a%20continuaci%C3%B3n:

56 B.E. Mayans-Hermida y B. Holá, «Punishing Atrocity Crimes in Transitional Contexts: Advancing Discussions on Adequacy of Alternative Criminal Sanctions Using the Case of Colombia», *Oxford Journal of Legal Studies* 43, n.º 1 (2023): 1-31, Scopus, https://doi.org/10.1093/ojls/gqac022.

57 S. Williams y E. Palmer, «Transformative reparations for women and girls at the extraordinary chambers in the courts of Cambodia», *International Journal of Transitional Justice* 10, n.º 2 (2016): 311-31, Scopus, https://doi.org/10.1093/ijtj/ijw006.

a las víctimas a la situación en la que se encontraban antes del conflicto, las reparaciones transformadoras reconocen que muchas de estas niñas sufrieron la exclusión, la pobreza o la discriminación, incluso antes del inicio del conflicto[58]. Por lo tanto, las reparaciones deben tener una visión de futuro, con el objetivo de crear comunidades más equitativas y resilientes donde se aborden de manera significativa las causas profundas de la violencia y la victimización.

Estas reparaciones pueden incluir una combinación de medidas materiales y simbólicas: acceso a la educación, restitución de tierras, garantías de no repetición, reconocimiento público de las faltas y reforma institucional[59]. Por ejemplo, en situaciones posconflicto donde las mujeres se vieron desproporcionadamente afectadas por la violencia, las reparaciones no solo deben brindar apoyo económico, sino también desafiar las estructuras patriarcales que propiciaron la violencia de género. De igual manera, para las comunidades indígenas desplazadas, el retorno a sus territorios ancestrales puede requerir reformas legales y protección ambiental para garantizar el respeto de sus derechos en el futuro[60].

El sistema de justicia transicional de Colombia se basa en la idea de que un enfoque menos retributivo al castigo es viable cuando se apoya en un marco de condicionalidad sólido[61]. Bajo este modelo, los perpetradores pueden recibir sanciones reducidas a cambio de contribuciones significativas a los derechos de las víctimas a la verdad, la justicia, la reparación y las garantías de no repetición. Si el Sistema logra defender estos derechos, podría representar un avance significativo en la justicia transicional y potencialmente cambiar el enfoque de las sanciones punitivas hacia formas más restaurativas de rendición de cuentas. Tal éxito podría allanar el camino para una aceptación más amplia de las alternativas al encarcelamiento dentro de los marcos de justicia transicional. Sin embargo, si no cumple sus objetivos, podría en cambio fortalecer las demandas de justicia retributiva[62].

---

58 BM Leyh y J. Fraser, "Reparaciones transformadoras: ¿Cambiar el juego o más de lo mismo?", *Cambridge International Law Journal* 8, no. 1 (2019): 39-59, https://doi.org/10.4337/cilj.2019.01.02.

59 S. Weber, *Género y ciudadanía en la justicia transicional: experiencias cotidianas de reparación y reintegración en Colombia,* Género y ciudadanía en la justicia transicional: experiencias cotidianas de reparación y reintegración en Colombia, 2023.

60 Williams y Palmer, "Reparaciones transformadoras para mujeres y niñas en las Salas Extraordinarias de los Tribunales de Camboya", 2016.

61 Lázaro y Martínez, «La justicia transicional como garantía de no repetición».

62 C. Sandoval et al., «The Challenges of Implementing Special Sanctions (Sanciones Propias) in Colombia and Providing Retribution, Reparation, Participation

5. CONCLUSIONES

Las reparaciones simbólicas por sí solas no pueden sanar completamente las heridas de las víctimas. Si bien son un componente central de la justicia transicional, ofreciendo un medio para que los responsables reconozcan y aborden el daño infligido, estas medidas a menudo no reconocen el papel activo que desempeñan las víctimas al afrontar su dolor y encontrar sus propios caminos hacia la recuperación. Tras atrocidades generalizadas, las reparaciones suelen presentarse como herramientas para la reparación, la reconstrucción de la confianza social o la reparación simbólica de las relaciones rotas. Sin embargo, este enfoque a veces puede parecer demasiado optimista, al no tener en cuenta la naturaleza profunda y, a menudo, irreparable del daño sufrido.

Los futuros programas de reparación dirigidos a ex niñas soldado deben partir de su participación directa en cada etapa del proceso, desde el diseño hasta la implementación y la evaluación. Estas niñas, a menudo doblemente marginadas por su edad y género, poseen una comprensión crucial del daño que sufrieron y del apoyo que necesitan. Crear entornos seguros y confidenciales donde puedan compartir sus experiencias y preferencias es esencial para garantizar que su aportación sea significativa y libre de coerción o temor a la estigmatización. Su inclusión no debe ser simbólica, sino más bien integrada en las estructuras centrales de toma de decisiones de los programas de reparación.

Los programas también deben reconocer y responder a la profunda influencia de género de la violencia que sufren las niñas soldado. Esto incluye abordar la esclavitud sexual, los embarazos forzados, los matrimonios forzados y la carga de la maternidad durante y después del conflicto. Las reparaciones deben ofrecer apoyo psicológico adaptado al trauma, diseñado específicamente para abordar la violencia de género y sus efectos a largo plazo. Los servicios de salud mental deben complementarse con redes de apoyo entre pares y espacios seguros que permitan a las sobrevivientes reconstruir su identidad más allá de la victimización.

Las reparaciones deben concebirse no solo como una compensación económica, sino como sistemas de apoyo integrales a largo plazo que promuevan una transformación real. Esto incluye el acceso a la educación, la formación profesional y oportunidades de subsistencia sostenibles con la

and Reincorporation», *Journal of Human Rights Practice* 14, n.º 2 (2022): 478-501, Scopus, https://doi.org/10.1093/jhuman/huac032.

flexibilidad suficiente para atender a las madres jóvenes. La atención médica, incluidos los servicios reproductivos y maternos, debe formar parte del paquete, reconociendo el impacto intergeneracional de los abusos cometidos en tiempos de guerra. Sin este apoyo estructural, las reparaciones corren el riesgo de ser meros gestos a corto plazo en lugar de pasos significativos hacia la recuperación.

Por lo tanto, las reparaciones transformadoras son esenciales para abordar los daños singulares que sufren las ex niñas soldado, cuyas experiencias de conflicto a menudo incluyen reclutamiento forzado, violencia sexual y la negación de la infancia. Las reparaciones tradicionales, como la compensación económica o el reconocimiento simbólico, no responden adecuadamente a las profundas heridas psicológicas, sociales y físicas que estas niñas cargan. Las medidas transformadoras deben reconocer su doble identidad como víctimas y sobrevivientes, ofreciendo vías para recuperar su autonomía, reconstruir sus vidas y superar el estigma acumulado que a menudo enfrentan en sus comunidades. Estas reparaciones deben estar diseñadas para restaurar no solo lo perdido, sino también para apoyar la creación de una vida que elijan para sí mismas, libres de coerción y vergüenza.

Un componente crucial de este proceso es permitir que las ex niñas soldado se conviertan en madres en sus propios términos. Muchas fueron obligadas a ser madres en condiciones de violencia y explotación, y ahora necesitan sistemas de apoyo que les permitan redefinir lo que significa ser madres de forma segura y digna. Esto puede incluir el acceso a la atención médica, los servicios psicosociales, la educación y la vivienda, no solo para ellas, sino también para sus hijos. Las reparaciones transformadoras, en este sentido, van más allá de abordar el daño pasado; construyen futuros basados en la autonomía, la sanación y la justicia. Apoyar a las niñas soldado en la recuperación de su maternidad no es solo una forma de reparación, sino un acto poderoso de restauración de su plena humanidad.

Otro componente vital es la reintegración social, que sigue siendo uno de los retos más difíciles para las ex niñas soldado. Los programas de reparación deben incluir estrategias de reconciliación comunitarias para reducir el estigma y facilitar la aceptación. Colaborar con las autoridades tradicionales, las organizaciones de mujeres y los grupos de excombatientes puede ayudar a transformar las narrativas sociales sobre las niñas soldado, de la vergüenza a la solidaridad. Las campañas de educación pública que humanizan sus experiencias y reconocen su resiliencia pueden desempeñar un papel fundamental en este proceso.

La identidad legal es otro aspecto crucial, pero a menudo descuidado. Muchas exniñas soldados regresan a casa sin documentación oficial debido al desplazamiento, el secuestro o la explotación. Las reparaciones deben incluir asistencia para obtener documentos de identidad legales, como certificados de nacimiento y documentos nacionales de identidad, que son esenciales para acceder a la educación, la atención médica y el empleo. Este paso no solo facilita la reintegración, sino que también reafirma su condición de ciudadanas de pleno derecho.

Las medidas simbólicas y colectivas deben complementar las formas materiales de reparación. Las iniciativas de búsqueda de la verdad pueden ofrecer a las niñas soldado una plataforma para compartir sus historias, si así lo desean, contribuyendo así a restaurar su dignidad y a validar su sufrimiento. Los monumentos nacionales, las conmemoraciones públicas o los días de reconocimiento que reconocen específicamente las experiencias de las niñas soldado también pueden contribuir a la sanación y a la memoria colectiva. Estos actos simbólicos refuerzan un reconocimiento cultural más amplio de su lugar en la historia y de su derecho a la justicia.

En definitiva, se necesitan reparaciones transformadoras para reconstruir el tejido social desgarrado por el conflicto armado y empoderar a las víctimas como titulares de derechos, no solo como receptoras de ayuda. Al incorporar un enfoque participativo e interseccional, estas reparaciones reconocen las diversas experiencias y necesidades de las víctimas, a la vez que sientan las bases para una paz y una justicia duraderas. Si bien restituir a las víctimas a su posición original sigue siendo un objetivo fundamental, debe entenderse en el contexto más amplio de lograr la igualdad sustantiva y la transformación social. Las reparaciones deben ser un proceso que empodere a las ex niñas soldado, no uno que las obligue a revivir su trauma para ser escuchadas.

REFERENCIAS BIBLIOGRÁFICAS

Aguirre Garabito, Ana Lucía, y Irina Sibaja Lopez. *El daño social: su conceptualización y posibles aplicaciones*. SIIDCA, 1987.

Ardila-Castro, Carlos Alberto, Erika Ramírez-Benítez, y Jaime Cubides-Cárdenas. «El derecho internacional humanitario y su significado para las operaciones militares presentes y futuras». *Revista Científica General José María Córdova* 18, n.º 32 (2020): 32. https://doi.org/10.21830/19006586.697.

Arévalo-Ramírez, W., y P. Martini. «When International Legal Standards Meet Transitional Justice Processes». *Journal of International Criminal Justice* 20, n.º 4 (2022): 1001-26. Scopus. https://doi.org/10.1093/jicj/mqac045.

Brouwer, A.-M. de. «Reparation to Victims of Sexual Violence: Possibilities at the International Criminal Court and at the Trust Fund for Victims and Their Families». *Leiden Journal of International Law* 20, n.º 1 (2007): 207-37. Scopus. https://doi.org/10.1017/S0922156506003979.

Bustamante, Vizney Leonardo. «De víctimas a sobrevivientes: implicaciones para la construcción de paces en Colombia». *Revista de Antropología y Sociología: Virajes* 19, n.º 1 (2017): 1. https://doi.org/10.17151/rasv.2017.19.1.8.

Cano-Ruiz, Isabel. «La existencia de niños-niñas soldado: Un juego real contrario a una cultura de paz». *Publicaciones del Instituto Ikeda*, s. f. Accedido 13 de agosto de 2025. https://institutoikeda.ediciones-civilizacionglobal.com/article/la-existencia-de-ninos-ninas-soldado/.

Cantoral Benavides Vs. Perú (Corte Interamericana de Derechos Humanos 18 de agosto de 2000). https://www.corteidh.or.cr/docs/casos/articulos/seriec_69_esp. pdf.

Capital, Fundación. «Construyendo El Mañana: "Transformando Mi Futuro" Arranca Su Segundo Año En Colombia». Medium, 6 de junio de 2019. https://fundacapital.medium.com/construyendo-el-ma%C3%B1ana-transformando-mi-futuro-arranca-su-segundo-a%C3%B1o-en-colombia-870c7e454e1e.

Caso 07-Auto No. 05 de 2024 (Jurisdicción Especial para la paz 9 de octubre de 2024).

Chaiken, Miriam. *Women Warriors and Kidnapped Kids: Girl Soldier/Brides in Sierra Leone Bush Wives and Girl Soldiers: Women's Lives through War and Peace in Sierra Leone. Chris Coulter. Ithaca, NY:Cornell University Press, 2009. | Current Anthropology: Vol 51, No 4.* agosto de 2010. https://www.journals.uchicago.edu/doi/10.1086/653601.

«Child Soldiers Global Report 2004-Colombia | Refworld». Accedido 12 de agosto de 2025. https://www.refworld.org/reference/annualreport/cscoal/2004/en/65487?utm_source=chatgpt.com.

Congreso de la Republica de Colombia. «Ley 1448 de 2011». *Unidad para las Víctimas*, s. f. Accedido 6 de mayo de 2025. https://www.unidadvictimas.gov.co/es/documentos_bibliotec/ley-1448-de-2011-2/.

Corte Interamericana de Derechos Humanos. *Definiciones Estratégicas de la Comisión Nacional de Reparación y Reconciliación.* CIDH, 2008. https://www.corteidh.or.cr/tablas/CD0373-4.pdf.

Council on Foreign Relations. «Disarmament, Demobilization, and Reintegration (DDR) in Africa | Council on Foreign Relations». Accedido 12 de mayo de 2025. https://www.cfr.org/backgrounder/disarmament-demobilization-and-reintegration-ddr-africa.

de Atención Psicosocial y Salud Integral a Víctimas del Conflicto Armado y de Atención Psicosocial y Salud Integral. «Documento Macro PAPSIVI». Ministerio de Salud, 2017. https://www.minsalud.gov.co/sites/rid/Lists/BibliotecaDigital/RIDE/DE/PS/Documento-Marco-papsivi-2017.pdf.

Diaz-Gaviria, Alrle Yimi. «LEY 1448 de 2011. ANÁLISIS CRÍTICO A LA RESTITUCIÓN DE TIERRAS COMO MECANISMO DE REPARACIÓN INTEGRAL * ARLE YIMI DIAZ GAVIRIA** UNIVERSIDAD CATÓLICA DE COLOMBIA». Universidad Católica de Colombia, 2016. https://repository.ucatolica.edu.co/server/api/core/bitstreams/cd512c30-c610-4a46-980f-ffda68e6cf83/content#:~:text=A%20

V%C3%8DCTIMAS%20Antes%20de%20la%20Ley%201448,(2007)%20tal%20como%20se%20muestra%20a%20continuaci%C3%B3n:

Fandino, Mariana Bernal, y Juliana Moreno Montoya. «Human Rights and New Forms of Reparation for Damage». *Vniversitas* 71 (2022). https://doi.org/10.11144/Javeriana.vj71.dhnf.

Flórez, Fernando Carrillo, y Fernando Varela S. David. «Hacia un Sistema Integrado de Defensa Juridíca Estatal: Situación y perspectivas de una política pública en Colombia». *Reforma y Democracia* 56 (2013): 123-76.

Gamarra-Amaya, Laura Cecilia. «Damages and Awards: A Comparative Study between Colombia and the United States». *Jurídicas* 16, n.º 1 (2019): 1. https://doi.org/10.17151/jurid.2019.16.1.9.

Gamarra-Amaya, Laura Cecilia. «Damages and Awards: A Comparative Study between Colombia and the United States». *Jurídicas* 16, n.º 1 (2019): 1. https://doi.org/10.17151/jurid.2019.16.1.9.

Gilmore, S., y L. Moffett. «Finding a way to live with the past: 'self-repair', 'informal repair', and reparations in transitional justice». *Journal of Law and Society* 48, n.º 3 (2021): 455-80. Scopus. https://doi.org/10.1111/jols.12311.

Haer, Roos. *Girl Soldiering in Rebel Groups, 1989-2013: Introducing a New Dataset.* 2017.

«Homepage SP | International Center for Transitional Justice». Accedido 13 de agosto de 2025. https://www.ictj.org/es.

Hynd, S. «In/Visible Girls: "Girl Soldiers", Gender and Humanitarianism in African Conflicts, c. 1955-2005». *Palgrave Macmillan Transnational History Series,* 2020, 255-79. Scopus. https://doi.org/10.1007/978-3-030-44630-7_10.

Inter American Court of Human Rights. «Cuadernillos de Jurisprudencia de la Corte Interamericana de Derechos Humanos Cuadernillos de Jurisprudencia de la Corte Interamericana Ide Derechos Humanos». 2021. https://www.corteidh.or.cr/sitios/libros/todos/docs/cuadernillo5_2021.pdf.

Jaye, Thomas. *Transitional Justice and DDR: The Case of Liberia.* International Center for Transitional Justice, 2009. https://www.ictj.org/sites/default/files/ICTJ-DDR-Liberia-ResearchBrief-2009-English_0.pdf.

Kendall, Sara, y Sarah Nouwen. «Representational Practices at the International Criminal Court: The Gap between Juridified and Abstract Victimhood». *SSRN Electronic Journal,* advance online publication, 2013. https://doi.org/10.2139/ssrn.2313094.

Lázaro, Maria Carmelina Londoño, y Ana María Idárraga Martínez. «La justicia transicional como garantía de no repetición: el modelo colombiano puesto a prueba». *Novum Jus* 18, n.º 3 (2024): 3. https://doi.org/10.14718/NovumJus.2024.18.3.12.

León-Jurado, V., y J.H. Maldonado. «A Graduation Approach-Based Program for Victims of Colombia's Armed Conflict: Lessons for Economic Inclusion». *Peace Economics, Peace Science and Public Policy* 28, n.º 2 (2022): 129-54. Scopus. https://doi.org/10.1515/peps-2021-0041.

Ley 1719 de 2014-Gestor Normativo (2014). https://www.funcionpublica.gov.co/eva/gestornormativo/norma.php?i=57716.

Leyh, B.M., y J. Fraser. «Transformative reparations: Changing the game or more of the same?» *Cambridge International Law Journal* 8, n.º 1 (2019): 39-59. Scopus. https://doi.org/10.4337/cilj.2019.01.02.

Loayza-Tamayo v. Peru (Inter-American Court of Human Rights 27 de noviembre de 1998). https://www.corteidh.or.cr/docs/casos/articulos/seriec_42_ing.pdf.

Martuscelli, Patrícia Nabuco, y Rafael Duarte Villa. «Do Former Child Soldiers Have a Role in Peacebuilding in Colombia?» En *Former Extremists: Preventing and Countering Violence*, editado por Gordon Clubb, Ryan Scrivens, y Md. Didarul Islam. Oxford University Press, 2024. https://doi.org/10.1093/oso/9780197765067.003.0010.

Mayans-Hermida, B.E., y B. Holá. «Punishing Atrocity Crimes in Transitional Contexts: Advancing Discussions on Adequacy of Alternative Criminal Sanctions Using the Case of Colombia». *Oxford Journal of Legal Studies* 43, n.º 1 (2023): 1-31. Scopus. https://doi.org/10.1093/ojls/gqac022.

Mayorga Coy, Angie. «La reparación y la participación de las víctimas en la Ley 1448 de 2011 y el Acuerdo de Paz de la Habana». *Trabajo social* 23, n.º 2 (2021): 219-35. https://doi.org/10.15446/ts.v23n2.91183.

Molina, Mónica Alexandra Mendoza. «Inclusión de la niñez en las comisiones de la verdad: casos Guatemala y Argentina». *Novum Jus*, 17 de diciembre de 2021, 127-53. https://doi.org/10.14718/NovumJus.2021.15.E.3.

Perdomo Torres, Jorge Fernando. «Criterios de imputación contra los agentes del estado. Una referencia especial al caso colombiano». *Novum Jus* 18, n.º 1 (2024): 403-29. https://doi.org/10.14718/NovumJus.2024.18.1.14.

Queloz, Nicolas. «Représentations et place des personnes victimes dans la justice pénale | ZStrR». *Revue Pénale Suisse* 4 (2013): 430-44.

Quiñones, Sergio Rojas. «Indemnity Provisions Per the Colombian Law. Main Issues and Contemporary Discussions». *Vniversitas* 70 (2021). https://doi.org/10.11144/Javeriana.vj70.pidp.

Ramos-Vidal, Ignacio, Jorge Enrique Palacio Sañudo, Alicia Uribe, y Ilse Villamil. «Análisis dinámico de un equipo interprofesional que implementa un programa de atención psicosocial a víctimas de la guerra». *Interdisciplinaria. Revista de Psicología y Ciencias Afines* 40, n.º 2 (2023): 517. https://doi.org/10.16888/949.

«Registro Único de Víctimas (RUV)». *Unidad para las Víctimas*, s. f. Accedido 6 de mayo de 2025. https://www.unidadvictimas.gov.co/es/registro-unico-de-victimas-ruv/.

Sandoval, C., H. Martínez-Carrillo, y M. Cruz-Rodríguez. «The Challenges of Implementing Special Sanctions (Sanciones Propias) in Colombia and Providing Retribution, Reparation, Participation and Reincorporation». *Journal of Human Rights Practice* 14, n.º 2 (2022): 478-501. Scopus. https://doi.org/10.1093/jhuman/huac032.

Schwöbel-Patel, Christine. «The 'Ideal' Victim of International Criminal Law». *European Journal of International Law* 29, n.º 3 (2018): 703-24. https://doi.org/10.1093/ejil/chy056.

Sierra Leone TRC. «Sierra Leone Truth and Reconciliation Commission». Accedido 12 de mayo de 2025. https://www.sierraleonetrc.org/.

Sierra Leone TRC. *Witness to Truth-Volume Two (Chapter 4: Reparations)*. 2000. https://www.sierraleonetrc.org/index.php/view-the-final-report/download-table-of-contents/volume-two/item/witness?category_id=12.

Surkov, Oleh. «Elaboration of a Method for Strategic Analysis of the Development of the Armed Forces». *Novum Jus* 16, n.º 3 (2022): 3. https://doi.org/10.14718/NovumJus.2022.16.3.4.

«Uganda | International Center for Transitional Justice». Accedido 12 de mayo de 2025. https://www.ictj.org/donde-trabajamos/uganda.

United Nations. «Optional Protocol to the Convention on the Rights of the Child on the Involvement of Children in Armed Conflict». 2000. https://treaties.un.org/Pages/ViewDetails.aspx?src=TREATY&mtdsg_no=IV-11-b&chapter=4&clang=_en&_gl=1*1jhk5wh*_ga*MjEyOTcwODQzMy4xNzA5NjcwNzI2*_ga_TK9BQL5X7Z*MTcxNDQwMjcyOS41LjEuMTcxNDQwMjc0MC4wLjAuMA..#EndDec.

Volterra, Robert G., y Florentine Vos. «How (Not) to Compensate for State Responsibility in Armed Conflict: The *DRC v. Uganda* Reparations Judgment and the International Law of Reparations». En *The Global Community Yearbook of International Law and Jurisprudence 2023*, 1.ª ed., editado por Giuliana Ziccardi Capaldo. Oxford University PressNew York, 2024. https://doi.org/10.1093/oso/9780197795392.003.0013.

Weber, S. *Gender and citizenship in transitional justice: Everyday experiences of reparation and reintegration in Colombia*. Gender and Citizenship in Transitional Justice: Everyday Experiences of Reparation and Reintegration in Colombia. 2023. Scopus.

West, E.G. «Refining Constitutional Torts». *Yale Law Journal* 134, n.º 3 (2025): 696-1067. Scopus.

Williams, S., y E. Palmer. «Transformative reparations for women and girls at the extraordinary chambers in the courts of Cambodia». *International Journal of Transitional Justice* 10, n.º 2 (2016): 311-31. Scopus. https://doi.org/10.1093/ijtj/ijw006.

Williams, S., y E. Palmer. «Transformative reparations for women and girls at the extraordinary chambers in the courts of Cambodia». *International Journal of Transitional Justice* 10, n.º 2 (2016): 311-31. Scopus. https://doi.org/10.1093/ijtj/ijw006.

Yañez Meza, Diego Armando. «La medida cautelar innominada y anticipatoria en el proceso de responsabilidad del Estado por desplazamiento forzado en Colombia». *Ius et Praxis* 21, n.º 2 (2015): 415-40. https://doi.org/10.4067/S0718-00122015000200011.

Resultado del proceso de desarme, desmovilización y reincorporación para los niños, niñas y adolescentes ex combatientes en Colombia[1]

The result of the disarmament, demobilization and reincorporation process in Colombia for the child and adolescent ex combatants

JAVIER CARLOS SÁNCHEZ GUERRA[2]
Ejército de Tierra

Resumen: Este capítulo examina el fenómeno del reclutamiento, desvinculación y reincorporación de niños, niñas y adolescentes (NNA) en el conflicto armado colombiano, situándolos en el centro del análisis de los procesos de Desarme, Desmovilización y Reincorporación (DDR). A partir de la experiencia en terreno y de fuentes oficiales e institucionales, se describe la magnitud del reclutamiento infantil, sus causas estructurales —falta de reforma rural, debilidad educativa, ausencia estatal y expansión de cultivos ilícitos— y su impacto diferenciado en comunidades indígenas y rurales. El texto analiza las particularidades del Acuerdo de Paz de 2016, el papel de Naciones Unidas en la verificación de la dejación de armas y la creación del programa "Camino Diferencial de Vida" (CDV) como ruta específica para los NNA, reconociéndolos por primera vez como víctimas. Si bien se alcanzaron avances en materia de derechos, educación y reinserción, las limitaciones en cobertura, coordinación institucional y persistencia de la violencia explican que el reclutamiento de menores continúe en la actualidad, lo que obliga a replantear políticas de protección más eficaces y diferenciadas.

Abstract: This chapter examines the phenomenon of recruitment, disengagement, and reincorporation of children and adolescents (NNA) in the Colombian armed conflict, placing them at the center of the analysis of Disarmament, Demobilization, and Reincorporation

---

1 Estudio realizado en el marco del Proyecto de Investigación titulado "*Lagunas en la protección y asistencia internacional a las niñas asociadas a Grupos armados (NAAG)*". CIAICO 2022/235 UCHCEU con financiación pública de la GVA.

2 Coronel de Caballería del Ejército de Tierra español. Actualmente Director del Establecimiento Militar "Pedralbes" de Barcelona. Ex Jefe de la Sede de "Playa Rica/El Yarí" de la Misión de Naciones Unidas en Colombia (MNUC).
Ex Jefe Interino de los Observadores Militares y Policiales de la Misión de Verificación de Naciones Unidas en Colombia (MVNUC)

(DDR) processes. Drawing on field experience and official and institutional sources, it describes the scale of child recruitment, its structural causes—lack of rural reform, weak education, absence of the state, and the expansion of illicit crops—and its differentiated impact on indigenous and rural communities. The text analyzes the particular features of the 2016 Peace Agreement, the role of the United Nations in verifying the laying down of arms, and the creation of the "Camino Diferencial de Vida" program as a specific pathway for children, who were recognized for the first time as victims. While progress was achieved in rights, education, and reintegration, limitations in coverage, institutional coordination, and the persistence of violence explain why child recruitment continues today, underscoring the need to rethink more effective and differentiated protection policies.

Palabras clave: Desarme, dejación de armas, desmovilización, reintegración, reincorporación, reinserción, verificación, seguridad, niños, niñas, adolescentes, excombatientes, reclutamiento.

Keywords: Disarmament, laying down of arms, demobilization, reintegration, reincorporation, reinsertion, verification, security, children, adolescents, ex-combatants, recruitment.

INTRODUCCIÓN

El presente capítulo aborda el fenómeno del reclutamiento, la desvinculación y la reintegración de niños, niñas y adolescentes (NNA) en el marco del conflicto armado colombiano, con especial énfasis en el impacto que han tenido los procesos de Desarme, Desmovilización y Reintegración (DDR) sobre esta población. El interés central radica en comprender cómo dichas dinámicas afectan de manera diferenciada a los NNA, quienes han sido históricamente invisibilizados dentro de los análisis generales sobre los acuerdos de paz y las políticas de seguridad. La novedad de este trabajo se encuentra precisamente en situar a los NNA en el centro de la discusión, aportando no solo una revisión documental y académica, sino también una reflexión desde la experiencia vivida en terreno durante los años de implementación del proceso de paz.

Lo que aquí se expone surge en gran medida del contacto directo del autor con actores clave: autoridades estatales, miembros de las FARC en proceso de desmovilización, integrantes de las dos misiones de verificación, así como organismos humanitarios con los que trabajó o mantuvo un vínculo estrecho. Estos espacios de interacción permitieron acceder a testimonios, informaciones y vivencias que enriquecen el análisis, aportando un conocimiento empírico que trasciende los reportes oficiales y que permite una visión más completa de la realidad.

El aporte principal de este capítulo consiste en ofrecer una visión académica con base en la experiencia práctica, con el propósito de generar una reflexión crítica sobre los aciertos y fracasos de los procesos DDR en relación con los NNA. Se busca, de esta manera, contribuir a que la comunidad académica, la institucionalidad y la sociedad en general tomen conciencia del impacto que dichas políticas han tenido en la infancia y adolescencia en zonas directamente afectadas por el conflicto armado. En última instancia, el análisis aquí presentado aspira a abrir un espacio para aprender de los errores, consolidar los avances alcanzados y diseñar estrategias más eficaces que protejan a los NNA de ser nuevamente víctimas de reclutamiento y violencia.

1. CONFLICTO, ACUERDO DE PAZ Y PROCESO DDR

1.1. Antecedentes del conflicto armado en Colombia

A lo largo del conflicto armado en Colombia la población civil ha constituido la principal víctima de la violencia. Dentro de este grupo ciertos sectores se han mostrado particularmente vulnerables, incluyendo a las mujeres, los niños, niñas y adolescentes (NNA), las comunidades indígenas y la población rural en general.

Imagen 1. NNA registrados en el RUV.

Nota. Imagen extraída de la Fuente Unidad de Víctimas del Gobierno de Colombia

La figura presentada ilustra la magnitud del sufrimiento experimentado por los niños, niñas y adolescentes (NNA) dentro del contexto del conflicto armado en Colombia, evidenciando por qué su situación ha sido incluida en el Registro Único de Víctimas (RUV). Las cifras reflejan únicamente a este grupo poblacional, destacando la gravedad de las violaciones a sus derechos. Entre los hechos victimizantes más relevantes se encuentran: desplazamiento forzado de 3,2 millones de NNA, 13.882 víctimas directas de homicidios y 4.432 desapariciones forzadas.

El reclutamiento forzado constituye una violación grave de los derechos de los niños, niñas y adolescentes (NNA), dado que implica su sustracción de los entornos familiares y comunitarios, y su incorporación coercitiva a estructuras armadas, ya sea como combatientes o en condiciones de explotación sexual. Según el Registro Único de Víctimas se han reportado 4.975 casos; no obstante, la cifra exacta varía según la institución que realice la medición y los períodos considerados para el conteo.

Entre las principales causas que explican el reclutamiento forzado de NNA en Colombia se encuentran la ausencia de una reforma rural integral, las deficiencias en el sistema educativo, la debilidad institucional, la elevada rentabilidad de los cultivos ilícitos, las nuevas modalidades de reclutamiento y la denominada "profesionalización" de las antiguas guerrillas, que en su momento se presentaban como movimientos de liberación popular.

La implementación de la Reforma Rural Integral avanza de manera lenta. Desde la firma del Acuerdo de Paz, se han adjudicado un total de 217.151 hectáreas a agricultores, dentro de la Reforma Rural Integral que lo acompaña, lo que representa únicamente el 7 % de la meta de adjudicación de 3 millones de hectáreas que se marcaron como objetivo[3]. Esta situación evidencia que el medio rural continúa sin constituir una alternativa económica adecuada para muchos niños, niñas y adolescentes (NNA).

Además, persisten carencias significativas en el ámbito educativo en el medio rural, lo que no solo implica que la población mantenga bajos niveles de formación académica, sino que también limita las oportunidades de

---

3 Misión de Verificación de las Naciones Unidas en Colombia, *Informe trimestral del Secretario General*, Bogotá, Naciones Unidas, 2025. Disponible en: https://colombia.unmissions.org/sites/default/files/infografia_espanol_junio2025_final.pdf [consulta: 18 de agosto de 2025].

futuro para los NNA, quienes, ante esta falta de perspectivas, pueden ver en la incorporación a grupos armados ilegales un medio de vida[4].

En lo que respecta a la ausencia de institucionalidad en los territorios, entre enero y julio de 2024 más de 137.100 personas permanecieron confinadas en sus comunidades debido a minas antipersona, amenazas y combates, lo que evidencia la falta de acceso efectivo a la policía en dichas áreas. Asimismo, 176.500 personas fueron víctimas de desplazamientos forzados durante el mismo período, lo que indica que la presencia policial resulta insuficiente para garantizar la seguridad en regiones bajo control de grupos armados[5]

En Bogotá, con una población de aproximadamente 7.8 millones de personas, hay 222 policías por cada 100,000 habitantes[6], por debajo del estándar de la ONU (300 por 100,000). En áreas rurales esta proporción es aún menor debido a la dispersión geográfica y la menor asignación de recursos. Un informe de 2023 indica que el 7.57% de los homicidios ocurren en lugares de difícil acceso (selvas, resguardos indígenas, zonas rurales), lo que refleja una cobertura policial limitada en esas áreas[7]. La Encuesta de Convivencia y Seguridad Ciudadana (ECSC) del Departamento Administrativo Nacional de Estadística (DANE) informa que en 2024 el 58% de la población percibía inseguridad, y muchos no denunciaban delitos debido a la desconfianza en la policía o la lentitud del sistema judicial[8]. Esto sugiere que, incluso en áreas urbanas con presencia policial, el acceso funcional (es decir, la capacidad de

---

4 Fundación Universitaria CEIPA, *¿Hace falta educación en Colombia?*, Medellín, CEIPA, 2025. Disponible en: https://ceipa.edu.co/blog/hace-falta-educacion-en-colombia/

5 United Nations Office for the Coordination of Humanitarian Affairs (OCHA), *Colombia: Informe de situación humanitaria 2024*, Nueva York, OCHA, 2024. Disponible en: https://www.unocha.org/publications/report/colombia/colombia-informe-de-situacion-humanitaria-2024-enero-noviembre-de-2024-publicado-el-31-de-diciembre-de-2024 [consulta: 18 de agosto de 2025].

6 Clubaopip, *La Realidad Policial en Colombia: Un Análisis Profundo*, 2024. Disponible en: https://clubaopip. com.pe/colombia-cuantos-policias-tiene/ [consulta: 18 de agosto de 2025].

7 Fiscalía General de la Nación, *Informe de gestión. "En la calle y en los territorios"*, Bogotá, Fiscalía General de la Nación, 2023. Disponible en: https://www.fiscalia.gov.co/colombia/wp-content/uploads/INFORME-DE-GESTION-2023_19_12_23.pdf

8 Departamento Administrativo Nacional de Estadística (DANE), *Encuesta de Convivencia y Seguridad Ciudadana (ECSC)*, Bogotá, DANE, 2021. Disponible en: https://www.dane.gov.co/index.php/estadisticas-por-tema/seguridad-y-defensa/encuesta-de-convivencia-y-seguridad-ciudadana-ecsc [consulta: 18 de agosto de 2025].

la policía para responder efectivamente) puede estar comprometido. Aproximadamente el 22.7% de la población de Colombia (11.96 millones) vive en áreas rurales o centros poblados donde la presencia policial es limitada debido a la geografía y la falta de infraestructura[9]. La violencia en el país sigue afectando especialmente a departamentos como Antioquia, Arauca, Bolívar, Cauca, Caquetá, Chocó, Guaviare, la Guajira, Meta, Nariño, Norte de Santander, Putumayo y el Valle del Cauca.

Además, la población no confía en la Justicia. Según una encuesta de 2022, frente a la totalidad de los asuntos considerados como hechos delictivos, el 46,9 % de los encuestados no hizo nada, mientras que del 37,8 % que acudió a alguna institución o autoridad, el 31,5 % afirmó que todavía no había obtenido respuesta alguna y el 26,8 % expresó que la autoridad no había actuado[10].

No sólo continúa el cultivo, cristalizado y venta de cocaína, si no que en el periodo 2022 a 2023 ha aumentado un 10% la superficie cultivada y un 53% la producción, estando casi todo el proceso en manos de cárteles mexicanos[11]. Y en 2023 la producción de cocaína alcanzó las 3.708 toneladas, un aumento del 34% respecto al año anterior. Colombia es responsable de aproximadamente 253.000 hectáreas de cultivos de coca, lo que representa más de dos tercios de la producción mundial[12]. Estas actividades,

---

[9] Cuando se instaló por primera vez una unidad policial en la vereda Playa Rica, la más cercana a la Sede Local de la que el autor de este artículo era la autoridad más alta, se tuvieron que impartir varias sesiones explicativas a la población sobre qué servicios podían recibir de ellos, ya que lo desconocían totalmente. Departamento Administrativo Nacional de Estadística (DANE), *Urbanización en Colombia*, en *Atlas Estadístico de Colombia. Tomo I: Demográfico*, Bogotá, DANE, 2005. Disponible en: https://geoportal.dane.gov.co/servicios/atlas-estadistico/src/Tomo_I_Demografico/2.4.-urbanizaci%C3%B3n-en-colombia.html [consulta: 18 de agosto de 2025].

[10] Fundación Corona; Fundación Bolívar Davivienda; Corporación Excelencia en la Justicia; Red de Ciudades Cómo Vamos, *Justicia cómo vamos: percepción y oferta del sistema de Justicia en Colombia*, Bogotá, 2024. Disponible en: https://cej.org.co/wp-content/uploads/2024/03/3.-Segundo-Informe_JCV_2024_pliegos.pdf

[11] Oficina de las Naciones Unidas contra la Droga y el Delito (UNODC) – Sistema Integrado de Monitoreo de Cultivos Ilícitos (SIMCI), *Monitoreo de territorios con presencia de cultivos de coca 2023*, Bogotá, UNODC-SIMCI, 2025. Disponible en: https://www.unodc.org/documents/crop-monitoring/Colombia/Colombia_informe_monitoreo_2023.pdf

[12] Oficina de las Naciones Unidas contra la Droga y el Delito (UNODC) – Sistema Integrado de Monitoreo de Cultivos Ilícitos (SIMCI), *Monitoreo de territorios con presencia de cultivos de coca 2023*, Bogotá, UNODC-SIMCI, 2025. Disponible en:

llevadas a cabo muchas de ellas en el medio rural, llevan asociada la idea de ser una manera "fácil" de ganar mucho dinero en un medio empobrecido en áreas más vulnerables y menos asistidas por el Estado.

En Colombia el intento de reclutamiento de exguerrilleros con experiencia comprobada en combate que ya se encontraban en proceso de reincorporación ha sido un fenómeno recurrente. Tradicionalmente, cuando un combatiente se negaba a reincorporarse a la lucha armada, la lógica guerrillera imponía la muerte como sanción, asegurando así que no pudiera integrarse posteriormente a un grupo armado rival.

No obstante, el tipo de reclutamiento ha experimentado transformaciones significativas. Actualmente se viene observando la actuación de comandantes de unidad "de cuarta generación", desprovistos de ideología, que captan a niños, niñas y adolescentes (NNA) no con fines de formar guerrilleros como supuestos "liberadores de Colombia", sino como mera "carne de cañón" para ser desplegada al frente de sus unidades. Esta dinámica se refleja en un aumento de masacres en resguardos indígenas, perpetradas cuando las comunidades se oponen al reclutamiento de sus NNA[13]. Según un informe de la Defensoría del Pueblo, en 2024 el 51% de los NNA reclutados pertenecieron a comunidades indígenas[14].

La pandemia de COVID-19 también incidió en este fenómeno. Las medidas de restricción de movilidad implementadas durante la emergencia sanitaria generaron una mayor ausencia de las autoridades en zonas remotas o de difícil acceso, lo que facilitó el incremento de los reclutamientos[15]. Además, se han documentado casos en los que los NNA fueron reclutados como forma de "pago" por deudas de campesinos con grupos armados ilegales[16].

---

https://www.unodc.org/documents/crop-monitoring/Colombia/Colombia_informe_monitoreo_2023.pdf

13 Defensoría del Pueblo, *51% de casos de reclutamiento conocidos por la Defensoría corresponde a niñas, niños y adolescentes de pueblos indígenas*, Bogotá, Defensoría del Pueblo, 2024. Disponible en: https://www.defensoria.gov.co/-/51-de-casos-de-reclutamiento-conocidos-por-la-defensor%C3%ADa-corresponde-a-ni%C3%B1as-ni%C3%B9os-y-adolescentes-de-pueblos-ind%C3%ADgenas

14 Ibid.

15 Instituto Colombiano de Bienestar Familiar (ICBF), *Pandemia no ha frenado el reclutamiento forzado de menores de edad*, Bogotá, ICBF, 2020. Disponible en: https://www.icbf.gov.co/pandemia-no-ha-frenado-el-reclutamiento-forzado-de-menores-de-edad

16 Procuraduría General de la Nación, *Informe de avance sobre el Programa Camino Diferencial de Vida para los niños, niñas y adolescentes que han salido de los campamentos de*

Paralelamente, los cambios en las formas de combate observados en conflictos recientes, como la guerra en Ucrania y el conflicto en Gaza, han propiciado el desarrollo del llamado "reclutamiento tecnológico". Los grupos armados han comenzado a captar jóvenes urbanos con conocimientos en ingeniería e informática, así como a pilotos de drones, ampliando así su capacidad operativa más allá del combate convencional[17].

1.2. Acuerdo de Paz

Para poner fin al conflicto entre el estado colombiano y las Fuerzas Armadas Revolucionarias de Colombia-Ejército del Pueblo se firmó el "Acuerdo Final para la Terminación del Conflicto y la Construcción de una Paz Estable y Duradera"[18].

El Acuerdo de Paz planteó que los miembros de las FARC-EP debían desmovilizarse, entregar sus armas y reintegrarse a la vida civil con el apoyo del Estado colombiano, lo que constituye el núcleo de los procesos de Desarme, Desmovilización y Reintegración (DDR) de excombatientes. Dichos procesos incluyen distintas fases: la desmovilización física, la entrega de armas bajo supervisión internacional, la provisión de asistencia económica y social para la reincorporación productiva, y programas de formación académica y profesional destinados a facilitar la transición hacia la vida civil[19].

Además, el Acuerdo de Paz incorporó mecanismos de justicia transicional mediante la creación de la Justicia Especial para la Paz (JEP), con el ob-

---

las FARC-EP, Bogotá, Procuraduría, marzo 2022. Disponible en: https://www.procuraduria.gov.co/portal/media/docs/Informe%20Prograa%20Camino%20Diferencial%20de%20Vida%20-%20Diciembre%202016%20-%202019%281%29.pdf

17 Oficina del Alto Comisionado de Naciones Unidas para los Derechos Humanos en Colombia (OACNUDH), *Atrapados en las redes del conflicto: aumento del reclutamiento de niños y niñas en Colombia*, Bogotá, ONU, 2025. Disponible en: https://colombia.un.org/sites/default/files/2025-06/06-27-2025-version-diagramada-nota-informativa-1%20%282%29.pdf

18 Gobierno de Colombia y FARC-EP, *Acuerdo final para la terminación del conflicto y la construcción de una paz estable y duradera*, Bogotá, 2016. Disponible en: https://www.comisiondelaverdad.co/acuerdo-final-para-la-terminacion-del-conflicto-y-la-construccion-de-una-paz-estable-y-duradera [consulta: 18 de agosto de 2025].

19 Gobierno de Colombia y FARC-EP, *Acuerdo final para la terminación del conflicto y la construcción de una paz estable y duradera*, Bogotá, 2016. Disponible en: https://www.comisiondelaverdad.co/acuerdo-final-para-la-terminacion-del-conflicto-y-la-construccion-de-una-paz-estable-y-duradera [consulta: 18 de agosto de 2025].

jetivo de garantizar la rendición de cuentas de todos los actores implicados en el conflicto, tanto guerrilleros como miembros de la fuerza pública[20].

1.3. Los procesos de Desarme, Desmovilización y Reintegración y el caso especial de Colombia

El orden teórico establecido en los procesos DDR es que primero se desarma al combatiente, a continuación, se le desmoviliza, haciendo que ya no dependa de la cadena de mando de la que lo hacía hasta entonces y a partir de ese momento se le proporciona una "ayuda de reinserción temporal" de subsistencia, que suele durar como mucho un año. Por último, se ponen en marcha los mecanismos para lograr su reintegración plena a la vida civil a los efectos económicos, políticos y sociales, y siempre con la debida seguridad.

En Colombia no se siguió este orden, al ser unidades completas de las FARC las que se integraban en el proceso con sus propios mandos. En primer lugar se procedió a desmovilizarlos: las unidades se trasladaron a unos campamentos, las Zonas Veredales Transitorias de Normalización (ZVTN), en los que ya estaban oficialmente acogidos al proceso de paz. Una vez dentro de esas ZVTN se procedió a desarmarles individualmente, según el orden que marcaban los propios jefes de la guerrilla. Un número reducido de armas siguieron en poder de las FARC para proporcionar seguridad en los accesos a las ZVTN. Fueron las últimas de entregarse. A continuación se les proporcionaba la ayuda de reinserción: comida, agua potable, electricidad, eliminación de aguas residuales y un subsidio económico temporal. Y después, en vez de un proceso de "reintegración", se llevó a cabo un proceso de "reincorporación". Aunque ambos términos se usen normalmente como sinónimos, las FARC partían de la base de que no se habían rendido, sino que se había llegado a un acuerdo de paz en el que los dos actores, el Gobierno y las FARC, habían decidido cesar las hostilidades sin que hubiera ni un vencedor ni un vencido, llevando a cabo una reincorporación, un proceso colectivo que buscaba, en el caso de las FARC, beneficiar a los territorios y a las comunidades. La reintegración, por su parte, es un

---

20 Gobierno de Colombia y FARC-EP, *Acuerdo final para la terminación del conflicto y la construcción de una paz estable y duradera*, Bogotá, 2016. Disponible en: https://www.comisiondelaverdad.co/acuerdo-final-para-la-terminacion-del-conflicto-y-la-construccion-de-una-paz-estable-y-duradera [consulta: 18 de agosto de 2025].

proceso individual en el que muchas personas prefieren mantener el anonimato sobre su pasado en sus propias comunidades. Las FARC, en cambio, estaban orgullosas de sus acciones[21].

2. MISIONES DE NACIONES UNIDAS EN COLOMBIA

2.1. La Misión de Naciones Unidas en Colombia (MNUC)

Para certificar que todo se hacía de acuerdo con los estándares internacionales, el Gobierno de Colombia y las FARC llegaron al acuerdo de designar a un tercer actor imparcial y neutral que fuera el que verificara que todo este proceso se hacía correctamente. En este caso se optó por la Organización de Naciones Unidas. El objetivo final de esta Misión era que la población desmovilizada retornase a la vida civil de manera sostenible.

La Misión se articuló en dos fases: la primera, destinada a la desmovilización y desarme de las diferentes unidades de las FARC y a proporcionarles los medios para su reinserción. La segunda centrada en la reincorporación de los exguerrilleros a la vida civil, con garantías de seguridad.

La Misión de la ONU se desplegó a lo largo de Colombia: una sede nacional, en Bogotá, 10 sedes regionales y 7 sedes subregionales, de las cuales dependían en total 24 sedes locales. En todo caso, el número y la localización fueron variando, dependiendo sobre todo de las condiciones de seguridad. La Misión contaba con civiles profesionales de Naciones Unidas, voluntarios de Naciones Unidas y 490 Observadores Internacionales militares y policiales, hasta alcanzar un número total de 1.136 componentes. El número de españoles ha ido variando desde 3 hasta 14. También trabajaban en la Misión observadores colombianos, como especialistas políticos, informáticos, personal de seguridad de las sedes así como los que proporcionaban servicios tales como limpieza o cocina[22].

---

21 Durán Wilches, Paula Andrea, *La transformación de la política de reintegración de niños, niñas y adolescentes en Colombia a partir del acuerdo final con las FARC-EP*, Trabajo de grado, Bogotá, Pontificia Universidad Javeriana, Facultad de Ciencias Políticas y Relaciones Internacionales, 2022. Disponible en: https://apidspace.javeriana.edu.co/server/api/core/bitstreams/d633e645-8aab-4ba3-832c-9b9d1d6ebb3b/content

22 Misión de Verificación de las Naciones Unidas en Colombia, *Infograma 2017*, Bogotá, Naciones Unidas, 2017. Disponible en: https://www.refworld.org/es/ref/inforpais/agonu/2017/es/126868

Cada sede local estaba situada junto a una ZVTN. Desde cada Sede Local de ONU se controlaba la distribución de los medios de reinserción a los exguerrilleros, así como su seguridad. Ésta se basaba en dos "anillos" concéntricos organizados del siguiente modo: la seguridad exterior la proporcionaba un batallón del Ejército de Colombia. La seguridad interior, basada exclusivamente en un control de las entradas y salidas de la ZVTN, la llevaban a cabo exguerrilleros de FARC-EP. El armamento usado en esta seguridad próxima fue el último que se recogió.

Imagen 2. Despliegue de la MNUC

Fuente: MNUC.

Durante esta primera Misión tuvo prevalencia la actuación de los Observadores militares y policiales, ya que eran los que poseían los conocimientos técnicos necesarios para hacerse cargo del armamento y destruir las municiones y explosivos. Esta misión se prolongó hasta el 30 de septiembre de 2017. Una vez culminada, y con el objetivo de dar continuidad a la implementación del Acuerdo de Paz, se estableció la Misión de Verificación de las Naciones Unidas en Colombia (MVNUC), que posteriormente se analiza.

2.2. *Creación del Mecanismo de Monitoreo y Verificación*

Para la gestión de la MNUC se puso en marcha el Mecanismo de Monitoreo y Verificación (MM&V), estructurado en tres niveles: local, regional y nacional. Este mecanismo se concibió como una instancia tripartita integrada por representantes de la ONU, las FARC-EP y el Gobierno de Colombia, lo que garantizaba un carácter equilibrado y consensuado en la toma de decisiones. En el nivel local, cada sede del mecanismo se ubicaba en las inmediaciones de las ZVTN, espacios creados para facilitar la concentración temporal de los excombatientes durante el proceso de dejación de armas. Toda decisión que afectara directamente a una ZVTN, así como los documentos remitidos al nivel regional, debían contar obligatoriamente con la firma de las tres instancias participantes. De esta manera el MM&V se consolidó como un instrumento esencial para la construcción de confianza entre las partes, asegurando la transparencia del proceso y contribuyendo a la estabilidad del cese al fuego.

En cada sede local el representante de Naciones Unidas era el observador militar y policial de mayor antigüedad; el de las FARC, la persona designada por el jefe de la unidad localizada en la ZVTN; el de Gobierno, el militar o policía colombiano designado al efecto con la condición de que no fuese víctima del conflicto, lo que no siempre se cumplió. En concreto en mi propia Sede Local, donde el representante del Gobierno, un militar colombiano, me mostró varias heridas que habría sufrido en combates con las FARC-EP. De ahí se elevaba al componente regional y de ahí al nacional, formado éste por un Almirante de las Fuerzas Armadas de Colombia, un representante del Secretariado de las FARC-EP y el Alto Representante del Secretario General de la ONU, el señor Jean Arnaud. Este flujo de información se hacía no solo desde el nivel local al nacional, sino también desde el nacional hasta el local.

El MM&V, aunque aparentemente complicado, ya que necesitaba la aprobación de tres partes para validar hasta el más mínimo proceso, funcionó muy bien, pues tenía la ventaja de que todas las partes estaban enteradas en todo momento de lo que estaba ocurriendo dado que cualquier decisión o informe precisaba de las tres firmas, tal y como pude comprobar en mi propia sede Local[23].

2.3. Desmovilización

La desmovilización consiste en la desvinculación formal de combatientes activos de las fuerzas u otros grupos armados en los que hubieran estado encuadrados. La desmovilización puede comprender desde el procesamiento de combatientes individuales en centros temporales hasta la concentración de tropas en los campamentos designados a tal propósito. Como ya se ha descrito, en Colombia se llevó a cabo en campamentos. La segunda etapa de la desmovilización abarca el paquete de ayuda proporcionado a los desmovilizados, denominada "reinserción".

Entre el 28 de enero y el 19 febrero de 2017 se realizaron 36 movimientos vía terrestre, fluvial y marítima, mediante los que 6.934 integrantes de las FARC se agruparon en Puntos de Preagrupamiento Temporal (PPT), desde donde se les trasladó a Puntos Transitorios de Normalización (PTN) y a ZVTN[24]. En dichas ZVTN se concentraron combatientes masculinos y femeninos adultos y NNA. Dentro de las FARC también había otra categoría de personal que eran los "milicianos". Trabajaban en roles no combatientes. Eran simpatizantes de la causa de FARC pero habían decidido no participar en la lucha armada. Proporcionaban sobre todo apoyo logístico[25]. No pudieron acogerse a los beneficios del proceso de paz[26]. Esto pudo

---

23 Misión de Verificación de las Naciones Unidas en Colombia, *Infograma 2017*, Bogotá, Naciones Unidas, 2017. Disponible en: https://www.refworld.org/es/ref/inforpais/agonu/2017/es/126868

24 Misión de Verificación de las Naciones Unidas en Colombia, *Infograma 2017*, Bogotá, Naciones Unidas, 2017. Disponible en: https://www.refworld.org/es/ref/inforpais/agonu/2017/es/126868

25 Testimonio derivado de experiencia personal durante trabajo de campo: en el marco de una misión conjunta con componentes de las FARC-EP y del Gobierno de Colombia, el autor pudo constatar cómo, tras una jornada en la que no fue posible alimentarse, un exguerrillero solicitó detener el vehículo, ingresó a una vivienda y regresó con una olla repleta de comida. La situación evidenció la cercanía de caletas a residencias de milicianos que ejercían funciones de resguardo. Las "caletas" o zulos a veces estaban situadas en las cercanías de casas de milicianos, que las vigilaban.

26 Testimonio derivado del trabajo de campo del autor: en la Sede Local donde desempeñaba funciones el autor, un miliciano intentó acogerse al Proceso de

haber dejado fuera a muchos NNA que participaban en actividades de las FARC-EP, pero no con las armas.

Los emplazamientos de las ZVTN los eligieron los excombatientes, a veces con la mentalidad de que el cese al fuego era una argucia del Gobierno para agruparles y posteriormente atacarles. Por ello algunas ZVTN se colocaron en lugares de difícil acceso, primando su posible uso como posiciones defensivas, y ello lastró a veces el proceso de reincorporación, entre otros motivos, por la dificultad de transporte de los productos que pretendían comercializar[27].

Cuando las FARC abandonaron las zonas en las que operaban, otros grupos armados, algunos provenientes de la antigua FARC EP (disidencias), lucharon por apropiarse de esos territorios, lo que conllevó el aumento del reclutamiento "voluntario" o forzoso de más elementos. Fuentes de la inteligencia militar de Colombia estiman que los determinados Grupos Armados Organizados No Estatales o GANE habrían incrementado sus efectivos en un 31% entre 2021 y 2023. De ellos, entre un 38 y un 52% serían NNA. Aun así, en estas cifras no estarían incluidos menores reclutados por otros grupos delincuenciales normalmente asociados a los GANE tales como los Chotas, los Espartanos, los Pacheli, los Triana o los Mesa. Eso aumentaría notablemente la cifra de NNA reclutados[28].

2.4. Dejación de armas

Resulta relevante destacar la particularidad semántica del término "dejación de armas", empleado en el Acuerdo de Paz. Las FARC-EP insistieron en que el pacto alcanzado con el Estado colombiano no representaba una rendición militar, sino un acuerdo político "sin vencedores ni vencidos". En consecuencia, las armas no eran "entregadas" al adversario, sino "de-

---

Paz y a sus beneficios, pero fue rechazado directamente por exguerrilleros de las FARC-EP presentes en la misma instancia.

27 Fue el caso, por ejemplo, de la ZVTN de Aguabonita, que no pudo vender su producción de piñas por lo caro del transporte desde la Zona hasta los locales del comercializador. Testimonio derivado de experiencia personal durante trabajo de campo.

28 Procuraduría General de la Nación, *Informe de avance sobre el Programa Camino Diferencial de Vida para los niños, niñas y adolescentes que han salido de los campamentos de las FARC-EP*, Bogotá, Procuraduría, marzo 2022. Disponible en: https://www.procuraduria.gov.co/portal/media/docs/Informe%20Prograa%20Camino%20Diferencial%20de%20Vida%20-%20Diciembre%202016%20-%202019%281%29.pdf

jadas" bajo un procedimiento previamente acordado y supervisado internacionalmente. Durante esta fase, Naciones Unidas dispuso en cada Zona Veredal Transitoria de Normalización (ZVTN) un contenedor blanco identificado con las siglas UN[29], que permanecía bajo vigilancia permanente de los Observadores Internacionales de la organización. Cabe subrayar que dicho contenedor no podía ser manipulado ni abierto por los exguerrilleros, lo cual garantizaba la transparencia y trazabilidad del proceso de dejación.

Durante el proceso primeramente se filiaba a cada excombatiente. A continuación, tenía que entregar al menos un arma en condiciones de uso. Cuando el arma se registraba se le ponía un código de barras y se guardaba en el citado contenedor bajo vigilancia 24 horas de Observadores Internacionales, militares y policiales. Tras ello, a los excombatientes se le entregaba un certificado con el que, en teoría, podían abrir una cuenta bancaria y empezar a cobrar el subsidio de reinserción del Gobierno de Colombia, equivalente al 90% del salario mínimo en esos momentos. De la misma manera, un NNA que no hubiese tenido un arma que entregar, aunque hubiese colaborado con las FARC-EP, no hubiese podido acogerse al proceso ni a sus beneficios. El armamento posteriormente se clasificó por tipos y se trasladó a una nave industrial en Bogotá, donde se procedió a destruirlo por el método de corte con disco de diamante.

Una dificultad relevante en el proceso de reintegración de los excombatientes fue la ausencia, en muchos casos, de documentación legal básica, como la Cédula de Identidad. Durante su permanencia en la guerrilla era habitual la adopción de un "nombre de guerra" o alias, distinto del que constaba en la partida de nacimiento, lo cual generó importantes obstáculos administrativos y legales. Esta situación exigió la localización y recuperación de las partidas de nacimiento originales, tarea compleja debido a que los desplazamientos necesarios implicaban exponer a los excombatientes a un alto riesgo, dado que muchos de ellos se encontraban en situación de búsqueda y captura por parte de las autoridades judiciales colombianas.

También se descubrió que existían combatientes extranjeros en las filas de las FARC-EP, tanto adultos como NNA. Estos problemas de filiación conllevaron también posteriores dificultades en la apertura de las cuentas bancarias necesarias para que recibiesen los ingresos de la reinserción y los

29 Se solicitó cambiar las letras identificativas en los vehículos de "UN" a "ONU" porque alguna vez se había producido alguna confusión con vehículos de la Universidad Nacional. No se aprobó. Testimonio derivado de experiencia personal durante trabajo de campo.

posteriores de reintegración[30]. Los problemas de filiación se resolvieron y los exguerrilleros pudieron cobrar sus subsidios.

Después las armas se fundieron y con esos materiales se hizo un "contramonumento" en Bogotá para recordar el conflicto y para que no se repitiera nunca más, un suelo de acero que buscaba que sobre él pudiesen salir adelante diálogos discordantes[31]. Posteriormente se colocó en los jardines de la Sede de la ONU en Nueva York otro monumento: una canoa indígena colombiana, también construida con las armas fundidas de FARC[32].

Pero el proceso de desarme no consistió exclusivamente en la recogida y destrucción de armamento individual y colectivo, sino también de la extracción de los materiales enterrados en los zulos o "caletas" que las FARC habían distribuido por todo el territorio de Colombia para ser usados en caso de necesidad.

Dichas "caletas" podían contener medicinas, armas, piezas de armas, municiones de pequeño y grueso calibre, explosivos, granadas de mano y de mortero hasta 81mm, minas contra personal e incluso productos de higiene femenina. El batallón del Ejército de Colombia desplegado anexo a la ZVTN cumplía las misiones de proporcionarle seguridad así como de llevar a cabo, junto a técnicos "explosivistas" de las FARC-EP y bajo la supervisión de observadores de la ONU, la disposición controlada de los explosivos y las municiones que se descubrían al levantar la "caletas" o zulos enterrados con los más diversos materiales.

En cada unidad de las FARC había uno o más "caleteros", encargados de la localización de los depósitos enterrados. El problema con el que se encontraron los miembros de la misión fue que, a veces los caleteros no se encontraban en la ZVTN, bien porque habían fallecido, bien porque habían

---

30 La asignación mensual de reinserción de 620.000 pesos, unos 200 euros al cambio en esos momentos, sólo se podía percibir durante 24 meses, lo que suponía un total de 4.800 euros.

31 En la construcción del contramonumento, diseñado por Dorys Salcedo, participaron mujeres víctimas de violencia sexual en el marco del conflicto armado, que martillo en mano fueron "machacando el dolor sobre el hierro", dando forma a 1.300 azulejos que se hicieron con 37 toneladas de armas dejadas por las FARC-EP y que fueron depositadas en los contenedores de la ONU.

32 Mario Opazo, artista plástico y realizador audiovisual chileno que reside en Bogotá y es profesor en la Universidad Nacional de Colombia, desarrolló esta obra a través de lenguajes artísticos contemporáneos. La "canoa de Opazo" simboliza el viaje hacia una nueva vida, evocando tanto el pasado como el futuro de una Colombia en paz.

decidido volver con su familia, bien porque no se habían acogido al Proceso de Paz. Como consecuencia parte de este material no pudo ser localizado.

El resultado de todo este proceso, considerado un éxito a nivel internacional, se describe en la infografía de la MNUC[33].

Imagen 3. Resultado final del proceso de dejación de armas.

Nota. Imagen extraída de la Misión de Nacines Unidas en Colombia (MNUC).

Cuando finalizó la Fase 1 del Proceso de Paz los exguerrilleros que se habían acogido al mismo estaban concentrados en las ZVTN, disfrutaban de la seguridad que les proporcionaban el Ejército y la Policía y tenían sus necesidades básicas cubiertas, incluida una paga mensual de reinserción.

2.5. *Protocolo de actuación en caso de violencia sexual en las ZVTN durante la Misión 1*

Dentro de las ZVTN había un protocolo de actuación para todas las personas que estuviesen en su interior, basado en cuatro premisas[34]:

---

33 Misión de Verificación de las Naciones Unidas en Colombia, *Infograma 2017*, Bogotá, Naciones Unidas, 2017. Disponible en: https://www.refworld.org/es/ref/inforpais/agonu/2017/es/126868

34 Ministerio de Salud; Consejería Presidencial para la Equidad de la Mujer; Consejería de Derechos Humanos; Mecanismo de Monitoreo y Verificación (MM&V); Misión de Naciones Unidas en Colombia, *Guía de respuesta para el MM&V en situaciones de violencias contra las mujeres en las ZVTN, los PTN y lugares cercanos a éstos,*

1. La primera, respetar la igualdad de género dentro y fuera del MM&V;
2. la segunda denunciar cualquier acto o amenaza de explotación, violencia y abuso sexual;
3. la tercera que en ningún caso se cometerían actos de violencia de género, incluida la explotación o abusos sexuales, ni se mantendrían relaciones sexuales con menores de 18 años, ni se ofrecería dinero, bienes o servicios a cambio de relaciones sexuales;
4. y la cuarta no participar en actividades ilegales corruptas o impropias.

La respuesta dependía de la categorización de la persona que presuntamente hubiese cometido el hecho constitutivo de violencia sexual: si era miembro de la fuerza pública o de las FARC acogida al proceso, había que elaborar un "Informe de verificación del cese al fuego", que se elevaría al MM&V para su posterior verificación y adopción de las medidas de justicia necesaria; si el agresor era un ciudadano, se informaba al MM&V.

Sin necesidad de iniciar un proceso de verificación, en ambos casos se ponía en marcha una "ruta", un protocolo de actuación. Dichos protocolos variaban de acuerdo con el contexto de los hechos: ámbito territorial, ámbito público y violencia sexual. En todos los casos se pondrían en marcha acciones relacionadas con la justicia, con la salud y con la protección de la víctima, tales como el posible procesamiento del denunciado, reconocimientos médicos de la víctima y separación y protección de la víctima con respecto al presunto victimario.

En el caso de posibles actos de violencia contra NNA, la protección se habría brindado en la Defensoría de Familia del municipio en el que hubiesen ocurrido los hechos, o, en el caso de que no hubiese habido oficina de la Defensoría, en la comisaría correspondiente, por la Fuerza Pública[35].

Bogotá, 2017. Disponible en: https://derechoshumanos.gov.co/Observatorio/Publicaciones/Documents/2017/171231-Guia-MMV.pdf [consulta: 18 de agosto de 2025].

35 Ministerio de Salud; Consejería Presidencial para la Equidad de la Mujer; Consejería de Derechos Humanos; Mecanismo de Monitoreo y Verificación (MM&V); Misión de Naciones Unidas en Colombia, *Guía de respuesta para el MM&V en situaciones de violencias contra las mujeres en las ZVTN, los PTN y lugares cercanos a éstos*, Bogotá, 2017. Disponible en: https://derechoshumanos.gov.co/Observatorio/Publicaciones/Documents/2017/171231-Guia-MMV.pdf [consulta: 18 de agosto de 2025].

Las FARC se encargaban del orden y la disciplina dentro de la ZVTN. Sólo se reportó un caso de violencia sexual dentro de todas las zonas. En concreto en la de Vidrí un componente de las FARC intentó agredir sexualmente a dos niñas de 3 y 9 años, el 9 de mayo de 2017. Las niñas eran hijas de otro exguerrillero concentrado en la misma zona. La madre de las menores las había llevado a visitar a su padre cuando otro ex componente de las FARC intentó agredirlas sexualmente. Al verse sorprendido huyó hacia las montañas. Las FARC informaron inmediatamente del caso al MM&V y su Secretario General, Rodrigo Londoño, alias "Timochenko", condenó los hechos enérgicamente[36].

3. MISIÓN DE VERIFICACIÓN DE NACIONES UNIDAS EN COLOMBIA (MVNUC)

Esta segunda Misión se llevaría a cabo la reincorporación de los excombatientes a la vida civil, verificando que se garantizaba la reincorporación política, económica y social de los exguerrilleros, así como su seguridad, la de sus familias y la de las comunidades afectadas por el conflicto. Estas verificaciones las llevarían a cabo los componentes de la MVNUC mediante equipos compuestos por Observadores Internacionales militares y policiales y por personal civil de la Misión, pero en este caso con más preponderancia del componente civil. Se visitaba a los exguerrilleros en sus nuevos emplazamientos, se les entrevistaba y se levantaba acta de las posibles actuaciones contra ellos, sus familias o sus comunidades de acogida. A través de instituciones públicas y privadas, colombianas y extranjeras, se les impartieron cursos de formación profesional, agricultura, ganadería y gestión económica.

3.1. Reincorporación

Las FARC partieron de un concepto colectivista de la reincorporación por el cual se iban a crear una serie de cooperativas dentro de los Espacios Transitorios de Capacitación y Reincorporación (ETCR), denominación que adoptaron las ZVTN al cambiar a la MVNUC. En teoría cada exguerrillero debía aportar al proyecto la cantidad económica que les

---

36 Redacción Judicial, "Guerrillero intentó violar a dos menores de 3 y 9 años en una zona veredal de Antioquia", *El Espectador*, 24 de marzo de 2017. Disponible en: https://www.elespectador.com/judicial/guerrillero-intento-violar-a-dos-menores-de-3-y-9-anos-en-una-zona-veredal-de-antioquia-article-697229/

proporcionaba el Estado colombiano para la creación colectiva de proyectos productivos dentro de los ETCR. De dicha manera, las FARC seguirían teniendo cierto control sobre ellos y sobre sus economías. No se les coaccionaba a entregar los subsidios. En muchos casos los exguerrilleros llegaron a la conclusión de que dispondrían más oportunidades de salir adelante si lo hacían de manera individual, fuera de los ETCR. Además, muchos de ellos aún tenían familiares que se ofrecieron a acogerles y proporcionarles un trabajo, con lo que no les era necesario participar en estas cooperativas.

3.2. Balance del Acuerdo de Paz

En la actualidad, transcurridos los años comprendidos entre 2016 y 2025, el balance del proceso de reintegración de los excombatientes evidencia una serie de avances y desafíos persistentes, que a continuación se exponen:

De acuerdo con el informe del segundo trimestre del 2025 del Representante Especial del Secretario General de ONU en Colombia, en cuanto a la reincorporación económica y social, que es el punto 3.2 del Acuerdo de Paz, cerca de 12.000 excombatientes se benefician en la actualidad del apoyo de la ARN.

En términos de composición demográfica del grupo, el 12 % correspondía a mujeres, frente a un 88 % de hombres, mientras que el 25 % eran indígenas y afrocolombianos y el 75 % restante no se adscribía a estos grupos étnicos. Cabe señalar que estos porcentajes no implican una relación directa entre género y pertenencia étnica; es decir, el 12 % de mujeres se distribuye dentro de los diferentes grupos étnicos y no corresponde exclusivamente a las poblaciones indígenas o afrocolombianas.

Con el tiempo y ante la falta de oportunidades, los ETCR se fueron despoblando. Esta situación complicó la verificación de las garantías de seguridad y reincorporación social, política y económica de los exguerrillero, ya que cerca de 11.000 de ellos se dispersaron por todo el territorio colombiano. Algunos en lugares donde no tenía despliegue previo la Misión de Verificación de la ONU, que ha tenido que afrontar serios problemas operacionales y logísticos para poder cumplir con sus cometidos, dada su carencia de personal y la extensión y complejidad de la orografía colombiana.

Imagen 4. Resumen del estado de reincorporación de los exguerrilleroexguerrilleros de las FARC-EP a 26 de junio de 2025

Nota. Imagen extraída de la Fuente MVNUC.

En cuanto al punto 3.4 del Acuerdo de Paz, "garantías de seguridad para los excombatientes, sus familias y las comunidades afectadas por el conflicto", a fecha 26 de junio de 2025 la Misión había verificado 470 asesinatos de excombatientes, de los cuales 11 eran mujeres, 59 indígenas y 57 afrocolombianos. Se habrían producido 162 tentativas de homicidio a 145 hombres y 17 mujeres, así como 54 desapariciones, 53 de hombres y una de una mujer.

El aspecto parcialmente positivo en cuanto a seguridad, dentro de la gravedad de la situación, es que el número de asesinatos, que alcanzó un pico anual de 90 en 2019, había ido descendiendo todos los años desde entonces, llegando a su cifra más baja en 2024, con 33. Lamentablemente en lo que va de 2025, hasta el 26 de junio, ya se habrían producido 29[37]. Podemos estar viendo un recrudecimiento en los asesinatos por la polarización actual que vive Colombia.

---

[37] Misión de Verificación de las Naciones Unidas en Colombia, *Informe trimestral del Secretario General*, Bogotá, Naciones Unidas, 2025. Disponible en: https://colombia.unmissions.org/sites/default/files/infografia_espanol_junio2025_final.pdf [consulta: 18 de agosto de 2025].

4. LOS NIÑOS, NIÑAS Y ADOLESCENTES EN EL PROCESO DE REINCORPORACIÓN

La teoría DDR nos marca que la reintegración de los NNA se debe centrar en la reunificación familiar. El NNA soldado debería ser entregado a las autoridades civiles lo más rápidamente posible para que, a continuación, se pusieran en marcha todos los sistemas de atención sanitaria, educativos y de apoyo social y económico y para proporcionarle la debida seguridad.

En otros procesos de paz en Colombia, tales como los que se llevaron a cabo con el M-19 y el EPL11 en los años 90, no se tuvo ninguna consideración especial con los NNA. De hecho, al no tener cédula de identidad fueron excluidos de los posibles beneficios de programas estatales de apoyo, no se legalizaron, no se registraron listados y no se identificaron en los procesos de paz. Con las Autodefensas Unidas de Colombia en 2003 ya se estableció que la entrega de los NNA era un requisito para acceder a las desmovilizaciones colectivas. Aun así, solo se acogió a 101 de ellos[38]

En Colombia, a diferencia de otros países, el proceso de reintegración es permanente, aunque continúe el conflicto armado. Por ello existe una agencia que está constantemente trabajando y preparándose para recibir guerrilleros de diferentes edades y condiciones que decidan reintegrarse a la vida civil. La gestora de dicho proceso es la Agencia de Reincorporación Nacional[39].

En procesos anteriores, una vez que un NNA decidía dejar las armas, se le transfería al Instituto Colombiano de Bienestar Familiar (ICBF), donde tenía que esperar a alcanzar la mayoría de edad para comenzar con el proceso de reintegración. En el proceso de paz con las FARC EP ya se identificó la necesidad de crear una vía específica de reincorporación separada para los NNA.

---

38 Wilches, Paula Andrea, *La transformación de la política de reintegración de niños, niñas y adolescentes en Colombia a partir del acuerdo final con las FARC-EP*, Trabajo de grado, Bogotá, Pontificia Universidad Javeriana, Facultad de Ciencias Políticas y Relaciones Internacionales, 2022. Disponible en: https://apidspace.javeriana.edu.co/server/api/core/bitstreams/d633e645-8aab-4ba3-832c-9b9d1d6ebb3b/content

39 Durán Wilches, Paula Andrea, *La transformación de la política de reintegración de niños, niñas y adolescentes en Colombia a partir del acuerdo final con las FARC-EP*, Trabajo de grado, Bogotá, Pontificia Universidad Javeriana, Facultad de Ciencias Políticas y Relaciones Internacionales, 2022. Disponible en: https://apidspace.javeriana.edu.co/server/api/core/bitstreams/d633e645-8aab-4ba3-832c-9b9d1d6ebb3b/content

En general, todos los aspectos del proceso de reincorporación a la vida civil de las FARC se definían y seguían desde un organismo de nueva creación, el Consejo Nacional de Reincorporación. Dicho Consejo se componía de dos miembros del Gobierno Nacional y dos de las FARC-EP[40].

4.1. Reclutamiento

El primer problema con el que nos encontramos en el proceso de paz y en concreto en el DDR de 2016 es que se desconocía el número real de NNA que habrían sido reclutados a lo largo de los años. Estos procesos se llevaron a cabo principalmente en zonas rurales, lejanas o de difícil acceso. A eso había que añadir la ausencia de presencia estatal en gran parte del territorio, lo que impedía que se denunciase y favorecía el reclutamiento forzado.

El Foro ONG Humanitarias – Colombia llevó a cabo un estudio comparado de las cifras de reclutamiento de NNA en Colombia según los números que aportaban las diferentes instituciones que pudiesen estar relacionadas con el tema[41]. Se encontró con una gran disparidad de cifras según quién medía el dato. Posiblemente poque diferentes instituciones se dedicaban a diferentes aspectos del proceso, y no había comunicación entre ellas. Siempre en cuanto al reclutamiento de NNA, la Comisión de la Verdad y la JEP recogió entre 1990 y 2017 el número de 27.101 casos de reclutamiento de NNA, que podrían haber llegado hasta 40.828 en el mismo periodo[42], la Unidad de Atención y Reparación Integral a las Víctimas

---

40 Durán Wilches, Paula Andrea, *La transformación de la política de reintegración de niños, niñas y adolescentes en Colombia a partir del acuerdo final con las FARC-EP,* Trabajo de grado, Bogotá, Pontificia Universidad Javeriana, Facultad de Ciencias Políticas y Relaciones Internacionales, 2022. Disponible en: https://apidspace.javeriana.edu.co/server/api/core/bitstreams/d633e645-8aab-4ba3-832c-9b9d1d6ebb3b/content

41 Foro ONG Humanitarias – Colombia, *Situación del reclutamiento, uso y utilización de niñas, niños y adolescentes en Colombia, 2021-2023,* Bogotá, Foro ONG Humanitarias, 2024. Disponible en: https://forohumanitariocolombia.org/wp-content/uploads/2024/08/Reclutamiento_VF.pdf

42 Instituto Colombiano de Bienestar Familiar (ICBF), *Pandemia no ha frenado el reclutamiento forzado de menores de edad,* Bogotá, ICBF, 2020. Disponible en: https://www.icbf.gov.co/pandemia-no-ha-frenado-el-reclutamiento-forzado-de-menores-de-edad

reconoció 10.321 casos hasta junio de 2025[43]; el Instituto Colombiano de Bienestar Familiar, por su parte, ha integrado a 6.831 NNA entre 1999 y 2020[44]; el Observatorio de Memoria y Conflicto del Centro Nacional de Memoria Histórica consolidó 16.879 casos de reclutamiento y utilización entre 1962 y 2018; por último, el Consejo de Seguridad de ONU informó de 209 casos anuales entre 2009 y 2022, y de 474 casos de reclutamiento o utilización de niños y niñas, a partir de los 9 años de edad, por parte de grupos armados no estatales entre 2022 y 2024[45]. Como se puede apreciar, hay incluso disparidad no sólo en las cifras sino también en cuanto a las fechas de registro de cada institución. Ello nos lleva a considerar medias anuales que van de los 209 del Consejo de Seguridad de Naciones Unidas a los 1.500 de la Comisión de la verdad. Por ello se puede afirmar que la media de reclutamiento ha sido de unos 1.000 NNA al año, y es la cifra que he tomado como referencia para este estudio[46].

Según el mismo estudio, de los números que obran en poder del Instituto Colombiano de Bienestar Familiar (ICBF) se puede deducir que de todos los NNA que se desvincularon de guerrillas paramilitares y bandas criminales entre 1999 y octubre de 2020, el 60% (3.878), habían pertenecido a las FARC[47]. Por su parte, y aunque su número sea menor en términos absolutos, del personal de las Autodefensas Unidas de Colombia hay un

---

43 Unidad para las Víctimas, *Vinculación de niños, niñas y adolescentes a grupos armados en el marco del conflicto armado*, Bogotá, Unidad para las Víctimas, 2025. Disponible en: https://datospaz.unidadvictimas.gov.co/wp-content/uploads/2025/07/VinculacionNinosNinasAdolecentesGruposArmadosConflictoArmado-2025_.pdf

44 Instituto Colombiano de Bienestar Familiar (ICBF), *Pandemia no ha frenado el reclutamiento forzado de menores de edad*, Bogotá, ICBF, 2020. Disponible en: https://www.icbf.gov.co/pandemia-no-ha-frenado-el-reclutamiento-forzado-de-menores-de-edad

45 Oficina del Alto Comisionado de Naciones Unidas para los Derechos Humanos en Colombia (OACNUDH), *Atrapados en las redes del conflicto: aumento del reclutamiento de niños y niñas en Colombia*, Bogotá, ONU, 2025. Disponible en: https://colombia.un.org/sites/default/files/2025-06/06-27-2025-version-diagramada-nota-informativa-1%20%282%29.pdf

46 Foro ONG Humanitarias – Colombia, *Situación del reclutamiento, uso y utilización de niñas, niños y adolescentes en Colombia, 2021-2023*, Bogotá, Foro ONG Humanitarias, 2024. Disponible en: https://forohumanitariocolombia.org/wp-content/uploads/2024/08/Reclutamiento_VF.pdf

47 Instituto Colombiano de Bienestar Familiar (ICBF), *Balance de atención a niños, niñas y adolescentes desvinculados de grupos armados ilegales*, Bogotá, ICBF, 2020. Disponible en: https://www.icbf.gov.co/noticias/icbf-presenta-balance-de-atencion-ninos-ninas-y-adolescentes-desvinculados-de-grupos

38% de niños, niñas y adolescentes y de las bandas criminales, un 50% son de este tipo de combatientes[48]

En cuanto a los NNA, antes de iniciarse el proceso de paz en 2016, las FARC declararon que sólo había 13 en sus filas, mientras que el Gobierno trabajaba con una cifra aproximada a los 2.000[49]. Puede que esto se debiese al Acuerdo General número 70 entre las FARC y el Gobierno, que indicaba en un primer momento que solamente había que clasificar como menores víctimas del conflicto a los de menos de 15 años. Además, las FARC-EP eran conscientes del estigma que suponía tener NNA en sus filas e intentaron minimizar el impacto que podría haber supuesto que se descubriese el número real, evidentemente superior a 13.

Algunos excombatientes ya mantenían relaciones de pareja dentro de la guerrilla antes del inicio del proceso de paz, e incluso algunos habían tenido descendencia. Esta situación generaba incertidumbre respecto a su clasificación como NNA dentro del proceso, así como sobre los beneficios a los que podían acceder: no estaba claro si les resultaría más conveniente acogerse a los derechos y apoyos establecidos para familias a través del Camino Diferencial de Vida (CDV) o beneficiarse de los programas dirigidos a adultos.

Durante los años del conflicto, los NNA fueron sometidos a diferentes tipos de abusos. Para algunos de ellos éstos incluyeron diferentes tipos de violencia sexual, tales como violaciones, esterilizaciones forzadas y abortos forzados sucesivos. En este sentido, en el marco de la MNUC se dieron situaciones como las de exguerrilleras acogidas al proceso que en su momento, durante el conflicto, habían logrado ocultar su embarazo pero a las que al dar a luz las FARC les habían quitado a su hijo y se lo habían entregado a matrimonios de milicianos para que los criaran como suyos[50].

---

48 Springler, Natalia, *Como corderos entre lobos. Del uso y reclutamiento de niñas, niños y adolescentes en el marco del conflicto armado y la criminalidad en Colombia*, Bogotá, Taller Digital Image Printing, 2012.

49 Durán Wilches, Paula Andrea, *La transformación de la política de reintegración de niños, niñas y adolescentes en Colombia a partir del acuerdo final con las FARC-EP*, Trabajo de grado, Bogotá, Pontificia Universidad Javeriana, Facultad de Ciencias Políticas y Relaciones Internacionales, 2022. Disponible en: https://apidspace.javeriana.edu.co/server/api/core/bitstreams/d633e645-8aab-4ba3-832c-9b9d1d6ebb3b/content

50 Testimonio derivado de experiencia personal durante trabajo de campo. El autor conoció personalmente uno de estos casos. Durante el proceso DDR una exguerrillera solicitó viajar para ver por primera vez a su hijo, que había sido entregado a unos milicianos para que lo cuidasen, hacía 14 años.

4.2. Incorporación a las Zonas Veredales Transitorias de Normalización

En esta ocasión y por primera vez en todos los procesos DDR que se habían llevado a cabo a lo largo de los años en Colombia se cambió un hecho fundamental y es que se les asignó a los NNA consideración de víctimas del conflicto, con los derechos y privilegios que eso conllevaba[51]. Además, para estos NNA se creó un protocolo específico, el llamado "Camino Diferencial de Vida", independiente y distinto del protocolo de la Agencia de Reincorporación y Normalización para reincorporaciones individuales de NNA ya que, además, se trataba de reincorporación y no de reintegración.

La incorporación de los NNA a las Zonas Veredales Transitorias de Normalización (ZVTN) se llevó a cabo en tres fases. El 10 de septiembre de 2016 ingresaron 13 de ellos, específicamente aquellos que contaban con menos de 15 años en ese momento. Conforme a lo establecido en el Comunicado Conjunto Número 70 de las FARC y el Gobierno de Colombia[52], únicamente estos 13 individuos podían considerarse, en ese momento, como NNA exguerrilleros.

A partir del cambio de definición, que amplió la edad a menores de 18 años, entre el 4 de marzo y el 12 de mayo de 2017 ingresaron 75 más y entre el 15 y el 16 de agosto de 2017, otros 36, es decir, en total 124[53]. Otros 11 se presentaron directamente ante el Instituto Colombiano de Bienestar Familiar o ante otras autoridades para ser incluidos en el programa especializa-

---

[51] Durán Wilches, Paula Andrea, *La transformación de la política de reintegración de niños, niñas y adolescentes en Colombia a partir del acuerdo final con las FARC-EP*, Trabajo de grado, Bogotá, Pontificia Universidad Javeriana, Facultad de Ciencias Políticas y Relaciones Internacionales, 2022. Disponible en: https://apidspace.javeriana.edu.co/server/api/core/bitstreams/d633e645-8aab-4ba3-832c-9b9d1d6ebb3b/content

[52] Durán Wilches, Paula Andrea, *La transformación de la política de reintegración de niños, niñas y adolescentes en Colombia a partir del acuerdo final con las FARC-EP*, Trabajo de grado, Bogotá, Pontificia Universidad Javeriana, Facultad de Ciencias Políticas y Relaciones Internacionales, 2022. Disponible en: https://apidspace.javeriana.edu.co/server/api/core/bitstreams/d633e645-8aab-4ba3-832c-9b9d1d6ebb3b/content

[53] Procuraduría General de la Nación, *Informe de avance sobre el Programa Camino Diferencial de Vida para los niños, niñas y adolescentes que han salido de los campamentos de las FARC-EP*, Bogotá, Procuraduría, marzo 2022. Disponible en: https://www.procuraduria.gov.co/portal/media/docs/Informe%20Prograa%20Camino%20Diferencial%20de%20Vida%20-%20Diciembre%202016%20-%202019%281%29.pdf

do del Instituto, ya que no estaban interesados en ingresar en el programa "Camino Diferencial de Vida"[54].

El número de 124 llama la atención por lo reducido, máxime si tenemos en cuenta las cifras que manejan las diferentes instituciones relacionadas con el reclutamiento de NNA por las FARC, que ya hemos visto que se podían considerar unos 1.000 anuales de media. Nuevamente las FARC-EP intentaron minimizar el estigma a nivel internacional de reclutar y emplear a NNA en sus filas. Ello pudo dejar a muchos de ellos sin el reconocimiento necesario como víctimas del conflicto y sin la posibilidad de acogerse a los beneficios del CDV. El proceso lo debería haber tenido en cuenta y debería haber preguntado a cada exguerrillero qué edad tenía cuando fue reclutado. Si en el momento del reclutamiento hubiese sido menor de 18 años se le debería haber incluido como beneficiario del CDV.

Dado que era muy común que muchos desconociesen su propia edad, se les practicaron pruebas para determinarla. Por ello, una vez realizadas las pruebas pertinentes, 21 personas que alegaron que eran menores se determinó que eran mayores de edad de las 124 en el momento de su salida de las ZVTN[55].

De los NNA que ingresaron en las ZVTN un 74% del total tenían en ese momento 16 y de 17 años: un 43% tenían 17 años y un 31% tenían 16 años. Solo un 8% eran entonces menores de 15 años. EL 55% eran de sexo femenino, 68 de ellos y el 45% masculino, 56[56]. Si tenemos en cuenta que en el proceso de paz en Colombia de las 13.829 personas que se acogieron al proceso de reincorporación el 25% fueron mujeres (3.457 mujeres) y el

---

54 Procuraduría General de la Nación, *Informe de avance sobre el Programa Camino Diferencial de Vida para los niños, niñas y adolescentes que han salido de los campamentos de las FARC-EP*, Bogotá, Procuraduría, marzo 2022. Disponible en: https://www.procuraduria.gov.co/portal/media/docs/Informe%20Prograa%20Camino%20Diferencial%20de%20Vida%20-%20Diciembre%202016%20-%202019%281%29.pdf

55 Procuraduría General de la Nación, *Informe de avance sobre el Programa Camino Diferencial de Vida para los niños, niñas y adolescentes que han salido de los campamentos de las FARC-EP*, Bogotá, Procuraduría, marzo 2022. Disponible en: https://www.procuraduria.gov.co/portal/media/docs/Informe%20Prograa%20Camino%20Diferencial%20de%20Vida%20-%20Diciembre%202016%20-%202019%281%29.pdf

56 Procuraduría General de la Nación, *Informe de avance sobre el Programa Camino Diferencial de Vida para los niños, niñas y adolescentes que han salido de los campamentos de las FARC-EP*, Bogotá, Procuraduría, marzo 2022. Disponible en: https://www.procuraduria.gov.co/portal/media/docs/Informe%20Prograa%20Camino%20Diferencial%20de%20Vida%20-%20Diciembre%202016%20-%202019%281%29.pdf

75% hombres (10.372)[57], se puede apreciar el alto porcentaje de niñas con respecto al de mujeres, posiblemente para su explotación sexual, aunque el estudio no hace referencia a ello. Se identificaron dos extranjeros entre los NNA. Aunque no se describe su nacionalidad, los extranjeros combatiendo en las filas de las FARC solían ser venezolanos o ecuatorianos.

En cuanto a su origen étnico, un 73% no estaba definido, el 19% eran de origen indígena y el 8% afrodescendientes. En un 46% procedían de hogares en los que la educación era básica primaria y un 24% básica secundaria[58].

4.3. Creación del marco de reincorporación de los Niños, Niñas y Adolescentes: El programa "Camino Diferencial de Vida"

Para afrontar este proceso en el que prácticamente 12.000 guerrilleros firmaron la paz y decidieron desmovilizarse y reincorporarse a la vida civil el estado colombiano tuvo que llevar a cabo varias acciones: la institucionalidad tuvo que hacer un planeamiento muy detallado de cómo iban a hacerse las cosas. Las propias instituciones tuvieron que reformarse interiormente y llevar a cabo sus propios procesos, tales como el Instituto Colombiano de Bienestar Familiar y la Agencia de Reincorporación y Normalización. A partir de ahí se creó una política de reincorporación específica y la ruta de la incorporación "Camino Diferencial de Vida" para los NNA, con cuatro dimensiones: individual, familiar, comunitaria e institucional. Los NNA recibieron acompañamiento a todos esos niveles para asegurar su reincorporación plena a la sociedad civil[59].

---

57 Misión de la ONU en Colombia, *Ocho años-Ocho hitos del Acuerdo Final de Paz de Colombia*, Bogotá, Naciones Unidas, 2024. Disponible en: https://colombia.unmissions.org/ocho-a%C3%B1os-ocho-hitos-del-acuerdo-final-de-paz-de-colombia

58 Procuraduría General de la Nación, *Informe de avance sobre el Programa Camino Diferencial de Vida para los niños, niñas y adolescentes que han salido de los campamentos de las FARC-EP*, Bogotá, Procuraduría, marzo 2022. Disponible en: https://www.procuraduria.gov.co/portal/media/docs/Informe%20Prograa%20Camino%20Diferencial%20de%20Vida%20-%20Diciembre%202016%20-%202019%281%29.pdf

59 Durán Wilches, Paula Andrea, *La transformación de la política de reintegración de niños, niñas y adolescentes en Colombia a partir del acuerdo final con las FARC-EP*, Trabajo de grado, Bogotá, Pontificia Universidad Javeriana, Facultad de Ciencias Políticas y Relaciones Internacionales, 2022. Disponible en: https://apidspace.javeriana.edu.co/server/api/core/bitstreams/d633e645-8aab-4ba3-832c-9b9d1d6ebb3b/content

Para verificar que se cumplía con todas las garantías para con los NNA se designó a dos agencias específicas de Naciones Unidas para que los acompañaran durante todo el proceso: el Fondo de las Naciones Unidas para la Infancia (UNICEF) y la Organización Internacional de las Migraciones (OIM)[60]. En el caso de esta última actuaba porque se considera internacionalmente que un niño que ha sido reclutado se convierte automáticamente en un desplazado interno o en un migrante, por lo que la OIM tiene que proporcionarle acompañamiento durante el proceso.

El programa "Camino Diferencial de Vida" estaba coordinado por la Consejería Presidencial para los Derechos Humanos. La política que se debía seguir dentro de dicho programa "Camino Diferencial de Vida" y los estándares a alcanzar los marcaba el Consejo Nacional de Reincorporación.

Imagen 5. Cuadro Resumen del "Camino Diferencial de Vida".

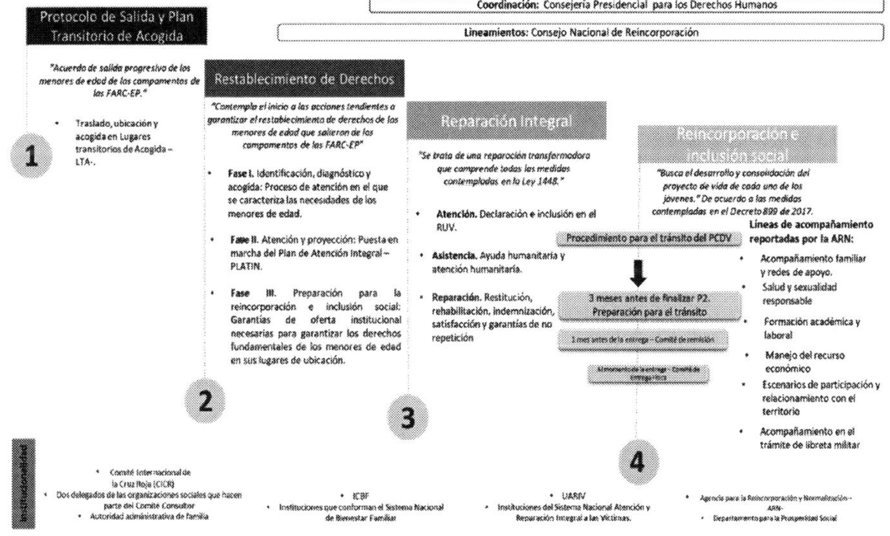

Nota. Imagen extraída de la fuente Procuraduría General de la Nación.

---

60 Durán Wilches, Paula Andrea, *La transformación de la política de reintegración de niños, niñas y adolescentes en Colombia a partir del acuerdo final con las FARC-EP*, Trabajo de grado, Bogotá, Pontificia Universidad Javeriana, Facultad de Ciencias Políticas y Relaciones Internacionales, 2022. Disponible en: https://apidspace.javeriana.edu.co/server/api/core/bitstreams/d633e645-8aab-4ba3-832c-9b9d1d6ebb3b/content

Este programa constaba de cuatro fases: la primera consistía en la activación y ejecución del "Protocolo de Salida y del Plan Transitorio de Acogida". A los NNA que iban saliendo progresivamente de las ZVTN, se les trasladaba, se les ubicaba y se les acogía en 9 diferentes "Lugares Transitorios de Acogida" (LTA), bajo la supervisión del Comité Internacional de la Cruz Roja (CICR), de UNICEF, de la OIM y del Instituto Colombiano de Bienestar Familiar. Estos 9 LTA estaban localizados en diferentes zonas del país en los términos señalados en el Acuerdo Final y definidos en la Comisión de Seguimiento Impulso y Verificación a la Implementación del Acuerdo Final (CSIVI). En ellos los 103 NNA recibieron atención psicosocial, se les hizo una primera evaluación sanitaria, incluyendo su desarrollo sexual y reproductivo, iniciaron proyectos lúdicos y recreativos, se les hizo el primer examen de nivel escolar, iniciaron los primeros pasos del proceso de restablecimiento de sus derechos, se inició su identificación para inscribirlos en el Registro Civil y se llevaron a cabo ya los primeros encuentros con familiares.

La segunda fase era la de "Restablecimiento de Derechos", definida como el inicio de las acciones preeminentes y tendientes a garantizar el restablecimiento de derechos de los NNA que salieron de los campamentos. Se buscaba una buena reunificación familiar, una puesta al día en estudios, cuidados de salud y se les proporcionaba acceso a espacios de recreación y deporte. Además, se les asesoraba por primera vez sobre su futuro económico. La idea era generarles una integridad de todos sus derechos vulnerados durante el conflicto. El primer derecho que les quiso restablecer fue el derecho a la protección. En diferentes emplazamientos se les proporcionó la necesaria seguridad. 67 estaban en el programa "Camino Diferencial de Vida", 31 permanecieron en los lugares de acogida y 5 se quedaron en los ETCR. El siguiente derecho es a la familia y a no ser separado de ella. Se produjeron 101 encuentros familiares. 70 tenían ya su propia familia, 45 se encontraron con su familia de origen y 5 se desconoce. Se les restableció el derecho a la identidad; en sólo 40 días se les tramitó y tuvieron a su disposición la Cédula de Identidad; fue un gran éxito administrativo, ya que es un proceso que en Colombia puede demorarse hasta cuatro meses. En cuanto a la restitución al derecho a la salud, se les practicó una evaluación intensiva de su estado sanitario; ahí se descubrió que las enfermedades principales que habían sufrido eran la leishmaniosis, la malaria y el dengue. Se les inscribió en el Sistema General de Seguridad Social de Colombia (SGSSS). En octubre de 2017 había 7 gestantes y en diciembre del 19 había cuatro gestantes y 21 madres lactantes. Para restituirles el derecho a la educación se les hicieron más pruebas de nivel y se inició su escolarización, aunque hay que remarcar que se produjo un alto absentismo escolar[61].

La tercera fase era la "Reparación Integral", una reparación transformadora que comprendía todas las medidas contempladas en la legislación vigente, básicamente la ley 1448[62]. La base de esa fase era la transformación del proyecto de vida de los NNA y que supieran hacer una inversión adecuada de los recursos recibidos a título de indemnización administrativa. Igualmente, que supieran priorizar los procesos en los que se encontraban.

Las acciones de esta fase comenzaban por la valoración e inclusión de los NNA en el Registro Único de Víctimas (RUV). Algunos no se reconocieron como víctimas y alegaron que habían sido auténticos combatientes y que no necesitaban ningún apoyo como víctimas del conflicto porque no lo eran. Se les daba asistencia y ayuda humanitaria y se ponían en marcha una serie de medidas de restitución, indemnización, rehabilitación, satisfacción y garantías de no repetición, en sus dimensiones individual, colectiva, material y simbólica.

110 de ellos fueron incluidos en el RUV por el hecho victimizante de vinculación de NNA a actividades relacionadas con grupos armados. Adicionalmente, se incluyeron por otros hechos victimizantes tales como el desplazamiento forzado, 38 de ellos; delitos contra la libertad y la integridad sexual, 13 de ellos; secuestro, 32; tortura 5; y amenazas 1. Es importante aclarar que una sola persona pudo haber sido víctima de varias vulneraciones de sus derechos. Cuatro personas fueron incluidas solamente por el hecho victimizante de desplazamiento forzado. 10 jóvenes no fueron incluidos en el Registro Único de Víctimas por ningún hecho victimizante, de acuerdo con la información entregada por la Unidad para la Atención y Reparación Integral de Víctimas (UARIV). Se debe a que estos adolescentes y jóvenes ya eran mayores de edad en el momento de su salida de las ZVTN[63].

---

61 Procuraduría General de la Nación, *Informe de avance sobre el Programa Camino Diferencial de Vida para los niños, niñas y adolescentes que han salido de los campamentos de las FARC-EP*, Bogotá, Procuraduría, marzo 2022. Disponible en: https://www.procuraduria.gov.co/portal/media/docs/Informe%20Prograa%20Camino%20Diferencial%20de%20Vida%20-%20Diciembre%202016%20-%202019%281%29.pdf

62 Colombia, *Ley 1448 de 2011, "Por la cual se dictan medidas de atención, asistencia y reparación integral a las víctimas del conflicto armado interno y se dictan otras disposiciones"*, Bogotá, Diario Oficial, 2011. Disponible en: https://www.funcionpublica.gov.co/eva/gestornormativo/norma.php?i=43043

63 Procuraduría General de la Nación, *Informe de avance sobre el Programa Camino Diferencial de Vida para los niños, niñas y adolescentes que han salido de los campamentos de*

Imagen 6. Cuadro resumen de las acciones llevadas a cabo en la tercera fase.

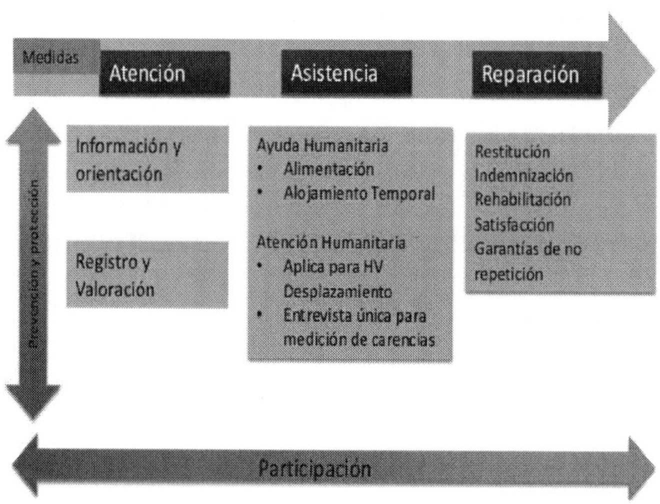

Nota. Imagen extraída de la Fuente: Red Nacional de Información UARIV.

La cuarta y última era la fase de "Reincorporación e Inclusión Social", que buscaba el desarrollo y consolidación del proyecto de vida de cada uno de los jóvenes, de acuerdo con las medidas contempladas en el Decreto 889 de 2017[64]. Incluía el acompañamiento familiar y la creación de redes de apoyo. Se ayudó a sus familias. Se descubrió que 50 de ellas estaban en un estado de pobreza extrema[65].

Se les evaluó y se les asesoró sobre su salud y sobre prácticas de sexualidad responsable, con la finalidad de atender y mejorar aspectos de su salud física y mental. Se les proporcionó formación académica y moral y se garantizó que tuviesen cupos reservados de plazas en instituciones de edu-

---

las FARC-EP, Bogotá, Procuraduría, marzo 2022. Disponible en: https://www.procuraduria.gov.co/portal/media/docs/Informe%20Prograa%20Camino%20Diferencial%20de%20Vida%20-%20Diciembre%202016%20-%202019%281%29.pdf

64 Colombia, *Decreto 889 de 2017, "Por el cual se adiciona un artículo transitorio al Decreto 2067 de 1991"*, Bogotá, Diario Oficial, 2017. Disponible en: https://www.funcionpublica.gov.co/eva/gestornormativo/norma.php?i=81838

65 Procuraduría General de la Nación, *Informe de avance sobre el Programa Camino Diferencial de Vida para los niños, niñas y adolescentes que han salido de los campamentos de las FARC-EP*, Bogotá, Procuraduría, marzo 2022. Disponible en: https://www.procuraduria.gov.co/portal/media/docs/Informe%20Prograa%20Camino%20Diferencial%20de%20Vida%20-%20Diciembre%202016%20-%202019%281%29.pdf

cación básica. A los que lo desearon y cumplieron los requisitos necesarios se les incluyó en programas de Formación Profesional.

En diciembre de 2019, 25 de los jóvenes atendidos por la ARN habían terminado el bachillerato y 23 estaban vinculados a algún tipo de programa educativo. El 30,4% estaban estudiando primaria, el 30,4% a secundaria y el 39,2% estaban pendientes por verificar el grado escolar. 18 jóvenes habían conseguido algún título de Formación Profesional, 10 en el nivel de formación complementaria, 1 en el nivel operario y 7 en el nivel técnico. Asimismo, 3 jóvenes se encontraban vinculados a procesos de educación superior en el nivel profesional[66].

En diciembre de 2024 el proyecto "*Arando la Educación*", por ejemplo, había beneficiado a 16.705 personas, siendo 13.145 de ellas pertenecientes a comunidades aledañas. 5.397 excombatientes habían obtenido título de bachiller[67].

Se les instruyó en prácticas económicas y financieras, principalmente para que supiesen gestionar las ayudas que les iba a proporcionar el Gobierno de Colombia. Además de la paga mensual, se les entregaba una asignación única de normalización de 2.000.000 de pesos durante la fase de reinserción y de 8.000.000 de pesos para proyectos productivos o la adquisición o reforma de una vivienda[68].

En cuanto a escenarios de participación y relación con los territorios de acogida, se les hizo participar en espacios culturales y deportivos y se identificaron redes comunitarias, sociales e institucionales. También en esta fase se les hizo un acompañamiento en el trámite de la Libreta Militar, un aspecto muy importante en Colombia para poder optar en un futuro a obtener un posible empleo público.

---

66 V.

67 Misión de la ONU en Colombia, *Ocho años-Ocho hitos del Acuerdo Final de Paz de Colombia*, Bogotá, Naciones Unidas, 2024. Disponible en: https://colombia.unmissions.org/ocho-a%C3%B1os-ocho-hitos-del-acuerdo-final-de-paz-de-colombia

68 Durán Wilches, Paula Andrea, *La transformación de la política de reintegración de niños, niñas y adolescentes en Colombia a partir del acuerdo final con las FARC-EP*, Trabajo de grado, Bogotá, Pontificia Universidad Javeriana, Facultad de Ciencias Políticas y Relaciones Internacionales, 2022. Disponible en: https://apidspace.javeriana.edu.co/server/api/core/bitstreams/d633e645-8aab-4ba3-832c-9b9d1d6ebb3b/content

4.5. *Situación final de los Niños, Niñas y Adolescentes*

En febrero de 2018, 84 de esos NNA se encontraban ya en su medio familiar, 17 estaban en casas de protección del Instituto Colombiano de Bienestar Familiar, ocho en un hogar sustitutivo o a cargo de un tutor, dos se habían retirado voluntariamente del programa y 13 continuaban en los ETCR, hasta completar los 124 iniciales. 28 NNA decidieron retirarse voluntariamente de los lugares transitorios de acogida para retornar con sus familias o a zonas de agrupamiento de las FARC en espera de cumplir la mayoría de edad para acceder a la ruta de reincorporación definida para los adultos, ya que muchos de ellos no entendían por qué se les trataba de una manera diferente al resto de combatientes y no se les daba acceso a esa pensión de la que hemos hablado anteriormente[69].

A diciembre de 2019, de los 124 NNA que habían salido de las ZVTN, 121 se encontraban en proceso de reincorporación con la Agencia de Reincorporación y Normalización y 3 a cargo del Instituto Colombiano de Bienestar Familiar. De los 121 que estaban con la ARN, 118 estaban en proceso activo de reincorporación, 2 se encontraban en un centro penitenciario y 1 había fallecido[70].

Con posterioridad al proceso DDR, entre 2020 y 2021, se llegó al número total de 288 excombatientes reconocidos como NNA en el momento de la acreditación, de los cuales 18 habían fallecido y 207 habían sido reconocidos como víctimas, lo que les permitió acceder a reparaciones. En 2022 de los 124 NNA incluidos inicialmente en el programa "Camino Diferencial de Vida", 108 seguían participando en el programa, 6 habían fallecido y 10 habían sido identificados como ausentes o separados del programa[71].

---

69 Procuraduría General de la Nación, *Informe de avance sobre el Programa Camino Diferencial de Vida para los niños, niñas y adolescentes que han salido de los campamentos de las FARC-EP*, Bogotá, Procuraduría, marzo 2022. Disponible en: https://www.procuraduria.gov.co/portal/media/docs/Informe%20Prograa%20Camino%20Diferencial%20de%20Vida%20-%20Diciembre%202016%20-%202019%281%29.pdf

70 Procuraduría General de la Nación, *Informe de avance sobre el Programa Camino Diferencial de Vida para los niños, niñas y adolescentes que han salido de los campamentos de las FARC-EP*, Bogotá, Procuraduría, marzo 2022. Disponible en: https://www.procuraduria.gov.co/portal/media/docs/Informe%20Prograa%20Camino%20Diferencial%20de%20Vida%20-%20Diciembre%202016%20-%202019%281%29.pdf

71 Naciones Unidas, *Los niños y los conflictos armados. Informe del Secretario General A/75/873–S/2021/437*, Nueva York, ONU, 2021. Disponible en: https://reliefweb.int/report/world/los-ni-os-y-los-conflictos-armados-informe-del-secretario-general-a75873-s2021437 [consulta: 18 de agosto de 2025]

Un ejemplo exitoso de reintegración a la vida civil lo proporcionó "Gloria", ex guerrillera de las FARC-EP, mencionada en las noticias de Colombia, quien con 21 años de edad en 2021 se beneficiaba de la estrategia "Camino Diferencial de Vida" en Medellín. Había entregado su fusil a los 17 años tras ser reclutada a los 15 en Putumayo. Aprendió a trabajar en confecciones y su proyecto era trabajar en el campo con su pareja, un desvinculado del Ejército de Liberación Nacional[72].

5. CONCLUSIONES

El número total de 124 NNNA acogidos al proceso de paz en Colombia es muy pequeño comparado con las cifras que hemos estudiado de unos 1000 reclutados NNA al año. Es cierto que otros desvinculados pudieran haber seguido otros caminos de reincorporación a la sociedad, pero aun así siguen faltando muchos de todos los reclutados a lo largo de los años. De primera mano viví el proceso de desmovilización y desarme de una unidad guerrillera de 300 personas, en la cual declararon únicamente la existencia de un menor. Si hemos visto que solían ser una tercera parte de los combatientes, ¿dónde estaba el resto?

Efectivamente la reincorporación final de esas 103 personas que se demostró que eran menores en el momento de su salida de las zonas veredales podría considerarse un éxito, pero desde luego un éxito parcial si tenemos en cuenta las cifras estudiadas de reclutados.

Habría que tener en cuenta también que la política de solamente adjudicar los beneficios del proceso de paz a aquella persona que entregase un arma pudieron ser injustos, ya que se ha demostrado en conflictos como el de Liberia que a veces, ante la escasez de armamento, había varios combatientes que compartían una única arma. Ello podría haber dejado fuera del proceso a NNA.

Naciones Unidas, en su marco teórico en cuanto procesos DDR habla de incluir "... un enfoque en que se tengan presentes los diferentes matices de sus participantes. Se trata de hombres y mujeres combatientes, jóvenes y niños asociados con fuerzas y grupos armados, excombatientes con disca-

---

72 Unidad para las Víctimas, *Jóvenes desvinculados de las FARC prosiguen su ruta de reparación y reincorporación social*, Bogotá, Unidad para las Víctimas, 2021. Disponible en: https://www.unidadvictimas.gov.co/noticias/jovenes-desvinculados-de-las-farc-prosiguen-su-ruta-de-reparacion-y/

pacidad o enfermedades crónicas, personas que desempeñan funciones de apoyo y personas a cargo"[73]. En el proceso de Colombia sólo se beneficiaron de ayudas en el proceso los combatientes, no los "asociados" ni los que "desempeñan funciones de apoyo". En estas dos categorías habrían estado incluidos muchos NNA. De esta manera no sólo se perjudicó a personas que colaboraron voluntaria o forzosamente con las FARC-EP, sino que se dio la impresión a la sociedad de que "salía rentable" haber sido un guerrillero, que los que conseguían los beneficios eran los que habían cometido los peores crímenes[74]. En este caso la ONU se encontró con un Acuerdo de Paz ya firmado, y sólo pudo cooperar en su verificación.

Una vez consolidado el proceso de paz con las FARC podría pensarse que habría ido descendiendo el número de NNA reclutados, pero no ha sido así. Poco o nada ha cambiado en cuanto al reclutamiento de NNA, que sigue alrededor de los 900 ó 1000 de media al año.

Habría que impulsar el avance de la Reforma Rural Integral, de manera que los NNA pudieran ver una salida económica viable en las actividades agrarias. Hasta que no se haga será muy difícil luchar contra la llamada del dinero "fácil" que suponen todas las actividades anejas al tráfico de drogas. Tienen que poder formular un "proyecto de vida" que no será posible si no tienen acceso a tierras. Los más perjudicados seguirán siendo los NNA, atraídos ahora por nuevas tecnologías y por el creciente reclutamiento en redes sociales[75].

Mientras no se ponga fin a la proliferación y actuación de grupos armados que operen con libertad en territorios aislados no se podrá detener el fenómeno del reclutamiento forzado de NNA. Da igual que un grupo abandone las armas si otro se va a hacer cargo inmediatamente de sus antiguos territorios y va a continuar con sus actividades ilícitas, para las que necesitará mano de obra barata. Para ello se tiene que aproximar la institucionalidad a los territorios y se tiene que dar una solución a la proliferación cada vez mayor de cultivos ilícitos.

---

73 Naciones Unidas, *Informe del Secretario General sobre desarme, desmovilización y reintegración*, Nueva York, ONU, 2006. Disponible en: https://documents.un.org/doc/undoc/gen/n06/259/24/pdf/n0625924.pdf

74 Lo pude constatar en múltiples entrevistas con diferentes personas en Colombia.

75 Unidad para las Víctimas, *Vinculación de niños, niñas y adolescentes a grupos armados en el marco del conflicto armado*, Bogotá, Unidad para las Víctimas, 2025. Disponible en: https://datospaz.unidadvictimas.gov.co/wp-content/uploads/2025/07/VinculacionNinosNinasAdolecentesGruposArmadosConflictoArmado-2025_.pdf

Durante el proceso DDR en las ZVTN se desaprovechó una gran oportunidad. No se preguntó a los exguerrilleros con qué edad y en qué circunstancias se habían unido a la guerrilla. El mismo caso se dio durante la reintegración de las Autodefensas Unidas de Colombia. En futuros procesos deberían tenerse en cuenta las respuestas obtenidas. Ello podría ayudar a prevenir reclutamientos forzados de NNA al permitir luchar contra las causas específicas que lo originaron.

Durante el proceso de reincorporación los niños y niñas y adolescentes dependían o estaban a cargo de diferentes instituciones del Estado colombiano. Esas instituciones no intercambiaban datos entre sí, lo que hacía que a veces se produjesen descoordinaciones. Debería establecerse una autoridad de coordinación que verificase el intercambio seguro de datos, lo que redundaría en una mejora de los estudios sobre las poblaciones objetivo y se evitarían duplicidades, además de obtener finalmente datos fidedignos sobre el reclutamiento y destino de muchos NNA.

Se deberían potenciar campañas en redes sociales para combatir el reclutamiento a través de ellas. Pero para eso internet debería estar disponible en todos los centros que se pudiesen usar para difundir los mensajes contra una imagen idealizada de los grupos armados.

Habría que tratar de manera especial el reclutamiento de niñas y adolescentes con medidas diseñadas específicamente para protegerlas ya que, además de ser empleadas como combatientes, suelen ser víctimas de violencia sexual en los diferentes grupos armados, así como incluir un tratamiento concreto a las pertenecientes a grupos indígenas, aún más vulnerables, si cabe.

O cambian a corto/medio plazo todos los factores que se han estudiado y se toman medidas urgentes contra el reclutamiento de NNA, y en concreto de niñas y adolescentes, o las cifras de reclutamiento de NNA seguirán siendo similares a años pasados.

Siglas

ANFO: Mezcla explosiva de nitrato de amonio y gasoil

AUC: Autodefensas Unidas de Colombia

CDV: Camino Diferencial de Vida

CFBTN: Cese al Fuego Bilateral Temporal y Nacional

ANE: Departamento Administrativo Nacional de Estadística

ECSC: Encuesta de Convivencia y Seguridad Ciudadana

EPL:	Ejército Popular de Liberación
ELN:	Ejército de Liberación Nacional
ETCR:	Espacios Transitorios de Capacitación y Reincorporación
UNICEF:	Fondo de las Naciones Unidas para la Infancia
FARC-EP:	Fuerzas Armadas Revolucionarias de Colombia, Ejército del Pueblo
JEP:	Justicia Especial para la Paz
ICBF:	Instituto Colombiano de Bienestar Familiar
MM&V:	Mecanismo de Monitoreo y Verificación
MNUC:	Misión de la Organización de Naciones Unidas en Colombia
MVNUC:	Misión de Verificación de las Naciones Unidas en Colombia
ONU:	Organización de las Naciones Unidas
OIM:	Organización Internacional para las Migraciones
PCDV:	Programa Camino Diferencial de Vida
PPT:	Puntos de Preagrupamiento Temporal
PTN:	Puntos Transitorios de Normalización
UARIV:	Unidad para la Atención y Reparación Integral de Víctimas
ZVTN:	Zonas Veredales Transitorias de Normalización

REFERENCIAS BIBLIOGRÁFICAS

Clubaopip, *La Realidad Policial en Colombia: Un Análisis Profundo*, 2024. Disponible en: https://clubaopip. com.pe/colombia-cuantos-policias-tiene/ [consulta: 18 de agosto de 2025]. Comunicado Conjunto nº 70, *La Habana, Cuba*, 2016. Disponible en: https://peacemaker.un.org/sites/default/files/document/files/2024/05/comunicado70.pdf [consulta: 18 de agosto de 2025].

Colombia, *Decreto 889 de 2017, "Por el cual se adiciona un artículo transitorio al Decreto 2067 de 1991"*, Bogotá, Diario Oficial, 2017. Disponible en: https://www.funcionpublica.gov.co/eva/gestornormativo/norma.php?i=81838 [consulta: 18 de agosto de 2025].] Defensoría del Pueblo, *51% de casos de reclutamiento conocidos por la Defensoría corresponde a niñas, niños y adolescentes de pueblos indígenas*, Bogotá, Defensoría del Pueblo, 2024. Disponible en: https://www.defensoria.gov.co/-/51-de-casos-de-reclutamiento-conocidos-por-la-defensor%C3%ADa-corresponde-a-ni%C3%B1as-ni%C3%B9os-y-adolescentes-de-pueblos-ind%C3%ADgenas [consulta: 18 de agosto de 2025].

Colombia, *Ley 1448 de 2011, "Por la cual se dictan medidas de atención, asistencia y reparación integral a las víctimas del conflicto armado interno y se dictan otras disposiciones"*, Bogotá, Diario Oficial, 2011. Disponible en: https://www.funcionpublica.gov.co/eva/gestornormativo/norma.php?i=43043 [consulta: 18 de agosto de 2025].

Defensoría del Pueblo, *Dinámicas actuales de reclutamiento, uso y utilización de niños, niñas y adolescentes por parte de grupos armados ilegales o delincuencia organizada*, Bogotá,

Defensoría del Pueblo, 2021. Disponible en: https://repositorio.defensoria.gov.co/server/api/core/bitstreams/d7d1c05f-7cac-4067-bb66-333f53646545/content [consulta: 18 de agosto de 2025].

Departamento Administrativo Nacional de Estadística (DANE), *Encuesta de Convivencia y Seguridad Ciudadana (ECSC)*, Bogotá, DANE, 2021. Disponible en: https://www.dane.gov.co/index.php/estadisticas-por-tema/seguridad-y-defensa/encuesta-de-convivencia-y-seguridad-ciudadana-ecsc [consulta: 18 de agosto de 2025].

Departamento Administrativo Nacional de Estadística (DANE), *Urbanización en Colombia*, en *Atlas Estadístico de Colombia. Tomo I: Demográfico*, Bogotá, DANE, 2005. Disponible en: https://geoportal.dane.gov.co/servicios/atlas-estadistico/src/Tomo_I_Demografico/2.4.-urbanizaci%C3%B3n-en-colombia.html [consulta: 18 de agosto de 2025].

Durán Wilches, Paula Andrea, *La transformación de la política de reintegración de niños, niñas y adolescentes en Colombia a partir del acuerdo final con las FARC-EP*, Trabajo de grado, Bogotá, Pontificia Universidad Javeriana, Facultad de Ciencias Políticas y Relaciones Internacionales, 2022. Disponible en: https://apidspace.javeriana.edu.co/server/api/core/bitstreams/d633e645-8aab-4ba3-832c-9b9d1d6ebb3b/content [consulta: 18 de agosto de 2025].

Fiscalía General de la Nación, *Informe de gestión. "En la calle y en los territorios"*, Bogotá, Fiscalía General de la Nación, 2023. Disponible en: https://www.fiscalia.gov.co/colombia/wp-content/uploads/INFORME-DE-GESTION-2023_19_12_23.pdf [consulta: 18 de agosto de 2025].

Foro ONG Humanitarias – Colombia, *Situación del reclutamiento, uso y utilización de niñas, niños y adolescentes en Colombia, 2021-2023*, Bogotá, Foro ONG Humanitarias, 2024. Disponible en: https://forohumanitariocolombia.org/wp-content/uploads/2024/08/Reclutamiento_VF.pdf [consulta: 18 de agosto de 2025].

Fundación Corona; Fundación Bolívar Davivienda; Corporación Excelencia en la Justicia; Red de Ciudades Cómo Vamos, *Justicia cómo vamos: percepción y oferta del sistema de Justicia en Colombia*, Bogotá, 2024. Disponible en: https://cej.org.co/wp-content/uploads/2024/03/3.-Segundo-Informe_JCV_2024_pliegos.pdf [consulta: 18 de agosto de 2025].

Fundación Universitaria CEIPA, *¿Hace falta educación en Colombia?*, Medellín, CEIPA, 2025. Disponible en: https://ceipa.edu.co/blog/hace-falta-educacion-en-colombia/ [consulta: 18 de agosto de 2025].

Gobierno de Colombia y FARC-EP, *Acuerdo final para la terminación del conflicto y la construcción de una paz estable y duradera*, Bogotá, 2016. Disponible en: https://www.comisiondelaverdad.co/acuerdo-final-para-la-terminacion-del-conflicto-y-la-construccion-de-una-paz-estable-y-duradera [consulta: 18 de agosto de 2025].

Instituto Colombiano de Bienestar Familiar (ICBF), *Balance de atención a niños, niñas y adolescentes desvinculados de grupos armados ilegales*, Bogotá, ICBF, 2020. Disponible en: https://www.icbf.gov.co/noticias/icbf-presenta-balance-de-atencion-ninos-ninas-y-adolescentes-desvinculados-de-grupos [consulta: 18 de agosto de 2025].

Instituto Colombiano de Bienestar Familiar (ICBF), *Pandemia no ha frenado el reclutamiento forzado de menores de edad*, Bogotá, ICBF, 2020. Disponible en: https://www.

icbf.gov.co/pandemia-no-ha-frenado-el-reclutamiento-forzado-de-menores-de-edad [consulta: 18 de agosto de 2025].

Jurisdicción Especial para la Paz (JEP); Comisión de la Verdad; Human Rights Data Analysis Group (HRDAG), *Informe metodológico del proyecto conjunto JEP-CEV-HRDAG de integración de datos y estimación estadística*, Bogotá, 2025. Disponible en: https://hrdag.org/CEV-JEP/20250306-methodological-report-ES.pdf [consulta: 18 de agosto de 2025].

Ministerio de Salud; Consejería Presidencial para la Equidad de la Mujer; Consejería de Derechos Humanos; Mecanismo de Monitoreo y Verificación (MM&V); Misión de Naciones Unidas en Colombia, *Guía de respuesta para el MM&V en situaciones de violencias contra las mujeres en las ZVTN, los PTN y lugares cercanos a éstos*, Bogotá, 2017. Disponible en: https://derechoshumanos.gov.co/Observatorio/Publicaciones/Documents/2017/171231-Guia-MMV.pdf [consulta: 18 de agosto de 2025].

Misión de la ONU en Colombia, *Ocho años-Ocho hitos del Acuerdo Final de Paz de Colombia*, Bogotá, Naciones Unidas, 2024. Disponible en: https://colombia.unmissions.org/ocho-a%C3%B1os-ocho-hitos-del-acuerdo-final-de-paz-de-colombia [consulta: 18 de agosto de 2025].

Misión de Verificación de las Naciones Unidas en Colombia, *Infograma 2017*, Bogotá, Naciones Unidas, 2017. Disponible en: https://www.refworld.org/es/ref/inforpais/agonu/2017/es/126868 [consulta: 18 de agosto de 2025].

Misión de Verificación de las Naciones Unidas en Colombia, *Informe trimestral del Secretario General*, Bogotá, Naciones Unidas, 2025. Disponible en: https://colombia.unmissions.org/sites/default/files/infografia_espanol_junio2025_final.pdf [consulta: 18 de agosto de 2025].

Naciones Unidas, *Informe del Secretario General sobre desarme, desmovilización y reintegración*, Nueva York, ONU, 2006. Disponible en: https://documents.un.org/doc/undoc/gen/n06/259/24/pdf/n0625924.pdf [consulta: 18 de agosto de 2025].

Naciones Unidas, *Los niños y los conflictos armados. Informe del Secretario General A/75/873-S/2021/437*, Nueva York, ONU, 2021. Disponible en: https://reliefweb.int/report/world/los-ni-os-y-los-conflictos-armados-informe-del-secretario-general-a75873-s2021437 [consulta: 18 de agosto de 2025].

Observatorio de Memoria y Conflicto – Centro Nacional de Memoria Histórica, *Una guerra sin edad*, Bogotá, CNMH, 2018. Disponible en: https://centrodememoriahistorica.gov.co/category/sin-categoria/page/147/ [consulta: 18 de agosto de 2025].

Oficina de las Naciones Unidas contra la Droga y el Delito (UNODC) – Sistema Integrado de Monitoreo de Cultivos Ilícitos (SIMCI), *Monitoreo de territorios con presencia de cultivos de coca 2023*, Bogotá, UNODC-SIMCI, 2025. Disponible en: https://www.unodc.org/documents/crop-monitoring/Colombia/Colombia_informe_monitoreo_2023.pdf [consulta: 18 de agosto de 2025].

Oficina del Alto Comisionado de Naciones Unidas para los Derechos Humanos en Colombia (OACNUDH), *Atrapados en las redes del conflicto: aumento del reclutamiento de niños y niñas en Colombia*, Bogotá, ONU, 2025. Disponible en: https://colombia.un.org/sites/default/files/2025-06/06-27-2025-version-diagramada-nota-informativa-1%20%282%29.pdf [consulta: 18 de agosto de 2025].

Organización de Estados Americanos (OEA), *Vigésimo sexto informe del Secretario General al Consejo Permanente sobre la MAPP/OEA*, Washington, OEA, 2019. Disponible en: https://www.oas.org/documents/spa/press/CP40839SINFORMEVIGESIMOSEXTOMAPp. pdf [consulta: 18 de agosto de 2025].

Procuraduría General de la Nación, *Informe de avance sobre el Programa Camino Diferencial de Vida para los niños, niñas y adolescentes que han salido de los campamentos de las FARC-EP*, Bogotá, Procuraduría, marzo 2022. Disponible en: https://www.procuraduria.gov.co/portal/media/docs/Informe%20Prograa%20Camino%20Diferencial%20de%20Vida%20-%20Diciembre%202016%20-%202019%281%29.pdf [consulta: 18 de agosto de 2025].

Redacción Judicial, "Guerrillero intentó violar a dos menores de 3 y 9 años en una zona veredal de Antioquia", *El Espectador*, 24 de marzo de 2017. Disponible en: https://www.elespectador.com/judicial/guerrillero-intento-violar-a-dos-menores-de-3-y-9-anos-en-una-zona-veredal-de-antioquia-article-697229/ [consulta: 18 de agosto de 2025].

Springler, Natalia, *Como corderos entre lobos. Del uso y reclutamiento de niñas, niños y adolescentes en el marco del conflicto armado y la criminalidad en Colombia*, Bogotá, Taller Digital Image Printing, 2012.

Unidad para las Víctimas, *Jóvenes desvinculados de las FARC prosiguen su ruta de reparación y reincorporación social*, Bogotá, Unidad para las Víctimas, 2021. Disponible en: https://www.unidadvictimas.gov.co/noticias/jovenes-desvinculados-de-las-farc-prosiguen-su-ruta-de-reparacion-y/ [consulta: 18 de agosto de 2025].

Unidad para las Víctimas, *Registro Único de Víctimas (RUV)*, Bogotá, Unidad para las Víctimas, 2025. Disponible en: https://www.unidadvictimas.gov.co/registro-unico-de-victimas-ruv/ [consulta: 18 de agosto de 2025].

Unidad para las Víctimas, *Vinculación de niños, niñas y adolescentes a grupos armados en el marco del conflicto armado*, Bogotá, Unidad para las Víctimas, 2025. Disponible en: https://datospaz.unidadvictimas.gov.co/wp-content/uploads/2025/07/VinculacionNinosNinasAdolecentesGruposArmadosConflictoArmado-2025_.pdf [consulta: 18 de agosto de 2025].

United Nations Office for the Coordination of Humanitarian Affairs (OCHA), *Colombia: Informe de situación humanitaria 2024*, Nueva York, OCHA, 2024. Disponible en: https://www.unocha.org/publications/report/colombia/colombia-informe-de-situacion-humanitaria-2024-enero-noviembre-de-2024-publicado-el-31-de-diciembre-de-2024 [consulta: 18 de agosto de 2025].

Niñas indígenas asociadas a grupos armados: el reclutamiento[1]

Indigenous Girls Associated with Armed Groups: Recruitment

RUTH ABRIL STOFFELS
Universidad Cardenal Herrera-CEU, CEU Universities

Resumen: La participación de niñas indígenas en grupos armados constituye una de las manifestaciones más invisibilizadas y graves de los conflictos armados contemporáneos. Su vinculación se produce mediante diversas vías: reclutamiento forzado, engaños, coerción, presiones familiares o la promesa de protección y sustento. Una vez incorporadas, desempeñan roles múltiples que abarcan desde tareas logísticas y de combate hasta la explotación sexual sistemática, lo que genera profundas secuelas físicas, psicológicas y sociales. El fenómeno no afecta únicamente a las niñas, sino que impacta de manera estructural en las comunidades indígenas: la amenaza de reclutamiento impulsa desplazamientos forzados que implican el abandono de territorios ancestrales, espacios sagrados y redes de memoria colectiva; el cierre de escuelas elimina un espacio fundamental de protección y transmisión cultural; y la imposición de jerarquías militares erosiona la legitimidad de las autoridades tradicionales y fragmenta la cohesión comunitaria. De este modo, el reclutamiento de niñas indígenas configura un círculo vicioso de violencia, desarraigo y pérdida cultural que compromete tanto su supervivencia individual como la continuidad política, social y demográfica de sus pueblos.

Abstract: The involvement of indigenous girls in armed groups represents one of the most overlooked and severe manifestations of contemporary armed conflicts. Their association occurs through multiple pathways: forced recruitment, deception, coercion, family pressures, or promises of protection and livelihood. Once incorporated, they perform diverse roles ranging from logistical support and combat to systematic sexual exploitation, leading to profound physical, psychological, and social consequences. This phenomenon not only affects the girls themselves but also has structural impacts on indigenous communities: the threat of recruitment drives forced displacement, resulting in the abandonment of ancestral territories, sacred spaces, and networks of collective memory; school closures deprive communities of a key space for protection and cultural transmission; and the imposition of military hierarchies undermines the legitimacy of traditional authorities and fragments community cohesion. Thus, the recruitment of indigenous girls creates a vicious cycle of violence, uprooting, and cultural loss that jeopardizes both their individual survival and the political, social, and demographic continuity of their peoples.

Palabras clave: niñas indígenas, reclutamiento, niñas soldado, continuidad cultural, violencia sexual

KeyWords: Indigenous girls, recruitment, girl soldiers, cultural continuity, sexual violence

---

1 Estudio realizado en el marco del Proyecto de Investigación titulado "*Lagunas en la protección y asistencia internacional a las niñas asociadas a Grupos armados (NAAG)*". CIAICO 2022/235 UCHCEU con financiación pública de la GVA. ORCID de la autora: https://orcid.org/0000-0001-6111-160X

1. INTRODUCCIÓN

Este estudio aborda las especificidades de la participación de niñas indígenas en grupos armados, considerando su triple condición de menores, mujeres e integrantes de comunidades indígenas.

La identidad indígena de estas niñas, junto con su sexo, y asociado a ello su género, y su edad, marcarán unas singularidades que merecen un estudio separado y que afectarán más que en otros casos, a la comunidad a la que pertenecen.

El estudio es original por la perspectiva poliédrica que ofrece, en el sentido de abarcar varios momentos, distintos tipos de víctimas y diferentes herramientas de recuperación y rehabilitación o por utilizar, y que difieren de los que se utilizarían frente a otras víctimas.

El estudio aportará claridad y visibilidad hacia una realidad que muy a menudo es invisible: la de las niñas indígenas asociadas a grupos armados. Y ello constituye un primer paso para revisar políticas que las discriminan a ellas y a los grupos a los que pertenecen y para desarrollar acciones que las tengan como principales beneficiarias.

Normalmente son las ONGs las que dan la voz de alarma ante las situaciones de estas niñas. Sin embargo, el auto 005 de 2024 de la JEP sobre reclutamiento de niños y niñas por las FARC[2] nos presenta de forma cuantitativa y cualitativa el alcance de este tema en Colombia.

Además, existen algunos estudios sectoriales y geográficamente limitados que nos dan información sobre la situación de estas niñas. No obstante, los informes del Mecanismo de Monitoreo y Verificación (MVM) de la ONU, las resoluciones del Consejo de Seguridad de las Naciones Unidas o los informes de la Asamblea General de las Naciones Unidas, en pocas ocasiones se refieren a impactos específicos en las niñas, salvo agresiones sexuales, y esporádicamente mencionan a las niñas indígenas más en lo relativo a la cantidad de niñas que han sido reclutadas por grupos armados y por la violencia sexual sufrida, que por otras circunstancias.

Aunque no nos centraremos exclusivamente en las niñas indígenas colombianas, la existencia de mayor cantidad de estudios, entrevistas directas

---

2 REPÚBLICA DE COLOMBIA-JURISDICCIÓN ESPECIAL PARA LA PAZ, Sala de Reconocimiento de Verdad y Responsabilidad y de Determinación de los Hechos y Conductas, *Auto No. 05 de 2024*, Bogotá, 9 de octubre de 2024, disponible en https://coalico.org/wp-content/uploads/2025/06/15.-Auto-No.-05-de-2024-SRVR.pdf

y documentos oficiales que evidencian esta realidad en Colombia harán que muchos de los ejemplos destacados o datos presentados se refieran a estas niñas. El lector puede buscar, en las notas a pie de página del estudio, referencias a otros contextos que no se mencionan explícitamente en la redacción de este estudio.

Finalmente, estructuraremos el trabajo en tres partes, una en la que centraremos el análisis de la presencia de las niñas en los grupos armados, otra en la que veremos la asociación de niñas a grupos armados en el momento de su asociación al grupo, centrándonos en las niñas como víctimas, y una tercera en la que estudiaremos el impacto del reclutamiento de niñas en las comunidades indígenas a las que pertenecen, no sólo por la importancia de la dinámica interna de la comunidad, sino también por el impacto que ello puede tener en la prevención y reintegración de estas niñas.

2. MARCO TEÓRICO

Empecemos por delimitar lo que son "niñas indígenas asociadas a grupos armados" para luego adentrarnos en la problemática concreta.

Según el artículo 1 de la Convención sobre los derechos del niño "se entiende por niño todo ser humano menor de dieciocho años". Aunque, como posteriormente veremos, no todos los niños reciben igual nivel de protección, el punto de partida va a ser el de los menores de 18 años.

De todos los niños que pueden verse afectados por la asociación a grupos armados, nos vamos a centrar en las niñas, es decir, en las que son de sexo femenino y que, por ello, van a tener un trato diferenciado en muchos de los aspectos de su asociación al grupo, así como en las relaciones previas y posteriores a la misma.

Cuando hablamos de un niño asociado a un grupo armado, hablamos de "toda persona menor de 18 años que haya sido reclutada o utilizada por una fuerza o grupo armado en cualquier función, incluyendo, pero no limitándose, a combatientes, cocineros, porteadores, mensajeros, espías o para fines sexuales. No se limita a los niños que portan armas o que han participado directamente en hostilidades."[3].

---

3 *UNICEF & Naciones Unidas, Principles and Guidelines on Children Associated with Armed Forces or Armed Groups,* Paris, 2007, párr. 2.1. Disponible en: https://www.unicef.org/mali/media/1561/file/parisprinciples.pdf

Esta definición incluye dos categorías distintas: la del ingreso al grupo, que puede ser *por la fuerza*, el reclutamiento, y la del ingreso presuntamente *voluntario* que se denomina alistamiento. En todo caso, para menores de edad, especialmente menores de 15 años esta diferenciación carece de validez jurídica. Así el Estatuto de Roma considera que ambos comportamientos, llevados a cabo por un grupo o fuerza armada, constituyen crímenes de guerra tanto en conflictos armados internacionales como en conflictos armados internos[4]. Para los mayores de 15 pero menores de 18 años, el carácter voluntario se diluye en función de las circunstancias y los elementos de conocimiento que tuvo el niño o la niña para adoptar esa decisión.

La normativa no es uniforme al respecto. Así, no hay norma consuetudinaria que prohíba el alistamiento de niños y niñas entre 15 y 18 años, pero el Protocolo Facultativo de la Convención sobre los Derechos del Niño relativo a la participación de los niños en los conflictos armados (OPAC) prohíbe el alistamiento de menores de 18 años a grupos armados, aunque permite su incorporación voluntaria a las fuerzas armadas estatales bajo determinadas condiciones.

La otra categoría a la que hace referencia esta definición, aunque sin mencionarla directamente, es la de la participación directa en las hostilidades y otro tipo de participaciones que no implican acciones directas de apoyo a la acción bélica del grupo. La participación directa están prohibida para todos los menores de 18 años, pero es considerada como un crimen de guerra sólo para menores de 15 años, otro tipo de participaciones está prohibida para niños asociados a grupos armados, pero no así para niños asociados a un ejército estatal. Sin embargo, aparte de ser un concepto con contornos difusos, no está demostrado que la participación no activa en las hostilidades tenga menor impacto para el niño que la participación directa. Por ejemplo, la violencia sexual no se incluye formalmente dentro de la categoría de participación directa. No obstante, juristas como la jueza Odio Benito han defendido su inclusión dentro de este concepto[5], para así reconocer su prohibición para los menores de 15 años como una violación autónoma, susceptible de constituir un delito diferenciado —en lo que podría considerarse un concurso ideal de delitos.

---

[4] Estatuto de la Corte Penal Internacional, Artículo 8.2.b.xxvi *y Artículo 8.2.e.vii.*

[5] Odio Benito, Elizabeth (2012): *Opinión separada y disidente* en Corte Penal Internacional, Sala de Primera Instancia I, *Sentencia conforme al artículo 74 del Estatuto (The Prosecutor v. Thomas Lubanga Dyilo)*, núm. ICC-01/04-01/06-2842, 14 de marzo de 2012.

Cuando hablamos de pueblos indígenas, nos referimos a "Aquellos que descienden de poblaciones que habitaban en el país o en una región geográfica a la que pertenece el país en la época de la conquista o la colonización o del establecimiento de las actuales fronteras estatales y que, cualquiera que sea su situación jurídica, conservan todas sus propias instituciones sociales, económicas, culturales y políticas, o parte de ellas"[6].

Una definición con alcance parecido aunque más descriptiva en términos identitarios y culturales es la propuesta por José Martínez Cobo[7], "Aquellos que poseen una continuidad histórica con sociedades anteriores a la invasión y colonización; que se consideran distintos de otros sectores de las sociedades dominantes; y que están decididos a preservar, desarrollar y transmitir a las futuras generaciones sus territorios ancestrales y su identidad étnica, como base de su existencia continua como pueblos, conforme a sus propios patrones culturales, instituciones sociales y sistemas legales."[8]

Para nuestro estudio es clave determinar el carácter singular de estos pueblos y su voluntad de reservar, de preservar, desarrollar y transmitir a futuras generaciones sus territorios ancestrales y su identidad étnica frente a sociedades dominantes u otras sociedades con características distintas. Así podremos aplicar esta definición a la comunidad indígena colombiana que son minoría frente a la población total de Colombia, pero también a otras comunidades indígenas como las de República Democrática del Congo donde la densidad y diversidad de pueblos indígenas es mucho mayor, pero con una presencia, todas ellas, en el país mucho más fuerte, pero al mismo tiempo con una fuerza mucho menor debido a los enfrentamientos entre ellas[9].

---

6 Artículo 1 Convenio 169 OIT.

7 Relator Especial de la Subcomisión de Prevención de Discriminaciones y Protección a las Minorías de la ONU 1972-1986.

8 Martínez Cobo JR. *Estudio del problema de la discriminación contra las poblaciones indígenas.* Informe final a la Subcomisión de la ONU sobre Discriminación y Protección de Minorías; 1986. Informes E/CN.4/Sub.2/1986/7/Add.4, párrafos 379.

9 IWIGIA (2024). *Indigenous peoples in the Democratic Republic of Congo.* Disponible en https://iwgia.org/en/democratic-republic-of-congo.html

3. NIÑAS INDÍGENAS EN GRUPOS ARMADOS

3.1. Presencia de las niñas indígenas en los grupos armados

En primer lugar, conviene señalar que, si bien los niños y niñas indígenas no constituyen la mayoría de los menores vinculados a fuerzas o grupos armados, su presencia en estas estructuras está sobrerrepresentada de forma alarmante. En el caso de Colombia, esta desproporción es especialmente evidente.

En Colombia, la infancia indígena representa entre el 4 % y el 5 % de la población infantil total del país, pero constituyó el 51 % de los casos de reclutamiento forzado de menores registrados en 2023 por la Defensoría del Pueblo. Esto significa que un menor indígena tiene aproximadamente doce veces más probabilidades de ser reclutado por un grupo armado que un menor no indígena. Al analizar estos datos con perspectiva de género, se observa que, entre los menores indígenas reclutados, el 40 % eran niñas, lo que implica que una niña indígena tiene 1,5 veces menos probabilidades de ser reclutada que un niño indígena[10]. Pero este dato no debe engañarnos. Por cada niña no indígena reclutada, se reclutan aproximadamente 35 niñas indígenas. Y de cada 10 menores indígenas reclutados, cuatro eran niñas[11]. Esta información ha sido confirmada también por medios de prensa nacional[12].

---

10 Defensoría del Pueblo (2023). *Informe sobre reclutamiento forzado de menores indígenas en Colombia.* Defensoría del Pueblo.

11 Defensoría del Pueblo de Colombia (2023). *Defensoría del Pueblo registró 184 casos de reclutamiento de menores en 2023.* Recuperado el 13 de febrero de 2024, de la página oficial de la Defensoría del Pueblo: Disponible en; https://www.defensoria.gov.co/-/defensor%C3%ADa-del-pueblo-registr%C3%B3-184-casos-de-reclutamiento-de-menores-en-2023
Para consultar datos de otros años.
UNICEF; Instituto Colombiano de Bienestar Familiar; Infometrika (2022): *Estudio de caracterización de la niñez desvinculada de grupos armados organizados en Colombia (2013-2022).* [informe en línea en PDF]. UNICEF Colombia. Disponible en: https://www.unicef.org/colombia/media/10781/file/Estudio%20de%20caracterizaci%C3%B3n%20de%20ni%C3%B1ez%20desvinculada%20de%20grupos%20armados%20organizados%20al%20margen%20de%20la%20ley%20(2013-2022).pdf; ACAPS (2024): *Colombia: Reclutamiento y uso de niños, niñas y adolescentes por grupos armados y crimen organizado* [informe en línea en PDF]. ACAPS. Disponible en https://www.acaps.org/fileadmin/Data_Product/Additional_resources/20240415_ACAPS_Colombia_Analysis_Hub_Child_recruitment_and_use_Spanish.pdf

12 *El País* (20 de julio de 2024). "El reclutamiento infantil crece y se ensaña con la niñez indígena". Disponible en : https://elpais.com/america-colombia/2024-07-20/el-reclutamiento-infantil-crece-y-se-ensana-con-la-ninez-indigena.html

Aunque Colombia constituye el único país para el cual se han localizado datos cuantitativos desagregados que permiten estimar la sobrerrepresentación de niñas indígenas en los procesos de reclutamiento y utilización por parte de grupos armados, el análisis se extiende a otros contextos internacionales —como Myanmar[13], Sudán del Sur[14], la República Centroafricana[15] o la República Democrática del Congo[16]— sobre la base de fuentes cualitativas. En estos casos, la evidencia procede de informes de organismos inter-

---

13 Según datos del Informe del Secretario General sobre Niños y Conflictos Armados (2024-2025), se verificaron al menos 482 casos de reclutamiento infantil, incluidos 15 casos de niñas, vinculados tanto al ejército birmano (*Tatmadaw*) como a milicias étnicas activas en zonas de conflicto. Este fenómeno se concentra en áreas habitadas por pueblos como los karen, rohingya, chin o kachin, (Naciones Unidas. (2025). *Informe del Secretario General sobre los niños y los conflictos armados.* Disponible en : https://docs.un.org/es/S/2025/247

14 Aunque no hay datos estadísticos desagregados por etnia o género, el reconocimiento explícito de que las milicias reclutan en zonas dominadas por comunidades no árabes evidencia una vulnerabilidad agravada de los menores pertenecientes a esas minorías étnicas. Coalition to Stop the Use of Child Soldiers. (2004). *Child Soldiers Global Report 2004 – Sudan.* Refworld, UNHCR. Disponible en https://www.refworld.org/reference/annualreport/cscoal/2004/en/63903, ONU – Misión Internacional Independiente de Investigación sobre Sudán. *Findings of the investigations conducted by the Independent International Fact-Finding Mission for the Sudan into violations of international human rights law and international humanitarian law, and related crimes, committed in the Sudan in the context of the conflict that erupted in mid-April 2023* (A/HRC/57/CRP.6 Disponible en: https://reliefweb.int/report/sudan/findings-investigations-conducted-independent-international-fact-finding-mission-sudan-ahrc57crp6

15 Aunque los datos oficiales no desglosan por etnia ni permiten identificar con precisión a menores indígenas, la mayoría de las zonas afectadas corresponden a comunidades rurales marginadas —incluidos grupos autónomos o animistas, como los Ba'aka o poblaciones del interior que desempeñan actividades en territorio forestal remoto—, que históricamente han sido considerados poblaciones indígenas o minoritarias (U.S. Department of Labor (2023). *Findings on the Worst Forms of Child Labor – Central African Republic.* Disponible en: https://www.dol.gov/sites/dolgov/files/ILAB/child_labor_reports/tda2023/2023-Findings-on-the-Worst-Forms-of-Child-Labor.pdf

16 Según Monusco, el reclutamiento sistemático en niños y niñas en RDA ha afectado de forma desproporcionada a comunidades rurales y grupos étnicos específicos. Monusco (2019): *Our Strength Is In Our Youth: Child Recruitment and Use by Armed Groups in the Democratic Republic of the Congo (2014-2017).* Child Protection Section. Disponible en: https://childrenandarmedconflict.un.org/wp-content/uploads/2019/12/190128_monusco_our_strength_is_in_our_youth_child_recruitment_and_use_by_armed_groups_in_the_drc_2014-2017_final_english_0.pdf

nacionales, testimonios, estudios académicos y documentación periodística especializada, que identifican patrones de reclutamiento sistemático en zonas habitadas por comunidades indígenas, minoritarias o étnicamente marginadas. Si bien estas fuentes no proporcionan cifras precisas sobre la participación de niñas indígenas, su valor analítico reside en la identificación de **tendencias recurrentes**, mecanismos de captación y factores de vulnerabilidad diferenciada. Por tanto, el enfoque metodológico de este estudio, aunque limitado en términos de disponibilidad de datos cuantitativos fuera de Colombia, se sustenta en una triangulación cualitativa sólida que permite evidenciar con fundamento la existencia de una **vulnerabilidad estructural común** de las niñas indígenas al reclutamiento en contextos armados.

3.2. Entrada de niñas indígenas en grupos armados

En este capítulo estudiaremos: el interés que presentan las niñas para los grupos armados y las razones del alistamiento de estas niñas, la vida durante la asociación, la desvinculación y vuelta al hogar.

Aunque la intensidad y relevancia de estos factores puede variar según el grupo armado y los roles que las menores desempeñan dentro de la estructura, diversos estudios coinciden en señalar una serie de elementos que, si bien pueden no ser exclusivos de las niñas indígenas, sí figuran entre las causas más frecuentemente asociadas a su vinculación con estas organizaciones.

– **Factores socio-económicos relacionados con el acceso limitado a recursos y servicios básicos**. La pobreza y falta de recursos de las comunidades a servicios como educación o la sanidad pueden determinar la "necesidad" de enviar a las niñas a entornos donde se estima que sus necesidades puedan verse satisfechas e incluso, a veces las, del resto de la familia o la comunidad, mediante un salario que puede ayudar al resto de la familia y ser un aporte añadido a la comunidad.

– **Factores de seguridad y protección**, vinculados a la necesidad de escapar de amenazas o contextos violentos

En entornos donde la ausencia de cuerpos y fuerzas de seguridad del estado es la norma, la vulnerabilidad de las comunidades ante las demandas de los grupos armados se hace evidente. Por ello, a veces, se ven impelidos a entregar a niños y niñas ante la amenaza de un mal mayor para la comunidad. De igual manera las amenazas a las propias familias a sufrir males mayores para la totalidad de la familia si no entregan a uno de sus miembros a los grupos armados, cuando es manifiesta la incapacidad de la comunidad indígena, por sus propios medios, de garantizar la seguridad del grupo, se convierte en una razón poderosa para entregar a niñas y niños de los grupos indígenas a estos grupos armados. Tampoco es raro que, simplemente, se vean incapaces de proteger a estas niñas y evitar su asociación voluntaria[17].

En otras ocasiones, se ve la entrada en el grupo como una medida de seguridad, en el sentido de que ante grupos armados que se van moviendo continuamente y pueden llegar varias veces a la zona donde habitan, o ante la existencia de grupos armados extremadamente violentos o delincuencia organizada con gran brutalidad, se puede pensar que el grupo armado puede ofrecer una seguridad a las niñas que la presencia de amenazas de tantos frentes hace imposible manteniéndose en casa.

– **Factores políticos**, derivados de la dinámica del conflicto y la participación de comunidades indígenas en reivindicaciones colectivas.

La presencia de niñas en los grupos armados no es vista como una amenaza de especial gravedad para las autoridades. Se considera que la presencia de adultos y de niños puede suponer una mayor peligrosidad por razones que habitan en el subconsciente de los pueblos, los roles de género y la discriminación de la mujer en la sociedad, que es muy visible, por lo menos, en los actuales conflictos abiertos, hace que, las medidas de prevención frente a reclutamiento se centren en otros colectivos, fundamentalmente en niños. Hace poco más de una década, el Ministerio de Defensa de Colombia realizó una serie de anuncios publicitarios incitando a desarmarse a los combatientes, especialmente niños asociados a los grupos que, por aquel entonces, estaban en activo. De todos los anuncios, vistos, sólo uno hace referencia a una niña que sufre violencia sexual y reproductiva, en el resto hay un grupo de videos que va directamente destinado a niños, con testimonios de éstos o dirigidos a deportes como el futbol, que es allí, un deporte principalmente masculino, y otro conjunto que no identifica destinatarios, pero cuyo mensaje y protagonistas son principalmente hombres, salvo en la figura de madres y hermanas[18].

---

17 Celis R., Andrés (30 de junio de 2025). *Niñ@s soldado, parte 2.* [artículo en línea]. El País: Disponible en: https://elpais.com/america-colombia/2025-06-30/nins-soldado-parte-2.html

18 Ministerio de Defensa (Colombia) (s. f.). *La desmovilización es la salida – Comerciales de TV.* [vídeo en línea]. YouTube: https://www.youtube.com/watch?v=d5BkUWJzuGM; Ministerio de Defensa (Colombia) (s. f.). *Desmovilícese, en Navidad todo es posible.* YouTube.: https://www.youtube.com/watch?v=MJURMgchorQ; TuDecidesHoy (2012). *Operación Ríos de Luz.* [vídeo en línea]. Disponible en: https://www.youtube.com/watch?v=phC8ZN-H8c0; Comando Conjunto N.º 2 (s. f.). *La desmovilización en Colombia.* [vídeo en línea]. YouTube. https://www.youtube.com/watch?v=qNKukXJ-goA [Consulta: 6 de agosto de 2025].

– **Factores estratégicos**, asociados a los roles y ventajas que la presencia de niñas puede aportar a la estructura armada.

El conocimiento del terreno y la capacidad de la población indígena de moverse y sobrevivir en entornos geográficamente difíciles, su capacidad de orientarse y de encontrar fuentes de alimentos o incluso, curas a ciertas heridas con elementos que encuentran en la tierra, la convierte en un elemento valioso dentro del grupo armado. Pero, además, las niñas, pueden ofrecer ventajas tácticas, como el generar menos sospechas entre la población civil, el enemigo o incluso las autoridades, lo cual añade valor a su labor como informantes, espías, reclutadoras, recaudadoras de "impuestos", transportistas de armas o drogas y en cualquier estrategia de infiltración, pero también en estrategias que impliquen el uso de armas escondidas e incluso ataques suicidas. En el caso de grandes comunidades indígenas el conocimiento de la lengua indígena y el oficial del Estado, también las hace útiles en labores de traducción y mediación[19].

La presencia de niñas indígenas en los grupos armados ilegales cumple una función estratégica de control social sobre sus comunidades de origen, al convertirse en un mensaje directo a sus familias y entornos más cercanos. Su vinculación con el grupo —y en muchos casos, con sus mandos o combatientes, a través de relaciones de carácter sexual— opera como una forma de chantaje encubierto: las niñas se transforman en garantías humanas frente a posibles actos de desobediencia, colaboración con el Estado o denuncia ante actores externos. Esta instrumentalización personal e identitaria permite reforzar la dominación del grupo armado, debilitando la resistencia comunitaria y asegurando la obediencia mediante la coacción emocional y simbólica[20].

---

19 Kiss, Alexandra M., *Agency, Identity and Reintegration of Former Child Soldiers in Colombia*, University of York (tesis doctoral), 2016, p. 58. Disponible en; https://etheses.whiterose.ac.uk/id/eprint/20349/1/Alexandra%20M%C3%A1ria%20Kiss%20-%20PhD%20Thesis.pdf. Denov, Myriam, *Encountering Children and Child Soldiers during Military Deployments, Conflict and Health* 16 (2022) Disponible en: https://pmc.ncbi.nlm.nih.gov/articles/PMC9377244/; Naciones Unidas, Oficina del Representante Especial del Secretario General para los niños y los conflictos armados, *Preguntas y respuestas sobre el reclutamiento y uso de niños soldados*, Nueva York, 2023.: Disponible en https://childrenandarmedconflict.un.org/2023/02/questions-and-answers-on-the-recruitment-and-use-of-child-soldiers2/

20 Human Rights Watch (2022), *"Child Soldiers in Separate Bars: Abduction, Recruitment and the War Economy in Myanmar"*, Human Rights Watch, Nueva York, Disponible en: https://www.hrw.org/report/2022/05/09/child-soldiers-separate-bars/abduction-recruitment-and-war-economy-myanmar.

Finalmente, la utilización de niñas en múltiples funciones —desde tareas propias del combate, como vigilancia, logística o participación directa en enfrentamientos, hasta otras que implican una grave vulneración de derechos, como la explotación sexual— las convierte en un recurso estratégico fundamental dentro de la "economía de medios" de los grupos armados[21].

– **Barreras para acceder a la justicia**, marcados por la falta de recursos efectivos y el desconocimiento de derechos

La discriminación estructural e histórica que sufren las comunidades indígenas en todo el planeta se traduce en barreras y violaciones de derechos humanos de las niñas que las exponen de manera desproporcionada al reclutamiento frente a niñas que no pertenecen a este tipo de comunidades. Además, las comunidades, como consecuencia de esta discriminación estructural a la que se ven sometidas, se ven debilitadas y con ello incapacitadas para proteger a sus miembros, en este caso las niñas.

La dificultad de acceso a la educación por parte de las niñas indígenas —ya sea por la lejanía de los centros escolares, por la falta de adaptación cultural del sistema educativo o porque algunas comunidades consideran que, a partir de cierta edad, la educación no es adecuada para las niñas— limita sus oportunidades, reduce su capacidad de protección frente a riesgos y las expone de forma desproporcionada al reclutamiento por parte de grupos armados. Estos grupos tienden a evitar a menores con mayor nivel educativo, pues suelen mostrar mayor capacidad crítica, resistencia e independencia[22].

---

[21] Oficina del Representante Especial del Secretario General para la cuestión de los niños y los conflictos armados, *Niñas, no esposas, ni soldados: abordar el uso y reclutamiento de niñas por grupos armados*, Naciones Unidas, 2022. Disponible en: https://childrenandarmedconflict.un.org/wp-content/uploads/2022/12/Girls-Not-Brides-Not-Soldiers-Spanish.pdf [consulta: 7 de agosto de 2025].

[22] Organización Panamericana de la Salud – OPS, UNICEF y UNFPA, *Niñas y adolescentes en América Latina y el Caribe*, Quito, UNICEF, 2014. Disponible en: https://www.unicef.org/ecuador/media/3151/file/Ecuador_Ninas_y_Adolescentes_en_America_Latina_y_el_Caribe.pdf; Kelly, Jocelyn T. D., Branham, Lindsay & Decker, Michele R. (2016), "Abducted children and youth in Lord's Resistance Army in Northeastern Democratic Republic of the Congo (DRC): mechanisms of indoctrination and control", *Conflict and Health*, vol. 10, artículo nº 11. Disponible en: https://conflictandhealth.biomedcentral.com/articles/10.1186/s13031-016-0078-5 Klasen, F. et al., "Former child soldiers in the Democratic Republic of the Congo: A follow-up study on psychological adjustment and reintegration", *Conflict and Health*, vol. 13, núm. 1, 2019. Disponible en https://conflictandhealth.biomedcentral.com/articles/10.1186/s13031-016-0078-5; Organización Internacional del Trabajo (OIT), *Child Labour and Indigenous Children: Issue paper on child labour and education exclusion*

Las dificultades de las niñas indígenas para acceder a servicios de salud, especialmente de salud sexual y reproductiva, sea por cuestiones culturales, lingüísticas, por lejanía o por falta de recursos[23], las posiciona en un entorno de gran vulnerabilidad frente a situaciones de abuso o reclutamiento.

Las relaciones de coexistencia, e incluso a veces de exclusión, entre las comunidades indígenas y el Estado, en ocasiones, implican un menoscabo de la legitimidad de este último. La baja presencia del Estado o su ineficacia para proveer de servicios básicos, incluida la seguridad, sea por su voluntad, su incapacidad, o porque así es acordado con las comunidades indígenas, hace que sean vistos como agresor o por lo menos como cómplice pasivo de los asaltos cometidos contra la población. Esto es aprovechado por los grupos armados para ganarse la confianza de las comunidades y sus miembros. De esta forma se puede generar una simpatía hacia los grupos armados, que son percibidos como luchadores contra el poder establecido y, a veces, una vía posible para salir de la situación de violencia y frustración. En este contexto, el discurso de los grupos armados puede encontrar un terreno fértil. Las niñas, que no encuentran el apoyo institucional de la comunidad ni del Estado frente al rol que se les ha asignado, la violencia que sufren o la falta de oportunidades de la que son protagonistas, se pueden ver atraídas por estos grupos que les ofrecen un discurso de igualdad, respeto, justicia y oportunidades de mejora[24].

---

among indigenous children, Ginebra, OIT, 2023. Disponible en https://www.ilo.org/sites/default/files/2024-04/Child_Labour_and_Indigenous_children_2023.pdf

23 Gleason, E. G., Malbon, E., & Ginsburg, O., "Multistakeholder perspectives on the mistreatment of indigenous women during childbirth in the Guapí River Basin, Colombia", *BMC Pregnancy and Childbirth*, vol. 22, art. 95, 2022. Disponible en https://bmcpregnancychildbirth.biomedcentral.com/articles/10.1186/s12884-022-04495-4; Institut national de santé publique du Québec (INS QC), *Inégalités sociales en santé: point de vue des filles et femmes autochtones* (Décembre 2023), INS QC, Québec. Disponible en https://www.inspq.qc.ca/sites/default/files/publications/3523-social-ineqalities-health-indigenous-girls-women.pdf

24 Organización de los Estados Americanos (OEA), *Observaciones preliminares tras visita in loco a Colombia*, Comisión Interamericana de Derechos Humanos, Washington, 2024. Disponible en https://www.oas.org/es/cidh/informes/pdfs/2024/observaciones_preliminares_colombia_2024.pdf; ABColombia (2025): *Forced Recruitment of Colombian Children*, 6 de junio de 2025. Disponible en https://www.abcolombia.org.uk/forced-recruitment-of-colombian-children/, ALLIANCE CPHA (2020): *Girls associated with armed forces and armed groups (GAAFAG)*: Disponible en https://alliancecpha.org/sites/default/files/technical/attachments/tn_gaafag_eng.pdf; Sevrin, Alexandra (2019): *The Marginalization of Girls Associated with Armed Groups*. The Alliance for Child

– Déficit de la tutela judicial efectiva y el desconocimiento de derechos

Se trata de factores que incrementan la vulnerabilidad de las niñas indígenas en el marco de conflictos armados y que pueden favorecer su acercamiento a los grupos armados que, a menudo, se presentan como alternativa de protección y resolución de conflictos.

Barreras geográficas, lingüísticas y culturales, la distancia de los puntos de denuncia, la desinformación acerca de los derechos de los que son titulares, la ausencia de acompañamiento, la desconfianza hacia unas autoridades que son percibidas como corruptas o ineficaces y la escasa reparación de los derechos vulnerados dificultan enormemente que las víctimas acudan a la justicia estatal.

En ocasiones los mecanismos comunitarios son inexistentes, ineficaces o discriminatorios, lo que genera un círculo vicioso de falta de acceso a la justicia del que es imposible salirse y del que se aprovechan los grupos armados para captar a estas niñas indígenas.

Un ejemplo de ello se da cuando determinadas comunidades consideran las agresiones sexuales como un atentado al honor familiar o colectivo: en estos casos, la denuncia hace público el supuesto "daño" y puede derivar en medidas que perjudican a la víctima más que al agresor, como el matrimonio forzado o el ostracismo social y por ello prefieren el silencio a la denuncia. Así, en la comunidad Acholi, en el norte de Uganda, durante y después del conflicto con el Ejército de Resistencia del Señor (LRA), numerosas niñas y jóvenes sobrevivientes de violación fueron estigmatizadas y rechazadas por sus familias y aldeas, con lo que el silencio fue el mejor mecanismo de defensa[25]. En este contexto, la ausencia de vías efectivas para denunciar y obtener justicia puede llevar a que algunas niñas perciban en los grupos armados un espacio de protección, pertenencia o acceso a recursos, aun cuando ello suponga exponerse a nuevos riesgos[26].

Protection in Humanitarian Action. Disponible en https://alliancecpha.org/sites/default/files/technical/attachments/tn_gaafag_eng.pdf

25 Human Rights Watch (2005): *Uprooted and Forgotten: Impunity and Human Rights Abuses in Northern Uganda.* Human Rights Watch, vol. 17, n.º 12(A), septiembre de 2005. https://www.hrw.org/reports/2005/uganda0905/uganda0905.pdf

26 ONU-Oficina del Representante Especial del Secretario General para la cuestión de los niños y los conflictos armados (2016): *Reintegración de los niños vinculados a fuerzas y grupos armados.* Nueva York: Naciones Unidas. Disponible en https://childrenandarmedconflict.un.org/wp-content/uploads/2016/04/Reintegration-Guidance-Spanish.pdf; UNHCR (Alto Comisionado de las Naciones Unidas para

También fue bien documentado el caso de muchas niñas de Chibook que tras ser secuestradas por los grupos armados sufrieron el ostracismo de las comunidades de origen y eligieron volver con sus captores[27].

– Factores vinculados a la violencia sexual y a otro tipo de agresiones agresiones en el ámbito familiar o comunitario

En el marco de un conflicto armado, las niñas indígenas que sufren agresiones sexuales o violencia física dentro de su familia o comunidad pueden ver desmoronarse sus principales redes de protección. El hogar, que debería ser un espacio seguro, se convierte en un lugar de riesgo, y la comunidad, en un entorno que muchas veces silencia, minimiza o justifica la violencia. La vergüenza impuesta, el temor a nuevas agresiones, el rechazo social y la pérdida de referentes protectores generan un profundo aislamiento. En este escenario, los grupos armados pueden presentarse como un refugio aparente, ofreciendo promesas de seguridad frente a los agresores, reconocimiento social, pertenencia y acceso a recursos básicos. Aunque estas promesas suelen encubrir nuevas formas de abuso, la posibilidad inmediata de escapar de un entorno hostil puede resultar más fuerte que el miedo a los riesgos futuros. A ello se suma, en muchos casos, la desinformación acerca de los derechos de los que son titulares y la imposibilidad práctica de servirse de los mecanismos de justicia comunitarios o estatales, por las barreras ya señaladas que hemos desarrollado en el epígrafe anterior, lo que refuerza la percepción de que la adhesión a un grupo armado es la única vía posible para recuperar el control sobre su vida[28].

---

los Refugiados) (2011): *Children and Justice During and in the Aftermath of Armed Conflict.* Working Paper n.º 3, septiembre de 2011. Disponible en: https://childrenandarmedconflict.un.org/publications/WorkingPaper-3_Children-and-Justice.pdf

27 International Alert/UNICEF (febrero de 2016): *Girls released from Boko Haram captivity rejected by society – new report*, Ciudad de Dakar, International Alert/UNICEF. Disponible en https://www.international-alert.org/press/girls-released-from-boko-haram-captivity-rejected-by-society-new-report/

28 Sevrin, Alexandra (2019): *The Marginalization of Girls Associated with Armed Groups. A Qualitative Field Study of the Gender-Based Challenges in the Disarmament, Demobilization and Reintegration Intervention in North Kivu, Democratic Republic of Congo*, IFHV Working Paper, vol. 9, n.º 1, pp. 3-7. Disponible en https://alliancecpha.org/sites/default/files/technical/attachments/tn_gaafag_eng.pdf; *Why do adolescents volunteer for armed forces or armed groups?* Documento de referencia del Programa de las Naciones Unidas para los Refugiados (UNHCR)/Quaker United Nations Office (QUNO). Disponible en https://www.quno.org/sites/default/files/resources/Paper%20on%20Adolescent%20Volunteers.pdf; Amnistía Internacional (2017): *Urgent action – Indigenous peoples in Chocó in danger.* Disponible en https://www.amnesty.org/es/wp-content/

– **Factores de manipulación y coerción emocional**, como el engaño, la embriaguez o los vínculos afectivos (incluido el enamoramiento)

Evidentemente, estas no son circunstancias exclusivas de las niñas y niños indígenas; sin embargo, a la luz del Auto 005 de 2024 de la Jurisdicción Especial para la Paz, constituyen factores que han incidido de manera significativa en el alistamiento de niñas indígenas. Entre los patrones documentados se encuentran casos de menores que emprendieron la búsqueda de hermanos previamente secuestrados y que, al ser enviadas a un frente armado, no pudieron regresar; niñas a quienes se les prometió formación, estabilidad, seguridad o remuneración[29], promesas que nunca se cumplieron; así como menores a quienes se presentó la pertenencia a un grupo armado como si se tratara de una actividad recreativa[30], análoga a un campamento vacacional. En otros casos, se trató de niñas que carecían de la madurez y capacidad necesarias para discernir la verdadera naturaleza y las consecuencias de lo que se les ofrecía.

uploads/2021/05/AMR2370322017ENGLISH.pdf; UNICEF (2013): *Breaking the Silence on Violence against Indigenous Girls, Adolescents and Young Women: A call to action based on an overview of existing evidence from Africa, Asia Pacific and Latin America.* Disponible en: https://www.unwomen.org/en/digital-library/publications/2013/5/breaking-the-silence-on-violence-against-indigenous-girls Nueva York: Fondo de Población de las Naciones Unidas. Aguirre, Á.; Gómez, Á.; Vélez, J.; Rivas, S.; O'neil, S. (2024): *Violencia sexual y lucha por la justicia: la vinculación de sobrevivientes indígenas Nasa a grupos armados en el norte del Cauca* (Findings Report 38). Ginebra: UNIDIR. Disponible en: https://unidir.org/wp-content/uploads/2024/11/Violencia-Sexual-y-Lucha-por-la-Justicia-La-Vinculacion-de-Sobrevivientes-Indigenas-Nasa-a-Grupos-Armados-en-el-Norte-del-Cauca.docx.pdf; DOI: 10.37559/MEAC/24/093; Plan International (2024): *State of the World's Girls 2024 -Technical Report: Still We Dream.* Londres: Plan International. Disponible en: https://plan-international.org/uploads/2024/09/SOTWGR24_TechnicalReport-English.pdf

29 Por ejemplo: testimonio de una víctima (niño): "Cuando estaba en Kigali, un hombre nos dijo que se podía ganar mucho dinero en el Congo. Mis amigos y yo nos unimos a él, pero en lugar de trabajar, recibimos entrenamiento militar en la selva; también había chicas que recibían entrenamiento, y todos nos convertimos en combatientes del M23. Luchamos contra las FARDC en Bunagana" en RDC (ONUSCO (2015): *Invisible Survivors: Girls in Armed Groups in the Democratic Republic of the Congo (2009-2015)*, Kinshasa: Monusco Disponible en https://childrenandarmedconflict.un.org/wp-content/uploads/2015/11/151123-Girls-in-Armed-Groups-2009-2015-Final.pdf

30 Defensoría del Pueblo (2022): *"Falsos campamentos de vacaciones o el uso de 'novias', entre las nuevas formas de engaño de grupos armados para reclutar menores de edad"*, Bogotá: Defensoría del Pueblo, 24 de mayo de 2022. Disponible en https://www.defensoria.gov.co/-/falsos-campamentos-de-vacaciones-o-el-uso-de-novias-entre-las-nuevas-formas-de-enga%C3%B1o-de-grupos-armados-para-reclutar-menores-de-edad

En muchas comunidades indígenas, la autoridad tradicional y la cosmovisión comunitaria se emplean para legitimar un discurso que en realidad es una trampa, se trate de una oportunidad para servir a la comunidad, una lucha de resistencia cultural, defensa del territorio frente al Estado invasor. Todos estos elementos pueden persuadir a unas niñas que por edad y propia socialización no tienen madurez suficiente para identificar el trasfondo violento de la propuesta. Pero, además, la ubicación de estas comunidades impide el contacto con instituciones de protección y el acceso a una información veraz o simplemente, el contraste de la información recibida, la veracidad del relato y el trasfondo de la asociación al grupo armado[31].

También se han reportado casos en los que niñas y niños eran emborrachados con alcohol hasta que su capacidad de decisión quedaba anulada, o simplemente, perdían el conocimiento. En ese momento firmaban unos documentos y se iban en los camiones de los guerrilleros y cuando despertaban ya no podían salir de allí, el documento firmado, las amenazas en caso de desertar o la necesidad de pagar "los gastos" de uniforme, armas y manutención en que habían incurrido les convertía en guerrilleras sin posibilidad de vuelta a casa.

El enamoramiento o establecimiento de vínculos afectivos fuertes aparece como un factor que incide en la decisión de las niñas, en este caso, niñas indígenas, de incorporarse a grupos armados a los que pertenece la persona amada. Jóvenes de buena apariencia, o con cierto prestigio en la comunidad, solicitan a las niñas que les sigan para continuar la relación en el seno del grupo armado. El uso de internet, TikTok y otras redes sociales ha sido documentado como herramienta para persuadir a estas niñas, mediante mensajes privados, videos y contenidos románticos o heroicos que idealizan la vida en el grupo. Esta estrategia fue ampliamente documentada en el caso del ingreso de niñas al DAESH, donde se utilizaban promesas de matrimonio y de una vida "protegida" en un entorno religioso idealizado[32]. Sin embargo, también se ha observado en el ELN y las disidencias de las FARC en Colombia[33], así como en

---

[31] The Guardian (29 de diciembre de 2024): *There was so much fear: the battle to keep children out of Colombia's armed gangs*. Disponible en https://www.theguardian.com/society/2024/dec/29/there-was-so-much-fear-the-battle-to-keep-children-out-of-colombias-armed-gangs

[32] Pearson, E. y Winterbotham, E. (2017): "Women, gender and Daesh radicalisation: a milieu approach", *RUSI Journal*, 162(3), pp. 60-72, DOI: 10.1080/03071847.2017.1353251. Disponible en https://doi.org/10.1080/03071847.2017.1353251

[33] ABColombia (6 de junio de 2025): *Forced Recruitment of Colombian Children*, Londres, ABColombia. Disponible en: https://www.abcolombia.org.uk/forced-recruitment-of-colombian-children/

grupos armados en Myanmar que operan en territorios de los pueblos Karen y Kachin.

En Nigeria, Boko Haram ha empleado una táctica similar, ofreciendo vínculos afectivos como garantía de seguridad y "estatus" dentro del grupo, especialmente en comunidades rurales o étnicas donde las oportunidades para relaciones afectivas estables son limitadas[34]. En el Sahel central, grupos yihadistas han incorporado a niñas de comunidades Peul mediante la figura del "matrimonio de protección", presentado como un acto romántico pero que en realidad constituye un mecanismo de coerción[35].

4. CONSECUENCIAS COMUNITARIAS DEL RECLUTAMIENTO DE NIÑAS INDÍGENAS

La separación de las niñas indígenas de sus comunidades para formar parte de los grupos armados tiene consecuencias directas sobre las niñas, pero también para las comunidades indígenas en sí mismas, que ven tambalearse varios de los ejes que les permiten permanecer como tales grupos y mantener su cohesión.

En este punto nos centraremos en el impacto del reclutamiento de niñas indígenas en sus comunidades, enfocándolo desde 3 perspectivas distintas

4.1. Consecuencias psico-comunitarias

– Estigmatización y ostracismo como mecanismo de defensa

Una de las consecuencias más frecuentes para las niñas que han formado parte de un grupo armado es el rechazo al que se enfrentan cuando intentan regresar a sus comunidades. Por un lado, sus familias y vecinos no aceptan su vinculación —particularmente si el alistamiento fue percibido

---

34 Nagarajan, C.; Batault, F.; O'Neil, S.; Ajimi Badu, F. Y. (2024): *Survival and Struggle: The Experience of Women and Girls With and After Boko Haram*, Findings Report 39, UNIDIR, Ginebra. Disponible en https://doi.org/10.37559/MEAC/24/10

35 Save the Children (20 de octubre de 2021): *Children in Mali, Niger, Burkina Faso face greater risk of recruitment by armed groups*, Dákar, Save the Children; sobre la creciente exposición de niñas y niños en el Sahel central al reclutamiento por grupos armados, incluyendo amenazas como promesas de bienes materiales o protección. Disponible en https://www.savethechildren.net/news/children-mali-niger-burkina-faso-face-greater-risk-recruitment-armed-groups

como voluntario—, mientras que en otros se les imputa cierto grado de responsabilidad por los actos cometidos durante su permanencia en el grupo. En general, resulta difícil para el entorno volver a reconocer en ellas al mismo miembro de la comunidad que meses o años atrás se separó.

Esta reacción, sin embargo, no es absoluta ni uniforme. Con frecuencia aparecen sentimientos encontrados tanto en el seno de la familia como en la comunidad y entre sus líderes, lo que genera tensiones en las relaciones sociales. Dichas tensiones pueden resolverse de formas diversas: en ocasiones mediante la expulsión o huida de la niña; en otras, gracias al esfuerzo colectivo por promover su reintegración y restablecer la paz social; o, en no pocos casos, mediante la perpetuación de un estado de desconfianza y distancia hacia la niña, su familia e incluso sus hijos, lo que dificulta la cohesión social que constituye la base para la supervivencia del grupo.

– Incremento de la violencia de género

Muchas de estas niñas han sido obligadas a casarse con sus captores o han sido objeto de violencia sexual continuada e incluso, esclavitud sexual, de hecho, hasta han podido ser consideradas como botín de guerra. La normalización de la violencia sexual y del matrimonio forzado como "precio" de la guerra pueden tener dos consecuencias directas en la comunidad, primero, el considerar a las mujeres como instrumentos de control, particularmente cuando el honor de la mujer se vincula al honor de la familia, y especialmente cuando el secuestro-reclutamiento de estas niñas genera terror en una comunidad que no puede hacer frente a estos actos y por lo tanto se siente totalmente débil y vulnerable. La Comunidad se siente dominada y humillada[36] y la cohesión se rompe[37].

---

[36] Consejo de Derechos Humanos de la ONU, Misión Internacional Independiente de Investigación sobre Myanmar (2018): *Detailed findings of the Independent International Fact-Finding Mission on Myanmar* (A/HRC/39/CRP. 2), Ginebra: Naciones Unidas. Disponible en https://www.ohchr.org/sites/default/files/Documents/HRBodies/HRCouncil/FFM-Myanmar/A_HRC_39_CRP. 2.pdf

[37] Independent Investigative Mechanism for Myanmar – IIMM (2023): *Report of the Independent Investigative Mechanism for Myanmar* (A/HRC/54/19), Ginebra: Naciones Unidas. Disponible en https://iimm.un.org/wp-content/uploads/2023/08/G2312500.pdf (última consulta: 13 de agosto de 2025); ONU Mujeres (2023). *Women's organizations remain at the front line of the crisis response in Myanmar.* Nueva York: ONU Mujeres. Disponible en https://www.unwomen.org/en/news-stories/feature-story/2023/08/womens-organizations-remain-at-the-front-line-of-the-crisis-response-in-myanmar

El caso de las comunidades Acholi en Uganda, ampliamente documentado, muestra cómo el rechazo hacia las jóvenes retornadas del LRA impidió su plena reintegración y perpetúa una narrativa de "impureza" o "contaminación" que rompe la cohesión social[38].

En segundo lugar, la impunidad de los agresores crea un clima de tolerancia hacia la violencia contra las mujeres, que, no es denunciada por unas y que no es sancionada por otros, convirtiéndose así en un comportamiento que afecta directamente a la estabilidad de las familias y a la cohesión del grupo. Y ello sin contar, por supuesto en el impacto real en las víctimas. El caso Asháninka en Perú muestra que la impunidad frente a estos abusos tiende a consolidar un clima de tolerancia hacia la violencia contra las mujeres[39].

– Debilitamiento de la resistencia comunitaria

Cuando la comunidad es testigo impotente de la captación de sus niñas, se coloca en situación de indefensión aprendida, en el sentido de que, al no haber sido capaz de defenderlas, cualquier oposición al grupo armado ante cualquier acto es sentido como inútil o incluso contraproducente. Hasta el punto de que la resistencia se convierte en aceptación pasiva como medio para evitar males mayores, incluso contra las niñas reclutadas. Sin embargo, esta falta de reacción u oposición al grupo armado puede ser leída también como debilidad de los líderes o de los que deben ocuparse de la seguridad y, con ello, afectar a la cohesión de la comunidad. De hecho, esta pasividad les hace más dependientes del grupo armado en cuanto a seguridad, y otros recursos, con lo que el poder de la estructura política y social se ve afectado. Así, las comunidades Asháninka, tras un reclutamiento masivo de niñas y niños, redujeron su hostilidad y resistencia hacia Sendero Luminoso para garantizar la seguridad del resto del grupo que se mantenía unido[40].

---

38 Kiconco, A. & Nthakomwa, M. (2018). *Marriage for the "New Woman" from the Lord's Resistance Army: Experiences of female ex-abductees in Acholi region of Uganda. Women's Studies International Forum,* 68, 65-74. Disponible en https://doi.org/10.1016/j.wsif.2018.02.008

39 Comisión de la Verdad y Reconciliación del Perú – CVR (2003): "*Desplazamiento forzado*", en *Informe Final,* Tomo VI, Sección Cuarta: Crímenes y violaciones de derechos humanos. Lima: CVR.: Disponible en https://www.cverdad.org.pe/ifinal/pdf/TOMO%20VI/SECCION%20CUARTA-Crimenes%20y%20violaciones%20DDHH/FINAL-AGOSTO/1.9.0%20DESPLAZAMINETO.pdf;

40 Amnistía Internacional (2004): *Perú: La Comisión de la Verdad y Reconciliación.* Londres: Amnistía Internacional. Disponible en https://www.amnesty.org/es/wp-content/uploads/sites/4/2021/09/amr460032004es.pdf

– **Generación de traumas colectivos. Memoria compartida de pérdida y violencia que condiciona la identidad comunitaria a largo plazo.**

En las comunidades indígenas, donde la memoria colectiva se presenta mediante la tradición oral, los relatos sobre reclutamiento, violencia sexual y desapariciones se incorporan a la memoria colectiva. Estas narraciones están cargadas de miedo y dolor que se guardan en la memoria, pero que también sirven para moldear actitudes como sobreprotección de las niñas, recelo a esas autoridades que no las protegieron y miedo a todo grupo armado.

El daño es interiorizado y el miedo a la repetición se asienta en la comunidad que adopta posturas defensivas hacia sus mujeres y niñas que adoptan pautas de género defensivas (no salir de casa, no llevar a cabo actividades que impliquen contacto con terceros, desarrollo de actitudes frente a terceros que garanticen su invisibilidad, así se imponen pautas en el vestir, en el actuar o en el contactar[41]). Estos traumas van más allá de la generación que los ha vivido, porque a través de la memoria histórica se hacen vivos en las siguientes generaciones.

Esta desconfianza generalizada hacia actores externos dificulta procesos de desarme, reintegración[42], acción humanitaria[43] e incluso desarrollo. A veces, debido a este trauma colectivo se desarrollan medidas de resistencia cultural y defensa del territorio que les protejan de nuevos ataques.

---

41 Kiconco, Agnes (2022): *Wartime Captivity and Homecoming: Culture, Stigma and Coping Strategies of Formerly Abducted Women in Northern Uganda, Disasters*, Wiley, disponible en https://onlinelibrary.wiley.com/doi/10.1111/disa.12505; MONUSCO/ Oficina del Representante Especial del Secretario General para los Niños y los Conflictos Armados (2019): *Our Strength Is in Our Youth: Child Recruitment and Use by Armed Groups in the DRC, 2014-2017*, Naciones Unidas. Disponible en https://childrenandarmedconflict.un.org/wp-content/uploads/2019/12/190128_monusco_our_strength_is_in_our_youth_child_recruitment_and_use_by_armed_groups_in_the_drc_2014-2017_final_english_0.pdf

42 Macdonald, Anna (2020): *"Being Normal": Stigmatization of Lord's Resistance Army Returnees in Acholiland.* Journal of Refugee Studies. Oxford: Oxford University Press; Disponible en https://doi.org/10.1093/jrs/fez117

43 International Rescue Committee – SPARC (2021): *Perspectives of Families in the Democratic Republic of the Congo on Adolescents' Involvement in Armed Groups (Research Brief)*, Nueva York, IRC/Airbel. Disponible en https://childprotectionpractitioners.org/wp-content/uploads/2022/01/IRC_DRC-Research-Brief-2021_Final.pdf

4.2. Consecuencias sociopolíticas

– Reconfiguración de roles comunitarios y estrategias de protección

La pérdida de miembros dentro de un grupo social genera un impacto significativo en su estructura interna, especialmente cuando se trata de personas en situación de vulnerabilidad que representan el potencial de continuidad y desarrollo de la comunidad, como es el caso de las niñas. Esta ausencia no solo produce efectos directos en las familias afectadas, sino que provoca un duelo colectivo al privar a la comunidad de uno de sus elementos constitutivos. A su vez, dicho duelo suele dar lugar a la adopción de estrategias de protección hacia las menores que permanecen, reduciendo su exposición a riesgos mediante la reasignación de actividades que tradicionalmente desempeñaban —por ejemplo, la recolección de leña, el acarreo de agua u otras tareas consideradas peligrosas— a otros miembros del grupo[44]. Este proceso implica una modificación, al menos temporal, en la distribución de roles y responsabilidades dentro de la comunidad. No obstante, la persistencia del recuerdo de la pérdida en la memoria colectiva puede consolidar estos cambios, prolongando la exclusión de las niñas de determinadas funciones por considerarse de alto riesgo[45].

– Fragmentación de las familias y las comunidades

Ya se ha mencionado en otras ocasiones que el reclutamiento supone la pérdida de miembros de la familia que se produce en el momento del reclutamiento; cuando la menor es sustraída de su núcleo familiar y social, interrumpiendo los vínculos afectivos y funcionales que sostenían tanto a la familia como a la comunidad; pero también pueden producirse en el momento de la reinserción, cuando, por circunstancias de las vivencias de la propia niña la reintegración no es posible o cuando la familia o comunidad no las acepta. Esto supone dos duelos de los que a veces las familias no pueden salir y que pueden generar conflictos intrafamiliares e intracomunitarios. Ambos, el inicial, marcado por la desaparición física de la menor y el posterior, caracterizado por la imposibilidad o el rechazo de

---

44 Lyons, R. F.; Mickelson, K. D.; Sullivan, M. J. L.; Coyne, J. C. (1998). *Coping as a communal process. Journal of Social and Personal Relationships,* 15(5), 579-605. Disponible en https://doi.org/10.1177/0265407598155001

45 Doka, Kenneth J. (1989): *Disenfranchised Grief: Recognizing Hidden Sorrow,* Lexington (MA), Lexington Books.

su reinserción, pueden resultar acumulativos y difíciles de gestionar. En numerosos casos, la intensidad y la naturaleza de estas pérdidas provocan conflictos intrafamiliares e intracomunitarios, alimentando dinámicas de desconfianza, estigmatización y resentimiento.

Conscientes del riesgo que este segundo momento de fragmentación supone para la cohesión interna, algunas comunidades han desarrollado rituales o prácticas colectivas destinadas a "limpiar" simbólicamente el pasado de las niñas desvinculadas. Estos actos, que pueden incluir ceremonias de purificación, reintroducción en espacios comunitarios o asignación de nuevos roles, buscan restituir formalmente su pertenencia al grupo, atenuar el estigma y prevenir la discriminación abierta. Tal es el caso de rituales del grupo Acholi en Uganda[46]o de comunidades indígenas de Liberia y Burundi[47] o Colombia[48].

– **Debilitamiento de redes comunitarias. Reducción de la capacidad de apoyo mutuo y solidaridad interna**

La extracción forzada de niñas que ya desempeñan un papel activo en la comunidad supone un golpe directo a las redes que sostienen la vida colectiva. Estas menores han sido formadas para asumir funciones específicas que, en su conjunto, configuran una trama de vínculos, responsabilidades y saberes esenciales para la pervivencia del grupo, así como para la pre-

---

46 Sremác, S. (2024): *Stepping onto an Egg: Former Child Soldiers' Posttraumatic Resilience and Spirit Possession in Uganda,* Ámsterdam, Vrije Universiteit Amsterdam. Disponible en: https://research.vu.nl/ws/portalfiles/portal/351090832/Stepping_Onto_an_Egg-Former_Child_Soldiers_Posttraumatic_Resilience_and_Spirit_Possession_in_Uganda-DEF.pdf

47 Babatunde, A. O. (2014): "Harnessing traditional practices for use in the reintegration of child soldiers in Africa: examples from Liberia and Burundi", *Intervention,* 12(3), pp. 259-274. Disponible en https://www.researchgate.net/publication/285571034_Harnessing_traditional_practices_for_use_in_the_reintegration_of_child_soldiers_in_Africa

48 Valenzuela Gruesso, Pedro Enrique; Welter Llanos, Zabrina (2020): *Recomponer el Camino de Vuelta a Casa. Estudio de un proceso comunitario de reintegración de excombatientes indígenas en Colombia, Papel Político,* 25. Disponible en https://revistas.javeriana.edu.co/index.php/papelpol/article/view/31901; Agencia para la Reincorporación y la Normalización (ARN) (2023-2024): *Informe a los Pueblos Indígenas 2023-2024 (marzo).* Disponible en https://www.reincorporacion.gov.co/es/agencia/Informes_trazador_etnico_pueblos_indigenas/Informe_Pueblos_Ind%C3%ADgenas_2023-2024%20%28Marzo%29_ARN.pdf

servación de su cultura, lengua, cosmovisión e identidad[49]. Algunas están llamadas a ejercer funciones de liderazgo, transmitir la sabiduría, ejercer de parteras, otras a transmitir, a través de la familia, la esencia cultural del pueblo, y otras a participar en la vida comunitaria asumiendo los roles que les son asignados.

Durante el conflicto armado en Guatemala, la pérdida o debilitamiento de comadronas, figuras tradicionales de autoridad y cuidado cultural, dio lugar al surgimiento de la figura del **partero**, un actor ajeno al orden ritual e identitario comunitario, que trató de cubrir ese vacío desde una lógica biomédica impuesta. Esto generó una imposición de saberes externos y redujo la legitimidad de las prácticas ancestrales, lo que afectó directamente la **cohesión comunitaria** y la continuidad de la protección cultural que las comadronas representaban[50].

La desaparición de parte de estas niñas debilita gravemente la red comunitaria, ya que se interrumpe la transmisión de saberes, relatos y formas de vida que garantizan la continuidad cultural. Actividades que tradicionalmente se gestionan de manera colectiva, como el cuidado y educación de la infancia, la vigilancia territorial[51] o la organización de rituales, se ven comprometidas, en especial cuando las mujeres y niñas desempeñaban un papel relevante en ellas.

Particularmente grave es la pérdida de jóvenes llamadas a ejercer el liderazgo, ya sea por sus competencias, por su posición en la estructura social o por una decisión de la comunidad. En estos casos, el daño trasciende lo inmediato y amenaza la existencia misma del grupo como colectivo, al poner en riesgo su capacidad de reproducirse culturalmente y de mantener su cohesión y autonomía a largo plazo.

---

49 Storylistening Project (2022): "'Storylistening' as a methodology for peacebuilding among ...", *Revista SAGE*, 29 de noviembre. Disponible en https://journals.sagepub.com/doi/10.1177/20597991221137814; Legassicke, Mark (2024): *Definitions of Child Recruitment and Use in Armed Conflict, Journal of Intervention and Statebuilding*, 18(2), pp. 235-252. Disponible en https://www.tandfonline.com/doi/full/10.1080/13698249.2023.2167042

50 Cosminsky, Sheila (2001): «Midwifery across the generations: A modernizing midwife in Guatemala», *Medical Anthropology*, 20(4), pp. 345-378. Disponible en https://doi.org/10.1080/01459740.2001.9966198

51 ACAPS (2024): *Child recruitment and use in Colombia. Thematic report*, 15 de abril. Disponible en https://www.acaps.org/fileadmin/Data_Product/Main_media/20240415_ACAPS_Colombia_Analysis_Hub_Child_recruitment_and_use_in_Colombia.pdf

– Erosión del liderazgo comunitario y crisis de la autoridad tradicional

La incapacidad de los jefes comunitarios para evitar el reclutamiento de niñas impacta directamente en su legitimidad, que se ve seriamente cuestionada. Esto debilita su capacidad de mantener decisiones colectivas y socava la autoridad tradicional. A la par, la pérdida de líderes potenciales y la imposición de nuevas jerarquías —basadas en el control y la violencia— generan una crisis no solo de las personas que ejercen el liderazgo, sino también del propio sistema de autoridad comunal.

En ocasiones, la reincorporación de niñas reclutadas introduce dinámicas de poder que responden más a la lógica militar que a la comunitaria, debilitando aún más las estructuras tradicionales. Además, algunos grupos armados imponen directamente nuevas autoridades, vaciando de poder a las instancias asamblearias y obligando a las niñas reclutadas a obedecer jerarquías externas. Esto rompe los vínculos de lealtad con la comunidad y erosiona la cohesión social.

La pérdida simultánea de líderes presentes y de futuras generaciones favorece procesos de dependencia frente a grupos armados o actores externos, desvirtuando las formas propias de autogobierno indígena. Finalmente, la tensión entre quienes prefieren excluir a las niñas retornadas y quienes abogan por su plena reincorporación fragmenta la comunidad, erosiona la autoridad moral de sus dirigentes y debilita su capacidad de construir consenso.

– Amenaza a la viabilidad demográfica del grupo

En los grupos indígenas, las niñas y adolescentes son la base del futuro demográfico del grupo, por ello es tan importante que se casen con personas del mismo grupo, ello permite el mantenimiento del grupo en el tiempo.

Cuando las niñas son reclutadas, con frecuencia no regresan a sus comunidades: algunas han muerto durante el conflicto, otras temen el estigma que conlleva su retorno y muchas ya no se reconocen en los roles que el grupo les había asignado previamente. Si a esta pérdida se suma la disminución general de miembros ocasionada por el propio desarrollo del conflicto, el resultado es que algunas comunidades se encuentran al borde de la desaparición, al carecer de jóvenes que aseguren el necesario reemplazo generacional.

Más allá de este fenómeno, el contacto de estas niñas con otros menores, en grupos o colectivos en los que son minoría, provoca en muchas ocasiones la unión y creación de familias con personas de fuera de la comunidad lo cual supone una "contaminación" de la familia sino una pérdida cuando la decisión de la familia es desplazarse o seguir comportamientos que no son acordes a los dictados por la comunidad indígena. De esta forma, la niña indígena, no cumple la función reproductiva dentro del grupo pese a formar una familia y ello impacta en la capacidad reproductiva de la comunidad.

Por ello, el rol reproductivo que se da a las adolescentes y mujeres jóvenes que permanecen en el grupo se convierte en clave. En ellas recae la responsabilidad y el honor de mantener demográficamente el grupo. De esta forma, exigencias y comportamientos que estaban en vías de modificarse reaparecen y cogen fuerza, de forma que, aunque queden pocas familias, estas tienen muchos hijos para con ello garantizar el futuro de la comunidad, las jóvenes asumen esta función como un honor y la comunidad les reconoce el esfuerzo. Es más, en aquellas comunidades en las que la formación y cuidado de los niños es comunitario, todo el grupo se vuelca en ayudar y proteger a estas familias.

4.3. Consecuencias culturales

- **Erosión cultural: interrupción de la transmisión de lengua, tradiciones y saberes ancestrales**

El reclutamiento de niñas supone una fractura en la continuidad cultural de los pueblos indígenas. Al ser apartadas de sus familias y comunidades, se rompe la transmisión intergeneracional de la lengua materna, de los cantos rituales, de las historias orales y de los conocimientos sobre la naturaleza y la medicina tradicional que habitualmente se transmiten en el ámbito familiar.

Es más, por ejemplo, en Colombia, las niñas indígenas reclutadas tenían prohibido utilizar su idioma, incluso para comunicarse con otros miembros de su propia comunidad indígena, lo que después de un tiempo, y vinculado a otros traumas hizo que rechazasen el uso de su lengua materna en el retorno. El cambio de dieta introduciendo otros productos, que no se encontraban en la dieta de la comunidad, puso en peligro la dieta tradicional en algunas comunidades, el desprecio hacia cosmovisión, canciones, bailes y rituales que perciben mientras están en el grupo armado hace difícil la reintegración, no ya a la vida de la comunidad, sino a la esencia misma de la comunidad, cuyos ritos y tradiciones pueden ser percibidos como algo infantil inocente y, en todo caso, con los que no se identifican[52].

Por ejemplo, entre los pueblos indígenas amazónicos de Colombia y Perú, las niñas suelen desempeñar un papel central en la transmisión de cantos y relatos durante los encuentros familiares y comunitarios. Su ausencia prolongada no solo impide que reciban ese conocimiento, sino que también limita que lo transmitan a las siguientes generaciones, acelerando procesos de pérdida lingüística y cultural[53].

– **Desplazamiento forzado: abandono de territorios y pérdida de espacios sagrados y de memoria histórica**

El desplazamiento forzado de comunidades indígenas suele producirse como una respuesta frente al **riesgo elevado de reclutamiento**, en especial de menores. En algunos casos la decisión es colectiva, adoptada por toda la comunidad, y en otros corresponde a familias que buscan proteger a sus hijos e hijas. En cualquier escenario, las consecuencias son graves: el desarraigo implica abandonar territorios ancestrales bajo condiciones de extrema precariedad y transitar, a menudo a pie y por zonas hostiles, con pérdidas humanas durante el trayecto.

Al llegar a los lugares de destino, las comunidades desplazadas no encuentran necesariamente un entorno seguro. La amenaza de nuevos hostigamientos y reclutamientos persiste, incluso por parte de actores armados diferentes a los que motivaron la huida inicial. Ello obliga, en ocasiones, a desplazamientos sucesivos que alejan cada vez más a las comunidades de sus tierras de origen y aumentan su vulnerabilidad.

Este desarraigo no solo implica la necesidad de adaptarse a nuevos ecosistemas, actividades económicas y rutinas de subsistencia, sino también una ruptura profunda con los elementos que sostienen la identidad co-

---

52 Barrett, Jastine C., *Navigating the Mystical: Child Soldiers and Reintegration Rituals in Northern Uganda, Research Handbook on Child Soldiers* (Mark A. Drumbl & Jastine C. Barrett eds., Edward Elgar, 2019). Disponible en https://pmc.ncbi.nlm.nih.gov/articles/PMC3833694/; Shepler, Susan, *The Social and Cultural Context of Child Soldiering in Sierra Leone.* Disponible en https://www.researchgate.net/publication/235678865_The_Social_and_Cultural_Context_of_Child_Soldiering_in_Sierra_Leone#read

53 Tovar-Restrepo, M. y Irazábal, C., *Indigenous Women and Violence in Colombia: Agency, Autonomy, and Territoriality, Latin American Perspectives,* vol. 41, n.º 1 (enero 2014), pp. 39-58. Disponible en https://doi.org/10.1177/0094582X13492134

lectiva[54]. Al dejar atrás sus territorios, las comunidades se desconectan de espacios sagrados[55], tumbas de ancestros, lugares rituales y vínculos espirituales que constituyen el núcleo de su cosmovisión. La pérdida de estos referentes debilita la cohesión social y amenaza la continuidad cultural[56].

La situación afecta de manera diferenciada a las niñas indígenas. En los asentamientos de desplazados enfrentan condiciones de hacinamiento, pobreza y discriminación, que aumentan su exposición a diversas formas de violencia. Los grupos armados se aprovechan de esta fragilidad mediante engaños o falsas promesas de seguridad y sustento, lo que facilita su reclutamiento. Además, el debilitamiento de las redes de protección comunitaria priva a las niñas de referentes tradicionales que podrían ofrecer resistencia a estas dinámicas.

De este modo, se configura un círculo vicioso de desplazamiento y reclutamiento[57]: la amenaza de reclutamiento obliga a huir, el desplazamiento genera vulnerabilidad y desprotección, y esa misma vulnerabilidad expone nuevamente a las niñas al reclutamiento, provocando nuevos desplazamientos. Esta espiral erosiona la cohesión comunitaria y compromete tanto la supervivencia cultural como la demográfica de los pueblos indígenas afectados.

- **Destrucción del sistema educativo local. Cierre de escuelas o interrupción de la asistencia por miedo al reclutamiento y viceversa**

El reclutamiento de menores en el ámbito escolar ha sido una práctica recurrente en conflictos armados de todos los continentes. Los grupos armados

---

[54] ACNUR (2011): *"Perder nuestra tierra es perdernos todos". Los indígenas y el desplazamiento forzoso en Colombia.* Bogotá: ACNUR. Disponible en: https://www.acnur.org/fileadmin/Documentos/RefugiadosAmericas/Colombia/Los_indigenas_y_el_desplazamiento_forzoso_en_Colombia.pdf

[55] Corte Constitucional de Colombia (2009): *Auto 004 de 2009.* Bogotá: Corte Constitucional. Disponible en https://www.corteconstitucional.gov.co/relatoria/autos/2009/a004-09.htm

[56] ACCORD (2015): *Surigao Displacement of Lumad Communities. Field Assessment Report.* Filipinas, 9 de septiembre de 2015. Disponible en https://www.resilientphilippines.com/wp-content/uploads/publications/Lumad%20IDPs%20ACCORD%20Needs%20Assessment%20Report.pdf

[57] Geisler, Victoria (2006): «Child soldiers coerced into military conflicts are barrier to peace», *Cornell Chronicle*, 9 de junio de 2006. Disponible en https://news.cornell.edu/stories/2006/06/child-soldiers-are-barrier-peace-process

se aprovechan de la concentración de niños y niñas en las escuelas, así como de su tránsito entre el hogar y el centro educativo, para incorporarlos forzosamente a sus filas. Como consecuencia, muchas escuelas han sido cerradas, privando a las comunidades de un espacio fundamental de protección[58].

Las escuelas no solo garantizaban el derecho a la educación, sino que también constituían un **mecanismo de resiliencia frente al reclutamiento**, al ofrecer un entorno de socialización y protección comunitaria. Su cierre, por tanto, incrementa la vulnerabilidad de la infancia, especialmente de las niñas, que al quedar fuera del sistema educativo se ven más expuestas al control de los grupos armados y a diversas formas de violencia, incluido el alistamiento forzoso[59].

Para las comunidades indígenas, las escuelas que enseñan desde un **enfoque intercultural**, respetuoso con la cosmovisión e idiosincrasia propias, representan una herramienta esencial para la continuidad cultural y la cohesión social. Son espacios donde se transmite el idioma, los valores comunitarios y, al mismo tiempo, se prepara a los niños y niñas para contribuir al bienestar colectivo[60]. El cierre de estas instituciones supone, por ello, una pérdida irreparable no solo en términos educativos, sino también en términos de **supervivencia cultural**.

En este sentido, entre las **medidas de reparación** que las comunidades reclaman frente a los crímenes de guerra —y en particular frente al reclutamiento masivo de menores— se encuentra la **reapertura de escuelas** con docentes indígenas y con los recursos necesarios para que los procesos educativos respondan a las necesidades de la comunidad[61]. Solo de esta manera la educación puede volver a convertirse en un pilar de resistencia y continuidad cultural frente a la violencia armada.

---

58 Global Coalition to Protect Education from Attack – GCPEA (2022): *Education Under Attack 2022. Country Profile: Philippines.* Nueva York: GCPEA, pp. 3-4. Disponible en https://protectingeducation.org/wp-content/uploads/eua_2022_philippines.pdf

59 UNICEF (2003): *Innocenti Digest No. 11: Ensuring the Rights of Indigenous Children.* Florencia: Innocenti Research Centre & UNICEF, pp. 4-5. Disponible en https://www.eird.org/herramientas/eng/children/indigenousriht.pdf

60 ACCORD (2015): *Surigao Displacement of Lumad Communities. Field Assessment Report.* Filipinas, 9 de septiembre de 2015. Disponible en https://resilientphilippines.com/wp-content/uploads/publications/Lumad%20IDPs%20ACCORD%20Needs%20Assessment%20Report.pdf

61 Consejo de Derechos Humanos (2018): *Informe de la Misión Internacional Independiente de Investigación sobre Myanmar*, A/HRC/39/64, 27 de agosto de 2018, p. 16. Disponible en: https://docs.un.org/es/A/HRC/39/64

5. CONCLUSIONES

La situación de las niñas indígenas asociadas a grupos armados constituye una de las realidades más invisibilizadas y menos atendidas en el marco de los conflictos contemporáneos, pese a la magnitud de las vulneraciones que implica. Su condición interseccional —al ser simultáneamente menores, mujeres e indígenas— multiplica las formas de violencia a las que son sometidas y agrava las barreras para su protección, denuncia, acceso a justicia y reintegración. Esta triple condición hace que experimenten la exclusión más profunda que otros niños y niñas vinculados a la guerra, reforzando así la impunidad y el silencio social que rodea sus experiencias.

Los datos disponibles, aunque fragmentarios, muestran con claridad una sobrerrepresentación alarmante de niñas indígenas en los procesos de reclutamiento, particularmente en Colombia, donde convergen las dinámicas de la violencia armada con la marginalización estructural de las comunidades originarias. Este patrón no es exclusivo: en contextos como la República Democrática del Congo, Myanmar o Sudán del Sur, aunque menos documentados desde una perspectiva interseccional, también se constata que las niñas indígenas o pertenecientes a minorías étnicas son objetivo preferente de los grupos armados. Su reclutamiento responde tanto a la vulnerabilidad social y geográfica de sus comunidades como a la instrumentalización simbólica que los actores armados hacen de ellas para mostrar dominio, ejercer control territorial o infligir un castigo colectivo a las comunidades.

Los factores que explican esta situación son múltiples y complejos. Entre ellos destacan la pobreza estructural, el aislamiento geográfico, el racismo institucional, la discriminación de género y la ausencia de políticas públicas culturalmente sensibles, a lo que se suma la impunidad generalizada frente a estas violencias. En este escenario, las niñas no solo son utilizadas como combatientes o sometidas a esclavitud sexual, sino también como símbolos de dominación: su reclutamiento es un mensaje dirigido a la comunidad en su conjunto, debilitando su tejido social, su capacidad reproductiva y su continuidad cultural.

Las consecuencias de esta realidad trascienden a la esfera individual. En el ámbito comunitario, la pérdida de niñas destinadas a roles de liderazgo, maternidad o transmisión cultural provoca un vaciamiento generacional que pone en riesgo la pervivencia misma de las comunidades indígenas. De este modo, el uso de niñas soldado no solo vulnera derechos fundamentales, sino que impacta de manera estructural en la cohesión, reproducción social y supervivencia cultural de los pueblos indígenas.

Frente a esta situación, se requiere una respuesta que supere las aproximaciones generalistas y que incorpore un enfoque diferencial e interseccional. La prevención debe dirigirse no solo a frenar el reclutamiento, sino también a transformar las condiciones estructurales que lo posibilitan: combatir la pobreza y el racismo institucional, garantizar la presencia del Estado en clave intercultural y asegurar el acceso a servicios básicos en zonas históricamente marginadas. En materia de protección, resulta esencial reforzar los mecanismos de alerta temprana, promover la participación de lideresas y organizaciones indígenas en el diseño de políticas y garantizar que las respuestas estatales e internacionales no reproduzcan estigmatizaciones ni invisibilicen a las niñas.

En cuanto a la reintegración, esta no puede limitarse a la dimensión individual, sino que debe incluir procesos comunitarios de reparación que reconozcan el daño colectivo. Es necesario impulsar programas de educación intercultural, proyectos productivos sostenibles y estrategias de sanación colectiva que permitan restaurar el tejido social. Asimismo, deben fortalecerse las políticas de justicia transicional y de rendición de cuentas para asegurar que los crímenes contra niñas indígenas no permanezcan impunes.

En síntesis, la respuesta a este fenómeno exige repensar las estrategias actuales bajo una lógica transformadora: visibilizar la situación específica de las niñas indígenas soldado, reconocer la naturaleza interseccional de las violencias que sufren y garantizar procesos de prevención, protección y reintegración que partan del liderazgo y la participación activa de las comunidades indígenas. Solo así será posible ofrecer una reparación justa y duradera, y avanzar hacia una protección real de los derechos de las niñas que han sido víctimas de una de las formas más extremas de violencia y exclusión. Así mismo, este enfoque permite la reparación de las Comunidades afectadas, la preservación, el desarrollo y transmisión de la identidad étnica y de sus territorios ancestrales que se han visto directamente afectados por el reclutamiento de niños, niñas y adolescentes de estas comunidades indígenas.

BIBLIOGRAFÍA Y DOCUMENTACIÓN[62]

ABColombia (2025): *Forced Recruitment of Colombian Children*, 6 de junio. Londres: ABColombia. Disponible en: https://www.abcolombia.org.uk/forced-recruitment-of-colombian-children/

Alliance CPHA (2020): *Girls associated with armed forces and armed groups (GAAFAG)*. Disponible en: https://alliancecpha.org/sites/default/files/technical/attachments/tn_gaafag_eng.pdf

[62] Última consulta 11 de octubre de 2025.

ACAPS (2024): *Child recruitment and use in Colombia.* Thematic report, 15 de abril. Disponible en: https://www.acaps.org/fileadmin/Data_Product/Main_media/20240415_ACAPS_Colombia_Analysis_Hub_Child_recruitment_and_use_in_Colombia.pdf

ACAPS (2024): *Colombia: Reclutamiento y uso de niños, niñas y adolescentes por grupos armados y crimen organizado* [informe en línea en PDF]. ACAPS. Disponible en: https://www.acaps.org/fileadmin/Data_Product/Additional_resources/20240415_ACAPS_Colombia_Analysis_Hub_Child_recruitment_and_use_Spanish.pdf [consulta: 6 de agosto de 2025].

ACCORD (2015): *Surigao Displacement of Lumad Communities.* Field Assessment Report. Filipinas, 9 de septiembre. Disponible en: https://www.resilientphilippines.com/wp-content/uploads/publications/Lumad%20IDPs%20ACCORD%20Needs%20Assessment%20Report.pdf

ACNUR (2011): *"Perder nuestra tierra es perdernos todos".* Los indígenas y el desplazamiento forzoso en Colombia. Bogotá: ACNUR. Disponible en: https://www.acnur.org/fileadmin/Documentos/RefugiadosAmericas/Colombia/Los_indigenas_y_el_desplazamiento_forzoso_en_Colombia.pdf

Agencia para la Reincorporación y la Normalización (ARN) (2023-2024): *Informe a los pueblos indígenas (marzo).* Disponible en: https://www.reincorporacion.gov.co/es/agencia/Informes_trazador_etnico_pueblos_indigenas/Informe_Pueblos_Ind%C3%ADgenas_2023-2024%20(Marzo)_ARN.pdf

Ajimi Badu, F. Y. (2024): *Survival and Struggle: The Experience of Women and Girls With and After Boko Haram.* Findings Report 39. Ginebra: UNIDIR. Disponible en: https://doi.org/10.37559/MEAC/24/10

Amnistía Internacional (2004): *Perú: La Comisión de la Verdad y Reconciliación.* Londres: Amnistía Internacional. Disponible en: https://www.amnesty.org/es/wp-content/uploads/sites/4/2021/09/amr460032004es.pdf

Amnistía Internacional (2017): *Urgent action – Indigenous peoples in Chocó in danger.* Disponible en: https://www.amnesty.org/es/wp-content/uploads/2021/05/AMR2370322017ENGLISH.pdf

Babatunde, A. O. (2014): "Harnessing traditional practices for use in the reintegration of child soldiers in Africa: examples from Liberia and Burundi", *Intervention,* 12(3), pp. 259-274. Disponible en: https://journals.lww.com/invn/Abstract/2014/12030/Harnessing_traditional_practices_for_use_in_the.7.aspx

Barrett, Jastine C. (2019): *Navigating the Mystical: Child Soldiers and Reintegration Rituals in Northern Uganda,* en Mark A. Drumbl & Jastine C. Barrett (eds.), *Research Handbook on Child Soldiers.* Cheltenham: Edward Elgar. Disponible en: https://pmc.ncbi.nlm.nih.gov/articles/PMC3833694/

Burke, Jason (2023): «Militants are forcing children to carry out suicide attacks, says UN», *The Guardian,* Londres, 18 de febrero. Disponible en: https://www.theguardian.com/global-development/2023/feb/18/militants-are-forcing-children-to-carry-out-suicide-attacks-says-un [consulta: 6 de agosto de 2025].

Celis R., Andrés (2025): «Niñ@s soldado, parte 2», *El País*, 30 de junio. Disponible en: https://elpais.com/america-colombia/2025-06-30/nins-soldado-parte-2.html [consulta: 6 de agosto de 2025].

Comando Conjunto n.º 2 (s. f.): *La desmovilización en Colombia* [vídeo en línea]. Disponible en: https://www.youtube.com/watch?v=qNKukXJ-goA [consulta: 6 de agosto de 2025].

Comisión de la Verdad y Reconciliación del Perú – CVR (2003): «Desplazamiento forzado», en *Informe Final*, tomo VI, sección cuarta: Crímenes y violaciones de derechos humanos. Lima: CVR. Disponible en: https://www.cverdad.org.pe/ifinal/pdf/TOMO%20VI/SECCION%20CUARTA-Crimenes%20y%20violaciones%20DDHH/FINAL-AGOSTO/1.9.0%20DESPLAZAMINETO.pdf.

Consejo de Derechos Humanos (2018): *Informe de la Misión Internacional Independiente de Investigación sobre Myanmar*, A/HRC/39/64, 27 de agosto, p. 16. Disponible en: https://www.ohchr.org/sites/default/files/Documents/HRBodies/HRCouncil/FFM-Myanmar/A_HRC_39_64.pdf.

Consejo de Derechos Humanos de la ONU, Misión Internacional Independiente de Investigación sobre Myanmar (2018): *Detailed findings of the Independent International Fact-Finding Mission on Myanmar*, A/HRC/39/CRP. 2. Ginebra: Naciones Unidas. Disponible en: https://www.ohchr.org/sites/default/files/Documents/HRBodies/HRCouncil/FFM-Myanmar/A_HRC_39_CRP. 2.pdf.

Corte Constitucional de Colombia (2009): *Auto 004 de 2009*. Bogotá: Corte Constitucional. Disponible en: https://www.corteconstitucional.gov.co/relatoria/autos/2009/a004-09.htm.

Cosminsky, Sheila (2001): «Midwifery across the generations: A modernizing midwife in Guatemala», *Medical Anthropology*, vol. 20, núm. 4, pp. 345-378. Disponible en: https://doi.org/10.1080/01459740.2001.9966198.

Coyne, J. C. (1998): «Coping as a communal process», *Journal of Social and Personal Relationships*, vol. 15, núm. 5, pp. 579-605. Disponible en: https://doi.org/10.1177/0265407598155001.

Defensoría del Pueblo (2022): «Falsos campamentos de vacaciones o el uso de 'novias', entre las nuevas formas de engaño de grupos armados para reclutar menores de edad», Bogotá, 24 de mayo. Disponible en: https://www.defensoria.gov.co/-/falsos-campamentos-de-vacaciones-o-el-uso-de-novias-entre-las-nuevas-formas-de-enga%C3%B1o-de-grupos-armados-para-reclutar-menores-de-edad.

Defensoría del Pueblo de Colombia (2023): «Defensoría del Pueblo registró 184 casos de reclutamiento de menores en 2023». Recuperado el 13 de febrero de 2024, de la página oficial de la Defensoría del Pueblo. Disponible en: https://www.defensoria.gov.co/-/defensor%C3%ADa-del-pueblo-registr%C3%B3-184-casos-de-reclutamiento-de-menores-en-2023.

Doka, Kenneth J. (1989): *Disenfranchised Grief: Recognizing Hidden Sorrow*. Lexington (MA): Lexington Books.

Geisler, Victoria (2006): «Child soldiers coerced into military conflicts are barrier to peace», *Cornell Chronicle*, 9 de junio. Disponible en: https://news.cornell.edu/stories/2006/06/child-soldiers-are-barrier-peace-process.

Gleason, E. G.; Malbon, E.; Ginsburg, O. (2022): «Multistakeholder perspectives on the mistreatment of indigenous women during childbirth in the Guapí River Basin, Colombia», *BMC Pregnancy and Childbirth*, vol. 22, art. 95. Disponible en: https://bmc-pregnancychildbirth.biomedcentral.com/articles/10.1186/s12884-022-04495-4.

Global Coalition to Protect Education from Attack – GCPEA (2022): *Education Under Attack 2022. Country Profile: Philippines*. Nueva York: GCPEA, p. 3. Disponible en: https://protectingeducation.org/wp-content/uploads/eua_2022_philippines.pdf.

Human Rights Watch (2005): *Uprooted and Forgotten: Impunity and Human Rights Abuses in Northern Uganda*. Vol. 17, n.º 12(A), septiembre. Nueva York: Human Rights Watch. Disponible en: https://www.hrw.org/reports/2005/uganda0905/uganda0905.pdf.

Human Rights Watch (2022): *Child Soldiers in Separate Bars: Abduction, Recruitment and the War Economy in Myanmar*. Nueva York: Human Rights Watch. Disponible en: https://www.hrw.org/report/2022/05/09/child-soldiers-separate-bars/abduction-recruitment-and—.

Independent Investigative Mechanism for Myanmar – IIMM (2023): *Report of the Independent Investigative Mechanism for Myanmar (A/HRC/54/19)*. Ginebra: Naciones Unidas. Disponible en: https://iimm.un.org/wp-content/uploads/2023/08/G2312500.pdf [última consulta: 13 de agosto de 2025].

Infometrika (2022): *Estudio de caracterización de la niñez desvinculada de grupos armados organizados en Colombia (2013-2022)*. Bogotá: UNICEF Colombia. Disponible en: https://www.unicef.org/colombia/media/10781/file/Estudio%20de%20caracterización%20de%20niñez%20desvinculada%20de%20grupos%20armados%20organizados%20al%20margen%20de%20la%20ley%20(2013-2022).pdf.

Institut national de santé publique du Québec (INS QC) (2024): *Inégalités sociales en santé: point de vue des filles et femmes autochtones*. Dépôt légal 3e trimestre 2024. Québec: INS QC. Disponible en: https://www.inspq.qc.ca/sites/default/files/publications/3523-social-ineqalities-health-indigenous-girls-women.pdf.

International Alert/UNICEF (2016): *Girls released from Boko Haram captivity rejected by society – new report*. Dakar: International Alert/UNICEF. Disponible en: https://www.international-alert.org/press/girls-released-from-boko-haram-captivity-rejected-by-society-new-report/.

International Labour Organization – ILO (2023): *Child labour and education exclusion among indigenous children*. Ginebra: OIT. Disponible en: https://www.ilo.org/sites/default/files/2024-04/Child_Labour_and_Indigenous_children_2023.pdf.

International Rescue Committee – SPARC (2021): *Perspectives of Families in the Democratic Republic of the Congo on Adolescents' Involvement in Armed Groups (Research Brief)*. Nueva York: IRC/Airbel. Disponible en: https://childprotectionpractitioners.org/wp-content/uploads/2022/01/IRC_DRC-Research-Brief-2021_Final.pdf.

IWGIA (2024): *Indigenous peoples in the Democratic Republic of Congo*. Copenhague: IWGIA. Disponible en: https://www.iwgia.org/en/democratic-republic-of-congo.html.

Kelly, Jocelyn T. D.; Branham, Lindsay; Decker, Michele R. (2016): «Abducted children and youth in Lord's Resistance Army in Northeastern Democratic Republic of the Congo (DRC): mechanisms of indoctrination and control», *Conflict and Health*, vol. 10, art. 11. Disponible en: https://conflictandhealth.biomedcentral.com/articles/10.1186/s13031-016-0078-5.

Klasen, F. et al. (2019): «Former child soldiers in the Democratic Republic of the Congo: A follow-up study on psychological adjustment and reintegration», *Conflict and Health*, vol. 13, núm. 1. Disponible en: https://conflictandhealth.biomedcentral.com/articles/10.1186/s13031-019-0188-1.

Kiconco, A.; Nthakomwa, M. (2018): «Marriage for the 'New Woman' from the Lord's Resistance Army: Experiences of female ex-abductees in Acholi region of Uganda», *Women's Studies International Forum*, vol. 68, pp. 65-74. Disponible en: https://doi.org/10.1016/j.wsif.2018.02.008.

Kiconco, Agnes (2022): «Wartime Captivity and Homecoming: Culture, Stigma and Coping Strategies of Formerly Abducted Women in Northern Uganda», *Disasters*. Wiley. Disponible.

Legassicke, Mark (2024): *Definitions of Child Recruitment and Use in Armed Conflict*, Journal of Intervention and Statebuilding, 18(2), pp. 235-252. Disponible en: https://www.tandfonline.com/doi/full/10.1080/13698249.2023.2167042

Macdonald, Anna; Kerali, Raphael (2020). "Being Normal: Stigmatization of Lord's Resistance Army Returnees as 'Moral Experience' in Post-war Northern Uganda". *Journal of Refugee Studies*, vol. 33, nº 4, pp. 766-790. Disponible en: Https://academic.oup.com/jrs/article/33/4/766/5780437

Ministerio de Defensa (Colombia) (s. f.): *Desmovilícese, en Navidad todo es posible* [vídeo en línea]. YouTube. Disponible en: https:/ /www.youtube.com/watch?v=MJURMgchorQ

Ministerio de Defensa (Colombia) (s. f.): *La desmovilización es la salida – Comerciales de TV.* [vídeo en línea]. YouTube. Disponible en: https://www.youtube.com/watch?v=d5BkUWJzuGM

Monusco/Oficina del Representante Especial del Secretario General para los Niños y los Conflictos Armados (2019): *Our Strength Is in Our Youth: Child Recruitment and Use by Armed Groups in the DRC, 2014-2017.* Naciones Unidas. Disponible en: https://childrenandarmedconflict.un.org/wp-content/uploads/2019/12/190128_monusco_our_strength_is_in_our_youth_child_recruitment_and_use_by_armed_groups_in_the_drc_2014-2017_final_english_0.pdf

Monusco (November 2015): *Invisible Survivors: Girls in Armed Groups in the Democratic Republic of the Congo (2009)-(2015)* Monusco, Kinshasa. Disponible en:https://monusco.unmissions.org/sites/default/files/151202%20Girls%20in%20Armed%20Groups%202009-2015_ENGLISH_FINAL.pdf

Naciones Unidas, Oficina del Representante Especial del Secretario General para los Niños y los Conflictos Armados (2023): *Preguntas y respuestas sobre el reclutamiento y uso de niños soldados.* Nueva York: Naciones Unidas. Disponible en: https://childrenandarmedconflict.un.org/2023/02/questions-and-answers-on-the-recruitment-and-use-of-child-soldiers2/

Odio Benito, Elizabeth (2012): *Opinión separada y disidente en Corte Penal Internacional, Sala de Primera Instancia I, Sentencia conforme al artículo 74 del Estatuto (The Prosecutor v. Thomas Lubanga Dyilo)*, núm. ICC-01/04-01/06-2842, 14 de marzo de 2012.

ONU Mujeres (2023): *Women's organizations remain at the front line of the crisis response in Myanmar.* Nueva York: ONU Mujeres. Disponible en: https://www.unwomen.org/en/news-stories/feature-story/2023/08/womens-organizations-remain-at-the-front-line-of-the-crisis-response-in-myanmar

ONU - Oficina del Representante Especial del Secretario General para la cuestión de los niños y los conflictos armados (2016): *Reintegración de los niños vinculados a fuerzas y grupos armados.* Nueva York: Naciones Unidas. Disponible en: https://childrenandarmedconflict.un.org/wp-content/uploads/2016/04/Reintegration-Guidance-Spanish.pdf

Organización de los Estados Americanos (OEA) (2024): *Observaciones preliminares tras visita in loco a Colombia.* Comisión Interamericana de Derechos Humanos. Washington: OEA. Disponible en: https://www.oas.org/es/cidh/informes/pdfs/2024/observaciones_preliminares_colombia_2024.pdf

O'Neil, S. (2024): *Violencia sexual y lucha por la justicia: la vinculación de sobrevivientes indígenas Nasa a grupos armados en el norte del Cauca (Findings Report 38).* Ginebra: UNIDIR. Disponible en: https://unidir.org/wp-content/uploads/2024/11/Violencia-Sexual-y-Lucha-por-la-Justicia-La-Vinculacion-de-Sobrevivientes-Indigenas-Nasa-a-Grupos-Armados-en-el-Norte-del-Cauca.docx.pdf

Oficina del Representante Especial del Secretario General para la cuestión de los niños y los conflictos armados (2022): *Niñas, no esposas, ni soldados: abordar el uso y reclutamiento de niñas por grupos armados.* Naciones Unidas. Disponible en: https://childrenandarmedconflict.un.org/wp-content/uploads/2022/12/Girls-Not-Brides-Not-Soldiers-Spanish.pdf

Organización Panamericana de la Salud – OPS; UNICEF; UNFPA (2014): *Niñas y adolescentes en América Latina y el Caribe.* Quito: UNICEF. Disponible en: https://www.unicef.org/ecuador/media/3151/file/Ecuador_Ninas_y_Adolescentes_en_America_Latina_y_el_Caribe.pdf

Pearson, E. y Winterbotham, E. (2017): *Women, gender and Daesh radicalisation: a milieu approach.* RUSI Journal, 162(3), pp. 60-72. DOI: https://doi.org/10.1080/03071847.2017.1353251

Plan International (2024): *State of the World's Girls 2024 – Technical Report: Still We Dream.* Londres: Plan International. Disponible en: https://plan-international.org/uploads/2024/09/SOTWGR24_TechnicalReport-English.pdf

República de Colombia – Jurisdicción Especial para la Paz, Sala de Reconocimiento de Verdad y Responsabilidad y de Determinación de los Hechos y Conductas (2024): *Auto No. 05 de 2024,* Bogotá, 9 de octubre de 2024. Disponible en: https://coalico.org/.../15.-Auto-No.-05-de-2024-SRVR.pdf [URL incompleta].

Sevrin, Alexandra (2019): *The Marginalization of Girls Associated with Armed Groups.* A Qualitative Field Study of the Gender-Based Challenges in the Disarmament, Demobilization and Reintegration Intervention in North Kivu, Democratic Republic of Congo, IFHV Working Paper, vol. 9, n.º 1, pp. 3-7. Disponible en: https://alliancecpha.org/sites/default/files/technical/attachments/tn_gaafag_eng.pdf

Sevrin, Alexandra (2019): *The Marginalization of Girls Associated with Armed Groups.* The Alliance for Child Protection in Humanitarian Action. Disponible en: https://alliancecpha.org/sites/default/files/technical/attachments/tn_gaafag_eng.pdf

Shepler, Susan: *The Social and Cultural Context of Child Soldiering in Sierra Leone.* Disponible en: https://www.researchgate.net/publication/235678865_The_Social_and_Cultural_Context_of_Child_Soldiering_in_Sierra_Leone#read

Save the Children (s. f.): *Sobre la creciente exposición de niñas y niños en el Sahel central al reclutamiento por grupos armados, incluyendo amenazas como promesas de bienes materiales o protección.* Disponible en: https://www.savethechildren.net/news/children-mali-niger-burkina-faso-face-greater-risk-recruitment-armed-groups

Sremác, S. (2024): *Stepping onto an Egg: Former Child Soldiers' Posttraumatic Resilience and Spirit Possession in Uganda.* Ámsterdam: Vrije Universiteit Amsterdam. Disponible en: https://research.vu.nl/files/35135083/Stepping_Onto_an_Egg-Former_Child_Soldiers_Posttraumatic_Resilience_and_Spirit_Possession_in_Uganda-DEF.pdf

STORYLISTENING PROJECT (2022): "'Storylistening' as a methodology for peace-building among...", *Revista SAGE*, 29 de noviembre. https://journals.sagepub.com/doi/10.1177/20597991221137814

THE GUARDIAN (29 de diciembre de 2024): *There was so much fear: the battle to keep children out of Colombia's armed gangs,* Disponible en: www.theguardian.com/ society/(2024)/dec/29/there-was-so-much-fear-the-battle-to-keep-children-out-of- colombias-armed-gangs

Tovar-Restrepo, M. y Irazábal, C., *Indigenous Women and Violence in Colombia.* Agency, Autonomy, and Territoriality, Latin American Perspectives, vol*. 41, n.° 1 (enero (2014)), pp. 39-58. https://journals.sagepub.com/doi/abs/10.1177/0094582X13492134

Presidencia de la República-Colombia (2012). *Operación Ríos de Luz.* Disponible en https://www.youtube.com/watch?v=phC8ZN-H8c0

UNICEF (2013): Breaking the Silence on Violence against Indigenous Girls, Adolescents and Young Women: A call to action based on an overview of existing evidence from Africa, Asia Pacific and Latin America. Disponible en : https://www.unwomen.org/sites/default/files/Headquarters/Attachments/Sections/Library/Publications/2013/5/Violence-against-indigenous-women-and-girls.pdf

United Nations High Commissioner for Refugees (UNHCR), Children and Justice During and in the Aftermath of Armed Conflict, Working Paper n.° 3, septiembre de 2011. Disponible en: https://childrenandarmedconflict.un.org/publications/WorkingPaper3.pdf.

UNICEF, Innocenti Digest n.° 11: Ensuring the Rights of Indigenous Children, Florencia, Innocenti Research Centre & UNICEF, 2003, pp. 4-5. Disponible en: https://www.eird.org/herramientas/eng/children/indigenousright.pdf.

WELTER LLANOS, Zabrina, Recomponer el Camino de Vuelta a Casa. Estudio de un proceso comunitario de reintegración de excombatientes indígenas en Colombia, Papel Político, vol. 25, 2020. Disponible en: https://revistas.javeriana.edu.co/index.php/papelpol/article/view/31901.

UNHCR/Quaker United Nations Office (QUNO) (s. f.): *Why do adolescents volunteer for armed forces or armed groups?* Documento de referencia. Disponible en: https://www.quno.org/sites/default/files/resources/Paper%20on%20Adolescent%20Volunteers.pdf

Reparar el futuro: voces, resistencias y reconstrucción de vida de las niñas soldado en Colombia. Un análisis desde las experiencias narradas por las propias niñas y la efectividad de las políticas públicas con enfoque transformador de género[1/2]

Repairing the future: voices, resistances and life reconstruction of girl soldiers in Colombia. An analysis from the experiences narrated by the girls themselves and the effectiveness of public policies with a transformative gender approach

GLORIA NANCY ZAMBRANO RAMÓN[3]
Universidad de Barcelona

Resumen: Este artículo examina las modalidades de reparación implementadas en Colombia para las niñas soldado que han sido desvinculadas de grupos armados, centrándose en las experiencias y testimonios de las propias víctimas. A través de un enfoque crítico y de género, se analizan las rutas institucionales de atención, sus fortalezas y debilidades, y se propone una transición de la reparación tradicional hacia una justicia transformadora. El trabajo se apoya en el marco normativo nacional e internacional, incorporando instrumentos como la Convención sobre los Derechos del Niño y el Protocolo Facultativo sobre la participación de niños en conflictos armados. Se destaca el testimonio de Hidalí, excombatiente reclutada a los 11 años,

1 Este trabajo ha sido realizado con el soporte del plan de Doctorados Industriales del Departamento de investigación y universidades de la Generalitat de Catalunya.

2 Estudio realizado en el marco del Proyecto de Investigación titulado "*Lagunas en la protección y asistencia internacional a las niñas asociadas a Grupos armados (NAAG)*". CIAICO 2022/235 UCHCEU con financiación pública de la GVA.

3 ORCID 0009-0004-3151-006X Doctorado Industrial de la Universidad de Barcelona, Derecho Internacional Público, con el apoyo de la AGAUR de la Generalitat de Catalunya y la colaboración de MYGTI Abogados y Consultores SLP.

para visibilizar las fallas estructurales del sistema de protección y el papel fundamental del Estado y la sociedad en garantizar la no repetición.

Abstract: This article examines the reparation modalities implemented in Colombia for former girl soldiers disengaged from armed groups, focusing on the victims' own voices and experiences. Using a gender-sensitive and critical approach, it analyzes institutional care pathways, their strengths and limitations, and proposes a shift from traditional reparations to transformative justice. The work draws on national and international legal frameworks, including the Convention on the Rights of the Child and the Optional Protocol on the involvement of children in armed conflict. It highlights the testimony of Hidalí, a former combatant recruited at age 11, to expose structural protection failures and underscore the essential role of the State and civil society in ensuring non-repetition.

Palabras clave: Niñas soldado; reparación transformadora; justicia de género; conflicto armado; testimonio; agencia; empoderamiento; Colombia

Keywords: Girl soldiers; transformative reparation; gender justice; armed conflict; testimony; agency; empowerment; Colombia

INTRODUCCIÓN

En el ámbito internacional, el caso colombiano ha sido observado de cerca en el marco de la Agenda Mujeres, Paz y Seguridad de Naciones Unidas, particularmente por su relevancia para el Objetivo 5 sobre igualdad de género y el Objetivo 16 sobre paz, justicia e instituciones sólidas. Experiencias comparadas en países como Sierra Leona y Nepal muestran que las estrategias de reparación que combinan acompañamiento psicosocial prolongado con oportunidades educativas y de liderazgo comunitario generan impactos sostenibles en la reintegración de niñas y jóvenes excombatientes.

El reclutamiento y utilización de niñas en conflictos armados constituye una de las violaciones más graves de los derechos humanos y del derecho internacional humanitario, al implicar múltiples vulneraciones simultáneas: pérdida de la libertad, sometimiento a violencia sexual, trabajo forzado, ruptura de vínculos familiares y comunitarios, y negación de derechos básicos como la educación y la salud. En Colombia, pese a la firma del Acuerdo Final de Paz en 2016, miles de niñas continúan figurando en registros oficiales y no oficiales como víctimas de reclutamiento por parte de grupos armados organizados y actores residuales, lo que evidencia la persistencia de las causas estructurales que favorecen su captación[4].

---

[4] Naciones Unidas. (2007). *Principios de París: Principios y directrices sobre niños y niñas asociados a fuerzas y grupos armados.* UNICEF y Naciones Unidas. Recuperado el 8 de agosto de 2025 de https://www.unicef.org/es/documents/principios-paris

Si bien el Estado colombiano ha desarrollado un marco jurídico robusto —integrado por la Ley 1448 de 2011, el Sistema Integral de Verdad, Justicia, Reparación y No Repetición (SIVJRNR), programas como el Camino Diferencial de Vida (CDV) y el Programa de Atención Psicosocial y Salud Integral a Víctimas (PAPSIVI)—, la implementación de estas políticas revela tensiones entre la reparación prometida y la efectivamente materializada. Las cifras oficiales del Instituto Colombiano de Bienestar Familiar (ICBF) y de la Unidad para la Atención y Reparación Integral a las Víctimas (UARIV) contrastan con las experiencias narradas por las propias niñas, quienes denuncian vacíos en la atención, rupturas en el acompañamiento y medidas que, en ocasiones, reproducen formas de revictimización.

Este artículo examina la reparación a las niñas soldado desde una perspectiva de justicia transformadora y con enfoque diferencial de género, integrando análisis normativo, institucional y comunitario. Para ello, se estructura en seis apartados: primero, se contrasta la información oficial con las vivencias de las niñas ex combatientes; segundo, se presenta el relato de Hidalí como caso emblemático; tercero, se analizan las fortalezas y debilidades de las rutas oficiales de atención ofrecidas actualmente por el estado colombiano; cuarto, se exploran las iniciativas de reparación simbólica impulsadas por las comunidades; quinto, se aborda la relación entre libertad y riesgo en contextos de inseguridad; y finalmente, se formulan conclusiones y propuestas para avanzar hacia un modelo de reparación que no solo compense el daño causado a las niñas que hicieron parte del conflicto armado, sino que transforme las condiciones que lo hicieron posible.

1. DE LA INSTITUCIONALIDAD A LA REALIDAD: CIFRAS OFICIALES VS. VIVENCIAS DE LAS NIÑAS

El Estado colombiano, a través de diferentes entidades, ha intentado establecer un registro y una ruta de atención para las niñas, niños y adolescentes (NNA) desvinculados de grupos armados. El Instituto Colombiano de Bienestar Familiar (ICBF) es la entidad encargada de liderar el Programa Especializado para el Restablecimiento de Derechos de NNA desvinculados del conflicto armado, que desde 1999 ha atendido a más de 6.800 menores, de los cuales aproximadamente un 27 % son niñas[5]. Estas cifras,

5 Instituto Colombiano de Bienestar Familiar (ICBF). (2023). Informe de gestión y atención a NNA desvinculados del conflicto armado. Bogotá: ICBF.

sin embargo, no reflejan el universo completo de víctimas, ya que dependen de la remisión formal de casos y de la voluntad de las menores —o de sus familiares— de ingresar al sistema institucional.

La Unidad para la Atención y Reparación Integral a las Víctimas (UARIV), mediante el Registro Único de Víctimas (RUV)[6] reporta hasta 2023 un total de 17.866 personas reconocidas como víctimas de reclutamiento, de las cuales 4.921 son mujeres. No obstante, informes como el de Human Rights Watch (2003)[7] y del Watchlist on Children and Armed Conflict (2021) han señalado que el subregistro en zonas rurales y comunidades étnicas es considerable, ya que muchas niñas no denuncian por temor a represalias, estigmatización o falta de confianza en las autoridades.

La Jurisdicción Especial para la Paz (JEP), en el marco del Caso 07: Reclutamiento y utilización de niñas, niños y adolescentes en el conflicto armado, ha documentado que la participación de las niñas en los grupos armados no se limita a funciones de combate, sino que incluye explotación sexual, labores domésticas forzadas y roles logísticos no visibles en los informes estadísticos[8]. Asimismo, el Centro Nacional de Memoria Histórica (CNMH), en su informe Una guerra sin edad (2017), advierte que las categorías de registro oficiales tienden a fragmentar o invisibilizar estas experiencias, registrándolas bajo otros hechos victimizantes como "violencia sexual" o "desplazamiento forzado", lo que impide dimensionar la magnitud real del fenómeno de participación de las niñas en el conflicto armado.

Más allá de los números, los testimonios recabados por organizaciones como la Ruta Pacífica de las Mujeres (2013) revelan la vivencia de las niñas frente a las rutas oficiales: trámites excesivamente burocráticos, cambios constantes de profesionales de referencia, interrupciones abruptas

---

6 Unidad para la Atención y Reparación Integral a las Víctimas (UARIV). (2023). Estadísticas del Registro Único de Víctimas (RUV) sobre reclutamiento forzado de menores en Colombia. Bogotá: UARIV. *(Cifras oficiales, 17.866 personas reconocidas como víctimas de reclutamiento, de las cuales 4.921 son mujeres.)*

7 Foro ONG Humanitarias – Colombia. (2024). *Situación del reclutamiento, uso y utilización de niñas, niños y adolescentes en Colombia, 2021-2023.* Bogotá: Foro ONG Humanitarias. Recuperado el 31 de agosto de 2024, de https://forohumanitariocolombia.org/

8 Jurisdicción Especial para la Paz (JEP). (2022). *Auto No. SRVR-LRG-T-032-2022. Caso 07: Reclutamiento y utilización de niñas y niños en el conflicto armado.* Sala de Reconocimiento de Verdad, Responsabilidad y Determinación de los Hechos y Conductas. Bogotá: JEP. Recuperado el 11 de febrero de 2022.

de acompañamiento al cumplir la mayoría de edad y programas de capacitación desvinculados de oportunidades reales de empleo. En palabras de una joven excombatiente entrevistada en el marco de este estudio: "Nos sacan de la guerra, pero no nos meten en la vida".

La brecha entre la institucionalidad y la realidad tiene consecuencias directas sobre la eficacia de la reparación. Al construirse políticas y programas a partir de un diagnóstico incompleto, se corre el riesgo de diseñar medidas que no aborden la integralidad del daño ni las condiciones estructurales que facilitaron el reclutamiento. En este sentido, los Principios de París (2007) y la Observación General N° 13 del Comité de Derechos del Niño establecen que la respuesta estatal debe basarse en datos fiables y desagregados por sexo, edad y pertenencia étnica, con el fin de orientar intervenciones culturalmente pertinentes y sensibles al género[9].

En conclusión, la comprensión del fenómeno de las niñas soldado no puede limitarse a los registros estadísticos institucionales. Es necesario articular el análisis cuantitativo con el cualitativo, incorporando la voz de las sobrevivientes y el conocimiento acumulado por las organizaciones de base, para que la reparación integral se fundamente en un diagnóstico realista y transformador, además que las diversas instituciones se puedan comunicar para que la información sea correcta y actual.

2. RELATOS DEL CONFLICTO: EL CASO DE HIDALÍ

La historia de Hidalí, nombre ficticio utilizado para preservar su identidad, sintetiza muchos de los patrones y consecuencias que enfrentan las niñas reclutadas en el conflicto armado colombiano. Originaria de una zona rural del Caribe colombiano, su infancia transcurrió en un contexto marcado por la pobreza extrema, la ausencia de oportunidades educativas y la presencia constante de actores armados ilegales. Estos factores, sumados a la violencia familiar, crearon un escenario de vulnerabilidad que facilitó su captación a temprana edad.

---

9 Comité de los Derechos del Niño (CRC). (2011). *Observación general N° 13 (2011): El derecho del niño a no ser objeto de ninguna forma de violencia*. CRC/C/GC/13. Naciones Unidas. Recuperado el 25 de agosto de 2025 de https://www.refworld.org/legal/general/crc/2011/en/82269

2.1. Reclutamiento y engaño

Hidalí tenía once años cuando un miembro de un grupo armado ilegal le ofreció la posibilidad de "trabajar" en labores de cocina y recibir un pago mensual. La oferta, enmarcada en un discurso de ayuda y promesas de movilidad social, ocultaba la verdadera intención: su incorporación como combatiente y la utilización de su cuerpo como instrumento de guerra.

Este patrón de engaño y cooptación es consistente con lo documentado por el Centro Nacional de Memoria Histórica[10], y por la Jurisdicción Especial para la Paz, que identifican en el Caso 07 que muchas niñas fueron reclutadas bajo promesas falsas de estudio o empleo, para luego ser sometidas a entrenamientos forzados, privación de libertad y violencia sexual desde el primer día en filas[11].

En el caso de Hidalí, cuyo nombre es un seudónimo empleado para garantizar la confidencialidad de la víctima, cuyas experiencias fueron documentadas por la JEP como parte del registro judicial público, en el Caso 07: Reclutamiento y utilización de niñas, niños y adolescentes ante la Jurisdicción Especial para la Paz (JEP) durante su diligencia de aporte de verdad en 2022 (JEP, Auto 159 de 2022). Este testimonio ha sido seleccionado como ejemplo de forma representativa el tipo de consecuencias psicosociales y simbólicas que enfrentan las niñas desvinculadas del conflicto armado[12].

La llegada de Hidalí al campamento marcó el inicio de un ciclo de abusos, violaciones sexuales sistemáticas, imposición de métodos anticonceptivos y abortos forzados, trabajo doméstico en condiciones de explotación y participación en hostilidades. La Corte Constitucional, en la Sentencia T-045 de 2010, ha reconocido que este tipo de prácticas constituyen violencias basadas en género y configuran graves violaciones a los derechos

---

10 Centro Nacional de Memoria Histórica (CNMH). (2017). Una guerra sin edad. Bogotá: CNMH.

11 Jurisdicción Especial para la Paz (JEP). (2022). Auto 159 de 2022. Caso 07: Reclutamiento y utilización de niñas, niños y adolescentes en el conflicto armado. Bogotá: JEP.

12 Jurisdicción Especial para la Paz (JEP). (2022). *Auto No. SRVR-LRG-T-032-2022 (11 de febrero de 2022). Reclutamiento y utilización de niñas y niños en el conflicto armado (Caso 07): estimación del subregistro y ampliación estratégica (línea de investigación sobre violencia de género y diversidad sexual).* Sala de Reconocimiento de Verdad, Responsabilidad y Determinación de los Hechos y Conductas. Bogotá: JEP. Recuperado el 11 de febrero de 2022, de la página oficial de la JEP.

humanos y al derecho internacional humanitario, lo que obliga al Estado a adoptar medidas de reparación integral y garantías de no repetición[13].

2.2. *Secuelas permanentes*

Tras su desvinculación forzada a los dieciséis años, Hidalí ingresó al programa del ICBF para NNA víctimas de reclutamiento. Allí recibió atención psicosocial inicial y apoyo educativo básico, pero su proceso se interrumpió al cumplir la mayoría de edad, quedando sin acompañamiento en un entorno comunitario hostil y con la estigmatización de "excombatiente".

Las secuelas que arrastra son múltiples y se entrelazan:

Psicológicas: estrés postraumático complejo, depresión recurrente, ansiedad y sentimientos de culpa.

Físicas: consecuencias de embarazos interrumpidos de forma forzada y enfermedades de transmisión sexual no tratadas a tiempo.

Sociales y económicas: discriminación laboral, exclusión social y ausencia de redes de apoyo.

La literatura especializada subraya que estas secuelas no pueden abordarse con intervenciones de corto plazo, sino que requieren programas de acompañamiento sostenido y adaptado a las necesidades de las mujeres jóvenes, incluyendo acceso a salud sexual y reproductiva, educación y medios de vida seguros[14].

En palabras de Hidalí: "Cuando me sacaron del grupo pensé que empezaba mi vida, pero sentí que no pertenecía a ningún lado. No estaba en la guerra, pero tampoco estaba en la vida". Este testimonio refleja la desconexión entre la desvinculación formal y la reintegración social efectiva, y evidencia la urgencia de construir rutas de reparación que garanticen continuidad, seguridad y empoderamiento para las niñas soldado que buscan reconstruir su futuro.

---

13 Corte Constitucional de Colombia. (2010). *Sentencia T-045/10. Tutela, 2 de febrero de 2010.* Bogotá: Corte Constitucional. En esta decisión, la Corte reconoce que las violencias basadas en género implican graves violaciones a los derechos humanos y el derecho internacional humanitario, lo que obliga al Estado a adoptar medidas de reparación integral y garantías de no repetición (Boletín Temático de Jurisprudencia, s.f.)

14 Mazurana, D., & McKay, S. (2004). Where Are the Girls? Girls in Fighting Forces in Northern Uganda, Sierra Leone and Mozambique. Montreal: Rights & Democracy.

3. ¿REPARAR O REVICTIMIZAR? ANÁLISIS DE LAS RUTAS OFICIALES

La reparación de las niñas soldado en Colombia se articula, principalmente, a través de las rutas oficiales de atención establecidas por el Instituto Colombiano de Bienestar Familiar (ICBF)[15] la Unidad para la Atención y Reparación Integral a las Víctimas (UARIV)[16] y las medidas judiciales adoptadas por la Jurisdicción Especial para la Paz (JEP). Estas rutas, si bien responden a obligaciones derivadas del derecho internacional y de la normativa interna, presentan fortalezas y debilidades que condicionan su efectividad y su capacidad para evitar la revictimización[17].

3.1. Fortalezas

En el ámbito administrativo, el ICBF dispone del Programa Especializado para el Restablecimiento de Derechos de NNA desvinculados, que ofrece acogida inmediata, atención psicosocial, acceso a educación y acompañamiento jurídico[18]. Este modelo incorpora un enfoque diferencial que reconoce las necesidades específicas de las niñas, incluyendo la atención a embarazos y maternidad temprana.

La UARIV, mediante el Registro Único de Víctimas (RUV), garantiza que las niñas desvinculadas puedan acceder a la indemnización administrativa prevista en la Ley 1448 de 2011 y al Programa de Reparación Colectiva cuando forman parte de comunidades afectadas. Esta inclusión responde al principio de reparación integral reconocido por el Artículo 25 de la Ley 1448 y por la Sentencia C-250 de 2012 de la Corte Constitucional, que estableció el deber de garantizar un enfoque diferencial para mujeres y niñas víctimas del conflicto[19].

---

15 Instituto Colombiano de Bienestar Familiar (ICBF). (2021). *Lineamiento técnico administrativo de ruta de actuaciones para el restablecimiento de derechos de NNA desvinculados.* Bogotá: ICBF.

16 Unidad para la Atención y Reparación Integral a las Víctimas (UARIV) & Oficina del Alto Comisionado para la Paz y USAID. (s.f.). *Ruta de atención institucional – UARIV: Procesos y procedimientos frente al hecho victimizante.* Bogotá: UARIV.

17 Unidad para la Atención y Reparación Integral a las Víctimas (UARIV) & Oficina del Alto Comisionado para la Paz y USAID. (s.f.). *Ruta de atención institucional – UARIV: Procesos y procedimientos frente al hecho victimizante.* Bogotá: UARIV.

18 Instituto Colombiano de Bienestar Familiar (ICBF). (2023). Informe de gestión y atención a NNA desvinculados del conflicto armado. Bogotá: ICBF.

19 Unidad para la Atención y Reparación Integral a las Víctimas (UARIV) & Oficina del Alto Comisionado para la Paz y USAID. (s.f.). *Ruta de atención institucional – UARIV: Procesos y procedimientos frente al hecho victimizante.* Bogotá: UARIV

En el ámbito judicial, la JEP, a través del Caso 07, ha visibilizado las formas específicas de violencia sufridas por las niñas, incorporando la violencia sexual, la anticoncepción y el aborto forzado como conductas investigadas y reparables[20]. Este reconocimiento jurídico constituye un avance significativo en la documentación de patrones de victimización y en la formulación de medidas de no repetición.

3.2. Debilidades

No obstante, la eficacia de estas rutas se ve limitada por varios factores estructurales:

Desvinculación sin reintegración plena: la salida del grupo armado no garantiza el acceso a redes de apoyo estables. Muchas jóvenes enfrentan estigma social, amenazas y ausencia de oportunidades económicas, lo que incrementa el riesgo de vinculación a economías ilegales[21].

Corte abrupto al cumplir la mayoría de edad: pese a los avances del Camino Diferencial de Vida (CDV), el paso a la adultez legal implica la pérdida de apoyos institucionales, dejando a muchas jóvenes sin acompañamiento psicosocial ni soporte económico en un momento de alta vulnerabilidad.

Centralidad de la indemnización económica sobre el acompañamiento integral: la reparación monetaria, aunque necesaria, no compensa por sí sola la falta de educación técnica, acceso a vivienda y empleo estable[22].

Desigualdad territorial en la implementación: la oferta de programas y servicios varía significativamente según el departamento o municipio, afectando el acceso equitativo a la reparación[23].

---

20 Jurisdicción Especial para la Paz (JEP). (2022). Auto 159 de 2022. Caso 07: Reclutamiento y utilización de niñas, niños y adolescentes en el conflicto armado. Bogotá: JEP.

21 Defensoría del Pueblo. (2020). Informe defensorial sobre el reclutamiento de niñas, niños y adolescentes en Colombia. Bogotá: Defensoría del Pueblo.

22 Corte Constitucional de Colombia. (2010). Sentencia T-045 de 2010. Bogotá: Corte Constitucional.

23 ONU Mujeres. (2018). Análisis de género del proceso de reintegración de mujeres y niñas excombatientes en Colombia. Bogotá: ONU Mujeres.

3.3. *Implicaciones para una ruta que no revictimice*

Para que la reparación sea verdaderamente transformadora, las rutas oficiales deberían incorporar:

- Gestión del egreso con transición planificada: educación o formación técnica, inserción laboral, vivienda temporal segura y cuidado infantil para madres jóvenes, integrados en el plan individual de reparación.
- Acompañamiento psicosocial prolongado: atención en salud mental garantizada por al menos 24 meses posteriores al egreso, articulando el PAPSIVI con redes comunitarias.
- Mecanismos de protección sostenidos: planes de seguridad personalizados para prevenir amenazas y revictimización, especialmente en zonas de alta presencia armada.
- Participación de las sobrevivientes: involucrar a las niñas y jóvenes en el diseño, monitoreo y evaluación de las políticas y programas que las afectan, siguiendo el principio de participación significativa reconocido por el Comité de los Derechos del Niño (Observación General N° 12, 2009)[24].

4. REPARACIÓN SIMBÓLICA DESDE LA COMUNIDAD

La reparación simbólica constituye una dimensión esencial en la restauración de derechos de las niñas soldado, especialmente cuando la violencia sufrida ha implicado daño psicosocial, pérdida de vínculos comunitarios y ruptura del tejido social. En Colombia, múltiples comunidades han implementado estrategias de sanación y memoria colectiva que, sin sustituir las medidas estatales, ofrecen un marco de dignificación y empoderamiento adaptado a las realidades culturales y territoriales[25].

De acuerdo con el Centro Nacional de Memoria Histórica (CNMH) y la Unidad para las Víctimas, la reparación simbólica implica el reconocimiento público del daño, la reconstrucción de la memoria histórica y el fortalecimiento de las capacidades comunitarias para prevenir la repetición de las

---

24 Comité de los Derechos del Niño. (2009). *Observación general N° 12: El derecho del niño a ser escuchado.* CRC/C/GC/12. Naciones Unidas.

25 Centro Nacional de Memoria Histórica (CNMH). (2013). *Tejedoras de Mampuján: memoria y resistencia en Montes de María.* Bogotá: CNMH.

violencias. Estas prácticas, cuando son lideradas por las propias víctimas, tienden a generar mayores niveles de apropiación y sostenibilidad[26].

4.1. Marco comunitario e institucional de la reparación simbólica

El CNMH define las Iniciativas de Memoria Histórica como procesos colectivos para reconstruir narrativas del conflicto desde la voz de las víctimas, con un enfoque plural y participativo (CNMH, s. f.). A nivel normativo, el Decreto 4800 de 2011 reglamenta las medidas de reparación simbólica previstas en la Ley 1448, señalando que estas pueden incluir actos conmemorativos, recuperación de lugares de memoria, producción artística y proyectos culturales[27].

La articulación entre el Programa de Reparación Colectiva de la UARIV y las iniciativas comunitarias ha sido irregular. Sin embargo, experiencias como las documentadas por la Red Nacional de Mujeres (2020)[28] muestran que, cuando existe acompañamiento institucional respetuoso, se potencian los efectos reparadores y la participación de mujeres jóvenes.

4.2. Textil y memoria: tejer para sanar

El trabajo textil ha adquirido en Colombia un profundo valor simbólico en los procesos de reparación comunitaria. Las Tejedoras de Mampuján, desplazadas forzosamente en el año 2000 en Montes de María, transformaron el acto cotidiano de coser en una poderosa herramienta de memoria y resistencia. Sus tapices, confeccionados colectivamente, narran escenas de la vida antes, durante y después del conflicto, incorporando símbolos de resiliencia, esperanza y unidad. Este proceso fue reconocido por la Sentencia de Justicia y Paz (que valoró la confección de los quilts como una forma legítima de reparación simbólica[29].

---

26 Ruta Pacífica de las Mujeres. (2013). Memoria para la vida: una comisión de la verdad desde las mujeres. Bogotá: Ruta Pacífica de las Mujeres.

27 República de Colombia. (2011). *Decreto 4800 de 2011, por el cual se reglamenta parcialmente la Ley 1448 de 2011 y se dictan otras disposiciones.* Diario Oficial No. 48.265 del 20 de diciembre de 2011. Bogotá: Imprenta Nacional.

28 Red Nacional de Mujeres. (2020). *Reparación simbólica con enfoque de género: experiencias comunitarias en Colombia.* Bogotá: RNM.

29 Tribunal Superior de Bogotá – Sala de Justicia y Paz. (2010). Sentencia contra responsables de la masacre de Mampuján. Bogotá: Rama Judicial.

Para las niñas soldado, la participación en procesos textiles comunitarios tiene un doble impacto. Por un lado, el ritmo pausado y repetitivo del tejido genera un espacio seguro para la conversación, la reflexión y la contención emocional. Por otro, permite una reapropiación de la identidad a través de narrativas visuales: cada puntada y cada color elegidos representan fragmentos de historia personal y colectiva.

Iniciativas como Costureros de la Memoria, impulsadas en ciudades como Bogotá, Medellín y Popayán, han incorporado a niñas y adolescentes sobrevivientes de reclutamiento, quienes bordan mensajes y escenas que rompen el silencio impuesto por la violencia. Estos bordados se han exhibido en espacios comunitarios, museos y foros internacionales, convirtiéndose en piezas que reclaman justicia y reconocimiento[30].

Además de su valor testimonial, el tejido puede generar oportunidades económicas a través de la venta de artesanías y la capacitación en oficios textiles, lo que fortalece la autonomía de las jóvenes[31]. En contextos rurales, esta práctica se vincula con saberes ancestrales, como los tejidos indígenas wayuu o los bordados afrocolombianos, ampliando el sentido de pertenencia cultural[32].

4.3. Arte, danza y música: el cuerpo como archivo de la memoria

La expresión artística ha demostrado ser una de las herramientas más potentes de reparación simbólica, especialmente para las niñas soldado que han vivido la violencia en sus propios cuerpos. El arte, entendido como lenguaje universal y espacio seguro, permite narrar lo indecible y procesar traumas que a menudo resultan imposibles de verbalizar en entornos institucionales.

En Colombia, la Ruta Pacífica de las Mujeres ha impulsado por más de dos décadas procesos artísticos con enfoque feminista y pacifista que incluyen obras de teatro comunitario, performance, recitales de poesía, comparsas y conciertos en los que las mujeres narran sus historias, resigni-

---

30 Mejía, M. & Vargas, J. (2015). *Costureros de la memoria: experiencias de bordado colectivo como resistencia a la violencia en Colombia.* Revista Colombiana de Antropología, 51(1), 15-40.

31 Centro Nacional de Memoria Histórica (CNMH). (2013). Tejedoras de Mampuján: memoria y resistencia en Montes de María. Bogotá: CNMH.

32 Ruta Pacífica de las Mujeres. (2013). *Memoria para la vida: una comisión de la verdad desde las mujeres.* Bogotá: Ruta Pacífica de las Mujeres.

fican sus experiencias y reclaman sus derechos. Estas intervenciones no se limitan a la denuncia pública, sino que funcionan como espacios terapéuticos y de empoderamiento colectivo, generando vínculos solidarios entre las participantes[33].

En el caso de niñas y jóvenes excombatientes, la incorporación de la danza y la música tradicional permite recuperar prácticas culturales que les fueron arrebatadas durante el tiempo en los grupos armados. Talleres de cumbia, mapalé, bullerengue y música de tambores afrocolombianos han sido implementados en departamentos como Bolívar, Chocó y Cauca, en articulación con colectivos culturales y organizaciones de base. En estos espacios, el cuerpo deja de ser un instrumento de guerra y vuelve a ser un canal de expresión y resistencia.

Proyectos como Mujeres que Cantan su Historia, liderado por la Fundación Música para la Paz, han reunido a mujeres jóvenes de zonas afectadas por el conflicto para componer canciones que narran sus vivencias y anhelos. Estas canciones han sido presentadas en encuentros comunitarios y festivales, generando procesos de reconocimiento social y fortaleciendo la memoria colectiva[34].

Desde un enfoque terapéutico, la arteterapia, la musicoterapia y la danzaterapia han sido incorporadas por psicólogos y trabajadores sociales en programas de atención a víctimas, adaptando las metodologías a los contextos culturales y a las particularidades de las adolescentes sobrevivientes de reclutamiento. Estudios de la Organización Mundial de la Salud han demostrado que estas prácticas pueden reducir los niveles de estrés postraumático, ansiedad y depresión, además de potenciar habilidades sociales y autoestima[35].

En síntesis, el arte, la danza y la música actúan como un archivo vivo de la memoria: cada movimiento, cada ritmo y cada creación plástica encierra un relato de resistencia, sanación y reconstrucción identitaria. Estas expresiones no solo dignifican a las sobrevivientes, sino que también interpelan a las comunidades y al Estado sobre su responsabilidad en la construcción de una paz inclusiva y sostenible.

---

33 Ruta Pacífica de las Mujeres. (2013). Memoria para la vida: una comisión de la verdad desde las mujeres. Bogotá: Ruta Pacífica de las Mujeres.

34 Red Nacional de Mujeres. (2020). Ibid.

35 Organización Mundial de la Salud (OMS). (2018). Arts and health: evidence and policy report. Ginebra: OMS.

4.4. Huertas y agro comunidad: sembrar memoria y cuidado

La agricultura comunitaria, más allá de su función productiva, ha sido utilizada como estrategia de reparación simbólica y reconstrucción de tejido social en territorios afectados por el conflicto. En comunidades donde las niñas soldado han retornado, las huertas han servido como espacios de encuentro intergeneracional y de transmisión de saberes tradicionales[36].

En departamentos como Nariño, Caquetá y Putumayo, proyectos apoyados por ONU Mujeres y organizaciones campesinas han impulsado huertas agroecológicas gestionadas principalmente por mujeres. Estas huertas no solo garantizan seguridad alimentaria, sino que también refuerzan el control comunitario sobre la tierra y generan ingresos a través de la venta de excedentes[37].

Para las niñas soldado, el trabajo agrícola comunitario tiene un componente terapéutico: la siembra y el cuidado de plantas fomentan la paciencia, el compromiso y la percepción de continuidad vital, contrarrestando la fragmentación de la experiencia traumática. La recuperación de semillas nativas y la adopción de prácticas sostenibles (como abonos orgánicos y policultivos) integran la memoria ambiental con la memoria social, recordando que la defensa del territorio es también una forma de no repetición de la violencia[38].

Proyectos como Sembrando Paz, desarrollados en el Caquetá, incluyen módulos de capacitación en agro emprendimiento y comercialización, asegurando que las jóvenes adquieran habilidades técnicas y de gestión que les permitan sostener sus iniciativas a largo plazo. Además, las huertas han funcionado como puntos de encuentro para talleres de liderazgo, círculos de mujeres y actividades culturales, reforzando la cohesión comunitaria.

En este sentido, la agro comunidad se convierte en un espacio de reparación viva: el cultivo de alimentos no solo nutre el cuerpo, sino que también repara vínculos rotos y devuelve el sentido de pertenencia territorial[39].

---

36 Agencia para la Reincorporación y la Normalización (ARN). (2020). Huertas comunitarias: espacios de memoria, seguridad alimentaria y empoderamiento económico. Bogotá: ARN.

37 ONU Mujeres. (2018). Agroecología y empoderamiento femenino en territorios afectados por el conflicto armado en Colombia. Bogotá: ONU Mujeres.

38 Agencia para la Reincorporación y la Normalización (ARN). (2020). Huertas comunitarias: espacios de memoria, seguridad alimentaria y empoderamiento económico. Bogotá: ARN.

39 Defensoría del Pueblo. (2020). Informe defensorial sobre el reclutamiento de niñas, niños y adolescentes en Colombia. Bogotá: Defensoría del Pueblo.

4.5. Efectos, desafíos y articulación con políticas públicas

Las iniciativas comunitarias de reparación simbólica han demostrado impactos positivos tanto a nivel individual como colectivo. En términos psicosociales, investigaciones del Centro Nacional de Memoria Histórica[40] y de la Defensoría del Pueblo (2020) señalan que estas prácticas contribuyen a reducir síntomas de depresión y ansiedad, fortalecen la autoestima y generan un sentimiento de reconocimiento y pertenencia en las sobrevivientes. A nivel colectivo, incrementan la cohesión social, reactivan redes de apoyo y favorecen la construcción de narrativas compartidas que desafían el estigma asociado a las niñas soldado[41].

El impacto también se observa en el plano político y cultural[42]. Al visibilizar públicamente sus experiencias y apropiarse de los espacios de memoria, las sobrevivientes y sus comunidades generan presión para el cumplimiento de compromisos estatales en materia de reparación y garantías de no repetición. Ejemplos como las Tejedoras de Mampuján, las Costureros de la Memoria y las iniciativas artísticas de la Ruta Pacífica de las Mujeres han sido reconocidos internacionalmente como modelos replicables, incluso presentados en foros de la ONU sobre mujeres, paz y seguridad[43].

Sin embargo, estas iniciativas enfrentan desafíos significativos: tales como la falta de sostenibilidad financiera teniendo en cuenta que muchas dependen de proyectos de cooperación internacional de corta duración, sin garantías de continuidad una vez se agota la financiación[44].

Riesgo de cooptación política, en contextos polarizados, los procesos comunitarios pueden ser instrumentalizados por agendas partidistas, afectando su independencia y credibilidad.

Desigualdad territorial, la concentración de recursos en zonas priorizadas para el posconflicto deja sin atención a comunidades afectadas por nuevos ciclos de violencia o por presencia de actores armados residuales.

---

40 Centro Nacional de Memoria Histórica (CNMH). (2017). Una guerra sin edad. Bogotá: CNMH

41 Defensoría del Pueblo. (2020). Informe defensorial sobre el reclutamiento de niñas, niños y adolescentes en Colombia. Bogotá: Defensoría del Pueblo.

42 Centro Nacional de Memoria Histórica (CNMH). (2013). Tejedoras de Mampuján: memoria y resistencia en Montes de María. Bogotá: CNMH.

43 Mejía, M., & Vargas, J. (2015). Costureros de la memoria: experiencias de bordado colectivo como resistencia a la violencia en Colombia. Revista Colombiana de Antropología, 51(1), 15-40.

44 ONU Mujeres. (2015). Informe anual sobre mujeres, paz y seguridad. Nueva York: Naciones Unidas.

Falta de articulación interinstitucional, las iniciativas comunitarias a menudo trabajan de forma aislada, sin vinculación efectiva con los planes de reparación colectiva o con los programas del Sistema Integral de Verdad, Justicia, Reparación y No Repetición (SIVJRNR)[45].

Para superar estos retos, es fundamental que las políticas públicas reconozcan formalmente a las iniciativas comunitarias de reparación simbólica como parte integral de la estrategia nacional de reparación[46]. Esto implica la necesidad de establecer líneas de financiación pública de largo plazo, con criterios flexibles que respeten la autonomía comunitaria. Incluir indicadores de impacto psicosocial y de empoderamiento en la evaluación de resultados. Fortalecer los mecanismos de articulación entre las comunidades, la Unidad para las Víctimas, el CNMH y las entidades territoriales[47]. Garantizar la participación activa de las niñas y jóvenes sobrevivientes en el diseño y la ejecución de los proyectos[48].

En este sentido, la reparación simbólica desde la comunidad no debe verse como un complemento opcional de la reparación estatal, sino como un pilar esencial de una justicia transformadora que reconozca la agencia de las víctimas y potencie sus capacidades para liderar procesos de cambio en sus propios territorios[49].

5. TERRITORIO Y RIESGO: LIBERTAD EN CONTEXTOS DE INSEGURIDAD

La desvinculación de las niñas soldado no siempre implica un retorno seguro a la vida civil. En muchos casos, la reintegración ocurre en contextos territoriales donde persisten la presencia de actores armados ilegales,

---

45 ONU Mujeres. (2015). Informe anual sobre mujeres, paz y seguridad. Nueva York: Naciones Unidas.

46 República de Colombia. (2011). Ley 1448 de 2011. Por la cual se dictan medidas de atención, asistencia y reparación integral a las víctimas del conflicto armado interno. Diario Oficial No. 48.096 del 10 de junio de 2011. Bogotá: Imprenta Nacional.

47 República de Colombia. (2011). Decreto 4800 de 2011. Por el cual se reglamenta parcialmente la Ley 1448 de 2011 y se dictan otras disposiciones. Diario Oficial No. 48.265 del 20 de diciembre de 2011. Bogotá: Imprenta Nacional.

48 Unidad para las Víctimas. (2022). Informe de gestión 2021-2022. Bogotá: UARIV.

49 Centro Nacional de Memoria Histórica (CNMH). (2017). Una guerra sin edad. Bogotá: CNMH.

economías ilícitas y dinámicas de violencia que ponen en riesgo su seguridad y sus procesos de reparación.

Informes de la Defensoría del Pueblo (2020)[50] y de la Misión de Verificación de la ONU en Colombia (2022) advierten que, en varios departamentos, los grupos armados residuales y bandas criminales ejercen control social, reclutan nuevamente a menores y extorsionan a comunidades enteras. Esta situación es particularmente grave en zonas de frontera, corredores estratégicos de narcotráfico y territorios con débil presencia institucional[51].

Para las niñas excombatientes, el riesgo se multiplica por razones de género. Muchas son blanco de violencia sexual, explotación laboral y amenazas contra sus familias como forma de presión para que regresen a actividades ilícitas[52]. En regiones como Catatumbo, Bajo Cauca antioqueño y Pacífico nariñense, se han documentado casos de reclutamiento reiterado de adolescentes que habían sido previamente atendidas por el ICBF y la UARIV, evidenciando fallas en los mecanismos de protección y seguimiento[53].

La falta de coordinación entre las entidades responsables de la protección y los programas de reintegración contribuye a que las jóvenes queden expuestas una vez culminan las medidas formales de atención. El Camino Diferencial de Vida (CDV), aunque contempla acciones de prevención y seguimiento, no logra cubrir la totalidad del territorio nacional y depende en gran medida de la voluntad política y la capacidad institucional de los entes territoriales.

Algunos mecanismos de protección territorial han mostrado resultados prometedores, como los Planes Integrales de Seguridad y Convivencia Ciudadana (PISCC) con enfoque de género, implementados en municipios priorizados para el posconflicto. Sin embargo, su cobertura sigue siendo

---

50 Defensoría del Pueblo. (2020). Informe defensorial sobre el reclutamiento de niñas, niños y adolescentes en Colombia. Bogotá: Defensoría del Pueblo.

51 Misión de Verificación de la ONU en Colombia. (2022). Informe trimestral del Secretario General sobre la Misión de Verificación en Colombia. Nueva York: Naciones Unidas.

52 Human Rights Watch. (2022). Colombia: nuevos patrones de reclutamiento forzado de menores en zonas de conflicto. Nueva York: HRW.

53 Human Rights Watch. (2022). Colombia: nuevos patrones de reclutamiento forzado de menores en zonas de conflicto. Nueva York: HRW.

limitada y su financiamiento, insuficiente para responder a las amenazas persistentes.

La relocalización voluntaria a zonas más seguras, utilizada en casos de riesgo extremo, presenta dilemas importantes: si bien protege la vida de las niñas, también implica romper vínculos comunitarios y redes de apoyo, lo que puede afectar negativamente la estabilidad emocional y social de las sobrevivientes. Por ello, organismos como ONU Mujeres[54] y el ACNUR recomiendan combinar las medidas de relocalización con programas de inserción social, vivienda digna y oportunidades educativas o laborales en el nuevo entorno[55].

En definitiva, la libertad de las niñas soldado desvinculadas no puede entenderse únicamente como ausencia de cautiverio; debe garantizarse un entorno territorial seguro, libre de violencia y con acceso a servicios básicos y oportunidades, de modo que la reparación no se vea socavada por la persistencia del riesgo y la inseguridad. La justicia transformadora exige, por tanto, que el Estado asuma un compromiso activo y sostenido en la protección territorial, integrando medidas de seguridad, desarrollo y participación comunitaria[56].

6. CONCLUSIONES Y PROPUESTAS: HACIA UNA JUSTICIA TRANSFORMADORA

La reparación a las niñas soldado en Colombia sigue enfrentando tensiones estructurales entre el marco normativo y la implementación práctica. Aunque la Ley 1448 de 2011, el SIVJRNR y programas como el Camino Diferencial de Vida (CDV) constituyen avances importantes, persisten vacíos críticos que afectan la eficacia y la sostenibilidad de las medidas[57].

---

54 ONU Mujeres. (2018). Análisis de género del proceso de reintegración de mujeres y niñas excombatientes en Colombia. Bogotá: ONU Mujeres.

55 ACNUR. (2020). Guía para la protección y reintegración de niños, niñas y adolescentes víctimas de reclutamiento ilícito. Bogotá: Alto Comisionado de Naciones Unidas para los Refugiados.

56 República de Colombia – Ministerio del Interior. (2021). Planes Integrales de Seguridad y Convivencia Ciudadana (PISCC) con enfoque de género. Bogotá: MinInterior.

57 Naciones Unidas. (2015). Transformar nuestro mundo: la Agenda 2030 para el Desarrollo Sostenible. Resolución A/RES/70/1, adoptada el 25 de septiembre de 2015. Nueva York: ONU.

En primer lugar, las cifras oficiales no reflejan la totalidad de la problemática. El subregistro de casos, la invisibilización de violencias sexuales y la falta de datos desagregados por sexo, edad y pertenencia étnica limitan la capacidad de diseñar políticas basadas en un diagnóstico real y completo. Esto contraviene estándares internacionales como los Principios de París (2007)[58] y las recomendaciones del Comité de los Derechos del Niño[59].

En segundo lugar, las rutas oficiales presentan avances y limitaciones. Si bien ofrecen acogida inmediata, atención psicosocial y acceso a la indemnización, el acompañamiento suele interrumpirse al alcanzar la mayoría de edad, dejando a muchas jóvenes sin redes de apoyo en contextos de alta vulnerabilidad. El énfasis excesivo en la compensación económica sin una estrategia de reintegración integral perpetúa riesgos de revictimización.

En tercer lugar, las iniciativas comunitarias de reparación simbólica —textiles, artísticas y agroecológicas— han demostrado ser efectivas para reconstruir tejido social, fortalecer la identidad y promover la resiliencia. Sin embargo, enfrentan desafíos relacionados con la sostenibilidad financiera, el riesgo de cooptación política y la débil articulación con políticas públicas[60].

Finalmente, el contexto territorial condiciona la eficacia de cualquier medida de reparación. En zonas con presencia de actores armados y economías ilícitas, las niñas desvinculadas continúan expuestas a amenazas y reclutamiento reiterado, lo que exige un enfoque que combine seguridad, desarrollo y participación comunitaria.

La verdadera reparación no se limita a compensar el daño pasado, sino que transforma las condiciones que lo hicieron posible. En el caso de las niñas soldado, ello implica erradicar las causas estructurales del reclutamiento, garantizar igualdad de oportunidades y construir entornos seguros y libres de violencia[61]. Como establece la Sentencia T-045 de 2010 de

---

58 Principios de París. (2007). Principios y directrices sobre niños y niñas asociados a fuerzas y grupos armados. UNICEF y Naciones Unidas.

59 Comité de los Derechos del Niño. (2009). Observación general N° 12: El derecho del niño a ser escuchado. CRC/C/GC/12. Naciones Unidas.

60 República de Colombia. (2011). Ley 1448 de 2011. Por la cual se dictan medidas de atención, asistencia y reparación integral a las víctimas del conflicto armado interno. Diario Oficial No. 48.096 del 10 de junio de 2011. Bogotá: Imprenta Nacional.

61 ONU Mujeres. (2018). Reparación transformadora con enfoque de género en Colombia. Bogotá: ONU Mujeres.

la Corte Constitucional, el Estado tiene la obligación no solo de reparar integralmente, sino de prevenir que las violencias se repitan. Una justicia transformadora no es un acto único, sino un proceso sostenido de reconocimiento, dignificación y participación de las víctimas en la construcción de su propio futuro[62].

7. ÍNDICE DE ABREVIATURAS

ICBF: Instituto Colombiano de Bienestar Familiar

UARIV: Unidad para la Atención y Reparación Integral a las Víctimas (también denominada Unidad para las Víctimas)

JEP: Jurisdicción Especial para la Paz

PAPSIVI: Programa de Atención Psicosocial y Salud Integral a Víctimas

CNMH: Centro Nacional de Memoria Histórica

CDV: Camino Diferencial de Vida

NNA: niñas, niños y adolescentes

RNM: Red Nacional de Mujeres

SIVJRNR: Sistema Integral de Verdad, Justicia, Reparación y No Repetición

RUV: Registro Único de Víctimas

8. REFERENCIAS BIBLIOGRÁFICAS

ACNUR. (2020). Guía para la protección y reintegración de niños, niñas y adolescentes víctimas de reclutamiento ilícito. Bogotá: Alto Comisionado de las Naciones Unidas para los Refugiados. Disponible en: (Recuperado el 08 de agosto de 2025)

Centro Nacional de Memoria Histórica (CNMH). (2013). Tejedoras de Mampuján: memoria y resistencia en Montes de María. Bogotá: CNMH. Disponible en: (Recuperado el 8 de agosto de 2025)

Centro Nacional de Memoria Histórica (CNMH). (2017). Una guerra sin edad. Bogotá: CNMH. Disponible en: (Recuperado el 8 de agosto de 2025)

Comité de los Derechos del Niño. (2009). Observación General Nº 12: El derecho del niño a ser escuchado. CRC/C/GC/12. Naciones Unidas. Disponible en: (Recuperado el 8 de agosto de 2025).

---

62 Corte Constitucional de Colombia. (2010). Sentencia T-045 de 2010. Bogotá: Corte Constitucional.

Comité de los Derechos del Niño. (2011). Observación general N° 13: El derecho del niño a no ser objeto de ninguna forma de violencia. CRC/C/GC/13. Naciones Unidas. Disponible en: (Recuperado el 8 de agosto de 2025).

Corte Constitucional de Colombia. (2010). Sentencia T-045 de 2010. Bogotá: Corte Constitucional. Disponible en: (Recuperado el 8 de agosto de 2025)

Corte Constitucional de Colombia. (2012). Sentencia C-250 de 2012. Bogotá: Corte Constitucional. Disponible en: (recuperado el 8 de agosto de 2025)

Defensoría del Pueblo. (2020). Informe defensorial sobre el reclutamiento de niñas, niños y adolescentes en Colombia. Bogotá: Defensoría del Pueblo. Disponible en: (Recuperado el 8 de agosto de 2025)

Fundación Música para la Paz. (2021). Mujeres que cantan su historia: procesos musicales para la paz y la memoria. Bogotá: Fundación Música para la Paz. Disponible en: (Recuperado el 8 de agosto de 2025)

Human Rights Watch. (2003). You'll Learn Not to Cry: Child Combatants in Colombia. Nueva York: HRW. Disponible en: (Recuperado el 8 de agosto de 2025)

Human Rights Watch. (2022). Colombia: nuevos patrones de reclutamiento forzado de menores en zonas de conflicto. Nueva York: HRW. Disponible en: (Recuperado el 8 de agosto de 2025)

Instituto Colombiano de Bienestar Familiar (ICBF). (2023). Informe de gestión y atención a NNA desvinculados del conflicto armado. Bogotá: ICBF. Disponible en: (Recuperado el 8 de agosto de 2025).

Jurisdicción Especial para la Paz (JEP). (2022). Auto 159 de 2022. Caso 07: Reclutamiento y utilización de niñas, niños y adolescentes en el conflicto armado. Bogotá: JEP. Disponible en: (Recuperado el 8 de agosto de 2025).

Ley 1448 de 2011. Por la cual se dictan medidas de atención, asistencia y reparación integral a las víctimas del conflicto armado interno y se dictan otras disposiciones. Diario Oficial 48.096, 10 de junio de 2011.

Mazurana, D., & McKay, S. (2004). Where Are the Girls? Girls in Fighting Forces in Northern Uganda, Sierra Leone and Mozambique. Montreal: Rights & Democracy. Disponible en: (Recuperado el 8 de agosto de 2025).

Misión de Verificación de la ONU en Colombia. (2022). Informe trimestral del Secretario General sobre la Misión de Verificación en Colombia. Nueva York: Naciones Unidas. Disponible en: (Recuperado el 8 de agosto de 2025).

ONU Mujeres. (2018). Agroecología y empoderamiento femenino en territorios afectados por el conflicto armado. Bogotá: ONU Mujeres. Disponible en: (Recuperado el 8 de agosto de 2025).

ONU Mujeres. (2018). Análisis de género del proceso de reintegración de mujeres y niñas excombatientes en Colombia. Bogotá: ONU Mujeres. Disponible en: (Recuperado el 8 de agosto de 2025).

Oficina del Representante Especial del Secretario General para la cuestión de los niños y los conflictos armados. (2017). Report of the Special Representative of the Secretary-General for Children and Armed Conflict. Naciones Unidas. Disponible en: (Recuperado el 8 de agosto de 2025).

Organización Mundial de la Salud (OMS). (2018). Arts and health: evidence and policy report. Ginebra: OMS. Disponible en: (Recuperado el 8 de agosto de 2025).

Principios de París. (2007). Principios y directrices sobre niños y niñas asociados a fuerzas y grupos armados. UNICEF y Naciones Unidas. Disponible en: (Recuperado el 8 de agosto de 2025).

Red Nacional de Mujeres. (2020). Reparación simbólica con enfoque de género: experiencias comunitarias en Colombia. Bogotá: Red Nacional de Mujeres. Disponible en: (Recuperado el 8 de agosto de 2025).

República de Colombia – Ministerio del Interior. (2021). Planes Integrales de Seguridad y Convivencia Ciudadana (PISCC) con enfoque de género. Bogotá: Ministerio del Interior. Disponible en: (Recuperado el 8 de agosto de 2025).

Ruta Pacífica de las Mujeres. (2013). Memoria para la vida: una comisión de la verdad desde las mujeres. Bogotá: Ruta Pacífica de las Mujeres.

Tribunal Superior de Bogotá – Sala de Justicia y Paz. (2010). Sentencia contra responsables de la masacre de Mampuján. Bogotá: Rama Judicial. Disponible en: (Recuperado el 8 de agosto de 2025).

Unidad para la Atención y Reparación Integral a las Víctimas (UARIV). (2023). Registro Único de Víctimas – Reclutamiento forzado. Bogotá: UARIV. Disponible en: (Recuperado el 8 de agosto de 2025).

Watchlist on Children and Armed Conflict. (2021). Protection of Girls Associated with Armed Forces and Armed Groups. Nueva York: Watchlist. Disponible en: (Recuperado el 8 de agosto de 2025).

Las niñas soldado en el Sahel. soluciones a una resiliencia silenciosa[1]

Girl Soldiers in the Sahel: Solutions to a Silent Resilience

MARÍA DOLORES ALGORA WEBER
Universidad Camilo José Cela

Resumen: Este artículo aborda la situación de las niñas soldado en la región del Sahel. Se centra en la propuesta de soluciones estructurales y sostenibles con enfoque de género para los desafíos identificados en investigaciones previas, con especial atención a los aspectos psicosociales, la reintegración comunitaria, el empoderamiento económico y la coordinación internacional.

Abstract: *This article addresses the situation of child soldiers in the Sahel region. It focuses on proposing structural and sustainable gender-sensitive solutions to the challenges identified in previous research, with particular attention to psychosocial aspects, community reintegration, economic empowerment, and international coordination.*

Palabras clave: Sahel, conflictos armados, terrorismo, niñas soldado, desarme, reintegración social, empoderamiento femenino

Keywords: Sahel, armed conflict, terrorism, child soldiers, disarmament, social reintegration, women's empowerment

1. INTRODUCCIÓN

En el transcurso de la última década se ha constatado un aumento de la conflictividad en el Sahel[2]. Esta región se ha convertido en el epicentro de la inseguridad global, perfilada por altos índices relativos al desarrollo del crimen organizado y el terrorismo. En ese mismo contexto, factores

---

1 Estudio realizado en el marco del Proyecto de Investigación titulado "*Lagunas en la protección y asistencia internacional a las niñas asociadas a Grupos armados (NAAG)*". CIAICO 2022/235 UCHCEU con financiación pública de la GVA.

2 Conviene consultar la investigación recogida en el artículo, de esta misma autora, en Algora Weber, M.D. (2025). Voces Silenciadas. El reclutamiento de las niñas soldado en el Sahel en *Las niñas asociadas a los grupos armados. Perspectivas jurídicas, sociológicas y de protección.* Aranzadi, 721-755.

como los efectos del cambio climático, la inseguridad alimentaria y falta de infraestructuras han propiciado en esta zona la concentración y perpetuación de Estados fallidos, caracterizados por la pobreza extrema y la debilidad institucional, sujetos a sucesivos golpes de Estado. Asimismo, la porosidad de las fronteras regionales —eje de las tensiones y conflictos locales— facilita la movilidad transnacional, que ha dado lugar a millones de desplazados y refugiados.

La presencia de grupos yihadistas y milicias interétnicas ha impulsado la militarización de la zona, agravando la crisis humanitaria. Las rutas transnacionales controlas por estos grupos se han convertido en escenarios perfectos para el reclutamiento de los sectores de población más vulnerables. Ello ha tenido un impacto devastador sobre los menores[3], traducido en el incremento del reclutamiento infantil para los fines de estas facciones armadas no gubernamentales.

La infancia en el Sahel sufre directamente los efectos de la violencia. Los niños y niñas son el blanco directo de estos grupos armados, los cuales destruyen reservas alimenticias, saquean escuelas y ocasionan graves daños a hospitales. Muchos de sus ataques se producen en comunidades remotas con pocos medios de subsistencia, dejándolas sin estos[4].

En este contexto de continuas agresiones, las niñas se ven especialmente expuestas, al ser víctimas de la violencia sexual, los matrimonios infantiles y la trata. Con frecuencia son utilizadas como combatientes, espías o incluso “niñas bomba”. Las niñas quedan estigmatizadas socialmente, lo cual dificulta su reintegración y su desarrollo futuro. Quedan atrapadas en una resiliencia silenciosa, que hace muy complicada la visualización y la solución a sus circunstancias.

---

[3] Humanium (23 de abril de 2024). *Desbordamiento de la crisis en el Sahel: la atormentada infancia carece de apoyo y protección*. https://www.humanium.org/es/desbordamiento-de-la-crisis-en-el-sahel-la-atormentada-infancia-carece-de-apoyo-y-proteccion/ Recuperado el 20 de junio de 2025.

[4] UNICEF. *La infancia en peligro: máximo riesgo en el Sahel central.* https://www.unicef.org/es/informes/la-infancia-en-peligro-maximo-riesgo-en-el-sahel-central Recuperado el 10 de junio de 2025.

2. LOS DESAFÍOS DE LAS NIÑAS SOLDADO DEL SAHEL

A pesar de todos los esfuerzos y logros conseguidos en la comunidad internacional para la protección de los menores, la militarización de la infancia sigue en progreso en regiones tan inestables y carentes de seguridad como el Sahel.

La situación de las niñas soldado es una de las transgresiones más graves de los derechos humanos. Son víctimas de situaciones de multi-violencia, que necesitan un enfoque de género específico para su protección y rehabilitación.

El entorno tradicional en el que viven las convierte en personas especialmente vulnerables. Las mujeres del Sahel ocupan un papel secundario en la sociedad, especialmente en las zonas rurales, lo que hace que estén en una situación de subordinación en relación con los roles desempeñados por los hombres.

Estas circunstancias las convierten en sujetos fáciles de reclutamiento, el cual se produce mediante secuestros, coerción, engaño o incluso por decisión voluntaria en contextos de extrema pobreza y desestructuración familiar.

Se estima que aproximadamente el 40% de los 300.000 menores soldados en el mundo son niñas, muchas de ellas reclutadas en países como Nigeria, Malí, Burkina Faso y Níger[5]. En 2020, solo en la región de Mopti (Malí), se registraron al menos 1.000 casos de niñas secuestradas y violadas, de las cuales el 53% fueron víctimas de matrimonio infantil[6].

Estas niñas quedan marcadas de por vida por traumas muy profundos y difíciles de superar, con consecuencias físicas y psicológicas devastadoras. Con frecuencia sufren estrés postraumático, ansiedad, depresión, trastornos del sueño y embarazos forzosos durante su cautiverio[7]. A su regreso,

---

5 AMNISTÍA INTERNACIONAL (12 febrero de 2023). *Niños y niñas soldados, un caso claro de violación de los derechos humanos. Respuestas a las preguntas más frecuentes.* https://www.es.amnesty.org/en-que-estamos/blog/historia/articulo/ninos-y-ninas-soldados-una-grave-violacion-de-los-derechos-humanos/. Recuperado el 14 de junio de 2025.

6 ACNUR. UNHCR, (1 de diciembre de 2020). *Child-trafficking in Mali increasing because of conflict and COVID-19* https://www.unhcr.org/news/news-releases/child-trafficking-mali-increasing-because-conflict-and-covid-19. Recuperado el 14 de junio de 2025.

7 Bardera Mora, P. (2017). Niños y niñas soldado: la perspectiva psicológica en *El creciente fenómeno de la utilización bélica en la infancia. Aproximación multidisciplinar y*

tras ser liberadas, en sus propios entornos familiares y comunales son vistas como portadoras de "mala sangre" o como una amenaza ideológica, por el adoctrinamiento yihadista. Tanto ellas, como sus hijos nacidos en cautiverio, acaban siendo rechazadas. Son vistas como "contagiosas"[8]. En ocasiones, esto les impulsa a volver a unirse a los grupos armados de los que fueron desligadas.

La reintegración requiere programas especializados que incluyan atención médica, apoyo psicológico, educación y empoderamiento económico. Sin embargo, estos programas enfrentan obstáculos como la falta de recursos, la debilidad institucional y la persistente desigualdad de género.

Las respuestas internacionales y locales han sido insuficientes. Aunque existen programas de Desarme, Desmovilización y Reintegración (DDR), el acceso desigual y la falta de seguimiento perpetúan el ciclo de violencia.

La Unión Europea ha incluido en su Estrategia para el Sahel la protección de los menores afectados por conflictos. Otras organizaciones, como Sahel Women's Empowerment and Demographic Dividend Project (SWEDD) y Women for Dignity of the Sahel, se enfocan en la escolarización y el empoderamiento de las niñas. Sin embargo, la falta de coordinación, financiación y enfoque de género limita el impacto de estas iniciativas.

Hay organizaciones, como es el caso de Save the Children, que están actuando ya en Mali, en Níger, en Burkina Faso, donde realizan una labor decisiva.

La documentación sobre el terreno y la visibilización de esta realidad es esencial para movilizar una respuesta efectiva que proteja los derechos de las niñas y les permita reconstruir sus vidas. Esta tarea sigue siendo un reto crítico para abordar de forma efectiva esta crisis humanitaria.

---

estudio de caso: EUFOR RCA, Documento de Seguridad y Defensa n. 69, Instituto Español de Estudios Estratégicos, 66-70. https://publicaciones.defensa.gob.es/el-creciente-fen-meno-de-la-utilizaci-n-b-lica-en-la-infancia-aproximaci-n-multidisciplinar-y-estudio-de-caso-eufor-rca-n-69-libros-ebook.html. Recuperado el 26 de junio de 2025.

8 UNICEF (16 de febrero de 2016). *Las mujeres y niñas liberadas por Boko Haram son excluidas por sus comunidades,* ABC, https://www.abc.es/internacional/abci-mujeres-y-ninas-secuestradas-boko-haram-excluidas-comunidades-tras-liberadas-201602161707_noticia.html. Recuperado 25 de junio de 2025.

3. LAS SOLUCIONES A LA SITUACIÓN LAS NIÑAS SOLDADO

En el caso concreto del Sahel, las soluciones se fundamentan en cinco aspectos: la atención psicosocial integral, la reintegración comunitaria y una educación transformadora, el empoderamiento económico y liderazgo femenino, la participación de las mujeres en los procesos de paz y apoyo internacional al desarme y la coordinación internacional.

3.1. Atención Psicosocial Integral

Un primer lugar, lo ocuparían las soluciones de carácter psicológicas integrales. En esta línea la construcción de terapias narrativas adecuadas, a través de la creación de centros especializados, resulta fundamental. Estas niñas arrastran unos traumas psicológicos desde la infancia hasta la edad adulta como mujeres. Padecen un sentimiento de culpabilidad muy profundo, que incluso en algunas de ellas tienen un carácter antropológico muy difícil de superar. Ellas mismas se perciben como deshonradas e impuras, cuando en muchas ocasiones, ni siquiera la violencia sexual las tenía a ellas como objetivo final, sino que lo que buscaba era infringir un daño y humillación al enemigo de otra facción armada[9].

Por otra parte, si bien es cierto que la recuperación psicológica es fundamental, no debe ir separada de la atención específica a la salud física de las niñas. La agresión sexual puede causar daños en la fístula obstétrica, riesgo de abortos, incontinencia urinaria y anal, pérdida de placer sexual y exposición al VIH así como otras infecciones de transmisión sexual. Todo ello se suma al trauma psicológico.

Desde estos centros, no sólo es imprescindible la terapia particular con cada una de las afectadas, sino también se precisa trabajar en la salud mental comunitaria. Para ello, la formación de profesionales locales se presenta como una vía óptima para conseguir este reto. A ello se añade, la necesidad de evaluar y monitorizar los resultados de los programas aplicados por personal capacitado.

---

9 Biedma Méndez, C. (2020). *Vulnerabilidad por género de las niñas soldado en situación de postconflicto armado y la incidencia del deporte como medida de reinserción. el caso de Uganda,* TFM, Máster de Cooperación Internacional, Universidad de Comillas, 12-13. https://repositorio.comillas.edu/xmlui/bitstream/handle/11531/53237/TFM001346.pdf?sequence=1 Recuperado el 23 de junio de 2025.

3.2. Reintegración Comunitaria y Educación Transformadora

En segundo lugar, otra solución fundamental es la reintegración comunitaria y la educación.

El mayor reto para alcanzar este objetivo tiene lugar al inicio de un largo proceso, que requiere mucho tiempo en su consecución[10]. Ese punto de partida es la negociación para la liberación de los menores y la separación física de sus captores involucrados en grupos armados. Posteriormente, a ello le sigue la etapa de localización dc sus familias y comunidades encaminada a la reunificación, lo cual no siempre es posible. Algunos de ellos se vieron obligados a cometer atrocidades de las cuales han sido testigos sus familiares y grupos natales. En esta línea de acción, es positivo y curativo, el impulso de los procesos de rendición de cuentas, promoviendo la participación de aquellos que hayan cometido crímenes en ceremonias, que les permitan la reconciliación con sus comunidades y, en consecuencia, su reintegración social[11].

En cuanto al caso particular de las niñas puede llevar a error e ineficacia de los programas, el hecho de eludir la realidad de que muchas de ellas, no fueron tanto víctimas como terroristas activas e instrumentalizadas por los grupos yihadistas[12]. Restar importancia a esta participación femenina optativa, no forzosa, acaba por producir sesgos de género y contribuye a que se minimicen los esfuerzos relativos a la recuperación de las niñas[13].

---

10 Merino García, K. (2018). *Más allá de la experiencia de los niños soldado ¿existe un derecho de reinserción y reintegración para ellos?,* XIV Máster Universitario en Protección Internacional de los Derechos Humanos, Universidad de Alcalá, 30-42. https://ebuah.uah.es/dspace/bitstream/handle/10017/38907/TFM-MERINO-GARCIA-2018.pdf?sequence=1. Recuperado el 26 de junio de 2025.

11 Naciones Unidas, Oficina del Representante Especial del secretario general para Niños y Conflictos Armados. *Liberación y reintegración de niños soldados.* https://childrenandarmedconflict.un.org/es/liberacion-y-reintegracion/. Recuperado el 15 de junio de 2025.

12 Palacián de Inza, B. (2017). El uso de los niños y las niñas en los conflictos armados en *El creciente fenómeno de la utilización bélica en la infancia. Aproximación multidisciplinar y estudio de caso: EUFOR RCA,* Documento de Seguridad y Defensa n. 69, Instituto Español de Estudios Estratégicos, 22-23. https://publicaciones.defensa.gob.es/el-creciente-fen-meno-de-la-utilizaci-n-b-lica-en-la-infancia-aproximaci-n-multidisciplinar-y-estudio-de-caso-eufor-rca-n-69-libros-ebook.html. Recuperado el 26 de junio de 2025

13 Iñiguez de Heredia, M & Ndiaye, A. (2019). *El empoderamiento de las mujeres en zonas de conflicto: enfoque en el Sahel,* OPEX, Documento de Trabajo N° 101/2019, 37.

Un ejemplo concreto, en este caso, que ya ilustramos con mayor detalle en otro artículo[14], es el de las niñas nigerianas vinculadas al grupo yihadista Boko Haram. Debido a las circunstancias por las que han pasado han estado sujetas a algunos programas de educación específicos, pero sobre todo a campañas de sensibilización.

Estas campañas resultan fundamentales para que las niñas puedan ser integradas nuevamente en la vida social. Esa sensibilización no solamente afecta a lo que son las niñas en sí, sino también a todas sus familias, las cuales viven con unas costumbres adquiridas de forma tradicional. A ello hay que sumar igualmente, la educación del género masculino, dado que ello resulta imprescindible con el fin de que puedan ser admitidas y evitar el rechazo comunitario.

Por otro lado, cabe también incidir, en la necesidad del carácter intercultural de los programas. El Sahel es una región perfilada por las múltiples entidades tribales, que habitualmente expresan su rivalidad a través de la difamación de unas contra otras. Requieren ser reconducidas, más allá del habitual localismo, para que estos esfuerzos puedan dar frutos hacia un desarrollo conjunto lo más amplio posible en esta región.

En este sentido, la Oficina del Representante Especial del secretario general para Niños y Conflictos Armados promueve la reintegración comunitaria basada en los Principios de París (2007), que incluyen educación, reconciliación comunitaria y justicia restaurativa[15]. En ellos se enfatiza la atención especial a las niñas. Desde este Oficina se insiste en la promoción de la educación y el empleo como formulas esenciales para combatir el reclutamiento y potenciar una integración sostenible.

3.3. Empoderamiento Económico y Liderazgo Femenino

En tercer lugar, otra solución estaría en el refuerzo del empoderamiento económico y el liderazgo femenino. Resulta transcendental que estas niñas puedan tener un futuro vital en el que se vean amparadas.

---

https://fundacionalternativas.org/wp-content/uploads/2022/07/116a18a28076 4e8e542ababe30a051c9.pdf. Recuperado el 20 de junio de 2025.

14 Algora Weber, M.D. (2025). Opus cit,

15 Naciones Unidas, Oficina del Representante Especial del secretario general para Niños y Conflictos Armados. Liberación y reintegración de niños soldados. https://childrenandarmedconflict.un.org/es/liberacion-y-reintegracion/. Recuperado el 15 de junio de 2025.

En este contexto, una de las carencias a solucionar es la tendencia al abandono escolar, lo cual, si bien es un problema común a toda la infancia, afecta de manera mucho más incidente a las niñas. Son muchos los testimonios de niñas que se ven obligadas a salir de la escuela a edades muy tempranas y quedan dedicadas a la maternidad y la crianza. Esta circunstancia, además, a largo plazo, condiciona de forma decisiva el futuro de la región, contribuyendo a la preservación de la pobreza.

Por otra parte, esta minimización de su rol vital se convierte en un escenario para la cosificación de género. Es decir, más allá de la función maternal, adquieren un valor como objeto de negociación con las milicias o de botín en los episodios de agresiones inter-tribales. Por tanto, la desescolarización femenina tiene un impacto muy negativo. Posteriormente, para aquellas que sufren este despropósito, esta circunstancia se convierte en un obstáculo no sólo para la reinserción más inmediata, sino también para la superación del rechazo social, al condenarlas a un aislamiento forzoso.

Como un ejemplo alentador se puede mencionar el caso de los imanes locales en Mauritania, que han colaborado en campañas radiofónicas para combatir el matrimonio infantil, mostrando cómo el liderazgo femenino puede apoyarse en alianzas comunitarias[16].

La escolarización y el adiestramiento profesional de niñas y mujeres deben estar ligados a trabajos que les favorezcan una autonomía de subsistencia, puesto que muchas veces quedan marginadas socialmente. Por lo que, a su vez, esta vía es una forma de integrarse, que debe emprenderse desde la infancia de forma continuada.

En ese sentido, fomentar cooperativas que puedan gestionar ellas mismas es una fórmula adecuada. Ello, a su vez, está ligado a las posibilidades de acceso a los microcréditos. Esta tarea contribuye a incrementar la responsabilidad femenina de cara a la comunidad y a la percepción de su madurez como mujer. Este hecho adquiere especial relevancia en una región en la que el paso de la infancia al reconocimiento social, en el caso de las niñas, sólo tiene cabida a través de la mutilación genital. Costumbres tradicionales, incluso muy apoyadas por las propias mujeres.

---

[16] Cavagnero, E., PandeJudith, R.P. , Helzner, F. (26 de febrero de 2024). Empowering Young Women in the Sahel: Key Insights from the SWEDD Project en *World Bank Blogs,* Nasikiliza. https://blogs.worldbank.org/en/nasikiliza/empowering-young-women-sahel-key-insights-swedd-project
Recuperado el 20 de junio de 2025.

En África, concretamente en el Sahel[17], existen algunos programas ejemplares potenciados por el Banco Mundial, que están encaminados al empoderamiento de las de las mujeres en aquella región. Otros programas insisten en la salud reproductiva, de la que resultan singularmente dañadas las niñas soldado, convirtiéndose en una lacra física y psicológica para su desarrollo y autosuficiencia.

Por otra parte, también se trabaja en la formación de estas mujeres, para que puedan gestionar esas empresas. Algunos ejemplos, promovidos por SWEDD en Benín, Burkina Faso, Camerún, Chad, Costa de Marfil, Guinea, Mali, Mauritania y Níger, son muy significativos. Las jóvenes han participado en clubes comunitarios llamados *Safe Spaces*, donde aprenden habilidades para la vida y el liderazgo. Estas mujeres no solo han mejorado sus condiciones personales, sino que también han influido en sus comunidades[18].

En el año 2021, la pandemia del COVID-19 acabó sacando a la luz el empeño por evitar el retroceso en algunos de los logros alcanzados en tiempos recientes. La campaña internacional, *#StrongerTogether*[19], impulsada también por el proyecto SWEDD, ha venido siendo clave desde entonces para visibilizar y fortalecer el liderazgo femenino en el Sahel. El lema movilizador fue "¡Mi empoderamiento, mi futuro, incluso en tiempos de crisis!" y constituyó una oportunidad para las mujeres y niñas sahelianas, como en otros lugares de África y del mundo. Permitió destacar positivamente la participación femenina en roles tradicionales de género, en el ámbito del agua y saneamiento o en el sanitario e higiene menstrual. Potenció el regreso a la escuela de las niñas a posteriori de la pandemia.

Aunque los ejemplos anteriores son muy ilustrativos, sin embargo, de forma general, en esta línea ocupa un lugar especialmente destacado, la Iniciativa de la Gran Muralla Verde del Sahel. Esta acción ha permitido una integración de las mujeres en la región en su conjunto, puesto que les está dando la posibilidad de crear sus propias cooperativas agrícolas.

---

17 Naciones Unidas, Fondo de Población (UNFPA). *Un proyecto en el Sahel ayuda a las mujeres a salir por sí mismas de la pobreza.* https://www.unfpa.org/es/news/un-proyecto-en-el-sahel-ayuda-las-mujeres-salir-por-s%C3%AD-mismas-de-la-pobreza-junto-con-sus. Recuperado el 17 de junio de 2025.

18 Cavagnero, E., PandeJudith, R.P. , Helzner, F. (26 de febrero de 2024). Opus cit.

19 SWEDD (junio-diciembre 2021). *Campagne StrongerTogether.* https://www.swedda-frica.org/sites/default/files/2022-09/Brochure-Campagne%20StrongerTogether%20%281%29.pdf. Recuperado el 17 de junio de 2025.

Es necesario señalar, que hay también dificultades importantes que abordar en este contexto. Aunque las mujeres tengan el derecho a heredar tierras, siempre reciben las de peor calidad y en una menor cuantía que las correspondientes a sus hermanos varones. Es decir, a pesar de que las leyes nacionales de los distintos Estados les concedan un grado de igualdad e independencia, a menudo no se produce así en la práctica. Eso explica, que aun representando el 90% de la mano de obra dedicada a la agricultura, sólo un 8% sean propietarias[20].

Por otro lado, algunas de las dificultades en torno al sector agrario no son específicas de las mujeres, sino más bien de las rivalidades tribales existentes. Éstas responden más a las diferentes tendencias entre la población sedentaria agrícola y la nómada dedicada al pastoreo, cuyas actividades también están gestionadas en muchos casos por las mujeres. Este es otro ámbito pendiente en el que trabajar y ahondar en soluciones encaminadas a superar la dependencia femenina de los grupos masculinos.

En definitiva, esta vía de solución pasaría por la promoción de la autonomía económica como vía de resiliencia. Este fortalecimiento y empoderamiento alejaría a las niñas y mujeres de la pertenencia a milicias armadas.

3.4. Participación de mujeres del Sahel en procesos de paz y apoyo internacional al desarme

Como cuarta solución, la participación de las mujeres en los procesos de paz y en las tomas de decisiones en torno a los conflictos. Eso supondría un reforzamiento psicológico para ellas mismas.

Esta línea de acción está estrechamente ligada al anterior objetivo del empoderamiento y liderazgo. La defensa de los derechos humanos necesita superar el sesgo de género en el contexto africano del Sahel. La pobreza contribuye directamente a la marginación femenina en el ámbito político, como en otros muchos, alejando a las mujeres de la participación en esta actividad social. Estas circunstancias no tienen justificación, siendo, además, las mujeres y las niñas uno de los sectores más afectados por las carencias en la gobernanza.

Por otro lado, las niñas y mujeres desempeñan un papel esencial en los conflictos. No sólo a veces por la empuñadura de las armas, como ya se ha

---

[20] Iñiguez de Heredia, M & Ndiaye, A. (2019). Opus Cit, 34.

comentado, sino también en otros aspectos logísticos de carácter económico y cuidados de la comunidad. En situaciones de crisis y conflicto es reconocida la capacidad de resiliencia de las mujeres sahelianas, dada su destreza para encontrar soluciones alternativas. Sin embargo, eso no tiene un reflejo en los órganos decisorios comunitarios. Son percibidas únicamente como víctimas[21].

Ello evidencia la necesidad de la incorporación de las mujeres en los programas de Desarme, Desmovilización y Reintegración (DDR). Estos deben tener un enfoque de género. Un enfoque inclusivo contribuye a la sostenibilidad de los programas, a su eficacia y rentabilidad para la comunidad. Ellas tienen la capacidad de influir positivamente en los procesos de prevención y resolución de crisis. Su papel en el entorno familiar les permitiría anticiparse a los riesgos de radicalización y extremismo violento.

En este sentido, cabe destacar el hecho de que el rey de Marruecos, Mohamed VI, haya lanzado un llamamiento a los demás países de la región para que involucraran a las mujeres en los asuntos religiosos. Un ejemplo de esta respuesta fue la Asociación de Mujeres Predicadoras de Chad, centradas activamente en la difusión de la cultura de los derechos humanos entre las mujeres y niñas, a la vez que en la trasmisión de una correcta comprensión del islam en lo referente al género femenino. Con sus actividades no sólo contribuyen a la enseñanza del Corán desde una perspectiva de género, sino que su apoyo se extiende a otras áreas relativas al empoderamiento femenino, ya sean económicas o psicológicas. Esta iniciativa representa un caso singular de resiliencia, que cuenta con el respaldo del Fondo de Población de Naciones Unidas, pero no con ayudas gubernamentales.

Algunos otros ejemplos destacados se pueden encontrar también en la Liga de Mujeres de Mauritania, ocupadas en la promoción del diálogo interreligioso, la educación, la salud reproductiva y la lucha contra el extremismo violento; o en el Proceso de Argel en Mali, en el que ha habido participación femenina organizando actividades de reconciliación entre comunidades enfrentadas.

Cada vez existen más acciones a las que se les puede poner un nombre propio, como los casos ejemplarizantes en la región del Sahel comentados: Khalia Mahamet Saleh Annadis (Chad), secretaria general de la Liga de Mujeres Predicadoras, Nana Aicha Cissé (Mali), que intervino en el Proceso de Paz de Argel o Salimata Niebe Conomb (Burkina Faso), líder de una

---

21 Iñiguez de Heredia, M & Ndiaye, A. (2019). Opus cit, 45-46.

coalición de asociaciones de mujeres que denuncian abusos en campos de refugiados y promueven políticas de protección[22].

Aunque todos ellos son síntomas positivos, queda mucho por avanzar. Buena muestra de ello, son los datos recogidos por Naciones Unidas en 2023. Estos ponían de manifiesto, que a nivel mundial no se llegaba ni al 10% en la participación de mujeres en negociaciones de paz; y, de los 31 acuerdos alcanzados en ese año, únicamente en ocho se hicieron referencias explícitas a las mujeres y niñas, por violencia de género o sexual[23].

Las palabras de Zebiba Musema, miembro de la Red Etíope de Defensoras de los Derechos Humanos, ponen de manifiesto la urgencia de implicar a las mujeres en esta tarea: "La paz tiene que ser inclusiva y requiere la participación de todos los ciudadanos y las ciudadanas de la sociedad, no solo de la mitad de ella. Si se deja de lado a las mujeres en las iniciativas de consolidación de la paz, se pasan por alto las soluciones para lograr una paz duradera"[24].

Ante la evidencia de eliminar barreras culturales, institucionales y económicas que limitan la participación femenina, los primeros pasos están encaminados a la promoción de su presencia en la toma de decisiones comunitarias. Ello implica el desarrollo de campañas contra el matrimonio infantil, de programas de capacitación técnica y la creación de espacios de diálogo, donde se les reconoce un papel en la construcción de la paz. Estas son acciones que dignifican a las mujeres, a la vez que generan modelos de desarrollo e inclusión.

En ese sentido, se pueden citar algunos ejemplos motivadores en el Sahel, que se han desarrollado al amparo de la Resolución 1325 de Naciones Unidas. Tal es el caso de la Iniciativa por la Paz y la Seguridad de las Mujeres en Burkina Faso, el de *She leads Mali* o Nigerian Army Women Corps (NAWC). Igualmente destacable es el Centro de Género, desarrollado en el marco del Plan de Acción de la Comunidad Económica de Estados de África Occidental (CEDEAO), firmado en Dakar en 2010, que progresivamente se va extendiendo a un conjunto amplio de países africanos[25].

---

22 Ibid, 50-52.

23 Naciones Unidas, Oficina del Alto Comisariado de Derechos Humanos (25 de junio de 2025). *Eliminar las barreras al liderazgo de la mujer en la consolidación de la paz,* https://www.ohchr.org/es/stories/2025/06/dismantling-barriers-womens-leadership-building-peace. Recuperado el 28 de junio de 2025.

24 Ibid

25 Ferrando Sellers, R. (24 de noviembre de 2022). *Mujeres del Sahel, entre la desolación y el brillo de la, paz,* El País. https://elpais.com/planeta-futuro/red-de-exper-

3.5. Fortalecimiento de la Coordinación Internacional

Por último, como quinta solución, el fortalecimiento del apoyo internacional en lo que son programas de desarme, desmovilización y reintegración.

En este sentido, lo más trascendental es que estos programas tengan una sostenibilidad, sin verse sometidos a interrupciones. Un ejemplo reciente, se puede encontrar en la 4ª Conferencia Internacional sobre Financiación para el Desarrollo, celebrada en Sevilla del 30 de junio al 3 de julio de 2025[26]. En dicho foro, el tema del freno a la financiación de estos programas ha sido objeto de especial atención. La reducción de los fondos destinados a la financiación no se puede enfocar únicamente desde un planteamiento económico, sino mucho más allá de ello, hay que hacerlo desde un enfoque humanitario. Esta interrupción de flujos monetarios interrumpe las posibilidades que tengan estas mujeres o niñas de reintegrarse en sus sociedades. En muchos casos, los proyectos quedan a medias. Algunos de los retrocesos que sufren como consecuencia de ello, todavía ahonda más en el desánimo de estas mujeres y en la falta de credibilidad de las ayudas internacionales. Por lo cual, es muy importante trabajar en la sostenibilidad permanente de estas vías de cooperación como solución.

Además de lo anterior, la financiación de proyectos implica la supervisión internacional de los programas de reintegración. La implementación debe fundamentarse en una cooperación entre los actores locales y los internacionales.

La involucración de los primeros es la vía para poder garantizar los resultados de dichos proyectos, pues supone una asimilación de esta realidad como un riesgo para las afectadas y la comunidad en la que viven. Es la manera de alcanzar una concienciación interna, una apropiación de estas realidades como el drama social que son.

No obstante, la gestión de los programas necesita igualmente la presencia de actores externos. No sólo por el asesoramiento en la supervisión del destino de los fondos, los cuales desafortunadamente no siempre quedan exentos de la malversación, sino también, por la formación y capacitación

---

tos/2022-11-24/mujeres-del-sahel-entre-la-desolacion-y-el-brillo-de-la-paz.html. Recuperado 27 de junio de 2025.

26 Asociación Sevillana de ONGD (ASONGD) (7 de julio de 2025). *Conferencia de Sevilla: un balance con luces y sombras* https://asongd.org/2025/07/04/ffd4-sevilla-financiacion-desarrollo-2025/ Recuperado 7 de julio de 2025.

de los actores directos implicados en tareas, que pueden ir desde lo administrativo hasta la atención de las víctimas —voluntarias o forzadas— de la instrumentalización de las niñas y mujeres en los conflictos.

Las mujeres del Sahel no tienen una formación robusta en materia de seguridad y terrorismo, puesto que estos temas son considerados con frecuencia como un asunto exclusivamente militar, ámbito en el que su participación igualmente es limitada. Normalmente no forma parte del debate de la sociedad civil, pero lo que sí existen son mujeres del Sahel profesionales, tales como abogadas, funcionarias, académicas, consultoras y líderes de asociaciones de mujeres, que trabajan en materia de violencia sexual, desplazamientos y reintegración, consecuencias del tema de fondo que aquí tratamos.

Asimismo, la aportación local al trabajo de las ONGs cuenta con un alto porcentaje de participación de mujeres, muy superior al de los hombres. Este ámbito constituye una oportunidad para el impulso de su reconocimiento social, a la vez que potencia el compromiso de éstas en lo relativo al desarrollo y gobernanza de los países.

Estas reflexiones confluyen en la recomendación del imprescindible aumento de la financiación internacional con un enfoque en infancia y género, acompañado de un reforzamiento de la coordinación internacional, local y regional.

4. CONCLUSIONES

En conclusión a lo expuesto se podrían señalar los siguientes aspectos:

- Los conflictos del Sahel afectan directamente a las niñas y mujeres de la región. Algunas se involucran voluntariamente como salida a los contextos de pobreza en los que viven, mientras que otras son víctimas de secuestros, extorsiones a sus familias u objeto de negociación.
- Sea cual sea su forma de reclutamiento, por los grupos armados no gubernamentales, acaban siendo víctimas de una violencia sexual sistemática, son desplazadas de sus lugares natales, son estigmatizadas por sus comunidades originarias y padecen la exclusión social.
- Resulta fundamental el enfoque diferenciado específico de lo que son las niñas y mujeres soldados, es decir, el enfoque de género como punto de partida de las soluciones.
- La búsqueda de soluciones en los procesos de paz, desarme, desmovilización y reintegración debe ser inclusiva, considerando la presen-

cia femenina como garantía para su sostenibilidad a largo plazo e impulso de su liderazgo.

- Para la reintegración de las niñas soldado es necesaria una implicación comunitaria en su conjunto, a través de centros de apoyo que sean capaces de crear una narrativa positiva con este fin.
- La potenciación de una educación de las niñas es una vía para favorecer su protección y posterior empoderamiento como mujeres, contribuyendo con ello a romper los ciclos de violencia.
- El mantenimiento en el tiempo de los apoyos internacionales destinados a las soluciones de las niñas soldado en el Sahel no es sólo una cuestión de solvencia económica, sino también un compromiso con los derechos humanos.
- La coordinación para la cooperación entre actores internacionales y los locales y regionales, tales como las asociaciones de mujeres, es esencial para la asimilación interna y la concienciación de esta lacra social.
- Es esencial el esfuerzo por la visualización de esta realidad, de esta resiliencia silenciosa. Dar luz a una situación que, no solamente se produce en el área del Sahel en África, sino es trasladable a otros escenarios internacionales, como es el caso de Iberoamérica.

Una investigación comparada de escenarios en latitudes y culturas distintas permite el hallazgo de elementos comunes, que allanan la universalidad del proceso legislativo para la protección de las niñas en los conflictos.

La contribución académica que se pueda llevar a cabo enfocada a estos objetivos forma parte de esa lucha por la consecución de los derechos humanos de forma general, pero muy específicamente de la lacra que supone para la infancia, para las niñas soldado especialmente. En este análisis hemos querido aportar algunas soluciones que puedan contribuir a un horizonte algo más esperanzador para las poblaciones del Sahel.

5. REFERENCIAS BIBLIOGRÁFICAS

ACNUR, UNHCR (1 de diciembre de 2020). *Child-trafficking in Mali increasing because of conflict and COVID-19.* https://www.unhcr.org/news/news-releases/child-trafficking-mali-increasing-because-conflict-and-covid-19. Recuperado el 14 de junio de 2025.

Algora Weber, M.D. (2025). Voces Silenciadas. El reclutamiento de las niñas soldado en el Sahel en *Las niñas asociadas a los grupos armados. Perspectivas jurídicas, sociológicas y de protección.* Aranzadi, 721-755.

AMNISTÍA INTERNACIONAL, (12 febrero de 2023). *Niños y niñas soldados, un caso claro de violación de los derechos humanos. Respuestas a las preguntas más frecuentes.* https://www.es.amnesty.org/en-que-estamos/blog/historia/articulo/ninos-y-ninas-soldados-una-grave-violacion-de-los-derechos-humanos/. Recuperado el 14 de junio de 2025.

Asociación Sevillana de ONGD (ASONGD) (7 de julio de 2025). *Conferencia de Sevilla: un balance con luces y sombras.* https://asongd.org/2025/07/04/ffd4-sevilla-financiacion-desarrollo-2025/. Recuperado 7 de julio de 2025.

Bardera Mora, P. (2017). Niños y niñas soldado: la perspectiva psicológica en *El creciente fenómeno de la utilización bélica en la infancia. Aproximación multidisciplinar y estudio de caso: EUFOR RCA*, Documento de Seguridad y Defensa n. 69, Instituto Español de Estudios Estratégicos, 66-70. https://publicaciones.defensa.gob.es/el-creciente-fen-meno-de-la-utilizaci-n-b-lica-en-la-infancia-aproximaci-n-multidisciplinar-y-estudio-de-caso-eufor-rca-n-69-libros-ebook.html. Recuperado el 26 de junio de 2025

Biedma Méndez, C. (2020). *Vulnerabilidad por género de las niñas soldado en situación de postconflicto armado y la incidencia del deporte como medida de reinserción. el caso de Uganda*, TFM, Master de Cooperación Internacional, Universidad de Comillas, 12-13. https://repositorio.comillas.edu/xmlui/bitstream/handle/11531/53237/TFM001346.pdf?sequence=1. Recuperado el 23 de junio de 2025.

Cavagnero, E., PandeJudith, R.P. , Helzner, F. (26 de febrero de 2024). Empowering Young Women in the Sahel: Key Insights from the SWEDD Project en *World Bank Blogs*, Nasikiliza. https://blogs.worldbank.org/en/nasikiliza/empowering-young-women-sahel-key-insights-swedd-project Recuperado el 20 de junio de 2025.

Ferrando Sellers, R. (24 de noviembre de 2022). *Mujeres del Sahel, entre la desolación y el brillo de la, paz*, El País. https://elpais.com/planeta-futuro/red-de-expertos/2022-11-24/mujeres-del-sahel-entre-la-desolacion-y-el-brillo-de-la-paz.html. Recuperado 27 de junio de 2025.

Humanium (23 de abril de 2024). *Desbordamiento de la crisis en el Sahel: la atormentada infancia carece de apoyo y protección.* https://www.humanium.org/es/desbordamiento-de-la-crisis-en-el-sahel-la-atormentada-infancia-carece-de-apoyo-y-proteccion/. Recuperado el 20 de junio de 2025.

Iñiguez de Heredia, M & Ndiaye, A. (2019). *El empoderamiento de las mujeres en zonas de conflicto: enfoque en el Sahel*, OPEX, Documento de Trabajo Nº 101/2019. https://fundacionalternativas.org/wp-content/uploads/2022/07/116a18a280764e8e542ababe30a051c9.pdf. Recuperado el 20 de junio de 2025.

Merino García, K. (2018). *Más allá de la experiencia de los niños soldado ¿existe un derecho de reinserción y reintegración para ellos?*, XIV Máster Universitario en Protección Internacional de los Derechos Humanos, Universidad de Alcalá, 30-42. https://ebuah.uah.es/dspace/bitstream/handle/10017/38907/TFM-MERINO-GARCIA-2018.pdf?sequence=1. Recuperado el 26 de junio de 2025.

Naciones Unidas, Oficina del Alto Comisariado de Derechos Humanos (25 de junio de 2025). *Eliminar las barreras al liderazgo de la mujer en la consolidación de la paz*, https://www.ohchr.org/es/stories/2025/06/dismantling-barriers-womens-leadership-building-peace. Recuperado el 28 de junio de 2025.

Naciones Unidas, Oficina del Representante Especial del secretario general para Niños y Conflictos Armados. *Liberación y reintegración de niños soldados.* https://childrenandarmedconflict.un.org/es/liberacion-y-reintegracion/. Recuperado el 15 de junio de 2025.

Naciones Unidas, Fondo de Población (UNFPA). *Un proyecto en el Sahel ayuda a las mujeres a salir por sí mismas de la pobreza.* https://www.unfpa.org/es/news/un-proyecto-en-el-sahel-ayuda-las-mujeres-salir-por-s%C3%AD-mismas-de-la-pobreza-junto-con-sus. Recuperado el 17 de junio de 2025.

Palacián de Inza, B. (2017). El uso de los niños y las niñas en los conflictos armados en *El creciente fenómeno de la utilización bélica en la infancia. Aproximación multidisciplinar y estudio de caso: EUFOR RCA*, Documento de Seguridad y Defensa n. 69, Instituto Español de Estudios Estratégicos, 22-23. https://publicaciones.defensa.gob.es/el-creciente-fen-meno-de-la-utilizaci-n-b-lica-en-la-infancia-aproximaci-n-multidisciplinar-y-estudio-de-caso-eufor-rca-n-69-libros-ebook.html. Recuperado el 26 de junio de 2025

Save the Children. Sahel necesita ayuda humanitaria la vida de miles de niños y niñas está en peligro en *Emergencia en el Sahel.* https://www.savethechildren.es/emergencia-en-sahel. Recuperado el 15 de junio de 2025

SWEDD (junio-diciembre 2021). *Campagne StrongerTogether.* https://www.sweddafrica.org/sites/default/files/2022-09/Brochure-Campagne%20StrongerTogether%20%281%29.pdf. Recuperado el 17 de junio de 2025.

UNICEF. *La infancia en peligro: máximo riesgo en el Sahel central.* https://www.unicef.org/es/informes/la-infancia-en-peligro-maximo-riesgo-en-el-sahel-central.Recuperado el 10 de junio de 2025.

UNICEF (16 de febrero de 2016). *Las mujeres y niñas liberadas por Boko Haram son excluidas por sus comunidades*, ABC, https://www.abc.es/internacional/abci-mujeres-y-ninas-secuestradas-boko-haram-excluidas-comunidades-tras-liberadas-201602161707_noticia.html. Recuperado 25 de junio de 2025.

El Estado como facilitador: patrimonialismo y gobernanza criminal en el reclutamiento de menores en América Latina[1]

The State as Facilitator: Patrimonialism and Criminal Governance in the Recruitment of Minors in Latin America

SONIA ALDA MEJÍAS
Universidad Internacional de la Rioja

Resumen: Este artículo analiza el reclutamiento de niños, niñas y adolescentes por organizaciones criminales en América Latina como manifestación estructural de sistemas híbridos de gobernanza que trascienden las explicaciones convencionales centradas en la pobreza o la ausencia estatal. A partir del análisis de evidencia empírica de Ecuador, Colombia y México, la investigación demuestra que el fenómeno opera dentro de un entramado institucional donde coexisten lógicas patrimonialistas y culturas del privilegio que facilitan la emergencia de formas de gobernanza criminal.

La metodología combina análisis documental de informes institucionales con marcos conceptuales sobre neopatrimonialismo y cultura del privilegio. Los hallazgos revelan que las organizaciones criminales han desarrollado capacidades industriales para el reclutamiento, desde la captación digital hasta "escuelas de sicarios", configurando "carreras criminales" que replican lógicas de movilidad social legítima en contextos ilegales. El análisis evidencia un entramado donde la debilidad institucional, la tolerancia social y las deficiencias normativas convergen para crear condiciones propicias para la captación infantil. El reclutamiento opera dentro de un círculo de retroalimentación donde la gobernanza criminal es simultáneamente causa y consecuencia de la captación de menores. La tolerancia social surge de respuestas racionales a sistemas donde el privilegio determina el acceso a oportunidades. Los resultados cuestionan los enfoques que suponen al Estado como actor neutral, evidenciando que las instituciones estatales facilitan la expansión criminal mediante dinámicas patrimonialistas. La investigación concluye que combatir el reclutamiento requiere transformar las condiciones estructurales que permiten la hibridación entre poder estatal y criminal.

Palabras clave: reclutamiento de menores, crimen organizado, gobernanza criminal, patrimonialismo, cultura del privilegio, hibridación institucional, América Latina, Estado de derecho, niñez y violencia, seguridad ciudadana

---

1 Estudio realizado en el marco del Proyecto de Investigación titulado "*Lagunas en la protección y asistencia internacional a las niñas asociadas a Grupos armados (NAAG)*". CIAICO 2022/235 UCHCEU con financiación pública de la GVA. ORCID: 0000-0003-3882-1157.

Abstract: This article analyzes the recruitment of children and adolescents by criminal organizations in Latin America as a structural manifestation of hybrid governance systems that transcend conventional explanations centered on poverty or state absence. Based on empirical evidence from Ecuador, Colombia, and Mexico, the research demonstrates that the phenomenon operates within an institutional framework where patrimonialist logics and cultures of privilege coexist, facilitating the emergence of criminal governance forms.
The methodology combines documentary analysis of institutional reports with conceptual frameworks on neopatrimonialism and culture of privilege. The findings reveal that criminal organizations have developed industrial capacities for recruitment, from digital recruitment to "sicario schools", configuring "criminal careers" that replicate legitimate social mobility logics in illegal contexts. The analysis evidences a framework where institutional weakness, social tolerance, and normative deficiencies converge to create conducive conditions for child recruitment.Recruitment operates within a feedback loop where criminal governance is simultaneously cause and consequence of minor recruitment. Social tolerance emerges from rational responses to systems where privilege determines access to opportunities. The results challenge approaches that assume the state as a neutral actor, evidencing that state institutions facilitate criminal expansion through patrimonialist dynamics. The research concludes that combating recruitment requires transforming the structural conditions that enable hybridization between state and criminal power.

Keywords: child recruitment, organized crime, criminal governance, patrimonialism, culture of privilege, institutional hybridization, Latin America, rule of law, childhood and violence • citizen security

1. INTRODUCCIÓN

Mientras que el reclutamiento de menores en conflictos armados ha sido objeto de extenso análisis académico y marcos normativos internacionales consolidados, el fenómeno del reclutamiento de niños, niñas y adolescentes por parte del crimen organizado ha permanecido relativamente invisibilizado en la investigación científica, pese a generar profundas controversias en el debate público. Esta disparidad en la atención académica contrasta con la creciente relevancia social del problema, como lo evidenció el caso que conmocionó a Colombia cuando un menor de 14 años asesinó al precandidato presidencial Miguel Uribe Turbay el 11 de agosto de 2025, tras un atentado ocurrido el 7 de junio del mismo año. Tales eventos revelan la urgente necesidad de desarrollar marcos conceptuales y metodológicos específicos para abordar esta forma particular de instrumentalización de menores por estructuras criminales.

El reclutamiento de menores de edad, por parte del crimen organizado, constituye hoy una práctica recurrente en múltiples países de América Latina. Este fenómeno, ampliamente documentado por informes institucionales y periodismo de investigación, incluye desde la captación de adolescentes como vigilantes o distribuidores de droga hasta su entrenamiento como sicarios, en estructuras criminales cada vez más organizadas.

Lejos de constituir un hecho aislado o simplemente atribuible al abandono social, el reclutamiento de menores debe entenderse como un delito vinculado al ejercicio cotidiano del poder por parte de redes criminales que han logrado consolidar una presencia territorial, operativa y social. Su capacidad para atraer, retener y utilizar a niños y adolescentes no es posible sin una relación directa o indirecta con estructuras estatales que permiten esa expansión.

Esta ponencia parte de una hipótesis estructural: el reclutamiento de menores es una manifestación concreta de la gobernanza criminal, en contextos donde sectores del Estado no solo se muestran ineficaces, sino que actúan bajo una lógica patrimonialista del poder, en la que las funciones públicas se ejercen como propiedad privada. Bajo esta lógica, la soberanía se fragmenta y se negocia, permitiendo que actores criminales ejerzan autoridad, distribuyan recursos o impartan justicia, incluso en presencia de instituciones formales.

Para comprender esta dinámica, es necesario analizar cómo el patrimonialismo configura un ecosistema institucional donde la cultura del privilegio opera como matriz organizadora de las relaciones sociales y políticas. Como concepto weberiano actualizado para el contexto latinoamericano, el patrimonialismo describe un sistema donde los funcionarios no distinguen entre lo público y lo privado, ejerciendo el poder estatal como patrimonio personal o grupal. Esta concepción trasciende la corrupción puntual: constituye una forma arraigada de concebir el poder como botín repartible, donde la legalidad se aplica según criterios de proximidad personal, lealtad política o capacidad de intercambio.

Esta matriz genera una cultura del privilegio que permea el conjunto de las relaciones sociales. En esta cultura, el acceso a bienes públicos, la aplicación de la ley y el ejercicio de derechos no opera según criterios universales, sino que se negocia particularmente según el estatus, los vínculos o la influencia individual. La legalidad deja de ser un principio impersonal para convertirse en un recurso que puede ser condicionado, eludido o instrumentalizado.

Este orden dual —donde coexisten normas formales con prácticas informales— crea las condiciones estructurales para la emergencia de la gobernanza criminal. Las organizaciones delictivas no necesitan destruir al Estado: les resulta más eficiente insertarse en sus intersticios, aprovechando la matriz patrimonialista existente para establecer relaciones con sectores estatales. La criminalidad organizada puede integrarse al orden social como actor privilegiado que goza de impunidad, negocia territorios de influencia y ejerce funciones cuasi-estatales de regulación, protección y castigo.

En estos sistemas híbridos, el reclutamiento de menores forma parte de un orden compartido entre actores legales e ilegales. La captación infantil reproduce y consolida la gobernanza criminal al permitir a las organizaciones delictivas expandir su control territorial, generar lealtades duraderas y asegurar la sostenibilidad intergeneracional de sus estructuras. Esta práctica es posible porque el aparato estatal opera según criterios de protección diferenciada: mientras algunos menores son efectivamente protegidos, otros quedan expuestos a la captación criminal mediante omisiones sistemáticas, complicidades activas o delegaciones informales de autoridad.

Sobre esta base conceptual, este trabajo analizará el fenómeno del reclutamiento infantil como parte de un entramado más amplio de poder, articulando los conceptos de gobernanza criminal, cultura del privilegio y patrimonialismo con evidencia empírica procedente de casos documentados en Ecuador, Colombia y México. El objetivo es demostrar que el reclutamiento de menores no es un fenómeno periférico o una simple consecuencia de la pobreza, sino una manifestación estructural de sistemas de poder profundamente arraigados que requieren transformaciones institucionales y legales.

2. EVIDENCIA FRAGMENTADA: SÍNTOMAS DE UN PROBLEMA REGIONAL

El análisis cuantitativo del reclutamiento de niños, niñas y adolescentes por organizaciones criminales en América Latina enfrenta serias limitaciones metodológicas que impiden contar con datos homogéneos, generales y completos. Esta situación se presenta por múltiples factores: la naturaleza clandestina del fenómeno, las diferencias en los sistemas de registro entre países, la variabilidad en las definiciones operativas del reclutamiento, y las limitaciones en el acceso a territorios controlados por grupos criminales.

Cada país emplea metodologías, marcos temporales y criterios de medición distintos, lo que imposibilita realizar comparaciones directas o establecer tendencias regionales precisas. Mientras algunos estudios se enfocan en casos verificados de reclutamiento forzado, otros incluyen diferentes formas de vinculación voluntaria o coercitiva. Esta heterogeneidad metodológica refleja no solo las particularidades de cada contexto nacional, sino también las limitaciones institucionales para desarrollar sistemas de información unificados.

Un ejemplo de esta fragmentación se observa en Ecuador, donde el Observatorio Ecuatoriano de Crimen Organizado (OECO) y la Fundación Panamericana para el Desarrollo (PADF, 2025) realizaron un estudio sin precedentes que reveló que de casi 3.000 adolescentes encuestados entre

12 y 17 años en nueve ciudades de la región Costa, alrededor de 300 menores (8,1%) afirmaron pertenecer a una banda delictiva[2].

La situación en Colombia ilustra otras dimensiones de esta fragmentación. La Coalición contra la vinculación de niños, niñas y jóvenes al conflicto armado[3] identificó en el primer semestre de 2024 un total de 78 eventos que afectaron por lo menos 142 niños, niñas y adolescentes por reclutamiento, representando un incremento significativo en comparación con el año 2023. De las 142 víctimas, 39 correspondieron al sexo femenino y 99 al masculino.

El caso mexicano revela quizás las dimensiones más amplias del problema, pero también las mayores incertidumbres metodológicas. Datos de la Red por los Derechos de la Infancia en México (REDIM) estiman que, entre 2018 y 2020, había 460.000 niñas, niños y adolescentes con algún rol dentro de un grupo delictivo, un incremento dramático desde los 35.000 calculados en 2011. Sin embargo, esta cifra abarca categorías muy amplias de "vinculación" que van desde tareas menores hasta participación directa en violencia, lo que dificulta evaluar la gravedad real del fenómeno[4].

Esta fragmentación no debe interpretarse como indicativo de la marginalidad del problema, sino como reflejo de las limitaciones institucionales para documentar una realidad que, por su naturaleza clandestina y los riesgos asociados a su denuncia, permanece largamente invisibilizada. Los datos disponibles representan, probablemente, apenas la punta del iceberg de una problemática que requiere respuestas coordinadas a nivel regional.

---

2 Observatorio Ecuatoriano de Crimen Organizado (OECO) y Fundación Panamericana para el Desarrollo (PADF). Estudio sobre la vinculación de niños, niñas y adolescentes a organizaciones criminales en Ecuador. Quito: OECO/PADF, 2025. Presentado 25 de junio, 2025. https://oeco.padf.org/estudio-vinculacion-ninos-ninas-organizaciones-criminales-en-ecuador-2/

3 Coalición contra la vinculación de niños, niñas y jóvenes al conflicto armado en Colombia (Coalico). Boletín de Monitoreo No. 31 del Observatorio de Niñez y Conflicto Armado – ONCA. "Resultado del ejercicio de monitoreo de eventos que afectan a niñas, niños y adolescentes en contextos de conflicto armado, enero-junio 2024". Bogotá: Coalico, septiembre 2024. https://coalico.org/wp-content/uploads/2024/09/Boletin-No.-31-ONCA.pdf

4 Red por los Derechos de la Infancia en México (REDIM) y Observatorio Nacional Ciudadano (ONC). Reclutamiento y utilización de niñas, niños y adolescentes por grupos delictivos en México. Acercamientos a un problema complejo. México: REDIM/ONC, 2021. https://issuu.com/infanciacuenta/docs/reclutamiento.v.digital-6_sept-final

3. MODALIDADES DE CAPTACIÓN DE MENORES

El reclutamiento de menores por parte del crimen organizado adopta múltiples modalidades que responden no solo a la lógica operativa de las organizaciones criminales, sino también a las condiciones institucionales que lo hacen posible. Lejos de constituir un fenómeno espontáneo o exclusivamente derivado de la coerción, la captación de niños y adolescentes responde a mecanismos sistemáticos que combinan tanto formas violentas como estrategias de seducción basadas en la promesa de ascenso social inmediato.

3.1. Estrategias de seducción y promesas de ascenso social

El análisis de LISA News[5] identifica una dimensión crucial: el reclutamiento no se produce únicamente por coerción, sino también a partir de promesas de realización inmediata. En contextos de alta exclusión social, las bandas criminales logran presentarse como estructuras de acogida, identidad y posibilidad económica, ofreciendo dinero inmediato, protección barrial y estatus simbólico.

Una de las formas más documentadas es la captación en espacios escolares y comunitarios, donde las organizaciones ofrecen dinero, estatus, protección o bienes simbólicos como teléfonos, zapatillas o armas. Según el informe de InSight Crime sobre Ecuador, bandas como Los Chone Killers o Los Lagartos utilizan las escuelas como plataformas para la selección y entrenamiento de menores, particularmente en Guayaquil y Durán, zonas estratégicas por su conexión con el puerto y el tráfico internacional de cocaína[6].

El modus operandi, identificado por el gobierno mexicano[7], confirma esta lógica al documentar que el reclutamiento opera a través de "invitaciones a través de redes sociales", "invitaciones a través de videojuegos", "falsas promesas de obtención de ingresos" y "falsas promesas de oportunidad de

---

5 LISA News. 2025. "El uso de menores en el crimen organizado de América Latina." *LISA News.*

6 Ramírez, María Fernanda. 2023. "Disputes Over Drug Trafficking Routes Drive Child Recruitment in Ecuador." *InSight Crime.*

7 Subsecretaría de Derechos Humanos, Población y Migración. 2021. *Mecanismo Estratégico del Reclutamiento y Utilización de NNA por Grupos Delictivos y la Delincuencia Organizada en Zonas de Alta Incidencia Delictiva en México.* Secretaría de Gobernación.

trabajo". Estas estrategias explotan las aspiraciones legítimas de los jóvenes en contextos donde las oportunidades formales son limitadas.

Como alerta Moriconi[8], vivimos en una sociedad donde el imperativo dominante es la búsqueda del placer y la satisfacción inmediata. En este contexto, las organizaciones criminales ofrecen narrativas de éxito que contrastan con las limitadas oportunidades legales. Esta lógica explica manifestaciones como la preferencia expresada por jóvenes que declaran preferir una vida breve pero llena de lujos y reconocimiento social que proporciona la actividad criminal, en lugar de una existencia prolongada pero marcada por la precariedad económica.

Estas subculturas criminales refuerzan la identidad mediante la exhibición de armas, videos musicales con contenido narcocultural y referencias a las virtudes de la vida delictiva. En contextos de alta informalidad económica, las economías ilegales adquieren una rentabilidad funcionalmente integrada a la vida cotidiana, generando una moral utilitaria donde la violencia se naturaliza como subcultura de resistencia.

3.2. Formas coercitivas y violencia directa

Además del reclutamiento por seducción o promesa, se documentan formas coercitivas: amenazas a la familia, violencia directa, imposición de lealtades o utilización de la cárcel juvenil como plataforma de iniciación[9].

En relación con el Rancho Izaguirre en México, jóvenes de diversos estados, como Coahuila y Jalisco, eran captados mediante falsas ofertas de empleo publicadas en redes sociales, prometiéndoles trabajos como choferes, electricistas o guardias de seguridad. Una vez que aceptaban, eran citados en la central de autobuses de Guadalajara, donde comenzaba su pesadilla: les quitaban sus pertenencias, los vendaban y los trasladaban al rancho, a unos 59 kilómetros de la capital jalisciense[10]. La primera etapa de

---

8 Moriconi, M. (2021). "El colapso de la legalidad y la naturalización de la transgresión". Los actores implicados en la gobernanza criminal en América Latina. Real Instituto Elcano.

9 Comisión Interamericana de Derechos Humanos. 2016. *Violencia, crimen organizado y niñez en riesgo en América Latina*. Washington, D.C. Organización de los Estados Americanos.

10 Línea por línea. 25/03/2025. "Así reclutaba el "Comandante Lastra" a sus víctimas en rancho Izaguirre". https://lineaporlinea.com/2025/03/25/asi-reclutaba-el-comandante-lastra-a-sus-victimas-en-rancho-izaguirre/

adiestramiento incluía ejercicio físico extremo, pero "si había un error, te mataban. Había alambres de púas, eran como 30 centímetros para pasar pecho tierra, si quedabas atrapado, te mataban"[11].

3.3. Progresión sistemática de funciones criminales

Las ventajas del reclutamiento para el crimen organizado son numerosas. Como revela el Observatorio Nacional Ciudadano en México, los menores son vistos como una "inversión de bajo costo" por los grupos criminales, debido a su capacidad de generar beneficios, su bajo perfil legal y la facilidad para imponerles disciplina interna[12]. Esta lógica operativa se sustenta en una racionalidad empresarial que aprovecha tanto las vulnerabilidades legales como las características psicológicas de los menores.

El Mecanismo Estratégico del Reclutamiento y Utilización de NNA del gobierno mexicano[13] establece que "las actividades de NNA en zonas de alta incidencia dependen negativamente de la probabilidad de captura y de la severidad de la penalidad", generando una lógica de costo-beneficio que las organizaciones criminales explotan estratégicamente.

3.3.1. Estructura escalonada del reclutamiento por edades

Los datos oficiales confirman que los roles asignados a los menores dependen fundamentalmente de su edad y capacidades. Los niños de entre 6 y 12 años son utilizados inicialmente como mensajeros, para reclutar a otros menores, transportar drogas e incluso sufrir explotación sexual. Los adolescentes de 13 a 17 años, en cambio, son incorporados a actividades más complejas y violentas.

---

11 Nación 321. "Atrocidades y violencia: Así era la estadía en el Rancho Izaguirre, según sobrevivientes" https://www.nacion321.com/seguridad/2025/03/19/atrocidades-y-violencia-asi-era-la-estadia-en-el-rancho-izaguirre-segun-sobrevivientes/

12 Red por los Derechos de la Infancia en México (REDIM) y el Observatorio Nacional Ciudadano de Seguridad, Justicia y Legalidad (ONC). 2021. *Reclutamiento y utilización de niños, niñas y adolescentes por grupos delictivos en México.* Ciudad de México. https://derechosinfancia.org.mx/v1/reclutamiento-y-utilizacion-de-ninas-ninos-y-adolescentes-por-grupos-delictivos-en-mexico/

13 Subsecretaría de Derechos Humanos, Población y Migración. 2021. *Mecanismo Estratégico del Reclutamiento y Utilización de NNA por Grupos Delictivos y la Delincuencia Organizada en Zonas de Alta Incidencia Delictiva en México.* Secretaría de Gobernación.

Esta distribución etaria responde a una progresión típica del reclutamiento que incluye tres niveles claramente diferenciados:

- Nivel inicial: Mensajero y/o mandadero, persuasión a otros menores para que se dediquen a actividades delictivas
- Nivel intermedio: Robo sin violencia, extorsión digital o vía telefónica, halconeo, vigilancia de casas de seguridad, producción y venta de drogas
- Nivel avanzado: Sicariato, secuestro, desaparición de cuerpos, cobro de piso[14]

3.3.2. Socialización criminal y transformación psicológica

Esta progresión opera como un mecanismo de socialización criminal que trasciende la simple asignación de tareas. Como señala el documento mexicano, el proceso "presenta una estructura psicológica y patrones de conducta poco empáticos, incapaces de reconocer necesidades y sentimientos de otras personas pudiendo alcanzar niveles altos de agresividad"[15].

El escalamiento funcional implica una transformación gradual de la identidad del menor, donde cada nivel consolida habilidades, lealtades y disposiciones que lo preparan para el siguiente. Esta lógica replica patrones de movilidad social legítima —formación, especialización, promoción— pero aplicados a actividades criminales, ofreciendo a los menores excluidos del sistema formal una alternativa de reconocimiento y progreso.

La magnitud del fenómeno es alarmante: según REDIM[16], entre 145 mil y 250 mil niños y adolescentes están en riesgo de ser reclutados en México, evidenciando que el crimen organizado ha desarrollado una capacidad

---

14 Subsecretaría de Derechos Humanos, Población y Migración. 2021. *Mecanismo Estratégico del Reclutamiento y Utilización de NNA por Grupos Delictivos y la Delincuencia Organizada en Zonas de Alta Incidencia Delictiva en México.* Secretaría de Gobernación.

15 Subsecretaría de Derechos Humanos, Población y Migración. 2021. *Mecanismo Estratégico del Reclutamiento y Utilización de NNA por Grupos Delictivos y la Delincuencia Organizada en Zonas de Alta Incidencia Delictiva en México.* Secretaría de Gobernación.

16 Comisión Interamericana de Derechos Humanos (CIDH). 2023. *Violencia, crimen organizado y niñez en riesgo en América Latina.* Organización de los Estados Americanos.

industrial para la captación y formación de menores, convirtiéndolos en recursos humanos especializados dentro de sus estructuras operativas.

3.4. Escuelas de sicarios

Este proceso se ha sofisticado al punto de incluir "escuelas de sicarios", donde los menores aprenden el uso de armas de alto calibre, tácticas de vigilancia y asesinato por encargo. No se trata de improvisaciones, sino de espacios estables de formación criminal en barrios periféricos donde la autoridad estatal es desplazada o subordinada. Las bandas no solo reclutan, también imparten formación, estructuran jerarquías internas y organizan "carreras criminales", muchas veces con apoyo o connivencia policial.

Un ejemplo documentado de estas estructuras, en Ecuador, es la denominada "escuela de sicarios" del Cerro Las Cabras, en Durán, donde menores —algunos de apenas 10 años— son iniciados en tareas de vigilancia y microtráfico, para luego ser entrenados en el uso de armas y en la ejecución de crímenes violento. "Primero venden y después les dan un arma y se convierten en sicarios", según el coronel de la policía Jorge Hadathy[17]. Cabecillas como Junior Roldán, alias JR de Los Choneros, declarado muerto en Colombia hace un año, y Ben 10, líder de los Chone killers, provienen del Cerro Las Cabras. Ambos empezaron en el mundo criminal como sicarios[18].

En 2022, cómo operaban las escuelas de sicarios en Ecuador, relacionadas con la mafia albanesa. Niños desde los 10 años se reúnen en las canchas de barrios pobres de Guayaquil para aprender cómo manejar y rastrillar un arma. Este, según el medio británico, es el primer paso para que los jóvenes aspirantes a sicarios se unan a las bandas que compiten por el creciente mercado de cocaína en Europa[19].

---

17 *El Financiero.* "La 'escuelita del terror' del CJNG en Jalisco". https://www.elfinanciero.com.mx/nacional/2025/04/21/escuelita-del-terror-cjng-jalisco/.

18 Infobae. 11/05/2024. "Cómo es vivir en Durán, la ciudad que se convirtió en escuela de sicarios y almacén de cocaína de Ecuador". Observatorio Nacional Ciudadano (ONC). *Reclutamiento y utilización de menores por grupos delictivos.* Ciudad de México: ONC, 2023.

19 Infobae. 28/09/22. "Así opera la mafia albanesa en Ecuador con su "escuela de sicarios" para niños". https://www.infobae.com/america/america-latina/2022/09/28/asi-opera-la-mafia-albanesa-en-ecuador-con-su-escuela-de-sicarios-para-ninos/

Un fenómeno distinto, aunque comparable en su lógica operativa, se ha registrado en México, en el denominado Rancho Izaguirre o "escuelita del terror" en Teuchitlán, Jalisco, utilizado por el Cártel Jalisco Nueva Generación (CJNG) como centro clandestino de reclutamiento, adoctrinamiento y entrenamiento de jóvenes sicarios. Allí se han documentado fosas clandestinas, hornos crematorios rudimentarios y testimonios de sobrevivientes sobre procesos de formación criminal forzada. El lugar incluía un galpón techado con lámina donde dormían más de 200 reclutas, presuntamente del CJNG, que estaban hacinados. Había estructuras de entrenamiento físico, un laberinto y botes metálicos enterrados. Según testimonios de jóvenes: "No usaban nombres, solo apodos. Pasaban lista así. Yo conté poco más de 200 personas cuando llegamos". Alejandro Gertz Manero informó que identificaciones encontradas en el rancho Izaguirre del CJNG en Teuchitlán, Jalisco, corresponden a sicarios del crimen organizado que ya fueron detenidos en otros estados del país. Esto confirma la funcionalidad operativa del centro como productor sistemático de sicarios para la organización criminal[20].

3.5. Reclutamiento digital

Otra modalidad identificada es la captación digital[21], particularmente activa en México, donde el uso de TikTok[22] permite a los cárteles establecer vínculos tempranos con menores, presentando el crimen como vía de ascenso social. Sin embargo, esta dimensión tecnológica debe leerse como

---

20 Infobae. "Así funcionaba la "escuelita del terror", el rancho donde el CJNG adiestraba a jóvenes para convertirlos en sicarios", 25/03/25 y Reuters. "Cómo los cárteles de México reclutan a niños y los preparan para convertirse en asesinos", 28/05/25. El Tiempo. 25/05/25. "El horror del Rancho Izaguirre: así reclutaba el CJNG a sus víctimas". https://eltiempomx.com/noticia/2025/el-horror-del-rancho-izaguirre-asi-reclutaba-el-cjng-a-sus-victimas.html. El Universal, "Caso Teuchitlán: Así reclutaba "El Lastra" para el CJNG; redes y central camionera, los caminos que conducen al rancho Izaguirre". 24/03/25. https://www.eluniversal.com.mx/nacion/caso-teuchitlan-asi-reclutaba-el-lastra-para-el-cjng-redes-sociales-y-centrales-camioneras-claves-para-llegar-al-rancho-izaguirre/

21 Insight Crime. "¿Está preparada América Latina para frenar el reclutamiento digital criminal?", 07/08/25, https://insightcrime.org/es/noticias/reclutamiento-digital-auge-america-latina/

22 Informador.mx. Cárteles reclutan a menores por medio de videojuegos; así operan" 22/12/24.

una extensión de un problema estructural mayor: la institucionalización del reclutamiento como práctica operativa del crimen organizado[23].

El Mecanismo Estratégico del Reclutamiento y Utilización de NNA del gobierno mexicano identifica múltiples modalidades que van desde invitaciones, a través de redes sociales, de videojuegos y hasta formas más coercitivas como amenazas directas o indirectas (familia o comunidad) y privación de la libertad. El documento revela que los cárteles reclutan a menores de entre 6 y 17 años para involucrarlos en una amplia gama de actividades delictivas, desde el traslado de mensajes, hasta la comisión de crímenes graves como el sicariato y la desaparición de cuerpos. Los cárteles utilizan engaños, promesas falsas de empleo, regalos, dinero e incluso amenazas directas contra los menores o sus familias para coaccionarlos[24].

4. NEOPATRIMONIALISMO, CULTURA DEL PRIVILEGIO Y GOBERNANZA CRIMINAL: CONDICIONES ESTRUCTURALES DEL RECLUTAMIENTO DE MENORES

En la mayoría de los casos documentados, el punto común es la capacidad de las organizaciones criminales para ejercer autoridad sobre territorios, vidas y expectativas, supliendo funciones básicas del Estado y produciendo estructuras paralelas de orden. La captación de menores no puede entenderse únicamente como una forma de violencia instrumental, sino como un mecanismo de integración social dentro de órdenes criminales que operan con estabilidad, previsibilidad y control, en muchos casos más eficaces que las instituciones estatales[25].

Esta funcionalidad sistémica solo es posible en contextos donde los representantes del Estado, bajo una concepción patrimonialista del poder, entienden sus cargos institucionales y las competencias públicas conferidas como patrimonio personal o de grupo, disponibles para el uso privado.

---

23 Telediario, 19/02/2025. "Cárteles mexicanos reclutan niños a través de "Free Fire"; les depositan dinero y se los llevan a otro estado".

24 Gobierno de México. (2021). *Mecanismo Estratégico del Reclutamiento y Utilización de NNA por Grupos Delictivos y la Delincuencia Organizada en Zonas de Alta Incidencia Delictiva en México.* Subsecretaría de Derechos Humanos, Población y Migración.

25 Sobre la eficacia del crimen organizado, frente al estado, Arias, E. D. (2006). "The Dynamics of Criminal Governance: Networks and Social Order in Rio de Janeiro". Journal of Latin American Studies, (38), 293-325 y Arias, E. D. (2017). Criminal Enterprise and Governance in Latin America. Cambridge University Press.

Desde esta lógica, estos representantes estatales negocian o ceden —total o parcialmente— territorios y competencias al crimen organizado, legitimando implícitamente estas prácticas[26].

Es precisamente, en este marco, donde el reclutamiento de menores se convierte en una expresión concreta de gobernanza criminal. Las organizaciones criminales administran el territorio cedido como patrimonio propio, replicando la misma lógica patrimonialista que caracteriza a los funcionarios estatales que facilitaron dicha cesión[27]. Bajo esta dinámica, los recursos institucionales —incluida la capacidad de proteger a la infancia o de aplicar la ley— se omiten selectivamente, explicando tanto la permisividad estructural con las redes de captación, por parte de las autoridades estatales, como la continuidad del reclutamiento como práctica funcional y socialmente aceptada.

4.1. Cultura del privilegio

El crimen organizado no se impone sobre el Estado desde afuera. Su desarrollo y sostenibilidad depende del grado de complicidad que logre de los representantes estatales, aprovechando una cultura política e institucional históricamente condicionada por una concepción patrimonialista del poder. Esta lógica —identificada como neopatrimonialismo— ha modelado, en buena parte de América Latina, formas de gestión pública donde lo estatal se administra como propiedad privada, y donde el ejercicio del poder responde a redes personales más que a normas impersonales. El resultado es una institucionalidad frágil, propensa a la captura y funcional a actores ilegales[28].

A partir de esta matriz estructural surge la cultura del privilegio, definida como un patrón de relaciones, valores y prácticas que normaliza el acceso desigual a los bienes públicos y a la aplicación de la ley. En esta cultura,

---

26 Alda Mejías, S. (2023). "Neopatrimonialismo y gobernanza criminal". *Revista Científica General José María Córdova*, 21(43), 667-684.

27 Alda Mejías, S. (2021). "La cultura del privilegio y la privatización de las funciones públicas, elementos esenciales para la gobernanza criminal". En S. Alda Mejías & C. Sampó (Coords.), *Los actores implicados en la gobernanza criminal en América Latina.* Real Instituto Elcano; Fundación Friedrich Naumann (Región Andina); Universidad de la Plata.

28 Alda Mejías, S. (2023). "Neopatrimonialismo y gobernanza criminal". *Revista Científica General José María Córdova*, 21(43), 667-684.

la legalidad no opera como principio universal, sino como un recurso selectivo que puede ser negociado, condicionado o eludido según el estatus, los vínculos o la capacidad de influencia de los individuos. Se trata de una cultura integral y compartida, no afecta solo a las élites estatales, sino que es reproducida también por amplios sectores sociales, generando una expectativa generalizada de trato diferenciado y una aceptación estructural de la ilegalidad funcional[29].

4.1.1. La hibridación institucional

El análisis de la gobernanza criminal requiere comprender las condiciones estructurales que la hacen posible. Como explica Sampó, los altos niveles de corrupción y de impunidad en la región hacen posible la penetración de las organizaciones criminales en las estructuras gubernamentales, facilitando regímenes de gobernanza criminal[30]. Esta penetración no es fortuita, sino que se basa en una concepción compartida del poder que trasciende la dicotomía entre legalidad e ilegalidad.

La hibridación institucional característica del neopatrimonialismo se manifiesta en lo que O'Donnell denominó "zonas marrones", espacios donde "existe el Estado burocrático, pero no el legal"[31]. En estas zonas, la gobernabilidad bajo la influencia del crimen organizado ha ido creciendo en América Latina a nivel local. Esta gobernabilidad se basa en la interacción entre el Estado, las facciones criminales y las comunidades, con relaciones mediadas por sus capacidades donde el uso de la violencia tiene un papel central, aunque también la negociación, acuerdos y transacciones entre estos tres actores explican la gobernanza criminal[32].

---

29 Alda Mejías, S. (2017). "Buen gobierno y cultura de la legalidad, componentes esenciales de las políticas de seguridad contra el crimen organizado". En C. Sampó & V. Tronkoso (Coords.), El crimen organizado en América Latina: manifestaciones, facilitadores y reacciones. Instituto Universitario Gutiérrez Mellado (UNED).

30 Sampó, C. (2021). "Entre legalidad, privilegios y crimen organizado: notas para el estudio de la gobernanza criminal en América Latina". En S. Alda & C. Sampó (Coords.), Los actores implicados en la gobernanza criminal en América Latina. Real Instituto Elcano, 53-78.

31 O'Donnell, G. (1998). Estado, democratización y ciudadanía. *Nueva Sociedad,* (128).

32 Garzón Vergara, J. C. (2021). El juego de la gobernabilidad: el Estado, los criminales y el orden local. En S. Alda Mejías & C. Sampó (Coords.), Los actores

Frente a esta cultura del privilegio, y conviviendo con ella, se sitúa la cultura de la legalidad, entendida como una dimensión clave del concepto de buen gobierno. Este se refiere a un modelo de gobernanza pública basado en el respeto al Estado de derecho, la rendición de cuentas, la transparencia, la profesionalización del servicio público y la garantía de derechos igualitarios. Desde esta perspectiva, un sistema de buen gobierno no solo requiere leyes justas, sino instituciones eficaces y funcionarios íntegros que actúen con sujeción a normas públicas[33].

Sin embargo, en muchas democracias latinoamericanas, ambas culturas —la del privilegio y la de la legalidad— coexisten de forma estructural, generando un orden institucional híbrido que debilita la coherencia normativa del sistema. Esta convivencia no es simplemente contradictoria, sino que configura un orden dual, como explicó O'Donnell, en el que normas formales y prácticas informales se entrelazan, condicionando la acción estatal. En este contexto, la aplicación desigual de la ley no es una anomalía, sino una manifestación sistémica del modo en que opera el poder en el nivel cotidiano.

Este tipo de orden, como ha teorizado Schultze-Kraft, facilita la emergencia de lo que denomina crimilegalidad: un entramado de relaciones funcionales entre actores legales e ilegales que coexisten y cooperan en el ejercicio del poder territorial, la provisión de servicios o el control social. En estos escenarios, la frontera entre legalidad e ilegalidad se difumina, y lo estatal y lo criminal se articulan en formas de autoridad compartida que, lejos de generar conflicto, estabilizan una gobernanza local informalmente aceptada[34].

4.2. Indicadores empíricos de la cultura del privilegio a nivel regional

Esta hibridación institucional se traduce empíricamente en tres indicadores interrelacionados que caracterizan muchos Estados latinoamericanos, bajo imperio de la ley, alta corrupción y elevada impunidad.

---

implicados en la gobernanza criminal en América Latina. Real Instituto Elcano; Fundación Friedrich Naumann (Región Andina).

33 Villoria, M. (2014). "Buen gobierno y calidad de la democracia". Revista Española de Ciencia Política, (36), 55-81

34 Schultze-Kraft, M. (2021). Las bases morales y normativas de la "connivencia" entre los órdenes políticos legal e ilegal: una aproximación desde el concepto de la crimilegalidad. En S. Alda Mejías & C. Sampó (Coords.), Los actores implicados en la gobernanza criminal en América Latina. Real Instituto Elcano; Fundación Friedrich Naumann (Región Andina).

Gráfico 1. Imperio de la Ley

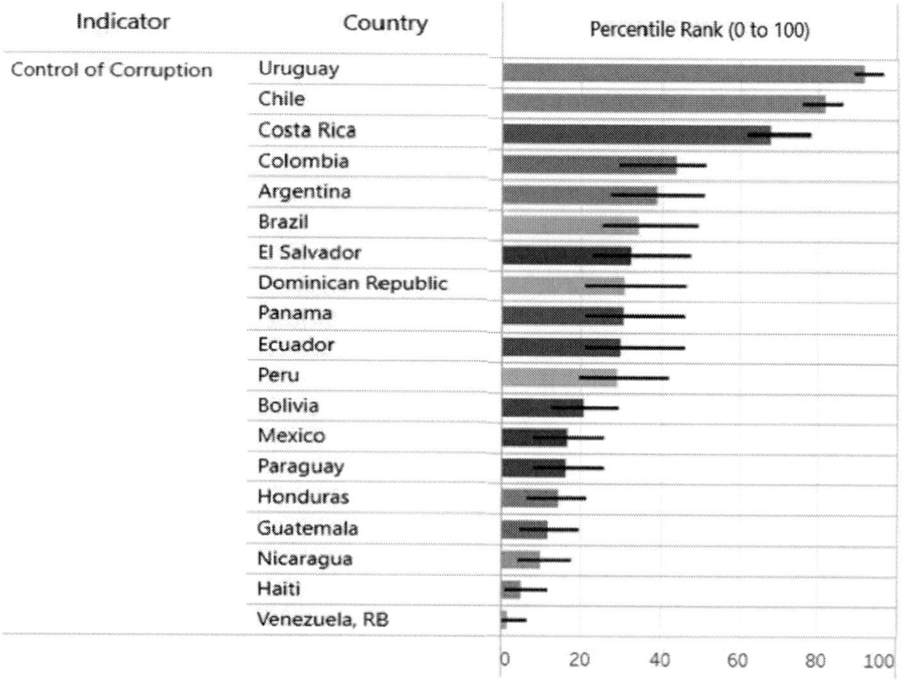

Fuente: World Justice Project (2023).

La mayoría de los países latinoamericanos se ubica en percentiles inferiores (por debajo del 50), indicando que el debilitamiento del estado de derecho es un fenómeno generalizado en la región[2]. Solo Chile, Uruguay y Costa Rica superan el percentil 70, mientras que aproximadamente dos tercios están por debajo del percentil 40. Lo que significa que, según, los países, el cumplimiento de la norma se puede negociar o incluso evitar, a través de la corrupción. No por casualidad, los niveles de corrupción son altos en la región.

Respecto a la corrupción, este índice se presenta alto en la región, en una relación inversamente proporcional a los índices del imperio de la ley. Uruguay, Chile y Costa Rica, los países con los mejores niveles de imperio de la ley en la región, es donde existe menor percepción de corrupción. Por el contrario, la relación se invierte en aquellos países donde los niveles de percepción de corrupción son más altos, ya que se corresponden con niveles bajos de fortaleza del imperio de la ley, como se observa en el siguiente gráfico:

Gráfico 2. Índice de percepción de corrupción

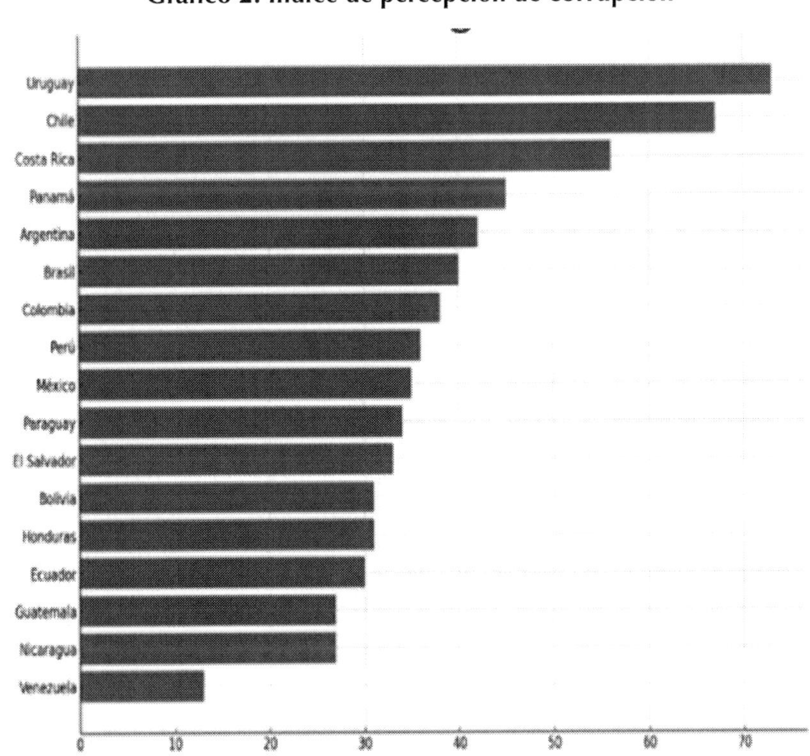

Fuente: Transparencia Internacional, 2024.

En este caso 0 significa la peor puntuación y 100 la mejor. Los altos niveles de percepción de la corrupción, en términos generales también se corresponden con altos niveles de impunidad, ya que este es el objetivo último[35].

En este entorno institucional y cultural, el crimen organizado no necesita enfrentarse al Estado, le basta con insertarse en sus instituciones a través de funcionarios corruptos. La cultura del privilegio, al debilitar las barreras normativas y favorecer la discrecionalidad, facilita esta inserción. Las redes criminales se integran al entramado estatal mediante sobornos, favores, complicidades o aprovechando la pasividad institucional[36]. Lejos de ser un

35 Global Impunity Index. (2024). *IGI 2024*. Universidad de las Américas Puebla.

36 Alda Mejías, S. & G. Rodriguez (Coord.). (2021). *Seguridad, corrupción e impunidad en América Latina*. Real Instituto Elcano. Universidad de las Américas Puebla; Real Instituto Elcano; Fundación Friedrich Naumann (Región Andina).

agente externo, el crimen organizado actúa como actor privilegiado dentro del sistema institucional, con capacidad para operar sin sanción efectiva.

El reclutamiento de menores debe interpretarse como una manifestación específica de esta configuración estructural. Los niños y adolescentes son incorporados a estructuras criminales no en un vacío estatal, sino dentro de un entorno donde las instituciones encargadas de protegerlos han sido debilitadas o capturadas. La corrupción permite omitir denuncias o proteger a los reclutadores. La impunidad garantiza su continuidad[37]. El bajo imperio de la ley legitima su reproducción. Y la cultura del privilegio da sentido y cobertura a estas prácticas, que se perciben como parte del orden establecido.

4.3. La tolerancia social como sustento de la gobernanza criminal

La persistencia del reclutamiento de menores, por parte del crimen organizado, no puede explicarse únicamente por la coerción o la necesidad económica. Requiere comprender cómo la sociedad normaliza y tolera prácticas que formalmente son ilegales, creando un entorno permisivo donde estas actividades pueden desarrollarse con relativa aceptación social. La reproducción de la cultura del privilegio solo es posible cuando el privilegio y la corrupción han sido normalizados por todos los actores sociales, económicos y políticos, por gobernantes y gobernados, por los privilegiados y los que no lo son[38].

Esta tolerancia opera dentro de un patrón donde la aplicación y el acatamiento de la norma no siempre están asegurados y pueden ser negociados de manera particular, generando una subcultura donde la legalidad se convierte en un recurso selectivo que puede ser eludido según el estatus, los vínculos o la capacidad de influencia de los individuos. Cada vez que un ciudadano pretende evadir una multa, evitar un engorroso trámite o comprar artículos en mercados informales de mercancías robadas, se está reproduciendo esta cultura. En cada acto se negocia el cumplimiento de

---

37 Secretaría de Gobernación. *Mecanismo Estratégico del Reclutamiento y Utilización de NNA por Grupos Delictivos y la Delincuencia Organizada en Zonas de Alta Incidencia Delictiva en México.* Subsecretaría de Derechos Humanos, Población y Migración, 2021.

38 Alda Mejías, S. (2020). "La cultura de la legalidad como motor dinamizador de la seguridad, el desarrollo y la gobernabilidad". En S. Alda, C. Sampó & Rodríguez (Eds.), La seguridad en el marco del Estado de Derecho. Universidad de la Plata; Universidad de las Américas Puebla; Real Instituto Elcano.

la norma para quedar eximido de ella, hasta que el soborno y el desprecio por la norma se normalizan como práctica cotidiana[39].

4.3.1. La naturalización cotidiana de la transgresión

Los datos empíricos confirman esta dinámica. El director regional para las Américas de Transparencia Internacional destacó que "casi la tercera parte de los usuarios de servicios públicos pagó sobornos" en América Latina, representando más de 90 millones de personas. Sin embargo, lo más revelador es que "una gran mayoría de estas personas pudieron haber evitado pagar ese soborno", evidenciando la naturalización del soborno como práctica cotidiana[40].

Esta tolerancia hacia la transgresión se confirma en el Latinobarómetro de 2018, ante la pregunta de *"Se puede pagar el precio de cierto grado de corrupción, siempre que se solucionen los problemas del país* cuatro de cada diez latinoamericanos (40%) están dispuestos a pagar el precio de la corrupción para solucionar problemas[41].

Cuando tiene lugar esta normalización, los no privilegiados no aspiran a la igualdad, sino a convertirse también en privilegiados, alimentando permanentemente esta cultura[42]. Esto explica que procuren el favor y la protección de los privilegiados, sean estos legales o ilegales, o recurran a la corrupción para alcanzar el éxito. Como advierte Moriconi, el sistema legal pierde su función como principio rector de la sociedad al dejar de constituir una vía eficaz para alcanzar condiciones de vida adecuadas, habiendo perdido tanto su credibilidad como su legitimidad social[43].

---

39 Alda Mejías, S. (2017). "Buen gobierno y cultura de la legalidad, componentes esenciales de las políticas de seguridad contra el crimen organizado". En C. Sampó & V. Tronkoso (Coords.), *El crimen organizado en América Latina: manifestaciones, facilitadores y reacciones.* Instituto Universitario Gutiérrez Mellado (UNED).

40 Nueva Sociedad. (2017). "¿Cómo percibimos la corrupción en América Latina? Entrevista a Alejandro Salas". https://nuso.org/articulo/como-percibimos-la-corrupcion-en-america-latina/

41 Latinobarometro, 2018, https://www.latinobarometro.org/latContents.jsp

42 Alda Mejías, S. (2020). "La cultura de la legalidad como motor dinamizador de la seguridad, el desarrollo y la gobernabilidad". En S. Alda, C. Sampó & Rodríguez (Eds.), *La seguridad en el marco del Estado de Derecho.* Universidad de la Plata; Universidad de las Américas Puebla; Real Instituto Elcano.

43 Moriconi, M. (2021). El colapso de la legalidad y la naturalización de la transgresión. En S. Alda Mejías (Coord.). Los actores implicados en la gobernan-

4.3.2. La proximidad comunitaria al crimen organizado

Esta tolerancia estructural genera condiciones propicias para la normalización de la presencia criminal en el entorno cotidiano. El estudio ecuatoriano del OECO (2025) documenta que el 13,6% de adolescentes reporta tener familiares vinculados con grupos criminales, el 27,6% conoce a alguien que forma parte de una banda criminal, y el 51,1% afirmó saber que existen grupos delictivos en su sector. En ciudades como Santa Elena y Durán, ese porcentaje supera el 75%[44]. Esta proximidad familiar y comunitaria al crimen organizado opera como un factor de normalización que facilita el reclutamiento e indica una profunda penetración del crimen organizado en el tejido social que trasciende la simple presencia territorial.

El análisis del gobierno mexicano (2025) sobre el reclutamiento de NNA confirma esta dinámica al identificar que, en las 18 entidades federativas con mayor incidencia delictiva, los factores sociales y culturales incluyen el deterioro de las estructuras comunitarias, patrones normativos que naturalizan la violencia, y la debilidad institucional del sistema jurídico, elementos que propician la aceptación social de comportamientos transgresores[45].

En Colombia, se ha documentado que, en la mayoría de los casos, el reclutamiento está determinado por relaciones de vecindad e incluso familiaridad entre delincuentes reclutadores y niños, niñas y adolescentes reclutados, pues unos y otros forman parte de una misma comunidad[46].

---

za criminal en América Latina. (pp. 75-85). Real Instituto Elcano; Fundación Friedrich Naumann (Región Andina).

44 Observatorio Ecuatoriano de Crimen Organizado & Fundación Panamericana para el Desarrollo. (2025). *Estudio sobre vinculación de niños, niñas y adolescentes a organizaciones criminales en Ecuador.* OECO-PADF.

45 Gobierno de México. (2021). *Mecanismo Estratégico del Reclutamiento y Utilización de NNA por Grupos Delictivos y la Delincuencia Organizada en Zonas de Alta Incidencia Delictiva en México.* Subsecretaría de Derechos Humanos, Población y Migración.

46 Consejería Presidencial para los Derechos Humanos y Asuntos Internacionales. (2021). Informe sobre el reclutamiento, uso y utilización de niños, niñas y adolescentes por grupos armados organizados y grupos delictivos organizados (2016-2020). Bogotá.

5. LA COMPLICIDAD ESTRUCTURAL Y LA LEGITIMACIÓN DEL CRIMEN ORGANIZADO

La complicidad social con el crimen organizado no es un fenómeno accidental, sino estructural. Esta complicidad es posible porque los representantes del Estado no siempre aplican leyes y políticas de manera universal, sino que utilizan su poder de manera discrecional, tomando como criterio consideraciones subjetivas —relaciones, preferencias personales o dinero— en lugar de criterios imparciales y objetivos. Bajo esta cotidianidad, se genera una convicción social compartida de que las leyes no se cumplen, que la aplicación es parcial e inequitativa, que es posible actuar con impunidad. Todo esto hace que sea muy costoso cumplir con la norma y que, finalmente, se asuma que sería mejor vivir en la legalidad, pero no es posible hacerlo cuando domina el privilegio.

En este marco se genera una dinámica que proporciona legitimidad a las organizaciones criminales, ya que brindan a la población servicios que el Estado no es capaz de proporcionar debido a que la corrupción estructural hace inviable la eficacia y eficiencia en los servicios más elementales. Por ello, para muchos ciudadanos, las bandas criminales llegan a ser consideradas una figura benefactora que inyecta dinero en sus economías locales.

Esto explica que la sociedad distinga entre privilegiados "buenos" o "malos". El criterio de esta distinción no es que sean legales o ilegales, sino su carácter benefactor[47]. Los "buenos" son reconocidos y tienen apoyo social porque se preocupan por los demás y socializan sus beneficios. No necesariamente de manera equitativa, sino bajo la misma lógica de desigualdad, pero responden a las necesidades o peticiones existentes.

Esta cultura explica manifestaciones como las protestas populares contra la detención de líderes criminales que son fuente de empleo, organizan fiestas y concursos de belleza que les granjean popularidad y reconocimiento local, o el desarrollo de toda una cultura basada en la admiración de los líderes y forma de vida de los miembros de estas organizaciones.

---

[47] Arias, E.D. (2006) "The Dynamics of Criminal Governance: Networks and Social Order in Rio de Janeiro" Journal of Latin American Studies, 38, pp. 293-325.

5.1. El crimen organizado como distribuidor alternativo de privilegios

En este contexto se explica la tolerancia familiar al reclutamiento de menores. Cuando el Estado sistemáticamente falla en garantizar condiciones básicas de vida para ciertos sectores, mientras otros acceden a oportunidades mediante privilegios o conexiones, las familias excluidas desarrollan una tolerancia pragmática hacia alternativas que formalmente son ilegales, pero que funcionalmente proporcionan lo que las instituciones legales no ofrecen.

El reclutamiento criminal no se percibe entonces como desviación moral, sino como una vía de movilidad social disponible para quienes están excluidos de los canales formales de progreso. El crimen organizado pasa a ser quien distribuye los privilegios que el Estado reserva para otros sectores, replicando la misma lógica de acceso desigual, pero desde la ilegalidad.

Esta racionalidad se evidencia en otros contextos de economías marginales. El trabajo de Kasas sobre la economía de la cocaína en Perú demuestra que "los productores de hoja de coca son conscientes de la participación en la cadena productiva de la cocaína y en la cadena de valor del crimen organizado. Sin embargo, esta dinámica es permisible pues los efectos negativos no son visibles ni tangibles y, por el contrario, los efectos dinamizadores de su economía doméstica sí lo son". La hoja de coca funciona como un "dinamizador cotidiano" de la economía familiar porque "no es fácilmente reemplazable por otros cultivos o por actividades económicas que requieran periodos largos de espera para la recuperación"[48].

De esta forma, la tolerancia social hacia el crimen organizado no surge de la ignorancia o la complicidad pasiva, sino que constituye una respuesta racional a un sistema donde el privilegio determina el acceso a oportunidades. Esta tolerancia es la que permite que el crimen organizado ejerza funciones de gobernanza territorial, distribuyendo recursos y oportunidades —incluido el reclutamiento de menores— como mecanismo de integración social en comunidades donde el Estado ha delegado o perdido su capacidad de proporcionar alternativas legales de progreso.

---

[48] Frank Casas (2021). "La infraestructura productiva de la economía de la cocaína en el Perú: una mirada local a la participación social en la cadena económica". En S.Alda, *Los actores implicados en la gobernanza criminal*, Real Instituto Elcano.

5.2. El reclutamiento como mecanismo de reproducción de la gobernanza criminal

Una vez establecidas las condiciones estructurales que posibilitan la gobernanza criminal, resulta fundamental comprender cómo el reclutamiento de menores opera no solo como consecuencia de este orden, sino como mecanismo activo de su reproducción y consolidación. El reclutamiento constituye tanto producto como productor de la gobernanza criminal, generando un círculo de retroalimentación que fortalece y perpetúa el poder de las organizaciones delictivas en el territorio.

El reclutamiento de menores cumple un rol esencial dentro de esta arquitectura de poder. A través de su incorporación, las organizaciones criminales aseguran la reproducción intergeneracional de sus estructuras jerárquicas, expanden su capacidad de vigilancia y acción territorial, y generan lealtades duraderas que trascienden las relaciones puramente transaccionales.

5.3. Reproducción intergeneracional del poder criminal

Los menores reclutados no solo ejecutan tareas criminales, se convierten en agentes de socialización que reproducen los códigos, valores y prácticas de la organización criminal en sus familias y comunidades.

Es menores operan como vectores de hibridación institucional, trasladando la autoridad criminal a espacios donde el Estado mantiene presencia formal pero carece de legitimidad efectiva. El proceso consolida redes de lealtad e identidad que garantizan la sostenibilidad del control territorial ilegal a lo largo del tiempo. Cada menor reclutado se convierte potencialmente en un reproductor futuro de la estructura criminal, asegurando que la gobernanza criminal se perpetúe más allá de la vida útil de los líderes actuales y se adapte a los cambios en el entorno político y social.

Esta reproducción opera dentro del marco de complicidad estatal previamente analizado. Las mismas condiciones patrimonialistas que permiten el reclutamiento inicial se ven reforzadas por la presencia de menores reclutados que, actuando como agentes del crimen organizado, amplían la capacidad de corrupción, intimidación y control territorial de las organizaciones criminales.

Se genera un círculo vicioso donde cada nuevo reclutamiento fortalece la capacidad del crimen organizado para reclutar más menores en el futuro.

Este análisis revela que combatir el reclutamiento de menores requiere no solo proteger a los niños y adolescentes, sino desmantelar las estructuras de gobernanza criminal que hacen del reclutamiento una práctica funcional y reproductiva. Sin transformar las condiciones estructurales que permiten la hibridación entre poder estatal y criminal, las intervenciones puntuales sobre el reclutamiento resultarán insuficientes para romper este círculo de reproducción del poder criminal.

6. DEFICIENCIAS ADICIONALES EN LA RESPUESTA INSTITUCIONAL

Además de las condiciones estructurales analizadas en los apartados anteriores, la persistencia del reclutamiento de menores se ve agravada por deficiencias específicas en los marcos normativos y las políticas públicas. Estas limitaciones, aunque no necesariamente derivadas de la lógica patrimonialista, refuerzan las condiciones que permiten la reproducción del fenómeno y dificultan la construcción de respuestas eficaces.

6.1. Ausencia de tipificación específica

Uno de los principales obstáculos para combatir el reclutamiento es la ausencia de marcos normativos específicos. El Mecanismo Estratégico del Reclutamiento y Utilización de NNA del gobierno mexicano es explícito al señalar que "en nuestro país no está tipificado el reclutamiento y el uso de niñas, niños y adolescentes para actividades delictivas por ello es necesario realizar reformas al Código Penal Federal y la Ley General de los Derechos de las Niñas y los Niños".

Esta carencia normativa no es exclusiva de México. En Ecuador, aunque la legislación tipifica el reclutamiento de menores como delito grave, el informe del OECO sostiene que muchos adolescentes ingresan a las bandas por decisión propia, lo que genera vacíos interpretativos sobre la aplicación de la ley.

6.1.1. Criminalización de las víctimas

Un aspecto crítico de los marcos legales actuales es la tendencia a criminalizar a los menores reclutados en lugar de reconocerlos como víctimas. Uno de los vacíos más graves del marco legal mexicano es la falta de mecanismos claros que permitan reconocer a los niños, niñas y adolescentes reclutados por la delincuencia organizada como víctimas, incluso cuando han participado en actos tipificados como delito. Señala que el abordaje jurídico debería contemplar esta doble condición —víctimas y, eventualmente, infractores— para que el juzgamiento ocurra desde una perspectiva de protección y no de castigo.

Esta situación refleja una contradicción de fondo: el propio sistema de justicia para adolescentes prevé la obligación de proteger y apartar de entornos nocivos a quienes cometen delitos bajo coacción o manipulación, pero en la práctica persiste una tendencia a tratarlos como responsables penales plenos. La complejidad radica en que, al procesar a menores reclutados ilícitamente como infractores, se pasa por alto que dichos actos derivan precisamente de la condición de victimización que el Estado debería atender.

La fragilidad institucional y la ausencia de un diagnóstico nacional sobre este fenómeno perpetúan la vulnerabilidad de estos menores. Pese a recomendaciones internacionales, como las emitidas por el Comité de los Derechos del Niño de la ONU en 2015, no se ha avanzado en políticas de prevención ni en protocolos de atención integral[49].

6.2. Deficiencias en la coordinación interinstitucional

Los marcos normativos existentes sufren graves deficiencias en su implementación debido a la falta de coordinación interinstitucional. El Mecanismo Estratégico mexicano destaca la urgencia de reforzar la colaboración entre distintas instituciones del Estado para prevenir el reclutamiento de niñas, niños y adolescentes. Subraya que esta prevención requiere una coordinación interinstitucional sólida y un flujo eficiente de información entre actores clave, como las fuerzas del orden, el sistema educativo, los servicios de salud y el ámbito judicial. Este enfoque busca asegurar que todos los sectores involucrados participen de forma articulada en la protección de la infancia frente a la delincuencia organizada[50]. La Comisión

---

49 González Contró, Mónica. Menores reclutados por el crimen organizado deben ser atendidos como víctimas. Gaceta UNAM, 17 de abril de 2023. https://www.gaceta.unam.mx/menores-reclutados-por-el-crimen-organizado-deben-ser-atendidos-como-victimas.

50 Subsecretaría de Derechos Humanos, Población y Migración. 2021. *Mecanismo Estratégico del Reclutamiento y Utilización de NNA por Grupos Delictivos y la Delincuencia Organizada en Zonas de Alta Incidencia Delictiva en México.* Ciudad de México: Secretaría de Gobernación.

Nacional de los Derechos Humanos de México, en 2023, advirtió sobre la gravedad del reclutamiento de menores por grupos armados del crimen organizado, fenómeno favorecido por factores de diversa índole —individuales, familiares, comunitarios, escolares y contextuales— que incrementan la vulnerabilidad de niñas, niños y adolescentes. El organismo subraya que enfrentar este problema requiere un plan integral que involucre de forma coordinada a autoridades federales y estatales, organismos de derechos humanos y sociedad civil, orientado a generar entornos seguros y garantizar el pleno ejercicio de los derechos de la infancia[51].

Por otro lado, el panorama institucional en Ecuador evidencia una fragmentación preocupante. En su Informe Mundial 2025, Human Rights Watch describe que las instituciones democráticas del país, especialmente el sistema judicial, siguen siendo vulnerables; enfrentan acusaciones de corrupción y muestran una capacidad limitada para combatir la impunidad y el crimen organizado

Para Ecuador, ante este mismo problema, se plantea la necesidad de una respuesta articulada entre múltiples actores estatales y sociales. Propone la implementación de un Plan de Acción Integral que involucre al Ministerio de Inclusión Económica y Social, la Fiscalía General, las Juntas Cantonales de Protección de Derechos, el Ministerio de Educación, el sistema judicial, la Defensoría del Pueblo y organizaciones de la sociedad civil. Este plan contempla la conformación de mesas cantonales y territoriales para unificar protocolos de detección, protección, seguimiento judicial y recopilación de datos, garantizando así una respuesta coordinada y sostenida en todo el país[52].

El Fórum Brasileiro de Segurança Pública aboga por reformas legislativas profundas que fortalezcan los mecanismos de gobernanza y coordinación en la lucha contra el crimen organizado, proponiendo herramientas legislativas e institucionales más eficaces y expandibles[53]. Por otro lado, el estudio conjunto del FBSP con UNICEF de abril de 2025 documenta un

---

51 Comisión Nacional de los Derechos Humanos (CNDH). Pronunciamiento DGGDH/004/2023: CNDH manifiesta su preocupación ante el reclutamiento de niños y adolescentes que son utilizados por grupos delincuenciales. Ciudad de México, 12 de febrero de 2023.

52 UNICEF Ecuador. 2025. Aproximación al reclutamiento de niñas, niños y adolescentes en Ecuador. Quito: UNICEF Ecuador.

53 Fórum Brasileiro de Segurança Pública. 2024. *Segurança Pública e Crime Organizado no Brasil.* São Paulo: FBSP

preocupante aumento del 120 % en las muertes de niñas, niños y adolescentes producto de intervenciones policiales en el estado de São Paulo entre 2022 y 2024, contexto en el cual advierten que ninguna medida aislada basta para abordar esta violencia, de modo que se requiere una política de seguridad basada en evidencia, incluida la supervisión externa de cámaras corporales y mejores protocolos de control del uso de la fuerza[54].

6.3. Enfoques predominantemente represivos

La dinámica regional evidencia una preferencia por enfoques centrados en la seguridad que privilegian el control territorial y la acción coercitiva, en detrimento de estrategias integrales de prevención y protección.

En Ecuador, la instauración en 2025 del Comité para la Prevención y Erradicación del Reclutamiento, Uso y Utilización de Niños, Niñas y Adolescentes (COPRUUNNA) constituyó un paso formal relevante en materia de prevención del reclutamiento infantil. Sin embargo, pese a su carácter preventivo, el comité aún no cuenta con medidas operativas claras, recursos asignados ni un marco integral de protección infantil, lo que limita su funcionalidad y capacidad de implementación efectiva[55]. A nivel normativo, se ha observado un incremento de penas para adolescentes implicados en actividades criminales, una tendencia que la Comisión Interamericana de Derechos Humanos ha señalado como punitiva y contraria al principio del interés superior de la niñez[56].

En Colombia, pese a la existencia de políticas de desmovilización de menores vinculadas al conflicto armado, su continuidad y adecuación a las dinámicas del crimen organizado urbano han sido insuficientes[57].

---

54 UNICEF Brasil, y Fórum Brasileiro de Segurança Pública. 2025. *As câmeras corporais na Polícia Militar do Estado de São Paulo (2ª edição)*. São Paulo: UNICEF Brasil e FBSP.

55 *El Universo*. 13/08/25. "Comité para la prevención del reclutamiento de niños y adolescentes trabajará en 30 acciones", https://www.eluniverso.com/noticias/politica/crimen-organizado-adolescentes-vicepresidencia-de-la-republica-ministerio-del-interior-reclutamiento-nota/.

56 Comisión Interamericana de Derechos Humanos (CIDH). Situación de los derechos humanos de niños, niñas y adolescentes en América Latina: penalización de la adolescencia en conflicto con la ley. Washington, D.C.: Organización de los Estados Americanos, 2023.

57 Organización Internacional para las Migraciones (OIM). "Informe sobre desmovilización y reintegración de menores en Colombia". Bogotá: OIM, 2021.

7. HACIA UNA AGENDA TRANSFORMADORA: LIMITACIONES DE LAS POLÍTICAS ACTUALES Y PROPUESTAS DE REFORMA

El análisis de las condiciones estructurales y deficiencias institucionales que facilitan el reclutamiento de menores evidencia la necesidad de repensar radicalmente los enfoques de política pública en la región. Mediante simulaciones y análisis empíricos sobre la captación de individuos vulnerables por organizaciones criminales, la reducción de la violencia solo es posible si se aborda directamente el reclutamiento de jóvenes. Evidenciando que las políticas más eficaces no son aquellas centradas en la punición posterior al delito, sino las que desmantelan los incentivos y las condiciones estructurales que permiten la captación[58].

La evidencia acumulada revela que las políticas públicas suelen reducir el reclutamiento a una cuestión de necesidad material o presión externa, ignorando las dinámicas simbólicas que lo sostienen. Diversos estudios subrayan que la incorporación de menores a organizaciones criminales implica procesos complejos de socialización, construcción de identidad y generación de fidelidades que refuerzan la lógica de gobernanza criminal[59]. Esta reducción conceptual limita gravemente la eficacia de las intervenciones, pues no atiende la dimensión cultural y relacional del fenómeno.

7.1. Insuficiencias estructurales de los enfoques actuales

La mayoría de las políticas públicas formuladas en América Latina frente al reclutamiento comparten un diagnóstico simplificado que presenta al Estado como víctima del crimen organizado, ajeno a las dinámicas que permiten su expansión territorial. Bajo esta premisa, las estrategias adoptadas suelen centrarse en la prevención comunitaria genérica, el fortalecimiento de penas o la rehabilitación de menores reclutados, sin atender el marco institucional que facilita estas prácticas.

---

58 Campedelli, G., F. Calderoni, M. Paolucci, T. Comunale, D. Vilone, F. Cecconi, y G. Andrighetto. “A Policy-Oriented Agent-Based Model of Recruitment into Organized Crime.” *Scientific Reports 10*, artículo 1248 (2020) y Prieto-Curiel, R., G. Campedelli, y A. Hope. “Reducing Cartel Recruitment Is the Only Way to Lower Violence in Mexico.” *Science 379*, no. 6631 (2023): 1-4.

59 Densley, James A. “Street Gang Recruitment: Signaling, Screening, and Selection.” Social Problems 59, no. 3 (2012): 301-321.

Este patrón de respuestas revela una limitación estructural central: las políticas contra el reclutamiento infantil son diseñadas e implementadas por instituciones que, en muchos contextos latinoamericanos, operan dentro de un entramado patrimonialista. En lugar de actuar como garantes imparciales del Estado de derecho, estas instituciones pueden reproducir dinámicas de privilegio, legalidad selectiva e impunidad que, paradójicamente, facilitan las condiciones que pretenden combatir.

La eficacia de cualquier estrategia de seguridad depende fundamentalmente del rediseño institucional, la ruptura de redes de protección informal y el debilitamiento de la capacidad del crimen organizado para ejercer funciones de autoridad local. Sin abordar las condiciones estructurales que permiten la hibridación entre poder estatal y criminal, las intervenciones puntuales sobre el reclutamiento resultarán insuficientes para romper los círculos de reproducción del poder criminal.

7.2. Reformas normativas integrales

Basándose en el análisis del Mecanismo Estratégico mexicano y las experiencias regionales documentadas, se requiere una agenda integral de reforma normativa que trascienda los enfoques punitivos tradicionales. Esta agenda debe partir del reconocimiento de que los marcos legales actuales presentan vacíos fundamentales que impiden una respuesta eficaz al reclutamiento.

En primer lugar, resulta imprescindible crear marcos explícitos de legislación sobre reclutamiento de niños, niñas y adolescentes que tipifiquen específicamente estas conductas y establezcan sanciones proporcionales para los reclutadores. Como señala el documento mexicano, la ausencia de tipificación específica constituye un obstáculo fundamental para la persecución penal efectiva. Estas reformas deben incorporar estándares internacionales derivados de la jurisprudencia de la Corte Interamericana de Derechos Humanos, particularmente en lo referente al tratamiento de menores víctimas de reclutamiento.

Simultáneamente, es fundamental establecer protocolos específicos que garanticen el tratamiento de menores reclutados como víctimas y no como infractores. El marco normativo debe permitir juzgar a los menores desde la perspectiva de víctimas, incluso cuando hayan cometido delitos como consecuencia de su reclutamiento. Esta perspectiva requiere reformas sustanciales en los códigos penales y en los sistemas de justicia juvenil de la región.

Las reformas normativas deben complementarse con el fortalecimiento de los mecanismos de coordinación interinstitucional. La fragmentación institucional documentada en países como Ecuador y México evidencia la necesidad de crear protocolos claros de intercambio de información entre la fuerza pública, el sector educativo, los sistemas de salud y el sector judicial. Sin esta coordinación, las respuestas seguirán siendo parciales e ineficaces.

7.3. Estrategias de prevención estructural

Más allá de las reformas normativas, el abordaje del reclutamiento requiere estrategias integrales que atiendan las condiciones estructurales que lo posibilitan. Estas estrategias deben reconocer que el reclutamiento opera dentro de un ecosistema social, económico y político complejo que requiere intervenciones multidimensionales.

El fortalecimiento de las capacidades estatales para la protección efectiva de la infancia constituye un prerequisito fundamental. Esto implica no solo el desarrollo de recursos humanos y técnicos especializados, sino la construcción de sistemas de monitoreo y registro que permitan dimensionar adecuadamente el fenómeno y evaluar la eficacia de las intervenciones. Como evidencian las limitaciones metodológicas identificadas en el análisis de datos regionales, la ausencia de sistemas de información homogéneos constituye un obstáculo serio para el diseño de políticas basadas en evidencia.

Las intervenciones territoriales deben reconocer que el reclutamiento ocurre en contextos específicos donde el crimen organizado ha logrado establecer formas de gobernanza alternativa. En estos territorios, resulta fundamental desarrollar programas de fortalecimiento comunitario que ofrezcan alternativas reales de educación y empleo juvenil. Sin embargo, estas intervenciones deben diseñarse con plena conciencia de que operan en espacios donde las organizaciones criminales ejercen control efectivo y pueden percibir las iniciativas estatales como amenazas a su autoridad.

Particularmente importante resulta el desarrollo de estrategias de comunicación que contrarresten las narrativas criminales de ascenso social inmediato. Como evidencia el análisis de las modalidades de captación, las organizaciones criminales han desarrollado discursos sofisticados que presentan la actividad delictiva como vía legítima de movilidad social. Contrarrestar estas narrativas requiere no solo mensajes alternativos, sino la construcción efectiva de oportunidades reales de progreso para los jóvenes en contextos de exclusión.

7.4. Necesidad de transformación institucional

El análisis desarrollado a lo largo de este trabajo demuestra que las deficiencias en la respuesta al reclutamiento de menores no constituyen simplemente problemas técnicos o de recursos, sino manifestaciones de limitaciones estructurales más profundas. La coexistencia de la cultura del privilegio con marcos formales de legalidad genera un orden dual que facilita la reproducción de las condiciones que permiten el reclutamiento.

En este contexto, no basta con reformar leyes ni aumentar presupuestos. Es imprescindible una transformación profunda del orden institucional y cultural que permita romper con la dualidad entre legalidad y privilegio. Esto exige un compromiso político sostenido por el fortalecimiento de un Estado de derecho igualitario, donde la protección de la infancia no dependa de la ubicación geográfica, los vínculos sociales o el poder económico.

La construcción de este nuevo marco institucional requiere también reconstruir el pacto de ciudadanía desde una legalidad compartida, donde el cumplimiento de la ley sea un valor colectivo y no un instrumento de negociación. Solo mediante esta transformación estructural será posible desarmar los mecanismos que hacen del reclutamiento de menores una práctica funcional y reproductiva dentro de los sistemas de gobernanza criminal que caracterizan amplias zonas de América Latina.

CONCLUSIONES

El reclutamiento de menores por parte del crimen organizado en América Latina constituye una manifestación estructural de sistemas de poder profundamente arraigados que trasciende las explicaciones convencionales centradas en la pobreza o la ausencia estatal. La investigación demuestra que este fenómeno opera dentro de un entramado institucional complejo donde coexisten lógicas patrimonialistas y culturas del privilegio que facilitan la emergencia de formas híbridas de gobernanza criminal.

La evidencia empírica revela tres dimensiones fundamentales del problema. Primero, las organizaciones criminales han desarrollado capacidades industriales para el reclutamiento, desde la captación digital sistemática hasta la construcción de "escuelas de sicarios" que operan como centros de formación especializados.

Segundo, el análisis de las modalidades de captación evidencia una progresión sistemática que va desde funciones básicas hasta actividades de alta complejidad, configurando auténticas "carreras criminales" que replican lógicas de movilidad social legítima pero en contextos ilegales. Esta progresión incluye diferenciaciones por género y estrategias organizacionales específicas que demuestran la sofisticación del fenómeno.

Tercero, las causas estructurales revelan un entramado donde la debilidad institucional, la tolerancia social y las deficiencias normativas convergen para crear condiciones propicias para la captación infantil. La permisividad del sistema se ilustra dramáticamente en Ecuador, donde solo 33 casos de reclutamiento han sido procesados judicialmente entre 2021 y 2024, pese a que 300 adolescentes de una muestra de 3.000 admitieron pertenecer a bandas criminales.

El análisis desarrollado contribuye a la comprensión teórica del fenómeno al demostrar que el reclutamiento opera dentro de un círculo de retroalimentación donde la gobernanza criminal es simultáneamente causa y consecuencia de la captación de menores. Las organizaciones criminales no solo se benefician operativamente del reclutamiento, sino que lo utilizan como mecanismo de reproducción intergeneracional de su poder territorial y simbólico.

La tolerancia social hacia el crimen organizado no surge de la ignorancia, sino de respuestas racionales a un sistema donde el privilegio determina el acceso a oportunidades. Esta tolerancia estructural permite que las organizaciones criminales ejerzan funciones de gobernanza territorial, distribuyendo recursos y oportunidades como mecanismo de integración social en comunidades donde el Estado ha perdido legitimidad efectiva.

Los hallazgos cuestionan fundamentalmente los enfoques de política pública predominantes, que suponen que el Estado es un actor neutral enfrentado al crimen. La evidencia demuestra que, en muchos contextos, las instituciones estatales forman parte del entramado que facilita la expansión criminal a través de dinámicas patrimonialistas que permiten la negociación selectiva de la legalidad.

La eficacia de cualquier estrategia requiere abordar simultáneamente las condiciones estructurales que permiten la hibridación entre poder estatal y criminal. Sin transformar las culturas políticas e institucionales que normalizan el privilegio como principio organizador, las intervenciones puntuales sobre el reclutamiento resultarán insuficientes para romper los círculos de reproducción del poder criminal.

La consolidación de un Estado de derecho igualitario —donde la legalidad sea efectivamente universal, no negociable y no capturada— constituye la condición necesaria pero no suficiente para proteger a la infancia del crimen organizado. Este cambio requiere la construcción de un nuevo pacto de convivencia que desplace al privilegio como matriz organizadora de las relaciones sociales y políticas, estableciendo la legalidad compartida como valor colectivo y no como instrumento de negociación particular.

REFERENCIAS BIBLIOGRÁFICAS

Alda Mejías, S. (2017). "Buen gobierno y cultura de la legalidad, componentes esenciales de las políticas de seguridad contra el crimen organizado". *El crimen organizado en América Latina: manifestaciones, facilitadores y reacciones*. Instituto Universitario Gutiérrez Mellado (UNED).

Alda Mejías, S. (2020). "La cultura de la legalidad como motor dinamizador de la seguridad, el desarrollo y la gobernabilidad". *La seguridad en el marco del Estado de Derecho*. Universidad de la Plata; Universidad de las Américas Puebla; Real Instituto Elcano.

Alda Mejías, S. (2021). "La cultura del privilegio y la privatización de las funciones públicas, elementos esenciales para la gobernanza criminal". *Los actores implicados en la gobernanza criminal en América Latina*. Real Instituto Elcano; Fundación Friedrich Naumann (Región Andina); Universidad de la Plata.

Alda Mejías, S. (2023). "Neopatrimonialismo y gobernanza criminal". *Revista Científica General José María Córdova*, 21(43), 667-684.

Alda Mejías, S. & Rodríguez, G. (Coords.). (2021). *Seguridad, corrupción e impunidad en América Latina*. Universidad de las Américas Puebla; Real Instituto Elcano; Fundación Friedrich Naumann (Región Andina).

Arias, E. D. (2006). "The Dynamics of Criminal Governance: Networks and Social Order in Rio de Janeiro". *Journal of Latin American Studies*, (38), 293-325.

Arias, E. D. (2017). *Criminal Enterprise and Governance in Latin America*. Cambridge University Press.

Campedelli, G., Calderoni, F., Paolucci, M., Comunale, T., Vilone, D., Cecconi, F., & Andrighetto, G. (2020). "A Policy-Oriented Agent-Based Model of Recruitment into Organized Crime". *Scientific Reports*, 10, artículo 1248.

Casas, F. (2021). "La infraestructura productiva de la economía de la cocaína en el Perú: una mirada local a la participación social en la cadena económica". *Los actores implicados en la gobernanza criminal*. Real Instituto Elcano.

Coalición contra la vinculación de niños, niñas y jóvenes al conflicto armado en Colombia (Coalico). (2024). *Boletín de Monitoreo No. 31 del Observatorio de Niñez y Conflicto Armado – ONCA. "Resultado del ejercicio de monitoreo de eventos que afectan a niñas, niños y adolescentes en contextos de conflicto armado, enero-junio 2024"*. Coalico. https://coalico.org/wp-content/uploads/2024/09/Boletin-No.-31-ONCA.pdf

Comisión Interamericana de Derechos Humanos (CIDH). (2016). *Violencia, crimen organizado y niñez en riesgo en América Latina.* Organización de los Estados Americanos.

Comisión Interamericana de Derechos Humanos (CIDH). (2023). *Situación de los derechos humanos de niños, niñas y adolescentes en América Latina: penalización de la adolescencia en conflicto con la ley.* Organización de los Estados Americanos.

Comisión Nacional de los Derechos Humanos (CNDH). (2023). *Pronunciamiento DGGDH/004/2023: CNDH manifiesta su preocupación ante el reclutamiento de niños y adolescentes que son utilizados por grupos delincuenciales.* CNDH.

Consejería Presidencial para los Derechos Humanos y Asuntos Internacionales. (2021). *Informe sobre el reclutamiento, uso y utilización de niños, niñas y adolescentes por grupos armados organizados y grupos delictivos organizados (2016-2020).* Consejería Presidencial para los Derechos Humanos y Asuntos Internacionales.

Densley, J. A. (2012). "Street Gang Recruitment: Signaling, Screening, and Selection". *Social Problems,* 59(3), 301-321.

Fórum Brasileiro de Segurança Pública. (2024). *Segurança Pública e Crime Organizado no Brasil.* FBSP.

Garzón Vergara, J. C. (2021). "El juego de la gobernabilidad: el Estado, los criminales y el orden local". *Los actores implicados en la gobernanza criminal en América Latina.* Real Instituto Elcano; Fundación Friedrich Naumann (Región Andina).

Global Impunity Index. (2024). *IGI 2024.* Universidad de las Américas Puebla.

González Contró, M. (2023). "Menores reclutados por el crimen organizado deben ser atendidos como víctimas". *Gaceta UNAM.* https://www.gaceta.unam.mx/menores-reclutados-por-el-crimen-organizado-deben-ser-atendidos-como-victimas

Latinobarómetro. (2018). *Informe 2018.* https://www.latinobarometro.org/latContents.jsp

Moriconi, M. (2021). "El colapso de la legalidad y la naturalización de la transgresión". *Los actores implicados en la gobernanza criminal en América Latina.* Real Instituto Elcano.

Nueva Sociedad. (2017). "¿Cómo percibimos la corrupción en América Latina? Entrevista a Alejandro Salas". https://nuso.org/articulo/como-percibimos-la-corrupcion-en-america-latina/

Observatorio Ecuatoriano de Crimen Organizado (OECO) y Fundación Panamericana para el Desarrollo (PADF). (2025). *Estudio sobre la vinculación de niños, niñas y adolescentes a organizaciones criminales en Ecuador.* OECO/PADF. https://oeco.padf.org/estudio-vinculacion-ninos-ninas-organizaciones-criminales-en-ecuador-2/

Observatorio Nacional Ciudadano (ONC). (2023). *Reclutamiento y utilización de menores por grupos delictivos.* ONC.

O'Donnell, G. (1998). "Estado, democratización y ciudadanía". *Nueva Sociedad,* (128).

Organización Internacional para las Migraciones (OIM). (2021). *Informe sobre desmovilización y reintegración de menores en Colombia.* OIM.

Prieto-Curiel, R., Campedelli, G., & Hope, A. (2023). "Reducing Cartel Recruitment Is the Only Way to Lower Violence in Mexico". *Science,* 379(6631), 1-4.

Red por los Derechos de la Infancia en México (REDIM) y Observatorio Nacional Ciudadano (ONC). (2021). *Reclutamiento y utilización de niñas, niños y adolescentes por grupos delictivos en México. Acercamientos a un problema complejo.* REDIM/ONC. https://issuu.com/infanciacuenta/docs/reclutamiento.v.digital-6_sept-final

Sampó, C. (2021). "Entre legalidad, privilegios y crimen organizado: notas para el estudio de la gobernanza criminal en América Latina". *Los actores implicados en la gobernanza criminal en América Latina.* Real Instituto Elcano, 53-78.

Schultze-Kraft, M. (2021). "Las bases morales y normativas de la "connivencia" entre los órdenes políticos legal e ilegal: una aproximación desde el concepto de la crimilegalidad". *Los actores implicados en la gobernanza criminal en América Latina.* Real Instituto Elcano; Fundación Friedrich Naumann (Región Andina).

Subsecretaría de Derechos Humanos, Población y Migración. (2021). *Mecanismo Estratégico del Reclutamiento y Utilización de NNA por Grupos Delictivos y la Delincuencia Organizada en Zonas de Alta Incidencia Delictiva en México.* Secretaría de Gobernación.

UNICEF Brasil y Fórum Brasileiro de Segurança Pública. (2025). *As câmeras corporais na Polícia Militar do Estado de São Paulo (2ª edição).* UNICEF Brasil e FBSP.

UNICEF Ecuador. (2025). *Aproximación al reclutamiento de niñas, niños y adolescentes en Ecuador.* UNICEF Ecuador.

Villoria, M. (2014). "Buen gobierno y calidad de la democracia". *Revista Española de Ciencia Política,* (36), 55-81.

Artículos de prensa

El Financiero. "La 'escuelita del terror' del CJNG en Jalisco", 21 de abril de 2025. https://www.elfinanciero.com.mx/nacional/2025/04/21/escuelita-del-terror-cjng-jalisco/.

El Tiempo. "El horror del Rancho Izaguirre: así reclutaba el CJNG a sus víctimas", 25 de mayo de 2025. https://eltiempomx.com/noticia/2025/el-horror-del-rancho-izaguirre-asi-reclutaba-el-cjng-a-sus-victimas.html.

El Universal. "Caso Teuchitlán: Así reclutaba "El Lastra" para el CJNG; redes y central camionera, los caminos que conducen al rancho Izaguirre", 24 de marzo de 2025. https://www.eluniversal.com.mx/nacion/caso-teuchitlan-asi-reclutaba-el-lastra-para-el-cjng-redes-sociales-y-centrales-camioneras-claves-para-llegar-al-rancho-izaguirre/

El Universo. "Comité para la prevención del reclutamiento de niños y adolescentes trabajará en 30 acciones", 13 de agosto de 2025. https://www.eluniverso.com/noticias/politica/crimen-organizado-adolescentes-vicepresidencia-de-la-republica-ministerio-del-interior-reclutamiento-nota/.

Infobae. "Así funcionaba la "escuelita del terror", el rancho donde el CJNG adiestraba a jóvenes para convertirlos en sicarios", 25 de marzo de 2025.

Infobae. "Así opera la mafia albanesa en Ecuador con su "escuela de sicarios" para niños", 28 de septiembre de 2022. https://www.infobae.com/america/america-latina/2022/09/28/asi-opera-la-mafia-albanesa-en-ecuador-con-su-escuela-de-sicarios-para-ninos/

Infobae. "Cómo es vivir en Durán, la ciudad que se convirtió en escuela de sicarios y almacén de cocaína de Ecuador", 11 de mayo de 2024.

Informador.mx. "Cárteles reclutan a menores por medio de videojuegos; así operan", 22 de diciembre de 2024.

InSight Crime. "Disputes Over Drug Trafficking Routes Drive Child Recruitment in Ecuador", 7 de diciembre de 2023. https://insightcrime.org/news/disputes-over-drug-trafficking-routes-drive-child-recruitment-ecuador/

Insight Crime. "¿Está preparada América Latina para frenar el reclutamiento digital criminal?", 7 de agosto de 2025. https://insightcrime.org/es/noticias/reclutamiento-digital-auge-america-latina/

LISA News. "El uso de menores en el crimen organizado de América Latina", 2025.

Línea por línea. "Así reclutaba el "Comandante Lastra" a sus víctimas en rancho Izaguirre", 25 de marzo de 2025. https://lineaporlinea.com/2025/03/25/asi-reclutaba-el-comandante-lastra-a-sus-victimas-en-rancho-izaguirre/

Nación 321. "Atrocidades y violencia: Así era la estadía en el Rancho Izaguirre, según sobrevivientes". https://www.nacion321.com/seguridad/2025/03/19/atrocidades-y-violencia-asi-era-la-estadia-en-el-rancho-izaguirre-segun-sobrevivientes/

Reuters. "Cómo los cárteles de México reclutan a niños y los preparan para convertirse en asesinos", 28 de mayo de 2025.

Telediario. "Cárteles mexicanos reclutan niños a través de "Free Fire"; les depositan dinero y se los llevan a otro estado", 19 de febrero de 2025.

Más que niñas soldado: Modelos de Reintegración y el Abordaje Judicial en Conflictos Prolongados y Contextos de Postconflicto. Casos: Siria e Irak[1]

More than Girl Soldiers: Reintegration Models and the Judicial Approach in Protracted Conflicts and Post-Conflict Contexts. Cases: Syria and Iraq

MARTA GIL GONZÁLEZ

Resumen: Este artículo propone una mirada de análisis crítico respecto de la conceptualización legal y el abordaje judicial de los crímenes cometidos contra niñas reclutadas y utilizadas en conflictos armados, desde una perspectiva interseccional que va más allá del enfoque exclusivo de género. Ilustra los casos concretos de miles de niñas soldado durante el genocidio Yazidí en Irak (2014) y la guerra civil en Siria (2011) y argumenta la necesidad de integrar el abordaje judicial del reclutamiento y utilización de niñas como un 'continuum' necesario en los procesos de reintegración. Asimismo, se examinan estrategias de litigio específicas para los casos de niñas soldado que incorporan un enfoque centrado en la/s sobreviviente/s, promoviendo su protección judicial y su derecho de participación. Finalmente, se exploran los mecanismos de reparación como parte de procesos de reintegración de estas niñas desde una perspectiva transformadora, integral y sensibles al contexto social y cultural, que garantice justicia y no la repetición, así como oportunidades de vida reales para niñas que son, indudablemente, mucho más que niñas soldado.

Abstract: This article proposes a critical analytical view of the legal conceptualization and judicial approach to crimes committed against girls recruited and used in armed conflict, from an intersectional perspective that goes beyond a gender-only avenue. It illustrates the specific cases of thousands of girl soldiers recruited and used during the Yazidi genocide in Iraq (2014) and the civil war in Syria (2011) and argues for the need to integrate the judicial approach to the recruitment and use of girls as a necessary 'continuum' in reintegration processes. It also examines specific litigation strategies for cases of girl soldiers that incorporate a survivor-centered approach, promoting their judicial protection and right to participation. Finally, it explores reparation mechanisms as part of reintegration processes for these girls from a transformative, comprehensive perspective that is sensitive to the social and cultural contexts, guaranteeing justice and non-repetition, as well as real-life opportunities for girls who are, undoubtedly, much more than girl soldiers.

---

1 Estudio realizado en el marco del Proyecto de Investigación titulado "*Lagunas en la protección y asistencia internacional a las niñas asociadas a Grupos armados (NAAG)*". CIAICO 2022/235 UCHCEU con financiación pública de la GVA.

Palabras clave: Reclutamiento y uso de niñas, Violencia sexual, Conflicto, Reintegración, Abordaje judicial, Litigio estratégico, Reparaciones, Interseccionalidad, Género.

Keywords: Recruitment and use of girls, Sexual violence, Conflict, Reintegration, Judicial approach, Strategic litigation, Reparations, Intersectionality, Gender.

1. NIÑAS RECLUTADAS Y UTILIZADAS EN LOS CONFLICTOS ARMADOS DE IRAK Y SIRIA: ENTENDER LA 'POSICIÓN SOCIAL' DE LAS NIÑAS Y ANALIZAR CON ENFOQUE INTERSECCIONAL

Miles de niñas han sido reclutadas y utilizadas por grupos armados en los conflictos armados contemporáneos como el genocidio yazidí en Irak que comenzó en agosto de 2014, así como en la guerra de Siria, cuyo comienzo tuvo lugar en marzo de 2011. Si bien es cierto que la violencia sexual contra niñas ha sido ampliamente documentada en ambos casos, su reclutamiento y utilización, por el contrario, se ha simplificado significativamente.

En el caso de la comunidad yazidí, más de 3,000 niñas, desde los 9 años de edad[2], fueron vendidas, sometidas a esclavitud sexual en innumerables ocasiones a lo largo de los años y forzadas a casarse con combatientes adultos del Estado Islámico (en adelante, EI[3]). El nivel extremo de violencia sexual ejercido por el EI contra las niñas yazidíes incluyó violación, esclavitud sexual, prostitución y embarazos forzados. Sin embargo, la narrativa pública del conflicto ha pasado por alto el carácter sistemático del reclutamiento y utilización de estas niñas, así como también sus consecuencias posteriores. Muchas de estas niñas que fueron reclutadas y utilizadas por el EI están actualmente encarceladas en Irak acusadas de delitos de asociación con grupos terroristas, violaciones contra la seguridad nacional y/o delitos de carácter moral, incluyendo cargos de prosti-

---

2 Comisión Internacional Independiente de Investigación sobre la República Árabe Siria. *'Vinieron a destruir': Los crímenes del ISIS contra los yazidíes.* Ginebra: Consejo de Derechos Humanos de las Naciones Unidas, 2016.
Comisión Internacional Independiente de Investigación sobre la República Árabe Siria. *Diez años después del genocidio yazidí: la comisión de investigación de la ONU para siria pide justicia, incluyendo rendición de cuentas y recursos efectivos, para los crímenes del EI.* Ginebra: Consejo de Derechos Humanos de las Naciones Unidas, 2024.

3 En inglés, este grupo se conoce popularmente como *'DAESH'* que corresponde a un acrónimo en árabe que se deriva de la frase *'Al-Dawla al-Islamiya al-Iraq al-Sham'* y también como *'ISIL'* (Islamic State of Iraq and the Levant') que en su versión española se conoce más comúnmente por *'ISIS'* (Estado Islámico de Iraq y Siria).

tución[4]. En la mayoría de los casos, se encuentran en prisión junto a sus hijos e hijas menores de 3 años[5], en condiciones que violan estándares internacionales básicos de derechos humanos y protección infantil[6].

En Siria, el reclutamiento de niñas ha sido asimismo subrepresentado, especialmente en los primeros años del conflicto, entre 2011 y 2012. Desde 2013, la proliferación de diferentes grupos armados (*e.g.* '*Jabhat al-Nusra*', el Ejército Libre Sirio[7]) llevó a un creciente reclutamiento y uso de niñas en diversas funciones, desde tareas logísticas y espionaje hasta labores domésticas, esclavitud sexual y, cada vez más, participación directa en combates. A partir de 2019, el reclutamiento de niñas creció notablemente, en parte debido a la disminución de combatientes masculinos y a un cambio en la percepción del papel de las niñas en el conflicto con la creación de unidades armadas exclusivamente femeninas, como las Unidades de Pro-

---

4 MADRE Human Rights and Gender Justice (HRGJ) Clinic, City University of New York (CUNY) School of Law Organization for Women's Freedom in Iraq (OWFI). Human Rights Violations Against Women and Girls in Iraq. 2020.

5 De acuerdo con la legislación nacional Iraquí, únicamente está permitido que las reclusas cohabiten con sus hijos e hijas menores de 3 años. A los 3 anos de edad, estos niños y niñas son enviados con sus familias (que en la mayor parte de los casos no los aceptan ya que son fruto de las violaciones sexuales por parte de miembros del EI contra sus hijas), enviados a sistemas de acogida infantil y en muchos casos simplemente se desconoce su paradigma y sus madres no los vuelven a ver nunca.

6 CNN. Fotos de una cárcel iraquí muestran las terribles condiciones de los presos jóvenes y mujeres. Accesible en: Iraq: photos from detention facility shows dire conditions of young and female prisoners | CNN. Recuperado el 8 de junio de 2025.
MADRE Human Rights and Gender Justice (HRGJ) Clinic, City University of New York (CUNY) School of Law Organization for Women's Freedom in Iraq (OWFI). Human Rights Violations Against Women and Girls in Iraq. 2020.
Vigaud-Walsh, F. *Guilt by Association: Iraqi Women Detained and Subject to Sexual Exploitation and Abuse.* Refugees International. Issue Brief, 2017.

7 También conocido como '*Jabhat Fateh ash-Sham*' o '*Frente Al-Nusra*', en ocasiones denominado '*Al-Qaeda*' en Siria y el Levante, corresponde a un grupo armado asociado a '*Al-Qaeda*' con presencia en Siria y en el Líbano.
Por lo que se refiere al Ejército Libre Sirio, '*Free Syrian Army*' por sus siglas en inglés, es un término utilizado para describir una coalición de grupos armados de la oposición siria que lucharon contra el gobierno sirio durante la Guerra Civil Siria.
Human Rights Watch (2014). *Quizás vivamos, quizás muramos. Reclutamiento y utilización de niños por grupos armados en Siria.*Accesible en: "Maybe We Live and Maybe We Die": Recruitment and Use of Children by Armed Groups in Syria | HRW. Recuperado el 12 de junio de 2025.

tección Femeninas[8], o la creación de subgrupos autodefinidos como 'juveniles' como el Movimiento Juvenil Revolucionario de Siria[9] ('*Revolutionary Youth Movement of Syria*' por sus siglas en inglés). El incremento de niñas reclutadas y utilizadas en este conflicto no se refleja adecuadamente en los registros oficiales ni en las respuestas judiciales o humanitarias de desarme, desmovilización, y reintegración.

Diseñar respuestas adecuadas tanto en el nivel judicial como a nivel individual y social a través de los procesos de reintegración para niñas soldado que han vivido una multiplicidad de crímenes y violaciones conexas perpetuadas sistemáticamente a lo largo de un periodo de tiempo significativo, exigiría, en primer lugar, comprender la violencia estructural que afecta a estas niñas, su posición y su estatus social en su contexto determinado, antes del conflicto armado, a lo largo de sus etapas y en el escenario posterior al conflicto. Este análisis interseccional es esencial para analizar las estrategias conflictuales, qué impulsa el conflicto, qué motiva las conductas contra o que afectan a las niñas específicamente, o por qué atacar de diversas formas a las niñas podría ser de importancia estratégica para los grupos armados. Igualmente permite discernir adecuadamente la intensidad y gravedad del daño sufrido por las niñas (que va más allá de la violencia sexual) y el impacto de este daño a diferentes niveles (individual, familiar, social/comunitario) y en diferentes períodos de tiempo tras el reclutamiento y/o cautiverio (a corto, mediano y largo plazo). Este análisis interseccional contribuye a cuestionar las normas y patrones de discriminación preexistentes que afectan a las niñas, de forma que los procesos judiciales, incluidas las formas de reparación y el diseño de los procesos de reintegración, tengan un enfoque estratégico de rendición de cuentas y de protección, pero también de prevención, no repetición y progreso feminista y social.

---

8 La Vanguardia. Las esclavas sexuales del EI vuelven como combatientes a Raqa. Accesible en: Las esclavas sexuales de Estado Islámico combaten ahora en Raqa. Recuperado el 13 de junio de 2025.

9 Human Rights Watch (2014). Noreste de Siria: persiste el reclutamiento militar de niño/as. Accesible en: Northeast Syria: Military Recruitment of Children Persists | Human Rights Watch. Recuperado el 9 de junio de 2025.
AP News. El reclutamiento de niñas por grupos armados en Siria está aumentando, incluso cuando disminuyen los combates Accesible en: Recruitment of children by armed groups in Syria is on the rise, even as fighting subsides | AP News. Recuperado el 2 de junio de 2025.
UAB Institute for Human Rights Blog. Niñas soldado en el noreste de Siria. Accesible en: Child Soldiers in Northeast Syria – UAB Institute for Human Rights Blog. Recuperado el 2 de junio de 2025.

En los casos de Siria e Irak, con estructuras sociales patriarcales muy marcadas, las niñas asumen roles subordinados en cuanto a su educación, su autonomía personal y sus decisiones de pareja y/o reproductivas. Por ejemplo, la fe yazidí exige que un niño o niña tenga dos progenitores yazidíes. La conversión al yazidismo es teológicamente imposible y por tanto los matrimonios mixtos no son aceptados[10]. El aborto y la anticoncepción están prohibidas: la función reproductiva femenina es vista como esencial en la comunidad ya que es la vía de perpetuación de la etnia yazidí. El reclutamiento y la utilización de las niñas yazidíes por parte del EI tuvo como objetivo desmantelar los valores fundamentales de la comunidad, destruyendo su tejido social y su capacidad de reproducir su cultura, religión y etnia. Los crímenes cometidos contra niñas suponían la expulsión de sus comunidades y el ostracismo social, junto con la pérdida de tradiciones y lazos familiares.

Abordar los crímenes contra las niñas en situaciones de conflicto, incluido su reclutamiento y utilización, las múltiples formas de violencia sexual a las que se ven sometidas, tortura y persecución, entre otros, implica considerar elementos de análisis interseccional, para ilustrar de forma holística y fidedigna las experiencias —todas— vividas por estas niñas. Debe ser la base para el diseño de procesos de reintegración que respondan a sus necesidades y realidades. Y esta base es extensible al abordaje judicial de estos crímenes y a la reparación de los daños.

2. HACIA UNA CONCEPTUALIZACIÓN LEGAL E INDIVIDUALIZADA DE LOS CRÍMENES COMETIDOS CONTRA NIÑAS RECLUTADAS Y UTILIZADAS EN CONFLICTOS ARMADOS: LA EVOLUCIÓN DE LA PRÁCTICA JUDICIAL

A pesar de algunos avances en los últimos años, los crímenes y violaciones cometidos contra niñas en contextos de conflicto armado han sido analizados desde perspectivas limitantes en relación con el género, pero también con otros elementos interseccionales. En particular, se ha perpetuado una visión binaria de género: mientras que los niños son a menudo considerados como combatientes y, por tanto, la documentación e investi-

---

[10] Comisión Internacional Independiente de Investigación sobre la República Árabe Siria. *'Vinieron a destruir': Los crímenes del ISIS contra los yazidíes*. Ginebra: Consejo de Derechos Humanos de las Naciones Unidas, 2016.

gación del crimen de reclutamiento y utilización se prioriza en niños, son las investigaciones de violencia sexual las que en su mayor parte se diseñan para documentar los crímenes y violaciones contra las niñas. Esta narrativa dicotómica no solo simplifica las dinámicas reales de los conflictos armados y cómo afectan en particular a la infancia, sino que también ignora las múltiples maneras en que las niñas son reclutadas y utilizadas por grupos armados, incluyendo el trabajo doméstico forzado, el transporte de armas, el espionaje, pero también la participación directa en hostilidades, entre otras. Además, es aún persistente el uso de la categoría de '*mujeres y niñas*' que se utilizan en informes institucionales y discursos internacionales y que homogeneiza a las supervivientes y víctimas y omite importantes diferenciaciones relacionadas con la edad (por ejemplo, infancia temprana versus adolescencia) así como otros factores interseccionales que conforman su identidad, como la etnicidad, la condición socioeconómica, la discapacidad o la orientación sexual, entre otros —que no son igual ni tienen las mismas implicaciones para niñas y mujeres. Estos factores limitantes borran las especificidades de las trayectorias vitales de las niñas, silencia sus voces y producen el efecto de representarlas casi como víctimas pasivas e incidentales del conflicto, en lugar de como supervivientes con derechos, experiencias y necesidades propias.

En la misma línea, es fundamental comprender de manera integral las diversas formas en las que las niñas soldado han sido victimizadas. Si bien existen vínculos entre las distintas violaciones y crímenes cometidos contra ellas, resulta crucial analizarlos de forma individual, evitando reducirlos a meros factores agravantes o elementos implícitos dentro de otras violaciones y/o crímenes. Esta individualización de los delitos y su adecuada clasificación conforme al marco de derechos humanos contribuye significativamente a visibilizar a las niñas como titulares de derechos, incluyendo el derecho a la reparación por cada uno de los daños sufridos.

Igualmente debe procederse exhaustivamente a la individualización de las violaciones, abusos y crímenes contra y que afectan a las niñas a la hora de recopilar información y documentación probatoria para captar plenamente las diferentes e interrelacionadas formas en que las niñas han sido o son victimizadas. En los casos de Siria y Irak existirían al menos 4 categorías de crímenes: el reclutamiento y la utilización de niñas para su participación en las hostilidades (tanto directa como indirectamente)[11]; tortura,

---

[11] Art. 8(2)(b)(xxvi) and 8(2)(b)(vii) Estatuto de Roma; Reglas consuetudinarias #136 and #137; CDN (Art. 38); (Protocolo Opcional CDN 2002, Art.4); Conven-

trato denigrante e inhumano[12]; violación, esclavitud sexual, prostitución forzada, embarazo y esterilización forzados[13]; persecución[14].

A pesar de la interrelación los crímenes que enfrentan las 'niñas soldado' y su conexión con abusos y violaciones de sus derechos humanos, es importante prestar atención y evitar '*diluir*' estos crímenes, abusos y violaciones en otros (*e.g.*, únicamente focalizar la documentación e investigación de la violencia sexual contra las niñas), o considerar algunos de ellos solo como factores agravantes (*e.g.*, tortura y/o trato denigrante e inhumano como consecuencia de la violencia sexual extrema perpetrada contra las niñas y/o debido a su perpetración prolongada en el tiempo). Cada violación, abuso y delito tiene un tipo jurídico muy específico que debe ser analizado y traído al caso judicial (pero también tenido en cuenta en la configuración de los procesos de reintegración a nivel individual y social). Las niñas víctimas y sobrevivientes no pueden ser discriminados ni privadas de sus derechos, incluida su derecho a la reparación por los todos los crímenes, violaciones y abusos que han sufrido.

Entre muchas de las consecuencias que tiene la conceptualización limitante del reclutamiento y utilización de niñas en contextos de conflicto armado, es su falta de inclusión en los procesos de desarme, la desmovilización y la reintegración (DDR). El énfasis de los procesos de DDR en el aspecto del desarme excluye automáticamente a muchas niñas del ámbito de estos procesos. Esto se debe, en gran medida, a que muchas de las funciones desempeñadas por las niñas no están relacionadas con las armas ni con la participación directa en el combate. En la homogeneidad de la consideración del grupo de '*niñas*', incluso aquellas que sí han participado directamente en

ción de la Organización Internacional del Trabajo (OIT) No. 182 indica que el reclutamiento de niño/as menores de 18 años es una de las peores formas de trabajo infantil (Arts. 1-3).

12 Arts. 7(1)(f) and (k)); Art. 8(2)(a)(ii) y Art. 8(2)(c)(ii)); (Art. 37) CDN; Art. 2(2) Convención Internacional Contra la Tortura; La prohibición de la violencia contra los civiles, incluidos los niño/as, en particular los tratos crueles y la tortura, es un principio de derecho internacional consuetudinario, con aplicabilidad universal en todas las situaciones de conflicto armado. El artículo 3 común a los Convenios de Ginebra es la fuente más reconocida para esta protección fundamental (además de los arts. 12, 50 Ginebra I; arts. 12, 51 Ginebra II; arts. 13, 17, 87, 89, 130 Ginebra III; arts. 5, 27, 32, 147 Ginebra IV y las Reglas consuetudinarias nº 87, nº 89-92, nº 135).

13 Art. 7(1)(c), 7(1)(g), 8(2)(b), 8(2)(c), 8(2)(e) Estatuto de Roma; (Art. 19 and 34 CDN; (Art. 27 Ginebra IV); Reglas consuetudinaria #93; Art. 3(1)(c) común de las Convenciones de Ginebra de 1949.

14 Art. 7(1)(h).

el combate quedan excluidas en su mayor parte, debido a que también han sufrido otras violaciones (*e.g.*, violencia sexual, tortura) y por tanto quedan *'derivadas'* a otros programas en función de esta asignación limitante por el efecto de binarismo de género que se ha ilustrado anteriormente.

Se destacan a continuación los avances que se han dado a nivel legislativo y en el desarrollo de instrumentos de '*soft law*'[15] así como en la práctica judicial con importantes progresos a nivel jurisprudencial. Vienen a apoyar la necesidad de abordar los elementos limitantes señalados anteriormente en cuanto a la necesidad de aplicar perspectivas interseccionales, pero también a la necesaria individualización de crímenes, abusos y violaciones que sufre las niñas reclutadas y utilizadas por grupos armados en contextos de conflicto.

2.1. *Cuando la neutralidad de género invisibiliza las experiencias de niñas reclutadas y utilizadas en los conflictos armados: los progresos legislativos y de 'soft law'*

Los principales marcos legislativos que recogen los crímenes, abusos y violaciones relacionados con el reclutamiento y la utilización de niños y niñas en contextos de conflicto armado (Estatuto de Roma, Convención de los Derechos del Niño —CDN— y su Protocolo Facultativo relativo a la participación de niños en los conflictos armados, o los Convenios de Ginebra) mantienen una terminología neutral en cuanto al género y las diferentes implicaciones que supone para niños y niñas.

Por ejemplo, el artículo 77 del Protocolo Adicional I a los Convenios de Ginebra de 1949 prohíbe la '*participación directa*' de niños menores de 15 años en las hostilidades. Esto deja abierta la cuestión de qué se interpretaría como participación directa e indirecta y el fundamento de esta distinción. Cada vez más, los roles de los niños/as en los conflictos son cambiantes y pueden abarcar desde actuar como porteadore/as hasta el uso efectivo de armas en combate. Muchos roles que desempeñan las niñas suelen quedar en esta zona gris y pueden no estar comprendidos en el ámbito de la '*participación directa*'. En los conflictos armados no internacionales, estos roles se difuminan aún más: las líneas de frente no están definidas y los niños y las niñas son utilizados para diversos fines. El Protocolo Adicional II a

15 En el ámbito legal, los instrumentos de *'soft law'* son acuerdos, declaraciones, o recomendaciones que, a pesar de no ser legalmente vinculantes, pueden influir en el comportamiento de los actores internacionales o nacionales, y a menudo sirven como base para la futura legislación o regulación.

los Convenios de Ginebra, que se refiere específicamente a los conflictos armados no internacionales, ha intentado subsanar esta laguna al estipular que la participación de niños y niñas menores de 15 años está totalmente prohibida, independientemente de su rol o tipo de participación. No existen disposiciones específicas relativas a las '*niñas soldado*'.

La CDN es el tratado internacional más ampliamente ratificado, pero presenta graves lagunas en su enfoque sobre el reclutamiento de niño/as como combatientes. El artículo 38 estipula que los Estados deben adoptar todas las medidas viables para garantizar que solo los mayores de 15 años puedan participar directamente en las hostilidades. Esto deja abierta la cuestión de cómo tratar la participación de los menores de 15 años si participaron indirectamente. El artículo 38 impone al Estado una obligación de conducta, en lugar de una obligación de resultado. Al igual que los tratados de derecho internacional humanitario, la Convención sobre los Derechos del Niño no contiene disposiciones específicas relativas a las niñas soldado. De hecho, estas disposiciones parecen reforzar un enfoque que ignora los problemas específicos que enfrentan las '*niñas soldado*', particularmente sus roles indirectos en el conflicto armado.

La aplicación del derecho penal internacional en diversos tribunales ha dado lugar a una mayor claridad en ciertas cuestiones como la definición de participación 'directa' en las hostilidades, así como el límite de edad de 15 años[16].

Es, sin embargo, en los instrumentos de *'soft law'* donde se ha generado un avance sustancial para visibilizar en particular el reclutamiento y la utilización de niñas. Así en los *'Principios de Cabo Verde de 1997'*[17] para la prevención del reclutamiento de niño/as en las fuerzas armadas, la desmovilización y la reintegración social de los niño/as soldados en África, se especifica que además de la participación directa en las hostilidades incluyen otras '*actividades incidentales*' realizadas por niño/as durante un conflicto, y señala la situación de reclutamiento y utilización de niñas con fines sexuales y/o para matrimonio forzado. Igualmente aboga para que edad mínima de reclutamiento en fuerzas armadas regulares o grupos armados irregulares sea de 18 años.

---

16 Ver en apartado 2.2 del presente artículo.

17 Principios de Cabo Verde para la prevención del reclutamiento de niño/as en las fuerzas armadas, la desmovilización y la reintegración social de los niño/as soldados en África, 1997. Accesible en: The Capetown Principles. Recuperado el 29 de mayo de 2025.

En 2007 se aprobaron los '*Principios y Directrices de Paris'* sobre los niño/as asociado/as a fuerzas armadas o grupos armados[18] en cuya definición inicial se diferencia *'Niño o niña vinculado con un grupo o fuerza armada'* y expone que el reclutamiento y la utilización incluye a niños y niñas incluye a aquello/as *'usadas como combatientes, cocineras, vigías, mensajeras, espías o para propósitos sexuales. No se refiere solamente a una niña o niño que esté haciendo parte o haya sido parte directa en hostilidades'.* Además contiene un apartado específico reservado a la *'situación especifica de las niñas'*, matizando que aunque existen aspectos comunes, las experiencias de las niñas pueden ser muy diferentes que las de sus pares masculinos: las razones y maneras en que ellas se vinculan a fuerzas o grupos armados; al potencial para su liberación; a los efectos que la experiencia de estar en una fuerza armada o un grupo armado tiene en su bienestar físico, social y emocional; y, las consecuencias que esto puede tener para su capacidad de adaptarse a la vida civil o reintegrarse en la vida familiar y comunitaria después de su liberación, entre otras.

2.2. La transformación de la práctica judicial y el desarrollo jurisprudencial: un punto de inflexión para las niñas reclutadas y utilizadas en contextos de conflicto armado

Ha sido sin duda a través de la práctica judicial y el desarrollo jurisprudencial del derecho penal internacional donde se han consolidado los avances más importantes para la visibilización específica de los crímenes, abusos y violaciones sufridos por las niñas reclutadas y utilizadas en conflicto armado, incluyendo la individualización legal, el análisis interseccional y la comprensión integral de sus experiencias a nivel individual y social.

La sentencia de 2012 de la Corte Penal Internacional (CPI) contra Thomas Lubanga Dyilo[19], jefe de un movimiento rebelde en la República Democrática del Congo llamado la Unión de Patriotas Congoleños, lo reconoció como culpable por crímenes de guerra de reclutamiento y utiliza-

---

18 *Principios y Directrices de Paris* sobre los niño/as asociado/as a fuerzas armadas o grupos armados,2007. Accesible en: https://childrenandarmedconflict.un.org/publications/Paris_Principles_SP. pdf. Recuperado el 30 de mayo de 2025.

19 Corte Penal Internacional. El Fiscal contra Thomas Lubanga Dyilo. Hoja informativa del caso. Accesible en: The Prosecutor v. Thomas Lubanga Dyilo-Case Information Sheet. Recuperado el 10 de junio de 2025.

ción de niños menores de 15 años que participaron activamente en hostilidades. La sentencia reconoce que la violencia, incluida particularmente la sexual, fue un mecanismo sistemático de ejercicio de control y propiedad de niños y niñas. Se reconoció igualmente que no hay diferencia entre participación directa e indirecta ni tampoco entre alistamiento voluntario y forzado cuando se trata de menores de 15 años. Sin embargo, aunque no se imputó a Lubanga ningún cargo de violencia sexual u otro ligado específicamente al reclutamiento de niñas, el veredicto marcó un hito en relación con los delitos de género y los niños y niñas soldados, ya que por primare vez se presentaron dimensiones de género del delito de reclutamiento y utilización de niños y niñas y se demostró cómo Lubanga instrumentalizó las violaciones sexuales para someter a los niños y niñas y convertirlos en herramientas para promover sus propios objetivos violentos[20].

Aunque los delitos de género no se reflejaron claramente en el veredicto final emitido por los jueces, la Jueza Elizabeth Odio Benito emitió una opinión separada[21], altamente relevante respecto a la necesidad de considerar la individualización legal de los diferentes crímenes cometidos contra las niñas: '*Resulta irrelevante, por lo tanto, si la Fiscalía presentó los cargos como delitos separados o los incluyó legítimamente como integrados en los delitos de los que se acusa al Sr. Lubanga. El daño sufrido por las víctimas no solo se reserva para los procedimientos de reparación, sino que debería ser un aspecto fundamental de la evaluación de los delitos cometidos por parte de la Sala*'. La jueza Odio-Benito concluyó que la invisibilidad de la violencia sexual en el concepto jurídico conlleva discriminación contra las víctimas de reclutamiento al '*no considerarlo como parte de su reclutamiento en el concepto jurídico además de como cargo adicional*'.

Los veredictos de la CPI en 2019 contra Bosco Natganda[22], líder militar congolés, y en 2021 contra Dominic Ongwen[23], comandante de la Brigada

---

20 Corte Penal Internacional, 2012. Discurso inaugural de la Fiscal electa de la CPI en la Fundación Eng Aja Eze: La incidencia de las niñas soldado y la Corte Penal Internacional.

21 Opinión separada y disidente del Juez Odio Benito. ICC-01/04-01/06-2842. (2012) § 20.

22 Corte Penal Internacional. Información para las víctimas El Fiscal contra Bosco Ntaganda. Accesible en: The Prosecutor v. Bosco Ntaganda | International Criminal Court. Recuperado el 1 de junio de 2025.

23 Corte Penal Internacional. El fiscal v. Dominic Ongwen. Veredicto en el juicio de Ongwen ante la CPI 4 de febrero de 2021. Accesible en: Verdict in the Ongwen trial at the ICC 4 February 2021. Recuperado el 30 de mayo de 2025.

Sinia del Ejército de Resistencia del Señor, un grupo guerrillero que operaba anteriormente en el norte de Uganda, confirmaron cargos por reclutamiento y utilización de niños y esclavitud sexual de niñas. Es interesante, sin embargo, que en las órdenes de reparación de estos casos[24] los jueces subrayaron que los niños y niñas nacido/as de violencia sexual relacionada con el conflicto debían ser considerados víctimas directas debido al daño significativo que sufrieron como consecuencia directa de la violencia sexual. Además, también podían ser reconocidos como víctimas indirectas, dado el daño transgeneracional que sufrieron como consecuencia del profundo impacto de la violencia sexual relacionada con el conflicto en sus madres.

La investigación sobre la situación en Uganda reveló no solo cómo el Ejército de Resistencia del Señor (LRA por sus siglas en inglés '*Lord Resistance Army*') secuestraba sistemáticamente a niñas para esclavizarlas sexualmente y violarlas, sino también cómo el líder del LRA, Joseph Kony[25], controlaba todos los aspectos del secuestro, la distribución a los comandantes y la esclavización de las niñas. Entregaba a las niñas reclutadas como recompensa a los comandantes para que las utilizaran como esclavas sexuales. Entre los cargos se encuentra el de persecución basado en aspectos de género y edad: reclutamiento y la esclavitud sexual de colegialas.

3. EL ABORDAJE JUDICIAL DEL RECLUTAMIENTO Y UTILIZACIÓN DE NIÑAS COMO UN '*CONTINUUM*' NECESARIO EN LOS PROCESOS DE REINTEGRACIÓN

Los procesos de reintegración específicos para niñas que han sido reclutadas y utilizadas por grupos armados son esenciales para su recuperación y vuelta a la vida civil en condiciones de seguridad, cuidado, pero también para sus oportunidades de vida presente y futura. La base de su efectividad descansa en varios elementos, tal y como se ha expuesto

---

24 Situación en la República Democrática del Congo en el caso del Fiscal contra Ntaganda, CPI, Caso núm. ICC-01/04-02/06, Orden de Reparaciones (Sala de Primera Instancia VI), 8 de marzo de 2021, párr. 122, p. 46 Situación en Uganda en el caso del Fiscal contra Dominic Ongwen, CPI, Caso núm. ICC-02/04-01/15, Orden de Reparaciones (Sala de Primera Instancia IX), 28 de febrero de 2024, p. 76, §125.

25 Corte Penal Internacional. El Fiscal contra Joseph Kony. Hoja informativa del caso. Accesible en: Case Information Sheet-The Prosecutor v. Joseph Kony. Recuperado el 30 de mayo de 2025.

en los apartados anteriores: un análisis interseccional exhaustivo de sus experiencias, de su 'posición social' antes, durante y tras su liberación, del reconocimiento de las diferentes formas en que han sido victimizadas durante su reclutamiento.

Los componentes estándares de un proceso de reintegración integral incluyen servicios de salud (primaria, reproductiva, mental), educación, medios de vida económicos, seguridad y cuidados, arraigo familiar y/o comunitario, redes de pares —varían en función del caso concreto, y el interés superior de las niñas (y de sus dependientes hijos/as de haberlos), y deben diseñarse aplicando un enfoque centrado en la superviviente, donde sus derechos, necesidades y deseos se prioricen en cada acción.

El abordaje judicial debe formar parte inherente y transversal de los procesos de reintegración de las niñas, ya que es interdependiente de los componentes señalados anteriormente y en muchos casos los condiciona. Permite asimismo un diseño preciso del proceso de reintegración, que considera las diferentes abusos, violaciones y crímenes a los que han sido expuestas, y la aplicación de un enfoque informado sobre la violencia sufrida y el trauma causado, reconociendo sus diferentes impactos, con sensibilidad cultural.

La importante del abordaje judicial en los procesos de reintegración puede ilustrase a través de los siguientes ejemplos: en muchos casos, el acceso a medios económicos, servicios educativos o psicosociales, requiere de documentación civil que las niñas y sus hijos/as dependientes no tienen (*e.g.*, el grupo armado requisó su documentación, los hijos/as nacidos como consecuencia de violaciones sexuales no son reconocidos ni obtienen identidad civil en muchos países[26]), siendo necesario un apoyo legal especifico y la tramitación judicial correspondiente, incluso en los casos en los que se busca el asilo, refugio y/o la migración del país de origen.

En otros casos, el otorgamiento del '*estatuto de víctima*' es necesario para poder acceder a reparaciones (incluidos los procesos de reintegración y servicios asociados a ellos), siendo necesario obtener, a través de la vía judicial, ese reconocimiento. En el caso yazidí, la Ley de Sobrevivientes Yazidíes (YSL, '*Yazidi Survivors Law*', por sus siglas en inglés), que fue apro-

---

26 Fondo Global de Sobrevivientes (2024). Informe sobre la reparación para los niños nacidos de violencia sexual relacionada con el conflicto Explorando las perspectivas de los sobrevivientes desde el Estudio Global de Reparaciones.

bada por el gobierno iraquí en 2021, garantiza acceso a educación para los niños y niñas sobrevivientes del conflicto. Sin embargo, aquellos/as que son huérfano/as no tienen derecho a compensación. Sin tutela, acceder a los recursos y procesos necesarios se vuelve extremadamente difícil, lo que impide su capacidad para obtener la asistencia que necesitan. Otras sobrevivientes menores de edad también han reportado que solo reciben la mitad del salario mensual prometido por la ley, simplemente porque aún no han cumplido los 18 años. Si bien se trata de un programa de reparaciones administrativas, las sobrevivientes, necesitan presentar una denuncia penal como parte de su solicitud para obtener la '*condición de supervivientes/víctima*'. Este requisito es un desafío para las niñas aun menores de 18 años, huérfanas, aquellas han sido rechazadas por su familia, o que tienen hijos/as a su cargo sin documentación civil.

En aquellos países en los que la legislación perpetúa la discriminación basada en el género y fomenta la apatridia, las campañas de índole legal pueden ayudar a cambiar la leyes y políticas nacionales. En este sentido se han dado avances muy significativos en los casos de niños y niñas nacidos como consecuencia de la violencia sexual perpetrada contra sus madres que son niñas reclutadas y utilizadas por grupos armados.

Otro de los desafíos comunes para la niñas reclutadas y utilizadas por grupos armados, una vez que su liberación o fin del periodo de cautiverio se ha producido, es la falta de sistemas de gestión integrados de casos de protección de infancia y de violencia de género. Serán derivadas al sistema de protección de infancia si son menores de 18 años o si han alcanzado la mayoría de edad su caso se gestionará por el sistema de violencia de género (aplicando un criterio único de edad). La óptica de trabajo en cada uno de este sistema es diferente, y produce que los casos de niñas reclutadas y utilizadas y todas las experiencias que ello conlleva no se traten de manera holística. Por ejemplo, en los sistemas de gestión de casos de protección la mayoría de los casos, si se ha dado violencia sexual, se subsumen en casos de 'abuso sexual de niñas' con ópticas de trabajo sociales y jurídicas diferentes que en los sistemas de violencia de género. Hay que tener en cuenta el cambio de vida como consecuencia de su reclutamiento y utilización, y las normas sociales del '*paso de niña a mujer*' tras haber tenido relaciones sexuales. Las niñas soldado no constituyen un grupo homogéneo, y sus trayectorias vitales y experiencias son diversas. Algunas pueden emerger del conflicto como madres, con discapacidad, viudas, huérfanas, y otras pueden no haber experimentado ninguno de estos cambios. Esta diversidad ha de tenerse en cuenta en su proceso de reintegración, incluido el apoyo legal y el diseño judicial de sus casos concretos. Igualmente, hay que considerar con ópticas de infancia la gestión de casos de niñas que fueron reclutadas siendo menores de edad y cuyas experiencias se han dado durante su infancia, si bien al momento de su liberación son mayores de 18 años.

En términos de seguridad, ésta es un parte esencial de los procesos de reintegración de niñas soldado. Han vivido situaciones de violencia extrema y recuperar una sensación de seguridad es un proceso complejo. Desde el miedo al arresto y/o a la judicialización, abandono, incertidumbre respecto a la seguridad y cuidados de sus hijos/as, repetición de reclutamiento, ostracismo social, repetición de violencia sexual. El sentimiento de impunidad e injusticia subyace en todos los casos.

Cabe tener en cuenta que la falta de apoyo legal y abordaje judicial de los casos de niñas soldado, y su exclusión de o falta de procesos *ad hoc* de reintegración para ellas, produce en algunos casos una vuelta '*sin oposición*' a filas combatientes, como se ha producido en el caso de Siria[27]. Para las niñas dentro de los grupos armados, esta sensación de '*empoderamiento*' a menudo está profundamente arraigada en —y entrelazada con— su victimización y falta de opciones de reintegración reales, seguras, justas y emancipadoras.

El abordaje judicial como un '*continuum*' de los procesos de reintegración también se relaciona con los procesos de justicia comunitaria, preferiblemente con enfoque de género y restaurativos. La justicia comunitaria, con el reconocimiento de la experiencia de las niñas como sobrevivientes al conflicto puede fomentar la reconciliación y la aceptación de la comunidad. Los mecanismos de justicia transicional, las conmemoraciones rituales, las comisiones de la verdad, la reparación social, resultan ampliamente efectivos en muchos casos. Las niñas suelen considerarse sujetos pasivos, víctimas del reclutamiento. El proceso de reintegración debe poder identificarse en la comprensión cultural de los acontecimientos relacionados con el conflicto y las experiencias vividas por ellas. Las niñas dan determinado sentido tanto a sus experiencias en cautiverio y reclutamiento, su vida anterior y, por tanto, a qué tiene '*valor reintegrativo*' y qué es '*justicia*' para ellas en función de sus circunstancias individuales, familiares y sociales/culturales.

---

27 La Vanguardia. Las esclavas sexuales del EI vuelven como combatientes a Raqa. Accesible en: Las esclavas sexuales de Estado Islámico combaten ahora en Raqa. Recuperado el 13 de junio de 2025.

4. ESTRATEGIAS DE LITIGACIÓN PARA NIÑAS RECLUTADAS Y UTILIZADAS EN CONFLICTO: INCORPORACIÓN DEL ENFOQUE CENTRADO EN LA/S SUPERVIVIENTE/S Y SU PROTECCIÓN JUDICIAL

Una estrategia de litigio clave en la protección judicial de niñas reclutadas y utilizadas en conflictos armados consiste en el uso efectivo del mecanismo de *'cargos acumulados'*. Esta práctica implica el aprovechamiento pleno del marco normativo nacional e internacional para investigar y procesar de forma integral los delitos cometidos contra las niñas soldado, incluyendo aquellos que, aunque no sean estrictamente de carácter sexual, afectan gravemente su integridad y desarrollo. Exige una caracterización delictiva completa y precisa (durante la documentación y la investigación), que refleje fielmente las experiencias y los daños sufridos por las niñas y, sobre esa base, la formulación de múltiples cargos contra los perpetradores, así como la posibilidad de obtener condenas acumulativas que reconozcan la multidimensionalidad de las violencias padecidas por las niñas durante su reclutamiento y cautiverio.

El impulso de procesos judiciales temáticos a través del litigio estratégico, que busca impulsar cambios a nivel judicial y social en temas de derechos humanos, y en este caso centrado específicamente en abordar la situación multidimensional de las niñas soldado, resulta clave. La utilización la estrategia judicial de *'cargos acumulados'* contribuye no solo al abordaje judicial holístico (como parte de su reintegración especifica) de sus experiencias, al desarrollo de jurisprudencia y precedentes judiciales que contengan las diferentes si bien conexas violaciones, abusos y crímenes sufridos por las niñas, a la visibilización del su estatuto de superviviente/víctima —llave en muchos casos del acceso a servicios, compensaciones, y documentación civil, entre otras—, sino que también fortalece su derecho a la reparación integral en base a criterios pero interseccionales.

La Política de Crímenes Contra y que Afectan a la Infancia de la CPI, aprobada en 2023, prioriza precisamente la estrategia de litigio de *'cargos acumulados'*, señalando que se debe hacer '*pleno uso del marco regulatorio para investigar y enjuiciar los delitos contra y que afectan a los/as niño/as. Para garantizar una caracterización completa y fiel, la Fiscalía formulará cargos acumulativos, solicitará condenas acumulativas y, cuando sea posible, impulsará procesos temáticos de delitos contra y que afectan a los niños/as. La formulación de cargos acumulativos permite a la Fiscalía reflejar la gama completa de diversos daños su-*

fridos por los/as niño/as en un caso específico'[28]. Por ejemplo, en los casos de niñas soldado, cargos acumulados: crimen de reclutamiento y utilización, de violencia sexual (en sus múltiples formas, incluida la esclavitud sexual, el embarazo o la prostitución forzados), la tortura y/u otros actos inhumanos o atentados contra la dignidad, así como el crimen de persecución por motivos de edad, género, etc.

Las entrevistas a niñas son fundamentales para garantizar que se escuchen sus voces, se consideren sus experiencias y se tenga en cuenta su verdad, reflejándola en las fases de recopilación de información, análisis e informes. Facilitan el aprovechamiento y la priorización de la información directa de las niñas.

La realización de entrevistas a niñas sobrevivientes en estos procesos judiciales, son fundamentales, si bien su preparación y práctica debe incluir principios de ética, seguridad y competencia profesional especifica en este campo. Las niñas siempre serán la mejor fuente para hablar de sus propias experiencias, para tener una comprensión completa de la naturaleza y el alcance de los daños que sufrieron. Tienen un derecho de participación que impone obligaciones a los operadores de justicia. Cuando las entrevistas con niñas se hacen con la debida preparación y por profesionales especializados, no solo el valor probatorio de estas entrevistas aumenta exponencialmente, sino que facilita el proceso de reintegración de la superviviente.

La confirmación de la estrategia de litigio de '*cargos acumulados*' por parte de la CPI como prioridad en los casos contra y que afectan a niño/as es un punto de inflexión de suma importancia también en su aplicación por parte de sistemas domésticos, y también mediante el mecanismo de jurisdicción universal. En 2020, por primera vez en Irak, el tribunal acusó y condenó a un combatiente del EI por participar en una organización terrorista y por la violación y el secuestro de una niña yazidí, sobre la base de los testimonios de esta última[29].

---

[28] Corte Penal Internacional, 2023. Política de Crímenes Contra y que Afectan a la Infancia.

[29] Alianza para la Protección de la Infancia en la Acción Humanitaria, 2024. Niñas Asociadas A Fuerzas Armadas y Grupos Armados. Lecciones aprendidas y buenas prácticas en materia de prevención del reclutamiento y la utilización, liberación y reintegración.

5. REPARACIONES Y PROCESOS REINTEGRATIVOS PARA NIÑAS RECLUTADAS Y UTILIZADAS EN CONFLICTOS ARMADOS

El derecho a la reparación para niñas reclutadas y utilizadas en conflictos armados está intrínsecamente vinculado a procesos efectivos de reintegración. Estos procesos no pueden entenderse de manera aislada o meramente asistencial, sino como mecanismos integrales que articulan el reconocimiento de derechos, la justicia y la restitución del proyecto de vida.

La *'Declaración de Nairobi sobre Mujeres y Niñas'* en contextos de desarme, desmovilización y reintegración de 2007[30], advierte sobre la necesidad de mecanismos de diseño e implementación de las reparaciones diferenciados para las niñas excombatientes. Evoca el rol fundamental de las niñas en la reparación del tejido social de las familias y las comunidades y el hecho de que la reparación debe incluir medidas de transformación posconflicto de las injusticias socioculturales y las desigualdades políticas y estructurales que configuran la vida de las niñas, ya presentes en la situación anterior al conflicto. Indica que la *'reinserción social'* por sí sola no es suficiente para la reparación, siendo necesario configurar procesos de la reintegración holística, incluida la justicia, que refuerce la garantía de no repetición, el reconocimiento público de las supervivientes, y la lucha contra la impunidad.

Estas perspectivas han sido recientemente reafirmadas por el Comité de los Derechos del Niño en 2025, que subrayó la obligación de los Estados de garantizar procesos de reparación adecuados para niñas víctimas de reclutamiento forzado. Además, en su Observación general No. 27[31] sobre el derecho de los niños al acceso a la justicia y a un recurso efectivo, señala que el término *'reparación'* puede referirse a varios conceptos (compensación, restauración de derechos, disculpa u otros medios para reparar una violación), pero también se puede dar sin necesariamente acudir a un sistema de justicia formal.

Así, la amalgama de reparaciones a considerar en los procesos de reintegración de las niñas soldado es amplio. Por un lado, las reparaciones reconocidas a través de la vía judicial (*reparaciones judiciales*), siendo claves

---

30 Declaración de Nairobi sobre el Derecho de las Mujeres y las Niñas a Interponer Recursos y Obtener Reparaciones. Accesible en: https://www.fidh.org/IMG/pdf/DeclaraciondeNairobi-es.pdf. Recuperado el 10 de julio de 2025.

31 Comité de los Derechos del Niño. Observación general No. 27 sobre el derecho del niño al acceso a la justicia y a un recurso efectivo.

el acceso a la documentación civil y la identidad, el reconocimiento del estatus de 'víctima/superviviente' con elementos simbólicos, pero también prácticos al ser la puerta de entrada a diferentes formas de reparación como las compensaciones económicas o el acceso a servicios (médicos, educativos, etc.). Dentro de este primer tipo de reparaciones, también se incluyen los procesos de justicia transicional, que promueven tanto la reparación individual como la reconstrucción del tejido social, donde la participación activa de las niñas en estos procesos es crucial para su efectividad en ambos planos, reintegración individual y social. En un segundo grupo están las *reparaciones administrativas*, si bien en muchos casos requieren un respaldo legal y judicial para que las supervivientes puedan acceder. En el ejemplo ilustrado anteriormente, la Ley de Supervivientes Yazidíes de 2021 requiere a las solicitantes de estas reparaciones la presentación oficial de una demanda en la jurisdicción penal que les otorgue el reconocimiento judicial de víctimas/supervivientes. Finalmente, pero sin duda no menos relevantes, se encontrarían las *reparaciones comunitarias y/o restaurativas* que, en contextos posconflicto, pueden jugar un rol esencial en la reintegración de niñas sobrevivientes. Las prácticas de justicia restaurativa, cuando se aplican de manera culturalmente pertinente y con enfoque de derechos, permiten reconstruir vínculos familiares y comunitarios. Por ejemplo, ceremonias religiosas de aceptación, que han sido utilizadas en diversos contextos como forma de reintroducción simbólica y social de las niñas a sus comunidades; o los círculos restaurativos familiares que promueven la reconciliación, el reconocimiento del daño y la participación activa de las niñas en la construcción de soluciones.

Los procesos reparativos de niñas que han sido reclutadas y utilizadas en conflictos armados exigen un enfoque multidimensional que combine la vía judicial con las medidas de reparación de naturaleza administrativa y comunitaria. Solo así se podrá garantizar una reintegración sostenible, que no solo restituya derechos individuales, sino que transforme estructuralmente sus condiciones y oportunidades en el nivel social.

6. CONCLUSIÓN

El reclutamiento y la utilización de niñas en los conflictos armados comprende crímenes y violaciones sistemáticas y complejas que atacan el núcleo mismo de los derechos humanos. Estas niñas no solo son secuestradas, adoctrinadas, forzadas a múltiples formas de abusos y violaciones sexuales incluida la esclavitud, tortura, o violencia física y psíquica, persecución, sino que también quedan atrapadas en vacíos legales y sociales que perpetúan su revictimización. Las respuestas actuales —aún parciales, fragmentadas y centradas en categorías binarias de género y edad— resultan insuficientes para abordar la complejidad de sus experiencias y garantizar su restitución plena de derechos.

Es urgente reconocer que el abordaje judicial no puede concebirse como un componente separado, sino como un eje esencial e interdependiente de los procesos de reintegración. Sin reconocimiento judicial, las niñas carecen de documentación, de acceso a servicios, de estatus legal de víctimas/supervivientes y, en consecuencia, de oportunidades reales para reconstruir sus vidas. La justicia, además de enfocarse en procesos investigativos y de sanción penal de los perpetradores, debe articularse con medidas reparadoras (judiciales, administrativas y comunitarias) y transformadoras que incluyan educación, salud, medios de vida y reintegración social, bajo un enfoque de infancia e interseccional y centrado en la superviviente.

Solo una estrategia jurídica integral —que acumule cargos, visibilice cada crimen y violación y garantice la participación activa de las niñas en los procesos judiciales— podrá romper el ciclo de impunidad e invisibilidad de los casos de niñas soldado y a la vez convertir sus casos en litigios estratégicos, impulsando cambios a nivel judicial y social en los derechos de las niñas. Incorporar la justicia como pilar de los procesos de reintegración es una obligación jurídica y ética que asegura la reparación integral, la no repetición y la construcción de un futuro donde las niñas no sean nunca más instrumentos de guerra, sino protagonistas de paz y de transformación social.

REFERENCIAS BIBLIOGRÁFICAS

Alianza para la Protección de la Infancia en la Acción Humanitaria (2024). *Niñas Asociadas a Fuerzas Armadas y Grupos Armados. Lecciones aprendidas y buenas prácticas en materia de prevención del reclutamiento y la utilización, liberación y reintegración.*

Allen, T., & Vlassenroot, K. (2010). *El Ejército de Resistencia del Señor: mito y realidad.* Londres: Zed Books.

Annan, J., Blattman, C., Mazurana, D. y Carlson, K. (2011). 'Guerra civil, reintegración y género en el norte de Uganda'. *Journal of conflict resolution,* 55(6), 877-908.

Baines, E. (2014). 'Matrimonio forzado como proyecto político: Normas y relaciones sexuales en el Ejército de Resistencia del Señor'. *Journal of Peace Research,* 51(3), 405-417.

Barth, E. F. (2002). *La paz como decepción. La reintegración de mujeres soldados en sociedades posconflicto: un estudio comparativo de África*. Instituto Internacional de Investigación para la Paz, Noruega.

Becker, J. (2010). Reclutamiento infantil en Birmania, Sri Lanka y Nepal. En S. Gates y S. Reich (Eds.), *Niños soldados en la era de los estados fracturados* (pp. 108-120). University of Pittsburgh Press.

Carpenter, C.R. (2007). *Nacidos de la guerra: Protegiendo a los hijos de sobrevivientes de violencia sexual en zonas de conflicto*. Bloomfield: Kumarian Press.

Child Soldiers International (2017). What the Girls Say. Improving practices for the demobilisation and reintegration of girls associated with armed forces and armed groups in Democratic Republic of Congo.

Comisión Internacional Independiente de Investigación sobre la República Árabe Siria. *'Han borrado los sueños de mis hijos': los derechos de la infancia en la República Árabe Siria*. Conference Room Paper. Ginebra: Consejo de Derechos Humanos de las Naciones Unidas, 2020.

Comisión Internacional Independiente de Investigación sobre la República Árabe Siria. *'Vinieron a destruir': Los crímenes del ISIS contra los yazidíes*. Ginebra: Consejo de Derechos Humanos de las Naciones Unidas, 2016.

Coulter, C. (2010). Domesticando la selva. En B. Mæland (Ed.), *Cultura, religión y la reintegración de niñas soldado en el norte de Uganda* (pp. 87-100). Nueva York: Peter Lang.

Denov, M. (2007). *¿Siempre tiene razón la cultura? Los peligros de reproducir estereotipos y desigualdades de género*. Coalición para Detener el Uso de Niños Soldados.

Denov, M. (2008). 'Niñas soldado y derechos humanos: Lecciones de Angola, Mozambique, Sierra Leona y el norte de Uganda'. *Revista Internacional de Derechos Humanos*, 12(5), 813-836.

Denov, M. & Ricard-Guay, A. (2013). *Niñas soldado: hacia una comprensión de género del reclutamiento, la participación y la desmovilización en tiempos de guerra*. Gender & Development.

Freeman, J.A. (2020). *The mental, reproductive, and physical health impacts of female children's association with armed forces and groups*. Child Abuse & Neglect, Volume 107, September 2020.

Hazen, J. (2011). Comprender la 'reintegración' en la consolidación de la paz posconflicto: Argumentando la necesidad de priorizar la 'reinserción' y, posteriormente, de establecer mejores vínculos. En M. Civic y M. Miklaucic (Eds.), *Monopolio de la fuerza: El nexo entre el DDR y la SSR* (pp. 109-127). Washington, D.C.: National Defense University Press.

Hobson, M. (2005). *Víctimas olvidadas de la guerra: Niñas en conflictos armados*. Save the Children UK.

Keairns, Y. E. (2002). *Las voces de las niñas soldados*. Nueva York: Oficina Cuáquera ante las Naciones Unidas.

King, A. (2016). La mujer soldado de combate. *Revista Europea de Relaciones Internacionales*, 22(1), 122-143.

McKay, S. (2006). 'Reconstruyendo vidas frágiles: la reintegración social de las niñas soldado en el norte de Uganda y Sierra Leona', en Ahmad Sikainga y Ousseina Alidou (eds.), *Post-Conflict Reconstruction in Africa* (pp. 149-166), Trenton: Africa World Press

Mazurana, D. E., McKay, S. A., Carlson, K. C. & Kasper, J. C. (2002). 'Niñas en fuerzas y grupos combatientes: Su reclutamiento, participación, desmobilización y reintegración'. *Peace and Conflict: Journal of Peace Psychology*, 8(2), 97-123.

ONU (1989). Convención sobre los Derechos del Niño.

ONU (2000). Protocolo Facultativo de la Convención sobre los Derechos del Niño relativo a la participación de niños en los conflictos armados.

Pillai, P. (2008). *Un llamado a las armas: Un enfoque con perspectiva de género para la difícil situación de las niñas soldado en el derecho internacional.* Human Rights Brief 15, n.º 2 (2008): 23-27.

Shanahan, F. y Veale, A. (2010). 'La niña es el núcleo de la vida»: Reintegración social, violencia comunitaria y lo sagrado en el norte de Uganda'. En B. Mæland (Ed.), *Culture, religion, and the reintegration of female child soldiers in northern Uganda.* (pp. 115-132). Nueva York: Peter Lang.

Tonheim, M. (2017). *A troublesome transition: Social reintegration of girl soldiers returning 'home'.* The University of Bergen.

UNICEF (2007). Principios de París: Principios y directrices sobre los niños vinculados a fuerzas o grupos armados.

UNIFEM (2004). Acertando, haciendo lo correcto: Género y desarme, desmovilización y reintegración.

Vigaud-Walsh, F. (2017). *Guilt by Association: Iraqi Women Detained and Subject to Sexual Exploitation and Abuse.* Refugees International. Issue Brief.

Wessells, M. (2010). Niñas en las fuerzas armadas y grupos armados de Angola: Implicaciones para la investigación ética y la reintegración. En S. Gates y S. Reich (Eds.), *Child soldiers in the age of fractured states* (pp. 183-199). Pittsburgh: University of Pittsburgh Press.

Yazda (2023). *Despojados de su infancia y aún sin justicia. Las voces de los niños yazidíes en el centro de los procesos de documentación, investigación y enjuiciamiento centrados en la infancia.*

La Diplomacia Humanitaria y la protección de la infancia en el Sahel[1]

Humanitarian Diplomacy and Child Protection in the Sahel

OMAR AHMED ABENZA
PAULA FERNÁNDEZ CORET

Resumen: La región del Sahel se ha convertido en un epicentro contemporáneo de violencia armada, lo que ha generado graves violaciones de los derechos de la infancia, en particular el reclutamiento y la utilización de menores por parte de actores armados. En Malí y Burkina Faso, la fragilidad institucional y la limitada presencia del Estado han facilitado la incorporación forzosa de niños en los conflictos. Estos menores sufren una "doble invisibilización" al ser considerados tanto víctimas como actores forzados, lo que los expone a una violencia prolongada y a la interrupción de su educación. A pesar de los sólidos marcos jurídicos internacionales y nacionales, su aplicación se ve dificultada por la fragmentación de la autoridad religiosa y la instrumentalización de la doctrina islámica por grupos yihadistas. No obstante, el derecho islámico, especialmente en su tradición malikí, ofrece principios protectores que pueden ser aprovechados. La diplomacia humanitaria emerge como una herramienta estratégica para abordar esta problemática, permitiendo el diálogo con actores armados y promoviendo acuerdos basados en valores religiosos y éticos comunes. Este enfoque requiere una comprensión profunda del contexto y la colaboración con líderes religiosos para articular estrategias de protección viables y culturalmente legítimas.

Abstract: The Sahel region has emerged as a contemporary epicenter of armed violence, leading to severe violations of children's rights, particularly the recruitment and use of minors by armed groups. In Mali and Burkina Faso, institutional fragility and a limited state presence have facilitated the forced incorporation of children into conflicts. These minors suffer from a "double invisibilization", being considered both victims and forced participants, which exposes them to prolonged violence and the disruption of their education. Despite the robust international and national legal frameworks, their effective implementation is challenged by the fragmentation of religious authority and the instrumentalization of Islamic doctrine by jihadist groups. However, Islamic law, particularly the Maliki tradition, offers protective principles that can be leveraged. Humanitarian diplomacy emerges as a strategic tool to address this issue, enabling dialogue with armed actors and promoting agreements based on shared religious and ethical values. This approach requires a deep understanding of the context and collaboration with religious leaders to formulate viable and culturally legitimate protection strategies.

Palabras clave: Diplomacia humanitaria, protección de la infancia, Sahel, Malí, Burkina Faso, reclutamiento infantil, salafismo, derecho islámico, grupos armados, derechos del niño.

---

1 Estudio realizado en el marco del Proyecto de Investigación titulado "*Lagunas en la protección y asistencia internacional a las niñas asociadas a Grupos armados (NAAG)*". CIAICO 2022/235 UCHCEU con financiación pública de la GVA.

Keywords: Humanitarian diplomacy, child protection, Sahel, Mali, Burkina Faso, child recruitment, Islamic law, Salafism, armed groups, children's rights.

1. EL ESTADO DE LA CUESTIÓN-RECLUTAMIENTO Y UTILIZACIÓN DE MENORES EN LOS CONFLICTOS ARMADOS DEL SAHEL

La región del Sahel, franja de transición entre el Sahara y la sabana sudanesa, se ha consolidado como uno de los epicentros contemporáneos de violencia armada, marcada por insurgencias yihadistas, golpes de Estado recurrentes y una creciente presión demográfica sobre instituciones estatales debilitadas[2]. Esta confluencia de factores ha favorecido la proliferación de graves violaciones de los derechos de la infancia, siendo el reclutamiento y la utilización de menores por parte de actores armados —estatales y no estatales— una de las más alarmantes.

En países como Malí y Burkina Faso, el colapso institucional, la presencia limitada del Estado y las fronteras porosas han facilitado la incorporación forzosa de miles de niños y niñas a las dinámicas bélicas[3]. En ambos contextos, la doble invisibilización de estos menores —como víctimas y como actores forzados en el conflicto— se traduce en su exposición prolongada a violencia física, psicológica y sexual, así como en la ruptura de sus proyectos educativos y comunitarios. Las cifras registradas por organismos internacionales muestran un incremento sostenido de violaciones graves, situando a ambos países entre los más afectados por el terrorismo y la violencia armada a nivel mundial[4].

Este capítulo examina el fenómeno desde un enfoque multidimensional, integrando el análisis del marco jurídico nacional e internacional, las dinámicas sociopolíticas y religiosas que lo sostienen, y el papel que la diplomacia humanitaria puede desempeñar para revertirlo. En particular, se estudia la interacción entre el derecho internacional humanitario y el

---

2 Orrell, H. (2025). *El Sahel: cómo es la región con 'más muertes por terrorismo' en todo el mundo.* BBC. https://www.bbc.com/mundo/articles/ckgd9qz4eq4o

3 Moreno-Cosgrove, N. (6 de abril de 2022). *France's unattaible counterterrorism misión in the Sahel.* Real Instituto Elcano. https://www.realinstitutoelcano.org/en/commentaries/frances-unattainable-counterterrorism-mission-in-the-sahel/

4 Save the Children. (2024). *Se quintuplica el número de niños y niñas desarraigados por la violencia en el Sahel Central.* https://www.savethechildren.es/notasprensa/se-quintuplica-el-numero-de-ninos-y-ninas-desarraigados-por-la-violencia-en-el-sahel

corpus normativo islámico predominante en la región, identificando puntos de convergencia que permitan articular estrategias de protección culturalmente legítimas y operativamente viables.

2. EL PROBLEMA DE LOS NIÑOS SOLDADO EN EL SAHEL - DOBLEMENTE INVISIBILIZADOS

La región del Sahel constituye una zona de transición geográfica, climática y sociopolítica que se extiende entre el desierto del Sahara al norte y la sabana sudanesa al sur, atravesando el continente africano de oeste a este. Históricamente, el Sahel se ha considerado la frontera política y cultural entre el mundo árabe-islámico África subsahariana[5]. Todo ello ha conllevado que, durante las últimas décadas, se haya generado un entramado de dinámicas identitarias, conflictividad religiosa y tensiones interétnicas, a lo que se le suman procesos recurrentes de inestabilidad gubernamental y pobreza estructural[6].

Tal y como se ha mencionado previamente, la región del Sahel continúa siendo escenario de una intensa violencia armada, donde confluyen insurgencias yihadistas, la reiteración de golpes de Estado y una presión demográfica que desborda a unas instituciones estatales frágiles[7]. En este contexto, el reclutamiento y utilización de menores por parte de grupos armados —estatales y no estatales— se consolida como una de las violaciones más graves de derecho internacional humanitario, así como de los marcos de protección de la infancia[8].

Asimismo, los casos de Malí y Burkina Faso representan dos modelos paradigmáticos para el análisis de este fenómeno. A pesar de sus especificidades, ambos países comparten patrones comunes de conflictos 'y vulnerabilidades estructurales, gobernanza débil, presencial estatal limitada

---

5 Cooper, B. (2018). *The Sahel in West African History*. African History. https://doi.org/10.1093/acrefore/9780190277734.013.167

6 Calduch Cervera, R. (2013). *El impacto estratégico de la crisis del Sahel*. En Ministerio de Defensa (Ed.), *Panorama estratégico 2013* (pp. 115-138). Ministerio de Defensa. https://dialnet.unirioja.es/servlet/articulo?codigo=4184257

7 UNICEF (marzo de 2023). *Máximo riesgo: Diez millones de niños y niñas del Sahel central necesitan ayuda humanitaria en medio de una espiral de conflictos y un clima extremo.* https://www.unicef.org/media/137146/file/ES%20extreme%20jeopardy.pdf.

8 Naciones Unidas. (2025). Los niños y los conflictos armados en Burkina Faso. Informe del Secretario General (S/2025/101) https://docs.un.org/es/S/2025/101

y fronteras porosas', facilitando de este modo la incorporación forzosa de menores en las dinámicas armadas[9]. En ambos contextos se observa una preocupante implicación de menores en los conflictos, lo cual demanda un enfoque de estudio que integre no solo la dimensión social, económica, política e institucional[10]; sino también los mecanismos específicos de protección infantil necesarios para abordar de manera integral la doble invisibilización que sufren los niños y niñas soldado en el Sahel.

2.1. El conflicto en Mali y en Burkina Faso

Desde el colapso institucional de 2012, Mali ha pasado de ser un conflicto de secesión localizada a convertirse en un territorio complejo en el que confluyen insurgencia yihadistas, rivalidades comunitarias y redes criminales transnacionales. El quinto informe del Secretario General sobre Niños y Conflictos Armados confirma que ha habido en Malí 2.091 violaciones graves contra 1.782 menores entre abril de 2022 y marzo de 2024; el reclutamiento y uso de menores continúa siendo la violación más grave, seguida de la mutilación, secuestro y muertes, con aumentos del 14, 23 y 27 por ciento respectivamente[11].

Los grupos armados Jama'at Nusrat al-Islam wal-Muslimin (JNIM) y el Estado Islámico en el Gran Sahara concentran la mayor parte de los casos. La progresiva retirada de fuerzas francesas y de la Misión Multidimensional Integrada de Estabilización de las Naciones Unidas en Malí (MINUSMA), sumada a su vez a la creciente presencia del grupo paramilitar ruso Wagner desde 2022, han alterado profundamente el equilibrio de poder en el país, generando preocupaciones sobre violaciones de derechos humanos cometidas tanto por insurgentes como por fuerzas estatales y aliadas y degradando la capacidad de verificación y de protección efectiva[12].

---

9 Global Center for the Responsibility to Protect. (14 de marzo de 2025). *Sahel Central (Burkina Faso, Malí y Níger).* https://www.globalr2p. org/countries/mali/

10 Save the Children. (2024). *Se quintuplica el número de niños y niñas desarraigados por la violencia en el sahel cenral.* https://www.savethechildren.es/notasprensa/se-quintuplica-el-numero-de-ninos-y-ninas-desarraigados-por-la-violencia-en-el-sahel

11 Watchlist. (marzo 2025). *Children and Armed Conflict. Recommendtions to the Security Council.* https://watchlist.org/wp-content/uploads/2025_3_caac_monthly_final.pdf

12 CISDE (2023). *Mali: Conflicto, yihadismo y crisis institucional.* Centro de Estudios en Seguridad y Defensa. https://crisis.cisde.es/crisis/mali/

En Burkina Faso, el deterioro acelerado de la seguridad tras los dos golpes de Estado sufridos en 2022 ha generado un ecosistema en el que los actores estatales, milicias progubernamentales y grupos yihadistas reclutan de manera sistemática a menores. Así lo indica el Secretario General de Naciones Unidas en el primer informe sobre Niños y Conflictos Armados en Burkina Faso (S/2025/101)[13], donde se verificaron 2.483 violaciones graves contra 2.255 niños y niñas entre julio de 2022 y junio de 2024. Este balance supone un incremento del 68% de las víctimas en 2024 y un total de 1.900 muertes atribuibles a atentados terroristas, lo que sitúa al país —junto con Malí— entre los cinco más afectados por el terrorismo a escala mundial.

Además, la exposición prolongada a la violencia y la carencia de alternativas de vida pacífica contribuyen a la normalización del conflicto armado. Según el informe de Save the Children, Malí se encuentra en entre los tres peores países afectados por conflictos armados para ser un niño o niña, mientras que Burkina Faso ocupa el 5° puesto[14].

2.2. Marco jurídico en materia de protección a la infancia en Mali y Burkina Faso

2.2.1. Mali

El marco jurídico de Malí en materia de infancia se a través de la integración progresiva de instrumentos internacionales, regionales y normativas nacionales orientadas a la protección integral de los derechos de los niños y niñas.

En el plano internacional, Malí ratificó la Convención sobre los Derechos del Niño en 1990[15]. Asimismo, en 2022 ratificó los dos Protocolos Facultativos vinculados a esta Convención; el Protocolo relativo a la venta de niños, la prostitución infantil y la utilización de menores en la pornografía y el Protocolo relativo a la participación de niños en conflictos armados[16].

---

13 Naciones Unidas. (2025). Los niños y los conflictos armados en Burkina Faso. Informe del Secretario General (S/2025/101) https://docs.un.org/es/S/2025/101

14 Save the Children. (2024). *No a la guerra contra la infancia – Vías para la paz.* https://www.savethechildren.es/sites/default/files/2025-01/SWOC-2024_No_a_la_guerra_contra_la_infancia-Vias_para_la_paz.pdf

15 OHCHR. (s.f.) *Base de datos de los órganos de Tratados de Naciones Unidas.* https://tbinternet.ohchr.org/_layouts/15/TreatyBodyExternal/Treaty.aspx?Treaty=CRC&Lang=sp

16 Ibid.

A nivel regional, Mali ratificó la Carta Africana sobre los Derechos y el Bienestar del Niño en 1998, así como también ratificó el Protocolo a la Carta Africana sobre los Derechos Humanos y de los Pueblos relativo a los Derechos de la Mujer en África —también conocido como Protocolo de Maputo— en 2005, en el que se reafirma la importancia de la igualdad de género y tiene como objetivo el fin de la discriminación y prácticas que pongan en peligro físico y psicológico de las mujeres y niñas de África[17].

Malí no solo ha firmado y ratificado documentos internacionales o regionales, sino que también ha adoptado varios de ellos a nivel interno. Entre ellos destaca la Ordenanza n.º 02-062 que aprueba el Código de Protección de la Infancia (2002), que define los derechos del niño, el papel del Estado, los mecanismos judiciales de protección y prohíbe expresamente el reclutamiento infantil.

En relación con los derechos laborales, Malí ha ratificado numerosos convenios de la Organización Internacional del Trabajo. Ejemplo de estas son el Convenio sobre el Trabajo Forzoso, el Protocolo de 2014 relativo al Convenio sobre el trabajo forzoso, el Convenio sobre la edad mínima y el Convenio sobre las peores formas de trabajo infantil[18].

Respecto a los derechos de las niñas y mujeres, Malí ratificó la Convención sobre la Eliminación de Todas las Formas de Discriminación contra la Mujer —CEDAW— en 1985, y también suscribió su Protocolo Facultativo en el año 2000. A pesar de ello, los informes del Comité de la CEDAW destacan serias preocupaciones sobre la persistencia del matrimonio infantil —54% antes de los 18 años— y la mutilación genital femenina —89% entre mujeres de 15 y 49 años—[19].

---

17 Unión Africana. (2003). *Protocolo de la Carta Africana de Derechos Humanos y de los Pueblos Relativo a los Derechos de la Mujer en África.* https://au.int/sites/default/files/treaties/37077-treaty-charter_on_rights_of_women_in_africa.pdf

18 Organización Internacional del Trabajo (OIT). (s. f.). *Ratifications for Mali.* https://normlex.ilo.org/dyn/nrmlx_en/f?p=NORMLEXPUB:11200:0::NO::P11200_COUNTRY_ID:103081

19 ONU Mujeres. (2025, 20 de febrero). *Mutilación genital femenina en Mali: La lucha para poner fin a una tradición mortal.* https://www.unwomen.org/es/noticias/reportaje/2025/02/mutilacion-genital-femenina-en-mali-la-lucha-para-poner-fin-a-una-tradicion-mortal

2.2.2. Burkina Faso

Burkina Faso ha suscrito la mayoría de los instrumentos internacionales en materia de derechos de la infancia. Participó en la Cumbre Mundial a favor de la Infancia en 1990 en Nueva York y ratificó la Convención de los Derechos del Niño en agosto de ese mismo año[20]. Burkina Faso también ha ratificado los tres Protocolos Facultativos de la CDN: sobre la participación en conflictos armados (2007), sobre la venta de niños, prostitución infantil y pornografía (2006) y el Protocolo de Palermo contra la trata de personas, especialmente mujeres y niñas[21]. A nivel regional, ratificó la Carta Africana sobre los Derechos y el Bienestar del Niño en 1992[22] y el Protocolo de Maputo en 2006[23].

Burkina Faso ratificó varios de los convenios fundamentales de la OIT, como es la Convención n.º 182 ratificada en 2001 y relativa a la erradicación de las peores formas de trabajo infantil[24].

Asimismo, Burkina Faso ratificó la CEDAW en 1987, así como su Protocolo Facultativo en 2005[25], reforzando formalmente su adhesión a los estándares internacionales en materia de igualdad de género y protección de los derechos de las niñas y mujeres. No obstante, y a pesar de la tipificación expresa del matrimonio infantil como delito en el artículo 76 de su Código Penal, la realidad evidencia una profunda brecha entre el marco normativo y su implementación efectiva. Según datos de UNICEF, más del 52% de las niñas son casadas antes de cumplir los 18 años, llegando incluso a realizarse promesas matrimoniales en el momento de su nacimiento[26], vulnerando de manera grave el derecho y libertad de consentimiento. En relación con la mutilación genital femenina (MGF), formalmente desde 1996 mediante disposiciones penales específicas, los datos ofrecidos por

---

20 Comité de los Derechos del Niño. (s. f.). *Convención sobre los Derechos del Niño*. Naciones Unidas. https://tbinternet.ohchr.org/_layouts/15/TreatyBodyExternal/Treaty.aspx?Treaty=CRC&Lang=sp

21 Ibid.

22 Amnistía Internacional. (1999). *Burkina Faso: Más allá de las palabras*. https://www.amnesty.org/es/wp-content/uploads/sites/4/2021/06/ior630061999es.pdf

23 Power Human Rights Education. (s. f.). *Burkina Faso*. https://www.power-human-rights-education.org/es/exhibition/success-stories/burkina-faso/

24 Humanium. (s. f.). *Burkina Faso*. https://www.humanium.org/es/burkina-faso/

25 OHCHR. (s.f.) *Base de datos de los órganos de Tratados de Naciones Unidas*. https://tbinternet.ohchr.org/_layouts/15/TreatyBodyExternal/Treaty.aspx?Treaty=CRC&Lang=sp

26 Humanium. (s. f.). *Burkina Faso*. https://www.humanium.org/es/burkina-faso/

Naciones Unidas revelan que el 76% de las mujeres en edades comprendidas entre 15 y 49 años han sido sometidas a estas prácticas[27].

A pesar de la normativa y políticas adoptadas por Burkina Faso, la implementación de estas enfrenta grandes obstáculos vinculados a la falta de recursos. Pues la débil presencia estatal en zonas rurales y la influencia de normas sociales, refuerzan la discriminación estructural contra niños, niñas y mujeres.

2.3. Islam y protección de la infancia en el Sahel: un marco normativo paralelo

En el Sahel, el islam no solo configura la religiosidad mayoritaria, sino que funciona como un entramado normativo, ético y comunitario que influye de manera decisiva en la socialización y la protección infantil. Ulemas, imanes, líderes sufíes y redes de enseñanza coránica modelan percepciones sobre la infancia y actúan como árbitros locales de normas y prácticas; por ello, cualquier análisis de protección de la infancia debe incorporar este orden normativo paralelo junto al marco estatal[28].

Las fuentes primarias del islam —el Corán y la Sunna— contienen mandatos explícitos que favorecen la protección del menor. Versículos como Al-Isrā' (17:31) y Al-An'ām (6:151) prohíben el atentado contra la vida humana, incluyendo la infancia (Qur'an, 17:31; 6:151). La tradición profética (hadiz) recogida por Al-Bujari y Muslim remarca la prohibición de dañar mujeres, niños y ancianos durante operaciones militares[29]. Estas premisas doctrinales se conectan con el propósito jurídico mayor (*maqasid al-sharia*) de preservar la vida y la descendencia, lo que desde la óptica religiosa legitima la exclusión de los menores de las obligaciones militares[30/31].

A nivel institucional, la Organización de la Cooperación Islámica consagró en 2005 el *Covenant on the Rights of the Child in Islam*, cuya articulación

---

27 Plan International. (s.f.). *Awa lucha para que las niñas no sean víctimas de la mutilación genital femenina en Burkina Faso.* https://plan-international.es/blog/mgf-ablacion-burkina-faso-awa

28 International Crisis Group (ICG). (2021). *In quest of peace in the Sahel.*

29 Khadduri, M. (1966). *War and Peace in the Law of Islam.* Johns Hopkins University Press.

30 Auda, J. (2008). *Maqasid al-Shariah as Philosophy of Islamic Law.* IIIT.

31 Bassiouni, M. C. (2014). *The Shari'a and Islamic Criminal Justice in Time of War and Peace.* Cambridge University Press. pp. 107-110. https://assets.cambridge.org/97811076/84171/frontmatter/9781107684171_frontmatter.pdf

incorpora la exigencia de proteger a la infancia frente a la guerra[32]. Iniciativas regionales y misiones internacionales —por ejemplo, la campaña de MINUSMA "Act to Protect Children Affected by Conflict"— han buscado traducir estos mandatos en acciones concretas en Mali, combinando movilización religiosa local y respuestas de protección[33].

La escuela malikí, predominante en gran parte del Sahel occidental (Malí, Burkina Faso, Níger), ofrece un marco jurisprudencial particularmente relevante. Sus métodos (Corán, Sunna, consenso y práctica medinense) y sus principios —notablemente la *maslaha mursala* (interés público) y el *sadd al-dhara'i* (bloqueo de medios que conducen al ilícito)— han sido utilizados históricamente para priorizar la educación, limitar trabajos peligrosos para niños y justificar prohibiciones destinadas a proteger a la infancia aun en ausencia de texto explícito[34].

Varios autores muestran cómo la aplicación de *maslaha* en procedimientos judiciales permite soluciones orientadas a la protección cuando los textos resultan insuficientes. Por un lado, Sale[35] analiza cómo el principio de *maslaha mursala* (interés público) se aplica en tribunales islámicos modernos para suplir vacíos normativos y proteger derechos vulnerables, incluyendo la infancia. Además, este planteamiento se relaciona con autores que abordan la teoría y práctica de la *maslaha*. Por otro lado, Auda[36], autor reconocido por sus estudios sobre los *maqasid al-sharia* (los objetivos superiores de la ley islámica), que subraya la función de la *maslaha* para promover el bienestar social y protección legal cuando el texto legal es insuficiente o ambiguo. Por último, también es relevante el trabajo de Cherif Bassiouni[37], quien en su análisis de la justicia penal islámica dedica atención a la flexibilidad que ofrece la *maslaha* para la protección de grupos vulnerables, incluyendo en contextos de conflicto.

---

32 OIC. (2005). *Covenant on the Rights of the Child in Islam.*

33 MINUSMA. (2019). *Mali – Launch Campaign: Act to Protect Children Affected by Conflict.* https://minusma.unmissions.org/en/mali-launch-campaign-act-protect-children-affected-conflict

34 Peters, R. (2005). *Crime and Punishment in Islamic Law.* Cambridge University Press.

35 Sale, B. (2024). Practical Application of Almaslaha Mursala in Judicial Proceedings. *British Journal of Multidisciplinary and Advanced Studies,* 5(5), 1-8. https://doi.org/10.37745/bjmas.2022.04169

36 Auda, J. (2008). *Maqasid al-Shariah as Philosophy of Islamic Law.* IIIT.

37 Bassiouni, M. C. (2014). *The Shari'a and Islamic Criminal Justice in Time of War and Peace.* Cambridge University Press. pp. 107-110. https://assets.cambridge.org/97811076/84171/frontmatter/9781107684171_frontmatter.pdf

No obstante, la distancia entre la norma y la praxis se ha ampliado bajo tres fenómenos convergentes. Primero, la fragmentación de la autoridad religiosa: coexisten ulemas reformistas que defienden lecturas protectoras y predicadores conservadores o localmente vinculados a actores armados que promueven visiones patriarcales; esta divergencia debilita un discurso uniforme sobre los derechos de la infancia[38/39].

Segundo, el vacío estatal: en áreas donde la presencia estatal se erosiona, autoridades religiosas locales han asumido funciones regulatorias (matrimonio, justicia informal), con efectos directos sobre prácticas como el matrimonio infantil o restricciones a la escolarización[40/41]. Tercero, la instrumentalización por actores armados: grupos como JNIM o EIGS reinterpretan nociones religiosas —yihad, obediencia— para legitimar la participación de menores en roles de combate o apoyo, contraviniendo tanto el DIH como la propia tradición protectora islámica[42].

Desde finales del siglo XX, procesos transnacionales —financiación de mezquitas y madrasas por fundaciones del Golfo y becas religiosas— han facilitado la difusión de hermenéuticas salafistas que, en su versión híbrida con estructuras malikíes, han generado lo que algunos denominan "malikización salafista": una adopción de códigos más puritanos, segregación escolar por género y una reinterpretación literal de la yihad que, en ciertos contextos, coloca al niño como "soldado en formación"[43/44]. Esta transformación explica parte de la normalización de prácticas contrarias a la protección infantil tradicional en zonas concretas del Sahel.

La colisión doctrinal es clara: el reclutamiento de menores vulnera el Estatuto de Roma (art. 8) y el Protocolo Facultativo de la Convención sobre los

38 Thurston, A. (2020). *Jihadists of North Africa and the Sahel.* Cambridge University Press.

39 Rupesinghe, N., Naghizadeh, M., & Cohen, M. (2021). *Addressing the impact of armed conflict on religion in the Sahel.* NUPI Working Paper 894. Norwegian Institute of International Affairs. https://www.nupi.no/content/pdf_preview/23380/file/NUPI_Working_Paper_894_RupesingheNaghizadehCohen.pdf

40 Plan International. (s.f.). *Awa lucha para que las niñas no sean víctimas de la mutilación genital femenina en Burkina Faso.* https://plan-international.es/blog/mgf-ablacion-burkina-faso-awa

41 International Crisis Group (ICG). (2021). *In quest of peace in the Sahel.*

42 HRW. (2023). *Mali: Armed Groups Recruit Children.* Human Rights Watch.

43 Laurent, A. (2019). Les mutations de l'islam au Sahel. CNRS Éditions.

44 Zenn, J. (2020). *Unmasking Boko Haram.* Lynne Rienner Publishers.Slim, H. (2015). *Humanitarian Diplomacy.* Oxford University Press.

Derechos del Niño (arts. 1 y 4), contradiciendo tanto el derecho internacional como los fundamentos protectores de la tradición malikí. En ausencia de contrapesos institucionales, interpretaciones extremas encuentran espacio para arraigarse, y la protección de la infancia queda en riesgo[45/46].

Frente a este diagnóstico, las políticas y programas deben articular tres líneas estratégicas complementarias: (1) apoyo a ulemas y cuerpos jurídicos que sostienen interpretaciones protectoras —incluyendo formación teológica y espacios de autoridad moral—; (2) reconstitución de capacidades estatales en ámbitos rurales y fronterizos para restaurar mecanismos legales y administrativos básicos; (3) programas preventivos y de reparación que combinen sensibilización religiosa, protección social, medidas alternativas al castigo (justicia restaurativa) y componentes psicosociales para excombatientes infantiles y sus familias[47]. Este enfoque debe aprovechar herramientas jurídicas y doctrinales internas —*maslaha* y *sadd al-dhara'i*— que legitiman la protección desde dentro de la tradición islámica, como muestran estudios sobre su aplicación práctica en tribunales y procedimientos[48].

La diplomacia humanitaria tiene aquí un papel central: el diálogo con autoridades religiosas y la inclusión de interpretaciones malikíes protectoras en procesos de DDR puede facilitar la reinserción y deslegitimar la violencia juvenil. Ejemplos prácticos como la campaña de MINUSMA para proteger a los niños afectados por el conflicto demuestran que la combinación de respaldo internacional y legitimidad religiosa local puede producir resultados operativos[49]. Asimismo, la atención a otras prácticas de riesgo (p. ej. ablación y matrimonio infantil) —documentadas por ONGs como Plan International en Burkina Faso— debe articularse con marcos religiosos y comunitarios para generar cambios sostenibles[50].

---

45 UNICEF. (2021). *Child Protection in Armed Conflict: Sahel Region.*

46 ONU, Consejo de Derechos Humanos. (s.f.). *A/HRC/13/34.* https://docs.un.org/es/A/HRC/13/34

47 ICRC. (2022). *Islamic law and civilian protection.* International Committee of the Red Cross.

48 Bassiouni, M. C. (2014). *The Shari'a and Islamic Criminal Justice in Time of War and Peace.* Cambridge University Press. pp. 107-110. https://assets.cambridge.org/97811076/84171/frontmatter/9781107684171_frontmatter.pdf

49 MINUSMA. (2019). *Mali – Launch Campaign: Act to Protect Children Affected by Conflict.* https://minusma.unmissions.org/en/mali-launch-campaign-act-protect-children-affected-conflict

50 Plan International. (s.f.). *Awa lucha para que las niñas no sean víctimas de la mutilación genital femenina en Burkina Faso.* https://plan-international.es/blog/mgf-ablacion-burkina-faso-awa

En suma, reconectar la norma y la práctica en el Sahel exige un trabajo simultáneo en niveles teóricos, institucionales y comunitarios: fortalecer a los intérpretes religiosos progresistas, restablecer el Estado en sus funciones de protección y desplegar programas integrados que utilicen recursos jurídicos islámicos (maslaha, sadd) como palancas para la protección. Solo así podrá cerrarse la brecha entre los sólidos fundamentos doctrinales protectores y la práctica cotidiana que hoy pone en riesgo a millones de niños en la región.

3. SALAFISMO Y WAHABISMO EN EL SAHEL: DISTINCIONES DOCTRINALES Y TRADUCCIÓN EN LOS GRUPOS ARMADOS

La evolución y penetración del salafismo en el Sahel, particularmente en Malí y Burkina Faso, ha transformado profundamente las dinámicas socioreligiosas y de conflicto en la región. Durante las décadas de 1980 a 2000, las redes salafistas recibieron un significativo apoyo financiero y formativo desde fundaciones y becas del Golfo, lo que facilitó la emergencia de una corriente híbrida que puede ser denominada "malikización salafista"[51]. Esta corriente combina la adhesión nominal a la escuela malikí, dominante en el Sahel, con una hermenéutica textualista y literalista propia del salafismo global.

Para comprender esta evolución, es fundamental distinguir entre salafismo y wahabismo. El salafismo es un movimiento reformista que busca retornar a las prácticas de las tres primeras generaciones del islam (salaf). Se presenta en vertientes quietistas, políticas y yihadistas, pero comparte un enfoque textualista riguroso, como se refleja en la interpretación literal de los textos sagrados[52]. Por contraste, el wahabismo es una forma ultraconservadora y estrechamente ligada al Estado saudí, que promueve una ortodoxia rígida y una autoridad centralizada[53]. Todo wahabí es salafí, pero no todo salafí es wahabí.

---

51 Guichaoua, Y y Bouhlel, F. (2023) *Interactions between civilians and jihadists in Mali and Niger.* Project report. University of Kent. https://orcid.org/0000-0002-2403-5967

52 MEI (Middle East Institute). (2021). *The Schism of Jihadism in the Sahel: How Al-Qaeda and the Islamic State are Battling for Legitimacy in the Sahelian Context.* https://www.mei.edu/sites/default/files/2021-10/The%20Schism%20of%20Jihadism%20in%20the%20Sahel%20-%20How%20Al-Qaeda%20and%20the%20Islamic%20State%20are%20Battling%20for%20Legitimacy%20in%20the%20Sahelian%20Context.pdf

53 Bassiouni, M. C. (2014). *The Shari'a and Islamic Criminal Justice in Time of War and Peace.* Cambridge University Press. pp. 107-110. https://assets.cambridge.org/97811076/84171/frontmatter/9781107684171_frontmatter.pdf

La presencia de esta "malikización salafista" en el Sahel se traduce en un discurso que, aunque se presenta bajo el paraguas del malikismo para conservar legitimidad local, incorpora prácticas propias del salafismo textualista —incluidas metodologías de autenticación de hadices como el *jarḥ wa-taʿdīl*— y se apoya en redes transnacionales surgidas desde los años 80[54/55]. La historiografía reciente documenta la convergencia entre el patrocinio wahabí y las redes comerciales transaharianas, que han impulsado la circulación de literatura, construcción de mezquitas y becas educativas[56].

Esta corriente ha encontrado especial resonancia en jóvenes, comerciantes transaharianos y comunidades peul nómadas, quienes, en un contexto de marginalización y precariedad socioeconómica, adoptan códigos de vestimenta, segregación escolar y disciplinas corporales influenciadas por el salafismo literalista[57/58].

3.1. Traducción ideológica en los principales grupos armados e implicaciones para la protección infantil

La interacción entre malikismo y salafismo en el Sahel se manifiesta de manera diferencial en los dos principales grupos yihadistas: Jama⊠at Nuṣrat al-Islām wal-Muslimīn (JNIM), afiliado a Al-Qaeda, y el Estado Islámico en el Gran Sáhara (ISGS).

JNIM presenta un núcleo yihadista-salafí, pero despliega una gobernanza pragmática, negociando pactos de no agresión con notables locales y adaptando la recaudación del zakāt a las prácticas tradicionales para pre-

54 Guichaoua, Y y Bouhlel, F. (2023) Interactions between civilians and jihadists in Mali and Niger. Project report. University of Kent. https://orcid.org/0000-0002-2403-5967

55 Olidort, J. (2016). *Inside Al Qaeda's Leadership*. Brookings Institution. https://www.brookings.edu/wp-content/uploads/2016/07/Brookings-Analysis-Paper_Jacob-Olidort-Inside_Final_Web.pdf

56 Rupesinghe, N., Naghizadeh, M., & Cohen, M. (2021). *Addressing the impact of armed conflict on religion in the Sahel.* NUPI Working Paper 894. Norwegian Institute of International Affairs. https://www.nupi.no/content/pdf_preview/23380/file/NUPI_Working_Paper_894_RupesingheNaghizadehCohen.pdf

57 Plan International. (2023). *MGF and cultural practices in Burkina Faso.*

58 Washington Post. (2025). *JNIM militants in West Africa: Sahel terrorism.* https://www.washingtonpost.com/world/2025/02/17/sahel-terrorism-jnim/

servar el apoyo social[59/60]. Esta flexibilidad se observa en la tolerancia relativa hacia los mausoleos sufíes y la aceptación de la mediación de cadís malikíes, lo que permite una coexistencia imperfecta con las comunidades malikí-sufíes[61]. Sin embargo, desde la perspectiva de la protección infantil, JNIM continúa reclutando adolescentes, aunque retrasando este proceso hasta la adolescencia media y justificándolo como voluntario[62].

En contraste, ISGS adopta una lectura wahabí-takfirí más estricta, rechazando ritos sufíes y destruyendo santuarios. Su política incluye la declaración de apóstatas a quienes no se someten a su emirato y el reclutamiento sistemático de menores desde edades tempranas (12-15 años), entrenados en prácticas paramilitares dentro de la denominada "guerra generacional"[63]. Su gobernanza coercitiva incluye imposiciones violentas del zakāt y ejecuciones por impago, evidenciando un esquema autoritario que multiplica desplazamientos y aumenta la vulnerabilidad infantil[64/65].

Estas diferencias doctrinales y operativas tienen importantes repercusiones para las estrategias de protección de la infancia en el Sahel. La gobernanza flexible de JNIM permite articular campañas de sensibilización que apoyen el corpus malikí clásico, mostrando la prohibición del reclutamiento infantil como coherente con la sharía y el Derecho Internacional Humanitario (DHI)[66]. En las zonas bajo influencia ISGS, en cambio, la negación de ritos locales y el adoctrinamiento de menores requieren contrarrestar

59 Africa Center. (2020). *JNIM governance in Mali.*

60 Guichaoua, Y y Bouhlel, F. (2023) Interactions between civilians and jihadists in Mali and Niger. Project report. University of Kent. https://orcid.org/0000-0002-2403-5967

61 Olidort, J. (2016). *Inside Al Qaeda's Leadership.* Brookings Institution. https://www.brookings.edu/wp-content/uploads/2016/07/Brookings-Analysis-Paper_Jacob-Olidort-Inside_Final_Web.pdf

62 Al Jazeera. (2021). *Armed groups killing, recruiting more children in Niger: Amnesty.* https://www.aljazeera.com/news/2021/9/13/armed-groups-killing-recruiting-more-children-in-niger-amnesty

63 Khilafa Cubs Project. (2023). *Children combatants in the Sahel.*

64 Al Jazeera. (2021). *Armed groups killing, recruiting more children in Niger: Amnesty.* https://www.aljazeera.com/news/2021/9/13/armed-groups-killing-recruiting-more-children-in-niger-amnesty

65 Guichaoua, Y y Bouhlel, F. (2023) Interactions between civilians and jihadists in Mali and Niger. Project report. University of Kent. https://orcid.org/0000-0002-2403-5967

66 Rupesinghe, N., Naghizadeh, M., & Cohen, M. (2021). *Addressing the impact of armed conflict on religion in the Sahel.* NUPI Working Paper 894. Norwegian Institute

el discurso takfīr mediante fatwás saharianas y argumentos coránicos que defiendan la inviolabilidad de la niñez[67].

A nivel institucional, la revitalización de tribunales islámicos malikíes puede erosionar la autoridad de cortes impuestas por los grupos salafizados, restituyendo un orden normativo protector[68]. Finalmente, los programas de Desarme, Desmovilización y Reintegración (DDR) deben adaptarse a estas diferencias: para jóvenes de JNIM, el foco debe estar en la reconstrucción de redes familiares y la escolarización; para capturados de ISGS, son necesarias intervenciones de desradicalización intensiva y atención psicosocial prolongada[69/70].

4. LA DIPLOMACIA HUMANITARIA, Y SU USO COMO HERRAMIENTA PARA LA PROTECCIÓN DE LA INFANCIA EN CONTEXTOS ISLÁMICOS

A lo largo de las últimas décadas, y en especial durante el comienzo del siglo XXI, han acontecido dos fenómenos que explican la creciente relevancia del entendimiento y la práctica de la diplomacia humanitaria. Por un lado, el imparable fenómeno de la globalización ha resultado en una mayor capacidad de identificación y respuesta a las distintas crisis humanitarias, además de facilitar la llegada de todo de tipo de actores implicados en estas crisis, sean o no humanitarios. Así, las crecientes interacciones entre actores de distintas culturas, tipologías y objetivos han añadido un elemento de complejidad a las ya difíciles respuestas humanitarias. La práctica de la diplomacia humanitaria se destaca como una conducta necesaria a la hora de coordinar tal número y variedad de actores, de modo que sus acciones no dificulten la principal tarea de garantizar el acceso

---

of International Affairs. https://www.nupi.no/content/pdf_preview/23380/file/NUPI_Working_Paper_894_RupesingheNaghizadehCohen.pdf

67 Qur'an. (s.f.). Sura Al-Isra (17:31). https://quran.com/al-isra/31

68 Fadel, M. (2025). *Doctrinal Change in Mālikī Law: the Case of Judicial Divorce On Account of Harm (ḍarar)*. Forthcoming, Journal of Comparative Legal History, Disponible en: https://ssrn.com/abstract=5283662

69 ONU. (2006). *Integrated Disarmament, Demobilization and Reintegration Standards (IDDRS) module 5.20: Youth and DDR*. 1 August 2006.

70 UNSC. United Nations Security Council. (2023, March 30). *Report of the Secretary-General on the Situation in Mali (S/2023/236)*. United Nations Security Council. https://minusma.unmissions.org/sites/default/files/s_2023_236-en.pdf

humanitario y promover la protección de los civiles, y, por ende, el respeto al derecho internacional humanitario.

Por otro lado, la segunda mitad del siglo XX y las primeras décadas del XXI han estado marcadas por un incremento del número de conflictos armados. Esto ha resultado en el alarmante incremento de la frecuencia y el alcance de las crisis humanitarias. La Organización de las Naciones Unidas (ONU) estima que 311 millones de personas necesitan ayuda humanitaria, lo cual es casi el doble con respecto a hace cinco años. Las causas y consecuencias de estas se han visto exacerbadas por factores como el cambio climático, la urbanización acelerada, la desigualdad persistente y las tensiones geopolíticas, lo que ha llevado a la comunidad internacional a reconocer la urgente necesidad de una respuesta más coordinada y efectiva. Esta evolución reafirma la importancia estratégica de la diplomacia humanitaria para abordar, entender y gestionar la multifacética naturaleza de las crisis actuales[71/72].

4.1. El concepto de diplomacia humanitaria y su perspectiva normativa

4.1.1. La diplomacia humanitaria

Aunque con raíces en las civilizaciones griega y bizantina, se consolidó como práctica moderna durante los siglos XIV y XV con la diplomacia italiana, representada especialmente en la obra de Maquiavelo. Las ciudades-estado renacentistas establecieron representantes permanentes en otras ciudades, sentando las bases de una organización diplomática con ministerios de Asuntos Exteriores en el centro y embajadas en la periferia, además del desarrollo de funciones diplomáticas clave como la observación, negociación, representación y protección de intereses nacionales[73]. Con el declive del sistema italiano, y bajo la influencia del papado y el Imperio, esta diplomacia fue sustituida por una más estructurada: la del cardenal Richelieu en el siglo XVII, quien promovió una "negociation continuelle", convirtiéndose en precursor de la diplomacia bilateral al hacer de la negociación una tarea continua[74].

---

71 Slim, H. (2015). *Humanitarian Diplomacy.* Oxford University Press.

72 OCHA (2024). *Global Humanitarian Overview 2024.* United Nations Office for the Coordination of Humanitarian Affairs. https://www.unocha.org

73 Berridge, M. J. (2005). Unlocking the secrets of cell signaling. Annual Review of Physiology, 67, 1-21. https://doi.org/10.1146/annurev.physiol.67.040103.152647

74 Nicolson, H. G. (1954). The Evolution of Diplomacy: Being the Chichele Lectures delivered at the University of Oxford in November 1953. London.

Con la consolidación de los Estados-nación surgió el sistema multilateral. Su origen se remonta al Congreso de Westfalia de 1648, considerado el primer foro multilateral. Aunque poco común hasta mediados del siglo XIX, el multilateralismo diplomático ganó relevancia con el tiempo, aumentando en frecuencia y complejidad. La Convención de Viena de 1961 formalizó las bases de la diplomacia moderna multilateral, estableciendo funciones esenciales como representar los intereses del Estado, recopilar y analizar información, y negociar acuerdos[75].

A finales del siglo XX, la globalización transformó profundamente la práctica diplomática. El auge de las tecnologías de la información y la creciente interdependencia global redujeron el uso exclusivo de métodos estatales convencionales, permitiendo que actores no estatales jugaran un papel creciente en la diplomacia internacional[76]. Esta nueva diplomacia, también conocida como diplomacia multidimensional, responde a la incapacidad de algunos Estados para gestionar eficazmente asuntos transnacionales de rápida evolución, donde las organizaciones especializadas no estatales aportan conocimientos y recursos esenciales.

En este contexto, sectores como el humanitario, ambiental, deportivo o económico han visto un crecimiento de la diplomacia ejercida por actores no estatales, desplazando parcialmente a la diplomacia tradicional y desafiando la noción de soberanía estatal en algunos ámbitos (Puntigliano, 2008). No obstante, este desplazamiento tiene límites. Aunque se reconoce la creciente relevancia de actores no gubernamentales, su diplomacia sigue siendo vista como complementaria y, en muchos casos, como subcontratada, sin sustituir del todo la comunicación tradicional entre Estados[77]. La globalización, paradójicamente, ha reforzado la necesidad de diplomáticos estatales capaces de liderar coaliciones complejas que incluyan actores diversos[78].

---

[75] Régnier, P. (2011). The emerging concept of humanitarian diplomacy: identification of a community of practice and prospects for international recognition. *International Review of the Red Cross, 93*(884), 1211-1237.

[76] Henrikson, A. K. (2005). Niche diplomacy in the world public arena: The global 'corners' of Canada and Norway. In *The new public diplomacy: Soft power in international relations* (pp. 67-87). London: Palgrave Macmillan UK.

[77] Constantinou, C. M. (2013). Between statecraft and humanism: Diplomacy and its forms of knowledge. *International Studies Review, 15*(2), 141-162.

[78] Sending, O. J., Pouliot, V., & Neumann, I. B. (2011). The future of diplomacy: Changing practices, evolving relationships. *International Journal, 66*(3), 527-542.

Finalmente, el concepto de diplomacia humanitaria, aunque mencionado desde finales del siglo XIX[79], ha evolucionado hacia una práctica moderna mayoritariamente no estatal, centrada en obtener el espacio político y militar necesario para que las organizaciones humanitarias operen con integridad. Esta diplomacia incluye actividades como negociar acceso, monitorear programas de asistencia y protección, promover el respeto de las normas internacionales, y defender objetivos humanitarios en diversos niveles[80/81].

Si bien la acción humanitaria posee una larga historia, la diplomacia humanitaria es un término más bien reciente. No obstante, ante el creciente desafío de lidiar con un espacio humanitario cada vez más limitado, la comprensión y la práctica de la diplomacia humanitaria es cada día más importante. La diplomacia humanitaria contempla, con respecto a la diplomacia tradicional, similitudes en la forma (analizar, representar, negociar) y diferencias en el fondo al priorizar intereses humanitarios sobre estatales.

4.1.2. Diplomacia humanitaria desde el punto de vista normativo de la protección de la infancia

Aunque el derecho internacional público, especialmente a través de la Convención de Viena, define el marco clásico para la diplomacia bilateral y multilateral, la diplomacia humanitaria se sustenta principalmente

---

79 Straus, O. S., Wheeler, E. P. , Ion, T. P. , Lange, C. L., Marburg, T., & Wheless, J. (1912, April). Humanitarian diplomacy of the United States. In *Proceedings of the American Society of International Law at its annual meeting (1907-1917)* (Vol. 6, pp. 45-59). American Society of International Law.

80 Smith, H. A., & Minear, L. (2007). *Humanitarian diplomacy: Practitioners and their craft.* United Nations University Press (UNU Press).

81 "La diplomacia humanitaria es un concepto que abarca las actividades llevadas a cabo por organizaciones humanitarias para obtener de autoridades políticas y militares el espacio donde funcionar con integridad. Estas actividades incluyen esfuerzos como preparar la presencia de organizaciones humanitarias en un país específico, negociar el acceso y monitorear los programas de asistencia y protección a las poblaciones civiles necesitadas, promover el respeto por la ley y las normas internacionales, apoyar individuos e instituciones indígenas, y participar en la reivindicación de objetivos humanitarios en diversos niveles" Régnier, P. (2011). The emerging concept of humanitarian diplomacy: identification of a community of practice and prospects for international recognition. *International Review of the Red Cross, 93*(884), 1211-1237.

en el derecho internacional humanitario (DIH), complementado por el derecho internacional de los derechos humanos y el derecho de los refugiados. El marco legal clave se encuentra en los Convenios de Ginebra y sus Protocolos adicionales, particularmente en el artículo 3 común, que autoriza a organismos humanitarios imparciales, como el CICR, a ofrecer sus servicios a las partes en conflictos armados no internacionales con el fin de proteger y asistir a la población civil[82].

Según los comentarios de 2016 al artículo 3 común, las "actividades de protección" —como el diálogo con autoridades o la promoción del respeto al DIH— forman parte integral de la diplomacia humanitaria. Además, el artículo 1 común a los Convenios impone a los Estados no solo la obligación de respetar el DIH, sino también de hacerlo respetar, por ejemplo, mediante presiones diplomáticas, protestas o denuncias, lo que equivale al ejercicio directo de diplomacia humanitaria[83].

La diplomacia humanitaria se ha convertido en una herramienta indispensable para promover el respeto de los derechos fundamentales en contextos de conflicto armado, y uno de sus focos prioritarios es la protección de los niños y niñas, considerados por el Derecho Internacional Humanitario (DIH) y el Derecho Internacional de los Derechos Humanos (DIDH) como personas particularmente vulnerables. La protección de la infancia en conflictos está enmarcada en numerosos instrumentos jurídicos, entre ellos el artículo 77 del Protocolo I adicional a los Convenios de Ginebra (1977), la Convención sobre los Derechos del Niño (1989) y su Protocolo Facultativo sobre la participación de niños en conflictos armados (2000), así como resoluciones del Consejo de Seguridad de la ONU, como la Resolución 1612 (2005) que establece el Mecanismo de Supervisión y Presentación de Informes (MRM) sobre violaciones graves a los derechos de los menores.

En escenarios donde las hostilidades y las dinámicas armadas impiden la aplicación efectiva del marco legal, la diplomacia humanitaria permite establecer canales de diálogo con actores armados, sean estatales o no estatales, con el objetivo de lograr acuerdos pragmáticos para frenar prácticas como el reclutamiento forzoso, la violencia sexual, el uso de menores como combatientes o espías, y la denegación de asistencia humanitaria básica. Tal diplomacia requiere no solo legitimidad legal, sino también sensibili-

82 de Preux, J. (1987). Los Protocolos adicionales a los Convenios de Ginebra. *Revista Internacional de la Cruz Roja, 12*(81), 262-271.

83 Ibid.

dad cultural, competencia política y profundo conocimiento del contexto, especialmente cuando los actores armados operan bajo marcos normativos propios, como puede ser el caso de doctrinas religiosas o ideológicas[84/85].

4.2. La práctica de la diplomacia humanitaria en contextos islámicos

Regiones geográficas como Oriente Medio, el Sahel o algunos países del África Central, donde el islam es la religión mayoritaria, y donde los recursos naturales son a la vez motor de desarrollo y de tensiones e inseguridad, se han visto afectadas en mayor medida[86]. A menudo, la religión ha sido un catalizador de la evolución de los conflictos armados. Así, la diplomacia humanitaria despierta particular interés en entornos islámicos, referidos en este trabajo como aquellos donde la población es mayoritariamente musulmana, debido a la necesidad de encontrar y maximizar elementos comunes entre una cultura humanitaria occidental y sociedades musulmanas, con el fin de respetar el espacio humanitario y así facilitar la asistencia humanitaria a las comunidades afectadas[87].

El mundo islámico es un concepto complejo que abarca además de la religión, una dimensión histórica, cultural, política y social. El islam ofrece bases comunes de su dogma con el humanitarismo tales como los pilares de la peregrinación, que exige protección y asistencia al que se desplaza, o el del zakat, que establece la obligación de ayudar a los desfavorecidos mediante la limosna[88]. El islam tiene una presencia global, pero la región de Oriente Medio suele ser considerada su principal referente, al ser el lugar donde nació esta religión y porque su evolución sociopolítica influye significativamente en el conjunto del mundo islámico[89]. Por esta razón, la tesis se centra mayoritariamente en el contexto de Oriente Medio.

---

84 Smith, H. A., & Minear, L. (2007). *Humanitarian diplomacy: Practitioners and their craft.* United Nations University Press (UNU Press).

85 Bangerter, O. (2011). Reasons why armed groups choose to respect international humanitarian law or not. *International Review of the Red Cross, 93*(882), 353-384.

86 Guichaoua, Y y Bouhlel, F. (2023) Interactions between civilians and jihadists in Mali and Niger. Project report. University of Kent. https://orcid.org/0000-0002-2403-5967

87 Slim, H. (2015). *Humanitarian Diplomacy.* Oxford University Press.

88 Abou El Fadl, K. (2001). *Rebellion and violence in Islamic law.* Cambridge University Press.

89 Esposito, J. L. (2018). Islam: The straight path (5.ª ed.). Oxford University Press.

El islam está compuesto por diversas ramas, como el sunismo, el chiismo y el sufismo, cada una con prácticas particulares. Las ramas más conservadoras, como el sunismo wahabí o salafista, y algunas variantes chiítas, presentan desafíos significativos para la diplomacia humanitaria debido a su hostilidad hacia actores percibidos como occidentales[90].

Las crisis humanitarias más graves de la última década, especialmente en Oriente Medio y el Sahel, están vinculadas a la presencia de grupos armados de orientación islamista radical y extremista, cuya ideología se basa en interpretaciones estrictas del islam. Por esta razón, comprender las variantes del islam y las dinámicas sociopolíticas y religiosas en estas regiones es crucial para adaptar eficazmente la diplomacia humanitaria a los contextos locales[91/92].

El estudio de la historia del islam revela que la jurisprudencia islámica se originó durante la expansión del islam en el siglo VII, especialmente en la época de los omeyas. Durante este período, se sentaron las bases del derecho islámico que hoy regula aspectos de la guerra y las interacciones internacionales, incluyendo la protección de civiles. Muchos sostienen que los principios fundamentales del derecho internacional humanitario tienen sus raíces en esta época, cuando el islam comenzó a elaborar normas éticas para sus conquistas[93]. La influencia de estos principios perduró durante las dinastías posteriores, como la del Imperio otomano, que también contribuyó a modernizar el islam y acercarlo al sistema internacional contemporáneo[94].

Aunque la caída del Imperio otomano trajo consigo una fase de decadencia para muchos en el mundo islámico, el proceso de colonización europea y las luchas por la independencia de los estados musulmanes condujeron a una modernización política y jurídica que ha tenido impacto

---

90 Bouhlel, H., & Guichaoua, Y. (2023). *Interactions between jihadists and civilians in Mali and Niger.* Sahel Research Group, University of Kent. https://sahelresearch.africa.ufl.edu/wp-content/uploads/sites/170/Guichaoua-Bouhlel-Interactions-between-jihadists-and-civilians-in-Mali-and-Niger.pdf

91 Post, W. (2025). The Problem of Incremental Damage. *The Limits of Liberty*, 69.

92 Kessar, S., Rabab'Ah, G., Al-Khadra, W., & Hamdan, H. J. (2021). The representation of the Algerian Hirak protest movement in the international media: France 24 and Al-Jazeera. *Cogent Social Sciences*, 7(1), 1930646.

93 Ibid.

94 Olidort, J. (2016). *Inside Al Qaeda's Leadership.* Brookings Institution. https://www.brookings.edu/wp-content/uploads/2016/07/Brookings-Analysis-Paper_Jacob-Olidort-Inside_Final_Web.pdf

en la práctica del islam actual (Asad, 2011). No obstante, el islam político sigue enfrentando retos, pues muchos países islámicos están marcados por la influencia de autócratas que dificultan un renacimiento democrático pleno (Wickham, 2013).

Pese a que la política es inherente al dogma islámico, esto no ha impedido que el mundo islámico respete el derecho internacional y participe en el sistema político internacional. Sin embargo, algunos gobiernos y grupos armados radicales han llevado el islam político a extremos, resultando en despotismo y terrorismo respectivamente[95]. A pesar de estas disfunciones, algunos autores sostienen que el islam político sigue siendo capaz de respetar la democracia y los principios internacionales, como los derechos humanos y el derecho internacional humanitario[96]. Sin embargo, la politización exacerbada de la ayuda humanitaria dificulta la práctica de la diplomacia humanitaria en estos contextos.

Para maximizar la eficiencia de la diplomacia humanitaria, es esencial promover los principios del derecho internacional humanitario y reconocer los puntos en común con el derecho islámico, lo que podría facilitar la cooperación con actores islámicos, incluso en contextos de despotismo o terrorismo[97/98].

La sharía, o ley islámica, es un sistema normativo construido principalmente durante los primeros siglos del islam, basado en fuentes como el Corán, la sunna, el qanún y el ijma. Estas fuentes han dado lugar a diversas interpretaciones que varían según la escuela de jurisprudencia islámica. Existen cuatro principales escuelas: hanafí, malikí, chafií y hanbalí, cada una con sus particularidades. Además, el chiismo, que desarrolló una escuela propia, ha influido en la ley islámica, particularmente en Irán[99] (Asad, 2011; Al Jazeera, 2021).

A lo largo de su historia, el islam ha dado pasos importantes en la regulación de la guerra, estableciendo que debe ser una opción de último

---

95 Post, W. (2025). The Problem of Incremental Damage. *The Limits of Liberty*, 69.

96 Slim, H. (2015). *Humanitarian Diplomacy*. Oxford University Press.

97 Olidort, J. (2016). *Inside Al Qaeda's Leadership*. Brookings Institution. https://www.brookings.edu/wp-content/uploads/2016/07/Brookings-Analysis-Paper_Jacob-Olidort-Inside_Final_Web.pdf

98 Slim, H. (2015). *Humanitarian Diplomacy*. Oxford University Press.

99 Al Jazeera. (2021). *Armed groups killing, recruiting more children in Niger: Amnesty*. https://www.aljazeera.com/news/2021/9/13/armed-groups-killing-recruiting-more-children-in-niger-amnesty

recurso, siempre bajo estrictas normas que garanticen la protección de los civiles. A pesar de las diferencias temporales y culturales, el derecho islámico y el derecho internacional humanitario comparten principios fundamentales. Estos principios, que están presentes en el siyar (derecho de la guerra), encuentran paralelismos con los Convenios de Ginebra de 1949, indicando el posible rol que el derecho islámico jugó en la creación del derecho internacional humanitario[100/101]. En este sentido, la ley islámica promueve desde sus inicios la protección de civiles, el trato humanitario a prisioneros y la prohibición de la destrucción innecesaria de bienes. Maximizar estos elementos comunes y entender las dinámicas jurídicas e históricas del islam es crucial para mejorar la efectividad de la diplomacia humanitaria en contextos islámicos.

En cuanto a la relación entre el derecho islámico y los derechos humanos, se indica que la interpretación conservadora de la sharía genera tensiones, especialmente en lo que respecta a los derechos humanos, como los derechos de las mujeres y las personas no musulmanas. Asimismo, si bien la tradición islámica reconoce la obligación de proteger a los desplazados, lo que podría alinearse con el derecho internacional de los refugiados, en determinados contextos islámicos ni el derecho internacional ni la sharía impiden la falta de protección de personas desplazadas o refugiadas[102].

Algunos autores sugieren que promover un enfoque contemporáneo y progresista de la sharía que respete los estándares internacionales de derechos humanos es fundamental para una mejor comprensión y respeto del derecho internacional humanitario[103].

4.3. El uso de la diplomacia humanitaria como herramienta para la protección de la infancia en el Sahel

Desde la perspectiva del derecho islámico, las cuatro escuelas de derecho son compatibles con el derecho internacional humanitario en cuanto a los principios comunes, como la protección de prisioneros y civiles. Sin embargo, los grupos radicales, como los salafíes en el Sahel, son menos

---

[100] Olidort, J. (2016). *Inside Al Qaeda's Leadership*. Brookings Institution. https://www.brookings.edu/wp-content/uploads/2016/07/Brookings-Analysis-Paper_Jacob-Olidort-Inside_Final_Web.pdf

[101] Slim, H. (2015). *Humanitarian Diplomacy*. Oxford University Press.

[102] Ibid.

[103] Ibid.

receptivos, considerando el derecho internacional como hostil. A pesar de esto, están dispuestos a negociar si obtienen beneficios tangibles.

El Sahel central se ha convertido en una de las regiones más volátiles del mundo, con la presencia creciente de grupos armados islamistas como Jama'at Nusrat al-Islam wal-Muslimin (JNIM) y el Estado Islámico en el Gran Sáhara (ISGS), que operan en Mali, Burkina Faso y Níger. Estos actores, aunque diversos en su organización y lealtades, comparten en su mayoría una inspiración doctrinal salafista que pretende aplicar una interpretación estricta de la sharía.

En este contexto, los enfoques humanitarios convencionales enfrentan importantes limitaciones. Para que la diplomacia humanitaria sea efectiva, no basta con invocar tratados internacionales: se requiere una estrategia que dialogue con los valores religiosos, legales y éticos que los propios actores armados reconocen como legítimos. En este sentido, se ha avanzado en el análisis comparado entre la sharía y el DIH, identificando principios comunes como la protección de no combatientes, la prohibición de matar a mujeres, niños y ancianos, y la obligación de asistir a los heridos. Estudios como los de Mashood Baderin (2003)[104], Cherif Bassiouni (2013)[105] y los trabajos del ICRC sobre *Islam and IHL* (2018) muestran que existe un terreno común, aunque estrecho, sobre el cual se puede construir un lenguaje compartido. Por tanto, el conocimiento del islam en sus diferentes escuelas jurídicas, incluyendo la malikí—predominante en el África Occidental francófona—es una herramienta diplomática fundamental para que los actores humanitarios negocien acceso, protección y cese de prácticas como el reclutamiento de menores. Este enfoque intercultural y jurídico no relativiza los derechos humanos, sino que permite articularlos de manera inteligible para los actores que operan con referencias normativas propias.

Aunque en principio se identifican puntos de contacto entre el DIH y la sharía, la interpretación que los grupos salafistas armados hacen del islam tiende a ser literalista y rupturista con las tradiciones jurídicas locales. Esto se traduce en una aplicación rígida y a menudo violenta de principios religiosos, donde los derechos de los niños quedan subordinados a una lógica de guerra y sumisión religiosa. Organizaciones como Human Rights Watch y el ACNUDH han documentado el reclutamiento sistemático de menores

---

104 Baderin, M. A. (2003). *International human rights and Islamic law*. OUP Oxford.

105 Bassiouni, M. C. (2014). *The Shari'a and Islamic Criminal Justice in Time of War and Peace*. Cambridge University Press. pp. 107-110. https://assets.cambridge.org/97811076/84171/frontmatter/9781107684171_frontmatter.pdf

por parte de grupos salafistas armados en el Sahel. Aun así, incluso en este escenario, es posible encontrar vías para el diálogo si se comprende que no todos los combatientes ni todos los líderes de estos grupos comparten una visión monolítica del islam o del conflicto. Algunos pueden estar abiertos a considerar restricciones prácticas al reclutamiento infantil si se les demuestra que tal práctica entra en contradicción con sus propios principios o socava su legitimidad social. Aquí es donde el conocimiento detallado del islam malikí, adaptado e influido por corrientes salafistas locales, resulta útil.

Además, entender las motivaciones de estos grupos—que van desde la defensa de comunidades marginalizadas, la oposición al Estado central, o la construcción de un nuevo orden islámico—permite formular mensajes humanitarios más eficaces. Por ejemplo, insistir en el deber de la *amana* (confianza o responsabilidad) sobre los menores, o en el principio de *maslaha* (interés público), puede crear espacios para acuerdos humanitarios sobre protección infantil. Así lo proponen autores como Al-Dawoody (2017)[106] en su estudio sobre la infancia en el derecho islámico de los conflictos armados, y como se recoge en experiencias prácticas de diplomacia humanitaria del CICR y otras organizaciones en contextos similares. En suma, si bien el espacio para el diálogo humanitario con actores salafistas es reducido, no es inexistente. Requiere una aproximación técnica, cultural, religiosa y política, basada en el conocimiento profundo del contexto y en la identificación de intereses convergentes, por limitados que sean.

5. CONCLUSIONES

La conclusión de este análisis sobre el reclutamiento y utilización de menores en los conflictos armados del Sahel central subraya la necesidad urgente de adoptar un enfoque integral que combine respuestas jurídicas, políticas, comunitarias y culturales. Malí y Burkina Faso ejemplifican un patrón de vulnerabilidades estructurales —debilidad institucional, gobernanza frágil, presencia estatal limitada y tensiones intercomunitarias— que facilita la incorporación forzosa de niños y niñas a las dinámicas bélicas, situando a ambos países entre los más afectados por la violencia armada y el terrorismo a escala global.

---

[106] Al-Dawoody, A. (2017). Islamic law and international humanitarian law: An introduction to the main principles. *International Review of the Red Cross, 99*(906), 995-1018.

Entre los principales retos se encuentran la brecha entre los marcos normativos y su aplicación efectiva, la fragmentación de la autoridad religiosa, la instrumentalización de la doctrina islámica por parte de actores armados y las limitaciones de recursos para implementar mecanismos de protección y reintegración. A ello se suma la doble invisibilización que sufren estos menores, tanto como víctimas de violaciones graves del derecho internacional humanitario como por su estigmatización social, lo que dificulta su reinserción y aumenta el riesgo de reincidencia en la violencia.

El análisis revela que el corpus jurídico islámico, particularmente en su tradición malikí, ofrece fundamentos legítimos y culturalmente aceptados para prohibir el reclutamiento infantil. No obstante, las interpretaciones extremistas de corrientes salafistas y wahabíes, sumadas al debilitamiento de las estructuras de gobernanza local, han erosionado estos principios protectores. En este sentido, la diplomacia humanitaria se presenta como una herramienta estratégica para reconectar el marco internacional con las realidades normativas y socioculturales del Sahel, promoviendo acuerdos humanitarios y compromisos sostenibles mediante el diálogo con líderes religiosos, comunitarios y actores armados.

Finalmente, resulta esencial fortalecer la cooperación entre organismos internacionales, gobiernos, comunidades locales y líderes religiosos para desarrollar programas de prevención, desarme, desmovilización y reintegración que sean inclusivos, culturalmente legítimos y operativamente viables. Afrontar esta problemática exige no solo voluntad política y recursos adecuados, sino también la integración activa de las comunidades y de los propios niños y niñas afectados, reconociéndolos como agentes clave en la construcción de paz y en la ruptura de los ciclos intergeneracionales de violencia que afectan al Sahel central.

REFERENCIAS BIBLIOGRÁFICAS

Abou El Fadl, K. (2001). *Speaking in God's Name: Islamic Law, Authority and Women.* Oneworld Publications.

Abou El Fadl, K. (2001). *Rebellion and violence in Islamic law.* Cambridge University Press.

Africa Center. (2020). *JNIM governance in Mali.*

Al-Dawoody, A. (2017). Islamic law and international humanitarian law: An introduction to the main principles. *International Review of the Red Cross, 99*(906), 995-1018.

Al Jazeera. (2021). *Armed groups killing, recruiting more children in Niger: Amnesty.* https://www.aljazeera.com/news/2021/9/13/armed-groups-killing-recruiting-more-children-in-niger-amnesty

Amnistía Internacional. (1999). *Burkina Faso: Más allá de las palabras.* https://www.amnesty.org/es/wp-content/uploads/sites/4/2021/06/ior630061999es.pdf

Asad, T. (2011). *On Suicide Bombing.* Columbia University Press.

Auda, J. (2008). *Maqasid al-Shariah as Philosophy of Islamic Law.* IIIT.

Bangerter, O. (2011). Reasons why armed groups choose to respect international humanitarian law or not. *International Review of the Red Cross, 93*(882), 353-384.

Bassiouni, M. C. (2014). *The Shari'a and Islamic Criminal Justice in Time of War and Peace.* Cambridge University Press. pp. 107-110. https://assets.cambridge.org/97811076/84171/frontmatter/9781107684171_frontmatter.pdf

Bouhlel, H., & Guichaoua, Y. (2023). *Interactions between jihadists and civilians in Mali and Niger.* Sahel Research Group, University of Kent. https://sahelresearch.africa.ufl.edu/wp-content/uploads/sites/170/Guichaoua-Bouhlel-Interactions-between-jihadists-and-civilians-in-Mali-and-Niger.pdf

Olidort, J. (2016). *Inside Al Qaeda's Leadership.* Brookings Institution. https://www.brookings.edu/wp-content/uploads/2016/07/Brookings-Analysis-Paper_Jacob-Olidort-Inside_Final_Web.pdf

Calduch Cervera, R. (2013). *El impacto estratégico de la crisis del Sahel.* En Ministerio de Defensa (Ed.), *Panorama estratégico 2013* (pp. 115-138). Ministerio de Defensa. https://dialnet.unirioja.es/servlet/articulo?codigo=4184257

CISDE (2023). *Mali: Conflicto, yihadismo y crisis institucional.* Centro de Estudios en Seguridad y Defensa. https://crisis.cisde.es/crisis/mali/

Comité de los Derechos del Niño. (s. f.). *Convención sobre los Derechos del Niño.* Naciones Unidas. https://tbinternet.ohchr.org/_layouts/15/TreatyBodyExternal/Treaty.aspx?Treaty=CRC&Lang=sp

Constantinou, C. M. (2013). Between statecraft and humanism: Diplomacy and its forms of knowledge. *International Studies Review, 15*(2), 141-162.

Cooper, B. (2018). *The Sahel in West African History.* African History. https://doi.org/10.1093/acrefore/9780190277734.013.167

DLE RAE. (2025). *Ulema.*

Esposito, J. L. (2018). Islam: The straight path (5.ª ed.). Oxford University Press.

Fadel, M. (2025). *Doctrinal Change in Mālikī Law: the Case of Judicial Divorce On Account of Harm (ḍarar).* Forthcoming, Journal of Comparative Legal History, Disponible en: https://ssrn.com/abstract=5283662

Global Center for the Responsibility to Protect. (14 de marzo de 2025). *Sahel Central (Burkina Faso, Malí y Níger).* https://www.globalr2p. org/countries/mali/

Guichaoua, Y y Bouhlel, F. (2023) Interactions between civilians and jihadists in Mali and Niger. Project report. University of Kent. https://orcid.org/0000-0002-2403-5967

HRW. (2023). *Mali: Armed Groups Recruit Children.* Human Rights Watch.

Humanium. (s. f.). *Burkina Faso.* https://www.humanium.org/es/burkina-faso/

International Crisis Group (ICG). (2021). *In quest of peace in the Sahel.*

ICRC. (2022). *Islamic law and civilian protection.* International Committee of the Red Cross.

Kessar, S., Rabab'Ah, G., Al-Khadra, W., & Hamdan, H. J. (2021). The representation of the Algerian Hirak protest movement in the international media: France 24 and Al-Jazeera. *Cogent Social Sciences, 7*(1), 1930646.

Khadduri, M. (1966). *War and Peace in the Law of Islam.* Johns Hopkins University Press.

Khilafa Cubs Project. (2023). *Children combatants in the Sahel.*

Laurent, A. (2019). Les mutations de l'islam au Sahel. CNRS Éditions.

MEI (Middle East Institute). (2021). *The Schism of Jihadism in the Sahel: How Al-Qaeda and the Islamic State are Battling for Legitimacy in the Sahelian Context.* https://www.mei.edu/sites/default/files/2021-10/The%20Schism%20of%20Jihadism%20in%20the%20Sahel%20-%20How%20Al-Qaeda%20and%20the%20Islamic%20State%20are%20Battling%20for%20Legitimacy%20in%20the%20Sahelian%20Context.pdf

MINUSMA. (2019). *Mali – Launch Campaign: Act to Protect Children Affected by Conflict.* https://minusma.unmissions.org/en/mali-launch-campaign-act-protect-children-affected-conflict

Moreno-Cosgrove, N. (6 de abril de 2022). *France's unattaible counterterrorism misión in the Sahel.* Real Instituto Elcano. https://www.realinstitutoelcano.org/en/commentaries/frances-unattainable-counterterrorism-mission-in-the-sahel/

Naciones Unidas. (2025). Los niños y los conflictos armados en Burkina Faso. Informe del Secretario General (S/2025/101) https://docs.un.org/es/S/2025/101

Nicolson, H. G. (1954). The Evolution of Diplomacy: Being the Chichele Lectures delivered at the University of Oxford in November 1953. London.

OIC. (2005). *Covenant on the Rights of the Child in Islam.*

OCHA (2024). *Global Humanitarian Overview 2024.* United Nations Office for the Coordination of Humanitarian Affairs. https://www.unocha.org

OHCHR. (s.f.) *Base de datos de los órganos de Tratados de Naciones Unidas.* https://tbinternet.ohchr.org/_layouts/15/TreatyBodyExternal/Treaty.aspx?Treaty=CRC&Lang=sp

ONU. (2006). *Integrated Disarmament, Demobilization and Reintegration Standards (IDDRS) module 5.20: Youth and DDR.* 1 August 2006.

ONU, Consejo de Derechos Humanos. (s.f.). *A/HRC/13/34.* https://docs.un.org/es/A/HRC/13/34

ONU Mujeres. (2025,). *Mutilación genital femenina en Mali: La lucha para poner fin a una tradición mortal.* https://www.unwomen.org/es/noticias/reportaje/2025/02/mutilacion-genital-femenina-en-mali-la-lucha-para-poner-fin-a-una-tradicion-mortal

Organización Internacional del Trabajo (OIT). (s. f.). *Ratifications for Mali.* https://normlex.ilo.org/dyn/nrmlx_en/f?p=NORMLEXPUB:11200:0::NO::P11200_COUNTRY_ID:103081

Orrell, H. (2025). *El Sahel: cómo es la región con 'más muertes por terrorismo' en todo el mundo.* BBC. https://www.bbc.com/mundo/articles/ckgd9qz4eq4o

Plan International. (s.f.). *Awa lucha para que las niñas no sean víctimas de la mutilación genital femenina en Burkina Faso.* https://plan-international.es/blog/mgf-ablacion-burkina-faso-awa

Plan International. (2023). *MGF and cultural practices in Burkina Faso.*

Peters, R. (2005). *Crime and Punishment in Islamic Law.* Cambridge University Press.

Post, W. (2025). The Problem of Incremental Damage. *The Limits of Liberty,* 69.

Power Human Rights Education. (s. f.). *Burkina Faso*. https://www.power-humanrights-education.org/es/exhibition/success-stories/burkina-faso/

Qur'an. (s.f.). Sura Al-Isra (17:31). https://quran.com/al-isra/31

Régnier, P. (2011). The emerging concept of humanitarian diplomacy: identification of a community of practice and prospects for international recognition. *International Review of the Red Cross, 93*(884), 1211-1237.

Rupesinghe, N., Naghizadeh, M., & Cohen, M. (2021). *Addressing the impact of armed conflict on religion in the Sahel*. NUPI Working Paper 894. Norwegian Institute of International Affairs. https://www.nupi.no/content/pdf_preview/23380/file/NUPI_Working_Paper_894_RupesingheNaghizadehCohen.pdf

Sale, B. (2024). Practical Application of Almaslaha Mursala in Judicial Proceedings. *British Journal of Multidisciplinary and Advanced Studies,* 5(5), 1-8. https://doi.org/10.37745/bjmas.2022.04169

Save the Children. (2024). *Se quintuplica el número de niños y niñas desarraigados por la violencia en el sahel cenral*. https://www.savethechildren.es/notasprensa/se-quintuplica-el-numero-de-ninos-y-ninas-desarraigados-por-la-violencia-en-el-sahel

Save the Children. (2024). *No a la guerra contra la infancia – Vías para la paz*. https://www.savethechildren.es/sites/default/files/2025-01/SWOC-2024_No_a_la_guerra_contra_la_infancia-Vias_para_la_paz.pdf

Sending, O. J., Pouliot, V., & Neumann, I. B. (2011). The future of diplomacy: Changing practices, evolving relationships. *International Journal, 66*(3), 527-542.

Slim, H. (2015). *Humanitarian Diplomacy*. Oxford University Press.

Thurston, A. (2020). *Jihadists of North Africa and the Sahel*. Cambridge University Press.

UNICEF. (2021). *Child Protection in Armed Conflict: Sahel Region*.

UNICEF. (marzo de 2023). *Máximo riesgo: Diez millones de niños y niñas del Sahel central necesitan ayuda humanitaria en medio de una espiral de conflictos y un clima extremo*. https://www.unicef.org/media/137146/file/ES%20extreme%20jeopardy.pdf.

Unión Africana. (2003). *Protocolo de la Carta Africana de Derechos Humanos y de los Pueblos Relativo a los Derechos de la Mujer en África*. https://au.int/sites/default/files/treaties/37077-treaty-charter_on_rights_of_women_in_africa.pdf

UNOCHA. (2022). *Sahel Humanitarian Overview*.

UNSC. United Nations Security Council. (2023, March 30). *Report of the Secretary-General on the Situation in Mali (S/2023/236)*. United Nations Security Council. https://minusma.unmissions.org/sites/default/files/s_2023_236-en.pdf

Washington Post. (2025). *JNIM militants in West Africa: Sahel terrorism*. https://www.washingtonpost.com/world/2025/02/17/sahel-terrorism-jnim/

Watchlist. (marzo 2025). *Children and Armed Conflict. Recommendtions to the Security Council*. https://watchlist.org/wp-content/uploads/2025_3_caac_monthly_final.pdf

Wickham, C. R. (2013). *The Muslim Brotherhood: Evolution of an Islamist Movement*. Princeton University Press.

Zenn, J. (2020). *Unmasking Boko Haram*. Lynne Rienner Publishers.Slim, H. (2015). *Humanitarian Diplomacy*. Oxford University Press.

Voces desde el terreno: análisis de las estrategias de diversos organismos en la prevención, desvinculación y reinserción de niñ@s soldado en Colombia[1]

ROSARIO GARCÍA-BELLIDO
Cardenal Herrera-CEU, CEU Universities

Resumen: Este capítulo aborda el fenómeno del reclutamiento infantil en Colombia, explorando las estrategias de prevención, protección y reintegración de menores afectados por el conflicto armado. El propósito de la investigación es analizar cómo distintos actores —un organismo internacional, una organización no gubernamental y una entidad estatal— identifican zonas de riesgo, desarrollan programas de protección y enfrentan desafíos en su implementación. Se entrevistó a representantes de estos tres sectores mediante entrevistas semiestructuradas, analizadas con técnicas cualitativas de contenido y triangulación de investigadores. Los resultados destacan la importancia de sistemas de alerta temprana, adaptación cultural de programas, acompañamiento psicosocial, fortalecimiento de redes de colaboración y la necesidad de una intervención estatal más ágil y articulada. La cooperación internacional ha sido clave para sostener programas, pero persiste la dependencia de sus recursos. Es evidente que la protección de la infancia requiere un enfoque integral que combine marcos legales, coordinación interinstitucional, respeto de saberes locales y fortalecimiento de capacidades comunitarias, reconociendo la agencia de los menores como sujetos de derechos.

Palabras clave: prevención, desvinculación, reinserción, protección, reclutamiento, niñas soldado, niños soldado, conflicto armado.

INTRODUCCIÓN

La realidad de Colombia hoy en día sigue siendo preocupante, ya que el reclutamiento de niños y niñas por parte de grupos armados muestra cómo se violan los derechos humanos y es una situación que no cesa a pesar de los marcos normativos y procesos de paz vigentes.

En respuesta a todo esto, ONG, agencias internacionales y entidades estatales han desplegado estrategias en torno a tres áreas de acción: pre-

---

1 Estudio realizado en el marco del Proyecto de Investigación titulado "*Lagunas en la protección y asistencia internacional a las niñas asociadas a Grupos armados (NAAG)*". CIAICO 2022/235 UCHCEU con financiación pública de la GVA.

vención, desvinculación y reinserción. Ellos son los protagonistas en este estudio, ya que a través de entrevistas a estos actores que actúan sobre el terreno se ha realizado un estudio descriptivo con el fin de conocer cuál es la realidad de estos menores desde la voz de quienes mejor conocen la situación, ya que trabajan cada día por evitar estas situaciones de reclutamiento o ayudarlos a salir de él. Este estudio busca articular estas experiencias que aportan los entrevistados con la literatura científica y proponer recomendaciones para políticas públicas sensibles al contexto.

1. EL CONFLICTO ARMADO EN COLOMBIA

1.1. Infancia y conflicto armado

Los menores en Colombia se han visto afectados por el conflicto armado desde hace muchos años, siendo reclutados, desplazados, asesinados, violados y sometidos a diversas formas de violencia. Estos grupos armados han aprovechado la inocencia y vulnerabilidad de estos niños y niñas, justificando que se unen voluntariamente para luchar por la justicia. El reclutamiento forzado de estos menores ha afectado a su proyecto de vida y su lugar en la comunidad[23].

La participación de los niños y niñas en grupos armados no puede entenderse solo desde la dominación física, sino también desde condiciones estructurales que los hacen más vulnerables, como la pobreza, el abandono institucional, la exclusión social, la pérdida de sentido en la vida o la normalización de la violencia como forma de entender la vida para satisfacer algún aspecto de esta[4/5].

---

2 Camargo, A., y Gómez, N.R. (2020). “Infancia, paz y conflicto”. *Revista Encuentros, 18*(1), 35-47. https://doi.org/10.15665/encuent.v18i01.2117

3 Defensoría del Pueblo de Colombia. (2020). *Dinámica del reclutamiento forzado en niños, niñas y adolescentes en Colombia. Retos de la política pública de prevención.* https://www.defensoria.gov.co/-/din%C3%A1mica-del-reclutamiento-forzado-de-ni%C3%B1os-ni%C3%B1as-y-adolescentes-en-colombia. Recuperado el 09 de abril de 2025.

4 Defensoría del Pueblo de Colombia (2024). *El reclutamiento de niñas, niños y adolescentes es un crimen de guerra que debe parar de inmediato.* https://www.defensoria.gov.co/-/el-reclutamiento-de-ni%C3%B1as-ni%C3%B1os-y-adolescentes-es-un-crimen-de-guerra-que-debe-parar-de-inmediato. Recuperado el 12 de abril de 2025.

5 Quiñonez Quiñonez, C.L. (2022). “Consideraciones acerca del reclutamiento y participación de niños menores de 15 años en fuerzas o grupos armados dentro de un conflicto”. *Dominio de las Ciencias, 8*(3), 225-236.

Según Areiza Sánchez, tanto el Estado como la sociedad han tardado en reconocer que estos menores no son actores pasivos, sino personas que, aunque condicionados por su entorno, toman decisiones desde sus márgenes vitales[6]. Esto hace reflexionar sobre la necesidad de repensar las intervenciones, reconociendo su capacidad de agencia, en el caso de los adolescentes, y su derecho a construir un proyecto de vida digno y autónomo.

1.2. Factores estructurales y narrativas del reclutamiento

Un niño o niña soldado, según la definición que hace Naciones Unidas[7], no solo es aquel que participa directamente en combate, sino también aquel que ha sido reclutado para funciones de apoyo, bien sea como mensajero, cocinero, espía o para explotación sexual.

El problema del reclutamiento en Colombia ha sido documentado por diversos estudios e informes oficiales desde diferentes perspectivas: sociales, psicológicas, históricas y de derechos humanos. Todos ellos coinciden en que en la infancia es una grave violación de los derechos humanos que se da en contextos estructurales de desigualdad, exclusión y violencia[8/9].

Este no es un fenómeno aislado, ya que responde a condiciones estructurales de pobreza, falta de derechos, ausencia estatal y disputas territoriales[8]. Un informe elaborado por el Instituto Colombiano de Bienestar Familiar junto con UNICEF señala la relación existente entre le debilitamiento del tejido social, las violencias intrafamiliares y las estrategias de cooptación de grupos armados, que incluyen engaños, violencia y manipulación emocional[10].

---

6 Areiza Sánchez, Y. (2008). "Posibles causas del intento de suicidio y del suicidio en niños y adolescentes". *Revista Electrónica de Psicología Social «Poiésis», 8*(15). https://doi.org/10.21501/16920945.296

7 Naciones Unidas. (2000). "Optional Protocol to the Convention on the Rights of the Child on the Involvement of Children in Armed Conflict". *UNITED NATIONS HUMAN RIGHTS, 2173*, 236-241.

8 Comisión de la Verdad. (2022). *No es un mal menor: niñas, niños y adolescentes en el conflicto armado.* Comisión de la Verdad.

9 López Rojas, K. (2017). *Una guerra sin edad: Informe nacional de reclutamiento y utilización de niños, niñas y adolescentes en el conflicto armado colombiano.* Centro Nacional de Memoria Histórica (CNMH).

10 VV.AA. (2022). *Estudio de caracterización de niñez desvinculada de grupos armados organizados en Colombia (2013-2022).* ICBF-UNICEF.

Por lo tanto, la existencia de factores estructurales combinados con factores contextuales, como pueda ser la presencia de actores armados, abandono estatal, narcotráfico, etc., genera entornos de vulnerabilidad que propician el reclutamiento, la mayoría de las veces bajo coacción o engaño[11/12].

Por su parte, hay autores[13] que afirman que la infancia ha sido instrumentalizada como capital bélico y como "recurso simbólico" que legitima o condena ciertas formas de violencia. En referencia a esto, hay investigaciones[14] que reconocen que los menores son más vulnerables al reclutamiento en contextos donde el Estado ha fracasado en garantizar servicios básicos y donde los actores armados les ofrecen formas alternativas de inclusión, reconocimiento y poder.

Así pues, el reclutamiento no solo es una estrategia militar, pues también se convierte en una práctica social compleja que se alimenta de narrativas de resistencia, exclusión o desesperanza. Las representaciones del niño o niña soldado, además oscilan entre la figura de víctima inocente y la de persona peligrosa o violenta, lo que condiciona las políticas de atención y reintegración posteriores[15].

1.3. Enfoques de prevención del reclutamiento

La prevención del reclutamiento y uso de menores por parte de grupos armados en Colombia gira en torno a diversas estrategias interrelacionadas: sistemas de alerta temprana y focalización territorial; entornos pro-

---

11 Bjørkhaug, I. (2010). "Child Soldiers in Colombia: The Recruitment of Children into Non-state Violent Armed Groups". *MICROCON Research Working, 27*, 1-25.

12 Nabuco Martuscelli, P. , & Duarte Villa, R. (2018). "Child soldiers as peace-builders in Colombian peace talks between the government and the FARC-EP". *Conflict, Security & Development, 18* (5), 387-408.

13 Martínez González, M, Roble Haydar, C., Utria Utria, L., y Amar Amar, J. (2014). "Legitimización de la violencia en la infancia: un abordaje desde el enfoque ecológico de Bronfenbrenner". *Psicología desde el Caribe, 31*(1), 133-160.

14 González Gil, A. (2015). *Fortalecimiento de la Investigación Juvenil. reclutamiento, vinculación y utilización de niños, niñas y adolescentes en Medellín.* Instituto de Estudios Políticos, Universidad de Antioquia.

15 López Rojas, K. (2017). *Una guerra sin edad: Informe nacional de reclutamiento y utilización de niños, niñas y adolescentes en el conflicto armado colombiano.* Centro Nacional de Memoria Histórica (CNMH).

tectores en comunidad y escuela; prevención cibernética; marco jurídico y cooperación internacional; y prevención socioeconómica.

Respecto a los sistemas de alerta temprana y focalización territorial, UNICEF y el ICBF desarrollaron el IPOR —Índice de Probabilidad de Reclutamiento— con el fin de identificar municipios de alto riesgo, en combinación con alertas tempranas de entidades como la Defensoría del Pueblo. Con estas herramientas se pueden priorizar intervenciones en zonas de mayor vulnerabilidad[16].

En cuanto a los entornos protectores en comunidad y escuela, se ve como la creación de espacios seguros, como puedan ser centros juveniles, a través de actividades culturales, deportivas o científicas, son fundamentales en la prevención. Un ejemplo de ello es la acción que llevó a cabo el ICBF en 2023, llegando a más de 100.000 menores vulnerables mediante programas conectados a la escuela y la comunidad en zonas de conflicto[17].

La prevención cibernética es necesaria, ya que con el auge del reclutamiento que se ha llevado a cabo en los últimos años a través de redes sociales, los organismos internacionales han instado a plataformas como TikTok o Facebook a mejorar sus mecanismos para detectar y eliminar aquel contenido que glorifica la vida dentro de grupos armados, especialmente dirigido a jóvenes indígenas[18].

El marco jurídico y cooperación internacional también aporta un enfoque de prevención del reclutamiento, pues en Colombia ratificó el Protocolo Facultativo de la Convención sobre los Derechos del Niño relativo a la participación en conflictos armados (OPAC), prohibiendo el uso y reclutamiento de menores[19]. Además, los mecanismos de justicia transicional

---

16 ACAPS (2024). *Colombia: Child recruitment and use.* https://reliefweb.int/report/colombia/acaps-thematic-report-colombia-child-recruitment-and-use-15-april-2024. Recuperado el 20 de mayo de 2025.

17 Ministerio de trabajo de Colombia, y ICBF (2023). *Resultados de las peores formas de trabajo infantil de 2023.* Autor. https://www.dol.gov/agencies/ilab/resources/reports/child-labor/colombia. Recuperado el 16 de abril de 2025.

18 Rueda, M., y Suárez, A. (2025). "Rebels in Colombia are recruiting youth on social media. The UN wants TikTok and Facebook to do more". *AP World News.* https://apnews.com/article/colombia-social-media-rebels-united-nations-6b2a-8f1577709c35d5388bcb767a6fc3. Recuperado el 15 de mayo de 2025.

19 Naciones Unidas. (2000). "Optional Protocol to the Convention on the Rights of the Child on the Involvement of Children in Armed Conflict". *UNITED NATIONS HUMAN RIGHTS, 2173,* 236-241.

exigen que la prevención se integre en el proceso de paz y reformas estatales[20].

Por último, en cuanto a la prevención socioeconómica, cabe decir que el reclutamiento opera como una forma de trabajo forzado dentro de economías ilícitas, por lo que mejorar las oportunidades económicas y educativas es prioritario; por ello, se requiere un enfoque que abarque desde estrategias socioeconómicas hasta laboral-formativas[21].

1.4. Infancia como territorio de esperanza: hacia la reintegración

Colombia, a pesar de haber sido afectado por el conflicto armado, también es un territorio con posibilidades para la construcción de la paz y la reconciliación. Según los informes de la Comisión de la Verdad[22] y del Centro Nacional de Memoria Histórica[23], los procesos de reintegración de menores desvinculados deben reconocer su condición de personas de derechos y agentes de cambio.

La experiencia demuestra que no basta con el retorno a la normalidad, pues los procesos más eficaces son aquellos que valoran los saberes y resiliencia adquiridos en el conflicto, incorporando herramientas culturales, artísticas y comunitarias para reconstruir la subjetividad de estos jóvenes[24]. Asimismo, a Línea de Política Pública RUUVS enfatiza la importancia de enfoques diferenciales, de género y étnicos, que reconozcan la diversidad de trayectorias y contextos[25].

---

[20] Comisión de la Verdad. (2022). *No es un mal menor: niñas, niños y adolescentes en el conflicto armado.* Comisión de la Verdad.

[21] Hurtado, M., Iranzo Dosdad, A., y Rodríguez, W. (2023). "Labor Markets in Contexts of War: Recruitment and Trafficking of Child Soldiers in Colombia". *Colombia Internacional, 114.*

[22] Comisión de la Verdad. (2022). *No es un mal menor: niñas, niños y adolescentes en el conflicto armado.* Comisión de la Verdad.

[23] López Rojas, K. (2017). *Una guerra sin edad: Informe nacional de reclutamiento y utilización de niños, niñas y adolescentes en el conflicto armado colombiano.* Centro Nacional de Memoria Histórica (CNMH).

[24] VV.AA. (2022). *Estudio de caracterización de niñez desvinculada de grupos armados organizados en Colombia (2013-2022).* ICBF-UNICEF.

[25] Uribe García, S.C., Celis Corzo, D.A., y Jiménez Martínez, H. (2019). *Línea de Política Pública de Prevención del Reclutamiento, Utilización, Uso y Violencia Sexual contra NNA.* Consejería Presidencial para los Derechos Humanos. Presidencia de la República.

Construir la paz desde la infancia implica transformar narrativas de estigmatización en narrativas de esperanza, donde cada niño y cada niña sea reconocido como portador de un proyecto de vida digno y autónomo.

2. VOCES DESDE EL TERRENO

En este apartado se quiere dar voz a estas entidades u organismos que trabajan por la prevención, desvinculación y reinserción de estos menores que viven en zonas de riesgo.

2.1. Metodología

Para llevar a cabo este estudio se optó por una tipología cualitativa exploratoria, basada en entrevistas semiestructuradas a representantes de 3 ámbitos diferentes: organismo internacional, entidad estatal y organización no gubernamental. De este modo, se obtiene una representación de los diferentes actores que llevan a cabo acciones en Colombia relacionadas con la prevención la desvinculación y la reinserción.

Las entrevistas fueron transcritas y analizadas mediante técnicas de análisis de contenido temático. Con este enfoque se ha logrado analizar aquellas variables planteadas como objeto de estudio, utilizando un proceso sistemático de codificación y categorización de los datos en base a estas variables, facilitando así una organización estructurada de los comentarios y opiniones de los entrevistados[26]. Posteriormente se realizó un análisis mediante triangulación de investigadores para garantizar la fiabilidad y máxima objetividad de los resultados, permitiendo así llegar a realizar inferencias sólidas y significativas[27].

En cuanto a la ética de la investigación, todo el tratamiento de los datos cumple con el RGPD y la LOPD-DGG. Los datos se han codificado para preservar el anonimato. No obstante, se cuenta con la autorización de los implicados para poder publicar la información obtenida, pero, por ética, no se nombrará a ninguno de los entrevistados.

---

26 Varismoradi, M., Jones, J., Turunen, H., y Snelgrove, S. (2016). "Theme development in qualitative content analysis and thematic analysis". *Journal of Nursing Education and Practice, 6*(5), 100-110.

27 Nowell, L.S., Norris, J.M., y Moules, N.J. (2017). "Thematic Analysis: Striving to Meet the Trustworthiness Criteria". *International Journal of Qualitative Methods.* https://doi.org/10.1177/160940691773384

2.2. Objetivos del estudio

Los objetivos de este estudio y que han sido clave para la realización de la investigación.

El objetivo principal ha sido el de "analizar las estrategias y prácticas de prevención, protección y reintegración dirigidas a niños y niñas reclutados por grupos armados en Colombia, identificando los retos, avances y lecciones aprendidas desde la perspectiva de actores estatales, internacionales y de la sociedad civil".

Para poder lograr este objetivo se plantearon cinco objetivos específicos:

1. Identificar los factores de riesgo estructurales y contextuales que propician el reclutamiento infantil en zonas de conflicto.
2. Describir los mecanismos de identificación de comunidades en riesgo y las acciones de prevención implementadas por las organizaciones entrevistadas.
3. Analizar los protocolos y prácticas de protección y reintegración utilizados para garantizar la seguridad y bienestar físico y emocional de los menores desvinculados.
4. Explorar las dinámicas de articulación y colaboración entre actores gubernamentales, internacionales y organizaciones sociales en la prevención del reclutamiento.
5. Examinar las lecciones aprendidas y los principales obstáculos enfrentados en la implementación de programas de prevención y protección infantil.

2.3. Análisis de contenido

Para no extender demasiado el análisis, ya que las entrevistas son extensas, se procederá a mostrar una síntesis de cada una de ellas, extrayendo la información más relevante de cada una de las preguntas planteadas.

2.3.1. Organismo internacional

La primera pregunta que se planteó fue: "¿Cómo identifican las comunidades con mayor riesgo de reclutamiento y qué factores priorizan en sus intervenciones?". Ante esta pregunta surgen tres aspectos a resaltar.

Uno de ellos es el relacionado con los factores de riesgo estructurales, en los que destacan la presencia de grupos armados en ciertas zonas de tránsito o de interés estratégico con el fin de controlar el territorio y buscar mano de obra —niños—, las economías ilícitas a través de cultivos de uso ilegal —coca—, minería o tala prohibida, que generan dinámicas económicas violentas que favorecen el reclutamiento y la explotación, y las zonas fronterizas donde se produce contrabando de gasolina, drogas y otros insumos, generando corredores de violencia y situaciones de pobreza que incrementan la vulnerabilidad. Por último, se destacan las poblaciones étnicas excluidas, como las comunidades indígenas y afrocolombianas, que suelen vivir en territorios con intereses políticos, estratégicos y económicos de los grupos armados.

El otro aspecto es el de los mecanismos de identificación, entre los que destacan el IPOR —Índice de Probabilidad de Reclutamiento—, que analiza el conflicto, la pobreza y el acceso a servicios; los informes de la Defensoría del Pueblo, que aportan mapas de riesgo municipales y comunitarios, alertas tempranas y recomendaciones específicas por zona; la Resolución 162-2023 y otros mecanismos de observación participativa, que declaran "alertas" cuando aumentan los casos de reclutamiento o violencia sexual; y el conocimiento comunitario, mediante observaciones de la población local a través de denuncias de amenazas a menores —ofertas de dinero, acercamiento de reclutadores, etc.—.

El tercero es la priorización en la intervención preventiva. Así, a través de la focalización geográfica se pueden dirigir recursos a municipios y comunidades con un riesgo superior al promedio, tomando como referencia los índices y reportes de IPOR, la Defensoría del Pueblo y las alertas locales. También destacan que no hay una intervención igual para todos, sino que existe una adaptación metodológica según el contexto, diseñando intervenciones culturalmente sensibles —por ejemplo, en pueblos indígenas priorizando saberes propios y costumbres, o en veredas campesinas ajustándose a dinámicas locales—. Asimismo, se considera la participación de los adolescentes, impulsando espacios de direccionalización para que se reconozcan como sujetos de derechos y participen en el diseño de sus propias estrategias preventivas. Por último, aplican programas socioeconómicos en los que complementan medidas de seguridad con alternativas económicas lícitas y la mejora de acceso a los servicios, según indicadores de pobreza y exclusión.

Ante la pregunta de "¿Dónde puede acudir un chico amenazado y cómo funcionan las rutas de protección en territorios como Nariño o Cauca?", se identifican tres ejes centrales: las rutas de protección comunitarias adaptadas al contexto cultural y activadas por autoridades locales con el fin de proteger a los niños amenazados; los actores e instituciones responsables, como es el papel clave del ICBF como coordinador junto a jueces y defensores de familia que toman decisiones y garantizan acceso a servicios; y, finalmente, los procedimientos de salida institucional, priorizando medidas de protección familiar y evitando centros de protección cuando sea posible. No obstante, persisten barreras como el miedo a denunciar y la urgencia de que el Estado asuma responsabilidad. Se destacan buenas prácticas de pueblos como los Nasa en Cauca y comunidades de Nariño que han desarrollado protocolos propios de protección.

Frente a la pregunta sobre "¿Qué estrategias específicas se han implementado para reducir la vulnerabilidad de niños y niñas en comunidades rurales y étnicas?", se destacan cuatro ejes principales. Primero, fortalecer capacidades individuales mediante la sensibilización de derechos, creación de vínculos positivos y prevención de violencia intrafamiliar. Segundo, robustecer el entorno comunitario fomentando el rol activo de la comunidad, aprovechando recursos municipales de forma sostenible y reforzando modelos culturales propios. Tercero, mejorar la calidad educativa garantizando espacios escolares seguros, inclusivos y estimulantes que favorezcan la permanencia. Por último, impulsar la acción institucional, priorizando presupuestos estratégicos y generando respuestas rápidas y coordinadas ante riesgos.

Cuando se preguntó "¿Colaboran con escuelas o líderes comunitarios para diseñar campañas de sensibilización sobre riesgos de reclutamiento y cómo lo hacen en la práctica?", se identificaron varias estrategias. Primero, se reconoce la dificultad para hablar abiertamente del reclutamiento debido a la estigmatización y la naturalización de los actores armados en algunas zonas; por ello, se opta por una estrategia indirecta de "puerta de entrada" a través de espacios seguros, utilizando espacios lúdico-formativos y apoyando iniciativas juveniles como primer paso. Además, se construyen rutas comunitarias y educativas de manera participativa, incluyendo mecanismos de alerta anónima y protocolos escolares de monitoreo de asistencia. Finalmente, se trabaja en la sensibilización y empoderamiento de la comunidad, enseñando a reconocer señales de riesgo, formando líderes locales en la gestión de alertas y empoderando a los jóvenes para que actúen de forma segura y responsable.

Otra de las preguntas fue "¿Cómo colaboran con otras organizaciones y actores gubernamentales en sus áreas de trabajo?", y se destacan varias estrategias. Se fortalecen las capacidades de actores públicos, capacitando y asesorando técnicamente a alcaldías para identificar riesgos y focalizar acciones preventivas, acompañando para diseñar protocolos de atención inmediata y el uso estratégico de recursos escasos. También la colaboración en prevención focalizada, a través de programas deportivos —como campeonatos de fútbol y otras actividades lúdico-deportivas—, con énfasis en la sostenibilidad y la financiación de docentes itinerantes en zonas de alto riesgo. Además, se construyen alianzas con organizaciones étnico-territoriales, trabajando junto a autoridades indígenas y afrocolombianas para fortalecer sus estructuras propias. Finalmente, se busca la optimización de recursos y un enfoque estratégico, mediante el uso eficiente del presupuesto y el monitoreo del impacto real de las intervenciones, priorizando acciones de alto impacto y medibles en la reducción de vulnerabilidades.

En cuanto a "¿Qué tan efectiva ha sido la Cooperación Internacional para apoyar sus programas?", destaca el rol y alcance de la cooperación internacional, donde se reconoce que ha sido fundamental en el financiamiento y canalización de recursos, especialmente a través de organismos como UNICEF, y ha suplido en muchos casos la ausencia de respuesta estatal en territorios remotos o altamente conflictivos. Sin embargo, respecto al fortalecimiento y brechas institucionales, afirma que persisten brechas. Que, aunque se ha fortalecido la capacidad institucional de gobiernos locales, aún no se asume plenamente la responsabilidad estatal y la dependencia de la cooperación sigue siendo alta. Los costos logísticos, la multiplicidad de actores armados y las dificultades territoriales representan desafíos significativos. Aun así, se destacan ejemplos exitosos de apoyo a organizaciones indígenas, alcaldías y alianzas con actores religiosos. Se subraya la necesidad de escalar estos esfuerzos para consolidar una respuesta integral donde el Estado no llega.

Por último, al preguntar "¿Qué lecciones aprendidas han identificado al trabajar en red con otras organizaciones en Colombia?", destaca la potencia de la voz colectiva para visibilizar el reclutamiento infantil y proteger a las comunidades. La colaboración permite poner el tema en la agenda pública y presionar por acciones preventivas. Se valora el intercambio de metodologías colaborativas, pues este permite aprender diferentes modos metodológicos y la coordinación con organizaciones especializadas, para aprender buenas prácticas y manejar casos complejos de forma integral. Además, se ha aprendido la importancia de establecer redes formales, complementar roles según las fortalezas de cada entidad y fortalecer capacidades locales a través de formación conjunta, lo que contribuye a la sostenibilidad de las intervenciones.

2.3.2. Organización no gubernamental

Se le planteó la pregunta "¿Qué protocolos siguen para garantizar la seguridad y protección de los menores durante la desmovilización?". Su respuesta giro en torno al alcance y rol en el proceso, los protocolos internos de la propia ONG, el registro y reconocimiento legal y las garantías de seguridad y derechos. En primer lugar, esta ONG afirma que no participa en la fase de desmovilización o recuperación inicial, sino que recibe a menores ya desvinculados y remitidos por otras entidades. Dentro de esta ONG existen protocolos internos que incluyen un código de conducta para el personal, políticas de prevención de explotación sexual y un protocolo de convivencia para garantizar un ambiente seguro y de restablecimiento de derechos. Además, se realiza un registro de incidencia para reconocer a cada menor como víctima de reclutamiento, y se mantienen medidas de protección continua para asegurar su seguridad y promover el restablecimiento de sus derechos durante su estancia en la organización.

Respecto a "¿Cómo se abordan las diferencias de género en los procesos de prevención?", la organización reconoce las vulnerabilidades específicas que enfrentan las niñas (como embarazo forzado o violencia sexual) y la población LGBTI, quienes sufren discriminación y riesgos particulares. El enfoque es individualizado, abordando cada caso según las circunstancias concretas de la persona, considerando factores como etnia, contexto socioeconómico y procedencia. Además, el enfoque de género se integra de forma transversal con otras dimensiones, como la étnica y socioeconómica, y se presta especial atención a los roles de género y discriminación dentro de los grupos armados. Finalmente, se combinan intervenciones comunitarias generales con trabajo especializado y formación continua del equipo en perspectiva de género, garantizando un abordaje sensible y adaptado.

Ante la pregunta "¿Qué tipo de apoyo inmediato reciben los menores desmovilizados para garantizar su bienestar físico y emocional?", se describe un proceso de acogida que comienza con entrevistas psicosociales antes de su llegada, asegurando también un consentimiento informado y voluntario de parte de los menores y sus familias. Una vez en la organización, se realizan chequeos médicos y evaluaciones nutricionales para atender necesidades de salud y alimentación. Además, se lleva a cabo un acompañamiento psicosocial individual, elaborando diagnósticos y planes de trabajo personalizados, reforzando el proyecto de vida de cada menor para que no quede definido por su pasado en el conflicto. Finalmente, se promueven actividades comunitarias de inclusión para evitar la estigmatización y se crea un ambiente seguro y de restablecimiento de derechos, favoreciendo el bienestar integral.

Se le cuestionó: "¿Qué estrategias utilizan para construir confianza con los niños y niñas que han sido reclutados?", ante lo que respondieron que para construir confianza con niños y niñas que han sido reclutados, la organización emplea varias estrategias. Primero, actúan con transparencia y credibilidad, brindando información clara sobre lo que pueden o no ofrecer, sin generar falsas expectativas ni prometer reparaciones o servicios que no puedan cumplir. Segundo, crean un entorno físico agradable y seguro, fomentan un sistema de autogobierno donde los propios menores resuelven conflictos y toman decisiones, y fortalecen la capacidad de agencia, haciéndoles sentir que el proyecto también les pertenece. Finalmente, ofrecen acompañamiento legal opcional a quienes deseen iniciar procesos de reparación, dejando claro que no se comprometen previamente con resultados fuera de su alcance.

En cuanto a la pregunta "¿Qué tan efectiva ha sido la articulación con actores gubernamentales e internacionales en este proceso?", la organización destaca una colaboración muy efectiva con organismos internacionales de protección y derechos humanos, recibiendo derivaciones directas, apoyo técnico y reconocimiento como referente en casos de alto riesgo. Sin embargo, la articulación con actores estatales presenta retos: aunque existe voluntad política, la respuesta del Estado suele ser lenta, descoordinada y limitada, especialmente en emergencias o casos de riesgo vital. Además, la alta rotación de personal y la falta de equipos de acción inmediata dificultan la implementación práctica. Se subraya la necesidad de fortalecer las rutas de protección estatales y no depender exclusivamente de las organizaciones sociales para garantizar la seguridad de los menores.

La respuesta a "¿Cómo colaboran con otras organizaciones y actores gubernamentales en sus áreas de trabajo?", la organización prioriza activar las rutas oficiales del Estado en casos de violencia sexual o reclutamiento. Cuando estas resultan insuficientes, complementa con servicios privados como acompañamiento clínico o especializado. Además, orienta a los jóvenes para acceder a formación técnica o universitaria pública, gestionando cada caso de manera individualizada. También facilita el reconocimiento de estatus legal como víctimas, permitiéndoles acceder a beneficios estatales, y explora apoyos específicos para poblaciones étnicas. Finalmente, se coordina de forma flexible con ONG, agencias de Naciones Unidas o la Cruz Roja, derivando casos o servicios según necesidades específicas, sin convenios formales, pero articulando recursos públicos y privados para atender situaciones complejas.

Se cuestionó: "¿Qué tan efectiva ha sido la cooperación internacional para apoyar sus programas?". En cuanto al grado de efectividad percibido, la organización considera que la cooperación internacional ha sido fundamental y altamente efectiva para sostener y ampliar sus programas, describiéndola como el pilar principal de su labor. Respecto a la sostenibilidad y trayectoria, destacan que llevan más de 50 años de operación en Colombia gracias al financiamiento internacional, lo que evidencia confianza y sostenibilidad a largo plazo. En cuanto a la dependencia y rol central, subrayan su dependencia casi total de estos recursos, dado que el apoyo estatal ha sido escaso, haciendo de la cooperación internacional el motor esencial para su trabajo de atención y protección de menores.

También se formuló la pregunta: "¿Qué obstáculos enfrentan en la articulación con otras entidades, y cómo los han manejado?". Ante esta pregunta responde que enfrenta varios obstáculos en la articulación con otras entidades. Por un lado, existen conflictos de competencias institucionales: algunas entidades, como la autoridad de protección estatal, perciben sus competencias como exclusivas, mostrando resistencia a integrar prácticas innovadoras de la sociedad civil. Además, hay lentitud y burocracia estatal, con trámites complejos y falta de coordinación entre ministerios, lo que retrasa respuestas urgentes. Para manejar estos retos, aplican estrategias de manejo de obstáculos. En este sentido, la organización ha trabajado en cambiar percepciones, mostrando ejemplos de atención desde la familia y modelos alternativos a los centros tipo cárcel juvenil. También fortalecen su posición demostrando resultados de largo plazo, evidenciando el impacto positivo de sus métodos para convencer al Estado de adoptar prácticas más efectivas.

Para finalizar se le preguntó: "¿Qué lecciones aprendidas han identificado al trabajar en red con otras organizaciones en Colombia?". Entre las lecciones aprendidas al trabajar en red con otras organizaciones en Colombia, la organización destaca la importancia de contar con protocolos claros y estandarizados para reportar casos de riesgo, así como de comunicar información precisa y veraz a las familias y niños para mantener la confianza. Han aprendido a equilibrar la rapidez en la respuesta ante emergencias con el cumplimiento de trámites esenciales para garantizar los derechos de los menores, asegurando al menos documentación básica antes de traslados. También subrayan la necesidad de fortalecer continuamente la red de protección mediante capacitaciones a instituciones educativas y sociales, además de mejorar procesos internos para optimizar la atención de emergencias y el ingreso de menores, garantizando así un enfoque ordenado y respetuoso de los derechos.

2.3.3. Entidad estatal

En la entrevista realizada a la entidad estatal se le preguntó: "¿Qué acciones de prevención llevan a cabo y en qué zonas?". Según la entidad, respecto al contexto y escala de intervención, esta lleva a cabo acciones de prevención principalmente en zonas de alto riesgo como el Catatumbo, donde existen altos niveles de confinamiento y desplazamiento forzado. Las intervenciones enfrentan limitantes territoriales debido al control de actores armados, por lo que se buscan rutas alternativas para la oferta social. Se destacan alianzas con organizaciones indígenas, trabajando desde su cosmovisión y fortaleciendo la sinergia entre el sector público y los gobiernos autónomos locales. En cuanto a convenios territoriales, en 2023 se firmaron cinco convenios con organizaciones indígenas cubriendo regiones como el Caribe, Pacífico, Orinoquía, Sur y Amazonía del país. Estas acciones se estructuran a partir de caracterizaciones conjuntas de la presencia de grupos armados, para diseñar escenarios de prevención y mecanismos de implementación adaptados a cada comunidad.

También se preguntó: "¿Trabajan algo sobre desvinculación?". En el tema de desvinculación, la entidad estatal aclara que todo menor vinculado a un grupo armado es automáticamente reconocido como víctima de reclutamiento, pues la ley no contempla la figura de "niño soldado" ni la voluntariedad en su vinculación. Existe distinción entre actores con estatus político y grupos delincuenciales, aunque ambos casos implican rutas de atención diferentes. La remisión puede provenir de la fuerza pública tras operaciones militares —con notificación en máximo 36 horas al ICBF— o de autoridades indígenas, que derivan casos hacia centros autorizados. Los *protocolos* incluyen registro y diagnóstico inicial, activación de la ruta de reparación integral contemplada en la Ley de Víctimas, y la reubicación segura del menor, preferiblemente en lugares con condiciones óptimas de seguridad. Además, se promueve el *acompañamiento familiar*, diferenciando su rol del del menor y explicando claramente los pasos del programa.

Se quiso saber "¿Qué estrategias están utilizando para construir confianza con esos niños?". La construcción de confianza con los niños desvinculados se basa en varias estrategias clave. Primero, se reconoce y valida emocionalmente su dolor y la pérdida de su infancia, utilizando un lenguaje corporal y verbal cercano y empático. Además, el equipo mantiene una presencia constante a través de visitas regulares, explicándoles que el centro es un espacio de protección y cuidado, no de reclusión. Se busca normalizar la infancia reintroduciendo el juego y la socialización, ayudándoles a recuperar su condición de niños en un entorno seguro. Finalmente, se reconoce que este proceso es gradual y que el equipo sigue aprendiendo y ajustando sus estrategias según las necesidades y respuestas de cada menor.

Ante la pregunta: "¿Han probado a hacer esta intervención con pares?", la entidad responde que ha incorporado exbeneficiarios como profesionales dentro de sus equipos, contando con abogados, psicólogos y trabajadores sociales que pasaron por el sistema de protección y hoy aportan su experiencia vivida. Sin embargo, no existe un programa formal e intencionado de intervención entre pares, ya que se prioriza la formación técnica especializada debido a la complejidad de los casos atendidos. Aun así, se organizan encuentros de evaluación con egresados para recibir retroalimentación y mejorar procesos. Además, a través de convenios con la Agencia para la Reincorporación, se asegura la continuidad de atención de jóvenes que cumplen la mayoría de edad, promoviendo la construcción colectiva de memoria y fortaleciendo la reparación y las garantías de no repetición.

En cuanto a "¿Cómo se adaptan los programas de reparación y reinserción y qué labor hacen?", responden que, en la adaptación de los programas de reparación y reinserción, la entidad se basa en la Ley de Víctimas, pero reconoce que al inicio no se incorporó plenamente el enfoque de niñez, por lo que se han hecho ajustes continuos desde la práctica. Se entiende la reparación como un proceso preventivo, trabajando para que sea integral y no meramente asistencial. En alianza con universidades, se ha integrado la justicia terapéutica, centrando la atención en el trauma infantil y revisando constantemente las rutas legales y psicosociales. Se promueve la reintegración en el entorno familiar como escenario ideal de reparación, pero se prevén alternativas cuando hay rechazo familiar. Además, se fortalecen las oportunidades de formación y se modulan las modalidades de atención según las necesidades de cada joven. Finalmente, se mantiene coordinación con el Sistema Nacional de Atención a Víctimas para garantizar el enfoque de niñez en las reparaciones colectivas e individuales.

En la colaboración con otras entidades y ONG's, se pregunta "¿Qué obstáculos suelen encontrarse y qué beneficios les aportan?". Ante esta cuestión responden que se enfrentan varios obstáculos. Entre ellos, la complejidad interinstitucional, que implica coordinar a múltiples niveles de gobierno y actores, lo que ralentiza los acuerdos; la diversidad de agendas, pues cada actor trae sus propias prioridades, obligando a largos procesos de diálogo; y los retos logísticos para organizar encuentros amplios y participativos. Sin embargo, la colaboración aporta importantes beneficios: se crean espacios de diálogo inclusivos donde adolescentes y autoridades construyen conjuntamente estrategias ajustadas a las necesidades; se integra la visión territorial y étnica, fortaleciendo la solidez de las propuestas; y se eleva la visibilidad política del tema, impulsando compromisos formales de actores de alto nivel. En este caso la respuesta se inspiró en una experiencia llevada a cabo por varias entidades, en Catatumbo, en las que se avanzó mucho sobre el tema, contando la persona entrevistada que esta experiencia fue muy provechosa.

Ante la respuesta de la entidad y su trasmisión como algo novedoso, se formuló la pregunta "¿Eso lo habían hecho antes?", para comprobar si solo había pasado en una ocasión o es algo que ocurre cada cierto tiempo. La respuesta quedó clara que solo se había hecho en esa ocasión, pues aunque se habían hecho encuentros en otras regiones, era la primera vez que se convocaba a alcaldes, secretarios de gobierno y equipos de acción inmediata de manera tan articulada en esta zona. Esto permitió incorporar a actores territoriales al diálogo sobre rutas y responsabilidades. La experiencia ha mostrado la necesidad de realizar encuentros descentralizados en cada territorio para ajustar las políticas centrales a las realidades locales, evidenciando la brecha entre la definición de política pública y la capacidad operativa de los municipios. Además, resalta la importancia de construir sinergias duraderas y de generar entendimientos recíprocos entre niveles central y local para garantizar la sostenibilidad de las acciones.

3. DISCUSIÓN DE LOS RESULTADOS

Los hallazgos obtenidos a partir de las entrevistas permiten observar con mayor profundidad la complejidad del fenómeno del reclutamiento de menores en Colombia y las múltiples dimensiones implicadas en su prevención, desvinculación y reintegración. En línea con lo expuesto en la literatura revisada, los testimonios de actores del ámbito internacional, estatal y no gubernamental revelan tanto avances significativos como retos estructurales persistentes.

En primer lugar, se reafirma que el conflicto armado ha tenido efectos devastadores sobre la infancia colombiana. Más allá del daño físico o emocional inmediato, los menores que han sido reclutados sufren una ruptura profunda de su trayectoria vital, afectando su identidad, sentido de pertenencia y proyecto de vida. Como señalan autores como Camargo y Gómez (2020) o la Comisión de la Verdad (2022), el reclutamiento no puede entenderse de forma aislada ni como una decisión voluntaria, sino como resultado de estructuras de desigualdad, exclusión, pobreza, abandono institucional y violencia generalizada. Las entrevistas confirman esta visión, haciendo énfasis en los factores estructurales —presencia de actores armados, economías ilícitas, fronteras abandonadas, comunidades excluidas— que, en conjunto, generan condiciones propicias para la cooptación de menores.

Uno de los aportes clave del organismo internacional entrevistado fue su descripción del sistema de alerta temprana IPOR, así como la importancia de cruzar esta información con reportes de entidades como la Defensoría del Pueblo o autoridades locales. Este enfoque de focalización geográfica permite una mayor precisión en la intervención, evitando esfuerzos dispersos y permitiendo priorizar territorios críticos. Sin embargo, también se remarcó que este enfoque técnico debe ser acompañado por una adaptación cultural y metodológica profunda. En comunidades indígenas, por ejemplo, se deben integrar saberes ancestrales y formas propias de organización para que las intervenciones tengan legitimidad y sostenibilidad. La prevención no puede ser entendida como una receta homogénea, sino como un proceso contextualizado, adaptativo y participativo.

Por parte de la organización no gubernamental, se aporta una mirada más próxima al proceso de acogida y acompañamiento psicosocial de menores desvinculados. La organización demuestra una comprensión integral de la infancia como sujeto de derecho, y no solo como víctima pasiva. La incorporación de elementos como el consentimiento informado, la creación de espacios seguros y no estigmatizantes, y la promoción de la agencia infantil reflejan prácticas reparadoras que reconocen la dignidad y autonomía del menor. A pesar de no participar directamente en la desmovilización inicial, esta organización juega un papel central en la segunda fase del proceso, garantizando un entorno de protección, inclusión comunitaria y reconstrucción del proyecto de vida.

Además, desde su experiencia destacan la dificultad que implica la articulación con entidades estatales, marcadas por la rigidez institucional, la lentitud burocrática y una lógica de competencias exclusivas que en ocasiones limita la innovación y la integración de enfoques alternativos. Este punto coincide con lo expuesto por la entidad estatal entrevistada, que reconoce que, si bien existe voluntad política, la capacidad operativa del Estado sigue estando limitada por falta de recursos, rotación de personal y debilidad de los equipos territoriales. Ambos actores coinciden en que el fortalecimiento de la articulación interinstitucional es urgente para responder de manera efectiva a situaciones de riesgo inminente.

La entidad estatal, por su parte, aporta elementos fundamentales para entender la evolución del enfoque de reparación en Colombia. Se reconoce que la Ley de Víctimas fue un punto de partida, pero que en sus primeras fases no incorporó suficientemente la perspectiva de infancia. Ha sido a partir de la experiencia práctica, de los errores y aciertos, que se ha ido incorporando un enfoque más integral, incluyendo justicia terapéutica, rutas diferenciadas, articulación con el SNARIV[28] y acompañamiento familiar cuando es posible. Este aprendizaje institucional demuestra la necesidad de que las políticas públicas no solo se formulen en los centros de decisión, sino que se construyan en diálogo permanente con el territorio.

Un punto especialmente valioso de esta entrevista fue el relato sobre los encuentros de articulación realizados en zonas como Catatumbo, donde por primera vez se logró convocar a alcaldes, funcionarios locales y equipos de acción inmediata a un diálogo conjunto. Esta experiencia se valora como inusual pero altamente efectiva, evidenciando la brecha que existe entre el diseño central de la política y su aplicación local. Los entrevistados coinciden en la importancia de multiplicar este tipo de espacios de encuentro territorial como vía para generar confianza, coordinación y sinergias sostenibles.

En cuanto a la cooperación internacional, tanto la organización no gubernamental como el organismo internacional destacan su papel como pilar fundamental del sistema de prevención y protección de menores en Colombia. El financiamiento, el soporte técnico, y la capacidad de actuar en zonas donde el Estado no llega han sido determinantes para sostener programas a largo plazo. No obstante, también se reconoce el riesgo de dependencia y la necesidad de que el Estado asuma progresivamente un rol más protagónico, garantizando la sostenibilidad a través de presupuestos públicos y voluntad política.

Finalmente, un aprendizaje transversal identificado en las tres entrevistas es el valor del trabajo en red. La voz colectiva, la complementariedad de enfoques, la articulación interinstitucional y la formación conjunta apa-

---

28 Sistema Nacional de Atención y Reparación Integral a las Víctimas.

recen como factores que potencian la capacidad de respuesta y aumentan el impacto de las intervenciones. Sin embargo, se subraya también la necesidad de establecer protocolos claros, garantizar información veraz a las comunidades, respetar los tiempos locales y trabajar desde la confianza y la escucha.

Por lo tanto, se puede concluir que la prevención del reclutamiento y la reintegración de menores en Colombia es un desafío multidimensional que requiere coherencia entre los marcos legales, las políticas públicas, las capacidades territoriales, el acompañamiento comunitario y el respeto por la voz de los propios niños y niñas. Así pues, solo desde un enfoque integral, diferenciado y participativo será posible avanzar hacia una reparación real y una paz duradera.

4. REFERENCIAS BIBLIOGRÁFICAS

ACAPS (2024). *Colombia: Child recruitment and use.* https://reliefweb.int/report/colombia/acaps-thematic-report-colombia-child-recruitment-and-use-15-april-2024. Recuperado el 20 de mayo de 2025.

Areiza Sánchez, Y. (2008). "Posibles causas del intento de suicidio y del suicidio en niños y adolescentes". *Revista Electrónica de Psicología Social «Poiésis», 8*(15). https://doi.org/10.21501/16920945.296

Bjørkhaug, I. (2010). "Child Soldiers in Colombia: The Recruitment of Children into Non-state Violent Armed Groups". *MICROCON Research Working, 27,* 1-25.

Camargo, A., y Gómez, N.R. (2020). "Infancia, paz y conflicto". *Revista Encuentros, 18*(1), 35-47. https://doi.org/10.15665/encuent.v18i01.2117

Comisión de la Verdad. (2022). *No es un mal menor: niñas, niños y adolescentes en el conflicto armado.* Comisión de la Verdad.

Defensoría del Pueblo de Colombia (2024). *El reclutamiento de niñas, niños y adolescentes es un crimen de guerra que debe parar de inmediato.* https://www.defensoria.gov.co/-/el-reclutamiento-de-ni%C3%B1as-ni%C3%B1os-y-adolescentes-es-un-crimen-de-guerra-que-debe-parar-de-inmediato. Recuperado el 12 de abril de 2025.

Defensoría del Pueblo de Colombia. (2020). *Dinámica del reclutamiento forzado en niños, niñas y adolescentes en Colombia. Retos de la política pública de prevención.* https://www.defensoria.gov.co/-/din%C3%A1mica-del-reclutamiento-forzado-de-ni%C3%B1os-ni%C3%B1as-y-adolescentes-en-colombia. Recuperado el 09 de abril de 2025.

González Gil, A. (2015). *Fortalecimiento de la Investigación Juvenil. Reclutamiento, vinculación y utilización de niños, niñas y adolescentes en Medellín.* Instituto de Estudios Políticos, Universidad de Antioquia.

Hurtado, M., Iranzo Dosdad, A., y Rodríguez, W. (2023). "Labor Markets in Contexts of War: Recruitment and Trafficking of Child Soldiers in Colombia". *Colombia Internacional, 114.* https://journals.openedition.org/colombiaint/18631

López Rojas, K. (2017). *Una guerra sin edad: Informe nacional de reclutamiento y utilización de niños, niñas y adolescentes en el conflicto armado colombiano.* Centro Nacional de Memoria Histórica (CNMH).

Martínez González, M, Roble Haydar, C., Utria Utria, L., y Amar Amar, J. (2014). "Legitimización de la violencia en la infancia: un abordaje desde el enfoque ecológico de Bronfenbrenner". *Psicología desde el Caribe, 31*(1), 133-160.

Ministerio de trabajo de Colombia, y ICBF (2023). *Resultados de las peores formas de trabajo infantil de 2023.* Autor. https://www.dol.gov/agencies/ilab/resources/reports/child-labor/colombia. Recuperado el 16 de abril de 2025.

Nabuco Martuscelli, P. , & Duarte Villa, R. (2018). "Child soldiers as peace-builders in Colombian peace talks between the government and the FARC-EP". *Conflict, Security & Development, 18* (5), 387-408.

Naciones Unidas. (2000). "Optional Protocol to the Convention on the Rights of the Child on the Involvement of Children in Armed Conflict". *UNITED NATIONS HUMAN RIGHTS, 2173*, 236-241.

Nowell, L.S., Norris, J.M., y Moules, N.J. (2017). "Thematic Analysis: Striving to Meet the Trustworthiness Criteria". *International Journal of Qualitative Methods.* https://doi.org/10.1177/1609406917733847

Quiñonez Quiñonez, C.L. (2022). "Consideraciones acerca del reclutamiento y participación de niños menores de 15 años en fuerzas o grupos armados dentro de un conflicto". *Dominio de las Ciencias, 8*(3), 225-236.

Ramírez Barbosa, P. A. (2010) El reclutamiento de menores en el conflicto armado colombiano. Aproximación al crimen de guerra. *Revista Derecho Penal y Criminología, 31*(90), 115-136.

Rueda, M., y Suárez, A. (2025). "Rebels in Colombia are recruiting youth on social media. The UN wants TikTok and Facebook to do more". *AP World News.* https://apnews.com/article/colombia-social-media-rebels-united-nations-6b2a-8f1577709c35d5388bcb767a6fc3. Recuperado el 15 de mayo de 2025.

Uribe García, S.C., Celis Corzo, D.A., y Jiménez Martínez, H. (2019). *Línea de Política Pública de Prevención del Reclutamiento, Utilización, Uso y Violencia Sexual contra NNA.* Consejería Presidencial para los Derechos Humanos. Presidencia de la República.

Varismoradi, M., Jones, J., Turunen, H., y Snelgrove, S. (2016). "Theme development in qualitative content analysis and thematic analysis". *Journal of Nursing Education and Practice, 6*(5), 100-110.

VV.AA. (2022). *Estudio de caracterización de niñez desvinculada de grupos armados organizados en Colombia (2013-2022).* ICBF-UNICEF.

La guerra interminable: el impacto del trauma infantil y transgeneracional en niñas soldado[1]

The Never-Ending War: The Impact of Childhood and Transgenerational Trauma on Girl Soldiers

ROCÍO PARICIO DEL CASTILLO

Resumen: El fenómeno de las niñas soldado es una de las formas más extremas de violencia estructural, sexual y psicológica ejercida sobre la infancia. Aunque históricamente invisibilizadas en las estadísticas de conflicto armado, en la actualidad se estima que más del 30% de los niños y niñas soldados en el mundo son niñas. Estas menores no sólo son empleadas como combatientes, sino también forzadas a asumir roles de sumisión y servicio y, sobre todo, de esclavas sexuales, sufriendo múltiples formas de explotación y violencia.

Desde una perspectiva clínica, el estudio de las secuelas en estas niñas implica una comprensión profunda de los modelos del apego, el trauma complejo y el desarrollo infantil en contextos de guerra. Las consecuencias de estas experiencias son persistentes e intergeneracionales y requieren intervenciones terapéuticas específicas, siendo la terapia narrativa, en combinación con enfoques grupales y comunitarios, uno de los marcos más prometedores en su abordaje.

Palabras clave: Niñas soldado, trauma, trastorno por estrés postraumático, terapia narrativa

Abstract: The phenomenon of girl soldiers represents one of the most extreme forms of structural, sexual, and psychological violence against children. Historically rendered invisible in armed conflict statistics, it is now estimated that over 30% of the world's child soldiers are girls. These minors are not only used as combatants but are also forced to assume roles of submission and service—most notably, as sexual slaves—enduring multiple forms of exploitation and violence.

From a clinical perspective, studying the aftermath experienced by these girls requires a deep understanding of attachment models, complex trauma, and child development in wartime contexts. The consequences of these experiences are both long-lasting and intergenerational, demanding specific therapeutic interventions. Narrative therapy, especially when combined with group and community-based approaches, stands out as one of the most promising frameworks for addressing their needs.

Key words: Girl soldiers, trauma, post-traumatic stress disorder, narrative therapy

1 Estudio realizado en el marco del Proyecto de Investigación titulado "*Lagunas en la protección y asistencia internacional a las niñas asociadas a Grupos armados (NAAG)*". CIAICO 2022/235 UCHCEU con financiación pública de la GVA.

INTRODUCCIÓN

En la actualidad, se estima que más de 300.000 niños y niñas participan activamente en conflictos armados, si bien es imposible conocer la cifra exacta. Lejos de ser un fenómeno en retroceso, en los últimos 30 años, prácticamente se ha duplicado la proporción de niños y niñas que viven en zonas de conflicto por todo el mundo. Aunque tradicionalmente se ha dicho que aproximadamente un 15% de la infancia soldado son niñas, estas cifran parecen haberse incrementado notablemente en los últimos años. Según la ONU, entorno al 30% son niñas, muchas de las cuales son reclutadas mediante secuestros o bajo presión por extrema pobreza, amenazas o violencia estructural[2].

De hecho, el Consejo de Seguridad de Naciones Unidas ha señalado que, en el año 2022, el número de niñas secuestradas en el mundo aumentó en un 30%, siendo muchos de estos secuestros reclutamientos llevados a cabo por grupos armados[3].

Según el informe del Representante Especial del Secretario General sobre niños y los conflictos armados, perteneciente a la Organización de las Naciones Unidas (ONU), la violencia contra la infancia en los conflictos armados alcanzó en el año 2023 unos niveles extremos. El informe recoge que la vulnerabilidad de los y las menores se ve muy influida por factores como la edad, el sexo, la raza o la discapacidad, y que las niñas sufren una incidencia desproporcionadamente mayor de violencia sexual respecto de los niños[4].

En el año 2024, la Secretaría General de Naciones Unidas ha vuelto a notificar un récord de abusos contra los derechos humanos de la infancia en los conflictos armados, superando los 41.000 casos notificados de abusos graves[5].

Hablamos de infancia soldado para referirnos a las niñas y los niños que son reclutados y usados en conflictos armados. En el caso de las niñas, no

---

[2] UNICEF. (2015). *Hoja de datos: niñas y niños soldados.* (Disponible en: https://www.unicef.org/spanish/media/files/NINAS_Y_NINOS_SOLDADOS.pdf). Rescatado el 21 de julio de 2025.

[3] United Nations General Assembly Security Council (2024). "Promotion and protection of the rights of children", *Children and armed conflict Report of the Secretary-General*, A/78/842-S/2024/384.

[4] United Nations General Assembly Security Council (2024). "Promotion and protection of the rights of children", *Children and armed conflict Report of the Secretary-General*, A/78/842-S/2024/384.

[5] Noticias ONU (2025). *Récord de violaciones graves de los derechos de los niños en conflictos armados en 2024.* Disponible en: https://news.un.org/es/story/2025/06/1539651. Recuperado el 21 de julio de 2025.

sólo se ven expuestas al combate, sino que, en una gran cantidad de casos, son víctimas sistemáticas de violencia sexual, se convierten en "esposas" de comandantes, o realizan labores domésticas de forma forzosa. Como veremos a continuación, todas estas experiencias las hacen especialmente vulnerables a sufrir las secuelas del trauma psíquico.

Países como la República Democrática del Congo, Sudán del Sur, Myanmar y Colombia registran reclutamientos activos. En algunos casos las menores son secuestradas y reclutadas a la fuerza, en otros, las situaciones de pobreza, la presión social o las vivencias personales y familiares de violencia, incluyendo el deseo de venganza, les impelen a unirse a estos conflictos. Como dicen algunos teóricos respecto de los problemas de salud mental, "la pobreza es la causa de todas las causas", y las situaciones de pobreza y carestía extrema se asocian a una mayor unión a estos conflictos.

Las niñas soldado constituyen un claro ejemplo de vulnerabilidad interseccional, tanto por edad, debido a la mayor desprotección de la infancia, como por sexo, siendo las niñas soldado no sólo víctimas de mayores niveles de violencia y abusos respecto de los niños, sino que también sufren posteriormente de una forma mayor la discriminación social postconflicto. El presente trabajo pretende examinar el impacto de las experiencias traumáticas que viven las niñas soldado en su salud mental y en la de su descendencia, así como las principales intervenciones terapéuticas que han demostrado eficacia hasta el momento, para implementarlas en los procesos de reintegración y reparación.

1. LAS NIÑAS SOLDADO COMO VÍCTIMAS DE VIOLENCIAS INTERSECCIONALES

Según la evidencia científica, el reclutamiento de niñas las hace más vulnerables a la violencia de guerra, a la tortura, al trauma psicológico y sexual, y que todo esto tiene un impacto muy negativo en su salud física, mental y reproductiva. Pero, además, hay una clara desventaja de género también en la reintegración y reinserción de estas chicas, pues sus propias comunidades tienen una mayor tendencia a rechazarlas que a los chicos, después de los conflictos armados, y hay menos programas especializados en su recuperación y reintegración[6].

---

6 Stevens A.J. (2014). "The invisible soldiers: understanding how the life experiences of girl child soldiers impacts upon their health and rehabilitation needs". *Arch Dis Child.*, 99(5):458-62. Doi: 10.1136/archdischild-2013-305240.

En un estudio realizado en el Congo, con una muestra de 98 niñas soldado que habían sido captadas o reclutadas a la fuerza durante la insurgencia de 2012-2014, se demostró la existencia de un nivel elevado de exposición vital al trauma, que a su vez se asociaba posteriormente a una mayor perpetración de violencia, a TEPT y a agresividad y comportamientos violentos[7].

Otro estudio realizado sobre una muestra de 200 niños y adultos excombatientes en el conflicto del Congo, a través de una entrevista clínica estructurada, a partir de la cual se comparan ambos grupos, observó que los niños soldados tienen más experiencias de violencia recibida y perpetrada que los adultos, una mayor gravedad de los síntomas postraumáticos y mayores niveles de agresividad[8].

Tabla 1. Exposición a y efectos de la violencia en función de la edad y género[9]

EDAD: **A menor edad...**	**GÉNERO:** **Niñas (vs niños)**
Mayor exposición a violencia: – Mayor perpetración – Más violencia recibida	Exposición extremadamente alta a trauma (TEPT), incluyendo niveles muy intensos de violencia perpetrada y recibida
Mayor agresividad/conductas conflictivas post conflicto	Mayor incidencia de abuso sexual: ETS, embarazos no deseados, abortos, muertes perinatales (++trauma)
Mayor padecimiento de trastornos de estrés postraumático (TEPT) y su esfera	Peor salud mental
	Peor salud física
	Mayor rechazo social
	Peor pronóstico: casos más graves, menos inversión (olvidadas en las terapias), mayor exclusión social

7 Robjant K., Schmitt S., Chibashimba A., et al. (2020). "Trauma, Aggression, and Post Conflict Perpetration of Community Violence in Female Former Child Soldiers-A Study in Eastern DR Congo". *Front Psychiatry*, 2;11:533357. Doi: 10.3389/fpsyt.2020.533357.

8 Hermenau K., Hecker T., Maedl A., et al (2013). "Growing up in armed groups: trauma and aggression among child soldiers in DR Congo". *Eur J Psychotraumatol*. 6;4. Doi: 10.3402/ejpt.v4i0.21408.

9 Tabla de elaboración propia basada en el estudio de Hermenau K, Hecker T, Maedl A, Schauer M, Elbert T. "Growing up in armed groups: trauma and aggression among child soldiers in DR Congo". *Eur J Psychotraumatol*. 2013 Nov 6;4.

La situación de estas niñas no acaba cuando logran salir de los grupos militares. La mayor parte de ellas han vivido experiencias imposibles de olvidar que les acompañarán toda su vida en forma de secuelas físicas (tales como las derivadas de los abusos físicos y sexuales: mutilaciones, desnutrición o enfermedades de transmisión sexual, entre otras), pero, sobre todo, en forma de secuelas emocionales. Son chicas que han presenciado, y en ocasiones protagonizado, actos terribles que pueden constituir un auténtico tormento para ellas.

Además, tienen muchas dificultades para romper con el círculo de violencia en el que se encuentran inmersas y retornar a su vida previa. Por una parte, han pasado en los grupos armados, con jerarquías muy marcadas y violentas, los años fundamentales para el desarrollo de su personalidad y de su concepción del mundo, de forma que les puede resultar muy difícil adaptarse a otros entornos sociales. Por otra, es frecuente que desconozcan dónde se encuentra su comunidad o su familia de origen, y, en caso de saberlo, a menudo son rechazadas, tanto por los actos de violencia que han podido cometer, como por haber tenido relaciones sexuales (incluso no consentidas) fuera de los marcos culturalmente permitidos de su comunidad. Los hijos e hijas nacidos de estas uniones también sufren a menudo el rechazo de la comunidad. Por último, son menores que no han estado escolarizadas, lo que lastra de forma radical sus posibilidades de futuro[10].

2. DESARROLLO INFANTIL: LOS MARCOS TEÓRICOS DEL APEGO Y DEL TRAUMA

Para comprender las repercusiones en salud mental que tienen las experiencias vividas por las niñas soldados, resulta imprescindible atender a los conocimientos científicos que a día de hoy se tienen sobre desarrollo infantil, explicando, de una forma somera, los modelos teóricos del trauma y del apego, que son los esquemas que, desde la psicología clínica y la psiquiatría, se utilizan mayoritariamente para conceptualizar, entender y tratas a las personas que son víctimas de abusos en su infancia.

El apego no es otra cosa que un mecanismo evolutivo de supervivencia que consiste en un sistema de conductas destinadas tanto a la búsqueda de protección como a la exploración del entorno. El orden animal de los mamíferos, al cual pertenece el ser humano, ha cambiado la reproducción ex-

---

10 Singh A.R., Singh A.N. (2010). "The mental health consequences of being a child soldier – an international perspective". *Int Psychiatry.*, 7(3):55-7.

tensiva (es decir, tener mucha descendencia, por mecanismos más simples, como la bipartición o la puesta de huevos), por una más intensiva. Gastamos muchos recursos para generar unas pocas crías, que gestamos dentro del cuerpo de las hembras, y que al nacer requieren cuidados para la supervivencia, entre los que destaca la lactancia materna, un fenómeno que define a nuestro grupo y por el cual nos denominamos "mamíferos"[11]. Con el tiempo y la energía que se invierte en dar lugar a una pequeña descendencia, los mamíferos no pueden arriesgarse a que sus crías queden en la naturaleza sin protección, puesto que su elevada vulnerabilidad favorecería que no sobrevivieran (a manos de depredadores y otros peligros) y las especies correrían un elevado riesgo de extinción. Por ello, la naturaleza ha recurrido a la creación de un sistema conductual que impele a los cachorros a buscar de forma activa la protección de sus madres, y a no separarse de ellas en las etapas iniciales. Este mecanismo está especialmente refinado en el grupo de los grandes simios, en el cual la etapa de desvalimiento infantil es larga, y a la que pertenece el ser humano. Así, una cría de chimpancé, de orangután o de gorila, igual que un bebé humano, va a necesitar biológicamente estar junto a una madre —o, en su defecto, una figura de cuidado—, para su supervivencia física, pero también para su desarrollo afectivo y social[12]. De hecho, en la etapa posterior a la II Guerra Mundial, se hicieron experimentos con pequeños monos Rhesus a los que se aislaba de sus madres, aunque se les mantenía alimentados y físicamente cuidados, y se vio que estos monos crecían con graves problemas conductuales y con una peor salud física. Del mismo modo, John Bowlby, un psiquiatra y psicoanalista británico, estudió por encargo de la OMS en esa etapa de la postguerra a bebés internados en inclusas y orfanatos, que eran alimentados y recibían cuidados físicos por parte de enfermeras o cuidadoras que trabajan a turnos, sin que tuvieran una figura de apego consistente, y observó que estos niños se desarrollaban con graves carencias en todos los niveles: físicamente no crecían, su desarrollo psicomotor se detenía y la comunicación social prácticamente se anulaba. Así fue como este autor desarrolló por primera vez la teoría del apego[13].

Con las evidencias iniciales estudiadas por Bowlby, y toda la investigación científica posterior, se ha demostrado que el bebé humano viene al mundo

---

11 Cairns R.B. (1966). "Attachment behavior of mammals". *Psychol Rev.*, 73(5):409-26.

12 van Ijzendoorn M.H., Bard K.A., Bakermans-Kranenburg M.J. et al. (2009). "Enhancement of attachment and cognitive development of young nursery-reared chimpanzees in responsive versus standard care". *Dev Psychobiol.*, 51(2):173-85.

13 Bowlby, J. (1988). *A secure base: Parent-child attachment and healthy human development.* New York: Basic Books.

preparado para establecer un estrecho lazo de unión con su figura de cuidado, necesario para un desarrollo saludable. Así, entendemos por apego la relación afectiva que establecen los bebés con sus principales figuras cuidadoras, necesaria para su desarrollo físico, emocional y social, que marcará su concepción del mundo y sus modos vinculares futuros. El término clave es la seguridad: si la figura de cuidados actúa como base segura para el infante —es decir, éste se siente seguro en su presencia—, éste podrá pedir protección y cuidado ante los peligros, pero también podrá explorar el mundo y atreverse a afrontar situaciones de novedad. Durante el desarrollo infantil, esa seguridad externa que ofrecen las figuras de cuidado se irá interiorizando, de forma que, en la edad adulta, las personas con apegos seguros tendrán herramientas saludables para afrontar los desafíos de la vida, y podrán, también, ejercer como base segura de sus propios hijos e hijas.

El estilo de apego —es decir, la forma en la que el niño va a buscar la protección y el consuelo de su figura materna—, va a ser diferente en función del tipo de relación que se establezca entre los dos. Sobre todo, va a depender de cómo esta figura de apego responda a las necesidades del bebé, puesto que los bebés, por medio del aprendizaje, van adaptando sus conductas a las respuestas que les dan sus padres o cuidadores. Pero también va a depender del temperamento del niño (hay niños más inquietos, otros más tranquilos, más adaptables, más irritables…)[14]. Y a su vez, todo esto está influenciado por las condiciones socioeconómicas y culturales. Por supuesto, no es lo mismo criar en una tribu africana que en una gran urbe europea, ni en condiciones de pobreza y violencia que en otras de seguridad y provisión económica[15].

Los estilos de apego, o conductas fundamentales de protección y exploración que presentan los infantes respecto a su figura principal de cuidados, fueron inicialmente descritos por Mary Ainsworth, quien diseño un experimento llamado "la situación extraña"[16].

---

14 National Institute for Health and Care Excellence (NICE). (2015). "Introduction to children's attachment". *Children's Attachment: Attachment in Children and Young People Who Are Adopted from Care, in Care or at High Risk of Going into Care.* https://www.ncbi.nlm.nih.gov/books/NBK356196/. Recuperado el 28 de julio de 2025.

15 Strand P. S., Vossen J.J., Savage E. (2019). "Culture and Child Attachment Patterns: a Behavioral Systems Synthesis". *Perspect Behav Sci.*, 42(4):835-850. Doi: 10.1007/s40614-019-00220-3.

16 Ainsworth, M. D. S., y Bell, S. M. (1970). "Attachment, exploration, and separation: Illustrated by the behavior of one-year-olds in a strange situation". *Child Development*, 41, 49-67.

Este consiste en dejar a un niño en una habitación con su principal figura de cuidado —generalmente con la madre—, y evaluar cómo reacciona a su marcha, a la interacción con un extraño sin la presencia de su madre, y al reencuentro con su madre. Ella percibió algunos patrones conductuales que se repetían consistentemente, independientemente de la cultura donde se analizaran, definiendo tres estilos principales de apego: el seguro, el inseguro evitativo y el inseguro ambivalente.

El apego seguro es el mayoritario —más del 50% por ciento de la población—, y se establece cuando la madre o figura de cuidado responde a las necesidades de su bebé de forma adecuada, y éste genera una confianza básica en el mundo al aprender que éste es un lugar seguro. El apego inseguro evitativo —alrededor de un 15% de la población—, se instaura cuando la madre es distante, no responde a las necesidades del niño, o rechaza algunas conductas de petición de consuelo —por ejemplo, madres que por sistema no atienden al llanto de su bebé—, de forma que el infante aprende que no merece la pena expresar emociones porque no van a ser atendidas, y aprende a distanciarse de ellas. En el apego inseguro ambivalente (10% de la población), la madre o figura de cuidado responde de forma inconsistente —a veces responde, a veces no—, o responde de forma exagerada o con angustia frente a las necesidades del niño, creando una marcada ansiedad relacional en el niño, quien aprende a amplificar sus emociones y sus conductas para llamar la atención de su madre y recibir sus respuestas[17].

Más adelante, Hesse y Main definieron un cuarto estilo de apego, denominado desorganizado, que se produciría cuando los cuidadores maltratan o abusan físicamente de los niños[18]. El sistema del apego impulsa al infante a buscar protección en su figura de referencia en las situaciones de peligro, y cuando el peligro procede de su propia figura de referencia, el psiquismo del menor no es capaz de procesar esa disonancia, por lo que resuelve la situación introyectando en su identidad que él es malo y que se merece esas agresiones, para justificar a su figura de cuidado y poder seguir recurriendo a ella. El apego desorganizado afecta aproximadamente al 20%

---

17 Madigan, S., Fearon, R. M. P. , van IJzendoorn, M. H., et al. (2023). "The first 20,000 strange situation procedures: A meta-analytic review". *Psychological Bulletin, 149*(1-2), 99-132. DOI: 10.1037/bul0000388.

18 Main M., Hesse E. (1990). "Parents' unresolved traumatic experiences are related to infant disorganized attachment status: Is frightened and/or frightening parental behaviour the linking mechanism?" *Attachment in the preschool years: Theory, research and intervention.* University of Chicago Press, 161-182.

de la población y se asocia a graves patologías mentales más adelante de la vida[19].

Entender la historia vincular de las niñas soldado e identificar sus estilos de apego es fundamental para poder intervenir adecuadamente en una terapia reparativa del trauma. Es necesario señalar que, muy frecuentemente, las niñas soldado se han criado en entornos altamente desfavorables que han podido interferir en el establecimiento de un apego seguro. En muchas situaciones, una elevada adversidad social ha dificultado a sus figuras de cuidado encargarse adecuadamente de ellas, o incluso, ha habido situaciones de abandono u orfandad[20]. Por ello, en no pocas ocasiones su historia de vida esté marcada por relaciones desorganizadas, con abandono, violencia y trauma vincular ya en etapas previas a unirse a los grupos armados, lo que a su vez facilita su incorporación a los mismos, buscando en ellos la protección y el sentido de pertenencia[21]. En otros casos, son los propios combatientes, sabedores de la importancia de este vínculo primario, quienes obligan a los y las menores a matar a sus progenitores, destruyendo así su confianza básica y alimentando su sumisión por medio de la culpa[22].

La transmisión del apego está relacionada con la transmisión intergeneracional de la violencia[23]: lo que uno aprende en su infancia con sus relaciones de cuidado tiende a replicarlo en el resto de sus relaciones en la vida adulta. Además, la presencia de apegos inseguros o desorganizados es un factor de riesgo para sufrir más situaciones traumáticas, así como para desarrollar más problemas de salud mental a partir de las mismas.

---

19 Madigan, S., Fearon, R. M. P. , van IJzendoorn, M. H., et al. (2023). "The first 20,000 strange situation procedures: A meta-analytic review". *Psychological Bulletin, 149*(1-2), 99-132. DOI: 10.1037/bul0000388.

20 Felitti V.J., Anda R.F., Nordenberg D., et al (1998). "Relationship of childhood abuse and household dysfunction to many of the leading causes of death in adults: The Adverse Childhood Experiences (ACE) study". *Am J Prev Med.*, 14:245-258. Doi: 10.1016/S0749-3797(98)00017-8.

21 Hermenau K., Hecker T., Maedl A., et al (2013). "Growing up in armed groups: trauma and aggression among child soldiers in DR Congo". *Eur J Psychotraumatol*. 6;4. Doi: 10.3402/ejpt.v4i0.21408.

22 Human Rights Watch. (2008). *Coercion and Intimidation of Child Soldiers to Participate in Violence.* https://www.hrw.org/news/2008/04/16/coercion-and-intimidation-child-soldiers-participate-violence. Recuperado el 29 de julio de 2025.

23 Kahn S., Denov M. (2022). "Transgenerational trauma in Rwandan genocidal rape survivors and their children: A culturally enhanced bioecological approach". *Transcult Psychiatry.*, 59(6):727-739. Doi: 10.1177/13634615221080231.

En este marco de la teoría del apego, cobra también mucha relevancia las denominadas experiencias adversas en la infancia (ACE). Las ACE son situaciones altamente estresantes con potencial traumático que tienen lugar en los primeros años de vida. Estas situaciones están clasificadas dentro de abuso (físico, mental o sexual), negligencia y disfuncionalidad familiar[24]. El estudio original: fue llevado a cabo por los centros epidemiológicos de Estados Unidos, el CDC Kaiser permanente, entre los años (1995-1997). En este se realizó un cuestionario amplísimo con una muestra n=17.000, en 18 estados EEUU: Los resultados demostraron que 2/3 de la muestra tenían al menos 1 EAI, y que el 87% de los expuestos más de una EAI, y 1 de cada 5, 4 o más.

Se demostró así el principio de que "el trauma llama al trauma", esto es, cuando una persona tiene una experiencia traumática en la infancia, presenta un riesgo más elevado de sufrir nuevos traumas. Además, estas investigaciones pusieron de manifiesto la existencia de una asociación gradual entre calidad de vida y asociación de EAI, de forma que el efecto de las EAI es acumulativo exponencial. A más experiencias adversas en la infancia, peor calidad de vida y más enfermedades, de modo que los efectos de las EAI no se suman, sino que se multiplican[25].

Este impacto en la salud es global, tanto en la salud física como en la salud mental. Por ejemplo, los niños que experimentan 4 o más EAI tienen un riesgo de diez a doce veces mayor de consumir drogas intravenosas y de intentos de suicidio, de dos a tres veces mayor riesgo de padecer enfermedades cardíacas y cáncer, y treinta y dos veces más probabilidades de tener problemas de aprendizaje o de la conducta[26]. Su relevancia en la salud física es tal que 8 de cada 10 principales causas de muerte en Estados Unidos se correlacionan con la exposición a 4 o más EAI. Las EAI también se han asociado a deterioro social a lo largo de la vida, con mayores riesgos de criminalidad, inadaptación y encarcelamiento.

---

24 Felitti V.J., Anda R.F., Nordenberg D., et al (1998). "Relationship of childhood abuse and household dysfunction to many of the leading causes of death in adults: The Adverse Childhood Experiences (ACE) study". *Am J Prev Med.*, 14:245-258. Doi: 10.1016/S0749-3797(98)00017-8.

25 CDC. Adverse Childhood Experiences (ACEs). (2025). *About Adverse Childhood Experiences.* https://www.cdc.gov/aces/about/index.html. Recuperada el 29 de julio de 2025.

26 Moss H.B., Ge S., Trager E., et al (2020). "Risk for Substance Use Disorders in young adulthood: Associations with developmental experiences of homelessness, foster care, and adverse childhood experiences". *Compr Psychiatry.*, 100:152175. Doi: 10.1016/j.comppsych.2020.

Todo esto tiene un inmenso coste económico y de salud a largo plazo, por lo que las acciones preventivas de trauma en la infancia, así como las intervenciones precoces, han demostrado un elevado potencial beneficioso a nivel poblacional. En las investigaciones sobre el apego en humanos[27], se ha encontrado que los estilos de apego inseguros y desorganizado son el principal factor de riesgo para padecer EAI y secuelas de las mismas, mientras que el apego seguro es el principal factor de protección. Es decir, los menores con un apego seguro tienen menos riesgo de sufrir EAI y, aun sufriendo EAI, tienen menos riesgo de desarrollar problemas de salud mental[28].

Ni que decir tiene que las niñas soldado viven no solo una, sino múltiples EAI: abandono, abuso sexual, pérdida de figuras significativas, violencia familiar y pobreza extrema[29]. Los contextos sociales en los que crecen están plagados de situaciones potencialmente traumáticas, y que su reclutamiento dentro de grupos armados supone de forma indefectible la acumulación de experiencias adversas en la infancia, reforzando ese patrón de violencia y desprotección[30].

3. EL TRAUMA PSÍQUICO COMO NÚCLEO DE LA PSICOPATOLOGÍA DE LAS NIÑAS SOLDADO

Aunque en la actualidad el trauma psíquico está muy presente en debate social, y su investigación en neurociencias ha realizado grandes avances, su definición y estudio a nivel histórico es relativamente reciente.

Por trauma, entendemos una herida, un daño o una conmoción. Fue el neurólogo alemán Eulenburg quien, en 1878, utilizó por primera vez el

27 National Institute for Health and Care Excellence (NICE). (2015). "Introduction to children's attachment". *Children's Attachment: Attachment in Children and Young People Who Are Adopted from Care, in Care or at High Risk of Going into Care.* https://www.ncbi.nlm.nih.gov/books/NBK356196/. Recuperado el 28 de julio de 2025.

28 Madigan, S., Fearon, R. M. P. , van IJzendoorn, M. H., et al. (2023). "The first 20,000 strange situation procedures: A meta-analytic review". *Psychological Bulletin, 149*(1-2), 99-132. DOI: 10.1037/bul0000388.

29 Hermenau K., Hecker T., Maedl A., et al (2013). "Growing up in armed groups: trauma and aggression among child soldiers in DR Congo". *Eur J Psychotraumato*l. 6;4. Doi: 10.3402/ejpt.v4i0.21408.

30 Kahn S., Denov M. (2022). "Transgenerational trauma in Rwandan genocidal rape survivors and their children: A culturally enhanced bioecological approach". *Transcult Psychiatry*., 59(6):727-739. Doi: 10.1177/13634615221080231.

término "trauma psíquico" para referirse al impacto mental de los acontecimientos estresantes. Ya entonces, él señaló que la relevancia no tanto de la experiencia estresante en sí, como del desbordamiento de las capacidades de afrontamiento de la persona que lo experimenta

El estudio del trauma se mantuvo lo largo del siglo XIX con las observaciones sobre la histeria realizadas por un gran número de los "padres" de la psiquiatría, como Charcot o Janet. Estos, en el hospital de La Salpetriere de París (un lugar adonde iban a parar prostitutas y mendigas), estudiaban a mujeres que presentaban cuadros graves conversivos y disociativos, probablemente derivados de historias de vida muy traumáticas, si bien la perspectiva psiquiátrica de la época se encontraba más centrada en observar y describir las conductas (muy abigarradas, como grandes convulsiones, parálisis, cegueras, etcétera), que en buscar su origen[31].

Freud fue probablemente el primer clínico que planteó una correlación directa entre la existencia de una historia traumática de abusos (él se refería principalmente a los sexuales) y la aparición de síntomas histéricos[32]. En un primer momento, desarrolló la denominada "Teoría de la seducción"[33], según la cual lo que causaba el trauma no era el abuso sino la represión del contenido traumático. Sin embargo, esta teoría generó gran alarma en la sociedad vienesa del siglo XIX. Freud atendía a las clases adineradas de Viena, y el reconocimiento de esta hipótesis suponía aceptar la existencia de multitud de abusos sexuales hacia las mujeres y la infancia en este entorno. Fue entonces cuando se produjo lo que muchas psicoanalistas posteriores han considerado su traición, pues renegó de la teoría de la seducción y pasó a describir la "Teoría del fantasma", según la cual el abuso no era real, sino que era fantaseado por las pacientes. Esto se convirtió en un pilar esencial en su corpus teórico, dando lugar a la teoría del inconsciente.

El interés por el trauma se vio renovado tras la I Guerra Mundial, cuando Kardiner describió la "neurosis traumática de guerra"[34], que causaba sordera, ceguera, convulsiones, llantos incontrolables, apatía, embotamiento, parálisis, ataques de pánico, trastornos del sueño… Estos graví-

---

31 Álvarez, J.M.; Colina, F.; Esteban, R. (2011). *La histeria antes de Freud.* Madrid, Biblioteca de los Alienistas del Pisuerga.

32 Freud, S. (1896). (1976). "La etiología de la histeria".Tomo III. *Obras completas.* Buenos Aires, Amorrortu editores.

33 Garcia E.E. (1987). "Freud's Seduction Theory". *Psychoanal Study Child.*, 42(1):443-68.

34 Kardiner A. (1959). "Traumatic neuroses of war". *American Handbook of Psychiatry.* New York: Basic Books., 44: 215-265.

simos cuadros patológicos se asociaban a bajas psiquiátricas masivas, con las consecuentes repercusiones para los servicios militares y para la moral de la población. Dentro de los conocimientos de la época, resultaba difícil encontrar una explicación plausible para este fenómeno, realizando a menudo juicios descalificadores a quienes padecían estos problemas y atribuyendo sus síntomas a la cobardía. Además, el problema no finalizaba cuando los hombres se retiraban del frente, puesto que, en sus casas, los supervivientes continúan sufriendo graves problemas mentales, sintiendo que el pasado "se repetía en el presente como un taladro".

No cabe obviar, sin embargo, la existencia de un contexto social reparativo y de reinserción hacia estos hombres, con incalculable valor terapéutico, mediante homenajes, monumentos, conmemoraciones, o reuniones de veteranos de guerra.

En los años sucesivos, hubo otras grandes guerras que volvieron a poner de manifiesto los problemas derivados de la participación en los conflictos bélicos: la Segunda Guerra Mundial, y, de especial relevancia para la historia de la psicología y la psiquiatría, la Guerra de Vietnam. En Vietnam, EEUU perdió la guerra y los veteranos comenzaron a exigir una compensación económica por sus lesiones físicas, pero también para las mentales, describiéndose el "*Vietnam syndrome*"[35]. Así fue como, en 1980, el Trastorno por Estrés Postraumático (TEPT) se incorporó en el DSM-III, principalmente por la presión de veteranos de Vietnam.

Sin embargo, hasta el surgimiento del movimiento feminista de los años 70 no se visibilizó que los desórdenes postraumáticos más frecuentes no eran los de los hombres tras la guerra sino los de las mujeres en la vida cotidiana. Algunas profesionales de la salud mental, como Judith Herman[36], empezaron a estudiar las secuelas de la violencia de género y la violencia sobre la infancia. Señalaron que, en el sufrimiento mental postraumático, la historia más frecuente no es aquella que recoge un único evento traumático, sino múltiples y cronificados. Es el caso de las víctimas de abuso infantil, de la explotación sexual organizada, de los rehenes y prisioneros políticos en situación de encierro prolongado, de las mujeres víctimas de

---

35 National Academies Press. (2012). "History, Diagnostic Criteria, and Epidemiology". *Treatment for Posttraumatic Stress Disorder in Military and Veteran Populations: Initial Assessment.* https://www.ncbi.nlm.nih.gov/books/NBK201095/. Recuperada el 29 de julio de 2025.

36 Herman, J. (1992). *Trauma and Recovery: the aftermath of violence.* New York: Basic books.

la violencia de género, y, también, de la infancia soldado. La autora Judith Herman explicó que, en estos casos, las consecuencias y la gravedad exceden a las definidas por la categoría diagnóstica del TEPT, tratándose de un cuadro clínico más complejo.

Ella señaló que el trauma crónico es generalmente producido por otra persona (muchas veces en el seno de una relación afectiva o de sumisión), y generalmente se da en un ambiente de aislamiento y coerción, con pérdida del poder y del control de la víctima sobre la propia vida, lo que provoca perturbaciones en las respuestas fisiológicas de lucha y huida y puede alterar en el sistema de creencias y significados. Es el caso de las niñas soldado, que establecen relaciones intensas con el grupo armado al que pertenecen, casi siempre desde la culpa o la sumisión, viéndose recluidas en el mismo, con pérdida de control sobre su vida y una grave alteración de sus esquemas vitales. De hecho, en esta situación, probablemente hablaríamos de un TEPT todavía más complejo, en el que se puede producir la confluencia de una neurosis de guerra "clásica", con exposición a eventos altamente impactantes, con una violencia cronificada, interpersonal, con graves perturbaciones de los mecanismos de supervivencia, y amenazas provenientes a partir de múltiples frentes.

El reconocimiento del TEPT Complejo como una categoría diagnóstica dentro de las clasificaciones internacionales todavía no se ha completado. De hecho, el comité americano de la DSM-IV desechó este diagnóstico —que sí incluyó dentro de su apéndice DESNOS—, y de nuevo lo hizo la DSM-5 de 2013[37]. No obstante, en la recientemente publicada CIE-11, de la clasificación europea de enfermedades, sí se ha reconocido[38].

4. NEUROBIOLOGÍA DEL TRAUMA

Los eventos estresantes producen una hiperactivación del eje hipotálamo-hipofisiario-adrenal (HHA), también conocido como el eje del estrés. Esta activación provoca la inundación de cortisol (la hormona del estrés) y catecolaminas (los neurotransmisores de la alerta) en la amígdala, que es

37 American Psychiatric Association, DSM-5 Task Force. (2013). *Diagnostic and statistical manual of mental disorders: DSM-5™* (5th ed.). American Psychiatric Publishing, Inc. doi: 10.1176/appi.books.9780890425596.

38 Herman, J. (1992). *Trauma and Recovery: the aftermath of violence.* New York: Basic books.

el centro emocional del cerebro (y que genera una sensación intensa de miedo), y que a su vez bloquea el hipocampo, que forma parte del circuito de la memoria. El bloqueo hipocampal genera dificultades para recordar y contextualizar.

A su vez, se produce también una desconexión de las áreas cerebrales de la corteza prefrontal, que son las propias del ser humano y permiten generar memorias verbales, un sentido de identidad y de continuidad personal, producir memorias biográficas y, en definitiva, procesar las cosas que nos pasan[39]. Esta inhibición cortical impide a las personas integrar sus experiencias, reflexionar sobre ellas y realizar adecuadamente los procesos de toma de decisiones.

Esta alteración de los procesos de la memoria impide procesar e integrar adecuadamente las experiencias, y por ello, puede haber recuerdos fragmentados, o una incapacidad para recordar estructuradamente y realizar un relato claro de lo vivido. Los pacientes traumatizados viven en la persistencia en el "aquí y ahora", con una amígdala activada por el miedo, y un hipocampo y una corteza prefrontales desconectados que impiden procesar las experiencias, de forma que éstas reaparecen una y otra vez de manera fragmentada, por ejemplo, en forma de flashbacks o pesadillas

Si las situaciones de estrés se mantienen, se produce una desregulación del sistema nervioso autonómico, predominando el simpático sobre el parasimpático, lo que produce síntomas físicos de activación, y se asocia a quejas somáticas (como dolores abdominales, cefaleas, lumbalgias...), y vulnerabilidad a enfermedades físicas (por inmunosupresión, por alteraciones del sistema cardiovascular...).

El estrés mantenido también produce hipervigilancia: la persona se encuentra especialmente sensible a cualquier estímulo externo, sin discriminar sobre los mismos, siempre dispuesta a reaccionar frente al peligro, lo que le dificulta focalizar su atención y da lugar a problemas ejecutivos. Y frecuentemente aparece disregulación emocional, irritabilidad e imprevisibilidad de la conducta frente a claves ambientales. Esto a su vez predispone al consumo de tóxicos para amortiguar el malestar.

Pero, además, el trauma complejo (aquel que se produce de manera reiterada y en entornos coercitivos por parte de otras personas) derrumba

---

39 Mathews P. A., Blyer K. (2023). "The Neurobiology of Trauma: Developing a Decision Aid for the Care of Persons After Sexual Assault". *Creat Nurs.*, 29(3):264-268. Doi: 10.1177/10784535231211697.

los esquemas personales y la interpretación de uno mismo, del otro y del mundo. Estar expuesto a una amenaza intensa y mantenida genera una pérdida de la confianza básica, lo que a su vez da lugar a una desconfianza en las relaciones interpersonales, con vivencia de pérdida de la previsibilidad del otro —no se sabe qué esperar de las otras personas, y las relaciones se tiñen de miedo y suspicacia[40]—.

La exposición prolongada a violencia y abuso en etapas críticas del desarrollo, como sucede en el caso de las niñas soldado[41], tiene, por tanto, grandes afectaciones en la construcción de su identidad, en el desarrollo de sus mecanismos de regulación emocional, en el establecimiento de las relaciones personales y en su sentido de seguridad. Esto provoca, en definitiva, una erosión de la personalidad que dejará huella para el resto de la vida[42].

Otra expresión clínica del trauma complejo frecuentemente observada es la aparición de síntomas disociativos[43]. Debido a la incapacidad para integrar los recuerdos de una forma narrativa (cortical) que generan las experiencias traumáticas, se produce una escisión de las memorias somáticas y declarativas; esto es, el cuerpo tiene memoria de lo que ha sucedido (y esta memoria se manifiesta, por ejemplo, por medio de alteraciones motoras como pueden ser temblores o pseudoconvulsiones, dolores físicos, reexperimentación de sensaciones u olores…), pero no hay recuerdos explícitos de lo sucedido, y la persona no puede hablar organizadamente —y en muchas ocasiones, ni siquiera puede pensar—, sobre lo sucedido. En ocasiones, esa parte de la vida psíquica de la persona queda "fragmentada" del resto, y sólo se accede a ella en momentos muy concretos en los cuales las claves ambientales o las experiencias le llevan a revivir en cierto modo el trauma. La disociación es especialmente frecuente cuando la violencia o los abusos se producen en la infancia, y explica la frecuente aparición

---

40 Paricio del Castillo R., Franquelo García A., González de Vega C., et al. (2019). "Las huellas de la violencia: una aproximación al trastorno por estrés postraumático complejo". *Átopos,* 20:45-56.

41 Hermenau K., Hecker T., Maedl A., et al (2013). "Growing up in armed groups: trauma and aggression among child soldiers in DR Congo". *Eur J Psychotraumatol*. 6;4. Doi: 10.3402/ejpt.v4i0.21408.

42 Felitti V.J., Anda R.F., Nordenberg D., et al (1998). "Relationship of childhood abuse and household dysfunction to many of the leading causes of death in adults: The Adverse Childhood Experiences (ACE) study". *Am J Prev Med.*, 14:245-258. Doi: 10.1016/S0749-3797(98)00017-8.

43 Singh A.R., Singh A.N. (2010). "The mental health consequences of being a child soldier – an international perspective". *Int Psychiatry.*, 7(3):55-7.

tardía de los síntomas. Por ejemplo, es frecuente que las personas que han padecido abusos sexuales en la infancia no sean capaces de acceder conscientemente a esos recuerdos, organizarlos y poder hablar de ellos hasta entrada la edad adulta[44], motivo por el cual, en nuestro código penal, recientemente se ha reconocido la no prescripción de este tipo de delitos, dada la elevada demora temporal que suele producirse hasta que las víctimas pueden denunciar y emprender una búsqueda de la justicia.

La violencia recibida por otra persona, y especialmente, la violencia sexual, es un factor de elevado riesgo para sufrir las consecuencias de un trauma complejo. Se conoce que muchos grupos armados han usado la violación sistemática como arma de guerra, además de reclutar a niñas para llevar a cabo matrimonios forzados o usarlas como esclavas sexuales[45]. Este empleo de la violencia sexual, a menudo de forma intensa y repetitiva, tiene una intensa asociación con el desarrollo de trastornos disociativos, además de con alteraciones del esquema corporal —algunas mujeres padecen como secuela rechazo intenso a su cuerpo, al que pueden dañar mediante la provocación de vómitos o de autolesiones— y de rechazo al contacto de terceros. Además, el trauma sexual se acompaña muy a menudo de otras secuelas físicas, que a su vez suponen en sí mismas nuevas experiencias traumáticas, como es la vivencia de embarazos no deseados y todas las complicaciones médicas añadidas —entre las que se incluyen abortos, maternidades no deseadas, muerte en el parto, infertilidad—, o el contagio de Enfermedades de Transmisión Sexual (ETS), como el VIH[46].

5. LA HERENCIA TRANSGENERACIONAL DEL TRAUMA

Sabemos que el trauma padecido en la infancia de las personas no sólo persiste a lo largo de la vida de esas personas, sino que, en numerosas ocasiones, se convierte en un legado que heredarán las generaciones si-

---

44 Paricio del Castillo R., Franquelo García A., González de Vega C., et al. (2019). "Las huellas de la violencia: una aproximación al trastorno por estrés postraumático complejo". *Átopos,* 20:45-56.

45 Kahn S., Denov M. (2022). "Transgenerational trauma in Rwandan genocidal rape survivors and their children: A culturally enhanced bioecological approach". *Transcult Psychiatry.*, 59(6):727-739. Doi: 10.1177/13634615221080231.

46 Stevens A.J. (2014). "The invisible soldiers: understanding how the life experiences of girl child soldiers impacts upon their health and rehabilitation needs". *Arch Dis Child.*, 99(5):458-62. Doi: 10.1136/archdischild-2013-305240.

guientes, incluso aunque los hijos sean concebidos mucho tiempo después del evento traumático. Esto se estudió en detalle en los hijos de los supervivientes del holocausto[47]. Esta herencia se produce a partir de varias vías, fundamentalmente de la vía epigenética y de la vía psicosocial.

Llamamos epigenética a los cambios moleculares que influyen en la expresión de nuestros genes[48]. El ADN de cada persona contiene una multitud de genes, de los cuales una gran cantidad no se expresan fenotípicamente, entre otros motivos, porque pueden estar silenciados por medio de unas proteínas (llamadas histonas) que estabilizan la doble hélice que forma el ADN. Sin embargo, el estrés intenso puede producir cambios moleculares (metilaciones) en estas proteínas, y provocar que estos genes empiecen a manifestarse[49]. Por ello, un estrés intenso se asocia con la aparición de un gran número de enfermedades, como los procesos oncológicos, las enfermedades cardiovasculares o los problemas autoinmunes, entre otros.

Estos cambios moleculares en las histonas que tienen lugar en las madres que han padecido gran estrés durante el embarazo, e incluso previamente, se pueden transmitir a sus hijos e hijas por la modificación de sus células germinales (óvulos). Así, la descendencia engendrada por madres que han padecido niveles intensos de trauma, tendrán una mayor propensión a expresar genes relacionados con un gran elenco de enfermedades. Siguiendo este mecanismo, también tendrá un mayor riesgo de heredar un eje HHA (hipotálamo-hipófisis-adrenal) hiperactivado, que a su vez se asocia también a un mayor riesgo de padecer enfermedades mentales y físicas[50].

Por otro lado, también los hijos e hijas de las que han sido niñas soldado también reciben una herencia psicosocial. Como ya se ha visto, en estos contextos de violencia y trauma hay un mayor riesgo de establecimiento

---

47 Virgilio E., Camilli D., Gili G., et al. (2021). "The Holocaust Is a Significant and Independent Risk Factor of Late-Onset Cancers: A Systematic Review of the Literature and Original Data on Jewish Israeli, Jewish Non-Israeli and Non-Jewish Non-Israeli Survivors". *Anticancer Res.*, 41(6):2745-2757. Doi: 10.21873/anticanres.

48 Felsenfeld G. (2014). A Brief History of Epigenetics. *Cold Spring Harb Perspect Biol.*, 6(1), a018200.

49 Nie Y., Wen L., Song J., et al. (2022). "Emerging trends in epigenetic and childhood trauma: Bibliometrics and visual analysis". *Front Psychiatry.*, 15;13:925273. Doi: 10.3389/fpsyt.2022.925273.

50 Youssef NA. "Potential Societal and Cultural Implications of Transgenerational Epigenetic Methylation of Trauma and PTSD: Pathology or Resilience?" *Yale J Biol Med.* 2022 Mar 31;95(1):171-174.

de apegos inseguros/desorganizados[51]. Además, las y los menores pueden interiorizar, desde su más tierna infancia, conductas maternas que son síntomas de su padecimiento traumático, como son la hipervigilancia, el silencio o la disociación.

La maternidad en las condiciones en las que llegan a ella las niñas soldado supone una situación de máxima vulnerabilidad. Se trata de una realidad a la que han de enfrentarse con frecuencia, ya que no en pocas ocasiones son usadas precisamente para tener descendencia, como en el caso del grupo Boko Haram en Nigeria[52].

No podemos olvidar tampoco que, *per se*, la maternidad es un factor de riesgo para la salud mental de las mujeres: 1 de cada 5 mujeres van a sufrir algún problema de salud mental durante el embarazo y/o el primer año postparto (OMS)[53].

Pero, además, la maternidad en contextos de guerra tiene características especialmente desfavorables. A menudo es muy temprana, con embarazos adolescentes, y dando lugar a niñas que deben cuidar a otras niñas y niños. También son muy frecuentes los embarazos no deseados, a menudo dentro de relaciones no consentidas, abusivas o de sumisión. Estos y otros factores influyen en que las gestantes padezcan un elevado estrés durante el embarazo, lo que de por sí es un factor que se asocia a peores resultados obstétricos (mayores tasas de partos prematuros, muertes perinatales, etcétera), y a mayor presencia de patologías físicas y mentales en los hijos y las hijas a lo largo de la vida. Además, estas maternidades a menudo se producen en entornos sin atención sanitaria, lo que aumenta el riesgo de fallecimiento materno, y también de fallecimiento neonatal, y sin red socioafectiva para las madres. Y, en la crianza precoz, como ya hemos mencionado, hay más riesgo de problemas de vinculación emocional madre-bebé, lo que se asocia a patrones de apego inseguros.

---

51 Kahn S, Denov M. "Transgenerational trauma in Rwandan genocidal rape survivors and their children: A culturally enhanced bioecological approach". *Transcult Psychiatry*. 2022 Dec;59(6):727-739. doi: 10.1177/13634615221080231.

52 Amnesty International. (2024) *Nigeria: Decade after Boko Haram attack on Chibok, 82 girls still in captivity*. https://www.amnesty.org/en/latest/news/2024/04/nigeria-decade-after-boko-haram-attack-on-chibok-82-girls-still-in-captivity/. Rescatada el 29 de julio de 2025.

53 World Health Organization, *Guide for integration of perinatal mental health in maternal and child health services*. Geneva, 2022. Licence: CC BY-NC-SA 3.0 IGO.

6. LOS PROBLEMAS DE SALUD MENTAL EN LAS NIÑAS SOLDADO

La salud mental de las niñas soldado suele verse afectada de modo casi indefectible, con una variedad amplia de síntomas y síndromes psicopatológicos que, como decíamos, tienen en su núcleo originario el trauma. Además del síndrome de estrés postraumático, y de los trastornos de disociación, es frecuente que presenten episodios depresivos graves y persistentes, con mala respuesta a tratamiento farmacológico, problemas de ansiedad generalizada, problemas conductuales con elevada agresividad e impulsividad, trastornos por uso de sustancias —caen en adicciones a drogas para evadirse de su malestar—, ideación suicida e incluso suicidio consumado.

La identificación del trauma complejo en niñas excombatientes requiere una mirada clínica fina, que va más allá de los síntomas clásicos del TEPT. Tanto los profesionales de salud mental como los trabajadores comunitarios deberán explorar las áreas emocionales y conductuales, el mundo interpersonal, la capacidad narrativa y los síntomas corporales o somáticos de las antiguas niñas soldado.

A. Área emocional y conductual:

- Hipervigilancia persistente, saltos ante ruidos o presencia masculina.
- Conductas disociativas: mirada ausente, cambios abruptos en el relato, desconexión corporal.
- Irritabilidad o embotamiento afectivo (alternancia de estados extremos).
- Conductas agresivas, de riesgo o autolesivas.

B. Área interpersonal:

- Incapacidad para confiar, evitar contacto físico o emocional.
- Apego compulsivo hacia figuras de autoridad (relación ambivalente de sumisión y desconfianza).
- Dificultad en identificar límites personales o respetar los del otro.

C. Área narrativa:

- Relatos fragmentados, contradictorios, desorganizados.
- Narrativas que minimizan o justifican el abuso (“no era tan malo”, “me protegía”).
- Dificultad para construir una línea de tiempo coherente de su vida.

D. Área somática:

- Quejas físicas sin causa médica clara (dolores de cabeza, estómago, etc.).
- Ciclos menstruales alterados, dolores pélvicos crónicos.
- Reacciones físicas intensas al tocar ciertas zonas del cuerpo o al mencionar episodios traumáticos.

Estas señales no son diagnósticos en sí mismas, pero alertan sobre la necesidad de evaluación especializada con enfoque de trauma.

7. INTERVENCIONES TERAPÉUTICAS

Las antiguas niñas soldado son las grandes olvidadas de los programas terapéuticos de reinserción y reparación, y ello pese a que, por lo general, constituyen casos clínicamente más graves que los de los niños soldados. En general, ellas cuentan con un menor soporte social, tienen una mayor necesidad de intervención psicoterapéutica, y hay menor evidencia de eficacia de las terapias.

Desde una perspectiva clínica y ética, el abordaje de salud mental en niñas soldado no puede limitarse al tratamiento de síntomas aislados ni a protocolos universalizados. Estas niñas, víctimas de trauma complejo y sistemático, requieren un acompañamiento profundo que contemple tanto el daño psíquico como la fractura vincular, corporal, identitaria y comunitaria que su experiencia ha generado. En este marco, la salud mental cumple un rol articulador entre los saberes médicos, psicológicos y comunitarios. En primer lugar, es fundamental reconocer la alta prevalencia de síntomas compatibles con trastorno por estrés postraumático complejo —o TEPT-C —(CIE-11), disociación estructural, trastornos somatomorfos, alteraciones de la identidad, ideación suicida y conductas de autoagresión. Estos cuadros no deben entenderse como "trastornos internos" de las niñas, sino como adaptaciones extremas a contextos de peligro, desprotección y violación de sus derechos más fundamentales.

La intervención psicoterapéutica debe respetar los tres pilares que Judith Herman identificó como esenciales en la recuperación del trauma: seguridad, memoria e integración. En la práctica clínica, esto significa priorizar inicialmente la estabilización emocional y física —sin forzar la narrativa traumática—, ofrecer espacios de contención donde el cuerpo pueda sentirse a salvo, y solo entonces, cuando la paciente esté preparada, trabajar sobre la reestructuración narrativa del evento. En este sentido, la salud mental no actúa como un agente de judicialización o exposición, sino como un espacio de restauración subjetiva.

Los estudios realizados hasta el momento señalan los beneficios de trabajar con ellas desde el enfoque de la terapia narrativa individual y en grupo con otras mujeres víctimas de reclutamientos[54]. Son mujeres que necesitan intervención terapéutica a muy largo plazo, con un cuidado comunitario y sostenido en el tiempo.

La terapia narrativa es uno de los abordajes terapéuticos que más evidencia científica acumulan para el tratamiento del trauma complejo. De hecho, su aplicación ha demostrado no sólo disminuir los síntomas postraumáticos y mejorar el bienestar emocional de las personas, sino, también, revertir los cambios moleculares derivados del trauma complejo[55].

Consiste en ayudar a contar lo sucedido en un lugar seguro, integrarlo dentro de la historia de vida y darle un nuevo significado. Busca poder pasar las memorias retenidas en esa parte más emocional del cerebro (amígdala e hipocampo) a la zona cortical, para que la persona pueda relatarlas, reflexionar sobre ellas y procesarlas, para resignificarlas, integrarlas en su propia biografía y poder continuar adelante con sus vidas. En la actualidad, se considera de elección frente a estrés postraumático complejo en contextos bélicos. En concreto, las terapias narrativas del ofensor cuentan con evidencia científica para tratar a las niñas soldado, y ha demostrado reducir conductas agresivas postconflicto y mejorar los síntomas postraumáticos en exniñas soldado[56].

Pero el abordaje del trauma en niñas soldado no puede limitarse a la consulta individual, y su tratamiento terapéutico se ha demostrado más eficaz si se combina con intervenciones comunitarias que tengan en cuenta la cultura de origen de las niñas, y enfoques terapéuticos grupales. Muchas

---

54 Stevens A.J. (2014). "The invisible soldiers: understanding how the life experiences of girl child soldiers impacts upon their health and rehabilitation needs". *Arch Dis Child.*, 99(5):458-62. Doi: 10.1136/archdischild-2013-305240.

55 Carleial S., Nätt D., Unternährer E., et al (2021) "DNA methylation changes following narrative exposure therapy in a randomized controlled trial with female former child soldiers". *Sci Rep.* , 16;11(1):18493.

56 Robjant K., Koebach A., Schmitt S., et al. (2019). "The treatment of posttraumatic stress symptoms and aggression in female former child soldiers using adapted Narrative Exposure therapy-a RCT in Eastern Democratic Republic of Congo". *Behav Res Ther.*, 123:103482.

de ellas han sido rechazadas por sus familias, marginadas por sus comunidades, y desprovistas de redes afectivas. El sufrimiento no se produjo solo en el cuerpo y la mente, sino también en el vínculo. Por ello, la salud mental debe intervenir en la reconstrucción del tejido afectivo, trabajando con familias, grupos comunitarios, referentes locales y espacios educativos. En este punto, las terapias grupales, los círculos narrativos y las intervenciones psicosociales han mostrado gran eficacia.

En muchas culturas, la palabra, el ritual y la comunidad son canales fundamentales para la elaboración del dolor y la reconstrucción identitaria. Algunas estrategias eficaces son los círculos de relato o "storytelling" colectivo —basados en formas tradicionales de contar historias, que permiten compartir el trauma sin patologizarlo y favorecen la validación mutua y la identidad como grupo— y las ceremonias de reintegración —que están inspiradas en rituales locales de purificación, duelo o bienvenida, y pueden incluir símbolos, cantos, alimentos, participación de ancianas/os sabios de la comunidad—. Las intervenciones grupales dentro de la propia comunidad pueden ayudar a las antiguas niñas soldado a reconstruir su lugar en la cultura desde una narrativa de supervivencia, no de vergüenza.

Por ejemplo, un estudio cualitativo en Sierra Leona describe ceremonias tradicionales de limpieza para niñas soldado supervivientes de violación, que simbólicamente las eximen de la contaminación del conflicto. Estas ceremonias representan gestos simbólicos de reconciliación comunitaria y permiten a las niñas una transformación espiritual y a reconexión con su comunidad, desprendiéndose del "mal fario", y, con ello, de las conductas antisociales y las auto-percepciones negativas asociadas a la experiencia de guerra[57].

En Liberia, se han combinado rituales ancestrales con terapia psicológica para facilitar el regreso de niños y niñas soldado. Antes de reintegrarlos en la comunidad, se les somete a rituales de purificación espiritual para limpiar la "contaminación del combate". Se considera que, sin esa reparación espiritual, el individuo no puede encontrar la paz interior ni la aceptación comunitaria, para la cual permanece "impuro". En otras culturas subsaharianas, como en Angola y Uganda, los rituales incluyen limpieza con hojas, jabón negro y ritos simbólicos como enterrar armas para marcar

57 Stark, L. (2006). "Cleansing the wounds of war: an examination of traditional healing, psychosocial health and reintegration in Sierra Leone". Intervention: *Journal of Mental Health*, Psychosocial Work and Counselling in Areas of Armed Conflict, 4(3), 206-218.

el fin del rol de combatiente. Funcionan como rituales de paso: el niño transita de un estado de "ambiguo, contaminado" a "reinsertado, aceptado socialmente".

Por otro lado, los grupos de antiguas niñas soldado les pueden ayudar a reconstruir su lugar en la cultura desde una narrativa de supervivencia, no de vergüenza. El grupo cuenta con factores sanadores muy potentes, como son la validación, el reflejo empático, la vivencia de compartir y no estar sola, e, incluso, de generar comunidad. Además, a través de espacios con otras mujeres, pueden compartir también saberes de cuidado, salud y crianza, proyectados hacia una construcción de futuro.

Por último, cabe destacar que en la intervención terapéutica es necesario evitar la revictimización. Las niñas soldado, en su contacto son los servicios sanitarios, corren el riesgo de volver a ser tratadas desde la desconfianza, el juicio o la demanda de relato. El lugar del profesional de salud mental debe estar regido por la ética del cuidado: ofrecer presencia, validación y reparación, más que extracción de datos o exigencia de discurso. Como clínicos, debemos ser conscientes de que, si no trabajamos con respeto a los tiempos y las necesidades de nuestras pacientes, incluso nuestras buenas intenciones pueden reproducir estructuras de control sobre ellas, aumentando el riesgo de revictimización.

El trabajo con niñas soldado plantea numerosos desafíos éticos que deben ser abordados con capacidad reflexiva. En primer lugar, se ha de plantear el problema de contar o no contar: el trauma requiere narrativa, pero forzar el relato puede retraumatizar, y los profesionales de la salud mental deben desarrollar estrategias para facilitar el discurso sin invadir. Además, es importante acompañar sin imponer narrativas de víctima: algunas niñas piden reconocimiento judicial, y otras no quieren reabrir heridas. Por otra parte, la psicoterapia clásica occidental (que es la que se ha desarrollado en el ámbito científico) enfatiza lo individual, pero muchas culturas priorizan lo colectivo, por lo que es imprescindible integrar las realidades culturales de las exniñas soldado y ampliar la investigación en este sentido. Además, cuando los sistemas de salud son precarios, se plantean las dificultades de sostener procesos terapéuticos sin caer en falsas promesas.

CONCLUSIONES

La salud mental de las niñas soldado no puede entenderse únicamente como una consecuencia individual del trauma, sino como el resultado de la intersección entre unos contextos sociales altamente desfavorables, un entorno de violencia traumatizante, la ruptura de los vínculos con las comunidades de origen y vivencias de rechazo y exclusión. Estas niñas, marcadas por la guerra en los años fundamentales de su desarrollo, necesitan algo más que diagnósticos clínicos: requieren reparación psíquica, escucha atenta y espacios seguros donde reconstruir su identidad y sus vínculos. Acompañar a estas niñas no es solo mitigar su sufrimiento, sino contribuir al reconocimiento de su historia y a la posibilidad de que construyan una vida más allá del trauma. El trauma destruye el sentido de comunidad, y la recuperación se basa en la reconstrucción de los vínculos destruidos. Por ello, la sanación empieza cuando se cuenta la historia, pero también, y sobre todo, cuando alguien está dispuesto a escucharla sin juicio, con presencia y con sensibilidad. La palabra, en este contexto, es mucho más que un acto terapéutico; es una forma de restitución simbólica. Permitirles narrar lo indecible, sostener sus relatos fragmentados y dolorosos, es el primer paso hacia una reconstrucción del yo y del vínculo con el otro.

Sanar a una niña soldado no es solo un acto de justicia hacia ella, sino también un acto de responsabilidad intergeneracional. Si no se interviene de forma adecuada, las secuelas físicas y emocionales del trauma pueden transmitirse a la descendencia. Por tanto, trabajar en su recuperación es proteger, también, a las niñas y niños que aún no han nacido, interrumpiendo ciclos de violencia, abandono y revictimización.

En este sentido, los programas de restauración y reinserción de la infancia soldado no pueden limitarse a la desmovilización. Es imprescindible que integren un enfoque de salud mental basado en la atención al trauma, con perspectiva de género y culturalmente adaptado. Estos programas deben ofrecer un acompañamiento a largo plazo, procurando garantizar el acceso a oportunidades económicas, así como un entorno que no reproduzca la exclusión que vivieron durante el conflicto.

Índice de abreviaturas

ADN: Ácido Desoxirribonucleico

ACE: Adverse Childhood Experiences (Experiencias Adversas en la Infancia)

CDC: Center for Disease Control and Prevention (Centros para el Control y la Prevención de Enfermedades)

CIE: Clasificación Internacional de Enfermedades

DSM: Diagnostic and Statistical Manual of Mental Disorders (Manual Diagnóstico y Estadístico de los Trastornos Mentales

EAI: Experiencias Adversas en la Infancia (Adverse Childhood Experiences)

EEUU: Estados Unidos de América
ETS: Enfermedad/es de Transmisión Sexual
HHA: Eje hipotálamo-hipófisis-adrenal
OMS: Organización Mundial de la Salud
ONU: Organización de las Naciones Unidas
TEPT: Trastorno de Estrés Postraumático
TEPT-C: Trastorno de Estrés Postraumático Complejo
VIH: Virus de la Inmunideficiencia Humana

Referencias bibliográficas

Ainsworth, M. D. S., y Bell, S. M. (1970). "Attachment, exploration, and separation: Illustrated by the behavior of one-year-olds in a strange situation". *Child Development*, 41, 49-67.

Álvarez, J.M.; Colina, F.; Esteban, R. (2011). *La histeria antes de Freud.* Madrid, Biblioteca de los Alienistas del Pisuerga.

American Psychiatric Association, DSM-5 Task Force. (2013). *Diagnostic and statistical manual of mental disorders: DSM-5™* (5th ed.). American Psychiatric Publishing, Inc. Doi: 10.1176/appi.books.9780890425596.

Amnesty International. (2024) *Nigeria: Decade after Boko Haram attack on Chibok, 82 girls still in captivity.* https://www.amnesty.org/en/latest/news/2024/04/nigeria-decade-after-boko-haram-attack-on-chibok-82-girls-still-in-captivity/. Rescatada el 29 de julio de 2025.

Bowlby, J. (1988). *A secure base: Parent-child attachment and healthy human development.* New York: Basic Books.

Cairns R.B. (1966). "Attachment behavior of mammals". *Psychol Rev.*, 73(5):409-26.

Carleial S., Nätt D., Unternährer E., et al (2021) "DNA methylation changes following narrative exposure therapy in a randomized controlled trial with female former child soldiers". *Sci Rep.* , 16;11(1):18493.

CDC. Adverse Childhood Experiences (ACEs). (2025). *About Adverse Childhood Experiences.* https://www.cdc.gov/aces/about/index.html. Recuperada el 29 de julio de 2025.

Felitti V.J., Anda R.F., Nordenberg D., et al (1998). "Relationship of childhood abuse and household dysfunction to many of the leading causes of death in adults: The Adverse Childhood Experiences (ACE) study". *Am J Prev Med.*, 14:245-258. Doi: 10.1016/S0749-3797(98)00017-8.

Felsenfeld G. (2014). A Brief History of Epigenetics. *Cold Spring Harb Perspect Biol.*, 6(1), a018200.

Freud S. (1896). (1976). "La etiología de la histeria".Tomo III. *Obras completas.* Buenos Aires, Amorrortu editores.

Garcia E.E. (1987). "Freud's Seduction Theory". *Psychoanal Study Child.*, 42(1):443-68.

Herman, J. (1992). *Trauma and Recovery: the aftermath of violence.* New York: Basic books.

Herman, J. (1992). *Trauma and Recovery: the aftermath of violence.* New York: Basic books.

Hermenau K., Hecker T., Maedl A., et al (2013). "Growing up in armed groups: trauma and aggression among child soldiers in DR Congo". *Eur J Psychotraumatol*. 6;4. Doi: 10.3402/ejpt.v4i0.21408.

Human Rights Watch. (2008). *Coercion and Intimidation of Child Soldiers to Participate in Violence.* https://www.hrw.org/news/2008/04/16/coercion-and-intimidation-child-soldiers-participate-violence. Recuperado el 29 de julio de 2025.

Kahn S., Denov M. (2022). "Transgenerational trauma in Rwandan genocidal rape survivors and their children: A culturally enhanced bioecological approach". *Transcult Psychiatry.*, 59(6):727-739. Doi: 10.1177/13634615221080231.

Kardiner A. (1959). "Traumatic neuroses of war". *American Handbook of Psychiatry*. New York: Basic Books., 44: 215-265.

Madigan, S., Fearon, R. M. P. , van IJzendoorn, M. H., et al. (2023). "The first 20,000 strange situation procedures: A meta-analytic review". *Psychological Bulletin, 149*(1-2), 99-132. DOI: 10.1037/bul0000388.

Main M., Hesse E. (1990). "Parents' unresolved traumatic experiences are related to infant disorganized attachment status: Is frightened and/or frightening parental behaviour the linking mechanism?" *Attachment in the preschool years: Theory, research and intervention.* University of Chicago Press, 161-182.

Mathews P. A., Blyer K. (2023). "The Neurobiology of Trauma: Developing a Decision Aid for the Care of Persons After Sexual Assault". *Creat Nurs.*, 29(3):264-268. Doi: 10.1177/10784535231211697.

Moss H.B., Ge S., Trager E., et al (2020). "Risk for Substance Use Disorders in young adulthood: Associations with developmental experiences of homelessness, foster care, and adverse childhood experiences". *Compr Psychiatry.*, 100:152175. doi: 10.1016/j.comppsych.2020.

National Academies Press. (2012). "History, Diagnostic Criteria, and Epidemiology". *Treatment for Posttraumatic Stress Disorder in Military and Veteran Populations: Initial Assessment.* https://www.ncbi.nlm.nih.gov/books/NBK201095/. Recuperada el 29 de julio de 2025.

National Institute for Health and Care Excellence (NICE). (2015). "Introduction to children's attachment". *Children's Attachment: Attachment in Children and Young People Who Are Adopted from Care, in Care or at High Risk of Going into Care.* https://www.ncbi.nlm.nih.gov/books/NBK356196/. Recuperado el 28 de julio de 2025.

Nie Y., Wen L., Song J., et al. (2022). "Emerging trends in epigenetic and childhood trauma: Bibliometrics and visual analysis". *Front Psychiatry.*, 15;13:925273. Doi: 10.3389/fpsyt.2022.925273.

Noticias ONU (2025). *Récord de violaciones graves de los derechos de los niños en conflictos armados en 2024.* Disponible en: https://news.un.org/es/story/2025/06/1539651. Recuperado el 21 de julio de 2025.

Paricio del Castillo R., Franquelo García A., González de Vega C., et al. (2019). "Las huellas de la violencia: una aproximación al trastorno por estrés postraumático complejo". *Átopos,* 20:45-56.

Robjant K., Koebach A., Schmitt S., et al. (2019). "The treatment of posttraumatic stress symptoms and aggression in female former child soldiers using adapted Narrative Exposure therapy-a RCT in Eastern Democratic Republic of Congo". *Behav Res Ther.*, 123:103482.

Robjant K., Schmitt S., Chibashimba A., et al. (2020). "Trauma, Aggression, and Post Conflict Perpetration of Community Violence in Female Former Child Soldiers-A Study in Eastern DR Congo". *Front Psychiatry.*, 2;11:533357. Doi: 10.3389/fpsyt.2020.533357.

Singh A.R., Singh A.N. (2010). "The mental health consequences of being a child soldier – an international perspective". *Int Psychiatry.*, 7(3):55-7.

Stark, L. (2006). "Cleansing the wounds of war: an examination of traditional healing, psychosocial health and reintegration in Sierra Leone". Intervention: *Journal of Mental Health, Psychosocial Work and Counselling in Areas of Armed Conflict,* 4(3), 206-218.

Stevens A.J. (2014). "The invisible soldiers: understanding how the life experiences of girl child soldiers impacts upon their health and rehabilitation needs". *Arch Dis Child.*, 99(5):458-62. Doi: 10.1136/archdischild-2013-305240.

Strand P. S., Vossen J.J., Savage E. (2019). "Culture and Child Attachment Patterns: a Behavioral Systems Synthesis". *Perspect Behav Sci.*, 42(4):835-850. Doi: 10.1007/s40614-019-00220-3.

UNICEF. (2015). *Hoja de datos: niñas y niños soldados.* (Disponible en: https://www.unicef.org/spanish/media/files/NINAS_Y_NINOS_SOLDADOS.pdf). Rescatado el 21 de julio de 2025.

United Nations General Assembly Security Council (2024). "Promotion and protection of the rights of children", *Children and armed conflict Report of the Secretary-General,* A/78/842-S/2024/384.

van Ijzendoorn M.H., Bard K.A., Bakermans-Kranenburg M.J. et al. (2009). "Enhancement of attachment and cognitive development of young nursery-reared chimpanzees in responsive versus standard care". *Dev Psychobiol.*, 51(2):173-85.

Virgilio E., Camilli D., Gili G., et al. (2021). "The Holocaust Is a Significant and Independent Risk Factor of Late-Onset Cancers: A Systematic Review of the Literature and Original Data on Jewish Israeli, Jewish Non-Israeli and Non-Jewish Non-Israeli Survivors". *Anticancer Res.*, 41(6):2745-2757. Doi: 10.21873/anticanres.

World Health Organization (2022), *Guide for integration of perinatal mental health in maternal and child health services.* https://www.who.int/publications/i/item/9789240057142. Recuperado el 28 de julio de 2025.

Youssef N.A. (2022). "Potential Societal and Cultural Implications of Transgenerational Epigenetic Methylation of Trauma and PTSD: Pathology or Resilience?" *Yale J Biol Med,* 31;95(1):171-174.

Hidden in Plain Sight: Girls Associated with Armed Groups in Mali, DRC, South Sudan, and CAR[1]

Ocultas a plena vista: niñas vinculadas a grupos armados en Malí, la República Democrática del Congo, Sudán del Sur y la República Centroafricana

SANDRA MAIGNANT

Plan International-Co-lead of the Alliance for Child Protection in Humanitarian Actions' Children Associated with Armed Forces and Armed Groups task force.

Abstract: This article synthesizes evidence from 94 key informant interviews and secondary sources to examine the situation of girls associated with armed forces and armed groups in the Central African Republic (CAR), the Democratic Republic of Congo (DRC), Mali and South Sudan. It provides an analysis of recruitment dynamics, roles, vulnerabilities, and the specific challenges faced by girls during release and reintegration. While global frameworks such as the Paris Principles and the Alliance's Technical Note on girls associated with armed forces and armed groups guide interventions, implementation gaps persist, leaving many girls invisible and unsupported. The report presents good practices, systemic challenges, and actionable recommendations to improve gender-responsive programming.

Resumen: Este artículo sintetiza las pruebas obtenidas en 94 entrevistas con informantes clave y fuentes secundarias para examinar la situación de las niñas asociadas a fuerzas armadas y grupos armados en la República Centroafricana (RCA), la República Democrática del Congo (RDC), Malí y Sudán del Sur. Ofrece un análisis de la dinámica del reclutamiento, las funciones, las vulnerabilidades y los retos específicos a los que se enfrentan las niñas durante su liberación y reintegración. Si bien marcos mundiales como los Principios de París y la Nota técnica de la Alianza sobre las niñas asociadas a fuerzas armadas y grupos armados orientan las intervenciones, persisten deficiencias en su aplicación, lo que deja a muchas niñas invisibles y sin apoyo. El informe presenta buenas prácticas, desafíos sistémicos y recomendaciones prácticas para mejorar los programas que tienen en cuenta las cuestiones de género.

Abbreviations

CAAFAG: Children associated with armed forces and armed groups

---

[1] Estudio realizado en el marco del Proyecto de Investigación titulado "*Lagunas en la protección y asistencia internacional a las niñas asociadas a Grupos armados (NAAG)*". CIAICO 2022/235 UCHCEU con financiación pública de la GVA.

CAR: Central African Republic
DDR: Disarmament, demobilization, and reintegration
DRC: Democratic Republic of Congo
NGO: Non-Governmental Organizations
UN: United Nations

1. INTRODUCTION

This article draws on the initial findings from of a research funded by Global Affairs Canada, which examined the collaboration between peacekeeping missions and child protection actors in the prevention of child recruitment, as well as the identification, release, and reintegration of children associated with armed forces and armed groups (CAAFAG), including girls.

The recruitment and use of children in armed conflict remain among the most pressing child protection concerns globally. According to the 2025 report of the Secretary-General on Children and Armed Conflict, 7,402 cases of recruitment and use were verified in 2024[2], with girls representing approximately 25% of the total. Although this figure is significant, it is likely an underestimation of the true scale of girls' involvement. Girls constitute a uniquely vulnerable and frequently overlooked group within this violation category. While boys are generally associated with combat roles, girls' experiences are shaped by entrenched gender norms and power dynamics that confine them primarily to roles such as "wives", cooks, porters, or subjects of sexual violence and exploitation. These overlapping forms of abuse expose girls to multiple and compounded harms. Despite the existence of international guidance such as the Paris Principles (2007) and the Vancouver Principles (2017), the operationalization of gender-sensitive approaches in release and reintegration programmes as well as formal Disarmament, Demobilization, and Reintegration (DDR) programs remains insufficient.

The invisibility of girls in armed conflict contexts further exacerbates this gap. Cultural stigma, deliberate concealment by armed actors, and girls' own reluctance to come forward due to fear of discrimination contribute to this underrepresentation. This hidden nature of girls' association prevents their identification in the context of release processes, including action plans implementation, as well as formal DDR processes, and restricts their access to humanitarian assistance.

---

[2] United Nations (2025). Children and armed conflict. Report of the secretary general

The consequences of such association are profound and long-lasting. Beyond immediate physical and psychological harm, girls often face deep social stigma, rejection by their families and communities, and enduring socio-economic marginalization. These challenges are compounded for girls who return with children born of sexual violence, as communities frequently perceive them not as victims but as bearers of shame. These realities underscore the urgent need for gender-sensitive programming that not only facilitates prevention of recruitment but also promotes long-term reintegration including social inclusion, economic empowerment, and psychosocial resilience for girls affected by armed conflict.

2. METHODOLOGY

The findings presented in this report are based on 94 key informant interviews conducted in 2025 with a range of stakeholders, including child protection actors, government officials, United Nations personnel, including peacekeeping mission representatives, civil society representatives, community leaders, and former children associated with armed forces and armed groups. Data was collected through remote interviews in Mali, the Democratic Republic of Congo, and South Sudan, and through in-person interviews in the Central African Republic. The interviews explored prevention strategies, processes for the identification and release of children, reintegration experiences, and the systemic challenges involved in addressing the specific needs of CAAFAG, with particular attention to girls. A qualitative thematic analysis was employed to identify cross-cutting patterns as well as country-specific dynamics. These preliminary findings have been validated by the participating countries; however, a comprehensive review by the research reference group is scheduled to take place later in 2025. To safeguard the confidentiality of respondents, all direct quotations have been anonymized and attributed only by country.

While the key informant interviews provide valuable and contextually grounded insights, the study is not without limitations. Sensitive issues, particularly those related to sexual violence, may be underreported due to the stigma surrounding such topics and the inherent challenges of disclosure in conflict-affected settings. Furthermore, the perspectives of girls themselves remain limited within the dataset, as only three young women formerly associated with armed groups were interviewed as opposed to six young men. These constraints should be taken into account when interpreting the findings and underscore the importance of complementary research approaches that further elevate the voices of at risk and affected girls.

3. OVERVIEW OF THE SITUATION

Girls' association with armed forces and groups is shaped by intersecting drivers, including poverty, displacement, insecurity, and entrenched gender norms. While their roles differ across contexts, patterns of exploitation—such as sexual exploitation, domestic servitude, and forced marriage—are consistent. The following subsections present country-specific analyses from CAR, DRC, Mali and South Sudan.

3.1. Central African Republic (CAR)

Cycles of intercommunal violence in the Central African Republic have heightened the vulnerability of girls to systemic abuse and exploitation by armed groups. In the 2025 report of the Secretary-General on Children and Armed Conflict, 331 cases of recruitment and use were verified in CAR, including 93 girls[3]. Girls are frequently abducted and subjected to various forms of exploitation, including domestic labor, portering, sexual violence, and forced marriage. In some cases, they are used as spies or for intelligence-gathering. Key informants noted a strong correlation between the method of recruitment and the risk of sexual exploitation: girls who are forcibly abducted are particularly at risk of being subjected to sexual violence. Conversely, a subset of girls join armed groups seeking protection, survival support, or material benefits—particularly if they are orphans or come from economically deprived backgrounds.

The release of girls from armed groups poses distinct challenges and generally requires more sustained advocacy and negotiation than for boys. As reported by key informants, when commanders agree to release children, they typically submit a list of names—but this list often excludes girls. Some commanders claim ignorance of the inclusion criteria, arguing that "girls are not combatants", thereby denying their association with the armed group. Such assertions reflect persistent gender biases and a limited understanding of international child protection frameworks. Although child marriage is widely practiced and socially accepted in many parts of the Central African Republic, ongoing sensitization efforts have begun to shift some commanders' perceptions, leading to increased inclusion of girls in

---

[3] A/79/878-S/2025/247 United Nations Secretary-General annual report on Children and armed conflict. This report covers the period from January to December 2024.

release operations. However, this remains inconsistent and highly context dependent.

Interestingly, in certain cases, the release of girls has proven easier than that of boys. Boys are retained by armed groups due to their operational utility, particularly their familiarity with weapons and combat skills.

The fear of stigmatization and social exclusion also influences the choices girls make regarding release pathways. Some girls actively avoid formal release procedures, opting instead to disengage quietly from the group. One respondent from CAR summarized this concern succinctly: "*If it's public, it's complicated.*" Girls who undergo formal release procedures are "too identified" within their communities and often feel compelled to relocate to avoid discrimination, sometimes relying on distant relatives for refuge.

In some instances, girls do not view themselves as either victims of sexual abuse or as "wives" in the formal sense but remain deeply linked to their captors through coerced marital bonds. The enduring presence of their "husband" within the group complicates efforts to negotiate their release. As noted by one respondent from CAR, release is only considered if the husband has died—through the group's internal decision-making. Otherwise, the commander may reassign the girl to another fighter.

The psychosocial needs of these girls are profound, particularly due to experiences of sexual violence. Even when reintegrated into supportive households, many require specialized mental health services. A poignant example provided by a child protection actor concerned a 12-year-old girl who became pregnant as a result of multiple sexual assaults and was unable to identify the father of her child. The trauma she endured necessitated long-term, specialized psychosocial care to support her recovery and reintegration.

Reintegration also presents economic and social challenges. Girls who attempt to engage in livelihood activities often encounter gendered barriers. Community members aware of a girl's association with an armed group may exploit her situation, demanding goods on credit with no intention of repayment, thereby sabotaging her business. Additionally, girls often lack financial literacy or bargaining power and are subject to pressure from relatives or community members to surrender their earnings. These challenges limit their capacity to sustain independent livelihoods and hinder their long-term reintegration.

3.2. Democratic Republic of Congo (DRC)

The protracted conflict in the eastern provinces of the Democratic Republic of the Congo continues to fuel the recruitment and use of children, with girls being particularly vulnerable to specific forms of exploitation. In the 2025 report of the Secretary-General on Children and Armed Conflict, 2,365 cases of recruitment and use were verified in the DRC, including 714 girls[4]. Girls associated with armed forces and armed groups are primarily subjected to domestic labor and sexual violence. As one key informant from the DRC explained, "*Girls are mostly used for cooking and cleaning, but they are also forced into marriages with commanders.*" In some instances, girls are also exploited for mystical practices; certain armed groups believe that young virgin girls possess spiritual power and are thus coerced into sexual exploitation. These gender-specific roles underline the deeply embedded patterns of abuse and control in armed group structures.

Despite the existence of formal Disarmament, Demobilization and Reintegration (DDR) frameworks, significant gaps remain in applying gender-sensitive approaches. A majority of girls exit armed groups through self-demobilization rather than formal release, which limits their access to official support channels. These girls are often identified within communities, where they are labeled simply as "vulnerable children" instead of being recognized as CAAFAG, a classification that actors sometimes avoid due to the risk of stigmatization. Stigma plays a central role in the post-conflict trajectories of these girls; many choose to conceal their past affiliations in order to avoid rejection. One informant from the DRC noted, "*They are self-demobilized and the culture weighs on them. We (community members) consider them as the wife of a military, and they have less chances to remarry.*" Girls who return with children face the greatest barriers to reintegration, often encountering rejection from families and communities unwilling to care for children born of armed groups. As one key informant from the DRC observed: *"Girls who leave come with many challenges. They have children, which reinforces rejection by the community."* In contrast, those without children are more readily accepted and are often able to return to school.

Reintegration programming frequently fails to address the specific needs of girls and their children. Basic reintegration kits may not include menstrual hygiene products, and services that would support young

---

4 A/79/878-S/2025/247 United Nations Secretary-General annual report on Children and armed conflict. This report covers the period from January to December 2024.

mothers—such as childcare or psychosocial support—are often absent or underfunded. Community acceptance of girls and their children remains a critical gap. In recent years, some organizations have made efforts to improve their gender-sensitive responses, such as integrating support for girls associated with armed forces and armed groups within existing gender-based violence services. These programs have created important entry points for identifying and supporting girls in need. Still, at the community level, many stakeholders do not yet fully recognize that girls "married" to fighters should be considered as associated with armed groups under international standards.

In some cases, girls are identified directly within armed groups during verification visits conducted by national authorities or UN agencies. However, releasing them remains a complex and sensitive process. Commanders are often unwilling to release girls, especially when they are considered "wives" or serve specific sexual and domestic roles. In several instances, despite sustained advocacy and sensitization, the girls themselves refused to leave, fearing shame and social rejection upon return to their communities. Pregnant girls, in particular, may prefer to remain in armed groups, where their status—however exploitative—is more socially accepted than in civilian life.

Once girls are released, child protection case management teams have found that trust-building is essential. The presence of trained female caseworkers significantly increases the likelihood of disclosure of sexual violence during the reintegration process. Some non-governmental organizations have begun restructuring their interventions to ensure that female staff accompany girls from the point of identification through to reintegration. These individualized approaches have proved more effective in addressing gender-specific trauma. In particular, placing girls in foster families during the tracing phase has shown positive results. Foster families are carefully selected with endorsement from the Ministry of Social Welfare, and attention is paid to ensure the presence of girls of similar age in the household to facilitate social integration.

Girls who are survivors of sexual violence often require comprehensive psychosocial and sexual and reproductive health services. Yet, the financial allocations per child in reintegration programs rarely meet the actual scope and depth of these needs. Long-term mental health care, access to reproductive services, and material support for children born of sexual violence require sustained and coordinated funding—resources that are often unavailable. Without such support, many girls face continued marginalization, with some even considering a return to armed groups due to the lack of viable alternatives in civilian life.

3.3. Mali

In Mali, recurrent armed violence in the central and northern regions has created a fertile ground for child recruitment. In the 2025 report of the Secretary-General on Children and Armed Conflict, 285 cases of recruitment and use were verified in Mali, including 21 girls[5]. Community-based self-defense militias and non-state armed groups often exploit girls under the guise of providing protection or social belonging. Poverty remains a key driver. As one informant from Mali noted: "*Many girls join armed groups not by choice but because of poverty and lack of education opportunities.*"

The recruitment of girls by armed forces and armed groups in Mali occurs through various mechanisms. In some instances, community members are pressured to provide the names of children, including girls, to support armed efforts. In other cases, armed actors engage in forced or coercive marriages, thereby integrating girls into their ranks under the guise of marital unions. Once associated, girls are frequently assigned roles such as cooking, cleaning, logistical support, or, in some cases, acting as informants or spies.

The identification of girls associated with armed forces and armed groups has long posed a significant challenge in Mali, largely due to the cultural entrenchment and normalization of child marriage. These marriages, often involving girls as young as sixteen—the legal age for marriage—obscure the nature of their association with armed actors. Since such relationships are socially sanctioned and widespread, they are not always perceived as violations of children's rights or as indicators of recruitment. One key informant from Mali described the situation as follows: "*They are almost invisible; it is very sensitive [for the girls] to know if they were with an armed group*".

This ambiguity is compounded by the fact that many girls reside within their communities while their husbands, who are combatants, travel back and forth from military encampments. Consequently, these girls are less easily identifiable through conventional child protection mechanisms, such as child protection committees or child friendly spaces. Moreover, practitioners may conflate or normalize these cases as instances of child marria-

[5] United Nations (2025). Children and armed conflict. Report of the secretary general.

ge, rather than recognizing them as child association with armed groups, thereby limiting appropriate interventions.

Verification of CAAFAG cases in Mali, especially those involving girls, has historically been facilitated by military patrols, including peacekeepers, and checkpoint interceptions. At the community level, non-governmental organizations may be able to identify cases; however, such efforts are constrained in areas under the control of armed groups, where fears of retaliation and insecurity hinder outreach. Community-based women's associations and female community leaders have emerged as key actors in this context. These groups possess intimate knowledge of the local context, maintain trusted relationships with girls, and are uniquely positioned to provide discreet support and referrals, serving as critical entry points for identification and protection efforts.

3.4. South Sudan

In South Sudan, the vulnerability of girls to recruitment by armed forces and armed groups is exacerbated by their socio-economic roles within families and communities. In the 2025 report of the Secretary-General on Children and Armed Conflict, 68 cases of recruitment and use were verified in South Sudan, including 9 girls[6]. Girls are often tasked with collecting firewood or fetching water, activities that require traveling long distances, thereby increasing their exposure to abduction and forced association. The militarization of daily life in many regions further compounds the risks faced by adolescent girls, particularly those residing in areas under the control or influence of armed actors.

The identification and release of girls associated with armed groups in South Sudan is marked by a number of persistent obstacles. Like other contexts, girls are frequently hidden during verification missions conducted by child protection actors and United Nations agencies. As one key informant from South Sudan highlighted: *"It is easier to secure the release of boys; most of the girls are taken as wives. When you go for verification, they are in the houses of soldiers—it's hard to spot them."* Commanders often assert that these girls are their wives, which complicates the process of recognizing them as victims of recruitment. As a result, the cases of girls are significantly underreported.

---

6 A/79/878-S/2025/247 United Nations Secretary-General annual report on Children and armed conflict. This report covers the period from January to December 2024.

Furthermore, some girls resist release due to fears of social stigma or because they are pregnant and have no secure place to return to. Relocation support, when offered by humanitarian organizations, has emerged as a critical strategy for assisting girls who wish to begin a new life away from their perpetrators and communities where they may face discrimination or retraumatization.

Key informants illustrated the gravity of these challenges. One respondent recounted a case in which a girl was identified during a visit to military barracks. During her verification interview, the commander was observed spying through a window and later refused to authorize her release. Intervention by the State Ministry of Social Welfare was necessary to secure her freedom. In another case, a girl who had been abducted at the age of 15 and forcibly "married" to a commander was re-abducted by the same individual after being placed in a vocational training center. Her re-release was only obtained through sustained advocacy with the local authorities. Two respondents emphasized that commanders often perceive girls as their personal property, asserting a sense of "ownership" over them.

A widespread lack of recognition that girls forcibly married to combatants should be classified as children associated with armed forces and armed groups continues to impede protection and other programmatic responses. This is compounded by the absence of civil documentation, such as birth certificates, which allows commanders to claim that their wives are above the age of majority. These claims are particularly difficult to contest when verification teams lack female personnel, limiting the ability to identify girls who are often deliberately hidden during assessments. As one key informant from South Sudan noted, "*Unless there is deliberate intention to find them, it is difficult to identify them.*" In cases involving underage marriage, the involvement of the girls' parents has been instrumental in facilitating release, underscoring the need for family and community engagement.

Girls associated with armed groups in South Sudan are subjected to various forms of violence, coercion, and abuse. Those who become pregnant or give birth during their time with armed actors face additional barriers to reintegration, including inadequate access to specialized services for themselves and their children. The provision of targeted support—such as baby kits and prenatal or postnatal medical care—has helped meet some of these needs. However, service gaps remain significant, particularly for girls who have no family or community support. These girls are at heightened risk of social exclusion and, in some cases, may be driven into survival sex or exploitative relationships. The absence of sustainable, gender-sensitive reintegration programming further undermines the long-term recovery and protection of these girls.

4. GOOD PRACTICES

Good practices identified across CAR, the DRC, Mali and South Sudan provide compelling evidence that gender-sensitive and community-based strategies are essential for effective prevention, release, and reintegration of girls associated with armed forces and armed groups. These practices, though varied in form and application, share a common commitment to fostering trust, challenging harmful norms, and delivering comprehensive services tailored to the needs of adolescent girls.

One critical good practice is the proactive engagement of communities throughout the reintegration process. In Mali and CAR, structured dialogues with local leaders, women's associations, and youth groups have reduced stigma and increased reporting of cases. These initiatives challenge cultural norms that often lead to the exclusion of returning girls and promote collective responsibility for their protection and reintegration. As one key informant in Mali observed: "*When communities understand that reintegration benefits everyone, they become active partners in protecting girls from further harm.*" By creating safe spaces for discussion and involving respected community figures, these programs help dismantle barriers that prevent families from disclosing cases of association.

The deployment of female child protection officers during verification missions has been confirmed as a critical and transformative practice in the identification and support of girls associated with armed forces and armed groups. Evidence from both the Democratic Republic of the Congo and South Sudan demonstrates that the inclusion of women in monitoring and verification teams enhances trust-building and facilitates the disclosure of sensitive experiences, particularly those related to sexual violence and forced marriage. As one key informant in DRC observed, "*Having women in the verification teams helped us identify girls who were otherwise hidden.*" Former girl CAAFAG interviewed as part of the study consistently underscored the importance of female staff during verification procedures, expressing a greater sense of safety and comfort in disclosing experiences of abuse to women. This approach directly responds to the pervasive challenge of girls' invisibility in the context of release processes, including action plans implementation, as well as within formal DDR processes and highlights the need for the systematic integration of gender-sensitive staffing. Furthermore, the sustained presence of female case workers throughout the case management process was frequently cited as a good practice that fosters continuity, empathy, and tailored psychosocial support.

Holistic reintegration programming stands out as a cornerstone of sustainable recovery. Interventions that combine psychosocial support, education, and vocational training address both the immediate and long-term needs of girls, mitigating risks of re-recruitment and economic exploitation. In South Sudan, faith-based organizations have pioneered comprehensive reintegration models. They offer formal education, counseling, and life skills training, providing adolescent girls with pathways to self-reliance and social inclusion. These initiatives underscore the transformative potential of integrating education into reintegration strategies for girls formerly associated with armed forces and armed groups. Education not only provides a pathway toward long-term recovery and resilience but also serves as a critical tool for social reintegration and empowerment. In parallel, the strategic use of foster care arrangements—particularly the placement of two girls within the same household—has emerged as a promising practice. This approach fosters a sense of companionship, reduces isolation, and contributes to emotional stability during the reintegration period. Anecdotal evidence suggests that when foster families are carefully selected and supported, especially those with existing female children of similar age, the likelihood of successful reintegration significantly increases. Together, these educational and familial interventions illustrate the importance of holistic, gender-sensitive reintegration programming.

The possibility for girls to relocate to another part of the country as part of their reintegration process has proven to be an effective and gender-responsive practice. This option directly addresses the critical need for protection from stigma, particularly for girls who have experienced sexual violence or who are returning with children born of sexual violence. Fear of stigma and social rejection in their communities of origin remains one of the most significant barriers to both the release and reintegration of girls associated with armed forces and armed groups. By enabling relocation, child protection actors can mitigate these risks and create safer, more supportive environments in which girls can begin to rebuild their lives. This practice has not only facilitated the release of girls who might otherwise have refused due to fear of community judgment, but also contributed to their long-term psychosocial recovery and social reintegration.

Collectively, these good practices highlight the critical role of gender-responsive, community-driven approaches in achieving durable solutions for girls associated with armed forces and groups. Their success underscores the need to institutionalize these strategies within national frameworks and ensure adequate resources for their expansion and sustainability.

5. CHALLENGES

Despite these positive examples, significant challenges persist in all four contexts, undermining the effectiveness of interventions. A primary barrier is the invisibility of girls during identification and verification processes. In the four countries, commanders often conceal girls by presenting them as wives or domestic workers, making it difficult for verification teams to recognize their association with armed groups. This deliberate concealment, combined with self-imposed silence driven by fear and stigma, severely limits the ability of release processes, including action plans implementation, as well as formal DDR programs to reach those most in need.

Stigma remains a pervasive obstacle, particularly for adolescent mothers. In many communities, girls returning from armed groups are viewed as complicit rather than victimized, leading to social ostracism and, in some cases, violence. As one informant in CAR explained, "*We design programs for boys; girls with babies need childcare and dignity kits, but these are rarely provided.*" This quote highlights the intersecting nature of stigma and resource gaps that hinder effective reintegration.

A persistent barrier to the identification and release of girls associated with armed forces and armed groups is the limited understanding of the full scope of the CAAFAG definition—particularly the inclusion of girls subjected to forced marriage or sexual exploitation. Girls married to fighters are often simultaneously in situations of child marriage and association with armed actors, representing a dual vulnerability that is frequently overlooked. This misrecognition contributes to the underreporting of girls and impedes targeted protection responses. Identification and release strategies must therefore explicitly account for these intersecting forms of exploitation. Notable progress has been achieved in recent years; the increased percentage of girls cited in the latest report of the Secretary-General on Children and Armed Conflict serves as an encouraging indicator of improved awareness and advocacy efforts. Nonetheless, substantial disparities persist across country contexts, reflecting uneven implementation and the need for continued sensitization among stakeholders.

Resource limitations further compound these challenges. Many programs lack funding to offer gender-sensitive reintegration support, such as specialized psychosocial care, livelihood opportunities tailored to girls, and childcare services for adolescent mothers. This issue is exacerbated by the recent changes in the funding landscape, which has led to the closure of essential child protection programs in all four countries. Finally, persistent insecurity and logistical constraints impede access to remote areas, preventing humanitarian actors from delivering services.

6. RECOMMENDATIONS

Addressing these challenges requires a comprehensive set of recommendations targeting policy, operational, and community levels. At the policy level, gender analysis must be embedded in all release and reintegration frameworks to ensure that the specific needs of girls are systematically addressed. This includes clear accountability mechanisms for commanders who obstruct the release of girls, as their deliberate concealment perpetuates cycles of abuse and impunity.

The intentional identification of girls associated with armed forces and armed groups requires deliberate and context-specific strategies. A standard and passive monitoring of military camps remains insufficient as girls are often hidden or misrepresented as spouses. A proactive and targeted approach is essential to ensure that girls are not overlooked during verification processes. This necessitates that verification teams are carefully established with the gender aspect at the forefront, it requires that all members of verification teams are sensitized to the specific challenges girls face, including their increased risk of being concealed, misclassified, or silenced. Members of verification teams must be trained not only on the legal definitions of association but also on the gendered dimensions of recruitment and exploitation. Strengthening institutional awareness and operational guidance within verification teams is critical to ensuring that the identification of girls is not left to chance but is a core objective. Additionally, engaging women's associations and gender-based violence service providers as entry points is essential and should be guided by a context-specific gender analysis conducted in each country to identify the most effective mechanisms for locating and supporting girls associated with armed forces and armed groups.

From an operational standpoint, the systematic deployment of female child protection officers within all verification teams is vital to fostering trust, encouraging disclosure, and improving the accuracy of case identification. Girls associated with armed forces and armed groups are often reluctant to engage with male interlocutors, particularly when their experiences involve sexual violence or forced marriage. The presence of female officers increases the likelihood that girls will come forward and share their experiences. To maximize the effectiveness of this approach, these officers must be comprehensively trained in survivor-centered interviewing techniques. Such training should emphasize ethical, non-coercive engagement and ensure that girls are fully informed about the range of services available to them should they choose to disengage from armed actors. This includes access to psychosocial support, education and vocational training, and the possibility of relocation to another part of the country—ideally with a supportive relative—to reduce the risk of stigma and retaliation. Institutionalizing this gender-sensitive approach within verification protocols not only enhances the credibility of the process but also strengthens the protective environment for girls throughout the demobilization and reintegration continuum.

Reintegration packages should be tailored to address gender-specific needs, including dignity kits, baby kits, childcare, access to sexual and reproductive health services, as well as education and livelihood opportunities. Psychosocial support must be prioritized, with trained personnel equipped to address trauma related to sexual violence and coercion.

At the community level, stigma-reduction initiatives are essential to creating an environment conducive to reintegration. This involves engaging religious leaders, women's associations, and youth groups to challenge harmful norms and promote acceptance of returning girls. Community-based approaches not only enhance social cohesion but also reduce the risk of re-recruitment.

Finally, long-term funding commitments are needed to sustain these interventions. Multi-year financing should be secured to avoid program disruptions that leave girls vulnerable. Strengthening sex-disaggregated data systems is also critical to monitor progress and inform evidence-based programming. Without these measures, efforts to protect and reintegrate girls will remain fragmented and insufficient.

7. CONCLUSION

The reintegration of girls associated with armed forces and groups demands sustained, gender-sensitive approaches that go beyond short-term assistance. Addressing stigma, providing holistic services, and fostering community acceptance are critical to breaking cycles of recruitment and re-recruitment. The lessons from Mali, DRC, South Sudan, and CAR underscore the need for systemic investment and political will. A full report of the study, focusing on boys and girls associated with armed forces and armed groups will be published by the end of 2025 on the Alliance for Child Protection in Humanitarian action website, CAAFAG task force webpage.

REFERENCES

The Alliance (2020). Technical Note on Girls Associated with Armed Forces and Armed Groups.

Paris Principles (2007). Principles and Guidelines on Children Associated with Armed Forces or Armed Groups.

Wessells, M. (2009). Child Soldiers: From Violence to Protection.

Key Informant Interviews in CAR, the DRC, Mali, and South Sudan (2025).

A/79/878-S/2025/247 United Nations Secretary-General annual report on Children and armed conflict. This report covers the period from January to December 2024.

Perros centinela: una alianza ética para el apoyo, seguridad y resiliencia de las Niñas Soldado[1]

Sentinel Dogs: An Ethical Partnership for the Support, Security, and Resilience of Girl Soldiers

MILAGROS BENITO HERNÁNDEZ
RUTH Mª ABRIL STOEFFELS
Universidad CEU Cardenal Herrera

INTRODUCCIÓN

En contextos rurales postconflicto persisten desigualdades estructurales, como violencia y discriminación con la falta de infraestructura y acceso limitado a servicios, lo que dificulta la plena transformación de las mujeres. En este contexto, las políticas de reparación y desarrollo, aunque complementarias, no consiguen abordar la autonomía y empoderamiento de las mujeres en sus hogares, comunidades y asociaciones (López & Guerrero, 2024) lo que, unido a la falta de uniformidad de las legislaciones nacionales, deja a las víctimas en situación de desamparo (Abril, 2024).

En aquellas comunidades rurales que sufrieron violaciones de derechos humanos por la violencia armada, las mujeres juegan un papel clave en liderar los procesos de reparación, enfocada al fortalecimiento de organizaciones comunitarias así como al apoyo psicológico y reconocimiento de las víctimas (López & Guerrero, 2024), que requieren un abordaje a largo plazo ya que se ha demostrado que, en conflictos bélicos, las mujeres que habían sufrido una agresión sexual tenían nueve veces más probabilidad de padecer estrés postraumático y sus efectos son duraderos y graves tanto sobre su salud mental como sobre su salud física (Surís et al., 2004).

---

1 Estudio realizado en el marco del Proyecto de Investigación titulado "*Lagunas en la protección y asistencia internacional a las niñas asociadas a Grupos armados (NAAG)*". CIAICO 2022/235 UCHCEU con financiación pública de la GVA.

El trauma causado por la guerra puede provocar problemas psicosociales familiares que aumentan la violencia de pareja, especialmente cuando los hombres desarrollan agresividad como una adaptación patológica a entornos violentos. La exposición continuada a la violencia dentro de las familias y las comunidades puede cambiar las normas y los comportamientos, perpetuando los ciclos de violencia. Las respuestas al trauma varían según el género: los hombres tienden a expresar agresividad, mientras que las mujeres muestran más signos de depresión crónica pudiendo afectar a su autoestima y a su capacidad para evitar el daño (Svallfors, 2023).

A pesar del trauma, muchas víctimas no reciben atención inmediata tras el incidente y no en todos los casos buscan ayuda o, si lo hacen, lo realizan tras haber sufrido años de impacto psicológico y social. Sin embargo y, dado que una mayoría busca ayuda en el año siguiente, se abre una ventana temporal que requiere mejorar los recursos de accesibilidad a las víctimas para reforzar programas de atención dentro de su entorno (Kintzle et al, 2015).

Estos programas van dirigidos no solo a la atención psicológica y médica, dados los síntomas de ansiedad/depresión, dolor crónico (6.8-6.9/10) y baja funcionalidad en las mujeres víctimas de traumas sexuales en entorno armado (MadDermid et al., 2025; Cichowski et al., 2017), sino a la integración social ya que, para muchas mujeres y niñas que son víctimas de violencia, el fin de la agresión no significa necesariamente el fin del peligro. Algunas siguen viviendo bajo la amenaza de su o de sus agresores, mientras que otras son prisioneras de las secuelas físicas tales como la disfunción miccional (Shenk et al, 2021), que requiere un abordaje tanto psicológico como médico (Handelzalts et al.; Selai et al., 2022).

Ante esta situación, está surgiendo una solución innovadora y profundamente humana: el acompañamiento de perros especialmente entrenados en la vigilancia y protección de mujeres en riesgo. Combinando protección física, una presencia tranquilizadora y asistencia psicológica, estos perros, ofrecen un apoyo concreto y ético a las mujeres en busca de seguridad y dignidad recuperada.

En el caso que nos ocupa, proponemos dar un paso más allá de la terapia asistida por animales y fortalecer la relación con el perro para reducir la ansiedad de la víctima y garantizar un espacio seguro en su entorno. Para ello requeriremos un trabajo multidisciplinar individualizado, que incluya expertos en psiquiatría y psicología, así como técnicos especialistas en adiestramiento para que los perros, a los que denominaremos "perros centinela", garanticen la obtención de los objetivos terapéuticos planteados para cada beneficiaria.

Uno de los trastornos más difíciles de tratar por la falta de respuesta y por las altas tasas de abandono es el trastorno por estrés postraumático (TEPT). Altschuler sugirió en 1999 que la terapia facilitada por mascotas podría ser útil incluso en el tratamiento del TEPT, al observar en sus pacientes que la compañía de sus propios animales era útil para aliviar parte del miedo y la ansiedad de los pacientes que, a menudo, son refractarios a la terapia.

En este capítulo valoraremos cómo el acompañamiento por parte de estos perros centinela puede ayudar a mejorar las estrategias de atención personalizada y, aunque requiere una investigación exhaustiva de cada caso, valoraremos las ventajas y los inconvenientes de la creación de estos binomios con el fin de mejorar la autoconfianza y facilitar la reincorporación social de las víctimas, sea cual sea el origen y modalidad de la agresión.

1. UNA ALIANZA MILENARIA: BASES ETOLÓGICAS DE LA RELACIÓN PERRO-HUMANO

La relación entre humanos y perros es el resultado de decenas de miles de años de coevolución. El perro es probablemente el primer animal domesticado y, con el tiempo, ha desarrollado una capacidad única para leer nuestras emociones, nuestros gestos y nuestras intenciones. Los estudios etológicos han demostrado que los perros son capaces de detectar las variaciones hormonales relacionadas con el estrés, reconocer expresiones faciales humanas complejas e interpretar señales corporales sutiles. Esta fina lectura del ser humano, combinada con una gran lealtad social, hace que algunos perros sean especialmente adecuados para acompañar a personas vulnerables o en peligro.

Además, cuando se une la capacidad olfativa, estos perros se convierten en detectores de compuestos orgánicos volátiles (VOC) relacionados con el estrés y son capaces de detectar, de forma inmediata, cambios en el aliento de personas con antecedentes traumáticos, incluidas aquellas con trastorno por estrés postraumático. Es decir, el perro puede mejorar los protocolos de tratamiento al convertirse en alertas tempranas, con un 90% de precisión en la tarea discriminativa de olores (Kiiroja et al., 2024),

En una revisión de estudios científicos donde se evaluaron los efectos de las interacciones humano-animal se incluyeron variables tales como la atención social, el comportamiento social, las interacciones interpersonales, el estado de ánimo, parámetros relacionados con el estrés (que incluyen cortisol, frecuencia cardiaca y presión arterial), miedo y ansiedad autoinformados, y la salud mental y física (especialmente enfermedades cardiovasculares). Los autores concluyeron que la activación del sistema de oxitocina puede explicar muchos de los efectos observados en estas interacciones, ofreciendo una serie de mecanismos biológicos subyacentes que pueden ser muy útiles en el contexto en que nos hallamos, especialmente en tratamiento de trastornos como el estrés postraumático. En resumen, los efectos del vínculo con los perros incluyen (Beetz et al., 2012):

1. Mejora de la atención social, el comportamiento, la interacción interpersonal y el estado de ánimo.
2. Reducción de los parámetros relacionados con el estrés, como el cortisol, la frecuencia cardíaca y la presión arterial.
3. Reducción de la autopercepción de miedo y ansiedad.
4. Mejora de la salud mental y física, especialmente la salud cardiovascular.

En cualquier caso, son necesarias nuevas investigaciones que prueben estos y otros efectos en las niñas y mujeres, víctimas que nos ocupan.

Para las mujeres con trastorno de estrés postraumático en terapia, un perro bien entrenado podría no sólo actuar como alerta temprana, sino también reducir la gravedad de los síntomas y mejorar su funcionalidad psicosocial (Leighton et al., 2024). Estas cualidades, convierten al perro centinela en algo más que un compañero al actuar como una extensión de su sistema de vigilancia, a modo de presencia reguladora y protectora en un mundo que se ha vuelto inseguro.

3. PERRO CENTINELA: MUCHO MÁS QUE UN PERRO DE SERVICIO

La literatura científica sitúa y aclara el campo de las intervenciones asistidas por animales (IAA) en la salud mental, definen términos, distinguen tipos de intervenciones (actividad, terapia, asistencia/servicio), revisan los antecedentes históricos y presentan las principales explicaciones teóricas de por qué la interacción entre humanos y animales puede ser terapéutica. Su intención es proporcionar un marco conceptual útil para los clínicos e investigadores.

Con el fin de proporcionar un marco conceptual útil para clínicos e investigadores, Kruger y Serpell (2010) definieron la Actividad asistida por animales (AAA) como aquella interacción recreativa/educativa con un animal (por ejemplo, visitas a hospitales), mientras que la Terapia asistida con animales (TAA) se definió como la intervención específica con objetivos terapéuticos definidos, integrada en un plan de tratamiento y llevada a cabo por personal cualificado. Por último, denominaron Animales de servicio/asistencia a aquellos animales entrenados para ayudar a personas con discapacidades específicas (no siempre se considera «terapia» en el sentido clínico) (Kruger & Serpell, 2010).

El "perro centinela" se diferencia de los perros de terapia ya que tiene un rol ligado a la seguridad y a la vigilancia y no tiene tiempo limitado de intervención junto a un experto, sino que convive con el tutor. Entre sus características debe incluirse una alta capacidad de alerta, un entrenamiento especializado, un instinto protector y no debe de ser necesariamente agresivo ya que su objetivo principal es disuadir y avisar, no atacar. Es un perro entrenado para vigilar, proteger y alertar sobre situaciones sospechosas en un entorno determinado y su función principal será la de actuar como sistema de seguridad, sin olvidar su integración dentro de planes terapéuticos con metas concretas y herramientas de evaluación.

La selección del binomio "perro centinela"-beneficiaria debe tener en cuenta las capacidades mixtas requeridas para el perro centinela, ya que el animal no es considerado un arma, sino un facilitador de la regulación emocional, entre otros efectos terapéuticos (figura 1).

Figura 1. A diferencia de los perros de TAA, los perros centinela conviven con su binomio, creando un vínculo afectivo que se desarrollará de forma adecuada con ayuda de los expertos y de los técnicos especialistas en adiestramiento animal (Sowhau (s.f.)

4. PERROS ENTRENADOS PARA PROTEGER SIN AGRESIÓN

En contextos de refugios y programas de apoyo, cuando es posible incorporar perros de terapia (TAA) para abordar el trauma en víctimas tales como niños y mujeres, los resultados más destacados descritos en la literatura científica han sido los siguientes (Chapin et al., 2025):

1. Efecto calmante inmediato: la presencia del perro reduce la ansiedad, la tensión muscular y las respuestas fisiológicas asociadas al estrés.
2. Facilitador social: los perros actúan como puente para iniciar conversaciones terapéuticas y aumentar la apertura emocional.
3. Disminución de la percepción de amenaza: el contacto físico y la atención sin prejuicios del perro refuerzan la sensación de seguridad.

4. Apoyo no verbal y constante: esto es especialmente valorado por las personas que han sufrido abusos emocionales o verbales intensos.

Sin embargo, tal como hemos mencionado con anterioridad, estas intervenciones son temporales (una hora a la semana, durante 10 semanas) por lo que, cuando es posible, la preparación e incorporación de un perro centinela tiene beneficios muy prometedores.

A diferencia de los perros de ataque o los perros de intervención, los perros centinela no están condicionados para la violencia ni entrenados para morder. Su entrenamiento se basa en un sutil equilibrio entre la vigilancia, la presencia disuasoria, la asistencia emocional y el comportamiento defensivo si se comprueba la amenaza (figura 2).

Figura 2. La formación y supervisión permanente de estos perros deben estar siempre controladas por el técnico especialista en adiestramiento de perros centinela (Sowhau (s.f.)

Los perros centinela, como otros perros de servicio, pueden actuar como catalizadores del crecimiento postraumático en veteranos militares con TEPT, si bien este enfoque ha sido poco tratado en la literatura científica hasta el momento (Knigth, 2024).

Sowhau[2] proporciona en España un programa de formación de perros que trabajan con el binomio hasta obtener los siguientes resultados:

1. Vigilancia pasiva: el perro aprende a detectar comportamientos inusuales (acercamiento rápido, gestos amenazantes, intrusión en el hogar) y a denunciarlos con calma a su referente.
2. La postura disuasoria: algunos perros aprenden, por mandato o por instinto protector, a colocarse entre la mujer y una persona amenazante, a ladrar o a adoptar una postura de alerta.
3. Asistencia emocional: estos perros también están entrenados para reconocer los signos fisiológicos de un ataque de pánico o disociación (respiración rápida, inmovilidad repentina, temblores) y para intervenir mediante contacto físico, presión tranquilizadora o simple proximidad.
4. Participación en rutinas: el animal juega un papel fundamental en la estructuración de la vida diaria, facilitando levantarse, salir de casa, las interacciones sociales, todos pasos difíciles para una persona traumatizada.
5. La clave de este adiestramiento se basa en métodos positivos y respetuosos con los animales y en el establecimiento de un vínculo seguro entre la mujer y su perro.

5. CONSECUENCIAS FÍSICAS A CORTO PLAZO DEL BINOMIO PERRO-MUJER

La interacción entre los perros y sus binomios femeninos conlleva cambios hormonales (oxitocina, cortisol, insulina) y ritmo cardiaco en el binomio, incluso en interacciones breves. Estudios como el de Handlin y colaboradores demostró que la interacción con los perros de las diez participantes del estudio durante los primeros tres minutos ya conlleva cambios en la concentración de oxitocina, de cortisol y en el ritmo cardiaco. Los

[2] Sowhau (s.f.).

autores concluyeron que una breve interacción mujer-perro activa en ambas especies respuestas hormonales de vínculo (oxitocina) y efectos fisiológicos de relajación en las personas, lo que respalda el papel fisiológico del vínculo emocional entre dueños y perros como modulador de bienestar compartido (Handlin et al., 2011).

Por otro lado, en la investigación publicada por Rodríguez et al. 2018 en una población con estrés postraumático donde investiga el impacto de los perros de servicio en la respuesta al cortisol matutino y el funcionamiento relacionado con la excitación en veteranos militares y concluye que la presencia de los perros de servicio parecen tener un efecto positivo en indicadores fisiológicos, psicológicos y de bienestar en veteranos con estrés postraumático y, aunque requieren mayores investigaciones en las excombatientes, es prometedor la reducción de ansiedad, ira, alteraciones del sueño, entre otros.

Además, y teniendo en cuenta también a la infancia, una investigación desarrollada por Meints et al. (2022), proporciona evidencia de que las intervenciones asistidas por perros pueden ser efectivas en la reducción del estrés en niños, tanto neurotípicos como con necesidades especiales, lo que sugiere que la implementación de programas con perros en cualquier entorno como el escolar podría ser una estrategia eficaz para mejorar el rendimiento académico y el bienestar de nos estudiantes.

6. UN PROFUNDO IMPACTO PSICOLÓGICO

El simple hecho de ir acompañada de un perro adiestrado en protección transforma radicalmente la relación con el mundo de una mujer en situación de vulnerabilidad. Están en juego varias dimensiones terapéuticas (Knight, 2024):

1. Compañía emocional constante
2. Reducción del aislamiento social
3. Reconstrucción de creencias centrales
4. Reafirmación del sentido de propósito personal
5. Restaurar la sensación de seguridad: En el trastorno de estrés postraumático, una de las heridas más profundas es la pérdida de confianza en el entorno. El perro se convierte en una extensión del sistema de alerta, lo que permite a la mujer bajar gradualmente su nivel de hipervigilancia.

6. Anclaje emocional: en caso de crisis, el perro actúa como punto de estabilidad, devolviendo la atención al cuerpo, al contacto, al momento presente.
7. Refuerzo de la autonomía: con su perro, la mujer se atreve a salir, a moverse, a revivir situaciones que antes eran inaccesibles. Ya no está sola.
8. Vínculo restaurador: después de experiencias humanas a menudo marcadas por la traición, la dominación o el miedo, el perro encarna un vínculo incondicional, constante y tranquilizador.

Estos perros actuarían como agentes activos de transformación psicológica, ayudando a reconstruir la identidad de las mujeres afectadas, relaciones y propósito de vida, impulsando el crecimiento personal más allá de la mera reducción de síntomas, sino centrándose en otros dominios como la mejora de relaciones interpersonales, descubrimiento de nuevas posibilidades vitales, mayor aprecio de la vida, fortalecimiento personal y renovación de la perspectiva existencial (Knight, 2024).

Los efectos beneficiosos de los perros de servicio han sido determinados cualitativamente como tratamiento terciario para veteranos con trastorno por estrés postraumático (TEPT) y/o lesión cerebral traumática. En un estudio realizado sobre 10 pacientes, se observó que los perros de asistencia podían detectar los síntomas de estrés postraumático o de lesión cerebral antes de que el veterano los reconozca (Shiroff et al., 2023).

Así, en un ensayo clínico controlado no aleatorizado sobre 156 veteranos con diagnóstico confirmado de PTSD se asoció la incorporación de perros entrenados en su tratamiento con la reducción significativa en la gravedad de síntomas de TEPT. Consiguieron, además, mejorar la salud mental, reducir la ansiedad y la depresión, así como mejorar la calidad de vida social y emocional, lo que resultó una evidencia sólida del potencial de los perros centinela como intervención complementaria eficaz, no sustitutiva, de tratamientos tradicionales (Leighton, 2024).

7. MARCO ÉTICO Y LÍMITES NECESARIOS

Es necesario destacar la importancia de definir qué tareas son terapéuticamente beneficiosas y evitar depender del perro como única fuente de seguridad emocional ya que algunos especialistas advierten sobre el riesgo de entrenar perros para comportamientos de "protección" que puedan reforzar el miedo en lugar de rescatar la autonomía psicológica. Así pues, esta práctica, aunque muy prometedora, debe ser evaluada en estudios empíricos, incluyendo ensayos clínicos (Knight, 2024) así como estar enmarcada por principios éticos claros tales como:

1. Respeto por el bienestar animal: estos perros no son herramientas. Deben beneficiarse de un seguimiento veterinario, de un descanso suficiente, de un enriquecimiento diario y de relaciones sociales. Los estudios demuestran que no sólo mejora la calidad de vida de un tutor con trastorno por estrés postraumático, sino que, al mismo tiempo, el perro no muestra señales de estrés alto, por el contrario, aparentemente se beneficia del vínculo y del entrenamiento bien ajustado (Gerwisch et al., 2023).
2. Un enfoque colaborativo: la introducción de un perro debe hacerse siempre de acuerdo con la mujer, con preparación, apoyo psicológico y seguimiento.
3. Vigilancia legal: el perro no sustituye a la intervención policial ni a la justicia. Actúa con una lógica defensiva y disuasoria, nunca ofensiva.

Si bien la literatura científica reconoce la importante contribución de los perros al servicio de las personas, es preciso destacar que su bienestar, la regulación legal y la base científica siguen siendo áreas insuficientemente abordadas, por lo que se requieren investigaciones sólidas y avances legislativos en el futuro para garantizar tanto la protección de los perros como la eficacia del servicio que prestan (Bremhorst et al., 2018). En este sentido, los metaanálisis realizados ponen de relieve la gran necesidad de realizar estudios futuros con diseños sólidos para cuantificar el efecto de la inclusión de los perros centinela y su comparación con terapias estándar en casos de trastorno por estrés postraumático (Hediger et al., 2021).

Además, como ocurriría en las intervenciones asistidas, antes de incorporar el perro centinela al tratamiento, es fundamental evaluar la disposición de la paciente a trabajar con un perro, considerando posibles alergias, fobias o condiciones médicas. En caso de que exista rechazo debido a estas razones, se deriva a la paciente a terapia tradicional para TEPT sin animales (Lefkowitz et al., 2005).

8. INICIATIVAS CONCRETAS Y RESULTADOS PROMETEDORES

Si bien se han identificado diversas dificultades para acceder a un perro de asistencia, entre ellas los trámites burocráticos y la falta de recursos Shiroff et al., 2023), es necesario recalcar que se han puesto en marcha proyectos piloto en Bélgica, España[3], Estados Unidos[4][5], y Francia. Algunas asociaciones, como Dogs for PTSD Survivors (Estados Unidos) o Handi'Chiens (Francia), han integrado la protección de las mujeres en peligro en su misión. Los testimonios son unánimes: sueño recuperado, reducción de los ataques de pánico, salida del aislamiento, vuelta al trabajo, reconquista del espacio público. Muchas mujeres informan que su perro literalmente les salvó la vida, protegiéndolas de un abusador, pero también haciéndolas querer vivir de nuevo.

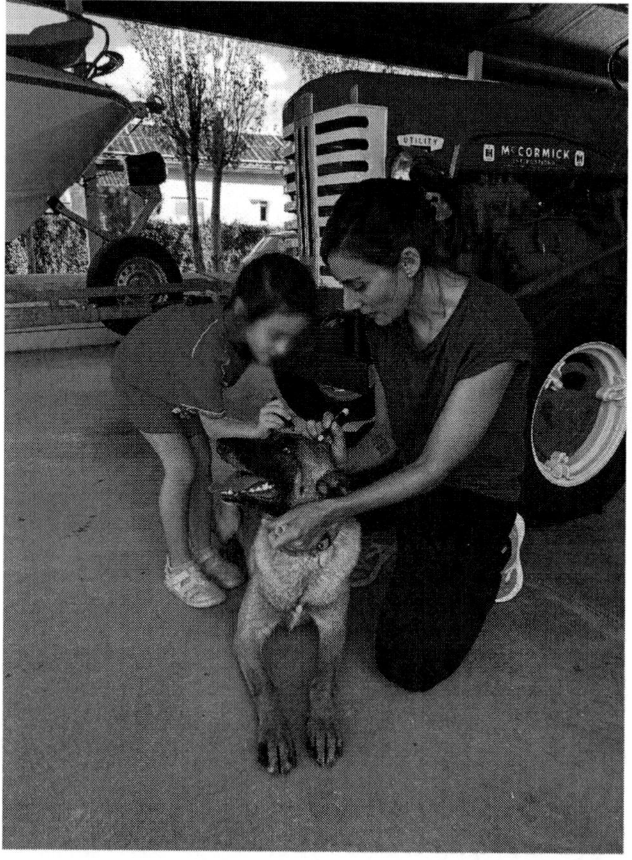

Figura 3. Los perros centinela actúan de forma equilibrada, proporcionando un puente entre su binomio humano y los expertos que permitirá aumentar la apertura emocional (Sowhau (s.f.)

---

3 Sowhau (s.f.).

4 SAFE SD Project (s.f.).

5 K9s For Warriors (s.f.).

9. CONCLUSIÓN

Cuando se produce abuso emocional, acoso o, especialmente, trauma sexual en situaciones de conflicto, es necesario realizar un abordaje individualizado mantenido en el tiempo ya que está directamente relacionados con la aparición de dolor crónico y afecciones mentales.

Los perros centinela encarnan una respuesta profundamente humana al sufrimiento que los sistemas sociales, legales o médicos no siempre pueden aliviar. No son una panacea, sino una herramienta poderosa en un viaje de reconstrucción, de recuperación de poder, de resiliencia.

La integración de manera estructurada de los perros centinela no sustituye la terapia tradicional, pero puede potenciar sus efectos y, aunque se sugiere más investigación cuantitativa para medir el impacto a largo plazo, se ha argumentado una alta aceptación y un fuerte potencial transformador, si bien se requieren protocolos claros para garantizar el bienestar del perro y la seguridad de las participantes.

En esta alianza silenciosa entre una mujer herida y un perro leal, está en juego algo raro: un retorno gradual a la seguridad interior, a la dignidad, a la confianza. Depende de nosotros, profesionales, instituciones y ciudadanos, reconocer el valor de estos binomios y ofrecerles el marco ético, material y legislativo que merecen.

REFERENCIAS BIBLIOGRÁFICAS

Abril Stoffels, R. (2024). Los países de la UE y el reclutamiento, alistamiento y uso de niños y niñas soldado: ¿A la vanguardia en la protección de la infancia? Revista Española de Derecho Internacional, 76(2), 23-49. https://doi.org/10.36151/REDI.76.2.2

Altschuler, E. L. (1999). Pet-facilitated therapy for posttraumatic stress disorder. *Annals of Clinical Psychiatry, 11*(1), 29-30. https://doi.org/10.1023/A:1022808131941

Beetz, A., Uvnäs-Moberg, K., Julius, H., & Kotrschal, K. (2012). Psychosocial and psychophysiological effects of human-animal interactions: The possible role of oxytocin. *Frontiers in Psychology, 3*, 234. https://doi.org/10.3389/fpsyg.2012.00234

Bremhorst, A., Mongillo, P. , Howell, T., & Marinelli, L. (2018). Spotlight on assistance dogs – Legislation, welfare and research. Animals (Basel), 8(8), 129. https://doi.org/10.3390/ani8080129

Chapin, J. R., Coleman, G. A., & Brayack, M. (2025). It's all about the ruff: Utilizing therapy dogs to address trauma in domestic violence settings. *People and Animals: The International Journal of Research and Practice, 8*(1), Article 3. https://docs.lib.purdue.edu/paij/vol8/iss1/3

Cichowski, S. B., Rogers, R. G., Clark, E. A., Murata, E., Murata, A., & Murata, G. (2017). Military sexual trauma in female veterans is associated with chronic pain conditions. *Military Medicine, 182*(9-10), e1895-e1899. https://doi.org/10.7205/MILMED-D-16-00393

Gerwisch, K., Weissenbacher, K., Proyer, M., Palme, R., & Huber, L. (2023). A pilot study into the effects of PTSD-assistance dogs' work on their salivary cortisol levels and their handlers' quality of life. *Journal of Applied Animal Welfare Science, 28*(2), 288-300. https://doi.org/10.1080/10888705.2023.2259795

Handlin, L., Hydbring-Sandberg, E., Nilsson, A., Ejdebäck, M., Jansson, A., & Uvnäs-Moberg, K. (2011). Short-term interaction between dogs and their owners: Effects on oxytocin, cortisol, insulin and heart rate – An exploratory study. Anthrozoös, 24(3), 301-315. https://doi.org/10.2752/175303711X13045914865385

Handelzalts, J. E., Tevet, M., Padoa, A., & Shlomi, I. (2025). Urinary symptoms in sexual abuse survivors with severe post-traumatic morbidity: The impact of emotion regulation strategies. European Journal of Psychotraumatology, 16(1), 2510726. https://doi.org/10.1080/20008066.2025.2510726

Hediger, K., Wagner, J., Künzi, P. , Haefeli, A., Theis, F., Grob, C., Pauli, E., & Gerger, H. (2021). Effectiveness of animal-assisted interventions for children and adults with post-traumatic stress disorder symptoms: A systematic review and meta-analysis. *European Journal of Psychotraumatology, 12*(1), 1879713. https://doi.org/10.1080/20008198.2021.1879713

K9s For Warriors. (s.f.). *K9s For Warriors*-Service dogs for veterans with PTSD. Recuperado el 10 de agosto de 2025 de https://k9sforwarriors.org/

Kiiroja, L., Stewart, S. H., & Gadbois, S. (2024). Can scent-detection dogs detect the stress associated with trauma cue exposure in people with trauma histories? A proof-of-concept study. *Frontiers in Allergy, 5*, 1352840. https://doi.org/10.3389/falgy.2024.1352840

Kintzle, S., Schuyler, A. C., Ray-Letourneau, D., Ozuna, S. M., Munch, C., Xintarianos, E., Hasson, A. M., & Castro, C. A. (2015). Sexual trauma in the military: Exploring PTSD and mental health care utilization in female veterans. Psychological Services, 12(4), 394-401. https://doi.org/10.1037/ser0000054

Knight, M. P. (2024). Service dogs: A catalyst for post-traumatic growth among military veterans with PTSD. People and Animals: The International Journal of Research and Practice, 7(1), artículo 13. https://doi.org/10.5703/1288284317582

Kruger, K. A., & Serpell, J. A. (2010). Animal-assisted interventions in mental health: Definitions and theoretical foundations. En A. H. Fine (Ed.), *Handbook on animal-assisted therapy: Theoretical foundations and guidelines for practice* (3.ª ed., pp. 33-48). Academic Press. https://doi.org/10.1016/B978-0-12-381453-1.10003-0

Leighton SC, Rodriguez KE, Jensen CL, MacLean EL, Davis LW, Ashbeck EL, Bedrick EJ, O'Haire ME. Service Dogs for Veterans and Military Members With Posttraumatic Stress Disorder: A Nonrandomized Controlled Trial. JAMA Netw Open. 2024 Jun 3;7(6):e2414686. doi: 10.1001/jamanetworkopen.2024.14686.

Lefkowitz, C., Prout, M., Bleiberg, J., Paharia, I., & Debiak, D. (2005). Animal-assisted prolonged exposure: A treatment for survivors of sexual assault suffering posttraumatic stress disorder. *Society & Animals, 13*(4), 275-296. https://doi.org/10.1163/156853005774653654

López Aristizábal, L., & Guerrero Rodríguez, F. A. (2024). Reparación y arreglos de género en el posconflicto colombiano. Revista Mexicana de Sociología, 86(3), 577-608. https://doi.org/10.22201/iis.01882503p. 2024.3

MacDermid, J. C., Pouliopoulou, D. V., Walton, D. M., Kibble, A., & Bobos, P. (2025). Associations between military sexual trauma and chronic pain in men and women active military members and veterans. Canadian Journal of Pain, Advance online publication. https://doi.org/10.1080/24740527.2025.2494582

Meints, K., Brelsford, V. L., Dimolareva, M., Maréchal, L., Pennington, K., Rowan, E., & Gee, N. R. (2022). Can dogs reduce stress levels in school children? Effects of dog-assisted interventions on salivary cortisol in children with and without special educational needs using randomized controlled trials. *PLoS One, 17*(6), e0269333. https://doi.org/10.1371/journal.pone.0269333

O'Haire, M. E., Guérin, N. A., & Kirkham, A. C. (2015). Animal-assisted intervention for trauma: A systematic literature review. *Frontiers in Psychology, 6*, 1121. https://doi.org/10.3389/fpsyg.2015.01121

Rodriguez, K. E., Bryce, C. I., Granger, D. A., & O'Haire, M. E. (2018). The effect of a service dog on salivary cortisol awakening response in a military population with posttraumatic stress disorder (PTSD). Psychoneuroendocrinology, 98, 202-210. https://doi.org/10.1016/j.psyneuen.2018.04.026

SAFE SD Project. (s.f.). *SAFE SD Project.* Recuperado el 10 de agosto de 2025, de https://www.safesdp. org/

Selai, C., Elmalem, M. S., Chartier-Kastler, E., Sassoon, N., Hewitt, S., Rocha, M. F., Klitsinari, L., & Panicker, J. N. (2022). Systematic review exploring the relationship between sexual abuse and lower urinary tract symptoms. International Urogynecology Journal, 34(3), 635-653. https://doi.org/10.1007/s00192-022-05277-4

Shenk, C., Wolff, G., Gemoets, D., & Lian, F. (2021, septiembre). Military sexual trauma and voiding dysfunction in female veterans. The Journal of Urology, 206(Suppl. 3), MP02-12. https://doi.org/10.1097/JU.0000000000001963.12

Shiroff, J. J., Gray, K., Santulli, G. M., DiDonato, S., Kelly, P. J., & O'Rourke Fulford, J. (2023). *A qualitative exploration of the use of service dogs in veterans with post traumatic stress disorder and traumatic brain injury.* Psychiatric Research and Clinical Practice, 5(2), 40-50. https://doi.org/10.1176/appi.prcp. 20220029

Sowhau. (s.f.). *Sowhau.* Recuperado el 10 de agosto de 2025, de https://sowhau.com/

Surís A, Lind L, Kashner TM, Borman PD, Petty F. Sexual assault in women veterans: an examination of PTSD risk, health care utilization, and cost of care. Psychosom Med. 2004 Sep-Oct;66(5):749-56. doi: 10.1097/01.psy.0000138117.58559.7b.

Svallfors S. Hidden Casualties: The Links between Armed Conflict and Intimate Partner Violence in Colombia. *Politics & Gender.* 2023;19(1):133-165. doi:10.1017/S1743923X2100043X

Territorios y ciudades postconflicto armado. Propuestas básicas para la planificación de espacios y equipamientos destinados a la restauración de niñas y mujeres soldado[1]

Post-Conflict Territories and Cities: Guidelines for Planning Spaces and Facilities for the Reintegration of Female Child and Women Soldiers

INÉS NOVELLA ABRIL[2]
Universitat Politècnica de València

Resumen: Este capítulo aborda el papel del urbanismo con perspectiva de género en la rehabilitación postconflicto de niñas y ex niñas soldado. Se argumenta que la reintegración no puede limitarse a enfoques psicosociales, jurídicos o sanitarios, sino que debe incorporar también dimensiones urbanísticas y espaciales en materia de vivienda, transporte, seguridad y acceso a servicios. El análisis muestra cómo las responsabilidades de cuidado y la percepción de inseguridad condicionan la relación de las mujeres con el entorno construido, situación que se intensifica en el contexto de muchas niñas soldado durante el postconflicto.

El texto pone en relación las vulnerabilidades específicas de las niñas soldado con aspectos de la planificación urbana, para facilitar su integración en programas de reconstrucción de ciudades y territorios afectados por conflictos armados. En conclusión, el urbanismo con perspectiva de género resulta estratégico para reconstruir territorios más seguros, inclusivos y equitativos.

Abstract: This chapter addresses the role of gender-sensitive urban planning in the post-conflict rehabilitation of girls and former girl soldiers. It argues that reintegration cannot be limited to psychosocial, legal or health approaches, but must also incorporate urban and spatial dimensions in terms of housing, transport, security and access to services. The analysis shows

1 Estudio realizado en el marco del Proyecto de Investigación titulado "*Lagunas en la protección y asistencia internacional a las niñas asociadas a Grupos armados (NAAG)*". CIAICO 2022/235 UCHCEU con financiación pública de la GVA.

2 Parte de los contenidos de este capítulo provienen de la investigación realizada por la Cátedra UNESCO de Género de la UPM en el marco del proyecto de investigación "Women-friendly cities in post-conflict reconstruction" (2022-2025) y la iniciativa de transferencia de conocimiento "Women's New European Bauhaus" (WNEB). Más información sobre la autora: https://orcid.org/0000-0003-1793-0733, y https://www.researchgate.net/profile/Ines-Novella-Abril.

how care responsibilities and perceptions of insecurity condition women's relationship with the built environment, a situation that is intensified in the context of many girl soldiers during the post-conflict period.

The text links the specific vulnerabilities of girl soldiers to aspects of urban planning in order to facilitate their integration into programmes for the reconstruction of cities and territories affected by armed conflict. In conclusion, gender-sensitive urban planning is strategic for re-building safer, more inclusive and equitable territories.

Palabras clave: urbanismo con perspectiva de género, reconstrucción postconflicto, rehabilitación de niñas soldado, centros de atención integral a la mujer

Keywords: gender-sensitive planning, post-conflict reconstruction, girl soldiers rehabilitation, integrated women's service centers

1. INTRODUCCIÓN

Las Naciones Unidas establecen que el 54% de la población mundial reside en áreas urbanas y que, según las previsiones, este dato se situará en torno al 64% para el año 2050. Es decir, en apenas dos décadas, dos de cada tres personas vivirán en entornos urbanos. La definición de áreas urbanas no es única y, de hecho, qué se entiende o considera un entorno urbano varía considerablemente entre países y territorios. En lo que sí existe consenso es que se tratan de zonas con una densidad poblacional relativamente alta, con una estructura socioeconómica identificable y donde pueden encontrarse infraestructuras y servicios con una cierta planificación. Desde la óptica de este artículo, la mirada del urbanismo y del planeamiento, la cuestión clave es esa planificación; cómo y para quién se construye el hábitat humano al que también me referiré como entorno construido[3].

Las áreas urbanas y su planificación han ido ganando importancia en las sucesivas agendas internacionales de desarrollo sostenible como ámbitos donde se materializan gran parte de las políticas sectoriales que estos documentos suelen incluir[4]. Esta tendencia quedó evidenciada en 2016 tras la aprobación de la Agenda 2030, que no sólo dedica un Objetivo de Desarrollo Sostenible de manera exclusiva a los asentamientos humanos (#ODS11), sino que la primera agencia sectorial en desarrollar su propia hoja de ruta al amparo de la nueva agenda para el desarrollo sostenible fue

---

3 United Nations. (2018). *The World's Cities in 2018.*

4 Novella Abril, I. (2018). Género y planificación urbana en la construcción de la agenda internacional para el desarrollo sostenible. De Estocolmo 1972 a Quito 2016. *Kult-Ur Revista Interdisciplinària Sobre La Cultura de La Ciutat,* 4(8), 93-114. https://doi.org/10.6035/Kult-ur.2017.4.8.3

ONU Hábitat, con la publicación de la Nueva Agenda Urbana (NUA)[5]. La perspectiva de género está transversalizada en ambos documentos, entendiéndose como una condición para alcanzar un desarrollo sostenible inclusivo y justo, así como ciudades y pueblos que contribuyan a la igualdad de oportunidades.

Entender que las ciudades y pueblos tienen una planificación detrás, por tímida que sea, y que ésta no es neutra es la base de la perspectiva de género aplicada al urbanismo y a la planificación territorial. Decimos que no es neutra porque mujeres y hombres tienen estadísticamente vidas distintas y, por tanto, necesitan entornos construidos distintos y un urbanismo que integre la diversidad de necesidades respecto de, por ejemplo, los equipamientos, el transporte o las tipologías de vivienda. Es fácil entender que una persona anciana necesitará equipamientos distintos que una persona adolescente. Por ejemplo, la construcción de un centro de día claramente beneficia más (o más directamente) a una persona mayor que a una persona en edad escolar; pero, la construcción de un carril bici va a beneficiar a mayor proporción de adolescentes que a personas de la tercera edad.

Sin embargo, suele requerir mayor explicación justificar por qué mujeres y hombres tienen una relación diferente con el entorno construido y, por tanto, por qué es necesario incorporar la perspectiva de género cuando planificamos las ciudades y los pueblos. En el marco de esta publicación, cabe señalar que la planificación urbana y territorial es una pieza clave de los procesos de reconstrucción tras conflictos armados o desastres naturales. Estos contextos son frecuentemente una oportunidad para replantear los modelos urbanos existentes y dirigirlos hacia otros que respondan mejor a las necesidades cotidianas de una población diversa, pero, sobre todo, vulnerable por las consecuencias del conflicto armado. Dentro de esta población, las niñas o ex niñas soldado son un colectivo particularmente vulnerable, cuyo proceso de rehabilitación está también condicionado por cuestiones de tipo espacial o urbanístico como la vivienda, la accesibilidad a servicios y equipamientos, la seguridad en el espacio público o el sistema de transporte, entre otras posibles.

Integrar la perspectiva de género del urbanismo tiene una doble implicación cuándo hablamos de un contexto como el postconflicto armado, tanto desde el punto de vista de la reconstrucción como del del proceso de

---

5 ONU Habitat. *The Quito Papers and the New Urban Agenda (First edition)*. (2018), Routledge.

rehabilitación de las niñas soldado. Por un lado, el caso particular de estas niñas y mujeres pone en evidencia y refuerza la necesidad de incorporar la perspectiva de género interseccional en la planificación de las ciudades y el territorio. No hacerlo supondría una reconstrucción incompleta, sesgada, injusta y excluyente precisamente con esos colectivos que experimentan mayor vulnerabilidad respecto de prácticamente cualquier política pública vinculada al proceso de paz. Por otro, refuerza el papel del urbanismo como política pública de carácter transversal que sirve de base para el desarrollo de otras políticas públicas o iniciativas, como las de tipo asistencial o los programas de paz y recuperación. Es decir, la rehabilitación de las niñas y ex niñas soldado tiene una componente espacial. Cualquier programa o estrategia de rehabilitación dirigido a estas mujeres y niñas debe ir acompañado de infraestructuras y espacios que alojen, faciliten y den soporte al proceso de recuperación[6].

En los siguientes apartados se expondrán las principales consideraciones de la perspectiva de género en el urbanismo y la planificación territorial, poniendo el foco en el contexto de la reconstrucción postconflicto y en las necesidades específicas de las niñas y ex niñas soldado. Finalmente, el capítulo incluye un ejemplo de referencia que muestra la amplitud y complejidad que tiene la cuestión y, por tanto, la necesidad de abordarla de manera multidisciplinar y multilateral.

2. MUJERES Y NIÑAS EN LOS ENTORNOS CONSTRUIDOS

2.1. *El impacto diferenciado de las responsabilidades del cuidado, la conciliación y percepción de seguridad*

Existe una amplia bibliografía sobre las dimensiones de género de los entornos construidos. Un corpus teórico que comenzó a forjarse hace más de 50 años y que se ha ido consolidando hasta situarse en la actualidad como uno de los enfoques en el campo del urbanismo con mayor capacidad para aportar soluciones a retos actuales de nuestra sociedad. Sin embargo, es una mirada sobre el urbanismo y la planificación territorial conocida e integrada de manera muy desigual y heterogénea. Por un lado, existen profesionales con un elevado grado de especialización y regiones donde la transversalización del género ha alcanzado un nivel de consoli-

---

6 Boccia, T., & Sánchez de Madariaga, I. (2022). *The Advisory Group on Gender Issues (AGGI) Report.* 2012-2021.

dación considerable. Pero, por lo general, este es un enfoque todavía desconocido por muchas personas, no forma parte de la formación reglada de los y las profesionales del urbanismo y es prácticamente inexistente en la mayoría de los marcos regulatorios que configuran las políticas públicas vinculadas a la ordenación del territorio y las áreas urbanas[7].

En este apartado se recogen de manera introductoria los aspectos más relevantes al género dentro del campo de la planificación de las ciudades y el territorio poniéndolos en relación con las necesidades específicas de las niñas y ex niñas soldado. Hay dos grandes cuestiones que sintetizan las dimensiones de género del urbanismo: la división sexual del trabajo y las diferencias respecto de la percepción de inseguridad. La primera, hace referencia a las diferencias entre mujeres y hombres respecto del trabajo productivo y del trabajo reproductivo. Sobre todo, en relación con la asunción desigual de los cuidados y cómo esto se relaciona estrechamente con el fenómeno de la feminización de la pobreza o, dicho de otro modo, la pobreza relativa de las mujeres[8].

Resumidamente, las mujeres siguen siendo las principales cuidadoras según todas las estadísticas, incluso en países con una tasa de actividad situada en niveles comparables a la de los hombres. A efectos de desigualdad, la clave está en comprender que este rol de género tiene un impacto negativo en la economía y autonomía de las mujeres porque éstas suelen ser mayoría en los empleos precarios, los contratos temporales y a tiempo parcial, o las bajas y excedencias por motivos de cuidado, por citar algunos parámetros. En definitiva, por motivos muy diversos, las mujeres acumulan más barreras que los hombres para ser económicamente autónomas.

La relativa falta de autonomía económica de las mujeres y la doble carga que supone asumir el trabajo del cuidado y un empleo tiene un impacto en su relación con la ciudad. Por ejemplo, van a depender más del transporte público que los varones porque tienen muchas más dificultades para acceder a un vehículo privado. Igualmente van a depender más de la existencia y calidad de equipamientos públicos porque tienen menos probabilidad de poder costearse un seguro privado que un hombre. En ambos ejemplos influyen diversas desigualdades de género, no sólo la pobreza relativa

---

[7] Fainstein, S. S., & Servon, L. J. (2005). *Gender and planning: a reader.* Rutgers University Press. https://www.rutgersuniversitypress.org/gender-and-planning/9780813534992/

[8] Sánchez de Madariaga, I. (2004). *Urbanismo con perspectiva de género.* Junta de Andalucía.

de las mujeres. En términos generales, las mujeres tienen menor acceso a un vehículo privado tanto por motivos económicos como culturales. En muchos contextos la conducción de un vehículo es una actividad asociada, cuando no restringida, a los varones, por ejemplo. Cuando decimos que las mujeres son más dependientes de los equipamientos públicos no sólo es porque económicamente los necesitan más, sino porque hacen un mayor uso cotidiano de los mismos en su rol de principales cuidadoras y el desarrollo de las responsabilidades del cuidado en parte depende de la existencia, accesibilidad y calidad de los servicios y equipamientos públicos (centros de día, colegios, consultorios médicos, etc.).

Por otro lado, existen estudios diversos sobre las diferencias de género respecto de la seguridad real y percibida en los entornos construidos. Las mujeres tienen una mayor percepción de inseguridad que los hombres a lo largo de toda su vida, pero especialmente durante la adolescencia y la juventud. Desde los años 90 del siglo pasado diferentes profesionales y académicas del ámbito multidisciplinar del urbanismo han trabajado ampliamente con grupos de mujeres respecto de su experiencia en la ciudad, abordando de manera particular la seguridad de los espacios públicos y el sistema de transporte. En la práctica totalidad de las experiencias se ha concluido que la percepción de inseguridad es un fenómeno común entre las mujeres y que ésta es un condicionante frecuente a la hora de determinar el uso cotidiano de la ciudad, los recorridos o el modo de transporte[9].

La inseguridad en el entorno construido llega a ser determinante en la vida de las mujeres, sobre todo aquellas más vulnerables y dependientes de un buen diseño de los espacios o de una buena planificación de las rutas, los horarios, o las paradas de autobús. Puede incluso ser el condicionante para que una mujer acceda a un empleo y pueda ser autónoma económicamente. Este es el caso de muchas mujeres que optan a trabajos como empleadas del hogar o en empresas de limpieza que inician su jornada laboral de madrugada, antes de que se activen las rutas y servicios de transporte diurnos. Si no disponen de vehículo propio, la situación más habitual, la única forma de acceder a este tipo de empleos es mediante los servicios nocturnos —menos frecuentes y con menos capilaridad de rutas— o desplazándose a pie, bicicleta o patinete eléctrico a través de un espacio público que frecuentemente perciben como inseguro. Esta

---

[9] Novella Abril, I., & Sánchez de Madariaga, I. (2022). *Safety audits with women as instruments for urban regeneration: the case of Madrid.* TERRITORIO, 97, 98-103. https://doi.org/10.3280/TR2021-097013

situación no sólo afecta a la autonomía de las mujeres empleadas en este tipo de sectores, sino también a la libertad y desarrollo personal de las mujeres jóvenes y las adolescentes, por ejemplo, a la hora de volver a casa tras el ocio nocturno, al conducir una bicicleta o al hacer deporte en el espacio público.

Efectivamente, la perspectiva de género aplicada a la planificación y el diseño de los entornos construidos tiene un enfoque interseccional. Las desigualdades en base al sexo de las personas se ven agudizadas o amortiguadas por otras de naturaleza distinta. Como consecuencia, el urbanismo con perspectiva de género identifica colectivos de mujeres particularmente vulnerables si el modo en el que planificamos, diseñamos y gestionamos los asentamientos humanos no tiene en cuenta sus necesidades específicas. Dependiendo del tema sectorial que se aborde (movilidad, vivienda, equipamientos, suelo industrial, representación, etc.) los grupos de mujeres con mayor vulnerabilidad son distintos. Pero, en términos generales, uno de los colectivos de mujeres más vulnerable suele ser el de las mujeres que son o han sido víctimas de violencia machista en sus diferentes formas. Dentro de este colectivo estarían las niñas (o ex niñas) soldado, así como sus hijas o hijos dependientes, si los tuvieran.

2.2. Aspectos relevantes para mujeres y niñas soldado en la planificación del entorno construido tras los conflictos armados

Las experiencias vividas durante el conflicto armado sumadas a los desafíos que supone la reinserción en sus pueblos o ciudades de origen sitúan a las niñas y ex niñas soldado en una condición prolongada de vulnerabilidad que se caracteriza por una naturaleza múltiple pero; a la vez, con especificidades por el hecho de ser mujeres. La especificidad de las mujeres frente a la violencia y diversos tipos de vulnerabilidad es una condición recogida tanto en marcos de consenso generales, como la DEVAW-Declaración sobre la eliminación de la violencia contra la mujer (1993), como en otros más específicos como los Principios de París (2007).

Desde el punto de vista de este texto, que propone la planificación del entorno construido con perspectiva de género como una herramienta para facilitar la rehabilitación de las niñas y ex niñas soldado, caben señalar dos consideraciones incluidas en los Principios de París. Primera, la reintegración de los niños y niñas soldados ha de ser planificada debido a la complejidad de la problemática y a la necesidad de dar una respuesta integral y coordinada. Segunda, la reintegración de las niñas debe tener un carácter específico como consecuencia de la violencia sexual, la estigmatización y las barreras estructurales que enfrentan[10].

En definitiva, la rehabilitación de los niños y niñas soldados ha de estar planificada y debe incorporar la perspectiva de género. En esa planificación del proceso de rehabilitación es necesario que se incluya la dimensión espacial o, dicho de otro modo, qué implicaciones e interrelaciones tiene o debería tener la reintegración de las niñas soldado con el entorno construido. Y es aquí donde el urbanismo con perspectiva de género puede resultar de utilidad. En los siguientes párrafos se va a introducir brevemente los criterios de género aplicados al urbanismo y la planificación territorial para posteriormente señalar cuáles son los más relevantes al contexto de la reconstrucción postconflicto y al caso particular de las niñas y ex niñas soldado.

La investigación académica y la experiencia del trabajo con mujeres ha determinado qué aspectos de la planificación del entorno construido son de mayor relevancia desde la perspectiva de género. En las Tabla 1 y 2 se recogen estos aspectos clasificados en dos grandes bloques: por un lado, aquellos correspondientes a temas sectoriales o sustantivos del urbanismo y, por otro, aquellos que se relacionan con las técnicas y procesos propios de esta disciplina. Estos criterios están basados en el libro de referencia "Urbanismo con perspectiva de género" escrito por Inés Sánchez de Madariaga en 2004[11], añadiéndose algunas adaptaciones y actualizaciones derivadas de nuevas investigaciones[12/13] y, sobre todo, del avance en la transversalización del género en el urbanismo español[14/15].

---

10 UNICEF. (2007). *Los Principios de París. Principios y directrices sobre los niños asociados a fuerzas armadas o grupos armados.* Naciones Unidas.

11 Sánchez de Madariaga, I. (2004). *Urbanismo con perspectiva de género.* Junta de Andalucía.

12 Sánchez de Madariaga, I., & Roberts, M. (2016). *Fair shared cities: the impact of gender planning in Europe* (I. Sánchez de Madariaga & M. Roberts, Eds.). Routledge.

13 Sánchez de Madariaga, I., & Neuman, Michael. (2020). *Engendering cities: designing sustainable urban spaces for all.* Routledge. https://www.routledge.com/Engendering-Cities-Designing-Sustainable-Urban-Spaces-for-All/deMadariaga-Neuman/p/book/9780815391746

14 Sánchez de Madariaga, I., & Novella Abril, I. (2020). "Género y urbanismo en España: experiencias y perspectivas". *Ciudad y Territorio,* (203), 5-12.

15 Sánchez de Madariaga, I. (2023). "Género y urbanismo en España: una taxonomía de las experiencias". En F. Garrido López, E. Escudero López, & R. Martínez Gutiérrez (Eds.), *Arquitectura con arquitectas* (pp. 174-189). Ediciones Asimétricas.

Tabla 1. Criterios relevantes al género en el urbanismo: temas sectoriales

Perspectiva de género en el urbanismo: TEMAS SECTORIALES	
Movilidad y Transporte:	• Seguro • Accesible (física y económicamente) • Prioridad al transporte público y la movilidad peatonal, integrando la "movilidad del cuidado" (rutas, horarios, combinaciones, ergonomía)
Espacio público y seguridad	• Soporte para la movilidad activa • Soporte para actividades cotidianas en el exterior • Alineado con los 6 Principios de Canadá[16] • Renaturalización y respuesta a riesgos climáticos
Vivienda	• Favorecer el acceso a hogares vulnerables: diferentes mecanismos y modos de tenencia. • Tipologías: diversas, flexibles y versátiles • Unidades y edificios de apoyo a la vida cotidiana y a la autonomía de las personas • Entornos residenciales seguros y bien conectados • Reserva específica de alojamientos para mujeres víctimas de la violencia machista. • Innovación a través de los alojamientos dotacionales
Actividad económica	• Zonas de actividad económica accesibles e integradas en los tejidos urbanos • Espacios públicos seguros y amables • Evitar monofuncionalidad • Planificar el tejido industrial pensando en la versatilidad y adaptación a diferentes sectores
Equipamientos	• Prioridad a los de uso cotidiano y vinculados a los cuidados • Bien conectados en transporte público y a pie. • Buena relación con el entorno urbano • Edificios flexibles que integren funciones complementarias • Equipamientos específicos para la mujer
Comercio	• Favorecer el comercio local frente a grandes superficies: desde la planificación del suelo, la regulación de los edificios, el diseño urbano y la planificación del transporte

16 Los 6 Principios de Canadá (o Montreal) resumen los criterios que debe reunir el diseño de los entornos urbanos para resultar seguros, especialmente desde la perspectiva de las mujeres y niñas. Son el resultado de procesos participativos e investigación académica desarrollada en la década de 1990 en diversas ciudades canadienses. El documento original ("Guide d'aménagement pour un environnement urbain sécuritaire") fue elaborado por el ayuntamiento de Montreal en 2002, estos criterios se han introducido en otros manuales y siguen estando en vigor. Véase el apartado de bibliografía para la referencia completa.

Ocio y deporte	• Favorecer el deporte femenino: equipamientos deportivos versátiles e inclusivos, equipación *ad hoc* del espacio público, etc. • Facilitar el ocio de las mujeres y niñas, prestando especial atención a la seguridad durante la noche

Tabla 2. Criterios relevantes al género en el urbanismo: técnicas y procesos

Perspectiva de género en el urbanismo: TÉCNICAS Y PROCESOS	
Información de base y diagnósticos	• Cuantitativa: datos estadísticos con datos desagregados por sexo e indicadores de género. • Cualitativa: consultas, estudios previos, etc.
Participación	• Participación de mujeres diversas en consultas ciudadanas. • Organización de acciones específicamente dirigidas a mujeres y para tratar cuestiones relevantes a su realidad y necesidades
Clasificación y calificación del suelo	• Modelos de ciudad compacta, policéntrica y de proximidad • Impulsar la mezcla de usos y actividades. • Vincular la ordenación del suelo con la planificación del transporte
Inversión y fiscalidad	• Promover la reserva de suelo público como base para otras políticas: económicas, industriales, de vivienda, etc. • Establecer incentivos para introducir el género en el planeamiento municipal
Representación en la toma de decisiones	• Paridad de sexos en equipos técnicos y en puestos de liderazgo • Reconocimiento de la aportación de las mujeres al patrimonio cultural, paisajístico, arquitectónico, etc.
Evaluación, indicadores y seguimiento	• Evaluaciones de impacto de género (ex ante y ex post) • Establecer indicadores ad hoc para evaluar los resultados con perspectiva de género
Acción de las instituciones	• Interna: capacitación y formación, coordinación interinstitucional y compromiso político • Externa: campañas de concienciación y de difusión de resultados, publicaciones, premios y reconocimientos, etc.

Estos criterios son de carácter genérico y, a la hora de implementar cualquier iniciativa sobre el entorno construido, deben adaptarse al menos a:

- **las características del lugar:** si se trata de un entorno urbano o rural, el contexto geográfico, climático y sociopolítico, etc. En el caso de las niñas soldado es determinante la situación de postconflicto, y tener en cuenta el nivel de destrucción de las infraestructuras y las edificaciones.
- **el tipo de proyecto o plan:** si se trata de un plan territorial o de escala urbana, si se trata de un proyecto con determinaciones estructurales o pormenorizadas, si actúa sobre un tema sectorial o sobre varios, etc. En el caso de las niñas soldado, será importante conocer qué planificación de reconstrucción se está proponiendo.

- **el grupo o grupos de mujeres que sean de particular interés**: y, consecuentemente, aplicar la mirada interseccional. Las niñas soldado son uno de los grupos de interés en los contextos postconflicto y los procesos de reconstrucción. Podrían serlo también las mujeres mayores, las familias monomarentales, las mujeres con discapacidad, entre otras posibles.

Por tanto, en el tema que nos ocupa, el foco se pone en transversalizar las necesidades específicas de las niñas y ex niñas soldado en planes y proyectos de reconstrucción que se desarrollen en un territorio que ha padecido un conflicto armado.

Las necesidades específicas de las niñas soldado tras un conflicto armado que se han determinado desde organismos multilaterales[17], el sector de la cooperación[18/19/20] y el ámbito académico[21/22] son de naturaleza diversa y abarcan la práctica totalidad de ámbitos sobre los que operan los procesos de paz, en general, y la rehabilitación de los niños y niñas soldado, en particular. Uno de esos ámbitos es precisamente la reconstrucción de las infraestructuras físicas y la planificación urbana de las áreas urbanas tras un conflicto armado[23].

Sin embargo, las líneas de actuación para la rehabilitación de los niños y niñas soldado no suelen estar coordinadas suficientemente con las líneas de actuación enfocadas a reconstruir física o espacialmente las ciudades

---

17 Naciones Unidas. (2022). *The Gender Dimensions of Grave Violations Against Children In Armed Conflict.*

18 Chaffin, J. (2019). *No Choice. A Research Report.*

19 Coulter, C., Persson, M., & Utas, M. (2008). *Young female fighters in African wars: conflict and its consequences* (NAI Policy Dialogue, Issue 3). Nordiska Afrikainstitutet.

20 Tefferi, H. (2003). *Reintegration and Gender.* Save the Children.

21 Abril Stoffels, R. (2019). "The role of the CEDAW Committee in the implementation of public policies on gender issues: analysis through a study of the protection of girls' rights in Spain". The International Journal of Human Rights, 23(8), 1317-1336. https://doi.org/10.1080/13642987.2019.1603144

22 Stevens, A. J. (2014). "The invisible soldiers: understanding how the life experiences of girl child soldiers impacts upon their health and rehabilitation needs". *Archives of Disease in Childhood,* 99(5), 458-462. https://doi.org/10.1136/archdischild-2013-305240

23 Czarnecki, B., & Chodorowski, M. P. (2021). "Urban Environment during Post-War Reconstruction: Architectural Dominants and Nodal Points as Measures of Changes in an Urban Landscape". *Land,* 10(10), 1083. https://doi.org/10.3390/land10101083

que han sufrido un conflicto armado. Las acciones aisladas y/o sectoriales suelen caracterizar los modelos tradicionales de la acción humanitaria dificultando el desarrollo de respuestas multidimensionales e integrales que puedan hacer frente a la complejidad de la situación. Además, estos modelos dificultan también la incorporación de cuestiones transversales, como la perspectiva de género. En este sentido, nuevos enfoques como el que plantea el Triple Nexo Humanitario-Desarrollo-Paz (HDPN, por sus siglas en inglés) se consideran más avanzados y con mayor capacidad para responder a la complejidad de las crisis humanitarias[24].

En los siguientes apartados se ponen en relación las principales dimensiones de género de la reintegración de niñas soldado que se han identificado en la bibliografía consultada con aspectos propios de la planificación del entorno construido. Con ello se pretende facilitar la interacción entre ambas líneas o áreas de actuación y contribuir a la consolidación de enfoques integrales como el planteado por el marco del HDPN.

a) Violencia sexual: la principal diferencia durante el conflicto

Descripción: La experiencia de niños y niñas durante el conflicto es diferenciada, siendo la violencia sexual la principal diferencia de género. Las niñas comparten con los niños algunas experiencias (participación en combate, trabajos forzados y violencia física), pero sufren otros específicos basados en la violencia sexual. Las niñas sufren esclavitud sexual, matrimonios forzados y embarazos no deseados.

Consideraciones desde el enfoque de la reintegración: Programas de reintegración de niños/as soldados deben incluir líneas de acción específicas para la atención a los traumas causados por las violencias sexuales. Desde el punto de vista del derecho, debe establecerse un reconocimiento legal de las violencias específicas sufridas por las niñas soldado.

Consideraciones desde el enfoque del urbanismo: Las violencias sexuales agravan la percepción de inseguridad de las mujeres en el entorno construido, especialmente en el espacio público y el sistema de transporte.

Las mujeres y niñas que han sufrido violencia sexual ven limitada su autonomía en la ciudad que pasa a estar condicionada por las condiciones y características de los viarios y de las infraestructuras de transporte.

Es por tanto necesario que el proceso de rehabilitación de las niñas soldado tenga lugar en entornos urbanos seguros, especialmente aquellos

---

[24] Boschiero, E. (2025). *El enfoque del Triple Nexo desde una perspectiva de género.*

que necesitan usar a diario: su vivienda y su barrio, los equipamientos y servicios a los que acudan (centro médico, escuela, etc.) y el sistema de movilidad que empleen para ello, incluidos los espacios públicos que recorran a pie y donde se ubiquen las estaciones o paradas de transporte público.

b) Impacto psicológico del conflicto más complejo y con especificidades

Descripción: Además del estrés postraumático, la ansiedad, la agresividad y dificultades para lograr reinsertarse en su comunidad, las niñas sufren más depresión y mayor riesgo de suicidio que los niños. A ello contribuyen los sentimientos de vergüenza y de culpa derivados de la violencia sexual experimentada y que genera tanto numerosos traumas sexuales prolongados como apegos traumáticos hacia los captores.

Consideraciones desde el enfoque de la reintegración: Los programas de atención psicológica y para la salud mental en los que participen niñas y ex niñas soldados deben incluir terapia especializada en violencia sexual. Es conveniente también el contacto y el apoyo de otras mujeres que han experimentado vivencias similares a través de mentorías o grupos de apoyo entre sobrevivientes. La terapia psicológica debe también abordar la autoestima y la capacidad de resiliencia.

Consideraciones desde el enfoque del urbanismo: Sumado a lo comentado en el punto anterior sobre la percepción de inseguridad, es importante que los espacios donde se proporcione estas terapias estén situados en lugares seguros y sean accesibles de manera económica y segura desde la vivienda u otros lugares frecuentados por la niña en proceso de rehabilitación. Es importante que el diseño de los espacios acompañe al proceso de recuperación generando espacios de intimidad (consultas, despachos, cabinas, etc.) pero también espacios comunitarios donde organizar terapias grupales, actividades dirigidas a la comunidad, etc.

Idealmente, los centros que ofrezcan terapia psicológica deberían facilitar la conciliación y una movilidad eficiente. Por tanto, podrían situarse cerca o compartiendo edificio con otros servicios dirigidos a estas niñas o mujeres, incluso incorporar alojamientos para los casos de mayor vulnerabilidad.

c) Mayor estigmatización social

Descripción: Aunque la estigmatización por su militarización o la violencia cometida es frecuente entre los niños soldados, las niñas sufren una estigmatización añadida por causa de la violencia sexual sufrida durante el conflicto. Debido a las normas culturales, sus comunidades suelen considerarlas "impuras" por haber sido madres y esposas involuntarias o esclavas sexuales.

Consideraciones desde el enfoque de la reintegración: Para combatir la mayor estigmatización que sufren las niñas soldado es necesario no sólo trabajar con ellas sino también con su comunidad y con la diversidad de agentes que planifican y diseñan los programas de paz y reintegración. Son necesarias campañas de concienciación sobre las particularidades de las niñas soldado, los derechos humanos y la violencia de género. También es necesario dar visibilidad para dar a conocer la problemática, combatir sesgos y estereotipos de género y reducir el estigma. La mediación familiar es también necesaria en muchas ocasiones.

Consideraciones desde el enfoque del urbanismo: Es necesario que en la formación de los distintos agentes y entidades que intervienen en los procesos de reconstrucción de ciudades postconflicto se incluya información sobre las necesidades específicas de las niñas soldados y su relación con el entorno construido. Igualmente, en los foros sectoriales sobre el hábitat y la reconstrucción (congresos, eventos, encuentros políticos) se dé visibilidad a la situación particular de las mujeres y niñas, en especial aquellas que sufren una vulnerabilidad extrema, como las niñas soldado.

Los espacios y edificios que se proyecten dirigidos a la recuperación de las niñas soldados deberán tener en cuenta la relación con la comunidad y favorecer la interactuación y la paulatina aceptación de las niñas. Por ejemplo, siempre que su seguridad lo permita, es conveniente situar equipamientos o servicios dirigidos a las niñas soldado en zonas consolidadas y de afluencia de personas, o bien compartiendo espacios con otros equipamientos dirigidos a la comunidad en general (equipamientos mixtos). Como se comenta anteriormente, incluir espacios de socialización y encuentro con la comunidad, además de otros de mayor intimidad.

Los aspectos simbólicos del entorno construido son también herramientas que pueden ayudar a los procesos de paz y también a la aceptación de las niñas soldado por parte de su comunidad. Esta línea de trabajo es muy amplia y variada pudiendo incluir entre otras acciones el arte urbano en el espacio público (murales, *yarn bombing*, instalaciones, esculturas, etc.) o la asignación de nombres estratégicos a espacios y edificios comunitarios (plaza de las niñas soldado, parque de la paz, etc.).

d) Problemas de salud física adicionales

Descripción: Además de los problemas de salud que comparten con los niños (lesiones por combate, enfermedades infecciosas y desnutrición), las niñas soldado tienen más enfermedades de transmisión sexual, complicaciones durante los embarazos y los partos y distintos tipos de secuelas ginecológicas.

Consideraciones desde el enfoque de la reintegración: Los problemas de salud física de las niñas soldado requieren de una atención médica integral que incluya servicios de salud reproductiva, ginecológica y materno-infantil. Es importante que el personal sanitario tenga capacitación en atención a víctimas de violencia sexual. Suele ser necesaria una atención a la salud física combinada con la de salud mental.

Consideraciones desde el enfoque del urbanismo: Es importante que los equipamientos que presten servicios sanitarios a las niñas soldado puedan ofrecer una respuesta integral a sus necesidades específicas. Deben hacerlo, además, siguiendo las características espaciales descritas en los puntos anteriores: ubicarse en lugares con un entorno construido seguro y fácilmente accesibles a pie o en transporte público. Deben tener espacios con distintos niveles de privacidad e incluir espacios (interiores o exteriores) para facilitar la relación con la comunidad. Puede ser conveniente que se combinen o estén próximos a otro tipo de equipamientos que sean complementarios durante el proceso de rehabilitación de las niñas soldado. Por ejemplo, con los centros educativos donde vayan sus hijos/as o donde ellas reciban capacitación. Si el contexto y la seguridad de las niñas lo permite, pueden formar parte de equipamientos sanitarios genéricos como otra vía para dar visibilidad a su realidad y normalizar su presencia y necesidades.

e) Barreras adicionales para su autonomía, empoderamiento y liderazgo

Descripción: Los niños y niñas soldados tienen deficiencias educativas y, frecuentemente, problemas de alfabetización. Esto dificulta su reintegración, empleabilidad y autonomía económica. Las niñas soldado, además, sufren barreras adicionales para su educación y capacitación por el estigma social y por los roles de género que les asignan el cuidado de los hijos/as y del trabajo doméstico. Esto supone mayor dificultad para lograr un empleo, ser autónomas económicamente y completar el proceso de reinserción.

Los roles de género afectan también a su capacidad de liderazgo y empoderamiento dentro de su comunidad, lo que dificulta la visibilidad, capacidad de agencia y representación en la toma de decisiones tanto de forma individual como colectivo.

Consideraciones desde el enfoque de la reintegración: Las barreras adicionales a las que se enfrentan las niñas soldado están en buena medida basadas en discriminaciones y desigualdades de género. En términos generales, las niñas soldado van a requerir mayor ayuda y acciones específicas. Respecto a su educación esta debe tener en cuenta los roles de género, especialmente si tienen menores a su cargo. Por tanto, los programas de capacitación para niñas soldado deberán prever la necesidad de conciliación y la mayor vulnerabilidad social y económica de las niñas. También los programas educativos deberán tener en cuenta las preferencias de mujeres y hombres en los temas formativos.

La mayor dificultad de las niñas soldado para ser autónomas económicamente las convierte en más dependientes de las acciones a favor de la reconstrucción y del proceso de paz, además de los temas de formación y capacitación (servicios sanitarios, alojamiento, seguridad, etc.)

Todo ello se relaciona directamente con las dificultades añadidas que las niñas soldado tienen para formar parte de la toma de decisiones respecto del proceso de reconstrucción y de paz. Es necesario, por tanto, introducir acciones específicas a favor del liderazgo femenino juvenil y diseñar los procesos de consulta y la participación comunitaria de tal forma que se facilite su representación.

***Consideraciones desde el enfoque del urbanismo*:** Las acciones para facilitar la autonomía de las niñas soldado tienen implicaciones en distintos aspectos de la planificación del entorno construido. En términos generales, supone asumir que, entre otras cuestiones, las niñas soldado van a ser más dependientes de los equipamientos y del transporte público, así como de las medidas para facilitar el acceso a una vivienda digna. Por tanto, en la planificación de todos estos componentes del entorno construido será necesario incorporar la perspectiva de género y, particularmente, las necesidades de este colectivo de niñas y mujeres.

Los equipamientos educativos, como se ha indicado para otro tipo de equipamientos, deberán ubicarse en lugares seguros y accesibles. Para facilitar la conciliación, los equipamientos deberán incluir espacios para el cuidado de menores o situarse cerca de colegios, ludotecas o jardines de infancia. En la distribución y diseño de los espacios deberá preverse la enseñanza de ramas educativas correspondientes a sectores laborales del interés de las mujeres y equiparlas debidamente. Es importante que los espacios exteriores de juegos fomenten una participación inclusiva y no favorezcan que un único grupo (generalmente niños) ocupe la mayoría del espacio, por ejemplo, jugando al fútbol.

La mayor vulnerabilidad de las niñas soldado afecta también a la planificación de la vivienda. Será necesario prever viviendas que acompañen a estas niñas y mujeres en las distintas fases de recuperación y reinserción. Desde viviendas para situaciones de emergencia, hasta apartamentos tutelados para fases más avanzadas. Es importante que se planifiquen soluciones residenciales variadas que permitan alojar a niñas soldados en diferente situación (con y sin hijos/as, bajo amenazadas o no, con enfermedad o discapacidad, etc.). La ubicación de los edificios residenciales es un aspecto relevante y puede resultar determinante en el proceso de rehabilitación de las niñas soldado. Las viviendas deben estar localizadas en zonas seguras, con buen transporte público y, preferiblemente, cerca de los equipamientos y servicios que van a estar utilizando durante el proceso de recuperación.

Es conveniente que los edificios residenciales dirigidos a la integración de las niñas soldado tengan espacios colectivos orientados a reforzar el proceso de rehabilitación. Por ejemplo, ser de usos mixtos y albergar en las plantas inferiores algunos de los servicios que suelen requerir estas mujeres y niñas: sanitarios, sociales, educativos, etc. La relación espacial de estos edificios residenciales con el entorno urbano cercano debe cuidarse, de modo que se facilite la interacción entre la comunidad y las niñas soldado.

Por último, si se va a planificar o programar suelo de actividad económica, o edificios de uso terciario, sería conveniente coordinar su planificación con las líneas que se estén abriendo para la capacitación y empleabilidad de las niñas soldado. Es decir, coordinar el tipo de formación que se va a desarrollar con el tipo de espacios (edificios, parcelas, comercios, etc.) que se van a planificar y construir para albergar actividad económica. El objetivo es que las actividades económicas en las que puedan emplearse o emprender las mujeres estén atendidas también desde la planificación espacial (edificios de talleres, cooperativas, comercios colaborativos, etc.). El suelo terciario o industrial deberá tener en cuenta los criterios de género: ubicarse en lugares accesibles y seguros, bien comunicados, tratando de evitar áreas monofuncionales y previendo las necesidades de conciliación.

f) Mayor riesgo de revictimización

Descripción: Los niños y niñas soldados tienen mayor riesgo de volver a experimentar la violencia, la marginalidad y el maltrato. Las niñas tienen además riesgo de caer en la explotación sexual y el tráfico de personas. Están también más expuestas a la violencia doméstica que otras niñas y mujeres y a sufrir matrimonios forzados. El riesgo de revictimización no sólo es mayor, sino que también se prolonga más en el tiempo.

Consideraciones desde el enfoque de la reintegración: El mayor riesgo de revictimización de las niñas soldado implica una atención específica y más compleja que generalmente la de los niños, pero también más prolongada en el tiempo. Así pues, deben establecerse programas de seguimiento durante el tiempo que se considere necesario. La extensión del proceso de recuperación conlleva muchas veces la necesaria colaboración de la comunidad, los familiares, mentores/as u otras redes de apoyo que puedan ser sostenibles durante el tiempo que requiera la rehabilitación. Es necesario monitorizar la evolución y advertir cualquier riesgo de revictimización, especialmente los relacionados con la violencia sexual.

Consideraciones desde el enfoque del urbanismo: Además de planificar con perspectiva de género los equipamientos y servicios propios de cualquier ciudad o territorio, así como el entorno construido, en contextos como el postconflicto es conveniente la planificación y puesta en marcha de centros integrales de atención específica a las mujeres, incluyendo las niñas soldado. Es una manera eficiente de proveer una respuesta integral y de una forma cómoda y segura para las mujeres. Al igual que lo comentado para equipamientos y zonas residenciales, es clave que estos centros estén ubicados en áreas consolidadas, seguras y accesibles. El modelo, tamaño y tipo de servicios que estos centros especializados tengan dependerá del contexto y las necesidades que se desee cubrir.

Para facilitar la generación de redes de apoyo, especialmente entre la propia comunidad de las niñas soldado, es importante que la planificación del entorno construido facilite el encuentro y la interacción. Para ello, deben preverse espacios públicos estanciales, bien diseñados y equipados. Las indicaciones aportadas para otros equipamientos, la planificación del suelo y la edificación de actividad económica y de la vivienda deben también favorecer la creación de espacios para la interacción de la comunidad con estas mujeres y, en espacial, entre mujeres.

g) Procesos de paz ciegos al género

Descripción: Los modelos tradicionales para programas de desarme, desmovilización y reintegración (DDR) fueron diseñados para hombres y niños. Estos modelos siguen operando y condicionando los procesos de paz y de rehabilitación de niños soldado, dejando sin atender las necesidades específicas de las niñas soldado o haciéndolo de manera parcial.

Consideraciones desde el enfoque de la reintegración: Los sesgos y estereotipos de género están presentes también en los programas que los programas de DDR y de reintegración de niños y niñas soldado. Es frecuente que las niñas y mujeres sean consideradas como "seguidoras" o miembros voluntarios de algunas de las partes del conflicto, y no como niñas que han sido reclutadas forzosamente y posteriormente abusadas.

Enfoques como este dificultan que se planifiquen los programas de reintegración con perspectiva de género y no se incluyen acciones específicas para responder a las necesidades de las niñas soldado.

Consideraciones desde el enfoque del urbanismo: La invisibilidad de las niñas soldado en los programas de desarme y reintegración tiene implicaciones en la planificación de la reconstrucción física de las ciudades y territorios que han sufrido un conflicto armado. Entre otras implicaciones, los sesgos de género en la reconstrucción implican que no se atiendan o se consideren prioritario la construcción de equipamientos básicos del cuidado o que no se preste atención a la necesidad de que el entorno construido sea y se perciba como seguro. Es frecuente que la falta de perspectiva de género comprometa el éxito en la planificación de la movilidad.

3. LOS CENTROS DE ATENCIÓN INTEGRAL A LA MUJER COMO EQUIPAMIENTO ESTRATÉGICO PARA REHABILITACIÓN DE LAS NIÑAS SOLDADO. PROPUESTAS DESDE EL URBANISMO

Los equipamientos que integran servicios especializados de atención a la mujer han demostrado ser una herramienta efectiva para transversalizar diferentes políticas públicas e iniciativas a favor de la igualdad de oportunidades, especialmente en países en vías de desarrollo u otros contextos de desigualdad social entre los que podría incluirse los territorios que han experimentado conflictos armados o la violencia debida a otras causas (narcotráfico, mafias, terrorismo, etc.)[25].

El proyecto Ciudad Mujer en El Salvador es uno de los modelos más representativos. Se trata de un programa del Gobierno de El Salvador en colaboración con el Banco Interamericano de Desarrollo (BID) y la Agencia Española de Cooperación (AECID) iniciado en 2011 con el objetivo de mejorar la calidad de vida de las mujeres mediante un modelo de atención integral. El modelo "Ciudad Mujer" se caracteriza por la concentración en

---

25 Bustelo, M., Martínez, S., Pérez Millard, M., & Rodríguez Silva, J. (2016). *Evaluación de Impacto del Proyecto Ciudad Mujer en El Salvador.*

un mismo espacio de servicios especializados en salud sexual y reproductiva, atención a la violencia de género, promoción de la autonomía económica, educación comunitaria y asesoría legal. Es un modelo que responde en buena medida a las necesidades específicas que se han identificado para la rehabilitación de las niñas soldado. Se propone, por tanto, como un ejemplo de referencia en el que poder basar la respuesta a los contextos de postconflicto desde el ámbito del urbanismo teniendo en cuenta la perspectiva de género interseccional y, en especial, las necesidades de colectivos particularmente vulnerables como las niñas soldado.

La evaluación de impacto realizada sobre este modelo por Bustelo, Martínez, Pérez y Rodríguez en 2016 evidencia resultados positivos en diversos ámbitos. Se destacan mejoras significativas en el acceso a servicios de salud preventiva y reproductiva, empoderamiento y en materia de violencia de género. Los avances en autonomía económica fueron más modestos, pero se concluye que las acciones de formación y empleabilidad contribuyeron al fortalecimiento de capacidades individuales y a la inserción laboral de algunas usuarias. Sin embargo, la evaluación del modelo identifica ciertas limitaciones y áreas de mejora.

En primer lugar, se observa que el alcance del programa resultó limitado para mujeres en zonas rurales o con dificultades de movilidad, lo cual compromete la cobertura y equidad territorial del modelo y excluye a quienes tienen menos recursos para desplazarse hasta los centros. En parte, esto es debido a la ubicación de los centros de Ciudad Mujer, muchos situados en localizaciones apartadas de los núcleos urbanos, dependiendo sólo de desplazamientos a motor o en transporte colectivo de cobertura limitada. Los centros tampoco incluyen alojamientos de ningún tipo por lo que no es posible dar cobertura a mujeres con riesgo de exclusión residencial, emergencias habitacionales o dar la posibilidad de alojar circunstancialmente a mujeres que se desplacen desde zonas rurales o alejadas de los centros.

Asimismo, el impacto en la autonomía económica mostró efectos de corto plazo, lo que sugiere la necesidad de robustecer los programas de empleabilidad, acceso a financiamiento y apoyo productivo. A ello se suma el desafío de garantizar la sostenibilidad institucional y financiera de un modelo que requiere de alta coordinación interinstitucional y recursos continuos. Una posible solución desde el ámbito de la planificación urbana es incorporar en los centros o en sus proximidades suelo o espacios para el desarrollo empresarial, el emprendimiento u otras formas de actividad económica que puedan contribuir a la autonomía de las mujeres y niñas soldado. Por otro lado, incluir este tipo de centros de atención integral dentro de los estándares urbanísticos podría contribuir a su estabilidad y mantenimiento al formar parte de la regulación urbanística y territorial y permitiendo una planificación más integrada del modelo.

El modelo integral de Ciudad Mujer es posible gracias a la implicación de múltiples servicios y áreas de la política pública. Sería aconsejable, en base a todo lo expuesto anteriormente, que también se involucrasen las áreas o departamentos encargados de la planificación territorial y urbanística. Su incorporación facilitaría la integración de los centros en el tejido urbano consolidado en las estrategias de movilidad. También se facilitaría una mejor conectividad e interrelación con los sistemas de transporte y sería más sencillo la coordinación con otros usos y actividades, especialmente otros equipamientos complementarios y las áreas de actividad económica. Sería necesario la participación específica de las áreas competentes en materia de vivienda, ya sea desde la planificación espacial o desde las políticas de socioeconómicas, para completar los servicios del modelo "Ciudad Mujer" con diferentes soluciones habitacionales que hagan frente al riesgo de exclusión residencial de las mujeres y niñas con mayor vulnerabilidad.

La figura 1 representa una versión adaptada del modelo de organización original del programa modelo "Ciudad Mujer", correspondiente al funcionamiento" desarrollado por el Gobierno de El Salvador de estos centros entre los años 2011 y 2019. En letra cursiva y acompañadas de un asterisco (*). Se han añadido aquellas consideraciones que desde el ámbito del urbanismo con perspectiva de género interseccional pueden contribuir a mejorar el modelo y, sobre todo, a adecuarlo a las necesidades de los grupos de mujeres especialmente más vulnerables o con necesidades específicas, entre los que se incluyen las niñas soldado.

Las propuestas de mejora abordan aspectos del enfoque del modelo, extendiendo el concepto de "integración" a la componente física o espacial, teniendo en cuenta la escala territorial. Las propuestas se relacionan también con qué áreas de la política pública deberían intervenir, qué tipo de espacios y servicios se incluyen, y qué consideraciones de tipo arquitectónico o urbanístico deben formar parte de las características de los equipamientos de atención integral y estratégica para mujeres y niñas en situación de vulnerabilidad.

Figura 1. Esquema de organización funcional y espacial de un centro de atención integral para mujeres y niñas. Realizado por la autora a partir del modelo "Ciudad Mujer" de El Salvador y adaptándolo a las conclusiones del artículo en base a una mayor integración del urbanismo con perspectiva de género en el modelo.

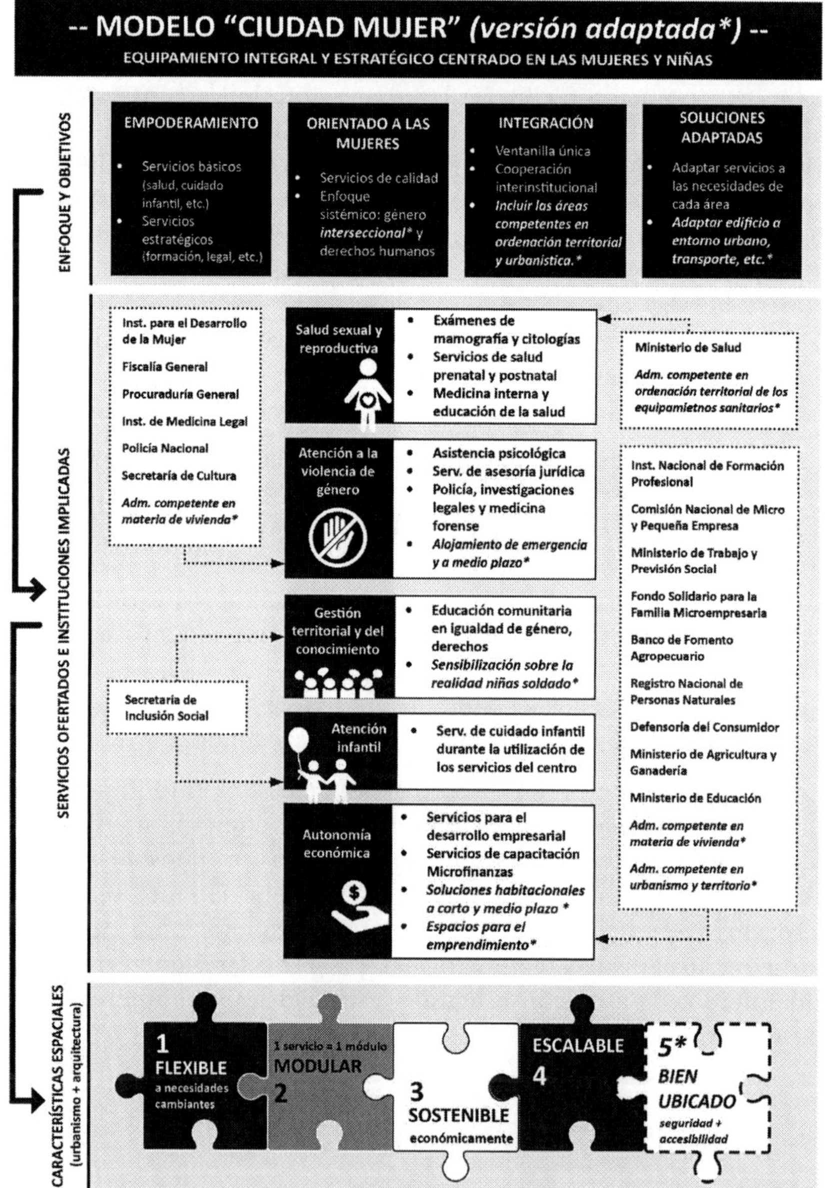

* los elementos con asterisco (*) y en cursiva son propuestas de la autora para adaptar el modelo Ciudad Mujer a las necesidades de las niñas soldado, dando una mejor respuesta a las dimensiones espaciales de los procesos de rehabilitación y reconstrucción postconflicto.

4. CONCLUSIONES

Este capítulo pone de manifiesto que los procesos de rehabilitación de las niñas y ex niñas soldado no puede desvinculase de la planificación del entorno construido. La reintegración de este colectivo no sólo implica aspectos psicosociales, jurídicos o sanitarios, sino también de carácter urbanístico ya que la vivienda, el transporte, la seguridad de los entornos y los equipamientos condicionan de manera directa sus posibilidades de recuperación y autonomía. El urbanismo con perspectiva de género permite reconocer estas interrelaciones y situar las necesidades de las niñas soldado como una componente transversal en las estrategias de reconstrucción de las ciudades y territorios en contextos de postconflicto.

Asimismo, el capítulo demuestra que la coordinación entre programas de paz, iniciativas de reintegración y políticas de planificación territorial es esencial para superar los enfoques sectoriales que históricamente han limitado la acción humanitaria. Modelos como el de Ciudad Mujer en El Salvador ilustran el potencial de los equipamientos integrales para articular servicios sanitarios, jurídicos, sociales y de capacitación, aunque también revelan las limitaciones que persisten en términos de cobertura territorial, sostenibilidad y autonomía económica. Su adaptación a contextos postconflicto y a colectivos altamente vulnerables, como las niñas soldado, requiere ampliar el concepto de integración para incluir dimensiones espaciales y urbanísticas que tengan en cuenta su especial dependencia de los sistemas de transporte colectivo, de las iniciativas de acceso a la vivienda y de las condiciones de seguridad de los entornos construidos.

Finalmente, se concluye que la rehabilitación efectiva de las niñas soldado exige un enfoque multidisciplinar en el que el urbanismo con perspectiva de género actúe como una política pública estratégica. Ello implica reconstruir las ciudades y territorios de modo que ofrezcan entornos seguros, accesibles y equitativos, capaces de acompañar los procesos individuales y colectivos de recuperación. Incorporar estas consideraciones en la planificación urbana y territorial no solo fortalece la resiliencia y autonomía de las niñas soldado, sino que contribuye también a la construcción de comunidades más inclusivas y justas en escenarios de postconflicto.

5. BIBLIOGRAFÍA

Abril Stoffels, R. (2019). The role of the CEDAW Committee in the implementation of public policies on gender issues: analysis through a study of the protection of girls' rights in Spain. *The International Journal of Human Rights, 23*(8), 1317-1336. https://doi.org/10.1080/13642987.2019.1603144

Boccia, T., & Sánchez de Madariaga, I. (2022). *The Advisory Group on Gender Issues (AGGI) Report. 2012-2021.*

Boschiero, E. (2025). *El enfoque del Triple Nexo desde una perspectiva de género.*

Bustelo, M., Martínez, S., Pérez Millard, M., & Rodríguez Silva, J. (2016). *Evaluación de Impacto del Proyecto Ciudad Mujer en El Salvador.*

Chaffin, J. (2019). *No Choice. A Research Report.*

Coulter, C., Persson, M., & Utas, M. (2008). *Young female fighters in African wars: conflict and its consequences* (NAI Policy Dialogue, Issue 3). Nordiska Afrikainstitutet.

Czarnecki, B., & Chodorowski, M. P. (2021). Urban Environment during Post-War Reconstruction: Architectural Dominants and Nodal Points as Measures of Changes in an Urban Landscape. *Land, 10*(10), 1083. https://doi.org/10.3390/land10101083

Fainstein, S. S., & Servon, L. J. (2005). *Gender and planning: a reader.* Rutgers University Press. https://www.rutgersuniversitypress.org/gender-and-planning/9780813534992/

Michaud, A., & Paquin, S. (2002). *Pour un environnement urbain sécuritaire: guide d'aménagement.* Ville de Montréal.

Naciones Unidas. (2018). *The World's Cities in 2018.*

Naciones Unidas. (2022). *The Gender Dimensions of Grave Violations Against Children In Armed Conflict.*

Novella Abril, I. (2018). Género y planificación urbana en la construcción de la agenda internacional para el desarrollo sostenible. De Estocolmo 1972 a Quito 2016. *Kult-Ur Revista Interdisciplinària Sobre La Cultura de La Ciutat,* 4(8), 93-114. https://doi.org/10.6035/Kult-ur.2017.4.8.3

Novella Abril, I., & Sánchez de Madariaga, I. (2022). Safety audits with women as instruments for urban regeneration: the case of Madrid. *TERRITORIO, 97,* 98-103. https://doi.org/10.3280/TR2021-097013

ONU Hábitat. *The Quito Papers and the New Urban Agenda (First edition).* (2018), Routledge.

Sánchez de Madariaga, I. (2004). *Urbanismo con perspectiva de género.* Junta de Andalucía.

Sánchez de Madariaga, I. (2023). Género y urbanismo en España: una taxonomía de las experiencias. In F. Garrido López, E. Escudero López, & R. Martínez Gutiérrez (Eds.), *Arquitectura con arquitectas* (pp. 174-189). Ediciones Asimétricas.

Sánchez de Madariaga, I., & Roberts, M. (2013). *Fair shared cities: the impact of gender planning in Europe* (I. Sánchez de Madariaga & M. Roberts, Eds.) [Book]. Routledge

Sánchez de Madariaga, I., & Neuman, Michael. (2020). *Engendering cities: designing sustainable urban spaces for all.* Routledge. https://www.routledge.com/Engendering-Cities-Designing-Sustainable-Urban-Spaces-for-All/deMadariaga-Neuman/p/book/9780815391746

Sánchez de Madariaga, I., & Novella Abril, I. (2020). Género y urbanismo en España: experiencias y perspectivas. *Ciudad y Territorio, 203*, 5-12.

Stevens, A. J. (2014). The invisible soldiers: understanding how the life experiences of girl child soldiers impacts upon their health and rehabilitation needs. *Archives of Disease in Childhood, 99*(5), 458-462. https://doi.org/10.1136/archdischild-2013-305240

United Nations. (2022). TheTefferi, H. (2003). Reintegration and Gender. Save the Dimensions of Grave Violations Against Children In Armed Conflict.

UNICEF. (2007). *Los Principios de París. Principios y directrices sobre los niños asociados a fuerzas armadas o grupos armados.* Naciones Unidas.

Niñas soldado: balance y propuestas en clave jurídica[1]

ELENA JUARISTI-BESALDUCH
Universidad Cardenal Herrera CEU (Valencia), CEU Universities

A continuación, se sintetizan aquellas conclusiones principales y propuestas de mejora de índole jurídico formuladas por los autores a lo largo del estudio. Para facilitar su exposición, estas mantienen la distribución de bloques en los que se divide la obra. El primero relativo a la *Protección de la infancia y derecho a la educación*; el segundo dedicado a cuestiones de *Justicia transicional, responsabilidad y Derecho Penal Internacional*; el tercero dirigido a cuestiones relativas a *Violencia sexual, explotación y trata de niñas soldado*; y el cuarto, relativo al análisis del *Reclutamiento, desarme, desmovilización, reparación y reintegración.*

En el primer bloque, relativo a la *Protección de la infancia y el derecho a la educación,* Sara Yildiz Bravo plantea que los marcos internacionales de protección de la infancia, como la Convención sobre los Derechos del Niño y los Convenios de Ginebra, han supuesto avances sustanciales. Sin embargo, la brecha entre las obligaciones formales asumidas por los Estados y su implementación práctica es aún significativa. La ausencia de una perspectiva de género operativa impide otorgar a las niñas una respuesta y protección adecuada a sus circunstancias y necesidades específicas. En consecuencia, la autora propone reforzar la aplicación efectiva de los tratados y adoptar mecanismos de protección integrales e interseccionales, con perspectiva de género, que atiendan a las necesidades particulares de las niñas en conflicto armado.

Nuria Pastor Palomar expone que, aunque los tratados universales de derechos humanos (tales como la Convención sobre los derechos del niño de 1989, su Protocolo facultativo relativo a la participación de los niños en los conflictos armados del año 2000, la Convención sobre la eliminación de todas las formas de discriminación contra la mujer de 1979, o la Conven-

1 Estudio realizado en el marco del Proyecto de Investigación titulado "*Lagunas en la protección y asistencia internacional a las niñas asociadas a Grupos armados (NAAG)*". CIAICO 2022/235 UCHCEU con financiación pública de la GVA.

ción sobre los derechos de las personas con discapacidad de 2006) son de aplicación a las niñas soldado, las reservas y declaraciones interpretativas formuladas por los Estados, a menudo, limitan su alcance y efectividad, y debilitan la protección jurídica de mujeres y niñas. La autora argumenta que la prevalencia de tradiciones o prácticas nacionales no puede justificar la reducción de estándares internacionales y propone como medida de protección el establecimiento de límites más estrictos a la formulación de reservas, así como el aseguramiento de que las declaraciones interpretativas no vacíen de contenido las obligaciones esenciales de protección de la infancia.

Sonia Hernández Pradas, expone que la garantía del derecho a la educación en zonas de conflicto armado constituye un elemento esencial tanto para la prevención del reclutamiento como para la reintegración social de las niñas. En consecuencia, la falta de protección expresa de las escuelas en el Derecho Internacional Humanitario representa una laguna que expone a la infancia a riesgos importantes. Ella propone reforzar la protección jurídica de las instituciones educativas insertándolas bajo el paraguas de protección del que gozan los bienes culturales (en los Protocolos adicionales a los Convenios de Ginebra y en el Convenio de la Haya para la Protección de los Bienes Culturales, de 1954). También plantea la necesidad de desarrollar medidas normativas específicas que permitan asegurar la continuidad de la educación durante los conflictos armados.

Como cierre de este bloque y en relación con la importancia de garantizar el derecho a la educación en el marco de un conflicto armado, Teresa Marcos Martín afirma que la carencia de educación previa convierte a las niñas en candidatas idóneas de reclutamiento al carecer de herramientas de discernimiento y de alternativas vitales. A ello se le suma que, al finalizar el conflicto, las niñas enfrentan obstáculos añadidos (roles domésticos, estigmatización, violencia sexual) que dificultan su reincorporación a la educación. Como propuesta, la autora platea reformar los instrumentos internacionales (como el Protocolo Facultativo de la CDN) para incluir expresamente la situación de las niñas, y en particular de las niñas con discapacidad, garantizando su acceso a una educación inclusiva antes, durante y después de los conflictos.

El segundo bloque, dedicado a cuestiones de Justicia transicional, responsabilidad y derecho penal internacional comienza con las conclusiones y propuestas que planteadas por Luisa Fernanda López peña quien, en su reflexión sobre el daño como eje articulador de la Justicia Transicional Restaurativa desde el caso colombiano, afirma que el daño no constituye un elemento estático que se identifica una sola vez en el proceso, sino que opera como un concepto dinámico que articula todas las fases del procedimiento restaurativo de la JEP. Su investigación revela una tensión fundamental entre las expectativas y aspiraciones de reparar integralmente cada daño individual que le corresponde al Estado y las limitaciones y alcance temporal, presupuestario e institucional del modelo de justicia que busca la efectividad del sistema restaurativo a través de mecanismos que respondan a los daños desde una aproximación colectiva en el que todas las víctimas se perciban comprehendidas. Esta limitación no implica una negación de los derechos de las víctimas, sino un reconocimiento realista de que la justicia transicional debe operar dentro de parámetros de viabilidad que permitan impactos sostenibles. Finalmente, a través de análisis del Caso 07, se evidencia el valor adicional de aplicar enfoques diferenciales e interseccionales en la identificación y reparación de daños en contextos de violencia masiva.

Claudia Marcela Páez Bravo en el marco de este bloque sostiene que la imputación de la Jurisdicción Especial para la Paz en el Caso 07 (Auto 05 de 2024) representa un avance decisivo al reconocer, con base en una metodología con enfoque de género, tres patrones de violencia ejercidos por las FARC-EP: reproductivas, sexuales y basadas en el prejuicio hacia niños y niñas con OSIEGD. La atribución de responsabilidad a exmiembros del Secretariado, tanto por acción como por omisión de mando, abre un precedente en la tipificación autónoma de estas conductas como crímenes de guerra. Este desarrollo evidencia la importancia de consolidar metodologías de investigación sensibles al género, profundizar en el análisis de las dinámicas de poder intrafilas y reforzar el reconocimiento autónomo de estas violencias para garantizar reparación integral y combatir la impunidad.

Javier García González en su estudio plantea que la justicia transicional debería colocar el daño sufrido en el centro de sus actuaciones, particularmente en los casos de reclutamiento de menores. Reconoce que la Jurisdicción Especial para la Paz (JEP) ha innovado en la imputación a altos mandos, pero persisten problemas para atribuir responsabilidad penal en contextos de macrocriminalidad. En consecuencia, propone reforzar las fórmulas de responsabilidad por mando y garantizar que la justicia transicional combine sanción, reparación y verdad, evitando al mismo tiempo cláusulas generales que criminalicen sin matices a los superiores jerárquicos.

El estudio llevado a cabo por Lucana Estévez Mendoza sobre el tratamiento procesal de los delitos cometidos por niñas soldado muestra que, aunque tanto la Unión Europea como los Estados de la sociedad internacional, a través del Consejo de Europa y de los Convenios de Derecho Internacional avanzan en la lucha contra la impunidad de los crímenes internacionales, persisten importantes dificultades. El marco legislativo es muy diverso: las normas internacionales promueven la sanción de estos delitos, pero dejan a cada Estado libertad en la forma de aplicarlas. Además, el Tribunal Europeo de Derechos Humanos carece de competencia para juzgar directamente crímenes internacionales, pronunciándose al respecto solo si en los procesos nacionales en que se juzgan tales delitos se considera que se han producido violaciones de derechos humanos. Los Estados cuentan, en teoría, con mecanismos como la justicia universal, pero sus requisitos y alcances varían notablemente de un país a otro. La Convención de Liubliana-La Haya puede ayudar en la lucha contra estos delitos, dado que fomenta la cooperación judicial entre Estados en este sentido, basada en una suerte de jurisdicción extraterritorial, pero habrá que esperar a que entre en vigor para valorar sus resultados. Con todo, la fragmentación normativa genera vacíos que dificultan el enjuiciamiento, especialmente cuando se trata de niñas soldado en su doble condición de víctimas y victimarias. Ante ello, resulta necesario cubrir las lagunas legislativas existentes y valorar la conveniencia de diseñar un tratamiento procesal específico para menores y mujeres en estos contextos, de manera que se asegure un equilibrio entre la responsabilidad penal y la protección de sus derechos.

Carlos Gil Gandía señala que la figura de la niña soldado expone con crudeza las tensiones entre el Derecho Internacional Penal y el régimen internacional de protección. Su condición de víctima estructural, sometida a coerción, violencia sexual y adoctrinamiento, exige un enfoque normativo que trascienda las categorías binarias de víctima y victimaria. La justicia internacional penal, como evidenció el caso Ongwen (Corte Penal Internacional), no puede desentenderse de la infancia vulnerada, pero tampoco debe replicar esquemas punitivos que ignoren el contexto de explotación. En este sentido, el principio del interés superior del menor, consagrado en la Convención sobre los Derechos del Niño, debe prevalecer como criterio rector en toda actuación que afecte a niñas reclutadas en conflictos armados. La protección internacional, por su parte, debe operar como un contrapeso ético y jurídico frente a la tentación de excluir a estas menores (y, en su caso, a sus hijos) del amparo por hechos cometidos bajo coerción. La aplicación automática de cláusulas de exclusión, sin considerar la inimputabilidad o la capacidad reducida de agencia, resulta contraria tanto a los estándares internacionales como a los fundamentos del propio sistema de asilo y protección internacional. Es imperativo, por tanto, armonizar los regímenes normativos y avanzar hacia una articulación funcional que garantice respuestas coherentes y efectivas. Sólo desde esta convergencia se podrá traducir el compromiso internacional en una protección real, centrada en la dignidad y los derechos de las niñas soldado.

Raúl Zeigi Huang parte de la afirmación de que el reclutamiento infantil está prohibido como norma de *ius cogens* que vincula a todos los Estados. No obstante, los grupos armados no estatales escapan a menudo de esta obligación, lo que deja sin protección a numerosas niñas. En consecuencia, se propone desarrollar normas vinculantes que obliguen también a actores no estatales y equiparar la responsabilidad penal de sus mandos a la de los comandantes de fuerzas estatales.

En esta misma línea Stefan Mclean concluye que la prohibición del reclutamiento y utilización de niños y niñas soldado, reconocida en el Protocolo Facultativo de la Convención sobre los Derechos del Niño, puede caracterizarse como una obligación *erga omnes partes*, en la medida en que expresa un interés común de todos los Estados parte y, por tanto, otorga legitimación a cualquiera de ellos para invocar la responsabilidad internacional en caso de incumplimiento. Esta configuración permite superar la ausencia de un daño directo entre Estados y refuerza la protección de la infancia en conflictos armados. No obstante, la eficacia de este mecanismo se ve limitada por la falta de cláusulas jurisdiccionales que confieran competencia a tribunales internacionales, así como por la reticencia de los Estados a ejercer este tipo de reclamaciones. En consecuencia, se propone consolidar el reconocimiento de los artículos 4(2) y 6(1) del Protocolo como obligaciones *erga omnes partes*, fomentar su incorporación legislativa interna, y promover respuestas coordinadas que incluyan medidas de presión diplomática, actos de retorsión y, en su caso, la activación de otros mecanismos internacionales de protección. Solo así podrá garantizarse una tutela efectiva frente al reclutamiento de menores, complementando el papel del derecho penal internacional, el derecho internacional humanitario y los sistemas nacionales de justicia.

En el tercer bloque se abordan cuestiones relativas a *Violencia sexual, explotación y trata de niñas soldado*. Claribel de Castro y Pilar Ladrón Tabuenca parten de la afirmación de que el reclutamiento de niñas soldado comparte múltiples elementos con la trata de seres humanos, pues implica formas diversas y acumuladas de explotación (sexual, servidumbre, maternidad forzada, trabajos en condiciones de esclavitud, actividades delictivas, entre otras). Sin embargo, a diferencia de las víctimas de trata, las niñas reclutadas carecen de un estatuto jurídico específico que garantice su protección integral tras la desvinculación de los grupos armados. En consecuencia, proponen reconocer formalmente a las niñas soldado como víctimas de trata, con acceso a un estatuto protector equivalente que incluya garantías como el principio de no punición, el periodo de reflexión y reglas procesales específicas.

El estudio realizado por Mercedes Ten Doménech confirma este vacío, especialmente en los conflictos armados internos. El DIH prohíbe su participación en hostilidades, pero no aborda la explotación posterior; el Protocolo de Palermo sí lo tipifica, aunque exige probar organización criminal. Esta fragmentación invisibiliza violencias como explotación sexual, trabajos o matrimonios forzados. Por otra parte, la noción de "niño soldado" oculta la dimensión de género, dificultando su asistencia y reparación. Se plantea integrar ambos marcos jurídicos con enfoque de género e interseccionalidad, adaptando tipos penales, pruebas y procedimientos para garantizar una reparación integral. Reconocer la doble vulnerabilidad de las niñas soldado es esencial para una justicia efectiva.

Mª del Rosario Carmona Luque, recuerda que el abuso sexual en contextos humanitarios y de mantenimiento de la paz por personal de la ONU sigue siendo una realidad. La respuesta internacional adolece de falta de efectividad en la prevención y en la rendición de cuentas, lo que perpetúa la impunidad por lo que es indispensable un enfoque basado en los derechos de la infancia, que combine prevención, denuncia accesible y asistencia integral, con la participación activa de las comunidades locales. La autora propone como medidas de protección reforzar la formación y control del personal desplegado en operaciones de paz; garantizar mecanismos de denuncia eficaces y seguros para las víctimas; fortalecer la coordinación internacional y comunitaria en la asistencia y reparación; y optimizar los mecanismos de rendición de cuentas existentes e impulsar, en su caso, estructuras independientes que eviten la impunidad.

En cuarto bloque, último en el que se abordan cuestiones desde una perspectiva jurídica, dedicado al *Reclutamiento, desarme, desmovilización, reparación y reintegración,* Laura Cecilia Gamarra concluye que las reparaciones simbólicas, aunque necesarias, no bastan por sí solas para responder a la magnitud del daño sufrido por las ex niñas soldado. Sus experiencias, marcadas por el reclutamiento forzado, la violencia sexual y la negación de su infancia, requieren medidas transformadoras que reconozcan tanto su condición de víctimas como su capacidad de sobrevivientes. Estas reparaciones deben concebirse como procesos integrales y de largo plazo, que vayan más allá de la compensación económica y el reconocimiento formal, y que ofrezcan vías reales para la recuperación de la autonomía, la superación del estigma y la construcción de un futuro digno. Para ello, resulta esencial garantizar la participación directa de las niñas en todas las fases del proceso, creando entornos seguros donde puedan expresar sus necesidades y expectativas. Las medidas de reparación han de incorporar un enfoque de género, abordando la esclavitud sexual, los embarazos forzados y la maternidad impuesta, e incluir servicios de salud física y mental, apoyo psicosocial y redes comunitarias que fortalezcan su resiliencia. También deben contemplar acceso a educación, formación profesional, medios de vida sostenibles y apoyo específico para las jóvenes madres, así como asistencia para la obtención de documentación civil que les permita ejercer plenamente sus derechos. Del mismo modo, la reparación no puede limitarse a la dimensión individual: debe abarcar estrategias comunitarias de reconciliación que reduzcan la estigmatización, fortalezcan la cohesión social y reconozcan la resiliencia de las niñas. Las iniciativas de memoria —como actos de reconocimiento, conmemoraciones o procesos de verdad— complementan este enfoque, restaurando la dignidad de las víctimas y su lugar en la historia colectiva.

Ruth Abril Stoffels pone el foco en el hecho de que el reclutamiento de niñas indígenas responde a factores estructurales como pobreza, racismo institucional, discriminación de género y ausencia de políticas públicas culturalmente sensibles, a lo que se suma la instrumentalización simbólica de sus cuerpos como medio de dominación y castigo colectivo a las comunidades. Las consecuencias no se limitan al ámbito individual: el vaciamiento generacional y cultural amenaza la cohesión social y la continuidad de los pueblos indígenas. Frente a esta realidad, se plantea la necesidad de respuestas que integren un enfoque diferencial e interseccional, capaces de transformar las condiciones estructurales que facilitan el reclutamiento. Ello implica combatir la pobreza y el racismo, garantizar la presencia del Estado en clave intercultural y reforzar mecanismos de alerta temprana. Asimismo, deben promoverse procesos de reintegración que incluyan dimensiones comunitarias de reparación: educación intercultural, proyectos productivos sostenibles y estrategias de sanación colectiva que restauren el tejido social. Finalmente, resulta esencial asegurar la rendición de cuentas por los crímenes cometidos contra niñas indígenas, evitando su impunidad, y promover su participación activa, junto con la de sus comunidades, en el diseño de políticas públicas.

Por su parte Marta Gil González parte de la realidad de que niñas soldado han sido sometidas a una multiplicidad de crímenes y violencias conexas que reflejan la violencia estructural e interseccional que las atraviesa. En consecuencia, la respuesta judicial y social exige individualizar cada violación para evitar su dilución en categorías generales y garantizar una reparación integral. Los procesos de reintegración deben partir de un enfoque centrado en la superviviente, sensible al trauma y culturalmente informado, que asegure acceso a servicios básicos, documentación civil y reconocimiento del estatuto de víctima. El litigio estratégico, en particular mediante la acumulación de cargos, se presenta como una herramienta decisiva para visibilizar la complejidad de las violencias sufridas, consolidar precedentes judiciales y reforzar el derecho a la reparación integral.

La presente obra evidencia la persistencia de importantes déficits normativos y prácticos en la protección de las niñas soldado, pese a los avances normativos en DIDH, DIH y DPI. Se subraya la necesidad de reforzar la aplicación efectiva de los instrumentos internacionales existentes, cerrando las lagunas derivadas de reservas estatales y de la fragmentación normativa, así como de incorporar de forma expresa una perspectiva de género e interseccional en todos los ámbitos analizados: educación, justicia transicional, persecución penal, violencia sexual y trata, y procesos de desarme, desmovilización y reintegración. Entre las propuestas destaca el fortalecimiento de la protección de la educación en conflictos armados, la consolidación de metodologías sensibles al género en la investigación de crímenes internacionales, el reconocimiento de las niñas soldado como víctimas de trata con acceso a un estatuto protector, y el desarrollo de marcos de reparación integral que combinen dimensiones individuales y comunitarias. Asimismo, se plantea la urgencia de extender obligaciones jurídicas a actores no estatales y de armonizar los regímenes de protección y responsabilidad, de modo que la condición de víctima estructural de las niñas no se vea eclipsada por su eventual participación forzada en delitos. En definitiva, las aportaciones convergen en reclamar un enfoque holístico, transformador y centrado en la dignidad de las niñas, que supere respuestas simbólicas y se traduzca en garantías efectivas de protección, justicia y reparación.

Conclusiones generales[1]

GABRIELA DE LA PAZ MELÉNDEZ
Tecnológico de Monterrey

El exhaustivo análisis multidisciplinar realizado sobre el reclutamiento y la utilización de menores de edad, particularmente de niñas soldado, en los conflictos armados actuales, revela una problemática compleja y multidimensional que exige respuestas urgentes, integrales y sostenibles. Este fenómeno, documentado en escenarios como Ucrania, Colombia, el Sahel, Oriente Medio y otras regiones, no solo refleja la persistencia de prácticas prohibidas por el derecho internacional, sino que también visibiliza la insuficiencia de los mecanismos normativos, institucionales y sociales existentes para garantizar una protección real y efectiva a las víctimas y sobrevivientes.

Uno de los hallazgos centrales de los autores de este libro es la necesidad de un abordaje que combine dimensiones jurídicas, sociales y culturales, que al mismo tiempo sea sensible a los contextos locales y a las particularidades de género, vulnerabilidad y derechos humanos. El reclutamiento forzoso de menores, en especial de niñas, no puede analizarse únicamente como una violación normativa; debe entenderse como un fenómeno inmerso en dinámicas estructurales de violencia, explotación, exclusión y, en muchos casos, de colonialidad y control sobre cuerpos feminizados. Los testimonios analizados a lo largo de varios capítulos evidencian experiencias que trascienden el combate armado: violencia sexual sistemática, matrimonios forzados, esclavitud sexual, trabajo forzado y roles asignados que reproducen jerarquías de género dentro de los propios grupos armados.

En este sentido, la violencia sexual se revela no solo como una consecuencia colateral, sino como un arma de guerra utilizada estratégicamente para controlar comunidades, fragmentar la cohesión social y perpetuar

---

1 Estudio realizado en el marco del Proyecto de Investigación titulado "*Lagunas en la protección y asistencia internacional a las niñas asociadas a Grupos armados (NAAG)*". CIAICO 2022/235 UCHCEU con financiación pública de la GVA. ORCID: https://orcid.org/0000-0003-4304-2967

el sometimiento. Este hallazgo demanda una reflexión profunda sobre el trauma ontológico que sufren estas niñas y sobre la necesidad de reparaciones no solo materiales, sino también comunitarias, simbólicas y espirituales, capaces de restaurar la memoria, la dignidad y la agencia de las víctimas.

El análisis jurídico internacional llevado a cabo confirma la persistencia de vacíos normativos. A menudo, la figura de la niña soldado se reduce en el derecho y en las políticas públicas a su condición de reclutada, invisibilizando la violencia sexual y reproductiva a la que está expuesta. Los marcos legales vigentes, tanto en el Derecho Internacional Humanitario como en el Derecho Penal Internacional y en los sistemas regionales de protección de derechos humanos, carecen de mecanismos efectivos para perseguir los crímenes de violencia sexual contra menores en el marco de conflictos armados. Por ello, se propone fortalecer el sistema normativo mediante la articulación de estos regímenes con la normativa contra la trata de personas, incorporando enfoques de género e interseccionalidad que garanticen una protección integral y una justicia verdaderamente restaurativa.

Asimismo, el reto de atribuir responsabilidad penal en crímenes colectivos sigue siendo uno de los nudos más complejos. En varios capítulos se enfatiza el riesgo de aplicar una justicia punitiva desproporcionada, en detrimento de procesos transformadores y diferenciados que prioricen la reparación, la reintegración social, el acompañamiento psicosocial y el reconocimiento simbólico. Modelos de justicia transicional, como los ensayados en Colombia a través de la Jurisdicción Especial para la Paz (JEP), ofrecen aprendizajes valiosos, pero también muestran la necesidad de adaptar las figuras jurídicas de imputación penal —como la autoría mediata o la responsabilidad por mando— a contextos de criminalidad colectiva, respetando tanto el derecho de las víctimas y las supervivientes a la verdad y la reparación como los principios fundamentales de legalidad y debido proceso.

Los informes globales sobre reclutamiento forzoso y violencia sexual contra menores son alarmantes. No solo reflejan la magnitud del fenómeno, sino también las dificultades para implementar medidas procesales y judiciales que atiendan la doble condición de víctimas y, en algunos casos, de autoras bajo coacción de crímenes derivados de su vinculación forzada. Esta tensión ética y jurídica subraya la urgencia de un paradigma de justicia restaurativa que priorice la reparación integral y no la sanción abusiva.

Los procesos de Desarme, Desmovilización y Reintegración (DDR) continúan mostrando limitaciones estructurales: subregistro de casos, falta de enfoque diferenciado para niños, niñas y adolescentes, y deficiencias en la coordinación institucional. La evidencia demuestra que la educación continua es una herramienta clave tanto para la prevención del reclutamiento como para la reintegración efectiva. Las niñas indígenas, con discapacidad o pertenecientes a comunidades históricamente excluidas enfrentan vulnerabilidades incrementadas y, por lo tanto, requieren programas diseñados con sensibilidad interseccional y culturalmente pertinentes. Las experiencias comparadas en Colombia, África y Medio Oriente presentes en estas páginas evidencian que los procesos más exitosos son aquellos que involucran activamente a las víctimas en el diseño, la implementación y la evaluación de las estrategias de reparación y reintegración.

La protección de la educación en contextos de conflicto emerge como una prioridad estratégica. Garantizar la continuidad educativa, proteger instalaciones escolares y prevenir ataques deliberados contra instituciones educativas son elementos fundamentales para reducir vulnerabilidades y cortar los ciclos de violencia. En paralelo, es indispensable avanzar en políticas públicas sensibles, en cooperación internacional efectiva y en enfoques comunitarios que reduzcan el estigma que pesa sobre las niñas asociadas con grupos armados. La reintegración social de estas niñas requiere servicios psicosociales prolongados, inclusión educativa, oportunidades económicas y mecanismos comunitarios de reconciliación y no estigmatización.

El caso colombiano ofrece un laboratorio jurídico y político particularmente relevante. Pese a los avances en los Acuerdos de Paz, el reclutamiento continúa, como se demuestra en varios capítulos, evidenciando tensiones entre las políticas normativas y las prácticas reales de reparación y prevención. Las iniciativas de justicia transformadora, acompañamiento psicosocial prolongado, educación y fortalecimiento del liderazgo comunitario para niñas excombatientes constituyen buenas prácticas que deben consolidarse y replicarse en otros contextos. Propuestas innovadoras, como la utilización de perros centinela en terapias psicosociales para víctimas de violencia sexual, ilustran la importancia de soluciones creativas y culturalmente adaptadas.

En el plano internacional, el principio *erga omnes partes* se perfila como una herramienta para fortalecer la invocación de responsabilidad estatal frente a la prohibición del reclutamiento de niños soldado, potenciando mecanismos multilaterales de respuesta a incumplimientos en contextos de guerra. Sin embargo, esto exige voluntad política real y coherencia entre el discurso internacional y la práctica efectiva en terreno.

El fenómeno no solo requiere evolución normativa, sino una transformación ética del derecho. La inclusión de un tratamiento interseccional y diferenciado de las niñas soldado debe articular justicia penal, reparación integral y respuestas comunitarias que reconozcan su doble victimización y fomenten procesos sostenibles de paz y restitución, como sostienen varios autores y autoras. Propuestas como la enmienda del Protocolo Facultativo sobre la participación de niños en conflictos armados para incorporar expresamente la protección diferencial de las niñas —particularmente en procesos de recuperación y reintegración— constituyen pasos necesarios hacia un derecho más humano, cuidadoso y comprometido con las víctimas.

Finalmente, el estudio sobre mujeres ucranianas bajo ocupación militar rusa revela que la guerra contemporánea despliega mecanismos de control colonial, violencia estructural y opresión de género que se conectan con el fenómeno global de las niñas soldado. En este contexto, la resiliencia y la agencia femenina emergen como pilares fundamentales de resistencia y reconstrucción social, recordando que la paz no puede entenderse solo como ausencia de guerra, sino como la reconstrucción activa de la dignidad humana, de los lazos comunitarios y de la justicia efectiva para las víctimas y sobrevivientes.

En suma, este trabajo no solo documenta y analiza una de las violaciones más graves del derecho internacional humanitario, sino que ofrece un marco comprehensivo para comprender y transformar los desafíos que plantea la protección, la justicia y la reparación de niñas y niños soldados en el mundo contemporáneo. Requiere un compromiso decidido de la comunidad internacional, de los Estados, de las organizaciones de la sociedad civil y de las propias comunidades afectadas. Solo a través de un esfuerzo conjunto, informado, ético y transformador será posible erradicar definitivamente estas prácticas, restaurar a las víctimas y construir una paz duradera, justa e inclusiva.